REAL
ORIGINAL

수능기출학력평가
⊕N제 모의고사

고3 언어와 매체

Contents

※ 6월•9월 모의평가와 수능은 표기 명칭과 시행 연도가
다릅니다.
예 2024학년도 6월 모의평가는? ➡ 2023년도 6월에 시행!

강력한 해설로 새롭게 출시된「2024 리얼 오리지널」

혼자서도 학습이 충분하도록 왜 오답과 정답인지 확실히 알려주며, 문제 해결 꿀~팁까지 입체적인 해설로 전면 보강했습니다.

01

실제 시험지와 똑같은 문제지

언어와 매체 모의고사는 총 42회분의 문제가 수록되어 있으며,
실전과 동일하게 학습할 수 있습니다.

❶ 리얼 오리지널 모의고사는 **실제 시험지의 크기와 느낌을 그대로**
살려 실전과 동일한 조건 속에서 문제를 풀어 볼 수 있습니다.

❷ 실전 느낌을 100% 살리기 위해서 문항 순서를 1번부터가 아니고
수능과 똑같이 선택 과목 35번부터 45번으로 구성했습니다.

02

2025 수능시험 + 학력평가 대비

2025 수능을 대비해 6월·9월 평가원 모의고사와 교육청에서
시행하는 전국연합 학력평가를 대비할 수 있습니다.

❶ 평가원 [6월·9월] 모의평가와 수능을 대비해 총 42회분 모의
고사를 풀어 보면 실전에서 실력을 마음껏 발휘할 수 있습니다.

❷ 1년에 4회 [3월·4월·7월·10월] 시행되는 **전국연합 학력평가를**
대비할 수 있으며, 내신도 동시에 대비가 됩니다.

03

입체적 해설 & 문제 해결 꿀 팁

혼자서도 학습이 충분하도록 자세한 [입체적 해설]과 함께
고난도 문제는 문제 해결 꿀~팁까지 수록을 했습니다.

❶ 선지에 왜, 정답인지? 왜, 오답인지? 입체적으로 자세한 해설을
수록해 답답함이 없는 학습이 가능합니다.

❷ 국어에서 등급을 가르는 **고난도 문제는 많이 틀린 이유**와 함께
문제 해결 꿀 팁까지 명쾌한 해설을 수록했습니다.

★ 모의고사를 실전과 똑같이 풀어보면
내 실력과 점수는 반드시 올라갈 수밖에 없습니다.

04

3개년 21회 + N제·재구성 21회

[언어와 매체] 과목만을 집중 학습할 수 있으며, 현직 고교 및
학원 선생님들의 [신출제 문항]까지 수록하였습니다.

❶ 최신 3개년 **21회** 문제는 신 수능으로 출제된 언어와 매체 기출
문제이며, 수능 및 내신까지도 대비할 수 있습니다.

❷ N제(신출제)는 현직 선생님들이 문제를 출제하였고, 기출 우수
문항만을 선별해 재구성 모의고사 21회를 수록했습니다.

05

정답률 & SPEED 정답 체크 표

빠르게 정답을 확인할 수 있는 SPEED 정답 체크 표를 제공
하며, 문항별 정답까지 제공합니다.

❶ 문제를 푼 후 빠르게 정답을 확인할 수 있는 SPEED **정답 체크**
표를 제공하며, 오려서 **책갈피로도 사용**할 수 있습니다.

❷ 문항별로 정답률을 제공하므로 문제의 난이도를 파악할 수 있어
문제 풀이에 답답함이 없습니다.

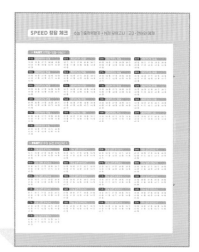

06

실전과 동일한 OMR 체크카드

정답 마킹을 위한 OMR 체크카드는 실전력을 높여주며 부록
형태로 모의고사 문제편 뒷부분에 수록되었습니다.

❶ OMR 체크카드는 실전과 동일한 형태로 제공되며, 모의고사에서
마킹 연습은 또 하나의 실전 연습입니다.

❷ 답을 밀려 썼을 때 교체하는 연습도 중요하며, 추가로 **OMR 체크**
카드가 필요하면 홈페이지 자료실에서 다운로드 받을 수 있습니다.

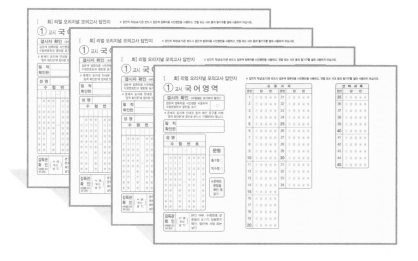

STUDY 플래너

● 언어와 매체 | **PART I** (학평·모평·수능)

회분	학습 날짜	학습 시간	채점 결과	틀린 문제	시간 부족 문제
01회 2023학년도 3월	월 일	시 분 ~ 시 분			
02회 2022학년도 3월	월 일	시 분 ~ 시 분			
03회 2021학년도 3월	월 일	시 분 ~ 시 분			
04회 2023학년도 4월	월 일	시 분 ~ 시 분			
05회 2022학년도 4월	월 일	시 분 ~ 시 분			
06회 2021학년도 4월	월 일	시 분 ~ 시 분			
07회 2024학년도 6월	월 일	시 분 ~ 시 분			
08회 2023학년도 6월	월 일	시 분 ~ 시 분			
09회 2022학년도 6월	월 일	시 분 ~ 시 분			
10회 2023학년도 7월	월 일	시 분 ~ 시 분			
11회 2022학년도 7월	월 일	시 분 ~ 시 분			
12회 2021학년도 7월	월 일	시 분 ~ 시 분			
13회 2024학년도 9월	월 일	시 분 ~ 시 분			
14회 2023학년도 9월	월 일	시 분 ~ 시 분			
15회 2022학년도 9월	월 일	시 분 ~ 시 분			
16회 2023학년도 10월	월 일	시 분 ~ 시 분			
17회 2022학년도 10월	월 일	시 분 ~ 시 분			
18회 2021학년도 10월	월 일	시 분 ~ 시 분			
19회 2024학년도 수능	월 일	시 분 ~ 시 분			
20회 2023학년도 수능	월 일	시 분 ~ 시 분			
21회 2022학년도 수능	월 일	시 분 ~ 시 분			

● 언어와 매체 | **PART II** (실전 모의고사)

회분	학습 날짜	학습 시간	채점 결과	틀린 문제	시간 부족 문제
01회 수능 실전 모의고사	월 일	시 분 ~ 시 분			
02회 수능 실전 모의고사	월 일	시 분 ~ 시 분			
03회 수능 실전 모의고사	월 일	시 분 ~ 시 분			
04회 수능 실전 모의고사	월 일	시 분 ~ 시 분			
05회 수능 실전 모의고사	월 일	시 분 ~ 시 분			
06회 수능 실전 모의고사	월 일	시 분 ~ 시 분			
07회 수능 실전 모의고사	월 일	시 분 ~ 시 분			
08회 수능 실전 모의고사	월 일	시 분 ~ 시 분			
09회 수능 실전 모의고사	월 일	시 분 ~ 시 분			
10회 수능 실전 모의고사	월 일	시 분 ~ 시 분			
11회 수능 실전 모의고사	월 일	시 분 ~ 시 분			
12회 수능 실전 모의고사	월 일	시 분 ~ 시 분			
13회 수능 실전 모의고사	월 일	시 분 ~ 시 분			
14회 수능 실전 모의고사	월 일	시 분 ~ 시 분			
15회 수능 실전 모의고사	월 일	시 분 ~ 시 분			
16회 수능 실전 모의고사	월 일	시 분 ~ 시 분			
17회 수능 실전 모의고사	월 일	시 분 ~ 시 분			
18회 수능 실전 모의고사	월 일	시 분 ~ 시 분			
19회 수능 실전 모의고사	월 일	시 분 ~ 시 분			
20회 수능 실전 모의고사	월 일	시 분 ~ 시 분			
21회 수능 실전 모의고사	월 일	시 분 ~ 시 분			

01회 · 2023학년도 3월 학력평가 · 국어영역(언어와 매체)

● 문항수 11개 | 배점 24점 | 제한 시간 20분   ● 점수 표시가 없는 문항은 모두 2점

[35 ~ 36] 다음 글을 읽고 물음에 답하시오.

준말은 본말 중 일부가 줄어들어 만들어진 말이다. 한글 맞춤법은 준말과 관련된 여러 규정을 담고 있는데, 그중 제34항에서는 모음 'ㅏ, ㅓ'로 끝난 어간에 어미 '-아/-어, -았-/-었-'이 어울릴 적에는 준 대로 적는 것을 다루고 있다. '(열매를) 따-+-아 → 따/*따아', '따-+-았-+-다 → 땄다/*따았다' 등이 그 예에 해당한다. 하지만 어간 끝 자음이 불규칙적으로 탈락되는 경우에는, 원래 자음이 있었음이 고려되어 'ㅏ, ㅓ'가 줄어들지 않는다. '(꿀물을) 젓-+-어 → 저어/*저' 등이 그 예이다. 한편 제34항 [붙임1]에서는 어간 끝 모음 'ㅐ, ㅔ' 뒤에 '-어, -었-'이 어울려 줄 적에는 준 대로 적는 것을 다루고 있다. 그렇지만 이때는 반드시 준 대로 적지 않아도 된다. 예를 들어 '(손을) 떼-+-어→떼어/떼'에서 보듯이 본말과 준말 모두로 적을 수 있다. 다만 모음이 줄어들어서 'ㅐ'가 된 경우에는 '-어'가 결합하더라도 다시 줄어들지는 않는다. 예컨대 '차-'와 '-이-'의 모음이 줄어든 '채-'의 경우 '(발에) 채-+-어 → 채어/*채'에서 보듯이 모음이 다시 줄어들지 않는다.

한글 맞춤법에서는 모음이 줄어들고 자음만 남는 경우 그 자음을 앞 음절의 받침으로 적는다는 것도 다루고 있다. 이와 관련한 표준어 규정 제14항에서는 준말이 널리 쓰이고 본말이 잘 쓰이지 않는 경우에는 준말만을 표준어로 삼음을, 제16항에서는 준말과 본말이 다 같이 널리 쓰이면서 준말의 효용이 뚜렷이 인정되는 것은 두 가지를 다 표준어로 삼음을 제시하고 있다. '온갖/*온가지'는 전자의 예이고, '(일을) 서두르다/서둘다'는 후자의 예이다. 다만 후자에서 용언의 어간이 줄어든 일부 준말의 경우, 준말이 표준어로 인정되더라도 준말의 활용형은 제한되는 예도 있다. 모음 어미가 연결될 때 준말의 활용형이 표준어로 인정되지 않는 준말도 있다는 것이다. 예컨대 '서두르다'의 준말 '서둘다'는 자음 어미 '-고, -지'가 결합된 형태의 활용형 '서둘고', '서둘지'가 표준어로 인정되지만, 모음 어미 '-어, -었-'이 결합된 형태의 활용형 '*서둘어', '*서둘었다'는 표준어로 인정되지 않는다.

*는 규정에 맞지 않음을 나타냄.

35. 윗글을 이해한 내용으로 적절하지 <u>않은</u> 것은?

① '(밭을) 매다'의 어간에 '-어'가 결합된 형태인 '매어'의 경우, 준말인 '매'로 적어도 한글 맞춤법에 어긋나지 않는다.

② '(병이) 낫-+-아'의 경우, 'ㅅ'이 불규칙적으로 탈락되므로 '나아'로만 적고, '나'로 적으면 한글 맞춤법에 어긋난다.

③ '(땅이) 패다'의 어간에 '-어'가 결합될 경우, '패다'의 'ㅐ'가 모음이 줄어든 형태이므로 '패'로 적으면 한글 맞춤법에 어긋난다.

④ '(잡초를) 베-+-었-+-다'와 '(베개를) 베-+-었-+-다'의 경우, 준말의 형태인 '벴다'로 적으면 한글 맞춤법에 어긋난다.

⑤ '(강을) 건너-+-어'와 '(줄을) 서-+-어'의 경우, 'ㅓ'로 끝난 어간에 '-어'가 어울리므로 본말로 적으면 한글 맞춤법에 어긋난다.

36. 윗글을 바탕으로 ㉠~㉣을 '탐구 과정'에 따라 분류할 때, [A]에 들어갈 예만을 있는 대로 고른 것은? [3점]

[탐구 과정]

- 답지를 ㉠ <u>걷다</u>(←거두다)   가사를 ㉡ <u>외다</u>(←외우다)
- 일에 ㉢ <u>서툴다</u>(←서투르다)   집에 ㉣ <u>머물다</u>(←머무르다)

⇩

모음이 줄어들고 남은 자음을 앞 음절의 받침으로 적은 준말입니까? → 아니요 → [ ]

↓ 예

모음 어미 '-어, -었-'이 결합된 형태의 활용형이 표준어로 인정되지 않는 준말입니까? → 아니요 → [ ]

↓ 예

[A]

① ㉠, ㉢   ② ㉡, ㉣   ③ ㉢, ㉣

④ ㉠, ㉡, ㉣   ⑤ ㉠, ㉡, ㉣

37. <보기>의 ㄱ ~ ㄷ을 이해한 내용으로 적절한 것은?

< 보 기 >

주체 높임은 화자가 문장의 주체, 곧 주어가 지시하는 대상에 대해 높임의 태도를 나타내는 표현으로, 선어말 어미, 조사나 특수한 어휘 등을 통해 실현된다. 그리고 상대 높임은 화자가 청자, 곧 말을 듣는 상대에게 높임이나 낮춤의 태도를 나타내는 표현으로, 주로 종결 어미를 통해 실현된다. 또한 객체 높임은 화자가 문장의 객체, 곧 목적어나 부사어가 지시하는 대상에 대해 높임의 태도를 나타내는 표현으로, 조사나 특수한 어휘를 통해 실현된다.

ㄱ. (아버지가 아들에게) 네가 할머니께 여쭈러 가거라.

ㄴ. (점원이 손님에게) 제가 손님을 모시고 가겠습니다.

ㄷ. (동생이 형님에게) 저 기다리지 마시고 형님은 먼저 주무십시오.

① ㄱ에서는 부사어가 지시하는 대상을 높이기 위해, 조사와 특수한 어휘가 사용되었다.

② ㄷ에서는 주어가 지시하는 대상을 높이기 위해, 조사와 선어말 어미가 사용되었다.

③ ㄱ과 ㄴ에서는 모두 주어가 지시하는 대상을 높이기 위해, 특수한 어휘가 사용되었다.

④ ㄴ과 ㄷ에서는 모두 말을 듣는 상대를 높이기 위해, 조사와 종결 어미가 사용되었다.

⑤ ㄱ ~ ㄷ에서는 모두 목적어가 지시하는 대상을 높이기 위해, 특수한 어휘가 사용되었다.

38. <보기>에 제시된 ⓐ ~ ⓔ의 발음에 대한 탐구 내용으로 적절하지 <u>않은</u> 것은?

───────── < 보 기 > ─────────
ⓐ 옷고름[옫꼬름]　ⓑ 색연필[생년필]　ⓒ 꽃망울[꼰망울]
ⓓ 벽난로[병날로]　ⓔ 벼훑이[벼훌치]
──────────────────────────

① ⓐ : 음운의 개수가 변하지 않는 음운 변동이 첫째 음절의 종성 위치와 둘째 음절의 초성 위치에서 각각 한 번씩 일어난다.

② ⓑ : 첨가된 자음으로 인해 조음 방법이 변하는 음운 변동이 일어난다.

③ ⓒ : 첫째 음절의 종성 위치에서 두 번의 음운 변동이 순차적으로 일어난다.

④ ⓓ : 둘째 음절의 초성 위치에서 음운 변동이 일어난 후 둘째 음절의 종성 위치에서 음운 변동이 일어난다.

⑤ ⓔ : 조음 위치와 조음 방법이 모두 변하는 음운 변동이 일어난다.

39. <학습 활동>을 수행한 결과로 적절한 것은?

───────── < 학습 활동 > ─────────
㉠ ~ ㉤을 통해 중세 국어의 격 조사가 실현된 양상을 탐구해 보자.

㉠ 太子ㅅ(태자+ㅅ) 버들 사ᄆᆞ샤 時常 겨틔(곁+의) 이셔
　(현대어 풀이: 태자의 벗을 삼으시어 늘 곁에 있어)

㉡ 衆生이(중생+이) ᄆᆞᅀᆞᄆᆞᆯ(마음+ᄋᆞᆯ) 조차
　(현대어 풀이: 중생의 마음을 따라)

㉢ 니르고져 홇 배(바+ㅣ) 이셔도 ᄆᆞᄎᆞ매 제 ᄠᅳ들(뜯+을)
　(현대어 풀이: 이르고자 하는 바가 있어도 마침내 제 뜻을)

㉣ 바ᄅᆞ래(바ᄅᆞᆯ+애) ᄇᆞᄅᆞ미(ᄇᆞᄅᆞᆷ+이) 자고
　(현대어 풀이: 바다에 바람이 자고)

㉤ 그르세(그릇+에) 담고 버미 고기란 도기(독+의) 다마
　(현대어 풀이: 그릇에 담고 범의 고기는 독에 담아)
────────────────────────────────

	비교 자료	탐구 결과
①	㉠의 '太子ㅅ' ㉡의 '衆生이'	체언이 무정 명사이냐 유정 명사이냐에 따라 관형격 조사의 형태가 다르게 나타난다고 볼 수 있겠군.
②	㉠의 '겨틔' ㉤의 '도기'	체언 끝이 자음이냐 모음이냐에 따라 부사격 조사의 형태가 다르게 나타난다고 볼 수 있겠군.
③	㉡의 'ᄆᆞᅀᆞᄆᆞᆯ' ㉢의 'ᄠᅳ들'	체언 끝이 자음이냐 모음이냐에 따라 목적격 조사의 형태가 다르게 나타난다고 볼 수 있겠군.
④	㉢의 '배' ㉣의 'ᄇᆞᄅᆞ미'	체언의 모음이 양성 모음이냐 음성 모음이냐에 따라 주격 조사의 형태가 다르게 나타난다고 볼 수 있겠군.
⑤	㉣의 '바ᄅᆞ래' ㉤의 '그르세'	체언의 모음이 양성 모음이냐 음성 모음이냐에 따라 부사격 조사의 형태가 다르게 나타난다고 볼 수 있겠군.

[40 ~ 42] 다음은 실시간 인터넷 방송의 일부이다. 물음에 답하시오.

진행자 : 계속해서 전문가와 함께 다음 화제인 쇼트폼(short-form)에 대해 이야기를 나눠 보겠습니다. 필요하신 분은 자막 기능을 켜 주세요. 쇼트폼은 무엇인가요?

전문가 : 쇼트폼은 짧게는 15초에서 60초, ⓐ<u>길어도 최대 10분을 넘지 않는</u> 짧은 영상 콘텐츠를 말합니다. 쇼트폼을 하나 준비했는데, 함께 보시죠.

진행자 : (시청 후) 현재 기준으로 무려 조회 수가 100만 회 가까이 되는데, ⓑ<u>지금도 조회 수가 올라가고 있군요.</u> 이렇게 쇼트폼이 인기인 이유가 무엇일까요?

전문가 : ⓒ<u>쇼트폼은 짧고 재미있고 부담이 없습니다.</u> 그게 이유이죠. 이는 콘텐츠를 효율적으로 소비하려는 현대인의 성향에 잘 부합한다고 생각합니다.

진행자 : '실시간 채팅'에 '샛별' 님이 '1분짜리 요리 과정 영상을 자주 보는데, 이것도 쇼트폼인가요?'라는 질문을 방금 올려 주셨네요.

전문가 : 예, 쇼트폼입니다. 쇼트폼을 통해 요리뿐 아니라 패션, 경제, 과학 등 각종 분야의 정보를 얻을 수 있죠. 기존 미디어를 대신하는 경우도 있는데, 한 설문에서 쇼트폼을 통해 뉴스를 시청한다고 28%나 응답했습니다.

진행자 : 최근 기업들이 쇼트폼을 마케팅 수단으로 적극 활용하고 있다고 들었습니다. 이에 대해 설명해 주시겠어요?

전문가 : 쇼트폼을 활용하면 사람들의 참여를 자연스럽게 유도할 수도 있습니다. 그래서 비교적 비용이 적게 들면서도 파급력이 있고 소비자 반응을 빠르게 확인할 수 있어 기업들이 쇼트폼을 마케팅에 적극적으로 이용하는 것이지요. 제 블로그에 쇼트폼 마케팅 사례를 정리한 글이 있습니다. 화면 아래의 '더 보기'를 클릭하면 블로그에 접속할 수 있는 링크가 보일 테니 필요하시면 참고해 주세요.

진행자 : ⓓ<u>쇼트폼을 시청할 때 유의할 점은 무엇인가요?</u>

전문가 : 아무래도 짧은 시간 내 사람들의 이목을 끌어 조회 수를 높이려다 보니, 쇼트폼에는 자극적인 장면이나 과장된 정보가 포함된 경우가 많습니다. 이런 점에서 쇼트폼의 장면을 섣불리 따라하거나 정보를 맹목적으로 수용하기보다 비판적 시각으로 판단하려는 태도를 가져야 합니다. '실시간 채팅' 아래에 관련 영상이 있는데, 필요하신 분은 시청해 보셔도 좋겠네요.

진행자 : 말씀 감사합니다. 오늘 영상은 누구나 시청하실 수 있도록 공개해 두겠습니다. 혹시 의견이 있으신 분은 ⓔ<u>영상 게시물에 댓글을 남겨 주시면</u> 답변을 드리겠습니다.

40. ㉠ ~ ㉤에 대한 이해로 적절하지 <u>않은</u> 것은?

① ㉠ : 글자의 크기와 글꼴을 달리하여 방송에서 다루는 중심 화제를 부각하고 있군.

② ㉡ : 전문가의 발언에 비판적 의문을 제기하는 시청자의 의견을 실시간으로 보여 주고 있군.

③ ㉢ : 방송에서 다룬 내용과 관련 있는 영상을 제시하고 있군.

④ ㉣ : 방송 중 언급된 블로그에 필요에 따라 선택적으로 접근할 수 있도록 하고 있군.

⑤ ㉤ : 방송에서 송출되는 음성 언어를 문자 언어로 보여 주는 기능을 제공하고 있군.

41. 다음은 시청자들이 올린 댓글의 일부이다. 시청자의 수용 태도에 대한 설명으로 가장 적절한 것은?

> 영상 게시물 댓글
>
> **시청자 1**　쇼트폼에 대한 설문의 출처도 제시되지 않았고, 내용도 확실한지 의문이네요. 게다가 쇼트폼에 과장된 내용이 포함된 사례가 제시되지 않아 아쉬워요.
>
> **시청자 2**　쇼트폼에 대한 글쓰기 과제를 해야 하는데, 방송에서 필요한 내용을 얻을 수 있어서 좋았어요. 하지만 쇼트폼 제작자의 입장에서 유의할 점은 다루지 않아 아쉽습니다.
>
> **시청자 3**　비판 의식 없이 쇼트폼을 소비하던 사람들에게 도움이 되는 방송 같아요. 쇼트폼을 즐기는 사람들이 많아지고 있는 이때, 유의할 점을 알려 주셔서 의미 있었습니다.

① 시청자 1과 시청자 2는 모두 방송에 제시된 정보의 정확성에 대해 긍정적으로 판단하였다.

② 시청자 1과 시청자 3은 모두 방송에 제시된 정보의 신뢰성에 대해 부정적으로 판단하였다.

③ 시청자 1과 달리, 시청자 2는 방송에 제시된 정보의 충분성에 대해 부정적으로 판단하였다.

④ 시청자 1과 달리, 시청자 3은 방송에 제시된 정보의 유용성에 대해 긍정적으로 판단하였다.

⑤ 시청자 2와 달리, 시청자 3은 방송에 제시된 정보의 시의성에 대해 부정적으로 판단하였다.

42. ⓐ ~ ⓔ에 대한 설명으로 적절하지 <u>않은</u> 것은?

① ⓐ : 부정 표현을 활용해 쇼트폼의 재생 시간의 특징을 언급하고 있다.

② ⓑ : 진행상을 활용해 현재 쇼트폼의 조회 수가 계속해서 증가하는 중임을 드러내고 있다.

③ ⓒ : 대등적 연결 어미를 연속적으로 활용해 쇼트폼이 인기인 이유를 설명하고 있다.

④ ⓓ : 설명 의문문을 활용해 쇼트폼 시청 시 유의할 점에 대한 정보를 요구하고 있다.

⑤ ⓔ : 간접 인용을 나타내는 조사를 활용해 쇼트폼에 대한 의견을 제시하는 방법을 안내하고 있다.

[43 ~ 45] (가)는 학생회 누리 소통망[SNS]의 게시물이고, (나)는 학생회 학생들의 온라인 화상 회의이다. 물음에 답하시오.

(가)

위에 있는 사진과 같이 우리 학교에 친환경 정원이 조성되었습니다! 정원의 벤치, 테이블, 화단 틀 등을 보셨나요? 그것들은 모두 폐현수막과 폐의류를 재활용한 자재로 만들어졌습니다. 학생회에서는 친환경 정원 조성의 취지를 알리고 친환경 의식을 높이기 위한 체험 행사를 개최합니다. 친환경의 의미를 담은 시화 관람, 물품 나눔, 친환경 생활을 위한 한 줄 다짐 쓰기, 재활용품으로 물품 만들기 등 다채로운 활동이 준비되어 있으니 많이 참여해 주세요. 자세한 내용은 링크를 눌러 확인해 주세요!
☞ https://○○○.hs.kr/66193/subMenu.do

★ 참여 신청 및 문의 사항은 학생회 계정으로 메시지를 보내 주세요.

👍좋아요　💬댓글 읽기　✉️메시지 보내기

⚫⚫ □□_art 님 외 67명이 좋아합니다.

17시간 전

😊 댓글 달기...　　　　　　　　　　게시

(나)

보민 : 지난 회의에서 친환경 체험 행사의 다양한 활동을 학생들에게 효과적으로 홍보하기 위해 행사 안내도를 만들기로 했잖아. 회의를 시작해 볼까?

아준 : 정원의 조감도를 이용해 안내도 초안을 만들면서 활동에 따라 공간을 구획해 봤어. 화면을 봐 줘.

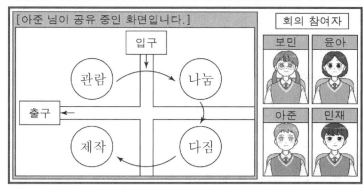

윤아 : 화면에서는 시화 관람, 물품 나눔, 한 줄 다짐 쓰기, 재활용품으로 물품 만들기 순으로 체험 순서를 제시했는데, 체험 순서를 정하면 학생들의 활동 참여에 제약이 있겠어.

민재 : '관람', '나눔', '제작'에서의 활동은 학생들이 자유롭게 참여하게 하고, '다짐'은 최대한 많은 학생들이 참여할 수 있게 안내하면 좋겠어. 아준이가 안내도 초안을 만들기로 했잖아. 그걸 보면서 얘기해 볼까?

아준 : 모두 첨부 파일을 확인해 줘.

채팅	아준 님이 파일을 전송했습니다. 파일명 : ㉠ 학교 체험 행사 안내도.pdf

민재 : 안내도 초안에도 화살표가 있네. 체험 순서와 출입 방향을 나타내는 화살표는 모두 지우면 좋겠어.

보민 : 한 줄 다짐 쓰기에 학생들이 많이 참여하도록 하려면 '제작'과 '다짐'의 활동 공간을 서로 바꾸면 좋겠어. 이에 대한 의견 줘.

아준 : '다짐'의 활동 공간을 출구 가까이에 배치해 학생들이 그 활동에 참여한 후 나가도록 하기 위한 것이구나.

윤아 : 나도 그게 좋아. 그런데 '제작'이 활동의 의미를 제대로 드러내지 못하는 것 같아. '재생'으로 바꾸면 어떨까? 동의하는 사람들은 손을 들어 줘.

보민 : 모두 동의하는구나. 그럼 이제는 환경 단체에서 주최한 체험 행사 안내도를 참고해서 안내도의 구성에 대해서 이야기해 보자. 파일을 전송할게.

채팅	보민 님이 파일을 전송했습니다. 파일명 : ㉡ 환경 단체 체험 행사 안내도.pdf

민재 : 환경 단체의 안내도에서는 조감도에 각 공간의 이름을 번호와 함께 표시하고 그에 대한 범례를 따로 두어 활동을 안내했네. 이에 비해 우리 초안은 조감도에 글자가 많아 복잡해 보이는 것 같아.

아준 : 우리도 범례를 환경 단체의 안내도처럼 따로 두는 것이 좋겠어. 그리고 행사 일시와 장소도 추가하는 것이 어때?

윤아 : 행사명도 추가하는 것이 좋겠어. 행사명을 안내도 상단에 제시하고 그 아래 행사 일시와 장소를 안내하자.

보민 : 좋은 의견들을 줘서 고마워. 오늘 회의 내용을 모두 반영하여 함께 안내도를 완성해 보자.

43. (가), (나)에 대한 이해로 가장 적절한 것은?

① (가)는 수용자의 반응을 숫자로 제시하여 매체 자료에 대한 수용자의 선호 정도를 드러내고 있다.

② (나)는 정보의 생산자와 수용자가 분리되어 정보 전달이 한 방향으로 이루어지고 있다.

③ (가)와 달리, (나)는 하이퍼링크 기능을 통해 추가적인 정보를 제공하고 있다.

④ (나)와 달리, (가)는 정보를 전달할 수 있는 시간의 제약을 고려하여 정보의 양을 조절하고 있다.

⑤ (가)와 (나)는 모두 음성 언어와 시각 자료를 결합한 복합 양식을 활용하여 정보를 생산하고 있다.

44. ㉠, ㉡과 관련하여 (나)에 대해 설명한 내용으로 가장 적절한 것은?

① ㉠의 안내 효과를 바탕으로 ㉡의 장점을 극대화하기 위한 방법을 모색했다.

② ㉡의 구성 방식을 참고하여 ㉠을 개선하기 위한 방안을 마련했다.

③ ㉡의 구성 요소를 고려하여 ㉠의 불필요한 구성 요소를 삭제했다.

④ ㉠과 ㉡의 차이점을 근거로 ㉡의 구성상의 문제점을 비판했다.

⑤ ㉠과 ㉡을 비교하여 안내 효과 측면에서 각각의 장단점을 분석했다.

45. (나)를 바탕으로 다음과 같은 '안내도'를 만들었다고 할 때, 이에 대해 이해한 내용으로 적절하지 <u>않은</u> 것은? [3점]

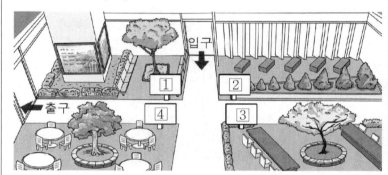

△△ 고등학교 친환경 체험 행사 안내도

○ 일시 : 20××년 3월 23일 14:00
○ 장소 : 친환경 정원

<범례>
① 관람 : 친환경의 의미를 담은 시화 관람하기
② 나눔 : 물품 서로 나누기
③ 재생 : 재활용품으로 물품 만들기
④ 다짐 : 친환경 생활을 위한 한 줄 다짐 쓰기

① 윤아의 의견을 바탕으로, 안내도 상단에 행사명을 제시했다.

② 보민의 의견을 바탕으로, '다짐'의 활동 공간을 출구 가까이 배치했다.

③ 민재의 의견을 바탕으로, 입구와 출구에 출입 방향을 화살표로 표시했다.

④ 아준의 의견을 바탕으로, 각 공간에서 이루어지는 활동 내용을 범례로 안내했다.

⑤ 윤아의 의견을 바탕으로, 재활용품으로 물품을 만드는 활동 공간의 이름을 '재생'으로 정했다.

---

* 확인 사항
○답안지의 해당란에 필요한 내용을 정확히 기입(표기)했는지 확인하시오.

● 문항수 11개 | 배점 24점 | 제한 시간 20분　　　　　　　　　　　　● 점수 표시가 없는 문항은 모두 2점

35. <보기>의 활동을 수행한 결과로 적절하지 <u>않은</u> 것은?

─── < 보 기 > ───

[활동] 제시된 단어의 발음을 [자료]에 근거하여 탐구해 보자.

훑이[훌치]	훑어[훌터]	없는[언는]
끊고[끌코]	끊는[끌른]	

[자료]

○ 자음군 단순화만 일어나는 경우도 있지만, 자음군 단순화가 일어난 후에 비음화나 유음화와 같은 음운 변동이 일어나는 경우도 있음.

○ 자음군 단순화는, 두 자음 중 뒤의 자음이 구개음화되거나 뒤의 자음과 그다음 음절의 처음에 놓인 자음이 축약되면 일어나지 않음.

○ 자음군 단순화는 모음으로 시작하는 형식 형태소가 와서 뒤의 자음이 연음되면 일어나지 않음.

① '훑이[훌치]'는 모음으로 시작하는 접사 '-이'가 와서 'ㅌ'이 'ㅊ'으로 교체된 후 자음군 단순화가 일어난 것이군.

② '훑어[훌터]'는 모음으로 시작하는 어미 '-어'가 와서 'ㅌ'이 연음되어 자음군 단순화가 일어나지 않은 것이군.

③ '없는[언는]'은 'ㅄ' 중 뒤의 자음인 'ㅅ'이 탈락되어 자음군 단순화만 일어난 것이군.

④ '끊고[끌코]'는 'ㅎ'과 그다음 음절의 'ㄱ'이 축약되어 자음군 단순화가 일어나지 않은 것이군.

⑤ '끊는[끌른]'은 자음군 단순화가 일어난 후 남은 'ㄹ'로 인해 'ㄴ'이 'ㄹ'로 교체된 것이군.

36. <보기>를 모두 충족하는 문장으로 적절한 것은?

─── < 보 기 > ───

○ 서술어의 자릿수가 한 자리인 용언이 포함될 것.

○ 관형사절 속에 보어가 포함될 것.

① 화단도 아닌 곳에 진달래꽃이 피었다.

② 대학생이 된 누나가 주인공을 맡았다.

③ 학생이었던 삼촌은 마흔 살이 되었다.

④ 큰언니는 성숙했지만 성인이 아니었다.

⑤ 나무로 된 책상을 나는 그에게 주었다.

37. <보기>의 [A]에 들어갈 말로 적절하지 <u>않은</u> 것은? [3점]

─── < 보 기 > ───

선생님 : 단어는 다음과 같이 세 가지 기준으로 분류될 수 있습니다.

기준	분류
㉠	가변어, 불변어
㉡	용언, 체언, 수식언, 관계언, 독립언
㉢	동사, 형용사, 명사, 대명사, 수사, 관형사, 부사, 조사, 감탄사

자, 이제 아래 문장의 단어들을 탐구해 봅시다.

　　음, 우리가 밝은 곳에서 그 나비 하나를 또 잡았어.

학생 :　　　　　　　　　[A]

선생님 : 네, 맞아요.

① '나비 하나를 또 잡았어'는 ㉠에 따라 분류하면 가변어 한 개, 불변어 네 개를 포함합니다.

② '나비 하나를'은 ㉡에 따라 분류하면 체언 두 개, 관계언 한 개를 포함합니다.

③ '음, 우리가 밝은 곳에서 그 나비 하나를 또 잡았어'는 ㉢에 따라 분류하면 아홉 개의 품사를 모두 포함합니다.

④ '밝은'과 '잡았어'는 ㉡이나 ㉢ 중 어느 것에 따라 분류하더라도 서로 다른 부류로 분류됩니다.

⑤ '그'와 '또'는 ㉡에 따라 분류하면 수식언이고, ㉢에 따라 분류하면 각각 관형사, 부사입니다.

[38 ~ 39] 다음 글을 읽고 물음에 답하시오.

현대 국어에서 명사를 파생하는 접미사로 널리 쓰이는 것에 '-(으)ㅁ'이 있다. 접미사 '-(으)ㅁ'은 동사나 형용사를 명사로 바꿀 수 있으며 '묶음, 기쁨'과 같은 단어를 만든다. 한글 맞춤법에서는 어간에 '-(으)ㅁ'이 붙어서 명사로 된 것은 그 어간의 원형을 밝히어 적도록 규정하고 있다. '-(으)ㅁ'이 비교적 널리 여러 어간에 결합할 수 있고 이것이 결합하여 만들어진 단어의 의미가 어간의 본뜻을 유지하고 있기 때문이다. 이는 가령 '무덤'이 기원적으로 '묻-'에 '-엄'이 붙어서 된 것이기는 하지만 '-엄'은 현대 국어에서 새로운 단어를 만들지 못하므로 '무덤'에서 어간의 원형인 '묻-'을 밝히어 적지 않는 것과 대조된다.

그런데 명사형 어미에도 '-(으)ㅁ'이 있어서, 현대 국어에서 '-(으)ㅁ'이 결합한 단어들 중에는 형태는 같으나 품사가 다른 경우가 있다. 예를 들어 '그가 시원한 웃음을 크게 웃음은 시험에 합격했기 때문이다.'에서 앞에 나오는 '웃음'은 관형어 '시원한'의 수식을 받는 명사이므로 여기서 '-음'은 명사 파생 접미사이다. 그러나 뒤에 나오는 '웃음'은 명사절에서 서술어로 기능하고 있으며 부사어 '크게'의 수식을 받는 동사의 명사형이다. 그러므로 여기서 '-음'은 명사형 어미이다. '크게 웃음'을 '크게 웃었음'으로 바꾸어 쓸 수 있는 것에서 알 수 있듯이, 어미 '-(으)ㅁ'은 '-았/었-', '-겠-', '-(으)시-' 등 대부분의 선어말 어미와 결합할 수 있다.

현대 국어와 달리, 중세 국어에서는 ㉠ 파생 명사와 ㉡ 명사형 어미가 결합한 용언의 활용형이 형태적으로 구별되었다. 예를 들어 '싸 그룸과[땅을 그림과]'에서 서술어로 기능하는 '그룸'은 동사 '(그림을) 그리다'의 명사형인데, '그리다'의 파생 명사는 '그리-'에 '-ㅁ'이 붙어서 만들어진 '그림'이었다. 일반적으로 중세 국어에서는 명사 파생 접미사 '-(ᄋ/으)ㅁ'과 명사형 어미 '-옴/움'이 형태상으로 구분되었다. 모음 조화에 따라 양성 모음 뒤에서는 접미사 '-(ᄋ)ㅁ'과 어미 '-옴'이, 음성 모음 뒤에서는 접미사 '-(으)ㅁ'과 어미 '-움'이 쓰였다. 그러다가 'ᆞ'가 소실되고 명사형 어미의 형태가 달라지는 등 여러 변화를 입어 현대 국어에서는 명사 파생 접미사와 명사형 어미가 모두 '-(으)ㅁ'으로 나타나게 되었다.

38. 윗글을 통해 <보기>의 ㄱ~ㅁ을 이해한 내용으로 적절하지 <u>않은</u> 것은?

< 보 기 >

ㄱ. 나이도 어린 동생이 고난도의 춤을 잘 춤이 신기했다.

ㄴ. 차가운 주검을 보니 그제야 그의 죽음이 실감이 났다.

ㄷ. 나는 그를 조용히 도움으로써 지난날의 은혜에 보답했다.

ㄹ. 작가에 대해서 많이 앎이 오히려 감상을 방해하기도 한다.

ㅁ. 그를 전적으로 믿음에도 결과를 직접 확인할 필요는 있었다.

---

① ㄱ에서 '고난도의'의 수식을 받는 '춤'은 명사이고, '잘'의 수식을 받는 '춤'은 동사의 명사형이다.
② ㄴ에서 '죽음'은 접미사 '-음'이 붙어서 된 말이므로 '주검'과는 달리 어간의 원형을 밝히어 적는다.
③ ㄷ에서 '도움'은 동사의 명사형으로, 명사절에서 서술어로 기능하고 있다.
④ ㄹ에서 '앎'의 '-ㅁ'은 '알-'에 붙어 품사를 동사에서 명사로 바꾸었다.
⑤ ㅁ에서 '믿음'의 '믿-'과 '-음' 사이에는 선어말 어미 '-었-'이 끼어들 수 있다.

39. 윗글을 바탕으로 하여, 제시된 중세 국어 용언들의 ㉠과 ㉡을 바르게 추정한 것은?

		㉠	㉡
①	(물이) 얼다	어름	어룸
②	(길을) 걷다	거름	거룸
③	(열매가) 열다	여룸	여름
④	(사람이) 살다	사롬	사름
⑤	(다른 것으로) 굴다	ᄀ름	ᄀ룸

[40 ~ 43] 다음은 텔레비전 프로그램의 일부이다. 물음에 답하시오.

진행자: 오늘 방송할 내용은 지난해 7월 공포된 폐기물관리법 시행규칙과 관련된 내용입니다. 먼저 김 기자, 폐기물관리법 시행규칙에는 어떤 내용이 있나요?

김 기자: 환경부에서 발표한 폐기물관리법 시행규칙에 따르면 수도권 지역은 2026년부터, 그 외 지역은 2030년부터 종량제 봉투에 담긴 생활 폐기물을 땅에 바로 묻을 수 없습니다. 생활 폐기물 중에서 일부를 소각하고 남은 재만 매립해야 합니다.

진행자: 제가 얼마 전에 수도권 여러 매립지의 포화 시점이 멀지 않았다는 내용을 보도한 적이 있었는데 이 시행규칙은 그것과 관련이 있겠네요?

김 기자: 그렇습니다. 바뀐 시행규칙에 맞추어 원활한 소각 처리가 가능해진다면 매립지에 묻히는 생활 폐기물의 양을 지금의 20% 이하로 줄일 수 있다고 합니다.

진행자: 감소하는 양이 크군요. 제가 볼 때는 매립지의 포화 시점을 늦추는 데 상당히 도움이 되겠네요. 그런데 현재 운영 중인 소각 시설은 충분한 편인가요?

김 기자: 그렇지 않습니다. 새로운 시행규칙을 따르기 위해서는 여러 지방 자치 단체에서 소각 시설을 확충해야 하지만, 시작 단계에서부터 주민들과 마찰이 생기고 있는 지역이 많습니다. 얼마 전, 소각 시설의 후보지로 선정된 △△ 지역 주민의 얘기를 먼저 들어 보겠습니다.

주민: 이렇게 갑자기 우리 지역이 소각 시설의 후보지로 선정되다니 너무 화가 납니다.

△△ 지역 주민

김 기자: 그리고 ⓐ 주민들이 "이 지역을 위해 끝까지 맞서 싸우겠습니다."라고 성토했습니다.

진행자: 후보지로 선정된 지역 주민들의 반발이 크네요. 이번에는 박 기자가 취재한 내용 들어 보겠습니다. 이런 상황을 슬기롭게 해결한 사례가 있을까요?

박 기자: 네, 먼저 준비된 동영상을 보시죠.

진행자: 주민들이 산책도 하고 운동도 하고 있는 모습이 보이네요. 저곳은 공원이 아닌가요?

박 기자: 네, 맞습니다. 지상은 이렇게 주민들이 여가를 즐기는 공원으로 조성되어 있습니다. 계속 동영상을 보시죠. 보시는 것처럼 공원의 지하에는 생활 폐기물 소각 시설이 있습니다. 소각 시설의 지하화로 주민들이 우려했던 위화감을 최소화하고 주민들을 위한 편의 시설을 제공하여 소각 시설의 설치가 가능했습니다.

진행자: 그래도 제 생각에 추진 과정에서 갈등이 적지 않았을 것 같은데요, 어떠한 과정을 거쳤나요?

박 기자: 처음에는 반대 의견이 우세했지만, ○○시에서는 주민들을 설득하기 위해 수차례 협의회를 열어 주민들의 의견을 경청했고 주민들의 요구 사항을 적극적으로 수용하고자 했답니다.

진행자: 그래도 주민들에게는 소각 시설 설치가 건강과 직결되는 문제인 것 같아요. 어떤 주민들이 소각할 때 생기는 대기 오염 물질에 대해 걱정하지 않겠어요?

박 기자: ○○시 소각 시설은 폐기물을 소각하는 과정에서 생

기는 대기 오염 물질을 정화할 수 있도록 했기 때문에 배출되는 대기 오염 물질의 농도는 현저히 낮습니다. 또한 ○○시는 소각 시설과 관련한 앱을 만들어 주민들의 우려를 해소해 주고 있습니다.

진행자: 그렇군요. 지금 그 앱을 확인할 수 있나요?

박 기자: 네, 화면 보시죠. 이렇게 ⊙ 앱 메인 화면에서는 여러 메뉴를 한눈에 확인할 수 있는데, 그중 하나를 선택하면 원하는 내용과 손쉽게 연결될 수 있습니다.

우선 ⓒ 처리 공정을 누르면, 생활 폐기물을 소각 처리하는 과정을 애니메이션으로 제작한 동영상이 나옵니다. ⓒ 대기 오염 농도를 누르면, 수시로 바뀌는 대기 오염 물질의 농도 변화를 바로바로 확인할 수 있습니다. 그리고 ○○시 소각 시설에 방문하여 둘러보고 싶다면 ⓔ 시설 견학 신청을, 제안하려는 의견이 있다면 로그인을 한 후 ⓜ 의견 보내기를 누르면 됩니다.

40. 위 프로그램을 시청한 반응으로 적절하지 <u>않은</u> 것은?

① 진행자는 김 기자가 언급한 정보를 자신이 과거에 보도한 내용과 관련지어 이해하고 있군.

② 김 기자는 인터뷰를 제시하여 문제 상황에 대한 주민들의 반응을 전달하고 있군.

③ 박 기자는 동영상을 활용하여 언급된 문제 상황이 해결된 사례를 제시하고 있군.

④ 진행자는 김 기자와 박 기자가 전달한 내용에 대해 자신의 의견을 덧붙이고 있군.

⑤ 진행자는 김 기자와 박 기자가 전달한 정보를 종합하여 해결 방안에 내재한 문제점 위주로 방송을 진행하고 있군.

41. 위 프로그램을 바탕으로 할 때, ⊙ ~ ⓜ에서 확인할 수 있는 의사소통의 특징으로 가장 적절한 것은?

① ⊙에서 여러 메뉴를 한눈에 확인할 수 있는 것으로 보아, 수용자는 생산자가 미리 정해 놓은 메뉴의 순서에 따라서만 정보 탐색이 가능함을 알 수 있다.

② ⓒ에서 생활 폐기물의 처리 공정을 애니메이션으로 볼 수 있는 것으로 보아, 생산자와 수용자가 쌍방향적 소통을 통해 정보를 생산할 수 있음을 알 수 있다.

③ ⓒ에서 수시로 바뀌는 대기 오염 물질의 농도를 바로 알 수 있는 것으로 보아, 변화하는 정보에 수용자가 실시간으로 접근할 수 있음을 알 수 있다.

④ ⓔ에서 시설을 견학하고 싶다는 의사를 전달할 수 있는 것으로 보아, 수용자가 미리 등록된 정보를 수정하여 배포할 수 있음을 알 수 있다.

⑤ ⓜ에서 소각 시설에 대한 의견 제안이 누구나 가능한 것으로 보아, 수용자가 별도의 인증 절차 없이도 자유롭게 의견을 개진할 수 있음을 알 수 있다.

42. 다음은 위 프로그램이 보도된 이후의 시청자 게시판 내용이다. 시청자의 수용 태도에 대한 설명으로 적절하지 <u>않은</u> 것은? [3점]

> **시청자 게시판** ✕
>
> **시청자 1** 방송에서는 시행규칙에 따라 생활 폐기물 중 일부만 소각한다고 했는데, 어떤 기준으로 소각 여부를 구분하는지까지 알려 줘야 하지 않을까요? 또 생활 폐기물을 소각하면 매립되는 양을 지금의 20% 이하로 줄일 수 있다고 했는데, 그 자료의 출처가 어디인가요?
>
> **시청자 2** 이 방송은 같은 문제로 갈등을 겪고 있는 우리 지역에서 참고할 만한 좋은 내용이네요. 생활 폐기물을 소각하는 과정에서 생기는 대기 오염 물질을 정화하여 배출한다는 것은 알겠습니다. 그런데 구체적인 수치와 기준까지 제시해 주어야 시청자들도 ○○시 주민들이 왜 소각 시설의 설치에 찬성했는지 이해할 수 있을 것 같아요.
>
> **시청자 3** 제가 알기로는 소각 처리 시설을 지하화하는 데에 무조건 찬성하는 입장만 있지는 않을 것 같아요. 지상에 짓는 것보다 비용이 더 많이 들어서 난색을 표하는 지방 자치단체도 있더라고요. 이러한 점을 균형 있게 다루어 주었으면 더 좋았을 것 같아요.

① 시청자 1은 폐기물관리법 시행규칙의 효과와 관련하여 방송에서 활용한 정보의 신뢰성을 점검하였다.

② 시청자 2는 지역 주민들의 갈등 해소와 관련하여 방송 내용의 유용성을 점검하였다.

③ 시청자 3은 소각 처리 시설의 지하화와 관련하여 방송 내용의 공정성을 점검하였다.

④ 시청자 1은 폐기물관리법 시행규칙의 내용과 관련하여, 시청자 2는 대기 오염 물질을 정화하여 배출하는 것과 관련하여 방송에서 제시한 정보가 충분한지 점검하였다.

⑤ 시청자 2는 지역 주민들의 갈등 해소 과정과 관련하여, 시청자 3은 소각 처리 시설 지하화의 비용과 관련하여, 방송에서 활용한 정보가 사실인지 점검하였다.

43. <보기>를 참고할 때, [A]에 들어갈 내용으로 적절한 것은?

> ──── < 보 기 > ────
> 직접 인용은 간접 인용으로 바꾸어 표현하면 지시 표현, 종결 표현 등에 변화가 일어난다. 가령 ⓐ를 간접 인용이 포함된 문장으로 바꾸어 표현하면 다음과 같이 달라진다.
> → 주민들이 [[A]] 성토했습니다.

① 그 지역을 위해 끝까지 맞서 싸웠다고

② 저 지역을 위해 끝까지 맞서 싸웠다고

③ 그 지역을 위해 끝까지 맞서 싸우겠다고

④ 그 지역을 위해 끝까지 맞서 싸웠다라고

⑤ 저 지역을 위해 끝까지 맞서 싸우겠다고

[44 ~ 45] (가)는 사진 동아리 학생들이 진행한 온라인 화상 회의의 일부이고, (나)는 (가)를 바탕으로 '준영'이 만든 발표 자료의 초안이다. 물음에 답하시오.

(가)

현수: 드디어 다 모였네. 모일 공간이 마땅치 않았는데 이렇게 온라인 공간에서 의견을 나눌 수 있다니 참 편리하다.

가람: 맞아. 그런데 현수는 카메라를 안 켰네? 대면 회의 대신에 온라인으로 화상 회의를 하기로 한 것이니 모두 카메라를 켜고 참여하는 게 좋지 않을까?

현수: 앗, 그렇네. 지금 바로 카메라를 켤게.

준영: 좋아. 내 목소리 잘 들려? (화면 속 학생들을 살피며) 다들 잘 들리는 것 같네. 오늘은 축제에서 사용할 동아리 활동 소개 자료에 대해 논의하자. 혹시 일정표 갖고 있니?

예나: 내가 파일로 가지고 있어. 지금 바로 파일 전송할게.

> **파일 전송 : 동아리_활동_발표회_일정표.hwp**(256 KB)

준영: 고마워. 예나가 보낸 파일을 보니 발표 시간이 짧아서 올해 진행한 행사들만 슬라이드로 간단히 소개하면 될 것 같아.

예나: 그럼 계절에 따라 진행한 행사 사진을 각 슬라이드에 넣으면 어때?

현수: 좋은 생각인데, 나한테 봄에 '○○ 공원 사진 촬영'에서 찍은 동영상이 있어. 잠시 내 화면을 공유해서 보여 줄게. (화면을 공유한다.) 이게 괜찮으면 슬라이드에 사진 대신 삽입하면 어떨까?

가람: 오, 난 좋은데? 이걸 삽입하면 행사 모습을 사진보다 생생하게 전달할 수 있겠어. 여름 행사는 '사진 강연'이지?

현수: 맞아. 아까 예나가 이야기한 것처럼 이 행사부터는 사진을 슬라이드에 넣어서 청중에게 보여 주면 될 것 같아.

가람: 근데 그것만으로는 어떤 강연이었는지를 알 수 없잖아. 강연 일시와 장소뿐만 아니라 무슨 주제로 강연했는지를 제시해야 하지 않을까?

예나: 좋아. 나도 동의해. 그럼 가을에 한 '옛날 사진관' 행사도 설명을 간단히 제시하자.

준영: 근데 그 행사는 촬영한 사진들을 궁금해 하는 친구들이 많더라. 동아리 블로그에 사진이 많이 있으니 블로그에 바로 접속할 수 있는 QR 코드도 삽입하면 어떨까?

예나: 그게 좋겠다. 마지막 행사는 '장수 사진 봉사 활동'인데, 우리에게 의미 있는 행사였으니 슬라이드에 행사의 취지를 밝히고 행사에서 느낀 점을 간단히 제시하는 것이 좋겠어.

가람: 그렇게 하면 슬라이드에 담긴 설명이 너무 많아서 읽기 힘들 것 같아. 느낀 점은 발표자가 따로 언급만 하는 것으로 하자.

준영: 그러자. 내가 초안을 만들 테니 나중에 함께 검토해 줘.

(나)

슬라이드 1	슬라이드 2
사진 동아리 △△의 봄 △△ 부원 모두가 함께한 **'○○ 공원 사진 촬영'**	**사진 동아리 △△의 여름** 김□□ 작가의 **'사진 강연'** · 강연 일시 : 20××.××.××. · 강연 장소 : 본교 소강당

슬라이드 3	슬라이드 4
사진 동아리 △△의 가을 복고를 주제로 많은 학생들을 촬영한 **'옛날사진관'** ◀ **사진 더 보기** (동아리 블로그로 이동)	**사진 동아리 △△의 겨울** **'장수 사진 봉사 활동'** 마을 어르신들의 장수를 기원하며 건강한 미소를 사진에 담아낸 재능 기부 활동

---

44. (가)에 대한 설명으로 적절하지 **않은** 것은?

① '현수'는 대면 회의보다 공간의 제약이 덜하다는 장점을 들어 온라인 화상 회의에 대해 긍정적으로 평가하고 있다.

② '가람'은 회의가 제한된 시간 안에 이루어진다는 점을 들어 회의의 규칙을 제안하고 있다.

③ '준영'은 화면을 살피며 참여자들에게 자신의 음성이 잘 전달되는지를 점검하고 있다.

④ '예나'는 파일 전송 기능을 활용하여 회의에 필요한 자료를 참여자에게 제공하고 있다.

⑤ '현수'는 자신의 화면을 공유하며 슬라이드에 동영상을 삽입할 것을 제안하고 있다.

45. (가)를 바탕으로 (나)를 수정한다고 할 때, 이에 대한 방안으로 가장 적절한 것은?

① '○○ 공원 사진 촬영' 행사 모습을 청중에게 생생하게 전달하기 위해 '슬라이드 1'에 행사 사진을 추가한다.

② '사진 강연'의 내용을 청중이 알 수 있도록 '슬라이드 2'에 강연 주제에 대한 정보를 추가한다.

③ 진행한 행사를 청중에게 계절 순서에 맞게 제시하기 위해 '슬라이드 2'와 '슬라이드 3'에 제시된 행사를 맞바꾼다.

④ '옛날 사진관' 행사와 관련하여 청중이 필요로 하는 정보만을 제시하기 위해 '슬라이드 3'에 제시된 사진을 삭제한다.

⑤ '장수 사진 봉사 활동'이 동아리 부원들에게 주는 의미를 청중이 알 수 있도록 '슬라이드 4'에 행사에서 느낀 점을 추가한다.

> **＊ 확인 사항**
> ○답안지의 해당란에 필요한 내용을 정확히 기입(표기)했는지 확인하시오.

03회
● 2021학년도 3월 학력평가

국어영역(언어와 매체)

PART I

03회

● 문항수 11개 | 배점 24점 | 제한 시간 20분

● 점수 표시가 없는 문항은 모두 2점

35. [학습 활동]을 수행한 결과로 적절하지 <u>않은</u> 것은? [3점]

> **선생님** : 형용사 형성 파생법은 크게 접두사에 의한 파생법과 접미사에 의한 파생법으로 나누어 볼 수 있습니다. 일반적으로 접두사에 의한 파생법은 ㉠형용사 어근 앞에 뜻을 더하는 접사가 붙은 것이고, 접미사에 의한 파생법은 대체로 ㉡명사 어근 뒤에 어근의 품사를 형용사로 바꾸는 접사가 붙은 것입니다. 그럼 아래를 참고하여, [학습 활동]을 해결해 볼까요?
>
> [접두사] 새-, 시-
> [접미사] -롭다, -되다, -답다, -스럽다
>
> [학습 활동] 다음에서 ㉠, ㉡에 해당하는 예를 찾아보자.
>
> > 나는 바닷가 산책로를 따라 걸었다. 바로 코끝에서 **시퍼런** 바닷물이 철썩거리고 있었다. 늘 걷던 길이 오늘따라 **새롭게** 느껴지는 것은 곧 이곳을 떠나야 한다는 사실 때문일 것이다. 여기 머문 지도 어느새 삼 년이 되어 간다. 돌이켜 보면 **복된** 나날이었다. 이웃들과 매일 **정답게** 인사를 주고받았으며, 어디서든 아이들의 **사랑스러운** 웃음소리를 들을 수 있었다.

① '시퍼런'은 접두사 '시-'가 형용사 어근 앞에 붙어 형성된 말의 활용형으로, ㉠에 해당하는 예이다.
② '새롭게'는 접두사 '새-'가 형용사 어근 앞에 붙어 형성된 말의 활용형으로, ㉠에 해당하는 예이다.
③ '복된'은 접미사 '-되다'가 명사 어근 뒤에 붙어 형성된 말의 활용형으로, ㉡에 해당하는 예이다.
④ '정답게'는 접미사 '-답다'가 명사 어근 뒤에 붙어 형성된 말의 활용형으로, ㉡에 해당하는 예이다.
⑤ '사랑스러운'은 접미사 '-스럽다'가 명사 어근 뒤에 붙어 형성된 말의 활용형으로, ㉡에 해당하는 예이다.

36. <보기>의 ㉠~㉢에 대한 설명으로 적절하지 <u>않은</u> 것은?

> ─── < 보 기 > ───
> ㉠ 우리는 봄이 어서 오기를 기다렸다.
> ㉡ 나는 그가 범인이 아니었음에 안도했다.
> ㉢ 우유를 마신 아이가 마루에서 잠들었다.

① ㉠에는 목적어의 기능을 하는 안긴문장이 있다.
② ㉡에는 서술어의 기능을 하는 안긴문장이 있다.
③ ㉢에는 관형어의 기능을 하는 안긴문장이 있다.
④ ㉢과 달리 ㉠에는 안긴문장 속에 부사어가 있다.
⑤ ㉡과 달리 ㉢에는 주어가 생략된 안긴문장이 있다.

37. <보기>는 중세 국어를 학습하기 위한 자료이다. <보기>를 바탕으로 중세 국어의 특징을 탐구한 내용으로 적절하지 <u>않은</u> 것은?

> ─── < 보 기 > ───
> 太子ㅣ 앗겨 ᄆᅀᆞ매 너교ᄃᆡ 비들 만히 니르면 몯 삶가 ᄒᆞ야 닐오ᄃᆡ **金으로** 짜해 ᄭᆞ로ᄆᆞᆯ **ᄢᅳᆷ** 업게 ᄒᆞ면 이 東山ᄋᆞᆯ ᄑᆞ로리라 須達이 닐오ᄃᆡ **니ᄅᆞ샨 양ᄋᆞ로** ᄒᆞ리이다 太子ㅣ 닐오ᄃᆡ 내 롱담ᄒᆞ다라 須達이 닐오ᄃᆡ 太子ㅅ 法은 **거즛마ᄅᆞᆯ** 아니ᄒᆞ시ᄂᆞᆫ 거시니 구쳐 ᄑᆞᄅᆞ시리이다
>
> [현대어 풀이]
> 태자가 아껴 마음에 여기되 '값을 많이 이르면 못 살까.' 하여 이르되 "금으로 땅에 깔음을 틈 없게 하면 이 동산을 팔겠다." 수달이 이르되 "이르신 양으로 하겠습니다." 태자가 이르되 "내가 농담하였다." 수달이 이르되 "태자의 도리는 거짓말을 하시지 않는 것이니 하는 수 없이 파실 것입니다."

① '金으로'와 '양ᄋᆞ로'를 통해 모음 조화에 따라 형태를 달리하는 부사격 조사가 있었음을 확인할 수 있다.
② 'ᄢᅳᆷ'을 통해 단어 첫머리에 자음이 연속하여 올 수 있었음을 확인할 수 있다.
③ '니ᄅᆞ샨'을 통해 주체인 수달을 높이는 선어말 어미가 쓰였음을 확인할 수 있다.
④ '太子ㅅ'을 통해 'ㅅ'이 관형격 조사로 쓰였음을 확인할 수 있다.
⑤ '거즛마ᄅᆞᆯ'을 통해 자음으로 끝나는 체언에 모음으로 시작하는 조사가 결합할 때 이어적기를 하였음을 확인할 수 있다.

[38 ~ 39] 다음 글을 읽고 물음에 답하시오.

> **(가)** 표준 발음법 제5장에서는 '음의 동화'에 대해 다루고 있다. 동화는 음운 변동 중 한 음운이 다른 음운으로 바뀌는 교체에 속한다. 대표적인 예로 'ㄱ, ㄷ, ㅂ'이 비음 'ㄴ, ㅁ' 앞에서 각각 동일한 조음 위치의 비음인 'ㅇ, ㄴ, ㅁ'으로 조음 방법이 바뀌는 비음화, 'ㄴ'이 'ㄹ'의 앞 또는 뒤에서 동일한 조음 위치의 유음인 'ㄹ'로 조음 방법이 바뀌는 유음화가 있다. 예컨대 '만물[만물]'에서는 비음화가 일어나고, '실내[실래]'에서는 유음화가 일어난다.
>
> [A]
>
> 한편 동화를 일으키는 음운은 동화음, 동화음의 영향을 받는 음운은 피동화음이라고 하는데, 동화는 동화의 방향이나 동화의 정도에 따라 나눌 수 있다. 동화의 방향에 따라서는 동화음이 피동화음에 선행하는 동화, ㉠동화음이 피동화음에 후행하는 동화로 나눌 수 있다. 그리고 동화의 정도에 따라서는 ㉡피동화음이 동화음과 완전히 같아지는 동화, 피동화음이 동화음의 조음 위치나 조음 방법과 같은 일부 특성만 닮는 동화로 나눌 수 있다. 예컨대 '실내'에서는 동화음이 피동화음에 선행하며 피동화음이 동화음과 완전히 같아지는 동화가 일어나지만, '만물'에서는 동화음이 피동화음에 후행하며 피동화음이 동화음의 조음 방법만 닮는 동화가 일어난다.

(나) 국어의 로마자 표기는 국어의 표준 발음법에 따라 적는 것을 원칙으로 한다. 다음은 국어의 로마자 표기법의 일부를 정리한 것이다.

1. 표기 일람
   (1) 모음

ㅏ	ㅗ	ㅜ	ㅣ	ㅐ	ㅕ	ㅛ	ㅘ
a	o	u	i	ae	yeo	yo	wa

   • 장모음의 표기는 따로 하지 않는다.

   (2) 자음

ㄱ	ㄷ	ㅂ	ㅅ	ㅁ	ㅇ	ㄹ
g, k	d, t	b, p	s	m	ng	r, l

   • 'ㄱ, ㄷ, ㅂ'은 모음 앞에서는 'g, d, b'로, 자음 앞이나 어말에서는 'k, t, p'로 적는다.
   • 'ㄹ'은 모음 앞에서는 'r'로, 자음 앞이나 어말에서는 'l'로 적는다. 단, 'ㄹㄹ'은 'll'로 적는다.

2. 표기상의 유의점
   • 음운 변화가 일어날 때에는 변화의 결과에 따라 적는다.
   • 고유 명사는 첫 글자를 대문자로 적는다.

38. (가)와 (나)를 참고해 〈보기〉의 ⓐ~ⓔ를 로마자로 표기하려 할 때, 이에 대한 설명으로 적절한 것은?

─────〈 보 기 〉─────

○ ⓐ 대관령[대ː괄령]에서 ⓑ 백마[뱅마] 교차로까지는 멀다.
○ ⓒ 별내[별래] 주민들은 ⓓ 삽목표[삼몽묘]를 구입하였다.
○ 작년에 농장 주인은 ⓔ 물난리[물랄리]로 피해를 보았다.

* ⓐ~ⓒ는 지명임.

① ⓐ : 종성 위치에서만 유음화가 일어나 [대ː괄령]으로 발음되므로 'Dae:kwallyeong'로 표기해야 한다.
② ⓑ : 초성 위치에서만 비음화가 일어나 [뱅마]로 발음되므로 'Baengma'로 표기해야 한다.
③ ⓒ : 초성 위치에서만 유음화가 일어나 [별래]로 발음되므로 'Byeollae'로 표기해야 한다.
④ ⓓ : 초성 위치와 종성 위치에서 비음화가 일어나 [삼몽묘]로 발음되므로 'sammongmyo'로 표기해야 한다.
⑤ ⓔ : 초성 위치와 종성 위치에서 유음화가 일어나 [물랄리]로 발음되므로 'mullalri'로 표기해야 한다.

39. [A]를 바탕으로 〈보기〉에서 일어나는 동화의 양상을 분석할 때, ㉠과 ㉡이 모두 일어나는 단어만을 골라 묶은 것은?

─────〈 보 기 〉─────

곤란[골ː란]	국민[궁민]	읍내[음내]
입문[임문]	칼날[칼랄]	

① 곤란, 입문
② 국민, 읍내
③ 곤란, 국민, 읍내
④ 곤란, 입문, 칼날
⑤ 국민, 입문, 칼날

[40 ~ 42] (가)는 인터넷 블로그이고, (나)는 텔레비전 생방송 뉴스의 일부이다. 물음에 답하시오.

(가)

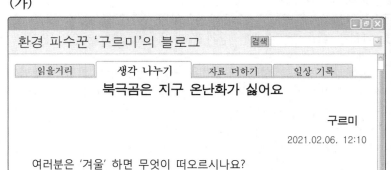

환경 파수꾼 '구르미'의 블로그   검색

| 읽을거리 | 생각 나누기 | 자료 더하기 | 일상 기록 |

북극곰은 지구 온난화가 싫어요

구르미
2021.02.06. 12:10

여러분은 '겨울' 하면 무엇이 떠오르시나요?
추위? 얼음? 북극?
오늘은 다큐멘터리 '북극곰의 오늘과 내일'을 보고 든 생각에 대해 여러분과 의견을 나누고자 해요.
지구 온난화로 북극곰의 삶의 터전이 줄어들고 있어요.

옆의 사진은 우리에게 충격적으로 다가와요. '북극곰의 오늘과 내일'에서는 옆의 사진과 같은 상황이 계속되면 북극곰이 멸종될 수 있다고 경고하고 있어요.
북극곰을 힘들게 하고 있는 지구 온난화는 왜 일어나는 것일까요? 그래프를 보시면 지구 평균 기온의 상승과 이산화 탄소 농도가 관계가 있음을 알 수 있어요.

우리가 일상에서 이산화 탄소의 배출을 줄여야 하지 않을까요? 일상에서 이산화 탄소 배출을 줄이는 방법으로는 대중교통 이용하기, 가까운 거리는 걸어 다니기, 플라스틱 사용 줄이기, 대체 에너지 개발하기 등이 있어요.

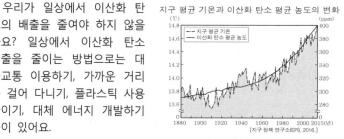

지구 평균 기온과 이산화 탄소 평균 농도의 변화
[지구 정책 연구소(EP), 2016.]

이 영상은 '북극곰의 오늘과 내일' 홍보 영상인데, 다큐멘터리를 찾아서 시청하시면 북극곰의 아픔을 실감하실 수 있을 거예요.
(혹시 자료 중에 잘못된 것이 있으면 알려 주세요. 수정하겠습니다.)

#지구_온난화   #북극곰_멸종_위기   #이산화_탄소_배출_줄이기

댓글 ✎ 7   공감 ♥ 16

사랑이 북극곰에게 미안하네요. 이제 가까운 거리는 걸어 다니는 게 좋겠죠? ⋯⋯⋯⋯⋯⋯⋯⋯⋯⋯⋯⋯⋯⋯⋯⋯⋯⋯⋯⋯⋯㉠
　↳**구르미** 그럼요. 저도 플라스틱의 사용을 줄이기로 결심했어요.

초록꿈 저도 이산화 탄소 배출을 줄이기 위한 노력이 필요하다고 생각해요. www.○○○.go.kr 여기서 이산화 탄소 배출 줄이기 캠페인을 벌이고 있어요. ⋯⋯⋯⋯⋯⋯⋯⋯⋯⋯⋯⋯⋯⋯⋯⋯⋯㉡
　↳**구르미** 방문 감사합니다. 저도 주변 분들과 공유할게요.

밤톨이 대체 에너지 개발하기는 우리가 일상에서 실천할 수 있는 방법이라고 보기 어려워요.
　↳**구르미** 감사해요. 수정할게요.

몽돌이 그래프의 추세가 계속 이어지면 사진 속 작은 얼음 조각마저 사라져 북극곰은 살 곳이 없어지고 말겠어요. ㅠ.ㅠ

(나)

진행자 : 지구 온난화의 영향으로 전국에 두 달째 가뭄이 이어지면서
　　　　 여러 피해가 발생하고 있습니다. 현장을 취재한 윤○○ 기
　　　　 자 나와 있습니다. 상황이 심각하다면서요?
윤 기자 : 네, 그렇습니다.
진행자 : 현장 상황에 대해 구체적으로 말씀해 주시겠어요?
윤 기자 : 취재한 자료 영상을 보시면 문제의 심각성을 확인하실 수
　　　　 있습니다. 지금 영상에 보이고 있는 것이 저수지 바닥입니
　　　　 다. 이 영상을 보고 계시는 시청자분들께서도 문제의 심각
　　　　 성에 공감하실 것입니다.
진행자 : 가뭄이 이렇게나 심각하군요. 그에 따라 피해도 상당할 것
　　　　 같습니다.
윤 기자 : 가뭄으로 인해 힘들어하는 농민 한 분을 만나 봤습니다.
　　　　 인터뷰 영상 보시겠습니다.

김□□ | △△리 이장

마늘을 키우고 있는데, 씨알이 예전의 절반도 안 됩니
다. 마늘 알맹이가 아예 껍질 속에서 말라 버려 수확을
포기하는 농민도 있습니다.

41. <보기>를 참고하여 (가)와 (나)에 대해 보인 반응으로 적절
하지 <u>않은</u> 것은? [3점]

<보 기>

　텔레비전 뉴스, 인터넷 블로그 등 매체를 통해 전달되는 정
보의 구체적 형태를 매체 자료라고 한다. 매체 언어는 음성,
문자, 사진, 동영상 등의 양식이 복합적으로 사용되는 특성을
지닌다. 따라서 매체 자료의 수용자는 이러한 복합 양식적인
매체 언어의 특성을 고려하여 의미를 구성할 수 있다. 이때
그 의미는 생산자와 수용자가 놓여 있는 맥락 속에서 생성된다.
그렇기 때문에 매체 자료의 수용은 생산자의 의도나 관점, 수
용자의 관점이나 이해관계 등을 고려하여 이루어진다. 이 과
정에서 매체 자료의 수용자는 창의적 생산자가 되기도 하면
서 사회적 소통에 참여할 수 있다.

① (가)에서 그래프와 동영상 등을, (나)에서 문자와 음성 등을
　 활용한 것은 매체 언어의 복합 양식적 특성을 보여 주는 것
　 이겠군.
② (가)에서 '몽돌이'가 쓴 댓글은 수용자가 매체 언어의 복합
　 양식적 특성을 고려하여 의미를 구성할 수 있음을 보여 주는
　 것이겠군.
③ (가)에서 '구르미'가 다큐멘터리를 보고 든 생각을 블로그에
　 올려 다른 사람들과 의견을 나눈 것은 매체 자료의 수용자가
　 창의적 생산자로서 사회적 소통에 참여할 수 있음을 보여 주는
　 것이겠군.
④ (나)에서 진행자와 윤 기자가 가뭄의 심각성을 강조한 것은
　 문제의식을 수용자와 공유하고자 하는 의도를 가지고 매체
　 자료를 생산하였음을 보여 주는 것이겠군.
⑤ (나)에서 진행자가 윤 기자에게 현장 상황에 대한 구체적인
　 설명을 요청한 것은 생산자들 간에 놓여 있는 맥락이 같아도
　 관점이 서로 다를 수 있음을 보여 주는 것이겠군.

40. (가)와 (나)에 대한 이해로 가장 적절한 것은?

① (가)는 (나)와 달리 정보 생산자 간에 면 대 면 소통을 통해
　 정보를 수정할 수 있다.
② (가)는 (나)와 달리 정보 수용자를 고려하여 격식을 갖춘
　 말투로 정보를 제시하고 있다.
③ (가)는 (나)와 달리 특정 기호를 앞에 붙여 열거한 말들을
　 통해 전달되는 정보의 핵심 어구를 파악할 수 있다.
④ (나)는 (가)와 달리 정보 수용자를 특정인으로 한정지어 대량의
　 정보를 전달하고 있다.
⑤ (나)는 (가)와 달리 정보 생산자와 수용자의 상호작용을 바탕
　 으로 정보의 수정이 이루어지고 있다.

42. ㉠, ㉡에 대한 설명으로 가장 적절한 것은?

① ㉠: 매체 언어의 특성에 주목하여, 블로그를 통해 제시된 정보의
　 신뢰성에 대한 의문을 제기하고 있다.
② ㉠: 매체를 통한 의사소통의 목적과 관련하여, 블로그에 제시된
　 정보를 개인의 문제 해결을 위해 활용하고 있다.
③ ㉠: 매체의 사용 습관에 대한 성찰을 바탕으로, 블로그를 통해
　 이루어지는 의사소통에 대한 개선책을 제안하고 있다.
④ ㉡: 블로그에 제시된 의견에 동의를 나타내고 매체의 기능을
　 활용하여 관련 정보를 추가하고 있다.
⑤ ㉡: 블로그에 제시된 주장의 타당성을 비판하고 매체의 파급
　 력을 고려하여 자신의 견해를 덧붙이고 있다.

[43 ~ 45] (가)는 학생들이 학생회장 후보자 홍보 동영상 제작 준비를 위해 휴대 전화 메신저로 나눈 대화이고, (나)는 (가)를 바탕으로 작성한 이야기판이다. 물음에 답하시오.

(가)

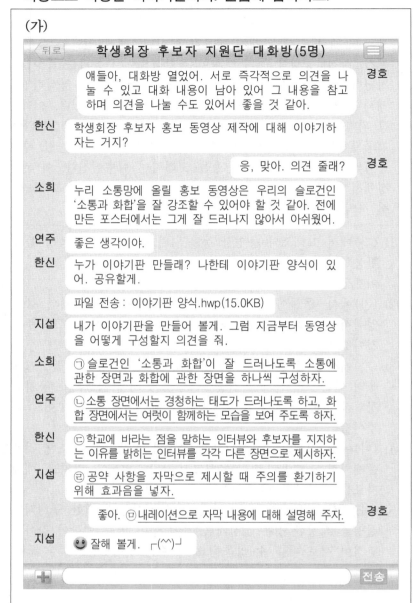

(나)

장면	장면 설명
S#1 소통과 화합	(우측 상단에 슬로건 제시) 학생들과 함께, 후보자가 힘찬 발걸음으로 등교한다. [자막] 기호 ×번 김□□
S#2	후보자가 귀 옆에 양손을 가져다 댄다. [효과음] (자막이 나올 때) 빠밤 [자막] 학급별 소통함 제작 [내레이션] 여러분의 목소리를 귀 기울여 듣겠습니다.
S#3	세 학생이 어깨동무를 한다. [효과음] (자막이 나올 때) 빠밤 [자막] 한마음 축제 개최 [내레이션] 축제를 통해 하나가 되는 ○○고를 만들겠습니다.
S#4	학교에 바라는 점을 말하는 한 학생의 인터뷰를 제시한다.

| S#5
  | 투표하는 손을 보여 준다.

 [자막] 당신의 한 표를 기호 ×번에 행사하세요. |

43. (가)의 대화에 대한 설명으로 가장 적절한 것은?

① '한신'은 동영상이 게재되는 매체의 정보 유통 방식을 언급하며 동영상의 구성 방향을 제안하고 있다.
② '소희'는 매체 언어의 표현 전략을 비교하여 매체 언어를 새롭게 표현하는 방법의 중요성을 설명하고 있다.
③ '연주'는 문자와 그림말이 어우러져 만들어 내는 의미를 제시하여 동영상 제작에 대한 공감을 나타내고 있다.
④ '경호'는 휴대 전화 메신저의 특성을 언급하며 해당 매체로 대화하는 것에 대한 긍정적인 태도를 나타내고 있다.
⑤ '지섭'은 대화가 이루어지는 매체의 정보 전달 효과를 고려하여 동영상 제작의 절차와 역할 분담 방안을 제시하고 있다.

44. ㉠ ~ ㉤ 중 (나)에 반영되지 <u>않은</u> 것은?

① ㉠　② ㉡　③ ㉢　④ ㉣　⑤ ㉤

45. 다음은 (나)에 대한 검토 내용을 정리한 것이다. 이를 바탕으로 (나)를 수정하기 위한 방안으로 적절하지 <u>않은</u> 것은?

〈이야기판 검토 결과〉

S#1	후보자의 힘찬 발걸음을 부각할 수 있는 배경 음악이 필요함.
	후보자와 함께 새로운 출발을 할 수 있다는 내용이 자막에 제시되어야 함.
S#2 ~ S#4	슬로건을 일관되게 노출하여 강조할 필요가 있음.
S#4	인터뷰 내용의 전달 효과를 높여야 함.
S#5	공약의 실현 가능성을 인상적으로 제시하며 마무리해야 함.

① S#1에 밝고 역동적인 느낌의 음악을 배경 음악으로 제시한다.
② S#1의 자막을 '기호 ×번 김□□와 함께 새로운 학교생활이 시작됩니다.'로 수정한다.
③ S#2 ~ S#4에 S#1처럼 화면 우측 상단에 '소통과 화합'이라는 문구를 추가한다.
④ S#4에 인터뷰의 핵심 내용을 나타내는 말들을 자막으로 제시한다.
⑤ S#5에 학생회장 후보자가 자막을 힘주어 읽는 내레이션을 추가한다.

---

* 확인 사항

o 답안지의 해당란에 필요한 내용을 정확히 기입(표기)했는지 확인하시오.

[35 ~ 36] 다음 글을 읽고 물음에 답하시오.

소리는 같으나 의미에 연관성이 없는 단어의 관계를 동음이의 관계라 하고, 이러한 관계를 가진 단어를 동음이의어라고 부른다. 동음이의어는 소리와 표기가 모두 같은 것이 일반적이지만 소리는 같고 표기가 다른 것도 있다. 전자를 동형 동음이의어, 후자를 이형 동음이의어라고 한다. 예를 들어 '신을 벗다.'의 '신'과 '신이 나다.'의 '신'은 동형 동음이의어이고 '걸음'과 '거름'은 이형 동음이의어이다.

한편, 동음이의어를 절대 동음이의어와 부분 동음이의어로 구분하기도 한다. 절대 동음이의어는 품사 등의 문법적 성질이 동일하면서 단어의 형태가 언제나 동일한 것이다. 이때 형태가 언제나 동일하다는 것은 동음이의어가 형태 변화가 없는 불변어이거나 활용하는 양상이 서로 동일한 용언에 해당한다는 의미이다. '모자를 쓰다.'의 '쓰다'와 '편지를 쓰다.'의 '쓰다'는 품사가 동사로 동일하고, '쓰고, 써, 쓰니' 등과 같이 활용하는 양상이 언제나 서로 동일하므로 절대 동음이의어이다.

부분 동음이의어는 문법적 성질이 동일한가, 형태가 언제나 동일한가의 두 가지 기준을 하나라도 만족하지 못하는 것이다. 가령 '날아가는 새'의 '새'와 '새 신발'의 '새'는 형태가 언제나 동일하지만 각각 명사와 관형사로, 문법적 성질은 동일하지 않다. 그리고 '김칫독을 땅에 묻다.'의 '묻다'와 '길을 묻다.'의 '묻다'는 둘 다 동사이지만 각각 '묻고, 묻어, 묻으니', '묻고, 물어, 물으니'와 같이 활용하는 양상이 언제나 동일하지는 않다. 앞에서 말한 ㉠두 가지 기준을 모두 만족하지 못하는 부분 동음이의어도 존재하는데, 이는 동음이의어가 각각 동사와 형용사이면서 활용하는 양상이 언제나 동일하지는 않은 경우이다.

35. 윗글을 바탕으로 추론한 내용으로 적절하지 <u>않은</u> 것은?

① '반드시 약속을 지켜라.'의 '반드시'와 '반듯이 앉아 있다.'의 '반듯이'는 소리는 같고 표기가 다르므로 이형 동음이의어에 해당하겠군.

② '그 책을 줘.'의 '그'와 '그는 여기 있다.'의 '그'는 모두 대명사이고 형태 변화가 없는 불변어이므로 절대 동음이의어에 해당하겠군.

③ '전등을 갈다.'의 '갈다'와 '칼을 갈다.'의 '갈다'는 모두 동사이고 활용하는 양상이 언제나 동일하므로 절대 동음이의어에 해당하겠군.

④ '커튼을 걷다.'의 '걷다'와 '비를 맞으며 걷다.'의 '걷다'는 활용하는 양상이 언제나 동일하지는 않으므로 부분 동음이의어에 해당하겠군.

⑤ '한 사람이 왔다.'의 '한'과 '힘이 닿는 한 돕겠다.'의 '한'은 각각 관형사와 명사로 품사가 동일하지 않으므로 부분 동음이의어에 해당하겠군.

36. <보기>에서 ㉠에 해당하는 예를 옳게 짝지은 것은? [3점]

< 보 기 >

누르다	1	우리 팀이 상대 팀을 <u>누르고</u> 우승했다.
	2	먼 산에 <u>누르고</u> 붉게 든 단풍이 아름답다.
이르다	1	약속 장소에 <u>이르니</u> 그의 모습이 보였다.
	2	아직 포기하기엔 <u>이르니</u> 다시 도전하자.
	3	그에게 조심하라고 <u>이르니</u> 고개를 끄덕였다.
바르다	1	생선 가시를 <u>바르고</u> 살을 아이에게 주었다.
	2	방에 벽지를 <u>바르고</u> 마를 때까지 기다렸다.

① 누르다 1과 2, 이르다 1과 2
② 누르다 1과 2, 이르다 1과 3
③ 누르다 1과 2, 바르다 1과 2
④ 이르다 1과 2, 바르다 1과 2
⑤ 이르다 1과 3, 바르다 1과 2

37. 다음은 음운의 변동과 관련된 활동에 대한 설명이다. 이를 적용한 내용으로 적절한 것은?

<음운의 변동 이해하기 활동>

○ 카드에는 한 개의 단어와 그 단어의 표준 발음이 적혀 있다.
○ 카드에 적힌 단어에서 일어나는 음운 변동의 유형과 유형별 횟수가 같은 카드끼리는 짝을 이룬다.
○ 단, 음운 변동 유형은 교체, 축약, 탈락, 첨가로만 구분하고, 음운 변동의 순서는 고려하지 않는다. 예를 들어, '흙빛[흑삗]'이 적힌 카드는 교체가 두 번, 탈락이 한 번 일어나는 단어가 적힌 카드와 짝을 이룬다.

국화꽃 [구콰꼳]	옆집 [엽찝]	칡넝쿨 [칭넝쿨]	삯일 [상닐]	호박엿 [호:방녇]
ⓐ	ⓑ	ⓒ	ⓓ	ⓔ

① '백합화[배카퐈]'가 적힌 카드는 축약이 두 번 일어나는 단어가 적힌 ⓐ와 짝을 이룬다.

② '샅샅이[산싸치]'가 적힌 카드는 교체가 두 번 일어나는 단어가 적힌 ⓑ와 짝을 이룬다.

③ '값없이[가범씨]'가 적힌 카드는 교체와 탈락이 한 번씩 일어나는 단어가 적힌 ⓒ와 짝을 이룬다.

④ '몫몫이[몽목씨]'가 적힌 카드는 교체가 두 번, 탈락이 한 번 일어나는 단어가 적힌 ⓓ와 짝을 이룬다.

⑤ '백분율[백뿐뉼]'이 적힌 카드는 교체가 두 번, 첨가가 한 번 일어나는 단어가 적힌 ⓔ와 짝을 이룬다.

38. <보기>의 ㉠이 사용된 문장으로 적절한 것은?

───── < 보 기 > ─────

주어와 서술어를 갖추었으나 독립하여 쓰이지 못하고 다른 문장의 성분으로 쓰이는 의미 단위를 절이라 한다. 문장에서 부속 성분으로 쓰인 절은 수식의 기능을 하여 생략될 수 있지만, ㉠부속 성분이면서도 서술어가 필수적으로 요구하는 성분으로 쓰여 생략될 수 없는 절도 있다.

① 우리는 밤이 새도록 토론을 하였다.
② 나는 그가 있는 가게로 저녁에 갔다.
③ 그는 어느 날 갑자기 말도 없이 떠나 버렸다.
④ 부지런한 동생은 나와는 달리 일찍 일어난다.
⑤ 저기 서 있는 아이가 특히 재주가 있게 생겼다.

39. <보기>의 자료에 나타나는 중세 국어의 특징을 탐구한 내용으로 적절하지 <u>않은</u> 것은?

───── < 보 기 > ─────

[중세 국어] **부텻** 뎡바깃뼈 **노프샤** 뽄머리 ㄱ툰실씨
[현대어 풀이] 부처님의 정수리뼈가 높으시어 튼 머리 같으시므로

[중세 국어] 大臣이 이 藥 밍ㄱ라 大王ㅅ긔 **받ㄷ보대** 王이 **좌시고**
[현대어 풀이] 대신이 이 약을 만들어 대왕께 바치니 왕이 드시고

① '부텻'을 보니, 높임의 대상에 관형격 조사 'ㅅ'이 결합하였음을 알 수 있군.
② '노프샤'를 보니, 대상의 신체 일부를 높이는 간접 높임이 실현되었음을 알 수 있군.
③ 'ㄱ툰실씨'를 보니, 현대 국어와 같은 형태의 주체 높임 선어말 어미가 쓰였음을 알 수 있군.
④ '받ㄷ보대'를 보니, 목적어가 지시하는 대상을 높이기 위한 객체 높임 선어말 어미가 쓰였음을 알 수 있군.
⑤ '좌시고'를 보니, 높임의 의미를 갖는 특수 어휘를 통해 주체를 높이고 있음을 알 수 있군.

[40 ~ 43] (가)는 ○○군 공식 블로그이고, (나)는 영상 제작을 위해 휴대 전화 메신저로 나눈 대화이다. 물음에 답하시오.

(가)

○○군 공식 블로그 × +

https://blog.○○.go.kr/12345

○○군 홍보 연재 3탄! <치유농업을 아시나요?>

㉠오늘은 일상에 지친 여러분께 도움을 드리려고 치유농업에 대한 정보를 준비했어요. 치유농업은 농촌의 자원을 활용해 사람들의 건강 증진을 도모하는 활동이나 산업을 의미합니다. ㉡농업 활동은 참여자들의 자존감을 향상시켜 주면서 운동 능력을 강화해 줄 수 있어요. 더 나아가 치유농업이 활성화되면 농촌에 많은 사람들이 유입되어서 지역이 개발되고 일자리가 창출되어 지역 경제가 활성화될 수 있습니다.

우리 지역에서도 다양한 치유농업 프로그램을 운영하고 있어요. ㉢그중 원예 체험 행사는 지역 초등학교에서 열리고 있습니다. ㉣이 행사에 참여한 A씨는 "가족들과 더 가까워져서 만족스러워요. 딸도 좋아하는 모습을 보니 뿌듯했어요."라고 소감을 밝혔습니다.

한편, ㉤많은 사람들이 치유농업에 대해 잘 몰라서 프로그램에 참여하지 못하는데요, 우리 군에서는 치유농업에 대한 관심을 높이기 위해 '치유농업 홍보 영상 공모전'을 개최합니다. 자세한 내용은 다음 첨부 파일을 참고하세요.

첨부 파일: 치유농업 홍보 영상 공모전 안내.hwp

💬 댓글

┗ [서연] 치유농업에 대해 처음 접하게 되어 흥미롭게 읽었습니다. 저는 영상 제작 동아리에서 활동 중인 고등학생인데, 팀으로 영상 공모전에 참가할 수 있나요?
┗ [블로그 관리자] 네, 팀별 참가도 가능합니다. 영상 공모전에 관심 가져 주셔서 감사해요.^^

[댓글 등록]

(나)

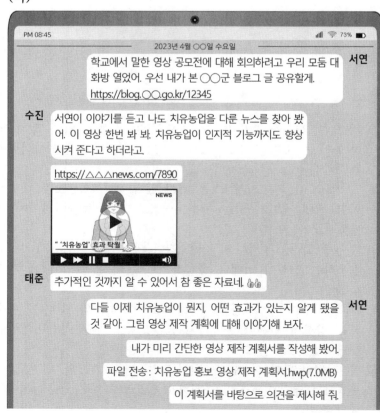

PM 08:45 　　　　2023년 4월 ○○일 수요일　　　 73%

서연: 학교에서 말한 영상 공모전에 대해 회의하려고 우리 모둠 대화방 열었어. 우선 내가 본 ○○군 블로그 글 공유할게. https://blog.○○.go.kr/12345

수진: 서연이 이야기를 듣고 나도 치유농업을 다룬 뉴스를 찾아 봤어. 이 영상 한번 봐 봐. 치유농업이 인지적 기능까지도 향상시켜 준다고 하더라고
https://△△△news.com/7890

"'치유농업' 효과 탁월"

태준: 추가적인 것까지 알 수 있어서 참 좋은 자료네. 👍👍

서연: 다들 이제 치유농업이 뭔지, 어떤 효과가 있는지 알게 됐을 것 같아. 그럼 영상 제작 계획에 대해 이야기해 보자.

내가 미리 간단한 영상 제작 계획서를 작성해 봤어.
파일 전송: 치유농업 홍보 영상 제작 계획서.hwp(7.0MB)
이 계획서를 바탕으로 의견을 제시해 줘.

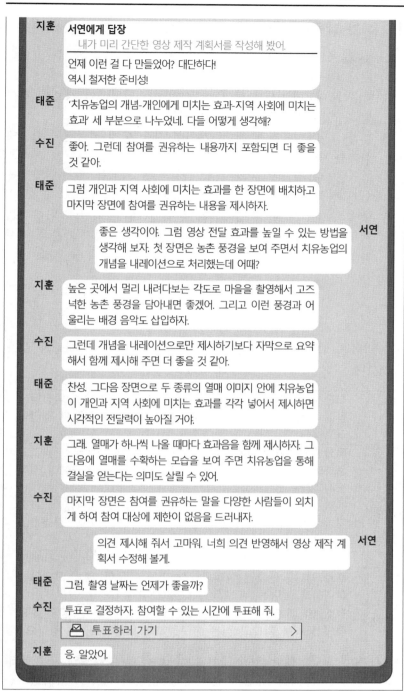

40. (가)와 (나)에 드러나는 매체의 특성을 이해한 것으로 적절한 것은?

① (가)에서는 (나)와 달리 정보 생산자와 정보 수용자가 실시간으로 상호작용하고 있다.

② (가)에서는 (나)와 달리 정보 생산자가 불특정한 다수의 정보 수용자를 대상으로 정보를 제공하고 있다.

③ (나)에서는 (가)와 달리 정보 생산자와 정보 수용자가 물리적으로 떨어진 공간에서 소통하고 있다.

④ (가)와 (나)에서는 모두 정보 생산자가 생산한 정보의 내용을 정보 수용자가 직접 수정하고 있다.

⑤ (가)와 (나)에서는 모두 정보 생산자가 문자 언어와 음성 언어를 결합한 형태로 정보 수용자에게 정보를 전달하고 있다.

41. (나)의 대화에 대한 설명으로 적절하지 <u>않은</u> 것은?

① '서연'은 문서 파일을 공유하며 대화 참여자들에게 논의의 방향을 제시하고 있다.

② '수진'은 동영상 링크를 공유하며 상대방이 제시한 정보에 대한 이의를 제기하고 있다.

③ '지훈'은 답장 기능을 활용하여 상대방의 자료 준비 태도에 대한 평가를 드러내고 있다.

④ '태준'은 이모티콘을 활용하여 상대방이 준비한 새로운 정보에 대한 반응을 드러내고 있다.

⑤ '수진'은 의견을 취합할 수 있는 기능을 활용하여 대화 참여자들에게 의사 결정에 참여할 것을 요청하고 있다.

42. ㉠ ~ ㉤에 대한 설명으로 적절하지 <u>않은</u> 것은?

① ㉠: 연결 어미 '-려고'를 사용하여 치유농업에 대한 정보를 준비한 의도를 드러내고 있다.

② ㉡: 연결 어미 '-면서'를 사용하여 운동 능력 강화의 조건을 드러내고 있다.

③ ㉢: 격 조사 '에서'를 사용하여 원예 체험 행사가 열리는 장소를 드러내고 있다.

④ ㉣: 격 조사 '라고'를 사용하여 행사 참여자의 말을 직접적으로 인용하고 있다.

⑤ ㉤: 연결 어미 '-아서'를 사용하여 많은 사람들이 프로그램에 참여하지 못하는 이유를 드러내고 있다.

43. (나)의 대화 내용을 바탕으로 '서연'이 수정한 '영상 제작 계획'으로 적절하지 <u>않은</u> 것은? [3점]

영상 제작 계획	
장면 구상	**장면 스케치**
① 산 위에서 촬영한 마을의 정경과 잔잔한 배경 음악을 함께 제시하여 평화로운 농촌의 분위기가 느껴지도록 연출해야겠어.	
② 치유농업의 개념을 구체적으로 설명하는 내레이션과 함께 핵심 내용으로 구성된 자막을 제시하여 전달 효과를 높여야겠어.	
③ 사과와 포도 모양의 이미지 안에 개인과 지역 사회에 미치는 효과를 각각 기록하여 치유농업의 효과를 한눈에 구별할 수 있도록 연출해야겠어.	지역 개발 / 운동 능력 강화 / 자존감 향상 / 일자리 창출
④ 농부가 열매를 하나씩 수확할 때마다 효과음을 삽입하여 치유농업을 통해 얻는 결실의 의미를 시각뿐 아니라 청각적으로도 강조해야겠어.	
⑤ '치유농업 함께해요'를 외치는 인물들의 성별과 연령을 다양하게 구성하여 치유농업에 누구나 참여할 수 있다는 것을 강조하도록 연출해야겠어.	

[44 ~ 45] 다음은 애플리케이션 화면의 일부이다. 물음에 답하시오.

[화면 1] ('□□시 청소년 정책 참여 마당' 애플리케이션 실행 화면)

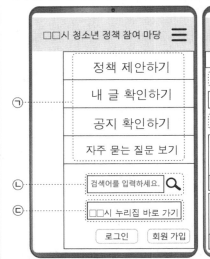
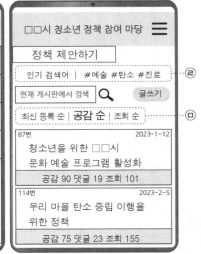

[화면 2] ([화면 1]에서 87번 게시물을 클릭한 화면)

제목

청소년을 위한 □□시 문화 예술 프로그램 활성화

제안 이유

요즘 청소년의 삶에 긍정적인 영향을 주는 요인으로 문화 예술에 대한 사회적 관심이 증대되고 있습니다. □□시에서도 청소년을 위한 문화 예술 프로그램이 활성화되면 좋겠습니다.

현황 및 문제점

첫 번째, 우리 지역에서 문화 예술 프로그램을 운영하는 장소의 접근성이 떨어집니다. 이용할 수 있는 시내버스 노선도 적은 편이어서 방문이 불편하다 보니 청소년들의 참여가 어렵습니다.

두 번째, 문화 예술 프로그램이 전시나 공연 관람 위주로 구성되어 있습니다. 우리 지역 청소년을 대상으로 한 프로그램 만족도 조사에 따르면, 전체적으로 만족도가 낮게 나타났는데 그 이유로 수동적 체험 위주의 프로그램 구성을 가장 많이 꼽았습니다.

정책 제안 및 기대 효과

먼저, 스마트 기기를 활용해 비대면으로 참여할 수 있는 문화 예술 프로그램을 만들어 주세요. 그러면 특정 장소에 직접 가지 않아도 우리 지역 청소년들이 문화 예술 프로그램에 참여할 수 있을 것입니다.

다음으로, 청소년이 주체적으로 참여할 수 있는 성격의 문화 예술 프로그램을 만들어 주세요. 이를 통해 청소년들이 주체성을 기를 수 있고 프로그램에 대해 만족할 수 있을 것입니다.

44. [화면 1]을 이해한 내용으로 적절하지 <u>않은</u> 것은?

① ㉠을 보니, 이용자가 자신의 목적에 따라 이용할 수 있도록 게시판을 분류하여 제시하였군.
② ㉡을 보니, 이용자가 찾고 싶은 내용을 입력하여 정보를 검색할 수 있도록 검색창을 제시하였군.
③ ㉢을 보니, 이용자가 애플리케이션 사용 중에 지정된 누리집에 접속할 수 있도록 링크를 제시하였군.
④ ㉣을 보니, 이용자들의 관심도가 높은 화제를 알 수 있도록 인기 검색어를 열거하여 제시하였군.
⑤ ㉤을 보니, 이용자가 자신의 선택에 따라 화면에 나타나는 게시물의 개수를 조정할 수 있도록 게시물의 정렬 기준을 제시하였군.

45. 다음은 [화면 2]에 대한 학생들의 댓글이다. 학생들의 수용 태도에 대한 설명으로 적절하지 <u>않은</u> 것은?

학생 1	최근 문화 예술 경험이 청소년의 삶에 큰 영향을 미친다는 점에 많은 공감대가 형성되어 있는 만큼 시기적절한 제안이라고 생각합니다.
학생 2	문화 예술 프로그램을 운영하는 장소까지 시내버스 말고도 셔틀버스가 운영돼서 쉽게 방문할 수 있으니 접근성이 떨어지지 않는 것 같아요.
학생 3	프로그램 만족도 조사에서 수동적인 체험 방식 때문에 만족도가 낮았다고 하셨는데, 출처가 없어서 정확한 자료라고 보기 어렵습니다.
학생 4	스마트 기기를 가지고 있는 청소년들이 많이 있으니까 비대면 프로그램을 만들면 실제로 청소년들의 문화 예술 프로그램 참여율을 높이는 데 효과가 있을 것입니다.
학생 5	청소년이 프로그램에 능동적으로 참여할 수 있다면 자기 주도적인 능력을 기르고 싶은 친구들에게 도움이 될 것 같아요.

① '학생 1'은 '제안 이유'에서 언급한 사회적 관심에 주목하여, 최근 문화 예술 경험의 영향에 대한 공감대가 형성되었다는 점에서 정책 제안의 시의성을 긍정적으로 판단하였다.
② '학생 2'는 '현황 및 문제점'에서 언급한 접근성 문제에 주목하여, 실제로는 다른 교통편이 있다는 점에서 문제 제기의 타당성을 부정적으로 판단하였다.
③ '학생 3'은 '현황 및 문제점'에서 제시한 만족도 조사 자료에 주목하여, 자료의 출처가 제시되지 않았다는 점에서 정보의 신뢰성을 부정적으로 판단하였다.
④ '학생 4'는 '정책 제안 및 기대 효과'에서 제안한 비대면 프로그램의 개설에 주목하여, 스마트 기기의 기능이 향상되었다는 점에서 정책의 실효성을 긍정적으로 판단하였다.
⑤ '학생 5'는 '정책 제안 및 기대 효과'에서 제안한 프로그램의 성격에 주목하여, 청소년의 자기 주도성 신장에 도움이 될 수 있다는 점에서 정책의 유용성을 긍정적으로 판단하였다.

```
* 확인 사항
○ 답안지의 해당란에 필요한 내용을 정확히 기입(표기)했는지
  확인하시오.
```

05회

● 2022학년도 4월 학력평가

국어영역(언어와 매체)

PART I

05회

● 문항수 11개 | 배점 24점 | 제한 시간 20분

● 점수 표시가 없는 문항은 모두 2점

[35 ~ 36] 다음 글을 읽고 물음에 답하시오.

한글 맞춤법은 표준어를 소리대로 적되, 어법에 맞도록 함을 원칙으로 하고 있다. 우선 표준어를 소리대로 적는다는 것은 표준어를 발음되는 대로 표기하는 것을 가리킨다. 그런데 이것만으로는 충분하지 않은 경우가 있다.

예를 들어, '꽃'이라는 단어는 발음되는 환경에 따라 소리가 달라진다. '꽃'이 조사 '이', '만', '도'와 결합한 것을 발음되는 대로 적으면 '꼬치', '꼰만', '꼳또'이므로 의미를 파악하기 어렵다. 따라서 한글 맞춤법에서는 어법에 맞도록 한다는 원칙에 따라 '꽃이', '꽃만', '꽃도'와 같이 '꽃'이라는 하나의 형태로 적도록 하고 있다. 즉 여러 가지 발음을 고려한 대표 형태를 선택하여 일관되게 표기하게 한 것이다. 이러한 원칙은 용언의 어간에 어미가 결합할 때도 동일하게 적용된다. 다만 언제나 어법에 따라 의미가 같은 하나의 말을 하나의 형태로 고정하여 적을 수 있는 것은 아니다.

㉮ 대표 형태로는 여러 발음들이 나타나는 과정을 합리적으로 설명할 수 있다. [이써요], [인는데요], [일떠라고요]와 같이 발음한 것을 한글 맞춤법에 따라 표기하기 위해 대표 형태를 선택하는 상황을 예로 들 수 있다. '있-', '인-', '일-' 중에 '일-'을 대표 형태로 본다면 [인는데요]는 비음화, [일떠라고요]는 된소리되기로 둘 다 교체로 설명할 수 있지만, [이써요]는 설명할 수 없다. '인-'을 대표 형태로 본다면 [이써요]와 [일떠라고요]는 설명할 수 없다. 그러나 '있-'을 대표 형태로 선택하면 [이써요]는 음운 변동 없이 연음된 것으로, [인는데요]와 [일떠라고요]는 모두 교체로 설명할 수 있다. 따라서 '있-'을 대표 형태로 보는 것이 가장 합리적이다.

이와 달리 실제 발음에서 나타나지 않는 형태를 대표 형태로 선택하는 경우가 있다. 예를 들어 '놓으니', '놓다'는 [노으니], [노타]로 발음되는데 어간을 '놓-'이라는 대표 형태로 고정하여 적고 있다. 왜냐하면 대표 형태가 '노-'라면 [노타]를 설명할 수 없지만 '놓-'이라면 [노으니]는 탈락, [노타]는 축약으로 설명이 가능하기 때문이다.

35. 윗글을 바탕으로 다음을 이해한 내용으로 적절하지 <u>않은</u> 것은?

> 최근 **들어** **더운** 날씨가 이어지고 있습니다. 이번 **여름**은 얼마나 **덥고**, **장마**의 시작과 **끝이** 언제일지 궁금하신 분들이 많을 것 같습니다. 올해도 더위가 기승을 **부릴** 것으로 예측됩니다.

① '들어'를 발음할 때는 음운 변동이 나타나지 않는군.
② '더운'과 '덥고'는 어간의 의미가 같지만 형태를 하나로 고정하여 적지 않은 경우이군.
③ '여름', '장마'는 표준어를 발음되는 대로 표기한 것이군.
④ '끝이'를 '끄치'로 적지 않은 것은 어법에 맞도록 한다는 원칙 때문이군.
⑤ '부릴'의 어간은 실제 발음에서 나타나지 않는 형태를 대표 형태로 선택해 표기한 것이군.

36. ㉮를 고려하여 <보기>의 ⓐ ~ ⓔ의 대표 형태를 탐구한 내용으로 적절한 것은? [3점]

> ── < 보 기 > ──
>
> ※ 다음은 어간과 어미가 결합할 때의 발음이다.

어미 어간	-고	-아서	-지만	-는
ⓐ	[깍꼬]	[까까서]	[깍찌만]	[깡는]
ⓑ	[달코]	[다라서]	[달치만]	[달른]
ⓒ	[싸코]	[싸아서]	[싸치만]	[싼는]
ⓓ	[할꼬]	[할타서]	[할찌만]	[할른]
ⓔ	[갑꼬]	[가파서]	[갑찌만]	[감는]

① ⓐ: 대표 형태가 '깍-'이라면 [깍찌만]과 [깡는]을 음운 변동으로 설명할 수 없지만, 대표 형태가 '깎-'이라면 둘 다 탈락으로 설명할 수 있겠군.
② ⓑ: 대표 형태가 '달-'이라면 [달코]와 [달치만]을 음운 변동으로 설명할 수 없지만, 대표 형태가 '닳-'이라면 둘 다 축약으로 설명할 수 있겠군.
③ ⓒ: 대표 형태가 '싼-'이라면 [싸코]와 [싸아서]를 음운 변동으로 설명할 수 없지만, 대표 형태가 '쌓-'이라면 둘 다 탈락으로 설명할 수 있겠군.
④ ⓓ: 대표 형태가 '할-'이라면 [할꼬]와 [할찌만]을 음운 변동으로 설명할 수 없지만, 대표 형태가 '핥-'이라면 둘 다 축약으로 설명할 수 있겠군.
⑤ ⓔ: 대표 형태가 '갑-'이라면 [갑꼬]와 [감는]을 음운 변동으로 설명할 수 없지만, 대표 형태가 '갚-'이라면 둘 다 교체로 설명할 수 있겠군.

37. <보기 1>의 ㉠~㉢에 해당하는 예만을 <보기 2>에서 고른 것은?

> ── < 보 기 1 > ──
>
> 연결 어미 '-고'의 쓰임은 다양하다. 먼저 ㉠앞 절과 뒤 절의 사실을 대등하게 벌여 놓는 경우가 있다. 또한 ㉡앞뒤 절의 두 사실 간에 계기적인 관계가 있음을 나타내는 경우나, ㉢앞 절의 동작이 이루어진 그대로 지속되는 가운데 뒤 절의 동작이 일어남을 나타내는 경우도 있다.

> ── < 보 기 2 > ──
>
> ○ 그들은 서로 손을 쥐고 팔씨름을 했다.
>   ⓐ
>
> ○ 어머니는 나를 업고 병원으로 달려갔다.
>   ⓑ
>
> ○ 나는 그가 정직하고 성실하다는 것을 알고 있었다.
>   ⓒ
>
> ○ 눈 깜짝할 사이에 다리가 벌에 쏘이고 퉁퉁 부었다.
>   ⓓ
>
> ○ 그 책은 내가 읽을 책이고 이 책은 내가 읽은 책이다.
>   ⓔ

① ㉠: ⓐ, ⓒ   ② ㉡: ⓑ, ⓔ   ③ ㉡: ⓓ, ⓔ
④ ㉢: ⓐ, ⓑ   ⑤ ㉢: ⓒ, ⓔ

38. <보기>의 ㄱ ~ ㄷ을 이해한 내용으로 적절한 것은?

─── < 보 기 > ───

ㄱ. 신중한 그는 고민을 가족들과 의논했다.
ㄴ. 너는 밥 먹기 전에 손을 좀 씻어!
ㄷ. 네가 들은 소문은 정말 사실이 아니다.

① ㄱ의 '신중한'은 안은문장의 필수 성분이군.
② ㄱ의 '가족들과'와 ㄷ의 '정말'은 생략이 가능한 성분이군.
③ ㄴ의 '먹기'는 안긴문장의 부속 성분이군.
④ ㄴ의 '너는'은 안긴문장의 주어이면서 안은문장의 주어이군.
⑤ ㄷ의 '네가'와 '사실이'는 각각 다른 서술어의 주어이군.

39. <보기>를 바탕으로 중세 국어의 특징을 탐구한 내용으로 적절하지 <u>않은</u> 것은?

─── < 보 기 > ───

羅雲(나운)이 져머 노르술 즐겨 法(법) 드로믈 슬히 너겨 ᄒ거든 부톄 ᄌᆞ로 니르샤도 從(종)ᄒᆞᆸ디 아니ᄒᆞ더니 後(후)에 부톄 羅雲(나운)이ᄃᆞ려 니르샤ᄃᆡ 부텨 맛나미 **어려ᄫᅳ며** 法(법) 드로미 어려ᄫᅳ니 네 이제 **사ᄅᆞ미** 모ᄆᆞᆯ 得(득)하고 부텨를 맛나 잇ᄂᆞ니 엇뎨 게을어 法(법)을 아니 듣는다

― 「석보상절」 ―

[현대어 풀이]

나운이 어려서 놀이를 즐겨 법을 듣기를 싫게 여기니, 부처가 자주 이르셔도 따르지 아니하더니, 후에 부처가 나운이더러 이르시되, "부처를 만나기가 어려우며 법을 듣기 어려우니, 네가 이제 사람의 몸을 득하고 부처를 만나 있으니, 어찌 게을러 법을 아니 듣는가?"

① '부톄'를 통해 모음으로 끝나는 체언에 주격 조사가 결합했음을 확인할 수 있다.
② '니르샤도'를 통해 두음 법칙이 적용되지 않았음을 확인할 수 있다.
③ '從(종)ᄒᆞᆸ디'를 통해 주체를 높이는 선어말 어미가 쓰였음을 확인할 수 있다.
④ '어려ᄫᅳ며'를 통해 현대 국어에 쓰이지 않는 음운이 존재했음을 확인할 수 있다.
⑤ '사ᄅᆞ미'를 통해 현대 국어와 다른 형태의 관형격 조사가 사용되었음을 확인할 수 있다.

[40 ~ 43] (가)는 라디오 방송을 위한 진행표이고, (나)는 라디오 방송이다. 물음에 답하시오.

(가)

【우리 지역 이야기】 492화
[자율 주행 버스 시범 사업]
　　초대 손님: 자율 주행 연구소장 최○○ 교수
　　#1. 시범 사업을 △△시에서 하는 이유는?
　　#2. 시범 사업의 성과는?
　　#3. 향후 달라질 시범 사업의 운영 방안은?

(나)

진행자: 청취자 여러분, '우리 지역 이야기' 492화 시작합니다. 오늘 방송은 홈페이지에서 보이는 라디오로도 실시간으로 제공하고 있습니다. 지난 방송에서는 자율 주행 기술에 대해 알아보았는데요. 오늘은 최○○ 교수님과 우리 △△시의 자율 주행 버스 시범 사업에 대해 이야기 나눠 보겠습니다. 교수님, 이 사업이 우리 지역에서 운영되고 있는 이유는 무엇인가요?

전문가: 연구자의 입장에서 △△시는 관련 연구 시설이 있고, 도시의 도로 조건이 새로운 자율 주행 기술을 적용하기에 적합합니다. 시의 입장에서도 일반 대중교통의 운행이 힘든 시간대의 교통 수요를 충족시킬 수 있기 때문에 ㉠ 작년부터 시범 사업을 운영해 오고 있습니다.

진행자: 우리 지역에 기반 시설이 잘 갖춰져 있고 시민들의 수요가 있어 적합하다는 말씀이시지요?

전문가: 네, 맞습니다.

진행자: 다음으로 ㉡ 사전 체험단을 대상으로 운영된 시범 사업의 성과를 말씀해 주세요.

전문가: 네, 이번 사업을 통해 ㉢ 우리 연구소는 자율 주행 기술 수준 향상에 활용할 데이터를 많이 확보했습니다. 이 덕분에 운행 중 운전자의 개입 횟수를 줄여 자율 주행 본연의 기능을 실현하는 데 더 가까이 다가갈 수 있게 되었습니다.

진행자: 사전 체험단의 만족도 조사 결과를 보니 10점 만점에 9.2점이더군요. ㉣ 시범 사업이 시민의 만족도 측면에서도 긍정적인 평가를 받은 만큼 자율 주행 기술에 대한 기대가 점점 커지네요. 교수님, '보이는 라디오'의 실시간 채팅창에 글이 많이 올라오고 있는데, 확인해 볼까요?

전문가: 사전 체험단에 참여하신 분이 지속적으로 이용하겠다는 반응을 직접 남겨 주셨네요. 감사합니다. 그런데 어린이 보호 구역에서의 안전 대책이 있는지 우려스럽다는 의견도 있군요. 자율 주행 버스에 안전 요원이 상시 탑승해 있다가 어린이 보호 구역에서는 직접 운전하니 걱정하지 마세요.

진행자: 마지막으로 다음 내용을 들으시면 아마 다들 반가워하실 거예요. 다음 달부터 달라지는 시범 사업의 운영 방안을 소개해 주세요.

전문가: 네, 앞으로는 ㉤ 지역 주민 중 사전 체험단이 아니었던 주민도 자율 주행 버스를 이용하실 수 있습니다. 그리고 도서관에서 공원까지의 기존 노선에, 여기 보시는 것처럼 시청 정류장 등을 추가하여 노선을 연장할 예정입니다.

진행자: 아, 그렇군요. 최 교수님의 도움으로 알찬 시간 보낼 수 있었습니다. 교수님, 감사합니다. 더 남기실 의견이 있는 분들은 홈페이지의 ⓐ 청취자 게시판을 이용해 주세요.

40. (가)를 바탕으로 (나)에 대해 보인 반응으로 적절하지 <u>않은</u> 것은?

① '#1'에서 진행자는 전문가가 제시한 의견을 요약하며 확인하고 있군.
② '#1'에서 전문가는 방송 화제와 관련된 내용을 두 입장을 고려하여 설명하고 있군.
③ '#2'에서 진행자는 전문가가 언급하지 않은 정보를 추가적으로 제시하고 있군.
④ '#2'에서 전문가는 구체적인 수치를 활용하여 진행자가 질문한 내용에 답변하고 있군.
⑤ '#3'에서 진행자는 청취자들의 예상 반응을 언급하며 이와 관련한 설명을 요청하고 있군.

42. ㉠ ~ ㉤에 대한 설명으로 적절하지 <u>않은</u> 것은?

① ㉠: 보조사 '부터'를 사용하여 자율 주행 버스 시범 사업이 시작된 시점을 드러내고 있다.
② ㉡: 피동 접사 '-되다'를 사용하여 시범 사업을 운영한 주체를 드러내고 있다.
③ ㉢: 격조사 '에'를 사용하여 데이터를 활용하는 목적이 자율 주행 기술 수준 향상임을 드러내고 있다.
④ ㉣: 의존 명사 '만큼'을 사용하여 자율 주행 기술에 대한 기대감의 근거를 드러내고 있다.
⑤ ㉤: 보조사 '도'를 사용하여 자율 주행 버스를 이용할 수 있는 대상이 확대될 것임을 드러내고 있다.

41. 다음은 ⓐ의 일부이다. 청취자의 수용 태도에 대한 설명으로 가장 적절한 것은?

청취자 게시판
청취자 1 자율 주행 기술 수준이 여러 단계로 나누어지는 것으로 알고 있어요. 그런데 우리 지역의 자율 주행 버스가 몇 단계에 해당하는지는 오늘 방송에 안 나왔네요. 이 내용을 확인할 수 있는 자료를 어디서 얻을 수 있을까요?
청취자 2 다음 달부터는 저도 자율 주행 버스를 이용할 수 있겠네요! 공원에 갈 때 이용하면 무척 편리할 것 같아요. 버스 탑승 시간이 궁금했는데, 버스 시간표를 알려 주었다면 좋았을 것 같아요.
청취자 3 자율 주행 버스가 일반 대중교통을 이용하기 힘든 시간에 귀가하는 우리 지역의 직장인들에게 도움이 되겠네요. 하지만 자율 주행 기술 상용화에 따른 문제점도 있을 것 같습니다.

① 청취자 1은 방송에서 제시한 정보의 근거가 적절한지 판단하였다.
② 청취자 2는 방송에서 제시한 정보의 신뢰성에 의문을 제기하였다.
③ 청취자 3은 방송에서 특정 내용이 강조된 의도를 추론하였다.
④ 청취자 1과 3은 방송에서 제시되지 않은 정보를 얻는 방법을 요청하였다.
⑤ 청취자 2와 3은 방송에서 제시한 내용이 유용한지 점검하였다.

43. <보기>는 보이는 라디오를 시청할 수 있는 방송사 홈페이지 화면의 일부이다. (나)와 <보기>의 정보 전달 방식에 대한 설명으로 적절하지 <u>않은</u> 것은? [3점]

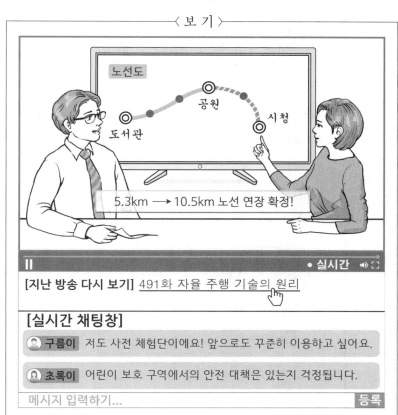

① (나)에서 언급된 시범 사업 성과가 <보기>에서는 자막으로 요약되어 있다.
② (나)에서 언급된 노선 정보가 <보기>에서는 시각 기호가 표시된 지도로 보충되고 있다.
③ (나)에서 언급된 정류장 추가에 대한 정보가 <보기>에서는 비언어적 표현과 함께 제시되고 있다.
④ (나)에서 언급된 사전 체험단 경험에 대한 반응이 <보기>에서는 실시간 채팅창에 제시되어 있다.
⑤ (나)에서 언급된 자율 주행 기술에 대한 지난 방송 내용이 <보기>에서는 다시 보기 하이퍼링크로 제공되고 있다.

[44 ~ 45] (가)는 환경 동아리 블로그이고, (나)는 (가)를 참고하여 만든 애플리케이션 제작 계획서이다. 물음에 답하시오.

(가)

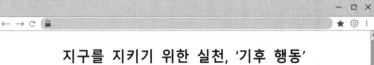

지구를 지키기 위한 실천, '기후 행동'

지구의 기온이 1℃만 올라가도 기후 변화로 인해 해수면 상승, 자연재해, 생태계 파괴와 같은 심각한 위기들이 나타납니다. 이러한 기후 변화의 위기에 대응하기 위한 실천들이 바로 기후 행동입니다. 최근에는 청소년들이 주체가 되어 적극적으로 기후 행동에 나서고 있는데, 우리 지역 내의 동아리들도 다양한 활동에 참여하고 있습니다.

[지구 표면 온도 상승에 따른 자연재해 발생 건수 증가 추이]

[인근 하천에 버려진 페트병 사진]

우리 학교 사회 참여 동아리에서는 플라스틱 수거 캠페인을 진행 중입니다. 이는 왼쪽 사진과 같이 버려진 페트병을 수거하고, 플라스틱 사용이 지구 온난화에 끼치는 영향에 대한 경각심을 일깨우는 활동입니다. 인근 학교의 동아리에서는 소비자들이 친환경 소재로 만들어진 옷을 선택할 수 있도록 옷에도 환경 인증 등급을 적용해 달라는 정책을 제안했습니다. 이런 동아리들의 활동은 기후 위기에 효과적으로 대응할 수 있는 바탕이 될 것입니다.

무엇보다 기후 행동은 개인의 일상적 실천의 확산이 가장 중요합니다. 실내 적정 온도 유지하기, 불필요한 전등 끄기 등을 꾸준히 실천하고 이것이 우리 모두의 실천으로 이어진다면 기후 위기로부터 지구를 지킬 수 있을 것입니다.

김○○ 학생 기자

(나)

	화면 구성	화면 설명
1	**위기의 지구** 지금 도와달라**구**	이미지와 문구를 활용하여 시작 화면을 제시함.
2	**기후 행동 체크리스트** 항목 / 체크 빈 교실 전등 끄기 ✓ 급식 남기지 않기 교실 계절별 적정 온도 유지하기 ✓	구체적 항목들을 제시하여 자신의 실천 여부를 표시할 수 있도록 함.
3	**기후 행동 실천 ⑦일째** 사진 올리기 공유하기	자신의 실천 일지를 다른 이용자들과 공유할 수 있도록 함.
4	**식생활 정책 제안** 내용 작성 전송	자신의 아이디어를 정리하여 관련 기관에 제안할 수 있도록 함.

44. (가)에 나타난 표현 방식에 대한 설명으로 가장 적절한 것은?

① 기후 변화가 인간에게 끼치는 영향을 이모티콘을 활용하여 강조하였다.

② 기후 행동의 국가 간 차이를 글자의 굵기와 크기를 달리하여 제시하였다.

③ 인근 학교 동아리의 페트병 수거 현황을 소제목을 사용하여 부각하였다.

④ 지구의 온도 상승에 따른 자연재해 건수의 양적 변화를 도식화하여 나타내었다.

⑤ 기후 행동에 주체적으로 참여하는 청소년들의 모습을 사진 자료를 사용하여 보여 주었다.

45. (가)를 참고하여 (나)를 만드는 과정에서 애플리케이션 제작자가 고려했을 내용으로 적절하지 <u>않은</u> 것은?

① (가)에 제시된 개인의 일상적 실천 사례를 참고하여, 학교에서 실천할 수 있는 체크리스트를 구성해 자신의 생활 습관을 점검하도록 해야겠어.

② (가)에 제시된 기후 행동의 개념을 참고하여, 기후 위기를 보여 주는 이미지와 문구로 시작 화면을 구성해 상황의 심각성을 인식하도록 해야겠어.

③ (가)에 제시된 꾸준한 기후 행동의 필요성을 참고하여, 자신의 성공적인 실천 결과를 누적할 수 있는 일지를 제공해 지속적으로 실천이 이어지도록 해야겠어.

④ (가)에 제시된 동아리의 정책 제안 활동을 참고하여, 청소년이 관련 기관에 제안한 정책에 대한 평가를 확인할 수 있는 기능을 제공해 기후 행동에 참여하도록 해야겠어.

⑤ (가)에 제시된 기후 행동 확산의 중요성을 참고하여, 자신의 실천 사례를 다른 사람들과 공유할 수 있는 기능을 제공해 개인의 실천이 다른 사람의 동참을 이끌어 내도록 해야겠어.

※ **확인 사항**

답안지의 해당란에 필요한 내용을 정확히 기입(표기)했는지 확인하시오.

● 문항수 11개 | 배점 24점 | 제한 시간 20분

● 점수 표시가 없는 문항은 모두 2점

[35 ~ 36] 다음 글을 읽고 물음에 답하시오.

용언의 어간에 여러 어미가 번갈아 결합하는 현상을 용언의 활용이라 한다. 어간은 용언이 활용할 때 변하지 않는 부분을 가리키고, 어미는 어간 뒤에 결합하여 여러 가지 문법적 의미를 더해 주는 요소를 가리킨다. 어미는 그것이 나타나는 자리에 따라 어말 어미와 선어말 어미로 나눌 수 있다. 어말 어미는 용언의 맨 뒤에 오는 어미이고, 선어말 어미는 어말 어미 앞에 나타나는 어미이다. 가령, "나는 물건을 들었다."라는 문장에서 '들었다'는 어간 '들-'에 선어말 어미 '-었-'과 어말 어미 '-다'가 결합된 용언이다. 어간과 어미의 결합 관계를 기호화하여 어간을 X, 선어말 어미를 Y, 어말 어미를 Z라고 할 때, 어간에 하나의 어미만 결합된 용언은 ㉠$X+Z$로 표현될 수 있고, 어간에 둘 이상의 어미가 결합된 용언은 ㉡$X+Y+Z$ 혹은 ㉢$X+Y_1+Y_2+Z$ 등으로 표현될 수 있다.

어말 어미는 문법적 기능에 따라 종결 어미, 연결 어미, 전성 어미로 나뉜다. 종결 어미는 문장의 끝에 위치하여 한 문장을 끝맺는 기능을 하며, 대화의 상대방을 높이거나 낮추는 문법적 기능을 하기도 한다. 연결 어미는 두 문장을 나열, 대조 등의 의미 관계로 이어 주는 ⓐ대등적 연결 어미, 앞 문장이 뒤 문장의 원인, 조건 등과 같은 의미를 가지도록 이어 주는 ⓑ종속적 연결 어미, 본용언과 보조 용언을 이어 주는 ⓒ보조적 연결 어미로 나눌 수 있다. 전성 어미는 용언이 서술성을 유지하면서 다른 품사처럼 기능하게 하는 것으로, 명사형 전성 어미, 관형사형 전성 어미 등으로 나눌 수 있다. 한편 선어말 어미는 문장의 주체를 높이거나 문장의 시제를 표현하는 것과 같은 문법적 기능을 한다.

35. 윗글을 바탕으로 <보기>의 밑줄 친 부분을 이해한 내용으로 적절하지 <u>않은</u> 것은? [3점]

〈 보 기 〉

선생님: 다음 주에 있을 전국 학생 토론 대회 준비는 마쳤니?
라온: 아직이요. 내일까지는 반드시 <u>끝내겠습니다</u>.
해람: 사실 이번 주제는 저희들끼리 <u>준비하기</u> 너무 어려워요.
선생님: 방금 교무실로 <u>들어가신</u> 선생님께 조언을 구해 보렴.
라온: 창가 쪽에 서 <u>계신</u> 분 말씀이죠?
해람: 아, 수업 종이 <u>울렸네</u>. 다음 시간에 다시 오자.

① '끝내겠습니다'는 ㉡에 속하며, 이때 Z는 대화의 상대방을 높이는 기능을 하고 있군.
② '준비하기'는 ㉠에 속하며, 이때 Z는 용언을 명사처럼 기능하게 하고 있군.
③ '들어가신'은 ㉡에 속하며, 이때 Y는 문장의 주체를 높이는 기능을 하고 있군.
④ '계신'은 ㉠에 속하며, 이때 Z는 용언을 관형사처럼 기능하게 하고 있군.
⑤ '울렸네'는 ㉢에 속하며, 이때 Y_2는 과거 시제를 표현하는 기능을 하고 있군.

36. <보기>의 ㉮ ~ ㉺를 윗글의 ⓐ ~ ⓒ로 바르게 분류한 것은?

〈 보 기 〉

○ 원숭이가 바나나를 먹고 있다.
　　　　　　　　　　　　　㉮
○ 김이 습기를 먹어 눅눅해졌다.
　　　　　　　　㉯
○ 형은 빵을 먹고 동생은 과자를 먹었다.
　　　　　　㉰
○ 우리는 상대편에게 한 골을 먹고 당황했다.
　　　　　　　　　　　　　　　㉱
○ 그는 경기가 시작되기도 전에 겁을 먹어 버렸다.
　　　　　　　　　　　　　　　　　㉲

	ⓐ	ⓑ	ⓒ
①	㉰, ㉱	㉯, ㉲	㉮
②	㉰, ㉱	㉯	㉮, ㉲
③	㉰	㉮, ㉱	㉯, ㉲
④	㉰	㉯, ㉱	㉮, ㉲
⑤	㉰	㉱, ㉲	㉮, ㉯

37. 다음의 ⓐ에 해당하는 것을 ㉠ ~ ㉣ 중에서 바르게 고른 것은?

원격 수업에서 활용하기 위해 우리말 음성을 한글로 변환하는 프로그램이 개발되고 있다. 아래는 이 프로그램의 개발자가 쓴 일지의 일부이다.

○ **프로그램의 원리**
　사용자가 한글 맞춤법에 맞게 표기된 자료를 표준 발음법에 따라 발음하면, 프로그램은 그 발음에 나타난 음운 변동 현상을 분석해 본래의 표기된 자료로 출력한다.

○ **확인된 문제**
　프로그램이 입력된 발음을 본래의 자료로 출력하지 못한 사례가 확인되었다. 아래의 잘못 출력된 사례에서 한글 맞춤법에 맞게 표기된 자료와 출력된 자료를 대조해 ㉠교체, ㉡탈락, ㉢첨가, ㉣축약 중 ⓐ프로그램이 분석하지 못한 음운 변동 현상이 무엇인지 알아봐야겠다.

표기된 자료	표준 발음	출력된 자료
끊어지다	[끄너지다]	끄너지다
없애다	[업ː쌔다]	업쌔다
피붙이	[피부치]	피부치
웃어른	[우더른]	우더른
암탉	[암탁]	암탁

① ㉠, ㉡　　② ㉠, ㉣　　③ ㉡, ㉢　　④ ㉡, ㉣　　⑤ ㉢, ㉣

38. <보기>는 학생들이 작성한 탐구 보고서의 일부이다. [가]에 들어갈 내용으로 적절한 것은?

─────────〈 보 기 〉─────────

○ 탐구 개요

학생들은 형태가 동일한 두 형태소가 하나는 어근, 하나는 접사로 사용되는 경우 이를 구분할 때 어려움을 겪는 경향이 있다. 그래서 우리 반 학생들을 대상으로 관련 사례에 대한 반응을 조사한 후 이를 토대로 결과를 분석하고 추가 예시 자료를 제시하여 학생들의 이해를 돕고자 한다.

○ 사례

1. 마당 **한**가운데 꽃이 폈다. ㉠
2. 그가 이 책의 지은**이**이다. ㉡
3. 커다란 **알**밤을 주웠다. ㉢

○ 학생들의 반응

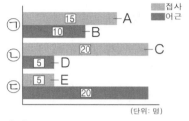

접사 / 어근

㉠ A 15, B 10
㉡ C 20, D 5
㉢ E 5, 20

(단위: 명)

○ 결과 분석 및 추가 예시 자료 제시

[가]

① '사례 1'에 대해 ㉠을 잘못 알고 있는 학생들이 더 많다. 이에 따라 'A 집단'의 이해를 돕기 위해 ㉠이 쓰인 예로 '한번'을 제시한다.

② '사례 1'에 대해 ㉠을 잘못 알고 있는 학생들이 더 적다. 이에 따라 'B 집단'의 이해를 돕기 위해 ㉠이 쓰인 예로 '한복판'을 제시한다.

③ '사례 2'에 대해 ㉡을 잘못 알고 있는 학생들이 더 많다. 이에 따라 'C 집단'의 이해를 돕기 위해 ㉡이 쓰인 예로 '먹이'를 제시한다.

④ '사례 2'에 대해 ㉡을 잘못 알고 있는 학생들이 더 적다. 이에 따라 'D 집단'의 이해를 돕기 위해 ㉡이 쓰인 예로 '미닫이'를 제시한다.

⑤ '사례 3'에 대해 ㉢을 잘못 알고 있는 학생들이 더 적다. 이에 따라 'E 집단'의 이해를 돕기 위해 ㉢이 쓰인 예로 '알사탕'을 제시한다.

39. <보기>에 나타난 중세 국어의 특징을 탐구한 내용으로 적절하지 않은 것은?

─────────〈 보 기 〉─────────

불휘 기픈 남ᄀᆞᆫ **ᄇᆞᄅᆞ매** 아니 뮐씨 곶 됴코 여름 **하ᄂᆞ니**
ᄉᆡ미 기픈 **므른** ᄀᆞᄆᆞ래 아니 그츨씨 **내히** 이러 **바ᄅᆞ래** 가ᄂᆞ니

[현대어 풀이]

뿌리가 깊은 나무는 **바람에** 아니 움직이므로 꽃이 좋고 열매가 **많으니**,

샘이 깊은 **물은** **가뭄에** 아니 그치므로 **내(川)가** 이루어져 **바다에** 가느니.

─「용비어천가(龍飛御天歌)」<제2장> ─

① '불휘'와 'ᄉᆡ미'를 보니, 'ㅣ' 모음으로 끝난 체언 뒤에 동일한 형태의 주격 조사가 사용되었음을 알 수 있군.

② 'ᄇᆞᄅᆞ매'와 'ᄀᆞᄆᆞ래'를 보니, '애'가 현대 국어의 부사격 조사와 같은 기능으로 사용되었음을 알 수 있군.

③ '하ᄂᆞ니'를 보니, '하다'가 현대 국어와 다른 의미로 쓰였음을 알 수 있군.

④ '므른'과 '바ᄅᆞ래'를 보니, 앞 형태소의 끝소리를 다음 형태소의 첫소리로 옮겨 적는 방식이 사용되었음을 알 수 있군.

⑤ '내히'를 보니, 체언이 모음으로 시작하는 조사와 결합할 때 체언의 끝소리 'ㅎ'이 연음되어 나타나는 경우가 있었음을 알 수 있군.

[40 ~ 42] (가)와 (나)는 인쇄된 잡지에 실린 광고이고, (다)는 인터넷에 올려진 광고이다. 물음에 답하시오.

(가)

바다 생물을 위협하는 가장 가벼운 총

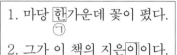

전 세계 바다에 버려지는
플라스틱 빨대 한 해 800만 톤.
사람들에겐 편리한 작은 빨대 하나지만
바다 생물들에겐 생명의 위협이 됩니다.
㉠ 이제 플라스틱 빨대 사용을 줄여서
바다 생물과 함께 지구 환경도 살릴 때입니다.

(나)

'미세 제로 공기 청정기'로 미세먼지 탈출하세요!

CADR(시간당 공기 정화 능력) 95m³/h
CADR(Clean Air Delivery Rate)은 시간당 공기 정화 능력을 나타내는 지표입니다. ㉡ 이번에 출시된 제품은 기존 제품보다 공기 청정 기능에 있어 두 배 높은 CADR 수치를 보이고 있습니다.

소비자 평가단 만족도 (별 5개 만점)
평점: ★★★★★
다른 제품보다 저렴하네요. ☺☺☺
— 닉네임 '하늘 마루' 님
평점: ★★★★★
디자인이 마음에 쏙 들어요. ☺
— 닉네임 '좋은 엄마' 님

(다)

☰ **생 활** 🔍

건강 기능 식품 전문 기업 ○○사, '○○헬스' 출시

감태 추출물 활용하여 불면증 개선에 효과적
하루 한 알로 피로 회복 효과까지

건강 기능 식품 전문 기업 ○○사는 '○○헬스'를 이번 달 22일 전국 매장에서 동시에 출시한다고 밝혔다. 식품의약품안전처의 인증을 받은 이 제품은 숙면에 도움을 줄 뿐만 아니라 피로 회복 효과도 있다.

성인 남녀를 대상으로 ○○헬스의 복용 결과를 분석한 보고서에 따르면 숙면을 취하는 시간이 늘어나는 효과가 있다고 한다. ㉢ 이 효과는 감태 추출물 때문이다. 또 ○○헬스에는 비타민 B도 함유되어 있어 ○○헬스 한 알을 복용하는 것만으로도 불면증 개선과 더불어 피로 회복 효과까지 기대할 수 있다. ㉣ 그래서 ○○헬스는 바쁜 직장인과 학생들이 간편하게 섭취할 수 있는 건강 기능 식품이라고 할 수 있다.

○○사 홍보 담당자는 "청소년부터 노년층까지의 모든 소비자들이 ○○헬스를 필수적인 식품으로 여기도록 홍보하겠다."라고 말했다. ㉤ 더 나아가 ○○헬스는 인터넷 쇼핑몰을 통해 판매될 예정이므로, 곧 세계 여러 나라 사람들은 이를 복용할 수 있을 것이다.

□□일보 김△△ 기자 (kim@□□news.co.kr)

전체 댓글 2개 　　　　　　　　　최근 순　[등록]

└ 하루 중 언제 먹는 게 가장 효과적인가요? 　　09:05

└ 제가 요즘 불면증에 시달리고 있는데 정말 기대되네요! 　08:01

40. (가) ~ (다)에 대한 설명으로 가장 적절한 것은?

① (가)와 달리 (나)는 글자 크기의 차이가 드러나므로 제목과 구체적인 정보를 구분하여 내용을 전달할 수 있다.

② (나)와 달리 (가)는 문자 언어와 이모티콘이 함께 나타나므로 수용자의 생각을 효과적으로 표현할 수 있다.

③ (나)와 달리 (다)는 실시간으로 의견을 남길 수 있는 기능이 있으므로 수용자의 참여를 유도할 수 있다.

④ (다)와 달리 (가)는 동일한 이미지의 나열이 드러나므로 내용과 관련된 수용자의 가치 판단에 영향을 줄 수 있다.

⑤ (다)와 달리 (나)는 내용을 찾아볼 수 있는 기능이 있으므로 수용자에게 정보에 대한 선택적 접근의 기회를 제공할 수 있다.

41. <보기>를 읽은 학생이 (가) ~ (다)에 보인 반응으로 적절하지 <u>않은</u> 것은?

─── < 보 기 > ───

광고는 대중을 설득하는 활동으로서, 목적에 따라 상품 판매의 촉진을 위한 상업 광고와 공익적 가치의 실현을 위한 공익 광고로 나눌 수 있다. 일반적으로 광고는 사실적인 정보와 주관적인 평가를 함께 활용하여 설득의 효과를 높이고자 한다. 그런데 최근 인터넷에서는 상품 판매의 촉진을 목적으로 한 기사문 형태의 광고가 증가하고 있다. 이러한 광고는 표제와 부제, 핵심 내용을 요약한 전문 등을 갖춰 일반적인 기사문과 유사한 형태를 보인다. 또한 기사문 형태의 광고는 언론사 명칭과 작성자 이름을 제시하여 내용의 신뢰성을 부각하고자 하는데, 이를 접한 대중들은 제시된 내용을 의심하지 않고 믿는 경향을 보이기 때문에 사회적으로 문제가 되기도 한다.

① (가)는 환경 문제의 대처와 관련된 가치의 실현을 위해 대중을 설득하고 있으므로 공익 광고에 속하겠군.

② (나)는 특정 제품의 기능을 제시하여 제품의 판매가 촉진되도록 대중을 설득하고 있으므로 상업 광고에 속하겠군.

③ (나)에서 특정 제품과 관련된 용어의 의미와 기능적 특징을 제시한 부분은 사실적인 정보와 주관적인 평가를 함께 활용한 것이겠군.

④ (다)에서 특정 언론사 명칭과 기사 작성자 이름이 제시된 부분을 보면 광고 내용의 신뢰성을 부각하려 했음을 알 수 있겠군.

⑤ (다)는 특정 제품의 출시 정보와 효능에 관한 내용을 표제와 부제, 전문의 형식을 갖춰 제시하고 있으므로 기사문 형태의 광고에 해당하겠군.

42. ㉠ ~ ㉤에 대해 이해한 내용으로 적절하지 <u>않은</u> 것은?

① ㉠: 보조사를 사용하여 '살릴'의 대상을 추가적으로 제시하고 있다.

② ㉡: 수사를 사용하여 서로 다른 대상의 '기능'을 제시하고 있다.

③ ㉢: 의존 명사를 사용하여 '감태 추출물'이 '효과'의 원인임을 드러내고 있다.

④ ㉣: 접속 부사를 사용하여 앞 문장과의 인과 관계를 드러내고 있다.

⑤ ㉤: 대명사를 사용하여 앞에서 언급한 '판매될' 제품을 지시하고 있다.

[43 ~ 45] (가)는 학생들이 발표를 위해 만든 온라인 카페이고, (나)는 발표 자료의 수정을 위해 휴대 전화 메신저로 나눈 대화의 일부이다. 물음에 답하시오.

(가)

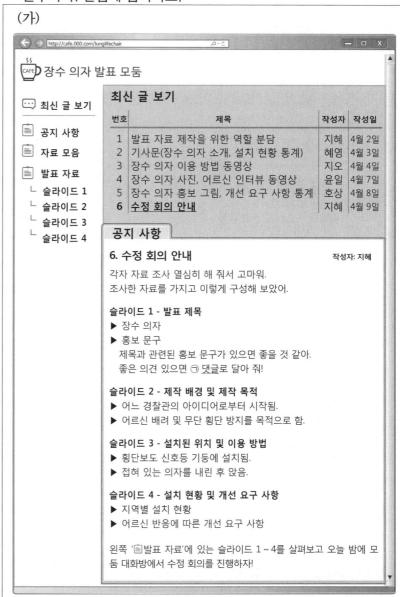

(나)

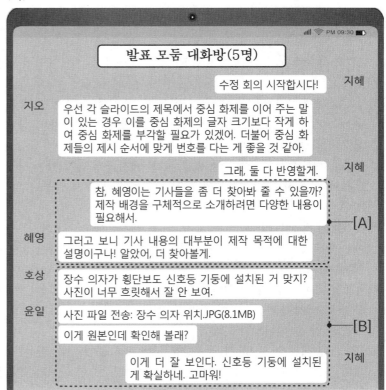

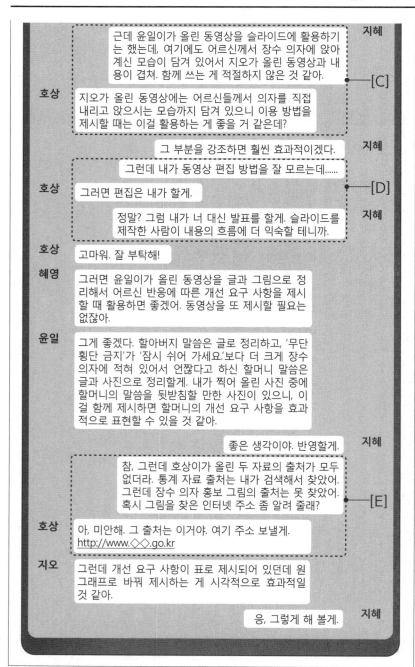

[지혜] 근데 윤일이가 올린 동영상을 슬라이드에 활용하기는 했는데, 여기에도 어르신께서 장수 의자에 앉아 계신 모습이 담겨 있어서 지오가 올린 동영상과 내용이 겹쳐. 함께 쓰는 게 적절하지 않은 것 같아. —[C]

호상: 지오가 올린 동영상에는 어르신들께서 의자를 직접 내리고 앉으시는 모습까지 담겨 있으니 이용 방법을 제시할 때는 이걸 활용하는 게 좋을 거 같은데?

[지혜] 그 부분을 강조하면 훨씬 효과적이겠다.

호상: 그런데 내가 동영상 편집 방법을 잘 모르는데……
호상: 그러면 편집은 내가 할게. —[D]

[지혜] 정말? 그럼 내가 너 대신 발표를 할게. 슬라이드를 제작한 사람이 내용의 흐름에 더 익숙할 테니까.

호상: 고마워. 잘 부탁해!

혜영: 그러면 윤일이가 올린 동영상을 글과 그림으로 정리해서 어르신 반응에 따른 개선 요구 사항을 제시할 때 활용하면 좋겠어. 동영상을 또 제시할 필요는 없잖아.

윤일: 그게 좋겠다. 할아버지 말씀은 글로 정리하고, '무단 횡단 금지'가 '잠시 쉬어 가세요.'보다 더 크게 장수 의자에 적혀 있어서 언짢다고 하신 할머니 말씀은 글과 사진으로 정리할게. 내가 찍어 올린 사진 중에 할머니의 말씀을 뒷받침할 만한 사진이 있으니, 이걸 함께 제시하면 할머니의 개선 요구 사항을 효과적으로 표현할 수 있을 것 같아.

[지혜] 좋은 생각이야. 반영할게.

[지혜] 참, 그런데 호상이가 올린 두 자료의 출처가 모두 없더라. 통계 자료 출처는 내가 검색해서 찾았어. 그런데 장수 의자 홍보 그림의 출처는 못 찾았어. 혹시 그림을 찾은 인터넷 주소 좀 알려 줄래? —[E]

호상: 아, 미안해. 그 출처는 이거야. 여기 주소 보낼게. http://www.◇◇.go.kr

지오: 그런데 개선 요구 사항이 표로 제시되어 있던데 원 그래프로 바꿔 제시하는 게 시각적으로 효과적일 것 같아.

[지혜] 응, 그렇게 해 볼게.

43. (나)를 바탕으로 (가)에서 확인할 수 있는 내용으로 적절하지 <u>않은</u> 것은? [3점]

① [A]를 통해 (가)의 '최신 글 보기' '2'번 게시물에 담겨 있는 기사 문에는 장수 의자 제작 목적보다 제작 배경에 대한 내용이 상대적으로 적음을 알 수 있다.

② [B]를 통해 (가)의 '최신 글 보기' '4'번 게시물에 담겨 있는 사진은 (나)에서 실시간으로 공유된 사진보다 화질이 좋지 않음을 알 수 있다.

③ [C]를 통해 (가)의 '최신 글 보기' '3'번 게시물에 담겨 있는 동영상에는 어르신께서 장수 의자에 앉아 계신 모습이 등장하지 않음을 알 수 있다.

④ [D]를 통해 (가)의 '최신 글 보기' '1'번 게시물에 담겨 있는 역할 분담에는 '지혜'와 '호상'이 각각 슬라이드 제작자와 발표자로 되어 있음을 알 수 있다.

⑤ [E]를 통해 (가)의 '최신 글 보기' '5'번 게시물에 담겨 있는 장수 의자 홍보 그림에는 (나)에서 제시된 인터넷 주소인 출처가 없음을 알 수 있다.

44. (나)를 고려하여 <보기 1>을 <보기 2>로 수정했다고 할 때, ⓐ ~ ⓔ 중 적절하지 <u>않은</u> 것은?

―〈보기 1〉―

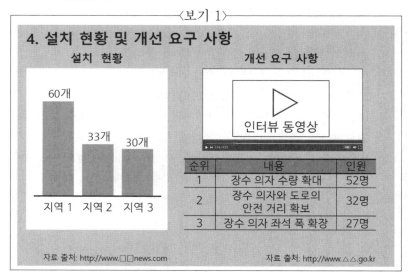

4. 설치 현황 및 개선 요구 사항

설치 현황: 60개(지역 1), 33개(지역 2), 30개(지역 3)

개선 요구 사항: 인터뷰 동영상

순위	내용	인원
1	장수 의자 수량 확대	52명
2	장수 의자와 도로의 안전 거리 확보	32명
3	장수 의자 좌석 폭 확장	27명

자료 출처: http://www.□□news.com   자료 출처: http://www.△△.go.kr

―〈보기 2〉―

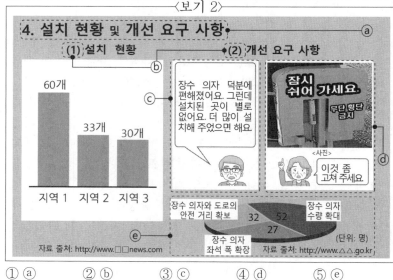

4. 설치 현황 및 개선 요구 사항 …… ⓐ
(1) 설치 현황 …… ⓑ   (2) 개선 요구 사항

설치 현황: 60개(지역 1), 33개(지역 2), 30개(지역 3)

ⓒ 장수 의자 덕분에 편해졌어요. 그런데 설치된 곳이 별로 없어요. 더 많이 설치해 주었으면 해요.

잠시 쉬어 가세요. 무단 횡단 금지 〈사진〉 이것 좀 고쳐 주세요. …… ⓓ

원 그래프: 장수 의자와 도로의 안전 거리 확보 32, 장수 의자 수량 확대 52, 장수 의자 좌석 폭 확장 27 (단위: 명) …… ⓔ

자료 출처: http://www.□□news.com   자료 출처: http://www.△△.go.kr

① ⓐ　② ⓑ　③ ⓒ　④ ⓓ　⑤ ⓔ

45. 다음은 ㉠에 해당하는 내용이다. ㉮에 들어갈 문구로 가장 적절한 것은?

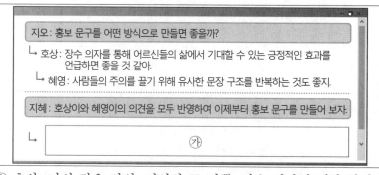

지오: 홍보 문구를 어떤 방식으로 만들면 좋을까?
　└ 호상: 장수 의자를 통해 어르신들의 삶에서 기대할 수 있는 긍정적인 효과를 언급하면 좋을 것 같아.
　　└ 혜영: 사람들의 주의를 끌기 위해 유사한 문장 구조를 반복하는 것도 좋지.

지혜: 호상이와 혜영이의 의견을 모두 반영하여 이제부터 홍보 문구를 만들어 보자.
　└ [㉮]

① 호상: 나의 작은 관심, 지역의 큰 기쁨. 장수 의자에 대한 관심이 지역 경제를 살립니다.

② 윤일: 장수 의자에 앉아 신호등을 기다려 보세요. 편안함을 위한 장수 의자, 안전함까지 드립니다.

③ 혜영: 장수 의자에서 만난 이웃들과 함께 웃어 보아요. 우리 지역의 공동체는 더 밝아질 것입니다.

④ 지혜: 안전을 위해 장수 의자에서 잠시 대기하세요. 장수 의자에 머물면서 당신의 삶이 지켜질 수 있습니다.

⑤ 지오: 힘겨운 기다림은 이제 그만, 편안한 기다림은 이제 시작. 장수 의자, 어르신들의 안전과 휴식을 책임집니다.

※ 확인 사항

답안지의 해당란에 필요한 내용을 정확히 기입(표기)했는지 확인하시오.

문항수 11개 | 배점 24점 | 제한 시간 20분

● 점수 표시가 없는 문항은 모두 2점

[35~36] 다음 글을 읽고 물음에 답하시오.

[A]
　'나의 살던 고향'은 '내가 살던 고향'과 같은 의미로 '나'에 관형격 조사 '의'가 결합하여 '살던'의 의미상 주어를 나타내는 특이한 구조이다. 이처럼 관형격 조사 '의'가 주격 조사처럼 해석되는 경우가 중세 국어에서도 확인된다. 예를 들어, '聖人의(聖人+의) ᄀᆞ르치샨 法[성인의 가르치신 법]'의 경우, '聖人'은 관형격 조사 '의'와 결합하고 있지만 후행하는 용언인 'ᄀᆞ르치샨'의 의미상 주어로 기능하고 있다. 그런데 이러한 '의'는 중세 국어 관형격 조사 결합 원칙의 예외에 해당한다. 중세 국어의 관형격 조사는 평칭의 유정 체언에는 모음 조화에 따라 '익/의'가, 무정 체언 또는 존칭의 유정 체언에는 'ㅅ'이 결합하는 원칙이 있었는데, 'ㅅ'이 쓰일 자리에 '의'가 쓰였기 때문이다.

　중세 국어 격조사 결합 원칙의 또 다른 예외는 부사격 조사에서도 확인된다. 시간이나 장소를 나타내는 부사격 조사는 결합하는 선행 체언의 끝음절을 기준으로, 모음 조화에 따라 '나종애'(나종+애), '므레'(믈+에)에서처럼 '애/에'가 쓰인다. 단, 끝음절이 모음 '이'나 반모음 'ㅣ'로 끝날 때에는 ㉠'뉘예'(뉘+예)에서처럼 '예'가 쓰였다. 그런데 '애/에/예'가 쓰일 위치에 부사격 조사인 '익/의'가 쓰이는 경우도 있다. 이러한 예외는 '봄', '나조ㅎ'[저녁], ㉡'우ㅎ'[위], '밑' 등의 일부 특수한 체언들에서 확인된다. 가령, '나조ㅎ'에는 '익'가 결합하여 ㉢'나조힉'(나조ㅎ+익)로, '밑'에는 '의'가 결합하여 '미틔'(밑+의)로 나타났다.

　중세 국어의 부사격 조사 가운데 관형격 조사가 그 구성 성분으로 분석되는 독특한 경우도 있다. 가령, '익그에'는 관형격 조사 '익'에 '그에'가 결합된 형태이고 'ㅅ긔' 역시 관형격 조사 'ㅅ'에 '긔'가 결합된 부사격 조사다. 이들은 ㉣'ᄂᆞ믹그에'(ᄂᆞᆷ+익그에)나 '어마닚긔'(어마님+ㅅ긔)와 같이 사용되었는데 평칭의 유정 명사 'ᄂᆞᆷ'에는 '익그에'가, 존칭의 유정 명사 '어마님'에는 'ㅅ긔'가 쓰인다. 중세 국어의 '익그에'와 'ㅅ긔'는 각각 현대 국어의 '에게'와 ㉤'께'로 이어진다.

35. 윗글의 ㉠~㉤을 이해한 내용으로 적절하지 <u>않은</u> 것은?

① ㉠은 부사격 조사 '예'와 결합하는 선행 체언의 끝음절에서 반모음 'ㅣ'가 확인된다.

② ㉡에 시간이나 장소를 나타내는 부사격 조사가 결합하면 '우희'가 된다.

③ ㉢은 현대 국어로 '저녁의'로 해석되어 관형격 조사의 쓰임이 확인된다.

④ ㉣의 '익그에'에서는 관형격 조사 '익'가 분석된다.

⑤ ㉤이 현대 국어에서 존칭 체언에 사용되는 것은 중세 국어 관형격 조사 'ㅅ'과 관련된다.

36. [A]를 바탕으로 <자료>를 탐구한 내용으로 적절한 것은? [3점]

<자료>

ⓐ 수픐(수플+ㅅ) 神靈이 길헤 나아
　〔현대어 풀이 : 수풀의 신령이 길에 나와〕

ⓑ ᄂᆞ믜(ᄂᆞᆷ+익) 말 드러ᅀᅡ 알 씨라
　〔현대어 풀이 : 남의 말 들어야 아는 것이다〕

ⓒ 世界ㅅ(世界+ㅅ) 일올 보샤
　〔현대어 풀이 : 세계의 일을 보시어〕

ⓓ 이 사ᄅᆞ믜(사ᄅᆞᆷ+익) 잇논 方面을
　〔현대어 풀이 : 이 사람의 있는 방면을〕

ⓔ 孔子의(孔子+의) 기티신 글워리라
　〔현대어 풀이 : 공자의 남기신 글이다〕

① ⓐ : '神靈(신령)'이 존칭의 유정 명사이므로 '수플'에 'ㅅ'이 결합한 것이군.

② ⓑ : 'ᄂᆞᆷ'이 유정 명사이고 끝음절 모음이 음성 모음이므로 '익'가 결합한 것이군.

③ ⓒ : '世界(세계)ㅅ'이 '보샤'의 의미상 주어이고, 'ㅅ'은 예외적 결합이군.

④ ⓓ : '이 사ᄅᆞ믜'가 '잇논'의 의미상 주어이고, '익'는 예외적 결합이군.

⑤ ⓔ : '孔子(공자)의'가 '기티신'의 의미상 주어이고, '의'는 예외적 결합이군.

37. <학습 활동>의 ㉠~㉢에 들어갈 예문으로 적절한 것은?

<학습 활동>

<보기>의 조건이 실현된 예문을 만들어 보자.

<보 기>

ⓐ 현재 시제만 쓰일 것.
ⓑ 서술어의 자릿수가 둘일 것.
ⓒ 안긴문장이 부사어로 기능할 것.

실현 조건	예문
ⓐ, ⓑ	㉠
ⓐ, ⓒ	㉡
ⓑ, ⓒ	㉢

① ㉠ : 그 집 마당에는 감나무 한 그루가 자란다.

② ㉠ : 선생님께서는 여전히 학교 근처에 사시는지요?

③ ㉡ : 산중에 있으므로 여기는 도시보다 조용합니다.

④ ㉡ : 오늘부터 아침으로 과일만 먹기로 마음먹었어?

⑤ ㉢ : 오래전 큰아버지께 받은 책에 곰팡이가 슬었어.

38. <보기>의 ㉮, ㉯에 들어갈 수 있는 단어로 적절한 것은?

─────────〈보 기〉─────────

선생님 : 지난 시간에 음운의 변동 가운데 ⓐ음절의 끝소리 규칙, ⓑ자음군 단순화, ⓒ된소리되기를 학습했는데요. 이번 시간에는 음운 변동의 적용 유무를 기준으로 단어를 분류하는 활동을 진행해 볼게요. 그럼, 표준 발음을 고려해서 다음 단어들을 분류해 보죠.

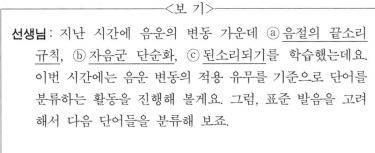

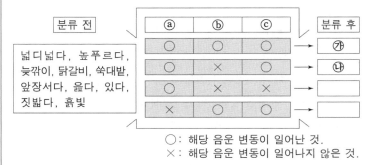

○ : 해당 음운 변동이 일어난 것.
× : 해당 음운 변동이 일어나지 않은 것.

	㉮	㉯
①	짓밟다	늦깎이
②	넓디넓다	있다
③	읊다	높푸르다
④	흙빛	쑥대밭
⑤	닭갈비	앞장서다

39. <보기>의 ㉠~㉻에 대한 이해로 적절한 것은?

─────────〈보 기〉─────────

(희철, 민수, 기영이 ○○ 서점 근처에서 만난 상황)

희철 : 얘들아, 잘 지냈어? 3일 만에 보니 반갑다.

민수 : 동해안으로 체험 학습 다녀왔다며? ㉠내일은 도서관에 가서 발표 준비하자. 기영인 어떻게 생각해?

기영 : ㉡네 말대로 하는 게 좋겠다. 그럼 정수도 부를까?

희철 : 그러자. ㉢저기 저 ○○ 서점에서 오전 10시에 만나서 다 같이 도서관으로 가자. ㉣정수한테 전할 때 서점 위치 링크도 보내 줘. 전에도 헤맸잖아.

민수 : 이제 아냐. ㉤어제 나랑 저기서 만났는데 잘 ㉥왔어.

희철 : 그렇구나. 어제 잘 ㉦왔었구나.

민수 : 아, 기영아! ㉧우리는 회의 가야 돼. ㉨네가 ㉩우리 셋을 대표해서 정수에게 연락을 좀 해 줘.

① ㉠은 ㉤과 달리 발화 시점과 관계없이 언제인지가 정해진다.

② ㉢은 ㉡과 달리 지시 표현이 이전 발화를 직접 가리킨다.

③ ㉣은 ㉨과 달리 담화 참여자에 따라 지시 대상이 달라진다.

④ ㉥은 ㉦과 달리 화자가 있던 장소로의 이동을 나타낸다.

⑤ ㉧은 ㉩과 달리 담화에 참여한 모든 사람들을 가리킨다.

[40~43] (가)는 보이는 라디오의 본방송이고, (나)는 이 방송을 들은 학생의 메모이다. 물음에 답하시오.

(가)

진행자 : ⓐ매주 수요일, 여행 정보를 제공하는 '여행과 함께'를 시작합니다. 앱이나 문자로 언제든 방송에 참여하실 수 있고요, 보이는 라디오 시청자는 실시간 댓글도 이용하실 수 있습니다. ⓑ오늘도 여행가 안○○ 님을 모셨습니다.

여행가 : 안녕하세요. 안○○입니다.

진행자 : 지난주부터 등대 스탬프 여행을 소개하고 있습니다. 저번에는 그중 '재미있는 등대'라는 주제를 소개하셨는데요, 오늘은 어떤 주제인가요?

여행가 : 네, 오늘은 '풍요의 등대'입니다. 서해안에 위치한 16개 등대와 □□ 생물 자원관을 돌아보면서 풍요로운 해산물도 즐길 수 있는 여행 코스입니다.

진행자 : 이제부터 '풍요의 등대'에 속한 등대들을 알아볼 텐데요, 그중에서 가장 선호하시는 곳이 있나요?

여행가 : 저는 천사의 섬이라는 모티브를 살려 천사의 날개와 선박을 형상화한 △△ 등대가 가장 좋았습니다. 등대에 설치된 LED 조명이 켜지면 주변 경관과 어우러져 이국적인 경관을 연출하는 곳인데, 그 모습을 바라보면서 먹는 전복 라면은 정말 맛있죠.

진행자 : 정말 맛있겠네요. 많은 분들이 실시간 문자로 지난주에 안내했던 등대 스탬프 여행의 순서를 물으시네요. 예정된 건 아니지만 다시 안내해 주시겠어요?

여행가 : ⓒ우선 모바일 여권과 종이 여권 중 하나를 선택하셔서 참가 신청을 해야 하는데요, 모바일 여권은 앱을 이용하시면 되고, 종이 여권은 '등대와 바다' 누리집에서 신청하시면 됩니다. 그러고 나서 등대들을 돌아다니면서 스탬프를 찍고 사진을 촬영하시는 겁니다. 사진을 다 모으시면 누리집에서 완주 인증을 하시는 거죠.

진행자 : ⓓ실시간 댓글로 6789 님께서 스탬프 여행의 주의 사항에 대해 궁금증이 있으시답니다. 함께 알아볼까요?

여행가 : ⓔ네, 앞에서 말씀드린 완주 인증은 날짜가 기록된 사진으로만 가능합니다. 처음엔 스탬프로 완주 인증을 했지만 지금은 그렇게 바뀐 거죠. 하지만 스탬프를 찍기 원하는 여행자들이 많아 여전히 스탬프를 유지하고 있습니다. 그런데 행복도 등대나 기쁨항 등대처럼 등대 주변에 스탬프가 없는 경우가 있으니 미리 확인하시는 것이 좋겠습니다.

진행자 : 스탬프가 등대 주변이 아닌 다른 곳에 위치한 경우도 있다는 거군요. 잠시만요, 나머지 등대를 소개하기에는 시간이 부족할 것 같으니 2부에서 계속하고요, 남은 시간 동안 '풍요의 등대'의 완주 기념품에 대해 이야기해 볼까요?

여행가 : (테이블에 오르골을 올리며) 바로 이 등대 오르골입니다.

진행자: 실시간 댓글 창에 오르골이 귀엽다는 반응이 많네요. 라디오로만 들으시는 분들은 실제 모양이 궁금하시죠? 작고 예쁜 등대가 나무 상자 안에 있고, 오른쪽에 태엽을 감는 손잡이가 있습니다. 아쉽지만 약속된 시간이 다 되어 1부는 여기서 마치고 2부에서 뵐게요.

(나)

> 등대 스탬프 여행을 여행 지리 수업 시간에 발표해야겠어. ㉠ 여행의 순서와 주의 사항에 대한 슬라이드는 여행가의 말을 정리하되 여행의 순서가 잘 나타날 수 있게 표현하고, 시각적 이미지를 활용해야지. ㉡ '△△ 등대'에 대한 슬라이드는 여행에 유용한 정보를 추가하고, 슬라이드의 내용을 포괄할 수 있는 제목을 넣어야지.

40. (가)에 나타난 정보 전달 방식으로 적절하지 <u>않은</u> 것은?

① 수용자에게 일정한 주기로 새로운 정보가 제공되므로 지난주 방송과 현재 진행되는 방송의 연관성을 제시한다.

② 본방송을 중간부터 청취한 수용자는 흐름을 따라가지 못할 수 있으므로 앞부분의 정보를 정리해서 전달한다.

③ 수용자에게 정보를 제공할 수 있는 시간상의 제약이 있으므로 방송에서 전달하려는 정보를 선택하여 조절한다.

④ 청각적 정보만 접할 수 있는 수용자가 있으므로 방송 중에 제공한 시각적 정보를 음성 언어로 풀어서 설명한다.

⑤ 수용자들이 방송에 실시간으로 참여하는 것이 가능하므로 실시간 댓글과 문자를 바탕으로 이어질 정보를 조정한다.

41. 다음은 (가)가 끝난 후의 청취자 게시판이다. 참여자들의 소통 양상으로 가장 적절한 것은?

> **청취자 게시판**　　×　＋
>
> **새달**: 행복도 등대나 기쁨항 등대와 같이 등대 스탬프가 없는 곳도 있다는데요. 그 등대는 스탬프를 찍을 수 없군요.
> 　↳ **알콩**: 저는 일반적인 등대와는 달리 등대 주변이 아닌 다른 곳에 스탬프가 있다고 들었는데요.
> 　　↳ **사슴**: 알콩 님 말씀과 같이 스탬프가 있긴 해요. 행복도 등대는 행복도 역사관 내에, 기쁨항 등대는 선착장 앞에 있어요. 모두 찾기 어렵지 않더라고요.
> 　　　↳ **새달**: 사슴 님 좋은 정보 감사해요.

① 방송 내용에 대한 '새달'의 잘못된 이해가 '알콩'과 '사슴'의 댓글에 의해 수정되고 있다.

② 방송 내용에 대하여 가지고 있던 '새달'과 '알콩'의 공통된 생각에 '사슴'이 동조하고 있다.

③ 방송을 듣고 '새달'이 느낀 감정을 '알콩' 및 '사슴'과 공유하여 정서적인 공감을 형성하고 있다.

④ 방송 내용에 대해 가지고 있던 '새달'과 '알콩'의 서로 다른 생각이 '사슴'에 의해 절충되고 있다.

⑤ 방송 내용에 대한 '새달'과 '알콩'의 긍정적 감정이 '사슴'의 댓글로 인해 부정적 감정으로 전환되고 있다.

42. 다음은 (나)에 따라 제작한 발표 자료이다. 제작 과정에서 고려한 내용으로 적절하지 <u>않은</u> 것은? [3점]

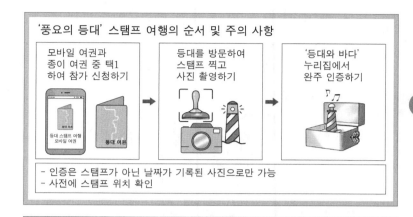

> **'풍요의 등대' 스탬프 여행의 순서 및 주의 사항**
>
> 모바일 여권과 종이 여권 중 택1 하여 참가 신청하기 → 등대를 방문하여 스탬프 찍고 사진 촬영하기 → '등대와 바다' 누리집에서 완주 인증하기
>
> - 인증은 스탬프가 아닌 날짜가 기록된 사진으로만 가능
> - 사전에 스탬프 위치 확인

> **△△ 등대 - 천사의 날개와 선박을 형상화한 등대**
>
>
>
> 특징: LED 조명이 만드는 이국적인 경관
> 주소: ▽▽도 ◇◇군 △△면
> 스탬프 위치: 등대 앞
> 볼거리: ◇◇ 철새 전시관, ◇◇산 전망대
> 먹을거리: 전복 라면, 복어 튀김, 소금 사탕
> 재밌거리: 자전거 여행, 조개 잡기 체험

① 여행가의 말을 정리하기로 한 ㉠은 여행가가 제시한 여행의 순서와 주의 사항을 모아 하나의 슬라이드로 구성하자.

② 여행의 순서를 나타내기로 한 ㉠에는 여행가가 제시한 여행 순서를 구분하고 차례가 드러나게 화살표를 사용하자.

③ 시각적 이미지를 활용하기로 한 ㉠에는 여행가가 소개한 여행의 순서와 관련된 주요 소재를 그림 자료로 보여 주자.

④ 여행에 유용한 정보를 추가하기로 한 ㉡에는 여행가가 언급한 먹을거리 이외에도 다양한 정보를 추가하자.

⑤ 내용을 포괄할 수 있는 제목을 넣기로 한 ㉡은 여행가의 말을 가져와 슬라이드의 내용을 요약할 수 있는 제목을 달자.

43. ⓐ~ⓔ의 높임 표현에 대한 설명으로 적절하지 <u>않은</u> 것은?

① ⓐ: 종결 어미 '-ㅂ니다'를 사용하여, 방송을 듣고 있는 불특정 다수의 청자를 높이고 있다.

② ⓑ: 특수 어휘 '모시다'를 사용하여, 객체인 여행가를 높이고 있다.

③ ⓒ: 선어말 어미 '-시-'를 사용하여, 여권 선택의 주체인 청자를 높이고 있다.

④ ⓓ: '있으시다'를 사용하여, 궁금증이 있는 주체인 '6789 님'을 간접적으로 높이고 있다.

⑤ ⓔ: '말씀'을 사용하여, 화자인 여행가의 말을 높이고 있다.

[44~45] (가)는 전자 문서로 된 사용 설명서의 일부이고, (나)는 이를 바탕으로 나눈 누리 소통망 대화이다. 물음에 답하시오.

(가)

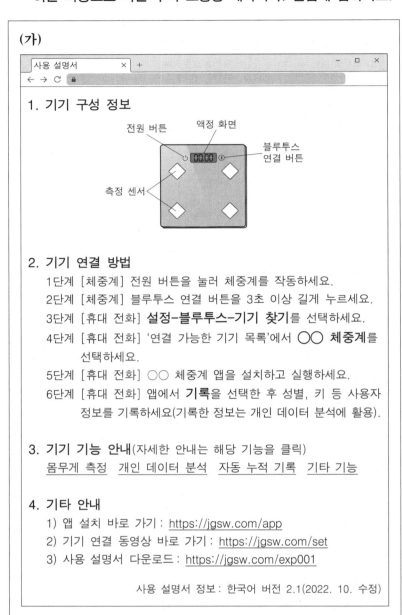

사용 설명서 ✕ +

1. 기기 구성 정보

전원 버튼 / 액정 화면 / 블루투스 연결 버튼 / 측정 센서

2. 기기 연결 방법

1단계 [체중계] 전원 버튼을 눌러 체중계를 작동하세요.
2단계 [체중계] 블루투스 연결 버튼을 3초 이상 길게 누르세요.
3단계 [휴대 전화] **설정-블루투스-기기 찾기**를 선택하세요.
4단계 [휴대 전화] '연결 가능한 기기 목록'에서 ○○ **체중계**를 선택하세요.
5단계 [휴대 전화] ○○ 체중계 앱을 설치하고 실행하세요.
6단계 [휴대 전화] 앱에서 **기록**을 선택한 후 성별, 키 등 사용자 정보를 기록하세요(기록한 정보는 개인 데이터 분석에 활용).

3. 기기 기능 안내(자세한 안내는 해당 기능을 클릭)

<u>몸무게 측정</u> <u>개인 데이터 분석</u> <u>자동 누적 기록</u> <u>기타 기능</u>

4. 기타 안내

1) 앱 설치 바로 가기 : https://jgsw.com/app
2) 기기 연결 동영상 바로 가기 : https://jgsw.com/set
3) 사용 설명서 다운로드 : https://jgsw.com/exp001

사용 설명서 정보 : 한국어 버전 2.1(2022. 10. 수정)

(나)

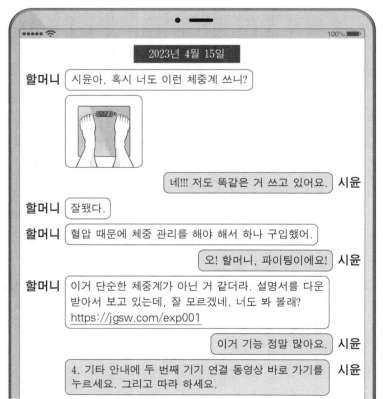

2023년 4월 15일

할머니 시윤아, 혹시 너도 이런 체중계 쓰니?

네!!! 저도 똑같은 거 쓰고 있어요. 시윤

할머니 잘됐다.

할머니 혈압 때문에 체중 관리를 해야 해서 하나 구입했어.

오! 할머니, 파이팅이에요! 시윤

할머니 이거 단순한 체중계가 아닌 거 같더라. 설명서를 다운받아서 보고 있는데, 잘 모르겠네. 너도 봐 볼래? https://jgsw.com/exp001

이거 기능 정말 많아요. 시윤

4. 기타 안내에 두 번째 기기 연결 동영상 바로 가기를 누르세요. 그리고 따라 하세요. 시윤

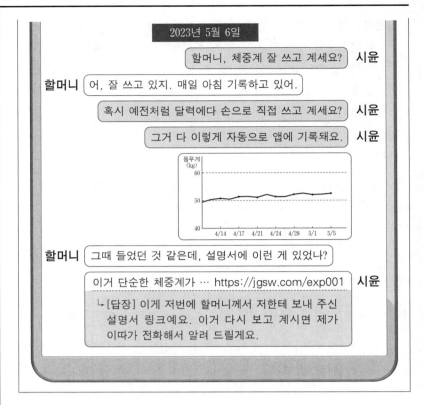

2023년 5월 6일

할머니, 체중계 잘 쓰고 계세요? 시윤

할머니 어, 잘 쓰고 있지. 매일 아침 기록하고 있어.

혹시 예전처럼 달력에다 손으로 직접 쓰고 계세요? 시윤

그거 다 이렇게 자동으로 앱에 기록돼요. 시윤

할머니 그때 들었던 것 같은데, 설명서에 이런 게 있었나?

이거 단순한 체중계가 … https://jgsw.com/exp001 시윤

↳[답장] 이게 저번에 할머니께서 저한테 보내 주신 설명서 링크예요. 이거 다시 보고 계시면 제가 이따가 전화해서 알려 드릴게요.

---

44. (가)의 정보 구성 및 제시 방식으로 적절하지 <u>않은</u> 것은?

① 기기 구성 정보는 시각 자료를 활용하여 전달했다.
② 기기를 휴대 전화와 연결하는 방법을 조작 순서에 맞추어 안내했다.
③ 기기 연결 방법에서 앱에 기록할 정보는 글자의 크기와 굵기를 다르게 표시했다.
④ 기기 기능 안내에서는 안내받을 수 있는 기능의 항목을 나열하여 배치했다.
⑤ 사용 설명서의 버전 정보를 수정 시점과 함께 제공했다.

45. (가)와 (나)에서 확인할 수 있는 매체 활용에 대한 이해로 가장 적절한 것은?

① (가)의 내용이 (나)를 통해 전달되는 과정에서 사용자들이 정보를 선별하여 유통할 수 있군.
② (나)의 사용자들이 서로 교환한 정보를 바탕으로 (가)의 수정 과정을 점검할 수 있군.
③ (가)는 (나)와 달리 사용자가 필요한 정보를 질문하여 요청할 수 있군.
④ (나)는 (가)와 달리 사용자가 하이퍼링크를 통해 외부의 정보에 접근할 수 있군.
⑤ (가)와 (나)는 모두 정보를 교류한 이력에서 사용자가 필요한 부분을 불러와 상대방에게 이전 내용을 환기할 수 있군.

---

* 확인 사항

○ 답안지의 해당란에 필요한 내용을 정확히 기입(표기)했는지 확인하시오.

[35~36] 다음 글을 읽고 물음에 답하시오.

음운은 단어의 뜻을 변별하는 데 사용되는 소리로 언어마다 차이가 있다. 예컨대 국어에서는 음운으로서 'ㅅ'과 'ㅆ'을 구분하지만 영어에서는 구분하지 않는다. 음운이 실제로 발음되기 위해서는 발음의 최소 단위인 음절을 이뤄야 하는데 음절의 구조도 언어마다 다르다. 국어는 한 음절 내에서 모음 앞이나 뒤에 각각 최대 하나의 자음을 둘 수 있지만 영어는 'spring[spriŋ]'처럼 한 음절 내에서 자음군이 형성될 수 있다.

음운은 그 자체로는 뜻이 없다. 음운이 하나 이상 모여 뜻을 가지면 의미의 최소 단위인 형태소가 된다. 그리고 우리는 이러한 형태소를 결합하여 단어를 만들고 말을 한다. 이때 ㉠형태소와 형태소가 만나는 경계에서 음운이 다양하게 배열되고 발음이 결정되는데, 여기에 음운 규칙이 관여한다. 예컨대 국어에서는 '국물[궁물]'처럼 '파열음 – 비음' 순의 음운 배열이 만들어지면, 파열음은 동일 조음 위치의 비음으로 교체된다. 그런데 이런 음운 규칙도 모든 언어에 적용되는 것은 아니어서 영어에서는 'nickname[nikneim]'처럼 '파열음(k) – 비음(n)'이 배열되어도 비음화가 일어나지 않는다.

이러한 음운, 음절 구조, 음운 규칙은 말을 할 때뿐만 아니라 말을 들을 때도 작동한다. 이들은 말을 할 때는 발음을 할 수 있게 만드는 재료, 구조, 방법이 되고, 말을 들을 때는 말소리를 분류하고 인식하는 틀이 된다. 예컨대 '국'과 '밥'이 결합한 '국밥'은 된소리되기가 적용되어 늘 [국빱]으로 발음되지만, 우리는 이것을 '빱'이 아니라 '밥'과 관련된 것으로 인식한다. 그 이유는 [국빱]을 들을 때 된소리되기가 인식의 틀로 작동하여 된소리되기 이전의 음운 배열인 '국밥'으로 복원되기 때문이다. 더불어 외국어를 듣는 상황을 생각해 보자. 국어의 음절 구조와 맞지 않는 소리를 듣는다면 국어의 음절 구조에 맞게 바꾸고, 국어에 없는 소리를 듣는다면 국어에서 가장 가까운 음운으로 바꾸어 인식하게 된다. 영어 단어 'bus'를 우리말 음절 구조에 맞게 2음절로 바꾸고, 'b'를 'ㅂ' 또는 'ㅃ'으로 바꾸어 [버쓰]나 [뻐쓰]로 인식하는 것이 그 예이다.

35. 윗글을 통해 추론한 내용으로 적절하지 <u>않은</u> 것은?

① 국어 음절 구조의 특징을 고려하면 '몫[목]'의 발음에서 음운이 탈락하는 것을 이해할 수 있겠군.
② 국어 음운 'ㄹ'은 그 자체에는 뜻이 없지만, '갈 곳'의 'ㄹ'은 어미로 쓰이고 있으므로 뜻을 가진 최소 단위가 되겠군.
③ 국어에서 '밥만 있어'의 '밥만[밤만]'을 듣고 '밤만'으로 알았다면 그 과정에서 비음화 규칙이 인식의 틀로 작동했겠군.
④ 영어의 'spring'이 국어에서 3음절 '스프링'으로 인식되는 것은 국어 음절 구조 인식의 틀이 제대로 작동한 결과이겠군.
⑤ 영어의 'vocal'이 국어에서 '보컬'로 인식되는 것은 영어 'v'와 가장 비슷한 국어 음운이 'ㅂ'이기 때문이겠군.

36. ㉠의 위치에서 음운 변동이 일어난 예만을 <보기>에서 고른 것은?

―――――<보 기>―――――
ⓐ 앞일[암닐]　　ⓑ 장미꽃[장미꼳]　　ⓒ 넣고[너코]
ⓓ 걱정[걱쩡]　　ⓔ 굳이[구지]

① ⓐ, ⓑ, ⓒ　　　② ⓐ, ⓒ, ⓔ　　　③ ⓐ, ⓓ, ⓔ
④ ⓑ, ⓒ, ⓓ　　　⑤ ⓑ, ⓓ, ⓔ

37. <보기 1>을 참고하여 <보기 2>에서 밑줄 친 부분을 중심으로 ㉠~㉤을 이해한 내용으로 적절하지 <u>않은</u> 것은?

―――――<보기 1>―――――
객체 높임은 일반적으로 주체가 목적어나 부사어로 지시되는 대상인 객체보다 지위가 낮을 때 어휘적 수단이나 문법적 수단으로써 객체를 높이 대우하는 것이다. 전자는 **객체 높임의 동사**('숣-', '아뢰-' 등)를 쓰는 방법이고, 후자는 **객체 높임의 조사**('끠', '께')를 쓰는 방법과 **객체 높임의 선어말 어미**('-숩-' 등)를 쓰는 방법이다. 중세 국어에서는 이 세 가지 방법을 다 썼으나 현대 국어에서는 객체 높임의 선어말 어미를 쓰지 않는다. 다음에서 중세 국어와 현대 국어를 비교해 보면 이를 확인할 수 있다.

이 말 다 **숣**고 부텨**끠** 禮數ᄒ**숩**고
[이 말 다 **아뢰**고 부처**께** 절 올리고]

―――――<보기 2>―――――
㉠ 나도 이제 너희 스승니믈 <u>보숩고져</u> ᄒ노니
　　[나도 이제 너희 스승님을 뵙고자 하니]
㉡ 須達이 舍利弗<u>끠</u> 가 [수달이 사리불께 가서]
㉢ 내 이제 世尊<u>끠</u> <u>숣노니</u> [내가 이제 세존께 아뢰니]
㉣ 여보, 당신이 <u>이모님께</u> 어머님 <u>모시고</u> 갔었어?
㉤ 선생님께서 그 아이에게 다친 덴 없는지 <u>여쭤</u> 보셨다.

① ㉠: 어휘적 수단으로 객체인 '너희 스승님'을 높이 대우하고 있다.
② ㉡: 문법적 수단으로 객체인 '舍利弗(사리불)'을 높이 대우하고 있다.
③ ㉢: 조사 '끠'와 동사 '숣노니'는 같은 대상을 높이기 위해 쓰이고 있다.
④ ㉣: 조사 '께'와 동사 '모시고'는 서로 다른 대상을 높이기 위해 쓰이고 있다.
⑤ ㉤: 주체와 객체의 관계를 고려하면 동사 '여쭤'의 사용은 부적절하다.

38. <학습 활동>을 수행한 결과로 적절한 것은?

―――――――――<학습 활동>―――――――――

형태소는 자립성의 유무와 의미의 유형에 따라 다음과 같이 구분된다.

자립성의 유무 \ 의미의 유형	자립 형태소	의존 형태소
실질 형태소	㉠	㉡
형식 형태소		㉢

다음 문장의 형태소를 ㉠, ㉡, ㉢으로 분류한 후, 그 결과를 정리해 보자.

우리는 비를 맞고 바람에 맞서다가 드디어 길을 찾아냈다.

① '우리는'의 '우리'와 '드디어'는 ㉡에 속한다.
② '비를'과 '길을'에는 ㉠과 ㉡에 속하는 형태소만 있다.
③ '맞고'의 '맞-'과 '맞서다가'의 '맞-'은 모두 ㉢에 속한다.
④ '바람에'에는 ㉡과 ㉢에 속하는 형태소만 있다.
⑤ '찾아냈다'에는 ㉡과 ㉢에 속하는 형태소만 있다.

39. <보기>의 ㉠~㉤에 해당하는 예로 적절한 것은? [3점]

―――――――――<보 기>―――――――――

피동문은 대응하는 능동문과 일정한 문법적 관련을 맺는다. 그중 피동문의 서술어는 능동문의 서술어에 피동의 문법 요소를 결부하여 만드는데, 국어에서는 ㉠동사 어근에 피동 접사 '-이-', '-히-', '-리-', '-기-'를 결합하는 방법(접-/접히-), ㉡접사 '-하-'를 접사 '-받-', '-되-', '-당하-' 등으로 교체하는 방법(사랑하-/사랑받-), ㉢동사 어간에 '-아지-/-어지-'를 결합하는 방법(주-/주어지-) 등이 쓰인다. 단, '날씨가 풀리다'에서처럼 ㉣자연적으로 발생하는 사태를 표현할 때에는 피동문에 대응하는 능동문을 상정하기 어려운 경우가 있다.

한편 '없어지다'나 '거긴 잘 가지지 않는다.'처럼 ㉤'-아지-/-어지-'는 형용사나 자동사에 변화의 의미를 더하는 데 쓰이기도 하는데 이런 용법일 때는 피동문을 이루지 않는다.

① ㉠: 아버지가 아이에게 두터운 점퍼를 <u>입혔다</u>.
② ㉡: 내 몫의 일거리는 형에게 <u>건네받았다</u>.
③ ㉢: 언론에 의해 사건의 전모가 자세히 <u>밝혀졌다</u>.
④ ㉣: 그 사람은 많은 사람들에게 <u>존경받는다</u>.
⑤ ㉤: 모두가 바라던 소원이 드디어 <u>이루어졌다</u>.

[40~43] (가)는 텔레비전 뉴스이고, (나)는 이를 바탕으로 교내에 게시하기 위해 동아리에서 만든 포스터이다. 물음에 답하시오.

(가)

진행자: 생활 속 유용한 경제 뉴스를 알려 드리는 시간이죠, 경제 뉴스 콕, 김 기자. ⓐ<u>요즘 화제가 되고 있는 제도에 대해 알려 주신다면서요?</u>

기자: 네. 한국○○공단에서 실시하는 '탄소 중립 실천 포인트 제도'를 소개해 드리겠습니다. ⓑ<u>일상 속 작은 노력으로 탄소 중립을 실천하고 포인트도 받을 수 있는 제도인데요,</u>

제도 실시 후 석 달 만에 가입자 십만 명을 돌파했습니다. 기후 위기를 심각하게 여기고 친환경 생활을 실천하려는 국민들이 그만큼 많았단 뜻이겠죠. ⓒ<u>자, 그럼 구체적으로 어떻게, 얼마나 받을 수 있는지 궁금하실 텐데요.</u> 일단 이 포인트를 받으려면 누리집에 가입해야 합니다.

누리집에 가입해서 각종 탄소 중립 활동을 실천하면 연간 최대 칠만 원까지 포인트를 받을 수 있습니다. 대형 마트에서 종이 영수증 대신 전자 영수증으로 받으면 백 원, 배달 음식 주문할 때 일회 용기 대신 다회 용기를 선택하면 천 원, 세제나 화장품 살 때 빈 통을 가져가 다시 채우면 이천 원, 무공해차를 대여하면 오천 원이 적립됩니다. ⓓ<u>한국○○공단 관계자의 말을 들어 보겠습니다.</u>

관계자: 정산 시스템 구축이 완료될 다음 달부터 월별로 정산해 지급할 예정입니다. 많은 국민이 동참할 수 있도록…

기자: 기존의 탄소 포인트 제도와 더불어 이 제도가 국민들의 탄소 줄이기 생활화에 이바지할 수 있을지 주목됩니다.

진행자 : 그렇군요. ⓔ <u>많은 국민이 동참해야 효과가 있는 제도인 만큼 참여도를 높이는 게 중요하겠네요.</u> 오늘 준비한 소식은 여기까지입니다. 시청자 여러분, 고맙습니다.

잠시 후 9시, 여자 배구 결승전 중계(대한민국 : 터키) ····· ⓜ

(나)

◇◇고등학교 환경 동아리 누리집 주소 point.□□.kr

◇◇고 친구들 여기 주목!

누리집 접속 QR코드

탄소 중립 실천 포인트 누리집 가입하면 돈이 되지!

세제나 화장품의 용기는 다시 채워 쓰기!

배달 음식 주문할 때 다회 용기 선택!

물건 살 때 전자 영수증 받기!

---

40. ㉠~㉺에 대한 이해로 적절하지 <u>않은</u> 것은?

① ㉠은 글자의 크기와 굵기를 달리하여 보도의 주요 제재를 부각하였다.

② ㉡은 기자의 발화 내용을 의문형으로 요약 진술하여 시청자의 이해를 돕고자 하였다.

③ ㉢은 기자의 발화와 관련된 내용을 보충하여 정보의 구체성을 강화하였다.

④ ㉣은 관계자의 발화에서 생략된 내용을 보완하여 의미를 정확하게 전달하였다.

⑤ ㉺은 이후에 방영될 프로그램에 대한 정보를 제시하여 이에 대한 시청자의 관심을 유도하였다.

41. ⓐ~ⓔ에 대한 설명으로 가장 적절한 것은?

① ⓐ : 보조 용언 '있다'를 사용해 제도가 지속적으로 진행됨을 표현하였다.

② ⓑ : 보조사 '도'를 사용해 제도의 장단점을 아우르고자 하는 의도를 표현하였다.

③ ⓒ : 감탄사 '자'를 사용해 시청자의 해당 누리집 가입을 재촉하려는 의도를 표현하였다.

④ ⓓ : 선어말 어미 '-겠-'을 사용해 제도 시행 관련 정보를 관계자가 언급할 것이라는 추측을 표현하였다.

⑤ ⓔ : 의존 명사 '만큼'을 사용해 많은 국민이 동참해야 효과가 있는 제도라는 점이 이어지는 내용의 근거임을 표현하였다.

---

42. (가)를 시청한 학생들의 휴대전화 대화방의 내용이다. 학생들의 수용 태도에 대한 설명으로 적절하지 <u>않은</u> 것은? [3점]

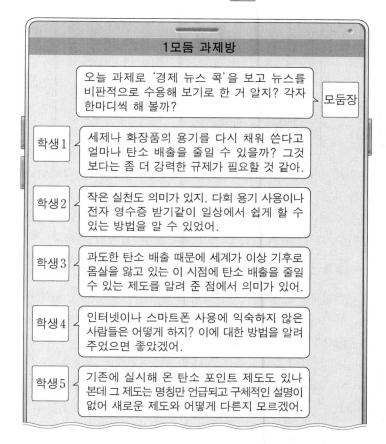

1모둠 과제방

오늘 과제로 '경제 뉴스 콕'을 보고 뉴스를 비판적으로 수용해 보기로 한 거 알지? 각자 한마디씩 해 볼까? 모둠장

학생1 : 세제나 화장품의 용기를 다시 채워 쓴다고 얼마나 탄소 배출을 줄일 수 있을까? 그것보다는 좀 더 강력한 규제가 필요할 것 같아.

학생2 : 작은 실천도 의미가 있지. 다회 용기 사용이나 전자 영수증 받기같이 일상에서 쉽게 할 수 있는 방법을 알 수 있었어.

학생3 : 과도한 탄소 배출 때문에 세계가 이상 기후로 몸살을 앓고 있는 이 시점에 탄소 배출을 줄일 수 있는 제도를 알려 준 점에서 의미가 있어.

학생4 : 인터넷이나 스마트폰 사용에 익숙하지 않은 사람들은 어떻게 하지? 이에 대한 방법을 알려 주었으면 좋았겠어.

학생5 : 기존에 실시해 온 탄소 포인트 제도도 있나 본데 그 제도는 명칭만 언급되고 구체적인 설명이 없어 새로운 제도와 어떻게 다른지 모르겠어.

① 학생1은 보도에서 제시한 실천 항목의 효과에 주목해 제도의 실효성 측면을 부정적으로 판단하였다.

② 학생2는 일상에서 쉽게 할 수 있는 방법을 제시한 점에 주목해 제도의 실천 용이성 측면을 긍정적으로 판단하였다.

③ 학생3은 제도의 시행이 현재의 문제 해결에 필요하다는 점에 주목해 보도의 시의성 측면을 긍정적으로 판단하였다.

④ 학생4는 누리집 접근에 어려움을 겪는 사람에 주목해 제도의 실현 가능성 측면을 부정적으로 판단하였다.

⑤ 학생5는 기존 제도의 세부 내용을 설명하지 않은 점에 주목해 보도 내용의 충분성 측면을 부정적으로 판단하였다.

43. (나)의 정보 구성 및 제시 방식에 대한 이해로 적절하지 <u>않은</u> 것은?

① (가)에 제시된 제도의 실천 항목 중 청소년이 일상에서 실천할 수 있는 것을 선별하여 제시하였군.

② (가)에 제시된 누리집 주소와 함께 QR코드를 제시하여 누리집에 접속할 수 있는 경로를 추가하였군.

③ (가)에 제시된 제도의 개인적 혜택을 시각적으로 표현하기 위해 돈과 저금통의 이미지를 활용하였군.

④ (가)에 제시된 가입자 증가 현황 이외에 증가 원인을 추가하여 제도 가입자가 지닌 환경 의식을 표현하였군.

⑤ (가)에 제시된 수용자보다 수용자 범위를 한정하고 생산자를 명시하여 메시지 전달의 주체와 대상을 표현하였군.

[44~45] 다음은 실시간 인터넷 방송이다. 물음에 답하시오.

우리 문화 지킴이들, 안녕! 우리 전통문화를 소개하고 체험하는 문화 지킴이 방송의 진행자, 역사임당입니다. 오늘은 과거 궁중 연회에서 장식 용도로 사용되었던 조화인 궁중 채화를 만들어 보려고 해요. 여러분도 실시간 채팅으로 참여해 주세요.

[A]
> 🧑 빛세종: 채화? '화'는 꽃인데 '채'는 어떤 뜻이죠?
>
> 빛세종님, 좋은 질문! 채화의 '채'가 무슨 뜻인지 물으셨네요. 여기서 '채'는 비단을 뜻해요. 궁중 채화를 만드는 재료로 비단을 비롯한 옷감이 주로 쓰였기 때문이죠.

(사진을 보여 주며) 주로 복사꽃, 연꽃, 월계화 등을 만들었대요. 자, 이 중에서 오늘 어떤 꽃을 만들어 볼까요? 여러분이 골라 주세요.

[B]
> 🧑 햇살가득: 월계화?? 월계화 만들어 주세요!
>
> 좋아요! 햇살가득님이 말씀하신 월계화로 결정!

그럼 꽃잎 마름질부터 해 보겠습니다. 먼저 비단을 두 겹으로 겹쳐서 이렇게 꽃잎 모양으로 잘라 줍니다. 꽃잎을 자를 때 가위는 그대로 두고 비단만 움직이며 잘라야 해요. 보이시죠? 이렇게, 비단만, 움직여서. 그래야 곡선은 곱게 나오면서 가위 자국이 안 남아요. 이런 식으로 다양한 크기의 꽃잎을 여러 장 만들어요. 자, 다음은 뜨거운 인두에 밀랍을 묻힌 후, 마름질한 꽃잎에 대고 이렇게 살짝 눌러 주세요. 보셨나요? 녹인 밀랍을 찍어서 꽃잎에 입혀 주면 이렇게 부피감이 생기죠.

[C]
> 🧑 꼼꼬미: 방금 그거 다시 보여 주실 수 있어요?
>
> 물론이죠, 꼼꼬미님! 자, 다시 갑니다. 뜨거운 인두에 밀랍을 묻혀서 꽃잎 하나하나에, 이렇게, 누르기. 아시겠죠?

필요한 꽃잎 숫자만큼 반복해야 하는데 여기서 이걸 계속하면 정말 지루하겠죠? (미리 준비해 둔 꽃잎들을 꺼내며) 짜잔! 그래서 꽃잎을 이만큼 미리 만들어 뒀지요! 이제 작은 꽃잎부터 큰 꽃잎 순서로 겹겹이 붙여 주면 완성! 다들 박수! 참고로 궁중 채화 전시회가 다음 주에 ○○시에서 열릴 예정이니 가 보셔도 좋을 것 같네요.

[D]
> 🧑 아은맘: ○○시에 사는데, 전시회 지난주에 이미 시작했어요. 아이랑 다녀왔는데 정말 좋았어요. ㅎㅎㅎ
>
> 아, 전시회가 이미 시작되었다고 하네요. 아은맘님 감사!

자, 이제 마칠 시간이에요. 혼자서 설명하고 시범까지 보이려니 미흡한 점이 많았겠지만 끝까지 함께해 주셔서 감사합니다. 오늘 방송 어떠셨나요?

[E]
> 🧑 영롱이: 저 오늘 진짜 우울했는데ㅠ 언니 방송 보면서 기분이 좋아졌어요. 저 오늘부터 언니 팬 할래요. 사랑해요♥
>
> 와, 영롱이님께서 제 팬이 되어 주신다니 정말 힘이 납니다.
> (손가락 하트를 만들며) 저도 사랑해요!

다음 시간에는 궁중 채화를 장식하는 나비를 만들어 볼게요. 지금까지 우리 문화 지킴이, 역사임당이었습니다. 여러분, 안녕!

44. 위 방송에 반영된 기획 내용으로 가장 적절한 것은?

① 접속자 이탈을 막으려면 흥미를 유지해야 하니, 꽃잎을 미리 준비해 반복적인 과정을 생략해야겠군.

② 소규모 개인 방송으로 자원에 한계가 있으니, 제작진을 출연시켜 인두로 밀랍을 묻히는 과정을 함께해야겠군.

③ 실시간으로 진행되어 편집을 할 수 없으니, 마름질 과정에서 실수가 나올 것에 대비하여 미리 양해를 구해야겠군.

④ 텔레비전 방송에 비해 비공식적이고 사적인 매체이니, 방송에 대한 긍정적 평가와 고정 시청자 등록을 부탁해야겠군.

⑤ 방송 도중 접속한 사람은 이전 내용을 볼 수 없으니, 마무리 인사 전에 채화 만드는 과정을 요약해서 다시 설명해야겠군.

45. <보기>를 바탕으로, [A]~[E]에서 파악할 수 있는 수용자의 특징에 대한 이해로 적절하지 <u>않은</u> 것은?

<보 기>

실시간 인터넷 방송은 영상과 채팅의 결합을 통해 방송 내용의 생산과 수용이 쌍방향으로 이뤄진다. 예컨대 수용자는 방송 중 채팅을 통해 이어질 방송의 내용과 순서를 정하는 데 영향을 미치고, 이미 제시된 방송의 내용을 추가, 보충, 정정하게 하는 등 능동적인 역할을 수행할 수 있다. 또 생산자와 정서적인 유대를 형성하기도 한다.

① [A]: '빛세종'은 더 알고 싶은 내용을 질문함으로써 진행자가 방송 내용을 보충하여 제시하도록 하고 있다.

② [B]: '햇살가득'은 자신이 원하는 바를 밝힘으로써 진행자가 생산할 내용을 선정하는 데 관여하고 있다.

③ [C]: '꼼꼬미'는 제시되지 않은 부분을 추가하도록 요청함으로써 진행자가 방송의 순서를 정하는 데 영향을 미치고 있다.

④ [D]: '아은맘'은 제시된 내용 중 잘못된 부분을 언급함으로써 진행자가 오류를 인지하고 정정하도록 하고 있다.

⑤ [E]: '영롱이'는 자신의 감정 변화를 제시함으로써 진행자와 정서적인 유대를 형성하고 있다.

---

* 확인 사항

○ 답안지의 해당란에 필요한 내용을 정확히 기입(표기)했는지 확인하시오.

[35~36] 다음 글을 읽고 물음에 답하시오.

한글 맞춤법 제15항과 제18항은 용언이 활용할 때의 표기 원칙을 규정하고 있다. 제15항은 '웃다, 웃고, 웃으니'처럼 규칙적으로 활용하는 용언의 표기 원칙을, 제18항은 '긋다, 그어, 그으니'처럼 ㉠불규칙적으로 활용하는 용언의 표기 원칙을 밝히고 있다. 한글 맞춤법의 이러한 내용들은 국어사전의 활용 의 표기에 반영되어 있다. 아래는 국어사전의 일부를 간추려 제시한 것이다.

> **웃다**
> 발음 [욷ː따]
> 활용 웃어[우ː서], 웃으니[우ː스니], 웃는[운ː는]

> **긋다**
> 발음 [귿ː따]
> 활용 그어[그어], 그으니[그으니], 긋는[근ː는]

동사 '웃다'와 '긋다'의 활용 에서 각각 '웃다'와 '긋다'의 활용형과 그 표준 발음을 확인할 수 있다. 활용 에 제시되어 있는 정보, 즉 '활용 정보'를 통하여 ㉡활용 양상이 동일한 용언들을 알아볼 수 있다. 예를 들어 규칙 활용 용언 중 동사 '벗다'는 '벗어, 벗으니, 벗는'처럼 활용하므로 '웃다'와 활용 양상이 동일하고, 불규칙 활용 용언 중 '짓다'는 '지어, 지으니, 짓는'처럼 활용하므로 '긋다'와 활용 양상이 동일하다.

[A] ┌ 한편 용언이 활용할 때 음운 변동이 나타나는 경우에는 그 결과가 활용형의 표기에 반영되기도 한다. 예를 들어 '자다'의 활용 정보는 '자[자], 자니[자니]'처럼 제시되는데 이때의 활용형 '자'는 '자다'의 어간 '자-'가 어미 '-아'와 결합할 때 동일 모음의 탈락이 일어나 '자'로 실현된 결과가 활용형의 표기에 반영된 것이다. 이와는 달리 '좋다'는 '좋아[조ː아], 좋으니[조ː으니]'가 활용 정보에 제시되는데 이는 음운 변동의 결과가 활용형의 표기에 반영되지 않은 것이다. 즉 활용 정보에 나타나는 활용형 '자'와 '좋아'의 └ 표기는 한글 맞춤법의 원리에 따른 것임을 확인할 수 있다.

35. ㉠과 ㉡을 모두 만족하는 용언의 짝으로 적절한 것은?

① 구르다 – 잠그다
② 흐르다 – 푸르다
③ 뒤집다 – 껴입다
④ 붙잡다 – 정답다
⑤ 캐묻다 – 엿듣다

36. [A]를 바탕으로 <보기>의 ⓐ~ⓔ의 밑줄 친 부분을 이해한 내용으로 적절하지 않은 것은?

> <보 기>
> **국어사전의 표제어와 활용 정보**
>
> ⓐ **서다** 활용 서, 서니 …
> ⓑ **끄다** 활용 꺼, 끄니 …
> ⓒ **풀다** 활용 풀어, 푸니 …
> ⓓ **쌓다** 활용 쌓아, 쌓으니, 쌓는 …
> ⓔ **믿다** 활용 믿어, 믿으니, 믿는 …

① ⓐ: 탈락이 나타나고 그 결과가 표기에 반영되었다.
② ⓑ: 탈락이 나타나고 그 결과가 표기에 반영되었다.
③ ⓒ: 탈락이 나타나고 그 결과가 표기에 반영되었다.
④ ⓓ: 교체가 나타나지만 그 결과가 표기에 반영되지 않았다.
⑤ ⓔ: 교체가 나타나지만 그 결과가 표기에 반영되지 않았다.

37. <학습 활동>을 수행한 결과로 적절한 것은? [3점]

> <학습 활동>
>
> 아래 그림에 따라 [자료]의 ㉮~㉰를 분류할 때, ⓒ에 해당하는 것만을 있는 대로 찾아보자.

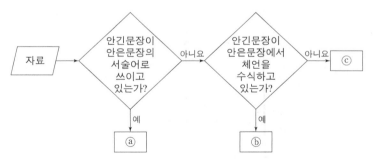

> [자료]
>
> ㉮ 노래를 부르기가 쉽지가 않다.
> ㉯ 마당에 아무도 모르게 꽃이 피었다.
> ㉰ 나는 동생이 오기 전에 학교에 갔다.
> ㉱ 내 동생은 누구보다 마음씨가 착하다.

① ㉮
② ㉮, ㉯
③ ㉰, ㉱
④ ㉮, ㉯, ㉰
⑤ ㉯, ㉰, ㉱

38. <보기>의 ㉠~㉟에 대한 이해로 적절하지 <u>않은</u> 것은?

─<보 기>─

(같은 동아리에 소속된 후배 부원 둘과 선배 부원의 대화 장면)

선 배: ㉠학교에서 열린 회의는 잘 끝났니?

후배 1: 네. 조금 전에 끝났어요.

선 배: 수고했어. ㉡학교에서 우리 동아리 활동 지원 예산 안에 대해 뭐라고 해?

후배 2: 지난번에 저희가 선배님과 함께 제안했던 예산안은 수용하기 힘들다고 했어요.

선 배: ㉢우리가 제안한 예산안이 그렇게 무리한 건 아니었을 텐데.

후배 1: 그런데 학교에서는 ㉣자신의 형편을 감안해 달라는 동아리가 한둘이 아니라면서, ㉤우리의 제안을 수용하기 쉽지 않다고 했어요.

선 배: ㉥서로 만족할 만한 결과를 얻기가 쉽지 않겠구나. 고생했어. 지도 선생님께 말씀드려 볼게.

후배 2: 네. 그럼 ㉦저희도 그렇게 알고 있을게요.

① ㉠과 ㉡은 문장 성분이 서로 다르군.

② ㉢에는 화자와 청자가 모두 포함되어 있군.

③ ㉣은 뒤에 있는 '동아리'를 가리키는 말이군.

④ ㉥은 ㉡의 '학교'와 ㉤의 '우리'를 모두 포함해서 가리키는 말이군.

⑤ ㉦은 화자가 청자와 자신을 모두 낮추기 위해 쓰는 말이군.

39. <보기>를 바탕으로 할 때, ㉠~㉢에 해당하는 단어가 사용된 예로 적절한 것은?

─<보 기>─

선생님: 신체 관련 어휘는 ㉠신체 부위를 나타내는 중심적 의미가 ㉡주변적 의미로 확장될 수 있어요. 이때 ㉢소리는 같지만 중심적 의미가 다른 단어와 잘 구분해야 합니다. 그럼 아래에서 이러한 의미 관계를 확인해 봅시다.

코¹

• 포유류의 얼굴 중앙에 튀어나온 부분.

• 콧구멍에서 흘러나오는 액체.

코²

• 그물이나 뜨개질한 물건의 눈마다의 매듭.

① ㉠: 묽은 <u>코</u>가 옷에 묻어 휴지로 닦았다.

② ㉠: 어부가 쳐 놓은 어망의 <u>코</u>가 끊어졌다.

③ ㉡: 코끼리는 긴 <u>코</u>를 자유자재로 사용한다.

④ ㉡: 동생이 갑자기 <u>코</u>를 다쳐서 병원에 갔다.

⑤ ㉢: 어머니께서 목도리를 한 <u>코</u>씩 떠 나가셨다.

[40~42] 다음은 학생이 과제 수행을 위해 인터넷에서 열람한 지역 신문사의 웹 페이지 화면이다. 물음에 답하시오.

☰ **△△군민신문** 🔍

○○초등학교, 특색 있는 숙박 시설로 다시 태어난다
폐교가 지역 관광 거점으로… 지역 경제 활성화 기대

사진 : ○○초등학교 시설 전경

지난 1일 △△군은 폐교된 ○○초등학교 시설을 '△△군 특색 숙박 시설'로 조성하겠다고 밝혔다. 지역 내 유휴 시설을 활용해 지역만의 특색을 살린 숙박 시설을 조성하고, 지역을 대표하는 관광 자원으로 활용하겠다는 것이다.

이번 사업을 통해 ○○초등학교 시설은 ☆☆마을 등 주변 관광 자원과 연계해 지역의 새로운 관광 거점으로 조성될 계획이다. 건물 내부는 객실·식당·카페·지역 역사관 등으로 꾸미고, 운동 장에는 캠핑장·물놀이장을 조성한다. △△군은 내년 상반기까지 시설 조성을 완료하고 내년 하반기부터 운영을 시작할 예정이다.

해당 시설에 인접한 ☆☆마을은 2015년부터 캐릭터 동산, 어린이 열차 등 체험 관광 시설을 조성하여 특색 있는 지역 관광지로서 인기를 끌고 있으나 인근에 숙박 시설이 거의 없어 체류형 관광객을 유인하는 데 한계가 있다는 평가를 받아 왔다.

[A]

△△군 관광객 및 숙박 시설 수 추이
※자료: △△군 문화관광체육과(2019)

여행 1회당 지출액(2018년 기준)
※자료: 문화체육관광부(2019)

이번 사업을 둘러싼 우려가 전혀 없는 것은 아니지만 대다수 지역 주민들은 이를 반기는 분위기다. 지역 경제 전문가 오□□ 박사는 "당일 관광보다 체류형 관광에서 여행비 지출이 더 많다"며 "인근 수목원과 벚꽃 축제, 빙어 축제 등 주변 관광지 및 지역 축제와 연계한 시너지 효과로 지역 경제 활성화에 도움이 될 것"이라고 말했다.

2021.06.02. 06:53:01 최초 작성 / 2021.06.03. 08:21:10 수정
△△군민신문 이◇◇ 기자

👍좋아요(213) 👎싫어요(3) ↪SNS에 공유 🗐스크랩

관련 기사(아래를 눌러 바로 가기)

· 학령 인구 감소로 폐교 증가… 인근 주민들, "유휴 시설로 방치 되어 골칫거리" 👆

· [여행 전문가가 추천하는 지역 명소 ①] ☆☆마을… 다섯 가지 매력이 넘치는 어린이 세상

댓글

방랑자: 가족 여행으로 놀러 가면 좋을 것 같아요.

 ↳ **나들이**: 맞아요. 우리 아이가 물놀이를 좋아해서 재밌게 놀 수 있을 것 같아요. 캠핑도 즐기고요.

 ↳ **방랑자**: 카페에서 이야기도 나눌 수 있고요.

[해설편 p.022]

40. 위 화면을 통해 매체의 특성을 이해한 학생의 반응으로 가장 적절한 것은?

① 기사를 누리 소통망[SNS]에 공유할 수 있으니, 기사 내용을 직접 수정할 수 있겠군.

② 기사에 대한 수용자들의 선호를 확인할 수 있으니, 기사에 제시된 정보의 신뢰도를 검증할 수 있겠군.

③ 기사와 연관된 다른 기사를 열람할 수 있으니, 수용자의 선택에 따라 정보를 추가로 확인할 수 있겠군.

④ 기사가 문자, 사진 등 복합 양식으로 구성되어 있으니, 시각과 청각을 결합하여 기사 내용을 이해할 수 있겠군.

⑤ 기사의 최초 작성 시간과 수정 시간이 명시되어 있으니, 다른 수용자들이 기사를 열람한 시간을 확인할 수 있겠군.

41. <보기>를 참고할 때, [A]에 대한 반응으로 적절하지 <u>않은</u> 것은? [3점]

<보 기>

기자는 취재한 내용을 단순히 나열하는 것이 아니라, 전달하고자 하는 바를 효과적으로 드러내기 위해 취재 내용 중 일부를 선별하고 그중 특정 내용을 부각하는 방식으로 기사를 구성한다. 따라서 기사를 분석할 때에는 기사 자체의 내용뿐 아니라 정보를 배치하는 방식, 시각 자료의 이미지 활용 방식 등 정보가 제시되는 양상도 살펴봐야 한다.

① 사업을 추진하게 된 배경을 부각하기 위해 체류형 관광이 어려운 실정이라는 내용에 이어 시각 자료를 배치한 것이겠군.

② 지역 관광객의 증가 추세를 부각하기 위해 △△군 관광객 수 추이를 제시할 때 화살표 모양의 이미지를 활용한 것이겠군.

③ 체류형 관광의 경제적 효과를 부각하기 위해 여행 유형에 따른 지출액의 차이를 이미지로 강조하여 제시한 것이겠군.

④ 체류형 관광 지출액의 증가 현상을 부각하기 위해 관광객 수와 여행 지출액에 대한 시각 자료를 나란히 배치한 것이겠군.

⑤ 지역 경제에 끼칠 긍정적 영향을 부각하기 위해 사업에 우호적인 의견을 선별하여 구체적으로 제시한 것이겠군.

42. 다음은 학생이 과제 수행을 위해 작성한 메모이다. 메모를 반영한 영상 제작 계획으로 적절하지 <u>않은</u> 것은?

수행 과제 : 우리 지역 소식을 영상으로 제작하기
바탕 자료 : '○○초등학교, 특색 있는 숙박 시설로 다시 태어난다' 인터넷 기사와 댓글
영상 내용 : 새로 조성될 숙박 시설 소개
• 첫째 장면(#1) : 기사의 제목을 활용한 영상 제목으로 시작
• 둘째 장면(#2) : 시설 조성으로 달라질 전후 상황을 시각·청각적으로 대비시켜 표현
• 셋째 장면(#3) : 건물 내부와 외부에 조성될 공간의 구체적 모습을 방문객의 동선에 따라 순차적으로 제시
• 넷째 장면(#4) : 지역 관광 거점으로서의 지리적 위치와 이를 통한 기대 효과를 한 화면에 제시
• 다섯째 장면(#5) : 기사의 댓글을 참고해서 시설을 이용할 방문객들의 모습을 그림으로 그려 연속적으로 제시

영상 제작 계획	
장면 스케치	장면 구상
① 	#1 ○○초등학교의 모습 위에 영상의 제목이 나타나도록 도입 장면을 구성.
② 	#2 무겁고 어두운 음악을 배경으로 텅 빈 폐교의 모습을 제시한 후, 밝고 경쾌한 음악으로 바뀌면서 사람들이 북적이는 모습으로 전환.
③	#3 숙박 시설에 대한 정보를 건물 내·외부 공간으로 나누어 한눈에 볼 수 있도록 항목화하여 제시.
④	#4 숙박 시설을 중심으로 인근 관광 자원의 위치를 표시하고, 관광 자원과의 연계로 기대되는 효과를 자막으로 구성.
⑤ 	#5 가족 단위 관광객이 물놀이장, 캠핑장, 카페 등을 즐겁게 이용하는 모습을 제시. 앞의 그림이 사라지면서 다음 그림이 나타나도록 구성.

[43~45] (가)는 텔레비전 방송 뉴스이고, (나)는 잡지에 실린 인쇄 광고이다. 물음에 답하시오.

(가)

[장면 1]

진행자 : 더워지는 요즘, 판매량이 급증하고 있는 제품이 있습니다. 휴대용 선풍기인데요. ㉠어떤 제품을 선택하는 것이 좋을까요? 박○○ 기자가 전해 드립니다.

[장면 2]

박 기자 : ㉡휴대하기 간편하면서도 힘들지 않게 시원한 바람을 선사해 인기가 높은 휴대용 선풍기. 시중에 판매되는 휴대용 선풍기 종류만도 수백 개가 넘습니다. 그러면 소비자들은 어떤 기준으로 휴대용 선풍기를 선택하고 있을까요?

[장면 3]

이△△ : 좋아하는 연예인이 광고하는 제품을 살까 하다가, 이왕이면 성능도 좋고 디자인도 맘에 드는 제품을 선택했어요.

[장면 4]

박 기자 : 대형 인터넷 쇼핑몰에서 소비자를 대상으로 휴대용 선풍기 구매 기준을 설문한 결과, 풍력, 배터리 용량과 같은 제품 성능이 1순위였습니다. 이어 디자인, 가격 등 다양한 응답이 뒤를 이었습니다. ⓒ그런데 휴대용 선풍기는 안전 사고의 위험도 있는 만큼 안전성을 고려하여 제품을 선택해야 합니다.

[장면 5]

박 기자 : ⓔ그러면 안전성은 어떻게 확인할 수 있을까요? 먼저, KC 마크가 부착되어 있는지 살펴보아야 합니다. KC 마크는 안전성을 인증받은 제품에만 부착됩니다. 간혹 광고로는

안전 인증 여부를 확인하기 힘든 경우도 있으므로 실물을 보지 않고 구매하는 경우 소비자들의 주의가 필요합니다. 다음으로, 보호망의 간격이 촘촘하고 날이 부드러운 재질로 된 제품을 선택해야 손이 끼어 다치는 사고를 막을 수 있습니다.

[장면 6]

박 기자 : 휴대용 선풍기 사고가 빈번한 여름철, ⓜ안전한 제품을 구매하기 위한 소비자들의 현명한 선택이 필요합니다.

(나)

43. (가), (나)에 대한 설명으로 가장 적절한 것은?

정보 구성의 주체	• (가)는 수용자의 설문 조사 결과를 다루고 있다는 점에서, 수용자들이 뉴스의 정보를 주체적으로 구성하고 있음을 알 수 있다. ······ ①
정보의 성격	• (가)는 제품의 판매량이 늘고 있는 시기에 소비자에게 필요한 정보를 제공한다는 점에서, 시의성 있는 정보로 구성되어 있음을 알 수 있다. ······ ②
	• (나)는 제품의 주된 소비자층을 명시하고 있다는 점에서, 수용자의 특성을 고려한 정보로 구성되어 있음을 알 수 있다. ······ ③
정보의 양과 질	• (가)는 제품 구매 기준이 다양함을 여러 소비자와의 인터뷰 영상으로 보여 준다는 점에서, (나)에 비해 정보를 현장감 있게 전달하고 있음을 알 수 있다. ··· ④
	• (나)는 제품에 대해 소비자가 알고자 하는 점을 상세하게 밝히고 있다는 점에서, (가)에 비해 많은 양의 정보를 담고 있음을 알 수 있다. ······ ⑤

44. (가)의 언어적 특성을 고려할 때, ㉠~㉤에 대한 설명으로 적절하지 **않은** 것은?

① ㉠ : 의문형 어미를 사용하여 시청자에게 진행자 자신의 궁금한 점을 묻고 있다.

② ㉡ : 명사로 문장을 종결함으로써 뉴스에서 다루고자 하는 대상에 주의를 집중하게 하고 있다.

③ ㉢ : 접속 표현을 사용하여 뉴스의 중심 내용으로 화제를 전환하고 있다.

④ ㉣ : 묻고 답하는 방식을 통해 뉴스의 핵심 정보를 제시하고 있다.

⑤ ㉤ : 뉴스 내용에 따른 제품 선택을 '현명한 선택'이라고 표현함으로써 시청자들에게 기대하는 바를 전달하고 있다.

45. (가)를 본 학생이 (나)를 활용하여 다음의 학습 활동을 수행한 결과로 적절하지 **않은** 것은?

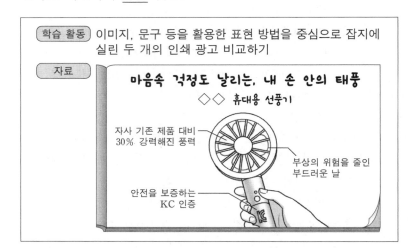

① (나)는 바람의 움직임을 연상하게 하는 곡선의 형태로 문구를 배치하여 제품의 쓰임새를 떠올리게 하고 있다.

② '자료'는 기존 제품과의 비교를 통해 제품이 소비자들이 중시하는 구매 기준에 부합한다는 점을 부각하고 있다.

③ '자료'는 (나)와 달리 제품의 안전 관련 정보를 이미지와 문구로 표시하여 제품의 안전성을 드러내고 있다.

④ (나)는 동일한 단어를 반복하여, '자료'는 비유적 표현을 활용하여 제품의 장점을 제시하고 있다.

⑤ (나)는 유명인의 이미지를, '자료'는 제품의 이미지를 제시하여 제품의 성능이 우수함을 강조하고 있다.

---

* 확인 사항

○ 답안지의 해당란에 필요한 내용을 정확히 기입(표기)했는지 확인하시오.

10회
● 2023학년도 7월 학력평가

국어영역(언어와 매체)

● 문항수 11개 | 배점 24점 | 제한 시간 20분
● 점수 표시가 없는 문항은 모두 2점

PART 1

10회

[35~36] 다음 글을 읽고 물음에 답하시오.

부정의 뜻을 나타내는 문장을 부정문이라고 하는데, 부정문에는 '안' 부정문과 '못' 부정문이 있다. '안' 부정문은 주어의 의지에 의한 의지 부정이나 객관적인 사실을 부정하는 단순 부정을 나타내고, '못' 부정문은 주어의 능력 또는 상황에 의한 부정을 나타낸다. '안' 부정문에는 부정 부사 '안(아니)'이나 용언 '아니다', 보조 용언 '아니하다(않다)'를, '못' 부정문에는 부정 부사 '못'이나 보조 용언 '못하다'를 사용한다. 그리고 명령문과 청유문의 부정에는 보조 동사 '말다'를 사용한다.

이 가운데 '안' 부정문은 서술어의 종류에 따라 다양한 형태로 나타나는데, 서술어가 '체언+이다'로 된 경우에는 체언에 보격 조사 '이/가'를 붙여 '체언+이/가 아니다'의 형태로 나타난다. 서술어가 용언인 경우에는 서술어 앞에 '안'을 놓거나 용언의 어간에 보조적 연결 어미 '-지'를 붙여 '-지 아니하다'의 형태로 나타난다. 이때 전자를 '짧은 부정문', 후자를 '긴 부정문'이라고 한다. 그런데 짧은 부정문은 용언에 따라 부정문을 만들 수 없는 경우가 있다.

ㄱ. *밥이 안 설익다. / ㄴ. *내가 너를 안 앞서다.
※ '*'는 비문임을 나타냄.

일반적으로 '안' 부정문은 ㄱ, ㄴ과 같이 서술어로 쓰인 용언이 파생어나 합성어인 경우 짧은 부정문을 만들면 자연스럽지 않은 문장이 된다. 그러나 사동사, 피동사, 접미사 '-하다'로 파생된 일부 용언이나 '돌아가다, 들어가다'와 같이 보조적 연결 어미를 매개로 한 합성 동사는 어떤 제약도 없이 짧은 부정문을 만들 수 있다.

한편 중세 국어에서의 '안' 부정문은 현대 국어와 달리 수식언인 관형사와 부사의 앞에 '아니'가 위치하는 부정도 나타났다. 서술어가 용언인 경우에는 현대 국어와 마찬가지로 짧은 부정문과 긴 부정문이 모두 사용되었는데, 짧은 부정문은 서술어 앞에 '아니'를 사용하고, 긴 부정문은 보조적 연결 어미 '-디'를 사용하여 '-디 아니ㅎ다'의 형태로 나타났다. 한편 접미사 '-ㅎ다'가 결합한 동사의 어근이 명사나 한자어일 경우에는 어근과 접미사 '-ㅎ다' 사이에 '아니'를 넣어 짧은 부정문을 만들어 사용하기도 하였다.

35. 윗글에 대한 이해로 적절하지 <u>않은</u> 것은?

① 짧은 부정문인 '그가 모기에 안 뜯기다.'가 자연스러운 이유는 서술어인 '뜯기다'가 합성 동사이기 때문이겠군.

② 짧은 부정문인 '이 자동차가 안 값싸다.'가 자연스럽지 않은 이유는 서술어인 '값싸다'가 합성어이기 때문이겠군.

③ 짧은 부정문인 '그가 약속 시간을 안 늦추다.'가 자연스러운 이유는 서술어인 '늦추다'가 사동사이기 때문이겠군.

④ 짧은 부정문인 '보따리가 한 손으로 안 들리다.'가 자연스러운 이유는 서술어인 '들리다'가 피동사이기 때문이겠군.

⑤ 짧은 부정문인 '할아버지 댁 마당이 안 드넓다.'가 자연스럽지 않은 이유는 서술어인 '드넓다'가 파생어이기 때문이겠군.

36. 윗글을 바탕으로 <보기>의 중세 국어 자료를 이해한 내용으로 적절하지 <u>않은</u> 것은?

< 보 기 >
ⓐ 敢히 노티 아니ㅎ다라 [감히 놓지 아니하더라]
ⓑ 비록 아니 여러 나리라도 [비록 여러 날이 아니더라도]
ⓒ 妙法이 둘 아니며 세 아닐씨
　　[묘법이 둘이 아니며 셋이 아니므로]
ⓓ 塞外北狄인들 아니 오리잇가
　　[변방 밖의 북쪽 오랑캐인들 아니 오겠습니까]
ⓔ 나도 現在 未來 一切 衆生을 시름 아니 호리라
　　[나도 현재와 미래의 모든 중생에 대해 시름 아니 하리라]

① ⓐ와 ⓒ를 보니, '안' 부정문이 용언과 체언에 대한 부정을 나타내는 데 모두 사용되었음을 알 수 있군.

② ⓐ와 ⓓ를 보니, '안' 부정문이 평서문과 의문문에서 모두 사용되었음을 알 수 있군.

③ ⓐ와 ⓔ를 보니, '안' 부정문이 긴 부정문과 짧은 부정문에서 모두 사용되었음을 알 수 있군.

④ ⓑ와 ⓔ를 보니, '안' 부정문이 관형사와 부사에 대한 부정을 나타내는 데 모두 사용되었음을 알 수 있군.

⑤ ⓒ와 ⓔ를 보니, '안' 부정문이 단순 부정과 의지 부정을 나타내는 데 모두 사용되었음을 알 수 있군.

37. <학습 활동>을 수행한 결과로 적절하지 <u>않은</u> 것은? [3점]

<학습 활동>
다음은 국어의 음운 변동과 관련된 내용이다. 자료에서 ⓐ~ⓔ를 확인할 수 있는 예를 모두 골라 묶어 보자.

ⓐ [ㄱ, ㄷ, ㅂ]으로 발음되는 종성은 'ㄴ, ㅁ' 앞에서 [ㅇ, ㄴ, ㅁ]으로 발음한다.

ⓑ [ㄱ, ㄷ, ㅂ]으로 발음되는 종성 뒤에 연결되는 'ㄱ, ㄷ, ㅂ, ㅅ, ㅈ'은 된소리로 발음한다.

ⓒ 'ㄱ, ㄴ, ㄷ, ㄹ, ㅁ, ㅂ, ㅇ' 이외의 자음이 종성에 놓일 때에는 [ㄱ, ㄴ, ㄷ, ㄹ, ㅁ, ㅂ, ㅇ] 중 하나로 발음한다.

ⓓ 받침 뒤에 모음 'ㅏ, ㅓ, ㅗ, ㅜ, ㅟ' 들로 시작되는 실질 형태소가 연결되는 경우에는, 대표음으로 바꾸어서 뒤 음절 첫소리로 옮겨 발음한다.

ⓔ 합성어 및 파생어에서 앞 단어나 접두사의 끝이 자음이고 뒤 단어나 접미사의 첫음절이 '이, 야, 여, 요, 유'인 경우에는, 'ㄴ' 음을 첨가하여 [니, 냐, 녀, 뇨, 뉴]로 발음한다.

자료 겉옷[거돋], 국밥만[국빰만], 백분율[백뿐뉼]
　　색연필[생년필], 헛일[헌닐]

① ⓐ : 국밥만, 색연필, 헛일　　② ⓑ : 국밥만, 백분율
③ ⓒ : 겉옷, 헛일　　④ ⓓ : 겉옷, 백분율
⑤ ⓔ : 백분율, 색연필, 헛일

38. <보기>의 ㉠에 들어갈 말로 적절한 것은?

―――――――― < 보 기 > ――――――――

선생님 : 우리말에서 '새-, 샛-, 시-, 싯-'은 색채를 나타내는 형용사에 붙어 '매우 짙고 선명하게'의 뜻을 더하는 접두사입니다. 이 접두사들은 결합하는 형용사의 어두음과 첫 음절의 모음에 따라 각각 다르게 사용되는데요, 다음의 자료를 바탕으로 '새-, 샛-, 시-, 싯-'에 대해 탐구해 보세요.

자료	㉮	㉯
ⓐ	새까맣다	시꺼멓다
ⓑ	새파랗다	시퍼렇다
ⓒ	새하얗다	시허옇다
ⓓ	샛노랗다	싯누렇다
ⓔ	샛말갛다	싯멀겋다

학 생 : _____㉠_____

① ⓐ를 보니, '새-'와 달리 '시-'는 결합하는 형용사의 어두음이 된소리일 때에 붙었어요.

② ㉮를 보니, '샛-'과 달리 '새-'는 결합하는 형용사의 첫음절의 모음이 양성 모음일 때에 붙었어요.

③ ㉯를 보니, '시-'와 달리 '싯-'은 결합하는 형용사의 첫음절의 모음이 음성 모음일 때에 붙었어요.

④ ㉮와 ㉯를 보니, '새-, 샛-'과 달리 '시-, 싯-'은 결합하는 형용사의 어두음이 거센소리일 때에 붙었어요.

⑤ ⓐ~ⓒ와 ⓓ~ⓔ를 보니, '새-, 시-'와 달리 '샛-, 싯-'은 결합하는 형용사의 어두음이 울림소리일 때에 붙었어요.

39. <보기 1>은 준말에 관한 한글 맞춤법의 일부이다. <보기 1>을 참고하여 <보기 2>의 ㉠~㉤을 이해한 내용으로 적절하지 <u>않은</u> 것은?

―――――――― < 보 기 1 > ――――――――

제35항 모음 'ㅗ, ㅜ'로 끝난 어간에 '-아/-어, -았-/-었-'이 어울려 'ㅘ/ㅝ, 왔/웠'으로 될 적에는 준 대로 적는다.

제35항 [붙임2] 'ㅚ' 뒤에 '-어, -었-'이 어울려 'ㅙ, 쐤'으로 될 적에도 준 대로 적는다.

제38항 'ㅏ, ㅗ, ㅜ, ㅡ' 뒤에 '-이어'가 어울려 줄어질 적에는 준 대로 적는다.

―――――――― < 보 기 2 > ――――――――

○ 새끼줄을 열심히 ㉠<u>꼬았다</u>.
○ 올해도 큰집에서 설을 ㉡<u>쇠었다</u>.
○ 자전거 앞바퀴에 돌을 ㉢<u>괴어</u> 놓았다.
○ 그의 표정에서 지친 기색이 ㉣<u>보이어</u> 안타까웠다.
○ 산 정상에 올라가니 시야가 탁 ㉤<u>트이어</u> 상쾌했다.

① ㉠ : 모음 'ㅗ'로 끝난 어간에 '-았-'이 어울려 줄어들 수 있는 경우로, '꽜다'로도 적을 수 있겠군.

② ㉡ : 모음 'ㅚ' 뒤에 '-었-'이 어울려 줄어들 수 있는 경우로, '쇘다'로도 적을 수 있겠군.

③ ㉢ : 모음 'ㅚ' 뒤에 '-어'가 어울려 줄어들 수 있는 경우로, '괘'로도 적을 수 있겠군.

④ ㉣ : 모음 'ㅗ' 뒤에 '-이어'가 어울려 줄어들 수 있는 경우로, '뵈어'로도 적을 수 있겠군.

⑤ ㉤ : 모음 'ㅡ' 뒤에 '-이어'가 어울려 줄어들 수 있는 경우로, '틔어'로도 적을 수 있겠군.

[40~43] (가)는 사용자 참여형 인터넷 백과사전의 일부이고, (나)는 라디오 방송 대담의 일부이다. 물음에 답하시오.

(가)

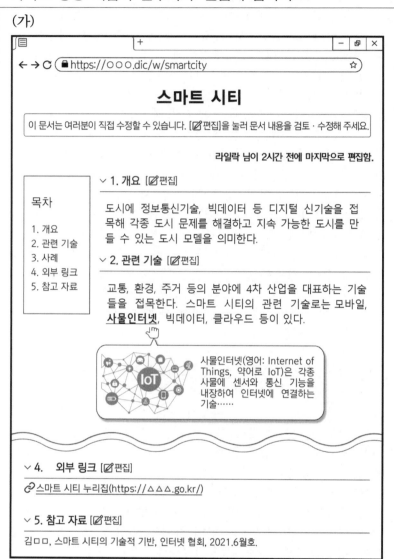

(나)

진행자 : (시작을 알리는 음악) 생방송으로 진행되는 상식 톡톡 시간입니다. ㉠<u>어제 예고한 대로 오늘 대담의 주제는 스마트 시티입니다.</u> 문자 메시지나 방송국 앱으로 질문을 보내주세요. 도시 공학 분야의 전문가이신 ○○○ 교수님을 모셨습니다. 안녕하세요.

전문가 : 네, 안녕하세요. ○○○입니다.

진행자 : 반갑습니다, 교수님. 바쁘신데 나와 주셔서 감사합니다. 우선 스마트 시티란 무엇인지 여쭤보겠습니다.

전문가 : 네, 예를 들어 말씀드릴게요. 쓰레기를 버리러 나갔는데 수거함이 가득 차 불편했던 적 있으시지요? 센서를 통해 생성된 데이터를 활용하면 이를 해결할 수 있습니다. 수거함에 센서를 부착하면 이 센서는 수거함이 일정 수준만큼 찼을 때 담당 직원에게 신호를 보냅니다. ㉡<u>신호를 받은 직원은 수거 차량에 수거함의 위치 정보를 제공하고,</u> 수거를 위한 최적 경로까지 알려줍니다. 이렇게 되면 시민들은 불편함 없이 수거함을 이용할 수 있겠지요. 이처럼 도시에서 생성된 데이터를 이용하여 시민들에게 편리한

서비스를 제공하는 것이 스마트 시티의 아이디어입니다.

진행자: 데이터를 이용해 시민들에게 편리한 삶을 제공할 수 있군요. 그렇다면 데이터를 어떻게 모으나요?

전문가: 네, 센서가 정보 수집 도구가 됩니다. 우리의 생활 공간에는 수많은 센서가 있습니다. 여러분이 사용하는 휴대 전화, 차량 등이 모두 센서입니다. ⓒ그동안은 센서를 통해 생성된 데이터가 한곳에 모이지 못했습니다. 이제는 클라우드 기술의 발전으로 교통 흐름과 같은 정보들을 한곳에 모을 수 있습니다. 이뿐만 아니라 데이터를 이용하면 건물 간에 남는 에너지를 공유할 수도 있습니다.

진행자: 흥미롭네요. 말씀하신 것 중에 남는 에너지를 교환하는 것에 대한 설명이 더 필요할 것 같습니다.

전문가: 어떤 건물에 태양광 전지판이 있다고 가정해 볼게요. ⓓ그것을 통해 해당 건물은 에너지를 자체적으로 생산할 수 있습니다. 에너지를 사용한 후에는 남은 에너지가 있을 수 있지요? 만약 건물에 에너지를 보관하는 저장고와 에너지를 공유하는 시스템이 있다면 에너지를 공유할 수도 있습니다.

진행자: 그렇네요. 지금 앱을 통해 가장 많은 분들이 질문하신 건데요, 스마트 시티 기술이 이미 적용된 도시가 있을까요?

전문가: 해외 사례로 말씀드리겠습니다. 바르셀로나의 A지구에는 스마트 가로등이 있습니다. ⓔ이 가로등은 무선 인터넷의 공유기 역할을 하면서 소음 수준과 공기 오염도까지 분석합니다. 가로등에 설치된 센서가 인구 밀집도까지 파악하여 자동으로 밝기를 조절함으로써 에너지를 절감하고 있는 것이지요. 우리나라도 이와 같은 스마트 시티의 기술들이 현재 많은 도시들에 적용되고 있습니다.

진행자: 방금 △△ 시내에 통제되는 도로가 있다고 해서요, 그곳을 지나는 분들은 참고하시기 바랍니다. 자세한 교통 상황 전해 드리고 대담을 이어가도록 하겠습니다. (교통 안내 방송으로 이어지는 음악)

40. (가)와 (나)에 대한 설명으로 가장 적절한 것은?

정보 구성 방식	○ (가)는 문자와 이미지가 쓰였다는 점에서, (나)는 음성과 음악을 사용했다는 점에서 복합 양식적 특성을 보여 주고 있다. ……………………………… ①
	○ (가)와 (나)는 모두 선조적으로 정보를 제공하기 때문에 정보 제공자가 정보 수용자의 반응을 확인하며 정보 제시 순서를 조정한다. ……………… ②
정보 유통 방식	○ (가)는 (나)와 달리 시의성을 지니는 정보를 실시간으로 제공하고 있다. ……………………… ③
	○ (나)는 (가)와 달리 정보 제공자와 정보 수용자 사이의 소통이 일방향으로 이루어지고 있다. ……… ④
	○ (가)와 (나)는 모두 정보를 가공하여 전달하는 데 시·공간적 제약을 받지 않는다. ………………… ⑤

41. (가)에 대한 이해로 적절하지 않은 것은?

① 정보 수용자가 문서의 내용 중 원하는 내용을 쉽게 찾을 수 있도록 목차를 제시하고 있다.

② 정보 수용자가 문서 내용과 관련된 웹사이트로 이동할 수 있도록 하이퍼링크 기능을 제공하고 있다.

③ 인터넷 사용자들이 정보 생산자로 참여할 수 있도록 문서 내용을 입력하거나 수정하는 기능을 제공하고 있다.

④ 정보 생산자가 제공한 문서에 대한 신뢰성을 확보할 수 있도록 문서 내용의 근거가 되는 자료의 출처를 밝히고 있다.

⑤ 정보 수용자가 다른 수용자들의 문서 열람 여부를 확인할 수 있도록 최종적으로 문서가 작성된 이력을 제공하고 있다.

42. ⓐ~ⓔ에 대한 설명으로 적절하지 않은 것은?

① ⓐ: 의존 명사 '대로'를 사용하여 청취자에게 예고한 것과 같이 '스마트 시티'가 대담의 주제임을 밝히고 있다.

② ⓑ: 부사격 조사 '에'를 사용하여 수거함의 위치 정보를 제공받는 대상이 '수거 차량'임을 드러내고 있다.

③ ⓒ: 피동사 '모이다'를 사용하여 행위의 주체보다는 행위의 대상인 '데이터'에 초점을 두어 설명하고 있다.

④ ⓓ: 지시 대명사 '그것'을 사용하여 직전 발화에서 이미 언급한 대상인 '태양광 전지판'을 가리키고 있다.

⑤ ⓔ: 연결 어미 '-면서'를 사용하여 '공유기 역할'이라는 조건이 충족되면 다른 기능도 수행함을 드러내고 있다.

43. 다음은 (나)를 들은 청취자들이 청취자 게시판에 남긴 내용이다. 청취자의 수용 태도에 대한 설명으로 적절하지 않은 것은? [3점]

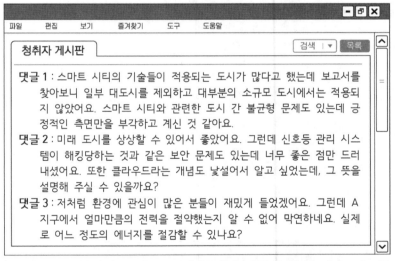

① 댓글 1은 자신이 추가로 수행한 탐색 활동을 통해 얻은 정보를 근거로 대담 내용의 사실 여부를 점검하고 있다.

② 댓글 2는 자신이 원하는 정보를 대담에서 제공하지 않았음을 언급하며 이에 대한 답변을 질문의 형식으로 요청하고 있다.

③ 댓글 3은 교수가 제시한 사례와 관련한 정보가 충분하지 않음을 지적하며 구체적인 수치를 밝히지 않은 점에 대한 아쉬움을 드러내고 있다.

④ 댓글 1과 댓글 2는 모두 대담에서 다루지 않은 내용이 있음을 언급하며 대담의 관점이 한쪽으로 치우쳐 공정하지 않다는 점을 지적하고 있다.

⑤ 댓글 2와 댓글 3은 모두 대담이 특정 관심사를 지닌 청취자에게 유용하다는 점을 밝히며 새로 알게 된 내용을 다른 상황에 적용하고 있다.

[44~45] (가)는 발표를 준비하기 위해 '준엽'이 제작해 인터넷 공유 문서에 올린 발표 초안이고, (나)는 (가)의 세 번째 슬라이드에 대해 학생들이 휴대 전화 메신저로 나눈 대화의 일부이다. 물음에 답하시오.

(가)

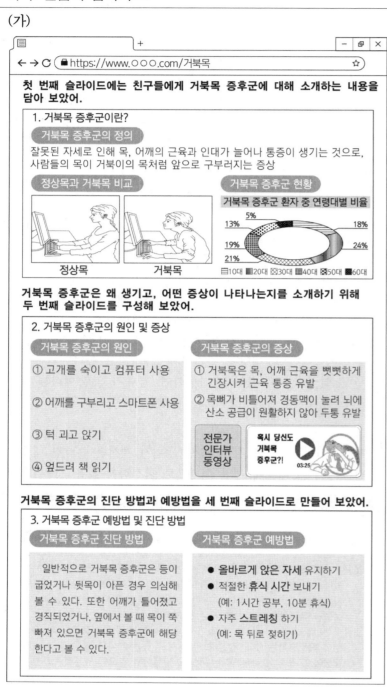

(나)

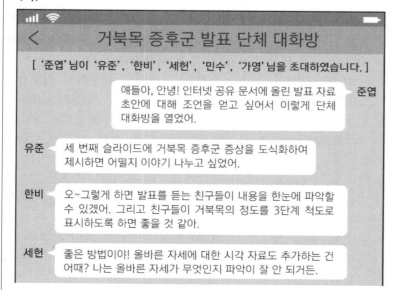

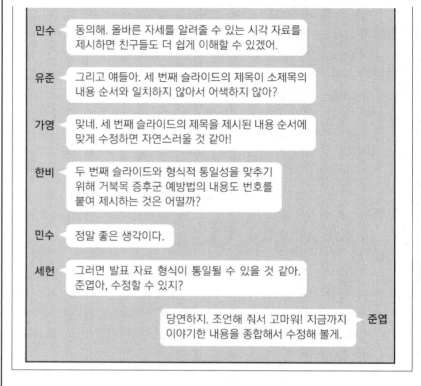

44. (가)에 나타난 표현 방식에 대한 설명으로 적절하지 <u>않은</u> 것은?

① 첫 번째 슬라이드에서는 대비되는 그림 자료를 제시하여 정상 목과 거북목의 차이를 보여 주고 있다.
② 첫 번째 슬라이드에서는 그래프를 활용하여 연령대가 높아질수록 거북목 증후군 환자 발생 비율이 증가하고 있음을 제시하고 있다.
③ 두 번째 슬라이드에서는 글과 동영상 자료를 활용하여 거북목 증후군의 증상에 대한 이해를 돕고 있다.
④ 세 번째 슬라이드에서는 글자의 크기와 굵기를 달리하여 거북목 증후군 예방법의 중요한 정보를 부각하고 있다.
⑤ 모든 슬라이드에서는 각 슬라이드의 중심 내용을 항목화하여 안내하고 있다.

45. (나)를 참고하여 (가)의 세 번째 슬라이드를 수정한 ⓐ~ⓔ 중 적절하지 <u>않은</u> 것은?

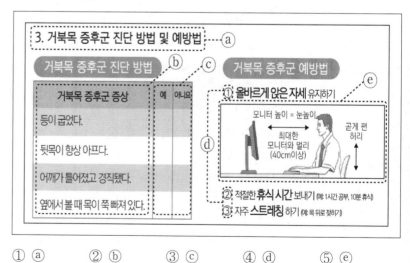

① ⓐ   ② ⓑ   ③ ⓒ   ④ ⓓ   ⑤ ⓔ

---

* 확인 사항

○ 답안지의 해당란에 필요한 내용을 정확히 기입(표기)했는지 확인하시오.

11회

● 2022학년도 7월 학력평가

국어영역(언어와 매체)

● 문항수 11개 | 배점 24점 | 제한 시간 20분

● 점수 표시가 없는 문항은 모두 2점

PART I

11회

[35~36] 다음 글을 읽고 물음에 답하시오.

[A] 접속 조사는 둘 또는 그 이상의 단어나 구를 같은 자격으로 이어 주는 조사이다. 접속 조사는 주로 체언과 결합하며, 이때 나열된 단어나 구들이 하나의 명사구가 되어 동일한 문장 성분으로 기능한다.

접속 조사에는 '와/과, (이)랑, (이)며, 하고' 등이 있다. 이 중 '와/과, (이)랑, (이)며'는 '봄에 개나리와 철쭉꽃과 진달래가 핀다.'에서처럼 결합하는 체언의 음운 환경에 따라 바뀌어 나타난다. 즉, 앞 음절이 모음으로 끝나면 '와, 랑, 며'가 쓰이고 앞 음절이 자음으로 끝나면 '과, 이랑, 이며'가 쓰인다. '(이)랑, 하고'는 체언이 나열될 때 마지막 체언에까지 결합할 수 있어서 '삼촌하고 이모하고 다 직장에 갔어요.'와 같이 쓰일 수 있다. 그런데 부사격 조사에도 '와/과'가 있기 때문에 접속 조사 '와/과'와 구분해야 한다. '나는 꽃과 나무를 사랑한다.'에서 접속 조사 '과'가 쓰인 '꽃과'는 생략해도 문장이 성립된다. 이와 달리 '나는 누나와 눈이 닮았다.'에서 부사격 조사와 결합한 '누나와'는 문장에서 반드시 필요한 필수적 부사어로, 생략할 수 없다.

중세 국어에서도 접속 조사는 현대 국어의 접속 조사와 같은 기능을 하였다. 접속 조사에는 '와/과, ᄒ고, (이)며, (이)여' 등이 있는데 '와/과'의 결합 양상은 현대 국어와 차이가 있다.

ㄱ. 나모와 곳과 果實와ᄂᆫ [나무와 꽃과 과실은]

ㄱ처럼 중세 국어에서 '와'는 모음이나 'ㄹ'로 끝나는 체언과 결합하고 '과'는 'ㄹ'을 제외한 자음으로 끝나는 체언과 결합한다. ㄱ의 '果實와'에서처럼 '와/과'는 마지막 체언에까지 결합하는 것이 일반적이지만 그렇지 않은 경우도 있었다. 또한 마지막 체언과 결합한 '와/과' 뒤에 격조사가 결합하는 경우도 있었다. 한편 '(이)며, (이)여'는 '열거'의 방식으로, 'ᄒ고'는 '첨가'의 방식으로 접속의 기능을 나타내었다.

35. [A]를 참고하여 이해한 내용으로 적절하지 **않은** 것은?

① '나는 시와 음악을 좋아한다.'에서 '시와 음악을'의 문장 성분은 목적어이다.

② '네가 벼루와 먹을 가져오너라.'에서 '벼루와'를 생략하여도 문장이 성립된다.

③ '친구랑 나랑 함께 꽃밭을 만들었다.'에서 '랑'은 체언들을 이어 주는 접속 조사이다.

④ '가방과 신발을 샀다.'에서 '과'는 부사격 조사로서 '가방과'는 서술어가 필수적으로 요구하는 성분이 된다.

⑤ '수박하고 참외하고 먹자.'와 같이 '하고'는 결합하는 체언의 끝음절의 음운 환경이 달라도 형태가 변하지 않는다.

36. 윗글을 바탕으로 〈보기〉의 중세 국어 자료를 탐구한 내용으로 적절하지 **않은** 것은? [3점]

〈 보 기 〉

ⓐ 옷과 뵈와로 佛像ᄋᆞᆯ 꾸미ᅀᆞᄫᅡ도
  [옷과 베로 불상을 꾸미었어도]

ⓑ 子息이며 죵이며 집앗 사ᄅᆞᄆᆞᆯ 다 眷屬이라 ᄒᆞᄂᆞ니라
  [자식이며 종이며 집안의 사람을 다 권속이라 하느니라]

ⓒ 밤과 낮과 法을 니ᄅᆞ시니
  [밤과 낮에 법을 이르시니]

ⓓ 입시울와 혀와 엄과 니왜 다 됴ᄒᆞ며
  [입술과 혀와 어금니와 이가 다 좋으며]

① ⓐ에서 '옷과 뵈와'는 접속 조사에 의해 하나의 명사구를 이루고 있군.

② ⓑ에서 '이며'는 열거의 방식으로 '子息'과 '죵'을 같은 자격으로 이어 주는 기능을 하고 있군.

③ ⓒ를 보니, 접속되는 마지막 체언에 '와/과'가 결합하지 않는 사례가 있었음을 확인할 수 있군.

④ ⓐ와 ⓓ를 보니, '와/과' 뒤에 격조사가 결합한 형태가 있었음을 확인할 수 있군.

⑤ ⓒ와 ⓓ를 보니, 'ㄹ'을 제외한 자음으로 끝나는 체언은 '과'와, 모음이나 'ㄹ'로 끝나는 체언은 '와'와 결합했음을 확인할 수 있군.

37. 〈학습 활동〉을 수행한 결과로 적절한 것은?

〈 학 습 활 동 〉

[자료]의 단어들은 음운 변동 중 탈락이 일어난 예이다. 단어들을 [분류 과정]에 따라 분류할 때 ㉮, ㉯, ㉰에 들어갈 단어를 바르게 짝지은 것은?

[자료]

ⓐ 뜨-+-어서 → 떠서[떠서] ⓑ 둥글-+-ㄴ → 둥근[둥근]

ⓒ 좋-+-아 → 좋아[조:아]

[분류 과정]

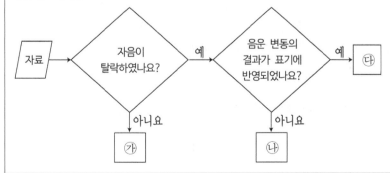

	㉮	㉯	㉰
①	ⓐ	ⓒ	ⓑ
②	ⓐ	ⓑ	ⓒ
③	ⓒ	ⓐ	ⓑ
④	ⓒ	ⓑ	ⓐ
⑤	ⓑ	ⓐ	ⓒ

38. <보기>의 ⓐ~ⓒ에 대해 탐구한 내용으로 적절하지 <u>않은</u> 것은?

─────────< 보 기 >─────────

[탐구 과제] 직접 인용절을 가진 안은 문장이 간접 인용절을
　　　　　 가진 안은 문장으로 바뀌었을 때의 높임 표현,
　　　　　 지시 표현, 인용 조사 등의 변화 탐구하기

[탐구 자료]

직접 인용절을 가진 안은 문장		간접 인용절을 가진 안은 문장	
그가 어제 나에게 "내일 서울에 갑니다."라고 말했다.	⇨	그가 어제 나에게 오늘 서울에 간다고 말했다.	…ⓐ
희수가 민주에게 "힘든 일은 나에게 맡겨라."라고 말했다.	⇨	희수가 민주에게 힘든 일은 자기에게 맡기라고 말했다.	…ⓑ
부산에 간 친구가 나에게 "이곳이 참 아름답구나."라고 말했다.	⇨	부산에 간 친구가 나에게 그곳이 참 아름답다고 말했다.	…ⓒ

① ⓐ : '오늘'을 보니, 직접 인용절의 시간 부사가 간접 인용절에
　　서는 바뀌어 나타났군.

② ⓐ : '간다고'를 보니, 직접 인용절에서 '그'가 '나'를 고려해 사
　　용한 높임 표현이 간접 인용절에서는 바뀌어 나타나는군.

③ ⓑ : '맡기라고'를 보니, 직접 인용절이 명령문일 때 간접 인용
　　절의 인용 조사는 '고'가 사용되었군.

④ ⓒ : '그곳이'를 보니, 직접 인용절의 발화자인 '친구'의 관점으로
　　지시 표현이 바뀌어 나타나는군.

⑤ ⓒ : '아름답다고'를 보니, 직접 인용절의 감탄형 종결 어미는
　　간접 인용절에서 평서형 종결 어미로 바뀌어 나타났군.

39. <보기>의 [A]에 들어갈 말로 적절하지 <u>않은</u> 것은?

─────────< 보 기 >─────────

선생님 : 화자의 다양한 심리적 태도는 '보조적 연결 어미와
　　　　 보조 용언'의 구성을 통해 나타낼 수 있습니다. ㉠~㉤의
　　　　 '보조적 연결 어미와 보조 용언'에 대해 탐구해 봅시다.

지혜 : 쉬고 있는 걸 보니 안무를 다 ㉠ <u>짰나 본데</u>?
세희 : 아니야, 잠시 쉬고 있어. 춤이 어려워서 친구들이
　　　 공연 중에 동작을 ㉡ <u>잊을까 싶어</u> 걱정이야.
지혜 : 그렇구나. 동작은 너무 멋있던데?
세희 : 그렇게 말해줘서 고마워. 근데 구성까지 어려우니
　　　 까 몇몇 친구들은 그만 ㉢ <u>포기해 버리더라고</u>.
지혜 : 그럼 내가 내일 좀 ㉣ <u>고쳐 줄까</u>?
세희 : 괜찮아. 고맙지만, 오늘까지 ㉤ <u>마쳐야 해</u>.

학생 : ┌─────────[A]─────────┐

① ㉠에는 화자가 어떠한 행동에 대해 추측하고 있음이 나타나
　 있습니다.

② ㉡에는 화자가 뜻하는 행동을 하고자 하는 의도가 나타나 있습
　 니다.

③ ㉢에는 어떠한 행동이 이루어진 결과에 대해 화자가 아쉬운
　 감정을 갖게 되었음이 나타나 있습니다.

④ ㉣에는 화자가 상대를 위해 무언가를 베푼다는 심리적 태도가
　 나타나 있습니다.

⑤ ㉤에는 화자가 어떠한 행동을 하는 것이 필요함을 나타내고
　 있습니다.

[40~43] (가)는 도서관에서 주관한 실시간 인터넷 강연의 일부이
고, (나)는 (가)를 바탕으로 발표 자료를 제작하기 위해 학생들이
모바일 메신저로 나눈 대화의 일부이다. 물음에 답하시오.

(가)

　안녕하세요? '다매체 시대, 듣기는 또 하나의 독서'라는 주제
로 오늘 함께할 △△학회의 이□□입니다. 강연에 앞서 독서
실태에 대한 간단한 설문을 하나 해 볼게요. 지금 보내 드리는
㉠ <u>링크를 누르시면 답할 수 있습니다.</u> (뒤를 돌아 화면을 가
리키며) 자, 결과가 나왔네요. 한 달 평균 3시간 이내로 독서
한다고 답하신 분들이 많군요.

　최근 '국민독서실태조사'에 따르면 성인의 종이책 독서율은
㉡ <u>지난 10년 사이에 약 20%나 감소했습니다.</u> 여러분은 원인
이 무엇이라 생각하시나요? (채팅창의 답변을 확인하며) 네,
맞습니다. 스마트폰의 대중화가 대표적인 원인이라고 볼 수 있죠.
정보를 얻는 전통적 방식인 종이책은 읽는 데에 오랜 시간과
강한 몰입을 필요로 합니다. 그렇다고 해서 책을 읽지 않을 수는
없겠지요? ㉢ <u>독서가 정보 습득의 중요한 수단임은 두말할 나</u>
<u>위가 없을 것입니다.</u> 그렇다면 스마트폰의 휴대성 및 편의성을
영상 시청이나 게임 등에만 활용하지 말고, 독서의 기회를 확
장하는 데 활용할 수는 없을까요? 최근 발표된 독서문화진흥
기본계획에는 스마트기기를 활용하여 일상 속의 독서 접근 기
회를 확대하고, 책 읽는 즐거움을 확산하자는 내용이 담겨 있
습니다. 이러한 흐름 속에서 전자책은 종이책에 비해 휴대와
보관이 편리한 독서 방식으로 자리 잡기도 했죠.

　아, 방금 채팅창에 '너무 바빠요'라는 댓글이 올라왔네요. 그
렇습니다. '국민독서실태조사'를 보면, 성인의 독서 저해 요인 중
'시간이 없어서'가 두 번째로 높아요. ㉣ <u>그래서 제가 기존의</u>
<u>종이책이나 전자책 이외에 다른 독서 방식을 하나 더 소개하</u>
<u>려고 합니다.</u> 여러분, 혹시 오디오북이라고 들어 보셨나요? 우
리는 주로 활자를 보고 읽으면서 독서를 하지만, 이는 소리를
통해서도 가능해요. 신경과학자들은 단어를 읽거나 듣거나 상
관없이 ㉤ <u>뇌의 인지와 감정 영역이 모두 유사하게 자극된다고</u>
말합니다.

　오디오북은 스마트폰 시대에 적합한 독서 방식으로 다른 일을
하면서 책 읽는 것을 가능하게 해 주고, 자투리 시간도 독서에
활용할 수 있게 해 줍니다. (화면을 가리키며) 제가 사용하고
있는 이 앱에서도 도서관에서 제공하는 오디오북을 만날 수
있는데요, 출근길이나 산책 중에 이렇게 재생 버튼을 누르는
것만으로 독서가 가능한 것이죠. 휴식 시간이나 잠자리에서 편
안히 이야기를 즐길 수도 있어요. 또한 오디오북은 독서에 대한
흥미를 유발하여 궁극적으로는 독서 동기를 높여 준다는 전문
가의 의견도 있습니다. 종이책과는 다르게 훼손 위험이 낮고
손쉽게 저장이 가능하여 언제 어디서든 휴대하기 쉽다는 것을
장점으로 꼽을 수 있죠. 하지만 한편에서는 장시간 청취 시
청각 기능에 부정적 영향을 끼칠 수 있다는 문제라든지, 불법
복제로 인한 문제 등을 보완해야 한다는 목소리도 있습니다.

(나)

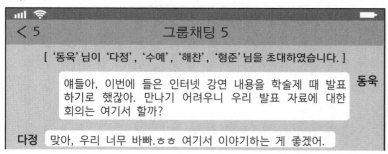

수예	지난 번 회의에서 오디오북을 소개하여 우리 학교 학생들이 책을 많이 읽도록 도와주자고 했었지? 일단 종이책 독서율이 떨어지고 있다는 점을 언급하면서 발표를 시작하면 어떨까?
해찬	독서율이 감소한 것은 다 아니까 그보다는 [슬라이드 1]에 독서 저해 요인을 그래프로 제시하여 한눈에 보여 주자.
수예	알겠어. 그런데 강연자님은 성인에 대한 내용만 언급하셨는데 발표를 들을 대상이 우리 학교 학생들이니 학생에 대한 통계도 함께 제시하면 어떨까? 내가 찾은 자료인데 한번 볼래?
수예	사진 파일 전송: 독서 저해 요인 분석 그래프(학생).jpg
동욱	와, 훌륭한데!^^ 그럼 [슬라이드 2]에서는 스마트폰이 독서에 유용하게 쓰일 수 있다는 걸 전달하자. 이런 내용을 문구로 만들고, 효과음도 넣어 주목할 수 있도록 하는 것은 어때?
형준	그러자. 그리고 [슬라이드 3]에는 오디오북의 장점을 제시하자. 화면을 분할해서 장점을 항목화하여 표현해 볼까?
다정	멋진 생각이야. 그런데 오디오북이 독서 동기를 유발한다는 강연 내용은 정확한 근거를 보여 줘야 설득력이 생길 것 같아. 오디오북 독자의 39%가 종이책이나 전자책 독서량도 늘었다는 자료를 찾았거든.
해찬	좋은 생각인 것 같아. [슬라이드 4]에는 강연 영상의 일부를 편집해서 보여 주자. 화면 아래에는 자막을 넣어 강연 내용도 정리해 주고.
형준	마지막으로 [슬라이드 5]에는 청소년에게 유익한 정보가 담긴 도서를 제공하는 오디오북 플랫폼을 소개할까? 이건 내가 골라서 정리해 볼게.

40. (가)와 (나)에 대한 이해로 가장 적절한 것은?

① (가)와 달리 (나)는 정보 생산자가 자신이 가지고 있는 정보를 수용자들과 공유하고 있다.
② (나)와 달리 (가)는 수용자가 또 다른 정보 생산자가 되어 정보 수정에 대한 의견을 제시하고 있다.
③ (나)와 달리 (가)는 특수 문자와 한글의 자음자로 된 기호를 사용하여 정보 생산자의 감정을 드러내고 있다.
④ (가)와 (나)는 모두 정보 생산자가 수용자를 특정인으로 한정 짓지 않고 정보를 전달하고 있다.
⑤ (가)와 (나)는 모두 공간에 구애받지 않고 정보 생산자와 수용자가 실시간으로 상호작용하고 있다.

41. ㉠~㉤에 대한 설명으로 적절하지 않은 것은?

① ㉠: 연결 어미 '-면'을 활용하여 앞 절의 내용이 '답'을 할 수 있는 조건임을 나타내고 있다.
② ㉡: 보조사 '나'를 활용하여 성인의 종이책 독서율의 감소 정도가 크다는 것을 부각하고 있다.
③ ㉢: 관용 표현 '두말할 나위가 없다'를 활용하여 독서가 중요하다는 점을 드러내고 있다.
④ ㉣: 접속 부사 '그래서'를 활용하여 강연 내용의 응집성을 높이고 있다.
⑤ ㉤: 피동 표현을 활용하여 '뇌의 인지와 감정 영역'이 행위의 주체라는 점을 드러내고 있다.

42. 다음은 오디오북 앱을 사용해 본 사람들이 (가)를 들은 후 도서관 게시판에 단 댓글이다. 댓글을 분석한 것으로 적절하지 않은 것은?

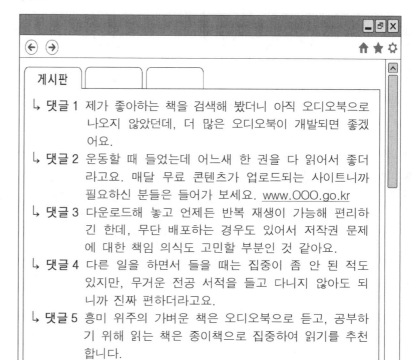

↳ 댓글 1 제가 좋아하는 책을 검색해 봤더니 아직 오디오북으로 나오지 않았던데, 더 많은 오디오북이 개발되면 좋겠어요.
↳ 댓글 2 운동할 때 들었는데 어느새 한 권을 다 읽어서 좋더라고요. 매달 무료 콘텐츠가 업로드되는 사이트니까 필요하신 분들은 들어가 보세요. www.OOO.go.kr
↳ 댓글 3 다운로드해 놓고 언제든 반복 재생이 가능해 편리하긴 한데, 무단 배포하는 경우도 있어서 저작권 문제에 대한 책임 의식도 고민할 부분인 것 같아요.
↳ 댓글 4 다른 일을 하면서 들을 때는 집중이 좀 안 된 적도 있지만, 무거운 전공 서적을 들고 다니지 않아도 되니까 진짜 편하더라고요.
↳ 댓글 5 흥미 위주의 가벼운 책은 오디오북으로 듣고, 공부하기 위해 읽는 책은 종이책으로 집중하여 읽기를 추천합니다.

① 댓글 1은 오디오북 앱을 사용하면서 느낀 아쉬운 점을 언급하며 더 많은 오디오북이 제작되기를 바라고 있군.
② 댓글 2는 자신의 경험을 바탕으로 강연 내용에 공감하며 하이퍼링크를 활용해 관련 정보를 제공하고 있군.
③ 댓글 3은 오디오북이 지닌 편의성이 초래할 수도 있는 윤리적 문제를 떠올리고 있군.
④ 댓글 4는 오디오북이 지닌 휴대성이 일상 속 독서 접근 기회를 높인다는 강연자의 말에 의문을 제기하고 있군.
⑤ 댓글 5는 독서의 목적에 따라 오디오북을 선택적으로 활용할 것을 추천하고 있군.

43. (가)를 바탕으로 할 때, (나)의 발화에 대한 설명으로 적절하지 않은 것은? [3점]

① '수예'는 발표의 목적과 청중을 고려하여 [슬라이드 1]에 강연을 통해 얻은 정보와 함께 새로운 내용을 추가하고자 한다.
② '동욱'은 청중의 집중을 유도하기 위해 [슬라이드 2]에서 전달 내용을 문구로 제시할 때 음향 효과를 사용하고자 한다.
③ '다정'은 발표 자료의 공정성을 고려하여 [슬라이드 3]에 오디오북의 장단점을 균형 있게 다룬 자료를 제시하고자 한다.
④ '해찬'은 발표 내용의 전달 효과를 높이기 위해 [슬라이드 4]를 문자와 영상을 결합한 복합 양식으로 구성하고자 한다.
⑤ '형준'은 발표 자료의 효용성을 고려하여 [슬라이드 5]를 자신이 선별한 정보들로 구성하고자 한다.

[44~45] (가)는 ○○고등학교 학생회 블로그의 일부이고, (나)는 학생회가 제작한 앱의 일부이다. 물음에 답하시오.

(가)

우리 학교 숲과 텃밭의 365일을 담다!

○○고등학교 학생회   2022. 7. ○○. 08:30   + 이웃추가

여러분 안녕하십니까? 학생회에서는 개교 50주년을 기념하여 '우리 학교 숲과 텃밭의 365일을 담다!'라는 프로젝트를 시작합니다. 학생회는 우리 학교 숲의 사진과 텃밭의 탐구 자료를 정리하여 '생태 환경 자료집'을 e북으로 만들려고 합니다.

여러분, 우리 학교 숲에는 얼마나 많은 종류의 식물이 있는지 아시나요? 무려 100여 가지의 식물들이 있습니다. 그동안 숲을 거닐면서 꽃과 나무의 아름다운 모습을 많이 찍어 놓으셨을 텐데요, 이번 기회에 그 사진들을 공유해 보면 어떨까요? 학생회에서도 그동안 찍은 사진들을 모아 숲의 사계절을 담은 영상을 만들어 보았습니다. 여러분들이 올린 사진을 모아 이와 같은 영상 자료를 만들 수 있을 것 같습니다.

[학교 숲의 사계절 영상]

[숲 사진을 올리려면 여기를 클릭!]

우리 학교에는 식물의 생장 과정을 학습할 수 있는 텃밭도 있습니다. 텃밭에는 10여 가지의 식물들이 자라고 있는데요, 수업 시간이나 동아리 활동 시간에 이 식물들에 대해 탐구해 보신 경험이 있을 겁니다. 이번 자료집에는 텃밭의 식물들을 탐구한 자료들도 함께 싣고자 합니다. 과학 동아리에서 작성한 식물 관찰 일지를 첨부하니 이 예시를 참고하여 자료를 작성해서 업로드해 주세요.

📁 식물 관찰 일지.pdf   ↓

숲 사진과 텃밭 탐구 자료를 많이 업로드해 주실수록 자료집은 더욱 풍성해질 것입니다.

[텃밭 자료를 올리려면 여기를 클릭!]

여러분! 이 프로젝트에 공감하신다면 '공감하기'를 눌러 주시고, 좋은 의견 있으면 댓글로 남겨 주세요.

💬 댓글 52   ♥ 공감하기 102

김○○ : 블로그 자료들을 모은 우리 학교 숲과 텃밭에 대한 기록을 앱으로 만들면 더 편리할 것 같아요.
    ↳ 학생회장 : 좋은 생각이네요. 앱으로 만들어 보겠습니다.

(나)

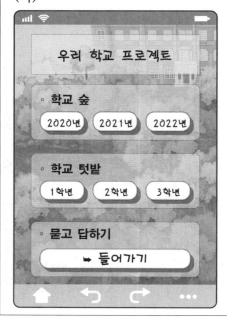

44. (가)에 대한 설명으로 적절하지 **않은** 것은?

① 댓글 내용에 반응하여 프로젝트에 대한 제안 내용을 수용하고 있다.
② 프로젝트의 결과를 요약한 파일을 첨부하여 추가 자료를 제공하고 있다.
③ 학교 숲 사진으로 만든 동영상을 제시하여 프로젝트 내용의 일부를 보여 주고 있다.
④ 자료를 올리려는 학생들이 해당 게시판으로 편리하게 이동할 수 있도록 안내하고 있다.
⑤ '공감하기' 기능을 활용하여 프로젝트에 대한 학생들의 반응을 확인하려고 하고 있다.

45. <보기>는 학생회의 회의 결과를 바탕으로 (나)를 수정한 앱이다. 회의의 내용으로 적절하지 **않은** 것은?

< 보 기 >

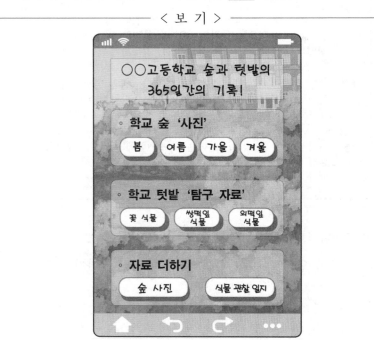

① 프로젝트의 제목을 반영하여 앱의 제목을 바꾸고, 학교 이름도 언급하는 것이 좋을 것 같아.
② 항목별로 모은 자료가 무엇인지 표시하여 알려 주고, 구분되어 있지 않던 항목도 '학교 숲'과 '학교 텃밭' 항목으로 나누자.
③ '학교 텃밭' 항목의 메뉴를 나누는 기준을 학년에서 식물의 종류로 바꾸어 탐구 자료를 식물별로 확인할 수 있게 하자.
④ '학교 숲' 항목은 사진을 연도별로 구분하는 것보다 계절별로 확인할 수 있게 메뉴를 새롭게 구성하는 게 좋을 것 같아.
⑤ '묻고 답하기' 항목을 '자료 더하기' 항목으로 바꾸어 숲 사진과 식물 관찰 일지를 올릴 수 있도록 하자.

* 확인 사항
○ 답안지의 해당란에 필요한 내용을 정확히 기입(표기)했는지 확인하시오.

12회
● 2021학년도 7월 학력평가

국어영역(언어와 매체)

● 문항수 11개 | 배점 24점 | 제한 시간 20분

● 점수 표시가 없는 문항은 모두 2점

PART I

12회

[35 ~ 36] 다음을 읽고 물음에 답하시오.

단어를 공통된 성질에 따라 분류한 것을 '품사'라고 하는데, 품사는 형태, 기능, 의미에 따라 분류할 수 있다. 그중 단어 부류가 가지는 공통 의미에 따라 분류하면 대상의 이름을 나타내는 명사, 명사를 대신하여 가리키는 대명사, 대상의 수량이나 순서를 나타내는 수사, 대상의 동작이나 작용을 나타내는 동사, 대상의 성질이나 상태를 나타내는 형용사, 주로 체언을 수식하는 관형사, 주로 용언이나 문장을 수식하는 부사, 주로 체언에 붙어 문법적 관계를 표시하거나 특별한 의미를 더하는 조사, 말하는 이의 놀람, 느낌, 부름 등을 나타내는 감탄사로 구분된다.

단어는 일반적으로 하나의 품사로 사용되지만 어떤 단어는 두 가지 이상의 문법적 성질을 가지고 있어 여러 가지의 품사로 쓰이는 경우가 있다. 이를 '품사 통용'이라고 한다. '같이'의 경우, '같이 가다'에서는 부사로, '소같이 일만 하다'에서는 조사로 쓰이고 있다. 품사 통용은 중세 국어에도 있었는데, 현대 국어의 품사 통용과 같은 양상으로 나타나기도 하고 다른 양상으로 나타나기도 했다. 그리고 현대 국어에서 하나의 품사로 쓰이는 단어가 중세 국어에서는 품사 통용이 나타나기도 했다. 예를 들어 현대 국어에서 관형사로만 쓰이는 '어느'를 살펴보자.

(ㄱ) 어느 뉘 請ᄒ니(어느 누가 청한 것입니까?)

(ㄴ) 迷惑 어느 플리(미혹한 마음을 어찌 풀 것인가?)

(ㄷ) 이 두 말을 어늘 從ᄒ시려뇨
　　(이 두 말을 어느 것을 따르시겠습니까?)

중세 국어에서 '어느'는 (ㄱ)에서는 체언을 수식하는 관형사로, (ㄴ)에서는 용언을 수식하는 부사로 쓰였다. (ㄷ)에서 '어늘'은 '어느'에 조사가 결합된 형태로 여기에서 '어느'는 명사를 대신하여 가리키는 대명사로 쓰였다. 현대 국어에서 관형사로만 쓰이는 '어느'가 중세 국어에서는 관형사, 부사, 대명사로 두루 쓰인 것이다.

35. 윗글을 바탕으로 <보기>에 대해 이해한 내용으로 적절하지 <u>않은</u> 것은?

< 보 기 >
ㄱ. 과연 두 사람이 만날 수 있을까?
ㄴ. 합격 소식을 듣고 그가 활짝 웃었다.
ㄷ. 학생, 아무리 바쁘더라도 식사는 해야지.

① ㄱ의 '과연'은 문장 전체를 수식하는 부사이군.
② ㄱ의 '두'는 대상의 수량을 나타내는 수사이군.
③ ㄴ의 '웃었다'는 대상의 동작을 나타내는 동사이군.
④ ㄷ의 '학생'은 대상의 이름을 나타내는 명사이군.
⑤ ㄷ의 '는'은 체언에 붙어 특별한 의미를 더하는 조사이군.

36. 윗글을 바탕으로 <보기>의 자료를 탐구한 내용으로 적절하지 <u>않은</u> 것은? [3점]

< 보 기 >
선생님: (가)에서 '이'는 두 개의 품사로, '새'는 하나의 품사로 쓰이고 있습니다. (가), (나)를 통해 '이'와 '새'의 현대 국어에서의 품사를 알아보고 중세 국어와 비교해 봅시다.

[자료]
(가) 현대 국어
○ 이보다 더 좋을 수는 없다. / 이 사과는 맛있다.
○ 새 학기가 되다.
(나) 중세 국어
○ 내 이를 爲ᄒ야(내가 이를 위하여)
　 내 이 도ᄂᆞᆯ 가져가(내가 이 돈을 가져가서)
○ 새 구스리 나며(새 구슬이 나며)
　 이 나래 새를 맛보고(이날에 새것을 맛보고)
　 새 出家ᄒᆞᆫ 사ᄅᆞ미니(새로 출가한 사람이니)

① 현대 국어에서 '이'는 대명사로도 관형사로도 쓰이고 있군.
② 현대 국어에서 '이'의 품사 통용은 중세 국어 '이'의 품사 통용과 같은 양상으로 나타나는군.
③ 중세 국어에서 '새'는 대명사로도 부사로도 쓰였군.
④ 중세 국어에서 '새'는 현대 국어의 '새'와 동일한 품사로도 쓰였군.
⑤ 중세 국어에서 '새'는 다양한 품사로 두루 쓰였지만 현대 국어에서 '새'는 품사 통용이 나타나지 않는군.

37. <보기>를 바탕으로 음운 변동에 대해 이해한 내용으로 적절하지 <u>않은</u> 것은?

< 보 기 >
한 음운이 다른 음운과 만날 때 환경에 따라 다른 음운으로 바뀌어서 소리 나는 현상을 음운 변동이라고 한다. 음운 변동은 그 양상에 따라 교체, 축약, 탈락, 첨가로 나눌 수 있다. 이러한 음운 변동은 한 단어에서 두 가지 이상이 함께 나타나기도 한다.

① '물약[물략]'에서는 첨가와 교체의 음운 변동이 일어난다.
② '읊는[음는]'에서는 탈락과 교체의 음운 변동이 일어난다.
③ '값하다[가파다]'에서는 탈락과 축약의 음운 변동이 일어난다.
④ '급행요금[그팽뇨금]'에서는 탈락과 축약과 첨가의 매운 변동이 일어난다.
⑤ '넓죽하다[넙쭈카다]'에서는 탈락과 교체와 축약의 음운 변동이 일어난다.

38. <보기>를 참고할 때, 밑줄 친 단어의 활용이 적절하지 <u>않은</u> 것은?

───── < 보 기 > ─────

'다양한 기능을 갖은 물건이다.'에서 '갖은'은 '가진'을 잘못 쓴 예이다. '갖다'는 본말 '가지다'의 준말로, '갖다'와 '가지다'는 모두 표준어이다. 그런데 '갖다'는 '갖고', '갖지만'과 같이 활용할 수 있지만 '갖아', '갖으며'와 같이 활용할 수는 없는데, 이는 모음으로 시작하는 어미가 연결될 때에는 준말의 활용형을 인정하지 않기 때문이다. '내디디다/내딛다, 서투르다/서툴다, 머무르다/머물다, 서두르다/서둘다, 건드리다/건들다' 등도 모음으로 시작하는 어미 앞에서는 본말의 활용형만 쓴다.

① 그녀는 새로운 삶에 첫발을 <u>내딛었다</u>.
② 아저씨가 농사일에 <u>서투른</u> 줄 몰랐다.
③ 우리는 여기에 <u>머물면서</u> 쉴 생각이다.
④ <u>서두르지</u> 않으면 출발 시간에 늦겠다.
⑤ 조금만 <u>건드려도</u> 방울 소리가 잘 난다.

39. <보기>의 ㉠에 들어갈 예로 적절한 것은?

───── < 보 기 > ─────

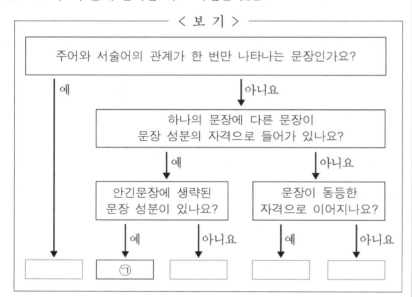

① 아버지가 만든 책꽂이가 제일 멋지다.
② 어머니는 그 일이 끝나기를 기다렸다.
③ 그녀는 지난주에 고향 집으로 떠났다.
④ 창밖에는 비가 내리고 바람이 불었다.
⑤ 형은 개를 좋아하지만 나는 싫어한다.

[40~42] (가)는 학생들이 '고전 소설 UCC' 제작 준비를 위해 휴대 전화 메신저로 나눈 대화이고, (나)는 (가)를 바탕으로 '진희'가 작성한 이야기판 초안이다. 물음에 답하시오.

(가)

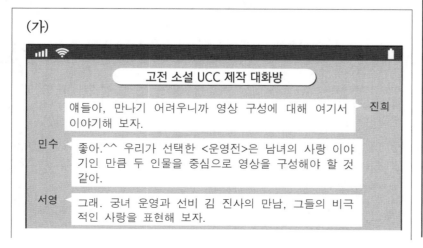

진희: 얘들아, 만나기 어려우니까 영상 구성에 대해 여기서 이야기해 보자.

민수: 좋아.^^ 우리가 선택한 <운영전>은 남녀의 사랑 이야기인 만큼 두 인물을 중심으로 영상을 구성해야 할 것 같아.

서영: 그래. 궁녀 운영과 선비 김 진사의 만남, 그들의 비극적인 사랑을 표현해 보자.

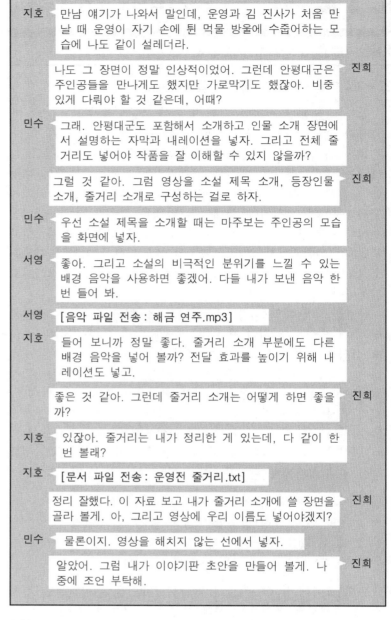

지호: 만남 얘기가 나와서 말인데, 운영과 김 진사가 처음 만날 때 운영이 자기 손에 튄 먹물 방울에 수줍어하는 모습에 나도 같이 설레더라.

진희: 나도 그 장면이 정말 인상적이었어. 그런데 안평대군은 주인공들을 만나게도 했지만 가로막기도 했잖아. 비중 있게 다뤄야 할 것 같은데, 어때?

민수: 그래. 안평대군도 포함해서 소개하고 인물 소개 장면에서 설명하는 자막과 내레이션을 넣자. 그리고 전체 줄거리도 넣어야 작품을 잘 이해할 수 있지 않을까?

진희: 그럴 것 같아. 그럼 영상을 소설 제목 소개, 등장인물 소개, 줄거리 소개로 구성하는 걸로 하자.

민수: 우선 소설 제목을 소개할 때는 마주보는 주인공의 모습을 화면에 넣자.

서영: 좋아. 그리고 소설의 비극적인 분위기를 느낄 수 있는 배경 음악을 사용하면 좋겠어. 다들 내가 보낸 음악 한 번 들어 봐.

서영: [음악 파일 전송 : 해금 연주.mp3]

지호: 들어 보니까 정말 좋다. 줄거리 소개 부분에도 다른 배경 음악을 넣어 볼까? 전달 효과를 높이기 위해 내레이션도 넣고.

진희: 좋은 것 같아. 그런데 줄거리 소개는 어떻게 하면 좋을까?

지호: 있잖아. 줄거리는 내가 정리한 게 있는데, 다 같이 한 번 볼래?

지호: [문서 파일 전송 : 운영전 줄거리.txt]

진희: 정리 잘했다. 이 자료 보고 내가 줄거리 소개에 쓸 장면을 골라 볼게. 아, 그리고 영상에 우리 이름도 넣어야겠지?

민수: 물론이지. 영상을 해치지 않는 선에서 넣자.

진희: 알았어. 그럼 내가 이야기판 초안을 만들어 볼게. 나중에 조언 부탁해.

(나)

이야기판 1 – 소설 제목 소개

[주요 내용]
∘ 화면 효과
 – 마주보고 있는 두 주인공의 모습 제시
 – 만든 이 이름 제시
∘ 배경 음악 : 구슬픈 해금 연주

[화면 구성]

이야기판 2 – 등장인물 소개

[주요 내용]
∘ 화면 효과
 – 운영 ➜ 김 진사 ➜ 안평대군 순서로 등장
 – 자막으로 각 인물의 특징 제시
∘ 내레이션 : 자막 내용을 구체적으로 설명

[화면 구성]

이야기판 3 – 줄거리 소개

[주요 내용]
∘ 화면 효과 : 주요 장면을 차례대로 제시
∘ 배경 음악 : 사랑 노랫말의 음악
∘ 내레이션 : 각 장면에 따라 줄거리 소개

[화면 구성]

40. (가)의 대화에 대한 설명으로 가장 적절한 것은?

① '지호'는 매체상에서 공유된 음악 자료를 자신이 수집한 음악 자료와 비교하고 있다.

② '지호'는 자신이 정리한 문서 파일을 대화 참여자들 중 특정 참여자에게 전달하고 있다.

③ '진희'는 매체상에서 전송된 문서 파일 자료를 바로 확인한 후 추가 자료를 요청하고 있다.

④ '진희'는 매체 자료의 특징을 활용하여 대화방을 만들고 매체에서 사용할 수 있는 기능을 알려 주고 있다.

⑤ '서영'은 대화가 이루어지는 매체의 특성을 활용하여, 자신이 가지고 있는 자료를 다른 대화 참여자들과 공유하고 있다.

41. (가)를 바탕으로 (나)를 작성했을 때, (나)에 대한 이해로 적절하지 <u>않은</u> 것은?

① 이야기판 1을 보니 소설의 분위기를 느낄 수 있도록 구슬픈 해금 연주를 배경 음악으로 사용했군.

② 이야기판 1을 보니 소설 제목과 주인공에 주목하는 데 방해가 되지 않도록 영상을 제작한 학생들의 이름을 화면 아래쪽에 넣었군.

③ 이야기판 2를 보니 등장인물의 특징을 소개하기 위해 자막을 활용하여 화면을 구성했군.

④ 이야기판 3을 보니 주요 장면을 친구들의 의견에 따라 선정하고 차례대로 제시하며 줄거리를 소개했군.

⑤ 이야기판 2와 3을 보니 영상의 내용을 효과적으로 전달하기 위해 내레이션을 활용했군.

42. <보기>는 학생들의 조언을 바탕으로 (나)를 수정한 이야기판이다. ⓐ~ⓔ를 통해 알 수 있는 조언의 내용으로 적절하지 <u>않은</u> 것은? [3점]

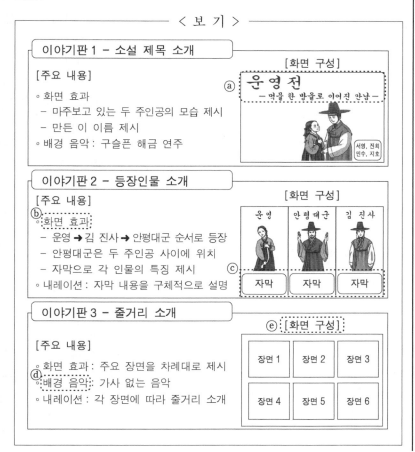

① ⓐ: 주인공들의 인연이 부각되도록 인상적인 장면을 담은 부제를 넣자.

② ⓑ: 주인공을 가로막는 인물의 역할을 시각적으로 드러내기 위해 등장인물의 등장 순서를 바꾸자.

③ ⓒ: 등장인물의 모습을 가리지 않도록 자막 위치를 옮기자.

④ ⓓ: 내레이션에 방해가 되지 않도록 가사 없는 음악으로 배경 음악을 바꾸자.

⑤ ⓔ: 줄거리를 좀 더 구체적으로 표현할 수 있도록 주요 장면의 개수를 늘리자.

[43 ~ 45] (가)는 인터넷 신문이고, (나)는 라디오에서 방송한 대담이다. 물음에 답하시오.

(가)

○○신문   2021년 7월 ○○일(○)

[연재] 지도와 세상 이야기②

우리 바다 '동해' 바로 알고, 지명 표기 방법 고민해야

입력 2021.7.○○. 오전 7:06   최종 수정 2021.7.○○. 오후 3:02

동해가 세계 지도에 단독 표기되었거나 일본해와 병기된 비율이 예전에 비해 크게 늘었지만, 여전히 세계 지도상에는 일본해로 표기된 경우가 많다. 기록을 살펴보면 동해는 우리 민족사에서 단순히 '동쪽 바다'만 의미하지 않았고, 해가 뜨는 바다로서 신성함과 기원의 대상이었다. 또한 『고려사』

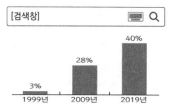

㉠ 동해가 세계 지도에 단독 표기되었거나 일본해와 병기된 비율

에는 왕건이 고려 건국의 당위성을 설명하는 글에서 "동해의 끊어진 왕통을 이어 나가게 하는 것이다."라고 말한다. 왕건이 말한 동해는 고구려를 일컫는 것으로 이는 동해가 국호와도 같은 뜻으로 사용되었음을 보여 준다.

현재 동해의 영문 표기는 'EAST SEA'이다. 여기에는 우리 민족이 간직한 동해에 대한 정서는 없고, 단순히 동쪽에 자리한 바다만을 가리킬 뿐이라는 지적이 있다. 그래서 한국인이 사용하고 있는 토착 지명인 동해를 사용하여 영문 표기를 'DONG HAE'로 해야 한다는 것이다.

ㄴ 김△△(◇◇박물관장) 인터뷰 동영상

동해의 이름 되찾기 연구를 지속해 온 김△△(◇◇박물관장)은 동해의 지명 표기를 'DONG HAE / EAST SEA'로 해야 한다고 주장한다. 'DONG HAE / EAST SEA'로 표기하는 것은 우리 민족의 의식 속에 자리한 동해의 의미를 부각하면서, 우리 정부가 그동안 동해를 'EAST SEA'라고 주장했던 외교적 원칙을 지키는 방법이 될 수 있을 것이다.

지명은 담고 있는 의미가 사용하는 사람의 의식에 각인된다는 점에서 중요하다. 그러므로 일본해가 아닌 우리 바다 '동해'를 세계 지도상에 올바르게 표기하고, 이를 널리 알리기 위한 노력을 지속해야 한다.

최□□ 기자(news@ooo.com)

ㄷ [관련된 뉴스]

▶ 동해 표기의 역사, 우리 정부와 시민 단체의 노력

▶ 국제수로기구, 동해나 일본해 대신 고유 번호 표기 논의

국어 영역(언어와 매체)

```
댓글 6개

○○○★★★★  2021.7.○○. 9:03
저희 학생 동아리에서도 동해 표기와 관련된 자료를 게시하고 의견을 나누고 있습
니다. [http://blog.○○○.com] 링크로 들어오셔서 의견 남겨 주세요.
[답글 3]                                          👍6  👎2

△△△★★★★  2021.7.○○. 16:57
이런 기사 좋아요! 다음 기사도 기대할게요.
[답글 1]                                          👍1  👎0
```

(나)

진행자 : (12시 정각을 알리는 음향 신호) 안녕하세요. 여러분은 12시 현재, '생방송 뉴스를 듣다'를 청취하고 계십니다. 오늘은 '지도와 세상 이야기'라는 연재 기사를 쓰고 있는 최 □□ 기자를 모시고 ㉣기사에 대한 이야기를 들은 후, 동해의 지명 표기 방법에 대해 대화를 나눠 보겠습니다. 최 기자님, 어제 신문에 두 번째 연재 기사가 나갔습니다. 그것이 동해의 지명에 대한 내용이었지요?

기자 : 맞습니다. 동해는 우리 민족사에서 남다른 의미가 있음에도 불구하고 세계 지도에 일본해로 표기되거나, 단순히 방위의 개념을 표현한 지명으로만 알려져 있는 경우가 많아 안타까웠습니다. 기사를 통해 독자들이 동해에 대해 바르게 알 수 있도록 기획한 것입니다.

진행자 : 그렇군요. 그런데 방금 청취자께서 누리집 게시판을 통해 질문해 주셨네요. "세계 지도에 우리 동해가 일본해로 표기되기 시작한 이유가 무엇인가요?"라는 내용입니다. 이런 질문을 다른 분들도 많이 해 주셨는데, 혹시 이렇게 표기하게 된 역사적 사건이 있었나요?

기자 : 네. ㉤1919년 국제수로국을 창설하기로 결의한 후, 1923년 국제수로국 회의에서 일본이 동해의 명칭을 일본해로 등록한 일이 있었습니다. 이것이 국제적으로 고착된 것이지요.

진행자 : 잠시 안내 말씀 드리겠습니다. 이번 방송은 동해의 지명 표기 방법에 대한 내용을 중점적으로 다룰 예정이었습니다. 하지만 긴급 뉴스 속보가 들어온 관계로 오늘은 여기서 마무리하겠습니다. 따라서 오늘 못 다한 이야기는 누리집의 다시 듣기 서비스에 올리도록 하겠습니다. 고맙습니다.

43. 다음은 (가)와 (나)에 대해 정리한 내용이다. 이를 바탕으로 (가), (나)를 이해한 내용으로 적절하지 <u>않은</u> 것은?

	(가)	(나)
전달 매체	인터넷	라디오
매체 자료 생산자	기자	진행자와 기자
매체 자료 수용자	신문 독자	대담 청취자

① (가)의 댓글을 보니 매체 자료 수용자인 독자가 또 다른 생산자가 될 수도 있군.

② (가)는 전달 매체 특성상 탑재와 동시에 공유될 수 있으므로 한번 생산한 매체 자료의 내용은 다시 수정할 수 없겠군.

③ (나)는 다른 매체를 추가로 활용하여 매체 자료 수용자와 양방향으로 소통이 이루어지고 있군.

④ (나)는 송출할 수 있는 시간이 고정되어 있으므로 다시 듣기 서비스로 이를 보완하고 있군.

⑤ (가)는 문자, 도표, 영상으로, (나)는 음성, 음향으로 정보를 전달하고 있군.

44. (가)와 (나)의 언어적 특성에 대한 설명으로 가장 적절한 것은?

① (가) : 마지막 문장을 명령형으로 종결하여 독자의 행동 변화를 촉구하고 있다.

② (가) : 간접 인용 표현을 써서 『고려사』의 내용을 재구성하여 간결하게 전달하고 있다.

③ (가) : 표제를 피동으로 표현하여 주체를 드러내지 않고 정보에 주목하도록 하고 있다.

④ (나) : '기자'는 현재 시제만을 활용하여 현장감 있게 정보를 제공하고 있다.

⑤ (나) : '진행자'는 접속 표현을 사용하거나 앞에서 언급된 내용을 대신하는 표현을 써서 응집성을 높이고 있다.

45. <보기>를 참고할 때, ㉠~㉤에 대한 수용자의 반응으로 적절하지 <u>않은</u> 것은?

< 보 기 >

　매체 수용자는 매체 자료를 수용할 때 자료에 담긴 관점과 가치가 공정한지, 자료의 내용을 뒷받침하는 근거가 타당한지, 제시된 정보나 자료는 신뢰할 만한 내용인지 등을 분석하고 판단하는 비판적인 태도를 갖추어야 한다. 또한 매체 특성에 맞는 방식으로 매체 형식에 따라 정보를 적절하게 수용하며, 매체를 구성하고 있는 요소를 적극적으로 활용함으로써 주체적으로 사고하는 수용자가 되어야 한다.

① ㉠ : 검색을 통해 통계 자료의 출처를 확인하여 신뢰할 만한 내용인지 판단해야겠어.

② ㉡ : 전문가의 인터뷰 동영상 내용을 분석하며 기사의 내용을 뒷받침하는 근거로 타당한지 점검해 봐야겠어.

③ ㉢ : 관련된 뉴스 내용을 확인하고 기사 내용과 비교하면서 주체적으로 사고하는 수용자가 되도록 노력해야겠어.

④ ㉣ : 매체 특성상 이야기의 세부 내용은 미리 알 수 없으므로 순차적으로 제공되는 정보를 적절하게 수용해야겠어.

⑤ ㉤ : 주관적 의견을 표현한 내용이므로 매체 자료에 담긴 관점이 공정한지 평가해야겠어.

```
＊ 확인 사항
○답안지의 해당란에 필요한 내용을 정확히 기입(표기)했는지
 확인하시오.
```

[35~36] 다음 글을 읽고 물음에 답하시오.

[A]
복합어는 합성과 파생을 통해 형성된 합성어와 파생어로 나뉜다. 의미를 고려하여 어떤 말을 둘로 나누었을 때 그 둘 각각을 직접 구성 요소라 하는데, 합성어는 직접 구성 요소가 모두 어근인 단어이고, 파생어는 직접 구성 요소가 어근과 접사인 단어이다. 그리고 한 개의 형태소가 직접 구성 요소가 되기도 하고 두 개 이상의 형태소가 모여 직접 구성 요소가 되기도 한다. 예를 들어 '꿀벌'은 그 직접 구성 요소 '꿀'과 '벌'이 모두 어근이므로 합성어이다. 그리고 '꿀'과 '벌'은 각각 한 개의 형태소이다.

일반적으로 합성과 파생을 통해 단어가 형성될 때에는 그 구성 요소의 형태가 유지된다. 그런데 단어가 형성될 때 형태가 줄어드는 경우도 있다. 먼저 ㉠한 단어에서 형태가 줄어드는 경우가 있다. '대낚'은 '낚싯대를 써서 하는 낚시질'을 뜻하는 '대낚시'의 일부가 줄어들어 형성된 단어이다. 다음으로 ㉡단어 형성에 사용된 말들의 첫음절끼리 결합한 경우가 있다. '고법(高法)'은, '고등(高等)'과 '법원(法院)'이 결합하여 형성된 '고등 법원'이라는 말의 '고(高)'와 '법(法)'이 결합하여 형성되었다. 또한 ㉢단어 형성에 사용된 말들에서 어떤 말의 앞부분과 다른 말의 뒷부분이 결합한 경우가 있다. '교과 과정을 이수하기 위하여 일선 학교에 나가 교육 실습을 하는 학생'을 뜻하는 '교생(敎生)'은 '교육(敎育)'의 앞부분과 '실습생(實習生)'의 뒷부분이 결합하여 형성되었다.

이처럼 단어 형성에 사용된 말이 줄어들어 형성된 단어는, 그 단어의 형성에 사용된 말과 여러 의미 관계를 맺을 수 있다. 예를 들어, '대낚'과 '대낚시'는 서로 바꾸어 써도 그 의미에 차이가 거의 없으므로 서로 유의 관계를 맺고, '고법'은 '법원'의 일종이므로, '고법'과 '법원'은 상하 관계를 맺는다. 그러나 '고법'이 형성될 때 사용된 '고등'은 '고법'과 의미 관계를 맺지 않는다.

35. [A]를 바탕으로 추론한 내용으로 적절한 것은?

① '용꿈'의 직접 구성 요소는 모두, 한 개의 자립 형태소로 이루어진 어근이군.

② '봄날'과 '망치질'은 모두, 직접 구성 요소 중 하나가 접사이므로 파생어이군.

③ '필자'를 뜻하는 '지은이'의 직접 구성 요소는 모두, 자립 형태소를 포함하고 있군.

④ '놀이방'과 '단맛'의 직접 구성 요소 중에는 의존 형태소만으로 이루어진 것이 있군.

⑤ '꽃으로 장식한 고무신'을 뜻하는 '꽃고무신'을 직접 구성 요소로 분석하면 '꽃고무'와 '신'으로 분석할 수 있군.

36. 윗글을 바탕으로 <보기>의 ⓐ~ⓔ를 이해한 내용으로 적절한 것은?

<보 기>

형성된 단어	뜻	단어 형성에 사용된 말
ⓐ 흰자	알 속의 노른자위를 둘러싼 흰 부분	흰자위
ⓑ 공수	공격과 수비를 아울러 이르는 말	공격, 수비
ⓒ 직선	선거인이 직접 피선거인을 뽑는 선거	직접, 선거
ⓓ 민자	민간이나 사기업이 하는 투자	민간, 투자
ⓔ 외화	다른 나라에서 만든 영화	외국, 영화

① ⓐ는 ㉠에 해당하고, 단어 형성에 사용된 말과 유의 관계를 맺지 않는다.

② ⓑ는 ㉠에 해당하고, 단어 형성에 사용된 두 말 중 어느 하나와 유의 관계를 맺는다.

③ ⓒ는 ㉡에 해당하고, 단어 형성에 사용된 두 말 중 어느 하나와 상하 관계를 맺는다.

④ ⓓ는 ㉡에 해당하고, 단어 형성에 사용된 두 말 중 어느 말과도 유의 관계를 맺지 않는다.

⑤ ⓔ는 ㉢에 해당하고, 단어 형성에 사용된 두 말 중 어느 말과도 상하 관계를 맺지 않는다.

37. <학습 활동>을 수행한 결과로 적절한 것은?

<학 습 활 동>

'교체, 탈락, 첨가, 축약'과 같은 네 가지 유형의 음운 변동을 탐구해 보면, 한 단어에서 서로 다른 유형의 음운 변동이 일어나기도 하고 같은 유형의 음운 변동이 두 번 이상 일어나기도 한다.

• 한 단어에 음운 변동이 한 번 일어난 예
  예 빗[빋], 여덟[여덜], 맨입[맨닙], 축하[추카]
• 한 단어에 서로 다른 유형의 음운 변동이 일어난 예
  예 밝는[방:는], 닭장[닥짱]
• 한 단어에 같은 유형의 음운 변동이 두 번 이상 일어난 예
  예 앞날[암날], 벚꽃[벋꼳]

이를 참고하여 ㉠~㉤에 해당하는 예를 두 개씩 생각해 보자.
㉠ '교체가 한 번, 탈락이 한 번' 일어난 것
㉡ '교체가 한 번, 첨가가 한 번' 일어난 것
㉢ '교체가 한 번, 축약이 한 번' 일어난 것
㉣ '교체가 두 번, 탈락이 한 번' 일어난 것
㉤ '교체가 두 번, 첨가가 한 번' 일어난 것

① ㉠: 재밌는[재민는], 얽매는[엉매는]

② ㉡: 붙이익[불리익], 견인력[겨닌녁]

③ ㉢: 똑같이[똑까치], 파묻힌[파무친]

④ ㉣: 읊조려[읍쪼려], 겉늙어[건늘거]

⑤ ㉤: 버들잎[버들립], 덧입어[던니버]

38. <보기>의 ㉠~㉢에 들어갈 수 있는 내용으로 적절하지 <u>않은</u> 것은? [3점]

─────────<보 기>─────────

선생님: 능동·피동 표현과 주동·사동 표현에서 높임 표현과 시간 표현이 어떻게 나타나는지 알아봅시다.

ⓐ 형이 동생을 업었다.   ⓑ 동생이 형에게 업혔다.
ⓒ 나는 동생에게 책을 읽혔다.
ⓓ 나는 동생이 책을 읽게 했다.

먼저 ⓐ, ⓑ에서 '형'을 높임의 대상인 '어머니'로 바꿀 때, 서술어에는 어떤 차이가 생기는지 말해 볼까요?

학생: [㉠   ]

선생님: 맞아요. 그럼 ⓒ나 ⓓ에서 '동생'을 '할머니'로 바꾸면 어떻게 될까요?

학생: [㉡   ]

선생님: '-(으)시-'가 어떻게 나타나는지를 잘 이해하고 있네요. 그럼 ⓐ, ⓑ, ⓒ의 서술어에서 '-었-'을 '-고 있-'으로 바꾸면 어떤 의미를 나타낼까요? ⓐ와 ⓑ의 차이점이나 ⓐ와 ⓒ의 공통점을 말해 볼까요?

학생: [㉢   ]

선생님: '-고 있-'의 의미가 어떻게 나타나는지도 잘 이해하고 있군요.

① ㉠: ⓐ에서는 서술어에 '-으시-'를 넣어야 하지만, ⓑ에서는 '-시-'를 넣지 않습니다.

② ㉡: ⓒ에서는 '동생에게'를 '할머니께'로 바꾸고, '읽혔다'에 '-시-'를 넣어야 합니다.

③ ㉡: ⓓ에서는 '동생이'를 '할머니께서'로 바꾸고, '읽게'에 '-으시-'를 넣어야 합니다.

④ ㉢: ⓐ는 동작의 완료 후 상태 지속의 의미를 나타낼 수 있지만, ⓑ는 그럴 수 없습니다.

⑤ ㉢: ⓐ와 ⓒ는 모두 동작의 진행 의미를 나타낼 수 있습니다.

39. <자료>를 바탕으로 <보기>의 ⓐ~ⓔ 중 체언과 조사가 결합하여 이루어진 부속 성분이 있는 것만을 고른 것은?

─────────<보 기>─────────

ⓐ 내히 이러 바르래 가느니 [내가 이루어져 바다에 가니]
ⓑ 나랏 말쑤미 中國에 달아 [우리나라의 말이 중국과 달라]
ⓒ 生人이 소리 잇도소니 [생인(산 사람)의 소리가 있으니]
ⓓ 나혼 子息이 양지 端正ᄒ야 [낳은 자식이 모습이 단정하여]
ⓔ 내 닐오리니 네 이대 드르라 [내가 이르리니 네가 잘 들어라]

─────────<자 료>─────────

<보기>에 나타난 체언과 조사

• 체언: 내ᄒ, 바롤, 나라ᄒ, 말쑴, 中國, 生人, 소리, 子息, 양즈, 나, 너

• 조사: 주격(이, ㅣ, ∅), 관형격(ㅅ, 인), 부사격(애, 에)

① ⓐ, ⓑ, ⓒ   ② ⓐ, ⓑ, ⓓ   ③ ⓐ, ⓓ, ⓔ
④ ⓑ, ⓒ, ⓔ   ⑤ ⓒ, ⓓ, ⓔ

[40~43] (가)는 학생회 소식을 알리는 실시간 방송이고, (나)는 이를 본 학생이 누리 소통망에 올린 게시물이다. 물음에 답하시오.

(가)

| □□고 학생회 소식 | 접속자 수: 253명 |

진행자: □□고 학생들, 안녕하세요? '지켰다, 공약!' 세 번째 시간이죠. 현재 접속자 수가 253명인데요, 두 번째 방송보다 100명 더 입장했네요. ⓐ오늘은 학습실 사용 원칙을 정하겠다는 공약에 관해 학생회장이 출연해 직접 알리기로 했습니다.

학생회장: 네, ⓑ우리 학교 학습실은 개별 및 조별 학습이 가능하고 다양한 기자재를 쓸 수 있어서 인기가 많죠. 근데 자리가 많지 않고 특별한 원칙 없이 사용하다 보니 불편함이 많았죠. 실시간 대화 창 볼까요?

[A]
  👤 **동주** 맞아. 자리 맡고 오느라 종례에 늦을 뻔한 적도 있었는데, 다른 학년하고 같이 쓰려니 눈치도 보였고.

동주 학생과 같은 경우가 많을 거예요. ⓒ여러분도 이런 상황에 공감하시겠죠? 그래서 학생회가 나섰습니다.

□□고 학생회 소식				
1. 학습실 사용 시 학년 구분이 필요한가?				
구분	필요하다	필요없다	모르겠다	합계	전교생
응답 수(명)	512	10	14	536	617

2. 학년 구분이 필요하다면 어떻게 구분하는 것이 좋은가?				
구분	합계	3학년	2학년	1학년
요일별 구분(명)	256	174	68	14
시간별 구분(명)	256	14	96	146

지금 화면에 나오는 설문 조사 결과를 바탕으로 학생회 내부 회의를 통해 사용 원칙을 마련했습니다.

[B]
  👤 **다예** 설문 조사에 근거해 원칙을 마련하려고 한 것을 보니까, 학생회가 마련한 원칙은 객관적이고 합리적일 것 같아. 학생회, 힘내세요!
  👤 **재호** 다들 학년 구분은 필요하다고 생각하는데, 학년별로 선호하는 방법은 다른 게 신기해. 이유가 뭘까?

다예 학생, 감사합니다. 원칙은 다음과 같습니다. 첫째, 학습실 사용은 학생회에 신청을 한 학생을 대상으로 합니다. 둘째, 학습실 사용은 학년별로 구분하되 3학년은 월·목, 2학년은 화·수, 1학년은 금요일에 사용합니다.

[C]
  👤 **현지** 저는 1학년인데요, 금요일엔 일찍 집에 가고 싶은데, 금요일만 사용해야 하는 것은 좀 그래요.
  👤 **연수** 학생회장님, 열심히 하는 모습이 보기 좋은데요, 설문 결과만으로 끌어내기 어려운 원칙은 어떻게 마련했나요?

〈합리적 원칙 마련, 드디어 성사〉
회의 등 투명한 절차에 따라!
공약 이행하는 멋진 학생회!

접속자 수: 253명

진행자: 그럼 ⓓ언제부터 새로운 사용 원칙에 따라 학습실 사용을 신청할 수 있나요?

학생회장: ⓔ네, 다음 대의원회에서 안건이 통과되면 신청을 받을 계획입니다. 학생 여러분께서는 이번 원칙에 대한 의견을 저희 학생회 공식 카페로 보내 주시면, 참고하여 대의원회에서 논의하겠습니다. 화면에 자막으로 나가고 있는 카페 주소를 참고해 주세요!

진행자: □□고 학생들, 다음에 만나요!

(나)

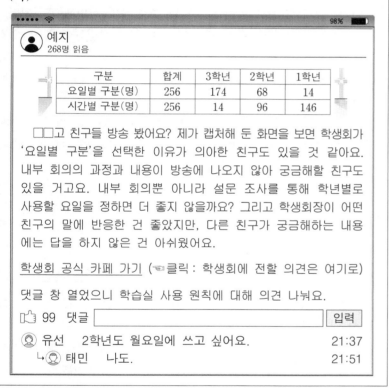

예지
268명 읽음

구분	합계	3학년	2학년	1학년
요일별 구분(명)	256	174	68	14
시간별 구분(명)	256	14	96	146

□□고 친구들 방송 봤어요? 제가 캡처해 둔 화면을 보면 학생회가 '요일별 구분'을 선택한 이유가 의아한 친구도 있을 것 같아요. 내부 회의의 과정과 내용이 방송에 나오지 않아 궁금해할 친구도 있을 거고요. 내부 회의뿐 아니라 설문 조사를 통해 학년별로 사용할 요일을 정하면 더 좋지 않을까요? 그리고 학생회장이 어떤 친구의 말에 반응한 건 좋았지만, 다른 친구가 궁금해하는 내용에는 답을 하지 않은 건 아쉬웠어요.

학생회 공식 카페 가기 (✍클릭 : 학생회에 전할 의견은 여기로)

댓글 창 열었으니 학습실 사용 원칙에 대해 의견 나눠요.

👍 99   댓글 [   ] [입력]

유선   2학년도 월요일에 쓰고 싶어요.   21:37
 ↳ 태민   나도.   21:51

40. (가)에 나타난 의사소통 방식으로 적절하지 <u>않은</u> 것은?

① 진행자는 방송의 시작에 학교명을 언급하며, 소식을 들을 수용자를 밝히고 있다.

② 진행자는 접속자 수를 언급하며, 두 번째 방송과의 접속자 수 차이를 알려 주고 있다.

③ 학생회장은 학생의 이름을 언급하며, 수용자의 실시간 반응을 살펴보고 있다는 것을 보여 주고 있다.

④ 학생회장은 발화와 관련한 보충 자료로 표를 제시하며, 수용자에게 구체적인 정보를 전달하고 있다.

⑤ 학생회장은 자신의 발언 내용을 요약한 화면을 설명하며, 수용자가 요구한 정보를 강조하고 있다.

41. [A]~[C]에서 알 수 있는 학생들의 수용 태도에 대한 설명으로 가장 적절한 것은?

① [A] : 동주는 자신의 경험을 근거로 학생회장의 이야기가 사실에 부합하지 않는다고 판단하였다.

② [B] : 다예는 학생회장의 직전 발화를 듣고 학생회의 결정이 타당할 것 같다고 판단하였다.

③ [B] : 재호는 방송에서 제시된 자료를 보고 학생회의 설문 조사 결과가 잘못되었다고 판단하였다.

④ [C] : 현지는 학생회장의 직전 발화를 듣고 발언 내용의 논리적 오류를 점검하였다.

⑤ [C] : 연수는 방송에서 제시된 자료를 보고 학생회가 마련한 원칙의 실행 가능성을 점검하였다.

42. 다음은 (나)를 작성하기 위한 메모이다. ㉠~㉢이 (나)에 반영된 양상으로 적절하지 <u>않은</u> 것은? [3점]

> 방송에서 학생회가 놓친 부분이 있는 것 같네. 일단 ㉠학생회장이 방송에서 보인 아쉬운 점과 사용 원칙 마련에 ㉡친구들의 의견이 반영될 수 있는 방법을 언급해야지. 또 ㉢친구들이 학생회에 의견을 보내거나 서로 생각을 나눌 수 있는 기능을 활용해야지.

① ㉠ : '요일별 구분'을 원칙으로 정한 이유를 밝히지 않아 미흡했다는 점을 언급하기 위해, 저장한 방송 화면의 일부를 보여 주었다.

② ㉠ : 실시간 대화 창에서 학생회를 응원하는 말에는 호응하며 답을 들려주었지만 질문에는 답변이 없었던 모습을 이야기하였다.

③ ㉡ : 내부 회의에 대한 정보가 충분하지 않았다는 점을 언급하며, 학년별 사용 요일 결정에 대해 학생들의 의견을 반영할 수 있는 방법을 제안하였다.

④ ㉢ : 자막으로 제공된 주소는 바로 연결하기가 어려우니, 의견을 전달할 수 있도록 학생회 공식 카페로 연결하는 하이퍼링크를 제공하였다.

⑤ ㉢ : 학생회가 선정한 학습실 사용자들이 사용 원칙에 대해 제시한 의견을 학생회에 보낼 수 있도록 댓글 기능을 활성화하였다.

43. ⓐ~ⓔ에 대한 설명으로 적절하지 <u>않은</u> 것은?

① ⓐ : 부사 '직접'을 사용하여, 학생회장이 자신의 방송 출연 사실을 학생들에게 전달할 것임을 나타내고 있다.

② ⓑ : 어미 '-어서'를 사용하여, 학습실이 인기가 많은 이유를 밝히고 있다.

③ ⓒ : 어미 '-겠-'을 사용하여, 학생들이 학습실 사용의 불편에 공감할 것이라는 추측을 드러내고 있다.

④ ⓓ : 보조사 '부터'를 사용하여, 이 질문은 학습실 사용 신청이 시작되는 시점이 언제인지 묻고 있음을 드러내고 있다.

⑤ ⓔ : 어미 '-면'을 사용하여, 사용 원칙이 적용되기 전에 갖춰져야 할 조건을 언급하고 있다.

[44~45] (가)는 ○○ 도서관 앱의 첫 화면이고, (나)는 이 앱을 사용한 학생이 도서관 누리집 게시판에 올린 글과 사서의 답변이다. 물음에 답하시오.

(가)

(나)

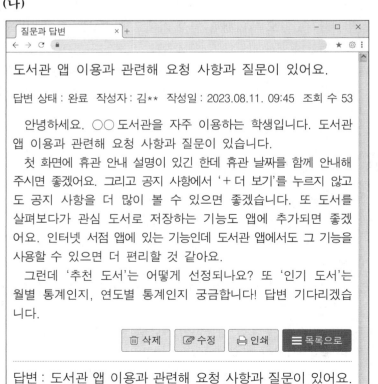

작성자 : 박** 작성일 : 2023.08.11. 15:53

안녕하세요. ○○ 도서관 사서입니다.
먼저 요청 사항에 대해 답변드립니다. 휴관 안내에 대한 요청 사항이 타당하다고 판단해 날짜도 함께 안내하기로 했습니다. 그리고 공지 사항 목록이 늘어나면 앱의 특성상 첫 화면이 너무 길어져 이용에 불편을 드릴 것 같아 현재 상태를 유지하기로 했으니 양해 바랍니다. 또 관심 도서 기능은 도서 이미지의 오른쪽 하단에 있는 ♡를 눌러 사용하실 수 있습니다.
다음으로 질문에 대해 답변드립니다. 앱의 '추천 도서'는 국립 중앙도서관이 운영하는 도서관 정보나루의 자료를 토대로 우리 도서관 사서들이 의논하여 선정합니다. '인기 도서'는 기간을 한정 하지 않고 누적 대출 건수를 기준으로 제시되는 것입니다. 또 '인기 도서'의 '+ 더 보기'를 누르면, 기간, 연령, 분야 중 하나를 선택하여 순위에 따라 배열된 도서 목록을 볼 수 있다는 것도 추가로 알려드립니다.
고맙습니다.

44. (가)와 (나)에 대한 설명으로 가장 적절한 것은?

① (가)에서는 (나)와 달리 게시물의 조회 수가 화면에 표시된다.
② (가)에서는 (나)와 달리 게시물을 수정할 수 있는 기능이 제공 된다.
③ (가)에서는 (나)와 달리 도서 이용과 관련된 여러 기능이 제공 된다.
④ (나)에서는 (가)와 달리 도서 대출 상태에 관한 정보가 표시된다.
⑤ (나)에서는 (가)와 달리 도서를 검색할 수 있는 기능이 제공된다.

45. ㉠~㉤과 관련하여 (나)를 이해한 것으로 적절하지 않은 것은?

① 학생은 정보의 구체성을 고려하여 ㉠에 추가 정보를 게시해 줄 것을 요청하고 있다.
② 사서는 앱 화면의 구성을 고려하여 ㉡에서 보이는 정보의 양을 늘리지 않겠다며 학생의 요청을 수용하지 않고 있다.
③ 사서는 정보 선정에 활용된 자료를 고려하여 ㉢의 선정 방식을 알려 주고 있다.
④ 학생은 앱 이용자의 편의를 고려하여 ㉣의 기능에 새로운 기능을 추가해 줄 것을 요구하고 있다.
⑤ 사서는 정보의 추가 제공을 고려하여 ㉤을 여러 조건으로 정렬하여 확인할 수 있는 기능을 안내하고 있다.

* 확인 사항
○ 답안지의 해당란에 필요한 내용을 정확히 기입(표기)했는지 확인 하시오.

[35~36] 다음 글을 읽고 물음에 답하시오.

국어에서는 명사가 동사나 형용사와 차례대로 결합하여 '손잡다'와 같은 합성 동사나 '쓸모없다'와 같은 합성 형용사가 만들어질 수 있다. 합성 동사와 합성 형용사를 묶어 합성 용언이라고 한다. 합성 용언은 크게 구성적 측면과 의미적 측면에서 분류할 수 있다.

먼저 구성적 측면에서 합성 용언은 그 구성 요소들이 맺는 문법적 관계에 따라 분류할 수 있다. 예를 들어 '쓸 만한 가치가 없다.'를 뜻하는 ㉠'쓸모없다'는 명사 '쓸모'와 형용사 '없다'가 주어와 서술어의 관계를 보여 주고, '손을 마주 잡다.'를 뜻하는 ㉡'손잡다'는 명사 '손'과 동사 '잡다'가 목적어와 서술어의 관계를 보여 준다. 그리고 '남에게 드러내어 뽐낼 만한 거리로 하다.'를 뜻하는 ㉢'자랑삼다'는 명사 '자랑'과 동사 '삼다'가 부사어와 서술어의 관계를 보여 준다.

한편 의미적 측면에서 합성 용언은 그 구성 요소의 의미를 그대로 유지하는 경우와 구성 요소의 의미를 벗어나 새로운 의미를 획득한 경우로 분류할 수 있다. 가령 '쓸모없다'는 구성 요소인 '쓸모'와 '없다'의 의미를 그대로 유지한다. 반면 '주름 잡다'는 구성 요소인 '주름'과 '잡다'의 의미를 벗어나 '모든 일을 자기가 하고 싶은 대로 처리하다.'라는 새로운 의미를 획득한 경우이다. '주름잡다'의 이와 같은 의미가 구성 요소의 의미를 벗어나 새롭게 획득되었다는 사실은, '나는 바지에 주름 잡는 일이 너무 어렵다.'의 '주름 잡는'의 의미를 고려하면 더욱 분명히 드러난다.

그런데 구성 요소의 의미를 벗어나 새로운 의미를 획득한 합성 용언 중에는 필수 부사어를 요구하는 경우가 있다. 예를 들어 '불타다'가 '나는 지금 학구열에 불타고 있다.'에서와 같이 '의욕이나 정열 따위가 끓어오르다.'라는 새로운 의미를 획득한 경우에는 '학구열에'라는 필수 부사어를 요구한다. 이러한 사실은 '불타다'가 '장작이 지금 불타고 있다.'에서와 같이 구성 요소의 의미를 그대로 유지하는 경우에는 필수 부사어를 요구하지 않는다는 점과 비교할 때 더 분명해진다.

35. 윗글을 읽고 이해한 내용으로 적절하지 <u>않은</u> 것은?

① '나는 시장에서 책가방을 값싸게 샀다.'의 '값싸게'는 구성적 측면에서 ㉠과 동일한 유형의 합성 용언이겠군.

② '나는 눈부신 태양 아래에 서 있었다.'의 '눈부신'은 구성적 측면에서 ㉠과 동일한 유형의 합성 용언이겠군.

③ '누나는 나를 보자마자 뒤돌아 앉았다.'의 '뒤돌아'는 구성적 측면에서 ㉡과 동일한 유형의 합성 용언이겠군.

④ '언니는 밤새워 숙제를 다 마무리했다.'의 '밤새워'는 구성적 측면에서 ㉡과 동일한 유형의 합성 용언이겠군.

⑤ '큰형은 앞서서 골목을 걷기 시작했다.'의 '앞서서'는 구성적 측면에서 ㉢과 동일한 유형의 합성 용언이겠군.

36. 윗글을 바탕으로 <보기>의 ⓐ~ⓔ를 탐구한 내용으로 적절한 것은?

<보 기>

○ 그는 학문에 대한 깨달음에 ⓐ목말라 있다.
○ 그는 이 과자를 간식으로 ⓑ점찍어 두었다.
○ 그녀는 요즘 야식과 ⓒ담쌓고 지내고 있다.
○ 그녀는 노래 실력이 아직 ⓓ녹슬지 않았다.
○ 그녀는 최신 이론에 마침내 ⓔ눈뜨게 됐다.

① ⓐ: 구성 요소의 의미를 그대로 유지하고 필수 부사어를 요구한다.

② ⓑ: 구성 요소의 의미를 그대로 유지하고 필수 부사어를 요구하지 않는다.

③ ⓒ: 구성 요소의 의미를 벗어나 새로운 의미를 획득했고 필수 부사어를 요구한다.

④ ⓓ: 구성 요소의 의미를 벗어나 새로운 의미를 획득했고 필수 부사어를 요구한다.

⑤ ⓔ: 구성 요소의 의미를 벗어나 새로운 의미를 획득했고 필수 부사어를 요구하지 않는다.

37. <보기>의 ⓐ~ⓔ에 대한 이해로 적절한 것은? [3점]

<보 기>

국어의 어미는 용언 어간에 붙어 여러 가지 문법적인 기능을 수행한다. 어미는 선어말 어미와 어말 어미로 나누어진다. 선어말 어미는 용언 어간과 어말 어미 사이에 들어가는 것으로 시제나 높임과 같은 문법적 의미를 나타낸다. 선어말 어미는 하나 혹은 둘 이상이 쓰일 수도 있고 아예 쓰이지 않을 수도 있다. 한편 어말 어미에는 종결 어미, 연결 어미, 전성 어미가 있다. 어말 어미는 선어말 어미와 달리 하나만 붙고, 반드시 있어야 한다.

○ 머무시는 동안 ⓐ즐거우셨길 바랍니다.
○ 이 부분에서 물이 ⓑ샜을 가능성이 높다.
○ ⓒ번거로우시겠지만 서류를 챙겨 주세요.
○ 시원한 식혜를 먹고 갈증이 싹 ⓓ가셨겠구나.
○ 항구에 ⓔ다다른 배는 새로운 항해를 준비했다.

① ⓐ: 선어말 어미 두 개와 연결 어미가 사용되었다.

② ⓑ: 선어말 어미 없이 전성 어미가 사용되었다.

③ ⓒ: 선어말 어미 세 개와 연결 어미가 사용되었다.

④ ⓓ: 선어말 어미 두 개와 종결 어미가 사용되었다.

⑤ ⓔ: 선어말 어미 한 개와 전성 어미가 사용되었다.

38. <보기>의 ㉠, ㉡에 해당하는 예끼리 묶인 것으로 적절한 것은?

―――――――<보 기>―――――――

국어의 부정에는 '안'이나 '-지 않다'를 사용하는 '의지 부정'과 '못'이나 '-지 못하다'를 사용하는 '능력 부정'이 있다고 알려져 있다. 그러나 '안'이나 '-지 않다'가 사용된 부정문이 주어의 의지와 무관한 '단순 부정'을 나타내는 경우도 많다. ㉠형용사가 서술어로 쓰이면 '안'이나 '-지 않다'는 단순 부정을 나타낸다. 형용사가 나타내는 성질이나 상태에는 주어의 의지가 작용할 수 없기 때문이다. ㉡동사가 서술어로 쓰이는 경우에도 주어가 의지를 가지지 못하는 무정물이면 '안'이나 '-지 않다'가 단순 부정을 나타낸다. 또한 동사가 서술어로 쓰이고 주어가 유정물이더라도 '나는 깜빡 잊고 약을 안 먹었다.'에서와 같이 '안'이 단순 부정을 나타낼 수 있다.

① ┌ ㉠: 옛날엔 통신 기술이 발달하지 않았다.
　 └ ㉡: 주문한 옷이 아직도 도착하지 않았다.

② ┌ ㉠: 이 문제집은 별로 어렵지 않더라.
　 └ ㉡: 저는 이 은혜를 잊지 않겠습니다.

③ ┌ ㉠: 나는 그 이야기가 궁금하지 않아.
　 └ ㉡: 동생이 오늘 우산을 안 가져갔어.

④ ┌ ㉠: 내 얘기에 고모는 놀라지 않았다.
　 └ ㉡: 이 물질은 전기가 통하지 않는다.

⑤ ┌ ㉠: 밤바다가 그리 고요하지는 않네.
　 └ ㉡: 아주 오래간만에 비가 안 온다.

39. [A]에 들어갈 말로 적절한 것은?

학생: 선생님, 표준 발음법 제18항을 보다가 궁금한 점이 생겼어요. 이 조항에서 'ㄱ, ㄷ, ㅂ' 옆의 괄호 안에 다른 받침들이 포함된 것은 무엇을 나타내나요?

제18항 받침 'ㄱ(ㄲ, ㅋ, ㄳ, ㄺ), ㄷ(ㅅ, ㅆ, ㅈ, ㅊ, ㅌ, ㅎ), ㅂ(ㅍ, ㄼ, ㄿ, ㅄ)'은 'ㄴ, ㅁ' 앞에서 [ㅇ, ㄴ, ㅁ]으로 발음한다.

선생님: 좋은 질문이에요. 그건 받침이 'ㄱ, ㄷ, ㅂ'이 아니더라도, 음운 변동의 결과로 그 발음이 [ㄱ, ㄷ, ㅂ]으로 바뀌면 비음화 현상이 적용될 수 있다는 사실을 나타낸 거예요.

학생: 아, 그렇다면 ┌─── [A] ───┐ 비음화 현상이 적용된 거네요?

선생님: 네, 맞아요.

① '밖만[방만]'은 자음군 단순화가 적용된 후
② '폭넓다[퐁널따]'는 자음군 단순화가 적용된 후
③ '값만[감만]'은 음절의 끝소리 규칙이 적용된 후
④ '겉늙다[건늑따]'는 음절의 끝소리 규칙이 적용된 후
⑤ '호박잎[호방닙]'은 음절의 끝소리 규칙이 적용된 후

[40~42] (가)는 학습 활동이고, (나)는 학생이 (가)를 수행하기 위해 활용한 전자책의 일부이다. 물음에 답하시오.

(가)

[학습 활동] 다음 상황을 바탕으로, ○○구청 관계자의 입장에서 효과적인 광고 방안을 발표해 봅시다.

○○구청에서 '청소년 문화 한마당'을 기획하면서, ○○구 고등학생들을 대상으로 한 홍보 방안을 마련하고자 한다. 대중교통 광고의 효과를 바탕으로 학생들이 주로 이용하는 버스를 활용하여 광고 계획을 수립하기로 한다.

(나)

[화면 1]

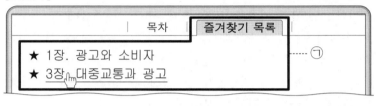

[화면 2]

★ 즐겨찾기 ⊖⊕100% 화면 🖊형광펜 🔍 ┈┈┈㉡

3장. 대중교통과 광고

대중교통을 이용한 광고는 일정 기간에 특정 공간을 이용하는 수용자들에게 광고 메시지를 전달할 수 있기 때문에 효과적이다.🖊 특히, 버스 정류장 광고, 지하철역 광고, 버스 내·외부 광고 ⓐ등은 대중교통을 자주 이용하는 사람에게 반복적으로 노출되는 효과가 있다.

광고 효과를 높이기 위해서는 무엇보다 목표 수용자의 관심과 흥미에 대한 분석이 선행되어야 한다. 대중교통 광고에서 자주 ⓑ보이는 게임 광고는 대중교통을 이용하는 젊은 층의 관심과 흥미를 감안한 것이다.

┌─────────────────┐ ┈┈┈㉢
│ 사전 │
│ 감안「명사」여러 사정을 참고하여 생각함. │
└─────────────────┘

[화면 3]

㉣　　　　　　　　　　　㉤

ⓒ다음으로 목표 수용자들의 주 이용 노선과 같은 대중교통 이용 패턴을 분석하는 것이 필요하다. 예를 들어, 20대를 주 관객층으로 하는 영화 광고가 대학가를 지나는 노선버스에 많은 것은, 목표 수용자의 주 이용 노선을 고려한 것이다. 또한 목표 수용자의 대중교통 이용 시간대도 고려할 필요가 있다. 목표 수용자의 대중교통 주 이용 시간대가 다른 시간대에 비해 광고 효과가 높기 때문이다.

ⓓ한편, 대표적인 대중교통 광고인 버스 광고 는 여러 규격의 인쇄 광고, 시간대 설정이 가능한 내부 모니터 영상 광고 등 ⓔ그 형태가 다양하다. 지하철과 달리 지상에서 운행하기 때문에 버스를 이용하지 않는 사람들 역시 버스 외부 광고의 목표 수용자가 될 수 있다는 것이 버스 광고 의 장점이다.

40. <보기>는 (나)의 전자책을 활용한 학생의 반응이다. 이를 바탕으로 (나)를 이해한 내용으로 적절하지 <u>않은</u> 것은?

> ───────<보 기>───────
>
> 전자책은 중요한 부분에 강조 표시를 할 수 있다는 점이 종이 책과 비슷했어. 하지만 다시 봐야 할 내용을 선택해 별도의 목록으로 만들거나 어구를 검색해 원하는 정보에 더 쉽게 접근할 수 있다는 점은 종이 책과 달랐어. 책에서 모르는 단어가 나왔을 때, 사전을 찾아본 결과를 한 화면에서 바로 확인할 수 있어서 내용을 빠르게 이해했어. 또 화면 배율을 조정해 글자 크기를 조절하니 읽기에 편했어.

① ㉠에 1, 3장이 포함된 것은 학생이 해당 장의 내용을 다시 볼 필요가 있다고 판단했기 때문이군.

② ㉡을 통해 대중교통을 이용한 광고가 효과적인 이유를 언급한 부분에 강조 표시가 된 것은 학생이 해당 문장을 중요하다고 판단했기 때문이군.

③ ㉢의 '감안'에 대한 사전 찾기 결과는 [화면 2]에서 본문과 함께 제시되어 학생의 글 읽기에 도움을 주었군.

④ ㉣을 통해 [화면 3]의 글자 크기가 [화면 2]보다 커진 것은 학생의 읽기 편의성을 높여 주었군.

⑤ ㉤의 결과가 [화면 3]에 표시된 것은 학생이 '버스 광고'를 쉽게 찾아 버스 광고의 제작 기간을 확인하는 데 도움을 주었군.

41. 다음은 학생이 (가)를 수행하는 과정에서 (나)를 바탕으로 작성한 메모이다. 이에 대한 이해로 적절하지 <u>않은</u> 것은?

> 메모 1 : '청소년 문화 한마당'에 ○○구 고등학생들이 좋아할 공연 프로그램이 많이 준비되어 있음을 광고에서 강조하면 효과적이겠다.
>
> 메모 2 : 버스 정류장이 아니라 버스 내·외부에 광고물을 부착하고, ○○구 고등학생들이 주로 이용하는 10번이나 12번 버스에 광고를 게시하면 효과적이겠다.
>
> 메모 3 : 등·하교 시간에 집중적으로 광고를 하기 위해 버스 내부의 모니터 영상 광고를 이용하고, 도보 통학 학생들에게도 홍보하기 위해 버스 외부의 옆면과 뒷면에도 광고를 게시하면 효과적이겠다.

① '메모 1'에서, 광고에서 부각할 내용을 선정한 것은 (나)에 제시된 목표 수용자와 관련하여 우선적으로 분석해야 할 요소를 고려한 것이겠군.

② '메모 2'에서, 정류장 광고와 버스 내·외부 광고 중 후자를 선택한 것은 (나)에 제시된 반복 노출 효과의 유무라는 기준을 고려한 것이겠군.

③ '메모 2'에서, 버스 노선 중에서 특정 노선을 선택한 것은 (나)에 제시된 영화 광고의 예처럼 목표 수용자의 대중교통 이용 패턴을 고려한 것이겠군.

④ '메모 3'에서, 광고 게시 시간대를 설정할 수 있는 광고 형태를 제안하려는 것은 (나)에 제시된 목표 수용자의 대중교통 이용 시간이라는 기준을 고려한 것이겠군.

⑤ '메모 3'에서, 버스 옆면과 뒷면 광고가 필요하다고 판단한 것은 (나)에 제시된 버스 외부 광고의 장점을 고려한 것이겠군.

42. ⓐ~ⓔ에 대한 설명으로 적절하지 <u>않은</u> 것은?

① ⓐ: 대중교통을 이용한 광고의 종류가 여럿임을 명시하기 위해 사용하였다.

② ⓑ: 젊은 층의 게임 광고 수용에 대한 자발적 의지를 나타내기 위해 사용하였다.

③ ⓒ: 광고의 효과를 높이기 위해 분석해야 할 요소가 더 존재함을 드러내기 위해 사용하였다.

④ ⓓ: 목표 수용자 분석과는 다른 내용으로 전환됨을 나타내기 위해 사용하였다.

⑤ ⓔ: 앞에 나온 표현을 그대로 반복하지 않고 대신하기 위해 사용하였다.

[43~45] (가)는 교내 방송의 일부이고, (나)는 (가)를 들은 학생들이 휴대 전화 메신저로 나눈 대화의 일부이다. 물음에 답하시오.

(가)

진행자 : 방송을 듣고 계신 ○○고 여러분, 매주 수요일 마지막 순서는 청취자의 사연을 소개하는 시간이죠. 어제까지 많은 사연이 왔는데요, 시간 관계상 하나만 읽어 드릴게요. (잔잔한 배경 음악) "3학년 1반 이민지입니다. 제가 며칠 전 운동장에서 다쳤을 때 우리 반 지혜가 응급 처치를 해 줬어요. 우리 반에서 인기가 많은 친구인데, 이 친구가 곧 전학을 가요. 헤어지기 아쉬운 마음을 담아 □□의 노래 <다시 만날 우리들>을 신청합니다."라고 하셨네요. 신청곡 들려 드리면서 오늘 방송 마무리할게요.

(나)

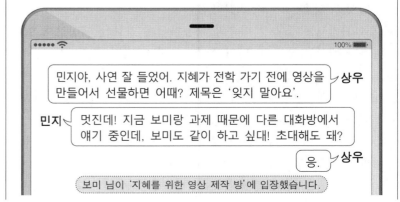

상우 우리 셋이 계속 얘기 나눠야 하니까 대화방 목록에서 찾기 쉽게 방 이름을 붙였어. 보미야, 어서 와.

보미 응. ^^ ⊙ 민지한테 얘기 다 들었어. 상우야, 어떤 장면 찍을 거야?

상우 지혜가 학교에 얽힌 추억을 기억할 수 있게 학교의 여러 공간을 담으면 좋겠어. 민지야, 네가 출연하면 어때?

민지

상우 그럼 첫 장면으로 교문에서 운동장까지 걸어가는 네 모습을 쭉 이어서 찍을게. 네가 교문과 운동장에서 카메라를 보면서 지혜랑 얘기하듯이 말해.

민지 알겠어.

상우 그 다음에 교실로 올라가서 지혜가 즐겨 보던 운동장을 찍자. 지혜가 5층에서 운동장 바라보는 걸 좋아했거든.

보미 그럼 운동장에 ♡를 크게 그리고, 민지가 사연으로 신청했던 노래의 제목을 그 안에 적어 놓자. 그렇게 하면 우리 마음이 드러날 것 같아.

상우 오, 그렇게 찍자.

민지 ⓒ 아까 학교에 얽힌 추억을 지혜가 기억하면 좋겠다고 했으니까, 운동장에서는 지혜가 날 도와줬던 그때를 떠올리면서 지혜한테 얘기하듯이 말하면 되겠지?

상우 좋아. 마지막에 우리가 지혜에게 하고 싶은 말을 하는 장면을 넣자. 영상 제목과 어울리게 '함께한 순간들 잊지 마.'라고 말할까?

보미 그래, 우리가 세 글자씩 말하고, 화면에는 그 말이 한 문장으로 보이도록 하면 어때? 자막은 내가 넣을게.

상우 응. 근데 민지야, 생각해 보니 교문에서 운동장까지 꽤 머니까 네가 운동장으로 이동하는 과정은 빼고 찍자. 교문과 운동장에서 각각 찍고 편집해서 이어 붙이자.

민지 알겠어. ② 대화 내용을 다시 보니까 장면 구상이나 각자 역할은 얘기했는데 촬영 날짜는 안 정했네.

상우 ⑩ 그럼 아래 투표함에 날짜를 몇 개 올릴 테니까 각자 가능한 날짜를 선택해 줘.

🗳 투표 제목 : 촬영 날짜 선택

---

43. (가), (나)에 드러나 있는 매체의 특성을 이해한 것으로 가장 적절한 것은?

① (가)에서는 정보를 전달할 수 있는 시간의 제약을 고려하여 정보의 양을 조절하고 있다.

② (나)에서는 불특정 다수의 수용자에게 정보를 제공하고 있다.

③ (가)에서는 (나)와 달리 대화 목적에 따라 또 다른 온라인 대화 공간을 설정하고 있다.

④ (나)에서는 (가)와 달리 음성 언어에 음향을 결합하여 정보를 생산하고 있다.

⑤ (가)와 (나)에서는 모두 정보 생산자가 정보 수용자의 반응에 따라 정보 제시 순서를 바꾸고 있다.

---

44. ⊙~⑩에 드러난 의사소통 방식에 대한 이해로 적절하지 <u>않은</u> 것은?

① ⊙: 새롭게 대화에 참여한 '보미'는 공유된 맥락을 기반으로 '상우'에게 질문하고 있다.

② ⓛ: 동의의 뜻을 시각적 이미지로 제시하여 '상우'의 제안을 수락하고 있다.

③ ⓒ: '상우'의 이전 발화 중 일부를 재진술하면서 영상 제작에 관한 그의 의견에 이의를 제기하고 있다.

④ ②: 진행된 대화 내용을 점검하여 영상 촬영과 관련해서 추가적으로 논의할 내용을 언급하고 있다.

⑤ ⑩: 의견을 취합할 수 있는 기능을 활용하여 촬영 날짜를 선택하기 위한 의사 결정에 참여해 줄 것을 요청하고 있다.

---

45. (나)의 대화 내용을 반영한 '영상 제작 계획'으로 적절하지 <u>않은</u> 것은? [3점]

영상 제작 계획	장면 스케치
① 교문에서부터 운동장까지 끊지 않고 촬영하여 지혜가 여러 공간에 얽힌 추억을 떠올릴 수 있도록 연출해야겠어.	
② 학교 공간을 촬영할 때, 민지가 지혜와 대화하는 듯한 느낌을 드러내야겠어.	
③ 지혜가 바라보던 운동장을 위에서 아래로 내려다보는 각도로 교실에서 촬영해야겠어.	
④ 운동장에 그린 하트 모양의 그림에 '다시 만날 우리들'이라는 글자가 적힌 장면을 촬영하여 영상을 제작하는 우리의 마음을 드러내야겠어.	
⑤ 우리가 다 같이 등장해서 '함께한', '순간들', '잊지 마'라고 나눠서 말한 내용이 하나의 문장처럼 보이게 자막을 삽입해야겠어.	

---

* 확인 사항

○ 답안지의 해당란에 필요한 내용을 정확히 기입(표기)했는지 확인 하시오.

[35~36] 다음 글을 읽고 물음에 답하시오.

　'음절'은 발음의 단위이다. 음절의 특징을 이해하는 것은 국어 발음의 특징과 여러 가지 음운 변동 현상을 이해하기 위한 기초가 된다. 한글은 소리를 나타내는 문자이기 때문에 한글의 표기와 발음이 동일하다고 생각하기 쉽다. 하지만 한글 표기법에는 소리를 그대로 적는다는 원칙도 있지만 ㉠의미를 효과적으로 전달하기 위해 하나의 의미는 하나의 형태로 고정하여 적는다는 원칙도 있어서, ㉡표기가 실제 발음을 그대로 드러내지 않는 경우가 많다. 그런데 표기된 글자가 실제 발음과 다르더라도, 우리는 실제 발음이 아니라 ㉢표기된 글자 하나하나를 '음절'이라고 인식하는 관습이 있다. 끝말잇기도 이러한 관습을 규칙으로 하여 이루어지는 놀이이다. 그러나 발음의 특징을 이해하기 위해서는 표기가 아니라 발음을 기준으로 음절을 인식해야 한다.

　발음을 기준으로 할 때 우리말의 음절은 네 가지 유형으로 나뉜다. 어떤 음절이든 자음과 모음의 결합 방식에 따라 ㉣'모음', '자음+모음', '모음+자음', '자음+모음+자음' 중 한 가지 유형에 해당한다. 각 음절 유형은 표기 형태에 그대로 나타나는 경우도 있지만, '축하[추카]'와 같이 ㉤표기 형태가 음절 유형을 그대로 나타내지 않는 경우도 있다.

[A]
　그런데 우리말에는 음절의 구조에 제약이 존재한다. 우선 초성에는 'ㅇ'이 올 수 없다. 또한 종성에는 'ㄱ, ㄴ, ㄷ, ㄹ, ㅁ, ㅂ, ㅇ'만 올 수 있다는 제약이 있다. 그래서 종성 자리에 올 수 없는 자음이 놓여 발음할 수 없으면, 다른 자음으로 교체되는 음운 변동이 일어나 발음이 가능해진다. 그리고 종성에는 둘 이상의 자음이 올 수 없다는 제약이 있다. 종성 자리에 두 개의 자음이 놓이게 되면 둘 중 하나가 탈락하는 음운 변동이 일어난다. 한편 음절 구조 제약과 관계없이 일어나는 음운 변동도 있다. 예를 들어 '논일[논닐]'에서 'ㄴ'이 첨가되는 것은 음절 구조 제약과는 무관한 음운 변동이다.

35. ㉠~㉤을 이해한 내용으로 적절하지 <u>않은</u> 것은?

① ㉠에 따라 '싫증'은 싫다는 의미를 효과적으로 전달하기 위해 첫 글자의 형태를 고정하여 표기한 예이다.

② ㉡에 해당하는 예로 '북소리'와 '국물'을 들 수 있다.

③ ㉢에 따라 끝말잇기를 할 때, '나뭇잎' 뒤에 '잎새'를 연결할 수 있다.

④ ㉣의 구분에 따르면 '강'과 '복'은 같은 음절 유형에 해당하지만, '목'과 '몫'은 서로 다른 음절 유형에 해당한다.

⑤ ㉤에 해당하는 예로 '북어'를, 해당하지 않는 예로 '강변'을 들 수 있다.

36. [A]를 바탕으로 할 때, <보기>의 ⓐ~ⓔ에 대한 설명으로 적절한 것은?

<보 기>

	표기	발음
ⓐ	굳이	[구지]
ⓑ	옷만	[온만]
ⓒ	물약	[물략]
ⓓ	값도	[갑또]
ⓔ	핥는	[할른]

① ⓐ: 음절 구조 제약과 관련된 교체가 한 번 일어난다.

② ⓑ: 음절 구조 제약과 관련된 교체가 한 번, 음절 구조 제약과 무관한 교체가 한 번 일어난다.

③ ⓒ: 음절 구조 제약과 무관한 첨가가 한 번, 음절 구조 제약과 관련된 교체가 한 번 일어난다.

④ ⓓ: 음절 구조 제약과 관련된 탈락이 한 번, 음절 구조 제약과 무관한 첨가가 한 번 일어난다.

⑤ ⓔ: 음절 구조 제약과 관련된 탈락이 한 번, 음절 구조 제약과 관련된 교체가 한 번 일어난다.

37. <보기>의 ㉮에 들어갈 말로 적절하지 <u>않은</u> 것은? [3점]

<보 기>

선생님 : 다음은 접사의 특징을 확인하기 위해 수집한 파생어들이에요. ㉠~㉤에서 각각 확인되는 접사의 공통점을 설명해 보세요.

㉠ 넓이, 믿음, 크기, 지우개
㉡ 끄덕이다, 출렁대다, 반짝거리다
㉢ 울보, 낚시꾼, 멋쟁이, 장난꾸러기
㉣ 밀치다, 살리다, 입히다, 깨뜨리다
㉤ 부채질, 풋나물, 휘감다, 빼앗기다

학생 : 예, 접사가 ㉮ 는 공통점이 있습니다.

① ㉠에서는 용언에 결합하여 명사를 만든다

② ㉡에서는 부사에 결합하여 동사를 만든다

③ ㉢에서는 사람을 가리키는 의미의 단어를 만든다

④ ㉣에서는 주동사에 결합하여 사동사를 만든다

⑤ ㉤에서는 어근과 품사가 동일한 단어를 만든다

38. <학습 활동>의 ⊙에 들어갈 예로 적절한 것은?

─────<학습 활동>─────

높임 표현이 홑문장에서 실현될 수도 있지만, 겹문장의 안긴문장 속에서도 실현될 수 있다. 다음 조건에 해당하는 예문을 만들어 보자.

조건	예문
안긴문장에서의 주체 높임의 대상이 안은문장에서 주어로 실현된 겹문장	공원에서 산책하시던 할아버지께서 활짝 웃으셨다.
안긴문장에서의 객체 높임의 대상이 안은문장에서 목적어로 실현된 겹문장	⊙
⋮	⋮

① 편찮으시던 어르신께서는 좀 건강해지셨나요?
② 오빠는 고향에 계신 부모님을 집으로 모시고 갔다.
③ 나는 할아버지께서 선물을 주신 날짜를 아직도 기억해.
④ 누나는 다음 주에 인사를 드릴 할머니께 편지를 썼어요.
⑤ 형은 동생이 찾아뵈려던 선생님을 학교에서 만났습니다.

39. <보기>의 ⊙~⑩에 해당하는 예로 적절하지 <u>않은</u> 것은?

─────<보 기>─────

[중세 국어 조사의 쓰임]

⊙ 주격 조사 'ㅣ'는 모음 '이'나 반모음 'ㅣ' 이외의 모음으로 끝난 체언 뒤에 쓰였다.
ⓒ 목적격 조사 '올' 또는 '을'은 자음으로 끝나는 체언 뒤에 쓰였다.
ⓒ 관형격 조사 'ㅅ'은 사물이나 존대 대상인 체언 뒤에 쓰였다.
⑧ 부사격 조사 '로'는 모음이나 'ㄹ'로 끝나는 체언 뒤에 쓰였다.
⑩ 호격 조사 '하'는 존대 대상인 체언 뒤에 쓰였다.

① ⊙: 드리 즈믄 ㄱ루매 비취요미 [달이 천 개의 강에 비치는 것이]
② ⓒ: 바볼 머굶 대로 혜여 머굼과 [밥을 먹을 만큼 헤아려 먹음과]
③ ⓒ: 그 나못 불휘룰 쌔혀 [그 나무의 뿌리를 빼어]
④ ⑧: 물곤 믈로 모술 밍ㄱ노라 [맑은 물로 못을 만드노라]
⑤ ⑩: 님금하 아루쇼셔 [임금이시여, 아십시오]

[40~43] (가)는 인쇄 매체의 기사이고, (나)는 (가)를 바탕으로 학생이 만든 카드 뉴스이다. 물음에 답하시오.

(가)

⊙**청소년의 사회 참여, 현주소는 어디인가?**

청소년 사회 참여는 청소년이 사회 문제나 정치 문제에 관심을 갖고 의사 결정 과정에 참여해 영향력을 행사하는 것을 말한다. 지난해 발표된 ○○ 기관 보고서에 따르면, ⓒ'청소년도 사회 참여가 필요하다.'라고 응답한 청소년은 무려 88.3%에 달한다.

그렇다면 실제로 얼마나 많은 청소년에게 사회 참여 활동 경험이 있을까? ○○ 기관 통계 자료에 따르면, 사회 참여 활동 경험이 있다고 응답한 청소년은 21%에 그쳤다.

전문가들은 ⓒ청소년이 주도하는 사회 참여 활동 기회가 부족하여 참여가 확산되지 못하고 있다고 지적한다. 현재의 청소년 사회 참여 활동이 기관을 중심으로 운영되기 때문에 활동을 확산해 나가는 데에 한계가 있다는 것이다. 따라서 청소년이 자신이 속한 공동체의 문제 해결을 위한 의사 결정 과정에 능동적으로 참여할 수 있는 ⑧사회적 분위기가 만들어져야 한다고 주장한다. □□고 3학년 김 모 학생은 ⑩사회 참여 활동을 경험하면서 배운 것이 많지만 지속적으로 참여할 수 없어서 아쉬웠다고 하였다. 이에 덧붙여 앞으로는 스스로 문제를 찾아 해결하는 활동을 해 보고 싶다고 말했다.

△△대 사회학과 김◇◇ 교수는 "청소년의 사회 참여 활동은 사회성을 향상하여 민주 시민으로서의 자질을 갖추는 데 도움이 될 수 있습니다."라고 강조하며, "사회 참여 활성화를 위해 기관 중심의 청소년 참여와 청소년이 주도가 된 사회 참여가 함께 이루어지는 방향으로 나아가야 합니다."라고 하였다.

– 박▽▽ 기자 –

(나)

카드 1	카드 2
 청소년도 사회 참여가 필요합니다. 청소년의 약 88%는 **청소년도 사회 참여가 필요하다**고 생각합니다.	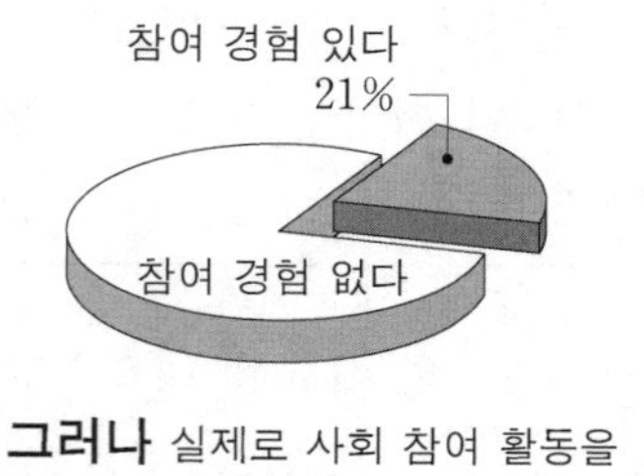 참여 경험 있다 21% 참여 경험 없다 **그러나** 실제로 사회 참여 활동을 경험한 청소년은 21%에 그쳤습니다. 왜일까요?
카드 3	카드 4
 기관 청소년 청소년 사회 참여가 확산되기 어려운 이유는 현재의 청소년 사회 참여가 **기관을 중심으로 이루어지기 때문** 입니다.	 기관 중심의 활동 / 청소년 주도적 활동 이에 △△대 사회학과 김◇◇교수는 "사회 참여 활성화를 위해 기관 중심의 청소년 참여와 청소년이 주도가 된 사회 참여가 **함께** 이루어지는 방향으로 나아가야 합니다."라고 말했습니다.

40. (가), (나)를 수용할 때 유의할 점으로 가장 적절한 것은?

① (가)는 다양한 이론을 종합하여 해결 방안을 마련하고 있으므로 이론에 대한 왜곡이 없는지 확인해야 한다.

② (나)는 제시된 정보 중 출처를 밝히지 않은 것이 있으므로 신뢰할 수 있는 정보인지 확인해야 한다.

③ (나)는 의견이 대립하고 있는 상황을 다루고 있으므로 편파적으로 서술되지 않았는지 확인해야 한다.

④ (가)와 (나)는 예상되는 반론에 반박하고 있으므로 논리적 타당성을 갖추었는지 확인해야 한다.

⑤ (가)와 (나)는 작성자의 주장이 나열되고 있으므로 납득할 만한 근거를 갖추고 있는지 확인해야 한다.

41. (나)를 제작하는 과정에서 반영된 학생의 계획으로 적절하지 않은 것은?

① '카드 1'에는 (가)의 보고서에 담긴 사회 참여 필요성에 대한 청소년의 인식을 보여 주기 위해 청소년이 말하는 이미지로 제시해야겠군.

② '카드 2'에는 (가)의 사회 참여 활동을 경험해 본 청소년의 비율을 그래프로 시각화하여 문제 상황을 드러내야겠군.

③ '카드 3'에는 (가)의 기관 중심의 사회 참여를 선호하는 청소년의 경향을 드러내기 위해 기관의 이미지를 더 크게 그려야겠군.

④ '카드 4'에는 (가)의 청소년 사회 참여 활동의 두 가지 유형이 서로 조화를 이루는 이미지를 제시해야겠군.

⑤ '카드 4'에는 (가)의 청소년 사회 참여에 관한 교수 인터뷰 내용 중 활성화의 방향에 해당하는 내용을 문구로 제시해야겠군.

42. ㉠~㉤에 대한 설명으로 적절하지 않은 것은?

① ㉠: 의문형 종결 어미를 활용하여 글의 화제를 드러내는 제목을 질문의 형식으로 제시하고 있다.

② ㉡: 부사 '무려'를 사용하여 청소년도 사회 참여가 필요하다고 응답한 청소년의 비율이 높음을 강조하고 있다.

③ ㉢: 연결 어미 '-여'를 사용하여 사회 참여 활동 기회에 대한 앞 절의 내용이 뒤 절 내용의 목적에 해당함을 나타내고 있다.

④ ㉣: 피동 표현을 활용하여 행위의 주체보다는 행위의 대상인 '사회적 분위기'에 초점을 두어 서술하고 있다.

⑤ ㉤: 인용 표현을 활용하여 사회 참여 활동을 경험한 학생의 소감을 전달하고 있다.

43. 다음의 '카드 뉴스 보완 방향'을 고려할 때, '카드 A', '카드 B'의 활용 방안으로 가장 적절한 것은? [3점]

○ **카드 뉴스 보완 방향**: 우리 학교 학생을 대상으로 하는 캠페인에 활용하기 위해 (나)에 카드 A, B를 추가

카드 A	
왜 사회 참여 활동을 하지 않나요?	
응답 내용	비율(%)
사회 참여가 어렵게 느껴져서	63
⋮	⋮
우리 학교 학생 중 사회 참여 경험이 없는 학생들에게 그 이유를 물었더니 위와 같은 결과가 나왔습니다.	

카드 B
청소년 사회 참여 어렵지 않습니다.
주변의 문제부터 하나씩! 차근차근!
우리 학교 쓰레기 분리배출 캠페인
우리 학교 앞 신호등 설치 건의

① (나)에서 청소년의 사회 참여가 필요한 이유는 언급하지 않았으므로 '카드 A'를 활용하여 그 이유를 보여 준다.

② (나)에서 청소년 주도의 사회 참여 기회가 부족함을 지적하였으므로 '카드 A'를 활용하여 우리 학교 학생들의 사회 참여 이유를 제시한다.

③ (나)에서 청소년 사회 참여 확산이 어려운 이유를 언급하지 않았으므로 '카드 A'를 활용하여 그에 대한 우리 학교 학생들의 생각을 보여 준다.

④ (나)에서 사회 참여가 청소년에게 미치는 영향을 강조하였으므로 '카드 B'를 활용하여 우리 학교 주변의 문제를 알려 준다.

⑤ (나)에서 청소년이 주도적으로 사회 참여를 할 수 있는 구체적 방법을 제시하지 않았으므로 '카드 B'를 활용하여 우리 학교 학생들이 실천할 수 있는 방법을 제안한다.

[44~45] (가)는 웹툰 동아리 학생들이 제작진 채팅방에서 나눈 대화이고, (나)는 (가)의 회의를 바탕으로 제작한 웹툰이 실린 누리집의 일부이다. 물음에 답하시오.

(가)

──── 20□□. 08. 01. ────

[하진] '마음을 그려 드려요' 게시판에 다음 주에 올릴 웹툰에 대한 제작진 회의를 시작할게! 학생들 사연을 받아서 연재하니 우리 웹툰에 관심이 높아졌어! 이번 사연 내용이야.

웹툰을 챙겨 보는 독자입니다. 친구에게 미안한 마음을 어떻게 전할지 고민이라 사연을 올려요. 친구가 시험공부를 도와 달라 했는데, 바쁘니까 알아서 하라고 짜증을 냈거든요. 서운해하는 걸 보고 후회하다가 한 달이 지나고 사이는 더 멀어졌어요. 어떻게 말할지 많은 독자들의 조언을 들을 수 있게 잘 그려 주세요

[우주] 한 달이나 시간이 지난 건 어떻게 드러내지?

[주혁] 장면이 세로로 이어지니까, 이걸 고려해서 시각적으로 표현하면 좋겠어.

[하진] 좋은 생각이야. 그리고 한 달 동안 두 사람이 느꼈을 감정을 비교하기 좋게 양쪽으로 배치해 보면 어떨까?

[우주] 좋아. 친구 사이가 점점 멀어지는 건 둘 사이의 간격으로 보여 줄게.

하진	그러자. 대화는 말풍선에 쓰고, 속마음은 표정이나 몸짓에서 드러나게 해야겠지?
주혁	응. 그래도 사연을 보낸 학생이 느낀 감정들은 다른 방법으로 좀 더 분명하게 표현해 줘.
하진	그리고 많은 독자들의 조언을 듣고 싶다고 했으니 마지막 부분에 말풍선과 문구를 활용해서 유도해 줘.
우주	그래. 회의한 걸 토대로 그려 볼게! 아, 웹툰 끝에 사연 게시판 주소 링크도 올릴게.

··········20□□. 08. 12.··········

하진	댓글 봤어? 친구 입장에서 말해 보라는 의견도 있어.
우주	별점이 높은 것을 보니 독자들의 평가가 좋네.
주혁	그러게. 난 '좋은날' 님 댓글 보니 뿌듯했어. 수고했어.

＋ ［　　　　　　　　　　　　　　　］ 전송

(나)

44. (가), (나)에 대한 이해로 적절하지 <u>않은</u> 것은?

① (가)는 웹툰 제작자가 웹툰을 제작하기 위해 사연 신청자의 요청을 반영할 수 있음을 보여 준다.

② (가)는 웹툰 제작자가 (나)의 댓글이나 별점을 통해 웹툰의 독자가 보인 반응을 확인할 수 있음을 보여 준다.

③ (나)는 웹툰의 독자가 댓글로 서로 공감하며 상호 작용하고 있음을 보여 준다.

④ (나)는 웹툰의 독자가 하이퍼링크를 통해 웹툰 제작자가 지정한 곳으로 이동할 수 있음을 보여 준다.

⑤ (나)는 웹툰의 독자가 이미지에 담긴 의미에 대해 웹툰 제작자에게 직접 묻고 답을 얻고 있음을 보여 준다.

45. (가)의 웹툰 제작 계획을 (나)에 반영한 내용으로 적절하지 <u>않은</u> 것은?

① 시간의 경과를 드러내기 위해 장면이 제시되는 방향을 고려하여 숫자를 세로로 배열해 날짜 변화를 표현했다.

② 한 인물이 겪는 두 가지 사건을 비교하기 위해 화면을 세로로 분할하여 인물의 행동 변화를 나란히 보여 주었다.

③ 멀어지는 친구 사이를 시각적으로 보여 주기 위해 인물들 사이에 여백을 두어 점차 간격이 벌어지게 그렸다.

④ 속마음을 분명하게 표현하기 위해 표정이나 몸짓으로 드러내는 것뿐만 아니라 글로도 적어 감정을 명시적으로 드러냈다.

⑤ 많은 독자들의 조언을 유도하기 위해 말풍선을 의도적으로 비우고 댓글 참여를 권유하는 문구를 제시했다.

* 확인 사항

○ 답안지의 해당란에 필요한 내용을 정확히 기입(표기)했는지 확인하시오.

16회 ● 2023학년도 10월 학력평가 국어영역(언어와 매체)

● 문항수 11개 | 배점 24점 | 제한 시간 20분 ● 점수 표시가 없는 문항은 모두 2점

[35 ~ 36] 다음 글을 읽고 물음에 답하시오.

어떤 말의 앞이나 뒤에 다른 말이 올 수 있는 말들의 관계를 결합 관계라 한다. 현대 국어의 의존 명사와 결합하는 선행 요소의 유형에는 관형사, 체언, 체언에 관형격 조사가 붙은 것, 용언의 관형사형 등이 있다. 의존 명사 중에는 ㉠ 다양한 유형의 선행 요소와 결합하는 것도 있으나, 그렇지 않은 것도 있다. 즉 '것'과 같이 '어느 것, 언니 것, 생각한 것' 등 다양한 유형의 선행 요소와 두루 결합하는 의존 명사가 있는 반면, '가 본 데'의 '데'나, '요리할 줄'의 '줄'과 같이 ㉡ 선행 요소로 용언의 관형사형과만 결합하는 의존 명사도 있다.

의존 명사와 결합하는 후행 요소로는 격 조사와 용언 등이 있다. 의존 명사 중에는 ㉢ 다양한 격 조사와 결합하여 여러 문장 성분으로 쓰이는 것도 있으나, ㉣ 특정 격 조사와만 결합하는 것도 있다. 예를 들어, '데'는 다양한 격 조사와 결합하여 여러 문장 성분으로 두루 쓰이지만, '만난 지(가) 오래되었다'의 '지'는 주격 조사와만 결합하여 주어로 쓰인다. '요리할 줄(을) 몰랐다', '그런 줄(로) 알았다'의 '줄'은 주로 목적격 조사나 부사격 조사와 결합하여 목적어나 부사어로 쓰이고 주어로는 쓰이지 않는다. 또한 '뿐'은 '읽을 뿐이다'처럼 서술격 조사 '이다'와 결합하거나 '그럴 뿐(이) 아니라'처럼 보격 조사와만 결합하여 쓰인다. 한편 의존 명사가 용언과 결합할 때는 ㉤ 다양한 용언과 결합하여 쓰일 수 있는 것과 ㉥ 특정 용언과만 결합하는 것이 있다. 예를 들어, '것'은 다양한 용언과 두루 결합하지만, '줄'은 주로 '알다, 모르다'와 결합한다.

중세 국어에서도 선행 요소나 후행 요소와 결합할 때 제약 없이 두루 결합하는 의존 명사와 그렇지 않은 의존 명사가 있었다. 가령 중세 국어 '것'은 '어느 거시 이 가온ᄃᆡ 가ᄆᆞᆯ[어느 것이 이 가운데 감을]', '奇異ᄒᆞᆫ 거슬 머구머[기이한 것을 머금어]' 등과 같이 여러 유형의 선행 요소 및 후행 요소와 두루 결합하여 쓰였다. 반면 현대 국어의 '지'에 해당하는 중세 국어 '디'는 선행 요소 및 후행 요소와의 결합에 제약이 있었다. 즉 'ᄆᆞᆯ ᄃᆞᆯ여 ᄃᆞ니건 디 스믈 ᄒᆡ니[말 달려 다닌 지 스물 해니]', '여희연 디 ᄒᆞ마 다ᄉᆞᆺ ᄒᆡ로ᄃᆡ[헤어진 지 벌써 다섯 해로되]'와 같이 '디'는 선행 요소로 용언의 관형사형과만 결합할 수 있었고, 문장에서는 주어로만 쓰였다.

35. ㉠ ~ ㉥ 중 <보기>의 '바'에 해당하는 것만을 고른 것은? [3점]

< 보 기 >

의존 명사 '바'
- 우리가 나아갈 바를 밝혔다.
- 이것이 우리가 생각한 바이다.
- 그것은 *그/*생각의 바와 다르다.
- 그것에 대해 내가 아는 바가 없다.
- 그가 우리 사회에 공헌한 바가 크다.

※ '*'는 어법에 맞지 않음을 나타냄.

① ㉠, ㉢, ㉤ ② ㉠, ㉣, ㉥ ③ ㉡, ㉢, ㉤
④ ㉡, ㉣, ㉤ ⑤ ㉡, ㉣, ㉥

36. 윗글과 <보기>의 중세 국어 자료를 이해한 내용으로 적절하지 <u>않은</u> 것은?

< 보 기 >

- 달ᄋᆞᆶ ⓐ <u>주리</u> 업스시니이다
  [다를 줄이 없으십니다]
- 眞光이 어드우며 블근 ⓑ <u>ᄃᆡᆯ</u> 다 비취샤
  [진광이 어두우며 밝은 데를 다 비추시어]
- 부텻 일훔 念ᄒᆞᇙ ⓒ <u>ᄲᅮ네</u> 이런 功德 됴ᄒᆞᆫ 利ᄅᆞᆯ 어드리오
  [부처님의 이름을 생각할 뿐에 이런 공덕 좋은 이로움을 얻으리오]

① ⓐ의 '줄'은 현대 국어 '줄'과 달리, 주격 조사와 결합할 수 있었군.
② ⓐ의 '줄'은 중세 국어 '것'과 달리, 선행 요소로 용언의 관형사형과 결합할 수 있었군.
③ ⓑ의 'ᄃᆡ'는 현대 국어 '데'와 같이, 선행 요소로 용언의 관형사형과 결합할 수 있었군.
④ ⓑ의 'ᄃᆡ'는 중세 국어 '디'와 달리, 목적격 조사와 결합할 수 있었군.
⑤ ⓒ의 'ᄲᅮᆫ'은 현대 국어 '뿐'과 달리, 부사격 조사와 결합할 수 있었군.

37. ㉠과 ㉡에 모두 해당하는 예만을 <보기>의 [탐구 자료]에서 고른 것은?

< 보 기 >

[탐구 내용]
국어의 음운 변동은 교체, 탈락, 첨가, 축약의 네 가지 유형으로 나눌 수 있다. 어떤 단어는 여러 음운 변동이 일어나는 데 위의 네 가지 유형 중 ㉠ <u>두 유형 이상의 음운 변동이 일어나는 경우</u>, ㉡ <u>한 유형의 음운 변동이 여러 번 일어나는 경우</u>도 있다.

[탐구 자료]

꽃향기[꼬탕기], 똑같이[똑까치],
흙냄새[흥냄새], 첫여름[천녀름],
넙죽하다[넙쭈카다], 읊조리다[읍쪼리다]

① 꽃향기, 똑같이
② 꽃향기, 흙냄새
③ 첫여름, 넙죽하다
④ 첫여름, 읊조리다
⑤ 넙죽하다, 읊조리다

38. <보기>의 ⓐ~ⓒ에 들어갈 말을 바르게 짝지은 것은?

─── < 보 기 > ───

학생 1 : 우리 스무고개 할래? [자료]에 있는 단어 중에서 내가 무얼 생각하는지 맞혀 봐.

┌─ [자료] ─────────────┐
│ 높이다   접히다   여닫다 │
└────────────────────┘

학생 2 : 좋아. 그 단어는 어근과 어근으로 구성되었니?

학생 1 : 아니, 어근과 접사로 이루어져 있어.

학생 2 : 그렇다면 ⓐ 는 아니겠군. 그러면 단어의 품사가 어근의 품사와 같니?

학생 1 : 아니, 이 단어의 품사는 어근의 품사와 달라.

학생 2 : ⓑ 는 접사가 결합하며 품사가 달라지지 않았고, ⓒ 는 접사가 결합하며 품사가 달라졌네. 그렇다면 네가 생각하는 단어는 ⓒ 이구나!

학생 1 : 맞아, 바로 그거야.

	ⓐ	ⓑ	ⓒ
①	여닫다	접히다	높이다
②	여닫다	높이다	접히다
③	높이다	여닫다	접히다
④	높이다	접히다	여닫다
⑤	접히다	여닫다	높이다

39. <보기>에 대한 설명으로 적절하지 <u>않은</u> 것은?

─── < 보 기 > ───

ㄱ. 동생이 내가 읽던 책을 가져갔다.

ㄴ. 그는 자신이 그 일의 적임자임을 주장했다.

ㄷ. 무장 강도가 은행에 침입한 사건이 발생했다.

ㄹ. 이곳의 따뜻한 기후는 옥수수가 자라기에 적합하다.

① ㄱ은 목적어가 생략된 안긴문장이 있다.

② ㄴ은 조사와 결합하여 목적어의 기능을 하는 안긴문장이 있다.

③ ㄱ과 ㄷ은 체언을 수식하는 기능을 하는 안긴문장이 있다.

④ ㄴ과 ㄹ은 명사형 어미가 결합된 안긴문장이 있다.

⑤ ㄷ은 ㄹ과 달리 문장 성분이 생략된 안긴문장이 있다.

[40~43] (가)는 실시간 인터넷 방송의 일부이고, (나)는 이 방송을 시청한 학생의 메모이다. 물음에 답하시오.

(가)

수요일마다 마을을 탐방하는 '뚜벅뚜벅 마을 여행'의 뚜벅입니다. 지난주에는 □□궁의 동쪽에 있는 ▽▽ 마을에 다녀왔는데요, 오늘은 □□궁의 서쪽에 있는 △△ 마을에 가 보겠습니다. 여러분도 실시간 채팅을 통해 함께해 주세요.

여기가 △△ 마을 입구입니다. △△역에서 딱 5분 걸렸어요. (실시간 채팅 창을 보고) 제 목소리가 잘 안 들린다는 분들이 많네요. 주변이 시끄러워서 그런 것 같은데, 제가 카메라에 있는 소음 제거 장치를 조절해 볼게요. (방송 장비를 조작하며) 이제 잘 들리죠? (실시간 채팅 창을 보고) 네, 다행이네요.

마을 입구에 이렇게 밑동만 남은 나무가 있네요. 무슨 사연이 있나 알아볼게요. 여기 안내문이 있는데, 글씨가 너무 작아서 여러분이 보기에 불편할 것 같으니까 제가 읽어 드릴게요. "이 나무는 수령이 300년 된 백송으로 △△ 마을을 지키는 당산나무의 역할을 해 왔으나, 20××년 태풍에 그만 쓰러지고 말았다." 아! 이런 사연이 있었군요. ⓐ300년 동안이나 한결같이 이 자리에서 △△ 마을을 지켜 주었는데, 태풍에 쓰러져 이렇게 밑동만 남은 걸 보니 안타깝네요.

자, 이제 골목길로 들어가 볼게요. 여기 작은 문방구도 있고, 예쁜 카페도 있고⋯⋯. 저기 예쁜 한옥이 한 채 있는데 가까이 가서 볼게요. (잠시 두리번거리다가) 여기 안내 표지판을 보니까 1930년대에 지어진 것으로 지금은 민속 문화재로 지정된 한옥이래요. 잠깐 들어가 볼게요. 행랑채를 지나 사랑채로 들어섰는데요, 여러분, 보이시죠? 마당이 정말 예뻐요. 이 문을 지나면 안채가 나오는데, 별로 크지는 않아도 한옥의 아름다움을 아주 잘 간직한 곳이네요. 아, ⓑ그런데 벌써 배가 고파졌어요. ⓒ우선 뭐 좀 먹어야겠어요. 제가 미리 알아봤는데, △△ 시장에는 맛있는 먹거리가 많다고 하더라고요. (두리번거리며) 어디로 가야 할까요? 이 길이 맞는 것 같은데⋯⋯. 표지판을 보니까 이 길로 가라고 되어 있네요. 아, 저기 보여요. (한참 걸어간 후) 그런데 여기 와서 보니까 아까 우리가 처음에 갔던 백송 바로 옆인데요. 괜히 뺑 돌아서 왔네요. 여러분은 저처럼 고생하지 말고 백송을 보고 △△ 시장을 먼저 들러 본 다음에 한옥으로 가는 게 좋겠어요. ⓓ백송에서 시장까지는 5분, 시장에서 한옥까지는 10분 정도 걸리겠어요.

드디어 시장에 도착했어요. 전통 시장이라 그런지 과거의 시간이 머무는 곳 같아요. 참 정겹네요. 그리고 먹거리도 참 많네요. 여러분은 어떤 게 제일 먹고 싶으세요? (실시간 채팅 창을 보고) 떡볶이가 어떤 맛인지 알려 달라는 분들이 많네요. ⓔ제가 먹어 보고 맛이 어떤지 알려 드릴게요. (떡볶이 맛을 보고) 다른 떡볶이보다 훨씬 쫄깃해서 식감이 좋고 매콤달콤하네요.

(나)

> 지역 문화 탐구 동아리에서 △△ 마을을 탐방하기 전에 뚜벅 님 방송을 참고해 사전 안내용 슬라이드를 제작해야겠어. ㉠탐방 경로를 안내하는 슬라이드에서는 탐방 경로를 한눈에 볼 수 있도록 안내하되, 이동의 편의성을 고려한 순서로 제시하고 각 장소로 이동하는 소요 시간도 제시해야지. ㉡△△ 시장을 안내하는 슬라이드에서는 대상의 특징이 드러나는 문구를 넣어 주고 시장 이용에 유용한 정보도 함께 제시해야겠어.

40. (가)에 나타난 정보 전달 방식으로 적절하지 <u>않은</u> 것은?

① 실시간으로 방송이 진행되므로 현장의 상황에 맞추어 음질의 문제를 즉각적으로 개선해 정보를 전달한다.

② 수용자 이탈을 막으려면 흥미를 유지해야 하므로 사전에 제작된 자료 화면을 활용하여 흥미를 유발한다.

③ 수용자가 실시간으로 참여하는 것이 가능하므로 방송 진행자가 수용자의 요구에 따라 정보를 구성하여 전달한다.

④ 방송은 시각과 음성의 사용이 모두 가능하므로 안내문의 텍스트 정보를 방송 진행자가 읽어서 음성 언어로 전달한다.

⑤ 일정한 주기로 정보가 제공되고 있으므로 방송 진행자가 지난 주에 했던 방송과 현재 진행되는 방송의 연관성을 제시한다.

41. 다음은 (가)가 끝난 후의 댓글 창이다. 참여자들의 소통 양상으로 가장 적절한 것은?

> **낮달** 1일 전
> 방송 잘 봤어요. 그런데 300년 된 백송이 쓰러진 걸 보니 대단한 태풍이었나 봐요. 그게 무슨 태풍이었나요? 👍 👎 댓글
>
> ↳ **뚜벅** 1일 전
> 20××년에 있었던 태풍 '○○'였대요. 우리나라에서 기상을 관측한 이래 가장 강력한 것으로 기록된 태풍이에요. 👍 👎 댓글
>
> ↳ **낮달** 1일 전
> 아! 고마워요. 👍 👎 댓글
>
> **별총** 1일 전
> 어렸을 적에 그 마을에서 살았는데, 이제는 백송을 다시는 볼 수 없다니 너무 아쉽네요. 👍 👎 댓글
>
> ↳ **뚜벅** 1일 전
> 그 백송의 씨앗을 발아시켜서 지금 어린 백송이 자라고 있어요. 그러니 너무 아쉬워 마시길…… 👍 👎 댓글
>
> ↳ **별총** 1일 전
> 그렇군요. 좋은 정보 감사해요. 👍 👎 댓글

① '낮달'과 '별총'은 '뚜벅'의 댓글을 통해 방송에서 언급된 내용과 관련된 정보를 추가로 얻고 있다.

② '뚜벅'은 방송에서 자신이 잘못 전달한 정보를 바로잡아 '낮달'에게 댓글로 전달하고 있다.

③ '뚜벅'과 '별총'은 '낮달'의 생각에 동조함으로써 세 사람이 공통의 관심사를 형성하고 있다.

④ '별총'은 자신이 겪은 개인적인 경험을 언급함으로써 '뚜벅'이 제공한 정보에 대해 의문을 드러내고 있다.

⑤ '별총'은 더 알고 싶은 내용을 질문함으로써 '뚜벅'이 추가적인 설명을 하도록 유도하고 있다.

42. 다음은 (나)에 따라 제작한 사전 안내용 슬라이드이다. 제작 과정에서 고려한 내용으로 적절하지 <u>않은</u> 것은? [3점]

<△△ 마을 탐방 경로>

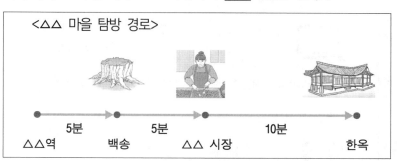

| △△역 | 5분 | 백송 | 5분 | △△ 시장 | 10분 | 한옥 |

<△△ 시장>

과거의 시간이 머무는 정겨운 △△ 시장

◆ **교통편**
- 지하철: X호선 △△역
- 버스: 6X, 4X 백송 앞 하차

◆ **이용 시간**
- 08:00 ~ 21:00
- 매주 화요일 정기 휴업

① 탐방 경로를 한눈에 볼 수 있게 하자고 한 ㉠에는 뚜벅 님이 언급하지 않은 소재를 추가하여 그림 자료로 보여 주자.

② 이동의 편의성을 고려해 탐방 순서를 정하기로 한 ㉠에는 뚜벅 님이 추천한 경로를 제시하자.

③ 각 장소로 이동하는 소요 시간을 제시하기로 한 ㉠에는 뚜벅 님이 안내해 준 이동 시간을 구간별로 나타내 주자.

④ 대상의 특징을 보여 주는 문구를 넣기로 한 ㉡에는 뚜벅 님이 방송에서 언급한 말을 활용하여 만든 문구를 넣어 주자.

⑤ 시장 이용에 유용한 정보를 넣어 주기로 한 ㉡에는 뚜벅 님이 방송에서 언급하지 않은 교통편과 이용 시간에 대한 정보를 넣어 주자.

43. ⓐ ~ ⓔ에 대한 설명으로 적절하지 <u>않은</u> 것은?

① ⓐ: 보조사 '이나'를 사용하여 백송이 △△ 마을을 지켜 주었던 긴 시간을 강조하고 있다.

② ⓑ: 접속 부사 '그런데'를 사용하여 한옥에 대한 화제를 먹거리에 대한 화제로 전환하고 있다.

③ ⓒ: 지시 대명사 '뭐'를 사용하여 수용자에게 먹거리에 대한 정보를 요청하고 있다.

④ ⓓ: 선어말 어미 '-겠-'을 사용하여 이동 소요 시간에 대한 추측을 드러내고 있다.

⑤ ⓔ: 인칭 대명사 '제'를 사용하여 수용자에게 공손한 태도로 말하고 있다.

[44~45] (가)는 전자 문서로 된 사용 설명서이고, (나)는 이와 관련하여 나눈 누리 소통망 대화이다. 물음에 답하시오.

(가)

사용 설명서

https://mdlib.co.kr/service/digital02.asp

무인 도서 대출 및 반납기 사용 설명서

사용 설명서 PDF 파일 다운로드
(https://mdlib.co.kr/exp02)

◆ 기기 사용 안내

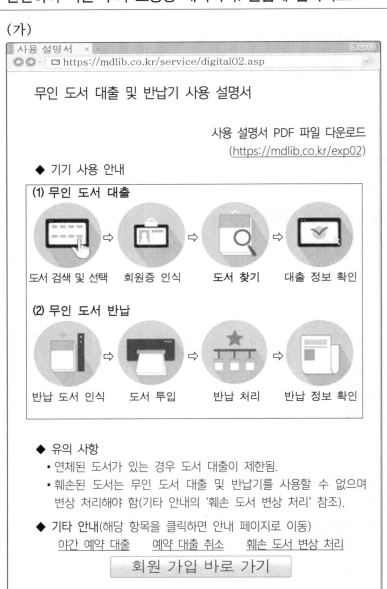

(1) 무인 도서 대출

도서 검색 및 선택 → 회원증 인식 → 도서 찾기 → 대출 정보 확인

(2) 무인 도서 반납

반납 도서 인식 → 도서 투입 → 반납 처리 → 반납 정보 확인

◆ 유의 사항
- 연체된 도서가 있는 경우 도서 대출이 제한됨.
- 훼손된 도서는 무인 도서 대출 및 반납기를 사용할 수 없으며 변상 처리해야 함(기타 안내의 '훼손 도서 변상 처리' 참조).

◆ 기타 안내(해당 항목을 클릭하면 안내 페이지로 이동)
야간 예약 대출   예약 대출 취소   훼손 도서 변상 처리

회원 가입 바로 가기

(나)

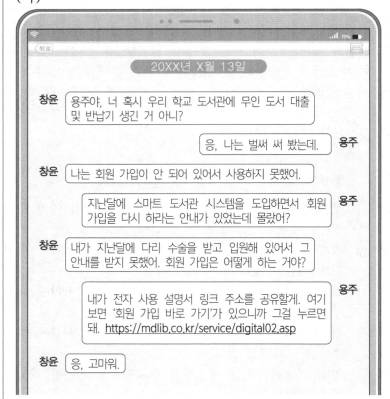

20XX년 X월 13일

창윤: 용주야, 너 혹시 우리 학교 도서관에 무인 도서 대출 및 반납기 생긴 거 아니?

용주: 응, 나는 벌써 써 봤는데.

창윤: 나는 회원 가입이 안 되어 있어서 사용하지 못했어.

용주: 지난달에 스마트 도서관 시스템을 도입하면서 회원 가입을 다시 하라는 안내가 있었는데 몰랐어?

창윤: 내가 지난달에 다리 수술을 받고 입원해 있어서 그 안내를 받지 못했어. 회원 가입은 어떻게 하는 거야?

용주: 내가 전자 사용 설명서 링크 주소를 공유할게. 여기 보면 '회원 가입 바로 가기'가 있으니까 그걸 누르면 돼. https://mdlib.co.kr/service/digital02.asp

창윤: 응, 고마워.

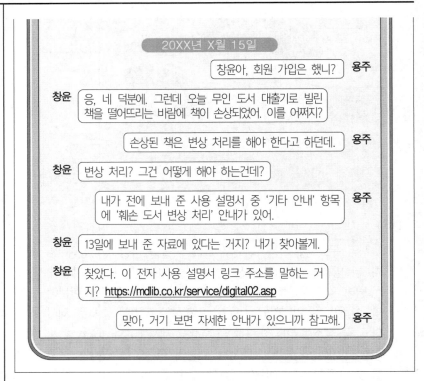

20XX년 X월 15일

용주: 창윤아, 회원 가입은 했니?

창윤: 응, 네 덕분에. 그런데 오늘 무인 도서 대출기로 빌린 책을 떨어뜨리는 바람에 책이 손상되었어. 이를 어쩌지?

용주: 손상된 책은 변상 처리를 해야 한다고 하던데.

창윤: 변상 처리? 그건 어떻게 해야 하는건데?

용주: 내가 전에 보내 준 사용 설명서 중 '기타 안내' 항목에 '훼손 도서 변상 처리' 안내가 있어.

창윤: 13일에 보내 준 자료에 있다는 거지? 내가 찾아볼게.

창윤: 찾았다. 이 전자 사용 설명서 링크 주소를 말하는 거지? https://mdlib.co.kr/service/digital02.asp

용주: 맞아, 거기 보면 자세한 안내가 있으니까 참고해.

44. (가)의 정보 구성 및 제작 방식으로 적절하지 <u>않은</u> 것은?

① 사용 설명서는 특정한 파일의 형태로 다운로드할 수 있도록 했다.

② 기기 사용 안내는 사용 목적에 따라 크게 두 항목으로 나누어 구성했다.

③ 기기 사용 안내는 화살표를 활용하여 조작 순서가 드러나도록 안내했다.

④ 유의 사항은 회원 가입 후 관리자의 승인 절차를 거친 후에만 열람이 가능하도록 했다.

⑤ 기타 안내는 관련 정보를 안내 받을 수 있는 페이지로 이동할 수 있도록 했다.

45. (가)와 (나)에서 확인할 수 있는 매체 활용에 대한 이해로 가장 적절한 것은?

① (가)에 제시된 정보를 (나)의 사용자들이 하이퍼링크를 활용하여 내용을 수정하여 유통하고 있군.

② (나)의 사용자들이 정보를 교환하는 과정에서 (가)에서 제시된 정보의 정확성을 점검하고 있군.

③ (가)는 (나)와 달리 정보를 수용한 사용자가 추가로 필요한 정보를 요청하고 있군.

④ (나)는 (가)와 달리 사용자가 필요한 정보를 과거에 소통한 이력에서 가져와 활용하고 있군.

⑤ (가)와 (나)는 모두 사용자가 원하는 시간에 정보를 수용하기 위해서 시간 예약 기능을 활용하고 있군.

★ 확인 사항
○ 답안지의 해당란에 필요한 내용을 정확히 기입(표기)했는지 확인하시오.

[35~36] 다음 글을 읽고 물음에 답하시오.

음운 변동은 음운이 환경에 따라 바뀌는 현상이다. 음운 변동 중에는 음절의 끝소리 규칙, 비음화, 경음화가 있는데, 이들은 현대 국어와 15세기 국어에서 적용 양상의 차이가 있다.

우선 현대 국어에서 음절의 끝소리 규칙은 음절의 끝에 'ㄱ, ㄴ, ㄷ, ㄹ, ㅁ, ㅂ, ㅇ' 이외의 다른 하나의 자음이 오면 평파열음인 'ㄱ, ㄷ, ㅂ' 중 하나로 바뀌는 현상을 말한다. '밖→[박]', '꽃→[꼳]', '잎→[입]'이 그 예이다. 한편 15세기 국어의 음절의 끝소리 규칙은 음절의 끝에서 발음될 수 없는 자음이 음절의 끝에 오면 'ㄱ, ㄷ, ㅂ, ㅅ' 중 하나로 바뀌는 현상으로, '곶→곳', '빛→빗'이 그 예이다. 이는 음절 끝에서 발음될 수 있는 자음이 'ㄱ, ㄴ, ㄷ, ㄹ, ㅁ, ㅂ, ㅅ, ㅇ'으로 제한된 것과 관련이 있다.

다음으로 비음화는 평파열음이 비음 앞에서 동일한 조음 위치의 비음으로 바뀌는 현상이다. '국물→[궁물]', '받는→[반는]', '입는→[임는]'은 현대 국어에서 비음화가 일어난 예이다. 15세기 국어에서 비음화는 현대 국어에서만큼 활발하게 일어나지 않았고, 'ㄷ'의 비음화가 일어난 경우가 대부분이었다. '묻노라→문노라'는 용언의 활용형에서 'ㄷ'의 비음화가 일어난 예이다. 한편 15세기 국어에서 비음화는 현대 국어에서와 마찬가지로 음절의 끝소리 규칙이 일어난 후 실현되기도 했다. '븥는→븓는→븐는', '낳ᄂᆞ니→낟ᄂᆞ니→난ᄂᆞ니'는 음절의 끝소리 규칙으로 'ㅌ', 'ㅎ'이 'ㄷ'으로 바뀐 후 비음화가 실현된 예이다. 그런데 현대 국어에서와 달리 15세기 국어에서는 'ㅂ'의 비음화는 드물게 확인되고, 'ㄱ'의 비음화는 일어나지 않았다.

마지막으로 경음화는 평음이 일정한 조건에서 경음으로 바뀌는 현상이다. 현대 국어의 경음화에는 평파열음 뒤의 경음화, 어간 끝 'ㄴ, ㅁ' 뒤의 경음화, 'ㄹ'로 끝나는 한자와 'ㄷ, ㅅ, ㅈ'으로 시작하는 한자가 결합할 때 'ㄹ' 뒤의 경음화, 관형사형 어미 '-(으)ㄹ' 뒤의 경음화 등이 있다. '국밥→[국빱]', '더듬지→[더듬찌]', '발달→[발딸]', '할 것을→[할꺼슬]'이 그 예이다. 한편 15세기 국어에서는 '갈ᇙ디→갈 띠'에서처럼 관형사형 어미 '-(ㅇ/으)ㄹ' 뒤에서의 경음화가 흔히 일어났다. 평파열음 뒤의 경음화는 일어났을 것이라고 추측되나 표기에 잘 나타나지는 않는다. 또한 비음으로 끝나는 용언 어간 뒤에서 일어나는 경음화는 나타나지 않았고, 한자어에서 유음 뒤의 경음화는 확인되지 않는다.

35. 윗글을 통해 알 수 있는 내용으로 적절하지 <u>않은</u> 것은?

① 15세기 국어의 '걷는→건는'은 'ㄷ'의 비음화가 일어난 예일 것이다.

② 현대 국어와 달리 15세기 국어의 '막-+-노라'에서는 비음화가 일어나지 않았을 것이다.

③ 현대 국어의 'ㄱ-ㅇ', 'ㄷ-ㄴ', 'ㅂ-ㅁ'은 동일한 조음 위치의 '평파열음-비음'에 해당하는 쌍일 것이다.

④ 15세기 국어의 '안-+-게', '금-+-고'에서는 모두 어미의 평음 'ㄱ'이 경음 'ㄲ'으로 바뀌지 않았을 것이다.

⑤ 15세기 국어의 '젛-+-노라', '빛+나다'에서는 모두 음절의 끝소리 규칙과 비음화가 순차적으로 일어났을 것이다.

36. 윗글을 참고할 때, <보기>의 [A]에 들어갈 '학생'의 답으로 적절하지 <u>않은</u> 것은?

― <보 기> ―

선생님 : 다음 제시된 현대 국어 자료에서 일어난 음운 변동을 설명해 봅시다.

ㄱ 겉멋만→[건먼만]   ㄴ 꽃식물→[꼳씽물]
ㄷ 낮잡는→[낟짬는]

학생 : _____[A]_____

① ㄱ에서는 음절 끝의 자음이 'ㄴ'으로 바뀌는 비음화가 두 번 일어났습니다.

② ㄴ에서는 음절 끝의 자음이 'ㅇ'으로 바뀌는 비음화가 한 번 일어났습니다.

③ ㄴ, ㄷ에서 일어난 경음화는 평파열음 뒤에서 일어났습니다.

④ ㄱ과 달리 ㄴ, ㄷ에서는 음절 끝의 자음이 'ㄷ'으로 바뀌는 음절의 끝소리 규칙이 일어났습니다.

⑤ ㄷ과 달리 ㄱ, ㄴ에서는 'ㅁ'으로 인해 비음화가 일어났습니다.

37. <보기>의 '복합어'를 '분류 과정'에 따라 분류할 때, ㉠과 ㉡에 들어갈 말을 바르게 짝지은 것은? [3점]

― <보 기> ―

[복합어]

헛수고, 어느새, 톱질, 마음껏, 꺾쇠, 지우개

[분류 과정]

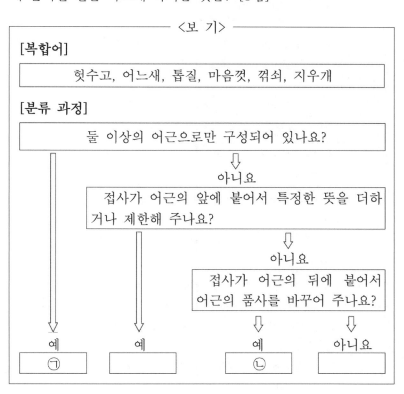

	㉠	㉡
①	어느새, 꺾쇠	마음껏, 지우개
②	헛수고, 어느새	지우개
③	톱질, 꺾쇠	헛수고, 마음껏
④	톱질, 마음껏, 꺾쇠	헛수고
⑤	어느새, 톱질, 꺾쇠	지우개

38. <보기>의 ㉠~㉢에 대한 설명으로 적절하지 <u>않은</u> 것은?

— < 보 기 > —

㉠ 어머니는 아들이 비로소 대학생이 되었음을 실감했다.

㉡ 파수꾼이 경계 초소에서 본 동물은 늑대는 아니었다.

㉢ 감독이 그 선수를 야구부 주장으로 삼기로 결심했다.

① ㉠에는 안긴문장에 보어가 있고, ㉡에는 안은문장에 보어가 있다.

② ㉠은 안긴문장이 안은문장의 목적어로 사용되고, ㉢은 안긴문장이 안은문장의 부사어로 사용된다.

③ ㉡과 달리 ㉢의 안긴문장의 서술어는 부사어를 필수 성분으로 요구한다.

④ ㉢과 달리 ㉡의 안긴문장에는 목적어가 생략되어 있다.

⑤ ㉠~㉢은 모두 안긴문장의 주어와 안은문장의 주어가 다르다.

39. <보기>의 '학습 활동'을 수행한 결과로 적절하지 <u>않은</u> 것은?

— < 보 기 > —

[학습 활동] 용언의 어간에 어미가 결합하는 것을 활용이라고 한다. 용언의 활용에는 규칙 활용과 불규칙 활용이 있다. 다음 예문에서 밑줄 친 말의 기본형을 생각해 보면서 용언의 활용 양상을 설명해 보자.

[예문]

	ⓐ 규칙 활용의 예	ⓑ 불규칙 활용의 예
㉠	형은 교복을 <u>입어</u> 보았다.	꽃이 <u>아름다워</u> 보였다.
㉡	나는 언니에게 죽을 <u>쑤어</u> 주었다.	오빠는 나에게 밥을 <u>퍼</u> 주었다.
㉢	누나는 옷을 벽에 <u>걸어</u> 두었다.	삼촌은 눈길을 <u>걸어</u> 집에 갔다.
㉣	동생은 그릇을 <u>씻어</u> 쟁반에 놓았다.	이 다리는 섬과 육지를 <u>이어</u> 주는 역할을 한다.
㉤	우리는 짐을 <u>쌓아</u> 놓았다.	하늘이 <u>파래</u> 예뻤다.

① ㉠ : ⓐ에서는 어간의 형태가 유지되었지만, ⓑ에서는 어간의 'ㅂ'이 달라졌다.

② ㉡ : ⓐ에서는 어간의 형태가 유지되었지만, ⓑ에서는 어간의 'ㅜ'가 없어졌다.

③ ㉢ : ⓐ에서는 어간의 형태가 유지되었지만, ⓑ에서는 어간의 'ㄷ'이 달라졌다.

④ ㉣ : ⓐ에서는 어간의 형태가 유지되었지만, ⓑ에서는 어간의 'ㅅ'이 없어졌다.

⑤ ㉤ : ⓐ에서는 어간과 어미의 형태가 유지되었지만, ⓑ에서는 어간의 'ㅎ'과 어미가 모두 없어졌다.

[40~42] (가)는 지역 신문사의 웹 페이지 화면이고, (나)는 (가)를 바탕으로 학생이 만든 홍보 인쇄물이다. 물음에 답하시오.

(가)

○○ 군민일보   🔊 본문 듣기   < SNS로 전달

○○군청, 못난이 배 소비 활성화를 위한 캠페인 개최

(최초 입력 2022.09.16. 09:37:53 / 수정 2022.09.16. 10:12:34)

김△△ 기자

㉠○○군청에서 지역에 있는 배 재배 농가를 지원하기 위한 사업을 시작했다. ○○군청은 사업의 일환으로 다음 달 1일부터 '○○군 배 소비 활성화 캠페인'을 개최한다고 밝혔다. 이 행사는 한 달간 진행되며, ○○군 소재 배 재배 농가의 70%가 참여할 예정이다.

올해는 태풍과 이상 기온 현상으로 ○○군에서 수확한 배 중 규격 외 배(이하 못난이 배)의 비율이 특히 높았다. ㉡못난이 배는 크기나 모양이 기준에 도달하지 못하거나 흠집이 있어 상품성이 다소 떨어지는 배를 말한다. 일반 상품과 비교하여 맛에는 큰 차이가 없음에도, ㉢이것은 판매가 어려워 폐기되는 경우가 많았다. 이러한 문제를 해결하기 위해 ○○군청에서는 일반 배뿐 아니라 못난이 배와 못난이 배로 만든 가공식품의 소비 활성화에 중점을 두고 캠페인을 벌이기로 하였다.

캠페인을 앞두고 ○○군 내 배 재배 농가에서는 기대감을 드러냈다. 배 재배 농민 최□□ 씨는 "좀 못나도 다 제 자식 같은 배입니다. ㉣맛에는 전혀 차이가 없으니 안심하고 못난이 배도 많이 사 주세요."라고 말했다. ㉤○○군수는 배의 소비 활성화를 위해 온라인 판매처인 '○○ 온라인 알뜰 장터' 운영 지원을 시작할 예정이며, 특히 이곳에서는 못난이 배를 일반 상품의 절반 가격에 구입할 수 있어 소비자에게도 이익이 될 것이라고 말했다. ○○군 배와 배 가공식품은 특산물 직판장과 온라인 판매처에서 구입할 수 있다.

·········· < 기사에 대한 독자 반응 > ··········

😄 좋아요 27   🙂 유용해요 17   😣 슬퍼요 1   😲 후속 기사 원해요 9

■ **관련된 기사로 바로 가기**(클릭)

– <u>기관지염, 고혈압 등에 효능이 좋은 배</u>

– <u>[현장 스케치] ○○군 배 공동 선별 센터 작업 현장에 가다</u>

(나)

좀 못나도 다 제 자식 같은 배입니다. ○○군 못난이 배 많이 사 주세요.

못난이 배란?
크기나 모양이 기준에 미달되거나 흠집이 있는 배를 말합니다.

| 맛은 그대로 | 가격은 절반으로 |

배 가공식품 소개 웹 페이지

못난이 배를 구입하는 방법
○○군 특산물 직판장에 방문하거나

| ○○ 온라인 알뜰 장터 🔍 | ← 검색해 접속하여 구입

40. (가)의 매체 자료에 대한 이해로 적절하지 <u>않은</u> 것은?

① '본문 듣기'가 있는 것을 보니, 수용자가 기사의 내용을 음성 언어로도 수용할 수 있을 것이다.

② 'SNS로 전달'이 있는 것을 보니, 수용자가 기사의 내용을 다른 사람과 온라인으로 공유할 수 있을 것이다.

③ '최초 입력'과 '수정' 시간이 있는 것을 보니, 생산자가 기사를 입력한 이후에도 기사를 수정할 수 있을 것이다.

④ '기사에 대한 독자 반응'이 있는 것을 보니, 생산자가 자신이 생산한 기사의 유통 범위를 확인할 수 있을 것이다.

⑤ '관련된 기사로 바로 가기'가 있는 것을 보니, 수용자가 기사 내용과 관련된 추가 정보를 얻을 수 있을 것이다.

41. (나)를 제작하는 과정에서 반영된 학생의 계획으로 적절하지 <u>않은</u> 것은?

① 상품의 온라인 판매처를 소개하기 위해, (가)에 언급된 못난이 배의 온라인 판매처 이름을 인터넷 검색창 이미지를 활용하여 제시해야지.

② 상품의 특성을 강조하기 위해, (가)에 언급된 못난이 배의 맛과 영양에 대한 정보를 배의 모양을 활용하여 도안된 그림으로 제시해야지.

③ 상품에 대한 추가 정보를 안내하기 위해, (가)에 언급된 배 가공식품을 소개하는 웹 페이지 주소를 QR코드로 제시해야지.

④ 상품의 소비를 촉구하기 위해, (가)에 제시된 농민의 인터뷰 내용의 일부를 말풍선의 문구로 제시해야지.

⑤ 상품의 의미를 밝혀 주기 위해, (가)에 제시된 못난이 배의 뜻을 물음에 답하는 방식으로 제시해야지.

42. ㉠~㉤에 대한 이해로 가장 적절한 것은?

① ㉠ : 격 조사 '에서'를 활용해 배 재배 농가를 지원하는 사업의 주체가 '○○군청'임을 나타냈다.

② ㉡ : 연결 어미 '-거나'를 활용해 못난이 배의 판정 기준과 흠집에 관한 내용이 인과적으로 연결됨을 나타냈다.

③ ㉢ : 지시 대명사 '이것'을 활용해 앞에서 언급한 '일반 상품'을 가리키고 있음을 나타냈다.

④ ㉣ : 보조사 '도'를 활용해 판매하는 상품이 못난이 배로 한정됨을 나타냈다.

⑤ ㉤ : 관형사형 어미 '-ㄹ'을 활용해 ○○군수가 오래전부터 온라인 알뜰 장터의 운영을 지원해 왔음을 나타냈다.

[43~45] 다음은 안전 교육을 위한 교내 방송의 일부이다. 물음에 답하시오.

진행자 : 얼마 전 우리 학교에서 실험실 안전사고가 발생했습니다. 그래서 오늘은 실험실 안전 교육을 위해 △△ 안전 연구소의 김○○ 연구원을 모셨습니다. 교육을 잘 듣고 앞으로는 안전한 실험을 할 수 있기를 바랍니다.

연구원 : 학생 여러분, 안녕하세요. 최근 우리 연구소에서 조사한 통계 자료를 보면 학교 실험실에서 일어난 안전사고의 76%는 학생들의 안전 불감증으로 인한 부주의에서 발생한 것이었습니다. 어떤 사고가 있었는지 먼저 영상을 보시죠.

이 영상은 어느 대학 실험실에서 안전 장비를 제대로 착용하지 않고 실험을 하다가 얼굴에 부상을 입은 학생의 사례를 보여 주고 있습니다. 실험복, 보안경, 보호 장갑, 마스크 등의 안전 장비를 제대로 착용하지 않으면 다칠 수 있으므로 안전 장비를 잘 갖추어야 합니다. 다음 영상은 실험실에서의 부주의한 행동이 큰 화재로까지 이어진 사례를 보도한 뉴스의 한 장면입니다.

실험실 폭발 사고 발생
화학 물질 사용 부주의

잘 보셨나요? 이 사례는 학생이 실험 중에 서로 섞이면 안 되는 두 화학 물질을 임의로 섞다가 폭발이 일어난 사고입니다. 실험실에서의 안전 수칙을 지키지 않아 생긴 것이지요. 지금 제가 들고 있는 이 병 안에 든 것은 실험실에서 흔히 사용되는 화학 물질인데, 이렇게 아주 적은 양이라도 격렬한 화학 반응을 일으킬 수 있으므로 주의해야 합니다. 두 사례에서 알 수 있듯이, 실험실에서는 작은 실수나 방심도 큰 피해로 이어질 수 있으니 실험을 할 때는 항상 경각심을 갖고 안전 수칙을 준수하기 바랍니다.

진행자 : 알려 주신 내용이 학생들에게 많은 도움이 되었을 것 같아요. 그럼 안전사고와 관련해 학생들이 궁금해하는 점이 있는지도 들어볼까요? 학생들의 질문은 채팅방을 통해 들어보겠습니다. 화면의 주소를 입력하거나, 누리 소통망의 검색창에 '□□고 안전 교육방'을 검색하여 참여해 주세요.

□□고 안전 교육방
간콩 : 실험실에서 알코올램프를 사용하다가 불이 났을 때 물을 부으면 안 된다고 들었는데, 왜 그런 건가요?
삐약 : 실험실 안전사고는 보통 1년에 몇 건이나 발생하나요?
꽃채 : 서로 섞이면 안 되는 화학 물질에는 어떤 것들이 있나요?

많은 분이 채팅방을 통해 참여하고 계시네요. '간콩' 님이 알코올램프 화재와 관련해 질문하셨는데 답변 부탁드려요.

연구원 : 불이 붙은 알코올에 물을 부으면 두 물질이 섞여 불이 더 확산될 염려가 있기 때문입니다. 그래서 알코올에 불이 붙으면 모래나 소화기를 이용해서 끄는 것이 원칙입니다.

진행자 : 그렇군요. 그럼 '삐약' 님의 질문으로 넘어가 볼까요?

43. 위 방송에 대한 설명으로 적절하지 <u>않은</u> 것은?

① 영상 자료를 활용하며 실험실 안전사고의 실제 사례를 보여 주고 있다.

② 통계 자료를 활용하며 학교 실험실 안전사고의 주요 원인을 제시하고 있다.

③ 뉴스에 보도된 내용을 활용하며 안전사고 유형별 대처 방안을 안내하고 있다.

④ 채팅방을 활용하며 대화에 참여한 학생들이 가진 의문을 실시간으로 공유하고 있다.

⑤ 안전사고 위험성이 있는 화학 물질을 활용하며 경각심을 갖고 안전 수칙을 준수해야 함을 당부하고 있다.

44. 다음은 위 방송을 시청한 학생들이 메신저로 나눈 대화이다. 학생들의 수용 태도에 대한 설명으로 가장 적절한 것은?

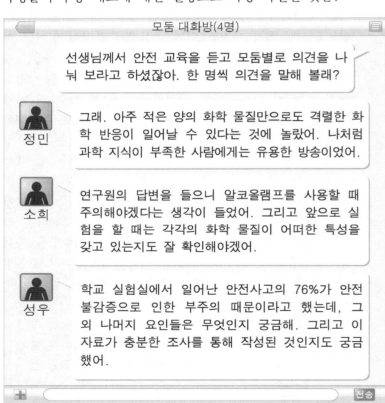

① '정민'은 연구원이 언급한 사례와 관련하여, 응급 상황에서의 조치 방법이 어떤 사람에게 유용한지 점검하였다.

② '소희'는 연구원이 답변한 내용과 관련하여, 실험할 때의 유의 사항에 관한 정보가 충분한지 점검하였다.

③ '소희'는 연구원이 답변한 내용과 관련하여, 안전 교육의 필요성을 뒷받침할 수 있는 자료가 타당한지 점검하였다.

④ '성우'는 연구원이 제시한 자료와 관련하여, 실험실 안전사고에 대한 조사 자료가 믿을 만한지 점검하였다.

⑤ '성우'는 연구원이 활용한 자료와 관련하여, 학생을 위주로 한 예방 대책의 장단점을 공평하게 다루고 있는지 점검하였다.

45. 다음은 위 방송을 본 후 과학 실험 동아리 학생이 신입생 교육용으로 만든 발표 자료의 초안이다. 검토 의견을 바탕으로 제시한 수정 방안으로 적절하지 <u>않은</u> 것은? [3점]

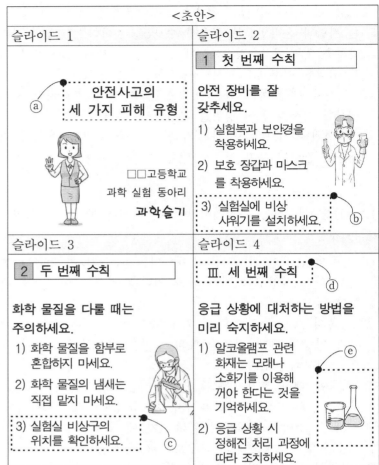

<검토 의견>		
슬라이드 1	ⓐ - 발표 내용에 부합하지 않음.	
슬라이드 2	ⓑ - 학교에 요청할 사항임.	
슬라이드 3	ⓒ - 상위 항목에 어울리지 않는 내용임.	
슬라이드 4	ⓓ - 다른 슬라이드와 형식이 다름.	
	ⓔ - 내용과 어울리는 이미지가 필요함.	

① 슬라이드 1에 대한 검토 의견을 고려하여 ⓐ를 '안전한 실험을 위한 세 가지 수칙'으로 수정해야겠군.

② 슬라이드 2에 대한 검토 의견을 고려하여 ⓑ를 삭제해야겠군.

③ 슬라이드 3에 대한 검토 의견을 고려하여 ⓒ를 슬라이드 2로 이동해야겠군.

④ 슬라이드 4에 대한 검토 의견을 고려하여 ⓓ를 슬라이드 2, 3의 형식과 통일하여 제시해야겠군.

⑤ 슬라이드 4에 대한 검토 의견을 고려하여 ⓔ를 응급 상황에 대처하는 방법과 관련된 이미지로 교체해야겠군.

---

* 확인 사항

○ 답안지의 해당란에 필요한 내용을 정확히 기입(표기)했는지 확인하시오.

● 문항수 11개 | 배점 24점 | 제한 시간 20분

● 점수 표시가 없는 문항은 모두 2점

[35 ~ 36] 다음 글을 읽고 물음에 답하시오.

국어에는 '않다', '못하다', '말다', '아니다', '없다' 등의 부정 의미의 용언과 주로 함께 쓰이는 단어가 있다. 이러한 단어는 여러 품사에서 나타나는데, 단어에 따라 호응하는 부정 의미의 용언이 다를 수 있다. 그런데 부정 의미의 용언이 나타나지 않은 문장이 문맥적으로 부정 의미를 내포하는 경우에 쓰이는 단어가 있다. 예를 들어 보면, '나는 그곳에 차마 가지 못했다 (*나는 그곳에 차마 갔다)'와 같이 '차마'는 부정 의미를 나타내는 '가지 못했다'와 어울린다. 그러나 '내가 그곳에 차마 가겠니?'와 같은 의문문이 '나는 그곳에 차마 갈 수 없다(가지 못한다/가지 않는다)'를 뜻함으로써 용언의 의미를 부정하는 문맥일 때에는 '차마'가 쓰일 수 있다.

한편, 부정문 형식의 문장에 함께 쓰여 그 문장의 의미를 강한 긍정으로 해석되게 하는 단어가 있다. 예를 들어, '문제가 어렵지 않다'라는 부정문에 '이만저만'을 함께 써서 '문제가 이만저만 어렵지 않다'가 되면 '문제가 매우 어렵다'라는 의미로 해석된다. 이는 '이만저만'으로 인해 문장의 의미가 '어렵다'를 강조하는 긍정으로 해석된 것이다.

[A] 부정 의미의 용언이 나타난 문맥에서 주로 쓰이는 단어들은 그 의미나 형태가 시대에 따라 다르게 나타나기도 하고 유사하게 나타나기도 한다. 예를 들어, 과거에는 부정 의미의 용언이 나타난 문맥뿐만 아니라 그렇지 않은 문맥에서도 쓰이던 단어가 현대에는 부정 의미의 용언이 나타난 문맥에서만 쓰이는 경우가 있다. 또한 과거에는 용언의 어간에 '-지 아니하다'를 결합한 형태로 쓰이던 것이 시대에 따라 '-잖다'나 '-찮다'로 축약된 형태가 쓰이기도 한다. 이들은 축약되기 전 형태의 의미와 유사하게 쓰이기도 하지만 다른 의미로 쓰이는 경우도 있다.

※ '*'는 비문임을 나타냄.

35. 윗글을 바탕으로 <보기>를 이해한 내용으로 적절하지 않은 것은?

< 보 기 >

ㄱ. *그 일은 나와 아무런 관계가 있다.
ㄴ. 화단의 꽃들이 여간 탐스럽지 않다.
ㄷ. 나는 밤새도록 이것밖에 하지 못했다.
ㄹ. 그 아이들이 좀처럼 제 말을 듣겠습니까?
ㅁ. *나는 무서워서 그 자리에서 옴짝달싹했다.
※ '*'는 비문임을 나타냄.

① ㄱ의 '아무런'은 긍정 의미의 용언이 나타나는 문맥에서 사용될 수 없군.
② ㄴ의 '여간'은 '탐스럽지 않다'라는 부정 의미를 강조하고 있군.
③ ㄷ의 '밖에'는 부정 의미의 용언과 어울려 쓰이고 있군.
④ ㄹ의 '좀처럼'은 부정 의미를 내포하는 문맥에서 쓰이고 있군.
⑤ ㅁ의 '옴짝달싹했다'를 '옴짝달싹하지 못했다'로 바꾸면 어법에 맞겠군.

36. [A]를 바탕으로 [자료]를 탐구했을 때 적절한 내용만을 <보기>에서 있는 대로 고른 것은? [3점]

[자 료]		
㉠	국어사 자료	○ 이거슨 귀치 아니컨만은 보내ᄂᆞ이다 [이것은 귀하지 아니하지마는 보내나이다]
	현대 국어	○ 그날은 몸이 아파 만사가 다 귀찮았다.
㉡	국어사 자료	○ 봉녹 밧긔도 별로 먹을 거슬 주시며 [봉록 밖에도 특별히 먹을 것을 주시며] ○ 별로 인ᄉᆞ홀 톄도 업스니 [특별히 인사할 모양도 없으니]
	현대 국어	○ 요즘은 공기가 별로 좋지 않다. ○ 나에게 그는 별로 매력이 없다.
㉢	국어사 자료	○ 무슨 말이든지 다 못드르면 시원치 안니ᄒᆞ여 [무슨 말이든지 다 못 들으면 시원치 아니하여]
	현대 국어	○ 대답이 시원찮다.

< 보 기 >

ⓐ ㉠에서, 현대 국어 '귀찮다'는 '귀하지 아니하다'가 축약된 형태로, 국어사 자료에서 확인할 수 있는 의미와 유사하게 쓰임을 알 수 있다.
ⓑ ㉡에서, 현대 국어 '별로'와 달리, 국어사 자료 '별로'는 부정 의미의 용언이 나타나지 않은 문맥에서도 쓰였음을 알 수 있다.
ⓒ ㉢에서, 현대 국어 '시원찮다'는 '시원하지 아니하다'가 축약된 형태로, 국어사 자료에서 확인할 수 있는 의미와 유사하게 쓰이지 않음을 알 수 있다.

① ⓐ ② ⓑ ③ ⓐ, ⓑ ④ ⓐ, ⓒ ⑤ ⓑ, ⓒ

37. <보기>의 선생님의 질문에 대한 답으로 옳은 것은?

< 보 기 >

선생님: 문장에서 부사어는 다양한 형태로 실현됩니다. 명사에 부사격 조사가 결합하여 부사어로 쓰이는 경우도 그 중 하나입니다. 다음의 ⓐ ~ ⓔ 중 관형사절이 꾸미고 있는 명사에 부사격 조사가 붙은 형태를 찾아볼까요?

○ 오늘의 행복은 ⓐ 내일의 성공만큼 중요하다.
○ 이곳의 토양은 ⓑ 토마토 농사를 짓기에 적합하다.
○ 너는 ⓒ 너에게 주어진 문제만 해결해서는 안 된다.
○ 형은 ⓓ 머리가 덜 마른 상태로 국어 교과서를 읽었다.
○ ⓔ 열심히 공부하는 친구들은 나에게 많은 자극을 주었다.

① ⓐ ② ⓑ ③ ⓒ ④ ⓓ ⑤ ⓔ

PART I 18회

38. <보기>의 ㉠과 ㉡에 들어갈 말로 바르게 짝지어진 것은?

─────── < 보 기 > ───────

탐구 주제: '훑다'는 어떤 과정을 거쳐서 [훌따]로 발음될까?

[자료]

(1) 종성의 'ㄲ, ㅋ', 'ㅅ, ㅆ, ㅈ, ㅊ, ㅌ', 'ㅍ'은 어말 또는 자음 앞에서 각각 대표음 [ㄱ, ㄷ, ㅂ]으로 발음한다.

(2) 어말 또는 자음 앞에서 음절 종성에 두 개의 자음이 놓이면 두 개의 자음 중 하나만 발음한다.

(3) 종성의 'ㄱ, ㄷ, ㅂ' 뒤에 연결되는 'ㄱ, ㄷ, ㅂ, ㅅ, ㅈ'은 된소리로 발음한다.

(4) 갈다[갈다], 날겠다[날겓따], 거칠더라도[거칠더라도]

탐구 과정:

가설 1: 어간의 종성에서 탈락이 일어난 후에 어미의 초성에서 교체가 일어난다.
→ '[자료] (4)'에서 확인되듯이, 어간이 (㉠) 끝날 때 그 어간 바로 뒤에 오는 어미의 초성에서는 된소리되기가 일어나지 않음.

가설 2: 어간의 종성과 어미의 초성에서 교체가 일어난 후에 어간의 종성에서 탈락이 일어난다.
→ '[자료] (1)'의 현상이 어간 종성에서 일어나 어간 종성의 'ㅌ'이 (㉡), '[자료] (3)'의 현상이 일어날 수 있음. 이후 '[자료] (2)'의 현상이 일어났다고 볼 수 있음.

탐구 결과: '가설 1'을 기각하고 '가설 2'를 받아들인다.

	㉠	㉡
①	'ㄷ'으로	'ㄷ'으로 교체된 후
②	'ㄷ'으로	탈락하게 된 후
③	'ㄹ'로	'ㄷ'으로 교체된 후
④	'ㄹ'로	탈락하게 된 후
⑤	'ㅆ'으로	'ㄷ'으로 교체된 후

39. <보기>의 ㉠과 ㉡이 모두 사용된 문장으로 적절한 것은?

─────── < 보 기 > ───────

국어의 높임 표현은 조사나 어미로 실현되기도 하지만 ㉠그 자체에 높임의 의미가 담긴 특수 어휘를 통해 실현되기도 한다. 또한 국어에는 대상을 높이는 것이 아니라 자신을 낮추는 겸양의 표현도 존재한다. 겸양의 표현은 일부 어미로 실현되기도 하지만 ㉡그 자체에 낮춤의 의미가 있는 특수 어휘를 통해 실현되기도 한다.

① 저희가 어머니께 드렸던 선물이 여기 있네요.
② 연세가 지긋하신 할아버지께서 걸어가신다.
③ 제 말씀은 그런 의도가 아니었어요.
④ 이 문제는 아버지께 여쭈어보자.
⑤ 지나야, 가서 할머니 모시고 와.

[40 ~ 42] (가)는 동아리 학생들이 휴대 전화 메신저로 나눈 대화이고, (나)는 (가)를 바탕으로 '채원'이 제작해 블로그에 올린 카드 뉴스의 초안이다. 물음에 답하시오.

(가)

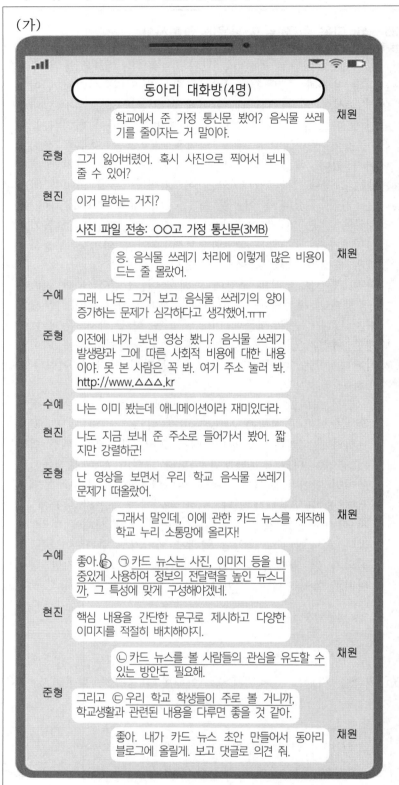

동아리 대화방(4명)

채원: 학교에서 준 가정 통신문 봤어? 음식물 쓰레기를 줄이자는 거 말이야.

준형: 그거 잃어버렸어. 혹시 사진으로 찍어서 보내 줄 수 있어?

현진: 이거 말하는 거지?
사진 파일 전송: ○○고 가정 통신문(3MB)

채원: 응. 음식물 쓰레기 처리에 이렇게 많은 비용이 드는 줄 몰랐어.

수예: 그래. 나도 그거 보고 음식물 쓰레기의 양이 증가하는 문제가 심각하다고 생각했어.ㅠㅠ

준형: 이전에 내가 보낸 영상 봤니? 음식물 쓰레기 발생량과 그에 따른 사회적 비용에 대한 내용이야. 못 본 사람은 꼭 봐. 여기 주소 눌러 봐. http://www.△△△.kr

수예: 나는 이미 봤는데 애니메이션이라 재미있더라.

현진: 나도 지금 보내 준 주소로 들어가서 봤어. 짧지만 강렬하군!

준형: 난 영상을 보면서 우리 학교 음식물 쓰레기 문제가 떠올랐어.

채원: 그래서 말인데, 이에 관한 카드 뉴스를 제작해 학교 누리 소통망에 올리자!

수예: 좋아.👍 ㉠카드 뉴스는 사진, 이미지 등을 비중있게 사용하여 정보의 전달력을 높인 뉴스니까, 그 특성에 맞게 구성해야겠네.

현진: 핵심 내용을 간단한 문구로 제시하고 다양한 이미지를 적절히 배치해야지.

채원: ㉡카드 뉴스를 볼 사람들의 관심을 유도할 수 있는 방안도 필요해.

준형: 그리고 ㉢우리 학교 학생들이 주로 볼 거니까, 학교생활과 관련된 내용을 다루면 좋을 것 같아.

채원: 좋아. 내가 카드 뉴스 초안 만들어서 동아리 블로그에 올릴게. 보고 댓글로 의견 줘.

(나)

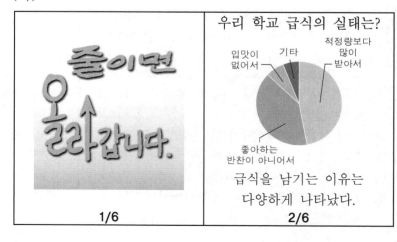

줄이면 오라갑니다.

우리 학교 급식의 실태는?

입맛이 없어서 / 기타 / 적정량보다 많이 받아서 / 좋아하는 반찬이 아니어서

급식을 남기는 이유는 다양하게 나타났다.

1/6　　2/6

우리 학교
급식 잔반 처리 비용은?

1,800
1,450
1,200
2018년 2019년 2020년
○○고 급식 잔반 처리 비용(만 원)

3/6

우리 학교
급식 잔반을 30%만 줄여도?

캔 플라스틱 종이

"잔반을 30%만 줄여도 연 500만 원 이상을 절감할 수 있어요."
○○고 영양사

4/6

급식 잔반을 줄이는 방안은?

딱 먹을 만큼만 받기!
편식하지 말고 골고루 먹기!

5/6

잔반을 줄이면 ○○고 급식의 질이 올라갑니다.

6/6

---

40. (가)의 대화에 대한 설명으로 가장 적절한 것은?

① '현진'은 자신이 직접 생산한 문서 파일을 다른 대화 참여자들에게 전달하고 있다.

② '수예'는 매체 자료의 성격을 고려하여 매체 자료의 전달 효과를 부정적으로 평가하고 있다.

③ '준형'은 하이퍼링크를 활용하여 대화 내용과 관련된 자료를 다른 대화 참여자들에게 제공하고 있다.

④ '채원'은 카드 뉴스의 제작을 제안하며 매체가 가지는 정보 전달의 파급력을 밝히고 있다.

⑤ '채원'과 '수예'는 그림말을 활용하여 상대방의 말에 대한 공감을 드러내고 있다.

41. '채원'이 ㉠~㉢을 고려하여 세운 제작 계획 중 (나)에 반영되지 않은 것은?

① ㉠을 고려하여, 학생들이 선호하지 않는 급식 메뉴의 종류를 사진으로 제시해야겠어.

② ㉠을 고려하여, 변화의 추이를 한눈에 파악할 수 있는 이미지를 사용해 정보의 전달력을 높여야겠어.

③ ㉡을 고려하여, 이미지를 결합한 글자를 사용해 카드 내용에 대한 독자의 흥미를 끌어야겠어.

④ ㉢을 고려하여, 우리 학교의 급식 잔반 처리에 들어가는 비용을 자료로 제시해야겠어.

⑤ ㉢을 고려하여, 잔반을 줄였을 때의 혜택이 우리 학교 학생들에게 돌아간다는 점을 부각해야겠어.

---

42. 다음은 (나)에 달린 '댓글'이다. 다음을 바탕으로 (나)를 수정한 내용으로 적절하지 않은 것은?

> 현진 : 두 번째 카드의 제목은 수정하는 게 좋을 것 같아.
> ↳ 준형 : 맞아. 제목이 내용과 어울리지 않아. 그리고 그래프에 조사 대상의 인원과 각 항목에 응답한 학생들의 비율도 밝혀 주자.
> ↳ 현진 : 그래프에서 특별히 강조할 내용은 따로 정리해 주자.
> 수예 : 고생 많았어. 그런데 네 번째 카드의 삽화는 내용이 잘 드러날 수 있도록 바꾸는 게 좋지 않을까?
> ↳ 현진 : 그게 좋겠다. 그리고 잔반 줄이기를 통해 큰 효과를 거둔 다른 학교의 사례를 제시하면 설득력을 높일 수 있을 거야.

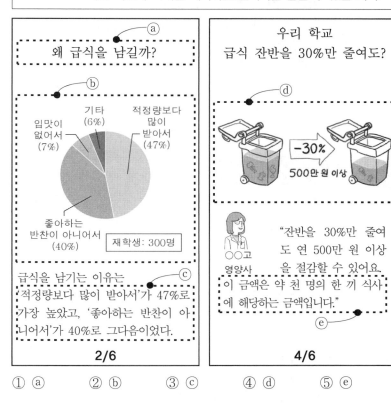

ⓐ 왜 급식을 남길까?

ⓑ
기타 (6%)
적정량보다 많이 받아서 (47%)
입맛이 없어서 (7%)
좋아하는 반찬이 아니어서 (40%)
재학생: 300명

ⓒ 급식을 남기는 이유는 '적정량보다 많이 받아서'가 47%로 가장 높았고, '좋아하는 반찬이 아니어서'가 40%로 그다음이었다.

2/6

우리 학교
급식 잔반을 30%만 줄여도?

ⓓ

-30%
500만 원 이상

"잔반을 30%만 줄여도 연 500만 원 이상을 절감할 수 있어요. 이 금액은 약 천 명의 한 끼 식사에 해당하는 금액입니다."
○○고 영양사

ⓔ

4/6

① ⓐ   ② ⓑ   ③ ⓒ   ④ ⓓ   ⑤ ⓔ

[43 ~ 45] (가)는 텔레비전 방송 뉴스이고, (나)는 신문 기사이다. 물음에 답하시오.

(가)

[장면 1]
포털의 '검색어 제안 기능', 의심 사례 제보 급증

진행자 : 포털 사이트에서 정보를 검색하는 경우 많으시죠? 국내 유명 포털 사이트에서 제공하는 검색어 제안 기능이 본래 목적대로 이용되고 있지 않다는 제보가 최근 급증하고 있습니다. ㉠이 소식을 유□□ 기자가 전해 드립니다.

[장면 2]
검색어 제안 기능 악용 사례 발생
유□□ 기자

기자 : 검색어 제안 기능은 전체 이용자의 검색 횟수를 기반으로 한 알고리즘에 바탕을 두고 있습니다. 그런데 이 점을 악용하는 사례가 있다고 합니다. ㉡어떤 방식인지 알아보겠습니다.

[장면 3]
검색어 제안 기능 악용 사례 발생
IT 전문가

IT 전문가 : 이렇게 검색창에서 특정 단어를 검색한 후 특정 업체명을 검색하겠습니다. 이 작업을 수천 회 반복하면 특정 단어를 검색할 때 특정 업체가 검색어로 제안될 수 있습니다.

[장면 4]

검색어 제안 기능
악용 사례 발생

→ 업무 방해죄

기자 : 검색어 제안 기능은 이용자에게 편의를 제공하기 위한 포털 사이트의 서비스입니다. 하지만 최근 대가를 받고 검색어 제안 기능에 특정 업체명이 제시되도록 하여 업무 방해죄로 처벌받은 경우도 있었습니다.

[장면 5]

검색어 제안 기능
악용 사례 발생

포털 사이트 정보 검색 연구원

포털 사이트 관계자 : 비정상적 방법에 의해 검색어가 제안되는 경우가 발생하지만, 차단 시스템을 주기적으로 업그레이드하여 해당 결과를 제외하고 있습니다.

[장면 6]

영상 편집 김◇◇

기자 : 검색어 제안 기능이 본래 목적대로 운영되지 못하고 상업적인 목적으로 악용되고 있는 사례가 발생하고 있습니다. ⓒ 이용자들의 주의가 필요한 때입니다.

(나)

6면 2021년 ×월 ×일 화요일   사회   제 1210호 ☆☆신문

'검색어 제안 기능'에 대한 토론회 열려
규제 강화에 대한 입장 차이 확인

'검색어 제안 기능' 방향성 모색 토론회

최근 포털 사이트의 '검색어 제안 기능'에 대한 사회적 논의가 필요하다는 목소리가 높다. 지난 9일 ◎◎ 기관의 주관으로 검색어 제안 기능에 대한 토론회가 열렸다.

토론회에 참여한 언론 정보 전문가는 검색어 제안 기능을 통해 이용자가 편리하게 자신이 원하는 정보에 접근할 수 있으므로 규제를 최소화해야 한다는 입장을 보였다. 법에 저촉되지 않는다면, 검색어 제안 기능의 운영은 그 주체인 포털 사이트가 자율적으로 결정할 수 있는 영역이라고 보았다.

한편 시민 단체 대표는 최근 부정한 방법에 의해 검색어가 제안됨으로써 이용자들이 피해를 입는 사례가 빈번하게 발생하고 있어 검색어 제안 기능에 대해 규제를 강화해야 한다는 입장을 보였다. ⓒ 또한 선량한 이용자가 입을 수 있는 피해를 예방할 필요가 있다고 말했다.

ⓜ 토론회를 방청한 한 시민은 "자율성과 공익적 가치가 균형과 조화를 이룰 수 있도록 다양한 목소리가 고려되면 좋겠습니다."라고 의견을 밝혔다.

윤○○ 기자 oooo@ooo.co.kr

43. (가)에 사용된 정보 제시 전략으로 적절하지 않은 것은?

① [장면 1]에서는 뉴스 수용자가 보도의 핵심 내용을 알 수 있도록, 화면의 하단에 자막으로 보도 내용의 요점을 제시한다.
② [장면 2]부터 [장면 5]까지는 뉴스 수용자가 중간부터 뉴스를 시청하더라도 보도 내용을 짐작할 수 있도록, 화면 상단 한쪽에 핵심 어구를 고정하여 제시한다.

③ [장면 3]에서는 뉴스 수용자의 이해를 도울 수 있도록, 검색어 제안 기능의 악용 사례를 전문가의 시연을 통해 보여 준다.
④ [장면 4]에서는 보도 내용에서 제시하는 사건의 흐름을 쉽게 파악할 수 있도록, 방향을 나타내는 기호를 활용하여 화면을 구성한다.
⑤ [장면 6]에서는 보도 내용에서 다룬 다양한 정보를 뉴스 수용자가 효과적으로 취사선택할 수 있도록, 보도 내용들을 요약한 화면을 보여 주며 마무리한다.

44. (가)와 (나)의 언어적 특성을 고려할 때, ㉠~㉤에 대한 설명으로 가장 적절한 것은?

① ㉠ : 대용 표현을 사용하여 문제의 해결 가능성을 압축적으로 설명하고 있다.
② ㉡ : 미래 시제를 나타내는 표현을 사용하여 기대 효과를 제시하고 있다.
③ ㉢ : 청유형 문장을 사용하여 보도 내용과 관련한 수용자의 행동 변화를 유도하고 있다.
④ ㉣ : 접속 표현을 사용하여 기사 내용의 흐름을 전환하고 있다.
⑤ ㉤ : 인용 표현을 사용하여 토론회에 다녀온 시민의 견해를 직접 제시하고 있다.

45. <보기>를 바탕으로 (가)와 (나)에 대해 보인 반응으로 적절하지 않은 것은? [3점]

< 보 기 >

뉴스 생산자는 여러 가지 정보 가운데서 수용자가 관심을 가질 만한 시의성 있는 정보를 선택한다. 그리고 뉴스 수용자가 문제 상황에 관심을 지니고 공감할 수 있도록 유도하고, 공공의 이익을 증진할 수 있는 방안을 제시하는 방향으로 뉴스를 구성한다. 그 과정에서 대중이 신뢰할 수 있는 출처에서 나온 정보를 활용한다. 또한 뉴스 생산자는 쟁점이 되는 화제를 다룰 때 공정성 있는 태도를 지닐 필요가 있다.

① (가)에서 뉴스 생산자가 화제와 관련된 전문가의 말을 제시했다는 점에서 정보의 신뢰성을 확인할 수 있겠군.
② (가)에서 뉴스 생산자가 보도를 시작하며 수용자의 경험을 환기했다는 점에서 수용자의 관심을 유도했다는 것을 확인할 수 있겠군.
③ (나)에서 뉴스 생산자가 특정 사안에 대해 대립하는 입장을 모두 보도했다는 점에서 기사의 공정성을 확인할 수 있겠군.
④ (나)에서 뉴스 생산자가 공공의 이익을 증진할 수 있는 방안을 직접 제안했다는 점에서 기사의 공공성을 확인할 수 있겠군.
⑤ (가)와 (나) 모두에서 뉴스 생산자가 최근 발생한 사건과 관련된 소식을 전달했다는 점에서 정보의 시의성을 확인할 수 있겠군.

★ 확인 사항
○ 답안지의 해당란에 필요한 내용을 정확히 기입(표기)했는지 확인하시오.

[35~36] 다음 글을 읽고 물음에 답하시오.

훈민정음 초성자는 발음 기관을 본떠서 만든 기본자 5자가 있고 이를 바탕으로 가획의 원리(예 : ㄱ → ㅋ)에 따라 만든 가획자 9자와 그렇지 않은 이체자 3자가 있다. 중성자는 하늘, 땅, 사람의 모습을 본떠서 만든 기본자 3자가 있고 이를 토대로 한 초출자, 재출자가 각 4자가 있다. 종성자는 초성자를 다시 쓰되 종성에서 실제 발음되는 소리에 대응되는 8자만으로 충분하다 보았는데, 이는 『훈민정음』(해례본) 용자례에서 확인된다.

용자례에서는 이들 글자를 위주로 하여 실제 단어를 예로 들고 있다. 예컨대, 용자례에 쓰인 '콩'은 초성자 아음 가획자인 'ㅋ'의 예시 단어이다. 이 방식을 응용하면 '콩'은 중성자 초출자 'ㅗ'와 종성자 아음 이체자 'ㆁ'의 예시로도 쓸 수 있다. 용자례의 예시 단어 일부를 정리하여 제시하면 다음과 같다.

〈초성자 용자례〉

	아음	설음	순음	치음	후음	반설음	반치음
기본자	·감	노로	:뫼(산)	섬	부·헝(뱀)		
가획자	콩	두(띠)	별	죠히(종이)			
	고티	파	채	부헝			
이체자	러울(너구리)					어름	아ᅀᅵ(아우)

〈중성자 용자례〉

기본자	톡/ᄃᆞ리	믈/그력(기러기)	깃
초출자	논/벼로	밥	누에	브섭
재출자	쇼	남샹(거북의 일종)	슈룹(우산)	뎔

〈종성자 용자례〉

8종성자	독	굼벙(굼벵이)	반되(반딧불이)	간(갓)
	범	섭(섶)	잣	별

이 중 일부 단어들은 오랜 시간이 지나면서 다양한 변화를 겪었다. 여기에는 표기법상의 변화라고 할 수 있는 예와 실제 소리가 변한 예, 그리고 다른 말이 덧붙어 같은 의미의 새 단어가 만들어진 예들이 포함된다. 예를 들어, '어름'을 '얼음'으로 적게 된 것은 표기법상의 변화로 볼 수 있다. 소리의 변화 중 자음이 변화한 경우로는 ⓐ'고티'(>고치)나 '뎔'(>절)처럼 구개음화를 겪은 유형이 있다. 모음이 변화한 경우에는, ⓑ'섭'(>섶)이나 '쇼'(>소)처럼 단모음화한 유형, 'ᄃᆞ리'(>다리)나 '톡'(>턱)처럼 'ㆍ'가 변한 유형, ⓒ'믈'(>물)이나 '브섭'(>부엌)처럼 원순모음화를 겪은 유형, '노로'(>노루)나 '벼로'(>벼루)처럼 끝음절에서 'ㅗ>ㅜ' 변화를 겪은 유형 등이 있다. 다른 말이 덧붙어 같은 의미의 새 단어가 만들어진 경우로는 ⓓ'부헝'(>부엉이)처럼 접사가 결합한 유형과 ⓔ'골'(>갈대)처럼 단어가 결합한 유형이 있다.

※ 본문 예시에서 후음 기본자는 'ㅇ', 아음 이체자는 'ㆁ'으로 표기함.

35. 윗글에 대한 이해로 적절한 것은?

① 훈민정음의 모든 기본자는 발음 기관을 본떠 만든 것이다.

② 초성자 기본자는 모두 용자례 예시 단어의 종성에 쓰인다.

③ 〈초성자 용자례〉의 가획자 중 단어가 예시되지 않은 자음자 하나는 아음에 속한다.

④ 〈초성자 용자례〉 중 아음 이체자의 예시 단어는, 초성자의 반설음자와 종성자의 반설음자의 예시 단어로 쓸 수 있다.

⑤ 〈중성자 용자례〉 중 초출자 'ㅓ'의 예시 단어는, 반치음 이체자와 종성자 순음 기본자의 예시 단어로 쓸 수 있다.

36. 윗글을 바탕으로 중세 국어 단어의 변화 양상을 이해한 내용으로 적절하지 <u>않은</u> 것은?

① '벼리 딘'(>별이 진)의 '딘'은 ⓐ에 해당한다.

② '셔울 겨샤'(>서울 계셔)의 '셔울'은 ⓑ에 해당한다.

③ '플 우회'(>풀 위에)의 '플'은 ⓒ에 해당한다.

④ '산 거믜'(>산 거미)의 '거믜'는 ⓓ에 해당한다.

⑤ '닥 닙'(>닥나무 잎)의 '닥'은 ⓔ에 해당한다.

37. 〈보기〉를 바탕으로 'ㅎ' 말음 용언의 활용 유형을 탐구한 내용으로 적절하지 <u>않은</u> 것은?

―――――〈보 기〉―――――

다음은 어간의 말음이 'ㅎ'인 용언이 '아/어'로 시작하는 어미와 만날 때 보이는 활용의 유형을 정리한 것이다. 이들은 활용의 규칙성뿐만 아니라 모음조화 적용 여부나 활용형의 줄어듦 가능 여부에 따라 그 유형이 구분된다.

불규칙 활용 유형		규칙 활용 유형	
㉠-1	노랗- + -아 → 노래	㉢-1	닿- + -아 → 닿아 (→ *다)
㉠-2	누렇- + -어 → 누레	㉢-2	놓- + -아 → 놓아 (→ 놔)
㉡	어떻- + -어 → 어때		

('*'은 비문법적임을 뜻함.)

① '조그맣-, 이렇-'은 '조그매, 이래서'로 활용하므로 ㉠-1과 활용의 유형이 같겠군.

② '꺼멓-, 뿌옇-'은 '꺼메, 뿌옜다'로 활용하므로 ㉠-2와 활용의 유형이 같겠군.

③ '둥그렇-, 멀겋-'은 '둥그렜다, 멀게'로 활용하므로 ㉡과 활용의 유형이 같지 않겠군.

④ '낳-, 땋-'은 활용형인 '낳아서, 땋았다'가 '*나서, *땄다'로 줄어들 수 없으므로 ㉢-1과 활용의 유형이 같겠군.

⑤ '넣-, 쌓-'은 활용형인 '넣어, 쌓아'가 '*너, *싸'로 줄어들 수 없으므로 ㉢-2와 활용의 유형이 같지 않겠군.

38. <보기>의 ㉠~㊈에 대한 설명으로 적절한 것은?

─<보 기>─

[영민, 평화가 학교 앞에 함께 있다가 지혜를 만난 상황]

영민: 너희들, 오늘 같이 영화 보기로 한 거 잊지 않았지?

평화: 응, ㉠6시 걸로 세 장 예매했어. 근데 너, 어디서 와?

지혜: 진로 상담 받고 오는 길이야. 너흰 안 가?

평화: 나는 어제 ㉡미리 받았어.

영민: 나는 4시 반이야. 그거 마치고 영화관으로 직접 갈게.

지혜: 알겠어. 그럼 우리 둘이는 1시간 ㉢앞서 만나자. 간단하게 저녁이라도 먹고 거기서 바로 ㉣가지 뭐.

평화: 좋아. 근데 ㉤미리 먹는 건 좋은데 어디서 볼까?

지혜: 5시까지 영화관 정문 ㉥왼쪽에 있는 분식집으로 와.

평화: 왼쪽이면 편의점 아냐? 아, 영화관을 등지고 보면 그렇다는 거구나. 영화관을 마주볼 때는 ㉦오른쪽 맞지?

지혜: 그러네. 아참! 영민아, 너 상담 시간 됐다. 이따 늦지 않게 영화 ㉧시간 맞춰서 ㉨와.

① ㉠과 ㉧은 가리키는 시간이 상이하다.

② ㉡과 ㉤은 발화 시점을 기준으로 과거를 가리킨다.

③ ㉢과 ㉤이 가리키는 시간대는 ㉧을 기준으로 정해진다.

④ ㉣과 ㉨은 이동의 출발 장소가 동일하다.

⑤ ㉥과 ㉦은 기준으로 삼은 방향이 달라 다른 곳을 의미한다.

39. <학습 활동>을 수행한 결과로 적절한 것은? [3점]

─<학습 활동>─

부사어는 부사, 체언+조사, 용언 활용형 등으로 실현된다. 부사어로써 수식하는 문장 성분은 부사어, 관형어, 서술어 등이다. 일례로 '차가 간다.'의 서술어 '간다'를 수식하기 위해 부사 '잘'을 부사어로 쓰면 '차가 잘 간다.'가 된다. [조건] 중 두 가지를 만족하도록, 주어진 문장에 부사어를 넣어 수정해 보자.

[조건]

㉠ 부사어를 수식하기 위해 부사를 부사어로 쓴 문장

㉡ 관형어를 수식하기 위해 용언 활용형을 부사어로 쓴 문장

㉢ 관형어를 수식하기 위해 부사를 부사어로 쓴 문장

㉣ 서술어를 수식하기 위해 '체언+조사'를 부사어로 쓴 문장

㉤ 서술어를 수식하기 위해 용언 활용형을 부사어로 쓴 문장

⋮

	조건	수정 전 ⇨ 수정 후
①	㉠, ㉡	웃는 아기가 귀엽게 걷는다. ⇨ 방긋 웃는 아기가 참 귀엽게 걷는다.
②	㉠, ㉢	화가가 굵은 선을 쭉 그었다. ⇨ 화가가 조금 굵은 선을 세로로 쭉 그었다.
③	㉡, ㉤	그를 싫어하는 사람이 있다. ⇨ 그를 무턱대고 싫어하는 사람이 많이 있다.
④	㉢, ㉣	딴 사람이 그 문제를 해결했다. ⇨ 전혀 딴 사람이 그 문제를 한순간에 해결했다.
⑤	㉣, ㉤	영미는 그 일을 처리했다. ⇨ 영미는 그 일을 원칙대로 깔끔히 처리했다.

[40~43] (가)는 텔레비전 방송 프로그램이고, (나)는 동아리 누리집이다. 물음에 답하시오.

(가)

진행자: 시청자 여러분, 안녕하세요? '오늘, 상식' 열 번째 시간입니다. 이번 시간에는 20여 년간 대학에서 어문 규범을 가르쳐 오신 김◇◇ 교수님을 모셨습니다.

전문가: 안녕하세요?

진행자: 오늘 짜장면에 대해 말씀해 주신다고 들었는데요, 어떤 이야기인지 궁금합니다.

전문가: 우리가 맛있게 먹는 짜장면이, 한때는 자장면만 표준어로 인정됐다는 사실을 알고 계신가요?

진행자: ㉠아, 예전에 그런 내용을 본 적 있어요.

전문가: 네, 전에는 자장면만 표준어였죠. ㉡짜장면은 2011년 8월 31일에서야 복수 표준어로 인정되었습니다.

진행자: 그런데 표준어로 인정되기 전에도 짜장면이 흔히 쓰이지 않았나요?

전문가: 그렇습니다. 과거의 신문 기사를 보시죠.

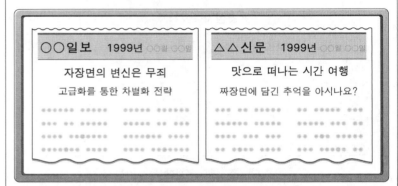

○○일보 1999년 ○○월 ○○일
자장면의 변신은 무죄
고급화를 통한 차별화 전략

△△신문 1999년 ○○월 ○○일
맛으로 떠나는 시간 여행
짜장면에 담긴 추억을 아시나요?

진행자: 음, 화면을 보니 같은 해에 나온 기사인데도 자장면과 짜장면이 둘 다 쓰이고 있네요.

전문가: 네, 보시는 자료 이외에 다른 신문 기사에도 짜장면이라는 표기가 나타납니다. 비교적 어문 규범이 정확하게 적용되는 신문에서 짜장면을 사용할 정도로, 일상에서 짜장면이 널리 쓰였다는 것을 알 수 있습니다. 이 무렵에 복수 표준어 선정을 위해 실시한 발음 실태 조사에서도, 비표준어였던 짜장면이 표준어인 자장면에 비해 세 배 이상 많이 사용된다고 나타났습니다.

진행자: ㉢그렇다면 어문 규범이 언어 현실을 충분히 반영하지 못한 측면이 있군요.

전문가: 당시 언중들이 일상에서는 어문 규범과 달리 짜장면을 흔하게 사용하고 있었던 거죠.

진행자: 그러면 사람들의 언어 사용 실태를 반영하여 짜장면을 복수 표준어로 인정하게 된 거네요. 시청자 여러분께서 내용을 잘 파악하실 수 있도록 간략하게 말씀해 주시겠어요?

전문가: 네, 많은 사람들이 오랜 시간 짜장면을 자연스럽게 사용해 왔고 자장이라 표기하면서도 짜장으로 발음해 온 언어 현실을 반영하여 짜장면이 자장면의 복수 표준어로 인정되었다고 할 수 있습니다.

진행자: 그럼 짜장면처럼 지금 우리가 사용하는 말 중에서도 현재는 표준어가 아니어도 언젠가 표준어로 인정받을 수 있는 말이 있겠군요.

전문가 : 맞습니다. ㉣표준어가 아닌 말도 많은 사람들이 일상에서 자주 사용하다 보면 표준어가 될 수 있는 거죠.

진행자 : ㉤말씀을 듣고 보니 짜장면이 표준어가 된 나름의 이유가 있었네요. 이렇게 오늘은 우리말에 대한 상식을 하나 더 배웠습니다. 말씀 감사합니다.

전문가 : 고맙습니다.

진행자 : 오늘 방송은 공식 누리집에서 언제든 다시 시청하실 수 있습니다. 그럼 다음 시간에 또 다른 이야기로 찾아 오겠습니다.

(나)

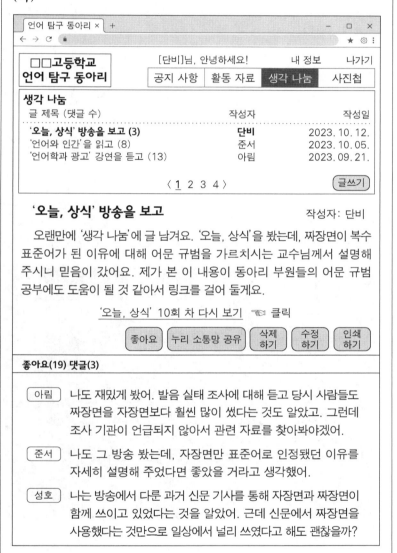

41. (나)에 대한 설명으로 적절하지 <u>않은</u> 것은?

① 게시물 수정 이력을 확인할 수 있는 기능이 제공되고 있다.

② 게시물에 반응할 수 있는 공감 표시 기능이 제공되고 있다.

③ 게시물을 누리 소통망으로 가져갈 수 있는 기능이 제공되고 있다.

④ 게시물을 작성하여 올릴 수 있는 범주가 항목별로 설정되어 있다.

⑤ 게시물에는 다른 누리집에 있는 정보로 연결되는 하이퍼링크가 포함되어 있다.

42. (가)에 대해 (나)의 학생들이 보인 수용 태도에 대한 설명으로 적절하지 <u>않은</u> 것은?

① '단비'는 정보 전달자의 전문성에 주목하여 방송에서 다룬 내용이 신뢰할 만한 것이라고 판단하였다.

② '단비'는 짜장면이 복수 표준어로 인정된 이유에 주목하여 방송에서 언급된 내용이 다른 사람들에게도 유용할 것이라고 판단하였다.

③ '아림'은 발음 실태 조사에 주목하여 방송에서 제시된 정보의 출처를 확인할 수 없다고 판단하였다.

④ '준서'는 자장면만 표준어로 인정됐던 사실에 주목하여 그 사실과 관련된 내용이 충분히 다루어지지 않았다고 판단하였다.

⑤ '성호'는 과거의 신문 기사를 다룬 내용에 주목하여 방송에서 다루는 정보가 최근의 상황을 반영하지 않았다고 판단하였다.

40. (가)에 나타난 정보 전달 방식으로 가장 적절한 것은?

① '전문가'는 시청자에게 정보가 일방적으로 전달되는 상황에서 방송 내용과 관련된 정보를 방송 이후에 추가적으로 확인할 수 있는 방법을 안내하였다.

② '전문가'는 방송 내용에 대한 시청자의 이해를 돕기 위해 앞서 제시한 정보를 정리하여 전달하였다.

③ '전문가'는 방송의 첫머리에 '진행자'와 문답을 이어 가는 방식으로 주요 용어의 개념을 설명하였다.

④ '진행자'는 방송 내용이 시청자에게 미칠 영향을 언급하며 방송 내용을 재확인할 때 주목해야 할 부분을 안내하였다.

⑤ '진행자'는 방송의 취지를 밝히며 방송에서 소개될 내용의 순서를 안내하였다.

43. ㉠~㉤에 대한 설명으로 적절하지 <u>않은</u> 것은?

① ㉠: 관형사형 어미 '-ㄴ'을 사용하여, '전문가'의 직전 발화와 관련된 '진행자' 자신의 과거 경험을 드러내고 있다.

② ㉡: 피동 접사 '-되다'를 사용하여, 행위의 주체를 드러내지 않으면서 행위의 대상인 짜장면에 초점을 두고 있다.

③ ㉢: 보조 용언 '못하다'를 사용하여, 어문 규범이 언어 현실을 반영하는 일이 지속될 수 없음을 나타내고 있다.

④ ㉣: '-ㄹ 수 있다'를 사용하여, 표준어가 아닌 말이 표준어가 될 가능성이 있음을 나타내고 있다.

⑤ ㉤: '-고 보다'를 사용하여, '진행자'가 특정 사실을 알게 된 것이 '전문가'의 말을 듣고 난 후임을 드러내고 있다.

[44~45] (가)는 '학교생활 안내 앱'을 최초 실행할 때의 화면이고, (나)는 학생회 누리 소통망 대화이다. 물음에 답하시오.

(가)

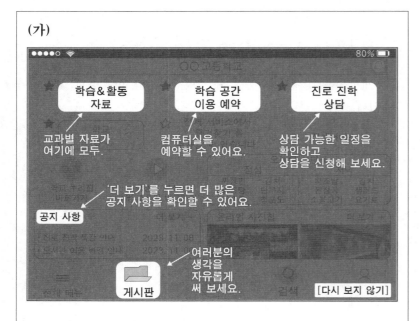

(나)

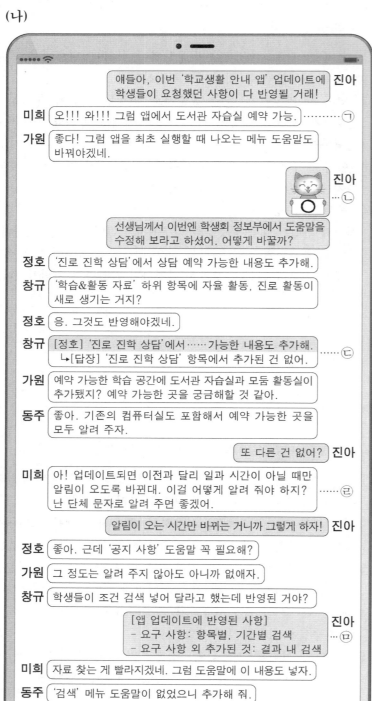

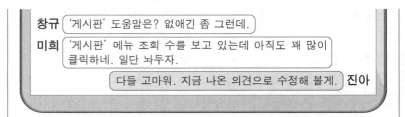

창규 '게시판' 도움말은? 없애긴 좀 그런데.

미희 '게시판' 메뉴 조회 수를 보고 있는데 아직도 꽤 많이 클릭하네. 일단 놔두자.

진아 다들 고마워. 지금 나온 의견으로 수정해 볼게.

44. ㉠~㉤에 드러난 의사소통 방식에 대한 이해로 적절하지 <u>않은</u> 것은?

① ㉠: 느낌표를 반복적으로 사용하여, 자신의 감정 상태를 표현하였다.

② ㉡: 시각적 이미지를 활용하여, 상대방이 제시한 의견에 동의를 표현하였다.

③ ㉢: 대화 내용을 복사하는 기능을 활용하여, 상대방의 질문에 답하였다.

④ ㉣: 묻고 답하는 방식을 활용하여, 변경된 알림 전송 시간대를 안내하는 방법에 대한 자신의 의견을 제시하였다.

⑤ ㉤: 줄을 바꾸는 방식으로 글을 입력하여, 변동 사항을 구분하여 안내하였다.

45. (나)의 대화 내용을 반영하여 (가)를 아래와 같이 수정했다고 할 때, 수정한 화면에 대한 설명으로 적절하지 <u>않은</u> 것은? [3점]

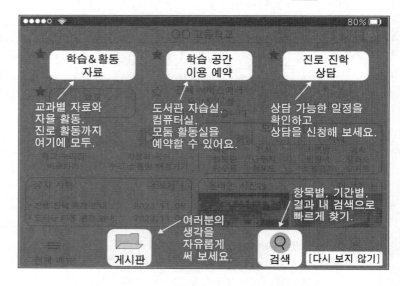

① '학습&활동 자료'에 대한 도움말은 메뉴 항목의 변화에 대한 '창규'와 '정호'의 대화를 반영하여 새로운 내용이 추가되었다.

② '학습 공간 이용 예약'에 대한 도움말은 이용 예약이 가능한 공간 추가에 대한 '가원'과 '동주'의 대화를 반영하여 수정되었다.

③ '공지 사항'에 대한 도움말은 메뉴 도움말의 필요성에 대한 '정호'와 '가원'의 대화를 반영하여 삭제되었다.

④ '게시판'에 대한 도움말은 메뉴 이용 빈도에 대한 '창규'와 '미희'의 대화를 반영하여 그대로 유지되었다.

⑤ '검색'에 대한 도움말은 검색 자료의 변화에 대한 '미희'와 '동주'의 대화를 반영하여 새로운 내용이 추가되었다.

＊ 확인 사항

○ 답안지의 해당란에 필요한 내용을 정확히 기입(표기)했는지 확인하시오.

[35~36] 다음 글을 읽고 물음에 답하시오.

합성 명사는 직접 구성 요소가 모두 어근인 명사이다. 합성 명사의 어근은 복합어일 수도 있는데 '갈비찜'을 그 예로 들 수 있다. '갈비찜'의 직접 구성 요소는 '갈비'와 '찜'이다. 그런데 '갈비찜'을 형태소 단위까지 분석하면 '갈비', '찌-', '-ㅁ'이라는 형태소를 확인할 수 있다. 이처럼 합성 명사 내부에 복합어가 있을 때, ㉠합성 명사를 형태소 단위까지 분석하면 합성 명사의 내부 구조를 세밀히 알 수 있다.

다의어에서 기본이 되는 의미를 중심적 의미라 하고, 중심적 의미로부터 확장된 의미를 주변적 의미라 한다. 만약 단어가 하나의 의미만을 가지고 그 의미가 다른 의미로 확장되지 않았다면, 그 하나의 의미를 중심적 의미로 볼 수 있다. 합성 명사의 두 어근에도 ⓐ중심적 의미나 ⓑ주변적 의미가 나타날 수 있다. 그런데 자립적으로 쓰일 때에는 하나의 의미만을 가지고 있어 사전에서 뜻풀이가 하나밖에 없는 단어가 합성 명사의 어근으로 쓰일 때 주변적 의미를 새롭게 가지게 되는 경우도 있다. 가령 '매섭게 노려보는 눈'을 뜻하는 합성 명사 **도끼눈**은 '도끼'와 '눈'으로 분석되는데, '매섭거나 날카로운 것'이라는 '도끼'의 주변적 의미는 '도끼'가 자립적으로 쓰일 때 가지고 있던 의미라고 보기 어렵다.

합성 명사의 어근이 중심적 의미를 나타내든 주변적 의미를 나타내든, 그 어근은 합성 명사 내부에서 나타나는 위치가 대체로 자유롭다. 이는 '비바람', '이슬비'에서 중심적 의미를 나타내는 '비'의 위치와 **벼락공부**, **물벼락**에서 주변적 의미를 나타내는 '벼락'의 위치를 통해 알 수 있다. 그런데 주변적 의미를 나타내는 어근 중 일부는 합성 명사 내부의 특정 위치에서 주로 관찰된다. 가령 '아주 달게 자는 잠'을 뜻하는 **꿀잠**에는 '편안하거나 기분 좋은 것'이라는 '꿀'의 주변적 의미가 나타나는데, '꿀'의 이러한 의미는 합성 명사의 선행 어근에서 주로 관찰된다. 그리고 '넓게 깔린 구름'을 뜻하는 **구름바다**에는 '무엇이 넓게 많이 모여 있는 곳'이라는 '바다'의 주변적 의미가 나타나는데, 이러한 '바다'는 합성 명사의 후행 어근에서 주로 관찰된다.

35. ㉠에 따를 때, <보기>에 제시된 ㉮~㉭ 중 그 내부 구조가 동일한 단어끼리 묶은 것은?

───< 보 기 >───

○ 동생은 오늘 ㉮새우볶음을 많이 먹었다.
○ 우리는 결코 ㉯집안싸움을 하지 않겠다.
○ 요즘 농촌은 ㉰논밭갈이에 여념이 없다.
○ 우리 마을은 ㉱탈춤놀이가 참 유명하다.

① ㉮, ㉯　　　　② ㉯, ㉰　　　　③ ㉰, ㉱
④ ㉮, ㉯, ㉱　　　⑤ ㉮, ㉰, ㉱

36. 윗글의 ⓐ, ⓑ와 연관 지어 <자료>에 제시된 합성 명사를 탐구한 내용으로 적절한 것은?

───< 자 료 >───

합성 명사	뜻
칼잠	옆으로 누워 불편하게 자는 잠
머리글	책의 첫 부분에 내용이나 목적을 간략히 적은 글
일벌레	일을 지나치게 열심히 하는 사람
입꼬리	입의 양쪽 구석
꼬마전구	조그마한 전구

① '칼잠'과 '구름바다'는 ⓐ를 나타내는 어근의 위치가 같군.
② '머리글'과 '물벼락'은 ⓐ를 나타내는 어근의 위치가 같군.
③ '일벌레'와 '벼락공부'는 ⓑ를 나타내는 어근의 위치가 같군.
④ '입꼬리'와 '도끼눈'은 ⓑ를 나타내는 어근의 위치가 다르군.
⑤ '꼬마전구'와 '꿀잠'은 ⓑ를 나타내는 어근의 위치가 다르군.

37. <학습 활동>을 수행한 결과로 적절하지 <u>않은</u> 것은?

───< 학습 활동 >───

다음은 중세 국어의 문자 및 표기와 관련된 내용이다. 자료 에서 ⓐ~ⓔ를 확인할 수 있는 예를 모두 골라 묶어 보자.

ⓐ 乃냉終즁ㄱ소리는 다시 첫소리를 쓰느니라
　　[종성 글자는 따로 만들지 않고 다시 초성 글자를 사용한다]

ⓑ ㅇ를 입시울쏘리 아래 니어 쓰면 입시울 가비야ᄫᆞᆫ 소리 두외느니라
　　[ㅇ을 순음 글자 아래 이어 쓰면 순경음 글자가 된다]

ⓒ 첫소리를 어울워 뿛디면 굴바 쓰라 乃냉終즁ㄱ소리도 ᄒᆞᆫ가지라
　　[초성 글자를 합하여 사용하려면 옆으로 나란히 쓰라 종성 글자도 마찬가지이다]

ⓓ ᆞ와 ㅡ와 ㅗ와 ㅜ와 ㅛ와 ㅠ와란 첫소리 아래 브텨 쓰고
　　['ᆞ, ㅡ, ㅗ, ㅜ, ㅛ, ㅠ'는 초성 글자 아래에 붙여 쓰고]

ⓔ ㅣ와 ㅏ와 ㅓ와 ㅑ와 ㅕ와란 올ᄒᆞᆫ녀긔 브텨 쓰라
　　['ㅣ, ㅏ, ㅓ, ㅑ, ㅕ'는 초성 글자 오른쪽에 붙여 쓰라]

자료　ᄢᅵ니, 분, 사ᄫᅵ, 스ᄀᆞ봃, ᄣᅡᆨ, 훍

① ⓐ: 분, ᄣᅡᆨ, 훍　　　　② ⓑ: 사ᄫᅵ, 스ᄀᆞ봃
③ ⓒ: ᄢᅵ니, ᄣᅡᆨ, 훍　　　④ ⓓ: 분, 스ᄀᆞ봃, 훍
⑤ ⓔ: ᄢᅵ니, 사ᄫᅵ, ᄣᅡᆨ

38. 다음은 된소리되기와 관련한 수업의 일부이다. [A]에 들어갈 말로 적절하지 <u>않은</u> 것은? [3점]

> 선생님 : 오늘은 표준 발음을 대상으로 용언의 활용에서 나타나는 된소리되기를 알아봅시다. '(신발을) 신고[신:꼬]'처럼 용언의 활용에서는 마지막 소리가 'ㄴ, ㅁ'인 어간 뒤에 처음 소리가 'ㄱ, ㄷ, ㅅ, ㅈ'인 어미가 결합하면 어미의 처음 소리가 된소리로 바뀌어요.
>
> 학생 : 아, 그렇군요. 그런데 선생님, 국어에서 'ㄱ, ㄷ, ㅅ, ㅈ'이 'ㄴ, ㅁ' 뒤에 이어지면 항상 된소리로 바뀌나요?
>
> 선생님 : 항상 그런 것은 아니에요. 표준 발음에서는 용언 어간에 피·사동 접사가 결합하거나 어미끼리 결합하거나 체언과 조사가 결합하는 경우에는 된소리되기가 일어나지 않아요. 그리고 '먼지[먼지]'처럼 하나의 형태소 안에서 'ㄴ, ㅁ' 뒤에 'ㄱ, ㄷ, ㅅ, ㅈ'이 있는 경우에도 된소리되기가 일어나지 않아요. 그럼 다음 ⓐ~ⓔ의 밑줄 친 말에서 'ㄴ'이나 'ㅁ' 뒤의 소리가 된소리로 바뀌지 않는 이유를 설명해 볼까요?
>
> | | |
> |---|---|
> | ⓐ 피로를 <u>푼다[푼다]</u> | ⓑ 더운 <u>여름도[여름도]</u> |
> | ⓒ 대문을 <u>잠가[잠가]</u> | ⓓ 품에 <u>안겨라[안겨라]</u> |
> | ⓔ 학교가 <u>큰지[큰지]</u> | |
>
> 학생 : 그 이유는 [A] 때문입니다.
>
> 선생님 : 네, 맞아요.

① ⓐ의 'ㄴ'과 'ㄷ'이 모두 어미에 속해 있는 소리이기
② ⓑ의 'ㅁ'과 'ㄷ'이 체언과 조사가 결합하면서 이어진 소리이기
③ ⓒ의 'ㅁ'과 'ㄱ'이 모두 하나의 형태소 안에 속해 있는 소리이기
④ ⓓ의 'ㄴ'과 'ㄱ'이 어미끼리 결합하면서 이어진 소리이기
⑤ ⓔ의 'ㄴ'과 'ㅈ'이 어간과 어미가 결합하면서 이어진 소리가 아니기

39. ㉠~㉣의 문장 성분과 문장 구조에 대한 설명으로 적절한 것은?

> ㉠ 나는 내 친구가 보낸 책을 제시간에 받기를 바란다.
> ㉡ 나는 테니스 배우기가 재미있다고 친구에게 말했다.
> ㉢ 이 식당은 우리 가족이 점심을 먹은 식당이 아니다.
> ㉣ 그녀는 아름다운 관광지를 신이 닳도록 돌아다녔다.

① ㉠에는 필수적 부사어가 생략된 안긴문장이 있고, ㉡에는 주어가 생략된 안긴문장이 있다.
② ㉠과 ㉡에는 모두, 주어 기능을 하는 명사절이 있다.
③ ㉠과 ㉢에는 모두, 주어가 생략된 안긴문장이 있다.
④ ㉢에는 보어 기능을 하는 안긴문장이 있고, ㉣에는 부사어 기능을 하는 안긴문장이 있다.
⑤ ㉢과 ㉣에는 모두, 목적어가 생략된 관형사절이 있다.

[40~43] (가)는 ○○군 공식 누리집 화면의 일부이고, (나)는 학생들의 온라인 화상 회의이다. 물음에 답하시오.

(가)

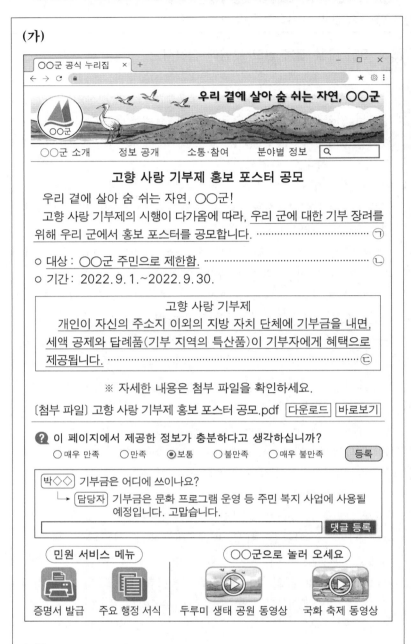

(나)

해윤 : 이제 화상 회의 시작하자. 내 말 잘 들리지?
설아 : 해윤아, 소리가 너무 작아. 마이크 좀 확인해 줄래?
해윤 : 어? 내 마이크 음량을 키워 볼게. 이제 잘 들리지?
설아 : 응. 근데 오늘 나연이는 참석 못 한대. 내가 회의를 녹화해서 나중에 보내 주려고 해. 동의하지?
해윤, 종서, 수영 : 응, 그래.

> 채팅   설아 님이 회의 녹화를 시작합니다.

해윤 : 오늘 고향 사랑 기부제 홍보 포스터를 어떻게 만들지 논의하기로 했잖아. 우리 ○○군 누리집에서 관련 정보 봤니?
종서 : 미안해. 나는 아직 못 봤어.
수영 : 음, 직접 말로 설명하려면 회의가 길어지니까 첨부 파일 보내 줄게. 파일에 자세히 설명돼 있으니까 읽으면서 들어.

> 채팅   수영 님이 종서 님에게 파일을 전송했습니다.
>   파일명: 고향 사랑 기부제 홍보 포스터 공모.pdf

종서 : 고마워.
해윤 : 그럼 이어서 얘기할게. 내가 만들어 온 그래픽 자료를 보면서 포스터를 어떻게 구성할지 이야기하자.

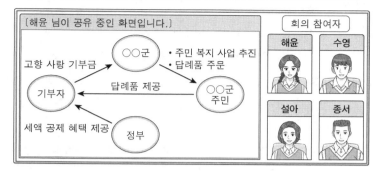

| 채팅 | 해윤 님이 화면 공유를 시작합니다. |

해윤 : 정부, 기부자, ○○군, ○○군 주민으로 구분해서 고향 사랑 기부제가 어떻게 운영되는지 나타낸 거야.

수영 : 좋은데, 포스터에 정부까지 그려 넣으면 너무 복잡할 거 같으니까, 나머지 셋으로만 구성하자.

설아 : 그리고 제도가 활성화되려면 많은 사람들이 기부에 동참 하도록 하는 게 중요하니까, 기부자가 부각되도록 기부자를 가운데에 두자.

수영 : 화살표를 곡선으로 해서 하트 모양으로 하면 기부자가 기부에 참여함으로써 사랑을 전할 수 있다는 걸 포스터에 드러낼 수 있을 거 같아.

해윤 : 좋아. 그런데 포스터에 정부가 없으면, 정부가 제공하는 세액 공제 혜택은 어떻게 나타내지?

종서 : 음, 고민해 보자. 그리고 첨부 파일을 읽어 보니 기부자의 현재 주소지가 아니면 어디든 기부할 수 있대. 우리 지역에 기부하게 하려면 답례품을 알려 줘야 할 거 같은데?

해윤 : 답례품 정보가 있는 누리집 주소 불러 줄게. 디, 에이, 엠…. 아, 그냥 채팅 창에 링크로 올리는 게 편하겠다.

| 채팅 | 해윤 https://damnyepum.□□□□.go.kr
종서 고마워. |

종서 : 찾아보니 인삼이 우리 지역 답례품이네. 이걸 그려 넣자.

해윤 : 그리고 우리 지역은 철새 도래지로 유명하니까, ○○군을 두루미 캐릭터로 나타내 보자.

수영 : 응, 좋아. 그러면 아까 말했던 세액 공제는 두루미가 말을 전해 주듯 설명하면 되겠다.

해윤 : 좋아. 그러면 지금까지 나온 의견대로 만들기로 하고, 오늘 회의는 마무리하자.

40. (가)에 대한 이해로 적절하지 <u>않은</u> 것은?

① 댓글 기능을 활용하여 누리집 이용자가 작성한 질문에 대해 정보를 제공하고 있군.

② 지역에 대한 만족도 표시 기능을 활용하여 지역 정책에 대한 주민들의 반응을 확인하고 있군.

③ 민원 서비스 메뉴를 제공하여 증명서나 행정 서식이 필요한 사람들의 편의를 도모하고 있군.

④ 누리집 상단에 홍보 문구와 풍경 그림을 제시하여 지역이 부각하고자 하는 특징을 강조하고 있군.

⑤ 지역의 관광 명소와 축제를 홍보하는 동영상을 볼 수 있도록 하여 관광객을 유치하려고 노력하고 있군.

41. ⊙~ⓒ에 대한 설명으로 가장 적절한 것은?

① ⊙은 격 조사 '에서'를 사용하여 포스터를 공모하는 주체가 단체임을 드러내고 있다.

② ⊙은 종결 어미 '-ㅂ니다'를 사용하여 ○○군 기부에 동참한 기부자를 공손하게 높이고 있다.

③ ⓒ은 명사형 어미 '-ㅁ'을 사용하여 포스터에서 제외해야 할 내용 항목을 간결하게 드러내고 있다.

④ ⓒ은 연결 어미 '-면'을 사용하여 기부 대상 지역에서 제공하는 혜택 중 하나를 선택하는 조건을 제시하고 있다.

⑤ ⓒ은 피동 접사 '-되다'를 사용하여 혜택을 제공하는 주체를 명확하게 밝히고 있다.

42. (나)에 나타난 매체 활용 방식으로 가장 적절한 것은?

① '해윤'은 음성 언어 사용이 불가능한 상황에서 채팅 기능을 활용하여 정보를 전달하였다.

② '해윤'은 화면 공유 기능을 활용하여 참여자들의 의견을 반영 하며 그래픽 자료의 오류를 수정하였다.

③ '수영'은 회의 시간을 절약하기 위해 회의 중에 참고할 수 있는 파일을 '종서'에게 전송하였다.

④ '설아'는 회의에 참여하지 못하고 있는 '나연'에게 문자 메시 지를 이용해 회의 내용을 실시간으로 전달하였다.

⑤ '설아'는 특정 참여자에게 발언권을 부여하기 위해 해당 참여 자의 음량을 조절하였다.

43. (나)를 바탕으로 다음과 같은 포스터를 만들었다고 할 때, 포스터에 대해 이해한 내용으로 적절하지 <u>않은</u> 것은? [3점]

① '설아'의 의견을 바탕으로, 제도를 활성화하는 데 중요한 역할을 하는 기부자를 중심에 배치했다.

② '수영'의 의견을 바탕으로, 기부 행위에 담긴 긍정적인 마음을 연상시키는 기호의 모양을 사용했다.

③ '종서'의 의견을 바탕으로, ○○군에 기부했을 때 기부자가 받을 수 있는 답례품을 그려 넣었다.

④ '해윤'의 의견을 바탕으로, ○○군이 철새 도래지로 유명하다는 점을 활용하여 ○○군을 두루미 캐릭터로 표현했다.

⑤ '수영'의 의견을 바탕으로, 세액 공제 혜택을 제공하는 주체가 내용을 직접 알려 주듯이 말풍선을 제시했다.

[44~45] 다음은 온라인 카페 화면의 일부이다. 물음에 답하시오.

[화면 1] ([게시판]에서 '1인 미디어 방송'을 클릭한 화면)

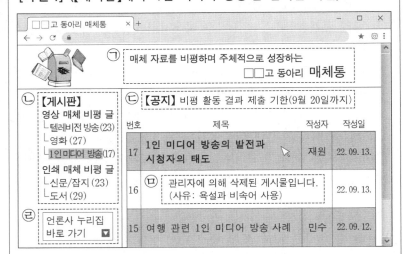

	□□고 동아리 매체통 × +	− □ ×

ㄱ 매체 자료를 비평하며 주체적으로 성장하는
　　　　　　　　□□고 동아리 **매체통**

ㄴ【게시판】
영상 매체 비평 글
ㄴ텔레비전 방송(23)
ㄴ영화(27)
ㄴ1인미디어 방송(17)
인쇄 매체 비평 글
ㄴ신문/잡지(23)
ㄴ도서(29)

ㄹ 언론사 누리집
바로 가기 ▼

ㄷ【공지】 비평 활동 결과 제출 기한(9월 20일까지)

번호	제목	작성자	작성일
17	1인 미디어 방송의 발전과 시청자의 태도	재원	22. 09. 13.
16	ㅁ 관리자에 의해 삭제된 게시물입니다. (사유 : 욕설과 비속어 사용)		22. 09. 13.
15	여행 관련 1인 미디어 방송 사례	민수	22. 09. 12.

[화면 2] ([화면 1]에서 17번 게시물을 클릭한 화면)

	□□고 동아리 매체통 × +	− □ ×

1인 미디어 방송의 발전과 시청자의 태도

작성자: 재원

　최근 많은 사람들이 1인 미디어 방송 제작에 나서고 있다. 그러면서 기존 매체들이 주목하지 않았던 다양한 소재들을 다루는 1인 미디어 방송들이 등장하고 있다. 내가 즐겨 보는 여행 관련 1인 미디어 방송 역시 밀림을 혼자 돌아다닌다든가 현지인들과 같이 생활하는 모습을 보여 주는 등 참신함이 돋보인다.

　1인 미디어 방송은 여러 가지 정보를 쉽고 재미있게 제공하여 시청자의 욕구를 만족시킨다. 그래서 나처럼 여행 탐험가라는 직업을 꿈꾸는 사람들은 1인 미디어 방송을 통해 어디서도 얻지 못했던 새로운 정보를 얻을 수 있게 되었다.

　그런데 요즘 1인 미디어 방송 가운데 신뢰성이 부족한 정보를 담은 방송이 늘고 있다. 이러한 성격이 드러나는 1인 미디어 방송을 시청할 때에는 비판적으로 수용하는 주체적 태도가 중요하다.

ㄴ 민수 나도 그 방송 봤어. 내가 모르던 낯선 문화에 대한 다양한 정보가 많이 나와서 좋았어. 그런데 갑자기 특정 상표를 언급하며 칭찬할 때에는 상업성이 짙어 보이더라. 그런 상업적인 의도에 현혹되지 않도록 조심해야 해.

ㄴ 혜원 어떤 1인 미디어 방송인은 특정 성분이 건강에 좋다고 강조했는데, 알고 보니 성분의 효과가 입증된 것이 아니었어. 방송에 나오는 정보라도 믿을 수 있는지 잘 따져 봐야 해.

ㄴ 영진 1인 미디어 방송들은 소재가 한정적이고 다 비슷비슷하지. 그리고 내가 보는 1인 미디어 방송은 사회적으로 의미 있는 내용을 다루는데도, 고정 시청자 수가 적고 어느 순간부터는 더 이상 늘지도 않더라. 그래서 1인 미디어 방송이 발전해도 사회적 파급력은 제한적이라고 생각해.

　ㄴ 지수 난 1인 미디어 방송이 우리 사회에 큰 변화를 가져올 수 있다고 생각해. 예를 들어 '독립운동가의 발자취 따라가기' 방송이 인기를 많이 끌어서 독립운동가에 대한 국민들의 관심이 높아졌잖아.

[　　　　　　　　　　　　　　　　] 댓글 등록

44. <보기>를 바탕으로 [화면 1]을 이해한 내용으로 적절하지 **않은** 것은?

─〈보 기〉─
'매체통' 동아리 카페 활동 규칙

개설 목적: '매체통' 동아리원들이 다양한 매체 자료 비평 활동을 통해 매체 자료를 주체적으로 수용하는 능력과 태도를 기른다.

규칙 1. 동아리 활동 계획을 성실하게 이행하고 동아리 활동에 적극적으로 참여한다.

2. 매체 자료 비평을 위한 글만 작성하고 각 게시판의 성격에 맞게 올린다.

3. 불필요한 갈등을 유발하지 않도록 무례한 표현을 사용하지 않는다.

① ㄱ을 보니, '개설 목적'을 고려하여 동아리 성격이 드러나도록 카페의 활동 주체와 활동 내용을 제시하였군.

② ㄴ을 보니, '규칙 2'를 고려하여 매체 자료 유형에 따라 게시판을 항목별로 나누어 게시물을 체계적으로 분류하였군.

③ ㄷ을 보니, '규칙 1'을 고려하여 동아리 활동 계획을 상기할 수 있도록 비평 활동 결과의 제출 기한을 제시하였군.

④ ㄹ을 보니, '규칙 2'를 고려하여 사건 보도 기사를 작성하는 능력을 기르게 하기 위해 링크를 제시하였군.

⑤ ㅁ을 보니, '규칙 3'을 고려하여 예의를 지키지 않은 글이 동아리원에게 공개되지 않도록 게시물을 삭제하였군.

45. [화면 2]를 바탕으로 '1인 미디어 방송'에 대한 학생들의 수용 양상을 이해한 내용으로 적절하지 **않은** 것은?

① '재원'은 자신의 진로와 관련된 새로운 정보를 얻은 경험을 근거로 1인 미디어 방송이 유용하다고 판단하였다.

② '혜원'은 증명되지 않은 정보를 접했던 경험을 근거로 1인 미디어 방송이 제공하는 정보에 대한 신뢰성을 점검해야 한다고 판단하였다.

③ '재원'과 '민수'는 모두, 1인 미디어 방송의 상업적 의도를 알아차린 경험을 근거로 1인 미디어 방송을 시청할 때 주의가 필요하다고 판단하였다.

④ '재원'은 '영진'과 달리, 자신이 본 여행 관련 1인 미디어 방송을 근거로 1인 미디어 방송의 소재가 다양하다고 판단하였다.

⑤ '영진'은 '지수'와 달리, 고정 시청자 수가 늘지 않는 1인 미디어 방송 사례를 근거로 1인 미디어 방송이 사회에 미치는 영향력에는 한계가 있다고 판단하였다.

＊ 확인 사항

◦ 답안지의 해당란에 필요한 내용을 정확히 기입(표기)했는지 확인하시오.

[35~36] 다음 글을 읽고 물음에 답하시오.

국어에서는 일반 어휘처럼 문법 형태소에서도 하나의 형태가 여러 의미로 쓰이거나 여러 형태가 하나의 의미로 쓰이는 현상을 발견할 수 있다. 가령, 전자로는 현대 국어에서 명사 '높이'에 쓰인 명사 파생 접사 '-이'와 부사 '높이'에 쓰인 부사 파생 접사 '-이'를 예로 들 수 있다. 명사 파생 접사 '-이'는 여러 의미로 쓰인다. 예컨대 '놀이'에서는 '…하는 행위'의 의미를, '구두닦이'에서는 '…하는 사람'의 의미를, '연필깎이'에서는 '…하는 데 쓰이는 도구'의 의미를 나타낸다. 후자로는 현대 국어의 명사 파생 접사 '-이'와 '-음'을 예로 들 수 있다.

중세 국어에서도 명사 파생 접사 '-이'와 부사 파생 접사 '-이'가 존재하였다. 가령, 현대 국어의 '길이'와 마찬가지로 '기리(길- + -이)'의 '-이'는 형용사 어간에 붙어 명사도 만들고 부사도 만들었다. 또한 '-이'는 '사리(살- + -이)'처럼 동사 어간에 붙어 '…하는 행위'의 의미를 나타내기도 하였으나, '…하는 사람', '…하는 데 쓰이는 도구'의 의미를 나타내지는 않았다.

중세 국어에서 명사 파생 접사 '-이'처럼 용언 어간에 붙는 명사 파생 접사 '-의'도 쓰였는데, 이 '-의'는 '-이'와 달리 부사는 파생하지 않았다. 또한 접사 '-의'는 모음 조화에 따라 양성 모음 뒤에서는 '-이'로 쓰였는데, 접사 '-이'는 중세 국어에서 'ㅣ' 모음이 양성 모음도 아니고 음성 모음도 아니어서 모음 조화와는 무관하게 결합하였다.

> ┌ 너븨(넙- + -의)도 ᄀᆞ티 ᄒᆞ고 [넓이도 같이 하고]
> └ 노픽(높- + -이) 다숫 자히러라 [높이가 다섯 자였다]

한편, 중세 국어에서는 '의'가 앞 체언에 붙어 관형격 조사와 부사격 조사로 쓰이기도 했다. 관형격 조사는 평칭의 유정 체언 뒤에 쓰였고, 부사격 조사는 서술어와 호응하여 장소나 시간을 나타내는 부사어에서 쓰였다. 그런데 이들 '의'도 모음 조화에 따라 양성 모음 뒤에서는 '익'로 쓰였다.

> ┌ 버믜(범 + 의) 쎠나 [범의 뼈나]
> └ 사ᄅᆞ미(사ᄅᆞᆷ + 익) 무레 [사람의 무리에]

> ┌ 무틔(뭍 + 의) ᄃᆞ니는 [뭍에 다니는]
> └ 바미(밤 + 익) 나디 아니ᄒᆞ느니 [밤에 나가지 아니하니]

35. 윗글을 바탕으로 추론한 내용으로 적절한 것은?

① 현대 국어의 '책꽂이'에서 '-이'는 '…하는 행위'의 의미를 나타내는 접사이다.
② 현대 국어 '놀이'에서의 '-이'는 중세 국어 '사리'에서의 '-이'와 달리 '…하는 사람'의 의미로 쓰인다.
③ 현대 국어 '길이'처럼 중세 국어 '기릐'도 명사와 부사로 쓰였다.
④ 중세 국어에서 접사 '-익'가 붙어 파생된 단어는 두 가지 품사로 쓰였다.
⑤ 중세 국어에서 체언에 조사 '의'가 붙은 말은 관형어나 부사어로 쓰였다.

36. 윗글을 바탕으로 <보기>의 중세 국어 자료를 이해한 내용으로 적절하지 <u>않은</u> 것은?

> ─────< 보 기 >─────
> ㉠ 王ㅅ 겨틔 안잿다가 [왕의 곁에 앉아 있다가]
> ㉡ 曲江ㅅ 구븨예 ᄀᆞ마니 ᄃᆞ니노라
>   [곡강의 굽이에 가만히 다니노라]
> ㉢ 光明이 볼기 비취여 [광명이 밝히 비치어]
> ㉣ 글지싀예 위두ᄒᆞ고 [글짓기에 으뜸이고]
> ㉤ ᄯᆞ리 일후믄 [딸의 이름은]

① ㉠에서 '겨틔'의 '의'는 모음 조화에 따라 결합한 부사격 조사이군.
② ㉡에서 '구븨'의 '-의'는 모음 조화에 따라 결합한 부사 파생 접사이군.
③ ㉢에서 '볼기'의 '-이'는 모음 조화와 무관하게 결합한 부사 파생 접사이군.
④ ㉣에서 '글지싀'의 '-이'는 모음 조화와 무관하게 결합한 명사 파생 접사이군.
⑤ ㉤에서 'ᄯᆞ리'의 '익'는 모음 조화에 따라 결합한 관형격 조사이군.

37. <보기>의 ㉠~㉥에 대한 설명으로 적절한 것은?

> ─────< 보 기 >─────
> (두 사람이 공원에서 만난 상황)
> **민수:** 영이야, ㉠우리 둘이 뭐 하고 놀까? 이 강아지랑 놀까?
> **영이:** (민수 품에 안겨 있는 강아지를 가리키며) 아, 얘?
> **민수:** 응, 얘가 전에 말했던 봄이야. 봄이 동생 솜이는 집에 있고.
> **영이:** 봄이랑 뭐 하고 놀까? 우리 강아지 별이는 실뭉치를 좋아해서 ㉡우리 둘은 실뭉치를 자주 가지고 놀아. 너네 강아지들도 그래?
> **민수:** 실뭉치는 ㉢둘 다 안 좋아해. 그런데 공은 좋아해서 ㉣우리 셋은 공을 갖고 자주 놀아. 그래서 공을 챙겨 오긴 했어.
> **영이:** 그렇구나. 별이는 실뭉치를 좋아하니까, 다음에 네가 혼자 나오고 내가 별이랑 나오면 그때 ㉤우리 셋은 실뭉치를 갖고 놀면 되겠다.
> **민수:** 그러자. 그럼 오늘 ㉥우리 셋은 공을 가지고 놀자.

① ㉠과 ㉡은 가리키는 대상이 동일하다.
② ㉡이 가리키는 대상은 ㉤이 가리키는 대상에 포함된다.
③ ㉢이 가리키는 대상은 ㉥이 가리키는 대상에 포함된다.
④ ㉣과 ㉤은 가리키는 대상이 동일하다.
⑤ ㉣과 ㉥은 가리키는 대상이 동일하다.

38. 밑줄 친 서술어가 요구하는 필수 성분의 개수와 종류가 <보기>의 문장과 같은 것은?

―――――――<보 기>―――――――
이곳의 지형은 외적의 침입을 막기에 <u>유리하다</u>.

① 그 광물이 원래는 귀금속에 <u>속했다</u>.
② 그는 바람이 불기에 옷깃을 <u>여몄다</u>.
③ 우리는 원두막을 하루 만에 <u>지었다</u>.
④ 나는 시간이 남았기에 그와 <u>걸었다</u>.
⑤ 나는 구호품을 수해 지역에 <u>보냈다</u>.

39. <보기>는 준말에 관한 한글 맞춤법의 일부이다. 이를 적용한 내용으로 적절하지 <u>않은</u> 것은? [3점]

―――――――<보 기>―――――――
제34항 [붙임 1] 'ㅐ, ㅔ' 뒤에 '-어, -었-'이 어울려 줄 적에는 준 대로 적는다. ·········· ㉠
제35항 모음 'ㅗ, ㅜ'로 끝난 어간에 '-아/-어, -았-/-었-'이 어울려 'ㅘ/ㅝ, 왔/웠'으로 될 적에는 준 대로 적는다. ··· ㉡
제35항 [붙임 2] 'ㅚ' 뒤에 '-어, -었-'이 어울려 'ㅙ, 쌨'으로 될 적에도 준 대로 적는다. ·········· ㉢
제36항 'ㅣ' 뒤에 '-어'가 와서 'ㅕ'로 줄 적에는 준 대로 적는다. ·········· ㉣
제37항 'ㅏ, ㅕ, ㅗ, ㅜ, ㅡ'로 끝난 어간에 '-이-'가 와서 각각 'ㅐ, ㅖ, ㅚ, ㅟ, ㅢ'로 줄 적에는 준 대로 적는다. ····· ㉤

① ㉠을 적용하면 '(날이) 개었다'와 '(나무를) 베어'는 각각 '갰다'와 '베'로 적을 수 있다.
② ㉡을 적용하면 '(다리를) 꼬아'와 '(죽을) 쑤었다'는 각각 '꽈'와 '쒔다'로 적을 수 있다.
③ ㉢을 적용할 때, 어간 '(발로) 차-'에 '-이-'가 붙은 '(발에) 차이-'에 '-었다'가 붙으면 '채었다'로 적을 수 있다.
④ ㉤을 적용한 후 ㉢을 적용할 때, 어간 '(벌이) 쏘-'에 '-이-'가 붙은 '(벌에) 쏘이-'에 '-어'가 붙으면 '쐐'로 적을 수 있다.
⑤ ㉤을 적용한 후 ㉣을 적용할 때, 어간 '(오줌을) 누-'에 '-이-'가 붙은 '(오줌을) 누이-'에 '-어'가 붙으면 '뉘여'로 적을 수 있다.

[40~43] 다음은 '지문 등 사전등록제'에 대한 신문 기사를 다루는 텔레비전 방송 프로그램의 일부이다. 물음에 답하시오.

진행자 : ㉠시청자 여러분, 안녕하십니까! 며칠 전 김 모 군이 가족의 품으로 돌아온 사실, 다들 알고 계실 겁니다. 김 군이 돌아온 데는 '지문 등 사전등록제'의 역할이 컸습니다. ㉡그래서 오늘은 '지문 등 사전등록제'에 대한 기사들이 많습니다. 먼저 △△신문, 함께 보시죠.

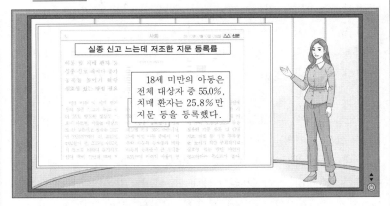

실종 신고 느는데 저조한 지문 등록률

18세 미만의 아동은 전체 대상자 중 55.0%, 치매 환자는 25.8%만 지문 등을 등록했다.

진행자 : 표제가 '실종 신고 느는데 저조한 지문 등록률'인데요, 기사 내용 일부를 확대해 보겠습니다. 18세 미만 아동은 55.0%, 치매 환자는 25.8%만 지문 등을 등록했다고 하는데요. 그러면 '지문 등 사전등록제'가 무엇이고, 왜 이렇게 등록률이 저조한지 말씀해 주시겠습니까?

전문가 : △△신문에서 언급한 대로 '지문 등 사전등록제'란 18세 미만의 아동, 치매 환자 등을 대상으로 보호자의 신청을 받아 지문과 사진, 신상 정보 등을 사전에 등록하여, 실종 시에 이 자료를 활용해 신속하게 찾을 수 있게 하는 제도를 말합니다. △△신문에서는 홍보가 부족해 지문 등록률이 저조하다고 했는데요, 제가 볼 때는 개인 정보 유출에 대한 우려도 크게 작용했다고 생각합니다.

진행자 : 개인 정보 유출은 민감한 사안이니 정보 관리가 중요하겠네요.

전문가 : ㉢사전등록 정보는 암호화 과정을 거쳐 저장하고 있습니다. 또 이 정보는 ㉣아동이 18세에 도달하면 자동 폐기되고, 보호자가 원하면 언제든 폐기할 수 있습니다.

진행자 : 네, 그래도 등록률을 높이려면 현재보다 강화된 개인 정보 보호 방안이 있어야겠네요. △△신문을 더 살펴볼까요? 지문 등을 사전등록하면 실종자를 신속하게 찾을 수 있다는 내용인데요, 시간이 얼마나 단축되나요?

전문가 : 지문 등을 등록하지 않으면 실종자를 찾기까지 평균 56시간, 등록하면 평균 50여 분 정도 걸립니다.

진행자 : 시간이 많이 단축되네요. 이제 다른 기사들도 살펴볼까요? □□신문인데요, 간단히 보면 '찾아가는 지문 등 사전등록제'를 실시하는 지역이 있다는 내용입니다. ○○신문에는 지문 등 사전등록 스마트폰 앱이 소개되어 있네요. 화면으로 만나 보시죠.

○○ 신문

'지문 등 사전등록 앱'의 ⓐ '첫 화면'은 메뉴가 그림과 문자로 표현되어 있어서, 고정된 메뉴 화면을 한눈에 보며 손쉽게 활용할 수 있다.

ⓑ '지문 등록' 메뉴를 누르면 대상자의 지문과 사진, 대상자와 보호자의 인적 사항 등을 언제 어디서든 등록할 수 있다.

ⓒ '함께 있어요' 메뉴에서는 게시판에 올라온 인적 사항과 사진들을 보면서 찾고 있는 사람이 있는지 알아볼 수 있다.

ⓓ '같이 찾아요' 메뉴에는 잃어버린 사람을 찾는 글을 올릴 수 있는데, 다른 사람의 글을 확인하거나 다른

사람의 글에 댓글을 다는 것도 가능하다.

ⓔ '보호소' 메뉴는 지도 앱과 연동되어 있어서 인근에 있는 보호소의 위치를 바로 확인할 수 있다.

지문 등 사전등록 앱
지문 등록 / 함께 있어요 / 같이 찾아요 / 보호소

진행자 : ⓜ 필요하신 분들은 앱을 한번 사용해 보시면 좋겠습니다. 이번에는 실시간 시청자 게시판, 화면으로 보시죠.

---

40. 위 방송 프로그램을 시청한 학생의 반응으로 적절하지 <u>않은</u> 것은?

① 진행자가 △△ 신문의 내용보다 □□ 신문의 내용을 간단히 언급함으로써 방송에서 어떤 기사에 더 비중을 두었는지 드러내고 있군.

② 시의성 있는 화제를 다룬 신문 기사들을 제시함으로써 사회적으로 주목할 만한 사안에 대한 다양한 정보를 전달하고 있군.

③ △△ 신문 기사의 일부를 화면에 확대하여 제시함으로써 신문 기사의 특정 부분을 방송에서 선별하여 보여 주고 있군.

④ 진행자가 △△ 신문과 ○○ 신문의 기사 내용을 종합함으로써 특정 화제에 대한 비판적 입장을 나타내고 있군.

⑤ 전문가가 진행자의 질문에 답함으로써 △△ 신문 기사의 내용에 대한 자신의 의견을 덧붙이고 있군.

---

41. ㉠~㉤에 대한 설명으로 적절하지 <u>않은</u> 것은?

① ㉠ : 하십시오체 종결 어미 '-ㅂ니까'를 통해 시청자를 높이며 방송의 시작을 알리는 인사를 하고 있다.

② ㉡ : 접속 부사 '그래서'를 통해 앞 문장의 내용이 뒤에 이어지는 내용의 원인임을 드러내고 있다.

③ ㉢ : 보조사 '는'을 통해 '사전등록 정보'가 문장의 화제임과 동시에 주어로 사용됨을 보여 주고 있다.

④ ㉣ : 연결 어미 '-면'을 통해 앞 절의 내용이 '사전등록 정보'가 '자동 폐기'되는 조건임을 나타내고 있다.

⑤ ㉤ : 보조 용언 '보다'를 통해 '앱'을 사용하는 것이 시험 삼아 하는 행동임을 나타내고 있다.

---

42. 다음은 위 방송 프로그램 '시청자 게시판'의 내용이다. 시청자의 수용 태도에 대한 설명으로 가장 적절한 것은? [3점]

> **시청자 게시판** × □
>
> ↳ 시청자 1 제 주변에서는 많이 등록했던데요. 신문에 나온 등록률 현황은 어디에서 조사한 것인가요?
>
> ↳ 시청자 2 방송에서 지문 등 사전등록의 필요성 위주로 이야기하고 개인 정보 유출 문제에 대해서는 별로 언급하지 않네요.
>
> ↳ 시청자 3 미취학 아동만 대상자인 줄 알았는데 중학생도 해당되는군요. 누가 대상자인지 궁금했던 사람들은 방송을 통해 알게 되었겠어요.
>
> ↳ 시청자 4 가족 중에 대상자가 있지만 저처럼 이런 제도가 있다는 것을 몰랐던 사람에게는 방송 내용이 도움이 될 것 같아요.
>
> ↳ 시청자 5 인터넷에서는 지문 등 사전등록을 하지 않으면 실종자를 찾기까지 81시간이 걸린다던데요. 어떤 것이 맞는지 궁금합니다.

① 시청자1과 2는 △△ 신문 기사의 내용과 관련하여, 지문 등 사전등록제의 등록률에 대한 정보의 출처가 믿을 만한지 점검하였다.

② 시청자1과 4는 ○○ 신문 기사의 내용과 관련하여, 지문 등을 사전등록하는 방법에 대한 정보의 양이 충분한지 점검하였다.

③ 시청자2와 5는 △△ 신문 기사의 내용과 관련하여, 지문 등 사전등록제의 장단점을 공평하게 다루고 있는지 점검하였다.

④ 시청자3과 4는 △△ 신문 기사의 내용과 관련하여, 지문 등 사전등록제가 어떤 사람에게 유용한지 점검하였다.

⑤ 시청자3과 5는 ○○ 신문 기사의 내용과 관련하여, 지문 등 사전등록제의 효과에 대한 정보가 사실인지 점검하였다.

---

43. '○○ 신문'을 바탕으로 할 때, ⓐ~ⓔ에서 확인할 수 있는 의사소통의 특징으로 가장 적절한 것은?

① ⓐ에서, 화면에서 필요한 정보를 찾아 사용할 수 있는 것으로 보아 수용자가 대량의 정보를 요약하여 비선형적으로 표현할 수 있음을 알 수 있다.

② ⓑ에서, 시·공간의 제약 없이 정보를 생산하는 것으로 보아 생산자가 등록한 정보를 수용자가 변형하여 배포할 수 있음을 알 수 있다.

③ ⓒ에서, 글과 이미지로 표현된 정보를 확인할 수 있는 것으로 보아 수용자가 둘 이상의 양식이 결합된 매체 자료에 접근하여 실시간으로 수정할 수 있음을 알 수 있다.

④ ⓓ에서, 글을 쓸 수도 있고 다른 사람의 글을 읽을 수도 있는 것으로 보아 매체 자료의 생산과 수용이 쌍방향적으로 이루어질 수 있음을 알 수 있다.

⑤ ⓔ에서, 서로 다른 앱을 연결하여 사용할 수 있는 것으로 보아 매체 자료의 수용자가 생산자도 될 수 있음을 알 수 있다.

PART I
21회

[44~45] (가)는 학생의 개인 블로그이고, (나)는 발표를 위해 (가)를 참고하여 만든 스토리보드의 일부이다. 물음에 답하시오.

(가)

재생 종이, 왜 사용해야 할까요?

재생 종이를 아시나요? 재생 종이는 폐지를 활용하여 만든 종이인데요, 대체로 폐지가 40% 넘게 들어간 종이를 말합니다. 사진에서 보듯이 재생 종이는 책, 복사지 등으로 사용되고 있답니다.

재생 종이를 사용하면 **숲을 지킬 수 있어요.** 20××년 한 해에 국내에서 사용되는 종이를 만드는 데 2억 2천만 그루의 나무가 필요하다고 해요. 엄청난 면적의 숲이 종이를 만들기 위해 사라지고 있는 것이죠. 특히 일반 종이를 복사지로 사용하는 것이 가장 큰 문제인데요, 사무실에서 사용하는 복사지의 45%가 출력한 그날 버려지기 때문입니다. 복사지의 10%만 재생 종이로 바꿔도 1년에 27만 그루의 나무를 지킬 수 있다고 해요. 숲을 지켜야 하는 이유를 알고 싶으면 이전 글 <u>숲의 힘(☜클릭)</u>을 참고해 주세요.

또 재생 종이는 일반 종이에 비해 생산 과정에서 **환경에 유해한 물질이 덜 발생해요.** 일반 종이 1톤을 생산하면 2,541kg의 이산화탄소(CO_2)와 872kg의 폐기물이 발생하지만, 같은 양의 재생 종이를 생산하면 이산화탄소는 2,166kg이, 폐기물은 735kg이 발생한다는 연구 결과가 있어요. 그러니 종이를 써야 할 때는 재생 종이를 사용하는 게 좋겠죠?

(나)

	화면 설명	화면	내레이션 및 배경 음악
#1	그림이 먼저 나오고 글이 나중에 덧붙여짐.		재생 종이는 폐지를 활용해 만든 종이랍니다. 여기서 폐지는 한번 사용한 종이를 말해요. (배경 음악) 잔잔한 느낌의 음악
#2	잘린 나무 밑둥이 서서히 사라지면서 그 옆에 나무 그림이 나타남.		종이를 만들기 위해 숲이 사라져요. 하지만 복사지의 10%만 재생 종이로 바꿔도 1년에 27만 그루의 나무를 지킬 수 있어요. (배경 음악) 무거운 느낌에서 경쾌한 느낌의 음악으로 바뀜.

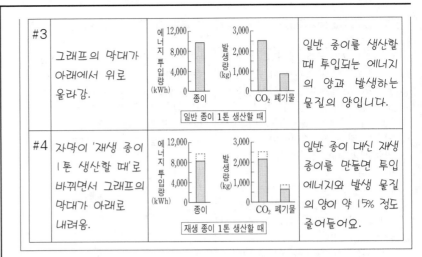

#3	그래프의 막대가 아래에서 위로 올라감.		일반 종이를 생산할 때 투입되는 에너지의 양과 발생하는 물질의 양입니다.
#4	자막이 '재생 종이 1톤 생산할 때'로 바뀌면서 그래프의 막대가 아래로 내려옴.		일반 종이 대신 재생 종이를 만들면 투입 에너지와 발생 물질의 양이 약 15% 정도 줄어들어요.

44. (가)에 나타난 표현 방식에 대한 설명으로 가장 적절한 것은?

① 재생 종이의 활용 사례를 글자의 굵기와 형태를 달리하여 강조했다.

② 재생 종이와 관련된 각 문단의 중심 내용을 소제목을 사용하여 부각했다.

③ 종이를 만들기 위해 사라지는 숲의 면적을 동영상 자료를 활용하여 보여 주었다.

④ 사무실에서 버려지는 일반 종이의 양을 글과 사진 자료를 함께 사용하여 제시했다.

⑤ 숲을 지켜야 하는 이유를 다룬 다른 게시물을 하이퍼링크 기능을 활용하여 안내했다.

45. (가)를 참고하여 (나)를 만드는 과정에서 학생이 고려했을 내용으로 적절하지 <u>않은</u> 것은?

① 정보가 보강될 수 있도록 (가)에서 제시한 종이 생산 과정에서 발생하는 물질 외에도 생산 과정에 투입되는 에너지의 양도 조사하여 추가해야지.

② 정보가 복합 양식적으로 전달될 수 있도록 (가)에서 제시한 재생 종이의 정의를 시각 자료와 문자 언어를 결합한 화면으로 표현하면서 내레이션으로 보완해야지.

③ 정보 간의 유기적인 관계가 드러나도록 (가)에서 두 문단으로 제시한 재생 종이 사용의 필요성을 배경 음악과 내레이션을 모두 포함한 각각의 화면 두 개로 구성해야지.

④ 정보 간의 차이점이 드러나도록 (가)에서 제시한 일반 종이와 재생 종이의 생산으로 발생하는 물질의 양적 차이를 그래프로 제시하고 이를 설명하는 내레이션을 포함해야지.

⑤ 정보가 효과적으로 표현될 수 있도록 (가)에서 제시한 재생 종이 사용에 따른 나무 보존에 대한 내용을 화면과 내레이션으로 표현하면서 이에 어울리는 배경 음악을 사용하여 나타내야지.

---

* 확인 사항

○ 답안지의 해당란에 필요한 내용을 정확히 기입(표기)했는지 확인하시오.

01회 ● 수능 실전 모의고사 ● 국어영역(언어와 매체)

● 문항수 11개 | 배점 24점 | 제한 시간 20분 ● 점수 표시가 없는 문항은 모두 2점

35. <보기>의 학습 과제를 수행한 결과로 가장 적절한 것은?

< 보 기 >

○ **학습 내용 :** 음운 변동의 유형에는 교체, 탈락, 첨가, 축약이 있다. 음운 변동은 한 단어를 단독으로 발음하는 경우에만 일어나는 것이 아니라 둘 이상의 단어를 이어서 한 마디로 발음하는 경우에도 일어날 수 있다. 예를 들어 '낯'과 '한때'를 각각 단독으로 발음하는 경우에 '낯[낟]'은 교체가 일어나고 '한때[한때]'는 음운 변동이 일어나지 않는다. 그런데 '낯'과 '한때'를 이어서 한 마디로 발음하는 경우에는 교체와 축약이 일어나 '낯 한때[나탄때]'로 발음된다.

○ **학습 과제 :** 아래의 ㄱ과 ㄴ에서 두 단어를 이어서 한 마디로 발음하는 경우 공통적으로 일어나는 음운 변동의 유형을 찾고, 그 유형의 적절한 예를 제시하시오.

ㄱ. 잘 입다[잘립따]

ㄴ. 값 매기다[감매기다]

	공통적인 음운 변동의 유형	예
①	교체	책 넣는다[챙넌는다]
②	교체	좋은 약[조:은냑]
③	교체	잘한 일[잘한닐]
④	첨가	슬픈 얘기[슬픈내기]
⑤	첨가	먼 옛날[먼:녠날]

36. <보기>는 문법 수업의 일부이다. 선생님의 설명에 따라 ㉠~㉤을 이해한 내용으로 적절하지 <u>않은</u> 것은? [3점]

< 보 기 >

선생님 : 관형절은 안은문장에서 관형어로 쓰이는데 관형절에는 주어가 생략된 관형절, 목적어가 생략된 관형절, 부사어가 생략된 관형절 등이 있어요. 그리고 명사절은 안은문장에서 조사와 결합하여 주어, 목적어, 부사어 등으로 쓰일 수 있어요. 그럼 다음 문장에 대해 관형절과 명사절에 주목하여 분석해 볼까요?

㉠ 약속 시간에 늦은 친구들이 많았다.
㉡ 마지막 문제를 풀기가 생각보다 어렵다.
㉢ 나는 아버지께서 주신 빵을 형과 함께 먹었다.
㉣ 그는 지금 사는 집에서 계속 머무르기를 희망했다.
㉤ 그들은 우리가 어제 목적지에 도착했음을 이미 알았다.

① ㉠에는 주어가 생략된 관형절이 있고, 명사절은 없습니다.
② ㉡에는 관형절이 없고, 주어로 쓰인 명사절이 있습니다.
③ ㉢에는 목적어가 생략된 관형절이 있고, 명사절은 없습니다.
④ ㉣에는 부사어가 생략된 관형절이 있고, 부사어로 쓰인 명사절이 있습니다.
⑤ ㉤에는 관형절이 없고, 목적어로 쓰인 명사절이 있습니다.

37. <보기 1>을 바탕으로 <보기 2>의 ㉠~㉤에 대해 설명한 내용으로 적절하지 <u>않은</u> 것은?

< 보 기 1 >

합성 명사의 구성 요소 중 선행 요소는 다양한 품사의 단어이지만 후행 요소는 일반적으로 명사이다.

< 보 기 2 >

㉠ <u>새해</u>를 맞이하여 오랜만에 할머니 댁에 갔다. 할머니께서 점심으로 ㉡ <u>굵은소금</u> 위에 새우를 올려놓고 구워 주셨고, 저녁에는 ㉢ <u>산나물</u>을 넣은 비빔밥을 해 주셨다. 내가 할머니께 스마트폰의 여러 기능을 알려 드리자 "㉣ <u>척척박사</u>로구나." 라며 ㉤ <u>어린아이</u>처럼 좋아하셨다.

① ㉠은 관형사와 명사가 결합한 합성 명사이다.
② ㉡은 동사의 활용형과 명사가 결합한 합성 명사이다.
③ ㉢은 명사와 명사가 결합한 합성 명사이다.
④ ㉣은 부사와 명사가 결합한 합성 명사이다.
⑤ ㉤은 형용사의 활용형과 명사가 결합한 합성 명사이다.

[38~39] 다음을 읽고 물음에 답하시오.

현대 국어의 시간 표현 중 하나는 선어말 어미를 활용하는 것이다. 동사는 어간에 선어말 어미 '-는-/-ㄴ-'을 결합하여 현재 시제를 표현하는데, 동사의 어간 말음이 자음인 경우에는 '-는-'이, 모음인 경우에는 '-ㄴ-'이 결합한다. 이와 달리 형용사와 '이다'는 어간에 선어말 어미가 결합하지 않고 현재 시제를 표현할 수 있다. 동사와 형용사, 그리고 '이다'는 어간에 선어말 어미 '-았-/-었-'을 결합하여 과거 시제를 표현하는데, 어간 '하-' 다음에는 선어말 어미 '-였-'을 결합하여 과거 시제를 표현한다. 동사와 형용사, 그리고 '이다'는 어간에 선어말 어미 '-겠-'을 결합하여 미래 시제를 표현하는데, 추측이나 의지 등의 의미를 나타내기도 한다.

중세 국어의 시간 표현은 ㉠ <u>용언의 어간에 선어말 어미를 결합하여 나타내는 경우</u>와 ㉡ <u>용언의 어간에 선어말 어미를 결합하지 않고 나타내는 경우</u>가 있었다. 이를 살펴보면, 동사는 어간에 선어말 어미 '-ᄂᆞ-'를 결합하여 현재 시제를 표현하였고, 형용사는 어간에 선어말 어미를 결합하지 않고 현재 시제를 표현하였다. 또한 동사는 어간에 선어말 어미를 결합하지 않고 과거 시제를 표현하기도 했고, 회상의 의미가 있는 선어말 어미 '-더-'를 결합하여 과거 시제를 표현하기도 했다. 형용사도 선어말 어미 '-더-'를 통해 과거 시제를 표현하였다. 또한 동사와 형용사는 추측의 의미가 있는 선어말 어미 '-리-'를 어간에 결합하여 미래 시제를 표현하였다.

38. 윗글을 바탕으로 <보기>를 탐구한 내용으로 적절하지 <u>않은</u> 것은?

─── < 보 기 > ───
○ 동생이 지금 밥을 ⓐ <u>먹는다</u>.
○ 우리 아기가 무럭무럭 ⓑ <u>자란다</u>.
○ 이곳에 따뜻한 난로가 ⓒ <u>놓였다</u>.
○ 신랑, 신부가 ⓓ <u>입장하겠습니다</u>.
○ 나는 어젯밤에 무서운 꿈을 ⓔ <u>꿨다</u>.

① ⓐ는 동사의 어간 다음에 현재 시제 선어말 어미로 '-는-'이 사용된 예에 해당한다.

② ⓑ는 동사의 어간 다음에 현재 시제 선어말 어미로 '-ㄴ-'이 사용된 예에 해당한다.

③ ⓒ는 동사의 어간 다음에 과거 시제 선어말 어미로 '-였-'이 사용된 예에 해당한다.

④ ⓓ는 동사의 어간 다음에 미래 시제 선어말 어미로 '-겠-'이 사용된 예에 해당한다.

⑤ ⓔ는 동사의 어간 다음에 과거 시제 선어말 어미로 '-었-'이 사용된 예에 해당한다.

39. <보기>에서 ㉠과 ㉡에 해당하는 예를 찾아 바르게 짝지은 것은?

─── < 보 기 > ───
○ 너도 쏘 이 ⓐ <u>근ᄒ다</u>
  (너도 또 이와 같다.)
○ 네 이제 또 ⓑ <u>묻ᄂ다</u>
  (네가 이제 또 묻는다.)
○ 五百 도ᄌ기 … ⓒ <u>도죽ᄒ더니</u>
  (오백 도적이 … 도둑질하더니)
○ 이 智慧 업슨 比丘ㅣ 어드러셔 ⓓ <u>오뇨</u>
  (이 지혜 없는 비구가 어디에서 왔느냐?)
○ 이 善女人이 … 다시 나디 ⓔ <u>아니ᄒ리니</u>
  (이 선여인이 … 다시 나지 아니할 것이니)

	㉠	㉡
①	ⓑ, ⓒ	ⓐ, ⓓ, ⓔ
②	ⓐ, ⓔ	ⓑ, ⓒ, ⓓ
③	ⓓ, ⓔ	ⓐ, ⓑ, ⓒ
④	ⓐ, ⓒ, ⓓ	ⓑ, ⓔ
⑤	ⓑ, ⓒ, ⓔ	ⓐ, ⓓ

[40 ~ 42] (가)는 종이 신문이고, (나)는 (가)의 기사를 보고 인터넷 포털 사이트에서 뉴스를 검색한 화면이다. 물음에 답하시오.

(가)

△△ 일보	20○○년 ○○월 ○○일

이번 연도 수능 어려워질 전망
'만점자 너무 많지 않게' 해 달라!
영어 연계 지문 활용 줄이기로

이번 ○○월 치러지는 20△△학년도 대학수학능력 시험은 영어와 수학B형의 만점자 수가 역대 최고였던 작년 수능에 비해 어렵게 출제될 것으로 예상된다. 특히 영어 영역은 수험생들이 000 교재의 한글 해석본 암기에 매달리는 부작용을 막기 위해 000 교재의 지문을 그대로 옮겨 출제하는 문항 수를 줄이기로 했다. 다만 전체 과목의 000 교재 연계율은 20□□학년도까지 70%를 유지하기로 했다.

수능개선위원회는 00일 00에서 공청회를 열고, 이 같은 내용의 '수능출제 오류 개선과 난이도 안정화 방안(시안)'을 공개했다. ㉠<u>교육부는 이 안을 바탕으로 의견수렴을 거쳐 이달 안으로 개선 방안을 확정하여 9월 모의평가부터 적용할 예정이라고 한다.</u>

수능개선위원회는 이날 시안 발표에서 "20△△학년도 수능처럼 만점자가 많이 발생해 실수 여부에 따라 등급이 결정되는 일이 없도록 할 예정"이라고 밝혔다. ㉡<u>이는 수험생의 실력에 대한 변별력 확보를 위해 다양한 난이도의 문항을 내겠다는 의미로 작년</u>보다 어렵게 출제하겠다는 것으로 해석된다. ㉢<u>실제로 작년 수능 수학B형의 만점자는 4.5%나 돼 한 문제만 틀려도 2등급을 받았고, 영어 만점자도 3.4%로 예년에 비해 최고치였다.</u>

㉣<u>수능개선위원회는 또 000 교재 영어 지문의 수능 연계 방식을 검토하여 000 교재의 수능 연계율을 수정할 계획이다.</u> 이는 지문을 그대로 활용했을 때 학생들이 영어공부 대신 한글 해석본을 외우는 부작용에 따른 것이다.

개선위원회는 '수능 3년 예고제'에 따라 000 교재 연계율 70%는 내년 수능까지 유지하되, 영어 교재 지문을 그대로 활용하는 문항 비율을 현행 60%에서 올해 50%, 내년 30% 등 단계적으로 축소하는 방안, 지문의 내용을 묻는 문항은 000 교재 밖의 지문을 활용하는 방안 등을 제시했다.

㉤<u>000 교육 평가이사는 "수능 난이도 안정화 방안에 따라 올해 수능은 다소 어려워질 가능성이 높다."며 "000 교재 외에서 출제되는 30%의 문항이 학생들을 변별하는 변수가 될 것"이라고 예상했다.</u>

(나)

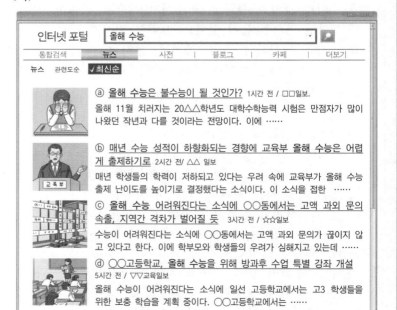

40. (가)와 (나)에 대한 이해로 가장 적절한 것은?

① (가)와 (나) 모두 표제의 크기가 독자의 기사 선택에 영향을 끼친다.

② (가)는 (나)와 달리 표제보다는 부제의 내용이 좋아야 독자의 주의를 끌 수 있다.

③ (가)는 (나)와 달리 기사가 제공되는 시간에 따라 기사의 중요도가 결정된다.

④ (나)는 (가)와 달리 독자층이 한정되어 있어 기사 배열 순서가 독자의 기사 선택에 영향을 끼친다.

⑤ (나)는 (가)와 달리 여러 언론사의 기사를 확인할 수 있어 다양한 정보를 접하는 데 도움이 될 수 있다.

41. <보기>를 참고하여 (가), (나)에 적용된 '프레이밍'에 대해 판단한 내용으로 적절하지 <u>않은</u> 것은? [3점]

<보 기>

　미디어가 뉴스를 재구성할 때는 사건이나 이슈를 특정 시각으로 해석하는 방식으로 진행될 수 있는데 이때 미디어가 사용하는 시각이 곧 프레임(frame)이다. 따라서 프레이밍은 미디어가 뉴스 전달에서 프레임을 갖추는 과정 및 방법으로 이해할 수 있으며 하나의 이슈에 대해 다양한 관점에서 뉴스를 제작할 수 있게 되는 것이다. 특정 시각(프레임)이 기사의 리드와 제목으로 가게 되며, 수용자의 이슈 이해와 해석 및 태도 형성에도 큰 영향을 미친다. 미디어의 프레이밍(framing)에 대해 엔트만(Entman)은 네 가지 보편적 프레임으로 성격 규정, 원인 진단, 도덕적 평가, 해결 방안 제시 등을 제시하고 있다.

① (가)의 '이번 연도 수능 어려워질 전망'이라는 표제는 언론사의 프레임을 잘 보여 준다고 할 수 있다.

② (가)에 언급된 '수험생의 실력에 대한 변별력 확보를 위해 다양한 난이도의 문항을 내겠다는 의미' 등의 내용은 '대입 난이도 강화'라는 '성격 규정'의 프레임을 보여 주고 있다.

③ ⓐ와 ⓑ는 수험생들의 공부 방법이나 대입 준비에 영향을 끼치는 내용으로, 언론사의 이슈에 대한 '원인 진단'과 '해결 방안 제시' 프레임을 보여 준다고 할 수 있다.

④ ⓒ의 '고액 과외'는 계층 간 위화감을 조장할 수 있는 내용으로 언론사의 이슈에 대한 '도덕적 평가' 프레임을 보여 준다고 할 수 있다.

⑤ ⓓ는 수능을 준비하는 학생들을 위한 보충 교육에 대한 내용을 담고 있으므로 언론사의 이슈에 대한 '해결 방안 제시' 프레임을 보여 준다고 할 수 있다.

42. (가)의 언어적 특성을 고려했을 때 ㉠~㉤에 대한 설명으로 적절하지 <u>않은</u> 것은?

① ㉠ : 지시 표현을 사용하여 기사 내용의 응집력을 높여 정보를 전달하고 있다.

② ㉡ : 피동 표현을 사용하여 '해석'의 주체는 밝히지 않고 '해석'의 내용만 드러내고 있다.

③ ㉢ : 구체적인 수치를 제시하여 앞의 내용에 대한 근거로 활용하고 있다.

④ ㉣ : 접속사를 사용하여 앞문장과 뒷문장이 원인과 결과의 관계임을 나타내고 있다.

⑤ ㉤ : 해당 분야 전문가의 말을 인용하여 기사 내용에 신뢰도를 높이고 있다.

[43~45] (가)는 학생들이 발표 준비를 위해 휴대 전화 메신저로 나눈 대화이고, (나)는 (가)를 바탕으로 '현우'가 제작해서 블로그에 올린 발표 자료 초안이다. 물음에 답하시오.

(가)

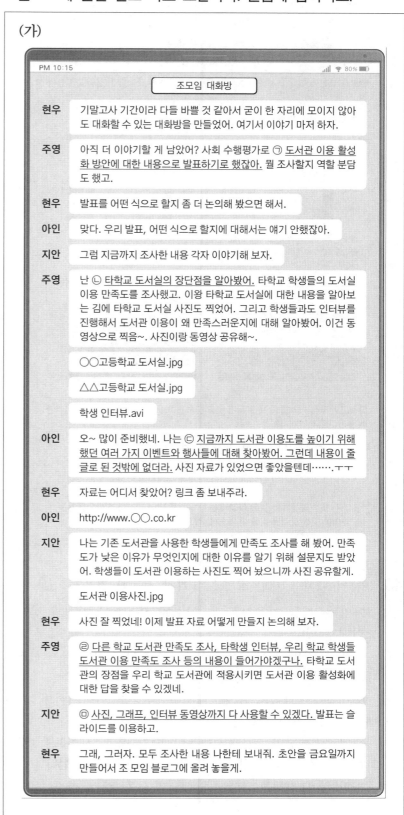

(나)

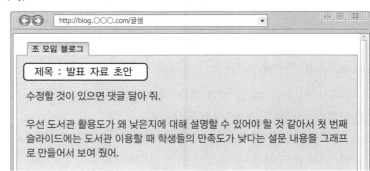

1. 학생들의 도서관 이용 만족도 조사
우리 학교 학생들의 도서관 이용도 만족도가 낮음

[막대 그래프: 불만족 40%대, 보통, 만족, 매우만족]

도서관 이용 만족도 조사 중 도서관에 매우 만족 10%, 만족 20% 로 30%의 학생들이 도서관에 대한 만족감을 표시했고, 나머지 학생들은 보통 내지는 불만족이라고 답함.

만족도 높은 타학교 도서관의 장점이 무엇이 있었는지 조사한 내용을 2번 슬라이드에 반영하려고 해.

2. 타학교 도서관 조사

○○고등학교 도서관 이용 만족도 조사

[막대 그래프: 매우만족 60%, 만족, 보통, 불만족]

매우 만족 60%, 만족 20%, 보통 10%, 불만족 10% ➡ 만족한다고 답한 학생이 무려 80%가 넘어.

△△고등학교 도서관 이용 만족도 조사

[막대 그래프: 매우만족 65%, 만족, 보통, 불만족]

매우 만족 65%, 만족 10%, 보통 10%, 불만족 15% ➡ 만족한다고 답한 학생이 75%가 넘어.

※ 도서관 이용 만족도가 높은 이유에 대한 타학교 학생들과의 인터뷰 내용

[영상 썸네일 이미지 2개]

○○고등학교 학생 인터뷰 　　 △△고등학교 학생 인터뷰

타학교의 우수 사례들을 보고 우리 학교 도서관 이용 활성화를 위한 방법을 3번째 슬라이드에서 제시하려고 해.

3. 우리 학교 도서관 이용 활성화를 위한 방안 제시
• 다양한 이벤트를 통한 학생들의 흥미 자극
• 각 과목 수행평가와 관련된 도서를 한 곳에 배치하여 학생들이 잘 찾아볼 수 있게 함.
• 매주 또는 매달 학생들이 직접 추천한 도서를 받아 게시하여 학생들의 눈높이에 맞는 도서를 읽을 수 있도록 유도함.

신출제

43. (가)의 대화에 대한 설명으로 가장 적절한 것은?

① '아인'은 한글 자음자로 된 기호를 사용하여 자신의 감정을 드러내고 있다.
② '주영'과 '아인'은 매체의 특성을 이용하여 자신이 찍은 사진을 대화자들과 공유하고 있다.
③ '현우'는 대화하고 있는 매체의 특성을 이야기하며 해당 매체를 사용하여 대화할 것을 말하고 있다.
④ '주영'은 자신이 조사한 내용이 담긴 특정 사이트를 링크하여 불특정 다수가 정보에 접근할 수 있게 하고 있다.
⑤ '지안'은 대화하고 있는 매체의 특성을 살려 다른 친구의 자료를 추가적인 정보로 제공하고 있다.

신출제

44. ㉠~㉤을 바탕으로 '현우'가 세운 발표 자료 제작 계획 중 (나)에 반영되지 않은 것은?

① ㉠에서 언급된 대로 발표 마지막 슬라이드에는 도서관 이용 활성화를 위한 방안을 제시해야겠어.
② ㉡에서 언급된 타학교 도서실의 단점은 우리가 고민해야 할 주제와는 동떨어진 내용인 것 같으니까 발표 자료 제작에서 제외해야겠어.

③ ㉢에서 언급된 지금까지 있었던 우리 도서실의 이벤트 내용은 발표 내용에 꼭 필요한 정보는 아니기 때문에 발표 자료 제작에서 제외해야겠어.
④ ㉣에서 언급된 자료들 중 우리 학교 학생들의 도서관 만족도 조사와 타학교 학생들의 도서관 만족도 조사는 비교해서 보는 게 좋으므로 한 슬라이드에 배치해야겠어.
⑤ ㉤에서 언급된 그래프는 필요하면 문자 언어와 함께 배치하여 발표 내용을 복합 양식적이 되도록 만들어야겠어.

신출제

45. <보기 1>은 (나)에 달린 댓글이다. <보기 1>을 바탕으로 (나)의 두 번째 슬라이드를 수정한 <보기 2>의 ⓐ~ⓔ 중 적절하지 <u>않은</u> 것은?

―――〈보기 1〉―――

아인 : 두 번째 슬라이드 제목을 바꾸는 게 어떨까? 제목이 내용을 다 포함해야 할 것 같은데……
　↳ 현우 : 수정할게~.
주영 : 그런데 두 번째 슬라이드에 학생 인터뷰 영상 밑에 학생인터뷰 중 도서관의 장점에 대해 언급한 내용을 듣는 사람들의 편의를 위해 좀 써 놔야 하지 않을까?
　↳ 현우 : 니 말을 듣고 나니 그렇게 하는 게 좋을 것 같다. 반영할게.
　↳ 주영 : 땡큐.^^ 참, 내가 찍어 놓은 타학교 도서관 사진 중에 이벤트 내용이 담긴 사진도 있는데 그거 사용할래?
　↳ 현우 : 그것도 사용하면 좋겠다. 사진 다시 보내 줘~.
아인 : 타학교 만족도 그래프를 원그래프로 바꾸면 어떨까? 원그래프가 시각적으로 만족도가 높다는 걸 확인하기 쉬울 것 같아.
　↳ 현우 : 그럴 것도 같네. 반영할게.
　↳ 아인 : 이왕 바꾸는 거 옆에 타학교 학생들이 도서관 이용을 왜 만족스러워 하는지에 대한 설문 조사 내용에 대한 답을 표로 정리해서 보여 주면 더 좋을 것 같아.
　↳ 현우 : 좋은 생각이야. 더 내용이 풍부해질 것 같다. 자료 다시 찾아서 반영할게.

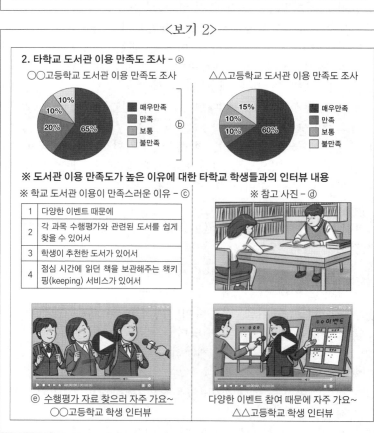

―――〈보기 2〉―――

2. 타학교 도서관 이용 만족도 조사 - ⓐ

○○고등학교 도서관 이용 만족도 조사

[원그래프: 매우만족 65%, 만족 20%, 보통 10%, 불만족 10%] - ⓑ

△△고등학교 도서관 이용 만족도 조사

[원그래프: 매우만족 60%, 만족 10%, 보통 10%, 불만족 15%]

※ 도서관 이용 만족도가 높은 이유에 대한 타학교 학생들과의 인터뷰 내용

※ 학교 도서관 이용이 만족스러운 이유 - ⓒ

1	다양한 이벤트 때문에
2	각 과목 수행평가와 관련된 도서를 쉽게 찾을 수 있어서
3	학생이 추천한 도서가 있어서
4	점심 시간에 읽던 책을 보관해주는 책키핑(keeping) 서비스가 있어서

※ 참고 사진 - ⓓ

[도서관 사진]

[인터뷰 영상 썸네일 2개]

ⓔ 수행평가 자료 찾으러 자주 가요~
○○고등학교 학생 인터뷰

다양한 이벤트 참여 때문에 자주 가요~
△△고등학교 학생 인터뷰

① ⓐ　　② ⓑ　　③ ⓒ　　④ ⓓ　　⑤ ⓔ

● 문항수 11개 | 배점 24점 | 제한 시간 20분

● 점수 표시가 없는 문항은 모두 2점

[35 ~ 36] 다음 글을 읽고 물음에 답하시오.

현대 국어에서는 음절의 종성에서 실제로 발음되는 소리가 제한되어 있다. ㉠ 음절의 종성에 마찰음, 파찰음이 오거나 파열음 중 된소리나 거센소리가 오면 모두 예사소리 'ㄱ, ㄷ, ㅂ'으로 교체되고, ㉡ 음절의 종성에 자음군이 올 때는 한 자음이 탈락한다. 그런데 모음으로 시작하는 형식 형태소가 뒤에 오면 앞 음절의 종성에 있던 자음이 곧바로 연음된다. 이렇게 연음되어 뒤 음절의 초성에서 소리 나는 자음은 제 음가대로 발음된다.

연음이 일어나는 조건이 갖추어지더라도 다른 현상이 일어나 제 음가대로 발음이 되지 않는 경우도 있다. 가령, ㉢ 'ㄷ, ㅌ'으로 끝나는 말 뒤에 'ㅣ'로 시작하는 형식 형태소가 오면 'ㄷ, ㅌ'이 'ㅈ, ㅊ'으로 변하는 구개음화가 일어난다. 또한 용언 어간 말음 'ㅎ'은 모음으로 시작하는 형식 형태소가 뒤에 오면 연음되지 않고 탈락한다. ㉣ 용언 어간 말음 'ㅎ' 뒤에 'ㄱ, ㄷ, ㅈ'으로 시작하는 어미가 오면 'ㅎ'과 'ㄱ, ㄷ, ㅈ'이 거센소리로 축약되는데 이를 통해 용언 어간 말음 'ㅎ'이 존재함을 간접적으로 알 수 있다.

[A] 연음과 음운 변동에 대한 지식을 활용하여 중세 국어 자료를 검토해 보면 현대 국어에서 찾아보기 어려운 형태의 단어를 발견할 수 있다. 예를 들어, 현대 국어에서는 'ㅎ'을 말음으로 가진 체언을 찾아보기 어렵다. 그러나 중세 국어 자료를 살펴보면 '돓(돌)', '나랗(나라)'와 같이 'ㅎ'을 말음으로 가진 체언을 확인할 수 있다.

중세 국어 시기에는 체언 말음 'ㅎ'이 모음으로 시작하는 조사와 결합하면 '나라히'와 같이 연음되어 나타나는 것을 확인할 수 있다. 또한 'ㅎ'을 말음으로 가진 체언이 '과', '도'와 같은 조사와 결합하면 'ㅎ'이 뒤에 오는 'ㄱ, ㄷ'과 축약되어 'ㅋ, ㅌ'으로 나타났는데, 이를 통해서 'ㅎ'의 존재를 간접적으로 확인할 수 있다. 하지만 어떤 체언이 'ㅎ'을 말음으로 가지고 있다고 하더라도, 그 체언이 단독으로 쓰이거나 관형격 조사 'ㅅ'과 결합하여 쓰였을 때는 'ㅎ'이 실현되지 않아서 'ㅎ'을 말음으로 가지지 않은 체언과 구별되지 않았다. 해당 체언이 연음이나 축약이 일어나는 자리에 쓰인 사례를 검토해야 체언 말음 'ㅎ'의 존재 여부를 알 수 있다.

35. ㉠ ~ ㉣에 대한 이해로 적절한 것은?

① '한몫[한목]'을 발음할 때, ㉠이 일어난다.
② '놓기[노키]'를 발음할 때, ㉣이 일어난다.
③ '끓지[끌치]'를 발음할 때, ㉡과 ㉢이 일어난다.
④ '값할[가팔]'을 발음할 때, ㉡과 ㉣이 일어난다.
⑤ '맞힌[마친]'을 발음할 때, ㉢과 ㉣이 일어난다.

36. [A]를 참조하여 <보기>의 ⓐ ~ ⓔ를 분석한 것으로 적절한 것은?

< 보 기 >

[학습 목표]

중세 국어 자료를 통해 체언 '하ᄂᆞᆶ'에 대해 탐구한다.

[중세 국어 자료]

· ⓐ 하ᄂᆞᆯ히 ᄆᆞᅀᆞᄆᆞᆯ 뮈우시니 (하늘이 마음을 움직이게 하시니)
· ⓑ 하ᄂᆞᆳ 光明中에 드러 (하늘의 광명 가운데에 들어)
· ⓒ 하ᄂᆞᆯ 셤기ᅀᆸᄃᆞᆺ ᄒᆞ야 (하늘 섬기듯 하여)
· ⓓ 하ᄂᆞᆯ토 뮈며 (하늘도 움직이며)
· ⓔ 하ᄂᆞᆯ콰 ᄯᅡ콰ᄅᆞᆯ 니르니라 (하늘과 땅을 이르니라)

① ⓐ에서는 연음되어 음운의 개수에 변동이 없지만, ⓓ에서는 음운 변동이 일어나 음운의 개수가 줄어들었음을 알 수 있다.
② ⓑ에서는 'ㅎ'이 다른 음운으로 교체되었음을 알 수 있고, ⓒ에서는 'ㅎ'이 실현되지 않았다.
③ ⓑ에서는 체언 말음 'ㅎ'의 존재를 알 수 있지만, ⓓ에서는 체언 말음 'ㅎ'의 존재를 알 수 없다.
④ ⓑ와 ⓒ에서 동일한 체언이 단독으로 쓰일 때, 서로 다른 형태로도 실현되었음을 알 수 있다.
⑤ ⓓ와 ⓔ에서 체언에 현대 국어에 존재하지 않는 조사 '토', '콰'가 결합했음을 알 수 있다.

37. <보기>의 선생님 물음에 대한 답으로 가장 적절한 것은?

< 보 기 >

선생님: 지난 시간에 형태소와 단어에 대해 공부했는데, 이를 바탕으로 다음 자료에서 ㉠, ㉡, ㉢의 공통점과 차이점이 무엇인지 말해볼까요?

[자료]

○ 이 문제는 나한테 묻지 말고 그에게 물어라. (㉠)
○ 귀로는 음악을 들었고 눈으로는 풍경을 보았다. (㉡)
○ 나는 산으로 가자고 했지만 동생은 바다로 갔다. (㉢)

① 공통점은 단어의 자격을 가진다는 것이고, 차이점은 ㉠만 실질적 의미를 나타낸다는 것입니다.
② 공통점은 문법적 의미를 나타낸다는 것이고, 차이점은 ㉢만 단어의 자격을 가진다는 것입니다.
③ 공통점은 단어의 자격을 갖지 못한다는 것이고, 차이점은 ㉡, ㉢만 문법적 의미를 나타낸다는 것입니다.
④ 공통점은 음운 환경에 따라 그 형태가 바뀐다는 것이고, 차이점은 ㉡, ㉢만 문법적 의미를 나타낸다는 것입니다.
⑤ 공통점은 반드시 다른 말과 결합하여 쓰인다는 것이고, 차이점은 ㉡, ㉢만 음운 환경에 따라 그 형태가 바뀐다는 것입니다.

38. 사전 자료의 일부인 <보기>를 바탕으로 어미의 쓰임을 탐구한 학습지 활동의 결과로 적절하지 <u>않은</u> 것은? [3점]

―――――― < 보 기 > ――――――

-ㄴ- 「어미」
 이야기하는 시점에서 볼 때 사건이나 행위가 현재 일어남을 나타내는 어미.
 ¶ 일을 마치고 집으로 간다.

-ㄴ 「어미」
 ① 사건이나 행위가 과거 또는 말하는 이가 상정한 기준 시점보다 과거에 일어남을 나타내는 어미.
 ¶ 이것은 털실로 짠 옷이다.
 ② 현재의 상태를 나타내는 어미.
 ¶ 누나는 유명한 성악가이다.

[학습지]
 각 질문에 대해 '예'는 ○, '아니요'는 ×로 표시하시오.

질문	-ㄴ-	-ㄴ ①	-ㄴ ②	
○ 다른 어미 앞에 붙을 수 있는가?	○	×	×	…㉠
○ 어미 '-(으)시-' 뒤에 붙을 수 있는가?	○	○	○	…㉡
○ 어간에 붙어 관형어 구실을 하게 하는가?	×	○	○	…㉢
○ 받침 없는 용언의 어간 뒤에 붙어 현재 시제를 나타내는가?	○	×	○	…㉣
○ 예문으로 '흰 눈이 내립니다.'를 추가할 수 있는가?	○	×	×	…㉤

① ㉠ ② ㉡ ③ ㉢ ④ ㉣ ⑤ ㉤

39. <보기>의 ㉮ ~ ㉰에 대한 설명으로 적절하지 <u>않은</u> 것은?

―――――― < 보 기 > ――――――

 ㉮ 그 사람이 범인임이 확실히 밝혀졌다.
 ㉯ 부상을 당한 선수는 장애물 달리기를 포기하였다.
 ㉰ 학생들은 성적이 많이 오르기를 마음속으로 빌었다.

① ㉮는 명사절 속에 관형어가 한 개 있다.
② ㉮에는 주어의 기능을 하는 안긴문장이 있다.
③ ㉯에는 주어가 생략된 안긴문장이 있다.
④ ㉰는 ㉮와 달리 안긴문장 속에 부사어가 있다.
⑤ ㉯와 ㉰에는 목적어의 기능을 하는 안긴문장이 있다.

[40 ~ 42] (가)는 학생들이 동아리 부원 모집을 위해 휴대 전화 메신저로 나눈 대화 내용이고 (나)는 SNS와 소셜 미디어의 미래와 관련한 글이다. 물음에 답하시오.

(가)

PM 10:15 ⊿⊿ ⦿ 80%

시원 다음 주가 벌써 신입생 동아리 신청하는 날이래. 우리 동아리 홍보 어떻게 하지?

정희 ㉠ 포스터를 만들어서 교내에 부착하면 어떨까?

희정 그것도 좋은데 시간이 많이 없으니까 ㉡ SNS로 홍보하는 건 어떨까?

명재 완전 좋음.^^ 후배들이 내 SNS 많이 팔로우 하는 거 알지? 🐻 걔들이 우리 홍보글 다시 자기들 SNS로 홍보해 줄 거야. 우리 동아리 대박 날거다. ㅎㅎ

시원 대박나면 좋겠다. ㅋㅋ 어떤 내용으로 홍보하면 좋을까?

정희 독서 토론이 재미있다는 걸 보여 주고, 도서실하고 연계해서 행사도 많이 해서 다양한 활동을 할 수 있다는 걸 강조하자. 요즘 방송에 많이 나오는 독서 토론 영상 중 재미있는 거 링크해 놓거나 다운받아서 영상으로 보여 주던가. 우리도 그런 식으로 토론하고 있다고 영상으로 보여 주고. 그리고 글 밑에 우리 동아리 참가 신청서 양식 링크 걸어놓고. 어때?

희정 좋은 생각이다. 🐻 방송 토론 영상은 허락을 받아서 다운받아 사용하면 되겠지?

시원 그럴걸? 그럼 우리 3월 이벤트는 동아리 홍보 영상이랑 글 많이 SNS로 홍보해 준 친구 뽑아서 선물 주는 건 어떨까?

명재 난 찬성! 우리 홍보 영상이랑 글 패러디도 해 주면 좋겠는데. 요즘 그런 게 유행이잖아. 우리 홍보 영상이랑 글 패러디해서 본인들 SNS에 올린 거 사진 찍어서 보내 준 사람에게도 선물 주면 좋겠다. 어때, 해볼까?

시원 알뜸. 정말 좋은 생각인 것 같아. 사람들이 실시간 댓글 단 내용 보면서 사람들 반응도 보자. 패러디 영상 만든 사람들이 따로 모여서 자기들만의 공간을 만들게 되면 그것 또한 우리 동아리 홍보가 될 수도 있을테니 반응을 지켜보자.

(나)

 UCC와 블로그, 그리고 SNS의 발전 모습에서 본 것처럼 소비자의 인터넷 활동이 단순한 정보를 찾고 읽는 것으로부터 정보를 직접 생산하는 데 참여하고 누구에게나 개방하고 다른 사용자들과 적극적으로 공유하는 것으로 진화하기 시작했다. 이에 따라 사용자의 참여와 공유 그리고 개방을 강조하는 웹 2.0이라는 철학적 토대 위에 다양하게 진화된 인터넷 애플리케이션(응용프로그램)과 서비스 그리고 미디어 플랫폼을 포괄하는 소셜미디어라는 용어가 사용되기 시작했다.
 ⓐ 소셜 미디어의 특성은 참여, 공개, 대화, 커뮤니티, 연결 등을 포함한다. 여기서 소셜 미디어의 첫 번째 특성인 참여란 소셜 미디어는 관심 있는 모든 사람들의 참여와 피드백을 촉진하여 콘텐츠 소비자가 동시에 콘텐츠 생산자가 될 수 있다는 것을 의미한다. 두 번째로, 공개는 소셜 미디어는 사용자의 참여와 피드백 과정을 공개하여 다른 사용자들의 콘텐츠 접근과 사용에 대한 장벽이 없다는 것을 의미한다. 세 번째 특성

인 대화란 전통적인 미디어가 수용자에게 콘텐츠를 일방적으로 전달하는 반면 소셜 미디어는 쌍방향적인 콘텐츠 공유와 커뮤니케이션이 이루어진다는 것을 의미한다. 네 번째로, 커뮤니티란 소셜 미디어는 빠르게 사용자들의 커뮤니티를 구성하고 그 안에서 공통의 관심사를 공유할 수 있도록 한다는 것이다. 마지막으로 연결은 소셜 미디어는 다양한 콘텐츠와 미디어의 조합이나 링크를 통하여 사용자와 콘텐츠를 연결하는 것을 의미한다.

[신출제]

40. (가)의 언어적 특성에 대한 설명으로 적절하지 <u>않은</u> 것은?

① 다양한 이모티콘을 사용하여 대화의 내용을 보충할 수 있다.

② 대화하는 사람들이 같은 물리적 공간에 있지 않더라도 회의를 진행할 수 있다.

③ 'ㅎㅎ'나 'ㅋㅋ'와 같이 자음만 사용하여 자신의 기분을 대화 참여자들에게 전달할 수 있다.

④ '알았음'을 '알쯤'이라고 표현한 것처럼 본래 표현을 짧게 줄여 써서 간단하게 내용을 전달할 수 있다.

⑤ 회의라는 공적인 상황에서 문자 언어로 소통하고 있기 때문에 문어적 의사소통의 특성을 강하게 드러내고 있다.

[신출제]

41. 대화방 참여자들이 ㉠의 방식보다 ㉡의 방식으로 동아리 홍보를 하기로 결정했다면 그 이유로 적절하지 <u>않은</u> 것은?

① ㉠보다 ㉡이 더 많은 사람들에게 노출될 수 있기 때문이다.

② ㉠보다 ㉡이 더 빨리 대상에게 내용을 전파할 수 있기 때문이다.

③ ㉠보다 ㉡이 더 많은 사람들의 이목을 끄는 효과가 크기 때문이다.

④ ㉡이 ㉠에 비해 더 생생하게 동아리 활동 내용을 담아낼 수 있기 때문이다.

⑤ ㉡은 ㉠에 비해 간접적 소통방식으로 동아리 정보를 객관적으로 사람들에게 전달할 수 있기 때문이다.

[신출제]

42. (나)의 밑줄 친 ⓐ를 바탕으로 (가)의 내용을 이해한 것으로 적절하지 <u>않은</u> 것은?

① '사람들이 실시간 댓글 단 내용'을 살피는 것은 소셜 미디어의 대화의 특징과 연관성이 있다.

② '우리 홍보글을 다시 자기들 SNS로 홍보'해 준다는 내용은 소셜 미디어의 참여의 특징과 연관성이 있다.

③ '패러디 만든 사람들이 따로 모여서' 그들만의 공간을 만든다는 것은 소셜 미디어의 커뮤니티의 특징과 연관성이 있다.

④ '방송의 독서 토론 영상'을 보여 주면서 '동아리 참가 신청서' 링크를 거는 것은 소셜 미디어의 연결의 특징과 연관성이 있다.

⑤ '동아리 홍보 영상이랑 글'을 홍보해 준 사람에게 선물 주는 이벤트를 한다는 것은 소셜 미디어의 공개의 특징과 연관성이 있다.

[43 ~ 45] (가)는 종이 신문, (나)는 카드뉴스이다. 물음에 답하시오.

(가)

△△ 일보　　　　　　　　　　　20○○년 ○○월 ○○일

'요알못'도 요리사가 되는 신기한 '밀키트'!

어려운 요리도 척척…

손질된 식재료에 레시피까지
세계 각국 메뉴가 다양
올들어 매출 450% 뛰기도

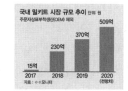

올해 결혼한 김○○ 씨(35) 부부는 '요알못(요리법을 잘 알지 못하는 사람)'이지만 계속되는 집들이가 힘들지 않다. 온라인으로 주문만 하면 깨끗하게 세척되어 손질된 적당량의 재료, 정확한 비율로 맞춘 양념에 사진까지 찍어서 단계별로 요리하는 순서가 적힌 손쉬운 레시피까지 동봉된 '밀키트'를 집으로 배송을 받을 수 있기 때문이다. 김 씨는 "이미 만들어진 제품이나 배달음식 대신 정성을 들여 직접 요리하고 싶지만 실력이 없는 나 같은 사람에게 안성맞춤"이라고 말했다.

한 팩 안에 이미 다 손질된 식재료가 들어 있어 누구나 쉽게 조리가 가능한 밀키트 소비가 빠르게 증가하고 있다. 5일 온라인 ○○몰은 올해 상반기 밀키트 제품 매출이 지난해 같은 기간보다 450% 늘어나며 가정간편식(HMR) 상품군 중 가장 높은 증가세를 보였다고 밝혔다. 지난해 역시 전년 대비 440%의 매출 증가세를 기록했다.

온라인 ○○몰에서 판매되는 밀키트 중 가장 인기 있는 제품은 '소고기 밀푀유나베'로 7개월간 5만여 개가 팔렸고, 두 번째 인기 제품은 이 기간 4만5,000여 개가 팔린 '블랙라벨 스테이크'이고, '감바스'와 '우삼겹 순두부찌개', '소고기 샤브샤브'도 각각 3만여 개가 팔려 인기를 끌었다. 주로 외식 메뉴들이다. 뿐만 아니라 집에서 손질이 어려운 곱창전골 같은 메뉴나 토르티야와 치킨, 새우로 구성된 멕

시코 요리 '파히타', 큐브 형태로 자른 연어와 날치알, 아보카도 등을 소스에 버무려 밥과 먹는 하와이 요리 '포케' 등 전문 식당에서나 볼 법한 요리도 판매가 늘어나고 있다.

최○○ 온라인 ○○몰 영업본부장은 "한식과 중식, 양식 일식 등 240여 개의 밀키트 상품이 판매 중"이라며 "하반기(7~12월)에는 상품 구성을 더욱 다양화할 것"이라고 말했다.

미리 만들어진 음식을 데우거나 끓이기만 하면 먹을 수 있는 HMR 제품과는 밀키트는 그 성격이 다르다. 이 같은 이유로 오히려 소비자에게 직접 요리하는 즐거움과 함께 보다 신선한 맛을 제공할 수 있다. 또 요리를 잘 못해 간을 못 맞추는 등 실패할 가능성이 대폭 줄어든다. 식재료도 들어가야 할 양에 맞춰져 있어 재료 손질 시간을 줄일 수 있고 1, 2인 가구도 낭비 없이 재료를 사용할 수 있다는 것도 강점이다.

이 같은 이유로 국내 밀키트 시장은 빠르게 커지고 있다. 시장조사기업 ☆☆에 따르면 국내 밀키트 시장은 작년에는 15억 원 수준에 불과했지만 올해는 500억 원 이상으로 규모가 증가할 것으로 예상된다. 이에 다양한 식품업체는 물론이고 □□리테일, ☆☆유통 등 유통업체도 자체 브랜드를 출시하며 시장에 뛰어들고 있다. □□리테일 관계자는 "향후 3~4년 동안 밀키트는 기존의 폭발적인 성장세를 이어갈 것으로 보인다."라고 전망했다.

(나)

43. (가)와 (나)를 비교한 내용으로 가장 적절한 것은?

① (가)와 (나)는 모두 가독성을 높이기 위해 이미지를 주로 활용한 뉴스 형식을 취하고 있다.

② (가)는 (나)와 달리 시각적 이미지인 그래프를 사용하여 독자의 이해를 돕고 있다.

③ (가)는 (나)와 달리 제목을 표제와 부제의 방식을 사용해 내용을 요약적으로 보여 주고 있다.

④ (나)는 (가)와 달리 간결하지만 함축적인 표현을 사용하여 독자들의 감성에 호소하는 글쓰기를 하고 있다.

⑤ (나)는 (가)와 달리 전문적인 생산자가 내용을 독자에게 전달하여 지식을 대중화할 수 있다는 특징이 있다.

44. <보기>는 (가)의 내용을 읽고 나눈 학생들의 대화이다. <보기>를 통해 알 수 있는 신문 기사의 특성으로 적절하지 <u>않은</u> 것은?

<보 기>

성준 : △△ 일보에 난 기사 봤어? 밀키트라는 걸 사면 간단하게 음식을 만들 수 있다고 해서 신기하더라.

수민 : 나도 기사 봤어. 요리를 못해서 방학 때 혼자 있으면 라면을 자주 끓여 먹었었는데 이제는 그러지 말아야겠어. 밀키트는 요리법이 간단해서 설명서만 잘 읽어 보면 음식점에서 먹는 것과 같은 음식을 내가 할 수 있다며? 만들어서 먹는 것이 패스트푸드 자주 먹는 것보다 아무래도 건강에 좋지 않을까?

성준 : 그런데 아무리 요리법이 쉽다고 해도 피자 같은 건 그냥 냉동 식품 사다 데워 먹는 게 더 낫지 않을까?

수민 : 그렇게 생각할 수도 있지만 밀키트는 HMR 상품군에 속하지만 다른 상품들과 다르다잖아. 요리 과정도 재미있을 것 같아서 밀키트를 사 볼래. 판매가 많이 된 음식 종류도 순위별로 정리되어 있어 구매를 결정하는 데 도움이 될 것 같아.

① 독자의 생활을 돌아볼 수 있는 기회를 제공할 수도 있다.

② 독자에게 새로운 정보를 얻을 수 있는 창구로서의 역할을 한다.

③ 특정 기업의 판매량 조사 자료를 제공하여 독자에게 유용한 정보를 전달할 수 있다.

④ 독자의 의견에 빠른 즉각적인 피드백을 줄 수 있도록 상호 소통 창구를 생성해 놓았다.

⑤ 독자가 기사의 내용을 통해 다른 제품과의 차이점을 파악할 수 있도록 구체적인 정보를 제공하고 있다.

45. <보기>의 관점에서 (가)를 읽은 학생의 반응으로 가장 적절한 것은? [3점]

<보 기>

많은 정보를 접할 수밖에 없는 환경 속에서 정보를 수용하는 사람은 상업적 이익을 위한 목적으로 전달된 정보에 노출되거나 비윤리적이고 저속한 정보를 접하는 경우도 생긴다. 따라서 정보를 수용하는 사람은 다양한 매체가 주는 정보를 무조건적으로 수용해서는 안 되고 비판적이고 주체적으로 수용할 수 있어야 한다.

① 민주 : 전년도에 비해 올해의 시장 규모가 대략 33배 가까이 커질 것이라는 건 너무 심한 것 같아. 과장된 정보가 아닐까?

② 가빈 : 다른 회사들에서도 밀키트를 판매한다니 이제 좀 더 저렴해진 밀키트 상품들을 기대해도 괜찮겠는데?

③ 현우 : 우리 엄마도 가끔 밀키트로 요리해 주시는데 되게 간편해서 편하다고 하셨어. 밀키트 시장이 저렇게 커질 만도 해.

④ 주영 : 요즘 사람들이 밖에 잘 안나가는 추세라서 배달 음식이 그렇게 잘 팔린다고 하던데, 밀키트를 사람들이 많이 이용하는 게 정말일까?

⑤ 지윤 : 특정 회사에서 많이 팔린 제품만 가지고는 진짜 사람들이 많이 먹는 밀키트 제품이 무엇인지 알 수 없으니 공신력 있는 기관에서 조사한 결과를 보고 싶네.

※ 확인 사항

○ 답안지의 해당란에 필요한 내용을 정확히 기입(표기)했는지 확인하시오.

[35 ~ 36] 다음을 읽고 물음에 답하시오.

국어에는 발음을 자연스럽게 하는 상황에서 어떠한 자음 두 개를 연달아 발음하는 것이 어려워 발생하는 음운 변동들이 있다. 가령 '국'과 '물'은 따로 발음하면 제 소리대로 [국]과 [물]로 발음되지만, '국물'처럼 'ㄱ'과 'ㅁ'을 연달아 발음하게 되면 예외 없이 비음화가 일어나 'ㄱ'이 [ㅇ]으로 바뀐다. 이것은 국어에서 장애음*과 비음을 자연스럽게 연달아 발음하는 것이 어려워 일어나는 현상이다. '국화[구콰]', '좋다[조:타]'처럼 예사소리와 'ㅎ'이 거센소리로 축약되는 현상도 국어에서 연달아 발음하는 것이 어려운 자음들이 이어질 때 발생하는 음운 변동으로 볼 수 있다. 비음화와 자음 축약은 장애음 뒤에 비음이 이어질 때, 'ㅎ'의 앞이나 뒤에서 예사소리가 이어질 때와 같이 음운과 관련된 조건만으로 규칙성을 파악할 수 있다.

국어에서 일어나는 된소리되기를 살펴보면, 예사소리인 파열음 'ㅂ, ㄷ, ㄱ' 뒤에 예사소리 'ㅂ, ㄷ, ㄱ, ㅅ, ㅈ'이 연달아 발음되기 어려워, 뒤에 오는 예사소리가 반드시 된소리로 바뀐다. 예를 들면, '국밥'은 반드시 [국빱]으로 발음된다. 이와 같은 현상은 필수적으로 일어나기 때문에 [갑짜기]로 발음되는 단어를 '갑자기'로 표기하더라도 발음할 때에는 예외 없이 [갑짜기]가 된다.

한편 자음의 본래 소리대로 발음할 수 있음에도 불구하고 일어나는 된소리되기가 존재한다. '(신을) 신고'가 [신:꼬]로 발음되는 것처럼, 용언의 어간이 비음으로 끝나고 뒤에 오는 어미가 예사소리로 시작하면 예사소리가 된소리로 바뀐다. 그런데 명사인 '신고(申告)'는 [신고]로 발음되듯이, 국어의 자연스러운 발음에서 비음과 예사소리는 그대로 발음될 수도 있다. 따라서 비음 뒤의 예사소리가 된소리로 발음되는 현상의 규칙성을 파악하기 위해서는 음운과 관련된 조건뿐만 아니라 용언의 어간과 어미가 결합한다는 것과 같은 형태소와 관련된 조건까지 알아야 한다.

국어의 규칙적인 음운 변동 중에는 어떠한 자음 두 개를 연달아 발음하는 것이 어려워 발생하는 것도 있고, 자음의 본래 소리대로 발음할 수 있음에도 불구하고 발생하는 것도 있다. 이와 같은 음운 변동이 일어난 발음들은 모두 표준 발음으로 인정된다.

* 장애음 : 구강 통로가 폐쇄되거나 마찰이 생겨서 나는 소리. 일반적으로 장애의 정도가 큰 파열음, 마찰음, 파찰음을 이름.

35. 윗글을 바탕으로 <보기>를 탐구한 결과로 적절한 것은?

─── < 보 기 > ───

○ ⓐ집념[짐념]도 강하다.
○ 춤을 ⓑ곧잘[곧짤] 춘다.
○ 책상에 ⓒ놓고[노코] 가라.
○ 음식을 ⓓ담기[담:끼]가 힘들다.
○ 모기한테 ⓔ뜯긴[뜯낀] 모양이다.

① ⓐ와 ⓑ에서 이어져 있는 두 자음이 용언의 어간과 어미에 이어져 나타나면 음운 변동이 일어나지 않는다.
② ⓐ와 ⓔ에서 이어져 있는 두 자음을 제 소리대로 연달아 발음하는 것은 표준 발음으로 인정된다.
③ ⓑ와 ⓒ는 발음될 때, 음운과 관련된 조건만으로 규칙성을 파악할 수 있는 음운 변동이 일어난다.
④ ⓒ와 ⓓ는 발음될 때, 용언의 어간과 어미가 결합한다는 조건이 음운 변동을 일으키는 요인으로 작용한다.
⑤ ⓓ와 ⓔ는 발음될 때, 용언의 어간과 결합하는 어미의 첫소리가 예사소리에서 된소리로 바뀐다.

36. 윗글을 바탕으로 <보기>의 '한글 맞춤법'을 이해한 내용으로 적절한 것은? [3점]

─── < 보 기 > ───

제1항 한글 맞춤법은 표준어를 소리대로 적되, 어법에 맞도록 함을 원칙으로 한다.

제5항 한 단어 안에서 뚜렷한 까닭 없이 나는 된소리는 다음 음절의 첫소리를 된소리로 적는다.
　1. 두 모음 사이에서 나는 된소리 예 가끔, 어찌
　2. 'ㄴ, ㄹ, ㅁ, ㅇ' 받침 뒤에서 나는 된소리 예 잔뜩, 훨씬
　다만, 'ㄱ, ㅂ' 받침 뒤에서 나는 된소리는, 같은 음절이나 비슷한 음절이 겹쳐 나는 경우가 아니면 된소리로 적지 아니한다. 예 국수, 몹시

제13항 한 단어 안에서 같은 음절이나 비슷한 음절이 겹쳐 나는 부분은 같은 글자로 적는다. (ㄱ을 취하고, ㄴ을 버림.)

ㄱ	ㄴ
딱딱	딱닥

① 두 모음 사이에 예사소리가 오면 예외 없이 된소리가 되므로 '가끔'은 표기에 된소리를 밝혀 적는다.
② 예사소리인 파열음 뒤에서 된소리되기가 일어날 때 규칙성을 찾을 수 없으므로 '몹시'는 예사소리로 적는다.
③ '딱딱'은 '딱닥'으로 적으면 표준 발음이 [딱닥]이 될 수도 있으므로 두 번째 음절 첫소리를 예사소리로 적지 않는다.
④ '국수'는 두 번째 음절 첫소리를 된소리로 적지 않더라도 표준 발음인 [국쑤]로 발음되므로 표기에 된소리를 밝혀 적지 않는다.
⑤ '잔뜩'은 비음으로 끝난 용언의 어간 뒤의 예사소리가 된소리로 변했다는 뚜렷한 까닭이 있으므로 표기에 된소리를 밝혀 적는다.

37. <보기>의 밑줄 친 부분과 관련한 탐구로 적절하지 <u>않은</u> 것은?

――――――< 보 기 >――――――

선생님 : 지난 시간에 모둠별로 <그림>의 대상을 지칭하는 새말을 만드는 활동을 했어요. <u>이번 시간에는 지난 시간에 만든 새말들의 단어 구조에 대해 탐구해 봅시다.</u>

○ 모둠 활동 결과

		새말
	㉠	오이칼, 껍질칼
	㉡	갉작갉작칼, 사각사각칼
	㉢	까개, 깎개
	㉣	긁도구, 밀도구
	㉤	박박이, 쓱쓱이

<그림>

① ㉠은 명사 어근들을 결합하여 만든 통사적 합성어입니다.
② ㉡은 부사 어근과 명사 어근을 결합하여 만든 비통사적 합성어입니다.
③ ㉢은 동사 어근에 접사를 결합하여 만든 파생어입니다.
④ ㉣은 명사 어근에 접사를 결합하여 만든 파생어입니다.
⑤ ㉤은 부사 어근에 접사를 결합하여 만든 파생어입니다.

38. ㉠ ~ ㉣의 문장 성분과 문장 구조에 대한 설명으로 적절하지 <u>않은</u> 것은?

> ㉠ 내가 빌린 자전거는 내 친구의 것이다.
> ㉡ 우리는 공연이 시작되기 전에 극장에 도착했다.
> ㉢ 피아노를 잘 치는 영수는 손가락이 누구보다 길다.
> ㉣ 파수꾼이 마을에 사는 사람들을 속였음이 드러났다.

① ㉠, ㉢에는 모두 서술어의 기능을 하는 안긴문장이 있다.
② ㉠, ㉣에는 모두 체언을 수식하는 안긴문장이 있다.
③ ㉡의 안긴문장에는 부사어가 없지만, ㉢의 안긴문장에는 부사어가 있다.
④ ㉡에는 관형어의 기능을 하는 안긴문장이 있고, ㉣에는 조사와 결합하여 주어의 기능을 하는 안긴문장이 있다.
⑤ ㉢, ㉣에는 모두 주어가 생략된 안긴문장이 있다.

39. <보기>의 (가)에 들어갈 내용으로 적절하지 <u>않은</u> 것은?

――――――< 보 기 >――――――

학습 활동	다음 자료를 보고, 중세 국어의 조사에 대해 탐구해 보자.
학습 자료	ㄱ. **ᄃᆞ리** 즈믄 ᄀᆞᄅᆞ매 **비취요미** ᄀᆞᆮᄒᆞ니라 (달이 천 개의 강에 비침과 같으니라) ㄴ. **네** 후(後)에 **부톄** ᄃᆞ외야 (네가 후에 부처가 되어) ㄷ. **부텻** 모미 여러 **가짓** 상(相)이 ᄀᆞᄌᆞ샤 (부처의 몸이 여러 가지의 상이 갖춰져 있으시어) ㄹ. **사ᄉᆞ미** 등과 **도ᄌᆞ기** 입과 눈 (사슴의 등과 도적의 입과 눈) ㅁ. **사ᄅᆞ미 모ᄆᆞᆯ** 득(得)ᄒᆞ고 **부텨를** 맛나 잇ᄂᆞ니 (사람의 몸을 득하고 부처를 만나 있으니)
활동 결과	(가)

① ㄱ의 '드리'와 '비취요미'에서 '이'가 각각 주격 조사와 부사격 조사로 사용되었다.
② ㄴ의 '네'에서 'ㅣ'가 주격 조사로, '부톄'에서 'ㅣ'가 보격 조사로 사용되었다.
③ ㄷ의 '부텻'과 '가짓'에서 'ㅅ'이 모두 관형격 조사로 사용되었다.
④ ㄹ의 '사ᄉᆞ미'와 '도ᄌᆞ기'에는 '의'가 각각 기준과 조건을 나타내는 부사격 조사로 사용되었다.
⑤ ㅁ의 '모ᄆᆞᆯ', '부텨를'에는 형태가 다른 목적격 조사가 사용되었다.

[40~42] (가)는 기상청 공식 블로그, (나)는 텔레비전 뉴스이다. 물음에 답하시오.

(가)

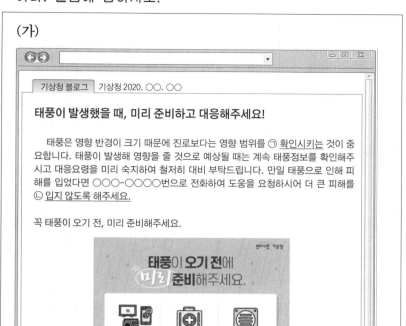

기상청 블로그 기상청 2020. ○○. ○○

태풍이 발생했을 때, 미리 준비하고 대응해주세요!

태풍은 영향 반경이 크기 때문에 진로보다는 영향 범위를 ㉠ 확인시키는 것이 중요합니다. 태풍이 발생해 영향을 줄 것으로 예상될 때는 계속 태풍정보를 확인해주시고 대응요령을 미리 숙지하여 철저히 대비 부탁드립니다. 만일 태풍으로 인해 피해를 입었다면 ○○○-○○○○번으로 전화하여 도움을 요청하시어 더 큰 피해를 ㉡ 입지 않도록 해주세요.

꼭 태풍이 오기 전, 미리 준비해주세요.

▼▼▼ 기상청 날씨누리에서 태풍 정보 확인하기 ▼▼▼

홈 기상청 날씨누리
지도 □□코리아 서울특별시 ○○구 △△제2동 기상특보 : 발효중

▶ **각 지역별 현재 날씨**(링크해 보세요.)

#태풍#태풍하이선#태풍피해방지#오늘날씨

☐ 댓글 3개

산골지기 농가에 피해가 ㉢ 많을것 같습니다. 빠른 정보 부탁드릴게요.

바다사랑 남해안 벌써 ㉣ 난리났읍니다. 부디 이번에는 인명, 재산 피해가 없기를 … 모두 힘을 합쳐서 이겨냅시다!

자연인 올해 태풍이 자주 오네요. 궁금증을 ㉤ 불러 일으키는 일이네요.

Ⓐ **내가 제일** 지금 남해안이 아니라 동해안에 태풍 피해가 더 심하대요. 뉴스에 보도는 안되고 있지만 동해안에 사는 지인이 알려준 내용이예요.

(나)

앵커 : 지금 태풍 상황은 어떻습니까?
기자 : 일본을 거쳐 현재 남해안에서 태풍이 북상하면서 인천의 9개 항로 여객선의 운항이 통제되고 있습니다. 남해안 일대에는 태풍의 영

향으로 인해 해수면 높이가 평소보다 1m가량 더 높아지고, 또 높은 파도로 인해 폭풍해일이 발생해 바닷물이 해안으로 들어와 시설물이 파손되거나 침수 피해가 발생하였습니다. 기상청 관계자는 "침수 피해에 주의하면서 매우 강한 바람으로 인해 야외에 설치된 건설 현장 장비, 철탑 등 시설물이 파손되거나 강풍에 의해 파손물이 날리는 2차 피해 등이 없도록 사전에 철저히 대비해달라."고 당부하고 있습니다.

신출제
40. (가), (나)에 대한 설명으로 적절하지 <u>않은</u> 것은?

① (가)는 (나)와 달리 관련 정보를 확장하여 확인해 볼 수 있다.
② (가)는 (나)와 달리 정보와 관련된 개인적 의견을 제시할 수 있다.
③ (나)는 (가)와 달리 특정 시간에 정보를 전달한다.
④ (나)는 (가)와 달리 핵심 정보를 요약적으로 정리하여 전달한다.
⑤ (나)는 (가)와 달리 영상 언어로 내용을 생생하게 전달하고 있다.

신출제
41. (나)의 텔레비전 뉴스를 보는 도중에 (가)의 밑줄 친 Ⓐ의 내용을 보았다. 이때 인터넷 매체를 통해 전달되는 자료를 수용하는 태도로 가장 적절한 것은?

① 정보를 제공한 사람이 아는 사람인지 여부를 확인한 후 내용을 수용한다.
② 정보가 가장 최근에 업데이트 되었는지 여부를 확인한 후 내용을 수용한다.
③ 정보를 누가 전달하고 있는지 전달자의 전문성 여부를 확인한 후 내용을 수용한다.
④ 정보를 전달한 사람의 글을 많은 이들이 지지하고 있는지 여부를 확인한 후 내용을 수용한다.
⑤ 정보를 해석할 때 충분한 시간을 가지고 해석한 것인지 여부를 확인한 후 내용을 수용한다.

신출제
42. (가)의 ㉠~㉤에 대한 문제점과 수정 방안으로 적절하지 <u>않은</u> 것은?

① ㉠ : '확인시키는'은 불필요한 사동 표현을 사용했으므로 '확인하는'으로 수정한다.
② ㉡ : '입지 않도록 해주세요.'의 부정의 보조 용언 '않다'는 앞말에 붙여서 쓰도록 수정한다.
③ ㉢ : '많을것 같습니다.'에서 의존 명사 '것'은 띄어 쓰도록 한다.
④ ㉣ : '난리났읍니다'는 맞춤법이 잘못되었으므로 '난리났습니다'로 수정한다.
⑤ ㉤ : '불러 일으키는'은 한 단어로 굳어진 말이므로 '불러일으키는'으로 수정한다.

[43 ~ 45] (가)는 종이 신문이고, (나)는 텔레비전 뉴스이다. 물음에 답하시오.

(가)

| ○○ 일보 | 20○○년 ○○월 ○○일 |

학교 폭력 잡은 '선플의 기적'

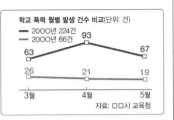

- □□시 교육청 '선플 운동' 8개월째
- 비속어가 일상어였던 학생들의 ㉠ 언어 순화
- 선플 20개 달면 봉사 활동 1시간 인정

㉡ ○○초등학교는 5~6월 선플(착한 댓글) 달기 운동 전국 1위 학교이다. ㉢ 김△△ 교감은 "월요일 조례 시간마다 악성 댓글 때문에 힘들어하는 사례를 소개하고, 선플을 남기는 운동을 설명한다."며 "선플 달기 운동을 한 후 비속어를 일상어처럼 쓰던 학생들의 언어 습관이 확 달라졌다."라고 덧붙였다.

또한 학생들의 달라진 언어 습관은 학교 폭력을 줄이는 긍정적인 효과를 가져왔다. ㉣ 17일 □□시 교육청에 따르면 지난해 3~5월 224건이던 학교 폭력 신고 건수가 올

해 들어서는 66건을 기록, 3분의 1수준으로 급감했다.

□□시 교육청이 지난해 9월 □□ 경찰청, 선플 달기 운동 본부와 업무 협약을 맺고 '선플 달기 운동'을 벌이기 시작한 지 8개월 만의 일이다.

□□시 교육청은 학생들의 참여를 높이기 위해 ㉤ 일주일에 선플을 20개 이상 남기면 자원 봉사 활동을 1시간 인정하고, 선플을 많이 남기면 학교에서 상을 주고 있다. 대신 댓글을 다는 데만 학생들의 봉사 활동이 쏠리지 않도록 일주일에 인정되는 자원 봉사 시간을 1시간으로 제한했다.

(나)

아나운서 인터넷 문화가 확산하면서 악성 댓글이 사회에 악영향을 끼치고 있습니다. 악성 댓글이 아닌 아름다운 댓글, '선플'로 사랑을 전하자는 시민운동이 펼쳐지고 있습니다. ○○○ 기자가 보도합니다.

기자 선플 자원 봉사단 발대식이 열렸습니다. 학생과 학부모 할 것 없이 착한 댓글로 언어 정화 운동에 나설 것을 다짐했습니다.

고등학생 : 아름다운 말과 아름다운 글과 아름다운 행동으로……

기자 선플 운동은 앞서 서로 격려하자는 의미에서 시작된 추임새 운동에 뿌리를 두고 있습니다. 교육부 조사 결과, □□시의 경우 지난 20○○년 선플 운동을 벌인 뒤 1년 만에 학교 폭력이 60% 가까이 줄었다는 통계도 나왔습니다.

[신출제]
43. (가)와 (나)에 대한 설명으로 적절하지 <u>않은</u> 것은?

① (가)는 정보량의 제약이 (나)보다 덜해 (나)에 비해 더 많은 정보를 심층적으로 수용자에게 전달할 수 있다.

② (가)는 (나)와 달리 수용자가 전체 내용을 미리 훑어본 뒤, 원하는 내용을 선별하여 읽을 수 있다.

③ (가)는 (나)와 달리 수용자가 정보를 습득할 수 있는 시간이 제한적이므로 정보의 유통에 시간적 제약성이 따른다.

④ (나)는 (가)와 달리 수용자들이 문자를 모르더라도 메시지를 이해할 수 있다.

⑤ (나)는 (가)와 달리 동영상 위주로 정보를 전달하므로 정보의 실재감을 높일 수 있다.

[신출제]
44. <보기>를 참고하여 (가), (나)에 대해 이해한 내용으로 가장 적절한 것은? [3점]

<보 기>

매체 자료의 생산자는 수용자의 연령을 고려하여 내용의 범위를 결정하고, 난이도를 조정하여 표현 방식을 달리할 수 있다. 또한 수용자의 성별을 고려하여 편협하거나 차별적인 내용은 없는지, 전달 방식은 적합한지를 판단하기도 한다. 그리고 수용자의 배경지식과 관심사를 고려하여, 수용자가 요구하는 정보의 내용과 양을 결정할 수 있다. 수용자가 다수인지 소수인지에 따라서도 생산하는 내용과 그 내용을 효과적으로 전달하는 방식이 달라질 수 있다.

① (가)의 생산자는 해당 매체 자료의 주요 수용자의 연령대를 초등학생으로 한정하고 있군.

② (가)의 수용자가 해당 매체 자료를 이해하기 위해서는 청소년 인터넷 언어 사용에 대한 배경지식을 반드시 가지고 있어야 하군.

③ (나)의 생산자는 수용자인 고등학생의 수준에 맞게 해당 매체 자료의 난이도를 조정할 필요가 있군.

④ (나)의 생산자는 인터넷 문화 확산의 부작용에 대한 사회적 관심사를 고려하여 해당 내용을 생성하고 있군.

⑤ (나)의 수용자는 해당 매체 내용의 일부에서 편협하거나 차별적인 내용을 확인할 수 있군.

[신출제]
45. (가)의 언어적 특성을 고려할 때, ㉠~㉤에 대한 설명으로 적절하지 <u>않은</u> 것은?

① ㉠ : 그래프의 내용을 요약하여 제시하는 방식으로 부제의 성격을 드러내고 있다.

② ㉡ : 독자가 낯설어할 만한 용어를 풀어 제시하여 이해를 돕고 있다.

③ ㉢ : 현장의 반응을 직접 인용하여 기사 내용의 신뢰성을 제고하고 있다.

④ ㉣ : 구체적인 수치를 사용하여 특정 상황과 관련된 특정 지역의 변화 양상을 부각하고 있다.

⑤ ㉤ : 연결 어미를 활용하여 제시하고자 하는 정보를 나열하고 있다.

---

* 확인 사항
○ 답안지의 해당란에 필요한 내용을 정확히 기입(표기)했는지 확인하시오.

04회

● 수술 실전 모의고사 ●

국어영역(언어와 매체)

PART II

04회

● 문항수 11개 | 배점 24점 | 제한 시간 20분

● 점수 표시가 없는 문항은 모두 2점

[35 ~ 36] 다음 글을 읽고 물음에 답하시오.

부정하는 내용을 문법적으로 실현한 문장을 부정문이라고 한다. 부정문은 의미에 따라 '안' 부정문과 '못' 부정문으로, 길이에 따라 '짧은 부정문'과 '긴 부정문'으로 나누기도 한다. 한편 명령문과 청유문의 부정에는 '말다' 부정문이 쓰이고, '말다' 부정문은 '긴 부정문'만 가능하다.

'안' 부정문은 부정 부사 '안(아니)'으로 실현되는 짧은 부정문과 부정의 용언 구성 '-지 않다(아니하다)'로 실현되는 긴 부정문이 있고, 객관적인 사실을 부정하는 '단순 부정'과 동작 주체의 의도를 부정하는 '의도 부정'이 있다. '안' 부정문의 서술어가 동사이고 주어가 의지를 가질 수 있는 동작 주체인 경우에 '단순 부정'과 '의도 부정'의 해석이 모두 가능하다. 하지만 서술어가 형용사이거나 주어가 의지를 가질 수 없는 경우에는 대개 '단순 부정'으로 해석한다.

'못' 부정문은 부정 부사 '못'으로 실현되는 짧은 부정문과 부정의 용언 구성 '-지 못하다'로 실현되는 긴 부정문이 있다. 일반적으로 '못' 부정문은 동작 주체의 능력 부족을 드러내는 부정문이므로, 동작 주체의 능력으로는 어쩔 수 없는 심리적 상태를 나타내는 서술어는 '못' 부정문에 쓰이기 어렵다. 한편 '못' 부정문은 일반적으로 서술어가 형용사인 경우에는 성립할 수 없지만, '긴 부정문'에 한하여 '화자의 기대하는 기준에 이르지 못함'의 뜻을 나타내는 경우에는 쓰이기도 한다. 나아가 '못' 부정문은 화자의 능력을 부정하는 의미에서 발전하여 완곡한 거절, 또는 강한 거부와 같은 화자의 심리적 태도를 반영하기도 한다.

'말다' 부정문은 명령문 및 청유문에서 부정의 용언 구성 '-지 말다'로 실현된다. 형용사는 대부분 명령문이나 청유문의 서술어로 쓰일 수 없기 때문에 '말다' 부정문은 서술어가 형용사인 경우에는 성립하지 않는다. 하지만 문장의 서술어가 형용사라도 기원이나 희망을 나타낼 때는 '말다' 부정문이 쓰이기도 한다.

35. 윗글을 바탕으로 <보기>를 이해한 내용으로 적절하지 <u>않은</u> 것은? [3점]

―――――< 보 기 >―――――

태영: 새로 배정받은 ㉠동아리실이 그리 넓지 못해 고민이야. 우리가 쓰던 ㉡물품이 전부 안 들어가겠는데?

수진: 그 정도는 아닐 거야. 일단 물품을 옮겨 보자. 내일 어때?

태영: 미안하지만 ㉢나는 내일 못 와. 이번 휴일에는 집에서 좀 쉬고 싶어.

수진: ㉣나도 별로 안 내키는데, 다른 친구들은 내일 시간이 괜찮다고 하더라.

태영: 그래? 그럼 나도 와서 도울게. 그나저나 ㉤내일은 제발 덥지만 마라.

① ㉠의 '못' 부정문은 형용사인 서술어에 '긴 부정문' 형태로 실현되어 화자가 기대하는 기준에 이르지 못한다는 의미를 나타내고 있군.

② ㉡의 '안' 부정문은 주어가 의지를 가질 수 있는 동작 주체인 경우이기 때문에 '단순 부정'과 '의도 부정'으로 모두 해석이 가능하겠군.

③ ㉢의 '못' 부정문은 완곡한 거절이라는 화자의 심리적 태도를 나타내고 있군.

④ ㉣의 서술어는 동작 주체의 능력으로는 어쩔 수 없는 심리적 상태를 나타내기 때문에 '못' 부정문에 사용될 수 없겠군.

⑤ ㉤의 '말다' 부정문은 형용사인 서술어에 '긴 부정문' 형태로 실현되어 화자의 기원이나 희망의 의미를 나타내고 있군.

36. 다음은 수업의 일부이다. 윗글을 바탕으로 ⓐ ~ ⓓ에 대해 이해한 내용으로 적절하지 <u>않은</u> 것은?

선생님: 중세 국어의 부정문은 현대 국어와 큰 차이가 없었습니다. 제시한 예문들을 현대 국어와 비교하여 이해해 봅시다.

> [중세 국어] 世尊이 ⓐ아니 오실씨
> [현대 국어] 세존이 아니 오시므로
>
> [중세 국어] 닐웨사 ⓑ머디 아니ᄒ다.
> [현대 국어] 이레야 멀지 아니하다.
>
> [중세 국어] 부텨를 몯 맛나며 法을 ⓒ몯 드르며
> [현대 국어] 부처를 못 만나며 법을 못 들으며
>
> [중세 국어] 이 ᄠᅳ들 ⓓ닛디 마ᄅᆞ쇼셔.
> [현대 국어] 이 뜻을 잊지 마십시오.

① ⓐ를 보니 중세 국어에서도 현대 국어의 '안' 부정문에 해당하는 부정문이 사용되었음을 알 수 있군.

② ⓑ를 보니 현대 국어에서처럼 중세 국어에서도 '단순 부정'에 해당하는 부정문이 사용되었음을 알 수 있군.

③ ⓒ를 보니 현대 국어에서처럼 중세 국어에서도 동작 주체의 의도를 부정하는 부정문이 사용되었음을 알 수 있군.

④ ⓓ를 보니 현대 국어에서처럼 중세 국어에서도 명령문을 부정하는 부정문이 사용되었음을 알 수 있군.

⑤ ⓐ와 ⓑ를 보니 중세 국어에서도 현대 국어의 '짧은 부정문'과 '긴 부정문'에 해당하는 부정문이 사용되었음을 알 수 있군.

37. <보기 1>의 ㉠ ~ ㉣에 해당하는 가장 적절한 예를 <보기 2>에서 고른 것은?

―――――< 보 기 1 >―――――

용언의 활용은 규칙 활용과 불규칙 활용으로 나눌 수 있다. ㉠규칙 활용은 용언이 활용될 때 어간과 어미의 기본 형태가 바뀌지 않거나, 어간이나 어미의 기본 형태가 바뀌는 모습을 일정한 규칙으로 설명할 수 있다. 한편 불규칙 활용은 용언이 활용될 때 어간이나 어미의 기본 형태가 바뀌는 이유를 일정한 규칙으로 설명할 수 없다. 불규칙 활용에는 ㉡어간이 불규칙적으로 바뀌는 경우, ㉢어미가 불규칙적으로 바뀌는 경우, ㉣어간과 어미가 모두 불규칙적으로 바뀌는 경우가 있다.

―〈보기 2〉―
- 놀이터에서 놀다 보니 옷에 흙이 <u>묻었다</u>.
- 나는 동생에게 출발 시간을 <u>일러</u> 주었다.
- 우리는 한라산 정상에 <u>이르러</u> 잠시 쉬었다.
- 드디어 사람들은 그를 <u>우러러</u> 섬기게 되었다.
- 하늘은 맑고 강물은 <u>파래</u> 기분이 정말 상쾌했다.

	㉠	㉡	㉢	㉣
①	묻었다	이르러	일러, 우러러	파래
②	일러	이르러, 파래	묻었다	우러러
③	이르러	묻었다, 우러러	파래	일러
④	묻었다, 우러러	일러	이르러	파래
⑤	일러, 우러러	묻었다	파래	이르러

38. 〈보기〉를 바탕으로 단모음의 변별적 자질을 탐구한 내용으로 적절하지 <u>않은</u> 것은?

―〈보기〉―

변별적 자질이란 한 음소를 이루는 여러 음성적 특성들을 별개의 단위로 독립하여 표시한 것이다. 하나의 변별적 자질은 오로지 두 부류로만 구별해 주며, 해당 변별적 자질이 나타내는 특성을 가진 부류는 '+', 그렇지 않은 부류는 '−'로 표시한다.

[자료 1] 단모음의 변별적 자질
- [후설성]: 혀의 전후 위치와 관련된 자질로 혀의 최고점이 중립적 위치보다 뒤에 놓이는 성질. 후설 모음은 [+후설성], 전설 모음은 [−후설성]이다.
- [고설성]: 혀의 높낮이와 관련된 자질로 혀의 최고점이 중립적 위치보다 높아지는 성질. 고모음은 [+고설성], 중모음과 저모음은 [−고설성]이다.
- [저설성]: 혀의 높낮이와 관련된 자질로 혀의 최고점이 중립적 위치보다 낮아지는 성질. 저모음은 [+저설성], 중모음과 고모음은 [−저설성]이다.
- [원순성]: 입술을 동그랗게 오므리는 성질. 원순 모음은 [+원순성], 평순 모음은 [−원순성]이다.

[자료 2] 단모음 체계표

허의 전후 위치	전설 모음		후설 모음	
혀의 높낮이 ＼ 입술 모양	평순 모음	원순 모음	평순 모음	원순 모음
고모음	ㅣ	ㅟ	ㅡ	ㅜ
중모음	ㅔ	ㅚ	ㅓ	ㅗ
저모음	ㅐ		ㅏ	

① 'ㅡ'는 [+후설성]으로, 'ㅣ'는 [−후설성]으로 표시한다.
② 'ㅏ'와 'ㅓ'는 [저설성]을 나타내는 변별적 자질의 특성이 서로 다르다.
③ 'ㅚ'와 'ㅜ'의 동일한 변별적 자질의 특성은 [+원순성]과 [−저설성]이다.
④ 'ㅔ'와 'ㅗ'는 [저설성]을 나타내는 변별적 자질의 특성은 동일하고, [고설성]을 나타내는 변별적 자질의 특성은 서로 다르다.
⑤ 'ㅐ'와 'ㅟ'는 [후설성]을 나타내는 변별적 자질의 특성은 동일하고, [고설성]을 나타내는 변별적 자질의 특성은 서로 다르다.

39. 〈보기 1〉을 바탕으로 〈보기 2〉의 ㉠ ~ ㉤에 대해 이해한 내용으로 적절하지 <u>않은</u> 것은?

―〈보기 1〉―

보조 용언도 하나의 단어이므로 띄어 쓰는 것이 원칙이나 경우에 따라서는 붙여 쓰는 것도 허용한다. 다만 본용언에 조사가 붙거나 본용언이 합성 용언인 경우, 본용언이 파생어인 경우는 그 뒤에 오는 보조 용언은 붙여 쓰지 않는다. 그런데 본용언이 합성어나 파생어라도 그 활용형이 2음절인 경우에는 본용언과 보조 용언을 붙여 쓰는 것도 허용한다. 그리고 본용언 뒤에 보조 용언이 거듭 나타나는 경우는 앞의 보조 용언만을 본용언에 붙여 쓸 수 있다.

―〈보기 2〉―
- 그가 이 자리를 ㉠<u>빛내 준다</u>.
- 오늘 일은 일기에 ㉡<u>적어 둘 만하다</u>.
- 나는 어제 그 책을 ㉢<u>읽어는 보았다</u>.
- 아마도 이런 기회는 ㉣<u>다시없을 듯하다</u>.
- 이번에는 제발 열심히 ㉤<u>공부해 보아라</u>.

① ㉠은 본용언이 합성어이지만 활용형이 2음절인 경우이므로 '빛내'와 '준다'를 붙여 쓸 수 있다.
② ㉡은 본용언 뒤에 보조 용언이 거듭 나타나는 경우이므로 '둘'과 '만하다'를 붙여 쓸 수 있다.
③ ㉢은 본용언에 조사가 붙은 경우이므로 '읽어는'과 '보았다'를 붙여 쓰지 않는다.
④ ㉣은 본용언이 합성 용언인 경우이므로 '다시없을'과 '듯하다'를 붙여 쓰지 않는다.
⑤ ㉤은 본용언이 파생어인 경우이므로 '공부해'와 '보아라'를 붙여 쓰지 않는다.

[40~42] 실시간 회의 어플리케이션을 활용하여, (가)는 '성현'이 공유한 화면이고 (나)는 (가)를 바탕으로 회의한 내용이다. 물음에 답하시오.

(가)

[공유 화면 1]

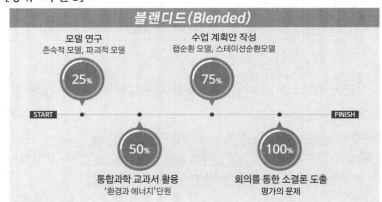

[공유 화면 2]

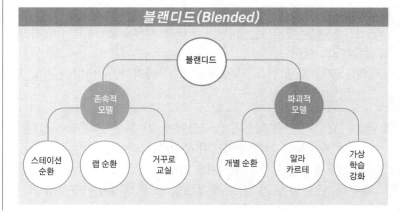

[공유 화면 3]

블랜디드(Blended)

차시 (교과 내용)	수업 방식	활동 내용
1차시	웹순환 학습	현재 사용하는 여러 가지 에너지가 어떻게 사용되는지의 원리를 찾아 보고 지속적으로 사용할 수 있는 에너지원 조사하기 온라인 학습의 결과 확인하기 ① 조력발전, 파력발전, 연료전지의 원리를 이해했는지 발표하기 ② 신재생 에너지 기술을 개발해야 하는 필요성을 발표하기. ③ 지속적으로 사용할 수 있는 에너지원은 어떤 것이 있고, 그 이유를 발표하기
2차시		모둠 활동 - 에너지 문제를 해결하기 위한 노력 평가 - 논술형 주제 : 신재생 에너지를 활용한 미래의 생활 모습을 상상하여 그리기 채점 기준 안내 : 미래의 모습이 참신하고 신재생 에너지의 활용 모습이 한 눈에 잘 파악이 되는가?

(나)

[공유 화면 1]에 대한 회의 내용

세훈	지난 번 회의에서는 멘토링 수업을 준비하는 단계를 시각적으로 나타내자고 했었지. 지금 공유된 화면을 보면서 추가로 수정할 사항이 있으면 얘기해 줘.
민수	원 안에 있는 수치는 무엇을 말하는 거야?
성현	아, 내가 그걸 삭제한다는 걸 깜박했네. 지금 바로 지워볼게. (수정한 뒤) 이제 괜찮지?
세훈	응, 이전보다 훨씬 나은 것 같아. 그럼 별다른 의견이 없는 것 같으니 두 번째 슬라이드를 볼게.

[공유 화면 2]에 대한 회의 내용

세훈	지난 번 회의 때 지금 슬라이드는 큰 문제가 없었던 것 같은데? 특별하게 바뀐 부분이 있어?
성현	존속적 모델과 파괴적 모델을 시각적으로도 명확하게 구분할 필요가 있어서 색깔을 넣어 봤어. 어때? 괜찮지.
다혜	응, 그러네. 그런데 스테이션 순환, 개별 순환, 알라카르테와 같이 생소한 표현들에는 간단하게라도 그 의미를 함께 제시하는 건 어떨까? http://www.○○○.kr의 자료를 참고하면 간편할거야.
민수	그러네. 그 사이트에 잘 정리되어 있다고 하니 참고하여 넣을게. 참, 랩순환과 알라카르테도 이렇게 (공유 화면에 직접 선을 표시하며) 각각 존속적 모델, 파괴적 모델과 줄로 연결해 주면 좋을 듯해.
세훈	좋은 의견이야. 우리 멘토링 자료가 점점 더 완벽해지는 듯해. 그러면 이제 세 번째 슬라이드를 볼까?

[공유 화면 3]에 대한 회의 내용

다혜	지난 번 회의 때 활동 내용 옆에 열을 하나 추가하기로 하지 않았나? 거기에 멘토링 수업할 때 기자재가 필요하면 그 물품 목록을 적기로 했잖아.
민수	맞아. 그리고 2차시에 계획된 모둠 활동을 각 조별로 어떤 주제를 가지고 논의할지도 구체적으로 표로 제시하기로 했었지.
성현	그러네. 이번에는 꼼꼼히 체크해서 보완할게. 또 다른 수정 사항은 없을까?
세훈	지금 다시 보니, 채점 기준을 조금 더 자세히 만들어야 할 것 같아.

다혜	듣고 보니 그러네. 그리고 평가의 목적도 함께 드러내야 할 것 같아. 우리는 멘토링 학생들을 성적으로 줄 세우기 위한 용도로 평가를 하는 건 아니니까.
성현	응, 너희 의견을 반영해서 세 번째 슬라이드는 다시 만들어 볼게.

신출제

40. (나)의 대화에 대한 설명으로 적절하지 <u>않은</u> 것은?

① '세훈'은 회의가 이루어지는 매체의 특성을 활용하여 회의를 진행하고 있다.

② '민수'는 음성 언어뿐만 아니라 실제적인 활동을 통해 자신의 의견을 제안하고 있다.

③ '성현'은 어플리케이션의 기능을 활용하여 회의 중 자료를 실시간으로 수정하고 있다.

④ '다혜'는 하이퍼링크를 이용하여 회의 내용과 관련된 추가적인 정보를 다른 회의 참여자들과 공유하고 있다.

⑤ '민수'와 '다혜'는 질문을 통해 불특정 다수의 사람들에게 자신들의 생각을 전달하고 있다.

신출제

41. (나)의 '지난 번 회의' 결과 중에서 (가)에 반영된 것은?

① 공유 화면 1 : 멘토링 수업 준비 단계를 수직선으로 나타냄

② 공유 화면 1 : 원 안에 있는 숫자와 퍼센트 기호를 삭제함

③ 공유 화면 2 : 블랜디드의 상이한 모델을 다른 색으로 표시함

④ 공유 화면 2 : 자료가 링크된 사이트를 그림과 함께 제시함

⑤ 공유 화면 3 : 기자재 구입에 소요되는 예산을 기입함

신출제

42. (나)를 바탕으로 (가)의 '공유 화면 3'을 수정한 ⓐ~ⓔ 중 적절하지 <u>않은</u> 것은? [3점]

ⓐ 블랜디드(Blended)를 적용한 수업 설계

차시 (교과 내용)	수업 방식	활동 내용	ⓑ 필요 사항
1차시	웹순환 학습	현재 사용하는 여러 가지 에너지가 어떻게 사용되는지의 원리를 찾아보고 지속적으로 사용할 수 있는 에너지원을 조사하기 온라인 학습의 결과 확인하기 ① 조력발전, 파력발전, 연료전지의 원리를 이해했는지 발표하기 ② 신재생 에너지 기술을 개발해야 하는 필요성을 발표하기 ③ 지속적으로 사용할 수 있는 에너지원은 어떤 것이 있고, 그 이유를 발표하기	컴퓨터실에서의 온라인 학습, 발표를 위한 빔프로젝트
2차시		모둠 활동 - 에너지 문제를 해결하기 위한 노력 ⓒ | 조 | 주제 | | 1조 | 지속 가능한 친환경 에너지 도시 설계(영국의 베드제드 중심으로) | | 2조 | 지속 가능한 친환경 에너지 도시 설계(독일의 프라이부르크 중심으로) | | 3조 | 적정기술을 적용한 장치 고안 | | 4조 | 적정기술을 적용한 장치 고안 평가 | 평가 - 논술형 ⓓ 목적 : 활동한 내용을 시각적으로 구체화할 수 있는 능력을 극대화함 주제 : 신재생 에너지를 활용한 미래의 생활 모습을 상상하여 그리기 채점 기준 안내 : ⓔ • 미래의 모습이 참신하고 신재생 에너지의 활용 모습이 한 눈에 잘 파악이 되는가? • 모둠활동 시 공유한 내용들이 그림에 잘 반영되어 있는가?	

① ⓐ　　② ⓑ　　③ ⓒ　　④ ⓓ　　⑤ ⓔ

[43~45] (가)는 재난 관리 이론을 다룬 책이고, (나)는 재난 상황을 알리는 ○○시의 공식 SNS이다. 물음에 답하시오.

(가)

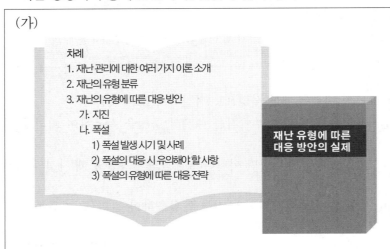

차례
1. 재난 관리에 대한 여러 가지 이론 소개
2. 재난의 유형 분류
3. 재난의 유형에 따른 대응 방안
　가. 지진
　나. 폭설
　　1) 폭설 발생 시기 및 사례
　　2) 폭설의 대응 시 유의해야 할 사항
　　3) 폭설의 유형에 따른 대응 전략

재난 유형에 따른
대응 방안의 실제

(나)

○○시 알리미

㉠지금 이 시각, ○○시에 많은 눈이 내리고 있습니다. 우리 시는 현재 재난안전대책본부를 가동하고 본청과 군 구 관계자 882명을 상황 근무하도록 한 상황입니다. ㉡눈이 많이 쌓여 길이 미끄러우니 눈길 미끄럼 사고에 유의해 주세요. 특히 교통사고가 우려되는 고비고개, 6공단 주변을 통행하는 차량의 경우 ㉢안전에 만전을 기하시기 바랍니다.

↳ ㉣여기는 □□도로인데 자동차 사고까지 나서 도로가 마비되었어요. 우회하세요.

↳ ㉤시청 앞 도로는 제설 작업이 잘 진행되어 지금은 도로 상황이 괜찮습니다.

↳ …

신출제
43. (가)와 (나)에 대한 이해로 적절하지 않은 것은?

① (가)와 달리 (나)는 보다 많은 양의 정보를 효과적으로 전달할 수 있다.

② (가)에 비해 (나)는 정보를 실시간으로 전달한다는 점에서 정보 제공의 속도가 빠르다.

③ (나)에 비해 (가)는 해당 분야의 전문적인 내용을 깊이 있게 다룰 수 있다.

④ (나)와 달리 (가)는 앞부분에 제시된 목차에 따라 정보가 나뉘어 배치된다.

⑤ (가)는 구매하거나 빌려서 읽어야 정보를 확인할 수 있지만, (나)는 검색을 통해 누구나 손쉽게 정보를 확인할 수 있다.

신출제
44. <보기>를 참고하여 (가), (나)의 '소통'에 대해 판단한 내용으로 적절하지 않은 것은?

< 보 기 >
　인간이 사회의 일원으로 살아가기 위해서는 반드시 다른 이들과 소통을 해야 한다. 소통은 의미를 전달하고 해석하는 과정이라 할 수 있다. 소통은 사람과 사람이 직접 만나 대화를 주고받거나 강의를 하는 것과 같은 면 대 면 상황에서 일어나기도 하고, 사람들이 전자 우편, 인터넷 대화창, 휴대 전화, 누리 소통망 등을 통해 음성, 글, 사진, 동영상 등의 텍스트를 주고받는 간접적인 방식으로 일어나기도 한다. 또한 책, 신문, 라디오, 텔레비전, 웹 사이트 등과 같이 다양한 기술 수단을 통해 동일한 메시지를 여러 사람들에게 동시에 전달하는 대량 전달 방식으로 일어나기도 한다.

① (가)를 통해 저자는 독자에게 의미를 전달하고 독자는 책의 의미를 해석하는 소통이 이루어진다.

② (나)는 면 대 면 상황처럼 메시지를 생산하고 전달하는 과정이 쌍방향으로 이루어진다.

③ (나)는 스마트폰, 컴퓨터 등의 기기를 통해서 다양한 형태의 텍스트로 소통이 이루어진다.

④ (가)와 (나) 모두 간접적인 방식으로 글, 사진, 동영상 등의 텍스트를 사람들에게 전달한다.

⑤ (가)와 (나) 모두 각각의 전달 수단을 활용하여 동일한 메시지를 여러 사람들에게 동시에 전달하는 방식으로 소통한다.

신출제
45. (나)의 언어적 특성을 고려할 때, ㉠~㉤에 대한 설명으로 적절하지 않은 것은?

① ㉠: 시제를 드러내는 부사어를 사용하여 현재 상황을 신속하게 전달하고 있음을 알 수 있다.

② ㉡: 연결 어미를 사용하여 앞 절과 뒤 절이 인과 관계로 이어짐을 나타내었다.

③ ㉢: 높임의 표현을 사용하여 공식적인 정보 전달자로서의 성격을 드러내었다.

④ ㉣: 지시 표현을 사용하여 정보 전달 과정에서의 현장감을 강조하였다.

⑤ ㉤: 비격식적인 표현을 사용하여 현재 활용 중인 매체의 성격을 드러내었다.

* 확인 사항
○ 답안지의 해당란에 필요한 내용을 정확히 기입(표기)했는지 확인하시오.

05회
● 수능 실전 모의고사 ●

국어영역(언어와 매체)

● 문항수 11개 | 배점 24점 | 제한 시간 20분

● 점수 표시가 없는 문항은 모두 2점

PART II

05회

[35 ~ 36] 다음 글을 읽고 물음에 답하시오.

하나의 형태소가 환경에 따라 다르게 나타나기도 하는데, 그 모습들을 이형태라고 한다. 이형태가 성립하기 위해서는 하나의 형태소가 다른 모습으로 나타나더라도 그 의미가 서로 동일해야 한다. '이'와 '가'는 주어의 자격을 나타내는 조사로 그 의미가 서로 동일하다. 하지만 의미의 동일성만으로는 이형태를 구분하기 힘든 경우가 있다. 이럴 때는 각각의 형태가 상보적 분포를 보이는지 확인하면 이형태인지를 알 수 있다. 주격 조사 '이'는 자음 뒤에만 나타나고 주격 조사 '가'는 모음 뒤에만 나타나므로, 이 두 형태가 나타나는 음운 환경은 서로 겹치지 않는다. 따라서 '이'와 '가'는 상보적 분포를 보이고, 의미가 동일하기 때문에 이형태 관계에 있다. 이형태는 음운 환경에 따라 다른 모습으로 나타나는 경우가 많은데 이를 음운론적 이형태라고 한다. '막았다'의 '-았-'과 '먹었다'의 '-었-'은 앞말 모음의 성질이 양성인지 음성인지에 따라 형태가 결정되므로 음운론적 이형태이다. 이와 달리 음운론적으로 설명할 수 없는 예외적인 환경에서 나타나는 이형태를 형태론적 이형태라고 한다. '하였다'의 '-였-'은 '하-'라는 특정 형태소와 어울려 음운론적으로 설명할 수 없는 경우이므로, '-였-'은 '-았-/-었-'과 형태론적 이형태의 관계에 있다.

이형태는 중세 국어에서도 나타났는데 현대 국어와 차이점을 보이기도 했다. 현대 국어에서 부사격 조사 '에'는 이형태가 존재하지 않는다. 하지만 중세 국어에서는 앞말 모음의 성질에 따라 이형태가 존재했다. 앞말의 모음이 양성 모음일 때는 '애'가, 음성 모음일 때는 '에'가, 단모음 'ㅣ' 또는 반모음 'ㅣ'일 때는 '예'가 사용되었다.

35. 윗글을 바탕으로 <보기>의 자료를 탐구한 내용으로 적절하지 **않은** 것은? [3점]

───〈 보 기 〉───

○ 이 사과는 민수한테 주는 선물이다.
　　　ⓐ　　　ⓑ

○ 네 일은 네가 알아서 하여라.
　　　ⓒ　　　　　ⓓ

○ 영수야 내 손을 꼭 잡아라.
　ⓔ　　　　　　ⓕ

○ 영숙아 민수에게 책을 주어라.
　ⓖ　　ⓗ　　　　ⓘ

① ㉠은 모음 뒤에만 나타나고 ㉡은 자음 뒤에만 나타나기 때문에 서로가 나타나는 음운 환경이 겹치지 않겠군.
② ㉡과 ㉧은 상보적 분포를 보이지 않으므로 이형태의 관계가 아니라고 할 수 있겠군.
③ ㉣은 ㉫, ㉭과 비교했을 때, 특정 형태소와 어울려 음운론적으로 설명할 수 없는 이형태라고 볼 수 있겠군.
④ ㉤과 ㉦은 손아랫사람을 부를 때 쓰는 호격 조사로 형태론적 이형태의 관계이겠군.
⑤ ㉫과 ㉭은 앞말 모음의 성질에 따라 형태가 결정되겠군.

36. 윗글을 참고할 때, <보기>의 ⓐ ~ ⓓ에 들어갈 말로 적절한 것은?

───〈 보 기 〉───

○ **탐구 자료**

[중세 국어] 狄人(적인) ㅅ 서리(ⓐ) 가샤
[현대 국어] 오랑캐들의 사이에 가시어

[중세 국어] 世尊(세존)이 象頭山(상두산) (ⓑ) 가샤
[현대 국어] 세존께서 상두산에 가시어

[중세 국어] 九泉(구천) (ⓒ) 가려 하시니
[현대 국어] 저승에 가려 하시니

○ **탐구 내용**

ⓐ ~ ⓒ는 부사격 조사로, 앞말 모음의 성질에 따라 상보적 분포를 보인다. 따라서 ⓐ ~ ⓒ는 (ⓓ) 이형태의 관계라고 할 수 있다.

	ⓐ	ⓑ	ⓒ	ⓓ
①	예	애	에	음운론적
②	예	에	애	형태론적
③	애	에	예	음운론적
④	애	예	에	형태론적
⑤	에	애	예	음운론적

37. <보기>는 문법 수업의 일부이다. 선생님의 설명에 따라 ㉠ ~ ㉣을 이해한 내용으로 가장 적절한 것은?

───〈 보 기 〉───

선생님: 오늘은 사동문과 피동문의 서술어 자릿수에 대해 공부해 봅시다. 주동문이 사동문으로 바뀔 때, 능동문이 피동문으로 바뀔 때는 서술어 자릿수가 변하기도 합니다. 이 점을 고려하면서 다음 문장들을 살펴봅시다.

㉠ 얼음이 매우 빠르게 녹았다.
㉡ 아이들이 얼음을 빠르게 녹였다.
㉢ 사람들은 산을 멀리서 보았다.
㉣ 그 산이 잘 보였다.

① ㉠은 피동문이며, ㉣과 서술어 자릿수가 서로 같다.
② ㉡은 사동문이며, ㉢과 서술어 자릿수가 서로 같다.
③ ㉡은 피동문이며, ㉣과 서술어 자릿수가 서로 다르다.
④ ㉣은 피동문이며, ㉡과 서술어 자릿수가 서로 같다.
⑤ ㉣은 사동문이며, ㉢과 서술어 자릿수가 서로 다르다.

38. <보기 1>의 탐구 과정을 바탕으로 <보기 2>의 ㉠ ~ ㉕을 바르게 분류한 것은?

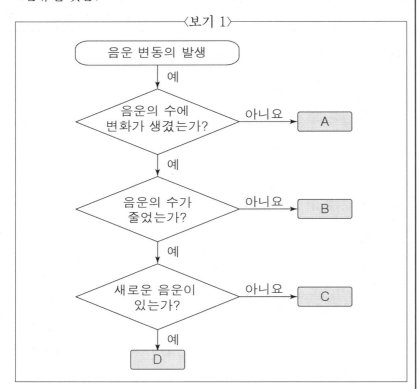

─〈보기 1〉─

─〈보기 2〉─

○ 그는 열심히 ㉠집안일을 했다.

○ 그녀는 기분 ㉡좋은 웃음을 지었다.

○ 그는 나에게 말을 하지 ㉢않고 떠났다.

○ 세월이 화살과 ㉣같이 빠르게 지나간다.

○ 집이 추워서 오래된 ㉤난로에 불을 지폈다.

○ 면역력이 떨어지면 병이 ㉥옮는 경우가 있다.

	A	B	C	D
①	㉠	㉢	㉣, ㉤	㉡, ㉥
②	㉡, ㉥	㉠	㉣, ㉤	㉢
③	㉡, ㉥	㉣, ㉤	㉠	㉢
④	㉣, ㉤	㉠	㉡, ㉥	㉢
⑤	㉣, ㉤	㉡, ㉥	㉢	㉠

39. <보기 1>은 '사전 활용하기' 학습을 위한 자료이다. 이를 바탕으로 <보기 2>의 ㉠ ~ ㉤에 대해 탐구한 내용으로 적절하지 <u>않은</u> 것은?

─〈보기 1〉─

지1 「의존명사」

(어미 '-은' 뒤에 쓰여) 어떤 일이 있었던 때로부터 지금까지의 동안을 나타내는 말.

-지2 「어미」

「1」(용언의 어간이나 어미 '-으시-', '-었-' 뒤에 붙어) 그 움직임이나 상태를 부정하거나 금지하려 할 때 쓰이는 연결 어미. '않다', '못하다', '말다' 따위가 뒤따른다.

「2」상반되는 사실을 서로 대조적으로 나타내는 연결 어미.

-지3 「어미」

('이다'의 어간, 용언 어간이나 어미 '-으시-', '-었-', '-겠-' 뒤에 붙어) 어떤 사실을 긍정적으로 서술하거나 묻거나 명령하거나 제안하는 따위의 뜻을 나타내는 종결 어미. 서술, 의문, 명령, 제안 따위로 두루 쓰인다.

─〈보기 2〉─

○ 내일은 비가 오겠<u>지</u>?
　　　　　　　 ㉠

○ 눈길을 걸은 <u>지</u>도 꽤 오래되었<u>지</u>.
　　　　　 ㉡　　　　　　 ㉢

○ 친구 사이는 대등한 관계이<u>지</u> 종속 관계가 아니다.
　　　　　　　　　　 ㉣

○ 이곳에 쓰레기를 버리<u>지</u> 마시오.
　　　　　　　 ㉤

① ㉠은 어떤 움직임이나 상태를 부정하거나 금지하려 할 때 쓰이는 <보기 1>의 '-지2「1」'에 해당하겠군.

② ㉡은 어떤 일이 있었던 때부터 지금까지를 의미하는 것으로 보아 <보기 1>의 '지1'에 해당하겠군.

③ ㉢은 '-었-' 뒤에 붙어 쓰인 종결 어미에 해당하므로 <보기 1>의 '-지3'에 해당하겠군.

④ ㉣은 상반되는 사실을 서로 대조적으로 연결하는 것으로 보아 <보기 1>의 '-지2「2」'에 해당하겠군.

⑤ ㉤은 용언의 어간과 결합하고 '마시오'가 뒤따르는 것으로 보아 <보기 1>의 '-지2「1」'에 해당하겠군.

[40 ~ 42] (가)는 실시간 화상 어플리케이션을 활용하여 학생이 모둠 원들에게 발표한 내용이고, (나)는 학생이 발표할 때 활용한 자료의 일부이다. 물음에 답하시오.

(가) 학생의 발표

이 그림은 장자의 초상화야. 이번에 우리가 발표할 부분이 장자에 대한 이야기라서 한 번 가져와 봤어. 장자에 대해서는 총 3가지 파트로 나누어서 설명할건데, 첫 번째가 (클릭) 문체, 두 번째가 (클릭) 자연, 세 번째가 (클릭) 죽음이야. 그런데 오늘은 문체와 자연을 중심으로 이야기하게.

먼저 장자의 문체의 특징은 크게 3가지로 볼 수 있어. 바로 중언, 치언, 우언이야. 중언이란 근엄하고 무거운 글을 의미해. 치언은 간단히 말해 이야기 솜씨라고 할 수 있어. 딱딱하고 건조하게 글을 썼던 공자나 맹자와는 달리, 장자는 이야기 쓰는 솜씨가 뛰어났지.

세 번째는 우언인데, 우화를 활용해 직설이 힘든 비판이나 인간의 상식과 허위를 뒤집는 역설에 이용했대.

이제 두 번째 파트인 자연에 대해 설명할게. 장자가 자연에 대해서 여러 가지 이야기를 했는데, 크게 3가지로 나눌 수 있어. 첫 번째는 '사람의 힘이 더해지지 아니하고 세상에 스스로 존재하거나 우주에 저절로 이루어지는 모든 존재나 상태'라는 의미를 가진 자연이야. 장자는 네 운명을 사랑하라고 말했어.

어? 그런데 채팅창에 ⓐ 질문이 들어왔네? 그럼 간단하게 질문에 답을 하고 넘어갈게. 장자가 살았던 시대는 기원전 4세기의 중국 전국은 혼란스럽고 전쟁이 일어났던 때야. 이때 지식인들은 크게 두 가지 선택을 했어. 민중 혁명을 일으키거나 기존의 권력과 평화와 질서를 모색하였지. 그러나 장자는 이 두 가지 중 어느 것도 하지 않았어. 워낙 개인적이고 몽상적이었기 때문에 자신에게 주어진 운명을 사랑하며 삶을 보냈지. 이렇게 장자는 사회주의적이지도 않았고, 귀족적이지도 않았지.

두 번째는 '사람의 힘이 더해지지 아니하고 저절로 생겨난 산, 강, 바다, 식물, 동물 따위의 존재. 또는 그것들이 이루는 지리적, 지질적 환경'의 뜻을 가진 자연이야. 장자는 이 '자연'에 대하여 인간이 만물의 척도인가 하는 질문을 던졌어. 장자는 객관적인 지표라는 것은 있을 수 없다고 하였어. 그 표준을 만든 순간 무한 분할, 무한 소급의 함정에 빠지게 되기 때문이야. 인간의 비극은 자연에 반하면서 시작한다고 했고, 세상을 자연의 눈으로 보아야 한다고 했지. 참, 이와 관련된 내용은 www.○○○.kr에 올라와 있는 다큐멘터리를 참고하면 돼.

세 번째는 '사람과 사물의 본성이나 본질'이라는 뜻을 가진 자연이야. 나는 이 부분이 가장 어려웠는데, 장자는 '나 없음', '나를 잃어버린 사람'을 추구했어. 희망이 없는 세계에서 무의식의 부리를 넘어서지 않는 한 해방이나 자유는 없다고 말하며, 육신은 마른 나무, 정신은 타버린 재라고 표현하였지. 이렇게 장자는 실재하지 않는 것에 대해 자주 말하기 때문에, 그를 이해하기 위해서는 신화적 상상력이 필요하다고 할 수 있어. 지금까지 살펴 본 세 가지 자연에 대한 내용은 (요약한 내용을 써내려 가며) 이렇게 정리해 볼 수 있겠네.

[A] ⌈ 일단 오늘 내가 준비한 발표는 여기까지야. 아, 그런데 지금 다시 보니 이 슬라이드는 최종본이 아니네. (밑줄을 치며) 이 부분은 정해진 발표 시간을 고려해서 마지막에 삭제했거든. 그럼 블로그에는 이 점 수정해서 올릴게. 미안해.

(나) 발표 자료
[첫 번째 슬라이드]

문체	장자의 문체
1 중언	철학적 교의(=교리)를 직절석으로! 지인에겐 예고가 없고, 신인에겐 의직석 행동이 없으며, 성인에겐 우리의 상대적 범주와 판단을 적용할 수 없다.
㉠ **2 치언**	이야기 솜씨!
㉡ **3 우언**	직설이 힘든 비판에 이용! 인간의 상식과 허위를 뒤집은 역설에 이용!

[두 번째 슬라이드]

자연	
	1. 사람의 힘이 더해지지 아니하고 세상에 스스로 존재하거나 우주에 저절로 이루어지는 모든 존재나 상태
	2. 사람의 힘이 더해지지 아니하고 저절로 생겨난 산, 강, 바다, 식물, 동물 따위의 존재. 또는 그것들이 이루는 지리적, 지질적 환경
	3. 사람과 사물의 본성이나 본질

사람의 힘이 더해지지 아니하고 저절로 생겨난 산, 강, 바다, 식물, 동물 따위의 존재. 또는 그것들이 이루는 지리적, 지질적 환경.

㉢ 인간이 만물의 척도인가?
㉣ 자신을 자연의 눈으로 낯설게 보는 훈련!
㉤ '인간의 비극은 자연에 반하면서 시작함' 세상은 자연의 눈으로 보아야 함.

[신출제]
40. (가)의 '학생의 발표'에 대한 설명으로 적절하지 <u>않은</u> 것은?
① 전달 매체를 사용하여 시각적인 정보를 제공하고 있다.
② 전달 매체의 기능을 활용하여 시차를 두고 제재를 제시하고 있다.
③ 전달 매체에 올린 하이퍼링크를 통해 추가 정보를 제공하고 있다.
④ 전달 매체의 특성을 고려하여 미리 준비한 동영상 자료를 보여 주고 있다.
⑤ 전달 매체에 실시간으로 문자 언어를 입력하며 발표 내용을 정리하고 있다.

[신출제]
41. [A]를 바탕으로, ㉠~㉤ 중 '학생'이 수정해야 할 내용으로 적절한 것은?
① ㉠　　　② ㉡　　　③ ㉢　　　④ ㉣　　　⑤ ㉤

[신출제]
42. ⓐ에 해당하는 질문을 한 학생으로 가장 적절한 것은?

대화창	_□×
영주	장자가 자연에 대한 본인의 가치관을 확립하게 된 배경이 궁금해.
현경	기원전 4세기에 동서양의 사회·문화적 배경도 설명해 줘.
창희	당시 사회에서 장자가 속한 신분 계급은 무엇이었어?
필관	너는 지식인들이 반드시 사회 문제를 해결하는 데 참여해야 한다고 생각해?
성호	그러면 장자는 만물의 척도는 무엇이라고 생각했어?

① 영주　　② 현경　　③ 창희　　④ 필관　　⑤ 성호

[43~45] (가)는 텔레비전 야구 중계 방송이고, (나)는 인터넷 야구 중계 방송이다. 물음에 답하시오.

(가)

(나)

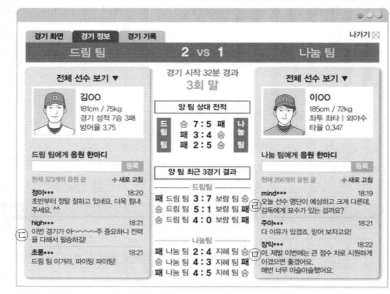

신출제
43. (가)와 (나)에 대한 설명으로 적절하지 <u>않은</u> 것은?

① (가)에 비해 (나)는 중계 내용을 보다 빠르게 전달할 수 있다.

② (가)와 달리 (나)는 다른 팀들 간의 경기를 함께 검색할 수 있다.

③ (가)와 달리 (나)는 중계를 보며 시청자 간에 의견을 공유할 수 있다.

④ (가)와 (나)는 모두 불특정 다수에게 대량의 정보를 전달할 수 있다.

⑤ (가)와 (나)는 모두 소리, 음성, 문자, 이미지, 영상 등을 전송할 수 있다.

신출제
44. (가), (나)를 참고할 때 <보기>의 ⓐ, ⓑ에 들어갈 내용으로 바르게 짝지어진 것은? [3점]

> ─── <보 기> ───
>
> **선생님** : 최근 전자 기술의 발전에 따라 여러 가지 의사소통 수단이 새롭게 등장하였는데 이것들을 보통 뉴 미디어라고 합니다. 대표적인 예로 인터넷을 들 수 있는데 온라인 신문, 블로그, 누리 소통망 등의 웹 사이트 등도 뉴 미디어로 부르죠.
> 　기존의 매체가 독립적으로 존재했다면, 뉴 미디어는 기존의 독립적 매체들을 새로운 기술과 결합하여 서로 연결한다는 특징을 지닙니다. 이 때문에 뉴 미디어는 기존의 매체와는 다른 다양한 기능이 있는데, 대표적인 기능의 하나는 실시간으로 상호 작용이 가능하다는 점입니다. 이러한 기능을 바탕으로 뉴 미디어에서는 정보의 전달 및 교환이 상호 능동적으로 이루어집니다. 또한 뉴 미디어는 여러 가지 매체의 속성이 하나로 통합된 멀티미디어적 성격도 지닙니다.
> **학　생** : 그러면 ＿＿＿ⓐ＿＿＿는 뉴 미디어로 볼 수 있겠네요. 그 이유는 ＿＿＿＿ⓑ＿＿＿＿.

	ⓐ	ⓑ
①	(가)	기존의 독립적 매체들을 서로 연결한다는 특징 때문입니다.
②	(나)	정보의 전달 및 교환이 능동적으로 이루어지기 때문입니다.
③	(나)	기존의 매체와 달리 독립적인 방식으로 운영되기 때문입니다.
④	(가)와 (나)	정보의 생산자와 수용자 간에 실시간으로 상호 작용이 가능하기 때문입니다.
⑤	(가)와 (나)	여러 매체의 속성이 하나로 통합된 멀티미디어적 성격을 지니기 때문입니다.

신출제
45. (나)의 언어적 특성을 고려할 때, ㉠~㉤에 대한 설명으로 적절하지 <u>않은</u> 것은?

① ㉠ : 명사형으로 종결하며 중계에 필요한 정보만을 제시하고 있군.

② ㉡ : 현재형 어미를 사용하여 경기 실황을 생생하게 묘사하고 있군.

③ ㉢ : 음의 장단을 나타내는 기호를 활용하여 부정적인 상황을 강조하고 있군.

④ ㉣ : 연결 어미를 사용하여 앞 절의 상황과 관련된 일을 묻고 있군.

⑤ ㉤ : 감탄사를 사용하여 작성자의 생각과 감정을 부각하고 있군.

※ 확인 사항

답안지의 해당란에 필요한 내용을 정확히 기입(표기)했는지 확인하시오.

● 문항수 11개 | 배점 24점 | 제한 시간 20분　　　　　　　　　　● 점수 표시가 없는 문항은 모두 2점

[35~36] 다음 글을 읽고 물음에 답하시오.

담화는 하나 이상의 발화나 문장으로 이루어진다. 담화가 그 내용 면에서 완결성을 갖추기 위해서는 담화를 이루는 발화나 문장들이 일관된 주제 속에 내용상 유기적인 관련을 맺고 있어야 한다. 이때 각 발화나 문장 간의 관련성을 보여 주는 형식적 장치가 필요하다. 이러한 장치에는 지시, 대용, 접속 표현이 있다.

우선 지시 표현은 담화 장면을 구성하는 화자, 청자, 사물, 시간, 장소 등의 요소를 직접 가리키는 표현이다. 그리고 대용 표현은 담화에서 언급된 말, 혹은 뒤에서 언급될 말을 대신하는 표현이다. 대표적인 지시 표현으로는 '이, 그, 저' 등이 있다. 이들이 담화에서 언급되는 말을 대신할 때는 대용 표현이 된다. 가령 친구가 든 꽃을 보면서 화자가 "이 꽃 예쁘네."라고 말했다면, '꽃'을 직접 가리키는 '이'는 지시 표현이다. 그러나 화자가 "그런데 지난번 꽃도 예쁘던데, 그때 그거는 어디서 샀어?"라고 발화를 곧장 이어 간다면 이때의 '그거'는 앞선 발화의 '지난번 꽃'이라는 말을 대신하는 대용 표현이다. 끝으로 접속 표현은 문장과 문장, 발화와 발화를 연결해 주는 표현으로, '그리고' 등과 같은 접속 부사가 대표적인 예이다. 앞서 언급된 두 번째 발화의 '그런데'도 앞의 발화를 뒤의 발화와 이어 주는 접속 표현에 속한다.

한편, 담화 전개 과정에서 화자는 청자 및 맥락을 고려하면서 발화나 문장을 통해 자신의 의도를 효과적으로 구현한다. 이때 여러 문법 요소가 활용된다. 가령 화자는 "아버지! 진지 드세요."라는 발화에서 '드세요'의 '드시–'를 통해 문장의 주체인 '아버지'를, 종결 어미 '–어요'를 통해 청자인 '아버지'를 높이고 있다. 이와 같이 화자는 특정 어휘나 조사, 어미 등을 사용하여 어떤 대상에 대해 높이거나 낮추는 태도를 드러낸다. 아울러 위의 '드세요'의 '–어요'는 화자가 청자에게 어떠한 행동을 요구하고 있음도 보여 준다. 즉, 종결 어미는 청자에게 답변을 요구하거나, 어떠한 사실을 새롭게 알게 되었다는 점을 두드러지게 나타내는 등 화자의 의도를 구현할 때도 쓰인다. 화자, 청자 및 맥락이 발화나 문장에서 문법 요소와 맺고 있는 관련성은 ㉠"할아버지께서 마침 방에 계셨구나! 과일 좀 드리고 오렴."과 같이 연속된 발화로 이루어진 담화에서 더욱 다양하게 나타날 수 있다.

35. 윗글을 바탕으로 <보기>의 ⓐ~ⓕ에 대해 설명한 내용으로 적절하지 <u>않은</u> 것은?

──────〈보 기〉──────

(두 친구가 만나서 주말 나들이 장소를 정하는 상황)
선희 : 우리, 이번 주말 나들이 장소로 어디가 좋을까?
영선 : (딴생각을 하다가) ⓐ <u>지금 저녁 먹으러 가자.</u>
선희 : 그게 뭔 소리야? 주말 나들이로 어디 갈 거냐고.
영선 : (머쓱해하며) 아, 그럼 놀이동산 갈까?
선희 : 음, ⓑ <u>거기</u> 말고, (사진을 보여 주며) ⓒ <u>여기</u>는 어때?
영선 : ⓓ <u>거기</u>? 해수욕장은 아직 좀 춥잖아. ⓔ <u>그리고</u> 너무 멀잖아. (선희를 바라보며) 아, 작년에 같이 갔던 수목원은 어때?
선희 : 그래, ⓕ <u>거기</u>가 좋겠다. 그럼, 토요일에 보자. 안녕.

① ⓐ는 '주말 나들이 장소 정하기'라는 내용에 부합하지 않아서 담화의 완결성을 떨어뜨리고 있다.
② ⓑ는 '영선'이 발화한 '놀이동산'을 대신하는 대용 표현이다.
③ ⓒ, ⓓ는 발화 간의 관련성을 높이는 형식적 장치로서 형태가 다른 표현이지만 동일한 장소를 나타내고 있다.
④ ⓔ는 '해수욕장은 아직 좀 춥잖아.'와 '너무 멀잖아.'를 대등하게 이어 주는 접속 표현이다.
⑤ ⓕ는 '작년에 같이 갔던 수목원'을 직접 가리키는 지시 표현이다.

36. ㉠에 대한 이해로 적절하지 <u>않은</u> 것은?

① '할아버지께서'의 '께서'를 통해 화자가 문장의 주체인 '할아버지'를 높이고 있다.
② '계셨구나'의 '계시–'를 통해 화자가 문장의 주체인 '할아버지'를 높이고 있다.
③ '계셨구나'의 '–구나'를 통해 화자가 문장의 주체인 '할아버지'에 관한 사실을 새롭게 알게 되었음을 부각하고 있다.
④ '드리고'의 '드리–'를 통해 화자가 문장의 주체인 '할아버지'를 높이고 있다.
⑤ '오렴'의 '–렴'을 통해 화자가 청자에게 어떠한 행동을 요구하고 있다.

37. <학습 활동>을 수행한 결과로 적절하지 <u>않은</u> 것은?

── <학습 활동> ──

현대 국어와 달리 중세 국어의 관형격 조사에는 여러 형태가 있다. 선행 체언이 무정물일 때는 'ㅅ'이 쓰이고, 유정물일 때는 모음 조화에 따라 '이', '의' 등이 쓰인다. 다만 유정물이라도 존칭의 대상일 때는 이들 대신 'ㅅ'이 쓰인다. 이를 참고하여 선행 체언과 후행 체언이 관형격 조사로 연결되었을 때의 모습을 아래 표의 ㉠~㉤에 채워 보자.

선행 체언	아바님 (아버님)	그력 (기러기)	아들 (아들)	수플 (수풀)	등잔 (등잔)
후행 체언	곁 (곁)	목 (목)	나ㅎ (나이)	가온딕 (가운데)	기름 (기름)
적용 모습	㉠	㉡	㉢	㉣	㉤

---

① ㉠ : 아바니믜(아바님+의) 곁   ② ㉡ : 그려긔(그력+의) 목
③ ㉢ : 아드릭(아들+익) 나ㅎ   ④ ㉣ : 수픐(수플+ㅅ) 가온딕
⑤ ㉤ : 등잣(등잔+ㅅ) 기름

38. <보기>의 ㉠~㉤과 관련된 설명으로 적절한 것은? [3점]

── <보 기> ──

주기적으로 운동하기가 ㉠ <u>건강의 첫걸음이다</u>. 그것을 꾸준하게 ㉡ <u>실천하기</u> ㉢ <u>원한다면</u> 제대로 ㉣ <u>된</u> 계획 세우기가 ㉤ <u>선행되어야 한다</u>.

---

① ㉠이 서술어인 문장에서 명사절이 주어 기능을 하고 있다.
② ㉡이 서술어인 문장에서 명사절이 목적어 기능을 하고 있다.
③ ㉢이 서술어인 문장에서 명사절이 부사어 기능을 하고 있다.
④ ㉣이 서술어인 문장에서 명사절이 보어 기능을 하고 있다.
⑤ ㉤이 서술어인 문장에서 명사절이 관형어 기능을 하고 있다.

39. <보기>의 [A]에 들어갈 말로 적절한 것만을 있는 대로 고른 것은?

── <보 기> ──

학생 : 선생님, 자기 소개서를 써 봤는데, 띄어쓰기가 맞는지 가르쳐 주시겠어요? 헷갈리는 부분을 표시해 왔어요.

양로원에 가서 봉사 활동을 했습니다. 사실 그 시간에 ㉠ <u>봉사 보다는</u> 게임을 하고 싶었습니다. 그저 작은 일을 ㉡ <u>도울 뿐이었는데</u> ㉢ <u>너 밖에</u> 없다며 행복해하시는 어르신들의 말씀을 들을 ㉣ <u>때 만큼은</u> 마음이 뿌듯해졌습니다.

선생님 : 한글 맞춤법에 따르면, 문장의 각 단어는 띄어 써야 하지만, 조사는 예외적으로 그 앞말에 붙여 쓴단다.

학생 : 아, 그럼 [A] 은/는 앞말에 붙여 써야 하는군요.

---

① ㉠의 '보다', ㉢의 '밖에'
② ㉡의 '뿐', ㉢의 '밖에'
③ ㉡의 '뿐', ㉣의 '만큼'
④ ㉠의 '보다', ㉡의 '뿐', ㉣의 '만큼'
⑤ ㉠의 '보다', ㉢의 '밖에', ㉣의 '만큼'

[40 ~ 42] (가)는 신문 기사이고, (나)는 인터넷 신문 기사이다. 물음에 답하시오.

(가)

망고스틴부터 파파야까지 수입 과일 전성시대

수입 과일 종류 다양해지고 값이 싸진 영향

이름도 낯선 수입 과일이 전성시대를 맞았다. 관세청에 따르면 지난해 국내 유입된 수입 과일 중량은 86만 3,663톤으로, 역대 최대 물량이다. 수입 과일의 인기는 온라인에서도 뜨겁다.

– ○○일보 20○○년 ○○월 ○○일 기사

(나)

△△일보

오피니언 정치 경제 사회 문화 스포츠 연예 지역 포토

경제>

수입 과일 전성시대 외면받는 국산 과일
㉠ <u>사과·배 등 가격 하락 불구 안 팔려 과수 농가 울상</u>

△△일보
입력 20○○. ○○. ○○. 03:00

㉡ <u>지난해 과일류 수입이 통계 작성 이래 가장 많은 것으로 나타났다.</u> ㉢ <u>이에 따라 나주 등지에서 생산된 배와 사과는 그 양이 줄고 있는데도 판매 가격이 계속 하락하고 있다.</u> ㉣ <u>수입 과일이 다양해지고 저렴해지면서 국산 과일이 외면받고 있는 셈이다.</u>

댓글을 입력해 주세요   입력

↳ ㉤ 아, 정말 저 같은 농민들은 지금 죽을 맛이에요.
↳ 뭔가 국가에서 우리 농민들을 보호할 수 있는 대책을 마련해야 하지 않을까 싶네요.

– △△일보 20○○년 ○○월 ○○일 기사

신출제

40. (가)와 (나)에 대한 설명으로 적절하지 <u>않은</u> 것은?

① (가)와 달리 (나)는 기사문을 수정하기가 용이하다.

② (가)에 비해 (나)는 관련 기사를 쉽게 검색할 수 있다.

③ (나)와 달리 (가)는 독자와의 쌍방향 소통이 불가능하다.

④ (나)에 비해 (가)는 정보의 질적인 신뢰도가 낮은 편이다.

⑤ (가)와 (나)는 모두 특정 다수에게 정보를 전달할 수 있다.

신출제

41. <보기>를 참고하여 (가), (나)를 이해한 내용으로 가장 적절한 것은? [3점]

> ───────────<보 기>───────────
>
> 어떤 대상이나 사건을 전달하기 위해 특정한 언어와 요소를 선택하는 행위에는 생산자 자신의 관점과 가치를 드러내려는 의도가 담겨 있다. 즉 생산자는 정보를 있는 그대로, 객관적으로 제시하는 것이 아니라 자신이 선택하고 재구성한 내용을 수용자에게 보여 주는 것이다. 매체 자료에도 생산자의 목적과 의도에 따른 다양한 관점과 가치가 담겨 있다. 제시하는 정보는 같더라도 생산자의 관점과 가치에 따라 주요 내용과 다루는 정보의 비중 등이 달라진다. 따라서 매체 자료를 수용할 때에는 겉으로 드러나는 내용뿐만 아니라, 그 안에 담긴 생산자의 관점과 가치가 무엇인지를 정확히 파악해야 한다.

① (가)의 생산자는 우리 농산물 시장에 수입 과일이 미치는 부정적인 영향을 중심으로 기사를 작성하였군.

② (가)의 경우 겉으로 드러나는 내용과 그 안에 담긴 생산자의 관점 및 가치가 다르게 제시되었군.

③ (나)는 수입 과일류의 물품을 나열하며 수입 과일 열풍에 따른 우리 농민들의 고통에 주목하였군.

④ (나)는 농산물과 관련한 다양한 정보 중 국산 과일이 외면 받고 있다는 정보를 선택하여 기사로 재구성하였군.

⑤ (가)와 (나)는 모두 구체적인 수치를 활용하여 수입 과일이 인기를 끄는 현상을 전달하였군.

신출제

42. (나)의 언어적 특성을 고려할 때, ㉠~㉤에 대한 설명으로 적절하지 <u>않은</u> 것은?

① ㉠ : 명사형 종결로 부제의 내용을 표현하고 있다.

② ㉡ : 시간 부사어를 사용하여 현장감을 극대화하고 있다.

③ ㉢ : 보조사를 활용하여 기사의 특정 정보를 강조하고 있다.

④ ㉣ : 피동 표현을 사용하여 현상의 원인을 언급하고 있다.

⑤ ㉤ : 감탄사를 사용하여 자신의 감정을 토로하고 있다.

[43~45] 다음은 컴퓨터의 실시간 채팅 어플리케이션을 활용하여 학생들이 나눈 대화이다. 물음에 답하시오.

[공유 화면 1]

───────────────────────────────
← | 수업용 전자 필기장 > 공동 작업 공간 | ☒

하지만 이런 레너드가 불쌍하다고만 생각하지 않는다. 오히려 레너드는 메모를 통해 범인을 지정하고 추리하는 것이기에 그는 그가 생각하는 범인을 잡을 수 있었고, 그는 목표 없는 삶을 살 수 없기 때문이다. 나는 누구든지 목표가 사라지면 정체성을 잃게 된다고 생각한다. 하지만 레너드는 그의 상태에 의해 뫼비우스의 띠를 걷고 있다. 그는 끝을 찾아 달리지만 과거의 내가 있던 자리도 잊어버리기에 끊임없이 삶의 원동력을 찾을수 있다. 요즘 자신의 목표가 흐릿하거나 목표조차 없는 사람에 비해 레너드는 행복회로를 돌릴 수 있는 가능성이 더 크다.

나는 ○○ 감독은 메멘토의 1인칭 주인공 시점을 이용하여 주인공의 상태를 경험하는 듯한 효과를 주어 사회적 약자의 입장을 보여 주었다고 생각하고 삽화식 구성과 입체적 구성을 통해 관객의 집중도를 높이고 신인이었던 ○○ 감독이 관심을 끌 수 있었다고 생각한다.
───────────────────────────────

[채팅 화면]

───────────────────────────────
☐ ─ ☒

다빈 | 우리 이제 드디어 비평문 마지막 부분만 고치면 돼. 다들 힘내서 잘 마무리해 보자.

현석 | 파이팅!

서영 | 좋아^^. 그런데 지난 번 회의 때 논의했던 내용이 아직 덜 수정된 것 같아. 지금 내가 바로 고쳐 볼게.
───────────────────────────────

[공유 화면 2]

───────────────────────────────
← | 수업용 전자 필기장 > 공동 작업 공간 | ☒

하지만 이런 레너드가 불쌍하다고만 생각하지 않는다. 오히려 레너드는 메모를 통해 범인을 지정하고 추리하는 것이기에 그는 그가 생각하는 범인을 잡을 수 있었고, 그는 목표 없는 삶을 살 수 없기 때문이다. **누구든지 목표가 사라지면 정체성을 잃게 된다.** 하지만 레너드는 그의 상태에 의해 뫼비우스의 띠를 걷고 있다. **그는 끝을 찾아 달리지만 과거의 자신이 있던 자리도 잊어버리기에 끊임없이 삶의 원동력을 찾을 수 있다.** 요즘 자신의 목표가 흐릿하거나 목표조차 없는 사람에 비해 레너드는 행복회로를 돌릴 수 있는 가능성이 더 크다.

○○ 감독은 메멘토의 1인칭 주인공 시점을 이용하여 주인공의 상태를 경험하는 듯한 효과를 주어 사회적 약자의 입장을 보여 주었다. 또한 삽화식 구성과 입체적 구성을 통해 관객의 집중도를 높여 관객들의 관심을 끌었다.
───────────────────────────────

[채팅 화면]

서영	수정한 부분은 굵은 글씨로 처리해 놓았어.
기태	맞아. 이 부분을 수정하기로 저번에 이야기했었지. 역시 서영이야~흐흐.
서영	>.< 부끄럽게 왜 그래. 그나저나 이제 어떤 부분을 더 수정하면 될까?
다빈	일단 첫 번째 문단과 두 번째 문단이 매끄럽게 연결되지 않아. 중간에 한 문장 정도 추가해야 할 것 같은데?
현석	그러네. 난 다른 수정 사항을 발견했어. 첫 번째 문단의 첫 번째 문장을 보면 '불쌍하다'라는 감정적인 표현이 사용되었잖아? 그대로 가도 큰 무리는 없겠지만, 비평문의 성격을 고려했을 때 굳이 감상적인 표현을 사용할 필요는 없을 것 같아.
기태	나도 동의해. 이 부분을 조금 더 객관적으로 서술했으면 좋겠어. ('하지만 이런 레너드를 동정 어린 시각으로 바라보는 것은 적절하지 않다.'로 바꾼 후) 이렇게 수정해 보았는데 어때?
현석	오~ 기태도 한 건 했네~ㅋㅋㅋ. 난 수정한 표현이 더 마음에 들어!
다빈	나도! 나도 저런 느낌으로 바꾸고 싶었어. 참, 갑자기 생각났는데, 비평문 도입부에 이 사진을 넣으면 어떨까?
다빈	📄 사진 전송
기태	좋아. 영화 포스터가 맨 처음에 들어가는 것도 충분히 의미 있어 보여. 이 사진은 적절한 크기로 편집해서 최종본에 삽입해 놓을게.
현석	난 첫 번째 문단의 두 번째 문장을 긍정문으로 바꾸는 게 어떨까 싶어. 그리고 그 문단의 다섯 번째 문장에 어색하게 쓰인 단어도 교체했으면 좋겠어.
다빈	나도 하나만. 첫 번째 문단의 마지막 문장이 시작될 때 적절한 접속 부사를 하나만 넣어 주면 글이 조금 더 매끄러울 것 같아. 그리고 띄어쓰기도 처음부터 꼼꼼히 체크해 봐야겠고.
서영	그럼 우리가 나눈 얘기를 바탕으로 최종적으로 수정해 볼게.
기태	고마워. 그럼 나는 우리 회의록과 비평문을 올릴 수 있는 블로그를 완성해 볼게. 일단 우리 블로그의 주소는 www.○○○.kr이야. 거기에 지금까지의 회의록은 일단 올려 두었으니 확인하면 될 거야.

신출제

43. 위의 '채팅'에 대한 설명으로 적절하지 <u>않은</u> 것은?

① '다빈'은 채팅이 이루어지는 매체의 특성을 활용하여 자신이 수집한 사진을 다른 채팅 참여자들과 공유하고 있다.

② '현석'은 컴퓨터로 이루어지는 대화의 장점을 거론하며 해당 매체로 채팅할 것을 제안하고 있다.

③ '서영'은 어플리케이션의 기능을 활용하여 회의 중 자료를 실시간으로 수정하고 있다.

④ '기태'는 하이퍼링크를 이용하여 회의 내용과 관련된 정보를 다른 회의 참여자들과 공유하려 하고 있다.

⑤ '현석'과 '기태'는 한글 자음자로 된 기호를 활용하여 자신의 감정을 드러내고 있다.

신출제

44. '서영'이 수정한 '공유 화면 2'에 대한 설명으로 적절하지 <u>않은</u> 것은?

① 종결 어미에 변화를 주어 문체를 바꾸었다.

② 띄어쓰기가 잘못된 부분을 찾아 수정하였다.

③ 주술 호응이 이루어지도록 문장을 다듬었다.

④ 하나의 문장이 지나치게 길어 두 문장으로 나누었다.

⑤ '나'라는 주체를 굳이 밝힐 필요가 없으므로 삭제하였다.

신출제

45. 위 대화 내용을 바탕으로 '공유 화면 2'를 수정한 ⓐ~ⓔ 중 적절하지 <u>않은</u> 것은?

수업용 전자 필기장 > 공동 작업 공간

하지만 이런 레너드를 동정 어린 시각으로 바라보는 것은 적절하지 않다. 오히려 레너드는 메모를 통해 범인을 지정하고 추리하는 것이기에 그는 그가 생각하는 범인을 잡을 수 있었고, ⓐ<u>그는 목표가 뚜렷한 삶을 살 수 있었기 때문이다.</u> 누구든지 목표가 사라지면 정체성을 잃게 된다. 하지만 레너드는 그의 상태에 의해 뫼비우스의 띠를 걷고 있다. 그는 끝을 ⓑ<u>좇아</u> 달리지만 과거의 자신이 있던 자리도 잊어버리기에 끊임없이 삶의 원동력을 찾을 수 있다. ⓒ<u>오히려</u> 요즘 자신의 목표가 흐릿하거나 목표조차 없는 사람에 비해 레너드는 ⓓ<u>행복 회로를 돌릴</u> 수 있는 가능성이 더 크다.

○○ 감독은 메멘토의 1인칭 주인공 시점을 이용하여 주인공의 상태를 경험하는 듯한 효과를 주어 사회적 약자의 입장을 보여주었다. 또한 삽화식 구성과 입체적 구성을 통해 관객의 집중도를 높이고 신인이었던 놀란이 관심을 끌 수 있었다고 생각한다.

ⓔ

① ⓐ ② ⓑ ③ ⓒ ④ ⓓ ⑤ ⓔ

* 확인 사항

○ 답안지의 해당란에 필요한 내용을 정확히 기입(표기)했는지 확인하시오.

● 문항수 11개 | 배점 24점 | 제한 시간 20분   ● 점수 표시가 없는 문항은 모두 2점

[35~36] 다음 글을 읽고 물음에 답하시오.

어린 말은 망아지, 어린 소는 송아지, 어린 개는 강아지라고 한다. 이들은 모두 사람들이 친숙하게 기르는 가축이라는 공통점이 있으며, 새끼를 나타내는 단어가 모두 '-아지'로 끝난다는 점이 흥미롭다. 그런데 돼지도 흔한 가축인데, 현대 국어에서 어린 돼지를 가리키는 고유어 단어는 따로 없다. '가축과 그 새끼'를 나타내는 고유어 어휘 체계에서 '어린 돼지'의 자리는 빈자리로 남아 있는 것이다. 그렇다고 해서 어린 돼지를 사람들이 인식하지 못하는 것은 아니다. 다만 어린 돼지를 가리키는 고유어 단어가 없을 뿐인데, 이렇게 한 언어의 어휘 체계 내에서 개념은 존재하지만 실제 단어가 존재하지 않는 경우를 '어휘적 빈자리'라고 한다.

어휘적 빈자리는 계속 존재하기도 하지만, 다양한 방식으로 채워지기도 한다. 그렇다면 어휘적 빈자리가 채워지는 방식 에는 어떤 것들이 있을까? 첫 번째 방식은 단어가 아닌 구를 만들어 빈자리를 채우는 방식이다. 어떤 언어에는 '사촌, 고종사촌, 이종사촌'에 해당하는 각각의 단어는 존재하지만, 외사촌을 지시하는 단어는 없다. 그래서 그 언어에서 외사촌을 지시할 때에는 '외삼촌의 자식'이라고 말한다고 한다. 현대 국어에서 어린 돼지를 가리킬 때 '아기 돼지, 새끼 돼지' 등으로 말하는 것도 이러한 방식에 해당된다.

두 번째 방식은 한자어나 외래어를 이용하여 빈자리를 채우는 방식이다. 무지개의 색채를 나타내는 현대 국어의 어휘 체계는 '빨강-주황-노랑-초록-파랑…'인데 이 중 '빨강, 노랑, 파랑'은 고유어이지만 '빨강과 노랑의 중간색', '풀의 빛깔과 같이 푸른빛을 약간 띤 녹색' 등을 나타내는 고유어는 없기 때문에 한자어 '주황(朱黃)'과 '초록(草綠)' 등이 쓰이고 있다.

세 번째 방식은 상의어로 하의어의 빈자리를 채우는 방식이다. '누이'는 원래 손위와 손아래를 모두 가리키는 단어인데, 손위를 의미하는 '누나'라는 단어는 따로 있으나 '손아래'만을 의미하는 단어는 없어서 상의어인 '누이'가 그대로 빈자리에 들어가게 되었다. 이후 의미 구별을 위해 손아래를 의미하는 '누이동생'이 생겨나기는 했지만, 여전히 '누이'는 상의어로도 쓰이고, 하의어로도 쓰인다.

35. 윗글을 바탕으로 〈보기〉에 대해 이해한 내용으로 적절한 것은?

〈보 기〉
지금의 '돼지'를 의미하는 말이 예전에는 '돝'이었고, '돝'에 '-아지'가 붙어 '돝의 새끼'를 의미하는 '도야지'가 쓰였다. 그런데 현대 국어의 표준어에서는 '돝'이 사라지고, '돝'의 자리를 '도야지'의 형태가 바뀐 '돼지'가 차지하게 되었다.

① '예전'의 '도야지'에 해당하는 개념이 지금은 사라졌다.
② '예전'의 '돝'은 '도야지'의 하의어로, 의미가 더 한정적이다.
③ 지금의 '돼지'와 '예전'의 '도야지'가 나타내는 개념은 다르다.
④ 지금의 '어린 돼지'에 해당하는 어휘적 빈자리는 '예전'부터 있었다.
⑤ '예전'의 '도야지'의 개념을 나타내기 위해 지금은 하나의 고유어 단어가 사용된다.

36. 윗글의 어휘적 빈자리가 채워지는 방식 이 적용된 사례만을 〈보기〉에서 있는 대로 고른 것은?

〈보 기〉
ㄱ. 학생 1은 할머니 휴대 전화에 번호를 저장해 드리면서 할머니의 첫 번째, 네 번째 사위는 각각 '맏사위', '막냇사위'라고 입력했지만, 두 번째, 세 번째 사위를 구별하여 가리키는 단어가 없어 '둘째 사위', '셋째 사위'라고 입력하였다.
ㄴ. 학생 2는 '꿩'에 대한 보고서를 작성할 때 꿩의 하의어로 수꿩에 해당하는 '장끼'와 암꿩에 해당하는 '까투리'는 알고 있었지만, 꿩의 새끼를 나타내는 단어를 몰라 국어사전에서 고유어 '꺼병이'를 찾아 사용하였다.
ㄷ. 학생 3은 태양계의 행성을 가리키는 어휘 체계인 '수성-금성-지구-화성…'을 조사하면서 '금성'의 고유어로 '샛별'과 '개밥바라기'가 있음을 알았는데, '개밥바라기'라는 단어는 생소하여 '샛별'만을 기록하였다.

① ㄱ   ② ㄱ, ㄴ   ③ ㄱ, ㄷ
④ ㄴ, ㄷ   ⑤ ㄱ, ㄴ, ㄷ

37. 〈보기〉의 ㉠~㉢에 들어갈 말로 적절한 것은?

〈보 기〉
중세 국어에서는 의문문의 종류에 따라 종결 어미나 보조사가 달리 쓰인다. 예를 들면 용언의 어간에 어미가 결합하여 서술어가 될 때 판정 의문문에서는 종결 어미 '-녀', 설명 의문문에서는 종결 어미 '-뇨'가 쓰인다. 반면, 체언에 보조사가 결합하여 서술어가 될 때 판정 의문문에서는 보조사 '가', 설명 의문문에서는 보조사 '고'가 쓰인다. 그런데 주어가 2인칭일 때에는 의 문문의 종류와 관계없이 종결 어미 '-ㄴ다'가 쓰인다. 중세 국어 의문문의 예는 아래와 같다.

○ 이 일후미 (㉠)
  [이 이름이 무엇인가?]
○ 네 엇데 아니 (㉡)
  [네가 어찌 안 가는가?]
○ 그듸는 보디 (㉢)
  [그대는 보지 않는가?]

	㉠	㉡	㉢
①	므스고	가ᄂ뇨	아니ᄒᄂ다
②	므스고	가ᄂ다	아니ᄒᄂ다
③	므스고	가ᄂ뇨	아니ᄒᄂ녀
④	므스가	가ᄂ다	아니ᄒᄂ다
⑤	므스가	가ᄂ뇨	아니ᄒᄂ녀

38. <보기>에 대한 이해로 적절하지 <u>않은</u> 것은?

<보 기>

㉠ 풀잎[풀립]   ㉡ 읊네[음네]   ㉢ 벼훑이[벼훌치]

① ㉠, ㉡에서는 음운 변동이 각각 세 번씩 일어났군.
② ㉠, ㉡에서는 인접한 자음과 조음 방법이 같아지는 음운 변동이 일어났군.
③ ㉠에서 첨가된 음운과 ㉡에서 탈락된 음운은 서로 다르군.
④ ㉠, ㉢에서는 음운 개수가 달라지는 음운 변동이 일어났군.
⑤ ㉠은 'ㄹ'로 인해, ㉢은 모음 'ㅣ'로 인해 동화되는 음운 변동이 일어났군.

39. <보기>의 ㉠, ㉡에 해당하는 예끼리 묶인 것으로 적절한 것은? [3점]

<보 기>

[선생님의 설명]
　여러분, '쓰이다'라는 단어를 어떻게 해석해야 할까요? 우선 '쓰이다'는 피동사이기도 하고 사동사이기도 하므로 이를 구별해야겠죠? 또한 '쓰다'는 동음이의어나 다의어이므로 그 의미에도 유의해야 합니다. 단어를 이해할 때, 이러한 점들을 모두 고려해야 해요. 그럼 이와 관련된 학습 활동을 해 볼까요?

[학습 활동]
　다음은 국어사전의 일부이다. 제시된 단어의 의미에 유의하여 각각의 피동사와 사동사가 포함된 예를 들어 보자.

갈다¹ 동 【…을 …으로】② 어떤 직책에 있는 사람을 다른 사람으로 바꾸다.
깎다 동 ① 【…을】③ 값이나 금액을 낮추어서 줄이다.
묻다¹ 동 【…에】① 가루, 풀, 물 따위가 그보다 큰 다른 물체에 들러붙거나 흔적이 남게 되다.
물다² 동 ① 【…을】② 윗니와 아랫니 사이에 끼운 상태로 상처가 날 만큼 세게 누르다.
쓸다² 동 【…을】① 비로 쓰레기 따위를 밀어내거나 한데 모아서 버리다.

피동문	사동문
㉠	㉡

①	㉠: 학생회 임원이 새 친구로 갈렸다. ㉡: 삼촌이 형에게 그 텃밭을 갈렸다.
②	㉠: 용돈이 이달에 만 원이나 깎었다. ㉡: 나는 저번 실수로 점수를 깎었다.
③	㉠: 내 친구는 가래떡에 꿀만 묻혔다. ㉡: 누나는 붓에 먹물을 듬뿍 묻혔다.
④	㉠: 아빠가 아이 입에 사탕을 물렸다. ㉡: 큰형이 동네 개에게 발을 물렸다.
⑤	㉠: 큰 마당의 눈이 빗자루에 쓸렸다. ㉡: 내 동생에게 거실 바닥만 쓸렸다.

[40~42] (가)는 학생들이 조별 과제를 위해 휴대 전화 메신저로 나눈 대화이고, (나)는 (가)를 바탕으로 '민주'가 편집해서 블로그에 올린 자료 초안이다. 물음에 답하시오.

(가)

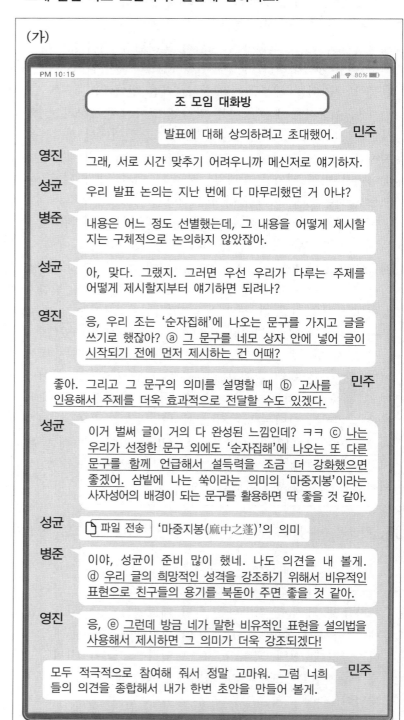

PM 10:15

조 모임 대화방

민주: 발표에 대해 상의하려고 초대했어.

영진: 그래, 서로 시간 맞추기 어려우니까 메신저로 얘기하자.

성균: 우리 발표 논의는 지난 번에 다 마무리했던 거 아냐?

병준: 내용은 어느 정도 선별했는데, 그 내용을 어떻게 제시할지는 구체적으로 논의하지 않았잖아.

성균: 아, 맞다. 그랬지. 그러면 우선 우리가 다루는 주제를 어떻게 제시할지부터 얘기하면 되려나?

영진: 응, 우리 조는 '순자집해'에 나오는 문구를 가지고 글을 쓰기로 했잖아? ⓐ 그 문구를 네모 상자 안에 넣어 글이 시작되기 전에 먼저 제시하는 건 어때?

민주: 좋아. 그리고 그 문구의 의미를 설명할 때 ⓑ 고사를 인용해서 주제를 더욱 효과적으로 전달할 수도 있겠다.

성균: 이거 벌써 글이 거의 다 완성된 느낌인데? ㅋㅋ ⓒ 나는 우리가 선정한 문구 외에도 '순자집해'에 나오는 또 다른 문구를 함께 언급해서 설득력을 조금 더 강화했으면 좋겠어. 삼밭에 나는 쑥이라는 의미의 '마중지봉'이라는 사자성어의 배경이 되는 문구를 활용하면 딱 좋을 것 같아.

성균: 📄 파일 전송　'마중지봉(麻中之蓬)'의 의미

병준: 이야, 성균이 준비 많이 했네. 나도 의견을 내 볼게. ⓓ 우리 글의 희망적인 성격을 강조하기 위해서 비유적인 표현으로 친구들의 용기를 북돋아 주면 좋을 것 같아.

영진: 응, ⓔ 그런데 방금 네가 말한 비유적인 표현을 설의법을 사용해서 제시하면 그 의미가 더욱 강조되겠다!

민주: 모두 적극적으로 참여해 줘서 정말 고마워. 그럼 너희들의 의견을 종합해서 내가 한번 초안을 만들어 볼게.

(나)

○○ 블로그

君子生非異也 善假於物也

〈 『순자집해(荀子集解)』, 「권학편(勸學篇)」〉

군자라고 해서 타고난 본성이 남과 다른 것은 아니다. 다만 (학문이라는) 외물의 힘을 잘 빌릴 뿐이다.

위의 문구는 우리에게 많은 것을 시사하고 있습니다. 군자라고 해서 타고난 본성이 남과 다른 것은 아닙니다. 평소에 길을 잘 달리지 못하더라도 수레나 말의 도움을 빌리는 사람은 하루에 천 리를 갈 수 있고(假輿馬者 非利足也 而致千里), 평소에 헤엄을 잘 치지 못하더라도 배나 노의 도움을 빌리는 사람은 강물을 건널 수 있습니다(假舟檝者 非能水也 而絶江河). 따라서 실패의 원인을 단순히 자신의 선천적인 능력이 부족한 탓으로 돌리는 행위는 지양할 필요가 있습니다.

한편 『순자집해(荀子集解)』의 「권학편(勸學篇)」에는 다음과 같은 문구도 나옵니다.

"쑥이 삼밭에서 자라면 붙들어 주지 않아도 곧게 자란다(蓬生麻中 不扶而直)."

혹여나 오롯이 자신의 선천적인 능력 때문에 실패를 경험했다 하더라도 지나치게 걱정할 필요는 없습니다. 구불구불한 쑥도 삼과 함께 자라면 곧게 클 수 있습니다. 여러분의 인생에서 여러분 곁의 친구들은 곧게 자라는 삼과 같은 존재가 되어 줄 것입니다.

새 학기가 시작되었습니다. 더 이상 자존감을 스스로 낮추는 행동은 하지 맙시다. 그리고 기억합시다. 여러분들 곁에는 삼과 같이 든든한 버팀목이 되어 주는 수많은 조력자들이, 그리고 우리 친구들이 있다는 사실을.

---

40. (가)의 대화에 대한 설명으로 가장 적절한 것은?

① '민주'는 휴대 전화 메신저로 이루어지는 대화의 장점을 거론하며 해당 매체로 대화할 것을 제안하고 있다.

② '영진'은 매체 언어의 복합적인 특성을 고려하여 문자 언어와 영상을 결합한 형태의 자료를 제시하고 있다.

③ '성균'은 대화가 이루어지는 매체의 특성을 활용하여 자신이 조사한 내용을 다른 대화 참여자들과 공유하고 있다.

④ '병준'은 불특정 다수의 사람들에게 대량의 정보를 전하는 방식으로 의사소통하고 있다.

⑤ '성균'과 '병준'은 한글 자음자로 된 기호를 활용하여 자신의 감정을 드러내고 있다.

---

41. ⓐ~ⓔ를 바탕으로 '민주'가 세운 자료 제작 계획 중 (나)에 반영되지 <u>않은</u> 것은?

① ⓐ ② ⓑ ③ ⓒ ④ ⓓ ⑤ ⓔ

---

42. <보기>는 (나)에 달린 '댓글'이다. <보기>를 바탕으로 (나)를 보완한 내용으로 적절하지 <u>않은</u> 것은? [3점]

─── 〈보 기〉 ───

영진 : 고생 많았어. 그런데 써 놓고 보니 서론이 없이 바로 본론부터 이야기하고 있다는 생각이 들어.

↳ 성균 : 나도 그런 느낌이 들었어. 조금 밋밋한 느낌이 드니까 우리 얼마 전에 배웠던 '귀인 이론'이라는 심리학 용어를 가져와서 활용하는 건 어때?

↳ 병준 : 좋은 생각이야. 그런데 '귀인 이론'을 잘 모르는 친구들도 있을 테니까 예를 들며 최대한 친절하게 설명해 주자.

↳ 민주 : 그런데 바로 심리학 용어를 쓰기엔 조금 부담스러울 것 같아. 우리가 다같이 공감할 만한 경험을 서두에서 활용하는 건 어때?

↳ 영진 : 그래. 그렇게 하면 주의를 환기하기에는 안성맞춤이겠는걸. 이왕이면 질문을 던지며 글을 시작해서 효과를 극대화하자.

㉠ "왜?"

㉡ 일반적으로 우리는 결과를 두고 스스로에게 질문을 던집니다. 이를테면 ㉢"왜 이번 시험에서 점수가 잘 나오지 않았을까?"와 같이 자신에게 주어진 상황을 분석하며 스스로 납득할 만한 원인을 찾으려는 성향이 있습니다.

㉣심리학에서는 이러한 현상을 '귀인 이론(attribution theory)'으로 설명합니다. 귀인 이론이란 자신이나 타인의 행동이 발생한 원인을 추론하는 과정을 설명하는 이론입니다. ㉤예를 들어 사람들은 자신의 성공이나 실패의 원인을 능력이나 노력, 또 운과 같이 다양한 요인에서 찾곤 하는데, 스스로 어떠한 해석을 하느냐에 따라 개인의 자존감이 높아지기도 하고 반대로 낮아지기도 합니다.

이러한 귀인 이론과 연관 지어 보았을 때 위의 문구는 우리에게 많은 것을 시사하고 있습니다.

① ㉠ ② ㉡ ③ ㉢ ④ ㉣ ⑤ ㉤

[43~45] (가)는 배드민턴에 대해 설명하고 있는 책의 일부이고, (나)는 배드민턴에 대해 설명하고 있는 인터넷 블로그이다. 물음에 답하시오.

(가)

(1) 스매시(smash)

⊙스매시는 높이 떠오는 셔틀콕을 빠른 속도와 강한 힘으로 화살과 같이 상대방의 코트 면에 쳐서 넣는 타구이다. 배구의 스파이크와 마찬  가지이다. ⓒ스매시는 배드민턴의 기술 중 가장 매력적이고 화려하며 공격적 파괴력을 지닌 것이 특징이다. 주로 셔틀콕을 빠르게 낙하시켜 상대의 자세를 무너뜨리며 랠리의 결정구로 사용된다.

타구하는 방법은 속도를 싣기 위해 백스윙을 시작하는 동작이나 타구 후의 동작 등을 크게 해야 한다. 공격에 성공하면 바로 득점으로 연결되지만, 실수가 잦다는 것이 스매시의 단점이다. ⓒ또한 동작이 클수록 상대에게 공격이 읽히기 쉽고, 타구 후에도 다음 동작으로 연결하는 것이 비교적 늦어져 상대에게 반격을 당할 수 있다. 따라서 스매시는 강하고 빠른 속도로만 타구하려 하지 말고 날카로운 각도로 경기장 양쪽 구석을 향해 정확히 치는 것이 효과적이다.

ㄱ) 스매시 공격 조건

스매시는 지능적인 작전을 잘하는 경기자가 사용할 때 가장 효과적이다. ⓔ그러나 다음과 같은 조건이 충족되어야 한다.

- 체력의 소모를 적절히 조절할 것(과도한 스매시는 삼갈 것)
- 결정적 순간의 포착을 위해 정확한 타이밍을 맞출 것.
- ⓜ수비자의 허술한 지점을 포착하여 공격할 것.

(나)

43. (가)와 (나)에 대한 설명으로 적절하지 <u>않은</u> 것은?

① (가)와 달리 (나)는 작성자와 독자 간의 소통이 활발하게 이루어지고 있다.
② (가)와 달리 (나)는 동영상을 통해 스매시를 하는 자세와 방법 등에 대해 설명하고 있다.
③ (가)와 달리 (나)는 핵심 정보와 연관성이 있는 부가적인 정보는 하이퍼링크로 연결하고 있다.
④ (나)와 달리 (가)는 이미지만을 사용하여 스매시를 하는 자세와 라켓의 타격 방향을 설명하고 있다.
⑤ (나)와 달리 (가)는 문자 언어를 활용하여 스매시 기술에 관한 기본적인 내용을 설명하고 있다.

44. <보기>를 참고하여 (가), (나)에 대해 이해한 내용으로 적절하지 <u>않은</u> 것은?

<보 기>

문자를 사용하기 전까지 인간은 음성 언어만으로 의사를 전달했다. 그러나 음성 언어는 시공간의 벽을 뛰어넘을 수 없었다. 문자는 이러한 음성 언어의 한계를 극복하게 해 주었다. 특히 활판 인쇄술의 발명으로 책을 대량으로 찍어 낼 수 있게 되면서, 많은 사람이 글로 쓰인 다양한 정보를 공유하게 되었다. 그런데 오늘날에는 종이와 인쇄술이 없어도 정보를 한꺼번에 공유할 수 있는 다양한 매체가 등장했다. 전파를 매개로 하는 텔레비전과 라디오, 컴퓨터 기술과 통신 기술이 결합하여 탄생한 인터넷은 현대 사회와 현대인의 삶을 급속도로 변화시켰다. 특히 이전의 인쇄 매체와는 전혀 다른 방식으로 정보와 지식을 구성하고 유통할 수 있게 함으로써 현대 정보 사회의 상징으로 자리 잡게 되었다.

① (가)는 음성 언어의 한계를 극복하며 시공간의 벽을 뛰어넘을 수 있는 매체에 해당한다.
② (가)는 인쇄술을 바탕으로 많은 사람에게 글을 통해 다양한 정보를 제공하는 매체에 해당한다.
③ (나)는 종이와 인쇄술이 없어도 정보를 한꺼번에 공유할 수 있게 하는 매체에 해당한다.
④ (나)는 컴퓨터 기술과 통신 기술이 결합하여 탄생한 인터넷을 기반으로 제공되는 매체에 해당한다.
⑤ (나)는 음성 언어를 배제하고 있다는 점에서 이전의 인쇄 매체와 공통점을 갖고 있는 매체에 해당한다.

45. (가)의 언어적 특성을 고려할 때, ⊙~ⓜ에 대한 설명으로 가장 적절한 것은?

① ⊙: 동작상을 나타내는 표현을 사용하여 현재 진행 중인 사건에 대해 묘사하고 있다.
② ⓒ: 피동 표현을 사용하여 추가로 설명이 필요한 동작에 대해 부연하여 설명하고 있다.
③ ⓒ: 전문가의 견해를 간접 인용하여 서술하고 있는 내용의 신뢰성을 높이고 있다.
④ ⓔ: 문장과 문장을 연결하는 부사어를 활용하면서 앞서 언급한 내용을 제한하고 있다.
⑤ ⓜ: 연결 어미를 사용하여 앞 절과 뒤 절이 인과 관계로 이어짐을 드러내고 있다.

[35~36] 다음 글을 읽고 물음에 답하시오.

현대 국어에서 '-(으)ㅁ'이나 '-이'가 결합된 단어들 중에 형태는 같으나 품사가 다른 경우가 있다. 예를 들어 명사 '걸음'과 동사의 명사형 '걸음', 명사 '높이'와 부사 '높이'가 그러하다. 이는 용언에 결합하는 명사 파생 접미사 '-(으)ㅁ'과 명사형 전성 어미 '-(으)ㅁ'의 형태가 같고, '높다' 등의 일부 형용사에 결합하는 명사 파생 접미사 '-이'와 부사 파생 접미사 '-이'의 형태가 같기 때문이다.

[A] 이들의 품사를 구별하기 위해서는 각 단어의 다음과 같은 문법적 특징을 고려해야 한다. 명사는 서술격 조사가 결합하는 경우를 제외하고는 서술어로 쓰일 수 없고, 관형어의 수식을 받는다. 반면 ㉠ 동사나 형용사는 명사형이라 하더라도 문장이나 절에서 서술어로 쓰이고, 부사어의 수식을 받는다. 그리고 부사는 격조사와 결합할 수 없고 다른 부사어나 서술어 등을 수식한다.

한편 이들 '-(으)ㅁ'과 '-이'가 중세 국어에서는 그 쓰임에 따라 형태가 다르기 때문에 일반적으로 그 형태만으로 품사를 구별할 수 있다. 현대 국어의 두 가지 '-(으)ㅁ'은 중세 국어의 명사 파생 접미사 '-(ᄋ/으)ㅁ'과 명사형 전성 어미 '-옴/움'에 각각 대응한다. 이러한 구별은 '흔 거름 나소 거룸(한 걸음 나아가도록 걸음)'에서 확인된다. '걷-'과 달리, 마지막 음절의 모음이 양성 모음인 어근이나 용언 어간에는 모음조화에 따라 '-(ᄋ)ㅁ'과 '-옴'이 각각 결합한다.

앞서 말한 현대 국어의 두 가지 '-이' 역시 중세 국어의 명사 파생 접미사 '-이/의'와 부사 파생 접미사 '-이'에 각각 대응한다. 이러한 구별은 '나못 노픽(나무의 높이)'와 '노피 ᄂᆞᆫ 져비(높이 나는 제비)'에서 확인된다. '높-'과 달리, 마지막 음절의 모음이 음성 모음인 어근에는 모음조화에 따라 명사 파생 접미사 '-의'가 결합한다. 그런데 부사 파생 접미사는 '-이' 하나여서 모음조화에 상관없이 '-이'가 결합한다.

35. 윗글을 바탕으로 추론한 내용 중 적절하지 <u>않은</u> 것은?

① '됴흔 여름 여루미(좋은 열매 열림이)'에서 '여름'과 '여룸'의 형태를 보니, 이 둘의 품사가 다르겠군.

② '거름'과 '거룸'의 형태를 보니, '거름'은 파생 명사이고 '거룸'은 동사의 명사형이겠군.

③ '거룸'과 '노픽'의 모음조화 양상을 보니, 중세 국어 '높-'에는 '-움'이 아니고 '-옴'이 결합하겠군.

④ '노픽'와 '노피'의 형태를 보니, '노픽'는 파생 부사이고 '노피'는 파생 명사이겠군.

⑤ 중세 국어의 형용사 '곧다', '굳다'가 부사 파생 접미사 '-이'와 결합할 때, 그 형태가 모음조화에 따라 달라지지 않겠군.

36. [A]를 참고할 때, 밑줄 친 부분이 ㉠에 해당하는 예로만 묶인 것은?

① ┌ 많이 <u>앎</u>이 항상 미덕인 것은 아니다.
　└ 그의 목소리는 격한 <u>슬픔</u>으로 떨렸다.

② ┌ 멸치 <u>볶음</u>은 맛도 좋고 건강에도 좋다.
　└ 오빠는 몹시 <u>기쁨</u>에도 내색을 안 했다.

③ ┌ 요즘은 상품을 큰 <u>묶음</u>으로 파는 가게가 많다.
　└ 무용수들이 군무를 <u>춤</u>과 동시에 조명이 켜졌다.

④ ┌ 어려운 이웃을 <u>도움</u>으로써 보람을 찾는 이도 있다.
　└ 나는 그를 온전히 <u>믿음</u>에도 그 일은 맡기고 싶지 않다.

⑤ ┌ 아이가 <u>울음</u> 섞인 목소리로 빨리 오라고 소리쳤다.
　└ 수술 뒤 친구가 밝게 <u>웃음</u>을 보니 나도 마음이 놓였다.

37. <보기>의 **1가지 조건**으로 적절하지 <u>않은</u> 것은?

─────〈보 기〉─────

'한글 맞춤법'에 따르면, 사이시옷은 아래의 조건 ⓐ~ⓓ가 모두 만족되어야 표기된다. 단, '곳간, 셋방, 숫자, 찻간, 툇간, 횟수'는 예외이다.

○ **사이시옷 표기에 고려되는 조건**
　ⓐ 단어 분류상 '합성 명사'일 것.
　ⓑ 결합하는 두 말의 어종이 다음 중 하나일 것.
　　• 고유어+고유어　• 고유어+한자어　• 한자어+고유어
　ⓒ 결합하는 두 말 중 앞말이 모음으로 끝날 것.
　ⓓ 두 말이 결합하며 발생하는 음운 현상이 다음 중 하나일 것.
　　• 앞말 끝소리에 'ㄴ' 소리가 덧남.
　　• 앞말 끝소리와 뒷말 첫소리에 각각 'ㄴ' 소리가 덧남.
　　• 뒷말 첫소리가 된소리로 바뀜.

㉠~㉱ 각각의 쌍은 위 조건 ⓐ~ⓓ 중 **1가지 조건**만 차이가 나서 사이시옷 표기 여부가 갈린 예이다.

	사이시옷이 없는 단어	사이시옷이 있는 단어
㉠	도매가격[도매까격]	도맷값[도매깝]
㉡	전세방[전세빵]	아랫방[아래빵]
㉢	버섯국[버섣꾹]	조갯국[조개꾹]
㉣	인사말[인사말]	존댓말[존댄말]
㉤	나무껍질[나무껍찔]	나뭇가지[나무까지]

① ㉠ : ⓐ　　② ㉡ : ⓑ　　③ ㉢ : ⓒ
④ ㉣ : ⓓ　　⑤ ㉤ : ⓓ

38. <보기>의 ⓐ~ⓒ에 들어갈 말로 적절한 것은?

─────<보 기>─────

○ 탐구 과제

　겹받침을 가진 용언을 발음할 때 어떤 음운 변동이 나타나야 표준 발음에 맞는지 혼동되는 경우가 있다. 자음군 단순화, 된소리되기, 비음화, 유음화, 거센소리되기 등의 음운 변동으로 비표준 발음과 표준 발음을 설명해 보자.

○ 탐구 자료

	비표준 발음	표준 발음
㉠ 긁는	[글른]	[긍는]
㉡ 짧네	[짬네]	[짤레]
㉢ 끊기고	[끈기고]	[끈키고]
㉣ 뚫지	[뚤찌]	[뚤치]

○ 탐구 내용

　㉠의 비표준 발음과 ㉡의 표준 발음에는 자음군 단순화 후 (ⓐ)가 나타난다. 이에 비해, ㉠의 표준 발음과 ㉡의 비표준 발음에는 자음군 단순화 후 (ⓑ)가 나타난다. ㉢과 ㉣의 표준 발음은 (ⓒ)만 일어난 발음이다.

	ⓐ	ⓑ	ⓒ
①	유음화	비음화	거센소리되기
②	유음화	비음화	된소리되기
③	비음화	유음화	거센소리되기
④	비음화	유음화	된소리되기
⑤	비음화	된소리되기	거센소리되기

39. <보기>의 ㉠~㉤의 예로 적절하지 않은 것은? [3점]

─────<보 기>─────

　선어말 어미 '-더-'는 시간 표현, 주어의 인칭, 용언의 품사, 문장 종결 표현 등과 다양하게 관련을 맺는다.
　예컨대 '아까 달력을 보니 내일이 언니 생일이더라.'와 같이 ㉠ 새삼스럽거나 새롭게 알게 된 내용이 비록 미래의 일이라도 그것을 안 시점이 과거이면 '-더-'가 쓰일 수 있다. 또한 '-더-'가 쓰인 문장에는 특정 인칭의 주어만 나타나는 경우가 있다. 가령, ㉡ 본인만이 직접 느껴 알 수 있는 감정이나 감각을 표현하는 형용사가 서술어일 때, 평서문에는 1인칭 주어만이 '-더-'와 함께 쓰인다. ㉢ 이 경우, 의문문에는 2인칭 주어만이 '-더-'와 함께 쓰인다. 단, ㉣ 이때도 수사 의문문에는 '-더-'와 함께 1인칭 주어가 나타날 수 있다. 한편, '꿈에서 내가 하늘을 날더라.'처럼 ㉤ 꿈속의 일이나 무의식중에 일어난 일을 말할 때, 화자가 자신의 행동이나 상태를 타인이 관찰하듯이 진술할 경우 '-더-'가 1인칭 주어와 쓰일 수 있다.

① ㉠ : 아까 수첩을 보니 다음 주에 약속이 있더라.
② ㉡ : 나는 그의 합격이 놀랍더라.
③ ㉢ : 영수야, 넌 내가 그리 말했는데도 안 믿더냐?
④ ㉣ : 기어이 우승한 그날, 우리 어찌 아니 기쁘더냐?
⑤ ㉤ : 내가 어제 마신 약은 생각보다 안 쓰더라.

[40~42] (가)는 종이 신문이고, (나)는 (가)의 기사를 보고 인터넷 포털 사이트에서 날씨를 검색한 화면이다. 그리고 (다)는 (나)를 통해 조회한 방송 보도 내용이다. 물음에 답하시오.

(가)

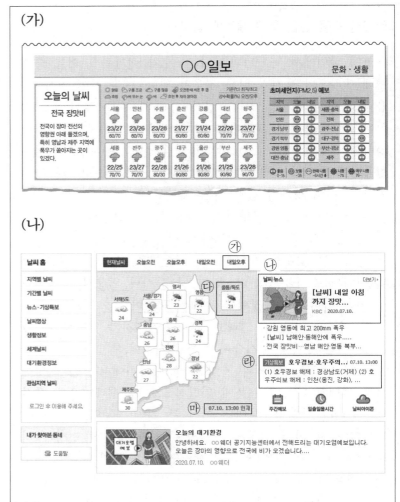

(나)

(다)

[기상 캐스터]

　ⓐ 현재 수도권과 영동, 영남 해안 지역에는 비가 내리고 있습니다. ⓑ 특히 부산에는 벼락이 치면서 시간당 5에서 60밀리미터가 넘는 비가 내리고 있습니다. 부산과 울산, 거제에는 호우 경보가, 그 밖의 영남 해안과 영동, 경기 북부엔 호우주의보가 내려진 상태입니다.
　영동과 경북 동해안에 50에서 200밀리미터 이상의 많은 비가 내리겠고, 경기 북부와 경남 동부에 30에서 80, 그 밖의 지역엔 5에서 40밀리미터의 비가 내리겠습니다.
　ⓒ 여기 보이는 슈퍼컴퓨터 강우 예상도의 붉은 색 부분은 중부와 영남, 영동 지역입니다. 이곳에는 천둥과 번개를 동반한 강한 비가 오늘 밤까지 내리겠습니다. 비는 내일 아침엔 모두 그치겠습니다.
　ⓓ 낮기온은 서울과 대전 26도, 광주 28도, 대구 27도로 어제보다 5에서 6도 가량 낮겠습니다. 바다의 물결은 남해상에서 4미터까지 거세게 일겠습니다.
　주말인 내일 내륙 지역엔 소나기가 오는 곳이 있겠고, 일요일 제주와 전남, 경남에 다시 비가 시작돼 다음 주 초에도 전국에 비가 내리겠습니다.
　ⓔ 기상 정보였습니다.

40. 다음은 (가)와 (나)에서 얻을 수 있는 정보와 정보의 구성 방식을 정리한 표이다. ㉠~㉤ 중 적절하지 <u>않은</u> 것은?

	얻을 수 있는 정보	정보의 구성 방식
(가)	▶ ㉠오늘의 예상 날씨를 간략하게 요약한 표제와 기사 ▶ ㉡지역별 현재 시간의 날씨	▶ ㉢문자 언어, 그림, 도표
(나)	▶ ㉣날씨를 설명하는 뉴스 ▶ 기상 특보 안내	▶ ㉤문자 언어, 그림, 영상

① ㉠　　② ㉡　　③ ㉢　　④ ㉣　　⑤ ㉤

41. <보기>를 바탕으로 할 때, (나)에 새롭게 반영될 '초단기 강수 예측 정보'에 대한 판단 내용으로 가장 적절한 것은?

――― < 보 기 > ―――

[포털 사이트 '날씨 홈' 공지사항]

　'초단기 강수 예측 정보'는 현재 강수 현황을 가장 빠르게 반영한 예측 정보입니다. 기상청에서는 1년 전부터 국민들의 편익을 증대하고 재해에 대한 발빠른 대응을 하기 위해 6시간까지의 강수 예측 정보를 1시간 단위로 지도 위에 영상 형태로 제공해 왔습니다. 그런데 다음 달부터 '초단기 강수 예측 정보'의 강수량 정보를 1시간 단위에서 10분 단위로 상세화하여 12시간까지 국민이 이해하기 쉽도록 그래프 형태로 제공할 예정이라고 합니다. 다음 달부터 우리 ○○ 사이트 또한 기상청의 '초단기 강수 예측 정보'를 반영하여 날씨 예보를 전하고자 합니다.

① ㉮에서 날씨 예보가 10분 단위로 나뉜 그래프로 제공되겠군.
② ㉯에서 방송 보도 내용이 10분마다 바뀌어 제공되겠군.
③ ㉰에서 현재 온도 수치가 10분마다 바뀌어 제시되겠군.
④ ㉱에서 기상 특보 내용이 10분 단위로 달라지겠군.
⑤ ㉲에서 기준 시각이 10분마다 바뀌어 제시되겠군.

42. (다)의 언어적 특성을 고려할 때, ⓐ~ⓔ에 대한 설명으로 적절하지 <u>않은</u> 것은?

① ⓐ : '~고 있다.'와 같은 시제 표현을 활용하여, 상황을 실시간으로 전달하고 있다.
② ⓑ : '-면서'와 같은 어미를 활용하여, 정보 간의 인과 관계를 보여 주고 있다.
③ ⓒ : '여기'와 같은 지시 표현을 활용하여, 전달 내용을 시각적으로 제시하고 있음을 보여 주고 있다.
④ ⓓ : '-겠-'과 같은 어미를 활용하여, 해당 정보가 추측의 의미를 담고 있음을 드러내고 있다.
⑤ ⓔ : '-였'과 같은 어미를 활용하여, 정보를 전달하는 발화가 완료되었음을 나타내고 있다.

[43~45] (가)는 학생들이 발표 준비를 위해 SNS 상으로 나눈 대화이고, (나)는 (가)를 바탕으로 '태범'이 제작해서 인터넷 공유 폴더에 올린 발표 자료 초안이다. 물음에 답하시오.

(가)

태범 다음 주 모둠 발표를 위해 채팅방을 개설해 보았어.

소연 그래, 이번 주까지는 등교할 수 없으니 SNS로 얘기하는 게 좋겠어.

윤아 지난 번 회의 때 ㉠발표 주제를 대화의 유형으로 정했으니까 어떤 식으로 대화의 유형을 나눌지부터 논의하면 될 듯해.

태범 좋아. 각자 조사해 온 걸 가지고 얘기해 보자.

기태 나는 ㉡대화에 해당하는 영어 표현이 두 가지라는 점에 주목해서 두 가지로 나누어 보았어. 각각의 용례가 사뭇 다르다는 사실이 놀라웠어. 관련 내용은 우리 인터넷 공유 폴더에 올려 놓았어.

소연 (공유 폴더에 '기태'가 올린 파일을 확인한 뒤) 흥미로운 내용이네. 나는 대화 상황에 참여하는 인원 수에 따라 대화의 유형을 나누어 보았어. ㉢크게는 자신과의 대화와 타인과의 대화, 이렇게 둘로 나눌 수 있는데, 타인과의 대화를 둘 간의 대화와 일 대 다 구조의 대화로 다시 한 번 나누어 봤어. 지금 바로 파일을 전송할게. ^^

소연 📄 파일 전송 : 인원 수에 따른 대화의 유형

윤아 고생 많았어. 내가 준비해 온 자료와 내용이 겹치지 않으면서도 내용이 충분히 설득력이 있어서 정말 마음에 들어.

태범 윤아 네가 조사해 온 내용도 같이 확인해 보자.

윤아 응, 잠시만~. http://www.○○○.kr
이 주소를 클릭하면 돼. 나는 너희들처럼 따로 정리하지는 못했어. 대신 내가 얘기하고 싶은 내용들을 잘 정리해 놓은 웹사이트를 찾았어.

기태 윤아는 ㉣대화 내용에 주목해서 대화의 유형을 파악하고자 했구나. 그런데 이 사이트에서 대화의 유형을 나눌 때 참고한 자료의 출처도 알고 있어? 각각의 개념이 조금 어렵게 느껴져서 따로 찾아보려고 ――;;

소연 응, 출처도 따로 조사해 두었어. 잠시 후에 공유 폴더 파일에 추가해 놓을게.

태범 그럼 지금까지 얘기한 걸 종합해서 초안을 만들어서 우리 공유 폴더에 올려 놓을게. 참, ㉤윤아가 조사해 온 내용을 정리할 때에는 그 출처도 함께 제시할게.

(나)

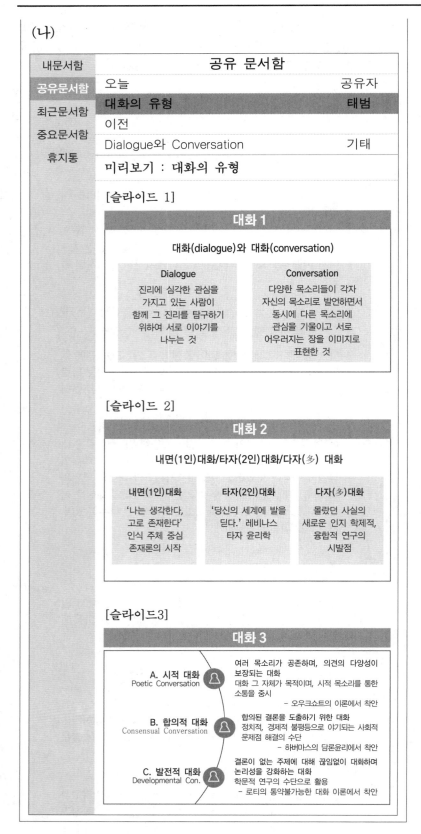

내문서함	공유 문서함	
공유문서함	오늘	공유자
최근문서함	**대화의 유형**	**태범**
중요문서함	이전	
휴지통	Dialogue와 Conversation	기태

미리보기 : 대화의 유형

[슬라이드 1]

대화 1

대화(dialogue)와 대화(conversation)

Dialogue
진리에 심각한 관심을 가지고 있는 사람이 함께 그 진리를 탐구하기 위하여 서로 이야기를 나누는 것

Conversation
다양한 목소리들이 각자 자신의 목소리로 발언하면서 동시에 다른 목소리에 관심을 기울이고 서로 어우러지는 장을 이미지로 표현한 것

[슬라이드 2]

대화 2

내면(1인)대화/타자(2인)대화/다자(多) 대화

내면(1인)대화
'나는 생각한다, 고로 존재한다' 인식 주체 중심 존재론의 시작

타자(2인)대화
'당신의 세계에 발을 딛다.' 레비나스 타자 윤리학

다자(多)대화
몰랐던 사실의 새로운 인지 학제적, 융합적 연구의 시발점

[슬라이드3]

대화 3

A. 시적 대화
Poetic Conversation
여러 목소리가 공존하며, 의견의 다양성이 보장되는 대화
대화 그 자체가 목적이며, 시적 목소리를 통한 소통을 중시
– 오우크쇼트의 이론에서 착안

B. 합의적 대화
Consensual Conversation
합의된 결론을 도출하기 위한 대화
정치적, 경제적 불평등으로 야기되는 사회적 문제점 해결의 수단
– 하버마스의 담론윤리에서 착안

C. 발전적 대화
Developmental Con.
결론이 없는 주제에 대해 끊임없이 대화하며 논리성을 강화하는 대화
학문적 연구의 수단으로 활용
– 로티의 통약불가능한 대화 이론에서 착안

<small>신출제</small>

43. (가)의 대화에 대한 설명으로 가장 적절한 것은?

① '태범'은 현재 상황을 고려했을 때 비대면 방식의 매체 활용이 적합함을 언급하고 있다.

② '소연'은 하이퍼링크를 활용하여 자신이 조사한 내용을 모둠원들과 공유하고 있다.

③ '윤아'는 대화 도중 모둠원이 전송한 파일을 확인한 후 즉각적인 반응을 드러내고 있다.

④ '기태'는 대화가 이루어지는 매체의 특성을 활용하여 자신이 정리한 파일을 모둠원들에게 제공하려 하고 있다.

⑤ '소연'과 '기태'는 한글 자모로 된 기호를 활용하여 자신의 감정을 드러내고 있다.

<small>신출제</small>

44. ㉠~㉤을 바탕으로 '태범'이 세운 발표 자료 제작 계획 중 (나)에 반영되지 않은 것은?

① ㉠에서 언급된 발표 제재를 각 슬라이드마다 배치하되 서로 다른 분류 방식은 숫자를 활용하여 구분해야겠군.

② ㉡에서 언급된 두 가지 표현은 하나의 슬라이드 안에 각각 다른 글상자에 배치하여 그 의미가 대비되게 제시해야겠군.

③ ㉢에서 언급된 대화의 상대를 하나의 슬라이드에 1인과 2인으로 나누어 제시하여 유형을 분류한 의도를 드러내야겠군.

④ ㉣에서 언급된 유형 분류 기준을 슬라이드에 병렬적으로 제시하여 각 유형별 특징이 명확하게 드러나도록 배치해야겠군.

⑤ ㉤에서 언급된 출처를 각 유형에 대한 설명의 마지막 부분에 제시하여 정보의 신뢰도를 제고해야겠군.

<small>신출제</small>

45. <보기>는 학생들이 (나)를 확인한 이후 추가로 SNS 상에서 나눈 대화이다. <보기>를 바탕으로 (나)의 두 번째 슬라이드를 수정한 ⓐ~ⓔ 중 적절하지 않은 것은? [3점]

─── <보 기> ───

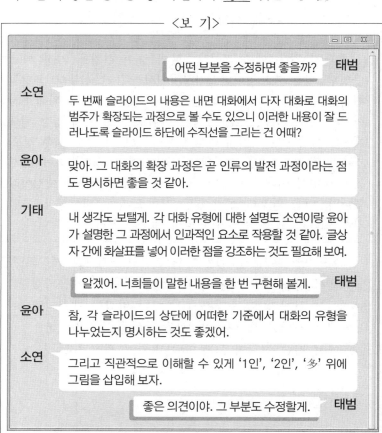

어떤 부분을 수정하면 좋을까? **태범**

소연 두 번째 슬라이드의 내용은 내면 대화에서 다자 대화로 대화의 범주가 확장되는 과정으로 볼 수도 있으니 이러한 내용이 잘 드러나도록 슬라이드 하단에 수직선을 그리는 건 어때?

윤아 맞아. 그 대화의 확장 과정은 곧 인류의 발전 과정이라는 점도 명시하면 좋을 것 같아.

기태 내 생각도 보탤게. 각 대화 유형에 대한 설명도 소연이랑 윤아가 설명한 그 과정에서 인과적인 요소로 작용할 것 같아. 글상자 간에 화살표를 넣어 이러한 점을 강조하는 것도 필요해 보여.

알겠어. 너희들이 말한 내용을 한 번 구현해 볼게. **태범**

윤아 참, 각 슬라이드의 상단에 어떠한 기준에서 대화의 유형을 나누었는지 명시하는 것도 좋겠어.

소연 그리고 직관적으로 이해할 수 있게 '1인', '2인', '多' 위에 그림을 삽입해 보자.

좋은 의견이야. 그 부분도 수정할게. **태범**

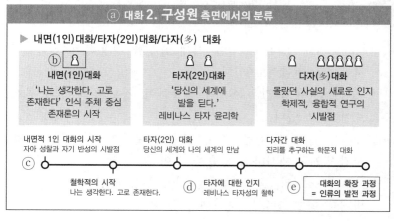

ⓐ 대화 2. 구성원 측면에서의 분류

▶ **내면(1인)대화/타자(2인)대화/다자(多) 대화**

ⓑ **내면(1인)대화**
'나는 생각한다, 고로 존재한다' 인식 주체 중심 존재론의 시작

타자(2인)대화
'당신의 세계에 발을 딛다.' 레비나스 타자 윤리학

다자(多)대화
몰랐던 사실의 새로운 인지 학제적, 융합적 연구의 시발점

내면적 1인 대화의 시작
자아 성찰과 자기 반성의 시발점
ⓒ

타자(2인) 대화
당신의 세계와 나의 세계의 만남

다자간 대화
진리를 추구하는 학문적 대화

철학적 시작
나는 생각한다. 고로 존재한다.

ⓓ 타자에 대한 인지
레비나스 타자성의 철학

ⓔ 대화의 확장 과정
= 인류의 발전 과정

① ⓐ   ② ⓑ   ③ ⓒ   ④ ⓓ   ⑤ ⓔ

● 문항수 11개 | 배점 24점 | 제한 시간 20분　　　　　　　　　　　　　● 점수 표시가 없는 문항은 모두 2점

[35~36] 다음 글을 읽고 물음에 답하시오.

단어의 의미 관계 중 상하 관계는 의미상 한 단어가 다른 단어를 포함하거나 다른 단어에 포함되는 관계를 말한다. 이때 다른 단어의 의미를 포함하는 단어를 상의어라 하고 다른 단어의 의미에 포함되는 단어를 하의어라 하는데, 상의어일수록 일반적이고 포괄적인 의미를 지니며 하의어일수록 구체적이고 한정적인 의미를 지닌다.

상하 관계에 있는 단어들은 상의어와 하의어가 상대적으로 정해진다. 이를테면 '구기'는 '스포츠'와의 관계 속에서 하의어가 되지만, '축구'와의 관계 속에서는 상의어가 된다. 그런데 '구기'의 하의어에는 '축구' 외에 '야구', '농구' 등이 더 있다. 이때 상의어인 '구기'에 대해 하의어 '축구', '야구', '농구' 등은 같은 계층에 있어 이들을 상의어 '구기'의 공하의어라 하며, 이들 공하의어 사이에는 ㉠ 비양립 관계가 성립한다. 곧 어떤 구기가 '축구'이면서 동시에 '야구'나 '농구'일 수는 없다.

한편 상하 관계에서는 하의어들이 상의어의 의미를 이어받아 상의어를 의미적으로 함의한다. 일례로 어떤 새가 '장끼'이면 그 '장끼'는 상의어 '꿩'의 의미를 이어받으므로 '꿩'을 의미적으로 함의하는 것이다. 그러나 어떤 새가 '꿩'이라 해서 그것이 꼭 '장끼'여야 하는 것은 아니므로, 상의어는 하의어를 의미적으로 함의하지 못한다. 이를 '[ ]'로 표현하는 의미 자질로 설명하면, 하의어 '장끼'는 상의어 '꿩'의 의미 자질들을 가지면서 [수컷]이라는 의미 자질을 더 가져, 결국 하의어 '장끼'는 상의어 '꿩'보다 의미 자질 개수가 많다. 곧 상의어보다 의미 자질이 많은 하의어는 상의어를 의미적으로 함의하는 것이다.

그런데 앞에서 살폈듯이 '구기'의 공하의어가 여러 개인 것과 달리, '꿩'의 공하의어는 성별로 구분했을 때 '장끼'와 '까투리' 둘뿐이다. '구기'의 공하의어인 '축구', '야구' 등과 마찬가지로 '장끼', '까투리'는 '꿩'의 공하의어로서 비양립 관계에 있다. 그러나 '장끼'와 '까투리'의 경우, '장끼'가 아닌 것은 곧 '까투리'이고 그 역도 성립한다는 점에서 ㉡ 상보적 반의 관계에 있다. 따라서 한 상의어가 같은 계층의 두 단어만을 공하의어로 포함하면, 그 공하의어들은 상보적 반의 관계에 있다고 할 수 있다.

35. 윗글을 바탕으로 다음 자료를 탐구한 것으로 적절하지 <u>않은</u> 것은?

> **악기(樂器)**[-끼] 명
> [음악] 음악을 연주하는 데 쓰는 기구를 통틀어 이르는 말. 연주법에 따라 일반적으로 현악기, 관악기, 타악기로 나눈다.
>
> **타-악기(打樂器)**[타:-끼] 명
> [음악] 두드려서 소리를 내는 악기를 통틀어 이르는 말. 팀파니, 실로폰, 북이나 심벌즈 따위이다.

① '타악기'는 '실로폰'의 상의어로서 '실로폰'보다 포괄적인 의미를 갖겠군.

② '북'은 '타악기'의 하의어이므로 [두드림]을 의미 자질 중 하나로 갖겠군.

③ '기구'는 '악기'를 의미적으로 함의하고 '악기'는 '북'을 의미적으로 함의하겠군.

④ '타악기'와 '심벌즈'는 모두 '기구'의 하의어이지만, '기구'의 공하의어는 아니겠군.

⑤ '현악기'와 '관악기'는 '악기'의 공하의어이므로 모두 '악기'의 상의어 '기구'보다 의미 자질의 개수가 많겠군.

36. 윗글을 바탕으로 할 때 ㉠과 ㉡을 모두 만족시키는 단어 쌍만을 〈보기〉에서 있는 대로 고른 것은?

> ─〈보 기〉─
> ⓐ 여름에 고향을 출발한 그가 마침내 ⓑ 북극에 도달했다는 소식에 나는 다급해졌다. 지구의 양극 중 ⓒ 남극에는 내가 먼저 가야 했다. 남극 대륙은 ⓓ 계절이 여름이어도 내 고향의 ⓔ 겨울만큼 바람이 찼다. 남극 대륙에서 나를 위로해 준 것은 썰매를 끄는 ⓕ 개들과 귀여운 몸짓을 하는 ⓖ 펭귄들, 그리고 먹이를 찾아 날아다니는 ⓗ 갈매기들뿐이었다.

① ⓑ - ⓒ

② ⓐ - ⓔ, ⓑ - ⓒ

③ ⓑ - ⓒ, ⓖ - ⓗ

④ ⓐ - ⓓ, ⓑ - ⓒ, ⓖ - ⓗ

⑤ ⓐ - ⓔ, ⓑ - ⓒ, ⓕ - ⓗ

37. 〈보기〉를 바탕으로 음운 변동 사례에 대해 이해한 내용으로 적절한 것은?

> ─〈보 기〉─
> 교체, 탈락, 축약, 첨가의 음운 변동이 일어나는 경우 음운 개수의 변화가 나타나기도 한다.
> 먼저 '집일[짐닐]'은 첨가 및 교체가 일어나 음운의 개수가 늘었다. 그런데 '닭만[당만]'은 탈락 및 교체가 일어나 음운의 개수가 줄었고, '뜻하다[뜨타다]'는 교체 및 축약이 일어나 음운의 개수가 줄었다. 한편 '맡는[만는]'은 교체가 두 번 일어나 음운의 개수가 변하지 않았다.

① '흙하고[흐카고]'는 탈락 및 축약이 일어나 음운의 개수가 두 개 줄었군.

② '저녁연기[저녕년기]'는 첨가 및 교체가 일어나 음운의 개수가 두 개 늘었군.

③ '부엌문[부엉문]'과 '볶는[봉는]'은 교체가 한 번 일어나 음운의 개수가 변하지 않았군.

④ '없지[업찌]'와 '묽고[물꼬]'는 교체 및 축약이 일어나 음운의 개수가 각각 한 개 줄었군.

⑤ '넓네[널레]'와 '밝는[방는]'은 탈락 및 교체가 일어나 음운의 개수가 각각 두 개 줄었군.

38. ㉠~㉣의 문장 성분과 문장 구조에 대한 설명으로 적절하지 <u>않은</u> 것은? [3점]

> ㉠ 그녀는 따뜻한 봄이 빨리 오기를 기다린다.
> ㉡ 내가 만난 친구는 마음이 정말 착하다.
> ㉢ 피곤해하던 동생이 엄마가 모르게 잔다.
> ㉣ 그가 시장에서 산 배추는 값이 비싸다.

① ㉠과 ㉡은 체언을 수식하는 안긴문장이 있다.
② ㉢과 ㉣은 서술어의 기능을 하는 안긴문장이 있다.
③ ㉠은 명사절 속에 부사어가 있고, ㉡은 서술절 속에 부사어가 있다.
④ ㉠은 주어가 생략된 안긴문장이 있고, ㉣은 목적어가 생략된 안긴문장이 있다.
⑤ ㉢은 부사어의 기능을 하는 안긴문장이 있고, ㉣은 관형어의 기능을 하는 안긴문장이 있다.

39. <보기 1>을 참고할 때, <보기 2>의 ㉮~㉰에 들어갈 말로 적절한 것은?

> ───────〈보기 1〉───────
> 　일반적으로 중세 국어에서는 서술격 조사가 앞에 결합하는 체언의 끝소리에 따라 달리 나타났다.
> 　먼저 체언의 끝소리가 자음일 때 '이'가 나타났다.
>
> 　○ 샹녜 쓰는 힛 일후미라(일훔＋이라) (보통 쓰는 해의 이름이다)
>
> 　체언의 끝소리가 모음 'ㅣ'이거나 반모음 'ㅣ'일 때는 아무런 형태가 나타나지 않았다.
>
> 　○ 牛頭는 쇠 머리라(머리＋라) (우두는 소의 머리이다)
>
> 　그리고 체언의 끝소리가 모음 'ㅣ'도, 반모음 'ㅣ'도 아닌 모음일 때는 'ㅣ'가 나타났다.
>
> 　○ 生佛은 사라 겨신 부톄시니라(부텨＋ㅣ시니라) (생불은 살아 계신 부처이시다)

> ───────〈보기 2〉───────
> ○ 齒는 　㉮　 (치는 이이다)
> ○ 所는 　㉯　 (소는 바이다)
> ○ 樓는 　㉰　 (누는 다락이다)

	㉮	㉯	㉰
①	니이라	바이라	다락라
②	니라	배라	다락ㅣ라
③	니이라	바라	다락ㅣ라
④	니라	배라	다라기라
⑤	니ㅣ라	바이라	다라기라

[40~42] (가)는 학교 체육관 벽에 붙어 있는 안전사고 유형과 문제 대처법 관련 안내문이고, (나)는 블로그 내용이다. 물음에 답하시오.

(가)

**학생들이 알아야 할
체육 활동의 안전사고 유형과 문제 대처법**

■ 체육 활동 시 일어날 수 있는 안전사고 유형
㉮ 잘못된 실천 방법에 따른 안전사고
　㉠ <u>지나친 훈련과 잘못된 운동 방법에의한 안전사고가 발생할 수 있음.</u>
㉯ 준비 운동 부족으로 인한 안전사고
　준비 운동은 체온을 높이고 심폐 기능을 활발하게 하여 갑작스러운 운동에 신체가 대처할 수 있게 돕기 때문에 필요함.
㉰ 시설과 장비에 따른 안전사고
　시설이나 장비, 도구 등의 관리가 소홀하거나 안전 장비를 갖추지 못한 곳에서의 운동은 위험하기 때문에 시설 및 장비 관리에 소홀하면 안됨.

■ 안전사고로 생긴 문제 대처법
㉮ 타박상
　● 다친 곳을 들어올리고 움직이지 않아야 함.
　● 상처 부위를 냉찜질함.
　● 며칠 간 통증이 줄어들지 않으면 병원에 가야 함.
㉯ 찰과상
　● 상처 부위를 물로 깨끗이 씻은 후 소독약을 바름.
　● ㉡ <u>상처의 깊이가 크거나 크기가 클 경우 병원에 가야 함.</u>
㉰ 염좌
　● 상처가 부어오르기 전에 양말을 벗고 냉찜질함.
　● 압박 붕대 등으로 압박하여 움직임에 영향을 받지 않도록 조치함.

※ 체육관을 사용하는 학생들은 운동하다 문제가 생겼을 때 바로 체육교육부(내선 132)로 연락주세요.

(나)

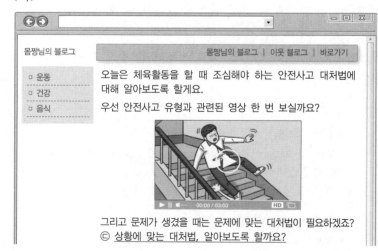

몸짱님의 블로그　　　　몸짱님의 블로그 | 이웃 블로그 | 바로가기

□ 운동
□ 건강
□ 음식

오늘은 체육활동을 할 때 조심해야 하는 안전사고 대처법에 대해 알아보도록 할게요.

우선 안전사고 유형과 관련된 영상 한 번 보실까요?

그리고 문제가 생겼을 때는 문제에 맞는 대처법이 필요하겠죠?
㉢ 상황에 맞는 대처법, 알아보도록 할까요?

■ 타박상일 경우는?
다친 곳을 움직이지 않고 상처 부위를 냉찜질하도록 합니다.

■ 찰과상일 때는?
ⓔ 상처 부위를 깨끗하게 물로 씻고 바르도록 합니다.

더 자세한 치료법은 <u>여기</u>를 눌러 확인!

더 자세한 치료법은 <u>여기</u>를 눌러 확인!

■ 염좌일 때는?
상처가 붓기 전에 양말을 벗고 냉찜질을 하며, 압박 붕대 등으로 감아 움직임에 영향을 받지 않도록 조치합니다.

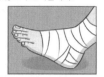

더 자세한 치료법은 <u>여기</u>를 눌러 확인!

☐ 댓글 4 | 공감 13

S라인 유용한 정보 감사해요~
  ↳ **몸짱** 도움이 되셨다니 기쁩니다.

○○ 헬스지킴이 운동을 좋아하시는 것 같네요. 이번에 ○○동에 새로 오픈한 헬스장을 운영하고 있습니다. 한 번 놀러 오세요.

식스팩 ⓔ 원래 운동은 다치면서 하는 거야. 몸 사리면서 몸을 어떻게 만들어? 알지도 못하면서 뭔 블로그를 만들었대.

신출제
40. (가)를 바탕으로 (나)를 만들었다고 할 때, 고려한 사항으로 적절하지 <u>않은</u> 것은?

① (가)에서 설명한 내용을 보는 이가 이해하기 쉽게 관련된 동영상 자료를 활용한다.
② (가)에서 설명된 내용을 보는 이들이 쉽게 이해할 수 있게 다양한 이미지 자료들을 활용한다.
③ (가)에 사용된 정보를 활용할 때는 출처를 밝혀 보는 이에게 신뢰감을 줄 수 있도록 한다.
④ (가)에서 설명된 내용보다 보는 이가 더 알고 싶어 하는 정보는 하이퍼링크를 통해 알려 준다.
⑤ (가)에서 다룬 정보 중에서 보는 이에게 더 필요할 것 같은 정보만을 중심으로 내용을 구성한다.

신출제
41. <보기>를 참고하여 정보의 유통 방식의 차이를 중심으로 (가), (나)의 매체를 비교할 때, 가장 적절한 것은?

─<보 기>─

매체에 따라 정보 제공의 속도, 정보 보존의 방법, 정보 제공자의 범위 등이 다르기 때문에 정보 유통 방식에 차이가 있을 수밖에 없다.

① (가)는 (나)에 비해 정보를 제공하는 속도가 빠르다.
② (가)는 (나)에 비해 정보의 대량 유통이 손쉽다.
③ (가)와 (나)는 동일한 형태로 정보를 보존한다.
④ (나)는 (가)에 비해 정보의 유통 범위가 제한적이다.
⑤ (나)는 (가)에 비해 정보 제공자의 범위가 넓다.

신출제
42. <보기>를 참고하여 (가)와 (나)의 언어생활을 성찰하려고 한다. ㉠~㉤에 대한 질문과 답으로 적절하지 <u>않은</u> 것은?

─<보 기>─

글을 쓸 때는 어법에 맞게 정확한 표현을 해야 한다. 이는 인쇄 매체뿐만 아니라 인터넷 매체를 활용할 때도 마찬가지이다. 인터넷 매체의 경우 언제 어디서든 내용을 만들어 올릴 수 있는 빠른 접근성이 장점이지만, 그로 인해 퇴고의 과정 등이 없어 문제점이 발생할 수 있다. 한편 인터넷의 경우 누구나 정보에 접근할 수 있지만 누구인지 밝힐 필요가 없어서 예의범절에 어긋난 표현을 하기도 한다.

[질문]	[답]
① ㉠ : 언어 규범에 맞게 표기하였는가?	아니오
② ㉡ : 문맥에 맞는 올바른 단어를 사용하고 있는가?	아니오
③ ㉢ : 문맥상 필요 없는 내용이 들어갔는가?	예
④ ㉣ : 문장 성분을 빠뜨리고 있는가?	예
⑤ ㉤ : 상대방에게 무례한 표현을 사용하였는가?	예

[43~45] (가)는 웹툰이고, (나)는 동영상이다. 물음에 답하시오.

(가)

우정을 버리고,
성적을 택하는 차디찬 교실.

우리는 무엇을 위해 싸우고
무엇을 향해 달려가고 있는 것일까...

(나)

아유고삼?

▶

새벽 6시, 시끄러운 알람소리에 힘겹게 일어나는 지영.
지영이는 ○○고등학교에 다니는 고등학교 3학년 학생이다.

▶ ❚❚ ◀ 　00:00 / 03:00　　　　　　HD ▭

신출제

43. (가)를 이해한 내용으로 가장 적절한 것은?

① 제각각의 모습으로 수업을 들으며 교실 안에 있는 학생들의 모습을 통해 다양성을 존중해야 한다는 작가의 의도를 알 수 있군.

② 대학 입시를 '전쟁'에 비유하고 수업을 하는 교사의 모습을 무섭게 보여 주어 경쟁만을 부추기는 대학 입학을 반대하는 작가의 의도를 잘 보여 주고 있군.

③ 교실에서 창밖의 하늘을 응시하는 학생의 모습을 통해 수업 시간에 다른 짓을 하는 학생들에 대한 부정적 인식을 보여 주고 있군.

④ 교실을 배경으로 한 고등학교 3학년의 모습을 효과적으로 보여 주기 위해 인물들의 과장된 모습을 적절히 활용하고 있군.

⑤ 빈교실과 이에 대한 멘트를 제시하여 대학 입시를 위해 살고 있는 치열한 고등학교 3학년의 삶의 모습을 효과적으로 보여 주고 있군.

신출제

44. <보기 1>을 참고하여 (나)의 동영상 제작을 위해 <보기 2>처럼 학생들이 제작 회의를 했다고 할 때, 그 내용으로 적절하지 않은 것은? [3점]

─────〈보기 1〉─────

　매체 자료를 생산하기 위해서는 매체 자료의 목적, 수용자, 매체의 특성을 고려하여야 한다. 소통의 목적이 정보 전달일 경우 신뢰성 있는 내용으로 구성해야 하고, 목적이 설득인 경우 자신의 주장을 위해 타당한 논거를 제시해야 한다. 또한 심미적 정서 표현이 소통의 목적이라면 정서를 구체화하여 표현할 수 있어야 한다. 매체 수용자를 분석하는 것도 매우 중요한데 수용자의 나이, 관심사 등에 따라 정보의 내용이나 수준이 달라져야 하기 때문이다.

─────〈보기 2〉─────

철환 : 고등학교 3학년들이 대학 입시를 앞두고 어떤 하루를 보내고 있는지 다큐멘터리 형식으로 동영상을 만들기로 했잖아. 그리고 이를 통해 진정한 행복의 의미도 무엇인지 보여 주기로 했잖아. 어떻게 하면 좋을까?

유미 : 매일 대학 입시라는 것에 매달려 힘든 하루를 보내고 있는 고3 학생들의 모습을 보여 주어 진정한 행복의 의미가 무엇인지 생각해 볼 수 있도록 해야겠어. ············ ①

혜정 : 새벽에 일어나서 새벽에 잠드는 고달픈 하루를 시간의 순서대로 사실적으로 보여 주어, 이런 삶 속에서 진정한 행복을 느낄 수 있겠는지 학생과 학부모에게 의문을 제기했으면 좋겠다. ··············· ②

지영 : 나는 고3 학생들 몇몇을 만나 인터뷰를 하면서 하루 중 무엇을 할 때 가장 행복한지 인터뷰할게. ·············· ③

영주 : 외국 학생들의 행복지수를 조사해서 고3 학생들과 비교해 보고, 현재 고3 학생들이 느끼는 행복지수에 대해 인터뷰하는 것도 좋을 것 같아. ·············· ④

성진 : '행복한 자신의 삶을 꾸려라'라는 제목을 가진 신문 기사 내용을 봤는데, 알려 준 내용대로 따라 살면 좀 더 나은 삶을 계획할 수 있대. 그 신문 기사의 내용을 최대한 영상에 많이 소개하자. ·············· ⑤

신출제

45. (가)의 내용을 (나)의 매체로 변환하여 자료를 만들었다고 가정할 때, 그 이유로 가장 적절한 것은?

① (가)보다 (나)의 매체가 웹툰에 담긴 내용을 사실적으로 검증하여 줄 수 있기 때문이다.

② (가)에서 드러낸 것보다 (나)의 매체가 더 창의적으로 내용을 확장시킬 수 있기 때문이다.

③ (가)에 담고자 했던 이야기를 (나)에서는 보다 압축적으로 드러내 줄 수 있기 때문이다.

④ (가)에서 전달하고자 하는 정서를 (나)의 매체가 다양한 감각을 통해 느낄 수 있게 해줄 수 있기 때문이다.

⑤ (가)에서 전달한 내용이 (나)의 매체를 통하면 사회적 의사소통이 더욱 활발해질 수 있기 때문이다.

* 확인 사항
○ 답안지의 해당란에 필요한 내용을 정확히 기입(표기)했는지 확인하시오.

35. <보기>의 음운 변동을 분석한 것으로 적절하지 <u>않은</u> 것은?

――― <보 기> ―――

ㄱ 밭일[반닐]　　ㄴ 훑는[훌른]　　ㄷ 같이[가치]

① ㄱ에는 음절 끝에 올 수 있는 자음이 제한되어 있기 때문에 일어난 음운 변동이 있다.
② ㄱ과 ㄴ은 음운 변동의 결과 음운의 개수에 변화가 생겼다.
③ ㄱ은 실질 형태소끼리 결합할 때, ㄷ은 실질 형태소와 형식 형태소가 결합할 때 음운 변동이 일어났다.
④ ㄴ은 자음으로 인한, ㄷ은 모음으로 인한 음운 변동이 일어났다.
⑤ ㄱ, ㄴ, ㄷ에 공통적으로 일어난 음운 변동은 탈락과 교체이다.

[36~37] 다음 글을 읽고 물음에 답하시오.

　관형어는 체언을 수식하는 문장 성분으로 관형사나 체언이 그대로 관형어가 되기도 하며, 체언에 관형격 조사 '의'가 결합된 형태나 용언의 관형사형으로도 나타난다. 또한 관형절도 관형어의 기능을 한다. 관형어는 필수적인 성분은 아니지만 수식을 받는 체언이 의존 명사이면 그 앞에 반드시 관형어가 와야 한다. 한편 관형격 조사 '의'는 앞과 뒤의 체언을 의미상으로 어떤 관계에 놓이도록 연결하는 역할을 한다. 예를 들어 '조국 통일의 위업'은 앞 체언과 뒤 체언이 ㉠'의미상 동격'의 관계, '나의 옷'은 '소유주 – 대상'의 관계, '우리의 각오'는 ㉡'주체 – 행동'의 관계, '조카의 아들'은 '사회적·친족적' 관계로 연결된 것이다.
　중세 국어의 관형어도 현대 국어와 같은 방식으로 실현되는 경우가 많았다. 하지만 현대 국어에서는 자주 나타나지 않거나 현대 국어의 관형어와 구별되는 특이한 현상도 있었다.
　(가) 사ᄅᆞ미 몸 (사람의 몸)
　(나) 불휘 기픈 남ᄀᆞᆫ (뿌리가 깊은 나무는)
　(다) 前生앳 이리 (전생에서의 일이)
　(라) 아비의 便安히 안존 들 (아비가 편안히 앉은 것을)

　(가)에는 관형격 조사 '의'의 결합에 의한, (나)에는 관형사형 어미 '-(으/으)ㄴ'이 붙어서 만들어진 관형절에 의한 관형어가 나타난다. 이와 달리 (다)의 '前生앳'은 '체언 + 부사격 조사'로 이루어진 부사어에 관형격 조사 'ㅅ'이 붙어 관형어가 된 경우이다. (라)의 '아비의'는 '아비가'로 해석되는데, '안존'의 의미상 주어인 '아비'에 주격 조사가 붙지 않고 관형격 조사 '의'가 붙은 것으로 안긴문장의 의미상 주어가 관형격 형태로 나타나는 경우에 해당한다. (다)와 (라) 같은 용법들은 현대 국어에도 일부 남아 있다.

36. 윗글을 참고할 때, ㉠, ㉡에 해당하는 예끼리 묶인 것으로 적절한 것은?

	㉠	㉡
①	너의 부탁	친구의 자동차
②	자기 합리화의 함정	친구의 사전
③	회장의 칭호	영희의 오빠
④	은호의 아버지	친구의 졸업
⑤	질투의 감정	국민의 단결

37. 윗글을 바탕으로 <보기>의 밑줄 친 관형어를 탐구한 내용으로 적절하지 <u>않은</u> 것은? [3점]

――― <보 기> ―――

<중세 국어의 예>
ⓐ <u>부텻</u> 것 도죽혼 罪 　　(부처의 것을 도둑질한 죄)
ⓑ <u>식미 기픈</u> 므른 　　(샘이 깊은 물은)

<현대 국어의 예>
ⓒ <u>어머니의</u> 낡은 지갑은
ⓓ <u>저자와의</u> 대화

① ⓐ의 '부텻'은 의존 명사 앞에 쓰여 생략할 수가 없군.
② ⓑ의 '식미 기픈'은 현대 국어와 같은 관형사형 어미가 쓰인 것이군.
③ ⓐ의 '부텻'은 체언에 관형격 조사가 결합한 형태가, ⓑ의 '식미 기픈'은 관형절이 관형어의 기능을 하고 있군.
④ ⓒ의 '어머니의'는 관형절의 의미상 주어가 관형격으로 실현된 것으로 중세 국어의 용법과 관련이 있는 표현이군.
⑤ ⓓ의 '저자와의'는 부사어 뒤에 관형격 조사가 붙어 관형어가 된 것으로 중세 국어에서도 찾을 수 있는 용법이군.

38. <보기>의 대화에서 ㉠ ~ ㉢에 해당하는 예끼리 묶인 것으로 적절한 것은?

――― <보 기> ―――

선생님 : 오늘은 '한글맞춤법 제21항'에 대해 알아보도록 하겠습니다. '빛깔'처럼 ㉠명사 뒤에 자음으로 시작된 접미사가 붙어서 된 것, '덮개'처럼 ㉡어간 뒤에 자음으로 시작된 접미사가 붙어서 된 것은 그 명사나 어간의 원형을 밝히어 적습니다.
학 생 : 선생님, 그럼 '널찍하다'의 경우에는 왜 어간의 원형인 '넓-'을 밝히지 않고 소리대로 적나요?
선생님 : '널찍하다'처럼 ㉢겹받침의 끝소리가 드러나지 않는 경우와 '넙치'처럼 어원이 분명하지 않거나 본뜻에서 멀어진 경우에는 소리대로 적습니다.

	㉠	㉡	㉢
①	멋쟁이	굵기	얄따랗다
②	넓두리	값지다	말끔하다
③	먹거리	낚시	할짝거리다
④	오뚝이	긁적거리다	짤막하다
⑤	옆구리	지우개	깊숙하다

39. <보기 1>을 참고하여 <보기 2>를 이해한 내용으로 적절하지 <u>않은</u> 것은?

─ <보기 1> ─

언어의 의미는 끊임없이 변화한다. 원래 '주책'은 '일정하게 자리 잡은 주장이나 판단력'이라는 의미였다. 그런데 '주책없다'처럼 '주책'이 주로 '없다'와 함께 쓰이다 보니 부정적인 의미도 갖게 되었다. 즉, '주책'은 '일정한 줏대가 없이 되는 대로 하는 짓'이란 의미도 갖게 되어 '주책없다'와 '주책이다'가 같은 의미로 쓰이게 되었다. 한편 '에누리'는 상인과 소비자가 물건값을 흥정하는 상황에서 자주 쓰이다 보니 '값을 올리는 일'이라는 의미뿐만 아니라 '값을 내리는 일'이라는 의미로도 쓰이게 되었다.

─ <보기 2> ─

ㄱ. 다른 사람의 말에 쉽게 흔들리는 것을 보니 그는 <u>주책</u>이 없구나.

ㄴ. 뜬금없이 그런 말을 하다니 그도 참 <u>주책</u>이다.

ㄷ. <u>에누리</u>를 해 주셔야 다음에 또 오지요.

ㄹ. 그 가게는 <u>에누리</u> 없이 장사를 해서 적게 팔고도 많은 이윤을 남긴다.

---

① ㄱ의 '주책'은 '일정하게 자리 잡은 주장이나 판단력'의 의미로 쓰였군.

② ㄴ의 '주책'은 부정적인 의미로 쓰였군.

③ ㄴ의 '주책이다'는 '주책없다'로도 바꿔 쓸 수 있겠군.

④ ㄷ의 '에누리'는 '값을 올리는 일'의 의미로 쓰였군.

⑤ ㄹ의 '에누리'는 '값을 내리는 일'의 의미로 볼 수 있겠군.

[40~42] (가)~(다)는 성남이가 '미세먼지'라는 주제로 발표 자료를 제작하기 위해 수집한 자료들이다. 물음에 답하시오.

(가) 책

과학자가 본 미세먼지

CHAPTER 1.
미세먼지란 무엇인가   12쪽
• 미세먼지와 초미세먼지
• 미세먼지의 구성 성분
• 세계적 협력 체계 구축

CHAPTER 2.

CHAPTER 3.

CHAPTER 4.

미세먼지와 초미세먼지

몇 년 전까지 우리나라 봄 대기를 해치는 가장 큰 원인으로 황사가 주목을 받았다면, 최근에는 미세먼지가 대기 오염의 주범으로 지목되고 있다. 미세먼지가 한반도를 뒤덮어 하늘이 ㉠뿌옇게 변한 날에는 외출이 꺼려질 정도이며, 외출 전에 그날의 미세먼지 농도를 확인하는 것은 당연한 일상이다.

미세먼지란 지름이 10μm(마이크로미터, 1μm는 100만분의 1cm) 이하인 먼지를 말한다. 이는 사람의 머리카락의 100분의 1 정도에 지나지 않는 미세한 크기의 입자로, ㉡꽃가루나 곰팡이 등의 크기와 비슷한 정도이다. 미세먼지는 자동차 배출가스나 공장 굴뚝 등을 통해 배출되며, 중국의 황사와 함께 날아오거나 스모그가 심할 때 발생하기도 한다.

미세먼지는 흔히 PM이라 부르는데, 지름이 10μm 이하인 미세먼지는 PM10이라고 한다. 이것보다 더 작은 먼지, 즉 지름이 2.5μm 이하인 미세먼지는 PM2.5라고 표현하는데, 이것이 바로 초미세먼지이다. 초미세먼지는 입자가 아주 작기 때문에 허파와 같은 호흡기의 가장 깊은 곳까지 침투할 수 있다. 허파에 침투한 초미세먼지는 다시 혈관 속으로 들어가거나 피부의 모공 속으로 침투하기도 한다. 그래서 미세먼지보다 초미세먼지가 훨씬 위험한 것이다.

(나) 신문

| 4면 202*년 00월 00일 O요일 | 사회 | 제****호 OO일보 |

서울 미세먼지 '경보' 발령…전국 대부분 '매우 나쁨'
전국 대부분의 지역 '나쁨' 수준 예상

서울시는 5일 오전 1시를 기해 초미세먼지(PM-2.5) 경보를 발령했다고 밝혔다.

초미세먼지 주의보는 초미세먼지 시간 평균 농도가 150 μg/㎥ 이상이 2시간 지속될 때 발령된다. 오전 10시 현재 서울 전 지역에서 초미세먼지 농도는 '매우 나쁨'을 기록 중이다. 미세먼지(PM-10)도 전 지역에서 '나쁨' 상태로 시는 미세먼지에 대해서도 주의보를 발령했다. 시는 호흡기 또는 심혈관질환이 있는 시민과 노약자, 어린이 등은 외출을 자제해야 하며, 실외 활동 및 외출 시에는 보건용 마스크를 착용해야 한다고 당부했다.

서울 외에도 전국 곳곳에 미세먼지가 ㉢짙게 낄 것으로 보인다. 수도권·강원 영서·충청권·호남권에서 '매우 나쁨' 수준이, 그 밖의 권역에서는 '나쁨' 수준이 예상된다.

국립환경과학원은 "대기 정체로 나라 안팎의 미세먼지가 축적되고, 낮에는 국외 미세먼지가 유입되면서 전 권역에서 농도가 높을 것"이라고 전망했다.

낮 최고 기온은 평년보다 3~7도 높은 포근한 날씨가 예보됐다. 전국이 대체로 ㉣맑다가 오후 3시께부터 구름이 많아지겠고, 서해안을 중심으로 가시거리 200m 이하 짙은 안개가 끼는 곳이 있겠다.

(다) 텔레비전

미세먼지는 각종 호흡기 질환을 유발할 수 있기 때문에 조심해야 합니다. 미세먼지에 좋은 음식으로는 체내의 유해물을 배출하는 데 효능이 있는 해조류나 중금속 해독에 탁월한 브로콜리와 녹차, 호흡기 질환의 ㉤면역력을 향상시키는 도라지 등이 있고요. 그 외에도 배나 미나리 등도 몸속의 노폐물 배출에 효과가 있는 음식입니다.

---

40. 성남이의 매체 선정 이유로 적절한 것을 모두 고르면?

ㄱ. 제재와 관련해서 실생활에 밀접한 정보를 얻기 위해 (나)와 (다)를 선정하였다.

ㄴ. 시각적인 효과를 이용해 자료에 실재감을 주기 위해 (나)와 (다)를 선정하였다.

ㄷ. 최근의 상황을 반영한 시의성이 있는 정보를 얻기 위해 (가)와 (나)를 선정하였다.

ㄹ. 제재와 관련하여 전문가의 신뢰성 있는 정보를 얻기 위해 (가)와 (다)를 선정하였다.

① ㄱ, ㄴ   ② ㄱ, ㄷ   ③ ㄱ, ㄹ

④ ㄱ, ㄴ, ㄷ   ⑤ ㄴ, ㄷ, ㄹ

41. <보기>를 바탕으로 ㉠~㉤에 일어나는 음운의 변동 현상에 대해 바르게 설명한 것은?

─── < 보 기 > ───

음운 변동의 유형에 따라 변동이 일어나기 전과 후에 음운의 개수 변화는 다르다. '교체'의 경우에는 음운의 변동이 일어나도 음운의 개수에는 변화가 없다. 하지만 '축약'이나 '탈락'의 경우에는 음운의 변동이 일어나면 음운의 수는 줄어들게 되며, '첨가'가 일어나는 경우에는 음운의 개수가 늘어난다. 한편 한 단어에서 음운의 변동이 여러 번 일어나는 경우도 있는데, 이 경우 어떤 유형의 변동들이 일어났는지에 따라 음운의 개수는 달라진다.

① ㉠은 [뿌여케]로 발음되며, 교체와 축약이 일어나기 때문에 음운의 개수는 한 개가 줄어든다.

② ㉡은 [끈까루]로 발음되며, 교체와 첨가가 일어나기 때문에 음운의 개수는 한 개가 늘어난다.

③ ㉢은 [진께]로 발음되며, 교체가 두 번 일어나기 때문에 음운의 개수는 한 개가 줄어든다.

④ ㉣은 [막따가]로 발음되며, 교체가 두 번 일어나기 때문에 음운의 개수에는 변화가 없다.

⑤ ㉤은 [며녕녁]으로 발음되며, 교체가 두 번 일어나기 때문에 음운의 개수에는 변화가 없다.

42. <보기>는 성남이가 자료를 만들기 위해 수립한 계획이다. 민수가 인터넷을 이용해 찾은 자료 중 자료 제작에 추가로 활용할 수 있는 것은? [3점]

─── < 보 기 > ───

과학 수행평가를 위해 '미세먼지'를 제재로 발표를 준비해야겠어. 며칠 전에도 미세먼지가 심해 야외 행사를 못했잖아. 친구들도 이 제재에 관심이 있을 거야. 먼저 미세먼지에 대해 소개하면서 발표를 시작해야겠지? 미세먼지라는 말은 자주 듣지만 그게 정확히 어떤 것을 말하는지 모르는 친구들도 있을 거야. 다음에 미세먼지의 유해성을 말하면서 미세먼지가 왜 문제가 되는지를 발표해야겠어. 그러면서 최근 우리나라의 미세먼지 상황을 제시하면 더 실감이 나겠지? 이어서 미세먼지의 원인이 무엇인지 알아보고 발표해야겠어. 아마 여러 가지 원인이 복합적으로 작용할 거야. 발표의 마무리는 미세먼지에 대한 대응 방법으로 하는 게 좋겠지? 개인적인 대응 방법과 행정적인 대응 방식으로 나누어 제시하는 게 좋을 것 같아. 책과 신문, 방송 등의 매체에서 자료를 찾았지만 부족한 것 같네. 인터넷으로 자료를 더 찾아봐야겠어. 이미 찾은 것과 내용이 중복되는 것은 제외하고 발표를 위해 꼭 필요한 것만 골라야겠군.

①
황사와 미세먼지의 차이
비가 올 것이라는 예보와 달리 잔뜩 흐린 채로 주변이 먼지로 자욱합니다. 뉴스에서는 흐리면서 미세먼지가 심할 거라고 하네요. 문득 황사와 미세먼지의 차이가 ……

②
미세먼지 마스크 추천
요즈음 미세먼지 때문에 고민이 많으시죠? 외출하기도 겁나고요. 이럴 때 유용한 마스크를 추천해 보겠습니다. 모든 마스크가 미세먼지로부터 인체를 지켜주는 ……

③
미세먼지 저감조치 차량 2부제
미세먼지 '나쁨' 상태가 며칠 동안 이어지자 서울시에서는 미세먼지 비상 저감조치를 발령했습니다. 미세먼지를 줄이기 위한 조치라고는 하는데 정확한 내용을 ……

④
미세먼지로부터의 탈출, 유럽 여행
미세먼지로 짜증나는 일상을 보내다가 큰 마음 먹고 유럽 여행을 다녀왔어요. 최소 경비로 다녀온 궁핍한 여행이지만 맑은 공기만으로도 행복했던 한주였답니다 ……

⑤
맛있는 음식으로 미세먼지 스트레스 날리기
안녕하세요. 요리하는 남자입니다. 요즘 미세먼지 때문에 외출하기 겁나실 텐데요. 가정에서 쉽게 요리할 수 있는 맛있는 음식 몇 가지 소개해 드릴 테니 ……

[43 ~ 45] (가)는 탐구 발표 자료를 만들기 위한 모둠 대화 내용이고, (나)는 대화를 토대로 만든 발표 자료의 일부이다. 물음에 답하시오.

(가)

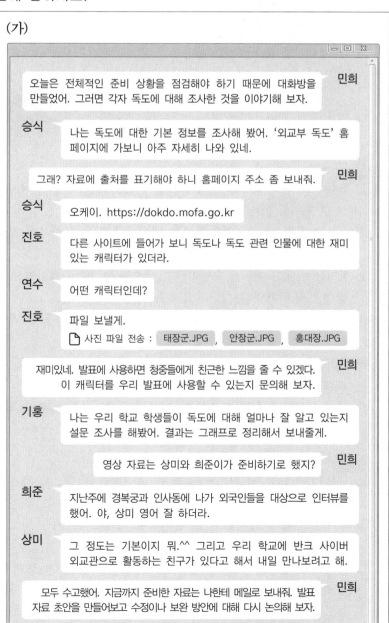

> **민희:** 오늘은 전체적인 준비 상황을 점검해야 하기 때문에 대화방을 만들었어. 그러면 각자 독도에 대해 조사한 것을 이야기해 보자.
>
> **승식:** 나는 독도에 대한 기본 정보를 조사해 봤어. '외교부 독도' 홈페이지에 가보니 아주 자세히 나와 있네.
>
> **민희:** 그래? 자료에 출처를 표기해야 하니 홈페이지 주소 좀 보내줘.
>
> **승식:** 오케이. https://dokdo.mofa.go.kr
>
> **진호:** 다른 사이트에 들어가 보니 독도나 독도 관련 인물에 대한 재미있는 캐릭터가 있더라.
>
> **연수:** 어떤 캐릭터인데?
>
> **진호:** 파일 보낼게.
> 📄 사진 파일 전송 : [태장군.JPG] [안장군.JPG] [홍대장.JPG]
>
> **민희:** 재미있네. 발표에 사용하면 청중들에게 친근한 느낌을 줄 수 있겠다. 이 캐릭터를 우리 발표에 사용할 수 있는지 문의해 보자.
>
> **기흥:** 나는 우리 학교 학생들이 독도에 대해 얼마나 잘 알고 있는지 설문 조사를 해봤어. 결과는 그래프로 정리해서 보내줄게.
>
> **민희:** 영상 자료는 상미와 희준이가 준비하기로 했지?
>
> **희준:** 지난주에 경복궁과 인사동에 나가 외국인들을 대상으로 인터뷰를 했어. 야, 상미 영어 잘 하더라.
>
> **상미:** 그 정도는 기본이지 뭐.^^ 그리고 우리 학교에 반크 사이버 외교관으로 활동하는 친구가 있다고 해서 내일 만나보려고 해.
>
> **민희:** 모두 수고했어. 지금까지 준비한 자료는 나한테 메일로 보내줘. 발표 자료 초안을 만들어보고 수정이나 보완 방안에 대해 다시 논의해 보자.

(나)

대한민국의 사랑스러운 섬
독도

발표 순서

1. 독도 둘러보기
2. 독도, 얼마나 알고 있니?
3. 외국인이 생각하는 독도
4. 독도를 지키려는 노력

독도 둘러보기

1. 독도의 위치

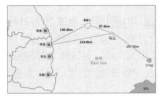

▶ 출처 : 사이버 독도 http://www.dokdo.go.kr

2. 독도의 역사

사이버 **독도** [클릭]

3. 독도의 가치

외교부 **독도** [클릭]

독도, 얼마나 알고 있니?

설문 조사 : ○○고등학교 재학생 100명

독도에 대한 관심

80명 18명 2명
관심이 많다 / 관심이 없다 / 무응답

독도에 대한 관심 계기

40명(40%) 24명(24%) 12명(12%) 4명(4%)
언론 보도 / 학교 교육 / 지인 설명 / 기타

독도를 지켜야 하는 이유

38명 31명 23명 8명
역사적 이유 / 지리적 이유 / 경제적 가치 / 기타

독도의 소유국

97명 1명 2명 0명
대한민국 / 모르겠다 / 무응답 / 일본

외국인이 생각하는 독도

▶ 인터뷰 장소 : 경복궁, 광화문

인터뷰 정리
· 외국인들은 독도에 대해 잘 모르고 있다.
· 독도에 대한 우리의 입장을 알려주니 대부분 공감한다.

독도를 지키려는 노력

1. 독도 경비대원
2. 독도는 우리 땅 플래시몹
3. 독도를 알리는 사람들
4. '반크'를 아시나요?

[신출제]

43. 휴대전화 대화방이라는 매체의 특징을 고려한 대화 참여자들의 태도로 볼 수 없는 것은?

① 진호는 파일 전송이 가능하다는 매체의 특징을 고려하여 정보를 교환하였다.

② 상미는 비대면 대화의 수단이라는 매체의 특징을 고려하여 자신의 감정을 표현하였다.

③ 승식이는 하이퍼링크가 가능하다는 매체의 특징을 고려하여 사이트 정보를 제공하였다.

④ 민희는 여러 사람이 동시에 참여할 수 있다는 매체의 특징을 고려하여 대화 매체를 선택하였다.

⑤ 기홍이는 자료의 통계 분석 및 정리가 용이하다는 매체의 특징을 고려하여 조사 결과를 공유하였다.

[신출제]

44. (나)의 자료를 만들면서 '민희'가 고려했을 내용으로 적절하지 않은 것은?

① 자료를 인용할 때에는 기본 윤리를 지켜야겠지? 외부 자료에는 출처를 밝혀주자.

② 승식이가 알려준 '외교부 독도' 홈페이지는 배너를 이용해서 인상적으로 소개하는 게 좋겠어.

③ 친구들이 자료를 제시한 순서를 그대로 따르는 것보다 재구성하여 순서를 재배열하는 게 좋겠어.

---

④ 외국인 인터뷰는 영상만 보여주니 뭔가 미흡한 것 같아, 인터뷰 내용을 종합적으로 분석해서 정리해 줘야지.

⑤ 발표 자료에 들어가는 내용이 너무 많은 것 같아. 관련 기관의 자료에 직접 연결하는 방법으로 내용을 줄여야겠어.

[신출제]

45. <보기>는 '민희'가 만든 발표 초안을 본 친구들의 대화이다. 대화 내용을 반영해 수정한 것으로 적절하지 않은 것은?

< 보 기 >

민희	모두 발표 초안 확인했지? 고쳐야 하거나 보완해야 할 사항이 있으면 알려줘. 수정해서 다시 만들게.
승식	민희야 고생 많았어. 자, 의견을 모아 보자.
희준	나는 진호가 조사한 인물 캐릭터를 활용했으면 좋겠어. 모두 역사적 인물을 캐릭터로 만든 것 같은데, 잘 사용하면 의미가 있을 것 같아.
연수	그러면 독도의 역사를 소개하는 부분에 활용하자. '사이버 독도' 홈페이지는 주소는 이미 소개했으니 굳이 배너를 쓸 필요는 없는 것 같아.
상미	좋은 생각이야. 그런데 설문 조사 결과를 제시하는데 너무 같은 그래프만 사용하니 단조로운 것 같지 않니?
기홍	그래, 하나 정도는 다른 그래프를 활용하자. 그리고 통계 분석이 잘못된 부분이 있어. 전체 응답 수를 잘못 계산했어.
민희	아, 큰일 날 뻔했네. 수정할게.
승식	나는 외국인 인터뷰 영상 아래에 인터뷰 결과 정리를 바로 제시하는 게 어색해 보여. 결과는 영상이 끝난 후에 보여주는 게 좋지 않을까?
희준	나도 동의해. 그리고 독도를 지키려는 노력만 제시하지 말고 우리가 직접 실천하는 모습을 보여주는 게 어떨까?
민희	그것도 좋은 생각이야. 방법을 찾아 봐야겠다.
상미	나는 독도는 우리 땅 노래를 활용했으면 좋겠어. 처음 시작할 때 들려주는 게 좋을까?
승식	그것보다 희준이가 제시한 의견과 결합하는 건 어떨까?
민희	그것도 좋은 생각이야. 모두의 의견을 모아서 발표 자료를 수정할게.
진호	좋은 의견이 많이 나왔어. 민희야 수정할 때에는 나도 도와줄게.

① 첫 번째 슬라이드에 '독도는 우리 땅' 노래를 배경 음악으로 추가한다.

② 세 번째 슬라이드의 '사이버 독도' 배너를 '안장군' 캐릭터로 바꾼 후, 사이트와 연결시킨다.

③ 네 번째 슬라이드의 '독도에 대한 관심 계기' 그래프를 원그래프로 바꾼 후, 백분위 수치를 각각 50%, 30%, 15%, 5%로 수정한다.

④ 다섯 번째 슬라이드의 '인터뷰 정리'를 숨겨 두었다가 클릭하면 나오도록 애니메이션 설정을 한다.

⑤ 여섯 번째 슬라이드 뒤에 학교에서 촬영한 '독도는 우리 땅' 플래시몹 영상을 첨부하여 새로운 슬라이드를 추가한다.

---

* 확인 사항

○ 답안지의 해당란에 필요한 내용을 정확히 기입(표기)했는지 확인하시오.

11회
● 수능 실전 모의고사 ●

국어영역(언어와 매체)

● 문항수 11개 | 배점 24점 | 제한 시간 20분
● 점수 표시가 없는 문항은 모두 2점

PART II

11회

35. <보기>의 ㉠~㉤에 대한 이해로 적절하지 <u>않은</u> 것은?

<보 기>

㉠ 담장이 낮다. → 동네 사람들이 담장을 낮춘다.
㉡ 아이가 옷을 입었다. → 엄마가 아이에게 옷을 입히었다.
㉢ 사람들이 방으로 이삿짐을 옮긴다.
㉣ 선생님께서 철수에게 책을 [읽히셨다 / 읽게 하셨다].
㉤ ┌ 아기가 웃는다. → 아빠가 아기를 웃긴다.
   └ 철수가 짐을 졌다. → 형이 철수에게 짐을 지웠다.

① ㉠ : 형용사에 사동 접사가 결합되어 사동사가 되었군.
② ㉡ : 주동문이 사동문으로 바뀌면 서술어가 필요로 하는 문장 성분의 개수가 달라지는군.
③ ㉢ : 사동문 중에는 대응하는 주동문을 만들 수 없는 경우가 있군.
④ ㉣ : 접사에 의한 사동 표현은 직접 사동의 의미로, '-게 하다'에 의한 사동 표현은 간접 사동의 의미로 해석되는군.
⑤ ㉤ : 주동문의 서술어가 자동사인지 타동사인지에 따라 주동문의 주어는 사동문에서 그 문장 성분이 달라지는군.

36. <보기>의 ㉠, ㉡에 해당하는 예로 적절한 것은?

<보 기>

국어에서 'ㄴ'과 'ㄹ' 소리를 연달아 내는 것은 어려운 일이다. 그래서 'ㄹ'과 'ㄴ'이 연쇄적으로 발음될 때 순행적 유음화가 일어나고, 반대로 'ㄴ'과 'ㄹ'이 연쇄적으로 발음될 때 ㉠ 역행적 유음화가 일어난다. 그런데 표면적으로 순행적 유음화나 역행적 유음화가 일어날 조건이 충족된다고 하더라도 용언의 활용이나 합성어, 파생어 형성 과정에서 순행적 유음화가 아닌 'ㄹ' 탈락이 일어나기도 하고, 역행적 유음화가 아닌 ㉡ 'ㄹ'의 비음화가 일어나기도 한다.

	㉠	㉡
①	산란기	표현력
②	줄넘기	입원료
③	결단력	생산량
④	의견란	향신료
⑤	대관령	물난리

[37~38] 다음 글을 읽고 물음에 답하시오.

용언은 문장에서 사용될 때 다양한 모습으로 변화한다. 이때 변하지 않고 고정된 부분을 어간이라고 하고, 그 뒤에 붙어서 변화하는 부분을 어미라고 한다. 어간에 다양한 어미들이 결합하는 것을 활용이라고 하는데, '씻다'처럼 활용할 때 어간이나 어미의 기본 형태가 유지되거나, '쓰다'처럼 활용할 때 기본 형태가 달라진다 해도 그 현상을 일반적인 음운 규칙으로 설명할 수 있으면 이를 규칙 활용이라고 한다.
반면 특정한 환경이나 조건에서 불규칙적으로 어간이나 어미의 형태 변화가 일어나는 것은 불규칙 활용이라고 한다. 불규칙

활용은 '싣다'와 같은 'ㄷ' 불규칙, '젓다'와 같은 'ㅅ' 불규칙, '돕다'와 같은 'ㅂ' 불규칙, '푸다'와 같은 '우' 불규칙처럼 어간이 바뀌는 경우, '하다'와 같은 '여' 불규칙처럼 어미가 바뀌는 경우, '파랗다'와 같은 'ㅎ' 불규칙처럼 어간과 어미가 모두 바뀌는 경우로 구분할 수 있다.
현대 국어에서 기본 형태가 달라지는 용언의 규칙 활용과 불규칙 활용은 중세 국어 용언의 활용과 밀접한 관련이 있다. 중세 국어에서도 단모음과 단모음이 결합할 때 하나의 모음이 탈락하는 현상이 활발하게 일어났다. 대표적으로 '쓰다'가 '뻐'처럼 활용하는 'ㅡ' 탈락이 있는데 이는 현대 국어의 'ㅡ' 탈락에 대응한다.
또한 중세 국어에서 '싣다'의 어간이 자음으로 시작하는 어미 앞에서는 '싣-', 모음으로 시작하는 어미 앞에서는 '실-'로 교체되는 현상은 현대 국어의 'ㄷ' 불규칙으로 이어진다. '돕다'와 '젓다' 역시 자음으로 시작하는 어미 앞에서는 어간의 기본 형태를 유지하지만, 그 외의 경우에는 '돌-'과 '젓-'으로 교체된다. 이러한 교체는 'ㅸ'이 'ㅏ' 또는 'ㅓ' 앞에서 반모음 'ㅗ/ㅜ[w]'로 변화하거나 '·' 또는 'ㅡ'와 결합하여 'ㅗ' 또는 'ㅜ'로 바뀌어 현대 국어에서 'ㅂ' 불규칙으로 나타난다. 그리고 'ㅿ'은 소실되어 현대 국어에서 'ㅅ' 불규칙으로 나타난다. 또한 어간이거나 어간의 일부인 'ㅎ-'에 모음으로 시작하는 어미가 결합할 때 어미가 '-아'가 아닌 '-야'로 나타나는 것은 현대 국어의 '여' 불규칙으로 이어진다.

37. <보기>는 윗글을 바탕으로 용언의 활용에 대해 탐구한 내용이다. ㉠~㉢에 들어갈 말로 적절한 것은?

<보 기>

[탐구 과제]
다음 자료를 보고, 용언의 활용 양상을 탐구해 보자.

[탐구 자료]
따르다 : 따르- + -고 → 따르고 / 따르- + -어 → 따라
푸르다 : 푸르- + -고 → 푸르고 / 푸르- + -어 → 푸르러
묻다[問] : 묻- + -고 → 묻고 / 묻- + -어 → 물어
묻다[埋] : 묻- + -고 → 묻고 / 묻- + -어 → 묻어

[탐구 결과]
'따르다'는 (㉠)처럼 'ㅡ'가 모음으로 시작하는 어미 앞에서 탈락하는 규칙 활용을 하는 반면, '푸르다'는 (㉡)에서 '따르다'와 다른 활용 양상을 보인다는 점에서 불규칙 활용을 한다. 또한 '묻다[問]'는 (㉢)에서 '묻다[埋]'와 다른 활용 양상을 보인다는 점에서 불규칙 활용을 한다.

	㉠	㉡	㉢
①	잠그다	어간	어미
②	다다르다	어간	어미
③	부르다	어미	어간
④	들르다	어미	어간
⑤	머무르다	어미	어간

38. 윗글을 바탕으로 <보기>를 이해한 내용으로 적절하지 <u>않은</u> 것은? [3점]

───────── <보 기> ─────────

(가) 중세 국어

◦ 부텻 德을 놀애 지서
◦ 人生 즐거븐 뜨디
◦ 一方이 변ᄒ야

(나) 현대 국어

부처의 덕(德)을 노래로 지어
인생(人生) 즐거운 뜻이
일방(一方)이 변하여

① (가)의 '지서'는 '짓다'의 어간이 모음으로 시작하는 어미 앞에서 '짓-'으로 교체되는 현상을 보여 주는군.
② (가)의 '즐거븐'은 '즐겁다'의 어간이 모음으로 시작하는 어미 앞에서 '즐겁-'으로 교체되는 현상을 보여 주는군.
③ (가)의 '지서'가 (나)에서 '지어'로 나타나는 것은 'ㅿ'이 소실된 결과이군.
④ (가)의 '즐거븐'이 (나)에서 '즐거운'으로 나타나는 것은 'ㅸ'이 탈락한 결과이군.
⑤ (가)의 '변ᄒ야'와 (나)의 '변하여'는 모두 활용을 할 때 어미의 기본 형태가 달라진 것이군.

39. <보기 1>은 '사전 활용하기' 학습 활동을 위한 자료이다. <보기 1>을 바탕으로 <보기 2>의 ㉠~㉰을 이해한 내용으로 적절하지 <u>않은</u> 것은?

───────── <보기 1> ─────────

한⁰¹ 관
1 (일부 단위를 나타내는 말 앞에 쓰여) 그 수량이 하나임을 나타내는 말.
2 '어떤'의 뜻을 나타내는 말.
3 '같은'의 뜻을 나타내는 말.
4 (수량을 나타내는 말 앞에 쓰여) '대략'의 뜻을 나타내는 말.

한⁰² 명
1 ('-는 한이 있더라도' 또는 '-는 한이 있어도' 구성으로 쓰여) 어떤 일을 위하여 희생하거나 무릅써야 할 극단적 상황을 나타내는 말.
2 (주로 '-는 한' 구성으로 쓰여) 조건의 뜻을 나타내는 말.

───────── <보기 2> ─────────

결승점을 ㉠한 200미터 앞두고 달리고 있다. ㉡한 이불을 덮고 자며 훈련했던 동료 선수들의 응원 속에 나는 온 힘을 다해 ㉢한걸음씩 내딛고 있다. 쓰러지는 ㉣한이 있더라도 힘이 남아 있는 ㉤한 포기는 하지 말라고 외치던 ㉥한 친구의 말을 떠올리며 나는 힘을 낸다.

① ㉠은 '한⁰¹ 4'의 뜻으로, ㉡은 '한⁰¹ 3'의 뜻으로 쓰였겠군.
② 뒤에 오는 체언을 수식한다는 점에서 ㉠과 ㉤의 품사는 모두 관형사이겠군.
③ ㉡과 ㉣은 서로 동음이의 관계이겠군.
④ ㉢의 '한'은 '한⁰¹ 1'의 의미를 가지므로 '한∨걸음'으로 띄어 써야겠군.
⑤ '옛날 강원도의 한 마을에 효자가 살고 있었다.'의 '한'은 ㉥과 같은 의미로 쓰였겠군.

[40~42] (가)는 종이 신문, (나)는 공익광고, (다)는 SNS에 게시된 글이다. 물음에 답하시오.

(가)

───────────────────────

○○ 일보　　　　　　　　　　　　20△△. △△.△△

"코로나로… 혈액공급에 차질", 헌혈에 동참해주길

헌혈 많이 하는 학생들, 코로나로 헌혈 크게 줄어들어
이달말 혈액 적정량 5일분이 안 되는 2.3일분으로 떨어질듯
말라리아 위험지역 곧 헌혈 금지 해제, 군인들 헌혈 가능해져

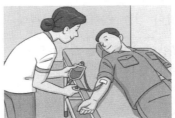

라고 내다봤다. 적십자사 관계자는 "등교 개학 연기와 병원들의 수술 재개에 더해 지역 집단감염이 확산되면서 헌혈을 꺼리는 사람들이 늘어난 것도 영향을 줬다."라고 말했다.

코로나 사태 장기화로 오는 00일 적정 혈액 보유량인 5일분에서 혈액보유량이 2.3일분으로 떨어질 것이라고 대한적십자사 혈액관리본부가 밝혔다. 적정 혈액보유량의 절반 아래로 떨어질 수 있다는 경고가 나온 것이다. 보건복지부는 군인들의 헌혈을 늘리기 위해서 경기 파주시와 연천군, 인천 강화군 등 말라리아 위험지역의 헌혈 제한을 오는 00일 해제하기로 했다.

적십자사 요청에 따라 보건복지부는 말라리아 위험 지역의 헌혈 제한 조치를 00일부로 해제하기로 했다. 경기 연천·파주 등 말라리아 위험 지역 거주자는 모기가 줄어드는 11월부터 3월까지 5개월만 헌혈할 수 있고, 나머지 기간은 헌혈이 금지된다. 복지부는 코로나 사태 확산으로 혈액보유량이 줄어들자 지난 4월말까지 헌혈 제한을 해제했었다.

대한적십자사는 코로나 바이러스 감염 장기화로 00일 0시 기준 혈액보유량이 2.7일분으로 떨어졌다고 밝혔다. 이날 국내 혈액보유량은 1만4296유닛(unit)으로 2.7일분(하루에 필요한 혈액은 5277유닛)이다. 1유닛은 250㎖로 성인의 1회 헌혈량이다.

코로나 사태로 등교 개학이 미뤄지면서 전체 헌혈의 43%을 차지하는 고등학생·대학생 헌혈이 크게 줄었고, 코로나 확진자 감소로 병원들이 그간 미뤄온 수술을 시작한 영향이다.

적십자사는 현재의 추세가 계속될 경우 오는 00일 혈액보유량이 2.3일분으로 떨어질 것이

적십자사는 "군, 공공, 민간부분의 지속적인 헌혈참여와 함께 학생들을 포함한 10~20대와 헌혈 경험이 없는 국민들의 적극적인 헌혈참여만이 유례를 찾기 어려운 이번 위기를 극복할 수 있는 유일한 방법"이라며 "채혈 장소와 기기에 대하여 수시로 소독을 실시하는 등 방역관리를 강화했다."라고 전했다.

○○○ 보건복지부 차관도 이날 중앙재난안전대책본부 정례 브리핑에서 "의료기관에서 적정 수준으로 혈액을 사용할 수 있도록 대한병원협회 등을 통해 '혈액위기상황 시 수혈 우선순위 기준'에 따라 혈액을 사용해 달라 요청할 계획"이라고 말했다.

(나)

잠시만 기다려주세요.
곧 재생됩니다.
영상만 재생되는 것이 아닙니다.
가장 아름다운 재생
재생해주셔서 고맙습니다.

공익광고

(다)

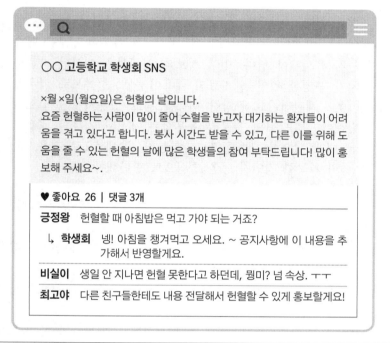

○○ 고등학교 학생회 SNS

×월 ×일(월요일)은 헌혈의 날입니다.
요즘 헌혈하는 사람이 많이 줄어 수혈을 받고자 대기하는 환자들이 어려움을 겪고 있다고 합니다. 봉사 시간도 받을 수 있고, 다른 이를 위해 도움을 줄 수 있는 헌혈의 날에 많은 학생들의 참여 부탁드립니다! 많이 홍보해 주세요~.

♥ 좋아요 26 | 댓글 3개

긍정왕 헌혈할 때 아침밥은 먹고 가야 되는 거죠?

↳ **학생회** 넵! 아침을 챙겨먹고 오세요. ~ 공지사항에 이 내용을 추가해서 반영할게요.

비실이 생일 안 지나면 헌혈 못한다고 하던데, 뭠미? 넘 속상. ㅜㅜ

최고야 다른 친구들한테도 내용 전달해서 헌혈할 수 있게 홍보할게요!

신출제

40. (가)~(다)에 대한 설명으로 적절하지 <u>않은</u> 것은?

① (가)는 구체적인 수치를 활용하여 정보를 전달해 주고 있다.
② (가)는 사회적 의사소통의 성격이 있어 신중하고 적절한 언어를 사용하고 있다.
③ (나)는 언어와 시각적 표현을 사용하여 대상의 설득이라는 목적을 이루려 한다.
④ (나)와 (다)는 창의적 표현을 위해 어법에 맞지 않는 표현을 활용하고 있다.
⑤ (다)는 (가), (나)와 달리 실시간으로 정보를 교환하여 정보 내용을 매체에 반영할 수 있다.

신출제

41. (가)의 내용을 읽고 이해한 내용으로 적절하지 <u>않은</u> 것은?

① 시각 자료를 활용하여 혈액 부족의 원인을 한 눈에 파악할 수 있게 만들었다.
② 정부 관계자의 말을 빌어 혈액 부족 대책에 대한 내용을 전달하고 있다.
③ 전문기관의 말을 인용하여 코로나 바이러스 때문에 헌혈을 망설였던 사람들에게 신뢰감을 주고 있다.
④ 특정 지역 군인들의 헌혈 제한을 했던 이유와 이러한 헌혈 제한이 풀리게 된 이유를 드러내고 있다.
⑤ 표제와 부제를 통해 혈액 부족의 심각성과 헌혈 동참이라는 기사의 주된 내용을 강조하고 있다.

신출제

42. <보기>를 참고하여 (다)를 이해한 내용으로 적절하지 <u>않은</u> 것은?

─────<보 기>─────
　매체의 자료를 생성하기 위해서는 수용자의 나이, 성별, 관심사, 취미 등을 고려해야 한다. 또한 같은 내용을 전달하더라도 수용자의 특성에 따라 전달할 매체와 매체 언어 등을 달리하여 매체 자료를 생산해야 한다.

① 수용자가 감수성이 예민한 학생들이기 때문에 감정에 호소하는 글쓰기를 하고 있다.
② 수용자인 학생들이 많이 사용하는 SNS 소통망을 통해 행사 내용을 전달하고 있다.
③ 생산자와 수용자가 또래 집단이기 때문에 또래가 사용하는 용어들을 사용하고 있다.
④ 수용자가 학생이기 때문에 봉사활동 시간을 받을 수 있다는 내용으로 관심을 끌고 있다.
⑤ 수용자인 학생들이 내용을 재홍보할 수 있는 SNS 소통망을 통해 행사를 홍보하고 있다.

[43~45] (가)는 종이 신문이고, (나)는 인터넷 블로그에 해당한다. 물음에 답하시오.

(가)

□□일보   20○○년 ○○월 ○○일

그 많던 모기, 다 어디로 갔을까

8월 감시 지점 10곳서 1,541마리 잡혀
5년간 평균 대비 절반으로 뚝
"중부 폭우 – 남부 가뭄, 서식지 줄어"

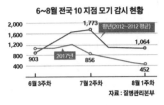

6~8월 전국 10 지점 모기 감시 현황

자료: 질병관리본부

장마가 끝난 뒤 모기 기피제를 잔뜩 구매한 ㉠ 홍○○씨는 "비가 그치면 모기가 크게 늘 줄 알았는데 몇 주간 거의 보이지 않았다."라고 말했다.

31일 질병관리본부가 전국 10개 감시 지점의 모기 수를 집계한 결과 모기 수가 급감한 것으로 나타났다. 8월 3주간 채집된 모기 수는 1,541마리로 최근 5년간 평균(3,075마리)의 절반에 불과했다. 지난해 8월 3주간 모기 수는 2,615마리로 올해보다 70%가량 많았다.

㉡ '여름의 불청객' 모기가 급감한 것은 '너무 많이 오기도 하고, 너무 적게 오기도 한' 비 때문이다. 중부 지방에는 이번 장마 기간(6월 29일~7월 14일) 지엽적이고 강한 폭우가 쏟아졌다. 장마가 끝난 8월 중순에도 서울에 시간당 30밀리미터(mm)의 강한

비가 내리는 등 이례적인 강우가 이어졌다.

㉢ 반면 남부 지방에는 비가 오지 않았다. 장마 기간 남부 지방의 강우량은 평년의 53% 수준을 기록해 중부 지방과의 강우량 차이가 254.9밀리미터(mm)나 됐다. ㉣ 장마 기간 강원 홍천에는 432.5밀리미터(mm)의 비가 내렸지만, 대구의 강우량은 13.1밀리미터(mm)에 그쳐 지역별 강우량 차이가 33배나 나기도 했다. 8월 중순에도 중부 지방에는 비가 많이 왔지만, 남부 지방에는 폭염 주의보가 내려졌다.

질병관리본부 매개체 감시과에서는 ㉤ "보통 장마가 끝나고 모기가 늘어나는 게 일반적인데 올해는 지엽적 집중 호우와 고온이 이어지면서 모기의 서식 환경이 악화된 것으로 보인다."라고 했다.

(나)

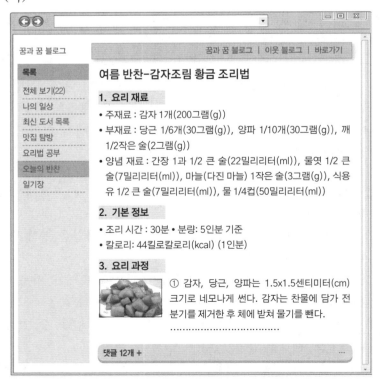

꿈과 꿈 블로그   꿈과 꿈 블로그 | 이웃 블로그 | 바로가기

목록
전체 보기(22)
나의 일상
최신 도서 목록
맛집 탐방
요리법 공부
오늘의 반찬
일기장

여름 반찬–감자조림 황금 조리법

1. 요리 재료
- 주재료: 감자 1개(200그램(g))
- 부재료: 당근 1/6개(30그램(g)), 양파 1/10개(30그램(g)), 깨 1/2작은 술(2그램(g))
- 양념 재료: 간장 1과 1/2 큰 술(22밀리리터(ml)), 물엿 1/2 큰 술(7밀리리터(ml)), 마늘(다진 마늘) 1작은 술(3그램(g)), 식용유 1/2 큰 술(7밀리리터(ml)), 물 1/4컵(50밀리리터(ml))

2. 기본 정보
- 조리 시간: 30분 · 분량: 5인분 기준
- 칼로리: 44킬로칼로리(kcal) (1인분)

3. 요리 과정
① 감자, 당근, 양파는 1.5x1.5센티미터(cm) 크기로 네모나게 썬다. 감자는 찬물에 담가 전분기를 제거한 후 체에 받쳐 물기를 뺀다.

······························

댓글 12개 +

신출제
43. (가)와 (나)에 대한 설명으로 적절하지 <u>않은</u> 것은?

① (가)는 기사의 표제가, (나)는 게시글의 제목이 독자의 정보 선택에 영향을 미친다.

② (가)와 달리 (나)는 독자가 추가로 정보를 검색하기 용이하다.

③ (가)와 달리 (나)는 작성자와 독자 간에 의견을 원활하게 교환할 수 있다.

④ (나)와 달리 (가)는 영상을 통해 글의 주제를 효과적으로 전달할 수 있다.

⑤ (가)와 (나) 모두 그래프나 사진과 같은 시각 자료를 통해 구체적인 정보를 제공할 수 있다.

44. <보기>를 참고하여 (가), (나)에 대해 이해한 내용으로 적절하지 <u>않은</u> 것은? [3점]

<보 기>

정보 전달의 매체를 수용할 때에는 매체 자료에 포함된 내용이 신뢰할 만한 것인지, 그리고 자신에게 유용한 정보를 담고 있는지 유의해야 한다. 먼저 정보의 신뢰성은 제시된 자료의 출처가 분명한 것인지, 자료의 내용이 어느 한쪽으로 치우치지 않고 객관적이고 공정한 내용을 담고 있는지를 중심으로 판단해야 한다. 한편 정보의 유용성은 제시된 자료의 내용이 지금 내게 필요한 내용을 담고 있는지, 현실적으로 활용, 혹은 실현 가능한 것인지 등을 중심으로 판단해야 한다.

① (가)는 구체적인 수치를 활용하여 지역별 강우량에 대한 정보를 제공하고 있으므로 객관적이라 할 만하다.

② (가)는 질병관리본부와 같이 출처가 분명한 데이터를 활용하고 있으므로 신뢰할 만하다.

③ (가)는 중부 지방의 강우량을 중심으로 정보를 제공하고 있으므로 공정하다.

④ (나)는 감자조림을 만드는 데 현실적으로 활용 가능한 정보를 담고 있으므로 유용하다.

⑤ (나)는 요리 재료, 기본 정보 등을 명시하며 실현 가능한 정보를 제공하고 있으므로 유용하다.

45. (가)의 언어적 특성을 고려할 때, ㉠~㉤에 대한 설명으로 가장 적절한 것은?

① ㉠: 기사 내용과 관련된 발언을 간접 인용하여 현재 상황을 전달하고 있다.

② ㉡: 비유적인 표현을 활용하여 특정 대상의 긍정적인 의미를 부각하고 있다.

③ ㉢: 문장 접속 부사어를 사용하여 앞서 언급한 내용과 대비하고 있다.

④ ㉣: 연결 어미를 사용하여 앞의 내용이 뒤의 내용의 원인임을 드러내고 있다.

⑤ ㉤: '게'와 같은 줄임 표현을 사용하고 있다는 점에서 매체의 문어적 특징을 엿볼 수 있다.

---

* 확인 사항
○ 답안지의 해당란에 필요한 내용을 정확히 기입(표기)했는지 확인하시오.

● 문항수 11개 | 배점 24점 | 제한 시간 20분

● 점수 표시가 없는 문항은 모두 2점

35. <보기>의 ㉮에 들어갈 말로 적절한 것은?

─────〈보 기〉─────

선생님 : 용언 어간 뒤에 '-아/어'로 시작하는 어미가 결합할 때, 단모음이 반모음으로 교체되는 음운 변동이 일어날 수 있어요. 가령, 어간 '오-'와 어미 '-아'가 결합해 [와]로 발음될 때, 단모음 'ㅗ'가 반모음 'w'로 교체되는 것이지요. 우리말의 반모음은 'j'도 있으니까 반모음 'j'로 교체되는 예도 있겠죠? 그럼 용언 어간의 단모음이 '-아/어'로 시작하는 어미와 결합할 때 반모음 'j'로 교체되는 예를 들어볼까요?

학생 : 네, ㉮ 로 발음되는 예를 들 수 있어요.

① 어간 '뛰-'와 어미 '-어'가 결합해 [뛰여]
② 어간 '차-'와 어미 '-아도'가 결합해 [차도]
③ 어간 '잠그-'와 어미 '-아'가 결합해 [잠가]
④ 어간 '견디-'와 어미 '-어서'가 결합해 [견뎌서]
⑤ 어간 '키우-'와 어미 '-어라'가 결합해 [키워라]

[36~37] 다음 글을 읽고 물음에 답하시오.

사전의 뜻풀이 대상이 되는 표제 항목을 '표제어'라고 한다. 『표준국어대사전』의 표제어에는 붙임표 '-'가 쓰인 경우와 그렇지 않은 경우가 있다. 붙임표는 표제어의 문법적 특성, 띄어쓰기, 어원 및 올바른 표기에 대한 정보를 제공한다.

표제어에 붙임표가 쓰이는 대표적인 경우는 다음과 같다. 첫째, 접사와 어미처럼 자립적으로 쓰이지 않고 언제나 다른 말과 결합해야 하는 표제어에는 다른 말과 결합하는 부분에 붙임표가 쓰인다. 접사 '-질'과 연결 어미 '-으니'가 이러한 예이다. 다만 조사도 자립적으로 쓰이지 않지만 단어이므로 그 앞에 붙임표가 쓰이지 않는다. 용언 어간도 자립적으로 쓰이지 않지만 어미 '-다'와 결합한 기본형이 표제어가 되고, 용언 어간과 어미 '-다' 사이에 붙임표가 쓰이지 않는다.

둘째, 둘 이상의 구성 성분으로 이루어진 표제어에는 가장 나중에 결합한 구성 성분들 사이에 붙임표가 한 번만 쓰인다. '이등분선'은 '이', '등분', '선'의 세 구성 성분으로 이루어진 복합어이다. 이 복합어의 표제어 '이등분-선'에서 붙임표는 '이등분'과 '선'이 가장 나중에 결합했다는 정보를 제공한다. 복합어의 붙임표는 구성 성분들을 반드시 붙여 써야 한다는 점도 알려 준다.

한편 '무덤', '노름', '이따가'처럼 기원적으로 두 구성 성분이 결합한 단어이지만 붙임표가 쓰이지 않는 경우가 있다. '한글맞춤법'에서는 현대 국어에서 새로운 단어를 만들지 못하는 접미사가 결합한 경우나 ㉠단어의 의미가 어근이나 어간의 본뜻과 멀어진 경우에 해당하는 단어를 소리대로 적는 것을 원칙으로 하고 있다. 이처럼 소리대로 적는 단어들은 구성 성분들이 원래 형태의 음절로 나누어지지 않으므로 표제어에 붙임표가 쓰이지 않는다.

'무덤'의 접미사 '-엄'은 현대 국어에서 새로운 단어를 만들지 못한다. 따라서 어근 '묻-'과 접미사 '-엄'이 결합한 '무덤'은 소리대로 적고 표제어에 붙임표가 쓰이지 않는다. '-엄'과 비슷한 접미사에는 '-암', '-억', '-우' 등이 있다. '노름'은 어근 '놀-'의 본뜻만으로는 그 의미가 '돈이나 재물 따위를 걸고 서로 내기를 하는 일'이라는 사실을 알기 어렵다. '조금 지난 뒤에'를 뜻하는 '이따가'도 어간 '있-'의 본뜻과 멀어졌다. 따라서 '노름'과 '이따가'는 소리대로 적고 표제어에 붙임표가 쓰이지 않는다.

36. 윗글을 읽고 추론한 내용으로 적절하지 **않은** 것은?

① '맨발'에서 분석되는 접두사의 뜻풀이를 표제어 '맨-'에서 확인할 수 있겠군.
② '나만 비를 맞았다.'에서 쓰인 격 조사의 뜻풀이를 표제어 '를'에서 확인할 수 있겠군.
③ '저도 학교 앞에 삽니다.'에서 쓰인 동사의 뜻풀이를 표제어 '살다'에서 확인할 수 있겠군.
④ '앞'과 '집'이 결합한 단어를 '앞 집'처럼 띄어 쓰면 안 된다는 정보를 표제어 '앞-집'에서 확인할 수 있겠군.
⑤ '논둑'과 '길'이 결합한 '논둑길'의 구성 성분이 '논', '둑', '길'이라는 정보를 표제어 '논-둑-길'에서 확인할 수 있겠군.

37. <보기>의 [자료]에서 ㉠에 해당하는 단어만을 있는 대로 고른 것은? [3점]

─────〈보 기〉─────

[자료]는 '조차', '자주', '차마', '부터'가 쓰인 문장과 이 단어들의 어원이 되는 용언이 쓰인 문장의 쌍들이다.

[자료]

┌─ 나조차 그런 일들을 할 수는 없었다.
└─ 동생도 누나의 기발한 생각을 <u>좇았다</u>.

┌─ 누나는 휴일에 이 책을 <u>자주</u> 읽었다.
└─ 동생은 늦잠 때문에 지각이 <u>잦았다</u>.

┌─ 나는 <u>차마</u> 그의 눈을 볼 수 없었다.
└─ 언니는 쏟아지는 졸음을 잘 <u>참았다</u>.

┌─ 그 일은 나<u>부터</u> 모범을 보여야 했다.
└─ 부원 모집 공고문이 게시판에 <u>붙었다</u>.

① 자주, 부터   ② 차마, 부터
③ 조차, 자주, 차마   ④ 조차, 차마, 부터
⑤ 조차, 자주, 차마, 부터

38. <학습 활동>을 수행한 결과로 적절한 것은?

―――――――〈학습 활동〉―――――――

　품사는 다양한 방식을 통해 문장 성분으로 실현된다. 품사가 어떻게 문장 성분으로 실현되는지 다음 밑줄 친 부분을 중심으로 알아보자.

　ⓐ 빵은 동생이 간식으로 제일 좋아한다.
　ⓑ 형은 아주 옛 물건만 항상 찾곤 했다.
　ⓒ 나중에 어른 돼서 우리 다시 만나자.
　ⓓ 친구가 내게 준 선물은 장미였다.
　ⓔ 다람쥐 세 마리가 나무를 오른다.

① ⓐ : 명사가 격 조사와 결합해 목적어로 쓰였다.
② ⓑ : 부사가 관형사를 수식하는 부사어로 쓰였다.
③ ⓒ : 명사가 조사와 결합 없이 주어로 쓰였다.
④ ⓓ : 명사가 어미와 직접 결합해 서술어로 쓰였다.
⑤ ⓔ : 수사가 명사를 수식하는 관형어로 쓰였다.

39. <보기>에 대한 이해로 적절한 것은?

―――――――〈보 기〉―――――――

　나랏 :말ᄊᆞ·미 中듀ᇰ國·귁·에 달·아 文문字·ᄍᆞ·와·로 서르 ᄉᆞ
ᄆᆞᆺ·디 아니ᄒᆞᆯ·씨 ·이런 젼·ᄎᆞ·로 어·린 百·빅姓·셩·이 니르·고·져
·호ᇙ ·배 이·셔·도 ᄆᆞᄎᆞᆷ:내 제 ·ᄠᅳ·들 시·러 펴·디 :몯ᄒᆞᇙ ·노·미
하·니·라 ·내 ·이·ᄅᆞᆯ 爲·윙·ᄒᆞ·야 :어엿·비 너·겨·새·로 ·스·믈여
·듧 字·ᄍᆞ·ᄅᆞᆯ 밍·ᄀᆞ노·니 :사ᄅᆞᆷ:마·다 :ᄒᆡ·ᅇᅧ :수·ᄫᅵ 니·겨 ·날·로 ·
ᄡᅮ·메 便뼌安한·킈 ᄒᆞ·고·져 ᄒᆞᇙ ᄯᆞᄅᆞ·미니·라
　　　　　　　　　－『훈민정음』 언해, 세조 5년(1459) －

◦ **현대어 풀이**

　우리나라의 말이 중국과 달라 문자와 서로 통하지 아니하여서 이런 까닭으로 어리석은 백성이 하고자 하는 바가 있어도 마침내 제 뜻을 능히 펴지 못하는 사람이 많다. 내가 이를 위하여 가엾게 여겨 새로 스물여덟 자를 만드니, 모든 사람들로 하여금 쉽게 익혀 날마다 쓰는 데 편하게 하고자 할 따름이다.

① ':말ᄊᆞ·미'와 '·호ᇙ ·배'에 쓰인 주격 조사는 그 형태가 동일하군.
② '하·니·라'의 '하다'는 현대 국어의 동사 '하다'와 품사가 동일하군.
③ '·이·ᄅᆞᆯ'과 '·새·로'에는 동일한 강약을 표시하는 방점이 쓰였군.
④ ':ᄒᆡ·ᅇᅧ'와 '便뼌安한·킈 ᄒᆞ·고·져'에는 모두 피동 표현이 쓰였군.
⑤ 'ᄡᅮ·메'에는 '사용하다'라는 의미를 지닌 동사 '쓰다'가 쓰였군.

[40~42] (가)는 학교 정부회장 선거의 투표 방법 안내문이고, (나)는 홍보 방법을 개선하기 위한 회의 내용이다. 물음에 답하시오.

(가)

○○고등학교 전교 정부학생회장 선거 투표 안내 … ㉠

1. 투표 안내 … ㉡
(1) 투표 일시 : 2020년 ○월 ○일 12:30~15:30
　　　　　　　　(자율 활동 시간 내 자유롭게 투표)
(2) 투표 장소 : ○○고등학교 강당
(3) 투표 자격 : 투표일 기준으로 ○○고등학교에 등록된 학생
(4) 주의 사항 : 학생증 또는 임시 학생증 지참
* 임시 학생증은 당일 오전에 담임 선생님이 발급한 것만 인정함.

2. 투표장 구조 … ㉢

3. 투표 방법 … ㉣
(1) 신분증을 지참하고 각 학년 투표 장소 앞에 대기합니다.
(2) ❶에서 선관위원에게 신분증을 제시한 후 선거인 명부에 서명합니다.
(3) ❶에서 투표용지 2장을 받습니다.
(4) ❷에 한 명씩 들어가 기표소에 준비된 기표 용구를 이용해 투표합니다.
(5) 기표를 한 2장의 투표용지는 한 번만 접어서 ❸에 모두 넣습니다.

4. 무효표 안내 … ㉤
(1) 선거관리위원장의 도장이 없거나 일련번호가 절취되지 않은 투표용지
(2) 기표소에 준비된 기표 용구를 사용하지 않았거나 구분이 안 되는 경우
(3) 하나의 투표용지에 두 번 이상 기표가 된 경우
(4) 후보자 구분선에 기표된 것으로 어느 후보에게 투표한 것이 명확하지 않은 경우
(5) 불필요한 낙서가 있는 경우

　　　　　　　○○고등학교 선거관리위원장

(나)

준식 : ○○고등학교 선거관리위원회 회의를 시작하겠습니다. 미리 예고한대로 오늘 회의는 화상 회의로 진행합니다. 오늘 안건은 영상 홍보물 제작입니다. 먼저 이 안건을 제안한 홍보국장님의 말씀을 들어보겠습니다.

수연 : 우리 학교는 작년까지 크게 인쇄한 홍보물로 투표 안내를 했습니다. 그런데 학생들이 홍보물을 보고 투표 방법을 정확하게 이해하지 못해 담임 선생님이나 선거관리위원들이 추가 설명을 해주어야 하는 불편함이 있었습니다. 그래서 영상물로 투표 방법을 안내하면 보다 효율적으로 선거 안내를 할 수 있을 것이라 생각해 제안을 했습니다.

준식 : 그러면 미리 나누어드린 작년 홍보물을 참고하면서 어떻게 영상물을 만들지 의견을 말해 주십시오.

수연 : 영상의 시작은 작년 투표 과정을 찍은 영상을 사용하면 어떨까요? 흥겨운 배경 음악에 맞춰 영상이 나오다가 영상의 제목과 영상을 만든 주체를 띄워주면 좋겠습니다. 그리고 선거관리위원장님이 나오셔서 영상을 소개하는 것도 좋겠네요.

준식 : 기꺼이 출연 요청을 받아드리겠습니다.(웃음) 그러면 세부 내용은 어떻게 제작할까요?

민호 : (손을 들며) 제가 먼저 말씀드리겠습니다. 투표 안내는 작년 홍보물에서 한눈에 보기 쉽게 잘 제시했다고 생각합니다. 영상에도 이것처럼 정리해서 보여 줘도 될 것 같습니다.

준식 : 기획국장님은 표정을 보니 다른 생각이 있으신 것 같네요.

서연 : 아, 드러났나요?(웃음) 시간과 장소 등의 세부 내용을 필요한 영상 화면에 자막으로 제시하면 어떨까요? 가령 학생이 투표장에 들어갈 때 자막으로 장소가 강당이라는 것을 보여 주는 거죠. 그리고 영상을 마무리할 때, 전체적인 투표 안내를 정리해서 한 화면으로 보여 주면 좋을 것 같습니다.

성식 : 그 방법이 좋을 것 같습니다. 투표 방법은 한 학생이 투표하는 과정을 보여 주면서 안내하면 되겠네요. 친구와 대화를 하면서 진행하면 극적인 효과도 줄 수 있을 것 같습니다.

수연 : 그러면 투표장의 구조는 따로 제시하지 않아도 되겠네요. 투표 과정을 따라가다 보면 자연스럽게 투표장의 구조가 드러날테니까요.

정미 : 사실 작년 홍보물에서 제일 아쉬웠던 것이 무효표 안내였습니다. 줄글로 된 설명만으로 이해하기 쉽지 않았거든요. 영상으로 제작하니 무효표의 예를 직접 보여 줄 수 있겠네요. 선거관리위원회 홈페이지에서 무효표의 예를 살펴봤습니다. (출력물을 보여 주며) 이런 식으로 제작해서 보여 주면 좋을 것 같습니다.

수연 : 좋은 것 같습니다. 투표 용지 화면 상단에 무효표의 예라는 제목을 넣어 주면 되겠네요. 회의 끝나고 그 파일을 메일로 보내주시면 고맙겠네요.

준식 : 좋은 의견이 많이 나왔네요. 홍보국장님은 회의 내용을 참고하셔서 영상물 초안을 제작해서 선관위들의 메일로 보내주시기 바랍니다.

40. (나)의 대화를 참고할 때, (가)의 ㉠~㉤을 영상물에서 표현하려는 계획으로 가장 적절한 것은?

① ㉠은 인쇄 홍보물의 제목이므로 영상물에서 활용하지 않는다.

② ㉡은 정리가 잘 된 부분이므로, 영상물의 도입 부분과 마무리 부분에 두 번 제시한다.

③ ㉢은 '투표 장소: ○○고등학교 강당'이라는 자막과 함께 영상으로 보여 준다.

④ ㉣은 학생 배우의 연기와 선거관리위원장의 내레이션을 결합해 극적인 효과를 준다.

⑤ ㉤은 구체적인 사례를 보여 주는 투표 용지를 활용하여 시각적 효과를 준다.

[41~42] <보기>는 (나)의 대화 내용을 바탕으로 완성한 영상물을 보고 나눈 휴대 전화 메시지의 대화 내용이다. 물음에 답하시오.

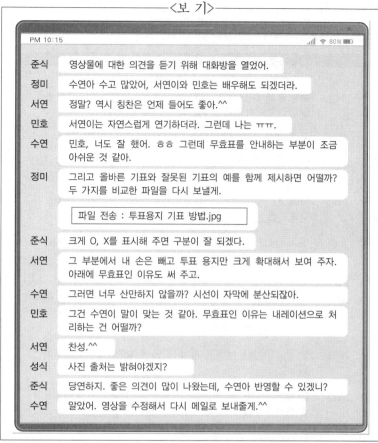

<보 기>

준식	영상물에 대한 의견을 듣기 위해 대화방을 열었어.
정미	수연아 수고 많았어, 서연이와 민호는 배우해도 되겠더라.
서연	정말? 역시 칭찬은 언제 들어도 좋아.^^
민호	서연이는 자연스럽게 연기하더라. 그런데 나는 ㅠㅠ.
수연	민호, 너도 잘 했어. ㅎㅎ 그런데 무효표를 안내하는 부분이 조금 아쉬운 것 같아.
정미	그리고 올바른 기표와 잘못된 기표의 예를 함께 제시하면 어떨까? 두 가지를 비교한 파일을 다시 보낼게. 파일 전송 : 투표용지 기표 방법.jpg
준식	크게 O, X를 표시해 주면 구분이 잘 되겠다.
서연	그 부분에서 내 손은 빼고 투표 용지만 크게 확대해서 보여 주자. 아래에 무효표인 이유도 써 주고.
수연	그러면 너무 산만하지 않을까? 시선이 자막에 분산되잖아.
민호	그건 수연이 말이 맞는 것 같아. 무효표인 이유는 내레이션으로 처리하는 건 어떨까?
서연	찬성.^^
성식	사진 출처는 밝혀야겠지?
준식	당연하지. 좋은 의견이 많이 나왔는데, 수연아 반영할 수 있겠니?
수연	알았어. 영상을 수정해서 다시 메일로 보내줄게.^^

41. (나)와 <보기>의 대화에 대한 설명으로 적절하지 <u>않은</u> 것은? [3점]

① '준식'은 <보기>에서와 달리 (나)에서 공식적인 언어를 사용해 대화를 진행하고 있다.

② '서연'은 <보기>에서와 달리 (나)에서 표정을 통해 감정을 직접적으로 드러내고 있다.

③ '수연'은 <보기>에서와 달리 (나)에서 음성 언어를 사용하여 비교적 긴 내용을 전달하고 있다.

④ '민호'는 (나)에서와 달리 <보기>에서 준언어적 표현을 사용하면서 의사를 표현하고 있다.

⑤ '정미'는 (나)에서와 달리 <보기>에서 대화 도중에 필요한 파일을 자유롭게 전달하고 있다.

42. (나)와 <보기>의 내용을 바탕으로 수정한 영상물의 한 장면이다. 적절하지 <u>않은</u> 것은?

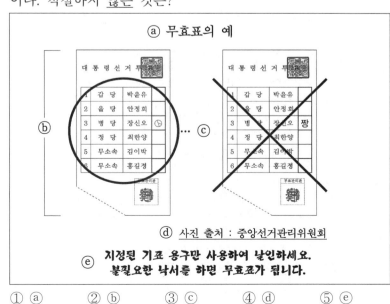

ⓐ 무효표의 예

ⓑ ... ⓒ

ⓓ 사진 출처 : 중앙선거관리위원회

ⓔ 지정된 기표 용구만 사용하여 날인하세요.
불필요한 낙서를 하면 무효표가 됩니다.

① ⓐ ② ⓑ ③ ⓒ ④ ⓓ ⑤ ⓔ

[43~45] (가)는 학생들이 동아리 소개 글을 작성하기 위해 휴대 전화 메신저로 나눈 대화이고, (나)는 (가)를 바탕으로 '수진'이 작성해서 동아리 블로그에 올린 초고이다. 물음에 답하시오.

(가)

PM 10:15

수진 휴일 잘 보냈어? 다음 주까지는 학교 홈페이지에 동아리 소개 글을 올려야 해서 이제 논의를 마무리해야 할 것 같아.

세준 그래, 우선 지난 시간까지 논의한 내용을 먼저 상기해 보자.

희연 ㉠콘텐츠 교육의 중요성을 부각하면서 정작 콘텐츠의 내용에 해당하는 글쓰기 연습에는 소홀한 현재 상황을 먼저 언급하기로 했지?

기범 맞아. ㉡더불어 미래 사회의 인재로 성장하기 위해서는 글쓰기 교육도 필수라는 점을 강조하기로 했지.

수진 아, 내가 그간 논의한 내용을 파일로 정리해 놓은 게 있어. 잠시만~

'제1~3차 회의록' 파일 전송

희연 우와, 정말 잘 정리돼 있네.^^ 매번 고생이 많아!! ㉢그런데 여기에 글쓰기 교육의 핵심은 글쓰기 연습을 꾸준히 하는 데 있다는 점도 꼭 서술해야 할 듯해.

수진 ㉣응, 그 내용을 우리 동아리의 창단 목적과 연결 지어 설명하면 되겠다.

기범 ㉤거기에다가 그동안 동아리 지도 선생님께서 우리 글들을 꼼꼼히 첨삭해 주셨다는 점을 강조하면 금상첨화겠는걸? ㅎㅎ 그럼 오늘 회의 내용은 내가 정리해서 너희들 메일로 보내놓을게. 내일 아침에 확인하면 돼.

(나)

글세상 블로그

　최근 들어 '콘텐츠(Contents)'의 중요성을 강조하는 사회적인 분위기가 형성되고 있습니다. 그리고 우리는 초등학교 때부터 이러한 콘텐츠 교육의 세례를 받은 세대답게 자신의 생각을 표현하는 도구를 활용하는 역량이 우수한 편입니다.
　그런데 우리가 간과하고 있는 사실이 하나 있습니다. 아무리 그럴싸하게 포장된 콘텐츠라 하더라도 콘텐츠를 구성하고 있는 내용의 수준이 낮다면 결국 그 경쟁력을 인정받을 수 없습니다. 하지만 역설적이게도, 현재 우리는 콘텐츠를 강조하면서도 정작 콘텐츠의 본질에 대한 중요성은 강조하고 있지 않습니다. 글쓰기를, 그리고 글쓰기를 위해 독서를 강조하고자 하는 까닭은 바로 여기에 있습니다. 글쓰기 교육은 미래 사회의 인재로 성장하는데 필수적인 논리적·창의적 사고 능력을 극대화할 수 있습니다.
　물론 글쓰기를 가르칠 수는 없습니다. 하지만 배울 수는 있습니다. 그리고 연습할 수도 있습니다. 글은 쓰면 쓸수록 늘기 때문입니다. 하지만 글을 쓰면서 도대체 무엇이 좋은 글인지 짐작할 수 없다는 친구들이 많습니다. 글쓰기의 어려운 점은 좋은 글을 쓰는 것은커녕 좋은 글을 알아보는 데도 상당한 시간과 노력이 필요하다는 사실에 있습니다.
　한 가지 분명한 것은 좋은 글을 읽을수록 좋은 글을 쓸 수 있을 가능성이 높아지고, 글은 누구나 쓸 수 있으며 글을 꾸준히 쓰게 된다면 이에 보상이 있다는 사실입니다. 우리 동아리는 이러한 사실에 주목하여 창단되었습니다. 친구들이 실제로 좋은 글을 읽고, 또 많은 글을 쓸 수 있는 기회를 제공하는데 주안점을 두었습니다. 뿐만 아니라 본인이 쓴 글에 대하여 여러 친구들의 피드백을 받으며 스스로 좋은 글을 쓸 수 있는 역량을 강화할 수 있도록 활동을 기획하였습니다.

43. (가)의 대화에 대한 설명으로 가장 적절한 것은?

① '수진'은 매체의 특성을 활용하여 파일을 다른 대화 참여자들에게 제공하고 있다.

② '세준'은 휴대 전화 메신저의 장점을 언급하며 새로운 논의를 이끌어가고 있다.

③ '희연'은 한글 자음자로 된 기호를 활용하여 자신의 감정을 드러내고 있다.

④ '기범'은 하이퍼링크를 이용하여 추가적인 정보를 다른 대화 참여자들과 공유하려 하고 있다.

⑤ '세준'과 '희연'은 불특정 다수에게 정보를 전하는 방식으로 의사소통하고 있다.

44. ㉠~㉤을 바탕으로 '수진'이 세운 발표 자료 제작 계획 중 (나)에 반영되지 않은 것은?

① ㉠　　② ㉡　　③ ㉢　　④ ㉣　　⑤ ㉤

45. <보기>는 (나)를 읽은 동아리 지도 교사의 댓글이다. <보기>를 바탕으로 (나)를 보완한 내용으로 가장 적절한 것은?

<보 기>

↳ **선생님** : 글이 마무리되지 않은 채 끝난 느낌이 들어. 동아리 활동을 통해 기를 수 있는 역량을 구체적으로 언급하며 우리 동아리에 가입할 것을 권유하는 내용을 추가해 보자.

① 우리 동아리에 가입하신다면, 훌륭하신 동아리 지도 선생님과 든든한 동료들의 지원 아래 여러분의 능력을 펼치고 꿈을 이루는 데 한 걸음 더 앞서 나아갈 수 있을 것입니다.

② 이처럼 독서를 통해 글의 주제와 의도를 파악하는 과정을 거친다면 자신의 글을 보다 논리적이고 짜임새 있게 할 수 있을 것입니다.

③ 이를 통해 주관적 인상을 논리적으로 체계화하고 분석할 수 있는 비평적 안목을 기를 것입니다. 또한 문화를 올바르게 수용하는 태도를 바탕으로 사고의 확장도 꾀하고 있습니다.

④ 이러한 독서 활동과 글쓰기 연습을 통해 여러분들은 비판적, 창의적 사고 능력을 함양할 수 있을 것입니다. 우리 동아리에서 미래 사회의 인재로 함께 성장할 수 있기를 기대합니다.

⑤ 올해는 추가로 영화를 감상한 후 비평하는 활동도 계획하고 있습니다. 다양한 영화 장르의 작품을 선택하여 영화적 스타일과 예술관을 살펴보는 과정이 흥미롭게 느껴지지 않습니까?

* 확인 사항
○ 답안지의 해당란에 필요한 내용을 정확히 기입(표기)했는지 확인하시오.

[35~36] 다음 글을 읽고 물음에 답하시오.

> (1) 영수는 서울에서/서울에 산다.
> (2) 민수는 방에서/ *방에 공부하고 있다.
> (3) 학교에서 체육 대회를 열었다.

(1)에서는 '에'와 '에서'를 다 쓸 수 있는데, 왜 (2)에서는 '에서'를 쓰고 '에'는 쓸 수 없을까? 또 왜 (3)에서는 '에서'를 주격 조사로 쓸 수 있을까?

'에'와 '에서'는 모두 '장소'를 의미하는 말에 붙지만, (1)에서 '서울'은 '에'가 붙어 위치를 나타내는 [지점]의 의미가 되고, '에서'가 붙어 행위를 하거나 일이 발생하는 [공간]의 의미가 된다. 즉, 똑같은 장소라도 지점으로 인식되면 '에'를 쓰고, 공간으로 인식되면 '에서'를 쓴다. (2)에서 '방에'를 쓸 수 없는 이유는 '공부'라는 행위를 하는 장소인 '방'은 지점이 아니라 공간의 의미를 가져야 하기 때문이다. 이렇듯 '에'와 '에서'의 쓰임이 구분되는 것은 '에서'의 중세 국어 형태인 '에셔'의 형성 과정에 기인한다.

중세 국어에서는 부사격 조사 '애/에/예, 의/의'와 '이시다(현대 국어 '있다')'의 활용형인 '이셔'가 결합된 말들이 줄어서 '애셔/에셔/예셔, 의셔/의셔'가 되었다. 그런데 이들은 본래 '이시다'를 포함하므로, 그 의미상 어떤 공간 속에 있음을 전제한다. 따라서 '애셔/에셔/예셔, 의셔/의셔' 앞의 명사는 공간으로 인식되었다. 그런데 이렇게 새로운 형태가 만들어졌지만 중세 국어에서는 현대 국어와 달리 이 새로운 형태가 쓰일 자리에 '애/에/예, 의/의'가 쓰이는 경우가 많았다. 이는 '애/에/예, 의/의'가 현대 국어의 '에'와 '에서'의 쓰임을 모두 지니고 있었음을 의미한다.

한편, '애셔/에셔/예셔, 의셔/의셔' 앞의 명사가 어떤 구성원으로 이루어진 공간이나 집단을 나타내면, 그 공간이나 집단 속에 있는 구성원의 행위를 그 공간이나 집단의 행위로 표현하는 것이 가능해진다. 그에 따라 중세 국어에서 '애셔/에셔/예셔, 의셔/의셔'가 주격 조사로도 쓰인 경우가 있다. 이들은 현대 국어의 '에서'로 이어지는데 (3)과 같은 예에서 그러한 쓰임을 확인할 수 있다.

현대 국어의 '에서'가 주격 조사로 쓰일 때에는 '에서' 앞에 공간이나 집단을 나타내는 명사가 오고 유정 명사는 올 수 없다. 부사격 조사 '에'에 '서'가 붙은 '에서'가 주격 조사로 쓰인 것처럼 부사격 조사 '께'에 '서'가 붙은 '께서'도 주격 조사로 쓰인다. '께서'의 중세 국어 형태인 부사격 조사 '의셔' 역시 '의'와 '셔'가 결합하여 형성되었는데, 근대 국어를 거치면서 주격 조사로 변화하여 현대 국어의 '께서'로 이어졌다. 중세 국어의 '에셔', 현대 국어의 '에서'와 달리 중세 국어의 '의셔', 현대 국어의 '께서'는 높임의 유정 명사 뒤에 나타난다.

35. 윗글의 내용과 일치하는 것은?

① 중세 국어에서 '에' 앞의 명사는 공간의 의미를 나타낼 수 있었다.
② 현대 국어에서 '에' 앞에 붙을 수 있는 명사는 '에서' 앞에 붙을 수 없다.
③ 중세 국어의 '애/에/예'는 '의/의'와 달리 주격 조사로 쓰일 수 있었다.
④ 현대 국어 '에서'의 중세 국어 형태인 '에셔'에서 '셔'는 지점의 의미를 나타냈다.
⑤ 중세 국어 '에셔'가 주격 조사로 쓰일 수 있었던 이유는 '에셔' 앞에 유정 명사가 오기 때문이다.

36. 윗글을 바탕으로 <보기>를 이해한 내용으로 적절하지 <u>않은</u> 것은?

> ──────〈보 기〉──────
>
> **현대 국어의 예**
>
> ㉠ 그 지역에서 공룡 화석이 발견되었다.
> ㉡ 정부에서 홍수 대책안을 발표하였다.
> ㉢ 할머니께서 저녁 늦게 식사를 하셨다.
>
> **중세 국어의 예**
>
> ㉣ 一物이라도 그위예셔 다 아오물 슬노라
> 　 (물건 하나라도 관청에서 다 빼앗음을 슬퍼하노라.)
> ㉤ 부텨의셔 十二部經이 나시고
> 　 (부처님으로부터 12부의 경전이 나오고)

① ㉠ : 공간을 의미하는 '그 지역'에 주격 조사 '에서'가 붙었군.
② ㉡ : 집단을 의미하는 '정부'에 주격 조사 '에서'가 붙었군.
③ ㉢ : 높임의 유정 명사인 '할머니'에 주격 조사 '께서'가 붙었군.
④ ㉣ : '그위예셔'는 '그위'에 주격 조사 '예셔'가 붙었군.
⑤ ㉤ : 높임의 유정 명사인 '부텨'에 부사격 조사 '의셔'가 붙었군.

37. <보기>의 ㉠에 들어갈 말로 적절한 것은? [3점]

─────────〈보 기〉─────────

선생님 : 오늘은 일상생활에서 흔하게 들을 수 있는 부정확한 발음에 대해 알아볼까요? 우선 아래 표에서 부정확한 발음과 정확한 발음을 확인해 보세요.

예	찰흙이	안팎을	넋이	끝을	숲에
부정확한 발음	[찰흐기]	[안파글]	[너기]	[끄츨]	[수베]
	↓	↓	↓	↓	↓
정확한 발음	[찰흘기]	[안파끌]	[넉씨]	[끄틀]	[수페]

다 봤나요? 그럼 정확한 발음을 참고하여, 부정확한 발음을 하게 된 이유를 말해 볼까요?

학생 : ┌─────────── ㉠ ───────────┐

선생님 : 네, 맞아요. 그럼 이제 정확한 발음을 일상생활에서 실천해 보세요.

① '찰흙이'는 자음군 단순화를 적용하고 연음해야 하는데, [찰흐기]는 자음군 단순화를 적용하지 않고 연음을 했습니다.
② '안팎을'은 음절의 끝소리 규칙을 적용하지 않고 연음해야 하는데, [안파글]은 음절의 끝소리 규칙을 적용하고 연음을 했습니다.
③ '넋이'는 연음을 하고 된소리되기를 적용해야 하는데, [너기]는 음절의 끝소리 규칙을 적용하고 연음을 했습니다.
④ '끝을'은 연음을 하고 구개음화를 적용해야 하는데, [끄츨]은 구개음화를 적용하고 연음을 했습니다.
⑤ '숲에'는 거센소리되기를 적용하지 않고 연음해야 하는데, [수베]는 거센소리되기를 적용하고 연음을 했습니다.

38. <보기>의 ㉠과 ㉡을 모두 충족하는 예로 적절한 것은?

─────────〈보 기〉─────────

'붙잡다'의 어간 '붙잡-'은 어근 '붙-'과 어근 '잡-'으로 나뉘고, '잡히다'의 어간 '잡히-'는 어근 '잡-'과 접사 '-히-'로 나뉜다. 이렇듯 어떤 말을 둘로 나누었을 때 나누어진 두 요소 각각을 직접 구성 요소라 하는데, 어근과 어근으로 분석되는 말을 합성어라 하고 어근과 접사로 분석되는 말을 파생어라 한다.

그런데 ㉠ 어간이 3개 이상의 구성 요소로 이루어진 경우가 있다. 이때 ㉡ 직접 구성 요소가 먼저 어근과 어근으로 분석되면 합성어이고 어근과 접사로 분석되면 파생어이다. 예컨대 '밀어붙이다'는 직접 구성 요소가 먼저 어근과 어근으로 분석되므로 합성어이다.

① 밤새 거센 비바람이 내리쳤다.
② 책임을 남에게 떠넘기면 안 된다.
③ 차바퀴가 진흙 바닥에서 헛돌았다.
④ 거리에는 매일 많은 사람이 오간다.
⑤ 그들은 끊임없이 짓밟혀도 굴하지 않았다.

39. <보기>의 ㉠~㉤에 해당하는 문장으로 적절하지 않은 것은?

─────────〈보 기〉─────────

[학습 활동]

겹문장은 홑문장보다 복잡한 생각을 효과적으로 표현할 수 있는 장점이 있다. <자료>에 제시된 홑문장을 활용하여 <조건>에 해당하는 겹문장을 만들어 보자.

<자료>	<조건>
• 날씨가 춥다.	㉠ 명사절을 안은 문장
• 형은 물을 마셨다.	㉡ 관형절을 안은 문장
• 동생은 얼음을 먹었다.	㉢ 부사절을 안은 문장
• 동생은 추위와 상관없다.	㉣ 인용절을 안은 문장
• 형은 동생에게 불평을 했다.	㉤ 대등하게 이어진 문장

① ㉠ : 동생은 추운 날씨에도 얼음을 먹었다.
② ㉡ : 형은 얼음을 먹는 동생에게 불평을 했다.
③ ㉢ : 동생은 추위와 상관없이 얼음을 먹었다.
④ ㉣ : 형은 동생에게 날씨가 춥다고 불평을 했다.
⑤ ㉤ : 형은 물을 마셨지만 동생은 얼음을 먹었다.

[40~42] (가)는 인터넷 시사 상식 사전에서 찾은 내용이고, (나)는 청소년 언어 사용 실태 관련 글이다. 물음에 답하시오.

(가)

CCL

요약 저작물 이용 허락. 저작권자가 저작물 사용 조건을 미리 제시해 사용자가 저작권자에게 따로 허락을 구하지 않고도 창작물을 사용할 수 있게 한 일종의 오픈 라이선스

외국어 표기 creative common license(영어)

일반적으로 많이 쓰이는 저작물의 사용 조건을 규격화해 몇 가지 표준 라이선스를 정하고 있으며, 크게 ▲저작자 표시(attribution), ▲비영리(noncommercial), ▲2차 변경 금지(no derivative), ▲동일조건 변경 허락(share alike) 등 네 가지가 있다. 사진, 문서, 동영상 등에 CCL 마크가 있으면 저작물에 대한 이용 방법과 조건을 쉽게 알 수 있을 뿐 아니라, 저작권자에게 별도의 허락을 구하지 않고도 조건에 맞추어 자유롭게 창작물을 사용할 수 있다. 온라인 백과사전인 '위키피디아(Wikipedia)'가 대표적이다.

현재 한국·일본·대만 등이 CCL 시스템을 개발해 도입 중이며, 독일·미국·이탈리아·캐나다·프랑스 등 전 세계 70여 개국에서 사용되고 있다.

<저작물 사용 조건과 의미>

(cc) 저작물을 공유함

(i) 저작자 표시
저작자 이름, 출처 등 저작자에 대한 사항을 반드시 표시해야 함

(s) 비영리
저작물을 영리 목적으로 이용할 수 없음

(=) 2차 변경 금지
저작물을 변경하거나 저작물을 이용한 2차적 저작물 제작을 금지함

(o) 동일조건 변경 허락
동일한 라이선스 표시 조건하에서의 저작물을 활용한 다른 저작물 제작을 허용

[해설편 p.086]

(나)

　　인터넷과 같은 매체의 등장으로 인해 언어 규범이 파괴되거나 신조어가 만들어져 문제가 되고 있다.

　　00고등학교 1학년 학생들을 대상으로 언어 사용 실태를 조사한 결과 10명 중 6명은 일상적으로 줄임말을 사용하고 있으며 평소에도 줄임말과 신조어를 사용한다고 응답한 학생이 50%에 달했다. 줄임말과 신조어를 평소에 사용함에도 불구하고 국어 규범에 맞지 않는 언어를 사용하는 것을 보면 불편하다고 답한 학생이 45%에 달해 청소년들도 언어 규범을 중요시하고 있음을 알 수 있었다. 또한 줄임말과 신조어를 사용하면 부모님이나 선생님과 이야기가 잘 통하지 않아 답답할 때가 있다는 답변도 35%에 달했다.

　　줄임말과 신조어를 사용하는 이유로는 '친구들과의 소통'이 1위(55%)를 차지했고 '긴 말을 사용하는 것보다 짧은 말이 사용하기 편해서'라는 답이 그 뒤를 이었다.

　　줄임말과 신조어를 사용하거나 접하게 된 매체로는 SNS를 가장 많이 꼽았고 텔레비전 예능 프로그램 등에서도 새로운 말들을 접한다고 응답했다.

---

40. 〔신출제〕 (가), (나)를 읽은 후 〈보기〉의 맥락에 맞게 매체 자료를 만들려고 할 때 그 계획으로 적절하지 <u>않은</u> 것은?

―――――――〈보 기〉――――――

* 목적 : 우리 학교 학생들의 인터넷 저작권과 언어 사용 실태를 조사하며 인터넷 매체를 사용할 때 유의해야 할 점에 대해 소개하여 올바르게 인터넷 매체와 언어 사용을 권장함

* 수용자 : 같은 학교 학생들과 학부모

* 전달 매체 : 학교 신문과 학교 홈페이지

―――――――――――――――――――――

① 학생과 학부모 모두 내용을 이해할 수 있도록 어렵지 않게 내용을 설명하고 구성할 수 있게 한다.

② 'CCL'의 개념을 알려 주어 저작권자에게 직접 사용 허락을 받지 않고도 자료를 사용할 수 있는 방법을 알 수 있게 한다.

③ 'CCL'의 종류를 시각 자료로 제시하여 'CCL'로 사용할 수 있는 저작권의 범위가 어떤 것들이 있는지 알 수 있게 한다.

④ 같은 목적으로 매체 자료를 만드는 것이므로 학교 신문과 학교 홈페이지에 실릴 내용과 자료는 똑같은 것으로 만들 수 있도록 한다.

⑤ 우리 학교 학생들의 인터넷 언어 사용 실태를 조사하여 그 결과를 토대로 언어 규범을 잘 지켜 올바르게 인터넷 매체를 이용하도록 권장한다.

---

41. 〔신출제〕 (가)를 보고 〈보기〉를 이해한 내용으로 가장 적절한 것은?

―――――――〈보 기〉――――――

우리 블로그는 아래와 같이 이용할 수 있습니다.

―――――――――――――――――――――

① 저작자에 관한 표시를 하면 자유롭게 이용 가능하지만 상업적 이용은 금지한다.

② 저작자에 관한 표시를 하면 자유롭게 이용 가능하지만 변경 없이 이용해야 한다.

③ 저작자에 관한 표시를 하면 자유롭게 이용·변경이 가능하지만 2차 저작물에 대해 원저작물과 동일한 라이센스를 적용한다.

④ 저작자에 관한 표시를 하면 자유롭게 이용 가능하지만, 상업적으로 이용은 금지하며 2차 저작물에 대해 원 저작물과 동일한 라이센스를 적용한다.

⑤ 저작자에 관한 표시를 하면 자유롭게 이용 가능하지만, 상업적으로 이용할 수 없고, 저작물을 변경 없이 그대로 이용해야 한다.

---

42. 〔신출제〕 〈보기〉는 청소년들이 SNS에서 자주 쓰는 용어를 풀이한 것이다. (나)와 〈보기〉의 내용을 참고하여 언어 문화를 발전시키기 위한 방안을 제안한 내용으로 가장 적절한 것은? [3점]

―――――――〈보 기〉――――――

• 버카충 – 버스카드 충전　• 지못미 – 지켜주지 못해 미안해
• 갈비 – 갈수록 비호감　• 귀척 – 귀여운 척
• 볼매 – 볼수록 매력있음

―――――――――――――――――――――

① 인터넷 매체는 내용 전달 속도가 빨라 사용자 간의 유대감을 위해 줄임말보다 신조어를 사용하여야 한다.

② 인터넷 매체를 통해 줄임말과 신조어를 사용하게 되면 국어 어휘력이 줄어들게 되므로 사전에 등재된 단어들만 사용하여야 한다.

③ 인터넷 매체는 파급력이 커 줄임말과 신조어를 사용할 때 의사소통이 되지 않을 수 있으므로 규범에 맞는 언어를 사용해야 한다.

④ 인터넷 매체를 통해 사용하는 말들은 그 사람의 인격을 드러낼 수 있기 때문에 품위 있는 언어 사용을 할 수 있도록 노력해야 한다.

⑤ 인터넷 매체에서 언어를 사용하면 상대방과 실시간으로 소통이 되기도 하여 서로 감정이 상하지 않게 하는 것이 중요하므로 상대의 말에 귀기울여야 한다.

[43~45] (가)는 학생들이 학교 홍보 자료 제작을 위해 휴대 전화 메신저로 나눈 대화이고, (나)는 (가)를 바탕으로 '소형'이 제작해서 블로그에 올린 발표 자료 초안이다. 물음에 답하시오.

(가)

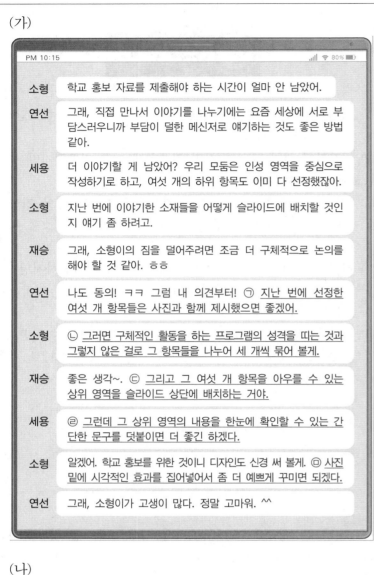

(나)

신출제

43. (가)의 대화에 대한 설명으로 가장 적절한 것은?

① '소형'은 휴대 전화 메신저의 장점을 거론하며 해당 매체로 대화할 것을 제안하고 있다.

② '연선'은 사진을 전송할 수 있는 매체의 특성을 활용하여 수집한 자료를 다른 대화 참여자들과 공유하고 있다.

③ '세용'은 하이퍼링크를 이용하여 실시간으로 검색한 정보를 다른 대화 참여자들에게 제공하고 있다.

④ '재승'은 매체 언어의 복합적인 특성을 고려하여 문자 언어와 영상을 결합한 형태의 자료를 제시하고 있다.

⑤ '연선'과 '재승'은 한글 자음자로 된 기호를 활용하며 대화에 참여하고 있다.

신출제

44. ㉠~㉤을 바탕으로 '소형'이 세운 학교 홍보 자료 제작 계획 중 (나)에 반영되지 <u>않은</u> 것은?

① ㉠에서 언급된 자료 제시 방법을 활용하여 각 항목에 어울리는 사진을 찾아 넣어야겠군.

② ㉡에서 언급된 분류 기준에 따라 여섯 개의 항목을 각각 세 개씩 묶어 배치해야겠군.

③ ㉢에서 언급된 상위 영역인 '인성'이라는 글자를 원 안에 넣어 슬라이드 상단에 제시해야겠군.

④ ㉣에서 언급된 문구를 해당 상위 영역의 옆에 배치하여 상위 영역의 내용을 한 눈에 알 수 있게 해야겠어.

⑤ ㉤에서 언급된 디자인 방안으로 반사된 듯한 효과를 선택하여 사진을 꾸며야겠군.

신출제

45. <보기>는 (나)에 달린 '댓글'이다. <보기>를 바탕으로 슬라이드를 수정한 ⓐ~ⓔ 중 적절하지 <u>않은</u> 것은?

<보 기>

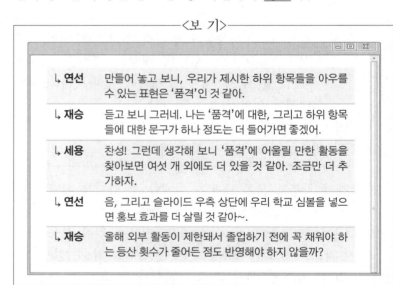

① ⓐ　　② ⓑ　　③ ⓒ　　④ ⓓ　　⑤ ⓔ

[해설편 p.087]

● 문항수 11개 | 배점 24점 | 제한 시간 20분　　　　　　　　　　● 점수 표시가 없는 문항은 모두 2점

[35~36] 다음 글을 읽고 물음에 답하시오.

　단어를 공통된 성질에 따라 분류한 것을 '품사'라 한다. 품사 분류의 기준으로는 일반적으로 '형태, 기능, 의미'가 있다. '형태'는 단어가 활용하느냐 활용하지 않느냐에 관한 것이고 '기능'은 단어가 문장에서 하는 역할과 관련된다. '의미'는 단어의 구체적인 의미가 아니라 단어 부류가 가지는 추상적인 의미를 말한다.

　이러한 기준의 전체 혹은 일부를 적용하여 ⊙ 활용하지 않으며 사물의 이름을 나타내는 말, ⓛ 활용하고 사물의 동작이나 작용을 나타내는 말, ⓒ 활용하지 않으며 수량이나 순서를 나타내는 말, ⓔ 활용하지 않으며 앞말에 붙어 앞말과 다른 말의 문법적 관계를 나타내거나 특수한 의미를 덧붙이는 말, ⓜ 활용하지 않으며 뒤에 오는 체언을 수식하는 말 등으로 개별 품사를 분류할 수 있다.

　　그런데 실제로 단어의 품사를 분류할 때에는 분류가 쉽지 않은 것들도 있다. 동사와 형용사의 구별이 대표적인데 사물의 속성이나 상태를 나타내는 형용사와 사물의 작용의 일종인 상태 변화를 나타내는 일부 동사는 의미상 매우 밀접하여 좀 더 세밀하게 구분하여야 한다. 가령 '햇살이 밝다'에서의 '밝다'는 상태를 나타내는 형용사이고, '날이 밝는다'에서의 '밝다'는 상태의 변화를 나타내는 동사이다. 동사와 형용사를 구별하는 또 다른 기준으로 활용 양상을 내세우기도 한다. 동사와 달리 형용사는 원칙

[A] 적으로 선어말 어미 '-ㄴ/는-', 관형사형 어미 '-는', 명령형·청유형 종결 어미, 의도나 목적을 나타내는 연결어미 등과 결합하여 쓰이지 않는다.

　　다만, '있다'의 경우는 품사를 분류할 때 더욱 주의해야 한다. '존재', '소유'와 같이 상태의 의미를 나타내는 '있다'는 형용사로, '한 장소에 머묾'의 의미인 '있다'는 동사로 분류되는데, 동사 '있다'뿐만 아니라 형용사의 '있다'가 관형사형 어미 '-는'과 결합하기 때문이다. 형용사 '없다'의 경우도 반의어인 형용사 '있다'와 동일한 활용 양상을 보여 준다.

---

35. 다음 문장에서 ⊙~ⓜ에 해당하는 예를 찾아 이를 설명한 내용으로 적절하지 <u>않은</u> 것은?

> 옛날 사진을 보니 즐거운 기억 하나가 떠올랐다.

① '옛날, 사진, 기억'은 ⊙에 해당하고 명사이다.
② '보니, 떠올랐다'는 ⓛ에 해당하고 동사이다.
③ '하나'는 ⓒ에 해당하고 수사이다.
④ '을, 가'는 ⓔ에 해당하고 조사이다.
⑤ '즐거운'은 ⓜ에 해당하고 관형사이다.

---

36. [A]를 참고하여 <보기>를 이해한 내용으로 적절하지 <u>않은</u> 것은?

> ─〈보 기〉─
> ⓐ ┌ 영희가 밥을 먹었다. / 꽃이 예뻤다.
> 　└ 영희가 밥을 먹는다. / *꽃이 예쁜다.
> ⓑ ┌ 영희야, 밥 먹어라. / *영희야, 좀 예뻐라.
> 　└ 영희야, 밥 먹자. / *우리 좀 예쁘자.
> ⓒ ┌ 밥 먹으려고 식당으로 갔다. / *예쁘려고 미용실에 갔다.
> 　└ 밥 먹으러 식당에 갔다. / *예쁘러 미용실에 갔다.
> ⓓ ┌ 나에게는 돈이 있다. / 돈이 있는 사람
> 　└ 나에게는 돈이 없다. / 돈이 없는 사람
> ⓔ ┌ 나무가 크다. / 나무가 쑥쑥 큰다.
> 　└ 머리카락이 길다. / 머리카락이 잘 긴다.
> ※ '*'는 비문임을 나타냄.

① ⓐ : 동사와는 달리 형용사는 현재를 나타내는 선어말 어미와 결합할 수 없다.
② ⓑ : 동사와는 달리 형용사는 명령형·청유형 어미와 결합할 수 없다.
③ ⓒ : 동사와는 달리 형용사는 의도·목적을 나타내는 연결 어미와 결합할 수 없다.
④ ⓓ : '있다'와 '없다'는 상태의 의미를 나타내지만 동사로 쓰이고 있다.
⑤ ⓔ : '크다'와 '길다'는 형용사, 동사로 모두 쓰이고 있다.

---

37. <보기>의 ⊙~ⓜ에 대한 설명으로 적절한 것은? [3점]

> ─〈보 기〉─
>
> <로마자 표기 한글 대조표>
>
> | 자음 | ㄱ | ㄷ | ㅂ | ㄸ | ㄴ | ㅁ | ㅇ | ㅈ | ㅊ | ㅌ | ㅎ |
> |---|---|---|---|---|---|---|---|---|---|---|---|
> | 표기 / 모음 앞 | g | d | b | tt | n | m | ng | j | ch | t | h |
> | 표기 / 그 외 | k | t | p | | | | | | | | |
>
> | 모음 | ㅏ | ㅐ | ㅗ | ㅣ |
> |---|---|---|---|---|
> | 표기 | a | ae | o | i |
>
> <로마자 표기의 예>
>
> | | 한글 표기 | 발음 | 로마자 표기 |
> |---|---|---|---|
> | ⊙ | 같이 | [가치] | gachi |
> | ⓛ | 잡다 | [잡따] | japda |
> | ⓒ | 놓지 | [노치] | nochi |
> | ⓔ | 맨입 | [맨닙] | maennip |
> | ⓜ | 백미 | [뱅미] | baengmi |

---

① ㉠에서 일어나는 음운 변동은 '땀받이[땀바지]'에서도 일어나고, 로마자 표기에 반영되었다.

② ㉡에서 일어나는 음운 변동은 '삭제[삭쩨]'에서도 일어나고, 로마자 표기에 반영되었다.

③ ㉢에서 일어나는 음운 변동은 '닳아[다라]'에서도 일어나고, 로마자 표기에 반영되었다.

④ ㉣에서 일어나는 음운 변동은 '한여름[한녀름]'에서도 일어나고, 로마자 표기에 반영되지 않았다.

⑤ ㉤에서 일어나는 음운 변동은 '밥물[밤물]'에서도 일어나고, 로마자 표기에 반영되지 않았다.

38. 〈보기〉의 ㉠과 ㉡에 들어갈 말로 바르게 짝지어진 것은?

━━━〈보 기〉━━━

중세 국어에서는 객체를 높이기 위해 선어말 어미를 사용했는데, 이 선어말 어미는 음운 조건에 따라 다음과 같이 다양한 형태로 실현되었다.

어간 말음 조건	형태	용례
'ㄱ, ㅂ, ㅅ, ㅎ'일 때	-숩-	돕숩고
'ㄷ, ㅈ, ㅊ'일 때	-줍-	묻줍고
모음이나 'ㄴ, ㅁ, ㄹ'일 때	-숩-	보숩고

객체 높임 선어말 어미 뒤에 모음으로 시작하는 어미가 오면, 객체 높임 선어말 어미는 '-숳-, -줗-, -숳-'으로 실현되었다.

• 아래 문장에서 객체 높임의 대상은 (㉠)이다.
　- 王(왕)이 부텻긔 더욱 敬信(경신)ᄒᆞᆫ ᄆᆞᅀᆞ믈 내ᅀᆞᄫᅡ
　　[왕이 부처께 더욱 공경하고 믿는 마음을 내어]

• 어간 '듣-'과 어미 '-ᄋᆞ며' 사이에 객체 높임 선어말 어미가 결합하면 다음과 같이 활용했다.
　- 내 아래브터 부텻긔 이런 마ᄅᆞᆯ 몯 (㉡)
　　[내가 예전부터 부처께 이런 말을 못 들으며]

	㉠	㉡
①	王(왕)	듣ᄌᆞᄫᅵ며
②	王(왕)	듣ᄉᆞᄫᅵ며
③	부텨	듣ᄌᆞᄫᅵ며
④	부텨	듣ᄌᆞᄫᅵ며
⑤	ᄆᆞ슴	듣ᄉᆞᄫᅵ며

39. 〈보기〉의 자료를 탐구한 결과로 적절한 것은?

━━━〈보 기〉━━━

○ **탐구 과제**

　하나의 문장이 안긴문장으로 다른 문장에 안길 때, 원래 있던 문장 성분이 생략되는 경우가 있다. 아래의 각 문장에서 안긴문장을 파악한 후, 생략된 문장 성분이 있다면 무엇인지 확인해 보자.

○ **자료**

㉠ 부모님은 자식이 건강하기를 바란다.

㉡ 그 친구는 연락도 없이 그곳에 안 왔다.

㉢ 동생은 자신의 판단이 옳았음을 깨달았다.

㉣ 그는 내가 늘 쉬던 공원에서 산책을 했다.

㉤ 그 사람들은 아주 어려운 과제를 금방 끝냈다.

		안긴문장의 종류	생략된 문장 성분
①	㉠	부사절	없음
②	㉡	명사절	없음
③	㉢	명사절	주어
④	㉣	관형절	부사어
⑤	㉤	관형절	목적어

[40~42] (나)는 (가)를 수정하기 위해 휴대 전화 메신저로 동아리원들이 나눈 대화이고, (다)는 (나)를 바탕으로 수정하여 블로그에 올린 것이다. 물음에 답하시오.

(가)

○○고 신문	제251호(20○○. 12)

｜교내 동아리 활동 보고 : 풍물반｜

훈소리, 교내 축제의 불꽃을 피우다

교내 축제 때마다 항상 시작을 알리는 건 우리 훈소리 풍물패의 힘찬 공연!! >.< 꺄악ㅋㅋㅋ. 올해도 어김없이 우리의 공연은 시작됐다. 올해는 특별히 □□고의 비담으로 알려진 난타반과 합동으로 진행하여 훨씬 더 뜨거운 반응이 나왔던 것 같다. 관중들의 반응이 너무 좋아서 어찌나 기쁘고 힘이 나던지. ㅎㅎㅎ 관중들의 엄청난 박수와 환호속에서 공연을 한다는 건 정말 말로 표현할 수 없는 기쁨이다. ^─^

힘든 시간도 있었지만 포기하지 않도록 우리를 이끌어 주신 최애 형탁 샘, 여러 악조건 속에서도 연습할 수 있도록 도와주신 세젤멋 교감 샘께도 감사의 말씀을 드리고 싶다. 사랑해요, 샘~~ ♡.♡ 한편으로는 올해가 훈소리 단원으로서의 마지막 공연이라 넘넘 아쉽기도 했다. ㅠㅠ

(나)

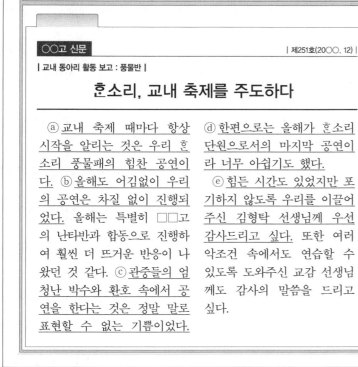

지수 공연이 끝난 직후에 흥분된 상태에서 글을 쓰다 보니 엉망인 것 같아. 고칠 점을 이야기해 주면 글을 수정해 볼게.

수진 참 재미있게 글을 읽긴 했는데, 아무래도 학교 신문에 싣기에는 그 형식에 맞지 않는 것 같아. 일단 각종 이모티콘과 'ㅋㅋㅋ'나 'ㅎㅎㅎ'와 같은 표현은 삭제해야 할 것 같아.

동원 그런데 나는 동아리 활동 보고문이라는 성격이 잘 드러나지 않는다는 게 더 문제인 듯해. 단순히 개인적인 감상문에 그치고 있는 것 같아.

지수 그래, 그 점들을 바로 수정해 봐야겠다. 재준이 생각은 어때?

재준 처음에는 어차피 학교 신문을 읽는 사람들은 우리 학교 학생들이니까 이렇게 새로운 시도를 해도 상관없겠다는 생각을 했어. 그런데 곰곰이 생각해 보니 우리 학교 신문은 홈페이지에도 올라가니까 외부 사람들도 접할 수 있겠더라고. 그래서 표현 방식은 수정해야 할 것 같아.

수진 맞아. 표현 방식을 수정할 때 과도한 줄임 표현을 사용하는 건 자제해야 할 것 같아. '최애'나 '세젤멋' 같은 표현을 이해하지 못하는 사람들도 많을 거잖아.

동원 응, 그리고 수정하는 김에 내용상 중복되는 문장을 삭제했으면 좋겠어. 그러면서 내용 순서도 조정할 필요도 있을 것 같아.

지수 좋은 의견 고마워. 너희들이 이야기해 준 내용을 토대로 다시 글을 써 볼게.

(다)

○○고 신문 | 제251호(20○○. 12) |

| 교내 동아리 활동 보고 : 풍물반 |

흔소리, 교내 축제를 주도하다

ⓐ교내 축제 때마다 항상 시작을 알리는 것은 우리 흔소리 풍물패의 힘찬 공연이다. ⓑ올해도 어김없이 우리의 공연은 차질 없이 진행되었다. 올해는 특별히 □□고의 난타반과 합동으로 진행하여 훨씬 더 뜨거운 반응이 나왔던 것 같다. ⓒ관중들의 엄청난 박수와 환호 속에서 공연을 한다는 것은 정말 말로 표현할 수 없는 기쁨이었다.

ⓓ한편으로는 올해가 흔소리 단원으로서의 마지막 공연이라 너무 아쉽기도 했다.

ⓔ힘든 시간도 있었지만 포기하지 않도록 우리를 이끌어 주신 김형탁 선생님께 우선 감사드리고 싶다. 또한 여러 악조건 속에서도 연습할 수 있도록 도와주신 교감 선생님께도 감사의 말씀을 드리고 싶다.

40. (나)의 대화에서 학생들이 주목한 수정의 기준으로 적절하지 <u>않은</u> 것은?

① 수진 : 공적인 맥락인가, 사적인 맥락인가?

② 수진 : 언어 표현은 적절하다고 할 수 있는가?

③ 동원 : 의사소통의 목적에 맞는 내용인가?

④ 동원 : 매체의 심미적인 특성이 잘 드러나는가?

⑤ 재준 : 의사소통의 수용자를 고려하고 있는가?

신출제
41. (나)를 바탕으로 '지수'가 세운 수정 계획 중 (다)에 반영되지 <u>않은</u> 것은?

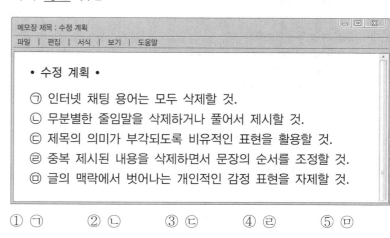

메모장 제목 : 수정 계획
파일 | 편집 | 서식 | 보기 | 도움말

• 수정 계획 •

㉠ 인터넷 채팅 용어는 모두 삭제할 것.
㉡ 무분별한 줄임말을 삭제하거나 풀어서 제시할 것.
㉢ 제목의 의미가 부각되도록 비유적인 표현을 활용할 것.
㉣ 중복 제시된 내용을 삭제하면서 문장의 순서를 조정할 것.
㉤ 글의 맥락에서 벗어나는 개인적인 감정 표현을 자제할 것.

① ㉠　② ㉡　③ ㉢　④ ㉣　⑤ ㉤

신출제
42. <보기>는 (다)를 읽은 동아리 지도 교사의 댓글이다. <보기>를 바탕으로 ⓐ~ⓔ를 보완한 내용으로 가장 적절한 것은?

─────〈보 기〉─────

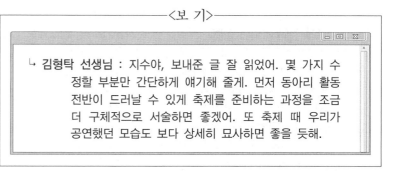

↳ 김형탁 선생님 : 지수야, 보내준 글 잘 읽었어. 몇 가지 수정할 부분만 간단하게 얘기해 줄게. 먼저 동아리 활동 전반이 드러날 수 있게 축제를 준비하는 과정을 조금 더 구체적으로 서술하면 좋겠어. 또 축제 때 우리가 공연했던 모습도 보다 상세히 묘사하면 좋을 듯해.

① ⓐ의 '시작을 알리는 것은'을 '불을 지피는 것은'으로 수정한다.

② ⓑ를 삭제하는 대신 '□□고의 난타반'을 소개하는 문장을 삽입한다.

③ ⓒ의 '말로 표현할 수 없는 기쁨이었다.'를 '가슴 벅찬 감동 그 자체였다.'로 수정한다.

④ ⓓ의 뒤에 '그동안의 준비 과정이 주마간산처럼 스쳐 지나갔다.'라는 문장을 삽입한다.

⑤ ⓔ의 '힘든 시간'을 부연할 수 있는 내용을 추가하여 제시한다.

[43~45] (가)와 (나)는 인터넷 신문이다. 물음에 답하시오.

(가)

인공 지능   검색

ⓐ **인공 지능**으로 미래 손 하나 까딱 안 하는 가정 … | △△경제 | 20○○.10.11. |
ⓑ **인공지능**, 주치의 시대 온다 | 뉴스21 | 20○○.5.9. |
인공지능 권력이 초양극화 사회 만든다 | △△경제 |
ⓒ **인공 지능**이 인간 공격한다면? 윤리 이슈 사회적 논의 서둘러야 | ▽▽일보 |
 20○○.3.15. |
더 크기 전에 **인공 지능**에 윤리를 훈육하라 | 인터넷경제 | 20○○.3.6. |
ⓓ **인공 지능**, 범죄 저지른다면 처벌할 수 있는가? | 머니K | 20○○.2.9. |
인공 지능, 일자리 위험 등 난제 산적 | 직업경제신문 | 20○○.10.30. |
인간과 **인공 지능**, 협력으로 가야 미래 있다 | 인터넷타임스 | 20○○.4.5. |
인공 지능 선장, 무인 선박, 이것은 실화다 | 지구촌뉴스통신 | 20○○.11.14. |
인공 지능이 인간을 넘어서는 시대 온다 | ☆☆비즈 | 20○○.11.14. |
'**인공 지능** 과 인간' 저작권 분쟁 시대 온다 | 인터넷타임스 | 20○○.4.5. |
공모물 쓰는 **인공 지능** 작가 개발 | 데일리뉴스 | 20○○.10.27. |
인공 지능과 결합한 3D 설계가 1인 제조업 시대 열 것 | □□일보 | 20○○.11.15. |
인공 지능 시대, 새로운 리더십 요구돼 | 머니투데이 | 20○○.11.16. |
맛있는 식당 찾기, **인공 지능**이 더 잘한다 | ◇◇사이언스 | 20○○.11.16. |

(나)

게임 △△   20○○. 9. 22

'게임 중독'보다 '게임 편용'이라는 단어가 적절

 ㉠ 게임 산업 현장의 목소리와 업계 전문가들이 참여해 정부에 직접 정책을 제안하는 대한민국 게임 포럼 정책 제안 발표회가 금일 국회 의원 회관에서 개최됐다.
 ㉡ □□디지털문화연구소의 이○○ 소장은 게임을 이야기, 음악, 미술, 디자인이 어우러지는 종합 예술이자 최신 기술력을 요구하는 첨단 기술의 총아라고 전했다. 최근 아이들은 스마트폰 게임을 즐기면서 타자를 치며 알아서 한글을 떼고, 누가 알려 주지 않아도 첨단 기기들을 사용하며 스스로 기기의 사용법을 깨우친다며, 게임은 진정한 자기 주도 학습을 유도하는 콘텐츠라고 강조했다. 또한 과중한 학업으로 살인적인 일과에 시달리는 요즘 학생들에게 게임이 없다면 정신 건강을 유지할 수 없는 상황이라고 역설했다.
 최근 언론들의 게임 산업의 부정적인 인식에 대해 이 소장은 "배가 발명된 것은 조난도 함께 발명된 것이며, 조난 때문에 배를 만들이 않는다는 것은 본말이 전도된 것입니다. ㉢ 모든 일에는 명과 암이 있듯이 게임의 어두운 면만을 강조하는 지금의 상황은 게임이 가진 변화와 혁신을 완전히 무시하는 결과로 이어질 것입니다."라고 말했다.
 아울러 '게임 중독'이 하나의 질환으로 인정되려면 다른 질환과 차별화된 고유 패턴이 있어야 하는데, 게임 중독은 다른 질환으로 모두 설명이 되기 때문에 병으로 구분할 수 없다고 설명했다. ㉣ 소수의 과몰입 집단은 치료가 필요하지만 나머지 90% 이상의 건전하게 게임을 즐기는 이들을 위한 증진 정책은 전혀 없는 것이 지금 정책의 한계라고 밝혔다.
 ㉤ 이어 이 소장은 '게임 중독' 혹은 '과몰입' 같은 부정적인 용어 때문에 게임 산업 전체가 피해를 보고 있으므로, '게임 편용'과 같은 용어로 바꿔야 한다고 강조했다.

---

43. (가)와 (나)에 대한 이해로 가장 적절한 것은?

① (가)는 각 기사의 표제의 길이가, (나)는 표제의 내용이 독자의 정보 수용 과정에 영향을 미친다.
② (가)와 달리 (나)는 기사의 작성 일자를 확인할 수 있으므로 정보의 시의성을 판단하기 용이하다.
③ (가)와 달리 (나)는 기사의 표제뿐만 아니라 부제의 내용과 표현도 독자의 주의를 끄는 요인이 된다.
④ (나)와 달리 (가)는 여러 언론사의 표제를 한 면에서 확인할 수 있으므로 다양한 주제의 기사를 찾아볼 수 있다.
⑤ (나)와 달리 (가)는 다양한 제재의 기사를 한 번에 검색할 수 있으므로 관심 분야의 정보를 손쉽게 확인할 수 있다.

44. <보기>를 참고하여 (가), (나)에 대해 이해한 내용으로 적절하지 **않은** 것은? [3점]

<보 기>

 미디어 프레이밍(Media Framing)은 뉴스 미디어가 어떠한 사회적 이슈나 사건을 취재해 보도하는 과정에서 특정한 프레임을 이용함으로써 시청자나 독자들의 뉴스 해석과 이로 인한 여론 형성 과정에 영향을 미치는 과정을 설명한다. 대표적인 뉴스 미디어의 프레이밍 전략은 '선택(selection)과 강조(salience)' 그리고 '무시(ignorance)' 전략으로 알려져 있다. 뉴스가 현실을 있는 그대로를 보여 준다기보다 현실의 일부분을 선택, 강조해서 보여 주거나 특정한 측면은 무시해서 보여 주지 않는 것이다.

---

① (가)의 ⓐ, ⓑ는 인공 지능에 따른 긍정적인 효과를 강조하는 전략이 적용된 기사에 해당하겠군.
② (가)의 ⓒ, ⓓ는 현실의 일부분을 선택하고 특정한 측면은 무시하는 전략이 적용된 기사에 해당하겠군.
③ (나)의 본문에서는 대한민국 포럼 정책 제안 발표회에서 제시된 내용 중 특정 견해를 선택하여 보도하고 있군.
④ (나)에서 이 소장이 '게임 편용' 사용을 강조한 것은 게임 산업에 대한 기존의 관점이 지닌 문제점을 해결하기 위한 일환이겠군.
⑤ (나)에 제시된 전문가 인터뷰는 게임 산업에 대한 여론 형성 과정에서 게임의 긍정적인 면을 무시한 측면을 지적하고 있군.

45. (나)의 언어적 특성을 고려할 때, ㉠~㉤에 대한 설명으로 가장 적절한 것은?

① ㉠ : '~하는'을 써서 기사에서 주목하는 사건이 진행 중임을 표현하였다.
② ㉡ : '-라고'를 써서 앞선 내용이 직접 인용한 발언임을 드러내었다.
③ ㉢ : '-ㄹ 것입니다'를 써서 예상되는 문제점을 지적하였다.
④ ㉣ : '-지만'을 써서 앞뒤의 내용을 대조하여 나타내었다.
⑤ ㉤ : '~같은'을 써서 추후 개선 방향을 비유적으로 제시하였다.

---
* 확인 사항
 ○ 답안지의 해당란에 필요한 내용을 정확히 기입(표기)했는지 확인하시오.

15회

● 수능 실전 모의고사 ●

국어영역(언어와 매체)

● 문항수 11개 | 배점 24점 | 제한 시간 20분

● 점수 표시가 없는 문항은 모두 2점

PART II

15회

[35~36] 다음을 읽고 물음에 답하시오.

선생님 : 여러분, 현대 사회에서 인공위성이 다양하게 활용되고 있다는 것은 잘 알죠? 그런데 '인공위성'은 옛날에는 쓰이지 않았던 말입니다. '인공위성'이라는 말이 어떻게 쓰이게 되었는지 생각해 봅시다. 행성의 궤도를 도는 인공적 물체가 처음 만들어졌을 때, 그 물체를 가리키는 말이 필요해서 '인공위성'이라는 말이 생긴 거겠죠? 이 말은 어떻게 만들어졌을까요?

학생 1 : '인공'과 '위성'을 합쳐 만든 것입니다.

선생님 : 맞아요. 그래서 오늘은 '인공위성'이라는 말을 만든 것처럼 새 단어를 만드는 원리를 알아볼 텐데, 그중에서도 실생활에서 자주 사용되는 합성 명사가 어떻게 만들어지는지를 먼저 알아보려고 합니다. 합성 명사는 어떻게 만들어질까요?

학생 2 : 선생님, 합성 명사는 명사와 명사가 합쳐진 말 아닌가요?

선생님 : 네, 그런 경우가 많지요. 예를 들어 '논밭, 불고기'처럼 명사에 명사가 결합하는 경우가 있어요. 그 밖에 용언의 활용형이 명사와 결합한 '건널목, 노림수, 섞어찌개'와 같은 경우도 있고 '새색시'처럼 명사를 꾸며 주는 관형사가 앞에 오는 경우도 있어요.

학생 3 : 그런데 선생님, 말씀하신 합성 명사들을 보니 뒤의 말이 모두 명사네요?

선생님 : 그래요. 우리말에서 합성어의 품사는 뒤에 오는 말의 품사와 같은 것이 원칙이에요. 앞에서 말한 예들이 다 그래요. 그런데 이러한 일반적인 경우와는 달리 ㉠ 명사가 아닌 품사들로만 이루어진 합성 명사도 있답니다.

학생 4 : 아, 그렇군요. 그런데 선생님, 생각해 보니 요즘 자주 쓰는 말들은 그런 방식과는 다르게 만들어지는 것 같아요.

선생님 : 맞아요. 여러분들이 자주 쓰는 '인강'이라는 말은 '인터넷'과 '강의'가 합쳐지면서 줄어든 말인데, 앞말과 뒷말의 첫 음절만 따서 만들어진 것이에요. 또한 컴퓨터를 잘 다루지 못하는 사람이라는 뜻의 '컴시인'은 '컴퓨터'와 '원시인'이 합쳐지면서 줄어든 말인데, 앞말의 첫 음절과 뒷말의 둘째, 셋째 음절을 따서 만들어진 것이에요.

35. <보기>의 ㄱ~ㅁ 중 윗글에서 설명한 단어 형성 방법의 사례에 해당하는 것만을 있는 대로 고른 것은?

─────<보 기>─────

ㄱ. '선생님'을 줄여서 '샘'이라는 말을 만들었다.

ㄴ. '개-'와 '살구'를 결합하여 '개살구'라는 말을 만들었다.

ㄷ. '사범'과 '대학'을 결합하여 '사대'라는 말을 만들었다.

ㄹ. '점잖다'라는 형용사로부터 '점잔'이라는 말을 만들었다.

ㅁ. '비빔'과 '냉면'을 결합하여 '비빔냉면'이라는 말을 만들었다.

① ㄱ, ㄹ   ② ㄷ, ㅁ   ③ ㄱ, ㄴ, ㄷ

④ ㄴ, ㄷ, ㅁ   ⑤ ㄴ, ㄹ, ㅁ

36. 밑줄 친 단어 중 ㉠의 예로 적절한 것은?

① 자기 잘못은 자기가 책임져야 한다.

② 언니는 가구를 전부 새것으로 바꿨다.

③ 아이가 요사이에 몰라보게 훌쩍 컸다.

④ 오늘날에는 교육에서 창의성이 중시된다.

⑤ 나는 갈림길에서 어디로 가야 할지 몰랐다.

37. <보기>의 담화 상황에서 ⓐ~ⓔ가 가리키는 대상이 같은 것끼리 바르게 짝지은 것은?

─────<보 기>─────

(수빈, 나경, 세은이 대화를 하고 있다.)

수빈 : 나경아, 머리핀 못 보던 거네. 예쁘다.

나경 : 고마워. ⓐ <u>우리</u> 엄마가 얼마 전 새로 생긴 선물 가게에서 사 주셨어.

세은 : 너희 어머니 참 자상하시네. 나도 그런 머리핀 하나 사고 싶은데 ⓑ <u>우리</u> 셋이 지금 사러 갈까?

수빈 : 미안해. 나도 같이 가고 싶은데 ⓒ <u>우리</u> 집에 일이 있어 못 갈 것 같아.

세은 : 그래? 그럼 할 수 없네. ⓓ <u>우리</u>끼리 가지, 뭐.

나경 : 그래, 수빈아. 다음엔 꼭 ⓔ <u>우리</u> 다 같이 가자.

① ⓐ-ⓑ   ② ⓐ-ⓓ   ③ ⓑ-ⓔ

④ ⓒ-ⓓ   ⑤ ⓒ-ⓔ

38. <보기 1>의 중세 국어의 특징을 바탕으로 <보기 2>의 ⓐ~ⓓ를 탐구하는 활동을 수행하였다. 학생들이 탐구한 내용으로 적절하지 <u>않은</u> 것은? [3점]

─────<보기 1>─────

㉠ 설명 의문문과 판정 의문문에서 쓰이는 종결 어미가 서로 달랐다.

㉡ 체언에 결합하는 조사의 형태는 모음 조화에 따라 결정되었다.

㉢ 높임의 호격 조사로서 현대 국어에 없는 형태가 있었다.

㉣ 선어말 어미의 결합 순서가 현대 국어와 다른 경우가 있었다.

㉤ 듣는 이를 높이기 위한 선어말 어미가 사용되었다.

─────<보기 2>─────

ⓐ 므슴 마를 니르누뇨 [무슨 말을 말하느냐?]

ⓑ 져므며 늘구미 잇느녀 [젊으며 늙음이 있느냐?]

ⓒ 虛空과 벼를 보더시니 [허공과 별을 보시더니]

ⓓ 世尊하 내 堂中에 이셔 몬져 如來 보습고 [세존이시여, 내가 집 안에서 먼저 여래 뵙고]

① ⓐ의 '니르ᄂᆞ뇨'와 ⓑ의 '잇ᄂᆞ녀'를 비교해 보면, ㉠을 확인할
수 있군.

② ⓐ의 '마ᄅᆞᆯ'과 ⓒ의 '벼ᄅᆞᆯ'을 비교해 보면, ㉡을 확인할 수 있군.

③ ⓓ의 '世尊하'를 보면, ㉢을 확인할 수 있군.

④ ⓒ의 '보더시니'를 보면, ㉣을 확인할 수 있군.

⑤ ⓓ의 '보ᄉᆞᆸ고'를 보면, ㉤을 확인할 수 있군.

39. 밑줄 친 말에 주목하여 <보기>의 ㉠~㉤에 대해 탐구한 결과로
적절하지 <u>않은</u> 것은?

─────〈보 기〉─────

㉠ 거기에는 눈이 <u>왔겠다</u>. / 지금 거기에는 눈이 <u>오겠지</u>.

㉡ 그가 집에 <u>갔다</u>. / 막차를 놓쳤으니 나는 집에 다 <u>갔다</u>.

㉢ 내가 떠날 때 비가 <u>올</u> 것이다. / 내가 떠날 때 비가 <u>왔다</u>.

㉣ 그는 지금 학교에 <u>간다</u>. / 그는 내년에 <u>진학한다고</u> 한다.

㉤ 오늘 보니 그는 키가 <u>작다</u>. / 작년에 그는 키가 <u>작았다</u>.

① ㉠을 보니, 선어말 어미 '-겠-'이 미래의 사건을 추측하는 데에
쓰이고 있군.

② ㉡을 보니, 선어말 어미 '-았-'이 과거 시제를 나타내지 않는
경우도 있군.

③ ㉢을 보니, 관형사형 어미 '-ㄹ'이 붙을 때 미래의 사건을 나
타내지 않는 경우도 있군.

④ ㉣을 보니, 현재 시제 선어말 어미 '-ㄴ-'이 미래의 사건을
나타낼 때도 쓰이고 있군.

⑤ ㉤을 보니, 형용사에서 현재 시제를 나타낼 때 시제 선어말
어미가 나타나지 않고 있군.

[40~42] (가)는 학생들이 발표 준비를 하기 위해 휴대 전화 메신
저로 나눈 대화이고, (나)는 (가)를 바탕으로 '민아'가 제작해서
블로그에 올린 발표 초안이다. 물음에 답하시오.

(가)

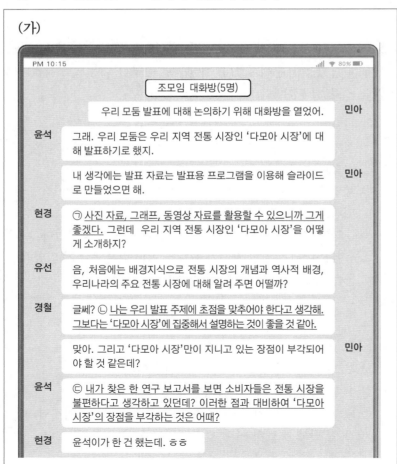

(나)

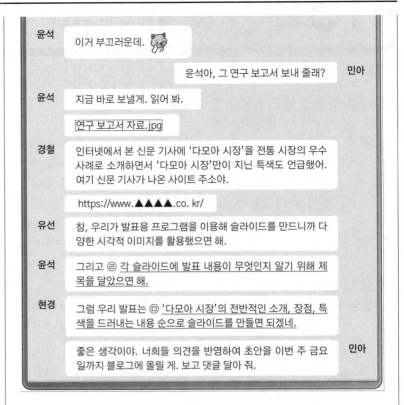

40. (가)의 대화에 대한 설명으로 가장 적절한 것은?

① 경철은 하이퍼링크를 사용하여 특정 정보를 불특정 다수와 공유하려 하고 있다.

② 현경과 윤석은 이모티콘을 활용하여 자신들의 감정을 대화 참여자들에게 드러내고 있다.

③ 유선은 대화가 이루어지는 매체 특성을 활용하여 자신이 만든 시각 자료를 보여 주고 있다.

④ 윤석은 자신이 찾은 자료를 매체 특성을 활용하여 대화에 참여한 사람에게 전달해 주고 있다.

⑤ 민아는 휴대 전화 메신저로 이루어지는 대화의 장점을 언급하며 해당 매체로 대화할 것을 제안하고 있다.

41. ㉠~㉤을 바탕으로 '민아'가 세운 발표 자료 제작 계획 중 (나)에 반영되지 <u>않은</u> 것은?

① ㉠에 언급된 자료들을 문자 언어와 함께 배치하여 발표 내용이 복합 양식적이도록 해야겠군.

② ㉡을 고려하여 슬라이드 처음에는 '다모아 시장'의 이름의 의미, 발생, 주요 특산물 등을 소개하는 것이 좋겠어.

③ ㉢의 의견을 반영하여 전통 시장의 문제점과 이와 대비되는 '다모아 시장'의 장점을 보여 주면서 '만족감'을 드러내는 별도 내용도 제시해야겠어.

④ ㉣에 언급된 내용을 반영하여 각 슬라이드 상단에 관련 내용의 제목을 제시해야겠군.

⑤ ㉤을 고려하여 슬라이드 순서는 '다모아 시장'의 소개, 장점, 특색을 드러내는 내용 순으로 제시해야겠어.

42. <보기>는 (나)에 달린 '댓글'이다. <보기>를 바탕으로 (나)의 세 번째 슬라이드를 수정한 ⓐ~ⓔ 중 적절하지 <u>않은</u> 것은? [3점]

───────── <보 기> ─────────

현경 세 번째 슬라이드 제목을 앞의 첫 번째, 두 번째 슬라이드 제목처럼 해야 되지 않아?
  ↳ **경철** 좋은 지적. 제목도 '다모아 시장'을 언급하며 둘의 내용을 포괄 하는 것이 좋을 것 같아.
  ↳ **민아** 그래 수정할게.

경철 오른쪽 있는 내용은 불필요한 것 같아. 삭제했으면 해.
  ↳ **유선** 그러면서 '수요 예술가 장터'와 '불금 장터'를 좌우에 배치하면 좋을 것 같아. '수요 예술가 장터'와 '불금 장터'에 대해서도 사진 밑에 간단히 소개하는 내용이 제시되었으면 해.

유선 이왕이면 사진보다는 동영상으로 보여 주는 것이 더 실감나지 않을까? 내게 찍은 동영상 있어.
  ↳ **민아** 그게 좋겠다. 내게 동영상 파일 보내 줘.

현경 그리고 '수요 예술가 장터'와 '불금 장터'를 제시할 때, 제목을 강조 하는 모양으로 디자인했으면 해.
  ↳ **민아** 그래 알았어. 너희들 의견을 고려해서 수정해 볼게.

───────────────────────

3. '다모아 시장'만이 지니고 있는 특색 - ⓐ

ⓑ- **특색 하나** 수요 예술가 장터

ⓒ

→ 지역 예술가들이 주축이 되어 매주 수 요일에 자신이 만든 제품을 팔거나 소 ⓔ 비자의 모습을 그려 주고 있음.

특색 둘 불금 장터

ⓓ

→ 낮에 시장을 볼 수 없는 소비자를 위해 매 주 금요일 밤에 밤 12시까지 시간을 연장 하여 늦은 밤에도 장을 볼 수 있게 함.

① ⓐ   ② ⓑ   ③ ⓒ   ④ ⓓ   ⑤ ⓔ

[43~45] (가)는 종이 신문이고, (나)는 텔레비전 방송이다. 물음에 답하시오.

(가)

◇◇일보   20○○년 ○○월 ○○일

우리나라 기업들, '워라밸' 확산
가족 친화적 복지정책 속속 도입

㉠ 우리나라 중소기업에 워라밸(Work Life Balance, 일과 삶의 균형) 바람이 불고 있다. 대형 업체를 중심으로 가족 친화적 문화 정착을 위해 육아휴직을 적극적으로 사용하게 하거나 정시퇴근을 제도적으로 못 박는 등 제도 개선 노력이 이어지고 있다.

중소기업업계에 따르면 최근 직장 내 근무환경 및 복리후생 변화를 통해 워라밸 문화를 정착시키는 기업들이 늘어나면서 중소기업들도 '남성 육아휴직', '가정의 날 지정' 등 도입에 박차를 가하고 있다.

○○ 기업의 경우 남성 임직원의 육아휴직 사용을 적극 권장하고 있다. 지난 2017년 부터 올해 2월 중순까지 전체 육아휴직자 234명 중 남성이 48명에 달했다.

그리고 ▲▲ 기업에서는 매주 수요일 정시에 퇴근하는 '가정의 날'을 운영 중이다.

㉡ 가족과 함께 이용하도록 콘도·리조트와 같은 휴양시설을 제공하는 등 가족 친화 프로그램도 도입했으며, 직원과 가족의 건강을 지키며 근무할 수 있는 환경을 마련하기 위해 건강검진 비용도 지원하고 있다.

또한 가족이 아플 경우 5일간 유급휴가를 사용할 수 있는 '가족사랑 휴가'를 제공하고, 자녀를 출산한 직원에게는 매년 200만원씩 5년간 '베이비사랑 지원금'을 지급하는 등 적극적인 가정 보호 복지정책을 시행하고 있다.

㉢ 중소기업업계 관계자는 "몇 년 전부터 가족 친화적 기업 문화가 정착될 수 있도록 노력하고 있다."며 "달라지는 시대 변화에 발맞춰 앞으로도 더욱 임직원의 행복을 위한 복지 정책 개발과 근무 환경 개선에 힘을 쏟을 것이다."라고 말했다.

(나)

아나운서 : 지금까지 워라벨은 근로자 삶의 관점에서 많이 조명돼 왔습니다. ㉣ 하지만 기업 입장에서도 이제는 직원들의 자발적인 근로 의욕 없이는 성장하기 어려운 시대가 되었습니다. 워라벨 마지막 시간, 일과 생활의 균형을 맞춰 노사가 함께 성장하는 ○○군의 ◇◇기업을 소개합니다. 안미영 기자입니다.

안미영 기자 : ○○군의 자동차 전기 충전기를 생산하는 ◇◇기업입니다. 일을 마친 직원들이 모여 배드민턴 동호회를 시작합니다. 동료와 함께 여가생활을 부담없이 즐기게 된 건 회사의 적극적인 지원 덕분입니다.

인터뷰 : 김정석(생산관리 대리)
"동호회 끝나고 또 회식도 하거든요. 그러면 1인당 3만원씩 지원이 되고, 친목 도모도 되고요 배드민턴 하면서 운동도 되고…"

안미영 기자 : 직원들에게 제공되는 복지 포인트도 있습니다. ㉤ 근속년수에 따라 자동 누적되는 포인트는 현금처럼 사용 가능해, 지난해 100여 명의 사원들이 3천 만 원가량의 혜택을 받았습니다.

인터뷰 : 강신원(생산총괄 부장)
"1포인트 당 1만 원의 가치가 있는데요. 그 포인트로 휴가 비용으로 쓰거나 자기 계발 등에 현금처럼 쓸 수 있어서 개인별 만족도가 높습니다."

안미영 기자 : 열심히 일한 사원을 위한 황금열쇠, 상품권 등의 보상도 확실하여 직원들은 더욱 책임의식을 갖고 일하게 됩니다.

인터뷰 : 정연석(대표이사)
"직원 업무만족도가 높아질수록 기업도 매년 15%씩 성장했습니다. 작은 감동이 모여 큰 성과를 이룬다는 생각으로 워라벨 향상에 계속 힘을 쏟을 생각입니다."

안미영 기자 : 직원들의 삶과 회사의 실적이 함께 성장하는 워라벨 선순환 구조는, 이제 선택이 아닌 필수로 자리잡아가고 있습니다. 안미영 기자였습니다.

[신출제]
43. <보기>를 참고하여 (가)와 (나)의 매체 특성을 설명한 것으로 적절하지 <u>않은</u> 것은?

─〈보 기〉─

신문 기사와 텔레비전 뉴스는 정보 제공자가 대중들에게 정보를 제공한다는 점에서는 유사성이 있지만, 정보 제시 언어나 정보 제공 속도 측면에서는 차이를 보인다. 또한 정보 수용자가 주어진 정보를 선택하는 정보 수용 과정에서도 차이를 보인다.

① (가)와 (나) 모두 제공되는 정보는 수용자에게 일방향적으로 전달되고 있다.

② (가)는 문자만 사용하고 있지만 (나)는 문자와 음성, 영상 등을 사용하는 복합 양식성을 지닌다고 할 수 있다.

③ (나)는 정보가 수용자에게 유통되는 정보 제공 속도가 (가)보다 빠르다고 할 수 있다.

④ (나)는 (가)에 비해 정보 수용자의 문자 해독 능력과 상관없이 정보 수용이 가능하다고 할 수 있다.

⑤ (나)의 정보 수용자가 (가)의 정보 수용자에 비해 정보를 선택할 수 있는 정보 선택권을 더 보장받았다고 할 수 있다.

[신출제]
44. (가)와 (나)에 대한 이해로 가장 적절한 것은?

① (가)의 표제, 부제와 달리 (나)의 자막은 제시할 정보 내용을 압축적으로 제시하고 있다.

② (가)와 달리 (나)에서는 '워라벨'이 개인뿐만 아니라 가정에 미치는 영향을 보여 주고 있다.

③ (나)는 (가)와 달리 통계 자료를 구체적으로 제시하여 독자들에게 신뢰감을 주고 있다.

④ (나)와 달리 (가)에서는 전문가의 말을 통해 '워라벨'이 지닌 가치를 부각시키고 있다.

⑤ (가)와 (나) 모두 시의성 있는 '워라벨'을 실현하기 위한 기업의 구체적인 방법을 찾아볼 수 있다.

[신출제]
45. (가), (나)의 언어적 특성을 고려할 때, ㉠~㉤에 대한 설명으로 적절하지 <u>않은</u> 것은?

① ㉠ : '~고 있다'를 사용하여 특정한 사회 현상이 진행 중임을 드러내고 있다.

② ㉡ : 연결 어미를 사용하여 앞 절과 뒤 절이 대등하게 이어짐을 나타내고 있다.

③ ㉢ : 직접 인용 표현을 사용하여 '워라벨'과 관련된 기업들의 노력이 지속될 것임을 밝히고 있다.

④ ㉣ : 공식적인 매체라는 점을 고려하여 비격식체가 아닌 격식체를 사용하고 있다.

⑤ ㉤ : 피동 표현을 통해 '누적'한 주체를 드러내면서, '누적'한 대상의 쓰임새를 제시하고 있다.

┌─────────────────────────────┐
│ * 확인 사항   │
│ ○ 답안지의 해당란에 필요한 내용을 정확히 기입(표기)했는 │
│   지 확인하시오.   │
└─────────────────────────────┘

16회
● 수능 실전 모의고사 ●

국어영역(언어와 매체)

● 문항수 11개 | 배점 24점 | 제한 시간 20분

● 점수 표시가 없는 문항은 모두 2점

PART II

16회

[35 ~ 36] 다음을 읽고 물음에 답하시오.

사동 표현은 주어가 남에게 동작을 하도록 시키는 뜻을 나타내는 것으로, 파생적 사동과 통사적 사동으로 구분될 수 있다. 우선 파생적 사동은 사동 접사 '-이-, -히-, -리-, -기-, -우-, -구-, -추-' 등이 붙어 만들어지는데, '높이다', '좁히다', '울리다', '옮기다', '비우다' 등이 그 예이다. 다만 일부 용언은 사동 접사의 결합에 제약이 있기도 하다. 예컨대 '(회사에) 다니다', '(손을) 만지다'와 같이 어간이 'ㅣ'로 끝나는 동사, '(형과) 만나다', '(원수와) 맞서다'와 같이 특정한 상대 등을 필수적으로 요구하는 동사, '(돈을) 주다'와 같이 주거나 받는 뜻을 가진 동사 등은 대개 사동 접사가 결합되지 못한다. 한편 사동 표현은 '먹게 하다', '잡게 하다'와 같이 '-게 하다'에 의해 만들어지기도 하는데 이를 통사적 사동이라 한다.

15세기 국어에서도 사동 표현이 쓰였다. 우선 파생적 사동은 주로 '-이-, -히-, -기-, -오/우-, -호/후-, -ᄋ/ᅌ-' 등이 붙어 만들어졌다. 다만 '걷다'와 같은 ㄷ 불규칙 용언에 '-이-'가 결합될 때에는 어간 '걷-'의 받침 'ㄷ'이 'ㄹ'로 바뀌어 '걸이다'[걸리다]로 쓰였다. 한편 현대 국어의 '-게 하다'에 해당하는 통사적 사동도 있었다. 이때 보조적 연결 어미는 '-게/긔'가 주로 쓰였는데, 모음이나 자음 'ㄹ'로 끝나는 어간 뒤, 혹은 '이다'의 '이-' 뒤에서는 '-에/의'로도 쓰였다. '얻게 ᄒ다'[얻게 하다]는 '얻-'에 '-게 ᄒ다'가 결합된 통사적 사동의 예이다.

35. 윗글을 바탕으로 할 때, <보기>에서 적절한 것만을 있는 대로 고른 것은?

─── < 보 기 > ───

ㄱ. '(선물을) 받다', '(시간이) 늦다'는 모두 파생적 사동이 불가능한 동사이다.

ㄴ. '(넋을) 기리다'와 달리 '(연을) 날리다'는 사동 접사가 붙어 만들어진 동사이다.

ㄷ. '(공을) 던지다'와 달리 '(추위를) 견디다'는 어간이 'ㅣ'로 끝나기 때문에 사동 접사가 결합되지 못한다.

ㄹ. '(적과) 싸우다', '(동생과) 닮다'는 모두 특정한 상대 등을 필수적으로 요구하는 동사이기 때문에 사동 접사가 결합되지 못한다.

① ㄱ, ㄴ
② ㄱ, ㄷ
③ ㄴ, ㄹ
④ ㄱ, ㄷ, ㄹ
⑤ ㄴ, ㄷ, ㄹ

36. <보기>의 사동 표현에서 ⓐ ~ ⓓ를 탐구해 얻은 결과로 적절하지 **않은** 것은?

─── < 보 기 > ───

○ 사ᄅᆞᆷ를 ⓐ알의(알-+-의) ᄒᆞᆫ는 거시라
  [사람을 알게 하는 것이라]

○ 風流를 ⓑ들이(듣-+-이-)ᅀᆞᆸ더니
  [풍류를 들리더니]

○ ᄒᆡ마다 數千人을 ⓒ사ᄅᆞ(살-+-ᄋᆞ-)니
  [해마다 수천 인을 살리니]

○ 서르 딱 ⓓ마촐씨니(맞-+-호-+-ㄹ씨니)
  [서로 짝 맞출 것이니]

① ⓐ에서는 'ㄹ'로 끝나는 어간 뒤에 보조적 연결 어미 '-의'가 결합되었군.

② ⓑ에서는 사동 접사가 결합될 때 어간 받침 'ㄷ'이 'ㄹ'로 바뀌었군.

③ ⓑ를 통사적 사동으로 바꾸어 표현하면 '드데 ᄒ'로 나타낼 수 있겠군.

④ ⓒ는 '-ᄋᆞ-'가, ⓓ는 '-호-'가 동사 어간에 결합하여 만들어진 파생적 사동이겠군.

⑤ ⓒ, ⓓ에는 현대 국어에서 사용되지 않는 형태의 사동 접사가 결합되었군.

37. <보기>에 제시된 '선생님'의 질문에 대한 답으로 적절한 것은?

─── < 보 기 > ───

선생님: 음운 변동이 일어날 때에는 조음 위치 및 조음 방법이 변하기도 합니다. 다음 단어를 발음할 때 일어나는 변화를 자음 체계를 참고하여 설명해 볼까요?

만이[마지], 꽃눈[꼰눈], 강릉[강능], 실내[실래], 앞날[암날]

조음 방법 \ 조음 위치	양순음	치조음	경구개음	연구개음	후음
파열음	ㅂ/ㅃ/ㅍ	ㄷ/ㄸ/ㅌ		ㄱ/ㄲ/ㅋ	
파찰음			ㅈ/ㅉ/ㅊ		
마찰음		ㅅ/ㅆ			ㅎ
비음	ㅁ	ㄴ		ㅇ	
유음		ㄹ			

① '만이'를 발음할 때 일어나는 음운 변동에서는 조음 위치만 한 번 변합니다.

② '꽃눈'을 발음할 때 일어나는 음운 변동에서는 조음 위치만 두 번 변합니다.

③ '강릉'을 발음할 때 일어나는 음운 변동에서는 조음 방법만 한 번 변합니다.

④ '실내'를 발음할 때 일어나는 음운 변동에서는 조음 위치가 변한 후 조음 방법이 변합니다.

⑤ '앞날'을 발음할 때 일어나는 음운 변동에서는 조음 방법이 변한 후 조음 위치가 변합니다.

38. <보기>의 밑줄 친 관형어에 대해 탐구한 내용으로 적절하지 <u>않은</u> 것은?

─────────< 보 기 >─────────

나의 일기장에는 "일에는 정해진 시기가 있는 법이니 그 시기를 놓치면 안 된다."라고 적혀 있다. 이 구절은 온갖 시련으로 방황했던 사춘기의 나를 반성하게 만든다.

① '그', '이', '온갖'은 관형사가 그대로 관형어로 쓰인 경우에 해당한다.
② '정해진', '있는', '방황했던'은 용언의 관형사형이 관형어로 쓰인 경우에 해당한다.
③ '그', '이'는 앞에서 이미 언급된 것을 가리키며 뒤에 있는 말을 꾸며 주는 역할을 한다.
④ '나의', '사춘기의'는 체언에 관형격 조사가 결합된 형태가 관형어로 쓰인 경우에 해당한다.
⑤ '정해진', '있는', '온갖', '방황했던'은 각각 문장에서 생략할 수 없는 필수 성분에 해당한다.

39. <보기>의 ㉠ ~ ㉣을 바르게 분류한 것은? [3점]

─────────< 보 기 >─────────

※ 다음 밑줄 친 단어를 통해 합성어의 형성 과정을 탐구해 보자.

○ 이곳은 ㉠이른바 우리나라의 곡창 지대이다.
○ 붕대로 ㉡감싼 상처가 정말 심각해 보였다.
○ 집행부가 질서를 ㉢바로잡을 계획을 세웠다.
○ 대학교에 가려면 ㉣건널목을 건너야만 한다.

[탐구 과정]

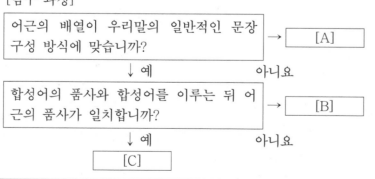

	[A]	[B]	[C]
①	㉠	㉡, ㉣	㉢
②	㉠, ㉢	㉡	㉣
③	㉡	㉣	㉢, ㉣
④	㉡	㉢	㉠, ㉣
⑤	㉡, ㉣	㉢	㉠

[40 ~ 42] (가) ~ (다)는 인터넷 포털 사이트에서 '지역축제'라는 검색어를 사용해 검색한 내용들이다. 물음에 답하시오.

(가)

◇◇사전	**지역축제** local festival , 地域祝祭

지역축제는 한 지역에서 고유한 전통이나 문화, 환경 등을 보존하고 발전시키는 한편 지역 문화의 특성과 우수성을 이용해 경제적 효과를 얻기 위해 정기적으로 열리는 행사를 말한다. 대부분의 지역축제는 각 지역의 자치단체와 주민 단체 등이 함께 준비하는 지역 공동체적인 성격도 함께 지닌다. 일부 지역에서 소규모로 진행되던 우리나라의 지역축제는 90년대 이후 숫자가 급격히 늘어나기 시작해 현재는 전국에서 1,000여 개가 넘는 지역축제가 열리고 있다. 세계적으로 유명한 지역축제로는 브라질의 '이루 카니발 페스티벌'이나 스페인의 '토마토 축제' 등이 있으며, 우리나라에서는 '함평 나비 축제', '보령 머드 축제', '이천 도자기 축제', '태백산 눈꽃 축제' 등이 대표적이다.

(나)

2000년 문화관광축제로 41개 지역 축제 선정

가을빛이 완연한 계절입니다. 도시를 떠나 자연에서 계절을 즐기고 싶은 요즘, 지역에서는 특색을 살리는 각종 지역축제가 열리고 있습니다. 올해도 문화체육관광부는 우리나라를 대표하는 지역축제를 선정하여 발표했습니다. ◆◆◆ 기자입니다.

문화체육관광부 주관 2000 문화관광축제선정위원회는 OO일에 심의를 거쳐 전국의 41개 지역축제를 '2000 문화관광축제'로 최종 선정하였습니다. 문체부는 1995년부터 지역축제 중 우수한 축제를 선별해 매년 문화 관광축제로 지정하고 지원해오고 있습니다. 이번에 선정된 2000년 문화관광축제(41개)에 대해서도 예산과 함께 한국관광공사를 통한 국내외 홍보를 적극적으로 지원할 계획입니다.

아울러 지역축제가 지속적으로 지역 균형 발전을 견인하고 다양한 특색을 갖춘 세계적인 축제로 성장할 수 있도록 제도 개선을 추진하고 있으며 올해 상반기 정책을 발표할 예정입니다.

(다)

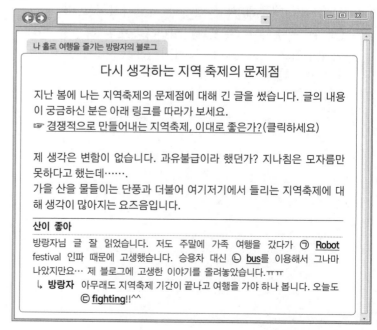

나 홀로 여행을 즐기는 방랑자의 블로그

다시 생각하는 지역 축제의 문제점

지난 봄에 나는 지역축제의 문제점에 대해 긴 글을 썼습니다. 글의 내용이 궁금하신 분은 아래 링크를 따라가 보세요.
☞ <u>경쟁적으로 만들어내는 지역축제, 이대로 좋은가?</u>(클릭하세요)

제 생각은 변함이 없습니다. 과유불급이라 했던가? 지나침은 모자람만 못하다고 했는데…….
가을 산을 물들이는 단풍과 더불어 여기저기에서 들리는 지역축제에 대해 생각이 많아지는 요즈음입니다.

산이 좋아
방랑자님 글 잘 읽었습니다. 저도 주말에 가족 여행을 갔다가 ㉠ **Robot** festival 인파 때문에 고생했습니다. 승용차 대신 ㉡ <u>bus</u>를 이용해서 그나마 나았지만요… 제 블로그에 고생한 이야기를 올려놓았습니다.ㅜㅜ
　↳ **방랑자** 아무래도 지역축제 기간이 끝나고 여행을 가야 하나 봅니다. 오늘도 ㉢ <u>fighting</u>!!^^

40. (가)~(다)에서 알 수 있는 인터넷 매체의 특징으로 적절하지 <u>않은</u> 것은?

① 문자, 사진, 동영상 등이 혼합된 멀티미디어적인 속성을 지닌다.

② 동일한 제재를 사용한 다양한 유형의 정보를 확인할 수 있다.

③ 일부 전문가들뿐만 아니라 다중의 이용자들도 정보를 생산할 수 있는 대중적 매체이다.

④ 정보의 생산자와 수용자가 분명히 구분되는 일방향적 정보 전달 매체이다.

⑤ 하이퍼텍스트를 이용해 글의 시간 순서와 무관한 비순차적 읽기를 유도한다.

41. <보기>는 (가)~(다)를 활용하여 발표하기 위한 발표 자료의 첫 화면이다. 자료를 완성하기 위해 자료를 활용하거나 수집하는 방법으로 적절하지 <u>않은</u> 것은? [3점]

─────<보 기>─────

┌─────────────────────────┐
│   **발표 순서**   │
│   │
│ Ⅰ. 지역축제의 개념   │
│ Ⅱ. 지구촌의 지역축제   │
│ Ⅲ. 우리나라의 지역축제   │
│ Ⅳ. 지역축제의 명과 암   │
│ Ⅴ. 지역축제 제대로 즐기기   │
└─────────────────────────┘

① 'Ⅰ'을 위해 (가)에 제시된 내용 중 개념을 정리한 부분을 활용한다.

② 'Ⅱ'를 위해 (가)에 제시된 '이루 카니발 페스티벌'이나 스페인의 '토마토 축제'에 대해 자세히 조사한다.

③ 'Ⅲ'을 위해 (나)의 기사를 활용하여 지역축제 활성화를 위한 행정적인 지원을 소개한다.

④ 'Ⅳ'를 위해 (다)의 '경쟁적으로 만들어내는 ~'을 클릭해 내용을 확인한다.

⑤ 'Ⅴ'를 위해 (다)의 '산이 좋아'의 블로그를 방문하여 내용을 참고한다.

42. <보기>는 한글 어문 규정 중 외래어 표기법이다. <보기>와 (가)에 사용한 외래어 표기를 참고할 때, ㉠~㉢을 올바르게 표기한 것은?

─────<보 기>─────

<외래어 표기 기본 원칙>

제1항 외래어는 국어의 현용 24자모만으로 적는다.

제2항 외래어의 1음운은 원칙적으로 1기호로 적는다.

제3항 받침에는 'ㄱ, ㄴ, ㄹ, ㅁ, ㅂ, ㅅ, ㅇ'만을 쓴다.

제4항 파열음 표기에는 된소리를 쓰지 않는 것을 원칙으로 한다.

① ㉠은 '로봇'으로, ㉡은 '버스'로, ㉢은 '화이팅'으로 표기한다.

② ㉠은 '로봇'으로, ㉡은 '버스'로, ㉢은 '파이팅'으로 표기한다.

③ ㉠은 '로봇'으로, ㉡은 '뻐스'로, ㉢은 '파이팅'으로 표기한다.

④ ㉠은 '로볻'으로, ㉡은 '버스'로, ㉢은 '파이팅'으로 표기한다.

⑤ ㉠은 '로볻'으로, ㉡은 '뻐스'로, ㉢은 '화이팅'으로 표기한다.

[43~45] (가)는 종이책으로 발간한 교지에 대해 평가를 하는 발표이고, (나)는 종이책의 문제점을 보완하기 위해 만든 인터넷 신문이다. 물음에 답하시오.

(가)

안녕하십니까? 편집부장 ○○○입니다. 오늘 편집부 회의는 지난 주에 발간한 '풍경인 25호'에 대한 평가 결과 발표로 진행하겠습니다.

나누어드린 설문 조사 ⓐ **분석 자료**를 봐주시기 바랍니다. 그래프로 정리한 바와 같이 교지에 대한 종합적인 평가는 보통이 가장 많았고, 좋음, 아쉬움, 매우 좋음, 매우 아쉬움의 순서대로 평가 결과가 나왔습니다. 전체적으로 '좋음' 쪽의 평가가 '아쉬움' 쪽의 평가보다 많았지만, 그렇게 긍정적인 평가라 볼 수 없을 것 같습니다.

세부 내용을 보면 먼저, 표지 디자인이 작년과 비슷했다는 의견이 나왔습니다. 이쪽 ⓑ **화면**을 봐주십시오. 작년과 올해의 교지 표지인데 학생들의 의견처럼 큰 변화가 없었다는 점을 알 수 있습니다.

다음으로 선배님 탐방과 관련해서는 세 분의 선배님이 모두 남자였다는 점이 지적되었습니다. 그러다 보니 소개되는 직업도 남학생이 선호하는 분야에 치중되었다는 문제도 발생하였습니다. 이와 관련해서는 기획 단계에서 충분히 고민하지 못한 점을 반성해야 할 것 같습니다.

'기획 기사 1'에서 다룬 과학 기사는 인문계 학생들이 이해하기에 어려운 과학 용어가 너무 많았다는 평가도 있었습니다. 하지만 이 부분만 제외하면 대체적으로 고등학교 학생들이 읽고 이해할 수 있는 정도의 기사가 대부분이었다는 의견이 많았습니다. 하지만 '케이 팝'을 다룬 '기획 기사 2'에 대해서는 좋았다는 의견이 많았습니다. 학생들이 좋아하는 다양한 문화를 고르게 다룬 점이 좋은 평가의 이유였다고 생각됩니다. 그 외에 학교 행사 소개나 앙케이트, 선생님 소개, 학교 명물 소개 등에 대해서는 재미는 있지만 매년 비슷한 포맷이 반복되면서 참신성이 떨어진다는 의견이 많았으며, 친근감을 조성하기 위해 사용한 일상적인 대화체가 눈에 거슬렸다는 의견도 있었습니다. 그 외 ┃**평가 내용**┃은 ⓒ **휴대 전화 대화방**에 첨부하겠습니다.

무엇보다 눈에 띄는 것은 시대의 흐름에 맞지 않는 종이책 형식의 교지 발간에 대한 문제 제기입니다. 사실 학교 간의 교류가 많아지면서 지방의 학교에서 교지를 요구하는 경우가 많아지면서 발행 부수에 대한 고민도 있어왔습니다. 이 문제 해결을 위해 인터넷 ⓓ **블로그**에서 찾은 인터넷 학교 신문에 대해 소개하려 합니다. 물론 블로거 개인의 생각이기 때문에 좀 더 많은 자료를 찾아봐야 합니다. 편집부원님들도 ⓔ **인터넷 검색**을 통해 인터넷 신문에 대한 다양한 정보를 찾아보십시오. 다음 회의에서는 이것에 대해 논의를 해보겠습니다.

(나)

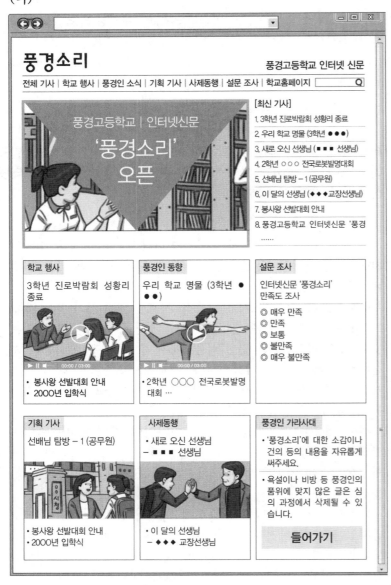

신출제
43. <보기>를 참고하여 (가)의 '풍경인 25호'를 평가한 것으로 적절하지 <u>않은</u> 것은?

─────────〈보 기〉─────────

　매체 자료를 생산할 때에는 수용자의 연령과 성은 어떠한가, 수용자는 다수인가 소수인가, 전달하려는 내용에 대한 배경 지식은 어느 정도인가, 그들의 관심사는 무엇인가 등도 고려해야 한다. 나아가 전달하고자 하는 매체의 언어적 특성과 파급력을 고려할 수 있어야 한다.

① '선배님 탐방'은 수용자의 성을 고르게 고려하지 못한 점이 문제점으로 지적되고 있다.
② '기획 기사 1'은 수용자의 배경지식을 충분히 고려하지 못한 점이 문제점으로 지적되고 있다.
③ '기획 기사 2'는 수용자의 관심사를 고려했다는 점에서 긍정적으로 평가되고 있다.
④ '앙케이트'는 문자 언어를 사용하는 매체의 언어적 특성을 고려했다는 점에서 긍정적으로 평가되고 있다.
⑤ 종이책으로 만든 교지는 수용자의 수가 많아졌다는 점에서 한계가 드러난다고 평가하고 있다.

신출제
44. ⓐ~ⓔ의 매체의 특징에 대한 설명으로 적절하지 <u>않은</u> 것은?

① ⓐ는 통계 결과를 쉽게 확인할 수 있다는 점에서 효과적이다.
② ⓑ는 여러 대상을 시각적으로 비교할 수 있다는 점에서 효과적이다.
③ ⓒ는 문서 자료를 손쉽게 전달할 수 있다는 점에서 효과적이다.
④ ⓓ는 해당 분야와 관련하여 신뢰할 수 있는 정보를 얻을 수 있다는 점에서 효과적이다.
⑤ ⓔ는 많은 정보 속에서 필요한 자료를 찾을 수 있다는 점에서 효과적이다.

신출제
45. <보기 1>은 (가)의 평가 내용 이다. (나)에서 평가를 반영한 것을 <보기 2>에서 모두 고르면?

─────────〈보기 1〉─────────

· 독자인 학생들의 의견이 충분히 반영되지 않는다.········ ㉠
· 교지에 글과 사진만 있기 때문에 읽기에 지루한 것 같다.
　···㉡
· 각 행사 소식을 모아 한 번에 전하다 보니 흥미가 떨어진다.
　···㉢
· 편집부원들 중심으로 책을 만들다 보니 다른 구성원들의 참여가 제한적이다. ·····································㉣
· 매년 비슷한 형식이 반복되다 보니 상투적인 느낌이 들고 참신성이 떨어진다. ·····································㉤

─────────〈보기 2〉─────────

ㄱ. ㉠과 관련하여 수시로 독자들의 의견을 수렴할 수 있는 환경을 조성하였다.
ㄴ. ㉡과 관련하여 복합 양식적인 매체의 특성을 이용하여 다양한 영상을 함께 제공하였다.
ㄷ. ㉢과 관련하여 시의성에 맞게 행사 결과나 기타 소식을 즉각적으로 제공하였다.
ㄹ. ㉣과 관련하여 선생님들과 선배들이 기사 작성에 직접 참여할 수 있는 환경을 조성하였다.
ㅁ. ㉤과 관련하여 이전 교지와는 전혀 다르게 코너를 새롭게 바꾸었다.

① ㄱ, ㄴ　　　　② ㄷ, ㄹ　　　　③ ㄹ, ㅁ
④ ㄱ, ㄴ, ㄷ　　⑤ ㄷ, ㄹ, ㅁ

─────────────────────────

＊ 확인 사항
○ 답안지의 해당란에 필요한 내용을 정확히 기입(표기)했는지 확인하시오.

35. <보기>의 ⓐ~ⓓ를 발음할 때 일어나는 음운 변동을 탐구한 내용으로 적절한 것은?

―――― < 보 기 > ――――
○ ⓐ밭일을 하며 밭에 ⓑ밟힌 벌을 보았다.
○ ⓒ숱한 시련을 이겨 내 승리를 ⓓ굳혔다.

① ⓐ에서는 뒷말의 초성이 앞말의 종성과 조음 방법이 같아지는 비음화가 일어난다.
② ⓐ에서는 '일'이 실질 형태소이기 때문에 구개음화가 일어나지 않고 'ㅌ'이 연음된다.
③ ⓑ와 ⓒ에서는 모두 음운 변동의 결과 전체 음운의 개수가 줄어든다.
④ ⓑ와 ⓓ에서는 모두 어떤 음운이 다른 음운으로 바뀌는 교체 현상이 일어난다.
⑤ ⓒ와 ⓓ에서는 모두 거센소리되기가 먼저 일어난 후 구개음화가 일어난다.

[36 ~ 37] 다음 글을 읽고 물음에 답하시오.

　관형사형 어미는 용언의 어간에 붙어 용언이 관형사와 같은 기능을 수행하게 하는 어미이다. 현대 국어에서 관형사형 어미는 '-(으)ㄴ', '-는', '-(으)ㄹ' 등으로, 이들이 용언의 어간에 붙으면 관형절이 만들어진다. 일반적으로 관형절은 '관계 관형절'과 '동격 관형절'로 분류된다. 수식을 받는 체언이 관형절 속의 한 성분으로 쓰일 수 있으면 관계 관형절이고, 그렇지 않으면 동격 관형절이다. 한편 동격 관형절은 관형절이 만들어지는 과정에서 원래 문장의 종결 어미가 그대로 유지되는 관형절과, 그렇지 않은 관형절로 다시 나눌 수 있다.

　중세 국어에서도 현대 국어에서처럼 관형절을 관계 관형절과 동격 관형절로 구분할 수 있다. 중세 국어의 대표적인 관형사형 어미는 '-(ㅇ/으)ㄴ'과 '-(ㅇ/으)ㄹ'로, 각각 과거 시제와 미래 시제를 나타내는 것과 관련된다. 또한 관형절에서 현재 시제는 동사의 경우 '-ㄴ' 앞에 선어말 어미 '-ᄂᆞ-'를 붙여 나타냈다. 예컨대 '八婇女의 기론 찻므리 모ᄌᆞ랄씬(팔채녀가 길은 찻물이 모자라므로)'에서 '八婇女의 기론'은 사건시가 발화시보다 앞서는 시제가 나타난 관계 관형절이고, '주글 싸ᄅᆞ미어니(죽을 사람이니)'에서 '주글'은 발화시가 사건시보다 앞서는 시제가 나타난 관계 관형절이다. 그리고 '本來 求ᄒᆞ논 ᄆᆞᆷ 업다이다(본래 구하는 마음 없었습니다)'에서 '本來 求ᄒᆞ논'은 발화시와 사건시가 일치하는 시제가 나타난 동격 관형절이다.

　한편 중세 국어에서는 현대 국어에서와 달리 '-ㄴ'이 명사절을 이끄는 경우도 있었다. 곧 '-ㄴ'이 붙은 절 뒤에 절의 수식을 받는 체언이 없는 상태로, '그딋 혼 조초(그대 한 것 좇아)'에서 '그딋 혼'을 예로 들 수 있다. '혼'[ㅎ-+-오-+-ㄴ]에서 선어말 어미 뒤에 쓰인 '-ㄴ'은 '~ㄴ 것' 정도로 해석된다. 더불어 '威化 振旅ᄒᆞ시ᄂᆞ로(위화도에서 군대를 돌이키신 것으로)'에서처럼 명사절을 이끄는 '-ㄴ' 뒤에 조사가 붙은 경우도 있었다. 'ᄒᆞ시ᄂᆞ로'[ㅎ-+-시-+-ㄴ+ᄋᆞ로]는 '-ㄴ' 바로 뒤에 부사격 조사가 붙어 있는 예이다.

36. 윗글을 바탕으로 a ~ c를 탐구한 내용으로 적절하지 <u>않은</u> 것은?

―――――――――――――
a. 福이라 호늘[ㅎ-+-오-+-ㄴ+을] 나ᄉᆞ라
　(복이라 한 것을 바치러)
b. 智慧 너비 비췰[비취-+-ㄹ] 느지오
　(지혜가 널리 비칠 조짐이오)
c. 法 즐기는[즑-+-이-+-ᄂᆞ-+-ㄴ] ᄆᆞᅀᆞ미 잇던댄
　(법 즐기는 마음이 있더라면)
―――――――――――――

① a의 '호늘'에서 조사가 어미 '-ㄴ' 바로 뒤에 붙어 있음을 확인할 수 있군.
② a의 '호늘'에서 '-ㄴ'은 '~ㄴ 것'으로 해석되며 명사절을 이끄는 기능을 하고 있음을 확인할 수 있군.
③ b의 '비췰'에서 '-ㄹ'을 통해 발화시가 사건시보다 앞서는 시제가 나타나 있음을 확인할 수 있군.
④ b와 c에서 관형절의 수식을 받는 체언이 절 뒤에 드러나 있음을 확인할 수 있군.
⑤ b와 c에 있는 관형절은 수식을 받는 체언이 관형절 속에서 한 성분으로 쓰일 수 있는 특징이 있음을 확인할 수 있군.

37. 윗글을 근거로 <보기>의 ㉠ ~ ㉣을 바르게 분류한 것은?

―――――――― < 보 기 > ――――――――
[탐구 자료]
○ ㉠힘찬 함성이 운동장에 울려 퍼졌다.
○ 누나는 ㉡자동차가 전복된 기억을 떠올렸다.
○ 나는 ㉢형이 조사한 자료를 보고서에 인용했다.
○ ㉣내가 그 일을 한다는 사실은 확실히 변함없다.

[탐구 과정]

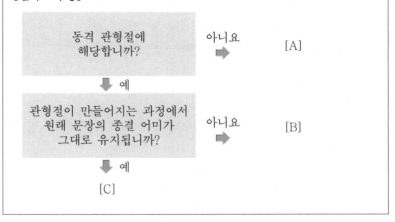

	[A]	[B]	[C]
①	㉠	㉡	㉢, ㉣
②	㉠	㉡, ㉢	㉣
③	㉢	㉠, ㉡	㉣
④	㉠, ㉢	㉡	㉣
⑤	㉠, ㉢	㉣	㉡

38. <보기>의 밑줄 친 단어의 품사에 대한 이해로 적절하지 <u>않은</u> 것은? [3점]

> ─────── < 보 기 > ───────
>
> ㄱ. <u>그곳</u>에서는 빵을 <u>아주</u> <u>쉽게</u> <u>구울</u> 수 있다.
> ㄴ. <u>그</u> 사람은 자기<u>가</u> 잠을 <u>잘</u> 잤다고 말했다.
> ㄷ. <u>멋진</u> 형이 근처 식당<u>에서</u> 밥을 <u>지어</u> 왔다.

① ㄱ의 '그곳'과 ㄴ의 '그'는 어떤 처소나 대상을 지시하는 대명사이다.

② ㄱ의 '아주'와 ㄴ의 '잘'은 용언 앞에 놓여서 그 뜻을 한정하는 부사이다.

③ ㄱ의 '구울'과 ㄷ의 '지어'는 용언의 어간이 불규칙적으로 활용되는 동사이다.

④ ㄱ의 '쉽게'와 ㄷ의 '멋진'은 어떤 대상의 성질이나 상태를 나타내는 형용사이다.

⑤ ㄴ의 '가'와 ㄷ의 '에서'는 앞말과 다른 말과의 문법적인 관계를 나타내는 조사이다.

39. <보기>에 제시된 '선생님'의 질문에 대한 답으로 적절하지 <u>않은</u> 것은?

> ─────── < 보 기 > ───────
>
> **선생님** : 남북한의 사전을 탐구하는 활동을 하고자 합니다. (가)와 (나)의 자료를 비교해 볼까요?
>
> **(가) 표준국어대사전**
>
> ┌─────────────────────────────┐
> │ **대로**¹ 「의존 명사」
> │ (1) 어떤 모양이나 상태와 같이. ¶본 대로.
> │ (2) (어미 '-는' 뒤에 쓰여) 어떤 상태나 행동이 나타
> │   나는 그 즉시. ¶집에 도착하는 대로 전화해라.
> │ (3) (어미 '-는' 뒤에 쓰여) 어떤 상태나 행동이 나타
> │   나는 족족. ¶틈나는 대로 찾아 보다.
> │
> │ **대로**¹⁰ 「조사」 (체언 뒤에 붙어)
> │ (1) 앞에 오는 말에 근거하거나 달라짐이 없음을 나타
> │   내는 보조사. ¶처벌하려면 법대로 해라.
> │ (2) 따로따로 구별됨을 나타내는 보조사. ¶큰 것은 큰
> │   것대로 따로 모아 두다.
> └─────────────────────────────┘
>
> **(나) 조선말대사전**
>
> ┌─────────────────────────────┐
> │ **대로**⁶ [명] (불완전*)
> │ (1) (앞에 오는 단어가 뜻하는것과) 다름없이. ∥ 명
> │   령대로 집행하다.
> │ (2) (앞에 오는 단어가 나타내는 대상이나 현상과) 같
> │   은 모양대로. ∥ 책이 그가 펼쳐놓은대로 있었다.
> │ (3) 앞에 온 단어가 나타내는 행동이나 상태가 일어나
> │   는족족. ∥ 생각나는대로 적다.
> │ (4) 《서로 구별되게 따로따로》의 뜻을 나타낸다. ∥
> │   우리는 우리대로 그들은 그들대로 초소는 달랐다.
> └─────────────────────────────┘
>
> * 불완전 : 의존 명사를 뜻하는 말.

① 용례를 보니 (가)의 '대로'¹⁰과 (나)의 '대로'⁶은 앞말에 붙여 사용되었습니다.

② 뜻풀이와 용례를 보니 (가)의 '대로'¹⁰-(1)'은 (나)의 '대로'⁶-(4)'와 쓰임이 유사합니다.

③ 품사 정보를 보니 (가)의 '대로'¹, '대로'¹⁰과 (나)의 '대로'⁶은 문장의 첫머리에 쓰일 수 없는 말입니다.

④ 뜻풀이를 보니 (가)의 '대로'¹, '대로'¹⁰과 (나)의 '대로'⁶은 하나의 표제어에 두 가지 이상의 뜻이 있는 말입니다.

⑤ 뜻풀이와 용례를 보니 '너는 너대로 나는 나대로 길을 가다.'의 '대로'는 (가)에서는 조사이지만, (나)에서는 명사입니다.

[40 ~ 43] 다음 글을 읽고 물음에 답하시오.

인류 역사에서 대중을 대상으로 하는 최초의 매체는 책, 신문, 잡지 등의 인쇄 매체이다. 책은 이미 기원전 5세기경에 만들어졌지만, 매체라는 개념이 대중을 대상으로 한다는 점을 고려한다면 1455년 구텐베르크가 금속활자를 발명하여 대량적인 인쇄가 가능했던 시기부터 본격적인 인쇄 매체의 역사가 시작되었다고 할 수 있다. 책을 중심으로 전개된 인쇄 매체는 18세기에 신문의 등장으로 더욱 강한 힘을 갖게 되어 19세기까지는 필적할 다른 매체가 없을 정도로 독보적인 위상을 차지했다. ㉠ <u>그러다가</u> 20세기에 라디오나 텔레비전 같은 전파 매체가 출현하면서 인쇄 매체의 사회적 영향력은 줄어들었다. 이런 이유로 ㉮ <u>인쇄 매체 광고</u>가 머지않아 역사의 뒤안길로 사라질 것이라는 주장에 대해 살펴볼 필요가 있다.

기술적 기반을 달리하여 출현한 각각의 매체들은 보는 사람들의 관심을 끌어내는 방식이 ㉡ <u>다르기</u>에 매체에 실리는 광고에서도 그 주목성과 효과가 같지 않다. 텔레비전 등을 활용한 ㉯ <u>영상 매체 광고</u>는 움직임과 소리라는 시각과 청각의 두 가지 감각을 복합적으로 이용하기 때문에 강한 자극을 줄 수 있다. 반면에 인쇄 매체 광고는 정지 상태의 문자와 이미지라는 시각의 단일 감각만을 표현하고 있어 영상 중심의 매체 광고에 비해 상대적인 한계를 가질 수밖에 없다. 하지만 인쇄 매체 광고는 몇 줄의 카피와 한두 개의 이미지로만 정보를 전달하기 때문에 소비자의 입장에서는 영상 매체 광고를 대할 ㉢ <u>때보다</u> 훨씬 더 많은 상상력을 동원해서 광고를 보게 되어 광고에 대한 몰입도는 더욱 더 높아지게 된다.

인쇄 매체 광고와 영상 매체 광고는 정보 전달의 차원이 다르다. 영상 매체 광고가 흐름이라는 시간성에 주목하고 있다면, 인쇄 광고는 정지된 상태에서 집약된 정보를 전달하고 있기에 심리적 공간성에 기대고 있다. 그래서 인쇄 매체 광고는 영상 매체 광고에 비해 정보를 밀도 있게 전달할 수 있다. 또한 2차원적 지면 공간에 집약적이고 다의적인 시각 표현을 통해 2차적, 3차적 광고 의미를 파생시킬 수 있다는 것 또한 인쇄 매체 광고가 갖는 장점이다. 그래서 영상의 흐름을 중심으로 하는

영상 매체 광고에 비해 문자나 이미지 등을 통한 표현을 ② 두고두고 음미해 보면서 광고의 의미를 되새겨볼 수 있다는 것도 장점이 된다. 이런 정보의 기록성은 정확한 광고 정보의 기록을 통해 신뢰성 있는 메시지를 전달할 수 있는 기반이 된다. 또한 텔레비전을 통한 영상 매체 광고는 광고가 방송되는 때까지 기다려야 하지만 인쇄 매체 광고는 정보를 보고 싶을 때 즉각적으로 볼 수 있다는 즉시성이 있다.

기술의 발달로 라디오나 텔레비전 등을 활용한 전파 매체 광고가 출현했을 때 인쇄 매체 광고는 사멸될 것으로 예견한 사람이 많았다. 하지만 인쇄 매체는 다른 매체가 가지지 못하는 강력한 장점을 가지고 있기 때문에 전파 매체나 디지털 기술을 앞세운 새로운 매체 등이 다양하게 활용되는 오늘날의 시장에서도 신문이나 잡지 등의 전통적인 인쇄 매체 광고가 여전히 주목받고 있으며 ⑩ 이런 상황은 앞으로도 계속될 것이다.

40. 윗글을 통해 알 수 있는 내용으로 적절하지 <u>않은</u> 것은?

① 인쇄 매체는 인류가 사용한 최초의 매체라고 할 수 있다.
② 인쇄 매체는 19세기까지 가장 활발하게 사용된 매체이었다.
③ 인쇄 매체 광고는 오늘날에도 여전히 그 의의를 지니고 있다.
④ 인쇄 매체는 영상 매체에 비해 정보를 표현하는 방법에 한계를 가지고 있다.
⑤ 인쇄 매체 광고는 영상 매체 광고에 비해 전달된 정보에 대한 신뢰성이 낮다고 할 수 있다.

41. <보기>를 바탕으로 ㉮와 ㉯를 이해한 내용으로 가장 적절한 것은?

───────〈보 기〉───────

마셜 매클루언(MarshallMcluhan)은 '미디어는 메시지다'라고 했는데, 이 말은 매체라는 형식에 메시지라는 내용을 담아낸다는 의미이다. 따라서 그에 의하면 매체의 형식에 따라 담아내는 내용도 결정될 수 있는 것이다. 그러므로 매체를 통해서 담아내고 전달되는 내용으로서 메시지는 그것을 전달하는 매체의 발달에 관여하는 기술과 분리해 생각할 수 없다.

① ㉮와 ㉯는 매체가 다르기 때문에 동일한 정보도 다르게 표현될 것이다.
② ㉮와 ㉯는 동일한 정보라도 매체의 특징으로 인해 다르게 전달될 것이다.
③ ㉯가 더 발달된 기술을 사용하는 매체이기 때문에 ㉮에 비해 우수할 것이다.
④ ㉯는 다양한 감각을 사용하기 때문에 ㉮에 비해 더 많은 정보를 전달할 것이다.
⑤ ㉮는 ㉯보다 덜 발달된 매체를 사용하기 때문에 언젠가는 그 고유성이 사라질 것이다.

42. <보기>는 어느 영화사가 영화를 홍보하기 위해 인쇄로 만든 포스터와 영상으로 만든 텔레비전 광고이다. 윗글을 바탕으로 할 때, 이에 대한 반응으로 적절하지 <u>않은</u> 것은? [3점]

───────〈보 기〉───────

(가) 포스터   (나) 텔레비전 영상

① (가)는 정지된 상황에서 보여 주기 때문에 (나)에 비해 사람들에게 정보를 밀도 있게 표현할 수 있겠군.
② (가)는 2차원적 지면 공간에서 집약적이고 다의적인 시각적 표현을 사용하기 때문에 (나)에 비해 사람들에게 다차원적인 정보를 전달할 수 있겠군.
③ (나)는 움직임과 소리를 사용하기 때문에 (가)에 비해 사람들을 몰입할 수 있도록 하겠군.
④ (나)는 감각을 복합적으로 사용하기 때문에 (가)보다 사람들에게 더 강한 자극을 줄 수 있겠군.
⑤ (나)는 영상의 흐름이 필요하기 때문에 (가)에 비해 사람들에게 정보를 전달하는 데 시간이 걸리겠군.

43. ㉠~㉤에 대한 설명으로 적절하지 <u>않은</u> 것은?

① ㉠ : 부사를 사용하여 뒤의 내용이 앞의 내용과는 다른 양상으로 전환되고 있음을 드러내고 있다.
② ㉡ : '-기에'라는 연결 어미를 사용하여 뒤의 내용에 대한 근거가 되고 있음을 드러내고 있다.
③ ㉢ : '보다'라는 부사를 사용하여 앞의 내용과는 다른 새로운 내용이 제시될 것임을 드러내고 있다.
④ ㉣ : 첩어를 사용하여 뒤에 오는 단어의 의미를 강조하여 드러내고 있다.
⑤ ㉤ : 대용 표현을 사용하여 내용이 반복되는 것을 막으면서 간결하게 드러내고 있다.

[44~45] (가)는 텔레비전 방송의 줄거리판이고, (나)는 블로그 이다. 물음에 답하시오.

(가)

대사(진행자) : 오늘은 한식 요리 전문가 김진옥 요리사와 함께 두부찌개를 만들어 보겠습니다.

대사(요리사) : 먼저 멸치 육수를 만들어야 해요.

대사(요리사) : 멸치 육수를 다 만들었으면 그 다음에는 두부를 넣어야 해요.

대사(요리사) : 이렇게 양념장, 대파, 양파, 청양고추를 넣고 5분 간만 끓이면 두부찌개가 완성됩니다.

(나)

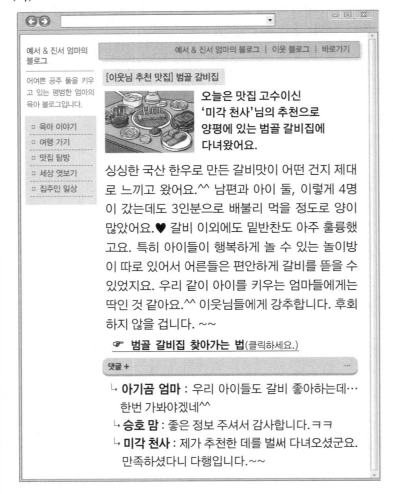

신출제
44. (가)와 (나)의 매체를 활용한 목적으로 가장 적절한 것은?

① (가)는 특정 음식물이 만들어지는 과정에 대한 기록이 목적이고, (나)는 특정 음식물이 만들어지는 가게에 대한 기록이 목적이다.

② (가)는 특정 음식물의 우수성을 알리기 위한 홍보가 목적이고, (나)는 특정 음식물을 파는 가게를 알리기 위한 홍보가 목적이다.

③ (가)는 특정 음식물을 만드는 방법에 대한 정보의 전달이 목적이고, (나)는 특정 음식물을 파는 가게에 대한 정보의 전달이 목적이다.

④ (가)는 특정 음식물을 많이 소비하게 하기 위한 설득이 목적이고, (나)는 특정 음식물을 만든 가게로 가게 하기 위한 설득이 목적이다.

⑤ (가)와 (나) 모두 특정 음식물에 대해 가지고 있는 정보를 주고받기 위한 교환이 목적이다.

신출제
45. (가)와 (나)에 대한 이해로 적절하지 <u>않은</u> 것은?

① (가)는 (나)와 달리 정보 생산자가 정보 수용자에게 일방적인 의사소통을 하고 있군.

② (나)는 (가)와 달리 이모티콘을 사용하여 정보 생산자의 감정을 표현하고 있군.

③ (나)는 (가)와 달리 하이퍼링크를 활용하여 추가적인 정보를 더 얻을 수 있도록 하고 있군.

④ (가)와 (나)는 모두 정보를 수용하는 사람들의 특성을 고려하고 있군.

⑤ (가)와 (나)는 모두 정보를 생산하는 사람에 대한 정보를 파악할 수 있군.

* 확인 사항
○ 답안지의 해당란에 필요한 내용을 정확히 기입(표기)했는지 확인하시오.

[35~36] 다음 글을 읽고 물음에 답하시오.

우리는 단어의 의미와 유래를 통해 단어에 담긴 언중의 인식과 더불어 시대상을 짐작할 수 있다. 그리고 단어의 구조를 통해 단어 구성 방식도 이해할 수 있다.

유길준의 『서유견문』(1895)에는 '원어기(遠語機)'라는 말이 등장하는데, 이것은 영어의 'telephone'에 해당하는 단어로 '말을 멀리 보내는 기계'라는 뜻이다. 오늘날의 '전화기(電話機)'가 '전기를 통해 말을 보내는 기계'의 뜻이라는 점과 비교해 보면 '원어기'는 말을 '멀리' 보낸다는 점에, '전화기'는 말을 '전기로' 보낸다는 점에 초점을 맞춘 단어이다. 이처럼 대상을 어떻게 인식하느냐에 따라 그것을 표현하는 단어는 달라지기도 한다. 또한 개화기 사전에 등장하는 '소젖메쥬(소젖메쥬)'처럼 새롭게 유입된 대상을 일상의 단어로 표현한 경우도 있다. '소젖메쥬'는 '치즈(cheese)'에 대응하는 단어인데, 간장과 된장의 재료인 '메주'라는 일상의 단어를 통해 대상을 인식했음을 보여 준다.

한편, 『가례언해』(1632)에 따르면 '총각(總角)'은 '머리를 땋아 갈라서 틀어 맴'을 이르는 말이었으나 그러한 의미는 사라지고 오늘날에는 '결혼하지 않은 성년 남자'를 뜻한다. 특정한 행위를 나타내던 단어가 이와 관련된 사람을 지시하는 말로 그 의미가 변화한 것이다. 여기에서 남자도 머리를 땋아 묶었던 과거의 관습을 짐작할 수 있다. 또한 '부대찌개' 역시 한국 전쟁 이후 미군 부대에서 나온 재료로 찌개를 끓였던 것에서 유래한 단어라는 점에서 시대의 흔적을 담고 있다.

우리는 단어의 구조를 통해 단어가 구성되는 방식도 파악할 수 있다. 『한불자전』(1880)에는 이전 시기의 문헌에서는 볼 수 없었던 '두길보기'와 '산돌이'가 등장한다. "양쪽 모두의 눈치를 보는 사람"으로 풀이된 '두길보기'의 '두길'은 ㉠관형사가 후행하는 명사를 수식하는 것으로 분석된다. "같은 장소를 일 년에 한 번만 지나가는 큰 호랑이"로 풀이된 '산돌이'는 ㉡단어의 구성요소들이 의미상 목적어와 서술어의 관계로 이루어져 '산을 돌다'라는 의미를 나타내고 있다. 이와 같이 예전에도 오늘날처럼 다양한 방식으로 단어를 만들어 생각을 표현하고 있었던 셈이다.

35. ㉠과 ㉡을 모두 충족하는 단어만을 <보기>에서 있는 대로 고른 것은?

<보 기>

새해맞이, 두말없이, 숨은그림찾기, 한몫하다

① 새해맞이, 숨은그림찾기, 한몫하다
② 두말없이, 숨은그림찾기, 한몫하다
③ 두말없이, 숨은그림찾기
④ 새해맞이, 한몫하다
⑤ 새해맞이

36. 윗글과 <보기>를 바탕으로 추론한 내용으로 적절하지 <u>않은</u> 것은?

<보 기>

○ '립스틱'을 여성들이 입술에 바르던 염료인 '연지'라는 단어를 사용해 '입술연지'라고도 했다.
○ '변사'는 무성 영화를 상영할 때 장면에 맞추어 그 내용을 설명하던 직업을 가진 사람을 뜻한다.
○ '수세미'는 박과의 한해살이 덩굴풀을 뜻하는데, 그 열매 속 섬유로 그릇을 닦았다. 오늘날 공장에서 만든 설거지 도구도 '수세미'라고 한다.
○ '혁대'의 순화어로 '가죽으로 만든 띠'라는 뜻의 '가죽띠'와 '허리에 매는 띠'라는 뜻의 '허리띠'가 제시되어 있다.
○ '양반'은 조선시대 사대부를 이르는 말이었지만 지금은 '점잖은 사람'의 뜻으로 주로 쓰인다.

① '입술연지'는 '소젖메쥬'처럼 일상의 단어로 새로운 대상을 인식한 예로 볼 수 있겠군.
② '변사'는 무성 영화와 관련해 쓰인 단어라는 점에서 시대상이 반영된 예에 해당하겠군.
③ '수세미'는 기존의 의미에 새로운 의미가 더해졌다는 점에서 '총각'과 유사하겠군.
④ '가죽띠'는 '재료'에, '허리띠'는 '착용하는 위치'에 초점을 둔 단어라는 점에서 서로 다른 인식이 반영된 것이겠군.
⑤ '양반'은 신분의 구분이 있었던 사회의 모습을 엿볼 수 있다는 점에서 시대의 흔적을 담고 있겠군.

37. ⓐ~ⓔ는 잘못된 표기를 바르게 고친 것이다. 고치는 과정에서 해당 단어에 적용된 용언 활용의 예로 적절하지 <u>않은</u> 것은?

'국물 떡볶이' 만드는 법

○ 떡을 물에 담궈 → ⓐ 담가 둔다.

○ 멸치를 물에 넣고 끓인 다음 체에 거러서 → ⓑ 걸러서 육수를 준비한다.

○ 육수에 고추장, 갈은 → ⓒ 간 마늘, 불린 떡, 어묵을 넣는다.

○ 하얬던 → ⓓ 하얬던 떡이 빨갛게 될 때까지 잘 저어 → ⓔ 저어 익힌다.

① ⓐ : 예쁘ㅡ+ㅡ어도 → 예뻐도
② ⓑ : 푸르ㅡ+ㅡ어 → 푸르러
③ ⓒ : 살ㅡ+ㅡ니 → 사니
④ ⓓ : 동그랗ㅡ+ㅡ아 → 동그래
⑤ ⓔ : 긋ㅡ+ㅡ은 → 그은

38. <학습 활동>을 수행한 결과로 적절하지 <u>않은</u> 것은? [3점]

> ─────<학습 활동>─────
>
> 겹문장은 다른 문장 속에 들어가 안긴문장으로 쓰일 수 있다. 또한 겹문장은 안은문장에서 다양한 문장 성분으로도 쓰인다. 다음 밑줄 친 겹문장 ⓐ~ⓔ의 쓰임을 설명해 보자.
>
> ○ 기상청은 ⓐ<u>내일은 따뜻하지만 비가 온다는</u> 예보를 했다.
> ○ 시민들은 ⓑ<u>공원이 많고 거리가 깨끗한</u> 도시를 만들었다.
> ○ ⓒ<u>바람이 거세지고 어둠이 내리기</u> 전에 산에서 내려갔다.
> ○ 나는 나중에야 ⓓ<u>그녀는 왔으나 그가 안 왔음을</u> 깨달았다.
> ○ 삼촌은 주말에 ⓔ<u>꽃이 피고 새가 지저귀는</u> 들판을 거닐었다.

① ⓐ는 인용절로 쓰이고 있다.
② ⓑ는 관형절로 쓰이고 있다.
③ ⓒ는 명사절로 쓰이고 있다.
④ ⓓ는 조사와 결합하여 주성분으로 쓰이고 있다.
⑤ ⓔ는 조사와 결합 없이 부속 성분으로 쓰이고 있다.

39. <보기>의 ㉠과 ㉡에 들어갈 말로 적절한 것은?

> ─────<보 기>─────
>
> 학　생 : 현대 국어와는 달리 중세 국어의 'ㅔ', 'ㅐ'가 이중 모음이었다는 근거가 궁금해요.
> 선생님 : 'ㅔ', 'ㅐ'로 끝나는 체언과 결합하는 조사의 형태가 무엇인지 (가)를 참고하여 (나)를 살펴보면 알 수 있단다.
> (가)

체언의 끝소리	조사의 형태	예
자음	이라	<u>지비라</u>[집이다]
단모음 '이'나 반모음 'ㅣ'	Ø라	<u>스싀라</u>[스 싀 (사이)이다] <u>불휘라</u>[불휘(뿌리)이다]
그 밖의 모음	ㅣ라	<u>젼츠라</u>[젼츠 (까닭)이다] <u>곡되라</u>[곡도(꼭두각시)이다]

> (나)
> 今(금)은 <u>이제라</u>[이제이다], 下(하)는 <u>아래라</u>[아래이다]
>
> 학　생 : (가)의 　㉠　 에서처럼 (나)의 '이제'와 '아래'가 　㉡　 형태의 조사를 취하는 것을 보니 'ㅔ', 'ㅐ'가 반모음 'ㅣ'로 끝나는 이중 모음이었음을 알 수 있어요.

	㉠	㉡
①	지비라	이라
②	스싀라	Ø라
③	불휘라	Ø라
④	젼츠라	ㅣ라
⑤	곡되라	ㅣ라

[40~43] (가)는 책 내용의 일부이고, (나)는 블로그이며, (다)는 라디오 광고이다. 물음에 답하시오.

(가)

신문 경영의 어려움을 타개하기 위한 방편으로 문제가 되고 있는 것이 바로 기사형 광고다. 기사형 광고란 광고를 목적으로 하지만 기사의 형식을 빌린 메시지를 말하는데, 구체적으로 말 그대로 홍보에 목적을 두고 있으면서 기사와 같은 형식을 가지는 광고를 뜻한다. 기사형 광고는 일반 기사 형식과 동일하게 헤드라인, 부제, 소제목, 본문을 모두 갖추고 있다. 언론사는 기사형 광고가 수입과 직결된다는 측면에서 포기하기 힘들 것으로 판단되는데, 장기적으로 볼 때 언론사의 공신력을 낮추는 동시에 법적·윤리적 문제를 야기하게 된다.

전통적으로 광고는 프로그램이나 기사에 비해 소비자의 신뢰를 덜 받아왔기 때문에 기사형 광고는 기사 형식을 빌려옴으로써 더 많은 신뢰와 광고 효과를 얻을 것이라는 기대에서 출발했다. 즉 소비자의 시선과 관심을 끌기 위해서는 일반적인 광고로는 신뢰성을 확보하기 쉽지 않기 때문에 신문 등 매체 자체의 신뢰성이나 객관성, 나아가 언론의 명성에 편승해 광고의 신뢰성을 높이고자 하는 것이 기사형 광고가 늘어나는 원인이다. 일반적인 광고는 '광고처럼' 실리지만 기사형 광고는 '기사처럼' 실려 기사의 신뢰를 등에 업고 독자를 오인하게 만들며 정보 매체의 최고 가치인 '신뢰'를 깎아먹을 수 있다. 따라서 이는 일종의 기만적인 보도 행태인데 이는 곧 신문사의 수입과 직결된다는 측면에서 포기하기 힘든 것으로 보인다.

한국신문협회가 제정한 신문광고윤리강령과 실천요강 제4조와 제3항은, 신문광고는 내용이 독자를 현혹시켜서는 안 된다고 규정하고, 광고임이 명확하지 않고 기사와 혼동되기 쉬운 편집 체제와 표현을 금지하고 있다. 즉 광고는 광고라고 명확히 밝혀서 독자들을 현혹시키지 않도록 해야 한다는 윤리 규정을 두고 있다. 그러나 기사형 광고는 윤리적으로 문제가 될 뿐만 아니라 법으로도 허용되지 않는다. 신문 등의 진흥에 관한 법률 제6조(독자의 권리 보호) 제3항은 신문·인터넷 신문의 편집인 및 인터넷 뉴스 서비스의 기사 배열 책임자는 독자가 기사와 광고를 혼동하지 아니하도록 명확하게 구분해 편집해야 한다고 규정하고 있다.

(나)

세상을 위한 한 마디 '세상 지킴이' 블로그
일상생활의 문제점을 짚어보는 평범한 대학생입니다.

- □ 나의 생활 이야기
- □ 내가 짚은 요즘 문제점
- □ 요지경 세상 속
- □ 세상을 이끌어 가는 인물들

블로그 홈 | 이웃 블로그 | 바로가기

[오늘 짚은 요즈음 문제점 68] 기사냐, 광고냐?

요즈음 기사인지 광고인지 헷갈리는 기사형 광고가 문제가 되고 있어요. ㉠<u>신문이나 잡지 등에서 주로 사용되는 기사형 광고</u>는, 신문 기사의 형식을 그대로 따라 해서 신문 기사와 거의 구분이 ㉡<u>가지 않습니</u>다. 게다가 전문가 인터뷰나 대학 연구실의 연구 자료를 인용하여 마치 유용한 정보를 제공하는 것처럼 꾸며 독자의 관심을 ㉢<u>끕니</u>다. 그래서 독자들은 기사형 광고를 신문 기사로 ㉣<u>오인</u>하는 것이지요.

이러한 기사형 광고에는 독자들이 광고임을 알게 해 주는 'ad(advertisement, advert의 약자로, '광고'라는 뜻임.)'라는 표식이 없어요. ㉤<u>그래서</u> '편집팀, 정보팀'이라는 이상한 표시를 기자 이름이 쓰이는 자리에 제시하기도 해요. 최근에는 실제 기자 이름을 쓴 경우도 있는데, 이것은 기자가 작성한 글로 착각하지 않도록 글 말미에 '글 ○○○ 기자'와 같은 표현을 사용하지 말라는 지침을 위반한 것이라네요.

공감 56 | 댓글 23　　　　담기 | 인쇄 | 신고

댓글 ▼

　↳ **아로바이트** 독자를 우롱하는 기사형 광고 퇴출되어야 합니다.
　↳ **포둥이** 돈 벌려고 뭔 짓을 못해. ㅉㅉㅉ
　↳ **국어 감시** 근데 ⓐ<u>맞춤법이나 정확하지 않은 용어 사용, 접속어 사용들이 눈에 거슬리네요.</u> ㅠㅠ
　↳ **세상 지킴이** 앗 나의 실수~ 수정해서 다시 올릴게요.
　↳ **전망대** '국어 감시'님은 맞춤법밖에 안 보이나봐요. ㅋㅋㅋ

(다)

🔊 신나는 노래가 배경 음악으로 나오며

온 가족이 함께하는 신나는 건강 여행!
가자, ★★으로!
제00회 ★★ 거봉 포도 축제.
8월 26일부터 28일까지!
신나고 재미있고 화려한 공연,
★★ 거봉 포도 할인 경품 행사 등 특별한 이벤트!
먹거리, 즐길 거리 풍성한 ★★ 장날.
아들, 딸과 함께 하는 재미있는 놀이마당이 마련됩니다!
제00회 ★★ 거봉 포도 축제.
가자, ★★으로!
아들, 딸, 부모님 모두, 가자, ★★으로!

신출제
40. (가)~(다)에 대한 설명으로 적절하지 <u>않은</u> 것은?

① 정보 제공 속도의 측면에서 볼 때, (가)는 (다)에 비해서 느리다고 할 수 있다.
② 정보 제시 언어의 측면에서 볼 때 (나)와 (다)의 정보 제시 언어는 다르다고 할 수 있다.
③ 정보 제공자의 특성을 고려할 때 신뢰도 면에서 (가)의 정보 제공자가 (나)의 정보 제공자보다 높다고 할 수 있다.
④ 정보가 지닌 질과 양적인 측면을 볼 때, (가)는 (나)에 비해 깊이 있는 내용과 제재에 관한 많은 정보를 제공한다고 할 수 있다.
⑤ 정보 제공자의 참여적인 측면에서 볼 때, (나)보다 (가)가 누구나 참여할 수 있다는 점에서 개방성이 높다고 할 수 있다.

신출제
41. (가), (나)를 참고하여, 기사형 광고인 <보기>를 이해한 내용으로 적절하지 <u>않은</u> 것은? [3점]

─────────〈보 기〉─────────

◇◇일보   20○○년 ○○월 ○○일

발에 맞는 신발이 건강의 비결
신발도 몸에 맞는 것으로 사용해야

현대인은 누구나 건강을 중요하게 여긴다. 이런 점에서 우리가 자칫 소홀하기 쉬운 신발도 가려서 신어야 한다. 발에 맞는 신발을 신어야 발이 편안해지고 우리 몸도 건강해진다.
최근 ◇◇ 대학연구소에서는 발과 신발과의 관계를 밝힌 연구 논문을 발표했다. 이 논문에 따르면 발에 맞는 신발을 신는 사람이 그렇지 않은 사람보다 신체적으로 건강을 유지할 확률이 높다고 한다. 그래서 발에 맞는 신발을 신어야 건강에 효과적이라고 밝혔다.
□□ 기업은 이러한 ◇◇ 대학연구소의 연구 결과를 바탕으로 한국인들의 발의 형태를 연구하여 한국인들의 발에 맞는 '피트 운동화'를 출시할 계획이다. □□ 기업 관계자는 국민 건강에 앞장서 온 자신들의 기업 정신이 담긴 것이 '피트 운동화'라고 하였다. 한편 이 '피트 운동화'는 이달 3일에 본격적으로 출시될 예정이다.   ─김△△ 기자

① 기사형 광고이지만 일반 신문 기사처럼 표제, 부제, 전문의 형식을 갖추고 있군.
② 독자가 <보기>를 신문 기사로 착각했다면, <보기> 신문의 편집인은 광고와 혼동하지 않도록 구분하여 편집하지 않았다고 할 수 있군.
③ '◇◇ 대학연구소'의 연구 결과를 인용한 것은 독자의 관심을 끌기 위해 유용한 정보를 제공하는 것처럼 꾸민 것이라 할 수 있군.
④ 신문 기사의 말미에 '김△△ 기자'라고 표현한 것은 독자로 하여금 신문 기사로 오해하게 만들 수 있겠군.
⑤ '◇◇일보'가 지속적으로 <보기>와 같은 기사형 광고를 게재하여 비난을 받게 되어 공신력이 떨어지면 기사형 광고를 더 이상 싣지 않겠군.

신출제
42. <보기>를 참고하여 (다)의 설득 전략과 효과를 파악한 것으로 적절하지 <u>않은</u> 것은?

─────────〈보 기〉─────────
라디오 광고는, 잠재의식에 깊이 파고드는 특징과 함께 상상과 상징 기능을 가진 라디오 매체로 전달되므로 여타 매체와는 다른 광고 효과가 있다. 라디오 광고는 일시에 넓은 지역에 걸친 수많은 사람에게 광고할 수 있으며, 다른 일을 하면서 들을 수 있는 특징이 있다. 그리고 라디오 광고는 말로 전달되므로 누구나 쉽게 이해할 수 있으면서, 청취자로 하여금 상상할 수 있게 해주며, 청취자의 정서를 자극하는 효과도 강하다. 또한 노래나 음악을 함께 제시하여 친근감을 조성해 주기도 한다.

① 배경 음악으로 신나는 노래를 사용하여 흥겨운 축제의 분위기를 살리고 있다.
② '건강 여행', '신나고 화려한' 등의 어휘를 사용하여 독자의 상상력을 자극하고 있다.
③ '가자! ★★으로'를 반복적으로 제시하여 ★★ 거봉 축제에 참가하기를 설득하고 있다.
④ 간결하면서 리듬감 있는 언어를 사용하여 광고 내용을 일을 하면서 듣는 청취자들이 쉽게 알 수 있도록 하고 있다.
⑤ 라디오라는 특성을 이용하여 불특정 다수에게 지역 상품인 '거봉'을 자세하게 소개하여 ★★지역을 홍보하는 의도를 드러내고 있다.

신출제
43. ⓐ를 고려하여, '세상 지킴이'가 ㉠~㉤을 수정하려는 생각으로 가장 적절한 것은?

① ㉠에서 '등'은 접미사로 쓰였으므로 붙여 써야겠어.
② ㉡에서는 안 부정문이 사용되었으므로 붙여 써야겠어.
③ ㉢은 본용언과 본용언이 결합되어 있으므로 띄어 써야겠어.
④ ㉣은 단어가 정확하게 사용되지 않았으므로 '각인'으로 바꿔야겠어.
⑤ ㉤은 앞 문단의 내용을 고려할 때 접속어 '또한'으로 고쳐야겠어.

[44~45] (가)는 신문 기사이고, (나)는 (가)를 보고 휴대 전화 대화방에서 나눈 대화이다. 물음에 답하시오.

(가)

□□뉴스 　　　　　　　20○○년 ○○월 ○○일

"예의를 갖추고 스스로 닦으세요"

이탈리아의 한 모델은 개인이 사용하는 누리 소통망(SNS)을 통해 "옷 스타일이 교양이 없다." 등의 많은 악성 댓글을 받았습니다. 그는 이 글을 모아 두루마리 휴지에 인쇄한 후 '예의를 갖추고 스스로 닦으세요.'라는 메시지와 함께 자신의 누리 소통망(SNS) 계정에 사진을 올렸습니다. 창의적인 방법으로 일침을 가한 겁니다.

이 사례처럼 최근 '사이버 불링(cyber bullying)'이 문제가 되고 있습니다. 사이버 불링은 온라인 공간에서 특정인을 괴롭히는 행위인데, 경찰청 통계에 따르면 20△△년 발생한 사이버 명예 훼손 및 모욕 범죄는 3만 4천 건에 달합니다.

대학생 박○○ 씨(25)는 그의 누리 소통망(SNS)에 남긴 글이 논란이 돼 사이버 불링을 당했습니다. 그로 인해 개인 정보가 알려지면서 학교에서도 박○○ 씨를 알아보는 사람이 생겼습니다. 온라인에서 시작된 사이버 불링이 오프라인으로 이어진 겁니다. 이 때문에 박○○ 씨는 2년째 휴학 중입니다.

온라인에서는 익명성이 보장돼 사이버 불링에 해당하는 범죄들이 장난이나 게임처럼 가볍게 여겨지는 경우가 많습니다. 단순 장난이나 재미로 타인이 원치 않는 사진이나 동영상을 유포하는 것도 사이버 불링에 포함됩니다.

당하는 사람은 일상이 무너지는 고통을 호소하지만, 문자판 몇 번 두드리는 것으로 쉽게 벌어지는 사이버 불링, "예의를 갖추고 스스로 닦으세요." 다시 이 일침을 되새길 필요가 있습니다.

(나)

PM 10:15　　　　　　📶 📶 🔋 80% 🔋

경호　어제 □□ 신문에 난 기사 봤어? 사이버 불링이 무엇인지 잘 몰랐는데, ⊙ 온라인 공간에서 특정인을 괴롭히는 행위래. 단순 장난이나 재미로 타인이 원치 않는 사진이나 동영상을 유포하는 것도 사이버 불링이래.

정민　어, 며칠 전에 재미로 ⓒ 누리 소통망(SNS)에 네가 쉬는 시간에 침 흘리며 자는 사진을 올렸는데, 그것도 사이버 불링이네.

경호　내가 원하지 않은 사진을 올렸으니까 사이버 불링이지. 이번에는 용서해 줄게. ㅎㅎ

정민　[SORRY] 정말 미안! 이제는 재미든 장난이든 다른 사람이 원치 않은 사진은 올리지 말아야겠다.

윤석　나도 그 신문 기사 봤는데, 특히 이탈리아 한 모델이 두루마리 휴지에 악성 댓글을 인쇄한 사진이 인상적이었어. 사진을 함께 제시하니까 내용이 더 잘 이해되더라.

경호　그렇지. 나는 그걸 보면서 매우 통쾌하다는 느낌도 들었다니까? 그러면서 온라인 공간에서 ⓒ 댓글을 달거나 ② 메일을 보낼 때도 조심해야겠다는 생각이 들었어.

정민　그런데 사이버 불링을 없애려면 어떻게 해야 할까?

경호　글쎄, 내 생각에는 사이버 불링을 없애기 위해서는 건전하고 올바른 사이버 문화가 조성되어야 하지 않을까?

윤석　그것과 더불어 예방 차원의 교육이 선행되어야 할 것 같아. 물론 실효성을 높이기 위해서는 청소년들뿐 아니라 학부모와 학교 모두의 적극적인 관심과 동참이 요구되겠지.

정민　얘들아, 그럼 우리 함께 사이버 불링 없애는 것에 대해 ⓜ 학교 게시판에 글을 올려 볼까?

경호　그거 좋은 생각이다. 아이들이 많이 알면 알수록 사이버 불링은 빨리 없앨 수 있으니까.

신출제

44. (나)의 대화 내용을 통해 알 수 있는 (가) 매체의 특성으로 적절하지 <u>않은</u> 것은?

① 기사 내용이 독자들의 앞으로의 생활 자세에 영향을 미칠 수 있다.

② 독자와의 상호 의사소통을 통해 문제 해결을 위한 대안을 유도할 수 있다.

③ 독자로 하여금 자신의 매체 활용 태도를 돌아보는 계기를 제공할 수 있다.

④ 독자가 기사 내용을 적극적으로 수용하여 문제를 해결하려는 태도를 이끌어 낼 수 있다.

⑤ 시각 자료를 제시하여 기사 내용을 독자들에게 인상 깊게 전달하면서 이해를 도울 수 있다.

신출제

45. <보기>를 참고할 때, ⊙~ⓜ에서 매체 자료를 생산하는 태도로 적절하지 <u>않은</u> 것은?

―――――――〈보 기〉――――――

인터넷의 역기능의 심화로 컴퓨터 윤리의 구체적 규범을 연구한 리차드 스피넬로는 4가지 원리를 제시하여 인간의 완성이라는 궁극적 목적을 달성하고자 하였다.

첫 번째는 자신과 타인에 대한 존중으로 타인의 사생활, 지적 재산권, 다양성을 존중하는 것이다. 두 번째는 정보 이용자와 제공자가 자신의 행동에 대한 결과를 고려하여 서로 배려해야 하는 의무를 강조한 책임이다. 세 번째는 자신이 제공하는 정보가 완전성, 진실성, 공정한 표현, 비편향성을 추구하며 타인의 자유와 권리를 침해하지 않는 공정한 기준을 준수함을 말하는 정의이다. 네 번째는 바로 해악 금지 부분으로 사이버 폭력, 바이러스 유포 등 타인에게 해로움을 주는 것을 금지해야 한다는 것이다.

① ⊙과 같은 매체로 내용을 생성할 때는 제공되는 내용에 허위 사실이나 과장된 표현을 사용하지 않아야 한다.

② ⓒ에 사진을 게재할 때는 타인의 사생활을 침해하거나 저작권을 위반하지 않도록 해야 한다.

③ ⓒ이 자신을 비난하는 내용일 때 상대방에게 경각심을 불러일으키기 위해 비난의 댓글을 작성해야 한다.

④ ②로 자료를 보낼 때에는 자신이 보낸 파일에 바이러스 같은 타인에게 해로움을 주는 요소가 없는지 점검하고 보내야 한다.

⑤ ⓜ에 내용을 올릴 때에는 공정한 표현을 사용하면서 비편향적인 태도를 지닐 수 있어야 한다.

* 확인 사항

○ 답안지의 해당란에 필요한 내용을 정확히 기입(표기)했는지 확인하시오.

[35~36] 다음 글을 읽고 물음에 답하시오.

다의어란 두 가지 이상의 의미를 가진 단어를 말한다. 다의어에서 기본이 되는 핵심 의미를 중심 의미라고 하고, 중심 의미에서 확장된 의미를 주변 의미라고 한다. 중심 의미는 일반적으로 주변 의미보다 언어 습득의 시기가 빠르며 사용 빈도가 높다. 그러면 다의어의 특징에 대해 좀 더 알아보자.

첫째, 주변 의미로 사용되었을 때는 문법적 제약이 나타나기도 한다. 예를 들면 '한 살을 먹다'는 가능하지만 '한 살이 먹히다'나 '한 살을 먹이다'는 어법에 맞지 않는다. 또한 '손'이 '노동력'의 의미로 쓰일 때는 '부족하다, 남다' 등 몇 개의 용언과만 함께 쓰여 중심 의미로 쓰일 때보다 결합하는 용언의 수가 적다.

둘째, 주변 의미는 기존의 의미가 확장되어 생긴 것으로서, 새로 생긴 의미는 기존의 의미보다 추상성이 강화되는 경향이 있다. '손'의 중심 의미가 확장되어 '손이 부족하다', '손에 넣다'처럼 각각 '노동력', '권한이나 범위'로 쓰이는 것이 그 예이다.

셋째, 다의어의 의미들은 서로 관련성을 갖는다.

줄 〔명〕
① 새끼 따위와 같이 무엇을 묶거나 동이는 데에 쓸 수 있는 가늘고 긴 물건. 예) 줄로 묶었다.
② 길이로 죽 벌이거나 늘여 있는 것. 예) 아이들이 줄을 섰다.
③ 사회생활에서의 관계나 인연. 예) 내 친구는 그쪽 사람들과 줄이 닿는다.

예를 들어 '줄'의 중심 의미는 위의 ①인데 길게 연결되어 있는 모양이 유사하여 ②의 의미를 갖게 되었다. 또한 연결이라는 속성이나 기능이 유사하여 ③의 뜻도 지니게 되었다. 이때 ②와 ③은 '줄'의 주변 의미이다.

그런데 ⓐ 다의어의 의미들이 서로 대립적 관계를 맺는 경우가 있다. 예를 들어 '앞'은 '향하고 있는 쪽이나 곳'이 중심 의미인데 '앞 세대의 입장', '앞으로 다가올 일'에서는 각각 '이미 지나간 시간'과 '장차 올 시간'을 가리킨다. 이것은 시간의 축에서 과거나 미래 중 어느 방향을 바라보는지에 따른 차이로서 이들 사이의 의미적 관련성은 유지된다.

35. 윗글을 참고하여 추론한 내용으로 적절하지 <u>않은</u> 것은?

① 대부분의 아이들이 '별'의 의미 중 '군인의 계급장'이라는 의미보다 '천체의 일부'라는 의미를 먼저 배우겠군.

② '앉다'의 의미 중 '착석하다'의 의미로 쓰이는 빈도가 '요직에 앉다'처럼 '직위나 자리를 차지하다'의 의미로 쓰이는 빈도보다 더 높겠군.

③ '결론에 이르다'와 '포기하기에는 아직 이르다'에서 '이르다'의 의미들은 서로 관련성이 없으니, 이 두 의미는 중심 의미와 주변 의미의 관계로 볼 수 없겠군.

④ '팽이를 돌리다'는 어법에 맞는데 '침이 생기다'라는 의미의 '돌다'는 '군침을 돌리다'로 쓰이지 않으니, '군침이 돌다'의 '돌다'는 주변 의미로 사용된 것이겠군.

⑤ 사람의 감각 기관을 뜻하는 '눈'의 의미가 '눈이 나빠져서 안경의 도수를 올렸다'에서의 '눈'의 의미로 확장되었으니, '눈'의 확장된 의미는 기존 의미보다 더 구체적이겠군.

36. 밑줄 친 단어들의 의미를 고려하여 ⓐ의 예에 해당하는 것만을 <보기>에서 있는 대로 고른 것은? [3점]

─<보 기>─

영희 : 자꾸 말해 미안한데 모둠 발표 자료 좀 줄래?

민수 : 너 <u>빚쟁이</u> 같다. 나한테 자료 맡겨 놓은 거 같네.

영희 : 이틀 <u>뒤</u>에 발표 사전 모임이라고 <u>금방</u> 문자 메시지가 왔었는데 지금 또 왔어. 근데 <u>빚쟁이</u>라니, 내가 언제 <u>돈</u> 빌린 것도 아니고……

민수 : 아니, 꼭 빌려 준 <u>돈</u> 받으러 온 사람 같다고. 자료 여기 있어. 가현이랑 도서관에 같이 가자. 아까 출발했다니까 <u>금방</u> 올 거야.

영희 : 그래. 발표 끝난 <u>뒤</u>에 다 같이 밥 먹자.
---

① 빚쟁이

② 빚쟁이, 금방

③ 뒤, 돈

④ 뒤, 금방, 돈

⑤ 빚쟁이, 뒤, 금방

37. <보기>의 [A]에 들어갈 말로 적절한 것은?

─< 보 기 >─

선생님 : 음절은 발음할 수 있는 최소의 언어 단위인데, 음절의 유형은 크게 분류하면 '①모음, ②자음+모음, ③모음+자음, ④자음+모음+자음'이 있어요. 예를 들면 '꽃[꼳]'은 ④, '잎[입]'은 ③에 속하지요. 그런데 복합어 '꽃잎'은 음운 변동이 일어나 [꼰닙]으로 발음돼요. 이때 [닙]은 ④에 해당되며 음운의 첨가로 음절 유형이 바뀐 것이지요.

이제 아래 단어들을 탐구해 봅시다.

밥상(밥+상), 집일(집+일), 의복함(의복+함), 국물(국+물), 화살(활+살)

학생 : [A]

선생님 : 네, 맞아요.
---

① '밥상[밥쌍]'에서의 [쌍]은 첨가의 결과이고, 음절 유형이 단일어인 '상[상]'과 달라졌어요.

② '집일[짐닐]'에서의 [닐]은 교체의 결과이고, 음절 유형이 단일어인 '일[일]'과 달라졌어요.

③ '의복함[의보캄]'에서의 [캄]은 축약의 결과이고, 음절 유형이 단일어인 '함[함]'과 달라졌어요.

④ '국물[궁물]'에서의 [궁]은 교체의 결과이고, 음절 유형이 단일어인 '국[국]'과 같아요.

⑤ '화살[화살]'에서의 [화]는 탈락의 결과이고, 음절 유형이 단일어인 '활[활]'과 같아요.

38. <학습 활동>을 해결한 내용으로 적절한 것은?

―――――――〈학습 활동〉―――――――

관형사형 어미의 형태는 시제 및 단어의 품사에 의해 결정된다. [자료]에서 밑줄 친 단어의 품사와 시제를 분석하여 그 단어에 쓰인 어미가 [표]의 ㉠~㉢ 중 어느 것에 해당하는지 확인해 보자.

[자료]

ⓐ 하늘에 <u>뜬</u> 태양	ⓑ 우리가 즐겨 <u>부르던</u> 노래
ⓒ 늘 <u>푸르던</u> 하늘	ⓓ 운동장에 <u>남은</u> 아이들
ⓔ 네가 <u>읽는</u> 소설	ⓕ 이미 아이들로 가득 <u>찬</u> 교실
ⓖ 달리기가 제일 <u>빠른</u> 친구	

[표] 관형사형 어미 체계

	동사	형용사
현재	-는	㉠
과거	㉡	㉢
	-던	
미래	-(으)ㄹ	-(으)ㄹ

① ⓐ의 '뜬'에 쓰인 어미 '-(으)ㄴ'은 ㉠에 해당한다.
② ⓑ의 '부르던'과 ⓒ의 '푸르던'에 쓰인 어미 '-던'은 ㉢에 해당한다.
③ ⓓ의 '남은'과 ⓕ의 '찬'에 쓰인 어미 '-(으)ㄴ'은 ㉡에 해당한다.
④ ⓔ의 '읽는'에 쓰인 어미 '-는'은 ㉡에 해당한다.
⑤ ⓖ의 '빠른'에 쓰인 어미 '-(으)ㄴ'은 ㉢에 해당한다.

39. <보기 1>의 ㉠~㉢에 해당하는 예만을 <보기 2>에서 고른 것은?

―――――――〈보기 1〉―――――――

중세 국어의 주격 조사는 음운 조건에 따라 '이', '∅(영형태)', 'ㅣ'로 실현되었다.

• 자음 다음에는 '이'가 나타났다. ················· ㉠
  예) 바비(밥+이) [밥이]
• 모음 '이'나 반모음 'ㅣ' 다음에는 '∅(영형태)'로 실현되어, 나타나지 않았다. ················· ㉡
  예) 활 쏘리(활 쏠 이+∅) [활 쏠 이가], 새(새+∅) [새가]
• 모음 '이'와 반모음 'ㅣ' 이외의 모음 다음에는 'ㅣ'가 나타났다. 예) 쇠(쇼+ㅣ) [소가]
• 음운 조건에 관계없이 생략되기도 했다. ················· ㉢
  예) 곶 됴코 [꽃 좋고], 나모 셨는 [나무 서 있는]

―――――――〈보기 2〉―――――――

ⓐ : 나리 져므러	[날이 저물어]	
ⓑ : 太子 오ᄂ다 드르시고	[태자 온다 들으시고]	
ⓒ : 내해 ᄃ리 업도다	[개천에 다리가 없도다]	
ⓓ : 아ᄃ리 孝道ᄒ고	[아들이 효도하고]	
ⓔ : 孔子ㅣ 드르시고	[공자가 들으시고]	

① ㉠ : ⓐ, ⓓ   ② ㉠ : ⓐ, ⓔ   ③ ㉡ : ⓑ, ⓒ
④ ㉡ : ⓑ, ⓓ   ⑤ ㉢ : ⓒ, ⓔ

[40~42] (가)는 학생들이 동아리 홍보 준비를 위해 휴대 전화 메신저로 나눈 대화이고, (나)는 (가)를 바탕으로 '승호'가 제작해서 블로그에 올린 홍보 자료 초안이다. 물음에 답하시오.

(가)

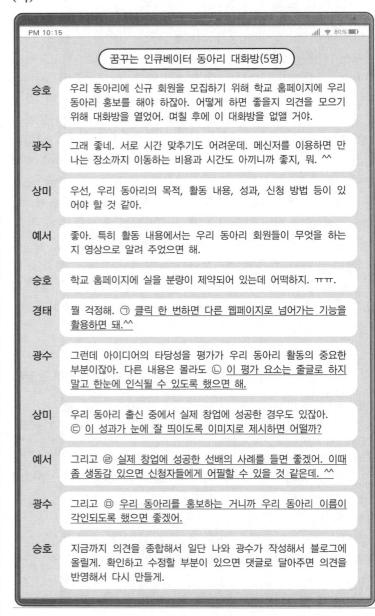

PM 10:15 ···· 📶 📶 🔋 80%

꿈꾸는 인큐베이터 동아리 대화방(5명)

승호 우리 동아리에 신규 회원을 모집하기 위해 학교 홈페이지에 우리 동아리 홍보를 해야 하잖아. 어떻게 하면 좋을지 의견을 모으기 위해 대화방을 열었어. 며칠 후에 이 대화방을 없앨 거야.

광수 그래 좋네. 서로 시간 맞추기도 어려운데. 메신저를 이용하면 만나는 장소까지 이동하는 비용과 시간도 아끼니까 좋지, 뭐. ^^

상미 우선, 우리 동아리의 목적, 활동 내용, 성과, 신청 방법 등이 있어야 할 것 같아.

예서 좋아. 특히 활동 내용에서는 우리 동아리 회원들이 무엇을 하는지 영상으로 알려 주었으면 해.

승호 학교 홈페이지에 실을 분량이 제약되어 있는데 어떡하지. ㅠㅠ.

경태 뭘 걱정해. ㉠ 클릭 한 번하면 다른 웹페이지로 넘어가는 기능을 활용하면 돼.^^

광수 그런데 아이디어의 타당성을 평가가 우리 동아리 활동의 중요한 부분이잖아. ㉡ 이 평가 요소는 줄글로 하지 말고 한눈에 인식될 수 있도록 했으면 해.

상미 우리 동아리 출신 중에서 실제 창업에 성공한 경우도 있잖아. ㉢ 이 성과가 눈에 잘 띄이도록 이미지로 제시하면 어떨까?

예서 그리고 ㉣ 실제 창업에 성공한 선배의 사례를 들면 좋겠어. 이때 좀 생동감 있으면 신청자들에게 어필할 수 있을 것 같은데. ^^

광수 그리고 ㉤ 우리 동아리를 홍보하는 거니까 우리 동아리 이름이 각인되도록 했으면 좋겠어.

승호 지금까지 의견을 종합해서 일단 나와 광수가 작성해서 블로그에 올릴게. 확인하고 수정할 부분이 있으면 댓글로 달아주면 의견을 반영해서 다시 만들게.

(나)

○○ 고등학교 <꿈꾸는 인큐베이터> 동아리 회원 가입 안내문

1. <꿈꾸는 인큐베이터>는요?

ㄱ. 목적
우리 학교 학생들에게 창업마인드를 확산시키고, 기업가 정신을 고취시켜 창의성과 개척정신을 갖춘 미래 기업가로 커가기 위해 자발적으로 결성된 자율적인 모임임.

ㄴ. 활동 내용
· 매월 창업 아이디어를 내고 아이디어의 타당성을 평가하는 활동을 함.
  (*클릭하시면 실제 우리 동아리 회원들의 활동 모습을 볼 수 있음.)

· 아이디어 타당성 평가 요소

제품의 제작 여건 (10%)
소비자의 요구 반영 (40%)
사업의 지속 가능성 (20%)
사회의 변혁 가능성 (30%)

2. <꿈꾸는 인큐베이터>의 성과는요?
· 우리 동아리에서 실제 창업한 건수   · 우리 동아리 출신의 창업한 선배와
의 인터뷰

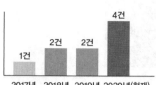 

3. <꿈꾸는 인큐베이터>의 선발 방식은요?

· **1차 선발** : 신청서를 제출한 학생들의 자기소개서를 바탕으로 지원
동기나 활동 계획 등을 평가하여 20명 이내로 선발함.
· **2차 선발** : 개별 면접을 통해 제출한 창업 아이디어를 평가하여 최
종 선발함.

4. <꿈꾸는 인큐베이터>의 신청 방법과 기간

ㄱ. 우리 동아리 카페에 첨부된 신청서를 내려받아 작성한 후,
게시판에 올리면 됨.
ㄴ. 모집 기간 : 20○○년 4월 7일 ~ 4월 18일까지

---

40. (가)와 (나)를 바탕으로 매체의 성격을 이해한 내용으로 적절하지 <u>않은</u> 것은? [신출제]

① 대화에 참여하는 사람이 정해진 것으로 보아, 핸드폰 메신 저는 폐쇄성을 지니게 할 수 있다.

② 문자, 영상, 이미지 등을 활용할 수 있는 것으로 보아, 블 로그는 복합 양식적 언어를 사용할 수 있다.

③ 혼자 단독으로 내용을 작성하는 것으로 보아, 블로그는 다 른 참여자는 제외된 채 제작자의 일방 의사로 만들어진다고 할 수 있다.

④ 개인의 감정을 드러낼 수 있는 기호를 사용하는 것으로 보아, 핸드폰 메신저는 문자 언어를 사용하지 않고도 감정을 표현 할 수 있다.

⑤ 개인이 단독으로 대화방을 열었다가 없애겠다는 것으로 보아, 핸드폰 메신저는 정보 전달의 채널이 개인의 의사 여부에 달려 있다고 할 수 있다.

---

41. ㉠~㉤을 바탕으로 '승호'가 세운 발표 자료 제작 계획 중, (나)에 반영되지 <u>않은</u> 것은? [신출제]

① ㉠을 반영하여 동아리 회원들이 활동하는 내용을 구체적으 로 보여 주기 위해 하이퍼링크를 제시해야겠어.

② ㉡을 반영하여 평가 요소의 비중이 한눈에 잘 인식될 수 있도록 원그래프로 제시해야겠어.

③ ㉢을 반영하여 꺾은선그래프로는 표현할 수 없는 성과를 막대그래프로 제시해야겠어.

④ ㉣을 반영하여 인터뷰를 소리와 움직임을 동시에 드러낼 수 있는 동영상으로 제시해야겠어.

⑤ ㉤을 반영하기 위해 각 항목의 제목에 동아리의 명칭을 반 복적으로 제시해야겠어.

---

42. <보기>는 (나)에 달린 '댓글'이다. <보기>를 바탕으로 (나)의 '4' 항목을 수정한 ⓐ ~ ⓔ 중 적절하지 <u>않은</u> 것은? [신출제]

<보 기>

경태 4번 항목의 제목은 다른 항목의 제목과 형식이 맞지 않아.
ㄴ **승호** 그러네. 제목을 수정해야겠다.

상미 우리 동아리를 모르는 사람은 우리 카페를 찾는데 시간이 걸릴 수 도 있지 않을까?
ㄴ **경태** 같은 생각이야. 좀 더 쉽게 찾을 수 있게 카페 주소를 알 려 주면 어떨까?
ㄴ **광수** 하지만 인터넷 사용이 익숙지 않은 학생도 있을 거야.
ㄴ **승호** 경태와 광수 의견 모두 수용하면 될 것 같아.

예서 모집 기간이 잘 눈에 띄지 않아. 신청하려는 학생들이 날짜를 놓 칠 수도 있겠어.
ㄴ **승호** 달력 이미지를 활용해 눈에 띄도록 해볼게.

경태 학교 동아리 홍보 페이지에 우리 동아리에 대한 정보를 다 알려 주지 못해서 아쉬운데. 우리 동아리 카페에 가면 정보가 많은데.
ㄴ **승호** QR 코드를 활용해서 학생들이 우리 동아리의 카페에 접 속하게 할게.

---

4. <꿈꾸는 인큐베이터>의 신청 방법과 기간은요? ······ ⓐ

ㄱ. **신청 방법**
· <꿈꾸는 인큐베이터>에 접속해서 첨부된 신청서를 내려받아 작성한 후, 게시판에 올리면 됨.············· ⓑ
· <꿈꾸는 인큐베이터> 동아리에 직접 방문하여 신청 서를 받아간 후, 다시 제출해도 접수됨. ··········· ⓒ

ㄴ. **모집 기간** ················ ⓓ

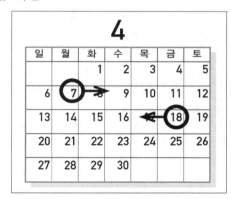

· 첨부된 QR 코드를 이용하여 우리 동아리 카페에 접속 하면 자세한 정보를 알 수 있음. ·············· ⓔ

① ⓐ   ② ⓑ   ③ ⓒ   ④ ⓓ   ⑤ ⓔ

[43~45] (가)는 종이 신문이고, (나)는 (가)의 기사를 보고 인터넷 포털 사이트에 카드 뉴스를 만든 것이다. 물음에 답하시오.

(가)

○○ 일보 　　　　　　　　　　　20△△. △△.△△

미세먼지, 너는 누구냐
미세먼지는 황사와 달라 ……
어린이, 노약자, 임산부 등은 각별히 주의를 기울여야

하늘이 희뿌옇게 변했다. 원인은 미세먼지. 미세먼지는 황사와 비슷해 보이지만 엄연히 다르다. 미세먼지는 직경이 머리카락 굵기의 7분의1 정도로 눈에 잘 보이지 않는 먼지로 크기가 10마이크로미터(㎛)보다 작아 입자물질(PM)10이라고도 부른다. 황사는 미세먼지보다는 입자가 큰 물질로 모래나 가벼운 나무껍질까지 아우른다. 미세먼지는 주로 배기가스 성분인 황산염, 질산염, 금속 화합물 등의 성분이 높은 데 비해, 황사는 칼슘이나 마그네슘 등 주로 흙에서 발견되는 성분 비율이 높다.

황사 유입 경로

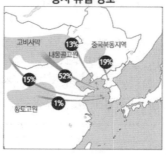

우리나라에 영향을 주는 황사는 중국이나 몽골 등 이웃 나라에서 넘어온 흙먼지가 대부분을 차지한다. 발원지는 몽골과 중국 접경지역에 걸친 ⓐ 고비사막과 바단지린사막·황토고원·내몽골고원 등 아시아 대륙 중심으로 자리잡고 있는 사막들이다. 가장

큰 영향을 미치는 황사 발원지는 내몽골고원과 고비사막 일대로, 기상청의 보고에 의하면 황사의 80%는 내몽골고원과 고비사막에서 날아온 것으로 나타났다.

세계보건기구(WHO)의 국제암연구소(IARC)는 미세먼지를 1급 발암 물질로 지정했다. 유럽 9개국의 건강 자료와 암환자를 대상으로 분석한 논문에 의하면, 미세먼지 농도가 10㎛ 상승할 때마다 폐암 발생 위험은 22% 증가하는 것으로 나타났다. 또한 폐에도 상당한 영향을 미쳐 미세먼지가 10㎛ 증가하면 1분당 호흡량이 3.5L 줄어드는 것으로 조사되었다. 뿐만 아니라 미세먼지는 심혈관 질환, 피부 질환, 알레르기성 비염과 결막염 등 각종 질병을 유발시키는 것으로 조사되었다.

미세먼지가 많은 날은 미세먼지가 실내로 들어오지 못하게 차단하고, 가급적 실외 활동을 최소화하는 것이 가장 좋다. 외출을 하게 되면 반드시 마스크를 착용해야 하고, 미세먼지 농도가 높은 도로변이나 공사장 등에서의 지체 시간을 줄여야 한다. 외출 후에는 샤워를 하고 필수적으로 손·발·눈을 흐르는 물에 씻고 양치질을 하고, 노폐물 배출 효과가 있는 물과, 항산화 효과가 있는 과일이나 야채 등을 충분히 섭취해야 한다.

(나)

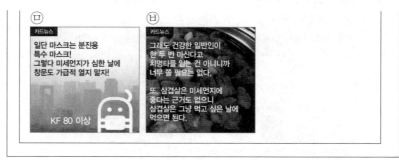

신출제
43. (가)와 (나)에 대한 이해로 적절하지 <u>않은</u> 것은?

① (가)는 (나)와 달리 표제와 부제를 사용하여 전달할 정보를 압축적으로 제시하고 있다.
② (나)는 (가)와 달리 과장된 그림과 이모티콘을 활용하여 정보를 전달하고 있다.
③ (나)는 (가)와 달리 본문에서 강조하고 싶은 부분의 글자체를 다르게 하여 정보를 전달하고 있다.
④ (가)와 (나) 모두 문자 언어와 그림 이미지를 사용하여 정보를 전달하고 있다.
⑤ (가)와 (나) 모두 핵심 문장에 대한 근거를 제시하는 방식으로 정보를 전달하고 있다.

신출제
44. (나)의 ㉠～㉴에 대한 반응으로 적절하지 않은 것은? [3점]

① ㉠: (가)의 제목을 언어유희라는 방식으로 변용하여 관심을 유발하고 있군.
② ㉡＋㉢: (가)에서 평서문으로 제시된 정보를 묻고 답하는 방식으로 변용하여 미세먼지와 황사와의 차이점을 드러내고 있군.
③ ㉣: (가)에서 다룬 미세먼지의 주요 성분과 유발시키는 질병을 연결하여 제시하면서 미세먼지가 황사보다 좋지 않음을 강조하고 있군.
④ ㉤: (가)에서 언급된 마스크에 대한 정보를 좀 더 구체적으로 알려 주고 있군.
⑤ ㉥: (가)에서 언급된 일반인이 잘못하고 있는 정보에 대해 사례를 들어 제시하고 있군.

신출제
45. ⓐ의 '과'와 그 쓰임이 가장 유사한 것은?

① 경숙과 민희는 고등학교 동창이다.
② 이 책은 내가 갖고 있는 것과 다르다.
③ 십 년 만에 형님과 함께 고향에 다녀왔다.
④ 용기 있는 한 검사가 거대한 폭력 조직과 맞섰다.
⑤ 그녀는 성격이 얼음과 같이 차가워서 함부로 말을 건네기가 쉽지 않다.

＊ 확인 사항
◦답안지의 해당란에 필요한 내용을 정확히 기입(표기)했는지 확인하시오.

● 문항수 11개 | 배점 24점 | 제한 시간 20분

● 점수 표시가 없는 문항은 모두 2점

35. <보기>의 ㉠에 들어갈 말로 적절하지 않은 것은?

<보 기>

선생님 : 최소 대립쌍이란 하나의 소리로 인해 뜻이 구별되는 단어의 짝을 말해요. 가령 최소 대립쌍 '살'과 '쌀'은 'ㅅ'과 'ㅆ'으로 인해 뜻이 달라지는데, 이때의 'ㅅ', 'ㅆ'은 음운의 자격을 얻게 되죠. 이처럼 최소 대립쌍을 이용해 음운들을 추출하면 음운 체계를 수립할 수 있어요. 이제 고유어들을 모은 [A]에서 최소 대립쌍들을 찾아 음운들을 추출하고, 그 음운들을 [B]에서 확인해 봅시다.

[A] 쉬리, 마루, 구실, 모래, 소리, 구슬, 머루

[B] **국어의 단모음 체계**

혀의 앞뒤 / 입술 모양 / 혀의 높낮이	전설 모음		후설 모음	
	평순	원순	평순	원순
고모음	ㅣ	ㅟ	ㅡ	ㅜ
중모음	ㅔ	ㅚ	ㅓ	ㅗ
저모음	ㅐ		ㅏ	

[학생의 탐구 내용]

추출된 음운들 중 [㉠]을 확인할 수 있군.

① 2개의 전설 모음
② 2개의 중모음
③ 3개의 평순 모음
④ 3개의 고모음
⑤ 4개의 후설 모음

[36~37] 다음 글을 읽고 물음에 답하시오.

국어사적 사실이 현대 국어의 일관되지 않은 현상을 이해하는 데 도움이 되는 경우가 많다. 예를 들어 'ㄹ'로 끝나는 명사 '발', '솔', '이틀'이 ㉠ '발가락', ㉡ '소나무', ㉢ '이튿날'과 같은 합성어들에서는 받침 'ㄹ'의 모습이 일관되지 않는데, 이를 이해하기 위해서는 이들 단어의 옛 모습을 알아야 한다.

'소나무'에서는 '발가락'에서와는 달리 받침 'ㄹ'이 탈락하였고, '이튿날'에서는 받침이 'ㄹ'이 아닌 'ㄷ'이다. 모두 'ㄹ' 받침의 명사가 결합한 합성어인데 왜 [이러한 차이]를 보이는 것일까? 현대 국어에는 받침 'ㄹ'이 'ㄷ'으로 바뀌거나, 명사와 명사가 결합할 때 'ㄹ'이 탈락하는 규칙이 없기 때문에 이러한 차이는 현대 국어의 규칙만으로는 설명할 수 없다.

'발가락'은 중세 국어에서 대부분 '밠 가락'으로 나타난다. 중세 국어에서 'ㅅ'은 관형격 조사로 사용되었으므로 '밠 가락'은 구로 파악된다. 이는 '밠 엄지 가락(엄지발가락)'과 같은 예를 통해 잘 알 수 있다. 이후 'ㅅ'은 점차 관형격 조사의 기능을 잃고 합성어 내부의 사이시옷으로만 흔적이 남았는데, 이에 따라 중세 국어 '밠 가락'은 현대 국어 '발가락[발까락]'이 되었다.

[A]

'소나무'는 중세 국어에서 명사 '솔'에 '나무'의 옛말인 '나모'가 결합하고 'ㄹ'이 탈락한 합성어 '소나모'로 나타난다. 중세 국어에서는 현대 국어와 달리 명사와 명사가 결합하여 합성어가 될 때 'ㄴ, ㄷ, ㅅ, ㅈ' 등으로 시작하는 명사 앞에서 받침 'ㄹ'이 탈락하는 규칙이 있었기 때문에 '솔'의 'ㄹ'이 탈락하였다.

'이튿날'은 중세 국어에서 자립 명사 '이틀'과 '날' 사이에 관형격 조사 'ㅅ'이 결합한 '이틄 날'로 많이 나타나는데, 이 'ㅅ'은 '이틄 밤', '이틄 길'에서의 'ㅅ'과 같은 것이다. 중세 국어에서 '이틄 날'은 '이틋 날'로도 나타났는데, 근대 국어로 오면서는 'ㄹ'이 탈락한 합성어 '이틋날'로 굳어지게 되었다. 이와 함께 'ㅅ'이 관형격 조사의 기능을 잃어 가고, 받침 'ㅅ'과 'ㄷ'의 발음이 구분되지 않게 되었다. 이에 따라 「한글 맞춤법」에서는 '이틋날'의 표기와 관련하여 "끝소리가 'ㄹ'인 말과 딴 말이 어울릴 적에 'ㄹ' 소리가 'ㄷ' 소리로 나는 것"으로 보아 이를 '이튿날'로 적도록 했다. 그러나 이때의 'ㄷ'은 'ㄹ'이 변한 것으로 설명되지 않으므로 중세 국어 '뭀 사ᄅᆞᆷ'에서 온 '뭇사람'에서처럼 'ㅅ'으로 적는 것이 국어의 변화 과정을 고려한 관점에 부합한다고 할 수 있다.

36. 윗글을 참고할 때, ㉠~㉢과 같이 [이러한 차이]를 보이는 예를 <보기>에서 각각 하나씩 찾아 그 순서대로 제시한 것은?

<보 기>

무술(물+술)	쌀가루(쌀+가루)
낟알(낟+알)	솔방울(솔+방울)
섣달(설+달)	푸나무(풀+나무)

① 솔방울, 무술, 낟알
② 솔방울, 푸나무, 섣달
③ 푸나무, 무술, 섣달
④ 쌀가루, 푸나무, 낟알
⑤ 쌀가루, 솔방울, 섣달

[해설편 p.102]

37. [A]를 바탕으로 <보기>의 '자료'를 탐구한 내용으로 적절하지 <u>않은</u> 것은? [3점]

─────<보 기>─────

[탐구 주제]
ㅇ '숟가락'은 '젓가락'과 달리 왜 첫 글자의 받침이 'ㄷ'일까?

[자료]

중세 국어의 예	
• 술 자브며 져 놓느니 (숟가락 잡으며 젓가락 놓으니) • 숤 귿 (숟가락의 끝), 졋 가락 귿 (젓가락 끝), 수져 (수저) • 물 (무리), 뭀 사룸 (뭇사람, 여러 사람)	
근대 국어의 예	현대 국어의 예
• 숫가락 장亽 (숟가락 장사) • 뭇사룸 (뭇사람)	• *술로 밥을 뜨다 • 숟가락으로 밥을 뜨다 • 밥 한 술

※ '*'는 문법에 맞지 않음을 나타냄.

① 중세 국어 '술'과 '져'는 중세 국어 '이틀'처럼 자립 명사라는 점에서 현대 국어 '술'과는 차이가 있군.
② 중세 국어 '술'과 '져'의 결합에서 'ㄹ'이 탈락한 합성어가 현대 국어 '수저'로 이어졌군.
③ 중세 국어 '술'과 '져'는 명사를 수식할 때, 중세 국어 '이틀'이나 '물'과 같이 모두 관형격 조사 'ㅅ'이 결합할 수 있었군.
④ 근대 국어 '숫가락'이 현대 국어에 와서 '숟가락'으로 적히는 것은, 국어의 변화 과정을 고려한 관점에 부합하지 않는다는 점에서 '이튿날'의 경우와 같군.
⑤ 현대 국어 '숟가락'과 '뭇사람'의 첫 글자 받침이 다른 이유는 중세 국어 '숤'과 '뭀'이 현대 국어로 오면서 'ㄹ'이 탈락한 후 남은 'ㅅ'의 발음이 서로 달랐기 때문이군.

38. <보기>의 ⓐ~ⓒ를 이해한 내용으로 적절하지 <u>않은</u> 것은?

─────<보 기>─────

ⓐ 그는 위기를 좋은 기회로 삼았다.
ⓑ 바다가 눈이 부시게 파랗다.
ⓒ 동주는 반짝이는 별을 응시했다.

① ⓐ의 '삼았다'는 주어 이외에도 두 개의 문장 성분을 필수적으로 요구하는군.
② ⓑ의 '바다가'와 '눈이'는 각각 다른 서술어의 주어이군.
③ ⓒ의 '별을'은 안긴문장의 목적어이면서 안은문장의 목적어이군.
④ ⓐ의 '좋은'과 ⓒ의 '반짝이는'은 안긴문장의 서술어이군.
⑤ ⓑ의 '눈이 부시게'와 ⓒ의 '반짝이는'은 수식의 기능을 하는군.

39. <보기>를 활용하여 국어사전을 만드는 활동을 하였다. 표제어 ⓐ와 예문 ⓑ, ⓒ에 들어갈 말로 적절한 것은?

─────<보 기>─────

㉠ 약속 날짜를 너무 <u>밭게</u> 잡았다.
㉡ 서로 <u>밭게</u> 앉아 더위를 참기 어려웠다.
㉢ 시간이 더 필요한데 제출 기한을 너무 <u>바투</u> 잡았다.
㉣ 어머니는 아들에게 <u>바투</u> 다가가 두 손을 움켜쥐었다.
⋮

─────

ⓐ	
① 두 대상이나 물체의 사이가 썩 가깝게.	
¶ ⓑ	
② 시간이나 길이가 아주 짧게.	
⋮	

밭다 형
① 시간이나 공간이 다붙어 몹시 가깝다.
¶ ⓒ
② 길이가 매우 짧다.
¶ 새로 산 바지가 밭아 발목이 다 보인다.
③ 음식을 가려 먹는 것이 심하거나 먹는 양이 적다.
¶ 우리 아들은 입이 너무 밭아서 큰일이야.
⋮

	ⓐ	ⓑ	ⓒ
①	**밭게** 뷔	㉠	㉡
②	**밭게** 뷔	㉡	㉢
③	**밭게** 뷔	㉡	㉣
④	**바투** 뷔	㉢	㉠
⑤	**바투** 뷔	㉣	㉠

[40~42] (가), (나)를 읽고 물음에 답하시오.

(가)
　기술 발달에 따라 매체 자료의 사회적 ㉠ <u>파급력</u>은 날로 커지고 있다. 우리는 일상에서 수많은 매체 자료를 접한다. 어디를 가든 자연스럽게 스마트폰을 챙겨 들고, 친구가 SNS에 올린 여행 사진을 보고 '좋아요'를 누른다. 자료 검색을 위해 참여형 온라인 백과사전을 이용하기도 하고, 관심 있는 주제를 다루고 있는 인터넷 라디오 방송을 들으며 여가를 즐기기도 한다. 인터넷 뉴스를 읽고 자신의 견해를 댓글로 달기도 하고, ⓐ <u>텔레비전</u>으로 좋아하는 예능 프로그램을 시청하기도 한다. 오늘날 대중은 이렇게 다양한 매체 자료를 단순히 수용하는 것에 머무르지 않고, 콘텐츠의 생산자와 동등한 위치에서 함께 소통하며 정보의 확산에 이바지하고 있다. 이는 인터넷을 기반으로 한 매체 환경이 ㉡ <u>확대돼면서</u> 가능해진 것이다.
　ⓑ <u>인터넷</u>은 누구나 자신의 의견을 자유롭게 ㉢ <u>개시할</u> 수 있는 공간이며, 인터넷을 통해 생산된 매체 자료는 몇 단계만 거쳐도 방사형으로 뻗어 나가 사회 전체에 빠르게 퍼질 수 있다. 그래서 개인이나 소수의 의견이 담긴 매체 자료가 인터넷을 통해 공유·전달되면서 큰 여론을 형성하기도 한다.

정보의 홍수 시대라고 불리는 오늘날, 어떤 정보가 가치 있는지를 판단하는 일은 더욱 중요해지고 있다. 대중매체가 발달하고 그 영향력이 점차 커지면서, 정보의 수용자는 상업적 이익을 목적으로 하는 시장 논리에 매몰되거나 비윤리적이고 저속한 정보에 노출되기도 한다. 또 정보를 ㉣ 생산되고 통제하는 특정 세력에 의해 왜곡된 정보를 제공받거나 정보의 일부만을 접하게 될 수도 있다. 따라서 다양한 매체 자료가 제공하는 정보들을 비판적·주체적으로 ㉤ 수용하는 능력을 길러야 한다.

(나)

신출제
40. <보기>는 (가)의 글을 읽고 (나)의 상황에 대해 이야기를 나눈 내용이다. 이중 (가)를 바탕으로 (나)의 만평을 가장 잘 이해하고 있는 것은?

─────<보 기>─────

유빈 : (가)에서 매체 자료가 사회에 끼치는 영향이 날로 커진다고 했는데, (나)의 만화 내용을 통해 매체의 정보가 수용자의 관점에 따라 다르게 해석되어 변질되는 것을 조심해야 됨을 느꼈어.
해준 : (가)에서 콘텐츠의 생산자와 수용자는 동등한 위치에서 정보의 확산에 이바지하고 있다고 했는데, (나)의 만화 내용에서 생산자와 수용자의 원활한 소통이 대량의 정보를 확산시킬 수 있는 긍정적인 원동력이 됨을 알 수 있었어.
민아 : (가)에서 인터넷은 개인이나 소수의 의견이 담긴 매체 자료로 큰 여론을 형성시킬 수 있다고 했는데, (나)에 등장한 인물 한 명이 가짜 뉴스를 만들어 여론을 형성시킬 수 있다는 것을 알 수 있었어.
지섭 : (가)에서 왜곡된 정보를 제공받거나 정보의 일부만을 접하게 될 수 있다고 했는데, (나)에서 가짜뉴스의 홍수 속에 파묻혀 헤어나오지 못하는 인물을 보며 인터넷 자료를 주체적으로 수용해야 함을 알 수 있었어.
은준 : (가)에서 다양한 목적을 위해 매체를 활용함을 알 수 있었는데, (나)에서 개인의 여가 시간뿐 아니라 모든 시간을 인터넷 검색에 사용하는 것을 보며 인터넷 중독을 경계해야 함을 알 수 있었어.

① 유빈 ② 해준 ③ 민아 ④ 지섭 ⑤ 은준

신출제
41. 윗글과 <보기>를 통해 알 수 있는 ⓐ, ⓑ에 대한 설명으로 적절하지 <u>않은</u> 것은?

─────<보 기>─────

책, 신문, 잡지, 라디오, 텔레비전 등은 비교적 소수의 사람이 정보를 제공할 수 있다는 점에서 정보 제공자의 범위가 폐쇄적이라 할 수 있지만, 정보를 불특정 다수의 수용자에게 전달할 수 있다. 반면에 인터넷은 정보의 생산자와 수용자의 역할이 고정적이지 않으며 특별한 지식이나 경험을 갖지 않은 사람도 정보 제공자로 참여할 수 있다. 인터넷의 정보 개방성은 한편으로는 의사소통의 무한한 가능성을 열어 주지만, 다른 한편으로는 개인의 사생활 침해, 사이버 테러 등의 부작용을 낳기도 한다.

① ⓐ보다 ⓑ가 정보 제공자에게 제공되는 정보의 양이 많을 수 있겠군.
② ⓐ보다 ⓑ의 생산자가 생산하는 정보의 신뢰성은 떨어질 수도 있겠군.
③ ⓑ는 ⓐ와 달리 생산자와 수용자 사이의 의사소통이 용이할 수 있겠군.
④ ⓑ의 정보는 ⓐ의 정보와 달리 빠르게 퍼져 여러 사람에게 검증된 여론을 형성하겠군.
⑤ 매체가 ⓐ인지 ⓑ인지에 따라 정보 제공자의 범위가 달라지겠군.

신출제
42. (가)의 밑줄 친 ㉠~㉤을 언어 규범에 맞게 고친 것 중 적절하지 <u>않은</u> 것은?

① ㉠은 단어를 소리나는 대로 썼으므로 맞춤법 규정에 맞게 '파급력'이라고 수정한다.
② ㉡은 '돼'가 '되어'의 준말이므로 의미상 '확대되면서'로 수정한다.
③ ㉢은 문맥상 '여러 사람에게 알린다.'는 의미가 들어가야 하므로 '게시'라는 단어로 수정한다.
④ ㉣은 주어가 '특정 세력'이므로 '생산하고'로 수정한다.
⑤ ㉤은 문맥상 피동의 의미가 들어가야 하므로 '수용되는'으로 수정한다.

[43~45] (가)는 종이 신문이고, (나)는 (가)의 기사와 관련하여 인터넷 포털 사이트에서 기사를 검색한 것이다. 물음에 답하시오.

(가)

| 4면 202*년 00월 00일 토요일 | 사회 | 00일보 |

수도권 학교 OO일까지 전면 원격수업

감염병 확산으로 인해 비대면 수업 강화
高는 인원의 3분의 1 내에서 등교 허용

감염병 확산이 진정될 기미를 ㉠ 보이지 않자 교육부에서는 수도권 학교에서 출석 수업과 병행하여 ㉡ 시행되던 비대면 수업을 강화하여 전면 원격수업으로 전환하였다.

교육부는 오전에 열린 감염병 예방 조치 관련 긴급 브리핑에서 "어제까지 우리나라의 감염병 신규 환자수가 두 자리 이하로 감소하지 않아서 현재 시행되고 있는 각급 학교의 원격수업 적용 기간을 연장한다."라며 "특히 감염병 발병률이 높아 지역 감염의 우려가 높은 수도권에 대해서는 중대본과 협의하여 전면 원격수업으로 전환한다." ㉢ 라고 밝혔다. 이에 따라 수도권의 모든 유·초·중학교는 학생 등교를 전면 금지하며, 모든 수업은 비대면 원격수업으로 진행한다. 다만 대학 진학을 준비해야 하는 고등학교의 경우에는 전체 학생 수의 3분의 1 내에서 등교가 가능하다.

비수도권 학교는 현재 시행 중인 2단계 거리 두기에 따른 등교 수업과 원격수업의 병행이 OO일까지 연장된다. 비수도권 지역의 유·초·중학교는 전체 인원의 3분의 1 이내, 고등학교는 3분의 2 이내에서 등교 수업을 할 수 있다. 다만 전국의 모든 특수학교, 소규모 학교, 농산어촌 학교 등은 예외적으로 전면적인 등교 수업이 ㉣ 가능하다.

한편 원격수업 장기화에 따라 발생할 수 있는 돌봄 공백 문제와 관련해 교육부는 수도권의 경우 20일까지 긴급 돌봄을 지속적으로 운영하며, 비수도권 지역은 기존처럼 계속 돌봄을 제공하는 등 돌봄 공백 발생을 최소화하는 방향으로 정책을 ㉤ 개선시키겠다고 밝혔다.

(나)

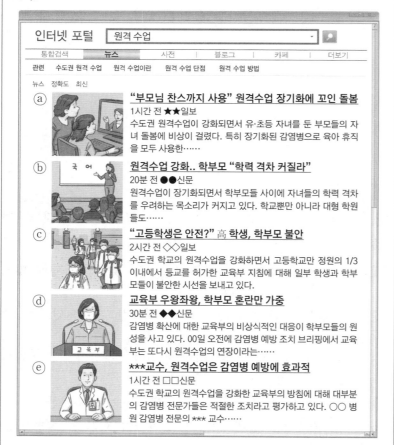

인터넷 포털 원격 수업

| 통합검색 | **뉴스** | 사전 | 블로그 | 카페 | 더보기 |

관련 | 수도권 원격 수업 | 원격 수업이란 | 원격 수업 단점 | 원격 수업 방법

뉴스 정확도 최신

ⓐ **"부모님 찬스까지 사용" 원격수업 장기화에 꼬인 돌봄**
1시간 전 ★★일보
수도권 원격수업이 강화되면서 유·초등 자녀를 둔 부모들의 자녀 돌봄에 비상이 걸렸다. 특히 장기화된 감염병으로 육아 휴직을 모두 사용한……

ⓑ **원격수업 강화.. 학부모 "학력 격차 커질라"**
20분 전 ●●신문
원격수업이 장기화되면서 학부모들 사이에 자녀들의 학력 격차를 우려하는 목소리가 커지고 있다. 학교뿐만 아니라 대형 학원들도……

ⓒ **"고등학생은 안전?" 高 학생, 학부모 불안**
2시간 전 ◇◇일보
수도권 학교의 원격수업을 강화하면서 고등학교만 정원의 1/3 이내에서 등교를 허가한 교육부 지침에 대해 일부 학생과 학부모들이 불안한 시선을 보내고 있다.

ⓓ **교육부 우왕좌왕, 학부모 혼란만 가중**
30분 전 ◆◆신문
감염병 확산에 대한 교육부의 비상식적인 대응이 학부모들의 원성을 사고 있다. 00일 오전에 감염병 예방 조치 브리핑에서 교육부는 또다시 원격수업의 연장이라는……

ⓔ **★★★교수, 원격수업은 감염병 예방에 효과적**
1시간 전 □□신문
수도권 학교의 원격수업을 강화한 교육부의 방침에 대해 대부분의 감염병 전문가들은 적절한 조치라고 평가하고 있다. OO 병원 감염병 전문의 ★★★ 교수……

신출제
43. (가)와 (나)에 대한 설명으로 적절하지 않은 것은?

① (가)는 (나)와 달리 정보 생산자와 정보 수용자 사이의 상호 소통이 원활하다.
② (가)와 달리 (나)는 정보 수용자의 필요에 따라 정보의 재배열이 가능하다.
③ (가)는 (나)에 비해 정보 수용자의 능동적 정보 선택의 범위가 좁다.
④ (가)에 비해 (나)는 정보의 비교를 통한 수용자의 사고 확장이 용이하다.
⑤ (가)에 비해 (나)는 정보 수용 과정에서 배경지식을 습득하는 것이 용이하다.

신출제
44. ㉠~㉤을 고쳐 쓴 것으로 적절한 것은?

① ㉠은 '감염병 확산'이 '보'는 행위를 당하는 것이기 때문에 '보여지지'로 수정한다.
② ㉡은 주체가 '수도권 학교'이기 때문에 능동 표현인 '시행하던'으로 수정한다.
③ ㉢은 교육부의 입장을 간접적으로 인용하는 것이기 때문에 '—고'로 수정한다.
④ ㉣은 이전과 다른 새로운 상황이 발생하는 것이기 때문에 '가능해진다'로 수정한다.
⑤ ㉤은 '개선'이라는 단어가 사동의 의미를 지니고 있기 때문에 '개선하겠다고'로 수정한다.

신출제
45. <보기>와 관련하여 ⓐ~ⓔ를 이해한 것으로 적절한 것은?
[3점]

──── <보기> ────
기사문의 제목을 표제라 한다. 독자들은 표제를 보며 기사를 예측하고 읽을 것을 판단하기 때문에 표제는 기사의 핵심을 잡아 압축적으로 쓰는 것이 좋다. 특히 인터넷의 경우 같은 사안을 다룬 기사가 대량으로 제공되기 때문에 기자나 언론사의 입장을 드러내는 인상적인 표제어를 사용하여 독자의 시선을 유도하는 것이 중요하다.

① ⓐ는 대면 수업과 원격수업의 교육적 효과를 비교하고 싶은 독자들이 선택하여 읽는 것이 좋다.
② ⓑ는 원격수업을 대하는 학생과 학부모의 입장 차이를 이해하는 데 효과적이다.
③ ⓒ는 원격수업이 감염병 예방에 도움이 된다는 것을 전제로 한 기사이다.
④ ⓓ는 교육부의 정책에 대해 객관적인 입장을 취하고자 하는 독자들이 선택할 수 있다.
⑤ ⓔ는 원격수업에 대한 다양한 입장을 고르게 확인하고 싶을 때 선택할 수 있는 기사이다.

* 확인 사항
○ 답안지의 해당란에 필요한 내용을 정확히 기입(표기)했는지 확인하시오.

[35~36] 다음 글을 읽고 물음에 답하시오.

국어의 단어들은 ㉠ 어근과 어근이 결합해 만들어지기도 하고 어근과 파생 접사가 결합해 만들어지기도 한다. 어근과 파생 접사가 결합한 단어는 ㉡ 파생 접사가 어근의 앞에 결합한 것도 있고, ㉢ 파생 접사가 어근의 뒤에 결합한 것도 있다. 어근이 용언 어간이나 체언일 때, 그 뒤에 결합한 파생 접사는 어미나 조사와 혼동될 수도 있다. 그러나 파생 접사는 주로 새로운 단어를 만든다는 점에서 차이가 있다. 이에 비해 ㉣ 어미는 용언 어간과 결합해 용언이 문장 성분이 될 수 있도록 해 주고, ㉤ 조사는 체언과 결합해 체언이 문장 성분임을 나타내 줄 뿐 새로운 단어를 만들지는 않는다. 이 점에서 어미와 조사는 파생 접사와 분명하게 구별된다.

이러한 일반적인 상황과는 달리, 용언 어간에 어미가 결합한 형태나, 체언에 조사가 결합한 형태가 시간이 지나면서 새로운 단어가 된 경우도 있다. 먼저 용언의 활용형이 역사적으로 굳어져 새로운 단어가 된 예가 있다. 부사 '하지만'은 '하다'의 어간에 어미 '-지만'이 결합했던 것이었는데, 시간이 지나면서 굳어져 새로운 단어가 되었다. 다음으로 체언에 조사가 결합한 형태가 역사적으로 굳어져 새로운 단어가 된 예도 있다. 명사 '아기'에 호격 조사 '아'가 결합했던 형태인 '아가'가 시간이 지나면서 새로운 단어가 되었다.

[A] 또 다른 예로 미지칭의 인칭 대명사에, 의문문을 만드는 보조사 '고/구'가 결합한 형태가 굳어져 새로운 인칭 대명사가 된 경우를 들 수 있다. '이는 엇던 사룸고 (이는 어떤 사람인가?)'에서 볼 수 있듯이 중세 국어에서 보조사 '고/구'는 문장에 '엇던', '므슴', '어느' 등과 같은 의문사가 있을 때, 체언 또는 의문사 그 자체에 결합해 의문문을 만들었다. 이와 같은 방식의 의문문 구성은 근대 국어를 거쳐 현대 국어의 일부 방언에까지 지속되고 있다.

35. 다음 문장에서 ㉠~㉤에 해당하는 예를 찾아 이를 설명한 내용으로 적절하지 **않은** 것은?

> 아기장수가 맨손으로 산 위에 쌓인 바위를 깨뜨리는 모습이 멋졌다.

① '아기장수가'의 '아기장수'는 ㉠에 해당하는 예로, 어근 '아기'와 어근 '장수'가 결합했다.

② '맨손으로'의 '맨손'은 ㉡에 해당하는 예로, 파생 접사 '맨-'이 어근 '손' 앞에 결합했다.

③ '쌓인'의 어간은 ㉢에 해당하는 예로, 파생 접사 '-이-'가 어근 '쌓-' 뒤에 결합했다.

④ '깨뜨리는'은 ㉣에 해당하는 예로, 어미 '-리는'이 용언 어간 '깨뜨-'와 결합했다.

⑤ '모습이'는 ㉤에 해당하는 예로, 조사 '이'가 체언 '모습'과 결합했다.

36. [A]를 바탕으로 <보기>의 '자료'를 탐구한 '탐구 내용'으로 적절하지 **않은** 것은? [3점]

> ──────< 보 기 >──────
>
> **[탐구 목표]**
> 현대 국어의 인칭 대명사 '누구'의 형성에 대해 이해한다.
>
> **[자료]**
> **(가) 중세 국어 : 15세기 국어**
> • 누를 니르더뇨 (누구를 이르던가?)
> • 네 스승이 누고 (네 스승이 누구인가?)
> • 느뭰 누구 (남은 누구인가?)
>
> **(나) 근대 국어**
> • 이 벗은 누고고 (이 벗은 누구인가?)
> • 져 흔 벗은 누구고 (저 한 벗은 누구인가?)
>
> **(다) 현대 국어**
> • 누구를 찾으세요?
> • 누구에게 말했어요?
>
> **[탐구 내용]**
>
>
> **[탐구 결과]**
> 미지칭의 인칭 대명사에 의문문을 만드는 보조사 '고/구'가 결합했던 형태인 '누고', '누구'는 시간이 지나면서 점점 굳어져 새로운 단어가 되었는데, 오늘날에는 '누구'만 남게 되었다.

① (가)에서 미지칭의 인칭 대명사의 형태는 '누', '누고', '누구'이다.

② (나)에서 미지칭의 인칭 대명사의 형태는 '누고', '누구'이다.

③ (다)에서 미지칭의 인칭 대명사의 형태는 '누구'이다.

④ (가)에서 (나)로의 변화를 보니, '누고', '누구'는 체언과 보조사가 결합한 형태였다가 새로운 단어가 되었다.

⑤ (나)에서 (다)로의 변화를 보니, 현대 국어에서는 미지칭의 인칭 대명사로 '누고'는 쓰이지 않고 '누구'만이 쓰이고 있다.

37. <보기>의 음운 변동을 분석한 것으로 적절하지 **않은** 것은?

> ──────< 보 기 >──────
>
> ㉠ 흙일 → [흥닐]
> ㉡ 닳는 → [달른]
> ㉢ 발야구 → [발랴구]

① ㉠~㉢은 각각 2회 이상의 음운 변동이 일어났다.

② ㉠~㉢에 공통적으로 일어난 음운 변동은 첨가이다.

③ 음운 변동의 결과 음운의 개수에 변화가 없는 것은 ㉠이다.

④ ㉡과 ㉢에서 일어난 음운 변동의 횟수는 같다.

⑤ ㉢에서 첨가된 음운은 ㉠에서 첨가된 음운과 같다.

38. 다음은 부사어에 대해 탐구한 것이다. 탐구 내용으로 적절하지 <u>않은</u> 것은?

①	• 하늘이 눈이 부시게 푸른 날이다. ⇨ 절인 '눈이 부시게'가 부사어로 쓰였군.
②	• 함박눈이 하늘에서 펑펑 내리고 있다. ⇨ 부사격 조사가 결합한 '하늘에서'와 부사 '펑펑'이 부사어로 쓰였군.
③	• 그는 너무 헌 차를 한 대 샀다. ⇨ 부사어 '너무'가 서술어 '샀다'를 수식하는군.
④	㉠ 영이는 엄마와 닮았다. / *영이는 닮았다. ㉡ 영이는 취미로 책을 읽는다. / 영이는 책을 읽는다. ⇨ ㉠의 '엄마와', ㉡의 '취미로'는 둘 다 부사어인데, ㉠의 '엄마와'는 ㉡의 '취미로'와 달리 필수 성분이군.
⑤	㉠ 모든 것이 재로 되었다. / *모든 것이 되었다. ㉡ 모든 것이 재가 되었다. / *모든 것이 되었다. ⇨ ㉠의 '재로'는 부사어이고 ㉡의 '재가'는 보어로서, 문장 성분은 서로 다르지만 서술어가 반드시 필요로 하는 성분이라는 점에서는 같군.

※ '*'는 비문임을 나타냄.

39. <보기>는 사전의 개정 내용을 정리한 자료의 일부이다. ㉠~㉢에 대한 이해로 적절하지 <u>않은</u> 것은?

<보 기>

	개정 전	개정 후
㉠	**긁다** 동 「1」 손톱이나 뾰족한 기구 따위로 바닥이나 거죽을 문지르다. ⋮ 「9」 ……	**긁다** 동 「1」 손톱이나 뾰족한 기구 따위로 바닥이나 거죽을 문지르다. ⋮ 「9」 …… 「10」 물건 따위를 구매할 때 카드로 결제하다.
㉡	**김-밥** [김:밥] 명 ……	**김-밥** [김:밥/김:빱] 명 ……
㉢	**냄새** 명 「1」 코로 맡을 수 있는 온갖 기운. 「2」 어떤 사물이나 분위기 따위에서 느껴지는 특이한 성질이나 낌새. **내음** 명 '냄새'의 방언(경상).	**냄새** 명 「1」 코로 맡을 수 있는 온갖 기운. 「2」 어떤 사물이나 분위기 따위에서 느껴지는 특이한 성질이나 낌새. **내음** 명 코로 맡을 수 있는 나쁘지 않거나 향기로운 기운. 주로 문학적 표현에 쓰인다.
㉣	**태양-계** 명 태양과 그것을 중심으로 공전하는 천체의 집합. 태양, 9개의 행성, ……	**태양-계** 명 태양과 그것을 중심으로 공전하는 천체의 집합. 태양, 8개의 행성, ……
㉤	(표제어 없음)	**스마트-폰** 명 휴대 전화에 여러 컴퓨터 지원 기능을 추가한 지능형 단말기.

※ 사전의 개정 내용은 표준어와 표준 발음의 최신 정보를 반영한 것임.

① ㉠ : 표제어의 뜻풀이가 추가되어 다의어의 중심적 의미가 수정되었군.
② ㉡ : 표준 발음이 추가로 인정되어 기존의 표준 발음과 함께 제시되었군.
③ ㉢ : 방언이었던 단어가 표준어의 지위를 얻고 뜻풀이도 새롭게 제시되었군.
④ ㉣ : 과학적 정보를 반영하여 뜻풀이 일부가 갱신되었군.
⑤ ㉤ : 새로운 문물을 지칭하는 신어가 표제어로 추가되었군.

[40~42] (가)는 학생들이 동아리 소개를 위해 휴대 전화 메신저로 나눈 대화이고, (나)는 (가)를 바탕으로 '정아'가 학교 게시판에 올릴 초안을 작성한 것이다. 물음에 답하시오.

(가)

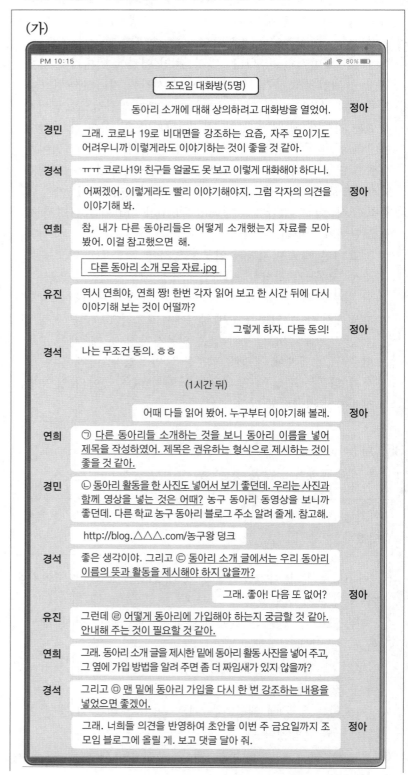

(나)

조 모임 블로그

제목 : 기타 동아리가 여러분을 기다리고 있습니다.

안녕하세요? 기타 동아리 '소리샘'입니다. '소리샘'은 아름다운 음악 소리가 솟아나는 샘이라는 뜻으로, 음악을 사랑하는 사람들이 모여 기타를 배우고 연주하는 곳입니다. 구체적으로 어떤 활동을 하는지 궁금하지 않으세요?

우리 동아리에 가입하고 싶은데 기타를 전혀 못 쳐서 망설이시나요? 걱정하지 마세요. 동아리에 오시면 선배들이 기초부터 차근차근 가르쳐 드립니다. '소리샘'에는 여러분이 마음껏 연주할 수 있는 기타가 많이 있으니 그것도 걱정할 필요가 없습니다. 언제든지 우리 동아리에 들러 선배들을 찾아 주세요.

우리 동아리는 방과 후와 주말을 이용해 자율적인 연습을 하고 매년 정기 공연을 합니다. 또한 악기 연주와 공연만 하는 다른 음악 동아리와 달리 양로원이나 장애인 시설을 방문하여 연주회를 열고 성금을 기탁하는 활동도 함께 벌이고 있습니다.

■ 동아리 활동

■ 동아리 소개 인터뷰

■ 동아리 가입 방법
– 저희 블로그에 들어오셔서 '가입 신청'란에 신청서를 제시하면 됩니다(신청서는 블로그에서 다운 받을 수 있습니다.).
– 가입할 수 있는 기간은 3월 말까지입니다.

저희 동아리는 언제나 문이 열려 있습니다!
음악에 관심 있는 여러분! 발걸음을 저희 동아리로 옮겨 주세요.

신출제
40. (가)의 대화에 대한 설명으로 가장 적절한 것은?

① 연희는 자신이 수집한 자료를 불특정 다수와 공유하려 하고 있다.

② 경석은 자음자로만 된 기호를 활용하여 자신의 감정을 표출하고 있다.

③ 유진은 휴대 전화 메신저라는 매체 특성을 이용하여 사진 자료를 제시하고 있다.

④ 경민은 하이퍼링크를 이용하여 관련 정보를 다른 참여자들과 공유하려 하고 있다.

⑤ 정아는 휴대 전화 메신저로 대화하는 것의 장점을 거론하며 해당 매체로 대화하는 것에 긍정적으로 평가하고 있다.

신출제
41. ㉠ ~ ㉤을 바탕으로 '정아'가 만든 동아리 소개서 중 (나)에 반영되지 않은 것은?

① ㉠을 반영하여 동아리 소개를 위한 제목을 맨 위에 제시해야겠어.

② ㉡을 고려하여 동아리 활동 사진과 동아리 소개 인터뷰를 넣어야지.

③ ㉢을 반영하여 소개 글 1문단에서는 동아리 이름의 뜻을, 3문단에서는 동아리 활동을 제시해야겠어.

④ ㉣을 고려하여 우리 동아리에 가입하고 싶은 학생들을 위해 동아리 가입 방법을 제시해야겠어.

⑤ ㉤을 반영하여 우리 동아리에 가입하기를 권유하는 말을 간접적으로 제시해야겠어.

신출제
42. <보기>는 (나)에 달린 '댓글'이다. <보기>를 바탕으로 (나)를 수정한 ⓐ ~ ⓔ 중 적절하지 않은 것은?

<보 기>

연희 제목을 의문형으로 바꾸면서 수정했으면 해.
  ↳ **정아** 그래! 수정할게.

경민 그리고 소개 글의 내용을 볼 때 문단의 순서를 바꿔야 할 것 같아.
  ↳ **연희** 나도 그렇게 생각해.
  ↳ **정아** 어, 정말 그러네. 순서를 바꿀게.

경민 우리 활동 사진을 동영상으로 제시하면 어때, 사진보다 훨씬 효과적일 텐데. 동영상 자료는 내가 보내 줄게.
  ↳ **경석** 기특한 우리 경민이! 전적으로 동의!
  ↳ **정아** 그래. 경민아 동영상 자료 잘 정리해서 내게 보내 줘.
  ↳ **경민** 알았어. 보내줄게.

유진 그런데 동아리 소개는 학생보다는 선생님이 낫지 않을까? 선생님이 학생들에게 좀 권위가 있어 보이잖아.
  ↳ **연희** 동아리 담당 선생님 인터뷰가 괜찮겠네. 내가 선생님하고 인터뷰해 볼게.
  ↳ **정아** 그래. 고마워.

연희 그리고 동아리에 가입하려는 학생들이 우리 블로그를 잘 찾을 수 있을까? 블로그를 찾을 수 있는 내용이 제시되어야 할 것 같아.
  ↳ **정아** 알았어. 더 이야기 없으면 다시 수정해서 올릴게.

조 모임 블로그

기타 동아리 '소리샘'으로 발길을 돌리지 않겠습니까? …… ⓐ

안녕하세요? 기타 동아리 '소리샘'입니다. '소리샘'은 아름다운 음악 소리가 솟아나는 샘이라는 뜻으로, 음악을 사랑하는 사람들이 모여 기타를 배우고 연주하는 곳입니다. 구체적으로 어떤 활동을 하는지 궁금하지 않으세요?

우리 동아리는 방과 후와 주말을 이용해 자율적인 연습을 하고 매년 정기 공연을 합니다. 또한 악기 연주와 공연만 하는 다른 음악 동아리와 달리 양로원이나 장애인 시설을 방문하여 연주회를 열고 성금을 기탁하는 활동도 함께 벌이고 있습니다.

ⓑ 우리 동아리에 가입하고 싶은데 기타를 전혀 못 쳐서 망설이시나요? 걱정하지 마세요. 동아리에 오시면 선배들이 기초부터 차근차근 가르쳐 드립니다. '소리샘'에는 여러분이 마음껏 연주할 수 있는 기타가 많이 있으니 그것도 걱정할 필요가 없습니다. 언제든지 우리 동아리에 들러 선배들을 찾아 주세요.

■ 동아리 활동 …… ⓒ

■ 동아리 소개 인터뷰 …… ⓓ

■ 동아리 가입 방법 …… ⓔ
– 가입 방법: 소리샘 블로그 '가입 신청'란
  (신청서는 블로그에서 다운 받을 수 있습니다.)
– 가입 일시: 3월 20일~3월 31일 5시까지

저희 동아리는 언제나 문이 열려 있습니다!
음악에 관심 있는 여러분! 발걸음을 저희 동아리로 옮겨 주세요.

① ⓐ   ② ⓑ   ③ ⓒ   ④ ⓓ   ⑤ ⓔ

[43~45] (가)는 종이 신문이고, (나)는 인터넷 개인 블로그의 일부이다. 물음에 답하시오.

(가)

○○ 일보	20△△. △△.△△

이대로 기후변화 계속되면…
금세기 말 북극곰 사라진다
해빙 급감으로 북극곰의 먹이 활동 어려워

㉠ 기후변화가 현재 추세대로 계속될 경우 이번 세기말에는 북극곰이 지구상에서 사라질 것이라는 연구 결과가 나왔다.

캐나다 토론토대, 미국 워싱턴대 등 연구진은 기후변화의 영향으로 해빙(海氷)이 줄면서 북극곰의 개체 수도 감소하고 있으며 현재 추세대로라면 이번 세기말에는 북극곰이 멸종할 것이라는 연구 결과를 국제학술지 네이처 기후변화에 20일 게재했다.

북극곰은 바다표범을 주로 사냥해서 먹잇감으로 삼는데 사냥을 위해서는 해빙이 필수적이다. 해빙이 줄어들면 바다표범을 잡기 위해 더 먼 거리를 이동해야 하며 ㉡ 먹이를 얻지 못하고 헤매게 될 가능성도 높아진다. ㉢ 이는 북극곰들이 새끼를 기르기 어려운 상황으로 이어질 수 있으며 북극곰 전체 개체 수의 감소로도 연결될 수 있다.

연구진은 북극곰의 에너지 사용량을 모델화한 뒤 이를 토대로 이들이 버틸 수 있는 시간을 추산한 결과 RCP8.5 시나리오가 현실화될 경우 2100년이면 북극곰이 멸종할 것으로 내다봤다. RCP8.5는 인류가 저감 노력 없이 현재 추세대로 온실가스를 배출할 경우를 의미한다. ㉣ 연구진은 또 RCP4.5 시나리오에서도 북극곰 개체 수가 사라질 전망으로 나타났다고 밝혔다. RCP4.5 시나리오는 온실가스 저감정책이 상당히 실현되는 경우를 의미한다.

연구진은 새끼들이 가장 먼저 위험에 처할 가능성이 높으며 혼자 생활하는 암컷이 가장 늦게 영향을 받을 것으로 추정했다. ㉤ 해빙의 급감은 이미 북극곰 개체 수 감소에 큰 영향을 미치고 있다. 세계자연보전연맹(ICUN)은 멸종위기종 목록인 적색목록에서 북극곰을 취약종(VU)으로 분류하고 있다. 적색목록은 멸종이 우려되는 세계의 야생동물을 9단계로 나눠 목록화한 것으로 VU는 '야생에서 높은 절멸 위기에 직면한 종'임을 의미한다.

(나)

제목 : 지구 온난화로부터 북극곰을 지키자.

작성자: 북극곰 지킴이 　　　　조회 45/작성일 20△△. ○○. ○○

녹아내린 빙하 사이로 앙상하게 여윈 북극곰이 위태롭게 걷고 있는 사진, 한 번쯤은 본 적이 있을 것이다. 북극곰이 어쩌다 이렇게 된 것일까? 바로 지구 온난화 때문이다. ⓐ 내가 읽은 자료에 따르면 1906년 이후 100년 간 지구의 평균 온도가 약 0.74도 상승했다고 밝히면서, 2100년까지 지구의 평균 온도가 약 2.4~6.4도까지 상승할 수 있다고 예측했다. ⓑ 지구 온도가 1도만 올라가도 지구 생태계의 거의가 멸종된다고 하니, 앞으로는 북극곰을 사진으로만 보게 될지도 모르겠다.

지구 기후 변화의 심각성을 더 알고 싶은 분들은 http://www.ip□□.com 을 클릭하세요.

댓글 3개	담기 | 인쇄 | 신고

북극곰 아들 ⓒ 정말 심각하군요. 이 글을 퍼서 사람들에게 널리 알려야겠어요.
　┗ **바람돌이** ⓓ 심각한 줄 이제 알았어요. 너무 무심한 것 아녜요. 환경에 관심이 없나 봐요.
강강 술래 ⓔ 북극곰뿐만 아니라 펭귄도 이제 30년 안에는 멸종될 것입니다.
북극곰 지킴이 관심을 가져 주셔서 고맙습니다. 지구 온난화의 심각성을 널리 알려 주세요.

---

43. (가), (나)에 대한 이해로 적절하지 <u>않은</u> 것은?

① (가)와 (나) 모두 불특정 다수에게 정보를 전달할 수 있다.

② (가)와 (나) 모두 매체 전달에 있어서 복합 양식성을 띠고 있다.

③ (가)에 비해 (나)는 정보 제공자 측면에서 정보의 질적인 신뢰도가 낮은 편이다.

④ (가)와 달리 (나)는 정보와 연관성이 있는 부가적인 정보를 하이퍼링크로 제시하고 있다.

⑤ (나)와 달리 (가)는 정보의 생산자와 수용자가 분명히 구분되는 일방향적 정보 전달 매체이다.

---

44. (가)의 언어적 특성을 고려할 때, ㉠~㉤에 대한 설명으로 적절하지 <u>않은</u> 것은?

① ㉠ : 관형사형 어미 '-ㄹ'을 사용하여 미래에 일어날 일을 예측하고 있다.

② ㉡ : 연결 어미를 사용하여 앞 절과 뒷 절이 대등하게 이어짐을 드러내고 있다.

③ ㉢ : 지시 표현인 '이'를 사용하여 응집성을 높여 주고 있다.

④ ㉣ : 직접 인용의 표현을 사용하여 특정 시나리오에 대한 연구진의 말을 전달해 주고 있다.

⑤ ㉤ : '~고 있다'를 사용하여 특정 상황이 특정 대상의 수에 영향을 미치고 있음을 드러내고 있다.

---

45. (나)의 ⓐ~ⓔ를 '쓰기 윤리'의 관점에서 평가한 것으로 가장 적절한 것은? [3점]

① ⓐ : 자료 출처를 정확히 밝혀 신뢰감을 주고 있다.

② ⓑ : 사실적인 내용을 전달하기 위한 객관적인 태도가 드러나고 있다.

③ ⓒ : 작성자의 허락을 받지 않는다는 점에서 저작권을 위반하였다고 할 수 있다.

④ ⓓ : 상대방에 대한 존중의 태도를 보이면서 잘못된 점을 지적하고 있다.

⑤ ⓔ : 구체적인 근거를 들어 객관적으로 확인된 정보를 전달하고 있다.

---

* 확인 사항
○ 답안지의 해당란에 필요한 내용을 정확히 기입(표기)했는지 확인하시오.

① 교시 국어영역

※ 답안지 작성(표기)은 반드시 검은색 컴퓨터용 사인펜만을 사용하고, 연필 또는 샤프 등의 필기구를 절대 사용하지 마십시오.

결시자 확인 (수험생은 표기하지 말것.)

검은색 컴퓨터용 사인펜을 사용하여 수험번호란과 옆란을 표기   ○

※ 문제지 표지에 안내된 필적 확인 문구를 아래 '필적 확인란'에 정자로 반드시 기재하여야 합니다.

필 적 확인란

성 명

수 험 번 호

문형

홀수형 ○
짝수형 ○

※문제의 문형을 확인 후 표기

감독관 확인 (수험생은 표기하지 말것)

(서 명 또는 날 인)

본인 여부, 수험번호 및 문형의 표기가 정확한지 확인, 옆란에 서명 또는 날인

공 통 과 목		공 통 과 목	
문번	답 란	문번	답 란
1	① ② ③ ④ ⑤	21	① ② ③ ④ ⑤
2	① ② ③ ④ ⑤	22	① ② ③ ④ ⑤
3	① ② ③ ④ ⑤	23	① ② ③ ④ ⑤
4	① ② ③ ④ ⑤	24	① ② ③ ④ ⑤
5	① ② ③ ④ ⑤	25	① ② ③ ④ ⑤
6	① ② ③ ④ ⑤	26	① ② ③ ④ ⑤
7	① ② ③ ④ ⑤	27	① ② ③ ④ ⑤
8	① ② ③ ④ ⑤	28	① ② ③ ④ ⑤
9	① ② ③ ④ ⑤	29	① ② ③ ④ ⑤
10	① ② ③ ④ ⑤	30	① ② ③ ④ ⑤
11	① ② ③ ④ ⑤	31	① ② ③ ④ ⑤
12	① ② ③ ④ ⑤	32	① ② ③ ④ ⑤
13	① ② ③ ④ ⑤	33	① ② ③ ④ ⑤
14	① ② ③ ④ ⑤	34	① ② ③ ④ ⑤
15	① ② ③ ④ ⑤		
16	① ② ③ ④ ⑤		
17	① ② ③ ④ ⑤		
18	① ② ③ ④ ⑤		
19	① ② ③ ④ ⑤		
20	① ② ③ ④ ⑤		

선 택 과 목	
문번	답 란
35	① ② ③ ④ ⑤
36	① ② ③ ④ ⑤
37	① ② ③ ④ ⑤
38	① ② ③ ④ ⑤
39	① ② ③ ④ ⑤
40	① ② ③ ④ ⑤
41	① ② ③ ④ ⑤
42	① ② ③ ④ ⑤
43	① ② ③ ④ ⑤
44	① ② ③ ④ ⑤
45	① ② ③ ④ ⑤

리얼 오리지널 I 언어와 매체

✂ ─ 절취선

[회] 리얼 오리지널 모의고사 답안지

① 교시 국어영역

※ 답안지 작성(표기)은 반드시 검은색 컴퓨터용 사인펜만을 사용하고, 연필 또는 샤프 등의 필기구를 절대 사용하지 마십시오.

결시자 확인 (수험생은 표기하지 말것.)

검은색 컴퓨터용 사인펜을 사용하여 수험번호란과 옆란을 표기   ○

※ 문제지 표지에 안내된 필적 확인 문구를 아래 '필적 확인란'에 정자로 반드시 기재하여야 합니다.

필 적 확인란

성 명

수 험 번 호

문형

홀수형 ○
짝수형 ○

※문제의 문형을 확인 후 표기

감독관 확인 (수험생은 표기하지 말것)

(서 명 또는 날 인)

본인 여부, 수험번호 및 문형의 표기가 정확한지 확인, 옆란에 서명 또는 날인

공 통 과 목		공 통 과 목	
문번	답 란	문번	답 란
1	① ② ③ ④ ⑤	21	① ② ③ ④ ⑤
2	① ② ③ ④ ⑤	22	① ② ③ ④ ⑤
3	① ② ③ ④ ⑤	23	① ② ③ ④ ⑤
4	① ② ③ ④ ⑤	24	① ② ③ ④ ⑤
5	① ② ③ ④ ⑤	25	① ② ③ ④ ⑤
6	① ② ③ ④ ⑤	26	① ② ③ ④ ⑤
7	① ② ③ ④ ⑤	27	① ② ③ ④ ⑤
8	① ② ③ ④ ⑤	28	① ② ③ ④ ⑤
9	① ② ③ ④ ⑤	29	① ② ③ ④ ⑤
10	① ② ③ ④ ⑤	30	① ② ③ ④ ⑤
11	① ② ③ ④ ⑤	31	① ② ③ ④ ⑤
12	① ② ③ ④ ⑤	32	① ② ③ ④ ⑤
13	① ② ③ ④ ⑤	33	① ② ③ ④ ⑤
14	① ② ③ ④ ⑤	34	① ② ③ ④ ⑤
15	① ② ③ ④ ⑤		
16	① ② ③ ④ ⑤		
17	① ② ③ ④ ⑤		
18	① ② ③ ④ ⑤		
19	① ② ③ ④ ⑤		
20	① ② ③ ④ ⑤		

선 택 과 목	
문번	답 란
35	① ② ③ ④ ⑤
36	① ② ③ ④ ⑤
37	① ② ③ ④ ⑤
38	① ② ③ ④ ⑤
39	① ② ③ ④ ⑤
40	① ② ③ ④ ⑤
41	① ② ③ ④ ⑤
42	① ② ③ ④ ⑤
43	① ② ③ ④ ⑤
44	① ② ③ ④ ⑤
45	① ② ③ ④ ⑤

리얼 오리지널 I 언어와 매체

① 교시 국 어 영 역

※ 답안지 작성(표기)은 반드시 검은색 컴퓨터용 사인펜만을 사용하고, 연필 또는 샤프 등의 필기구를 절대 사용하지 마십시오.

결시자 확인 (수험생은 표기하지 말것.)

검은색 컴퓨터용 사인펜을 사용하여
수험번호란과 옆란을 표기　　○

※ 문제지 표지에 안내된 필적 확인 문구를 아래
'필적 확인란'에 정자로 반드시 기재하여야 합니다.

필 적 확인란	

성 명	

수 험 번 호

문형
홀수형 ○
짝수형 ○

※문제의
문형을
확인 후
표기

감독관 확 인 (수험생은 표기 하지 말것)	(서 명 또는 날 인)	본인 여부, 수험번호 및 문형의 표기가 정확한지 확인, 옆란에 서명 또는 날인

공 통 과 목

문번	답 란	문번	답 란
1	① ② ③ ④ ⑤	21	① ② ③ ④ ⑤
2	① ② ③ ④ ⑤	22	① ② ③ ④ ⑤
3	① ② ③ ④ ⑤	23	① ② ③ ④ ⑤
4	① ② ③ ④ ⑤	24	① ② ③ ④ ⑤
5	① ② ③ ④ ⑤	25	① ② ③ ④ ⑤
6	① ② ③ ④ ⑤	26	① ② ③ ④ ⑤
7	① ② ③ ④ ⑤	27	① ② ③ ④ ⑤
8	① ② ③ ④ ⑤	28	① ② ③ ④ ⑤
9	① ② ③ ④ ⑤	29	① ② ③ ④ ⑤
10	① ② ③ ④ ⑤	30	① ② ③ ④ ⑤
11	① ② ③ ④ ⑤	31	① ② ③ ④ ⑤
12	① ② ③ ④ ⑤	32	① ② ③ ④ ⑤
13	① ② ③ ④ ⑤	33	① ② ③ ④ ⑤
14	① ② ③ ④ ⑤	34	① ② ③ ④ ⑤
15	① ② ③ ④ ⑤		
16	① ② ③ ④ ⑤		
17	① ② ③ ④ ⑤		
18	① ② ③ ④ ⑤		
19	① ② ③ ④ ⑤		
20	① ② ③ ④ ⑤		

선 택 과 목

문번	답 란
35	① ② ③ ④ ⑤
36	① ② ③ ④ ⑤
37	① ② ③ ④ ⑤
38	① ② ③ ④ ⑤
39	① ② ③ ④ ⑤
40	① ② ③ ④ ⑤
41	① ② ③ ④ ⑤
42	① ② ③ ④ ⑤
43	① ② ③ ④ ⑤
44	① ② ③ ④ ⑤
45	① ② ③ ④ ⑤

리얼 오리지널 l 언어와 매체

절취선

[　회] 리얼 오리지널 모의고사 답안지

① 교시 국 어 영 역

※ 답안지 작성(표기)은 반드시 검은색 컴퓨터용 사인펜만을 사용하고, 연필 또는 샤프 등의 필기구를 절대 사용하지 마십시오.

결시자 확인 (수험생은 표기하지 말것.)

검은색 컴퓨터용 사인펜을 사용하여
수험번호란과 옆란을 표기　　○

※ 문제지 표지에 안내된 필적 확인 문구를 아래
'필적 확인란'에 정자로 반드시 기재하여야 합니다.

필 적 확인란	

성 명	

수 험 번 호

문형
홀수형 ○
짝수형 ○

※문제의
문형을
확인 후
표기

감독관 확 인 (수험생은 표기 하지 말것)	(서 명 또는 날 인)	본인 여부, 수험번호 및 문형의 표기가 정확한지 확인, 옆란에 서명 또는 날인

공 통 과 목

문번	답 란	문번	답 란
1	① ② ③ ④ ⑤	21	① ② ③ ④ ⑤
2	① ② ③ ④ ⑤	22	① ② ③ ④ ⑤
3	① ② ③ ④ ⑤	23	① ② ③ ④ ⑤
4	① ② ③ ④ ⑤	24	① ② ③ ④ ⑤
5	① ② ③ ④ ⑤	25	① ② ③ ④ ⑤
6	① ② ③ ④ ⑤	26	① ② ③ ④ ⑤
7	① ② ③ ④ ⑤	27	① ② ③ ④ ⑤
8	① ② ③ ④ ⑤	28	① ② ③ ④ ⑤
9	① ② ③ ④ ⑤	29	① ② ③ ④ ⑤
10	① ② ③ ④ ⑤	30	① ② ③ ④ ⑤
11	① ② ③ ④ ⑤	31	① ② ③ ④ ⑤
12	① ② ③ ④ ⑤	32	① ② ③ ④ ⑤
13	① ② ③ ④ ⑤	33	① ② ③ ④ ⑤
14	① ② ③ ④ ⑤	34	① ② ③ ④ ⑤
15	① ② ③ ④ ⑤		
16	① ② ③ ④ ⑤		
17	① ② ③ ④ ⑤		
18	① ② ③ ④ ⑤		
19	① ② ③ ④ ⑤		
20	① ② ③ ④ ⑤		

선 택 과 목

문번	답 란
35	① ② ③ ④ ⑤
36	① ② ③ ④ ⑤
37	① ② ③ ④ ⑤
38	① ② ③ ④ ⑤
39	① ② ③ ④ ⑤
40	① ② ③ ④ ⑤
41	① ② ③ ④ ⑤
42	① ② ③ ④ ⑤
43	① ② ③ ④ ⑤
44	① ② ③ ④ ⑤
45	① ② ③ ④ ⑤

리얼 오리지널 l 언어와 매체

절취선

① 교시 국어영역

※ 답안지 작성(표기)은 반드시 검은색 컴퓨터용 사인펜만을 사용하고, 연필 또는 샤프 등의 필기구를 절대 사용하지 마십시오.

결시자 확인 (수험생은 표기하지 말것.)

검은색 컴퓨터용 사인펜을 사용하여
수험번호란과 옆란을 표기   ○

※ 문제지 표지에 안내된 필적 확인 문구를 아래
'필적 확인란'에 정자로 반드시 기재하여야 합니다.

필 적
확인란

성 명

수 험 번 호

문형

홀수형 ○

짝수형 ○

※문제의
문형을
확인 후
표기

감독관 확인
(수험생은 표기 하지 말것)

(서 명
또는
날 인)

본인 여부, 수험번호 및
문형의 표기가 정확한지
확인, 옆란에 서명 또는
날인

공 통 과 목

문번	답 란	문번	답 란
1	① ② ③ ④ ⑤	21	① ② ③ ④ ⑤
2	① ② ③ ④ ⑤	22	① ② ③ ④ ⑤
3	① ② ③ ④ ⑤	23	① ② ③ ④ ⑤
4	① ② ③ ④ ⑤	24	① ② ③ ④ ⑤
5	① ② ③ ④ ⑤	25	① ② ③ ④ ⑤
6	① ② ③ ④ ⑤	26	① ② ③ ④ ⑤
7	① ② ③ ④ ⑤	27	① ② ③ ④ ⑤
8	① ② ③ ④ ⑤	28	① ② ③ ④ ⑤
9	① ② ③ ④ ⑤	29	① ② ③ ④ ⑤
10	① ② ③ ④ ⑤	30	① ② ③ ④ ⑤
11	① ② ③ ④ ⑤	31	① ② ③ ④ ⑤
12	① ② ③ ④ ⑤	32	① ② ③ ④ ⑤
13	① ② ③ ④ ⑤	33	① ② ③ ④ ⑤
14	① ② ③ ④ ⑤	34	① ② ③ ④ ⑤
15	① ② ③ ④ ⑤		
16	① ② ③ ④ ⑤		
17	① ② ③ ④ ⑤		
18	① ② ③ ④ ⑤		
19	① ② ③ ④ ⑤		
20	① ② ③ ④ ⑤		

선 택 과 목

문번	답 란
35	① ② ③ ④ ⑤
36	① ② ③ ④ ⑤
37	① ② ③ ④ ⑤
38	① ② ③ ④ ⑤
39	① ② ③ ④ ⑤
40	① ② ③ ④ ⑤
41	① ② ③ ④ ⑤
42	① ② ③ ④ ⑤
43	① ② ③ ④ ⑤
44	① ② ③ ④ ⑤
45	① ② ③ ④ ⑤

리얼 오리지널 I 언어와 매체

✂ 절취선

[회] 리얼 오리지널 모의고사 답안지

① 교시 국어영역

※ 답안지 작성(표기)은 반드시 검은색 컴퓨터용 사인펜만을 사용하고, 연필 또는 샤프 등의 필기구를 절대 사용하지 마십시오.

결시자 확인 (수험생은 표기하지 말것.)

검은색 컴퓨터용 사인펜을 사용하여
수험번호란과 옆란을 표기   ○

※ 문제지 표지에 안내된 필적 확인 문구를 아래
'필적 확인란'에 정자로 반드시 기재하여야 합니다.

필 적
확인란

성 명

수 험 번 호

문형

홀수형 ○

짝수형 ○

※문제의
문형을
확인 후
표기

감독관 확인
(수험생은 표기 하지 말것)

(서 명
또는
날 인)

본인 여부, 수험번호 및
문형의 표기가 정확한지
확인, 옆란에 서명 또는
날인

공 통 과 목

문번	답 란	문번	답 란
1	① ② ③ ④ ⑤	21	① ② ③ ④ ⑤
2	① ② ③ ④ ⑤	22	① ② ③ ④ ⑤
3	① ② ③ ④ ⑤	23	① ② ③ ④ ⑤
4	① ② ③ ④ ⑤	24	① ② ③ ④ ⑤
5	① ② ③ ④ ⑤	25	① ② ③ ④ ⑤
6	① ② ③ ④ ⑤	26	① ② ③ ④ ⑤
7	① ② ③ ④ ⑤	27	① ② ③ ④ ⑤
8	① ② ③ ④ ⑤	28	① ② ③ ④ ⑤
9	① ② ③ ④ ⑤	29	① ② ③ ④ ⑤
10	① ② ③ ④ ⑤	30	① ② ③ ④ ⑤
11	① ② ③ ④ ⑤	31	① ② ③ ④ ⑤
12	① ② ③ ④ ⑤	32	① ② ③ ④ ⑤
13	① ② ③ ④ ⑤	33	① ② ③ ④ ⑤
14	① ② ③ ④ ⑤	34	① ② ③ ④ ⑤
15	① ② ③ ④ ⑤		
16	① ② ③ ④ ⑤		
17	① ② ③ ④ ⑤		
18	① ② ③ ④ ⑤		
19	① ② ③ ④ ⑤		
20	① ② ③ ④ ⑤		

선 택 과 목

문번	답 란
35	① ② ③ ④ ⑤
36	① ② ③ ④ ⑤
37	① ② ③ ④ ⑤
38	① ② ③ ④ ⑤
39	① ② ③ ④ ⑤
40	① ② ③ ④ ⑤
41	① ② ③ ④ ⑤
42	① ② ③ ④ ⑤
43	① ② ③ ④ ⑤
44	① ② ③ ④ ⑤
45	① ② ③ ④ ⑤

[회] 리얼 오리지널 모의고사 답안지

① 교시 **국 어 영 역**

※ 답안지 작성(표기)은 반드시 검은색 컴퓨터용 사인펜만을 사용하고, 연필 또는 샤프 등의 필기구를 절대 사용하지 마십시오.

결시자 확인 (수험생은 표기하지 말것.)

| 검은색 컴퓨터용 사인펜을 사용하여 수험번호란과 옆란을 표기 | ○ |

※ 문제지 표지에 안내된 필적 확인 문구를 아래 '필적 확인란'에 정자로 반드시 기재하여야 합니다.

| 필 적 확인란 | |

| 성 명 | |

수 험 번 호

문형

홀수형 ○

짝수형 ○

※문제의 문형을 확인 후 표기

감독관 확인
(수험생은 표기 하지 말것)

(서 명 또는 날 인)

본인 여부, 수험번호 및 문형의 표기가 정확한지 확인, 옆란에 서명 또는 날인

공 통 과 목

문번	답 란	문번	답 란
1	① ② ③ ④ ⑤	21	① ② ③ ④ ⑤
2	① ② ③ ④ ⑤	22	① ② ③ ④ ⑤
3	① ② ③ ④ ⑤	23	① ② ③ ④ ⑤
4	① ② ③ ④ ⑤	24	① ② ③ ④ ⑤
5	① ② ③ ④ ⑤	25	① ② ③ ④ ⑤
6	① ② ③ ④ ⑤	26	① ② ③ ④ ⑤
7	① ② ③ ④ ⑤	27	① ② ③ ④ ⑤
8	① ② ③ ④ ⑤	28	① ② ③ ④ ⑤
9	① ② ③ ④ ⑤	29	① ② ③ ④ ⑤
10	① ② ③ ④ ⑤	30	① ② ③ ④ ⑤
11	① ② ③ ④ ⑤	31	① ② ③ ④ ⑤
12	① ② ③ ④ ⑤	32	① ② ③ ④ ⑤
13	① ② ③ ④ ⑤	33	① ② ③ ④ ⑤
14	① ② ③ ④ ⑤	34	① ② ③ ④ ⑤
15	① ② ③ ④ ⑤		
16	① ② ③ ④ ⑤		
17	① ② ③ ④ ⑤		
18	① ② ③ ④ ⑤		
19	① ② ③ ④ ⑤		
20	① ② ③ ④ ⑤		

선 택 과 목

문번	답 란
35	① ② ③ ④ ⑤
36	① ② ③ ④ ⑤
37	① ② ③ ④ ⑤
38	① ② ③ ④ ⑤
39	① ② ③ ④ ⑤
40	① ② ③ ④ ⑤
41	① ② ③ ④ ⑤
42	① ② ③ ④ ⑤
43	① ② ③ ④ ⑤
44	① ② ③ ④ ⑤
45	① ② ③ ④ ⑤

리얼 오리지널 I 언어와 매체

✂ 절취선

[회] 리얼 오리지널 모의고사 답안지

① 교시 **국 어 영 역**

※ 답안지 작성(표기)은 반드시 검은색 컴퓨터용 사인펜만을 사용하고, 연필 또는 샤프 등의 필기구를 절대 사용하지 마십시오.

결시자 확인 (수험생은 표기하지 말것.)

| 검은색 컴퓨터용 사인펜을 사용하여 수험번호란과 옆란을 표기 | ○ |

※ 문제지 표지에 안내된 필적 확인 문구를 아래 '필적 확인란'에 정자로 반드시 기재하여야 합니다.

| 필 적 확인란 | |

| 성 명 | |

수 험 번 호

문형

홀수형 ○

짝수형 ○

※문제의 문형을 확인 후 표기

감독관 확인
(수험생은 표기 하지 말것)

(서 명 또는 날 인)

본인 여부, 수험번호 및 문형의 표기가 정확한지 확인, 옆란에 서명 또는 날인

공 통 과 목

문번	답 란	문번	답 란
1	① ② ③ ④ ⑤	21	① ② ③ ④ ⑤
2	① ② ③ ④ ⑤	22	① ② ③ ④ ⑤
3	① ② ③ ④ ⑤	23	① ② ③ ④ ⑤
4	① ② ③ ④ ⑤	24	① ② ③ ④ ⑤
5	① ② ③ ④ ⑤	25	① ② ③ ④ ⑤
6	① ② ③ ④ ⑤	26	① ② ③ ④ ⑤
7	① ② ③ ④ ⑤	27	① ② ③ ④ ⑤
8	① ② ③ ④ ⑤	28	① ② ③ ④ ⑤
9	① ② ③ ④ ⑤	29	① ② ③ ④ ⑤
10	① ② ③ ④ ⑤	30	① ② ③ ④ ⑤
11	① ② ③ ④ ⑤	31	① ② ③ ④ ⑤
12	① ② ③ ④ ⑤	32	① ② ③ ④ ⑤
13	① ② ③ ④ ⑤	33	① ② ③ ④ ⑤
14	① ② ③ ④ ⑤	34	① ② ③ ④ ⑤
15	① ② ③ ④ ⑤		
16	① ② ③ ④ ⑤		
17	① ② ③ ④ ⑤		
18	① ② ③ ④ ⑤		
19	① ② ③ ④ ⑤		
20	① ② ③ ④ ⑤		

선 택 과 목

문번	답 란
35	① ② ③ ④ ⑤
36	① ② ③ ④ ⑤
37	① ② ③ ④ ⑤
38	① ② ③ ④ ⑤
39	① ② ③ ④ ⑤
40	① ② ③ ④ ⑤
41	① ② ③ ④ ⑤
42	① ② ③ ④ ⑤
43	① ② ③ ④ ⑤
44	① ② ③ ④ ⑤
45	① ② ③ ④ ⑤

리얼 오리지널 I 언어와 매체

SPEED 정답 체크 　수능기출학력평가 + N제 모의고사 | 언어와 매체

● PART I (학평·모평·수능)

01회 2023학년도 03월
35 ④　36 ③　37 ①　38 ④　39 ⑤
40 ②　41 ④　42 ⑤　43 ①　44 ②
45 ③

02회 2022학년도 03월
35 ①　36 ①　37 ④　38 ④　39 ①
40 ⑤　41 ③　42 ⑤　43 ③　44 ②
45 ②

03회 2021학년도 03월
35 ②　36 ②　37 ③　38 ③　39 ①
40 ③　41 ⑤　42 ④　43 ④　44 ③
45 ⑤

04회 2023학년도 04월
35 ②　36 ①　37 ③　38 ⑤　39 ④
40 ②　41 ②　42 ②　43 ④　44 ⑤
45 ④

05회 2022학년도 04월
35 ⑤　36 ②　37 ④　38 ④　39 ③
40 ④　41 ②　42 ②　43 ①　44 ④
45 ④

06회 2021학년도 04월
35 ⑤　36 ④　37 ①　38 ②　39 ①
40 ③　41 ③　42 ②　43 ③　44 ④
45 ①

07회 2024학년도 06월
35 ④　36 ⑤　37 ②　38 ②　39 ④
40 ②　41 ④　42 ⑤　43 ⑤　44 ④
45 ①

08회 2023학년도 06월
35 ③　36 ②　37 ①　38 ⑤　39 ③
40 ②　41 ⑤　42 ④　43 ④　44 ①
45 ③

09회 2022학년도 06월
35 ⑤　36 ④　37 ②　38 ⑤　39 ⑤
40 ③　41 ④　42 ③　43 ②　44 ①
45 ⑤

10회 2023학년도 07월
35 ①　36 ④　37 ④　38 ⑤　39 ④
40 ①　41 ⑤　42 ⑤　43 ⑤　44 ②
45 ③

11회 2022학년도 07월
35 ③　36 ④　37 ①　38 ④　39 ②
40 ⑤　41 ⑤　42 ④　43 ④　44 ④
45 ②

12회 2021학년도 07월
35 ②　36 ③　37 ④　38 ①　39 ①
40 ⑤　41 ④　42 ②　43 ②　44 ⑤
45 ⑤

13회 2024학년도 09월
35 ④　36 ③　37 ⑤　38 ②　39 ①
40 ④　41 ④　42 ⑤　43 ①　44 ③
45 ④

14회 2023학년도 09월
35 ③　36 ③　37 ④　38 ⑤　39 ④
40 ⑤　41 ②　42 ④　43 ①　44 ④
45 ①

15회 2022학년도 09월
35 ④　36 ②　37 ④　38 ⑤　39 ①
40 ②　41 ③　42 ④　43 ⑤　44 ④
45 ②

16회 2023학년도 10월
35 ③　36 ②　37 ④　38 ①　39 ⑤
40 ②　41 ①　42 ①　43 ③　44 ④
45 ④

17회 2022학년도 10월
35 ④　36 ④　37 ①　38 ⑤　39 ⑤
40 ④　41 ②　42 ①　43 ③　44 ④
45 ③

18회 2021학년도 10월
35 ②　36 ②　37 ④　38 ③　39 ①
40 ③　41 ①　42 ⑤　43 ⑤　44 ⑤
45 ④

19회 2024학년도 수능
35 ④　36 ④　37 ①　38 ③　39 ②
40 ②　41 ①　42 ⑤　43 ③　44 ③
45 ⑤

20회 2023학년도 수능
35 ②　36 ④　37 ①　38 ④　39 ①
40 ②　41 ①　42 ③　43 ⑤　44 ④
45 ③

21회 2022학년도 수능
35 ⑤　36 ②　37 ②　38 ①　39 ⑤
40 ④　41 ③　42 ④　43 ④　44 ⑤
45 ③

● PART II (수능 실전 모의고사)

01회 수능 실전 모의고사
35 ①　36 ④　37 ②　38 ③　39 ⑤
40 ⑤　41 ③　42 ④　43 ③　44 ④
45 ④

02회 수능 실전 모의고사
35 ①　36 ①　37 ④　38 ⑤　39 ⑤
40 ⑤　41 ⑤　42 ⑤　43 ③　44 ④
45 ⑤

03회 수능 실전 모의고사
35 ③　36 ④　37 ④　38 ①　39 ④
40 ④　41 ③　42 ②　43 ③　44 ④
45 ①

04회 수능 실전 모의고사
35 ②　36 ③　37 ④　38 ④　39 ②
40 ⑤　41 ①　42 ①　43 ①　44 ④
45 ⑤

05회 수능 실전 모의고사
35 ④　36 ①　37 ②　38 ④　39 ①
40 ④　41 ④　42 ①　43 ①　44 ②
45 ③

06회 수능 실전 모의고사
35 ⑤　36 ④　37 ①　38 ①　39 ⑤
40 ④　41 ④　42 ②　43 ②　44 ①
45 ⑤

07회 수능 실전 모의고사
35 ③　36 ①　37 ②　38 ④　39 ⑤
40 ④　41 ⑤　42 ②　43 ⑤　44 ④
45 ④

08회 수능 실전 모의고사
35 ④　36 ④　37 ①　38 ①　39 ⑤
40 ②　41 ⑤　42 ②　43 ③　44 ④
45 ④

09회 수능 실전 모의고사
35 ③　36 ①　37 ①　38 ②　39 ④
40 ③　41 ⑤　42 ③　43 ⑤　44 ④
45 ④

10회 수능 실전 모의고사
35 ⑤　36 ⑤　37 ①　38 ①　39 ④
40 ③　41 ⑤　42 ③　43 ⑤　44 ③
45 ①

11회 수능 실전 모의고사
35 ④　36 ①　37 ④　38 ④　39 ②
40 ④　41 ①　42 ①　43 ④　44 ③
45 ③

12회 수능 실전 모의고사
35 ④　36 ⑤　37 ④　38 ②　39 ⑤
40 ⑤　41 ④　42 ⑤　43 ①　44 ④
45 ④

13회 수능 실전 모의고사
35 ①　36 ①　37 ②　38 ②　39 ①
40 ④　41 ⑤　42 ③　43 ⑤　44 ②
45 ⑤

14회 수능 실전 모의고사
35 ⑤　36 ④　37 ①　38 ③　39 ④
40 ④　41 ③　42 ⑤　43 ④　44 ②
45 ③

15회 수능 실전 모의고사
35 ②　36 ①　37 ③　38 ⑤　39 ①
40 ④　41 ⑤　42 ①　43 ④　44 ①
45 ⑤

16회 수능 실전 모의고사
35 ③　36 ③　37 ①　38 ⑤　39 ③
40 ④　41 ⑤　42 ③　43 ④　44 ④
45 ④

17회 수능 실전 모의고사
35 ③　36 ⑤　37 ④　38 ①　39 ②
40 ⑤　41 ①　42 ④　43 ③　44 ③
45 ④

18회 수능 실전 모의고사
35 ④　36 ③　37 ②　38 ①　39 ③
40 ⑤　41 ⑤　42 ⑤　43 ⑤　44 ②
45 ③

19회 수능 실전 모의고사
35 ⑤　36 ②　37 ④　38 ②　39 ①
40 ③　41 ③　42 ②　43 ⑤　44 ⑤
45 ①

20회 수능 실전 모의고사
35 ③　36 ②　37 ⑤　38 ③　39 ⑤
40 ④　41 ④　42 ⑤　43 ①　44 ⑤
45 ③

21회 수능 실전 모의고사
35 ④　36 ①　37 ②　38 ③　39 ①
40 ④　41 ④　42 ⑤　43 ②　44 ④
45 ③

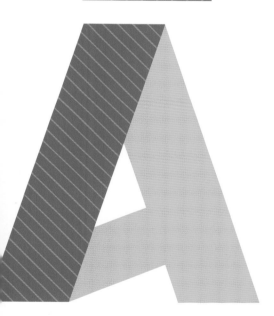

리얼 오리지널

www.ipsifly.com

REAL

The Real series ipsifly provide questions in previous real test and you can practice as real college scholastic ability test.

545만권 베스트셀러

리얼 오리지널 시리즈 누적 판매
2006~2023

수능시험+학교내신완벽대비

수능기출 학력평가 +N제 모의고사

42회 [신 수능 기출 21회
N제 모의고사 21회]

- 최신 3개년 신 수능 체제 기출 문제 [언어와 매체] 21회
- N제(신출제)+재구성 모의고사 [언어와 매체] 21회
- 언어와 매체 [11문항]을 한 세트씩 풀어 보는 실전 모의고사
- 매체 N제는 현직 고교와 학원 선생님이 [예상 문제] 집필
- 모든 선지에 [정답과 오답인 이유]를 수록한 입체적 해설
- 고난도 문제도 혼자서 학습이 충분한 [문제 해결 꿀팁]
- 회차별 [SPEED 정답 체크표·STUDY 플래너·정답률]
- 실전 연습에 꼭 필요한 OMR 카드 제공

언어와 매체
• 해 설 편 •

수능 모의고사 전문 출판
 입시플라이

● PART I (학평·모평·수능) ●

01회 2023학년도 03월

35 ④ 36 ③ 37 ① 38 ③ 39 ⑤
40 ② 41 ④ 42 ⑤ 43 ① 44 ②
45 ③

02회 2022학년도 03월

35 ① 36 ① 37 ④ 38 ④ 39 ①
40 ⑤ 41 ③ 42 ⑤ 43 ④ 44 ②
45 ②

03회 2021학년도 03월

35 ② 36 ② 37 ③ 38 ③ 39 ①
40 ③ 41 ⑤ 42 ④ 43 ④ 44 ①
45 ⑤

04회 2023학년도 04월

35 ② 36 ① 37 ③ 38 ⑤ 39 ④
40 ② 41 ② 42 ② 43 ④ 44 ⑤
45 ④

05회 2022학년도 04월

35 ⑤ 36 ② 37 ④ 38 ④ 39 ③
40 ④ 41 ⑤ 42 ② 43 ① 44 ④
45 ④

06회 2021학년도 04월

35 ⑤ 36 ④ 37 ① 38 ② 39 ①
40 ③ 41 ③ 42 ② 43 ③ 44 ④
45 ⑤

07회 2024학년도 06월

35 ③ 36 ⑤ 37 ② 38 ④ 39 ④
40 ② 41 ① 42 ⑤ 43 ⑤ 44 ③
45 ①

08회 2023학년도 06월

35 ③ 36 ② 37 ① 38 ⑤ 39 ③
40 ② 41 ⑤ 42 ④ 43 ④ 44 ①
45 ①

09회 2022학년도 06월

35 ⑤ 36 ④ 37 ② 38 ⑤ 39 ⑤
40 ③ 41 ④ 42 ③ 43 ② 44 ①
45 ⑤

10회 2023학년도 07월

35 ① 36 ④ 37 ④ 38 ⑤ 39 ④
40 ① 41 ⑤ 42 ⑤ 43 ⑤ 44 ②
45 ④

11회 2022학년도 07월

35 ④ 36 ③ 37 ① 38 ④ 39 ②
40 ⑤ 41 ⑤ 42 ④ 43 ④ 44 ②
45 ⑤

12회 2021학년도 07월

35 ② 36 ③ 37 ④ 38 ④ 39 ①
40 ② 41 ④ 42 ② 43 ② 44 ④
45 ⑤

13회 2024학년도 09월

35 ④ 36 ③ 37 ⑤ 38 ② 39 ①
40 ⑤ 41 ② 42 ⑤ 43 ① 44 ③
45 ④

14회 2023학년도 09월

35 ③ 36 ③ 37 ④ 38 ⑤ 39 ④
40 ⑤ 41 ② 42 ② 43 ① 44 ③
45 ①

15회 2022학년도 09월

35 ④ 36 ② 37 ④ 38 ⑤ 39 ①
40 ④ 41 ③ 42 ③ 43 ⑤ 44 ⑤
45 ②

16회 2023학년도 10월

35 ③ 36 ② 37 ④ 38 ① 39 ⑤
40 ② 41 ① 42 ① 43 ③ 44 ④
45 ④

17회 2022학년도 10월

35 ⑤ 36 ④ 37 ① 38 ⑤ 39 ⑤
40 ④ 41 ② 42 ① 43 ③ 44 ④
45 ③

18회 2021학년도 10월

35 ② 36 ② 37 ④ 38 ③ 39 ①
40 ③ 41 ① 42 ⑤ 43 ⑤ 44 ⑤
45 ④

19회 2024학년도 수능

35 ④ 36 ④ 37 ① 38 ③ 39 ④
40 ② 41 ① 42 ⑤ 43 ③ 44 ③
45 ⑤

20회 2023학년도 수능

35 ② 36 ④ 37 ① 38 ④ 39 ①
40 ② 41 ① 42 ③ 43 ⑤ 44 ④
45 ③

21회 2022학년도 수능

35 ⑤ 36 ② 37 ② 38 ① 39 ⑤
40 ④ 41 ③ 42 ④ 43 ④ 44 ⑤
45 ③

● PART II (수능 실전 모의고사) ●

01회 수능 실전 모의고사

35 ① 36 ④ 37 ② 38 ③ 39 ⑤
40 ⑤ 41 ③ 42 ④ 43 ③ 44 ④
45 ④

02회 수능 실전 모의고사

35 ② 36 ① 37 ④ 38 ⑤ 39 ⑤
40 ⑤ 41 ⑤ 42 ⑤ 43 ③ 44 ④
45 ⑤

03회 수능 실전 모의고사

35 ③ 36 ④ 37 ④ 38 ① 39 ④
40 ④ 41 ③ 42 ② 43 ③ 44 ④
45 ①

04회 수능 실전 모의고사

35 ② 36 ③ 37 ④ 38 ④ 39 ②
40 ⑤ 41 ① 42 ① 43 ① 44 ④
45 ⑤

05회 수능 실전 모의고사

35 ④ 36 ① 37 ② 38 ④ 39 ①
40 ④ 41 ④ 42 ① 43 ① 44 ②
45 ③

06회 수능 실전 모의고사

35 ⑤ 36 ④ 37 ① 38 ① 39 ⑤
40 ④ 41 ④ 42 ② 43 ② 44 ①
45 ⑤

07회 수능 실전 모의고사

35 ③ 36 ① 37 ② 38 ④ 39 ⑤
40 ③ 41 ⑤ 42 ⑤ 43 ⑤ 44 ⑤
45 ④

08회 수능 실전 모의고사

35 ④ 36 ④ 37 ① 38 ① 39 ⑤
40 ② 41 ⑤ 42 ② 43 ⑤ 44 ④
45 ④

09회 수능 실전 모의고사

35 ③ 36 ① 37 ① 38 ② 39 ④
40 ③ 41 ⑤ 42 ③ 43 ⑤ 44 ⑤
45 ④

10회 수능 실전 모의고사

35 ⑤ 36 ⑤ 37 ⑤ 38 ① 39 ④
40 ③ 41 ⑤ 42 ⑤ 43 ⑤ 44 ③
45 ①

11회 수능 실전 모의고사

35 ④ 36 ① 37 ④ 38 ④ 39 ②
40 ④ 41 ① 42 ① 43 ④ 44 ④
45 ③

12회 수능 실전 모의고사

35 ④ 36 ⑤ 37 ④ 38 ② 39 ⑤
40 ⑤ 41 ④ 42 ⑤ 43 ① 44 ⑤
45 ④

13회 수능 실전 모의고사

35 ① 36 ① 37 ② 38 ② 39 ①
40 ④ 41 ⑤ 42 ③ 43 ⑤ 44 ②
45 ⑤

14회 수능 실전 모의고사

35 ⑤ 36 ④ 37 ① 38 ③ 39 ④
40 ④ 41 ③ 42 ① 43 ④ 44 ②
45 ③

15회 수능 실전 모의고사

35 ② 36 ① 37 ③ 38 ⑤ 39 ①
40 ④ 41 ③ 42 ① 43 ⑤ 44 ⑤
45 ②

16회 수능 실전 모의고사

35 ③ 36 ③ 37 ③ 38 ⑤ 39 ③
40 ④ 41 ⑤ 42 ② 43 ④ 44 ④
45 ④

17회 수능 실전 모의고사

35 ③ 36 ⑤ 37 ④ 38 ① 39 ②
40 ⑤ 41 ① 42 ③ 43 ④ 44 ②
45 ④

18회 수능 실전 모의고사

35 ④ 36 ③ 37 ② 38 ③ 39 ③
40 ⑤ 41 ⑤ 42 ⑤ 43 ⑤ 44 ②
45 ③

19회 수능 실전 모의고사

35 ⑤ 36 ② 37 ④ 38 ③ 39 ①
40 ⑤ 41 ③ 42 ② 43 ⑤ 44 ①
45 ①

20회 수능 실전 모의고사

35 ③ 36 ② 37 ⑤ 38 ③ 39 ⑤
40 ④ 41 ④ 42 ⑤ 43 ① 44 ⑤
45 ③

21회 수능 실전 모의고사

35 ④ 36 ① 37 ② 38 ③ 39 ①
40 ④ 41 ① 42 ⑤ 43 ② 44 ④
45 ③

REAL
ORIGINAL

수능기출학력평가
⊕N제 모의고사

고3 언어와 매체 [해설편]

Contents

※ 수록된 정답률은 실제와 차이가 있을 수 있습니다.
문제 난도를 파악하는데 참고용으로 활용하시기
바랍니다.

- 정답 -

35 ④ 36 ③ 37 ① 38 ④ 39 ⑤ 40 ② 41 ④ 42 ⑤ 43 ① 44 ② 45 ③

★ 표기된 문항은 [등급을 가르는 문제]에 해당하는 문항입니다.

---

35 한글 맞춤법에서의 준말의 이해 ｜ 정답률 65% ｜ 정답 ④

윗글을 이해한 내용으로 적절하지 않은 것은?

① '(밭을) 매다'의 어간에 '-어'가 결합된 형태인 '매어'의 경우, 준말인 '매'로 적어도 한글 맞춤법에 어긋나지 않는다.
1문단의 '한편 제34항 [붙임1]에서는 어간 끝 모음 'ㅐ, ㅔ' 뒤에 '-어, -었-'이 어울려 줄 적에는 준 대로 적는 것을 다루고 있다. 그렇지만 이때는 반드시 준 대로 적지 않아도 된다.'를 통해, '(밭을) 매다'의 어간에 '-어'가 결합된 형태인 '매어'의 경우, 준말인 '매'로 적어도 한글 맞춤법에 어긋나지 않음을 알 수 있다.

② '(병이) 낫- + -아'의 경우, 'ㅅ'이 불규칙적으로 탈락되므로 '나아'로만 적고, '나'로 적으면 한글 맞춤법에 어긋난다.
1문단의 '하지만 어간 끝 자음이 불규칙적으로 탈락되는 경우에는, 원래 자음이 있었음이 고려되어 'ㅏ, ㅓ'가 줄어들지 않는다. '(꿀물을) 젓- + -어 → 저어/*저']'이 그 예이다.'를 통해, '(병이) 낫- + -아'의 경우 'ㅅ'이 불규칙적으로 탈락되므로 '나아'로만 적고, '나'로 적으면 한글 맞춤법에 어긋남을 알 수 있다.

③ '(땅이) 패다'의 어간에 '-어'가 결합될 경우, '패다'의 'ㅐ'가 모음이 줄어든 형태이므로 '패'로 적으면 한글 맞춤법에 어긋난다.
1문단의 '다만 모음이 줄어들어서 'ㅐ'가 된 경우에는 '-어'가 결합하더라도 다시 줄어들지는 않는다. 예컨대 '차-'와 '-이-'의 모음이 줄어든 '채-'의 경우 '(발에) 채- + -어 → 채어/*채'로 보듯이 모음이 다시 줄어지지 않는다.'를 통해, '(땅이) 패다'의 어간에 '-어'가 결합될 경우 '패다'의 'ㅐ'가 모음이 줄어든 형태이므로 '패'로 적으면 한글 맞춤법에 어긋남을 알 수 있다.

✔ ④ '(잡초를) 베- + -었- + -다'와 '(베개를) 베- + -었- + -다'의 경우, 준말의 형태인 '벴다'로 적으면 한글 맞춤법에 어긋난다.
1문단의 '한편 제34항 [붙임1]에서는 어간 끝 모음 'ㅐ, ㅔ' 뒤에 '-어, -었-'이 어울려 줄 적에는 준 대로 적는 것을 다루고 있다. 그렇지만 이때는 반드시 준 대로 적지 않아도 된다.'를 통해, '(잡초를) 베- + -었- + -다'와 '(베개를) 베- + -었- + -다'의 경우 준말의 형태인 '벴다'로 적어도 한글 맞춤법에 어긋나지 않음을 알 수 있다.

⑤ '(강을) 건너- + -어'와 '(줄을) 서- + -어'의 경우, 'ㅓ'로 끝난 어간에 '-어'가 어울리므로 본말로 적으면 한글 맞춤법에 어긋난다.
1문단의 '제34항에서는 모음 'ㅏ, ㅓ'로 끝난 어간에 어미 '-아/-어, -았-/었-'이 어울릴 적에는 준 대로 적는 것을 다루고 있다. '(열매를) 따- + -아 → 따/*따아', '따- + -았- + -다 → 땄다/*따았다' 등이 그 예에 해당한다.'를 통해, '(강을) 건너- + -어'와 '(줄을) 서- + -어'의 경우 'ㅓ'로 끝난 어간에 '-어'가 어울리므로 본말로 적으면 한글 맞춤법에 어긋남을 알 수 있다.

---

36 준말 규정의 적용 ｜ 정답률 69% ｜ 정답 ③

윗글을 바탕으로 ⊙ ~ ㉣을 '탐구 과정'에 따라 분류할 때, [A]에 들어갈 예만을 있는 대로 고른 것은? [3점]

[탐구 과정]

○ 답지를 ⊙ 걷다(←거두다)   ○ 일에 ㉢ 서툴다(←서투르다)
○ 가사를 ㉡ 외다(←외우다)   ○ 집에 ㉣ 머물다(←머무르다)

⇩

모음이 줄어들고 남은 자음을 앞 음절의 받침으로 적은 준말입니까? — 아니요 →□

↓예

모음 어미 '-어, -었-'이 결합된 형태의 활용형이 표준어로 인정되지 않는 준말입니까? — 아니요 →□

↓예

[A]

① ⊙, ㉢   ② ㉡, ㉣   ✔③ ㉢, ㉣
④ ⊙, ㉡, ㉢   ⑤ ⊙, ㉡, ㉣

⊙ 걷다
'걷다(←거두다)'는 준말과 본말이 다 같이 널리 쓰이면서 준말의 효용이 뚜렷이 인정되는 경우로 모두 표준어에 해당한다.

㉡ 외다
'외다(←외우다)'는 준말과 본말이 다 같이 널리 쓰이면서 준말의 효용이 뚜렷이 인정되는 경우로 모두 표준어에 해당한다.

㉢ 서툴다
'서툴다(←서투르다)'는 모음 'ㅡ'가 줄어들고 남은 자음 'ㄹ'을 앞 음절의 받침으로 적은 준말이다. 그리고 모음 어미 '-어, -었-'이 결합된 형태의 준말의 활용형 '*서툴어, *서툴었다'는 모두 표준어로 인정되지 않는다.

㉣ 머물다
'머물다(←머무르다)'는 모음 'ㅡ'가 줄어들고 남은 자음 'ㄹ'을 앞 음절의 받침으로 적은 준말이다. 그리고 모음 어미 '-어, -었-'이 결합된 형태의 준말의 활용형 '*머물어, *머물었다'는 모두 표준어로 인정되지 않는다.

★★★ 등급을 가르는 문제!

37 높임 표현의 실현 양상 파악 ｜ 정답률 60% ｜ 정답 ①

〈보기〉의 ㄱ ~ ㄷ을 이해한 내용으로 적절한 것은?

〈보 기〉

주체 높임은 화자가 문장의 주체, 곧 주어가 지시하는 대상에 대해 높임의 태도를 나타내는 표현으로, 선어말 어미, 조사나 특수한 어휘 등을 통해 실현된다. 그리고 상대 높임은 화자가 청자, 곧 말을 듣는 상대에게 높임이나 낮춤의 태도를 나타내는 표현으로, 주로 종결 어미를 통해 실현된다. 또한 객체 높임은 화자가 문장의 객체, 곧 목적어나 부사어가 지시하는 대상에 대해 높임의 태도를 나타내는 표현으로, 조사나 특수한 어휘를 통해 실현된다.

ㄱ. (아버지가 아들에게) 네가 할머니께 여쭤라 가거라.
ㄴ. (점원이 손님에게) 제가 손님을 모시고 가겠습니다.
ㄷ. (동생이 형님에게) 저 기다리지 마시고 형님은 먼저 주무십시오.

✔① ㄱ에서는 부사어가 지시하는 대상을 높이기 위해, 조사와 특수한 어휘가 사용되었다.
ㄱ에는 부사어가 지시하는 대상인 '할머니'를 높이기 위한 조사 '께'와 특수한 어휘 '여쭤러'가 사용되었다.

② ㄷ에서는 주어가 지시하는 대상을 높이기 위해, 조사와 선어말 어미가 사용되었다.
ㄷ에서는 주어가 지시하는 대상을 높이기 위해 조사가 사용되지 않았다.

③ ㄱ과 ㄴ에서는 모두 주어가 지시하는 대상을 높이기 위해, 특수한 어휘가 사용되었다.
ㄱ에서는 부사어가 지시하는 대상인 '할머니'를 높이기 위해 조사 '께'와 특수한 어휘 '여쭤러'가 사용되고 있다. 그리고 ㄴ은 목적어가 지시하는 대상인 '손님'을 높이기 위해 특수한 어휘 '모시고'가 사용되고 있다.

④ ㄴ과 ㄷ에서는 모두 말을 듣는 상대를 높이기 위해, 조사와 종결 어미가 사용되었다.
ㄴ과 ㄷ에서는 모두 말을 듣는 상대를 높이는 상대 높임이 사용되었지만, 조사가 사용된 것은 아니므로 적절하지 않다.

⑤ ㄱ ~ ㄷ에서는 모두 목적어가 지시하는 대상을 높이기 위해, 특수한 어휘가 사용되었다.
ㄱ ~ ㄷ 중 목적어가 지시하는 대상을 높이기 위해, 특수한 어휘가 사용된 것은 ㄴ이다.

★★ 문제 해결 꿀~팁 ★★

▶ 많이 틀린 이유는?
이 문제는 높임법에 대한 이해가 부족하여 오답률이 높았던 것으로 보인다. 또한 〈보기〉에 제시된 높임법에 대한 설명을 정확히 이해하지 못한 것도 오답률을 높인 원인으로 보인다.
▶ 문제 해결 방법은?
이 문제를 해결하기 위해서는 〈보기〉에서 설명하고 있는 높임법에 대한 설명을 정확히 파악해야 한다. 기령 오답인 ④의 경우, 〈보기〉를 통해 상대 높임법에서는 종결 어미를 통해 실현하지 조사를 통해 실현하지 않음을 알 수 있으므로 적절하지 않음을 바로 알 수 있었을 것이다. 마찬가지로 오답인 ③의 경우 객체 높임에 해당함(목적어가 지시하는 손님을 높이고 있음.)을 알 수 있어서 적절하지 않음을 알 수 있었을 것이다. 또 ①의 경우에도 〈보기〉에서 설명하고 있는 객체 높임법을 이해했다면 부사어가 지시하는 대상인 할머니를 높이기 위해 조사 '께'와 특수한 어휘 '여쭙다'가 사용됨을 알았을 것이다. 한편 문법 문제의 경우 배경지식이 충분히 있으면 쉽게 문제를 해결할 수 있는 경우가 있는데, 이 문제의 경우에도 높임법에 대한 지식이 있었으면 정답을 바로 찾을 수 있었을 것이다. 이처럼 문법에서 중요하다고 여겨지는 문법 지식은 평소 충분히 학습하여 쌓아 놓을 수 있도록 한다.

---

38 단어의 발음 사례 탐구 ｜ 정답률 81% ｜ 정답 ④

〈보기〉에 제시된 ⓐ ~ ⓔ의 발음에 대한 탐구 내용으로 적절하지 않은 것은?

〈보 기〉

ⓐ 옷고름[옫꼬름]   ⓑ 색연필[생년필]   ⓒ 꽃망울[꼰망울]
ⓓ 벽난로[병날로]   ⓔ 벼훑이[벼훌치]

① ⓐ : 음운의 개수가 변하지 않는 음운 변동이 첫째 음절의 종성 위치와 둘째의 초성 위치에서 각각 한 번씩 일어난다.
'옷고름'은 [옫꼬름-옫꼬름]으로 발음되므로, 첫째 음절의 종성 위치와 둘째 음절의 초성 위치에서 음운 변동이 각각 한 번씩 일어나며, 이때 음운 개수는 변하지 않을 알 수 있다.

② ⓑ : 첨가된 자음으로 인해 조음 방법이 변하는 음운 변동이 일어난다.
'색연필'은 [생연필-생년필]로 발음되므로, 첨가된 자음(ㄴ 첨가)으로 인해 조음 방법이 변하는 음운 변동이 일어난다고 할 수 있다.

③ ⓒ : 첫째 음절의 종성 위치에서 두 번의 음운 변동이 순차적으로 일어난다.
'꽃망울'은 [꼳망울-꼰망울]로 발음되므로, 첫째 음절의 종성 위치에서 두 번의 음운 변동이 순차적으로 일어남을 알 수 있다.

✔④ ⓓ : 둘째 음절의 초성 위치에서 음운 변동이 일어난 후 둘째 음절의 종성 위치에서 음운 변동이 일어난다.
'벽난로'는 [병난로-병날로]로 발음되므로, 종성 위치의 'ㄱ'에서 'ㅇ'으로의 음운 변동이, 종성 위치의 'ㄴ'에서 'ㄹ'로의 음운 변동이 일어남을 알 수 있다.

⑤ ⓔ : 조음 위치와 조음 방법이 모두 변하는 음운 변동이 일어난다.
'벼훑이'는 [벼훌티-벼훌치]로 발음되므로, 조음 위치와 조음 방법이 모두 변하는 음운 변동이 일어난다고 할 수 있다.

---

39 중세 국어의 격 조사 이해 ｜ 정답률 64% ｜ 정답 ⑤

〈학습 활동〉을 수행한 결과로 적절한 것은?

〈학습 활동〉

⊙ ~ ㉤을 통해 중세 국어의 격 조사가 실현된 양상을 탐구해 보자.

⊙ 太子ㅅ(태자 + ㅅ) 버들 사무샤 時常 겨틔(곁+의) 이셔
(현대어 풀이: 태자의 벗을 삼으시어 늘 곁에 있어)

ⓒ 衆生이(중생+이) ᄆᆞᅀᆞᆷ 뭀 (ᄆᆞᅀᆞᆷ+ᄋᆞᆯ) 조차
(현대어 풀이: 중생의 마음을 따라)

ⓒ 니르고져 홇 배(바+ㅣ) 이셔도 ᄆᆞᄎᆞᆷ내 제 ᄠᅳᆮ들(ᄠᅳᆮ + ᄋᆞᆯ)
(현대어 풀이: 이르고자 하는 바가 있어도 마침내 제 뜻을)

ⓔ 바ᄅᆞ래(바ᄅᆞᆯ + 애) ᄇᆞᄅᆞ미(ᄇᆞᄅᆞᆷ+이) 자고
(현대어 풀이: 바다에 바람이 자고)

ⓜ 그르세(그릇 + 에) 담고 버믜 고기란 도기(독 + 이) 다마
(현대어 풀이: 그릇에 담고 범의 고기는 독에 담아)

	비교 자료	탐구 결과
①	㉠의 '太子ㅅ' ⓒ의 '衆生이'	체언이 무정 명사냐 유정 명사이냐에 따라 관형격 조사의 형태가 다르게 나타난다고 볼 수 있겠군.

㉠의 '太子ㅅ'의 현대어 풀이가 '태자의'이고, ⓒ의 '衆生이'의 현대어 풀이가 '중생의'이므로, 'ㅅ'과 '이'는 관형격 조사임을 알 수 있다. 그런데 '태자'나 '衆生' 모두 유정 명사에 해당하므로, 체언이 무정 명사냐 유정 명사이냐에 따라 관형격 조사 형태가 다르게 나타난다는 것은 적절하지 않다. 관형격 조사 앞이 자음이냐 모음이냐에 따라 관형격 조사가 다르게 나타남을 보여 준다고 할 수 있다.

	비교 자료	탐구 결과
②	㉠의 '겨틔' ⓜ의 '도기'	체언 끝이 자음이냐 모음이냐에 따라 부사격 조사의 형태가 다르게 나타난다고 볼 수 있겠군.

㉠의 '겨틔'의 현대어 풀이가 '곁에'이고, ⓜ의 '도기'의 현대어 풀이가 '독에'이므로, '의'와 '이' 모두 부사격 조사로 사용되었음을 알 수 있다. 하지만 체언 끝이 자음이냐 모음이냐에 따라 부사격 조사의 형태가 다르게 나타나는 것은 아니므로 적절하지 않다. 부사격 조사의 앞이 양성 모음이냐 음성 모음이냐에 따라 부사격 조사가 다르게 나타남을 보여 준다고 할 수 있다.

	비교 자료	탐구 결과
③	ⓒ의 'ᄆᆞᅀᆞᆷ뭀' ⓒ의 'ᄠᅳᆮ들'	체언 끝이 자음이냐 모음이냐에 따라 목적격 조사의 형태가 다르게 나타난다고 볼 수 있겠군.

ⓒ의 'ᄆᆞᅀᆞᆷ뭀'의 현대어 풀이가 '마음을'이고, ⓒ의 'ᄠᅳᆮ들'의 현대어 풀이가 '뜻을'이므로, '을'과 '을' 모두 목적격 조사로 사용되었음을 알 수 있다. 하지만 체언 끝이 자음이냐 모음이냐에 따라 목적격 조사의 형태가 다르게 나타나는 것은 아니므로 적절하지 않다. 목적격 조사의 앞이 양성 모음이냐 음성 모음이냐에 따라 목적격 조사가 다르게 나타남을 보여 준다고 할 수 있다.

	비교 자료	탐구 결과
④	ⓒ의 '배' ⓔ의 'ᄇᆞᄅᆞ미'	체언의 모음이 양성 모음이냐 음성 모음이냐에 따라 주격 조사의 형태가 다르게 나타난다고 볼 수 있겠군.

ⓒ의 '배'의 현대어 풀이가 '바가'이고, ⓔ의 'ᄇᆞᄅᆞ미'의 현대어 풀이가 '바람이'임을 알 수 있으므로, 'ㅣ'와 '이'는 주격 조사로 사용되었음을 알 수 있다. 하지만 체언의 모음이 양성 모음이냐 음성 모음이냐에 따라 주격 조사의 형태가 다르게 나타나는 것은 아니므로 적절하지 않다. 주격 조사의 앞이 모음이냐 자음이냐에 따라 주격 조사가 다르게 나타남을 보여 준다고 할 수 있다.

	비교 자료	탐구 결과
☑	ⓔ의 '바ᄅᆞ래' ⓜ의 '그르세'	체언의 모음이 양성 모음이냐 음성 모음이냐에 따라 부사격 조사의 형태가 다르게 나타난다고 볼 수 있겠군.

ⓔ의 '바ᄅᆞ래'의 현대어 풀이가 '바다에'이고, ⓜ의 '그르세'의 현대어 풀이가 '그릇에'이므로 '애'와 '에'는 부사격 조사라 할 수 있다. 즉, '바ᄅᆞ래'는 체언 '바ᄅᆞᆯ'의 모음이 양성 모음으로 부사격 조사 '애'가 쓰였고, '그르세'는 체언 '그릇'의 모음이 음성 모음으로 부사격 조사 '에'가 쓰인 것이다. 따라서 체언의 모음이 양성 모음이냐 음성 모음이냐에 따라 조사의 형태가 다르게 나타난다고 볼 수 있다.

40 매체의 특성 파악 정답률 91% | 정답 ②

㉠ ~ ⓜ에 대한 이해로 적절하지 않은 것은?

① ㉠ : 글자의 크기와 글꼴을 달리하여 방송에서 다루는 중심 화제를 부각하고 있군.
㉠에서는 '미디어 트렌드 읽기'와 '쇼트폼'의 글자 크기와 글꼴을 달리하여 방송에서 다루는 중심 화제를 부각하고 있음을 알 수 있다.

② ⓒ : 전문가의 발언에 비판적 의문을 제기하는 시청자의 의견을 실시간으로 보여 주고 있군.
'실시간 채팅'은 방송 참여자들이 실시간으로 소통할 수 있도록 하는 기능을 한다. 따라서 시청자의 의견을 실시간으로 보여 준다고 할 수 있지만, '실시간 채팅'에서 '샛별'이 전문가의 발언에 비판적 의문을 제기하는 내용은 드러나 있지 않으므로 적절하지 않다.

③ ⓒ : 방송에서 다룬 내용과 관련 있는 영상을 제시하고 있군.
ⓒ은 '쇼트폼, 이것에 주의하라'는 영상 자료인데, 이 영상 자료는 방송에서 다루고 있는 '쇼트폼'과 관련된 영상이라 할 수 있다.

④ ⓔ : 방송 중 언급된 블로그에 필요에 따라 선택적으로 접근할 수 있도록 하고 있군.
ⓔ은 '더 보기'에 해당하는 것으로, 인터넷 방송 시청자가 방송 중 언급된 블로그에 필요에 따라 선택적으로 접근할 수 있도록 해 준다고 할 수 있다.

⑤ ⓜ : 방송에서 송출되는 음성 언어를 문자 언어로 보여 주는 기능을 제공하고 있군.
ⓜ은 '자막'으로, 이를 활용하면 방송 내용을 시각적인 문자 언어로 제시된다고 할 수 있다. 따라서 ⓜ은 방송에서 송출되는 음성 언어를 문자 언어로 보여 주는 기능을 제공한다고 할 수 있다.

41 매체 수용자의 태도 이해 정답률 92% | 정답 ④

다음은 시청자들이 올린 댓글의 일부이다. 시청자의 수용 태도에 대한 설명으로 가장 적절한 것은?

영상 게시물 댓글

시청자 1 쇼트폼에 대한 설문의 출처도 제시되지 않았고, 내용도 확실하지 의문이네요. 게다가 쇼트폼에 과장된 내용이 포함된 사례가 제시되지 않아 아쉬워요.

시청자 2 쇼트폼에 대한 글쓰기 과제를 해야 하는데, 방송에서 필요한 내용을 얻을 수 있어서 좋았어요. 하지만 쇼트폼 제작자의 입장에서 유의할 점은 다루지 않아 아쉽습니다.

시청자 3 비판 의식 없이 쇼트폼을 소비하던 사람들

에게 도움이 되는 방송 같아요. 쇼트폼을 즐기는 사람들이 많아지고 있는 이때, 유의할 점을 알려 주어서 의미 있었습니다.

① 시청자 1과 시청자 2는 모두 방송에 제시된 정보의 정확성에 대해 긍정적으로 판단하였다.
시청자 1과 시청자 2는 모두 방송에 제시된 정보의 정확성에 대해 긍정적으로 판단하였다.

② 시청자 1과 시청자 3은 모두 방송에 제시된 정보의 신뢰성에 대해 부정적으로 판단하였다.
시청자 1은 설문의 출처와 내용의 정확성에 대해 의문을 제기하고 있으므로 방송에 제시된 정보의 신뢰성에 대해 부정적으로 판단하였음을 알 수 있다. 하지만 시청자 3은 방송에 제시된 정보의 신뢰성에 대해 부정적으로 판단하지는 않고 있으므로 적절하지 않다.

③ 시청자 1과 달리, 시청자 2는 방송에 제시된 정보의 충분성에 대해 부정적으로 판단하였다.
시청자 2는 글쓰기 과제에 필요한 내용을 얻었다고 긍정적으로 평가하면서 '쇼트폼 제작자의 입장에서 유의할 점'은 다루지 않아 아쉽다 하고 있다. 따라서 시청자 2가 방송에 제시된 정보의 충분성에 대해 부정적으로 판단하였다는 내용은 적절하지 않다.

☑ 시청자 1과 달리, 시청자 3은 방송에 제시된 정보의 유용성에 대해 긍정적으로 판단하였다.
시청자 1은 설문의 출처와 내용의 정확성에 대해 의문을 제기하였으며, 과장된 내용이 포함된 쇼트폼의 사례가 방송에서 제시되지 않은 점을 아쉽다고 언급하였다. 이로 볼 때, 시청자 1은 방송에 제시된 정보의 유용성에 대해 긍정적으로 판단하였다고 볼 수 없다. 한편, 시청자 3은 방송이 비판 의식 없이 쇼트폼을 소비하던 사람들에게 도움이 된다고 하였으며, 유의할 점을 알려 주어 의미가 있었다고 언급하였다. 따라서 시청자 1과 달리, 시청자 3은 방송에 제시된 정보의 유용성에 대해 긍정적으로 판단하였다고 볼 수 있다.

⑤ 시청자 2와 달리, 시청자 3은 방송에 제시된 정보의 시의성에 대해 부정적으로 판단하였다.
시청자 3은 방송이 비판 의식 없이 쇼트폼을 소비하던 사람들에게 도움이 된다고 하였으며, 유의할 점을 알려 주어 의미가 있었다고 언급하고 있다. 따라서 시청자 3이 방송에 제시된 정보의 시의성에 대해 부정적으로 판단하였다는 내용은 적절하지 않다.

42 매체 언어의 특성 파악 정답률 91% | 정답 ⑤

ⓐ ~ ⓔ에 대한 설명으로 적절하지 않은 것은?

① ⓐ : 부정 표현을 활용해 쇼트폼의 재생 시간의 특징을 언급하고 있다.
ⓐ에서는 부정 표현인 '-지 않다'를 사용하여 쇼트폼의 재생 시간이 10분 이내라는 특징을 언급하고 있다.

② ⓑ : 진행상을 활용해 현재 쇼트폼의 조회 수가 계속해서 증가하는 중임을 드러내고 있다.
ⓑ에서는 진행상을 드러내는 '-고 있다'를 사용하여, 현재 쇼트폼의 조회 수가 계속해서 증가하는 중임을 드러내고 있다.

③ ⓒ : 대등적 연결 어미를 연속적으로 활용해 쇼트폼이 인기인 이유를 설명하고 있다.
ⓒ에서는 대등적 연결 어미인 '-고'를 연속적으로 활용하여 쇼트폼이 인기인 이유, 즉 짧고 재미있고 부담이 없음을 설명하고 있다.

④ ⓓ : 설명 의문문을 활용해 쇼트폼 시청 시 유의할 점에 대한 정보를 요구하고 있다.
ⓓ에서는 '-ㄴ가'라는 설명 의문문을 사용하여, 쇼트폼 시청 시 유의할 점에 대한 정보를 전문가에게 요구하고 있다.

☑ ⓔ : 간접 인용을 나타내는 조사를 활용해 쇼트폼에 대한 의견을 제시하는 방법을 안내하고 있다.
간접 인용을 나타내는 조사에는 '고'가 있는데, '영상 게시물에 댓글을 남겨 주시면'에서는 이러한 간접 인용을 나타내는 조사 '고'가 사용되지 않고 있다.

43 매체의 의사소통 방식 이해 정답률 86% | 정답 ①

(가), (나)에 대한 이해로 가장 적절한 것은?

☑ (가)는 수용자의 반응을 숫자로 제시하여 매체 자료에 대한 수용자의 선호 정도를 드러내고 있다.
(가)에서 게시물 내용에 대해 긍정적으로 평가하는 수용자의 수가 제시되었고, 이를 통해 수용자의 선호 정도를 파악할 수 있으므로 적절하다.

② (나)는 정보의 생산자와 수용자가 분리되어 정보 전달이 한 방향으로 이루어지고 있다.
(나)의 정보 생산자와 수용자가 분리되어 정보 전달이 한 방향으로 이루어진다는 내용은 적절하지 않다.

③ (가)와 달리, (나)는 하이퍼링크 기능을 통해 추가적인 정보를 제공하고 있다.
(가)에서도 하이퍼링크를 사용하고 있다.

④ (나)와 달리, (가)는 정보를 전달할 수 있는 시간의 제약을 고려하여 정보의 양을 조절하고 있다.
(가), (나) 모두에서 시간 제한을 생각해서 정보량을 조절하는 내용은 없으므로 적절하지 않다.

⑤ (가)와 (나)는 모두 음성 언어와 시각 자료를 결합한 복합 양식을 활용하여 정보를 생산하고 있다.
(가)에서는 시각 자료를 사용하고 있지만 음성 언어는 사용되지 않고 있다.

44 매체 수용자의 태도 파악 정답률 82% | 정답 ②

㉠, ⓒ과 관련하여 (나)에 대해 설명한 내용으로 가장 적절한 것은?

① ㉠의 안내 효과를 바탕으로 ⓒ의 장점을 극대화하기 위한 방법을 모색했다.
'보민'의 '그럼 이제는 환경 단체에서 주최한 체험 행사 안내도를 참고해서 안내도의 구성에 대해서 이야기해 보자.'를 통해, ⓒ을 참고하여 ㉠에 대한 개선에 대해 이야기하려 함을 알 수 있다. 따라서 ㉠의 안내 효과를 바탕으로 ⓒ의 장점을 극대화하기 위한 방법을 모색했다는 내용은 적절하지 않다.

☑ ⓒ의 구성 방식을 참고하여 ㉠을 개선하기 위한 방안을 마련했다.

민재는 환경 단체 체험 행사 안내도가 어떻게 구성되어 있는지 확인하고, 그 내용을 학교 체험 행사 안내도 초안과 비교하고 있다. 이어서 아준은 환경 단체 체험 행사 안내도를 참고하여 범례를 따로 구성하자고 하고 있다. 이러한 내용을 고려할 때, ⓒ의 구성이 어떤 식으로 되었는지 참고해서 ⓐ을 개선할 방안을 마련했다는 진술은 적절하다.

③ ⓒ의 구성 요소를 고려하여 ⓐ의 불필요한 구성 요소를 삭제했다.
ⓒ의 구성 요소를 참조하여 ⓐ의 개선점을 이야기하려 하는 것이므로, ⓐ의 불필요한 구성 요소를 삭제했다는 내용은 적절하지 않다.

④ ⓐ과 ⓒ의 차이점을 근거로 ⓒ의 구성상의 문제점을 비판했다.
대화 내용을 볼 때 ⓐ과 ⓒ이 차이가 있음을 짐작할 수 있지만, ⓒ의 구성이 어떤 식으로 되었는지 참고해서 ⓐ을 개선할 방안을 마련하는 것이므로, ⓐ과 ⓒ의 차이점을 근거로 ⓒ의 구성상의 문제점을 비판한다는 내용은 적절하지 않다.

⑤ ⓐ과 ⓒ을 비교하여 안내 효과 측면에서 각각의 장단점을 분석했다.
대화 내용을 볼 때 ⓐ과 ⓒ을 비교한다고 볼 수 있지만, ⓐ과 ⓒ을 비교하여 안내 효과 측면에서 각각의 장단점을 분석하지는 않고 있으므로 적절하지 않다.

---

45 매체 자료의 생산　　정답률 87% | 정답 ③

(나)를 바탕으로 다음과 같은 '안내도'를 만들었다고 할 때, 이에 대해 이해한 내용으로 적절하지 않은 것은? [3점]

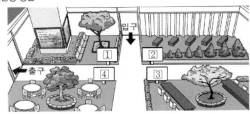

△△ 고등학교 친환경 체험 행사 안내도
ㅇ 일시 : 20××년 3월 23일 14:00
ㅇ 장소 : 친환경 정원

<범례>
① 관람 : 친환경의 의미를 담은 시화 관람하기
② 나눔 : 물품 서로 나누기
③ 재생 : 재활용품으로 물품 만들기
④ 다짐 : 친환경 생활을 위한 한 줄 다짐 쓰기

① 윤아의 의견을 바탕으로, 안내도 상단에 행사명을 제시했다.
윤아의 마지막 말에 행사 이름과 위치에 대한 언급이 있으므로 적절하다.

② 보민의 의견을 바탕으로, '다짐'의 활동 공간을 출구 가까이 배치했다.
보민은 '제작'과 '다짐'의 공간 위치를 서로 바꿀 것을 제안했으므로 적절하다.

☑ 민재의 의견을 바탕으로, 입구와 출구에 출입 방향을 화살표로 표시했다.
민재는 두 번째 말에서 체험의 순서를 나타내는 화살표와 출입 방향을 나타내는 화살표를 모두 삭제하자는 의견을 내고 있다.

④ 아준의 의견을 바탕으로, 각 공간에서 이루어지는 활동 내용을 범례로 안내했다.
아준은 마지막 말에서 환경 단체 안내도에서 범례를 따로 둔 것처럼 학교 체험 행사 안내도에서도 범례를 따로 두자고 하였으므로 적절하다.

⑤ 윤아의 의견을 바탕으로, 재활용품으로 물품을 만드는 활동 공간의 이름을 '재생'으로 정했다.
윤아는 두 번째 말에서 '제작'이 활동 의미를 온전히 구현하지 못하기 때문에 '재생'으로 이름을 바꾸자고 하였으므로 적절하다.

- 정답 -
35 ① 36 ① 37 ④ 38 ④ 39 ① 40 ⑤ 41 ③ 42 ⑤ 43 ③ 44 ② 45 ②

★ 표기된 문항은 [등급을 가르는 문제]에 해당하는 문항입니다.

35 겹받침 발음의 이해　　정답률 84% | 정답 ①

〈보기〉의 활동을 수행한 결과로 적절하지 않은 것은?

―〈보 기〉―

[활동] 제시된 단어의 발음을 [자료]에 근거하여 탐구해 보자.

| 훑이[훌치] | 훑어[훌터] | 얹는[언는] |
| 끓고[끌코] | 끓는[끌른] | |

[자료]
ㅇ 자음군 단순화만 일어나는 경우도 있지만, 자음군 단순화가 일어난 후에 비음화나 유음화와 같은 음운 변동이 일어나는 경우도 있음.
ㅇ 자음군 단순화는, 두 자음 중 뒤의 자음이 구개음화되거나 뒤의 자음과 그다음 음절의 처음에 놓인 자음이 축약되면 일어나지 않음.
ㅇ 자음군 단순화는 모음으로 시작하는 형식 형태소가 와서 뒤의 자음이 연음되면 일어나지 않음.

☑ '훑이[훌치]'는 모음으로 시작하는 접사 '-이'가 와서 'ㅌ'이 'ㅊ'으로 교체된 후 자음군 단순화가 일어난 것이군.
'훑이'는 용언의 어간 '훑-'에 모음으로 시작하는 접사 '이'가 결합된 경우이므로, 뒤의 자음이 연음되어 [훌티]로 발음된 후, 'ㅌ'이 'ㅊ'으로 교체되는 구개음화가 일어나 [훌치]로 발음된다. 따라서 '훑이'에서는 자음군 단순화는 일어나지 않는다.

② '훑어[훌터]'는 모음으로 시작하는 어미 '-어'가 와서 'ㅌ'이 연음되어 자음군 단순화가 일어나지 않은 것이군.
'훑어'는 용언의 어간 '훑-'에 모음으로 시작하는 어미 '-어'가 결합하여 겹자음 중 하나인 'ㅌ'이 연음되어 [훌터]로 발음되므로 자음군 단순화가 일어나지 않는다고 할 수 있다.

③ '얹는[언는]'은 'ㄵ' 중 뒤의 자음인 'ㅈ'이 탈락되어 자음군 단순화만 일어난 것이군.
'얹는'은 'ㄵ' 중 뒤의 자음인 'ㅈ'이 탈락되어 [언는]으로 발음되므로 자음군 단순화만 일어난 것이라 할 수 있다.

④ '끓고[끌코]'는 'ㅎ'과 그다음 음절의 'ㄱ'이 축약되어 자음군 단순화가 일어나지 않은 것이군.
'끓고'는 자음 중 뒤의 자음인 'ㅎ'과 다음 음절의 'ㄱ'이 축약되어 [끌코]로 발음되므로 자음군 단순화가 일어나지 않은 것이라 할 수 있다.

⑤ '끓는[끌른]'은 자음군 단순화가 일어난 후 남은 'ㄹ'로 인해 'ㄴ'이 'ㄹ'로 교체된 것이군.
'끓는'은 두 자음 중 뒤의 자음인 'ㅎ'이 탈락하는 자음군 단순화가 일어나 [끌는]으로 발음된 후, 남은 'ㄹ'로 인해 'ㄴ'이 'ㄹ'로 교체되어 [끌른]으로 발음된 것이라 할 수 있다.

---

36 문장 성분 및 문장의 짜임 이해　　정답률 55% | 정답 ①

〈보기〉를 모두 충족하는 문장으로 적절한 것은?

―〈보 기〉―
ㅇ 서술어의 자릿수가 한 자리인 용언이 포함될 것.
ㅇ 관형사절 속에 보어가 포함될 것.

☑ 화단도 아닌 곳에 진달래꽃이 피었다.
'화단도 아닌 곳에 진달래꽃이 피었다.'에서 서술어 '피었다'는 주어만 요구되는 한 자리 서술어에 해당한다. 그리고 관형사절인 '화단도 아닌' 속에 보어 '화단도'가 포함되어 있다. 따라서 〈보기〉의 조건을 모두 충족한다고 할 수 있다.

② 대학생이 된 누나가 주인공을 맡았다.
'대학생이 된 누나가 주인공을 맡았다.'에서 '맡았다'는 주어와 목적어를 필요로 하는 두 자리 서술어이다. 한편 관형사절인 '대학생이 된' 속에 보어 '대학생이'가 포함되어 있다.

③ 학생이었던 삼촌은 마흔 살이 되었다.
'학생이었던 삼촌은 마흔 살이 되었다.'에서 '되었다'는 주어와 보어를 필요로 하는 두 자리 서술어이다. 그리고 '학생이었던'이라는 관형사절이 쓰였지만 보어가 포함되어 있지 않다.

④ 큰언니는 성숙했지만 성인이 아니었다.
'큰언니는 성숙했지만 성인이 아니었다.'에서 '아니었다'는 주어와 보어를 필요로 하는 두 자리 서술어이다. 그리고 이어진문장에 해당하므로 관형사절이 사용되지 않았다.

⑤ 나무로 된 책상을 나는 그에게 주었다.
'나무로 된 책상을 나는 그에게 주었다.'에서 '주었다'는 주어와 목적어, 필수적 부사어를 필요로 하는 세 자리 서술어이다. 한편 관형사절인 '나무로 된' 속에 보어 '나무로(나무가)'가 포함되어 있다.

---

37 품사 분류 기준에 따른 단어의 이해　　정답률 59% | 정답 ④

〈보기〉의 [A]에 들어갈 말로 적절하지 않은 것은? [3점]

―〈보 기〉―

선생님 : 단어는 다음과 같이 세 가지 기준으로 분류될 수 있습니다.

기준	분류
ⓐ	가변어, 불변어
ⓑ	용언, 체언, 수식언, 관계언, 독립언
ⓒ	동사, 형용사, 명사, 대명사, 수사, 관형사, 부사, 조사, 감탄사

자, 이제 아래 문장의 단어들을 탐구해 봅시다.

> 음, 우리가 밝은 곳에서 그 나비 하나를 또 잡았어.

학생 : [A]

선생님 : 네, 맞아요.

① '나비 하나를 또 잡았어'는 ㉠에 따라 분류하면 가변어 한 개, 불변어 네 개를 포함합니다.
'나비 하나를 또 잡았어'는 ㉠에 따라 분류하면 가변어는 '잡았어'이고, 불변어는 '나비, 하나, 를, 또'이다.

② '나비 하나를'은 ㉡에 따라 분류하면 체언 두 개, 관계언 한 개를 포함합니다.
명사 '나비'와 수사 '하나'는 체언에 해당하고, 조사 '를'은 관계언에 해당한다.

③ '음, 우리가 밝은 곳에서 그 나비 하나를 또 잡았어'는 ㉢에 따라 분류하면 아홉 개의 품사를 모두 포함합니다.
'음'은 감탄사, '우리'는 대명사, '가,에서, 를'은 조사, '밝은'은 형용사, '곳, 나비'는 명사, '그'는 관형사, '하나'는 수사, '또'는 부사, '잡았어'는 동사에 해당한다. 따라서 ㉢에 따라 분류하면 아홉 개의 품사를 모두 포함한다고 할 수 있다.

✔ '밝은'과 '잡았어'는 ㉡이나 ㉢ 중 어느 것에 따라 분류하더라도 서로 다른 부류로 분류됩니다.
'밝은'은 ㉡에 따라 분류하면 용언에 해당하고, ㉢에 따라 분류하면 사물의 성질이나 상태를 나타내는 형용사에 해당한다. 그리고 '잡았어'는 ㉡에 따라 분류하면 용언에 해당하고, ㉢에 따라 분류하면 움직임이나 작용을 나타내는 동사에 해당한다. 따라서 두 단어는 ㉡으로 분류할 때는 같은 부류로 분류되고, ㉢으로 분류할 때는 서로 다른 부류로 분류된다고 할 수 있다.

⑤ '그'와 '또'는 ㉡에 따라 분류하면 수식언이고, ㉢에 따라 분류하면 각각 관형사, 부사입니다.
'그'와 '또'는 관형사와 부사이므로, ㉡에 따라 분류하면 수식언에 해당한다고 할 수 있다.

★★★ 등급을 가르는 문제!

38 명사 파생과 명사절의 이해   정답률 50% | 정답 ④

윗글을 통해 〈보기〉의 ㄱ ~ ㅁ을 이해한 내용으로 적절하지 않은 것은?

─〈보 기〉─
ㄱ. 나이도 어린 동생이 고난도의 춤을 잘 춤이 신기했다.
ㄴ. 차가운 주검을 보니 그제야 그의 죽음이 실감이 났다.
ㄷ. 나는 그를 조용히 도움으로써 지난날의 은혜에 보답했다.
ㄹ. 작가에 대해서 많이 앎이 오히려 감상을 방해하기도 한다.
ㅁ. 그를 전적으로 믿음에도 결과를 직접 확인할 필요는 있었다.

① ㄱ에서 '고난도의'의 수식을 받는 '춤'은 명사이고, '잘'의 수식을 받는 '춤'은 동사의 명사형이다.
관형어 '고난도의'의 수식을 받는 '춤'은 동사 '추다'에 명사 파생 접미사 '-ㅁ'이 결합한 명사이고, 부사어 '잘'의 수식을 받는 '춤'은 동사 '추다'에 명사형 어미 '-ㅁ'이 결합한 동사의 명사형이다.

② ㄴ에서 '죽음'은 접미사 '-음'이 붙어서 된 말이므로 '주검'과는 달리 어간의 원형을 밝히어 적는다.
1문단의 내용을 통해, '죽음'은 동사의 어간 '죽-'에 접미사 '-음'이 붙어서 된 말이므로 어간의 원형을 밝혀 적어야 한다. 반면에 '주검'은 동사의 어간 '죽-'에 접미사 '-엄'이 결합한 것으로, '-엄'은 현대 국어에서 새로운 단어를 만들지 못하므로 어간의 원형을 밝혀 적지 않는다.

③ ㄷ에서 '도움'은 동사의 명사형으로, 명사절에서 서술어로 기능하고 있다.
부사어 '조용히'의 수식을 받고 있는 '도움'은 동사 '돕-'에 명사형 어미 '-ㅁ'이 결합한 동사의 명사형이며, '나는 그를 조용히 도움'이라는 명사절에서 서술어로 기능하고 있다.

✔ ㄹ에서 '앎'의 '-ㅁ'은 '알-'에 붙어 품사를 동사에서 명사로 바꾸었다.
'앎'은 해당 절에서 서술어로 쓰이고, 부사어 '많이'의 수식을 받는다는 점에서 동사의 명사형임을 알 수 있다. 따라서 '앎'의 'ㅁ'은 명사 파생 접미사가 아니라 명사형 어미에 해당함을 알 수 있으므로, 'ㅁ'이 품사를 동사에서 명사로 바꾸었다는 서술은 적절하지 않다.

⑤ ㅁ에서 '믿음'의 '믿-'과 '-음' 사이에는 선어말 어미 '-었-'이 끼어들 수 있다.
2문단을 통해 동사의 명사형인 '믿음'의 '믿-'과 명사형 어미 '-음' 사이에 선어말 어미 '-었-'이 끼어들어 '믿었음'으로 쓸 수 있다.

★★ 문제 해결 꿀~팁 ★★

▶ 많이 틀린 이유는?
이 문제는 글의 내용을 정확히 이해하지 못하여 오답률이 높았던 것으로 보인다. 또한 문법적 지식이 부족한 것도 오답률을 높였던 것으로 보인다.
▶ 문제 해결 방법은?
문법 문제에서 주어진 글이 제시된 경우에는 반드시 글의 내용을 정확히 이해하여야 한다. 그런 다음 선택지에 제시된 내용이 글의 어느 부분과 연관되는지 살펴서 적절성을 판단할 수 있어야 한다. 정답인 ④의 경우, 〈보기〉의 ㄹ에 대해 설명하고 있으므로 ㄹ을 통해 '앎'이 어떤 상황에 쓰이고 있는지 파악하고, 글에서 이와 관련한 내용을 찾을 수 있어야 한다. 즉, ㄹ에서 '앎'은 부사어 '많이'의 수식을 받고 있고, 제시된 글을 통해 동사의 명사형은 부사어의 수식을 받는다는 것을 알아야 한다. 이럴 경우 '앎'은 부사어 '많이'의 수식을 받는다는 점에서 동사의 명사형임을 알아야 한다.

39 중세 국어의 접미사와 어미 이해   정답률 69% | 정답 ①

윗글을 바탕으로 하여, 제시된 중세 국어 용언들의 ㉠과 ㉡을 바르게 추정한 것은?

		㉠	㉡
✔①	(물이) 얼다	어름	어룸

'얼-'에 명사 파생 접미사 '음'이 결합한 파생 명사는 '어름'이므로, 명사형 어미 '움'이 결합한 활용형은 '어룸'으로 추정할 수 있다.

② (길을) 걷다   거름   거룸
'걷-(걸-)에 '음'이 결합한 파생 명사는 '거름'이므로, '움'이 결합한 활용형은 '거룸'으로 추정할 수 있다.

③ (열매가) 열다   여름   여룸
'열-'에 '음'이 결합한 파생 명사는 '여름'이므로, '움'이 결합한 활용형은 '여룸'으로 추정할 수 있다.

④ (사람이) 살다   사름   사룸
'살-'에 '음'이 결합한 파생 명사는 '사름'이므로, '살-'에 '움'이 결합한 활용형은 '사룸'으로 추정할 수 있다.

⑤ (다른 것으로) 굴다   ᄀᆞ름   ᄀᆞ룸
'굴-'에 '음'이 결합한 파생 명사는 'ᄀᆞ름'이므로, '굴-'에 '움'이 결합한 활용형은 'ᄀᆞ룸'으로 추정할 수 있다.

40 매체 자료의 내용 이해   정답률 76% | 정답 ⑤

위 프로그램을 시청한 반응으로 적절하지 않은 것은?

① 진행자는 김 기자가 언급한 정보를 자신이 과거에 보도한 내용과 관련지어 이해하고 있군.
진행자의 '제가 얼마 전에 수도권 ~ 이 시행규칙은 그것과 관련이 있겠네요?'를 통해 적절한 반응임을 알 수 있다.

② 김 기자는 인터뷰를 제시하여 문제 상황에 대한 주민들의 반응을 전달하고 있군.
김 기자는 소각 시설 후보지로 선정된 것에 화가 난다는 인터뷰를 제시하여 소각 시설 설치 문제 상황에 대한 주민들의 반응을 전달하고 있다.

③ 박 기자는 동영상을 활용하여 언급된 문제 상황이 해결된 사례를 제시하고 있군.
진행자가 소각지로 선정된 지역의 문제 상황을 슬기롭게 해결한 사례가 있느냐고 묻자, 박 기자는 문제 상황이 해결된 동영상을 보여 주고 있으므로 적절한 반응임을 알 수 있다.

④ 진행자는 김 기자와 박 기자가 전달한 내용에 대해 자신의 의견을 덧붙이고 있군.
진행자는 김 기자가 전달한 폐기물관리법 시행규칙과 관련하여 그것이 매립지의 포화 시점을 늦추는 데 상당히 도움이 되겠다는 자신의 의견을 덧붙이고 있고, 박 기자가 전달한 동영상과 그에, 대한 설명을 들은 후 그래도 소각 시설의 설치를 추진하는 과정에서 갈등이 적지 않았을 것이라고 생각한다는 자신의 의견을 덧붙이고 있다.

✔ 진행자는 김 기자와 박 기자가 전달한 정보를 종합하여 해결 방안에 내재한 문제점 위주로 방송을 진행하고 있군.
텔레비전 프로그램을 진행 과정에서 김 기자가 전달한 정보와 박 기자가 전달한 정보를 진행자가 종합하여 제시하고 있는 부분은 찾을 수 없다. 또한 박 기자가 제시한 해결 방안에 내재한 문제점 위주로 방송을 진행한 부분도 찾을 수 없다.

41 매체의 특성 이해   정답률 90% | 정답 ③

위 프로그램을 바탕으로 할 때, ㉠ ~ ㉤에서 확인할 수 있는 의사소통의 특징으로 가장 적절한 것은?

① ㉠에서 여러 메뉴를 한눈에 확인할 수 있는 것으로 보아, 수용자는 생산자가 미리 정해 놓은 메뉴의 순서에 따라서만 정보 탐색이 가능함을 알 수 있다.
앱 메인 화면에서 정보의 수용자는 여러 메뉴를 한눈에 확인할 수 있다. 하지만 생산자가 미리 정해 놓은 메뉴의 순서에 따라서만 정보 탐색이 가능한 것은 아니다.

② ㉡에서 생활 폐기물의 처리 공정을 애니메이션으로 볼 수 있는 것으로 보아, 생산자와 수용자가 쌍방향적 소통을 통해 정보를 생산할 수 있음을 알 수 있다.
'처리 공정'을 누르면 생활 폐기물의 처리 공정을 수용자에게 애니메이션으로 제시하고 있으므로, 생산자와 수용자가 쌍방향적 소통이 아니라 생산자의 일방향적 소통으로 정보를 생산한다고 할 수 있다.

✔ ㉢에서 수시로 바뀌는 대기 오염 물질의 농도를 바로 알 수 있는 것으로 보아, 변화하는 정보에 수용자가 실시간으로 접근할 수 있음을 알 수 있다.
박 기자의 말을 통해 '대기 오염 농도'를 누르게 되면 정보 수용자는 수시로 바뀌는 대기 오염 물질의 농도 변화를 바로바로 확인할 수 있음을 알 수 있다. 따라서 이를 통해 '○○시 소각 시설' 앱에서 정보의 수용자는 실시간으로 변화하는 정보에 접근할 수 있다는 특징을 확인할 수 있다.

④ ㉣에서 시설을 견학하고 싶다는 의사를 전달할 수 있는 것으로 보아, 수용자가 미리 등록된 정보를 수정하여 배포할 수 있음을 알 수 있다.
'시설 견학 신청'을 누르면 수용자가 시설을 견학하고 싶다는 의사를 전달할 수 있지만, '시설 견학 신청'은 생산자가 이미 만들어 놓은 것이므로 수용자가 미리 등록된 정보를 수정하지는 못함을 알 수 있다.

⑤ ㉤에서 소각 시설에 대한 의견 제안이 누구나 가능한 것으로 보아, 수용자가 별도의 인증 절차 없이도 자유롭게 의견을 개진할 수 있음을 알 수 있다.
'의견 보내기'에서는 제안을 하려면 로그인을 해야 하므로, 소각 시설에 대한 의견 제안이 누구나 가능하지만 수용자가 별도의 인증 절차를 해야 함을 알 수 있다.

42 매체 자료의 비판적 수용   정답률 81% | 정답 ⑤

다음은 위 프로그램이 보도된 이후의 시청자 게시판 내용이다. 시청자의 수용 태도에 대한 설명으로 적절하지 않은 것은? [3점]

> 시청자 게시판 ✕
>
> 시청자 1 방송에서는 시행규칙에 따라 생활 폐기물 중 일부만 소각한다고 했는데, 어떤 기준으로 소각 여부를 구분하는지까지 알려 줘야 할까요? 또 생활 폐기물을 소각하면 매립되는 양을 지금의 20% 이하로 줄일 수 있다고 했는데, 그 자료의 출처가 어디인가요?
>
> 시청자 2 이 방송은 같은 문제로 갈등을 겪고 있는 우리 지역에서 참고할 만한 좋은 내용이네요. 생활 폐기물을 소각하는 과정에서 생기는 대기 오염 물질을 정화하여 배출한다는 것은 알겠습니다. 그런데 구체적인 수치와 기준까지 제시해 주어야 시청자들도 ○○시 주민들이 왜 소각 시설의 설치에 찬성했는지 이해할 수 있을 것 같아요.
>
> 시청자 3 제가 알기로는 소각 처리 시설을 지하화하는 데에 무조건 찬성하는 입장만 있지는 않을 것 같아요. 지상에 짓는 것보다 비용이 더 많이 들어서 난색을 표하는 지방 자치 단체도 있더라고요. 이러한 점을 균형 있게 다루어 주었으면 더 좋았을 것 같아요.

① 시청자 1은 폐기물관리법 시행규칙의 효과와 관련하여 방송에서 활용한 정보의 신뢰성을 점검하였다.
　시청자 1은 '또 생활 폐기물을 소각하면 매립되는 양을 지금의 20% 이하로 줄일 수 있다고 했는데, 그 자료의 출처가 어디인가요?'라고 묻고 있는데, 이는 방송에서 활용한 정보의 신뢰성을 점검한 것이라 할 수 있다.

② 시청자 2는 지역 주민들의 갈등 해소와 관련하여 방송 내용의 유용성을 점검하였다.
　시청자 2는 '이 방송은 같은 문제로 갈등을 겪고 있는 우리 지역에서 참고할 만한 좋은 내용이네요.'라고 있으므로 방송 내용의 유용성을 점검하였음을 알 수 있다.

③ 시청자 3은 소각 처리 시설의 지하화와 관련하여 방송 내용의 공정성을 점검하였다.
　시청자 3은 소각 처리 시설의 지하화와 관련하여 언급하면서 '이러한 점을 균형 있게 다루어 주었으면 더 좋았을 것 같아요.'라 하고 있으므로 방송 내용의 공정성을 점검하였음을 알 수 있다.

④ 시청자 1은 폐기물관리법 시행규칙의 내용과 관련하여, 시청자 2는 대기 오염 물질을 정화하여 배출하는 것과 관련하여 방송에서 제시한 정보가 충분한지 점검하였다.
　시청자 1의 '어떤 기준으로 소각 여부를 구분하는지까지 알려 줘야 하지 않을까요?'와 '시청자 2'의 '그런데 구체적인 수치와 기준까지 제시해 주어야 시청자들도 ○○시 주민들이 왜 소각 시설의 설치에 찬성했는지 이해할 수 있을 것 같아요.'를 통해, 시청자 1과 시청자 2 모두 방송에서 제시한 정보가 충분한지 점검하였음을 알 수 있다.

✔ 시청자 2는 지역 주민들의 갈등 해소 과정과 관련하여, 시청자 3은 소각 처리 시설 지하화의 비용과 관련하여, 방송에서 활용한 정보가 사실인지 점검하였다.
　'시청자 게시판'에서 '시청자 2'는 지역 주민들과의 갈등 해소 과정과 관련하여 텔레비전 프로그램 내용 중 생활 폐기물을 소각하는 과정에서 생기는 대기 오염 물질을 정화하여 배출한다는 것은 알겠다고 하면서, 배출되는 대기 오염 물질 농도의 구체적인 수치 및 안전과 관련한 대기 오염 물질 농도의 기준을 제시하지 않았음을 언급하고 있다. '시청자 3'은 소각 처리 시설을 지하화하려면 지상에 짓는 것보다 비용이 더 많이 들어서 난색을 표하는 지방 자치 단체가 있다며 텔레비전 프로그램에서 균형 있게 정보를 다루어 주었으면 좋겠다고 언급하고 있다. 이러한 '시청자 2'와 '시청자 3'의 말은 방송 프로그램에서 전달한 정보가 사실인지를 점검하는 것이 아니라 전달한 정보가 충분한지를 점검하는 것과 관련이 있다고 할 수 있다.

43 매체에 사용된 표현의 이해　　　정답률 86% | 정답 ③

〈보기〉를 참고할 때, [A]에 들어갈 내용으로 적절한 것은?

─────〈 보 기 〉─────
직접 인용은 간접 인용으로 바꾸어 표현하면 지시 표현, 종결 표현 등에 변화가 일어난다. 가령 ⓐ를 간접 인용이 포함된 문장으로 바꾸어 표현하면 다음과 같이 달라진다.
→ 주민들이 [　　　[A]　　　] 성토했습니다.
──────────────────

① 그 지역을 위해 끝까지 맞서 싸웠다고

② 저 지역을 위해 끝까지 맞서 싸웠다고

✔ 그 지역을 위해 끝까지 맞서 싸우겠다고
　직접 인용을 간접 인용으로 바꾸어 표현하면 지시 표현, 종결 표현 등에 변화가 일어난다. 이를 고려하여 '주민들이 "이 지역을 위해 끝까지 맞서 싸우겠습니다."라고 성토했습니다.'를 간접 인용이 포함된 문장으로 바꾸면 '주민들이 그 지역을 위해 끝까지 맞서 싸우겠다고 성토했습니다.'와 같이 바꿀 수 있다.

④ 그 지역을 위해 끝까지 맞서 싸웠다라고

⑤ 저 지역을 위해 끝까지 맞서 싸우겠다고

44 매체의 의사소통 방식의 이해　　　정답률 90% | 정답 ②

(가)에 대한 설명으로 적절하지 않은 것은?

① '현수'는 대면 회의보다 공간의 제약이 덜하다는 장점을 들어 온라인 화상 회의에 대해 긍정적으로 평가하고 있다.
　'현수'는 물리적인 공간이 필요한 대면 회의에 비해 온라인 화상 회의가 공간의 제약이 덜하다는 점을 바탕으로, 온라인 공간에서 이루어지는 화상 회의를 편리하다며 긍정적으로 평가하고 있다.

✔ '가람'은 회의가 제한된 시간 안에 이루어진다는 점을 들어 회의의 규칙을 제안하고 있다.
　온라인 화상 회의에서 '가람'은 온라인 화상 회의가 대면 회의를 대신하여 진행되는 것이라는 점을 들어 카메라를 켜고 회의에 참여할 것을 제안하고 있다. 이는 카메라를 활용해 온라인상에서도 서로 얼굴을 보며 소통할 수 있다는 점을 바탕으로 말한 것이라 할 수 있다. 하지만 '가람'이 회의가 이루어지는 시간이 제한됨을 언급한 말은 찾아볼 수 없다.

③ '준영'은 화면을 살피며 참여자들에게 자신의 음성이 잘 전달되는지를 점검하고 있다.
　'준영'은 온라인 화상 회의에 참여한 학생들에게 자신의 목소리가 잘 들리냐고 질문한 뒤, 화면 속의 학생들을 살피며 음성이 잘 전달되는지를 점검하고 있다.

④ '예나'는 파일 전송 기능을 활용하여 회의에 필요한 자료를 참여자에게 제공하고 있다.
　'예나'는 파일 전송 기능을 활용하여 동아리 활동 발표회 일정표를 '준영'에게 제공하고 있다.

⑤ '현수'는 자신의 화면을 공유하며 슬라이드에 동영상을 삽입할 것을 제안하고 있다.
　'현수'는 ○○ 공원 사진 촬영 행사 동영상이 담긴 자신의 화면을 공유하면서 슬라이드에 사진 대신 동영상을 삽입할 것을 제안하고 있다.

45 매체 자료의 수정 및 보완　　　정답률 75% | 정답 ②

(가)를 바탕으로 (나)를 수정한다고 할 때, 이에 대한 방안으로 가장 적절한 것은?

① '○○ 공원 사진 촬영' 행사 모습을 청중에게 생생하게 전달하기 위해 '슬라이드 1'에 행사 사진을 추가한다.
　(가)에서는 '○○ 공원 사진 촬영' 행사와 관련하여 슬라이드에 사진 대신 동영상을 삽입하기로 협의하고 있다.

✔ '사진 강연'의 내용을 청중이 알 수 있도록 '슬라이드 2'에 강연 주제에 대한 정보를 추가한다.
　(가)에서는 '사진 강연' 행사와 관련하여 슬라이드에 제시할 내용을 의논하며 청중이 어떤 강연이었는지를 알 수 있도록 강연의 일시와 장소뿐만 아니라 강연의 주제를 제시하기로 협의하고 있다. 그런데 (나)의 '슬라이드'에는 강연 주제에 대한 정보가 제시되어 있지 않으므로 이를 추가하는 것은 적절하다.

③ 진행한 행사를 청중에게 계절 순서에 맞게 제시하기 위해 '슬라이드 2'와 '슬라이드 3'에 제시된 행사를 맞바꾼다.
　(가)에서는 계절에 따라 진행한 행사 사진을 각 슬라이드에 넣기로 하였으므로, '슬라이드 2'와 '슬라이드 3'에 제시된 행사를 맞바꾸는 것은 적절하지 않다.

④ '옛날 사진관' 행사와 관련하여 청중이 필요로 하는 정보만을 제시하기 위해 '슬라이드 3'에 제시된 사진을 삭제한다.
　(가)에서는 '옛날 사진관' 행사와 관련하여 촬영한 사진들을 궁금해하는 친구들이 많으니 QR 코드를 삽입할 것을 제안하고 있지만 사진 삭제 내용은 찾아볼 수 없다. 따라서 '슬라이드 3'에 제시된 사진을 삭제한다는 것은 적절하지 않다.

⑤ '장수 사진 봉사 활동'이 동아리 부원들에게 주는 의미를 청중이 알 수 있도록 '슬라이드 4'에 행사에서 느낀 점을 추가한다.
　(가)에서는 슬라이드에 담긴 설명이 너무 많아진다는 점을 고려하여 '장수 사진 봉사 활동'에서 느낀 점을 발표자가 따로 언급만 하기로 협의하고 있다. 따라서 (나)의 '슬라이드 4'에 동아리 부원들이 행사에서 느낀 점을 추가하는 것은 적절하지 않다.

• 정답 •

35 ② 36 ② 37 ③ 38 ③ 39 ① 40 ④ 41 ⑤ 42 ④ 43 ④ 44 ③ 45 ⑤

★ 표기된 문항은 [등급을 가르는 문제]에 해당하는 문항입니다.

---

35 형용사 형성 파생법 이해 　　　　　　정답률 88% | 정답 ②

[학습 활동]을 수행한 결과로 적절하지 않은 것은? [3점]

> 선생님 : 형용사 형성 파생법은 크게 접두사에 의한 파생법과 접미사에 의한 파생법으로 나누어 볼 수 있습니다. 일반적으로 접두사에 의한 파생법은 ⊙ 형용사 어근 앞에 뜻을 더하는 접사가 붙은 것이고, 접미사에 의한 파생법은 대체로 ⓒ 명사 어근 뒤에 어근의 품사를 형용사로 바꾸는 접사가 붙은 것입니다. 그럼 아래를 참고하여, [학습 활동]을 해결해 볼까요?

> [접두사] 새−, 시−
> [접미사] −롭다, −되다, −답다, −스럽다

> [학습 활동] 다음에서 ⊙, ⓒ에 해당하는 예를 찾아보자.

> 　나는 바닷가 산책로를 따라 걸었다. 바로 코끝에서 **시퍼런** 바닷물이 철썩거리고 있었다. 늘 걷던 길이 오늘따라 **새롭게** 느껴지는 것은 곧 이곳을 떠나야 한다는 사실 때문일 것이다. 여기 머문 지도 어느새 삼 년이 되어 간다. 돌이켜 보면 **복된** 나날이었다. 이웃들과 매일 **정답게** 인사를 주고받았으며, 어디서든 아이들의 **사랑스러운** 웃음소리를 들을 수 있었다.

① '시퍼런'은 접두사 '시−'가 형용사 어근 앞에 붙어 형성된 말의 활용형으로, ⊙에 해당하는 예이다.
선생님이 제시한 참고를 통해, '시−'는 접두사임을 알 수 있으므로, '시퍼런'은 어근 '퍼렇−' 앞에 접두사 '시−'가 붙어 형성된 말인 '시퍼렇다'의 활용형으로 ⊙에 해당하는 예라 할 수 있다.

✔ ② '새롭게'는 접두사 '새−'가 형용사 어근 앞에 붙어 형성된 말의 활용형으로, ⊙에 해당하는 예이다.
선생님이 제시한 참고를 통해, '−롭다'는 접미사임을 알 수 있으므로, '새롭게'는 '이미 있던 것이 아니라 처음 마련하거나 다시 생겨난.'의 의미를 지닌 어근 '새' 뒤에 접미사 '−롭다'가 붙어 형성된 말인 '새롭다'의 활용형임을 알 수 있다. 따라서 '새롭게'는 ⊙에 해당하는 예로 볼 수 없다.

③ '복된'은 접미사 '−되다'가 명사 어근 뒤에 붙어 형성된 말의 활용형으로, ⓒ에 해당하는 예이다.
선생님이 제시한 참고를 통해, '−되다'는 접미사임을 알 수 있으므로, '복된'은 어근 '복' 뒤에 접미사 '−되다'가 붙어 형성된 말인 '복되다'의 활용형으로, ⓒ에 해당하는 예라 할 수 있다.

④ '정답게'는 접미사 '−답다'가 명사 어근 뒤에 붙어 형성된 말의 활용형으로, ⓒ에 해당하는 예이다.
선생님이 제시한 참고를 통해, '−답다'는 접미사임을 알 수 있으므로, '정답게'는 어근 '정' 뒤에 접미사 '−답다'가 붙어 형성된 말인 '정답다'의 활용형으로, ⓒ에 해당하는 예라 할 수 있다.

⑤ '사랑스러운'은 접미사 '−스럽다'가 명사 어근 뒤에 붙어 형성된 말의 활용형으로, ⓒ에 해당하는 예이다.
선생님이 제시한 참고를 통해, '−스럽다'는 접미사임을 알 수 있으므로, '사랑스러운'은 어근 '사랑' 뒤에 접미사 '−스럽다'가 붙어 형성된 말인 '사랑스럽다'의 활용형으로, ⓒ에 해당하는 예라 할 수 있다.

● 문법 필수 개념

■ 접사의 이해
1. 어근에 붙어 그 뜻을 제한하는 주변 부분을 '접사'라고 하며, 어근 앞에 올 때는 '접두사', 어근 뒤에 오면 '접미사'라고 한다.
2. 어근에 접사가 결합하여 만들어진 단어를 '파생어'라고 한다.
3. 접두사는 어근의 품사를 거의 바꾸지 못하지만, 접미사는 어근의 품사를 바꾸는 경우가 많다.
　→ '지우개'의 어근은 '지우−'로 동사이지만, 접미사 '−개'와 결합하여 명사로 바뀌었다.

---

36 문장의 짜임새 파악 　　　　　　정답률 82% | 정답 ②

〈보기〉의 ⊙ ~ ⓒ에 대한 설명으로 적절하지 않은 것은?

> ─〈보기〉─
> ⊙ 우리는 봄이 어서 오기를 기다렸다.
> ⓒ 나는 그가 범인이 아니었음에 안도했다.
> ⓒ 우유를 마신 아이가 마루에서 잠들었다.

① ⊙에는 목적어의 기능을 하는 안긴문장이 있다.
⊙의 안긴문장인 '봄이 어서 오기'는 목적격 조사 '를'과 결합하여 목적어의 기능을 하고 있다.

✔ ② ⓒ에는 서술어의 기능을 하는 안긴문장이 있다.
ⓒ의 안긴문장인 '그가 범인이 아니었음'은 부사격 조사 '에'와 결합하여 문장에서 부사어의 기능을 하고 있다. ⓒ에서 '그가 범인이 아니었음' 말고 다른 안긴문장은 찾아볼 수 없으므로, ⓒ에 서술어의 기능을 하는 안긴문장이 있다는 설명은 적절하지 않다.

③ ⓒ에는 관형어의 기능을 하는 안긴문장이 있다.
ⓒ의 안긴문장인 '우유를 마신'은 '아이'를 수식하고 있으므로 관형어의 기능을 하고 있다.

④ ⓒ과 달리 ⊙에는 안긴문장 속에 부사어가 있다.
ⓒ의 안긴문장인 '우유를 마신' 속에는 부사어가 없지만, ⊙의 안긴문장인 '봄이 어서 오기' 속에는 '오기'를 수식하는 부사어 '어서'가 있다.

⑤ ⓒ과 달리 ⓒ에는 주어가 생략된 안긴문장이 있다.
ⓒ의 안긴문장인 '그가 범인이 아니었음'에는 주어 '그가' 드러나 있다. 그리고 ⓒ은 '아이가 우유를 마

시다.'의 문장이 '아이가 마루에서 잠들었다.'에 안겨져 있으므로, 안긴문장인 '우유를 마신'에는 주어인 '아이가' 생략되어 있다.

● 문법 필수 개념

1. 명사절을 안은문장
① 안긴문장이 명사형 어미 '−(으)ㅁ, −기'와 결합하여 그것이 마치 명사처럼 보이는 절. 이 명사절을 포함하고 있는 문장을 '명사절로 안은문장'이라 함.
② 명사절의 문장에서의 기능 : 명사절은 격조사나 부사격 조사가 붙어 문장에서 주어, 목적어, 부사어 등 다양한 기능을 함.

주어	종현이가 농구에 소질이 있음이 밝혀졌다. → 농구에 소질이 있음 + 주격 조사
목적어	임금님은 비가 내리기를 간절히 바랐다. → 비가 내리기 + 목적격 조사
부사어	그가 내 옆에 있음에 감사한다. → 내 옆에 있음 + 부사격 조사

2. 관형절을 안은문장
① 안긴문장이 관형사형 어미 '−(으)ㄴ, −는, −(으)ㄹ, −던'과 결합하여 그것이 마치 관형사처럼 보이는 절. 이 관형사절을 포함하고 있는 문장을 '관형사절을 안은문장'이라고 함.
② 관형절이 될 때의 문장 성분의 생략

주어 생략	학교는 아침부터 (학생들이) 등교한 학생들로 붐볐다. → 주어 '학생들이' 생략
목적어 생략	어제 그가 (책을) 산 책은 그녀를 감동시켰다. → 목적어 '책을' 생략
부사어 생략	그의 흔적이 (책에) 남은 책이 전시되었다. → 부사어 '책에' 생략

---

37 중세 국어의 특징 파악 　　　　　　정답률 80% | 정답 ③

〈보기〉는 중세 국어를 학습하기 위한 자료이다. 〈보기〉를 바탕으로 중세 국어의 특징을 탐구한 내용으로 적절하지 않은 것은?

> ─〈보기〉─
> 太子ㅣ 앗겨 무수매 너교디 비들 만히 니르면 몯 삵가 ᄒᆞ야 닐오디 **金으로** 따해 ᄭ로물 **뽐** 업게 ᄒᆞ면 이 東山ᄋᆞᆯ 프로리라 須達이 닐오디 **니르샨 ᄃᆞ로** 호리이다 太子ㅣ 닐오디 내 롱담ᄒᆞ다라 須達이 닐오디 **太子ㅅ** 法은 **거즛마를** 아니ᄒᆞ시는 거시니 구쳐 ᄑᆞ르시리이다

> [현대어 풀이]
> 　태자가 아껴 마음에 여기되 '값을 많이 이르면 못 살까.' 하여 이르되 "금으로 땅에 깔음을 틈 없게 하면 이 동산을 팔겠다." 수달이 이르되 "이르신 양으로 하겠습니다." 태자가 이르되 "내가 농담하였다." 수달이 이르되 "태자의 도리는 거짓말을 하시지 않는 것이니 하는 수 없이 파실 것입니다."

① '金으로'와 '양ᄋᆞ로'를 통해 모음 조화에 따라 형태를 달리하는 부사격 조사가 있었음을 확인할 수 있다.
'金으로'와 '양ᄋᆞ로'를 통해, '金으로'와 '양ᄋᆞ로'에 쓰인 부사격 조사는 중세 국어에서 앞 음절 모음이 음성 모음일 때는 음성 모음으로 시작하는 조사 '으로'로, 양성 모음일 때는 양성 모음으로 시작하는 조사인 'ᄋᆞ로'로 달리 나타났음을 확인할 수 있다.

② '뽐'을 통해 단어 첫머리에 자음이 연속하여 올 수 있었음을 확인할 수 있다.
'뽐'을 통해 중세 국어에서는 'ㅳ'과 같이 단어 첫머리에 자음이 연속하여 올 수 있었음을 확인할 수 있다.

✔ ③ '니르샨'을 통해 주체인 수달을 높이는 선어말 어미가 쓰였음을 확인할 수 있다.
'현대어 풀이'를 통해 '니르샨'이 '이르신'임을 알 수 있으므로, '니르샨'에는 주체를 높이는 선어말 어미가 쓰였음을 확인할 수 있다. 하지만 높임의 대상은 수달이 아니라 태자이므로 적절하지 않다.

④ '太子ㅅ'을 통해 'ㅅ'이 관형격 조사로 쓰였음을 확인할 수 있다.
'太子ㅅ'이 '태자의'로 풀이됨을 통해 중세 국어에서는 체언 '太子'에 관형격 조사로 'ㅅ'이 결합하였음을 확인할 수 있다.

⑤ '거즛마를'을 통해 자음으로 끝나는 체언에 모음으로 시작하는 조사가 결합할 때 이어적기를 하였음을 확인할 수 있다.
'거즛마를'을 통해 중세 국어에서 체언 '거즛말'에 조사 '을'이 결합할 때 앞말의 받침이 뒤의 초성으로 연음되는 것을 표기에 반영하는 방식인 이어적기를 하였음을 확인할 수 있다.

★★★ 등급을 가르는 문제!

38 음운 변동과 국어의 로마자 표기 이해 　　정답률 57% | 정답 ③

(가)와 (나)를 참고해 〈보기〉의 ⓐ ~ ⓔ를 로마자로 표기하려 할 때, 이에 대한 설명으로 적절한 것은?

> ─〈보기〉─
> ○ ⓐ 대관령[대:괄령]에서 ⓑ 백마[뱅마] 교차로까지는 멀다.
> ○ ⓒ 별내[별래] 주민들은 ⓓ 삽목묘[삼몽묘]를 구입하였다.
> ○ 작년에 농장 주인은 ⓔ 물난리[물랄리]로 피해를 보았다.

> * ⓐ ~ ⓔ는 지명임.

① ⓐ : 종성 위치에서만 유음화가 일어나 [대:괄령]으로 발음되므로 'Dae:kwallyeong'로 표기해야 한다.
(나)를 통해 'ㄱ, ㄷ, ㅂ'은 모음 앞에서는 'g, d, b'로 표기해야 하고, 음운 변화가 일어날 때에는 변화의 결과에 따라 적는다고 하였으므로 '대관령[대:괄령]'의 로마자 표기는 'Daegwallyeong'임을 알 수 있다.

② ⓑ : 초성 위치에서만 비음화가 일어나 [뱅마]로 발음되므로 'Baengma'로 표기해야 한다.
'백마'는 뒤의 비음의 영향을 받아 [뱅마]로 발음되므로, 초성 위치가 아닌 종성 위치에서 비음화가 일어난다고 할 수 있다.

✔ ③ ⓒ : 초성 위치에서만 유음화가 일어나 [별래]로 발음되므로 'Byeollae'로 표기해야 한다.
'별내'는 초성 위치에 있는 'ㄴ'이 'ㄹ'의 뒤에서 동일한 조음 위치의 유음인 'ㄹ'로 바뀌는 유음화가 일어나 [별래]로 발음됨을 알 수 있다. 그리고 (나)를 통해 음운 변화가 일어날 때에는 변화의 결과에 따라 적는다고 하였으므로 '별내[별래]'의 로마자 표기는 'Byeollae'임을 알 수 있다.

④ ⓓ : 초성 위치와 종성 위치에서 비음화가 일어나 [삼몽묘]로 발음되므로 'sammongmyo'로 표기해야 한다.

'삽목묘'는 뒤의 비음화의 영향을 받아 [삼목묘]로 발음되었다가, 다시 뒤의 비음화의 영향을 받아 [삼몽묘]로 발음되므로, 초성 위치와 종성 위치에서 비음화가 일어나는 것이 아니라 두 종성 위치에서 비음화가 일어난다고 할 수 있다.

⑤ ⓔ : 초성 위치와 종성 위치에서 유음화가 일어나 [물랄리]로 발음되므로 'mullalri'로 표기해야 한다.

(나)를 통해 'ㄹㄹ'은 'll'로 적는다고 하였으므로, [물랄리]로 발음되는 '물난리'의 로마자 표기는 'mullalli'라 할 수 있다.

★★ 문제 해결 꿀~팁 ★★

▶ 많이 틀린 이유는?

이 문제는 각 단어에 일어나는 음운 변동을 정확히 이해하지 못하였거나, (나)에 제시된 로마자 표기에 대해 정확히 이해하지 못해 오답률이 높았던 것으로 보인다.

▶ 문제 해결 방법은?

이 문제를 해결하기 위해서는 〈보기〉에 제시된 각 단어와 그 단어의 발음을 바탕으로 선택지에 제시된 음운 변동 사항이 '백마[뱅마]'를 통해 초성 위치가 아닌 종성 위치에서 비음화가 일어난다고 할 수 있으므로 적절한 것이라 볼 수 없다. 그런 다음 로마자 표기에서는 음운 변동이 반영됨을 파악하고, (나)의 내용을 바탕으로 로마자 표기가 적절한지 확인해야 한다. 가령 오답률이 높았던 ①의 경우에는 'ㄱ, ㄷ, ㅂ'은 모음 앞에서는 'g, d, b'로 표기해야 한다는 것에 따라 잘못 표기되었음을 알 수 있고, ⑤의 경우에는 'ㄹㄹ'은 'll'로 하였으므로 잘못 표기되었음을 알 수 있다. 그리고 정답인 ③의 경우 위와 같은 점을 고려했을 때 적절함을 알았을 것이다. 이 문제처럼 문법 문제에서는 지문이나 〈보기〉로 문법적 내용을 설명하는 경우에는 반드시 정확히 읽어서, 선택지의 내용과 일대 일로 대응하여 적절성 여부를 판단할 수 있어야 한다.

---

39 동화의 유형 이해 　　　　　정답률 80% | 정답 ①

[A]를 바탕으로 〈보기〉에서 일어나는 동화의 양상을 분석할 때, ㉠과 ㉡이 모두 일어나는 단어만을 골라 묶은 것은?

〈보 기〉
| 곤란[골·란] | 국민[궁민] | 읍내[음내] |
| 입문[임문] | 칼날[칼랄] | |

✔ 곤란, 입문

'곤란[골·란]'은 동화음 'ㄹ'이 피동화음 'ㄴ'에 후행하는 동화가 일어나며, 피동화음 'ㄴ'이 'ㄹ'로 바뀌어 동화음 'ㄹ'과 완전히 같아지는 동화가 일어난다. 그리고 '입문[임문]'은 동화음 'ㅁ'이 피동화음 'ㅂ'에 후행하는 동화가 일어나며, 피동화음 'ㅂ'이 'ㅁ'으로 바뀌어 동화음 'ㅁ'과 완전히 같아지는 동화가 일어난다.

② 국민, 읍내

③ 곤란, 국민, 읍내

④ 곤란, 입문, 칼날

⑤ 국민, 입문, 칼날

---

40 매체의 유형과 특성 이해 　　　　　정답률 76% | 정답 ③

(가)와 (나)에 대한 이해로 가장 적절한 것은?

① (가)는 (나)와 달리 정보 생산자 간에 면 대 면 소통을 통해 정보를 수정할 수 있다.

(가)는 인터넷 블로그이므로 정보 생산자 간에 비대면으로 소통을 한다고 할 수 있다. 그리고 (나)는 이러한 비대면을 통해 정보 생산자가 정보를 수정할 수도 있다.

② (가)는 (나)와 달리 정보 수용자를 고려하여 격식을 갖춘 말투로 정보를 제시하고 있다.

(나)는 텔레비전 생방송 뉴스이므로 정보 수용자를 고려하여 격식을 갖춘 말투로 정보를 제시하고 있다. 한편 인터넷 블로그는 사적인 매체에 해당하므로 일반적으로 격식을 갖춘 말투로 정보를 제공하지 않는다.

✔ (가)는 (나)와 달리 특정 기호를 앞에 붙여 열거한 말들을 통해 전달되는 정보의 핵심 어구를 파악할 수 있다.

(가)의 인터넷 블로그 게시글에서 작성자는 '#지구_온난화 #북극곰_멸종_위기 #이산화_탄소_배출_줄이기'에서 보이듯이 특정 핵심 어구의 앞에 기호를 붙여 열거하고 있다. 따라서 해당 기호를 통해 정보 수용자는 전달되는 정보의 핵심 어구를 파악할 수 있다.

④ (나)는 (가)와 달리 정보 수용자를 특정인으로 한정지어 대량의 정보를 전달하고 있다.

(나)는 다수의 대중에게 정보를 전달하고 있는 것이며, 다수의 대중에게 정보를 전달한다는 것은 매체로서 텔레비전의 특성이다.

⑤ (나)는 (가)와 달리 정보 생산자와 수용자의 상호작용을 바탕으로 정보의 수정이 이루어지고 있다.

(나)는 정보 생산자가 수용자에게 일방적으로 정보를 제공하는 일방향적 의사소통이 일어나므로, 정보 생산자와 수용자의 상호작용을 바탕으로 정보의 수정이 이루어진다고 볼 수 없다.

---

41 매체 자료의 생산과 수용의 이해 　　　　　정답률 83% | 정답 ⑤

〈보기〉를 참고하여 (가)와 (나)에 대해 보인 반응으로 적절하지 않은 것은? [3점]

〈보 기〉
텔레비전 뉴스, 인터넷 블로그 등 매체를 통해 전달되는 정보의 구체적 형태를 매체 자료라고 한다. 매체 언어는 음성, 문자, 사진, 동영상 등의 양식이 복합적으로 사용되는 특성을 지닌다. 따라서 매체 자료의 수용자는 이러한 복합 양식적인 매체 언어의 특성을 고려하여 의미를 구성한다. 이때 그 의미는 생산자와 수용자가 놓여 있는 맥락 속에서 생성된다. 그렇기 때문에 매체 자료의 수용은 생산자의 의도나 관점, 수용자의 관점이나 이해관계 등을 고려하여 이루어진다. 이 과정에서 매체 자료의 수용자는 창의적 생산자가 되기도 하면서 사회적 소통에 참여할 수 있다.

---

① (가)에서 그래프와 동영상 등을, (나)에서 문자와 음성 등을 활용한 것은 매체 언어의 복합 양식적 특성을 보여 주는 것이겠군.

(가)에서는 시각적 이미지인 그래프와 '북극곰의 오늘과 내일' 홍보 동영상 등을 활용하고 있고, (나)에서는 '가뭄 장기화, 농작물 피해 심각'이 자막과 진행자, 기자의 음성 등을 활용하고 있으므로, (가), (나)에서는 매체 언어의 복합 양식적 특성을 보여 준다고 할 수 있다.

② (가)에서 '몽돌이'가 쓴 댓글은 수용자가 매체 언어의 복합 양식적 특성을 고려하여 의미를 구성할 수 있음을 보여 주는 것이겠군.

(가)의 게시글에 '몽돌이'가 작성한 댓글은 그래프, 사진, 문자 등을 복합적으로 고려하여 의미를 구성한 것이라 할 수 있다.

③ (가)에서 '구르미'가 다큐멘터리를 보고 든 생각을 블로그에 올려 다른 사람들과 의견을 나눈 것은 매체 자료의 수용자가 창의적 생산자로서 사회적 소통에 참여할 수 있음을 보여 주는 것이겠군.

(가)의 '구르미'는 다큐멘터리 '북극곰의 오늘과 내일'을 보고 든 생각을 블로그에 올리고 있고, '사랑이, 초록꿈' 등이 이에 대해 댓글을 달고 '구르미'가 댓글에 추가 댓글을 달고 있음을 알 수 있다. 이처럼 '구르미'가 댓글을 통해 다른 사람들과 의견을 나누고 있는 것은 매체 자료의 수용자가 창의적 생산자로서 사회적 소통에 참여할 수 있음을 보여 주는 것이라 할 수 있다.

④ (나)에서 진행자와 윤 기자가 가뭄의 심각성을 강조한 것은 문제의식을 수용자와 공유하고자 하는 의도를 가지고 매체 자료를 생산하였음을 보여 주는 것이겠군.

(나)의 매체 자료를 생산하는 과정에서 진행자와 기자가 가뭄의 심각성을 여러 차례 언급하고 강조한 것은 수용자와 문제의식을 공유하려는 의도를 지니고 있다는 것을 보여 준다.

✔ (나)에서 진행자가 윤 기자에게 현장 상황에 대한 구체적인 설명을 요청한 것은 생산자들 간에 놓여 있는 맥락이 같아도 관점이 서로 다를 수 있음을 보여 주는 것이겠군.

(나)에서 진행자는 현장 상황에 대한 구체적인 설명을 기자에게 요청하고 있으며, 진행자와 기자는 가뭄에 따른 피해의 상황과 심각성에 대해 공감하고 있다. 따라서 진행자와 기자는 같은 맥락 속에 있고, 문제 상황에 대한 관점이 서로 다르다고 볼 수 없다.

---

42 매체 언어의 특성 이해 　　　　　정답률 89% | 정답 ④

㉠, ㉡에 대한 설명으로 가장 적절한 것은?

① ㉠ : 매체 언어의 특성에 주목하여, 블로그를 통해 제시된 정보의 신뢰성에 대한 의문을 제기하고 있다.

'사랑이'가 쓴 댓글의 의문은 블로그 게시글에 제시된 정보의 신뢰성에 의문을 제기하는 것이 아니라, 자신의 의견을 의문 형식으로 드러낸 것이라 할 수 있다.

② ㉠ : 매체를 통한 의사소통의 목적과 관련하여, 블로그에 제시된 정보를 개인의 문제 해결을 위해 활용하고 있다.

'사랑이'가 쓴 댓글은 앞으로 어떻게 해야 할지에 대해 언급한 것으로, 블로그에 제시된 정보를 개인의 문제 해결을 위해 활용하지는 않고 있다.

③ ㉠ : 매체의 사용 습관에 대한 성찰을 바탕으로, 블로그를 통해 이루어지는 의사소통에 대한 개선책을 제안하고 있다.

'사랑이'가 쓴 댓글은 앞으로 어떻게 해야 할지에 대해 언급한 것으로, 블로그를 통해 이루어지는 의사소통에 대한 개선책을 제안하지는 않고 있다.

✔ ㉡ : 블로그에 제시된 의견에 동의를 나타내고 매체의 기능을 활용하여 관련 정보를 추가하고 있다.

'초록꿈'은 ㉡에서 블로그 게시글에 제시된 의견에 동의를 나타내고, 'www.○○○.go.kr'라는 하이퍼링크를 통해 이산화 탄소 배출 줄이리라는 정보를 제시하고 있다.

⑤ ㉡ : 블로그에 제시된 주장의 타당성을 비판하고 매체의 파급력을 고려하여 자신의 견해를 덧붙이고 있다.

'초록꿈'은 이산화 탄소 배출 줄이기 위한 노력이 필요하다고 하면서 이와 관련된 정보를 제공하고 있지, 블로그에 제시된 주장의 타당성을 비판하지는 않고 있고, 자신의 견해를 덧붙이지도 않고 있다.

---

43 매체의 의사소통 방식 이해 　　　　　정답률 78% | 정답 ④

(가)의 대화에 대한 설명으로 가장 적절한 것은?

① '한신'은 동영상이 게재되는 매체의 정보 유통 방식을 언급하며 동영상의 구성 방향을 제안하고 있다.

'한신'의 말에서 동영상이 게재되는 매체의 정보 유통 방식을 언급한 부분은 없다.

② '소희'는 매체 언어의 표현 전략을 비교하여 매체 언어를 새롭게 표현하는 방법의 중요성을 설명하고 있다.

'소희'가 포스터와 비교하며 새로 제작하는 동영상에서 슬로건이 잘 드러나도록 내용을 구성하자고 하였지만, 표현 전략을 비교하거나 새롭게 표현하는 방법의 중요성에 대해서 언급하고 있지는 않다.

③ '연주'는 문자와 그림말이 어우러져 만들어 내는 의미를 제시하여 동영상 제작에 대한 공감을 나타내고 있다.

'연주'는 포스터와 비교하며 새로 제작하는 동영상에서 슬로건이 잘 드러나도록 만들어 내는 '소희'의 말에 공감하고 있지만, 문자와 그림말이 어우러져 만들어 내는 의미를 제시하지는 않고 있다.

✔ '경호'는 휴대 전화 메신저의 특성을 언급하며 해당 매체로 대화하는 것에 대한 긍정적인 태도를 나타내고 있다.

'경호'는 즉각적인 소통이 가능하고 남아 있는 대화 내용을 참고해서 의견을 나눌 수 있는 휴대 전화 메신저의 특성을 언급하며 휴대 전화 메신저를 통한 대화에 긍정적인 태도를 드러내고 있다.

⑤ '지섭'은 대화가 이루어지는 매체의 정보 전달 효과를 고려하여 동영상 제작의 절차와 역할 분담 방안을 제시하고 있다.

'지섭'이 이야기판 제작을 위해 대화방 구성원에게 의견을 요청하고 있지만, 대화가 이루어지는 휴대 전화 메신저의 정보 전달 효과를 고려하며 동영상 제작의 절차와 역할 분담 방법을 제시하고 있지는 않다.

---

44 매체 자료의 생산 이해 　　　　　정답률 84% | 정답 ③

㉠~㉤ 중 (나)에 반영되지 않은 것은?

① ㉠

(나)의 S#2는 소통에 관한 장면, S#3은 화합에 관한 장면이다.

② ㉡

소통에 관한 장면인 (나)의 S#2에는 후보자가 귀 옆에 양손을 가져다 대는 모습으로 경청하는 태도가, 화합에 관한 장면인 (나)의 S#3에는 세 학생이 어깨동무를 하는 모습으로 여럿이 함께 하는 모습이 제시되고 있다.

✔ ③ ㉢

(나)의 S#4에 학교에 바라는 점을 말하는 인터뷰는 제시되어 있으나, (나)에 후보자를 지지하는 이유를 밝히는 인터뷰는 반영되어 있지 않다.

④ ㉣

'학급별 소통함 제작'이라는 공약이 자막으로 제시된 (나)의 S#2와 '한마음 축제 개최'라는 공약이 자막으로 제시된 S#3에서 주의를 환기하기 위해 자막이 나올 때 효과음이 함께 제시되고 있다.

⑤ ㉤

(나)의 S#2와 S#3에서 내레이션을 통해 자막 내용을 설명해 주고 있다.

---

45 매체 자료의 수정·보완 정답률 88% | 정답 ⑤

다음은 (나)에 대한 검토 내용을 정리한 것이다. 이를 바탕으로 (나)를 수정하기 위한 방안으로 적절하지 **않은** 것은?

〈이야기판 검토 결과〉

S#1	후보자의 힘찬 발걸음을 부각할 수 있는 배경 음악이 필요함.
	후보자와 함께 새로운 출발을 할 수 있다는 내용이 자막에 제시되어야 함.
S#2 ~ S#4	슬로건을 일관되게 노출하여 강조할 필요가 있음.
S#4	인터뷰 내용의 전달 효과를 높여야 함.
S#5	공약의 실현 가능성을 인상적으로 제시하며 마무리해야 함.

① S#1에 밝고 역동적인 느낌의 음악을 배경 음악으로 제시한다.
밝고 역동적인 느낌의 음악을 사용하면 후보자의 힘찬 발걸음을 부각할 수 있다.

② S#1의 자막을 '기호 ×번 김□○와 함께 새로운 학교생활이 시작됩니다.'로 수정한다.
자막에 '새로운 학교생활이 시작됩니다.'라는 내용을 추가하여 후보자와 함께 새로운 출발을 할 수 있다는 내용이 드러나도록 하였다.

③ S#2 ~ S#4에 S#1처럼 화면 우측 상단에 '소통과 화합'이라는 문구를 추가한다.
슬로건인 '소통과 화합'이라는 문구를 추가하여 슬로건을 강조할 수 있다.

④ S#4에 인터뷰의 핵심 내용을 나타내는 말들을 자막으로 제시한다.
인터뷰의 핵심 내용을 나타내는 말을 자막으로 제시하면 내용 전달의 효과를 높일 수 있다.

✔ S#5에 학생회장 후보자가 자막을 힘주어 읽는 내레이션을 추가한다.
S#5에서 자막의 내용을 힘주어 읽는 것과 공약의 실현 가능성을 인상적으로 제시하는 효과는 관계가 없다.

04회 | 2023학년도 4월 학력평가 [고3]

• 정답 •

35 ② 36 ① 37 ③ 38 ⑤ 39 ④ 40 ② 41 ② 42 ② 43 ④ 44 ⑤ 45 ④

★ 표기된 문항은 [등급을 가르는 문제]에 해당하는 문항입니다.

---

35 동음이의어의 유형 이해 정답률 67% | 정답 ②

윗글을 바탕으로 추론한 내용으로 적절하지 **않은** 것은?

① '반드시 약속을 지켜라.'의 '반드시'와 '반듯이 앉아 있다.'의 '반듯이'는 소리는 같고 표기가 다르므로 이형 동음이의어에 해당하겠군.
1문단을 통해 이형 동음이의어는 소리는 같고 표기가 다른 것임을 알 수 있다. 따라서 '반드시'와 '반듯이'는 모두 [반드시]로 발음되어 소리가 같지만 표기가 다르므로 이형 동음이의어라 할 수 있다.

✔ ② '그 책을 줘.'의 '그'와 '그는 여기 있다.'의 '그'는 모두 대명사이고 형태 변화가 없는 불변어이므로 절대 동음이의어에 해당하겠군.
2문단을 통해 절대 동음이의어는 품사 등의 문법적 성질이 동일하면서 단어의 형태가 언제나 동일한 것임을 알 수 있다. 그런데 '그 책을 줘.'의 '그'는 관형사이고 '그는 여기 있다.'의 '그'는 대명사에 해당하므로, '그'는 모두 형태 변화가 없는 불변어이지만 품사가 동일하지 않으므로 적절하지 않다.

③ '전등을 갈다.'의 '갈다'와 '칼을 갈다.'의 '갈다'는 모두 동사이고 활용하는 양상이 언제나 동일하므로 절대 동음이의어에 해당하겠군.
2문단을 통해 절대 동음이의어는 품사 등의 문법적 성질이 동일하면서 단어의 형태가 언제나 동일한 것임을 알 수 있다. 따라서 '전등을 갈다.'의 '갈다'와 '칼을 갈다.'의 '갈다'는 모두 동사로 품사가 동일하고, 모두 '갈고, 갈아, 가니, 가오'와 같이 활용하여 활용하는 양상이 언제나 동일하므로 절대 동음이의어라 할 수 있다.

④ '커튼을 걷다.'의 '걷다'와 '비를 맞으며 걷다.'의 '걷다'는 활용하는 양상이 언제나 동일하지는 않으므로 부분 동음이의어에 해당하겠군.
3문단을 통해 부분 동음이의어는 문법적 성질이 동일한가, 형태가 언제나 동일한가의 두 가지 기준을 하나라도 만족하지 못하는 것임을 알 수 있다. 따라서 '커튼을 걷다.'의 '걷다'는 '걷고, 걷어, 걷으니'와 같이 활용하고 '비를 맞으며 걷다.'의 '걷다'는 '걷고, 걸어, 걸으니'와 같이 활용하여, 활용하는 양상이 언제나 동일하지는 않으므로 부분 동음이의어라 할 수 있다.

⑤ '한 사람이 왔다.'의 '한'과 '힘이 닿는 한 돕겠다.'의 '한'은 각각 관형사와 명사로 품사가 동일하지 않으므로 부분 동음이의어에 해당하겠군.
3문단을 통해 부분 동음이의어는 문법적 성질이 동일한가, 형태가 언제나 동일한가의 두 가지 기준을 하나라도 만족하지 못하는 것임을 알 수 있다. '한 사람이 왔다.'의 '한'은 관형사이고, '힘이 닿는 한 돕겠다.'의 '한'은 명사로 품사가 동일하지 않으므로 부분 동음이의어라 할 수 있다.

---

36 용언의 활용과 품사의 이해 정답률 74% | 정답 ①

〈보기〉에서 ㉠에 해당하는 예를 옳게 짝지은 것은? [3점]

〈보 기〉

누르다	1	우리 팀이 상대 팀을 누르고 우승했다.
	2	먼 산에 누르고 붉게 든 단풍이 아름답다.
이르다	1	약속 장소에 이르니 그의 모습이 보였다.
	2	아직 포기하기엔 이르니 다시 도전하자.
	3	그에게 조심하라고 이르니 고개를 끄덕였다.
바르다	1	생선 가시를 바르고 살을 아이에게 주었다.
	2	방에 벽지를 바르고 마를 때까지 기다렸다.

✔ ① 누르다 1과 2, 이르다 1과 2
3문단을 통해 ㉠은 문법적 성질이 동일하지 않고 형태도 언제나 동일하지 않은 것임을 알 수 있다. 그리고 '누르다 1'은 동사이고 '누르니, 눌러'와 같이 활용하며, '누르다 2'는 형용사이고 '누르니, 누르러'와 같이 활용하므로, 두 단어는 품사가 다르고 활용 양상이 언제나 동일하지는 않으므로 ㉠에 해당한다고 할 수 있다. 그리고 '이르다 1'은 동사이고 '이르니, 이르러'와 같이 활용하며, '이르다 2'는 형용사이고 '이르니, 일러'와 같이 활용하므로 두 단어는 품사가 다르고 활용 양상이 언제나 동일하지는 않으므로 ㉠에 해당한다고 할 수 있다. 한편 '이르다 1'과 '이르다 3'은 모두 동사이고 '이르니, 일러'와 같이 활용하여 활용 양상이 동일하고, '바르다 1'과 '바르다 2' 또한 모두 동사이고 '바르니, 발라'와 같이 활용하여 활용 양상이 동일하다. 따라서 '이르다 1'과 '이르다 3'과 '바르다 1'과 '바르다 2'는 절대 동음이의어라 할 수 있다.

② 누르다 1과 2, 이르다 1과 3
③ 누르다 1과 2, 바르다 1과 2
④ 이르다 1과 2, 바르다 1과 2
⑤ 이르다 1과 3, 바르다 1과 2

---

37 음운 변동의 이해 정답률 64% | 정답 ③

다음은 음운의 변동과 관련된 활동에 대한 설명이다. 이를 적용한 내용으로 적절한 것은?

〈음운의 변동 이해하기 활동〉

○ 카드에는 한 개의 단어와 그 단어의 표준 발음이 적혀 있다.
○ 카드에 적힌 단어에서 일어나는 음운 변동의 유형과 유형별 횟수가 같은 카드끼리는 짝을 이룬다.
○ 단, 음운 변동 유형은 교체, 축약, 탈락, 첨가로 구분하고, 음운 변동의 순서는 고려하지 않는다. 예를 들어, '흙빛[흑삗]'이 적힌 카드는 교체가 두 번, 탈락이 한 번 일어나는 단어가 적힌 카드와 짝을 이룬다.

국화꽃 [구콰꼳]	옆집 [엽찝]	칡넝쿨 [칭넝쿨]	삯일 [상닐]	호박엿 [호ː방녇]
ⓐ	ⓑ	ⓒ	ⓓ	ⓔ

① '백합화[배카퐈]'가 적힌 카드는 축약이 두 번 일어나는 단어가 적힌 ⓐ와 짝을 이룬다.

ⓐ의 '국화꽃[구콰꼳]'은 음절의 끝소리 규칙과 거센소리되기가 일어나 교체와 축약이 각 한 번씩 일어나고, '백합화[배카퐈]'는 거센소리되기가 두 번 일어나 축약이 두 번 일어나므로 적절하지 않다.

② '삵살이[삭싸치]'가 적힌 카드는 교체가 두 번 일어나는 단어가 적힌 ⓑ와 짝을 이룬다.

ⓑ의 '옆집[엽찝]'은 음절의 끝소리 규칙과 된소리되기가 일어나 교체가 두 번 일어나고, '삵살이[삭싸치]'는 음절의 끝소리 규칙, 된소리되기, 구개음화가 일어나 교체가 세 번 일어나므로 적절하지 않다.

☑ '값없이[가법씨]'가 적힌 카드는 교체와 탈락이 한 번씩 일어나는 단어가 적힌 ⓒ와 짝을 이룬다.

ⓒ의 '칡넝쿨[칭넝쿨]'은 자음군 단순화와 비음화가 일어나 모두 탈락과 교체가 각 한 번씩 일어나고, '값없이[가법씨]'는 자음군 단순화와 된소리되기가 일어나므로 ⓒ와 짝을 이룬다고 할 수 있다.

④ '몫몫이[몽목씨]'가 적힌 카드는 교체가 두 번, 탈락이 한 번 일어나는 단어가 적힌 ⓓ와 짝을 이룬다.

ⓓ의 '삯일[상닐]'은 자음군 단순화, 'ㄴ' 첨가, 비음화가 일어나 탈락, 첨가, 교체가 각 한 번씩 일어나고, '몫몫이[몽목씨]'는 자음군 단순화, 비음화, 된소리되기가 일어나 탈락이 한 번, 교체가 두 번 일어나므로 적절하지 않다.

⑤ '백분율[백뿐뉼]'이 적힌 카드는 교체가 두 번, 첨가가 한 번 일어나는 단어가 적힌 ⓔ와 짝을 이룬다.

ⓔ의 '호박엿[호ː방녇]'은 비음화, 음절의 끝소리 규칙, 'ㄴ' 첨가가 일어나 교체가 두 번, 첨가가 한 번 일어나고, '백분율[백뿐뉼]'은 된소리되기와 'ㄴ' 첨가가 일어나 교체와 첨가가 각 한 번씩 일어나므로 적절하지 않다.

---

38 문장의 짜임 이해 정답률 60% | 정답 ⑤

〈보기〉의 ㉠이 사용된 문장으로 적절한 것은?

〈보 기〉
주어와 서술어를 갖추었으나 독립하여 쓰이지 못하고 다른 문장의 성분으로 쓰이는 의미 단위를 절이라 한다. 문장에서 부속 성분으로 쓰인 절은 수식의 기능을 하여 생략될 수 있지만, ㉠ 부속 성분이면서도 서술어가 필수적으로 요구하는 성분으로 쓰여 생략될 수 없는 절도 있다.

① 우리는 밤이 새도록 토론을 하였다.

'우리는 밤이 새도록 토론을 하였다.'에서 '밤이 새도록'은 부사절로, 서술어 '하였다'가 필수적으로 요구하는 성분으로 쓰인 것이 아니므로 적절하지 않다.

② 나는 그가 있는 가게로 저녁에 갔다.

'나는 그가 있는 가게로 저녁에 갔다.'에서 '그가 있는'은 관형절로, 서술어 '갔다'가 필수적으로 요구하는 성분으로 쓰인 것이 아니므로 적절하지 않다.

③ 그는 어느 날 갑자기 말도 없이 떠나 버렸다.

'그는 어느 날 갑자기 말도 없이 떠나 버렸다.'의 '말도 없이'는 부사절로, 서술어 '떠나 버렸다'가 필수적으로 요구하는 성분으로 쓰인 것이 아니므로 적절하지 않다.

④ 부지런한 동생은 나와는 달리 일찍 일어난다.

'부지런한 동생은 나와는 달리 일찍 일어난다.'의 '부지런한'은 관형절, '나와는 달리'는 부사절로, 서술어 '일어난다'가 필수적으로 요구하는 성분으로 쓰인 것이 아니므로 적절하지 않다.

☑ 저기 서 있는 아이가 특히 재주가 있게 생겼다.

'저기 서 있는 아이가 특히 재주가 있게 생겼다.'에서 '재주가 있게'는 주어와 서술어를 갖추었지만 독립하여 쓰이지 못하고 다른 문장의 성분으로 쓰인 부사절이다. '재주가 있게'는 서술어 '생겼다'가 필수적으로 요구하는 성분으로 쓰인 것이므로 ㉠에 해당한다고 할 수 있다.

★★★ 등급을 가르는 문제!

39 중세 국어의 특징 이해 정답률 59% | 정답 ④

〈보기〉의 자료에 나타나는 중세 국어의 특징을 탐구한 내용으로 적절하지 않은 것은?

〈보 기〉
[중세 국어] **부텻** 뎡바깃뼈 노ᄑᆞ샤 쁜머리 ᄀᆞ투실씨
[현대어 풀이] 부처님의 정수리뼈가 높으시어 튼 머리 같으시므로

[중세 국어] 大臣이 이 藥 밍ᄀᆞ라 大王의 **받ᄌᆞ᷂ᄫ᷂대** 王이 **좌시고**
[현대어 풀이] 대신이 이 약을 만들어 대왕께 바치니 왕이 드시고

① '부텻'을 보니, 높임의 대상에 관형격 조사 'ㅅ'이 결합하였음을 알 수 있군.

'부텻'의 현대어 풀이가 '부처님의'이므로, '부텻'은 높임의 대상인 '부텨'에 관형격 조사 'ㅅ'이 결합한 형태라 할 수 있다.

② '노ᄑᆞ샤'를 보니, 대상의 신체 일부를 높이는 간접 높임이 실현되었음을 알 수 있군.

'노ᄑᆞ샤'의 현대어 풀이가 '높으시어'이므로, '노ᄑᆞ샤'는 '부텨'의 신체 일부인 '뎡바깃뼈'를 높이는 간접 높임이 실현된 것이라 할 수 있다.

③ 'ᄀᆞ투실씨'를 보니, 현대 국어와 같은 형태의 주체 높임 선어말 어미가 쓰였음을 알 수 있군.

'ᄀᆞ투실씨'의 현대어 풀이가 '같으시므로'이므로, 'ᄀᆞ투실씨'는 현대 국어와 같은 형태의 주체 높임 선어말 어미 '-시-'가 결합한 형태라 할 수 있다.

☑ '받ᄌᆞ᷂ᄫ᷂대'를 보니, 목적어가 지시하는 대상을 높이기 위한 객체 높임 선어말 어미가 쓰였음을 알 수 있군.

'받ᄌᆞ᷂ᄫ᷂대'의 현대어 풀이가 '바치니'로, 부사어가 지시하는 대상인 '대왕'을 높이기 위한 객체 높임 선어말 어미가 결합한 것임을 알 수 있다. 따라서 '받ᄌᆞ᷂ᄫ᷂대'가 목적어가 지시하는 대상을 높이기 위해 사용된 것은 아니므로 적절하지 않다.

---

⑤ '좌시고'를 보니, 높임의 의미를 갖는 특수 어휘를 통해 주체를 높이고 있음을 알 수 있군.

'좌시다'의 현대어 풀이가 '드시고'이므로, '좌시다'는 높임의 의미를 갖는 특수 어휘로서 주체인 '왕'을 높인다고 할 수 있다.

★★ 문제 해결 꿀~팁 ★★

▶ 많이 틀린 이유는?
이 문제는 중세 국어의 높임법에 대한 지식이 부족하여 오답률이 높았던 것으로 보인다. 또한 중세 국어의 높임법에 대한 지식이 직접 제시되지 않은 것도 오답률을 높인 원인으로 보인다.

▶ 문제 해결 방법은?
이 문제를 해결하기 위해서는 기본적으로 중세 국어와 현대 국어를 비교하여야 한다. 그런 다음 비교 내용을 바탕으로 선택지를 이해하며 적절성을 판단해야 한다. 가령 정답인 ④의 경우, '받ᄌᆞ᷂ᄫ᷂대'의 현대어 풀이가 '바치니'이고, '받ᄌᆞ᷂ᄫ᷂대' 앞의 '대왕의'의 현대어 풀이가 '대왕께'이므로, '받ᄌᆞ᷂ᄫ᷂대'는 부사어가 지시하는 대상인 '대왕'을 높이기 위한 객체 높임 선어말 어미가 결합하였음을 알 수 있었을 것이다. 즉, 객체 높임이 부사어나 목적어가 지시하는 대상을 높이기 위한 배경지식이 있었으면 쉽게 답을 찾았을 것이다. 하지만 높임법과 관련된 배경지식이 없었으면 ④가 답임을 찾아내지 못했을 것이다. 따라서 높임법의 경우 자주 출제되는 문제이니만큼 평소 높임법의 배경지식을 쌓고, 높임법에 관한 기출 문제를 충실히 풀어 정확히 이해하도록 한다.

---

40 매체의 특성 이해 정답률 94% | 정답 ②

(가)와 (나)에 드러나는 매체의 특성을 이해한 것으로 적절한 것은?

① (가)에서는 (나)와 달리 정보 생산자와 정보 수용자가 실시간으로 상호작용하고 있다.

정보 생산자와 정보 수용자가 실시간으로 상호작용하고 있는 것은 (나)이다. (가)의 경우에는 댓글을 통해 정보 생산자와 수용자가 상호작용하고 있지만 실시간으로 상호작용한다고는 볼 수 없다.

☑ (가)에서는 (나)와 달리 정보 생산자가 불특정한 다수의 정보 수용자를 대상으로 정보를 제공하고 있다.

(가)는 ○○군 공식 블로그로 정보 생산자가 불특정 다수의 정보 수용자를 대상으로 정보를 제공하고 있다. 그리고 (나)는 휴대 전화 메신저로 정보 생산자가 '우리 모둠 대화방' 참여자를 대상으로 정보를 제공하고 있다. 따라서 (가)는 (나)와 달리 정보 생산자가 불특정한 다수의 정보 수용자를 대상으로 정보를 제공하고 있음을 알 수 있다.

③ (나)에서는 (가)와 달리 정보 생산자와 정보 수용자가 물리적으로 떨어진 공간에서 소통하고 있다.

(가)와 (나) 모두 정보 생산자와 수용자가 물리적으로 떨어진 공간에서 소통하고 있다.

④ (가)와 (나)에서는 모두 정보 생산자가 생산한 정보의 내용을 정보 수용자가 직접 수정하고 있다.

정보 생산자가 생산한 정보의 내용을 정보 수용자가 직접 수정하고 있는 것은 (나)이다.

⑤ (가)와 (나)에서는 모두 정보 생산자가 문자 언어와 음성 언어를 결합한 형태로 정보 수용자에게 정보를 전달하고 있다.

(가)와 (나) 모두 음성 언어를 사용하지는 않고 있으므로, 문자 언어와 음성 언어를 결합한 형태로 정보를 전달한다고 할 수 없다.

---

41 매체 활용 방식의 이해 정답률 94% | 정답 ②

(나)의 대화에 대한 설명으로 적절하지 않은 것은?

① '서연'은 문서 파일을 공유하며 대화 참여자들에게 논의의 방향을 제시하고 있다.

'서연'은 '치유농업 홍보 영상 제작 계획서.hwp'를 공유하며 '이 계획서를 바탕으로 의견을 제시해' 달라고 하고 있다. 따라서 '서연'은 대화 참여자들에게 논의의 방향을 제시하고 있다고 할 수 있다.

☑ '수진'은 동영상 링크를 공유하며 상대방이 제시한 정보에 대한 이의를 제기하고 있다.

'수진'은 치유농업을 다룬 뉴스 동영상 링크를 공유하면서 '치유농업이 인지적 기능까지도 향상시켜 준다'는 추가 정보를 제공하고 있다. 따라서 '수진'이 상대방이 제시한 정보에 대한 이의를 제기하고 있다는 설명은 적절하지 않다.

③ '지훈'은 답장 기능을 활용하여 상대방의 자료 준비 태도에 대한 평가를 드러내고 있다.

'지훈'은 답장 기능을 활용하여 '서연'에게 '언제 이런 걸 ~ 철저한 준비성'이라고 하며 상대방의 자료 준비 태도에 대한 평가를 드러내고 있다.

④ '태준'은 이모티콘을 활용하여 상대방이 준비한 새로운 정보에 대한 반응을 드러내고 있다.

'태준'은 '추가적인 것까지 ~ 좋은 자료네.'라고 하며 이모티콘을 활용하여 자신의 반응을 '수진'에게 드러내고 있다.

⑤ '수진'은 의견을 취합할 수 있는 기능을 활용하여 대화 참여자들에게 의사 결정에 참여할 것을 요청하고 있다.

'수진'은 투표 기능을 활용하여 '참여할 수 있는 시간에 투표해 줘.'라고 하며 대화 참여자들에게 의사 결정에 참여할 것을 요청하고 있다.

---

42 언어적 표현 이해 정답률 93% | 정답 ②

㉠ ~ ㉤에 대한 설명으로 적절하지 않은 것은?

① ㉠: 연결 어미 '-려고'를 사용하여 치유농업에 대한 정보를 준비한 의도를 드러내고 있다.

㉠에서 '드리려고'의 '-려고'는 어떤 행동을 할 의도를 가지고 있음을 나타내는 연결 어미로, 치유농업에 대한 정보를 준비한 의도를 드러내고 있으므로 적절하다.

☑ ㉡: 연결 어미 '-면서'를 사용하여 운동 능력 강화의 조건을 드러내고 있다.

㉡에서 '주면서'의 '-면서'는 두 가지 이상의 움직임이나 사태가 동시에 일어나고 있음을 나타내는 연결 어미이므로 적절하지 않다.

③ ㉢: 격 조사 '에서'를 사용하여 원예 체험 행사가 열리는 장소를 드러내고 있다.

㉢에서 '지역 초등학교에서'의 '에서'는 앞말의 행동이 이루어지고 있는 처소를 나타내는 격 조사로, 원예 체험 행사가 열리는 장소를 드러내고 있으므로 적절하다.

[문제편 p.014]

④ ⓔ: 격 조사 '라고'를 사용하여 행사 참여자의 말을 직접적으로 인용하고 있다.
　ⓔ에서 '라고'는 직접 인용을 나타내는 격 조사로, 행사 참여자의 말을 직접적으로 인용하고 있으므로 적절하다.

⑤ ⓜ: 연결 어미 '−아서'를 사용하여 많은 사람들이 프로그램에 참여하지 못하는 이유를 드러내고 있다.
　ⓜ에서 '몰라서'의 '−아서'는 이유나 근거를 나타내는 연결 어미로, 많은 사람들이 프로그램에 참여하지 못하는 이유를 드러내고 있으므로 적절하다.

43 매체 자료 내용의 분석　　정답률 70% | 정답 ④

(나)의 대화 내용을 바탕으로 '서연'이 수정한 '영상 제작 계획'으로 적절하지 <u>않은</u> 것은? [3점]

영상 제작 계획	
장면 구성	장면 스케치
① 산 위에서 촬영한 마을의 정경과 잔잔한 배경 음악을 함께 제시하여 평화로운 농촌의 분위기가 느껴지도록 연출해야겠어.	
② 치유농업의 개념을 구체적으로 설명하는 내레이션과 함께 핵심 내용으로 구성된 자막을 제시하여 전달 효과를 높여야겠어.	
③ 사과와 포도 모양의 이미지 안에 개인과 지역 사회에 미치는 효과를 각각 기록하여 치유농업의 효과를 한눈에 구별할 수 있도록 연출해야겠어.	지역 개발 / 운동 능력 강화 / 자존감 향상 / 일자리 창출
④ 농부가 열매를 하나씩 수확할 때마다 효과음을 삽입하여 치유농업을 통해 얻는 결실의 의미를 시각뿐 아니라 청각적으로도 강조해야겠어.	
⑤ '치유농업 함께해요'를 외치는 인물들의 성별과 연령을 다양하게 구성하여 치유농업에 누구나 참여할 수 있다는 것을 강조하도록 연출해야겠어.	

① 산 위에서 촬영한 마을의 정경과 잔잔한 배경 음악을 함께 제시하여 평화로운 농촌의 분위기가 느껴지도록 연출해야겠어.
　'지훈'의 두 번째 말인 '높은 곳에서 ~ 배경음악도 삽입하자.'를 통해 적절함을 알 수 있다.

② 치유농업의 개념을 구체적으로 설명하는 내레이션과 함께 핵심 내용으로 구성된 자막을 제시하여 전달 효과를 높여야겠어.
　'수진'의 세 번째 말인 '그런데 개념을 ~ 좋을 것 같아.'를 통해 적절함을 알 수 있다.

③ 사과와 포도 모양의 이미지 안에 개인과 지역 사회에 미치는 효과를 각각 기록하여 치유농업의 효과를 한눈에 구별할 수 있도록 연출해야겠어.
　'태준'의 네 번째 말인 '그다음 장면으로 ~ 높아질 거야.'를 통해 적절함을 알 수 있다.

④ 농부가 열매를 하나씩 수확할 때마다 효과음을 삽입하여 치유농업을 통해 얻는 결실의 의미를 시각뿐 아니라 청각적으로도 강조해야겠어.
　'지훈'의 세 번째 말인 '열매가 하나씩 나올 때마다 효과음을 함께 제시하자.'를 통해 적절하지 않음을 알 수 있다.

⑤ '치유농업 함께해요'를 외치는 인물들의 성별과 연령을 다양하게 구성하여 치유농업에 누구나 참여할 수 있다는 것을 강조하도록 연출해야겠어.
　'수진'의 네 번째 말인 '마지막 장면은 ~ 없음을 드러내자.'를 통해 적절함을 알 수 있다.

44 매체 자료의 특성 이해　　정답률 93% | 정답 ⑤

[화면 1]을 이해한 내용으로 적절하지 <u>않은</u> 것은?

① ㉠을 보니, 이용자가 자신의 목적에 따라 이용할 수 있도록 게시판을 분류하여 제시하였군.
　㉠에는 이용자가 자신의 목적에 따라 이용할 수 있도록 '정책 제안하기, 내 글 확인하기, 공지 확인하기, 자주 묻는 질문 보기'로 게시판을 분류하여 제시하고 있으므로 적절하다.

② ㉡을 보니, 이용자가 찾고 싶은 내용을 입력하여 정보를 검색할 수 있도록 검색창을 제시하였군.
　㉡에는 이용자가 찾고 싶은 내용을 입력하여 정보를 검색할 수 있는 검색창을 제시하고 있으므로 적절하다.

③ ㉢을 보니, 이용자가 애플리케이션 사용 중에 지정된 누리집에 접속할 수 있도록 링크를 제시하였군.
　㉢에는 이용자가 'ㅁㅁ시 청소년 정책 참여 마당' 애플리케이션 사용 중에 지정된 누리집에 접속할 수 있는 'ㅁㅁ시 누리집 바로 가기' 링크를 제시하고 있으므로 적절하다.

④ ㉣을 보니, 이용자들의 관심도가 높은 화제를 알 수 있도록 인기 검색어를 열거하여 제시하였군.
　㉣에는 '예술, 탄소, 진로'와 같이 이용자들의 관심도가 높은 화제를 알 수 있는 인기 검색어를 열거하고 있으므로 적절하다.

⑤ ㉤을 보니, 이용자가 자신의 선택에 따라 화면에 나타나는 게시물의 개수를 조정할 수 있도록 게시물의 정렬 기준을 제시하였군.
　㉤에는 이용자가 자신의 선택에 따라 '최신 등록 순, 공감 순, 조회 순'으로 화면에 나타나는 게시물의 순서를 조정하는 것이지 게시물의 개수를 조정하는 것은 아니므로 적절하지 않다.

45 수용자의 수용 태도 분석　　정답률 78% | 정답 ④

다음은 [화면 2]에 대한 학생들의 댓글이다. 학생들의 수용 태도에 대한 설명으로 적절하지 <u>않은</u> 것은?

> 학생 1　최근 문화 예술 경험이 청소년의 삶에 큰 영향을 미친다는 점에 많은 공감대가 형성되어 있는 만큼 시기적절한 제안이라고 생각합니다.

> 학생 2　문화 예술 프로그램을 운영하는 장소까지 시내버스 말고도 셔틀버스가 운영돼서 쉽게 방문할 수 있으니 접근성이 떨어지지 않는 것 같아요.

> 학생 3　프로그램 만족도 조사에서 수동적인 체험 방식 때문에 만족도가 낮았다고 하셨는데, 출처가 없어서 정확한 자료라고 보기 어렵습니다.

> 학생 4　스마트 기기를 가지고 있는 청소년들이 많이 있으니까 비대면 프로그램을 만들면 실제로 청소년들의 문화 예술 프로그램 참여율을 높이는 데 효과가 있을 것입니다.

> 학생 5　청소년이 프로그램에 능동적으로 참여할 수 있다면 자기 주도적인 능력을 기르고 싶은 친구들에게 도움이 될 것 같아요.

① '학생 1'은 '제안 이유'에서 언급한 사회적 관심에 주목하여, 최근 문화 예술 경험의 영향에 대한 공감대가 형성되었다는 점에서 정책 제안의 시의성을 긍정적으로 판단하였다.
　'학생 1'은 [화면 2]의 '제안 이유'에서 '요즘 청소년의 ~ 증대되고 있습니다.'에 주목하여 댓글에서 '최근 문화 예술 경험이 ~ 형성되'었다는 점에서 '시기적절한 제안이라고 생각합니다.'라고 하여 정책 제안의 시의성을 긍정적으로 판단한 것이므로 적절하다.

② '학생 2'는 '현황 및 문제점'에서 언급한 접근성 문제에 주목하여, 실제로는 다른 교통편이 있다는 점에서 문제 제기의 타당성을 부정적으로 판단하였다.
　'학생 2'는 [화면 2]의 '현황 및 문제점'에서 '우리 지역에서 ~ 접근성이 떨어집니다.'에 주목하여 댓글에서 '시내버스 말고도 셔틀버스가 운영'되고 있다는 점에서 '접근성이 떨어지지 않는 것 같'다고 하여 문제 제기의 타당성을 부정적으로 판단한 것이므로 적절하다.

③ '학생 3'은 '현황 및 문제점'에서 제시한 만족도 조사 자료에 주목하여, 자료의 출처가 제시되지 않았다는 점에서 정보의 신뢰성을 부정적으로 판단하였다.
　'학생 3'은 [화면 2]의 '현황 및 문제점'에서 '우리 지역 ~ 많이 꼽습니다.'에 주목하여 댓글에서 '출처가 없'다는 점에서 '정확한 자료라고 보기 어렵'다고 하여 정보의 신뢰성을 부정적으로 판단한 것이므로 적절하다.

④ '학생 4'는 '정책 제안 및 기대 효과'에서 제안한 비대면 프로그램의 개설에 주목하여, 스마트 기기의 기능이 향상되었다는 점에서 정책의 실효성을 긍정적으로 판단하였다.
　'학생 4'는 [화면 2]의 '정책 제안 및 기대 효과'에서 '스마트 기기를 ~ 만들어 주세요'에 주목하여 댓글에서 '스마트 기기를 ~ 많이 있'다는 점에서 '실제로 청소년들의 ~ 효과가 있을 것입니다.'라고 하여 정책의 실효성을 긍정적으로 판단한 것이 스마트 기기의 기능이 향상되었다는 점에서 판단한 것이 아니므로 적절하지 않다.

⑤ '학생 5'는 '정책 제안 및 기대 효과'에서 제안한 프로그램의 성격에 주목하여, 청소년의 자기 주도성 신장에 도움이 될 수 있다는 점에서 정책의 유용성을 긍정적으로 판단하였다.
　'학생 5'는 [화면 2]의 '정책 제안 및 기대 효과'에서 '청소년이 주체적으로~ 만들어 주세요.'에 주목하여 댓글에서 '자기 주도적인 ~ 도움이 될 것 같다고 하여 정책의 유용성을 긍정적으로 판단한 것이므로 적절하다.

· 정답 ·

35 ⑤ 36 ② 37 ④ 38 ④ 39 ③ 40 ④ 41 ⑤ 42 ② 43 ① 44 ④ 45 ④

★ 표기된 문항은 [등급을 가르는 문제]에 해당하는 문항입니다.

---

35 한글 맞춤법 이해 · 정답률 81% | 정답 ⑤

윗글을 바탕으로 다음을 이해한 내용으로 적절하지 않은 것은?

> 최근 **들어** 더운 날씨가 이어지고 있습니다. 이번 **여름**은 얼마나 **덥고**, 장마의 시작과 **끝**이 언제일지 궁금하신 분들이 많을 것 같습니다. 올해도 더위가 기승을 **부릴** 것으로 예측됩니다.

① '들어'를 발음할 때는 음운 변동이 나타나지 않는군.

4문단의 "'있-'을 대표 형태로 선택하면 [이써요]는 음운 변동 없이 연음된 것으로'를 통해, 연음은 음운 변동에 해당하지 않음을 알 수 있다. 따라서 '들어'는 [드러]로 발음되므로, 음운 변동 없이 연음된 것이라 할 수 있다.

② '더운'과 '덥고'는 어간의 의미가 같지만 형태를 하나로 고정하여 적지 않은 경우이군.

'더운'과 '덥고'의 어간은 '더우-'와 '덥-'이므로, 어간의 의미가 같지만 어간을 두 가지 형태로 적은 것이라 할 수 있다.

③ '여름', '장마'는 표준어를 발음되는 대로 표기한 것이군.

'여름'과 '장마'는 각각 [여름]과 [장마]로 발음되므로, 표준어를 발음되는 대로 표기한 것이라 할 수 있다.

④ '끝이'를 '끄치'로 적지 않은 것은 어법에 맞도록 한다는 원칙 때문이군.

2문단을 통해 한글 맞춤법에서는 어법에 맞도록 한다는 원칙에 따라 하나의 형태로 적도록 하고 있음을 알 수 있다. 따라서 '끝이'를 '끄치'로 적지 않고 '끝'이라는 대표 형태를 선택하여 표기한 것은 의미 파악을 위해 어법에 맞도록 한다는 원칙에 따라 적은 것이라 할 수 있다.

✓ ⑤ '부릴'의 어간은 실제 발음에서 나타나지 않는 형태를 대표 형태로 선택해 표기한 것이군.

'부릴'의 어간은 '부리-'이므로, '부릴'은 실제 발음에서 나타나는 형태인 '부리-'를 대표 형태로 선택해 표기한 것이라 할 수 있다.

---

36 음운 변동의 이해 · 정답률 78% | 정답 ②

㉮를 고려하여 〈보기〉의 ⓐ ~ ⓔ의 대표 형태를 탐구한 내용으로 적절한 것은? [3점]

〈보 기〉

※ 다음은 어간과 어미가 결합할 때의 발음이다.

어간＼어미	-고	-아서	-지만	-는
ⓐ	[깍꼬]	[까까서]	[깍찌만]	[깡는]
ⓑ	[달코]	[다라서]	[달치만]	[달른]
ⓒ	[싸코]	[싸아서]	[싸치만]	[싼는]
ⓓ	[할꼬]	[할타서]	[할찌만]	[할른]
ⓔ	[갑꼬]	[가파서]	[갑찌만]	[감는]

① ⓐ : 대표 형태가 '깍-'이라면 [깍찌만]과 [깡는]을 음운 변동으로 설명할 수 없지만, 대표 형태가 '깎-'이라면 둘 다 탈락으로 설명할 수 있겠군.

대표 형태가 '깍-'이라면 [깍찌만]은 음운 변동으로 설명할 수 없지만, [깡는]은 음운 교체가 일어나므로 음운 변동으로 설명할 수 있다. 그리고 대표 형태가 '깎-'이라면 자음군 단순화가 일어나므로 둘 다 탈락으로 설명할 수 있다.

✓ ② ⓑ : 대표 형태가 '달-'이라면 [달코]와 [달치만]을 음운 변동으로 설명할 수 없지만, 대표 형태가 '닳-'이라면 둘 다 축약으로 설명할 수 있겠군.

대표 형태가 '달-'이라면 [달코]와 [달치만]을 음운 변동으로 설명할 수 없음을 알 수 있다. 하지만 대표 형태가 '닳-'이라면 [달코]와 [달치만]을 축약으로 설명할 수 있음을 알 수 있다.

③ ⓒ : 대표 형태가 '싼-'이라면 [싸코]와 [싸아서]를 음운 변동으로 설명할 수 없지만, 대표 형태가 '쌓-'이라면 둘 다 탈락으로 설명할 수 있겠군.

대표 형태가 '싼-'이라면 [싸코]와 [싸아서]를 음운 변동으로 설명할 수 없다. 그런데 대표 형태가 실제 발음에 나타나지 않은 '쌓-'이라면 [싸아서]는 음운 탈락으로 설명할 수 있지만, [싸코]는 음운 축약으로 설명할 수 있다.

④ ⓓ : 대표 형태가 '할-'이라면 [할꼬]와 [할찌만]을 음운 변동으로 설명할 수 없지만, 대표 형태가 '핥-'이라면 둘 다 축약으로 설명할 수 있겠군.

대표 형태가 '할-'이라면 [할꼬]와 [할찌만]은 음운 변동으로 설명할 수 없다. 하지만 대표 형태가 '핥-'이라면 [할꼬]와 [할찌만]은 된소리되기가 일어나므로 음운 교체로 설명할 수 있다.

⑤ ⓔ : 대표 형태가 '갑-'이라면 [갑꼬]와 [감는]을 음운 변동으로 설명할 수 없지만, 대표 형태가 '갚-'이라면 둘 다 교체로 설명할 수 있겠군.

대표 형태가 '갑-'이라면 [갑꼬]는 음운 변동으로 설명할 수 없지만, [감는]은 음운 동화가 일어나므로 음운 변동으로 설명할 수 있다. 그리고 대표 형태가 '갚-'이라면 [갑꼬]는 된소리되기가, [감는]은 음운 동화가 일어나므로 둘 다 교체로 설명할 수 있다.

---

37 연결 어미의 이해 · 정답률 89% | 정답 ④

〈보기 1〉의 ㉠ ~ ㉢에 해당하는 예만을 〈보기 2〉에서 고른 것은?

〈보 기 1〉

연결 어미 '-고'의 쓰임은 다양하다. 먼저 ㉠ 앞 절과 뒤 절의 사실을 대등하게 벌여 놓는 경우가 있다. 또한 ㉡ 앞뒤 절의 두 사실 간에 계기적인 관계가 있음을 나타내는 경우나, ㉢ 앞 절의 동작이 이루어진 그대로 지속되는 가운데 뒤 절의 동작이 일어남을 나타내는 경우도 있다.

〈보 기 2〉

○ 그들은 서로 손을 쥐고 팔씨름을 했다. ⓐ

○ 어머니는 나를 업고 병원으로 달려갔다. ⓑ

○ 나는 그가 정직하고 성실하다는 것을 알고 있었다. ⓒ

○ 눈 깜짝할 사이에 다리가 벌에 쏘이고 퉁퉁 부었다. ⓓ

○ 그 책은 내가 읽을 책이고 이 책은 내가 읽은 책이다. ⓔ

① ㉠ : ⓐ, ⓒ ② ㉠ : ⓑ, ⓔ ③ ㉡ : ⓓ, ⓔ ✓④ ㉡ : ⓐ, ⓑ ⑤ ㉢ : ⓒ, ⓓ

㉠ 앞 절과 뒤 절의 사실을 대등하게 벌여 놓는 경우

ⓒ : 정직하면서 성실함을 드러내므로 앞 절과 뒤 절의 사실을 대등하게 벌여 놓은 경우라 할 수 있다.

ⓔ : '그 책은 내가 읽을 책이다.'와 '이 책은 내가 읽은 책이다.'가 '고'를 사용하여 연결되고 있으므로 앞 절과 뒤 절의 사실을 대등하게 벌여 놓은 경우라 할 수 있다.

㉡ 앞뒤 절의 두 사실 간에 계기적인 관계가 있음을 나타내는 경우

ⓓ : 벌을 쏘이게 되어서 다리가 퉁퉁 부은 상황을 드러내므로, 앞뒤 절의 두 사실 간에 계기적인 관계가 있음을 나타낸 것이라 할 수 있다.

㉢ 앞 절의 동작이 이루어진 그대로 지속되는 가운데 뒤 절의 동작이 일어남을 나타내는 경우

손을 쥔 상태에서 팔씨름을 하고 있고, 나를 업은 상태에서 병원으로 달려가고 있으므로, ⓐ와 ⓑ는 앞 절의 동작이 이루어진 그대로 지속되는 가운데 뒤 절의 동작이 일어남을 나타내는 경우인 ㉢에 해당하는 예임을 알 수 있다.

★★★ 등급을 가르는 문제!

38 문장 구조의 파악 · 정답률 62% | 정답 ④

〈보기〉의 ㄱ ~ ㄷ을 이해한 내용으로 적절한 것은?

〈보 기〉

ㄱ. 신중한 그는 고민을 가족들과 의논했다.

ㄴ. 너는 밥 먹기 전에 손을 좀 씻어!

ㄷ. 네가 들은 소문은 정말 사실이 아니다.

① ㄱ의 '신중한'은 안은문장의 필수 성분이군.

안은문장인 ㄱ에서 '신중한'은 '그'를 꾸며 주는 관형어이므로, 안은문장에서 필수 성분이라 할 수 없다.

② ㄱ의 '가족들과'와 ㄷ의 '정말'은 생략이 가능한 성분이군.

안은문장인 ㄱ에서 '가족들과'는 필수 성분으로 생략할 수 없다. 반면에 ㄷ에서 '정말'은 필수적인 부사어가 아니므로 생략이 가능한 성분이라 할 수 있다.

③ ㄴ의 '먹기'는 안긴문장의 부속 성분이군.

ㄴ의 '먹기'는 앞에 '밥'이 제시되어 있으므로 안긴문장의 주성분이라 할 수 있다.

✓ ④ ㄴ의 '너는'은 안긴문장의 주어이면서 안은문장의 주어이군.

ㄴ은 '너는 밥 먹기 전이다.'와 '너는 손을 좀 씻어!'의 두 문장이 결합된 안은문장에 해당한다. 따라서 '너는'은 안긴문장의 주어이면서 안은문장의 주어에 해당한다고 할 수 있다.

⑤ ㄷ의 '네가'와 '사실이'는 각각 다른 서술어의 주어이군.

ㄷ의 '사실이' 뒤에 서술어 '아니다'가 제시되어 있으므로 보어에 해당한다.

★★ 문제 해결 꿀~팁 ★★

▶ 많이 틀린 이유는?

이 문제는 문법 지식을 제시하지 않고 예문을 이해하는 문제이어서 오답률이 높았던 것으로 보인다.

▶ 문제 해결 방법은?

문법 문제에서 학생들이 가장 많이 틀리고 어려워하는 문제 중 하나가 문법 지식 없이 예문을 이해하는 문제이다. 그런데 이런 문제 유형은 최근에 자주 출제되는 경향이 많으므로, 평소에 기본적인 문법 지식을 충분히 익혀 두어야 한다. 그렇지 않으면 이러한 문제 유형은 어렵게만 여길 수밖에 없을 것이다. 가령 이 문제의 정답인 ④의 경우 안긴문장과 안은문장에 대한 정확한 지식과 안은문장을 두 개의 홑문장으로 나누는 바탕 지식이 없으면 적절한지 여부를 판단하기 어려웠을 것이다. 하지만 배경지식을 알고 ㄴ을 '너는 밥 먹기 전이다.'와 '너는 손을 좀 씻어!'라는 두 개의 홑문장으로 나누면 적절함을 알았을 것이다. 또한 오답률이 높았던 ⑤의 경우에도 보어('되다', '아니다' 앞에 조사 '이', '가'를 취하여 나타나는 문장 성분)에 대한 기본적인 지식이 있었다면 '주어'가 아님을 바로 알았을 것이다. 이처럼 문법의 기본 지식이 있으면 의외로 문법 문제를 쉽게 해결하는 경우가 있으므로 평소 기본적인 문법 지식은 숙지해 두도록 한다.

---

39 중세 국어의 특징 이해 · 정답률 73% | 정답 ③

〈보기〉를 바탕으로 중세 국어의 특징을 탐구한 내용으로 적절하지 않은 것은?

〈보 기〉

羅雲(나운)이 져머 노르술 즐겨 法(법) 드로물 슬히 너겨 ᄒᆞ거든 **부톄** 조로 **니ᄅᆞ샤도** 從(종)ᄒᆞᅀᆞᆸ디 아니ᄒᆞ더니 後(후)에 부톄 羅雲(나운)이드려 니ᄅᆞ샤디 부텨 맛나미 **어려ᄫᅳ며** 法(법) 드로미 어려ᄫᅳ니 네 이제 **사ᄅᆞ미** 모물 得(득)ᄒᆞ고 부텨를 맛나 잇ᄂᆞ니 엇뎨 게을어 法(법)을 아니 듣ᄂᆞᆫ다

— 「석보상절」

[현대어 풀이]

나운이 어려서 놀이를 즐겨 법을 듣기를 싫게 여기니, 부처가 자주 이르셔도 따르지 아니하더니, 후에 부처가 나운이더러 이르시되, "부처를 만나기가 어려우며 법을 듣기 어려우니, 네가 이제 사람의 몸을 득하고 부처를 만나 있으니, 어찌 게을러 법을 아니 듣는가?"

① '부톄'를 통해 모음으로 끝나는 체언에 주격 조사가 결합했음을 확인할 수 있다.

현대어 풀이가 '부처가'이므로, '부톄'에서 '부텨'에 주격 조사 'ㅣ'가 결합했음을 확인할 수 있다.

② '니ᄅᆞ샤도'를 통해 두음 법칙이 적용되지 않았음을 확인할 수 있다.

현대어 풀이가 '이르셔도'이므로, '니ᄅᆞ샤도'에서는 두음 법칙이 적용되지 않았음을 확인할 수 있다.

✔ '從(종)ᄒ숩디'를 통해 주체를 높이는 선어말 어미가 쓰였음을 확인할 수 있다.
'從(종)ᄒ숩디'의 현대어 풀이가 '따르지'이므로, '從(종)ᄒ숩디'에서는 주체를 높이는 선어말 어미가 쓰였음을 확인할 수 없다.

④ '어려ᄫ며'를 통해 현대 국어에 쓰이지 않는 음운이 존재했음을 확인할 수 있다.
'어려ᄫ며'에서는 현대 국어에 쓰이지 않는 음운인 'ᄫ'이 존재했음을 확인할 수 있다.

⑤ '사ᄅ미'를 통해 현대 국어와 다른 형태의 관형격 조사가 사용되었음을 확인할 수 있다.
현대어 풀이가 '사람의'이므로, '사ᄅ미'에서 현대 국어와 다른 형태의 관형격 조사 '이'가 사용되었음을 확인할 수 있다.

---

40 정보의 전달 방식 이해 　　정답률 81% | 정답 ④

(가)를 바탕으로 (나)에 대해 보인 반응으로 적절하지 않은 것은?

① '#1'에서 진행자는 전문가가 제시한 의견을 요약하며 확인하고 있군.
(가)의 '#1'에 해당하는 (나)의 진행자의 두 번째 말인 '우리 지역에 기반 시설이 ~ 적합하다는 말씀이시지요?'를 통해, 진행자는 전문가가 제시한 의견을 요약하고 있음을 알 수 있다.

② '#1'에서 전문가는 방송 화제와 관련된 내용을 두 입장을 고려하여 설명하고 있군.
(가)의 '#1'에 해당하는 (나)의 전문가의 첫 번째 말인 '연구자의 입장에서 ~ 적용하기에 적합합니다.'와 '시의 입장에서도 ~ 충족시킬 수 있기 때문에'를 통해, 전문가가 방송 화제와 관련된 내용을 두 입장을 고려하여 설명하고 있음을 알 수 있다.

③ '#2'에서 진행자는 전문가가 언급하지 않은 정보를 추가적으로 제시하고 있군.
(가)의 '#2'에 해당하는 (나)의 진행자의 네 번째 말인 '사전 체험단의 만족도 ~ 9.2점이더군요.'를 통해, 진행자는 전문가가 언급하지 않은 정보를 추가적으로 제시하고 있음을 알 수 있다.

✔ '#2'에서 전문가는 구체적인 수치를 활용하여 진행자가 질문한 내용에 답변하고 있군.
(가)의 '#2'에 해당하는 (나)의 전문가의 세 번째, 네 번째 말을 볼 때, 전문가는 구체적인 수치를 활용하여 진행자가 질문한 내용에 답변하지는 않고 있다.

⑤ '#3'에서 진행자는 청취자들의 예상 반응을 언급하며 이와 관련한 설명을 요청하고 있군.
(가)의 '#3'에 해당하는 (나)의 진행자의 다섯 번째 말인 '마지막으로 다음 ~ 소개해 주세요.'를 통해, 진행자가 청취자들의 예상 반응을 언급하며 이와 관련한 설명을 요청하고 있음을 알 수 있다.

---

41 수용자의 수용 태도 분석 　　정답률 73% | 정답 ⑤

다음은 ⓐ의 일부이다. 청취자의 수용 태도에 대한 설명으로 가장 적절한 것은?

> 청취자 게시판
>
> 청취자 1　자율 주행 기술 수준이 여러 단계로 나누어지는 것으로 알고 있어요. 그런데 우리 지역의 자율 주행 버스가 몇 단계에 해당하는지는 오늘 방송에 안 나왔네요. 이 내용을 확인할 수 있는 자료를 오늘 어디서 얻을 수 있을까요?
>
> 청취자 2　다음 달부터는 저도 자율 주행 버스를 이용할 수 있겠네요! 공원에 갈 때 이용하면 무척 편리할 것 같아요. 버스 탑승 시간이 궁금한데, 버스 시간표를 알려 주었다면 좋았을 것 같아요.
>
> 청취자 3　자율 주행 버스가 일반 대중교통을 이용하기 힘든 시간에 귀가하는 우리 지역의 직장인들에게 도움이 되겠네요. 하지만 자율 주행 기술 상용화에 따른 문제점도 있을 것 같습니다.

① 청취자 1은 방송에서 제시한 정보의 근거가 적절한지 판단하였다.
청취자 1은 방송에서 제시되지 않은 정보를 언급하면서 정보를 확인할 수 있는 자료를 어디서 구할 수 있는지 묻고 있다. 따라서 청취자 1은 제시한 정보의 근거가 적절한지 판단하였다고 할 수 없다.

② 청취자 2는 방송에서 제시한 정보의 신뢰성에 의문을 제기하였다.
청취자 2는 방송에서 제시한 정보의 유용성과 아쉬움을 드러내고 있을 뿐, 방송에서 제시한 정보의 신뢰성에 의문을 제기하지는 않고 있다.

③ 청취자 3은 방송에서 특정 내용이 강조된 의도를 추론하였다.
청취자 3은 방송을 듣고 유용성과 자신의 의견을 드러내고 있지만, 특정 내용이 강조된 의도를 추론하지는 않고 있다.

④ 청취자 1과 3은 방송에서 제시되지 않은 정보를 얻는 방법을 요청하였다.
방송에서 제시되지 않은 정보를 얻는 방법을 요청한 것은 청취자 1에만 해당하므로 적절하지 않다.

✔ 청취자 2와 3은 방송에서 제시한 내용이 유용한지 점검하였다.
'청취자 2'의 '공원에 갈 때 이용하면 무척 편리할 것 같아요.'와 '청취자 3'의 '자율 주행 버스가 일반 대중교통을 이용하기 힘든 시간에 귀가하는 우리 지역의 직장인들에게 도움이 되겠네요.'를 통해, '청취자 2'와 '청취자 3'은 자율 주행 버스에 관한 내용이 유용한지 점검하고 있음을 알 수 있다.

---

42 언어적 표현 이해 　　정답률 89% | 정답 ②

⊙ ~ ⑩에 대한 설명으로 적절하지 않은 것은?

① ⊙ : 보조사 '부터'를 사용하여 자율 주행 버스 시범 사업이 시작된 시점을 드러내고 있다.
⊙에서 '작년부터'의 보조사 '부터'는 자율 주행 버스 시범 사업이 시작된 시점을 드러내고 있으므로 적절하다.

✔ ⓒ : 피동 접사 '-되다'를 사용하여 시범 사업을 운영한 주체를 드러내고 있다.
ⓒ에서 '운영된'의 피동 접사 '-되다'는 시범 사업을 운영한 주체를 드러내지 않으므로 적절하지 않다.

③ ⓒ : 격조사 '에'를 사용하여 데이터를 활용하는 목적이 자율 주행 기술 수준 향상임을 드러내고 있다.
ⓒ에서 '자율 주행 기술 수준 향상에'의 격조사 '에'는 '자율 주행 기술 수준 향상'이 데이터를 활용하는 목적임을 드러내고 있으므로 적절하다.

④ ⓔ : 의존 명사 '만큼'을 사용하여 자율 주행 기술에 대한 기대감의 근거를 드러내고 있다.
ⓔ에서 '긍정적인 평가를 받은 만큼'의 의존 명사 '만큼'은 자율 주행 기술에 대한 기대감의 근거를 드러내고 있으므로 적절하다.

⑤ ⑩ : 보조사 '도'를 사용하여 자율 주행 버스를 이용할 수 있는 대상이 확대될 것임을 드러내고 있다.
⑩에서 '사전 체험단이 아니었던 주민도'의 보조사 '도'는 자율 주행 버스를 이용할 수 있는 대상이 확대될 것임을 드러내고 있으므로 적절하다.

---

43 매체에 따른 정보 전달 양상 이해 　　정답률 82% | 정답 ①

〈보기〉는 보이는 라디오를 시청할 수 있는 방송사 홈페이지 화면의 일부이다. (나)와 〈보기〉의 정보 전달 방식에 대한 설명으로 적절하지 않은 것은? [3점]

✔ (나)에서 언급된 시범 사업 성과가 〈보기〉에서는 자막으로 요약되어 있다.
(나)에 언급된 시범 사업 성과가 〈보기〉의 자막에 요약되어 있지 않으므로 적절하지 않다.

② (나)에서 언급된 노선 정보가 〈보기〉에서는 시각 기호가 표시된 지도로 보충되고 있다.
(나)에 언급된 노선 정보가 〈보기〉의 노선도에 시각 기호가 표시된 지도로 보충되고 있으므로 적절하다.

③ (나)에서 언급된 정류장 추가에 대한 정보가 〈보기〉에서는 비언어적 표현과 함께 제시되고 있다.
(나)에 언급된 시청 정류장 추가에 대한 정보가 〈보기〉의 화면에 전문가의 비언어적 표현과 함께 제시되고 있으므로 적절하다.

④ (나)에서 언급된 사전 체험단 경험에 대한 반응이 〈보기〉에서는 실시간 채팅창에 제시되어 있다.
(나)에 언급된 사전 체험단 경험에 대한 반응이 〈보기〉의 실시간 채팅창에 메시지로 제시되어 있으므로 적절하다.

⑤ (나)에서 언급된 자율 주행 기술에 대한 지난 방송 내용이 〈보기〉에서는 다시 보기 하이퍼링크로 제공되고 있다.
(나)에 언급된 지난 방송 내용이 〈보기〉의 지난 방송 다시 보기에 하이퍼링크로 제공되고 있으므로 적절하다.

---

44 매체 표현 방식 분석 　　정답률 87% | 정답 ④

(가)에 나타난 표현 방식에 대한 설명으로 가장 적절한 것은?

① 기후 변화가 인간에게 끼치는 영향을 이모티콘을 활용하여 강조하였다.
(가)를 통해 기후 변화가 인간에게 끼치는 영향을 이모티콘을 활용하여 강조한 부분은 찾아볼 수 없다.

② 기후 행동의 국가 간 차이를 글자의 굵기와 크기를 달리하여 제시하였다.
(가)에서 글자의 굵기와 크기를 달리하고 있지만, 이를 통해 기후 행동의 국가 간 차이를 제시하지는 않고 있다.

③ 인근 학교 동아리의 페트병 수거 현황을 소제목을 사용하여 부각하였다.
(가)에 제시된 소제목을 통해 이후 내용이 '우리 학교'에 해당하므로, 인근 학교 동아리의 페트병 수거 현황을 소제목을 사용하여 부각하였다고 할 수 없다.

✔ 지구의 온도 상승에 따른 자연재해 건수의 양적 변화를 도식화하여 나타내었다.
(가)에 지구의 온도 상승에 따른 자연재해 발생 건수 증가 추이를 도식화하여 나타내었으므로 적절하다.

⑤ 기후 행동에 주체적으로 참여하는 청소년들의 모습을 사진 자료를 사용하여 보여 주었다.
(가)에 제시된 사진은 '인근 하천에 버려진 페트병 사진'이므로, 기후 행동에 주체적으로 참여하는 청소년들의 모습을 사진 자료를 사용하여 보여 주었다고 할 수 없다.

---

45 매체 자료 내용 구성 추론 　　정답률 84% | 정답 ④

(가)를 참고하여 (나)를 만드는 과정에서 애플리케이션 제작자가 고려했을 내용으로 적절하지 않은 것은?

① (가)에 제시된 개인의 일상적 실천 사례를 참고하여, 학교에서 실천할 수 있는 체크리스트를 구성해서 자신의 생활 습관을 점검하도록 해야겠어.
(가)의 3문단 '실내 적정 ~ 전등 끄기'에 개인의 일상적 실천 사례가 제시되어 있고, (나) '2'의 '화면 구성'에 학교에서 실천할 수 있는 체크리스트를 구성하고 있으므로 적절하다.

② (가)에 제시된 기후 행동의 개념을 참고하여, 기후 위기를 보여 주는 이미지와 문구로 시작 화면을 구성해 상황의 심각성을 인식하도록 해야겠어.
(가)의 1문단 '이러한 기후 변화의 ~ 기후 행동입니다.'에 기후 행동의 개념이 제시되어 있고, (나) '1'의 '화면 구성'에 기후 위기를 보여 주는 이미지와 문구로 시작 화면을 구성하고 있으므로 적절하다.

③ (가)에 제시된 꾸준한 기후 행동의 필요성을 참고하여, 자신의 성공적인 실천 결과를 누적할 수 있는 일지를 제공해 지속적으로 실천이 이어지도록 해야겠어.
(가)의 3문단 '꾸준히 실천하고 ~ 지킬 수 있을 것입니다'에 꾸준한 기후 행동의 필요성이 제시되어 있고, (나) '3'의 '화면 구성'에 자신의 성공적인 실천 결과를 누적할 수 있는 일지를 제공하고 있으므로 적절하다.

✔ (가)에 제시된 동아리의 정책 제안 활동을 참고하여, 청소년이 관련 기관에 제안한 정책에 대한 평가를 확인할 수 있는 기능을 제공해 기후 행동에 참여하도록 해야겠어.
(가)의 2문단 '인근 학교의 ~ 정책을 제안했습니다.'에 동아리의 정책 제안 활동이 제시되어 있지만 (나) '4'의 '화면 구성'에 청소년이 관련 기관에 제안한 정책에 대한 평가를 확인할 수 있는 기능은 제공하고 있지 않으므로 적절하지 않다.

⑤ (가)에 제시된 기후 행동 확산의 중요성을 참고하여, 자신의 실천 사례를 다른 사람들과 공유할 수 있는 기능을 제공해 개인의 실천이 다른 사람의 동참을 이끌어 내도록 해야겠어.
(가)의 3문단 '무엇보다 기후 행동은 ~ 가장 중요합니다.'에 기후 행동 확산의 중요성이 제시되어 있고, (나) '3'의 '화면 구성'에 자신의 실천 사례를 공유할 수 있는 기능을 제공하고 있으므로 적절하다.

· 정답 ·

35 ⑤ 36 ④ 37 ① 38 ② 39 ① 40 ③ 41 ③ 42 ② 43 ③ 44 ④ 45 ⑤

★ 표기된 문항은 [등급을 가르는 문제]에 해당하는 문항입니다.

★★★ 등급을 가르는 문제!

35 용언의 활용 이해
정답률 33% | 정답 ⑤

윗글을 바탕으로 〈보기〉의 밑줄 친 부분을 이해한 내용으로 적절하지 않은 것은? [3점]

〈보 기〉

선생님 : 다음 주에 있을 전국 학생 토론 대회 준비는 마쳤니?
라온 : 아직이요, 내일까지는 반드시 끝내겠습니다.
해람 : 사실 이번 주제는 저희들끼리 준비하기 너무 어려워요.
선생님 : 방금 교무실로 들어가신 선생님께 조언을 구해 보렴.
라온 : 창가 쪽에 서 계신 분 말씀이죠?
해람 : 아, 수업 종이 울렸네. 다음 시간에 다시 오자.

① '끝내겠습니다'는 ⓒ에 속하며, 이때 Z는 대화의 상대방을 높이는 기능을 하고 있군.
'끝내겠습니다'는 어간 '끝내-'와 선어말 어미 '-겠-', 대화의 상대방을 높이는 기능을 하는 종결 어미 '-습니다'가 결합하여 활용된 용언이므로 ⓒ에 속한다고 할 수 있다.

② '준비하기'는 ㉠에 속하며, 이때 Z는 용언을 명사처럼 기능하게 하고 있군.
'준비하기'는 어간 '준비하-'와 명사형 전성 어미 '-기'가 결합하여 활용된 용언이므로 ㉠에 속한다고 할 수 있다.

③ '들어가신'은 ⓒ에 속하며, 이때 Y는 문장의 주체를 높이는 기능을 하고 있군.
'들어가신'은 어간 '들어가-'와 문장의 주체를 높이는 기능을 하는 선어말 어미 '-시-', 어말 어미 '-ㄴ'이 결합하여 활용된 용언이므로 ⓒ에 속한다고 할 수 있다.

④ '계신'은 ㉠에 속하며, 이때 Z는 용언을 관형사처럼 기능하게 하고 있군.
'계신'은 어간 '계시-'와 관형사형 전성 어미 '-ㄴ'이 결합하여 활용된 용언이므로 ㉠에 속한다고 할 수 있다.

✔ '울렸네'는 ⓒ에 속하며, 이때 Y_2는 과거 시제를 표현하는 기능을 하고 있군.
글의 내용을 통해, 어간이 X, 선어말 어미가 Y, 어말 어미가 Z임을 알 수 있다. 이를 바탕으로 할 때, '울렸네'는 어간 '울리-'와 과거 시제 선어말 어미 '-었-', 종결 어미 '-네'가 결합하여 활용된 용언이므로, '울렸네'는 'X + Y + Z'인 ⓒ에 속한다고 할 수 있다.

● 문법 필수 개념

■ '어미'의 이해
용언이 활용할 때 변하는 부분을 '어미'라고 하며, '선어말 어미'와 '어말 어미'로 구분된다.
1. 선어말 어미 : 어말 어미 앞에 오는 어미
  • 높임 선어말 어미 : -시-
    예 오다 → 오시다
  • 시제 선어말 어미 : -는-, -었-, -겠-
    예 오다 → 오겠다
2. 어말 어미 : 활용 어미 중 맨 뒤에 오는 어미
  • 종결 어미 : 문장을 끝내어 주는 어미
    예 먹다(평서형), 먹니(의문형), 먹어라(명령형), 먹자(청유형), 먹는구나(감탄형)
  • 연결 어미 : 문장을 연결해 주는 어미
    예 먹고, 먹지만, 먹으면
  • 전성 어미 : 용언을 문장에서 명사형, 관형사형, 부사의 역할로 바꾸어 주는 어미

★★ 문제 해결 꿀~팁 ★★

▶ 많이 틀린 이유는?
이 문제는 〈보기〉에 제시된 각 단어들을 정확히 분석하지 못하여 문제 해결에 어려움을 겪어 오답률이 높았던 것으로 보인다.
▶ 문제 해결 방법은?
문법 문제 중 간혹 단어들을 분석해야 하는 경우가 있는데, 이를 분석하기 위해서는 기본적으로 용언의 기본형, 어간과 어미(선어말 어미, 어말 어미), 어근, 접사(접두사, 접미사)에 대해 평소 정확히 알고 있어야 단어들을 정확히 분석할 수 있다. 가령 정답인 ⑤의 경우, '울렸네'의 기본형이 '울리다'임을 알고 어간과 어미를 정확히 이해하고 있었다면 어간 '울리-'와 과거 시제 선어말 어미 '-었-', 종결 어미 '-네'로 분석할 수 있게 되어 적절하지 않았음을 알았을 것이다. 마찬가지로 오답률이 높았던 ③에서도, '들어가신'이 어간 '들어가-'와 문장의 주체를 높이는 기능을 하는 선어말 어미 '-시-', 어말 어미 '-ㄴ'으로 분석하여 적절함을 알았을 것이다. 이처럼 문법 문제에서는 바탕이 되는 기본 지식에 대한 설명은 생략해 두는 경우가 많으므로 평소 기본이 되는 문법 지식은 반드시 이해하고 있어야 한다.

36 연결 어미의 이해
정답률 87% | 정답 ④

〈보기〉의 ㉮ ~ ㉺를 윗글의 ⓐ ~ ⓒ로 바르게 분류한 것은?

〈보 기〉

○ 원숭이가 바나나를 먹고 있다.
  ㉮
○ 김이 습기를 먹어 눅눅해졌다.
  ㉯
○ 형은 빵을 먹고 동생은 과자를 먹었다.
  ㉰
○ 우리는 상대편에게 한 골을 먹고 당황했다.
  ㉱
○ 그는 경기가 시작되기도 전에 겁을 먹어 버렸다.
  ㉲

	ⓐ	ⓑ	ⓒ
①	㉰, ㉱	㉯, ㉲	㉭
②	㉰, ㉲	㉯	㉭, ㉱
③	㉱	㉭, ㉯	㉰, ㉲

✔️ ㉰ ㉱ ㉯ ㉲ ㉭ ㉰

ⓐ : ㉲의 '-고'는 앞 문장인 '형은 빵을 먹다.'와 뒤 문장인 '동생은 과자를 먹었다.'를 나열의 의미 관계로 이어 주고 있으므로 대등적 연결 어미라 할 수 있다.

ⓑ : ㉯의 '-어'는 앞 문장인 '김이 습기를 먹었다.'와 뒤 문장인 '(김이) 눅눅해졌다.'를 종속적인 의미 관계로 이어 주고 있으므로 종속적 연결 어미라 할 수 있다. 그리고 ㉲의 '-고'는 앞 문장인 '우리는 상대편에게 한 골을 먹었다.'와 뒤 문장인 '(우리는) 당황했다'를 종속적인 의미 관계로 이어 주고 있으므로 종속적 연결 어미라 할 수 있다.

ⓒ : ㉭의 '-고'는 본용언인 '먹다'와 보조 용언인 '있다'를 이어 주고 있으므로 보조적 연결 어미라 할 수 있다. 그리고 ㉱의 '-어'는 본용언인 '먹다'와 보조 용언인 '버렸다'를 이어 주고 있으므로 보조적 연결 어미라 할 수 있다.

⑤ ㉲ ㉰·㉱ ㉭·㉯

---

37 음운 변동의 이해
정답률 41% | 정답 ①

다음의 ⓐ에 해당하는 것을 ㉠~㉣ 중에서 바르게 고른 것은?

원격 수업에서 활용하기 위해 우리말 음성을 한글로 변환하는 프로그램이 개발되고 있다. 아래는 이 프로그램의 개발자가 쓴 일지의 일부이다.

○ 프로그램의 원리

사용자가 한글 맞춤법에 맞게 표기된 자료를 표준 발음법에 따라 발음하면, 프로그램은 그 발음에 나타난 음운 변동 현상을 분석해 본래의 표기된 자료로 출력한다.

○ 확인된 문제

프로그램이 입력된 발음을 본래의 자료로 출력하지 못한 사례가 확인되었다. 아래의 잘못 출력된 사례에서 한글 맞춤법에 맞게 표기된 자료와 출력된 자료를 대조해 ㉠ 교체, ㉡ 탈락, ㉢ 첨가, ㉣ 축약 중 ⓐ 프로그램이 분석하지 못한 음운 변동 현상이 무엇인지 알아봐야겠다.

표기된 자료	표준 발음	출력된 자료
끊어지다	[끄너지다]	끄너지다
없애다	[업ː쌔다]	업쌔다
피붙이	[피부치]	피부치
웃어른	[우더른]	우더른
암탉	[암탁]	암탁

✔️ ㉠, ㉡ ② ㉠, ㉣ ③ ㉡, ㉢ ④ ㉡, ㉣ ⑤ ㉢, ㉣

㉠ 교체

'없애다'의 표준 발음은 [업ː쌔다]이므로 '된소리되기'가 일어남을 알 수 있고, '피붙이'의 표준 발음은 [피부치]이므로 '구개음화'가 일어남을 알 수 있다. 또한 '웃어른'의 표준 발음은 [우더른]이므로 '음절의 끝소리 규칙'이 일어남을 알 수 있다.

㉡ 탈락

'끊어지다'의 표준 발음은 [끄너지다]이므로 'ㅎ 탈락'이 일어남을 알 수 있고, '암탉'의 표준 발음은 [암탁]이므로 '자음군 단순화'가 일어남을 알 수 있으므로, 프로그램은 음운의 탈락 현상을 분석하지 못했다고 할 수 있다.

㉢ 첨가

㉣ 축약

---

38 단어의 구조 파악
정답률 45% | 정답 ②

〈보기〉는 학생들이 작성한 탐구 보고서의 일부이다. [가]에 들어갈 내용으로 적절한 것은?

─〈보 기〉─

○ 탐구 개요

학생들은 형태가 동일한 두 형태소가 하나는 어근, 하나는 접사로 사용되는 경우 이를 구분할 때 어려움을 겪는 경향이 있다. 그래서 우리 반 학생들을 대상으로 관련 사례에 대한 반응을 조사한 후 이를 토대로 결과를 분석하고 추가 예시 자료를 제시하여 학생들의 이해를 돕고자 한다.

○ 사례

1. 마당 한 가운데 꽃이 폈다. ㉠
2. 그가 이 책의 지은이이다. ㉡
3. 커다란 알밤을 주웠다. ㉢

○ 학생들의 반응

(막대그래프: 접사/어근)

○ 결과 분석 및 추가 예시 자료 제시

[가]

① '사례 1'에 대해 ㉠을 잘못 알고 있는 학생들이 더 많다. 이에 따라 'A 집단'의 이해를 돕기 위해 ㉠이 쓰인 예로 '한번'을 제시한다.

'사례 1'에서 ㉠은 접사로, ㉠을 잘못 알고 있는 학생들이 더 많다는 내용은 적절하지 않다. 또한 '한번'은 어근 '한'과 다른 어근이 결합한 단어이므로, 접사인 ㉠이 쓰인 예로 적절하지 않다.

✔️ '사례 1'에 대해 ㉠을 잘못 알고 있는 학생들이 더 적다. 이에 따라 'B 집단'의 이해를 돕기 위해 ㉠이 쓰인 예로 '한복판'을 제시한다.

'사례 1'에서 ㉠은 접사인데, 학생들의 반응에서 ㉠을 어근으로 알고 있는 학생들이 접사로 알고 있는 학생들보다 더 적으므로, ㉠을 잘못 알고 있는 학생들이 더 적음을 알 수 있다. 그리고 '한복판'은 '정확한'의 뜻을 더하는 접두사 '한-'과 어근인 '가운데'가 결합한 단어이므로 접사인 ㉠이 쓰인 예라 할 수 있다.

---

③ '사례 2'에 대해 ㉡을 잘못 알고 있는 학생들이 더 많다. 이에 따라 'C 집단'의 이해를 돕기 위해 ㉡이 쓰인 예로 '먹이'를 제시한다.

'사례 2'에서 ㉡은 어근으로, ㉡을 잘못 알고 있는 학생들이 더 많다는 내용은 적절하다. 하지만 '먹이'는 어근과 접사 '-이'가 결합한 단어이므로, 어근인 ㉡이 쓰인 예로 적절하지 않다.

④ '사례 2'에 대해 ㉡을 잘못 알고 있는 학생들이 더 적다. 이에 따라 'D 집단'의 이해를 돕기 위해 ㉡이 쓰인 예로 '미닫이'를 제시한다.

'사례 2'에서 ㉡은 어근으로, ㉡을 잘못 알고 있는 학생들이 더 적다는 내용은 적절하지 않다. 또한 '미닫이'는 어근과 접사 '-이'가 결합한 단어이므로, 어근인 ㉡이 쓰인 예로 적절하지 않다.

⑤ '사례 3'에 대해 ㉢을 잘못 알고 있는 학생들이 더 적다. 이에 따라 'E 집단'의 이해를 돕기 위해 ㉢이 쓰인 예로 '알사탕'을 제시한다.

'사례 3'에서 ㉢은 접사로, ㉢을 잘못 알고 있는 학생들이 더 적다는 내용은 적절하지 않다. 또한 '알사탕'은 어근 '알'과 다른 어근이 결합한 단어이므로, 접사인 ㉢이 쓰인 예로 적절하지 않다.

---

39 중세 국어의 특징 이해
정답률 64% | 정답 ①

〈보기〉에 나타난 중세 국어의 특징을 탐구한 내용으로 적절하지 않은 것은?

─〈보 기〉─

불휘 기픈 남ᄀᆞᆫ ᄇᆞᄅᆞ매 아니 뮐ᄊᆡ 곶 됴코 여름 하ᄂᆞ니
시미 기픈 므른 ᄀᆞ 모래 아니 그츨ᄊᆡ 내히 이러 바ᄅᆞ래 가ᄂᆞ니

[현대어 풀이]
뿌리가 깊은 나무는 바람에 아니 움직이므로 꽃이 좋고 열매가 많으니.
샘이 깊은 물은 가뭄에 아니 그치므로 내(川)가 이루어져 바다에 가느니.

─「용비어천가(龍飛御天歌)」〈제2장〉─

✔️ '불휘'와 '시미'를 보니, 'ㅣ' 모음으로 끝난 체언 뒤에 동일한 형태의 주격 조사가 사용되었음을 알 수 있군.

'불휘'의 현대어 풀이가 '뿌리가'이므로 '불휘'는 주어로 쓰였음을 알 수 있다. 따라서 '불휘'는 '반모음 ㅣ'로 끝난 체언 '불휘' 뒤에 주격 조사가 ∅(영형태)로 실현되어 주격 조사의 형태가 나타나지 않음을 알 수 있다. 그리고 '시미'의 현대어 풀이가 '샘이'이므로 '시미'는 주어로 쓰였음을 알 수 있다. 따라서 '시미'는 자음으로 끝난 체언 '심' 뒤에 주격 조사 '이'가 결합해 체언의 끝소리가 연음되어 나타나 있음을 알 수 있다.

② 'ᄇᆞᄅᆞ매'와 'ᄀᆞ 모래'를 보니, '애'가 현대 국어의 부사격 조사와 같은 기능으로 사용되었음을 알 수 있군.

'ᄇᆞᄅᆞ매'는 명사 'ᄇᆞᄅᆞᆷ'에 조사 '애'가, 'ᄀᆞ 모래'는 명사 'ᄀᆞ 몰'에 조사 '애'가 결합하고 있으며 이때 '애'는 현대어 풀이에서 부사격 조사 '에'에 대응하므로 적절하다.

③ '하ᄂᆞ니'를 보니, '하다'가 현대 국어와 다른 의미로 쓰였음을 알 수 있군.

'하ᄂᆞ니'는 현대어 풀이에서 '많으니'에 대응하므로 적절하다.

④ '므른'과 '바ᄅᆞ래'를 보니, 앞 형태소의 끝소리를 다음 형태소의 첫소리로 옮겨 적는 방식이 사용되었음을 알 수 있군.

'므른'에는 명사 '믈'의 끝소리 'ㄹ'을 조사 '은'의 첫소리로, '바ᄅᆞ래'에는 명사 '바ᄅᆞᆯ'의 끝소리 'ㄹ'을 조사 '애'의 첫소리로 옮겨 적는 방식이 사용되었음을 알 수 있으므로 적절하다.

⑤ '내히'를 보니, 체언이 모음으로 시작하는 조사와 결합할 때 체언의 끝소리 'ㅎ'이 연음되어 나타나는 경우가 있었음을 알 수 있군.

'내히'에는 끝소리에 'ㅎ'을 가진 체언이 모음으로 시작하는 조사인 '이'를 만나 'ㅎ'이 연음되어 나타나 있으므로 적절하다.

● 문법 필수 개념

• 이 : 자음으로 끝난 체언 뒤 예 사ᄅᆞᆷ + 이 → 사ᄅᆞ미
• ㅣ : 'ㅣ' 모음 이외의 모음으로 끝난 체언 뒤 예 부텨 + ㅣ → 부:톄, 공자(孔子) ㅣ
• ø : 'ㅣ' 모음으로 끝난 체언 뒤(ㅣ + ㅣ → ㅣ) 예 ᄃᆞ리 + ㅣ → ᄃᆞ:리 불·휘 + ㅣ → 불·휘

---

40 매체 언어의 특성 이해
정답률 89% | 정답 ③

(가)~(다)에 대한 설명으로 가장 적절한 것은?

① (가)와 달리 (나)는 글자 크기의 차이가 드러나므로 제목과 구체적인 정보를 구분하여 내용을 전달할 수 있다.

(가)와 (나) 모두 글자 크기의 차이를 통해 제목과 구체적인 정보를 구분하여 내용을 전달하고 있으므로 적절하지 않다.

② (나)와 달리 (가)는 문자 언어와 이모티콘이 함께 나타나므로 수용자의 생각을 효과적으로 표현할 수 있다.

문자 언어로만 이루어진 (가)와 달리 (나)는 문자 언어와 이모티콘이 함께 나타나므로 적절하지 않다. 한편 (나)에 사용된 이모티콘의 개수를 통해 수용자인 소비자들의 생각을 효과적으로 표현해 주고 있다.

✔️ (나)와 달리 (다)는 실시간으로 의견을 남길 수 있는 기능이 있으므로 수용자의 참여를 유도할 수 있다.

(나)는 인쇄 매체에 해당하고 (다)는 인터넷 매체임을 알 수 있으므로, (다)는 (나)와 달리 실시간으로 수용자의 의견을 남길 수 있는 댓글 기능을 통해 수용자의 참여를 유도한다고 할 수 있다.

④ (다)와 달리 (가)는 동일한 이미지의 나열이 드러나므로 내용과 관련된 수용자의 가치 판단에 영향을 줄 수 있다.

(가)에서는 하나의 이미지만 사용하고 있고 동일한 이미지를 나열하여 제시하지는 않고 있으므로 적절하지 않다.

⑤ (다)와 달리 (나)는 내용을 찾아볼 수 있는 기능이 있으므로 수용자에게 정보에 대한 선택적 접근의 기회를 제공할 수 있다.

인쇄 매체인 (나)와 달리 인터넷 매체인 (다)는 내용을 찾아볼 수 있는 기능이 있어서 수용자에게 정보에 대한 선택적 접근의 기회를 제공할 수 있으므로 적절하지 않다.

---

41 광고의 특성 이해
정답률 88% | 정답 ③

〈보기〉를 읽은 학생이 (가)~(다)에 보인 반응으로 적절하지 않은 것은?

광고는 대중을 설득하는 활동으로서, 목적에 따라 상품 판매의 촉진을 위한 상업 광고와 공익적 가치의 실현을 위한 공익 광고로 나눌 수 있다. 일반적으로 광고는 사실적인 정보와 주관적인 평가를 함께 활용하여 설득의 효과를 높이고자 한다. 그런데 최근 인터넷에서는 상품 판매의 촉진을 목적으로 한 기사문 형태의 광고가 증가하고 있다. 이러한 광고는 표제와 부제, 핵심 내용을 요약한 전문 등을 갖춰 일반적인 기사문과 유사한 형태를 보인다. 또한 기사문 형태의 광고는 언론사 명칭과 작성자 이름을 제시하여 내용의 신뢰성을 부각하고자 하는데, 이를 접한 대중들은 제시된 내용을 의심하지 않고 믿는 경향을 보이기 때문에 사회적으로 문제가 되기도 한다.

① (가)는 환경 문제의 대처와 관련된 가치의 실현을 위해 대중을 설득하고 있으므로 공익 광고에 속하겠군.
　(가)에서는, 플라스틱 빨대가 바다 생물에게 위험이 된다는 환경 문제를 제시하고, 이를 해결하기 위해 플라스틱 빨대의 사용을 줄이자고 설득하는 내용을 전달하고 있으므로 적절하다.

② (나)는 특정 제품의 기능을 제시하여 제품의 판매가 촉진되도록 대중을 설득하고 있으므로 상업 광고에 속하겠군.
　(나)에서는, 공기 청정기의 기능을 제시하여 상품의 판매가 촉진되도록 설득하는 내용을 전달하고 있으므로 적절하다.

✔ (나)에서 특정 제품과 관련된 용어의 의미와 기능적 특징을 제시한 부분은 사실적인 정보와 주관적인 평가를 함께 활용한 것이겠군.
　(나)에서는 공기 청정기의 기능과 관련된 용어인 'CADR'의 의미와, 이번에 출시된 제품이 기존 제품보다 두 배 높은 CADR 수치를 보이고 있다는 기능적 특징을 제시한 부분은 사실적인 정보만 활용한 것에 해당하므로 적절하지 않다.

④ (다)에서 특정 언론사 명칭과 기사 작성자 이름이 제시된 부분을 보면 광고 내용의 신뢰성을 부각하려 했음을 알 수 있겠군.
　(다)의 하단에는 '□□일보'라는 언론사 명칭과 '김△△'라는 기사 작성자 이름을 제시하고 있으므로 적절하다.

⑤ (다)는 특정 제품의 출시 정보와 효능에 관한 내용을 표제와 부제, 전문의 형식을 갖춰 제시하고 있으므로 기사문 형태의 광고에 해당하겠군.
　(다)의 '건강 기능 식품 전문 기업 ○○사, '○○헬스' 출시'는 표제, '감태 추출물 활용하여 불면증 개선에 효과적'과 '하루 한 알로 피로 회복 효과까지'는 부제, '건강 기능 식품 전문 기업 ○○사는 ~ 피로 회복 효과도 있다.'는 전문으로, (다)는 기사문의 형태를 갖추고 있으므로 적절하다.

---

42 광고문의 언어적 표현 이해　　　정답률 48% | 정답 ②

㉠ ~ ㉤에 대해 이해한 내용으로 적절하지 않은 것은?

① ㉠ : 보조사를 사용하여 '살림'의 대상을 추가적으로 제시하고 있다.
　㉠에서 '지구 환경도'의 보조사 '도'는 '살림'의 대상을 추가적으로 제시하는 데 활용되고 있으므로 적절하다.

✔ ㉡ : 수사를 사용하여 서로 다른 대상의 '기능'을 제시하고 있다.
　㉡에서 '두 배'의 '두'는 뒤의 '배'를 꾸며 주고 있으므로 수사가 아니라 수 관형사에 해당한다.

③ ㉢ : 의존 명사를 사용하여 '감태 추출물'이 '효과'의 원인임을 드러내고 있다.
　㉢에서 '때문이다'의 의존 명사 '때문'은 '감태 추출물'이 '효과'의 원인임을 드러내는 데 활용되고 있으므로 적절하다.

④ ㉣ : 접속 부사를 사용하여 앞 문장과의 인과 관계를 드러내고 있다.
　㉣에서 접속 부사 '그래서'는 앞 문장과의 인과 관계를 드러내는 데 활용되고 있으므로 적절하다.

⑤ ㉤ : 대명사를 사용하여 앞에서 언급한 '판매될' 제품을 지시하고 있다.
　㉤에서 '이를'의 대명사 '이'는 앞에서 언급한 '판매될' 제품을 지시하는 데 활용되고 있으므로 적절하다.

---

43 대화 내용의 반영 여부 판단　　　정답률 83% | 정답 ③

(나)를 바탕으로 (가)에서 확인할 수 있는 내용으로 적절하지 않은 것은? [3점]

① [A]를 통해 (가)의 '최신 글 보기' '2'번 게시물에 담겨 있는 기사문에는 장수 의자 제작 목적보다 제작 배경에 대한 내용이 상대적으로 적음을 알 수 있다.
　[A]에서 '혜영'의 '그러고 보니 ~ 제작 목적에 대한 설명이구나!'를 보면, '혜영'이 올린 기사에는 장수 의자 제작 목적에 대한 내용이 대부분이므로 적절하다.

② [B]를 통해 (가)의 '최신 글 보기' '4'번 게시물에 담겨 있는 사진은 (나)에서 실시간으로 공유된 사진보다 화질이 좋지 않음을 알 수 있다.
　[B]에서 '호상'의 '사진이 너무 흐릿해서 잘 안 보여.'와, '윤일'의 '이게 원본인데 확인해 볼래?'와, '지혜'의 '이게 더 잘 보인다.'를 보면, 실시간으로 공유된 사진보다 '윤일'이 올린 장수 의자 사진의 화질이 좋지 않음을 알 수 있으므로 적절하다.

✔ [C]를 통해 (가)의 '최신 글 보기' '3'번 게시물에 담겨 있는 동영상에는 어르신께서 장수 의자에 앉아 계신 모습이 등장하지 않음을 알 수 있다.
　[C]에서 '지혜'의 '근데 윤일이가 올린 동영상을 슬라이드에 활용하기는 했는데, 여기에도 어르신께서 장수 의자에 앉아 계신 모습이 담겨 있어 지오가 올린 동영상과 내용이 겹쳐'를 통해, 지오가 올린 동영상에 어르신께서 장수 의자에 앉아 계신 모습이 담겨 있다는 것을 알 수 있으므로 적절하지 않다.

④ [D]를 통해 (가)의 '최신 글 보기' '1'번 게시물에 담겨 있는 역할 분담에는 '지혜'와 '호상'이 각각 슬라이드 제작자와 발표자로 되어 있음을 알 수 있다.
　[D]에서 '호상'의 '그러면 편집은 내가 할게.'와 '지혜'의 '그럼 내가 ~ 익숙할 테니까.'에서 '지혜'가 올린 역할 분담에는 '지혜'와 '호상'이 각각 슬라이드 제작자와 발표자로 되어 있으므로 적절하다.

⑤ [E]를 통해 (가)의 '최신 글 보기' '5'번 게시물에 담겨 있는 장수 의자 홍보 그림에는 (나)에서 제시된 인터넷 주소인 출처가 없음을 알 수 있다.
　[E]에서 '지혜'의 '그런데 장수 의자 홍보 그림의 출처는 못 찾았어.'와 호상의 '아, 미안해. 그 출처는 이거야. 여기 주소 보낼게. http://www.◇◇.go.kr'를 보면, '호상'이 올린 장수 의자 홍보 그림에는 인터넷 주소인 출처가 없으므로 적절하다.

---

44 매체 자료 내용 분석　　　정답률 67% | 정답 ④

(나)를 고려하여 〈보기 1〉을 〈보기 2〉로 수정했다고 할 때, ⓐ ~ ⓔ 중 적절하지 않은 것은?

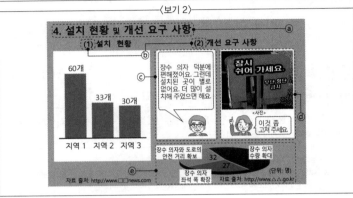

4. 설치 현황 및 개선 요구 사항

設置 現況 / 개선 요구 사항

순위	내용	인원
1	장수 의자 수량 확대	52명
2	장수 의자와 도로의 안전 거리 확보	32명
3	장수 의자 좌석 폭 확장	27명

자료 출처: http://www.□□news.com　　자료 출처: http://www.△△.go.kr

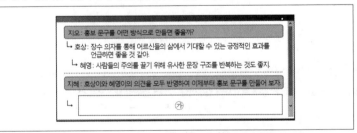

4. 설치 현황 및 개선 요구 사항 ⓐ
(1) 설치 현황 ⓑ　(2) 개선 요구 사항

자료 출처: http://www.□□news.com　　자료 출처: http://www.△△.go.kr

① ⓐ
　(나) '지오'의 '우선 ~ 각 필요가 있겠어.'를 보면, 중심 화제를 이어 주는 말을 중심 화제보다 글자 크기를 작게 수정해야 하는데, 이를 반영해 〈보기 2〉에서 바르게 수정했으므로 적절하다.

② ⓑ
　(나) '지오'의 '더불어 중심 화제들의 ~ 좋을 것 같아.'를 보면, 제시 순서에 맞게 중심 화제에 번호를 달아야 하는데, 이를 반영해 〈보기 2〉에서 바르게 수정했으므로 적절하다.

③ ⓒ
　(나) '혜영'의 '그러면 윤일이가 올린 동영상을 글과 그림으로 정리해서~ 제시할 필요는 없잖아.'와, '윤일'의 '할아버지 말씀은 글로 정리하고'를 보면, 할아버지는 그림으로, 할아버지 말씀은 글로 정리해야 하는데, 이를 반영해 〈보기 2〉에서 바르게 수정했으므로 적절하다.

✔ ⓓ
　(나)에서 '윤일'의 '할아버지 말씀은 글로 정리하고, '무단횡단 금지'가 '잠시 쉬어 가세요.'보다 ~ 할머니의 개선 요구 사항을 효과적으로 표현할 수 있을 것 같아.'를 보면, ⓓ에서 활용되어야 할 사진 속 장수 의자에는 '무단 횡단 금지'가 '잠시 쉬어 가세요.'보다 더 크게 적혀 있어야 함을 알 수 있다. 하지만 〈보기 2〉에서 실제 활용된 사진에는 '잠시 쉬어 가세요.'가 '무단 횡단 금지'보다 더 크게 적혀 있으므로 적절하지 않다.

⑤ ⓔ
　(나) '지오'의 '그런데 개선 요구 사항이 ~ 효과적일 것 같아.'를 보면, 표로 제시된 개선 요구 사항을 원그래프로 수정해야 하는데, 이를 반영해 〈보기 2〉에서 바르게 수정했으므로 적절하다.

---

45 매체 언어의 창의적 표현　　　정답률 90% | 정답 ⑤

다음은 ㉠에 해당하는 내용이다. ㉮에 들어갈 문구로 가장 적절한 것은?

　지오: 홍보 문구를 어떤 방식으로 만들면 좋을까?
　↳ 호상: 장수 의자를 통해 어르신들의 삶에서 기대할 수 있는 긍정적인 효과를 언급하면 좋을 것 같아.
　　↳ 혜영: 사람들의 주의를 끌기 위해 유사한 문장 구조를 반복하는 것도 좋지.
　지혜: 호상이와 혜영이의 의견을 모두 반영하여 이제부터 홍보 문구를 만들어 보자.
　↳ 　㉮

① 호상 : 나의 작은 관심, 지역의 큰 기쁨. 장수 의자에 대한 관심이 지역 경제를 살립니다.

② 윤일 : 장수 의자에 앉아 신호등을 기다려 보세요. 편안함을 위한 장수 의자, 안전함까지 드립니다.

③ 혜영 : 장수 의자에서 만난 이웃들과 함께 웃어 보아요. 우리 지역의 공동체는 더 밝아질 것입니다.

④ 지혜 : 안전을 위해 장수 의자에서 잠시 대기하세요. 장수 의자에 머물면서 당신의 삶이 지켜질 수 있습니다.

✔ 지오 : 힘겨운 기다림은 이제 그만, 편안한 기다림은 이제 시작. 장수 의자, 어르신들의 안전과 휴식을 책임집니다.
　㉮에는 '호상'의 댓글을 통해 '장수 의자를 통해 어른신들의 삶에서 기대할 수 있는 긍정적 효과'를 언급하면서 유사한 문장 구조를 반복해야 함을 알 수 있다. 따라서 이러한 '호상'의 의견에 따라 만든 문구는 '지오'의 문구라 할 수 있다. '지오'의 '장수 의자, 어르신들의 안전과 휴식을 책임집니다.'에서 장수 의자를 통해 어른신들의 삶에서 기대할 수 있는 긍정적 효과를, '힘겨운 기다림은 이제 그만, 편안한 기다림은 이제 시작.'에서 유사한 문장 구조가 반복된 것을 확인할 수 있다.

• 정답 •

35 ③ 36 ⑤ 37 ② 38 ④ 39 ④ 40 ② 41 ① 42 ⑤ 43 ⑤ 44 ③ 45 ①

★ 표기된 문항은 [등급을 가르는 문제]에 해당하는 문항입니다.

35 중세 국어 부사격 조사의 이해 정답률 62% | 정답 ③

윗글의 ㉠~㉥을 이해한 내용으로 적절하지 <u>않은</u> 것은?

① ㉠은 부사격 조사 '예'와 결합하는 선행 체언의 끝음절에서 반모음 ' ㅣ '가 확인된다.
제시된 글을 통해 끝음절이 모음 'ㅣ'나 반모음 'ㅣ'로 끝난 예로 ㉠을 들고 있다. 그리고 ㉠은 '뉘'의 끝음절 '뉘'에서 반모음 'ㅣ'가 확인되기 때문에 부사격 조사로 '애/에'가 아닌 '예'가 쓰인 경우라 할 수 있다.

② ㉡에 시간이나 장소를 나타내는 부사격 조사가 결합하면 '우희'가 된다.
제시된 글을 통해 ㉡은 모음 조화에 따라 부사격 조사 '의'가 결합하여 '우희'가 됨을 알 수 있다.

✔ ③ ㉢은 현대 국어로 '저녁의'로 해석되어 관형격 조사의 쓰임이 확인된다.
제시된 글을 통해 '이'는 일부 특수한 체언들과 결합하는 부사격 조사임을 알 수 있다. 따라서 ㉢의 '나조히(나조ㅎ + 이)'는 '저녁의'가 아니라 '저녁에'로 해석되고, 이는 부사격 조사라 할 수 있다.

④ ㉣의 '이그에'에서는 관형격 조사 '이'가 분석된다.
제시된 글을 통해 ㉣의 '이그에'는 관형격 조사 '이'에 '그에'가 결합되어 부사격 조사로 쓰인 경우임을 알 수 있다.

⑤ ㉤이 현대 국어에서 존칭 체언에 사용되는 것은 중세 국어 관형격 조사 'ㅅ'과 관련된다.
제시된 글을 통해 ㉤의 '께'는, 중세 국어 '쯰'가 현대 국어로 이어진 것임을 중세 국어에서 존칭의 유정 명사 '어머님'에 '쯰'가 쓰였다는 예를 통해 알 수 있다. 그리고 존칭의 유정 체언에는 관형격 조사 'ㅅ'이 결합하는 원칙이 있었다는 설명을 통해서도 '께'가 현대 국어에서 존칭 체언에 사용되는 것은 중세 국어 관형격 조사 'ㅅ'과 관련이 있음을 확인할 수 있다.

36 중세 국어의 이해 정답률 60% | 정답 ⑤

[A]를 바탕으로 〈자료〉를 탐구한 내용으로 적절한 것은? [3점]

〈자료〉

ⓐ 수픐(수플 + ㅅ) 神靈이 길헤 나아
　[현대어 풀이 : 수풀의 신령이 길에 나와]
ⓑ ᄂᆞ미(놈 + 이) 말 드러사 알 씨라
　[현대어 풀이 : 남의 말 들어야 아는 것이다]
ⓒ 世界ㅅ(世界 + ㅅ) 일을 보샤
　[현대어 풀이 : 세계의 일을 보시어]
ⓓ 이 사ᄅᆞ미 (사ᄅᆞᆷ + 이) 잇는 方面을
　[현대어 풀이 : 이 사람의 있는 방면을]
ⓔ 孔子의(孔子 + 의) 기티신 글워리라
　[현대어 풀이 : 공자의 남기신 글이다]

① ⓐ : '神靈(신령)'이 존칭의 유정 명사이므로 '수플'에 'ㅅ'이 결합한 것이군.
'수플'의 현대어 풀이가 '수물'로 무정 체언이라 할 수 있다. 따라서 '수플'에 'ㅅ'이 결합하였음을 알 수 있다.

② ⓑ : '놈'이 유정 명사이고 끝음절 모음이 음성 모음이므로 '이'가 결합한 것이군.
'놈'의 현대어 풀이가 '남'으로 평칭의 유정 체언임을 알 수 있다. 그리고 끝음절 모음(ㆍ)이 양성 모음에 해당하므로 '놈'에 '이'가 결합하였음을 알 수 있다.

③ ⓒ : '世界(세계)ㅅ'이 '보샤'의 의미상 주어이고, 'ㅅ'은 예외적 결합이군.
'世界(세계)ㅅ'의 현대어 풀이가 '세계의'이므로 '보샤'의 의미상 주어로 볼 수 없다. 그리고 '世界(세계)'가 무정 체언에 해당하여 'ㅅ'이 결합한 것으로 예외적 결합으로 볼 수도 없다.

④ ⓓ : '이 사ᄅᆞ미'가 '잇는'의 의미상 주어이고, '이'는 예외적 결합이군.
'이 사ᄅᆞ미'의 현대어 풀이가 '이 사람의'가 '잇는'의 의미상 주어임을 알 수 있다. 하지만 '사ᄅᆞᆷ'이 평칭의 유정 체언이고 끝음절 모음(ㆍ)이 양성 모음이기 때문에 '이'가 결합한 것이므로 예외적 결합이라고 할 수 없다.

✔ ⑤ ⓔ : '孔子(공자)의'가 '기티신'의 의미상 주어이고, '의'는 예외적 결합이군.
'공자(孔子)의 남기신 글'의 현대어 풀이가 '공자가 남기신 글'이라는 의미이므로 '孔子(공자)의'는 '기티신'의 의미상 주어임을 알 수 있다. 그리고 '孔子(공자)'가 존칭의 유정 체언이기 때문에 원칙적으로는 'ㅅ'이 결합하여야 하지만 '의'가 결합하고 있음을 알 수 있다. 따라서 '의'는 예외적 결합이라 할 수 있다.

★★★ 등급을 가르는 문제!

37 문장의 짜임과 문법 요소의 이해 정답률 51% | 정답 ②

〈학습 활동〉의 ㉠~㉢에 들어갈 예문으로 적절한 것은?

〈학습 활동〉

〈보기〉의 조건이 실현된 예문을 만들어 보자.

〈보 기〉
ⓐ 현재 시제만 쓰일 것.
ⓑ 서술어의 자릿수가 둘일 것.
ⓒ 안긴문장이 부사어로 기능할 것.

실현 조건	예문
ⓐ, ⓑ	㉠
ⓐ, ⓒ	㉡
ⓑ, ⓒ	㉢

① ㉠ : 그 집 마당에는 감나무 한 그루가 자란다.
'그 집 마당에는 감나무 한 그루가 자란다.'에서는 '-ㄴ다'를 통해 현재 시제가 쓰였음을 알 수 있다. 하지만 '자라다'는 주어를 필요로 하는 한 자리 서술어이므로 ⓑ는 실현되지 않았다.

✔ ② ㉠ : 선생님께서는 여전히 학교 근처에 사시는지요?
'선생님께서는 여전히 학교 근처에 사시는지요?'는 현재 시제가 쓰인 문장이고, '살다'는 주어와 부사어를 필요로 하는 두 자리 서술어에 해당한다. 따라서 '선생님께서는 여전히 학교 근처에 사시는지요?'는 ⓐ, ⓑ가 모두 실현된 것이라 할 수 있다.

③ ㉡ : 산중에 있으므로 여기는 도시보다 조용합니다.
'산중에 있으므로 여기는 도시보다 조용합니다.'는 현재 시제가 쓰인 문장이다. 하지만 연결 어미 '-으므로'가 쓰인 이어진문장이므로 ⓒ는 실현되지 않았다.

④ ㉡ : 오늘부터 아침으로 과일만 먹기로 마음먹었니?
'오늘부터 아침으로 과일만 먹기로 마음먹었니?'에서는 안긴문장 '오늘부터 아침으로 과일만 먹기'가 전체 문장의 부사어로 기능하고 있다. 하지만 '-었-'을 통해 이 문장에는 과거 시제가 쓰였음을 알 수 있으므로 ⓐ는 실현되지 않았다.

⑤ ㉢ : 오래전 큰아버지께 받은 책에 곰팡이가 슬었어.
'오래전 큰아버지께 받은 책에 곰팡이가 슬었어.'에서 안은문장 전체의 서술어 '슬다'는 주어와 부사어를 필요로 하는 두 자리 서술어에 해당한다. 하지만 안긴문장은 전체 문장의 부사어가 아니라 관형어로 기능하므로 ⓒ는 실현되지 않았다.

★★ 문제 해결 꿀팁 ★★

▶ 많이 틀린 이유는?
이 문제는 〈보기〉에 제시된 실현 조건과 관련된 문법적 지식이 부족하여 오답률을 높였던 것으로 보인다. 또한 '실현 조건'과 '예문'을 정확히 살펴보지 못한 것도 오답률을 높인 것으로 보인다.

▶ 문제 해결 방법은?
이 문제를 해결하기 위해서는 기본적으로 문법적 지식이 바탕이 되어야 한다. 즉 '실현 조건'에 제시된 '현재 시제, 서술어의 자릿수, 부사절로 안긴문장'에 대한 문법적 지식이 있어야 문제를 해결할 수 있다. 그리고 '예문'을 정확히 분석할 수 있어야 한다. 한편 이 문제의 경우 선택지에 제시된 예문을 일일이 확인하여 '실현 조건' 사용 여부를 판단할 수 있지만, 반대로 〈보기〉의 실현 조건을 선택지에 제시된 예문을 통해 확인하는 방법도 사용할 수 있다. 즉, 〈보기〉의 '실현 조건' 중 먼저 '현재 시제'가 선택지에 제시된 예문에 사용되었는지를 판단하는 것이다. 그런 다음 '서술어의 자릿수', '부사절로 안긴문장'의 순으로 확인하게 되면 보다 쉽게 접근할 수 있다. 그렇지만 이 문제 해결의 핵심은 문법의 기본적인 배경 지식과 이를 적용한 문장에 대한 분석에 있다. 따라서 평소에 문법의 기본 지식과 더불어 문법이 적용된 사례를 충분히 익힐 수 있도록 한다.

38 음운 변동의 이해 정답률 69% | 정답 ④

〈보기〉의 ㉮, ㉯에 들어갈 수 있는 단어로 적절한 것은?

〈보 기〉

선생님 : 지난 시간에 음운의 변동 가운데 ⓐ 음절의 끝소리 규칙, ⓑ 자음군 단순화, ⓒ 된소리되기를 학습했는데요. 이번 시간에는 음운 변동의 적용 유무를 기준으로 단어를 분류하는 활동을 진행해 볼게요. 그럼, 표준 발음을 고려해서 다음 단어들을 분류해 보죠.

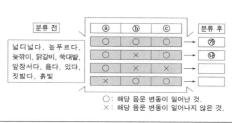

○ 해당 음운 변동이 일어난 것.
× 해당 음운 변동이 일어나지 않은 것.

　　㉮　　　　　　㉯

① 짓밟다　　　늦깎이
'짓밟다'는 [짇밟다 – 짇빱다 – 짇빱따]로 발음되므로 ⓐ, ⓑ, ⓒ가 모두 일어난다고 할 수 있다. 그리고 '늦깎이'는 [늗깎이 – 늗까끼]로 발음되므로 ⓐ만 일어난다고 할 수 있다.

② 넓디넓다　　있다
'넓디넓다'는 [넙디넙다 – 널디널다 – 널띠널따]로 발음되므로 ⓑ, ⓒ만 일어난다고 할 수 있다. 그리고 '있다'는 [읻다 – 읻따]로 발음되므로 ⓐ, ⓒ만 일어난다고 할 수 있다.

③ 읊다　　　높푸르다
'읊다'는 [윺다 – 읖다 – 읍따]로 발음되므로 ⓐ, ⓑ, ⓒ가 모두 일어난다고 할 수 있다. 그리고 '높푸르다'는 [놉푸르다]로 발음되므로 ⓐ만 일어난다고 할 수 있다.

✔ ④ 흙빛　　　쑥대밭
'흙빛'은 [흑빛 – 흑빋 – 흑삡]으로 발음되므로, ⓐ, ⓑ, ⓒ가 모두 일어난다고 할 수 있다. 그리고 '쑥대밭'은 [쑥대받–쑥때받]으로 발음되므로 ⓐ, ⓒ만 일어난다고 할 수 있다.

⑤ 닭갈비　　앞장서다
'닭갈비'는 [닥갈비 – 닥깔비]로 발음되므로 ⓑ, ⓒ만 일어난다고 할 수 있다. 그리고 '앞장서다'는 [압장서다 – 압짱서다]로 발음되므로 ⓐ, ⓒ만 일어난다고 할 수 있다.

39 담화의 특성 파악 정답률 70% | 정답 ④

〈보기〉의 ㉠~Ⓐ에 대한 이해로 적절한 것은?

〈보 기〉

(희철, 민수, 기영이 ○○ 서점 근처에서 만난 상황)

희철 : 얘들아, 잘 지냈어? 3일 만에 보니 반갑다.
민수 : 동해안으로 체험 학습 다녀왔다며? ㉠ 내일은 도서관에 가서 발표 준비하자. 기영인 어떻게 생각해?
기영 : ㉡ 네 말대로 하는 게 좋겠어. 그럼 정수도 부를까?
희철 : 그러자. ㉢ 저기 저 ○○ 서점에서 오전 10시에 만나서 다 같이 도서관으로 가자. ㉣ 정수 한테 전할 때 서점 위치 링크도 보내 줘. 전에도 헤맸잖아.
민수 : 이제 아냐. ㉤ 어제 나랑 저기서 만났는데 잘 ㉥ 왔어.
희철 : 그렇구나. 어제 잘 Ⓐ 왔구나.

민수 : 아, 기영아! ⓗ <u>우리</u>는 회의 가야 돼. ⓧ <u>네가</u> ⓨ <u>우리</u> 셋을 대표해서 정수에게 연락을 좀 해 줘.

① ㉠은 ㉺과 달리 발화 시점과 관계없이 언제인지가 정해진다.
　㉠의 '내일'과 ㉺의 '어제'는 둘 다 발화 시점에 따라 언제인지가 결정되므로 적절하지 않다.

② ㉢은 ㉡과 달리 지시 표현이 이전 발화를 직접 가리킨다.
　㉡의 '네 말'은 이전 발화를 가리킴에 비해 ㉢의 '저기 저'는 '○○ 서점'을 가리키므로 적절하지 않다.

③ ㉣은 ㉩과 달리 담화 참여자에 따라 지시 대상이 달라진다.
　㉣의 '정수'는 고유 명사이기 때문에 지시 대상이 고정되지만 ㉩의 '네'는 대명사이기 때문에 담화 참여자에 따라 지시 대상이 결정되므로 적절하다.

✔④ ㉤은 ㉦과 달리 화자가 있던 장소로의 이동을 나타낸다.
　㉤의 '왔어'는 정수가 화자인 민수가 있던 장소로 이동했음을 나타낸다고 할 수 있다. 하지만 ㉦의 '왔었구나'는 정수가 화자인 희철이 있던 장소로 이동했음을 나타내지 않는다. 따라서 ㉤은 ㉦과 달리 화자가 있던 장소로의 이동을 나타낸다고 할 수 있다.

⑤ ⓗ은 ⓨ과 달리 담화에 참여한 모든 사람들을 가리킨다.
　ⓗ의 '우리'는 민수, 희철을 가리키고 ⓨ의 '우리'는 기영, 민수, 희철을 가리키므로 적절하지 않다.

40 매체의 정보 유통 방식 파악 　　정답률 84% | 정답 ②

(가)에 나타난 정보 전달 방식으로 적절하지 않은 것은?

① 수용자에게 일정한 주기로 새로운 정보가 제공되므로 지난주 방송과 현재 진행되는 방송의 연관성을 제시한다.
　진행자의 두 번째 발화인 '지난주부터 ~ 소개하고 있습니다. ~ 오늘은 어떤 주제인가요?'를 통해, 진행자는 지난주 방송과 현재 진행되는 방송의 연관성을 제시하고 있음을 확인할 수 있다.

✔② 본방송을 중간부터 청취한 수용자는 흐름을 따라가지 못할 수 있으므로 앞부분의 정보를 정리해서 전달한다.
　라디오 방송은 주로 음성 언어로 전달되는 특성 때문에 본방송을 중간부터 청취한 수용자는 흐름을 따라가지 못할 수 있다. 그래서 라디오 진행자는 이러한 청취자를 위하여 앞부분의 정보를 정리해서 전달하기도 하지만, (가)의 라디오 방송에서는 앞부분의 정보를 정리해서 전달한 내용은 찾아볼 수 없다.

③ 수용자에게 정보를 제공할 수 있는 시간상의 제약이 있으므로 방송에서 전달하려는 정보를 선택하여 조절한다.
　진행자의 여섯 번째 발화인 '나머지 등대를 소개하기에는 시간이 부족할 것 같으니 ~ 완주 기념품에 대해 이야기해 볼까요?'를 통해, 진행자는 시간상의 제약으로 방송에서 전달하려는 정보를 선택하여 조절하고 있음을 확인할 수 있다.

④ 청각적 정보만 접할 수 있는 수용자가 있으므로 방송 중에 제공한 시각적 정보를 음성 언어로 풀어서 설명한다.
　진행자의 일곱 번째 발화인 '라디오로만 들으시는 분들은 ~ 손잡이가 있습니다.'를 통해, 청각적 정보만 접하는 수용자를 위해 시각적 정보를 음성 언어로 풀어서 설명하고 있음을 알 수 있다.

⑤ 수용자들이 방송에 실시간으로 참여하는 것이 가능하므로 실시간 댓글과 문자를 바탕으로 이어질 정보를 조정한다.
　진행자의 네 번째 발화인 '많은 분들이 실시간 문자로 ~ 물으시네요. ~ 다시 안내해 주시겠어요?'와 다섯 번째 발화 중 '실시간 댓글로 ~ 있습니다. 함께 알아볼까요?'를 통해, 진행자는 실시간 댓글과 문자를 바탕으로 이어질 정보를 조정하고 있음을 확인할 수 있다.

41 매체 자료의 주체적 수용 　　정답률 77% | 정답 ①

다음은 (가)가 끝난 후의 청취자 게시판이다. 참여자들의 소통 양상으로 가장 적절한 것은?

청취자 게시판

새달 : 행복도 등대나 기름항 등대와 같이 등대 스탬프가 없는 곳도 있다는데요. 그 등대는 스탬프를 찍을 수 없군요.
└ 알콩 : 저는 일반적인 등대와는 달리 등대 주변이 아닌 다른 곳에 스탬프가 있다고 들었는데요.
└ 사슴 : 알콩 님 말씀과 같이 스탬프가 있긴 해요. 행복도 등대는 행복도 역사관 내에, 기름항 등대는 선착장 앞에 있어요. 모두 찾기 어렵지 않더라고요.
└ 새달 : 사슴 님 좋은 정보 감사해요.

✔① 방송 내용에 대한 '새달'의 잘못된 이해가 '알콩'과 '사슴'의 댓글에 의해 수정되고 있다.
　여행가가 다섯 번째 발화에서 '그런데 행복도 등대나 ~ 미리 확인하시는 것이 좋겠습니다.'라고 말하자, 진행자는 '스탬프가 등대 주변이 아닌 다른 곳에 위치한 경우도 있다는 거군요.'라고 말하고 있다. 이를 통해 행복도 등대나 기름항 등대에서는 스탬프를 찍을 수 없다는 글을 쓴 '새달'은 방송 내용을 잘못 이해하고 있음을 알 수 있다. 그리고 '새달'이 이해한 바를 '알콩'은 등대 주변이 아닌 다른 곳에 스탬프가 있다고 들었다는 내용의 댓글로 수정해 주고 있고, '사슴'은 스탬프가 있는 곳을 구체적으로 알려 주는 내용의 댓글로 수정해 주고 있으므로 적절하다.

② 방송 내용에 대하여 가지고 있던 '새달'과 '알콩'의 공통된 생각에 '사슴'이 동조하고 있다.
　청취자 게시판을 통해 방송 내용에 대한 '새달'과 '알콩'의 공통된 생각과 '사슴'이 이에 동조하는 내용은 찾아볼 수 없다.

③ 방송을 듣고 '새달'이 느낀 감정을 '알콩' 및 '사슴'과 공유하여 정서적인 공감을 형성하고 있다.
　청취자 게시판을 통해 '새달'이 방송 내용을 잘못 이해하고 아쉬운 마음을 담아 글을 썼다고 볼 수도 있다. 하지만 이러한 '새달'의 감정에 '알콩'과 '사슴'이 정서적인 공감을 형성하지는 않고 있다.

④ 방송 내용에 대해 가지고 있던 '새달'과 '알콩'의 서로 다른 생각이 '사슴'에 의해 절충되고 있다.
　청취자 게시판을 통해 '새달'이 방송 내용을 잘못 이해한 것을 '알콩'이 바로 잡아주고 있으며, '사슴'은 '알콩'의 말에 동조하면서 더 구체적인 정보를 제공하고 있으므로 적절하지 않다.

⑤ 방송 내용에 대한 '새달'과 '알콩'의 긍정적 감정이 '사슴'의 댓글로 인해 부정적 감정으로 전환되고 있다.

청취자 게시판을 통해 방송 내용에 대한 '새달'과 '알콩'의 긍정적 감정은 드러나지 않고 있고, 긍정적 감정이 '사슴'의 댓글로 인해 부정적 감정으로 전환되는 내용은 찾아볼 수 없다.

42 매체의 정보 구성 방식 파악 　　정답률 61% | 정답 ⑤

다음은 (나)에 따라 제작한 발표 자료이다. 제작 과정에서 고려한 내용으로 적절하지 않은 것은? [3점]

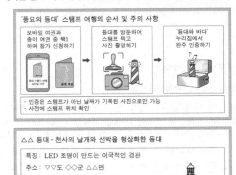

① 여행가의 말을 정리하기로 한 ㉠은 여행가가 제시한 여행의 순서와 주의 사항을 모아 하나의 슬라이드로 구성하자.
　㉠에는 여행가가 말한 여행의 순서와 주의 사항이 모두 담겨 있으므로, 여행가가 제시한 여행의 순서와 주의 사항을 모아 하나의 슬라이드로 구성하자고 고려하였음을 알 수 있다.

② 여행의 순서를 나타내기로 한 ㉠에는 여행가가 제시한 여행 순서를 구분하고 차례가 드러나게 화살표를 사용하자.
　㉠에는 여행가가 말한 여행 순서가 화살표를 사용하여 차례대로 표현되어 있으므로, 여행가가 제시한 여행 순서를 구분하고 차례가 드러나게 화살표를 사용하자고 고려하였음을 알 수 있다.

③ 시각적 이미지를 활용하기로 한 ㉠에는 여행가가 소개한 여행의 순서와 관련된 주요 소재를 그림 자료로 보여 주자.
　㉠에는 여행의 순서가 글뿐만 아니라 관련된 그림으로도 제시되어 있으므로, 여행가가 소개한 여행의 순서와 관련된 주요 소재를 그림 자료로 보여 주자고 고려하였음을 알 수 있다.

④ 여행에 유용한 정보를 추가하기로 한 ㉡에는 여행가가 언급한 먹을거리 이외에도 다양한 정보를 추가하자.
　㉡에는 △△ 등대의 특징과 주소, 스탬프 위치, 볼거리, 먹을거리, 재밌거리 등 여행에 유용한 정보가 담겨 있으므로, 여행가가 언급한 먹을거리 이외에도 다양한 정보를 추가하자고 고려하였음을 알 수 있다.

✔⑤ 내용을 포괄할 수 있는 제목을 넣기로 한 ㉢은 여행가의 말을 가져와 슬라이드의 내용을 요약할 수 있는 제목을 달자.
　㉢은 여행가의 말 중에서 '천사의 날개와 선박을 형상화한 △△ 등대'를 가져와 제목을 단 것이다. 하지만 이 제목은 △△ 등대의 특징과 주소, 스탬프 위치, 볼거리, 먹을거리, 재밌거리를 다룬 ㉢의 내용을 요약할 수 있는 제목이라고 볼 수 없으므로 적절하지 않다.

43 매체 언어의 표현 방법 　　정답률 82% | 정답 ⑤

ⓐ ~ ⓔ의 높임 표현에 대한 설명으로 적절하지 않은 것은?

① ⓐ : 종결 어미 '-ㅂ니다'를 사용하여, 방송을 듣고 있는 불특정 다수의 청자를 높이고 있다.
　ⓐ의 '시작합니다'에는 하십시오체의 종결 어미 '-ㅂ니다'가 쓰였고, 하십시오체는 상대편을 아주 높이는 상대 높임법에 해당한다. 따라서 진행자가 방송을 (보고) 듣는 불특정 다수의 청자를 높이고 있음을 알 수 있다.

② ⓑ : 특수 어휘 '모시다'를 사용하여, 객체인 여행가를 높이고 있다.
　ⓑ의 '모셨습니다'에는 특수 어휘 '모시다'가 쓰였는데, 이는 객체인 '여행가 안○○ 님'을 높이기 위한 것이라 할 수 있다.

③ ⓒ : 선어말 어미 '-시-'를 사용하여, 여권 선택의 주체인 청자를 높이고 있다.
　ⓒ의 '선택하셔서'에는 주체 높임의 선어말 어미 '-시-'가 쓰였는데, 이는 '선택'의 주체가 방송을 보고 듣는 청자들임을 고려한 높임 표현이라 할 수 있다.

④ ⓓ : '있으시다'를 사용하여, 궁금증이 있는 주체인 '6789 님'을 간접적으로 높이고 있다.
　ⓓ의 '있으시답니다'에는 '있으시다'가 쓰였는데, 이는 높임 대상과 관련되는 '궁금증'을 높임으로써 주체인 '6789 님'을 간접적으로 높인 것이라 할 수 있다.

✔⑤ ⓔ : '말씀'을 사용하여, 화자인 여행가의 말을 높이고 있다.
　ⓔ의 '말씀드린'에 쓰인 '말씀'은 화자인 여행가가 자신의 말을 낮추어 이르는 말이므로 적절하지 않다.

44 매체의 정보 구성 및 제시 방식 　　정답률 94% | 정답 ③

(가)의 정보 구성 및 제시 방식으로 적절하지 않은 것은?

① 기기 구성 정보는 시각 자료를 활용하여 전달했다.
　'1. 기기 구성 정보'에서는 그림 자료를 활용하여 기기의 구성 정보를 직관적으로 쉽게 파악할 수 있도록 전달하였음을 알 수 있다.

② 기기를 휴대 전화와 연결하는 방법을 조작 순서에 맞추어 안내했다.
　'2. 기기 연결 방법'에서는 기기를 휴대 전화와 연결하는 방법을 단계에 따라 순서대로 안내하였음을 알 수 있다.

✔③ 기기 연결 방법에서 앱에 기록할 정보는 글자의 크기와 굵기를 다르게 표시했다.
　(가)의 '2. 기기 연결 방법'을 통해 휴대 전화의 메뉴 중에서 선택해야 할 내용을 글자의 크기와 굵기를 다르게 표시하여 눈에 잘 띄도록 하고 있음을 알 수 있다. 따라서 앱에 기록할 정보(성별, 키 등)의 글자 크기와 굵기를 다르게 표시하였다는 내용은 적절하지 않다.

④ 기기 기능 안내에서는 안내받을 수 있는 기능의 항목을 나열하여 배치했다.

'3. 기기 기능 안내'에서는 '몸무게 측정, 개인 데이터 분석, 자동 누적 기록, 기타 기능'의 항목을 나열하여 배치하였음을 알 수 있다.

⑤ 사용 설명서의 버전 정보를 수정 시점과 함께 제공했다.

사용 설명서의 하단을 통해 사용 설명서의 버전 정보와 수정 시점이 함께 제시되어 있음을 알 수 있다.

---

45 매체의 유형에 따른 특성과 활용 정답률 82% | 정답 ①

(가)와 (나)에서 확인할 수 있는 매체 활용에 대한 이해로 가장 적절한 것은?

☑ (가)의 내용이 (나)를 통해 전달되는 과정에서 사용자들이 정보를 선별하여 유통할 수 있겠군.

(나)의 '2023년 4월 15일' 대화에서 '시윤'은 '할머니'에게 (가)의 내용 중 '4. 기타 안내'에 있는 '기기 연결 동영상 바로 가기'를 누르고 따라 하라고 언급하고 있다. 그리고 '2023년 5월 6일' 대화에서 '시윤'은 (가)의 내용 중 '3. 기기 기능 안내'의 '자동 누적 기록'과 관련한 기능에 대해 안내하고 있다. 따라서 (가)의 내용이 (나)를 통해 전달되는 과정에서 사용자들이 정보를 선별하여 유통할 수 있다는 이해는 적절하다.

② (나)의 사용자들이 서로 교환한 정보를 바탕으로 (가)의 수정 과정을 점검할 수 있겠군.

(나)의 '할머니'와 '시윤'이 주고받은 내용에서 (가)의 수정 과정과 관련한 정보는 확인할 수 없으므로 적절하지 않다.

③ (가)는 (나)와 달리 사용자가 필요한 정보를 질문하여 요청할 수 있겠군.

사용자가 필요한 정보를 질문하여 요청할 수 있는 것은 (가)가 아니라 (나)의 특성에 해당하므로 적절하지 않다.

④ (나)는 (가)와 달리 사용자가 하이퍼링크를 통해 외부의 정보에 접근할 수 있겠군.

(가)의 '3. 기기 기능 안내'와 '4. 기타 안내'를 통해, (가)도 사용자가 하이퍼링크를 통해 외부의 정보에 접근할 수 있다는 것을 알 수 있으므로 적절하지 않다.

⑤ (가)와 (나)는 모두 정보를 교류한 이력에서 사용자가 필요한 부분을 불러와 상대방에게 이전 내용을 환기할 수 있겠군.

(나)의 '2023년 5월 6일' 대화를 보면 '시윤'이 '2023년 4월 15일' 대화 중 '할머니'가 쓴 글의 내용을 불러와 그 글에 '[답장]'을 다는 방식으로 메시지를 작성하여 이전 내용을 환기하였고 있다. 하지만 (가)에서는 이러한 특성을 찾아볼 수 없으므로 적절하지 않다.

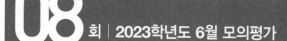

• 정답 •

35 ③ 36 ② 37 ① 38★ ⑤ 39 ③ 40 ② 41 ⑤ 42 ④ 43 ④ 44 ① 45 ③

★ 표기된 문항은 [등급을 가르는 문제]에 해당하는 문항입니다.

PART I

08회

---

35 음운의 이해 정답률 59% | 정답 ③

윗글을 통해 추론한 내용으로 적절하지 않은 것은?

① 국어 음절 구조의 특징을 고려하면 '몫[목]'의 발음에서 음운이 탈락하는 것을 이해할 수 있겠군.

1문단의 '국어는 한 음절 내에서 모음 앞이나 뒤에 각각 최대 하나의 자음을 둘 수 있지만'을 통해, '몫'에서 음운이 탈락(자음군 단순화)하여 [목]으로 발음되는 것을 이해할 수 있다.

② 국어 음운 'ㄹ'은 그 자체에는 뜻이 없지만, '갈 곳'의 'ㄹ'은 어미로 쓰이고 있으므로 뜻을 가진 최소 단위가 되겠군.

2문단의 '음운은 그 자체로는 뜻이 없다. 음운이 하나 이상 모여 뜻을 가지면 의미의 최소 단위인 형태소가 된다.'를 통해, 음운 'ㄹ'이 그 자체로는 뜻이 없지만 '갈 곳'의 'ㄹ'은 관형사형 전성 어미로 쓰이는 뜻의 최소 단위가 된다는 점을 추론할 수 있다.

☑ 국어에서 '밥만 있어'의 '밥만[밤만]'을 듣고 '밤만'으로 알았다면 그 과정에서 비음화 규칙이 인식의 틀로 작동했겠군.

3문단의 '예컨대 '국'과 '밥'이 ~ 복원되기 때문이다.'를 통해, '[밤만]'을 듣고 '밥만'으로 복원하면 비음화 규칙이 인식의 틀로 작동한 결과라 할 수 있다. 하지만 '밤만'으로 복원했다면 음운 규칙이 인식의 틀로 작동한 것이라 할 수 없다.

④ 영어의 'spring'이 국어에서 3음절 '스프링'으로 인식되는 것은 국어 음절 구조 인식의 틀이 제대로 작동한 결과이겠군.

3문단의 '국어의 음절 구조와 맞지 않는 소리를 듣는다면 국어의 음절 구조에 맞게 바꾸고'를 통해, 영어 'spring'을 3음절 '스프링'으로 인식하는 과정에서 국어 음절 구조 인식의 틀이 작동하였음을 추론할 수 있다.

⑤ 영어의 'vocal'이 국어에서 '보컬'로 인식되는 것은 영어 'v'와 가장 비슷한 국어 음운이 'ㅂ'이기 때문이겠군.

3문단의 '국어에 없는 소리를 듣는다면 국어에서 가장 가까운 음운으로 바꾸어 인식하게 된다.'를 통해, 영어 'v'를 국어 'ㅂ'로 인식하는 양상을 추론할 수 있다.

---

36 국어의 음운 변동 정답률 61% | 정답 ②

㉠의 위치에서 음운 변동이 일어난 예만을 〈보기〉에서 고른 것은?

─〈보 기〉─
ⓐ 앞일[암닐]   ⓑ 장미꽃[장미꼳]   ⓒ 넣고[너코]
ⓓ 걱정[걱쩡]   ⓔ 굳이[구지]

① ⓐ, ⓑ, ⓒ ☑② ⓐ, ⓒ, ⓔ ③ ⓐ, ⓓ, ⓔ ④ ⓑ, ⓒ, ⓓ ⑤ ⓑ, ⓓ, ⓔ

ⓐ 앞일[암닐]

'앞일'은 음절 말 평파열음화, ㄴ 첨가, 비음화가 일어나 [암닐]로 발음됨을 알 수 있다. 그리고 음절 말 평파열음화는 '앞'이라는 형태소 내부, ㄴ 첨가와 비음화는 '앞'과 '일'이라는 형태소가 만나는 경계에서 발생함을 알 수 있으므로, ㉠의 위치에서 음운 변동이 일어난다고 할 수 있다.

ⓑ 장미꽃[장미꼳]

'장미꽃'은 음절 말 평파열음화가 일어나 [장미꼳]으로 발음되지만, 이러한 음운 변동은 '장미'와 '꽃'이라는 형태소가 만나는 경계에서 발생하는 것이 아니라 '꽃'이라는 형태소 내부에서 발생한다.

ⓒ 넣고[너코]

'넣고'는 거센소리되기가 일어나 [너코]로 발음됨을 알 수 있다. 그리고 거센소리되기는 '넣-'과 '-고'라는 형태소가 만나는 경계에서 발생함을 알 수 있으므로, ㉠의 위치에서 음운 변동이 일어난다고 할 수 있다.

ⓓ 걱정[걱쩡]

'걱정'은 [걱쩡]으로 된소리되기가 일어나지만, '걱정'은 단일어에 해당하므로 음운 변동이 형태소 경계에서 발생하는 것은 아니다.

ⓔ 굳이[구지]

'굳이'는 구개음화가 일어나 [구지]로 발음됨을 알 수 있다. 그리고 구개음화는 '굳-'과 '-이'라는 형태소가 만나는 경계에서 발생함을 알 수 있으므로, ㉠의 위치에서 음운 변동이 일어난다고 할 수 있다.

---

37 중세 국어의 문법 정답률 58% | 정답 ①

〈보기 1〉을 참고하여 〈보기 2〉에서 밑줄 친 부분을 중심으로 ㉠ ~ ㉤을 이해한 내용으로 적절하지 않은 것은?

─〈보기 1〉─
객체 높임은 일반적으로 주체가 목적어나 부사어로 지시 되는 대상인 객체보다 지위가 낮을 때 어휘적 수단이나 문법적 수단으로써 객체를 높이 대우하는 것이다. 전자는 **객체 높임의 동사** ('숣-', '아뢰-' 등)를 쓰는 방법이고, 후자는 **객체 높임의 조사**('긔', '께')를 쓰는 방법과 **객체 높임의 선어말 어미**('-숩-' 등)를 쓰는 방법이다. 중세 국어에서는 이 세 가지 방법을 다 썼으나 현대 국어에서는 객체 높임의 선어말 어미를 쓰지 않는다. 다음에서 중세 국어와 현대 국어를 비교해 보면 이를 확인할 수 있다.

이 말 다 숣고 부텨의 禮數ᄒᆞ숣고
[이 말 다 **아뢰**고 부처**께** 절 올리고]

ⓐ 나도 이제 너희 스승니 물 보숩고져 ᄒ노니
　　[나도 이제 너희 스승님을 뵙고자 하니]
ⓑ 須達이 舍利弗의 가 [수달이 사리불께 가서]
ⓒ 내 이제 世尊의 ᄉᆞᆲ노니 [내가 이제 세존께 아뢰니]
ⓓ 여보, 당신이 이모님께 어머니 모시고 갔었어?
ⓔ 선생님께서 그 아이에게 다친 덴 없는지 여쭤 보셨다.

✔ ① : 어휘적 수단으로 객체인 '너희 스승님'을 높이 대우하고 있다.
'보숩고져'의 현대어 풀이가 '뵙고자'이므로 '보숩고져'에는 객체 높임의 선어말 어미 '-숩-'이 쓰였음을 알 수 있다. 따라서 문법적 수단을 통해 객체인 '너희 스승님'을 높였다고 할 수 있다.

② ⓑ : 문법적 수단으로 객체인 '舍利弗(사리불)'을 높이 대우하고 있다.
'舍利弗의'의 현대어 풀이가 '사리불께'이므로 '舍利弗의'에는 객체 높임의 조사 '의'가 쓰였음을 알 수 있다. 따라서 문법적 수단을 통해 객체인 '舍利弗(사리불)'을 높였다고 할 수 있다.

③ ⓒ : 조사 '의'와 동사 'ᄉᆞᆲ노니'는 같은 대상을 높이기 위해 쓰이고 있다.
'世尊(세존)'의 현대어 풀이가 '세존께'이고 'ᄉᆞᆲ노니'의 현대어 풀이가 '아뢰니'이므로, '世尊(세존)의'의 조사 '의'와 'ᄉᆞᆲ노니'의 객체 높임의 동사 'ᄉᆞᆲ다'는 둘 다 객체인 '世尊(세존)'을 높이는 데 쓰이고 있음을 알 수 있다.

④ ⓓ : 조사 '께'와 동사 '모시고'는 서로 다른 대상을 높이기 위해 쓰이고 있다.
'이모님께'의 조사 '께'는 '이모님'을, 동사 '모시다'는 '어머님'을 높이고 있으므로, '께'와 '모시고'는 서로 다른 대상을 높이기 위해 쓰였다고 할 수 있다.

⑤ ⓔ : 주체와 객체의 관계를 고려하면 동사 '여쭤'의 사용은 부적절하다.
'선생님'은 주체, '그 아이'는 객체에 해당하므로 객체 높임의 동사 '여쭈다'를 사용하는 것은 적절하지 않다.

★★★ 등급을 가르는 문제!

38 형태소의 종류　　정답률 82% | 정답 ⑤

〈학습 활동〉을 수행한 결과로 적절한 것은?

〈학습 활동〉

형태소는 자립성의 유무와 의미의 유형에 따라 다음과 같이 구분된다.

자립성의 유무 의미의 유형	자립 형태소	의존 형태소
실질 형태소	㉠	㉡
형식 형태소	✕	㉢

다음 문장의 형태소를 ㉠, ㉡, ㉢으로 분류한 후, 그 결과를 정리해 보자.

우리는 비를 맞고 바람에 맞서다가 드디어 길을 찾아냈다.

① '우리는'의 '우리'와 '드디어'는 ㉡에 속한다.
대명사 '우리'와 부사 '드디어'는 ㉠에 속한다.

② '비를'과 '길을'에는 ㉠과 ㉡에 속하는 형태소만 있다.
'비', '길'은 ㉠에 속하고, '를', '을'은 ㉢에 속한다.

③ '맞고'의 '맞-'과 '맞서다가'의 '맞-'은 모두 ㉢에 속한다.
'맞다'의 어간 '맞-'은 ㉡에, '맞서다가'의 접두사 '맞-'은 ㉢에 속한다.

④ '바람에'에는 ㉡과 ㉢에 속하는 형태소만 있다.
'바람'은 ㉠에 속하고, '에'는 ㉢에 속한다.

✔ ⑤ '찾아냈다'에는 ㉡과 ㉢에 속하는 형태소만 있다.
'찾아냈다'를 형태소로 나누면 '찾-+-아+내-+-었-+-다'로 분석할 수 있다. 따라서 '찾-'과 '내-'는 ㉡, '-아', '-었-', '-다'는 ㉢에 속한다고 할 수 있다.

★★ 문제 해결 꿀~팁 ★★

▶ 많이 틀린 이유는?
이 문제는 문장을 형태소 단위로 정확히 분석하지 못해 오답률이 높았던 것으로 보인다. 또한 형태소의 개념에 대해 정확히 이해하지 못한 것도 오답률을 높인 원인으로 보인다.
▶ 문제 해결 방법은?
이 문제를 해결하기 위해서는 일차적으로 '학습 활동'에 제시된 문장을 형태소로 나눌 수 있어야 한다. 즉, '우리는 비를 맞고 바람에 맞서다가 드디어 길을 찾아냈다.'를 '우리/는 비/를 맞/고 바람/에 맞/서다/가/ 드디어 길/을 찾/아/냈(내/었)다.'로 구분할 수 있어야 한다. 그런 다음 이를 바탕으로 선택지의 적절성을 판단해야 한다. 가령 정답이 ⑤의 경우 '찾아냈다'는 '찾-+-아+내-+-었-+-다'로 적절하다고 할 수 있다. 또한 오답인 ③의 경우 '맞고'의 '맞-'은 어간이고, '맞서다'의 '맞'은 접두사이므로 '맞서다'의 '맞-'만 ㉢에 속함을 알았을 것이다. 학생들이 이 문제를 어려워한 이유는 이처럼 문장을 형태소로 나누지 못했고, 어간과 접두사의 구별, 그리고 자립과 의존, 실질과 형식 형태소에 정확히 이해하지 못했기 때문이다. 따라서 이러한 문법 지식은 매우 중요하므로 평소 충분히 숙지할 수 있도록 한다.

39 피동 표현의 이해　　정답률 64% | 정답 ③

〈보기〉의 ㉠ ~ ㉤에 해당하는 예로 적절한 것은? [3점]

〈보 기〉

피동문은 대응하는 능동문과 일정한 문법적 관련을 맺는다. 그중 피동문의 서술어는 능동문의 서술어에 피동의 문법 요소를 결부하여 만드는데, 국어에서는 ㉠ 동사 어근에 피동 접사 '-이-', '-히-', '-리-', '-기-'를 결합하는 방법(접-/접히-), ㉡ 접사 '-하-'를 접사 '-받-', '-되-', '-당하-' 등으로 교체하는 방법(사랑하-/사랑받-), ㉢ 동사 어간에 '-아지-/-어지-'를 결합하는 방법(주-/주어지-)이 쓰인다. 단, '날씨가 풀리다'에서처럼 ㉣ 자연적으로 발생하는 사태를 표현할 때에는 피동문에 대응하는 능동문을 상정하기 어려운 경우가 있다.
한편 '없어지다'나 '거긴 잘 가지지 않는다.'처럼 ㉤ '-아지-/-어지-'는 형용사나 자동사에 변화의 의미를 더하는 데 쓰이기도 하는데 이런 용법일 때는 피동문을 이루지 않는다.

① ㉠ : 아버지가 아이에게 두터운 점퍼를 입혔다.
'입히다'는 동사 '입다'에 '-히-'가 결합한 형태이지만, 이때의 '-히-'는 피동 접사가 아니라 사동 접사에 해당한다.

② ㉡ : 내 몫의 일거리는 형에게 건네받았다.
'건네받다'의 '받다'는 '다른 사람이 주거나 보내오는 물건 따위를 가지다.'의 뜻을 지니는 동사에 해당하므로 접사라 할 수 없다.

✔ ③ ㉢ : 언론에 의해 사건의 전모가 자세히 밝혀졌다.
'밝혀졌다'는 '드러나지 않거나 알려지지 않은 사실, 내용, 생각 따위를 드러내 알리다.'의 뜻을 지니는 동사 '밝히다'에 '-어지-'가 결합한 경우이므로 ㉢에 해당하는 예라 할 수 있다.

④ ㉣ : 그 사람은 많은 사람들에게 존경받는다.
이 문장은 자연적으로 발생하는 사태인 경우가 아닐 뿐더러 '많은 사람들이 그 사람을 존경하다.'처럼 피동문에 대응하는 능동문을 상정할 수 있다. '존경받는다'는 ㉡에 해당하는 예이다.

⑤ ㉤ : 모두가 바라던 소원이 드디어 이루어졌다.
'이루다'는 타동사이므로 '-어지-'가 결합한 '이루어지다'는 ㉤에 해당하는 예가 아니다.

40 매체 언어의 이해　　정답률 79% | 정답 ②

㉠ ~ ㉤에 대한 이해로 적절하지 않은 것은?

① ㉠은 글자의 크기와 굵기를 달리하여 보도의 주요 제재를 부각하였다.
㉠에서 보도의 주요 제재인 '탄소 중립 실천 포인트'를 부각하기 위해서 해당 글자를 다른 글자에 비해 더 크고 굵게 제시하였다.

✔ ② ㉡은 기자의 발화 내용을 의문형으로 요약 진술하여 시청자의 이해를 돕고자 하였다.
㉡의 '가입자 10만 명 돌파'는 기자의 발화 내용 중 '제도 실시 후 ~ 십만 명을 돌파했습니다.'를 요약 진술한 것으로 볼 수 있다. 하지만 의문형으로 표현된 '나도 가입해 볼까?'는 '탄소 중립 실천 포인트 제도' 가입에 대한 시청자의 관심을 유발하고자 한 것이지, 기자의 발화 내용을 요약 진술하여 시청자의 이해를 돕고자 한 것이라고 볼 수 없다.

③ ㉢은 기자의 발화와 관련된 내용을 보충하여 정보의 구체성을 강화하였다.
㉢에서는 '전 국민 누구나'와 같이 제도에 가입 가능한 대상과 누리집 주소를 추가로 제시하여 정보의 구체성을 강화하고 있다.

④ ㉣은 관계자의 발화에서 생략된 내용을 보완하여 의미를 정확하게 전달하였다.
㉣은 관계자의 발화 내용을 자막으로 제시한 것으로, 의미를 정확하게 전달하기 위하여 '(현금이나 카드 포인트를)', '(앞으로)', '(홍보를 강화하겠습니다.)'와 같이 관계자의 발화에서 생략된 내용을 보완하여 제시하고 있다.

⑤ ㉤은 이후에 방영될 프로그램에 대한 정보를 제시하여 이에 대한 시청자의 관심을 유도하였다.
㉤은 뉴스 내용과는 관련이 없는 내용으로, 뉴스 방송이 끝난 이후 방영될 프로그램에 대한 정보를 제시한 것이다.

41 매체 언어의 표현 방법　　정답률 58% | 정답 ⑤

ⓐ ~ ⓔ에 대한 설명으로 가장 적절한 것은?

① ⓐ : 보조 용언 '있다'를 사용해 제도가 지속적으로 진행됨을 표현하였다.
ⓐ에서 보조 용언 '있다'는 '화제가 되고 있는'에 쓰이기 때문에 제도가 지속적으로 진행됨을 표현했다고 보기 어렵다.

② ⓑ : 보조사 '도'를 사용해 제도의 장단점을 아우르고자 하는 의도를 표현하였다.
ⓑ의 '도'는 '이미 어떤 것이 포함되고 그 위에 더함의 뜻을 나타내는 보조사'로, '탄소 중립을 실천함'에 더해 '포인트를 받음'도 가능함을 드러내 주고 있다. 따라서 제도의 장단점을 아우르고자 하는 의도를 표현했다는 설명은 적절하지 않다.

③ ⓒ : 감탄사 '자'를 사용해 시청자의 해당 누리집 가입을 재촉하려는 의도를 표현하였다.
ⓒ의 '자'는 '말이나 행동을 할 때 남의 주의를 불러일으키기 위하여 하는 감탄사'로, 누리집 가입을 재촉하려는 의도로 쓰인 것이 아니다.

④ ⓓ : 선어말 어미 '-겠-'을 사용해 제도 시행 관련 정보를 관계자가 언급할 것이라는 추측을 표현하였다.
ⓓ의 '-겠-'은 주체의 의지를 나타내는 선어말 어미이다. '-겠-'이 추측을 나타내는 데 쓰이기도 하지만 해당 문장에서는 추측의 의미가 나타나지 않는다.

✔ ⑤ ⓔ : 의존 명사 '만큼'을 사용해 많은 국민이 동참해야 효과가 있는 제도라는 점이 이어지는 내용의 근거임을 표현하였다.
ⓔ의 '만큼'은 뒤에 나오는 내용의 원인이나 근거가 됨을 나타내는 의존 명사에 해당한다. ⓔ에서는 이러한 의존 명사 '만큼'을 사용하여 많은 국민이 동참해 효과가 있는 제도라는 점이, 이어지는 '참여도를 높이는 게 중요하다'라는 내용의 근거임을 표현하고 있다.

42 매체 자료의 주체적 수용　　정답률 83% | 정답 ④

(가)를 시청한 학생들의 휴대전화 대화방의 내용이다. 학생들의 수용 태도에 대한 설명으로 적절하지 않은 것은? [3점]

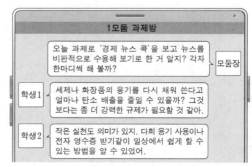

학생 3	과도한 탄소 배출 때문에 세계가 이상 기후로 몸살을 앓고 있는 이 시점에 탄소 배출을 줄일 수 있는 제도를 알려 준 점에서 의미가 있어.
학생 4	인터넷이나 스마트폰 사용에 익숙하지 않은 사람들은 어떻게 하지? 이에 대한 방법을 알려 주었으면 좋겠어.
학생 5	기존에 실시해 온 탄소 포인트 제도도 있나 본데 그 제도는 명칭만 언급되고 구체적인 설명이 없어 새로운 제도와 어떻게 다른지 모르겠어.

① 학생 1은 보도에서 제시한 실천 항목의 효과에 주목해 제도의 실효성 측면을 부정적으로 판단하였다.

학생 1은 보도에서 제시한 '세제나 화장품의 용기를 다시 채워' 쓰는 것이 탄소 배출을 줄이는 효과에 한계가 있음을 지적하면서 실효성 측면을 부정적으로 판단하였다.

② 학생 2는 일상에서 쉽게 할 수 있는 방법을 제시한 점에 주목해 제도의 실천 용이성 측면을 긍정적으로 판단하였다.

학생 2는 '다회 용기 사용이나 전자 영수증 받기'와 같이 일상에서 쉽게 실천할 수 있는 방법을 알게 된 것에 대하여 긍정적으로 판단하였다.

③ 학생 3은 제도의 시행이 현재의 문제 해결에 필요하다는 점에 주목해 보도의 시의성 측면을 긍정적으로 판단하였다.

학생 3은 '과도한 탄소 배출 때문에 세계가 이상 기후로 몸살을 앓고 있는' 상황을 언급하면서 보도 내용이 시의적절하다고 보았다.

✔️ 학생 4는 누리집 접근에 어려움을 겪는 사람에 주목해 제도의 실현 가능성 측면을 부정적으로 판단하였다.

'학생 4'는 누리집 접근에 어려움을 겪는 사람들도 좀 더 쉽게 가입할 수 있도록 이에 대한 방법을 제시하지 않은 것에 대한 아쉬움을 드러내고 있으므로, 더 많은 사람의 동참을 이끌어 내기 위한 방법 제시 여부의 측면을 부정적으로 판단하였음을 알 수 있다. 따라서 '학생 4'가 제도의 실현 가능성 측면을 부정적으로 판단하였다는 설명은 적절하지 않다.

⑤ 학생 5는 기존 제도의 세부 내용을 설명하지 않은 점에 주목해 보도 내용의 충분성 측면을 부정적으로 판단하였다.

학생 5는 기존의 탄소 포인트 제도에 대한 구체적인 설명이 없어 기존 제도와 새로운 제도의 차이점을 모르겠다는 점을 지적하면서 보도 내용의 충분성 측면을 부정적으로 판단하였다.

---

43 매체의 정보 구성 방식 　　　　정답률 93% | 정답 ④

(나)의 정보 구성 및 제시 방식에 대한 이해로 적절하지 않은 것은?

① (가)에 제시된 제도의 실천 항목 중 청소년이 일상에서 실천할 수 있는 것을 선별하여 제시하였군.

(나)의 '배달 음식 주문할 때 다회 용기 선택!', '세제나 화장품의 용기는 다시 채워 쓰기', '물건 살 때 전자 영수증 받기'를 통해, (가)에 제시된 제도의 실천 항목 중 수용자인 청소년이 일상에서 실천할 수 있는 것을 선별하여 제시하였음을 알 수 있다.

② (가)에 제시된 누리집 주소와 함께 QR코드를 제시하여 누리집에 접속할 수 있는 경로를 추가하였군.

(나)에서는 (가)에 제시된 누리집 주소 이외에 QR 코드도 함께 제시하여 수용자가 좀 더 쉽게 누리집에 접속할 수 있도록 하였다.

③ (가)에 제시된 제도의 개인적 혜택을 시각적으로 표현하기 위해 돈과 저금통의 이미지를 활용하였군.

(나)에서는 돼지저금통과 돈의 이미지를 활용하여 탄소 중립 실천 포인트 제도에 가입하여 얻을 수 있는 경제적 혜택을 인상적으로 보여 주고 있다.

✔️ (가)에 제시된 가입자 증가 현황 이외에 증가 원인을 추가하여 제도 가입자가 지닌 환경 의식을 표현하였군.

(나)를 통해 (가)에 제시된 가입자 증가 현황 이외에 증가 원인을 추가한 부분을 확인할 수 없을뿐더러, 제도 가입자가 지닌 환경 의식을 표현한 내용도 확인할 수 없다.

⑤ (가)에 제시된 수용자보다 수용자 범위를 한정하고 생산자를 명시하여 메시지 전달의 주체와 대상을 표현하였군.

(나)는 불특정 다수의 시청자를 수용자로 삼는 (가)와 달리 '◇◇고 친구들'로 수용자를 한정하고 있을 뿐만 아니라, '◇◇고등학교 환경 동아리'라는 생산자도 명시하고 있다.

---

44 매체의 정보 구성 방식 　　　　정답률 91% | 정답 ①

위 방송에 반영된 기획 내용으로 가장 적절한 것은?

✔️ 접속자 이탈을 막으려면 흥미를 유지해야 하니, 꽃잎을 미리 준비해 반복적인 과정을 생략해야겠군.

진행자의 발화 중 '필요한 꽃잎 숫자만큼 반복해야 하는데 ~ 이만큼 미리 만들어 뒀지요!'를 통해서 접속자의 흥미를 유지하기 위해 반복적인 과정을 생략하겠다는 기획 내용이 방송에 반영되었음을 확인할 수 있다. 이는 필요한 숫자만큼 꽃잎을 만들어야 하지만 같은 과정을 반복적으로 제시할 경우 접속자들이 지루함을 느껴 이탈할 수 있다는 점을 고려한 것으로 볼 수 있다.

② 소규모 개인 방송으로 자원에 한계가 있으니, 제작진을 출연 시켜 인두로 밀랍을 묻히는 과정을 함께해야겠군.

진행자의 발화 중 '혼자서 설명하고 시범까지 보이려니'를 통해서 제작진을 출연시켜 인두로 밀랍을 묻히는 과정을 함께해야겠다는 내용은 반영되지 않았음을 알 수 있다.

③ 실시간으로 진행되어 편집을 할 수 없으니, 마름질 과정에서 실수가 나올 것에 대비하여 미리 양해를 구해야겠군.

진행자의 발화에서 마름질 과정에서 실수가 나올 것에 대비하여 미리 양해를 구하는 내용은 찾아볼 수 없다.

④ 텔레비전 방송에 비해 비공식적이고 사적인 매체이니, 방송에 대한 긍정적 평가와 고정 시청자 등록을 부탁해야겠군.

진행자의 발화에서 방송에 대한 긍정적 평가와 고정 시청자 등록을 부탁하는 내용은 찾아볼 수 없다.

---

⑤ 방송 도중 접속한 사람은 이전 내용을 볼 수 없으니, 마무리 인사 전에 채화 만드는 과정을 요약해서 다시 설명해야겠군.

진행자의 발화에서 마무리 인사 전에 채화 만드는 과정을 요약해서 다시 설명해 주는 내용은 찾아볼 수 없다.

---

45 수용자 특성 　　　　정답률 91% | 정답 ③

〈보기〉를 바탕으로, [A] ~ [E]에서 파악할 수 있는 수용자의 특징에 대한 이해로 적절하지 않은 것은?

〈보 기〉

실시간 인터넷 방송은 영상과 채팅의 결합을 통해 방송 내용의 생산과 수용이 쌍방향으로 이뤄진다. 예컨대 수용자는 방송 중 채팅을 통해 이어질 방송의 내용과 순서를 정하는 데 영향을 미치고, 이미 제시된 방송의 내용을 추가, 보충, 정정하게 하는 등 능동적인 역할을 수행할 수 있다. 또 생산자와 정서적인 유대를 형성하기도 한다.

① [A] : '빛세종'은 더 알고 싶은 내용을 질문함으로써 진행자가 방송 내용을 보충하여 제시하도록 하고 있다.

[A]에서 '빛세종'은 '채화' 중 '채'의 뜻을 질문하여 진행자가 방송 내용을 보충하여 제시하도록 하고 있다.

② [B] : '햇살가득'은 자신이 원하는 바를 밝힘으로써 진행자가 생산할 내용을 선정하는 데 관여하고 있다.

[B]에서 '햇살가득'은 만들 꽃을 골라 달라는 진행자의 발화에 대해 '월계화'를 만들어 달라고 밝힘으로써 진행자가 내용을 선정하는 데 관여하고 있다.

✔️ [C] : '꼼꼬미'는 제시되지 않은 부분을 추가하도록 요청함으로써 진행자가 방송의 순서를 정하는 데 영향을 미치고 있다.

[C]에서 '꼼꼬미'는 방송에 이미 제시된 내용을 다시 보여 줄 것을 요청하고 있다. 따라서 제시되지 않은 부분을 추가하도록 요청했다는 것은 적절하지 않다.

④ [D] : '아은맘'은 제시된 내용 중 잘못된 부분을 언급함으로써 진행자가 오류를 인지하고 정정하도록 하고 있다.

[D]에서 '아은맘'은 진행자가 '궁중 채화 전시회가 다음 주에' 열릴 예정이라고 말한 것에 대해 '전시회 지난주에 이미 시작했어요.'라는 정보를 제공하여 제시된 내용 중 잘못된 부분을 정정하도록 하고 있다.

⑤ [E] : '영롱이'는 자신의 감정 변화를 제시함으로써 진행자와 정서적인 유대를 형성하고 있다.

[E]에서 '영롱이'는 '오늘 진짜 우울했는데' 방송을 보고 '기분이 좋아졌다'는 자신의 감정 변화를 제시함으로써 진행자와 정서적인 유대를 형성하고 있다.

• 정답 •

35 ⑤ 36 ④ 37 ② 38 ⑤ 39 ⑤ 40 ③ 41★ ④ 42 ③ 43 ② 44 ① 45 ⑤

★ 표기된 문항은 [등급을 가르는 문제]에 해당하는 문항입니다.

---

35 불규칙 활용 용언의 이해 　　　　정답률 57% | 정답 ⑤

㉠과 ㉡을 모두 만족하는 용언의 짝으로 적절한 것은?

① 구르다 – 잠그다

'구르다'는 '구르니, 굴러' 등으로 활용하는 '르' 불규칙 용언에 해당하고, '잠그다'는 '잠그니, 잠가' 등으로 활용하는 '_'가 탈락하는 규칙 용언에 해당한다. 따라서 '구르다'는 ㉠을 만족하지만 '잠그다'는 ㉡을 만족시키지 못한다.

② 흐르다 – 푸르다

'흐르다'는 '흐르니, 흘러' 등으로 활용하는 '르' 불규칙 용언에 해당하고, '푸르다'는 '푸르니, 푸르러' 등으로 활용하는 '러' 불규칙 용언에 해당한다. 따라서 '흐르다'는 ㉠을 만족하지만 '푸르다'는 ㉡을 만족시키지 못한다.

③ 뒤집다 – 껴입다

'뒤집다'는 '뒤집고, 뒤집어' 등으로 활용하는 규칙 용언에 해당하고, '껴입다'는 '껴입고, 껴입어' 등으로 활용하는 규칙 용언에 해당한다. 따라서 '뒤집다'는 ㉠을 만족하지 못하지만 '껴입다'는 ㉡을 만족한다.

④ 붙잡다 – 정답다

'붙잡다'는 '붙잡고, 붙잡아' 등으로 활용하는 규칙 용언에 해당하고, '정답다'는 '정답고, 정다워' 등으로 활용하는 'ㅂ' 불규칙 용언에 해당한다. 따라서 '붙잡다'와 '정답다'는 ㉠과 ㉡을 모두 만족시키지 못한다.

☑ 캐묻다 – 엿듣다

'캐묻다'는 '캐묻고, 캐묻는, 캐물어, 캐물으니' 등으로 활용하는 'ㄷ' 불규칙 용언에 해당하고, '엿듣다'는 '엿듣고, 엿듣는, 엿들어, 엿들으니' 등으로 활용하는 'ㄷ' 불규칙 용언에 해당한다. 따라서 '캐묻다'는 ㉠을 만족하고, '엿듣다'는 ㉡을 만족한다고 할 수 있다.

● **문법 필수 개념**

■ 불규칙 활용

(1) 어간이 바뀌는 경우

'ㅅ' 불규칙	짓 + 어 ⇒ 지어	어간의 'ㅅ'이 모음 어미 앞에서 탈락하는 현상
'ㄷ' 불규칙	묻 + 어 ⇒ 물어	어간의 'ㄷ'이 모음 어미 앞에서 'ㄹ'로 바뀌는 현상
'ㅂ' 불규칙	돕 + 아 ⇒ 도ㅗ│ 아 ⇒ 도와	어간의 'ㅂ'이 모음 어미 앞에서 '오/우'로 바뀌는 현상
'르' 불규칙	오르 + 아 ⇒ 오 ㄹ ㄹ │ ㅏ ⇒ 올라	어간의 '르'가 '-아/어' 앞에서 'ㄹㄹ'로 바뀌는 현상
'우' 불규칙	푸 + 어 ⇒ 퍼	어간의 '우'가 모음 어미 앞에서 탈락하는 현상

(2) 어미가 바뀌는 경우

'여' 불규칙	하 + 아 ⇒ 하여	어간 '하-' 뒤에 오는 어미 '-아/-어'가 '-여'로 바뀌는 현상 ※ '하다'가 붙은 말은 모두 적용됨
'러' 불규칙	푸르 + 어 ⇒ 푸르러	'르'로 끝나는 용언의 어간 뒤의 어미 '-어'가 '러'로 바뀌는 현상
'너라' 불규칙	오 + 아라 ⇒ 오너라	명령형 어미 '-아라'가 '-너라'로 바뀌는 현상

(3) 어간과 어미가 모두 바뀌는 경우

'ㅎ' 불규칙	까맣 + 아 ⇒ 까매	'ㅎ'으로 끝나는 어간에 '-아/어'가 오면 어간의 'ㅎ'이 없어지고 어미도 바뀌는 현상

---

36 국어의 음운 변동 이해 　　　　정답률 71% | 정답 ④

[A]를 바탕으로 〈보기〉의 ⓐ~ⓔ의 밑줄 친 부분을 이해한 내용으로 적절하지 않은 것은?

〈보 기〉

국어사전의 표제어와 활용 정보

ⓐ **서다**	활용	서, 서니 …
ⓑ **끄다**	활용	꺼, 끄니 …
ⓒ **풀다**	활용	풀어, 푸니 …
ⓓ **쌓다**	활용	쌓아, 쌓으니, 쌓는 …
ⓔ **믿다**	활용	믿어, 믿으니, 믿는 …

① ⓐ : 탈락이 나타나고 그 결과가 표기에 반영되었다.

ⓐ의 '서'는 '서-+-어'가 과정에서 동일 모음인 'ㅓ'의 탈락이 일어난 경우로, 그 결과가 표기에 반영되어 있다.

② ⓑ : 탈락이 나타나고 그 결과가 표기에 반영되었다.

ⓑ의 '꺼'는 '끄-+-어'의 과정에서 모음 '_'의 탈락이 일어난 경우로, 그 결과가 표기에 반영되어 있다.

③ ⓒ : 탈락이 나타나고 그 결과가 표기에 반영되었다.

ⓒ의 '푸니'는 '풀-+-니'의 과정에서 'ㄹ'의 탈락이 일어난 경우로, 그 결과가 표기에 반영되어 있다.

☑ ⓓ : 교체가 나타나지만 그 결과가 표기에 반영되지 않았다.

ⓓ의 '쌓으니'는 'ㅎ'이 탈락하여 [싸으니]로 발음되지만 그 결과를 표기에 반영하지 않고 '쌓으니'로 표기하고 있으므로 교체가 나타난다는 설명은 적절하지 않다.

⑤ ⓔ : 교체가 나타나지만 그 결과가 표기에 반영되지 않았다.

ⓔ의 '믿는'은 교체(비음화)가 일어나 [민는]으로 발음되지만 그 결과를 표기에 반영하지 않고 '믿는'으로 표기하고 있다.

---

37 문장의 짜임 파악 　　　　정답률 63% | 정답 ②

〈학습 활동〉을 수행한 결과로 적절한 것은? [3점]

〈학습 활동〉

아래 그림에 따라 [자료]의 ㉮~㉱를 분류할 때, ⓒ에 해당하는 것만을 있는 대로 찾아보자.

[자료]

㉮ 노래를 부르기가 쉽지 않다.
㉯ 마당에 아무도 모르게 꽃이 피었다.
㉰ 나는 동생이 오기 전에 학교에 갔다.
㉱ 내 동생은 누구보다 마음씨가 착하다.

① ㉮ 　　☑ ㉮, ㉯ 　　③ ㉰, ㉱ 　　④ ㉮, ㉯, ㉰ 　　⑤ ㉯, ㉰, ㉱

㉮ 노래를 부르기가 쉽지 않다.

㉮의 '노래를 부르기'는 안은문장에서 명사절로 안겨 주어 역할을 하므로, '노래를 부르기'는 서술어로 쓰이지도 않고 체언을 수식하지도 않기 때문에 ⓒ로 분류된다.

㉯ 마당에 아무도 모르게 꽃이 피었다.

㉯의 '아무도 모르게'는 안은문장에서 부사절로 안겨 부사어 역할을 하므로, '아무도 모르게'는 서술어로 쓰이지도 않고 체언을 수식하지도 않기 때문에 ⓒ로 분류된다.

㉰ 나는 동생이 오기 전에 학교에 갔다.

㉰의 '동생이 오기'는 안은문장에서 명사절로 안겨 체언인 명사 '전'을 수식하는 관형어 역할을 하므로 '동생이 오기'는 ⓑ로 분류된다.

㉱ 내 동생은 누구보다 마음씨가 착하다.

㉱의 '마음씨가 착하다'는 안은문장에서 서술절로 안겨 서술어 역할을 하므로, '마음씨가 착하다'는 ⓐ로 분류된다.

---

38 담화의 특성 파악 　　　　정답률 81% | 정답 ⑤

〈보기〉의 ㉠~ⓑ에 대한 이해로 적절하지 않은 것은?

〈보 기〉

(같은 동아리에 소속된 후배 부원 둘과 선배 부원의 대화 장면)

선 배 : ㉠ 학교에서 열린 회의는 잘 끝났니?
후배 1 : 네. 조금 전에 끝났어요.
선 배 : 수고했어. ㉡ 학교에서 우리 동아리 활동 지원 예산안에 대해 뭐라고 해?
후배 2 : 지난번에 저희가 선배님과 함께 제안했던 예산안은 수용하기 힘들다고 했어요.
선 배 : ㉢ 우리가 제안한 예산안이 그렇게 무리한 건 아니었을 텐데.
후배 1 : 그런데 학교에서는 ㉣ 자신의 형편을 감안해 달라는 동아리가 한둘이 아니라면서, ㉤ 우리의 제안을 수용하기 쉽지 않다고 했어요.
선 배 : ㉥ 서로 만족할 만한 결과를 얻기가 쉽지 않겠구나. 고생했어. 지도 선생님께 말씀드려 볼게.
후배 2 : 네. 그럼 ⓐ 저희도 그렇게 알고 있을게요.

① ㉠과 ㉡은 문장 성분이 서로 다르군.

㉠의 '학교에서는' 행동이 이루어지고 있는 처소를 나타내는 부사격 조사 '에서'가 결합한 부사어이고, ㉡의 '학교에서는' 단체를 나타내는 명사 뒤에 붙는 주격 조사 '에서'가 결합한 주어이다.

② ㉢에는 화자와 청자가 모두 포함되어 있군.

후배 2가 이전 발화에서 '저희가 선배님과 함께 제안했던'이라고 표현한 것에 비추어 볼 때, ㉢의 '우리'에는 화자인 선배와 청자인 후배 1, 후배 2가 모두 포함되어 있다.

③ ㉣은 뒤에 있는 '동아리'를 가리키는 말이군.

'자신의 형편을 감안해 달라는 동아리'라는 표현에서 ㉣의 '자신'은 '동아리'를 가리킨다.

④ ㉤은 ㉡의 '학교'와 ㉥의 '우리'를 모두 포함해서 가리키는 말이군.

동아리 활동 지원 예산안에 대한 학교와 동아리 간의 입장 차이라는 대화 맥락에 비추어 볼 때, ㉤의 '서로'에는 예산안 수용 여부를 결정하는 ㉡의 '학교'와 예산안을 제안한 동아리에 소속된 ㉥의 '우리'가 모두 포함된다.

☑ ⓐ은 화자가 청자와 자신을 모두 낮추기 위해 쓰는 말이군.

ⓐ의 '저희는' 화자인 후배 2가 후배 1과 자신을 함께 낮추기 위해 사용한 것이므로, 청자인 선배는 포함되지 않는다.

---

39 단어의 의미 관계 　　　　정답률 91% | 정답 ⑤

〈보기〉를 바탕으로 할 때, ㉠~ⓒ에 해당하는 단어가 사용된 예로 적절한 것은?

〈보 기〉

선생님 : 신체 관련 어휘는 ㉠ 신체 부위를 나타내는 중심적 의미가 ㉡ 주변적 의미로 확장될 수 있어요. 이때 ⓒ 소리는 같지만 중심적 의미가 다른 단어와 잘 구분해야 합니다. 그럼 아래에서 이러한 의미 관계를 확인해 봅시다.

코¹
• 포유류의 얼굴 중앙에 튀어나온 부분.
• 콧구멍에서 흘러나오는 액체.

코²
• 그물이나 뜨개질한 물건의 눈마다의 매듭.

① ㉠ : 붉은 코가 옷에 묻어 휴지로 닦았다.
'붉은 코'의 '코'는 '콧구멍에서 흘러나오는 액체'의 의미로 사용되었으므로 ㉡에 해당한다.

② ㉠ : 어부가 쳐 놓은 어망의 코가 끊어졌다.
'어망의 코'의 '코'는 '그물이나 뜨개질한 물건의 눈마다의 매듭'의 의미로 사용되었으므로 ㉢에 해당한다.

③ ㉡ : 코끼리는 긴 코를 자유자재로 사용한다.
'긴 코'의 '코'는 '포유류의 얼굴 중앙에 튀어나온 부분'의 의미로 사용되었으므로 ㉠에 해당한다.

④ ㉡ : 동생이 갑자기 코를 다쳐서 병원에 갔다.
'코를 다쳐서'의 '코'는 '포유류의 얼굴 중앙에 튀어나온 부분'의 의미로 사용되었으므로 ㉠에 해당한다.

✓ ㉢ : 어머니께서 목도리를 한 코씩 떠 나가셨다.
'목도리를 한 코씩 뜨다.'의 '코'는 '그물이나 뜨개질한 물건의 눈마다의 매듭'의 의미로 사용되었으므로 ㉢에 해당하는 것이라 할 수 있다.

---

40 뉴미디어의 특성 　　　　정답률 90% | 정답 ③

위 화면을 통해 매체의 특성을 이해한 학생의 반응으로 가장 적절한 것은?

① 기사를 누리 소통망[SNS]에 공유할 수 있으니, 기사 내용을 직접 수정할 수 있겠군.
기사 아래의 '↗ SNS에 공유' 기능을 통해 기사를 누리 소통망[SNS]에 공유할 수 있도록 하였음을 알 수 있다. 하지만 이러한 공유 기능을 통해 기사 내용을 직접 수정할 수 있는 것은 아니다.

② 기사에 대한 수용자들의 선호를 확인할 수 있으니, 기사에 제시된 정보의 신뢰도를 검증할 수 있겠군.
기사 아래의 '👍좋아요(213), 👎싫어요(3)' 기능을 통해 기사에 대한 수용자들의 선호를 확인할 수 있도록 하였음을 알 수 있다. 하지만 이 기능은 수용자들의 선호를 반영할 뿐 이를 통해 기사에 제시된 정보의 신뢰도를 검증할 수는 없다.

✓ 기사와 연관된 다른 기사를 열람할 수 있으니, 수용자의 선택에 따라 정보를 추가로 확인할 수 있겠군.
신문사 웹 페이지 화면 하단부의 '관련 기사(아래를 눌러 바로 가기)'를 통해, 제시된 기사와 연관된 다른 기사를 열람할 수 있도록 하였음을 알 수 있다. 따라서 수용자는 '관련 기사(아래를 눌러 바로 가기)'에 제시된 기사 중 관심이 있는 기사를 선택하여 정보를 추가로 확인할 수 있다.

④ 기사가 문자, 사진 등 복합 양식으로 구성되어 있으니, 시각과 청각을 결합하여 기사 내용을 이해할 수 있겠군.
신문사의 기사를 통해 문자, 사진과 그래프 등의 양식이 복합적으로 사용되었음을 알 수 있다. 그러나 사진, 그래프와 같은 시각 자료를 통해 기사 내용의 이해를 돕고 있지만, 청각을 결합하였다고는 볼 수 없다.

⑤ 기사의 최초 작성 시간과 수정 시간이 명시되어 있으니, 다른 수용자들이 기사를 열람한 시간을 확인할 수 있겠군.
기사 하단을 통해 최초 작성 시간과 수정 시간을 확인할 수 있지만, 이 정보는 다른 수용자들이 기사를 열람한 시간과는 관련이 없다.

★★★ 등급을 가르는 문제!
41 자료를 바탕으로 한 내용의 이해 　　　정답률 50% | 정답 ④

〈보기〉를 참고할 때, [A]에 대한 반응으로 적절하지 않은 것은? [3점]

― 〈 보 기 〉―
기자는 취재한 내용을 단순히 나열하는 것이 아니라, 전달하고자 하는 바를 효과적으로 드러내기 위해 취재 내용 중 일부를 선별하고 그중 특정 내용을 부각하는 방식으로 기사를 구성한다. 따라서 기사를 분석할 때에는 기사 자체의 내용뿐 아니라 정보를 배치하는 방식, 시각 자료의 이미지 활용 방식 등 정보가 제시되는 양상도 살펴보아야 한다.

① 사업을 추진하게 된 배경을 부각하기 위해 체류형 관광이 어려운 실정이라는 내용에 이어 시각 자료를 배치한 것이겠군.
'인근에 숙박 시설이 거의 없어 ~ 평가를 받아 왔다.'라는 내용 뒤에 시각 자료를 배치하고 있는데, 이는 ○○초등학교를 숙박 시설로 조성하는 사업을 추진하게 된 배경을 부각해 준다고 할 수 있다.

② 지역 관광객의 증가 추세를 부각하기 위해 △△군 관광객 수 추이를 제시할 때 화살표 모양의 이미지를 활용한 것이겠군.
'△△군 관광객 및 숙박 시설 추이' 시각 자료에서는 △△군 관광객 수가 늘어나고 있는 현상을 시각적으로 강조하기 위해 우상향하는 화살표 모양의 이미지를 활용하고 있다.

③ 체류형 관광의 경제적 효과를 부각하기 위해 여행 유형에 따른 지출액의 차이를 이미지로 강조하여 제시한 것이겠군.
'여행 1회당 지출액' 시각 자료에서는 여행 유형에 따른 지출액의 차이를 지폐 이미지를 활용한 그래프로 제시하여 체류형 관광의 경제적 효과를 부각하고 있다.

✓ 체류형 관광 지출액의 증가 현상을 부각하기 위해 관광객 수와 여행 지출액에 대한 시각 자료를 나란히 배치한 것이겠군.
[A]의 '△△군 관광객 및 숙박 시설 추이'를 통해 △△군 관광객 수가 해마다 늘어나고 있는 것에 비해 숙박 시설은 증가하지 않았다는 사실을 알 수 있고, '여행 1회당 지출액'을 통해 당일 관광보다 체류형 관광에서 여행비 지출이 많다는 사실을 알 수 있다. 하지만 이들 시각 자료를 통해 체류형 관광 지출액이 증가하고 있는 현실은 확인할 수 없다.

⑤ 지역 경제에 끼칠 긍정적 영향을 부각하기 위해 사업에 우호적인 의견을 선별하여 구체적으로 제시한 것이겠군.
사업에 우호적인 의견을 담고 있는 지역 경제 전문가 오□□박사의 말을 직접 인용하여 △△군이 추진하는 사업이 지역 경제에 끼칠 긍정적 영향을 부각하고 있다.

★☆★ 문제 해결 꿀~팁 ★★★

▶ 많이 틀린 이유는?
이 문제는 [A]에 제시된 시각 자료에 대한 정확한 이해가 부족하여 오답률이 높았던 것으로 보인다.
▶ 문제 해결 방법은?
매체 문제에서 제시된 시각 자료는, 시각 자료 제시 이유나 효과, 시각 자료 분석 등을 요구하기 위해 제시되는 경우가 많다. 정답인 ④의 경우에도 시각 자료를 올바르게 분석하였는지 확인하는 선택지로, 시각 자료를 통해 체류형 관광 지출액이 증가하고 있는 현실이 드러나지 않았음을 분석해 냈으면, 적절한 이해가 아님을 바로 알 수 있었을 것이다. 따라서 시각 자료와 관련된 선택지가 제시될 경우, 시각 자료와 일일이 비교하여 적절한지 여부를 판단할 수 있어야 한다.
▶ 오답인 ①을 많이 선택한 이유는?
이 문제의 경우 ①을 선택한 학생들이 많았는데, 이는 '사업을 추진하게 된 배경을 부각하기 위해'라는 내용이 적절하지 않다고 판단했기 때문으로 보인다. 그런데 [A]는 인접한 ☆☆ 마을의 사례 및 시각 자료를 통해 숙박 시설이 없는 경우 체류형 관광객을 유인하는 데 한계가 있음을 지적하기 위한 것이다. 이러한 내용을 통해 ○○초등학교 시설을 '△△군 특색 숙박 시설' 조성 사업을 추진하게 된 배경을 부각해 주는 것이므로 적절하다 할 수 있는 것이다. 따라서 매체 글을 읽을 때에도 부분 내용에 국한하여 이해하지 말고 전체 글의 내용을 바탕으로 부분 내용을 연관하여 이해할 수 있어야 한다.

---

42 매체 언어의 표현 방법 　　　정답률 93% | 정답 ③

다음은 학생이 과제 수행을 위해 작성한 메모이다. 메모를 반영한 영상 제작 계획으로 적절하지 않은 것은?

수행 과제 : 우리 지역 소식을 영상으로 제작하기
바탕 자료 : '○○초등학교, 특색 있는 숙박 시설로 다시 태어 난다' 인터넷 기사와 댓글
영상 내용 : 새로 조성될 숙박 시설 소개
• 첫째 장면(#1) : 기사의 제목을 활용한 영상 제목으로 시작
• 둘째 장면(#2) : 시설 조성으로 달라질 전후 상황을 시각·청각적으로 대비시켜 표현
• 셋째 장면(#3) : 건물 내부와 외부에 조성될 공간의 구체적 모습을 방문객의 동선에 따라 순차적으로 제시
• 넷째 장면(#4) : 지역 관광 거점으로서의 지리적 위치와 이를 통한 기대 효과를 한 화면에 제시
• 다섯째 장면(#5) : 기사의 댓글을 참고해서 시설을 이용할 방문객들의 모습을 그림으로 그려 연속적으로 제시

영상 제작 계획

장면 스케치	장면 구상
① 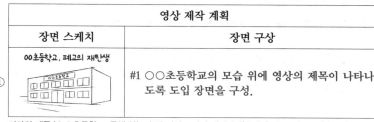	#1 ○○초등학교의 모습 위에 영상의 제목이 나타나도록 도입 장면을 구성.

기사의 제목 '○○초등학교, 특색 있는 숙박 시설로 다시 태어난다'를 활용하여 '○○초등학교, 폐교의 재탄생'이라는 제목을 넣어 도입 장면을 구성하는 계획은 적절하다.

| ②  | #2 무겁고 어두운 음악을 배경으로 텅 빈 폐교의 모습을 제시한 후, 밝고 경쾌한 음악으로 바뀌면서 사람들이 북적이는 모습으로 전환. |

시설 조성으로 달라질 전후 상황을 서로 대비가 되는 배경 음악과 이미지를 통해 전달하는 계획은 적절하다.

| ✓  | #3 숙박 시설에 대한 정보를 건물 내·외부 공간으로 나누어 한눈에 볼 수 있도록 항목화하여 제시. |

학생이 작성한 메모의 '셋째 장면(#3)'에서는 건물 내·외부에 조성될 공간의 구체적 모습을 방문객의 동선에 따라 순차적으로 제시한다 메모하고 있다. 하지만 '영상 제작 계획'의 셋째 장면(#3)에서는 주요 시설을 건물 내부 공간과 외부 공간으로 나누어 한눈에 볼 수 있도록 항목화하여 제시하고 있으므로 메모를 반영한 것이라 할 수 없다.

| ④  | #4 숙박 시설을 중심으로 인근 관광 자원의 위치를 표시하고, 관광 자원과의 연계로 기대되는 효과를 자막으로 구성. |

숙박 시설을 중심에 배치하고 숙박 시설과 인근 관광 자원과의 거리를 표시하여, ○○초등학교가 지리적으로 지역 관광의 거점이 될 수 있다는 점을 전달하고 '지역 경제 활성화'라는 자막을 구성하여 기대 효과를 드러내는 계획은 적절하다.

| ⑤ 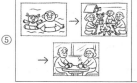 | #5 가족 단위 관광객이 물놀이장, 캠핑장, 카페 등을 즐겁게 이용하는 모습을 제시. 앞의 그림이 사라지면서 다음 그림이 나타나도록 구성. |

기사의 댓글의 내용을 반영하여 가족 단위 관광객이 즐겁게 시설을 이용하는 모습을 연속적인 그림으로 제시하는 계획은 적절하다.

---

43 매체의 정보 구성 방식 　　　정답률 75% | 정답 ②

(가), (나)에 대한 설명으로 가장 적절한 것은?

정보 구성의 주체	• (가)는 수용자의 설문 조사 결과를 다루고 있다는 점에서, 수용자들이 뉴스의 정보를 주체적으로 구성하고 있음을 알 수 있다. ………………… ①

정보의 성격	• (가)는 제품의 판매량이 늘고 있는 시기에 소비자에게 필요한 정보를 제공한다는 점에서, 시의성 있는 정보로 구성되어 있음을 알 수 있다. ··············· ②
	• (나)는 제품의 주된 소비자층을 명시하고 있다는 점에서, 수용자의 특성을 고려한 정보로 구성되어 있음을 알 수 있다. ··············· ③
정보의 양과 질	• (가)는 제품 구매 기준이 다양함을 여러 소비자와의 인터뷰 영상으로 보여 준다는 점에서, (나)에 비해 정보를 현장감 있게 전달하고 있음을 알 수 있다. ··········· ④
	• (나)는 제품에 대해 소비자가 알고자 하는 점을 상세하게 밝히고 있다는 점에서, (가)에 비해 많은 양의 정보를 담고 있음을 알 수 있다. ··············· ⑤

① (가)는 수용자의 설문 조사 결과를 다루고 있다는 점에서, 수용자들이 뉴스의 정보를 주체적으로 구성하고 있음을 알 수 있다.

(가)의 [장면 4]에서 다룬 수용자의 설문 조사 결과는 소비자들이 휴대용 선풍기를 구매하는 기준을 알려 준다고 할 수 있다. 하지만 수용자의 설문 조사 결과를 다루었다는 점이 수용자들이 뉴스의 정보를 주체적으로 구성하고 있음을 보여 주지는 않으므로 적절하지 않다.

✔ ② (가)는 제품의 판매량이 늘고 있는 시기에 소비자에게 필요한 정보를 제공한다는 점에서, 시의성 있는 정보로 구성되어 있음을 알 수 있다.

(가)의 '진행자'의 '더워지는 요즘, 판매량이 급증하고 ~ 휴대용 선풍기인데요.'와 '박 기자'의 보도 내용을 통해, (가)는 제품의 판매량이 늘고 있는 시기에 소비자에게 필요한 정보를 제공하고 있음을 알 수 있다.

③ (나)는 제품의 주된 소비자층을 명시하고 있다는 점에서, 수용자의 특성을 고려한 정보로 구성되어 있음을 알 수 있다.

(나)에는 제품의 주된 소비자층이 누구인지 명시적으로 나타나 있지 않으므로 적절하지 않다.

④ (가)는 제품 구매 기준이 다양함을 여러 소비자와의 인터뷰 영상으로 보여 준다는 점에서, (나)에 비해 정보를 현장감 있게 전달하고 있음을 알 수 있다.

(가)의 [장면 3]에 시민 인터뷰가 제시되고 있으나, 여러 소비자와의 인터뷰가 아닌 한 명의 소비자와의 인터뷰 영상만 제시되고 있으므로 적절하지 않다.

⑤ (나)는 제품에 대해 소비자가 알고자 하는 점을 상세하게 밝히고 있다는 점에서, (가)에 비해 많은 양의 정보를 담고 있음을 알 수 있다.

(나)는 제품의 디자인을 강조하는 내용을 주로 제시하고 있으므로, (나)가 소비자가 알고자 하는 점을 상세하게 밝히고 있다고 볼 수 없고, 담고 있는 정보의 양도 (가)에 비해 적다고 할 수 있으므로 적절하지 않다.

---

44 매체의 언어적 특성 　　　　　　　정답률 84% | 정답 ①

(가)의 언어적 특성을 고려할 때, ㉠ ~ ㉤에 대한 설명으로 적절하지 않은 것은?

✔ ① ㉠ : 의문형 어미를 사용하여 시청자에게 진행자 자신의 궁금한 점을 묻고 있다.

㉠은 의문문의 형태를 사용하여, 어떤 휴대용 선풍기를 선택하는 것이 좋을지에 대한 시청자의 궁금증을 유발하여 시청자의 관심을 이끌려는 진행자의 의도가 담겨 있다. 따라서 ㉠을 진행자가 자신이 궁금한 내용을 시청자에게 묻는 것이라고 볼 수 없다.

② ㉡ : 명사로 문장을 종결함으로써 뉴스에서 다루고자 하는 대상에 주의를 집중하게 하고 있다.

㉡은 명사 '휴대용 선풍기'로 문장을 마무리하고 있는데, 이는 시청자가 뉴스에서 다루고자 하는 대상인 휴대용 선풍기에 주의를 집중하게 하는 효과가 있다.

③ ㉢ : 접속 표현을 사용하여 뉴스의 중심 내용으로 화제를 전환하고 있다.

㉢의 앞에서는 휴대용 선풍기를 구매하는 다양한 기준을 소개하고 있고, ㉢에서는 제품을 선택할 때 안전성을 고려해야 한다고 언급하고 있다. 따라서 ㉢에서 화제가 전환되고 있으므로 '그런데'라는 접속 표현을 사용한 것이라 할 수 있다.

④ ㉣ : 묻고 답하는 방식을 통해 뉴스의 핵심 정보를 제시하고 있다.

㉣은 박 기자가 질문을 던지고, 그 질문에 대해 스스로 답하는 방식을 사용하여 안정성 확인 방법이라는 핵심 정보를 전달하고 있다.

⑤ ㉤ : 뉴스 내용에 따른 제품 선택을 '현명한 선택'이라고 표현함으로써 시청자들에게 기대하는 바를 전달하고 있다.

뉴스에서 박 기자는 휴대용 선풍기를 구매할 때 안전성을 고려해야 한다는 사실을 강조하고 있다. 특히 뉴스의 마지막 발화인 ㉤에서 안전성을 고려하여 제품을 구매하는 것에 '현명한 선택'이라는 가치를 부여하여, 시청자들에게 보도 내용을 고려하여 제품을 선택하여야 함을 전달하고 있다.

---

45 매체 언어의 표현 방법 　　　　　　　정답률 63% | 정답 ⑤

(가)를 본 학생이 (나)를 활용하여 다음의 학습 활동을 수행한 결과로 적절하지 않은 것은?

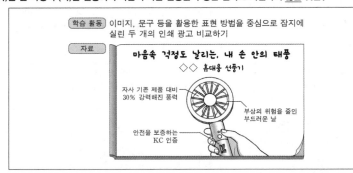

[학습 활동] 이미지, 문구 등을 활용한 표현 방법을 중심으로 잡지에 실린 두 개의 인쇄 광고 비교하기

[자료]
마음속 걱정도 날리는, 내 손 안의 태풍
◇◇ 휴대용 선풍기
자사 기존 제품 대비 30% 강력해진 풍력
부상의 위험을 줄인 부드러운 날
안전을 보증하는 KC 인증

① (나)는 바람의 움직임을 연상하게 하는 곡선의 형태로 문구를 배치하여 제품의 쓰임새를 떠올리게 하고 있다.

(나)는 '디자인의 새로운 바람을 일으키다'라는 문구를 바람의 움직임을 연상하게 하는 곡선의 형태로 배치하였다. 이러한 배치는 바람을 일으키는 휴대용 선풍기의 쓰임새를 떠올리게 한다.

② '자료'는 기존 제품과의 비교를 통해 제품이 소비자들이 중시하는 구매 기준에 부합한다는 점을 부각하고 있다.

'자료'는 '자사 기존 제품 대비 30% 강력해진 풍력'이라는 문구로 기존 제품과 비교하여 광고하고자 하는 제품의 풍력이 더 세졌다는 정보를 제공하고 있다. (가)에서 소비자들이 휴대용 선풍기를 구매하는 첫 번째 기준으로 언급한 풍력과 같은 제품 성능을 강조했다는 점을 고려할 때, 제품이 소비자들이 중시하는 구매 기준에 부합한다는 점을 부각한 것으로 볼 수 있다.

③ '자료'는 (나)와 달리 제품의 안전 관련 정보를 이미지와 문구로 표시하여 제품의 안전성을 드러내고 있다.

'자료'는 '안전을 보증하는 KC 인증'이라는 문구로 제품의 안전성을 드러내고 있지만, (나)에는 제품의 안전성을 드러내는 표현이 없다.

④ (나)는 동일한 단어를 반복하여, '자료'는 비유적 표현을 활용하여 제품의 장점을 제시하고 있다.

(나)는 '디자인'이라는 단어를 반복적으로 사용하여 제품의 디자인을 강조하고 있다. '자료'는 '내 손 안의 태풍'이라는 비유적 표현으로 제품이 지닌 강력한 풍력을 강조하고 있다.

✔ ⑤ (나)는 유명인의 이미지를, '자료'는 제품의 이미지를 제시하여 제품의 성능이 우수함을 강조하고 있다.

(나)가 유명인의 이미지를, '자료'가 제품의 이미지를 제시하고 있는 것은 맞지만, (나)의 이미지는 제품의 우수한 성능과 직접적인 관련이 없다. 따라서 각 이미지를 통해 제품의 성능이 우수함을 강조하고 있다는 진술은 적절하지 않다.

35 　'안' 부정문의 이해 　정답률 74% | 정답 ①

윗글에 대한 이해로 적절하지 않은 것은?

☑ 짧은 부정문인 '그가 모기에 안 뜯기다.'가 자연스러운 이유는 서술어인 '뜯기다'가 합성 동사이기 때문이겠군.

3문단을 통해 사동사, 피동사, 접미사 '하다'로 파생된 일부 용언이나 '돌아가다, 들어가다'와 같이 보조적 연결 어미를 매개로 한 합성 동사는 어떤 제약도 없이 짧은 부정문을 만들 수 있음을 알 수 있다. 이렇게 볼 때, '그가 모기에 안 뜯기다.'의 '뜯기다'는 어근 '뜯-'과 피동 접미사 '-기-'가 결합된 피동사이므로 짧은 부정문이 가능한 것임을 알 수 있다. 따라서 서술어인 '뜯기다'가 합성 동사이기 때문에 짧은 부정문이 자연스럽다는 이해는 적절하지 않다.

② 짧은 부정문인 '이 자동차가 안 값싸다.'가 자연스럽지 않은 이유는 서술어인 '값싸다'가 합성어이기 때문이겠군.

3문단을 통해 '안' 부정문은 서술어로 쓰인 용언이 파생어나 합성어인 경우 짧은 부정문을 만들면 자연스럽지 않은 문장이 될 수 있음을 알 수 있다. 그리고 '이 자동차가 안 값싸다.'의 '값싸다'는 명사 '값'과 동사 '싸다'가 결합된 합성어임을 알 수 있다. 따라서 서술어인 '값싸다'가 합성어이기 때문에 짧은 부정문이 자연스럽지 않다는 이해는 적절하다.

③ 짧은 부정문인 '그가 약속 시간을 안 늦추다.'가 자연스러운 이유는 서술어인 '늦추다'가 사동사이기 때문이겠군.

3문단을 통해 사동사, 피동사, 접미사 '하다'로 파생된 일부 용언은 어떤 제약도 없이 짧은 부정문을 만들 수 있음을 알 수 있다. 그리고 '그가 약속 시간을 안 늦추다.'의 '늦추다'는 어근 '늦-'과 사동 접미사 '-추-'가 결합된 사동사임을 알 수 있다. 따라서 서술어인 '늦추다'가 사동사이기 때문에 짧은 부정문이 자연스럽다는 이해는 적절하다.

④ 짧은 부정문인 '보따리가 한 손으로 안 들리다.'가 자연스러운 이유는 서술어인 '들리다'가 피동사이기 때문이겠군.

3문단을 통해 사동사, 피동사, 접미사 '하다'로 파생된 일부 용언은 어떤 제약도 없이 짧은 부정문을 만들 수 있음을 알 수 있다. 그리고 '보따리가 한 손으로 안 들리다.'의 '들리다'는 어근 '들-'과 피동 접미사 '-리-'가 결합된 피동사임을 알 수 있다. 따라서 서술어인 '들리다'가 피동사이기 때문에 짧은 부정문이 자연스럽다는 이해는 적절하다.

⑤ 짧은 부정문인 '할아버지 댁 마당이 안 드넓다.'가 자연스럽지 않은 이유는 서술어인 '드넓다'가 파생어이기 때문이겠군.

3문단을 통해 '안' 부정문은 서술어로 쓰인 용언이 파생어나 합성어인 경우 짧은 부정문을 만들면 자연스럽지 않은 문장이 됨을 알 수 있다. 그리고 '할아버지 댁 마당이 안 드넓다.'의 '드넓다'는 접두사 '드-'와 형용사 '넓다'가 결합된 파생어임을 알 수 있다. 따라서 서술어인 '드넓다'가 파생어이기 때문에 짧은 부정문이 자연스럽지 않다는 이해는 적절하다.

★★★ 등급을 가르는 문제!

36 　중세 국어 자료 탐구 　정답률 65% | 정답 ④

윗글을 바탕으로 〈보기〉의 중세 국어 자료를 이해한 내용으로 적절하지 않은 것은?

〈보 기〉

ⓐ 敢히 노티 아니ᄒ다라 [감히 놓지 아니하더라]
ⓑ 비록 아니 여러 나리라도 [비록 여러 날이 아니더라도]
ⓒ 妙法이 둘 아니며 세 아닐씨 [묘법이 둘이 아니며 셋이 아니므로]
ⓓ 塞外北狄인들 아니 오리잇가 [변방 밖의 북쪽 오랑캐인들 아니 오겠습니까]
ⓔ 나도 現在 未來 一切 衆生ᄋ 시름 아니 호리라
　[나도 현재와 미래의 모든 중생에 대해 시름 아니 하리라]

① ⓐ와 ⓒ를 보니, '안' 부정문이 용언과 체언에 대한 부정을 나타내는 데 모두 사용되었음을 알 수 있군.

ⓐ를 통해 보조 용언 '아니ᄒ다'는 용언 '노티(놓-+-디)'를 부정하고 있음을, ⓒ를 통해 용언 '아니며', '아닐씨'는 체언인 '둘', '세'를 부정하고 있음을 알 수 있다.

② ⓐ와 ⓓ를 보니, '안' 부정문이 평서문과 의문문에서 모두 사용되었음을 알 수 있군.

ⓐ를 통해 보조 용언 '아니ᄒ다'가 평서문에서 부정의 의미를 나타내고 있음을 알 수 있고, ⓓ를 통해 부정 부사 '아니'가 의문문에서 부정의 의미를 나타내고 있음을 알 수 있다.

③ ⓐ와 ⓔ를 보니, '안' 부정문이 긴 부정문과 짧은 부정문에서 모두 사용되었음을 알 수 있군.

ⓐ를 통해 '노티 아니ᄒ다'의 긴 부정문이 사용되고 있음을, ⓔ를 통해 '호리라' 앞에 '아니'를 놓은 짧은 부정문이 사용되고 있음을 알 수 있다.

☑ ⓑ와 ⓔ를 보니, '안' 부정문이 관형사와 부사에 대한 부정을 나타내는 데 모두 사용되었음을 알 수 있군.

ⓑ를 통해 부정 부사 '아니'는 관형사 '여러'를 부정하고 있음을 알 수 있다. 하지만 ⓔ에서는 부정 부사 '아니'는 부사가 아닌 용언 '호리라'를 부정하고 있으므로 적절하지 않다.

⑤ ⓒ와 ⓔ를 보니, '안' 부정문이 단순 부정과 의지 부정을 나타내는 데 모두 사용되었음을 알 수 있군.

ⓒ를 통해 '묘법'이 둘이나 셋이 아니라는 객관적인 사실을 부정하고 있음을 알 수 있다. 그리고 ⓔ를 통해 시름을 하지 않겠다는 '나'의 의지에 의한 부정이 나타나고 있음을 알 수 있다.

★★ 문제 해결 꿀~팁 ★★

▶ 많이 틀린 이유는?
이 문제는 〈보기〉에 제시된 중세 국어의 자료를 정확히 이해하지 못하여 오답률이 높았던 것으로 보인다.

한편 품사에 대한 정확한 이해 부족, 특히 중세 국어에 사용된 단어의 품사를 정확히 이해하지 못한 것도 오답률을 높였던 것으로 보인다.

▶ 문제 해결 방법은?
이 문제를 해결하기 위해서는 기본적으로 제시된 글을 정확히 이해할 수 있어야 하며, 중세 국어 문법에 대해 묻고 있으므로 중세 국어의 자료를 현대어 해석을 통해 정확히 이해할 수 있어야 한다. 가령 선택지 ①의 경우 ⓐ의 '노티 아니ᄒ다라'의 현대어 풀이가 '놓지 아니하더라'임을 파악하면, '노티'가 용언임을 알 수 있고 보조 용언 '아니ᄒ다'가 '노티'를 부정하고 있음을 알았을 것이다. 그리고 ⓒ의 '둘 아니며 세 아닐씨'의 현대어 풀이가 '둘 아니며 셋이 아니므로'이므로 용언 '아니며', '아닐씨'가 체언을 부정하고 있음을 알 수 있었을 것이다. 마찬가지로 정답인 ④의 경우 ⓑ의 '아니 여러 나리라도'의 현대어 풀이가 '여러 날이 아니더라도'이므로 '아니'가 관형사 '여러'를 부정하고 있음을 알 수 있다. 그리고 ⓔ의 '아니 호리라'의 현대어 풀이가 '아니 하리라'이므로, '아니'가 용언 '호리라'를 부정하고 있으므로 적절하지 않음을 알 수 있을 것이다. 이처럼 중세 국어 문법 문제는 제시된 글이 있을 경우 글에 따라 선택지의 적절성을 판단하거나(이 문제의 경우에는 제시 글보다 〈보기〉의 자료에 대한 정확한 요구를 하고 있지만), 현대어 풀이와 비교하여 선택지의 적절성을 판단하면 쉽게 해결할 수 있다. 이때 주의할 점은 기본이 되는 배경 지식은 충분히 알고 있어야 한다는 것이다. 만일 이 문제에서 아주 기본적인 관형사나 부사에 대해 알지 못했다면 문제를 전혀 풀 수 없었을 것이므로, 현대 문법뿐만 아니라 중세 국어 문법에 대한 기본 지식은 충분히 익혀 두도록 한다.

37 　국어의 음운 변동의 이해 　정답률 76% | 정답 ④

〈학습 활동〉을 수행한 결과로 적절하지 않은 것은? [3점]

〈학습 활동〉

다음은 국어의 음운 변동과 관련된 내용이다. 자료에서 ⓐ~ⓔ를 확인할 수 있는 예를 모두 골라 묶어 보자.

ⓐ [ㄱ, ㄷ, ㅂ]으로 발음되는 종성은 ㄴ, ㅁ 앞에서 [ㅇ, ㄴ, ㅁ]으로 발음한다.
ⓑ [ㄱ, ㄷ, ㅂ]으로 발음되는 종성 뒤에 연결되는 'ㄱ, ㄷ, ㅂ, ㅅ, ㅈ'은 된소리로 발음한다.
ⓒ 'ㄱ, ㄴ, ㄷ, ㄹ, ㅁ, ㅂ, ㅇ' 이외의 자음이 종성에 놓일 때에는 [ㄱ, ㄴ, ㄷ, ㄹ, ㅁ, ㅂ, ㅇ] 중 하나로 발음한다.
ⓓ 받침 뒤에 모음 'ㅏ, ㅓ, ㅗ, ㅜ, ㅟ'들로 시작되는 실질 형태소가 연결되는 경우에는, 대표 음으로 바꾸어서 뒤 음절 첫소리로 옮겨 발음한다.
ⓔ 합성어 및 파생어에서 앞 단어나 접두사의 끝이 자음이고 뒤 단어나 접미사의 첫음절이 '이, 야, 여, 요, 유'인 경우에는, 'ㄴ' 음을 첨가하여 [니, 냐, 녀, 뇨, 뉴]로 발음한다.

자료 겉옷[거돋], 국밥만[국빰만], 백분율[백뿐뉼]
　　　색연필[생년필], 헛일[헌닐]

① ⓐ : 국밥만, 색연필, 헛일

'국밥만[국빰만]'은 '밥'의 첫소리 'ㅂ'이 'ㄱ' 뒤에서 'ㅃ'으로 발음되므로 ⓑ를 확인할 수 있고, '밥'의 종성 'ㅂ'이 'ㅁ' 앞에서 'ㅁ'으로 발음되므로 ⓐ를 확인할 수 있다. 그리고 합성어인 '색연필[생년필]'은 '연'에 오는 단어의 끝이 자음이기 때문에 [년]으로 발음되므로 ⓔ를 확인할 수 있고, '색'의 'ㄱ'이 'ㄴ' 앞에서 'ㅇ'으로 발음되므로 ⓐ를 확인할 수 있다. 또한 파생어인 '헛일'은 '일' 앞에 오는 단어의 끝이 자음이기 때문에 [닐]로 발음되므로 ⓔ를 확인할 수 있고, '헛'의 'ㅅ'이 'ㄷ'으로 바뀌어 발음되므로 ⓒ를 확인할 수 있는데, 이때 'ㄷ'은 'ㄴ' 앞에서 'ㄴ'으로 발음되므로 ⓐ를 확인할 수 있다. 따라서 '국밥만, 색연필, 헛일'에서 ⓐ를 확인할 수 있다.

② ⓑ : 국밥만, 백분율

'국밥만, 백분율'을 통해 ⓑ를 확인할 수 있다.

③ ⓒ : 겉옷, 헛일

'겉옷, 헛일'을 통해 ⓒ를 확인할 수 있다.

☑ ⓓ : 겉옷, 백분율

'겉옷[거돋]'은 '겉'의 'ㅌ'이 'ㄷ'으로 바뀐 후 실질 형태소인 '옷'의 첫소리로 옮겨 발음되므로 ⓓ를 확인할 수 있고, '옷'의 'ㅅ'이 'ㄷ'으로 바뀌어 발음되므로 ⓒ를 확인할 수 있다. 그리고 파생어인 '백분율[백뿐뉼]'은 '분'의 'ㅂ'이 'ㄱ' 뒤에서 'ㅃ'으로 발음되므로 ⓑ를 확인할 수 있고, '율' 앞에 오는 단어의 끝이 자음이기 때문에 [뉼]로 발음되므로 ⓔ를 확인할 수 있다. 따라서 '겉옷'은 ⓓ를 확인할 수 있지만, '백분율'을 통해 ⓓ를 확인할 수 없으므로 적절하지 않다.

⑤ ⓔ : 백분율, 색연필, 헛일

'백분율, 색연필, 헛일'을 통해 ⓔ를 확인할 수 있다.

38 　'새-, 샛-, 시-, 싯-'의 형태 이해 　정답률 82% | 정답 ⑤

〈보기〉의 ㉠에 들어갈 말로 적절한 것은?

〈보 기〉

선생님 : 우리말에서 '새, 샛, 시, 싯'은 색채를 나타내는 형용사에 붙어 '매우 짙고 선명하게'의 뜻을 더하는 접두사입니다. 이 접두사들은 결합하는 형용사의 어두음과 첫음절의 모음에 따라 각각 다르게 사용되는데요, 다음의 자료를 바탕으로 '새, 샛, 시, 싯'에 대해 탐구해 보세요.

자료	㉮	㉯
ⓐ	새까맣다	시꺼멓다
ⓑ	새파랗다	시퍼렇다
ⓒ	새하얗다	시허옇다
ⓓ	샛노랗다	싯누렇다
ⓔ	샛말갛다	싯멀겋다

학생 : ㉠

① ⓐ를 보니, '새'와 달리 '시'는 결합하는 형용사의 어두음이 된소리일 때에 붙었어요.

ⓐ를 통해 '새'와 '시' 모두 결합하는 형용사의 어두음이 된소리일 때 사용함을 알 수 있으므로 적절하지 않다.

② ㉮를 보니, '샛'과 달리 '새'는 결합하는 형용사의 첫음절의 모음이 양성 모음일 때에 붙었어요.

㉮를 통해 '새–, 샛–'은 결합하는 형용사의 첫음절의 모음이 'ㅏ, ㅗ'와 같은 양성 모음일 때 사용함을 알 수 있으므로 적절하지 않다.

③ ㉯를 보니, '시'와 달리 '싯'은 결합하는 형용사의 첫음절의 모음이 음성 모음일 때에 붙었어요.
ㄴ를 통해 '시–, 싯–'은 'ㅓ, ㅜ'와 같은 음성 모음일 때 사용함을 알 수 있으므로 적절하지 않다.

④ ㉮와 ㉯를 보니, '새, 샛'과 달리 '시, 싯'은 결합하는 형용사의 어두음이 거센소리일 때 붙었어요.
㉮와 ㉯를 통해 '새–, 시–'는 어두음이 '된소리, 거센소리, ㅎ'일 때 사용하고, '샛–, 싯–'은 어두음이 'ㄴ, ㅁ'과 같은 울림소리일 때 사용함을 알 수 있으므로 적절하지 않다.

✔ ⓐ～ⓒ와 ⓓ～ⓔ를 보니, '새, 시'와 달리 '샛, 싯'은 결합하는 형용사의 어두음이 울림소리일 때에 붙었어요.
ⓐ～ⓒ를 통해 '새–, 시–'는 어두음이 '된소리, 거센소리, ㅎ'일 때 사용할 수 있고, ⓓ～ⓔ를 통해 '샛, 싯'은 결합하는 형용사의 어두음이 울림소리일 때 사용함을 알 수 있다.

39 음운의 축약 이해   정답률 86% | 정답 ④

〈보기 1〉은 준말에 관한 한글 맞춤법의 일부이다. 〈보기 1〉을 참고하여 〈보기 2〉의 ㉠～㉤을 이해한 내용으로 적절하지 않은 것은?

〈보기 1〉
제35항 모음 'ㅗ, ㅜ'로 끝난 어간에 '-아/-어, -았-/-었-'이 어울려 'ㅘ/ㅝ, ㅘ았/ㅝ었'으로 될 적에는 준 대로 적는다.
제35항 [붙임2] 'ㅚ' 뒤에 '-어, 었'이 어울려 'ㅙ, ㅙ'으로 될 적에도 준 대로 적는다.
제38항 'ㅏ, ㅗ, ㅜ, ㅡ' 뒤에 '-이어'가 어울려 줄어질 적에는 준 대로 적는다.

〈보기 2〉
○ 새끼줄을 열심히 ㉠ 꼬았다.
○ 울도 큰집에서 설을 ㉡ 쇠었다.
○ 자전거 앞바퀴에 돌을 ㉢ 괴어 놓았다.
○ 그의 표정에서 지친 기색이 ㉣ 보이어 안타까웠다.
○ 산 정상에 올라가니 시야가 탁 ㉤ 트이어 상쾌했다.

① ㉠ : 모음 'ㅗ'로 끝난 어간에 '-았-'이 어울려 줄어들 수 있는 경우로, '꽜다'로도 적을 수 있겠군.
〈보기 1〉의 한글 맞춤법 제35항을 볼 때, '꼬았다'는 '꼬–'에 '-았–'이 어울려 '꽜다'로 줄어듦을 알 수 있다.

② ㉡ : 모음 'ㅚ' 뒤에 '-었-'이 어울려 줄어들 수 있는 경우로, '쇘다'로도 적을 수 있겠군.
〈보기 1〉의 한글 맞춤법 제35항 [붙임2]를 볼 때, '쇠었다'는 '쇠–'에 '-었–'이 어울려 '쇘다'로 줄어듦을 알 수 있다.

③ ㉢ : 모음 'ㅚ' 뒤에 '-어'가 어울려 줄어들 수 있는 경우로, '괘'로도 적을 수 있겠군.
〈보기 1〉의 한글 맞춤법 제35항 [붙임2]를 볼 때, '괴어'는 '괴–'에 '-어'가 어울려 '괘'로 줄어듦을 알 수 있다.

✔ ㉣ : 모음 'ㅗ' 뒤에 '-이어'가 어울려 줄어들 수 있는 경우로, '봬어'로도 적을 수 있겠군.
〈보기 1〉의 한글 맞춤법 제38항을 볼 때, '보이어'는 '보–' 뒤에 '-이어'가 어울려 '뵈어' 또는 '보여'로 줄어듦을 알 수 있다. 따라서 '봬어'로 적을 수 있다는 이해는 적절하지 않다.

⑤ ㉤ : 모음 'ㅡ' 뒤에 '-이어'가 어울려 줄어들 수 있는 경우로, '틔어'로도 적을 수 있겠군.
〈보기 1〉의 한글 맞춤법 제38항을 볼 때, '트이어'는 '트–' 뒤에 '-이어'가 어울려 '틔어'로 줄어듦을 알 수 있다.

40 정보 구성 언어 파악   정답률 78% | 정답 ①

(가)와 (나)에 대한 설명으로 가장 적절한 것은?

정보 구성 방식	○ (가)는 문자와 이미지가 쓰였다는 점에서, (나)는 음성과 음악을 사용했다는 점에서 복합 양식적 특성을 보여 주고 있다. ……………… ①
	○ (가)와 (나)는 모두 선조적으로 정보를 제공하기 때문에 정보 제공자가 정보 수용자의 반응을 확인하며 정보 제시 순서를 조정한다. ………… ②
정보 유통 방식	○ (가)는 (나)와 달리 시의성을 지니는 정보를 실시간으로 제공하고 있다. ……………… ③
	○ (나)는 (가)와 달리 정보 제공자와 정보 수용자 사이의 소통이 일방향으로 이루어지고 있다. ……………… ④
	○ (가)와 (나)는 모두 정보를 가공하여 전달하는 데 시·공간적 제약을 받지 않는다. ……………… ⑤

✔ (가)는 문자와 이미지가 쓰였다는 점에서, (나)는 음성과 음악을 사용했다는 점에서 복합 양식적 특성을 보여 주고 있다.
(가)는 문자와 이미지를 사용하고 있으므로 복합 양식적 특성을 보여 준다고 할 수 있다. 그리고 (나)는 라디오 대담이므로 음성으로 정보를 제공하고 있고, '시작을 알리는 음악'과 '교통 안내 방송으로 이어지는 음악'도 사용하고 있으므로 복합 양식적 특성을 보여 준다고 할 수 있다.

② (가)와 (나)는 모두 선조적으로 정보를 제공하기 때문에 정보 제공자가 정보 수용자의 반응을 확인하며 정보 제시 순서를 조정한다.
(가)는 인터넷 백과사전에 해당하므로 정보 제공 방식이 선조적으로 제한되지 않고 비순차적인 검색을 허용한다고 할 수 있으므로 적절하지 않다.

③ (가)는 (나)와 달리 시의성을 지니는 정보를 실시간으로 제공하고 있다.
(나)에서는 대담을 진행하다가 '시내에 통제되는 ～ 바랍니다'는 교통 안내 방송으로 이어지고 있으므로 시의성을 지니는 정보를 실시간으로 제공한다고 볼 수 있다.

④ (나)는 (가)와 달리 정보 제공자와 정보 수용자 사이의 소통이 일방향으로 이루어지고 있다.

(나)는 청취자의 질문을 문자 메시지나 방송국 앱을 통해 받고 있기 때문에 일방향의 소통이 아닌 쌍방향의 소통 양상을 보인다고 할 수 있다.

⑤ (가)와 (나)는 모두 정보를 가공하여 전달하는 데 시·공간적 제약을 받지 않는다.
(나)는 라디오 방송 대담에 해당하므로 정보를 가공하여 제공하는 데 시·공간적 제약을 받는다고 할 수 있다.

41 매체의 유형에 따른 특성 파악   정답률 80% | 정답 ⑤

(가)에 대한 이해로 적절하지 않은 것은?

① 정보 수용자가 문서의 내용 중 원하는 내용을 쉽게 찾을 수 있도록 목차를 제시하고 있다.
(가)를 통해 정보 수용자가 문서의 내용 중 원하는 내용을 쉽게 찾을 수 있도록 '목차'가 제시되어 있음을 알 수 있다.

② 정보 수용자가 문서 내용과 관련된 웹사이트로 이동할 수 있도록 하이퍼링크 기능을 제공하고 있다.
(가)를 통해 정보 수용자가 웹사이트로 이동할 수 있도록 하이퍼링크 기능이 있는 '외부 링크' 항목을 제공하고 있음을 알 수 있다.

③ 인터넷 사용자들이 정보 생산자로 참여할 수 있도록 문서 내용을 입력하거나 수정하는 기능을 제공하고 있다.
(가)를 통해 인터넷 사용자들이 정보 생산자로 참여할 수 있도록 '이 문서는 여러분이 직접 수정할 수 있습니다.'라는 안내를 알 수 있고, '[편집]'이라는 기능을 제공하고 있음을 알 수 있다.

④ 정보 생산자가 제공한 문서에 대한 신뢰성을 확보할 수 있도록 문서 내용의 근거가 되는 자료의 출처를 밝히고 있다.
(가)를 통해 정보 생산자들이 자신이 작성한 문서에 대한 신뢰성을 확보하기 위해 문서를 작성할 때 근거로 삼은 자료의 출처를 '참고 자료' 항목에 밝히고 있음을 알 수 있다.

✔ 정보 수용자가 다른 수용자들의 문서 열람 여부를 확인할 수 있도록 최종적으로 문서가 작성된 이력을 제공하고 있다.
(가)의 '라일락 님이 2시간 전에 마지막으로 편집함.'에서 최종적으로 문서가 작성·편집된 이력을 제공하고 있음을 알 수 있다. 하지만 이를 통해 다른 수용자들의 문서 열람 여부를 확인할 수 있는 것은 아니므로 적절하지 않다.

42 매체 언어의 의미 전달 방식   정답률 76% | 정답 ⑤

㉠～㉤에 대한 설명으로 적절하지 않은 것은?

① ㉠ : 의존 명사 '대로'를 사용하여 청취자에게 예고한 것과 같이 '스마트 시티'가 대담의 주제임을 밝히고 있다.
진행자는 의존 명사 '대로'를 사용하여 청취자에게 예고한 바와 같이 스마트 시티가 대담의 주제임을 밝히고 있다.

② ㉡ : 부사격 조사 '에'를 사용하여 수거함의 위치 정보를 제공 받는 대상이 '수거 차량'임을 드러내고 있다.
전문가는 부사격 조사 '에'를 사용하여 센서 신호를 받는 대상이 '수거 차량'임을 드러내고 있다.

③ ㉢ : 피동사 '모이다'를 사용하여 행위의 주체보다는 행위의 대상인 '데이터'에 초점을 두어 설명하고 있다.
전문가는 피동사 '모이다'를 사용하여 행위의 주체가 아니라 행위의 대상인 '데이터'에 초점을 두어 설명하고 있다.

④ ㉣ : 지시 대명사 '그것'을 사용하여 직전 발화에서 이미 언급한 대상인 '태양광 전지판'을 가리키고 있다.
전문가는 지시 대명사 '그것'을 사용하여 앞에서 이미 언급한 대상인 '태양광 전지판'을 가리키고 있다.

✔ ㉤ : 연결 어미 '면서'를 사용하여 '공유기 역할'이라는 조건이 충족되면 다른 기능도 수행함을 드러내고 있다.
(나)의 전문가는 연결 어미 '–면서'를 사용하여 스마트 가로등이 공유기 역할을 하는 것과 소음 수준과 공기 오염도를 분석하는 것을 동시에 할 수 있다는 점을 나타내고 있다. 따라서 연결 어미 '면서'를 사용하여 '공유기 역할'이라는 조건이 충족되면 다른 기능도 수행함을 드러낸다고 할 수 없다.

43 매체 자료의 주체적 수용   정답률 86% | 정답 ⑤

다음은 (나)를 들은 청취자들이 청취자 게시판에 남긴 내용이다. 청취자의 수용 태도에 대한 설명으로 적절하지 않은 것은? [3점]

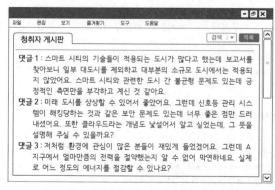

① 댓글 1은 자신이 추가로 수행한 탐색 활동을 통해 얻은 정보를 근거로 대담 내용의 사실 여부를 점검하고 있다.
'댓글 1'의 '보고서를 찾아보니 일부 대도시를 ～ 적용되지 않았어요.'를 통해, '댓글 1'은 자신이 추가로 수행한 탐색 활동을 통해 얻은 정보를 근거로 대담 내용의 사실 여부를 점검하고 있음을 알 수 있다.

② 댓글 2는 자신이 원하는 정보를 대담에서 제공하지 않았음을 언급하며 이에 대한 답변을 질문의 형식으로 요청하고 있다.
'댓글 2'의 '또한 클라우드라는 개념도 낯설어서 알고 싶었는데 그 뜻을 설명해 주실 수 있을까요?'를 통해, '댓글 2'는 자신이 원하는 정보를 대담에서 제공하지 않았음을 언급하며 이에 대한 답변을 질문의 형식으로 요청하고 있음을 알 수 있다.

③ 댓글 3은 교수가 제시한 사례와 관련한 정보가 충분하지 않음을 지적하며 구체적인 수치를 밝히지 않은 점에 대한 아쉬움을 드러내고 있다.
'댓글 3'의 '그런데 A지구에서 얼마만큼의 전력을 ~ 알 수 없어 막연하네요.'를 통해, '댓글 3'은 정보가 충분하지 않음을 지적하며 구체적인 수치를 밝히지 않은 점에 대한 아쉬움을 드러내고 있음을 알 수 있다.

④ 댓글 1과 댓글 2는 모두 대담에서 다루지 않은 내용이 있음을 언급하며 대담의 관점이 한쪽으로 치우쳐 공정하지 않다는 점을 지적하고 있다.
'댓글 1'의 '도시 간 불균형 문제도 있는데 긍정적인 측면만을 부각하고'와 '댓글 2'의 보안 문제도 있는데 너무 좋은 점만 드러내셨어요.'를 통해, '댓글 1'과 '댓글 2' 모두 대담의 관점이 한쪽으로 치우쳐 공정하지 않다는 점을 지적하고 있음을 알 수 있다.

✔️ 댓글 2와 댓글 3은 모두 대담이 특정 관심사를 지닌 청취자에게 유용하다는 점을 밝히며 새로 알게 된 내용을 다른 상황에 적용하고 있다.
'댓글 3'의 '저처럼 환경에 관심이 많은 분들이 재밌게 들었겠어요.'를 통해, '댓글 3'은 특정 관심사를 지닌 청취자들에게 유용하다는 점을 밝혔다고 볼 수 있다. 하지만 '댓글 2'와 '댓글 3' 모두 새로 알게 된 내용을 다른 상황에 적용하지는 않고 있다.

44 매체 언어의 표현 방법 정답률 95% | 정답 ②

(가)에 나타난 표현 방식에 대한 설명으로 적절하지 <u>않은</u> 것은?

① 첫 번째 슬라이드에서는 대비되는 그림 자료를 제시하여 정상목과 거북목의 차이를 보여 주고 있다.
첫 번째 슬라이드에서는 대비되는 그림 자료를 제시하여 정상목과 거북목의 차이를 보여 주고 있다.

✔️ 첫 번째 슬라이드에서는 그래프를 활용하여 연령대가 높아질수록 거북목 증후군 환자 발생 비율이 증가하고 있음을 제시하고 있다.
(가)의 첫 번째 슬라이드의 그래프를 통해 10대에서 20대까지는 연령대가 높아짐에 따라 거북목 증후군 환자 중 차지하고 있는 비율이 증가하고 있음을 확인할 수 있다. 하지만 30대부터 60대까지는 거북목 증후군 환자 중 차지하고 있는 비율이 점차 감소하고 있음을 확인할 수 있으므로 적절하지 않다.

③ 두 번째 슬라이드에서는 글과 동영상 자료를 활용하여 거북목 증후군의 증상에 대한 이해를 돕고 있다.
두 번째 슬라이드에서는 거북목 증후군의 증상에 대한 글과 동영상 자료를 활용해 친구들의 이해를 돕고 있다.

④ 세 번째 슬라이드에서는 글자의 크기와 굵기를 달리하여 거북목 증후군 예방법의 중요한 정보를 부각하고 있다.
세 번째 슬라이드에서는 '올바르게 앉은 자세', '휴식 시간', '스트레칭'의 글자의 크기와 굵기를 달리해 거북목 증후군 예방법의 중요한 정보를 부각하고 있다.

⑤ 모든 슬라이드에서는 각 슬라이드의 중심 내용을 항목화하여 안내하고 있다.
모든 슬라이드에서는 각 슬라이드의 중심 내용을 항목화하여 거북목 증후군에 대해 친구들이 이해하기 쉽게 안내하고 있다.

45 수정 내용의 적절성 판단 정답률 86% | 정답 ③

(나)를 참고하여 (가)의 세 번째 슬라이드를 수정한 ⓐ ~ ⓔ 중 적절하지 <u>않은</u> 것은?

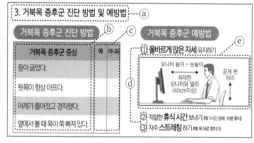

① ⓐ
유준이 '세 번째 슬라이드의 제목이 소제목의 내용 순서와 일치하지 않는다'고 한 것을 바탕으로 슬라이드의 제목을 '거북목 증후군 진단 방법 및 예방법'으로 수정했음을 확인할 수 있다.

② ⓑ
유준이 '거북목 증후군 증상을 도식화하여 제시하면 어떨'지에 대해 이야기한 것을 바탕으로, 수정한 슬라이드에 거북목 증후군 증상을 도식화하여 제시했음을 확인할 수 있다.

✔️ ⓒ
(나)에서 한비는 '거북목의 정도'를 확인할 수 있도록 3단계 척도로 표시하도록 하면 좋을 것 같다고 이야기하고 있다. 그런데 수정한 슬라이드에는 3단계 척도가 아닌 '예, 아니요'를 표시할 수 있도록 하였으므로 적절하지 않다.

④ ⓓ
한비가 '두 번째 슬라이드와 형식적 통일성을 맞추기 위해 거북목 증후군 예방법의 내용도 번호를 붙여 제시하자'고 한 것을 바탕으로 수정한 슬라이드에 순서 번호를 추가했음을 확인할 수 있다.

⑤ ⓔ
세헌이 '올바른 자세에 대한 시각 자료도 추가하자'고 한 것을 바탕으로 수정한 슬라이드에 시각 자료를 추가하였음을 확인할 수 있다.

• 정답 •
35 ④ 36 ③ 37 ① 38 ④ 39 ② 40 ⑤ 41 ⑤ 42 ④ 43 ③ 44 ② 45 ②

★ 표기된 문항은 [등급을 가르는 문제]에 해당하는 문항입니다.

35 현대 국어의 접속 조사 파악 정답률 64% | 정답 ④

[A]를 참고하여 이해한 내용으로 적절하지 <u>않은</u> 것은?

① '나는 시와 음악을 좋아한다.'에서 '시와 음악을'의 문장 성분은 목적어이다.
제시된 글을 볼 때, '나는 시와 음악을 좋아한다.'에서 '시와 음악을'은 접속 조사 '와'에 의해 하나의 명사구가 되어 동일한 문장 성분, 즉 목적어로 기능한다고 할 수 있다.

② '네가 벼루와 먹을 가져오너라.'에서 '벼루와'를 생략하여도 문장이 성립된다.
제시된 글을 볼 때, '네가 벼루와 먹을 가져오너라.'에서 접속 조사와 결합한 '벼루와'를 생략하여도 문장이 성립된다고 할 수 있다.

③ '친구랑 나랑 함께 꽃밭을 만들었다.'에서 '랑'은 체언들을 이어 주는 접속 조사이다.
제시된 글을 볼 때, '친구랑 나랑 함께 꽃밭을 만들었다.'에서 '랑'은 체언 '친구'와 '나'를 이어 주는 접속 조사라 할 수 있다.

✔️ '가방과 신발을 샀다.'에서 '과'는 부사격 조사로서 '가방과'는 서술어가 필수적으로 요구하는 성분이 된다.
제시된 글을 통해 부사격 조사에도 '와/과'가 있기 때문에 접속 조사 '와/과'와 구분해야 한다고 하면서, 접속 조사 '과'는 생략할 수 있지만, 부사격 조사로 쓰일 경우에는 문장에 반드시 필요한 필수적 부사어로 생략할 수 없음을 알 수 있다. 따라서 '가방과 신발을 샀다.'에서 '과'는 '가방과 신발'을 명사구로 만드는 접속 조사에 해당하므로 '가방과'를 생략해도 문장이 성립된다고 할 수 있다.

⑤ '수박하고 참외하고 먹자.'와 같이 '하고'는 결합하는 체언의 끝음절의 음운 환경이 달라도 형태가 변하지 않는다.
제시된 글을 볼 때, '수박하고 참외하고 먹자.'에서 '하고'는 자음으로 끝나는 체언 '수박', 모음으로 끝나는 체언 '참외'와 결합할 때 형태가 변하지 않음을 알 수 있다.

★★★ 등급을 가르는 문제!
36 중세 국어의 접속 조사 이해 정답률 73% | 정답 ③

윗글을 바탕으로 〈보기〉의 중세 국어 자료를 탐구한 내용으로 적절하지 <u>않은</u> 것은? [3점]

┌─── 〈보 기〉 ───
ⓐ 옷과 뵈와로 佛像을 꾸미슨바도
   [옷과 베로 불상을 꾸미었어도]
ⓑ 子息이며 죵이며 집안 사루믈 다 眷屬이라 ㅎ느니라
   [자식이며 종이며 집안의 사람을 다 권속이라 하느니라]
ⓒ 밤과 낮과 法을 니르시니
   [밤과 낮에 법을 이르시니]
ⓓ 입시울와 혀와 엄과 니왜 다 됴ᄒ며
   [입술과 혀와 어금니와 이가 다 좋으며]
└────────

① ⓐ에서 '옷과 뵈와'는 접속 조사에 의해 하나의 명사구를 이루고 있군.
제시된 글을 통해 접속 조사는 주로 체언과 결합하며, 이때 나열된 단어나 구들이 하나의 명사구가 되어 동일한 문장 성분으로 기능함을 알 수 있다. 따라서 ⓐ의 체언 '옷', '뵈'는 접속 조사 '와/과'에 의해 이어져서 하나의 명사구를 이루었다고 할 수 있다.

② ⓑ에서 '이며'는 열거의 방식으로 '子息'과 '죵'을 같은 자격으로 이어 주는 기능을 하고 있군.
제시된 글을 통해 접속 조사 '(이)며, (이)여'는 '열거'의 방식으로 접속의 기능을 나타냄을 알 수 있다. 따라서 ⓑ의 '子息', '죵'은 접속 조사 '이며'에 의해 이어졌으므로 '이며'는 열거의 방식으로 쓰였다고 할 수 있다.

✔️ ⓒ를 보니, 접속되는 마지막 체언에 '와 / 과'가 결합하지 않는 사례가 있었음을 확인할 수 있군.
제시된 글을 통해 중세 국어에서는 '와/과'는 마지막 체언에까지 결합하는 것이 일반적이지만 그렇지 않은 경우도 있었음을 알 수 있다. 그리고 〈보기〉의 ⓒ를 보면, ⓒ에서는 접속되는 마지막 체언 '낮'이 '과'와 결합하였음을 알 수 있다. 따라서 ⓒ는 접속되는 마지막 체언에 '와/과'가 결합하지 않는 사례라 할 수 없다.

④ ⓐ와 ⓓ를 보니, '와 / 과' 뒤에 격조사가 결합한 형태가 있었음을 확인할 수 있군.
제시된 글을 통해 중세 국어에서는 마지막 체언과 결합한 '와/과' 뒤에 격조사가 결합하는 경우도 있었음을 알 수 있다. 따라서 ⓐ의 '뵈와로'는 체언과 접속 조사가 결합한 '뵈와'에 격조사 '로'가 결합하였고, ⓓ의 '니왜'는 체언과 접속 조사가 결합한 '니와'에 격조사 'ㅣ'가 결합하였음을 알 수 있다.

⑤ ⓒ와 ⓓ를 보니, 'ㄹ'을 제외한 자음으로 끝나는 체언은 '과'와, 모음이나 'ㄹ'로 끝나는 체언은 '와'와 결합했음을 확인할 수 있군.
제시된 글을 통해 앞 음절이 모음으로 끝나면 '와, 랑, 며'가 쓰이고 앞 음절이 자음으로 끝나면 '과, 이랑, 이며'가 쓰임을 알 수 있다. 따라서 자음으로 끝나는 체언인 '밤', '낮', '엄'은 '과'와 결합한 것임을, 모음으로 끝나는 체언인 '혀', '니', 그리고 'ㄹ'로 끝나는 체언인 '입시울'은 '와'와 결합한 것임을 알 수 있다.

★★ 문제 해결 꿀~팁 ★★

▶ 많이 틀린 이유는?
이 문제는 중세 국어에 대한 이해가 부족하여 오답률이 높았던 것으로 보인다. 특히 중세 국어의 단어를 정확히 분석하지 못한 것도 오답률을 높인 것으로 보인다.
▶ 문제 해결 방법은?
이 문제를 해결하기 위해서는 일차적으로 중세 국어와 현대 국어를 비교하여 중세 국어가 어떻게 쓰였는지 파악해야 한다. 그런 다음 선택지에 제시한 내용을 비교한 내용을 바탕으로 적절성을 판단해야 한다. 가령 정답인 ③의 경우 '밤과 낮과'의 현대어 풀이가 '밤과 낮에'임을 비교했다면 현대 국어와 달리 중세 국어에서는 접속되는 마지막 체언인 '낯'에 '과'라는 접속 조사가 붙었음을 알았을 것이다. 한편 오답률이 높았던 ④의 경우, ⑥에 격조사가 결합한 형태가 없다고 판단하였는데, 이는 '니왜'를 정확히 분석하지 못했기 때문으로 보인다. 그런데 '니왜'의 현대어 풀이가 '이가'이므로 '니왜'에 격조사가 사용되었음을 알 수 있다. 즉 '니왜'는 '니와'에 주격 조사 'ㅣ'가 결합하고 있으므로 '와/과' 뒤에 격조사가 결합한 형태라 할 수 있다. 이처럼 중세 국어에서는 단어를 분석하는 것이 매우 중요(이어 적기, 격조사 등을 파악할 때 중요함)하므로, 평소 충분히 연습할 수 있도록 한다. 아울러 중세 국어의 기본이 되는 문법 지식은 익혀 두도록 한다.

---

37 음운의 탈락 파악   정답률 39% | 정답 ①

〈학습 활동〉을 수행한 결과로 적절한 것은?

〈학습 활동〉

[자료]의 단어들은 음운 변동 중 탈락이 일어난 예이다. 단어들을 [분류 과정]에 따라 분류할 때 ㉮, ㉯, ㉰에 들어갈 단어를 바르게 짝지은 것은?

[자료]
ⓐ 뜨-+-어서 → 떠서[떠서]
ⓑ 둥글-+-ㄴ → 둥근[둥근]
ⓒ 좋-+-아 → 좋아[조ː아]

[분류 과정]

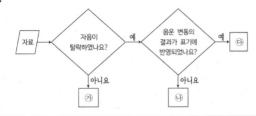

㉮	㉯	㉰
① ⓐ	ⓒ	ⓑ

'떠서'는 용언의 어간인 '뜨-'의 말음 'ㅡ'가 모음으로 시작하는 어미 앞에서 탈락된 모음 탈락에 해당하는 것으로, [떠서]라는 음운 변동의 결과가 '떠서'라고 표기에 반영된 것이라 할 수 있다. 그리고 '좋아'는 용언의 어간인 '좋-'의 말음 'ㅎ'이 모음으로 시작하는 어미 앞에서 탈락되어 [조ː아]로 발음된다. 이는 자음 탈락에 해당하는 것으로, 표기인 '좋아'와 발음인 [조ː아]가 다르므로 음운 변동의 결과가 표기에 반영되지 않은 것이라 할 수 있다. '둥근'은 용언의 어간인 '둥글-'의 말음 'ㄹ'이 'ㄴ' 앞에서 탈락되어 [둥근]으로 발음되는 자음 탈락에 해당한다. 이는 음운 변동의 결과인 [둥근]이 표기인 '둥근'과 같으므로 음운 변동 결과가 표기에 반영된 것이라 할 수 있다.

② ⓐ   ⓑ   ⓒ
③ ⓒ   ⓐ   ⓑ
④ ⓒ   ⓑ   ⓐ
⑤ ⓑ   ⓐ   ⓒ

---

38 인용절 파악   정답률 71% | 정답 ④

〈보기〉의 ⓐ ~ ⓒ에 대해 탐구한 내용으로 적절하지 않은 것은?

〈보 기〉

[탐구 과제] 직접 인용절을 가진 안은 문장이 간접 인용절을 가진 안은 문장으로 바뀌었을 때의 높임 표현, 지시 표현, 인용 조사 등의 변화 탐구하기

[탐구 자료]

직접 인용절을 가진 안은 문장	간접 인용절을 가진 안은 문장	
그가 어제 나에게 "내일 서울에 갑니다." 라고 말했다.	그가 어제 나에게 오늘 서울에 간다고 말했다.	…ⓐ
희수가 민주에게 "힘든 일은 나에게 맡겨라."라고 말했다.	희수가 민주에게 힘든 일은 자기에게 맡기라고 말했다.	…ⓑ
부산에 간 친구가 나에게 "이곳이 참 아름답구나."라고 말했다.	부산에 간 친구가 나에게 그곳이 참 아름답다고 말했다.	…ⓒ

① ⓐ : '오늘'을 보니, 직접 인용절의 시간 부사가 간접 인용절에서는 바뀌어 나타났군.
　ⓐ의 직접 인용절을 가진 안은문장에서 직접 인용절의 시간 부사 '내일'이, 간접 인용절을 가진 안은문장에서는 '오늘'로 바뀌어 나타남을 알 수 있다.

② ⓐ : '간다고'를 보니, 직접 인용절에서 '그'가 '나'를 고려해 사용한 높임 표현이 간접 인용절에서는 바뀌어 나타나는군.
　ⓐ의 직접 인용절을 가진 안은문장에서 직접 인용절 '갑니다'가, 높임 표현이 간접 인용절을 가진 안은문장에서는 '간다'로 바뀌어 나타남을 알 수 있다.

③ ⓑ : '맡기라고'를 보니, 직접 인용절이 명령문일 때 간접 인용절의 인용 조사는 '고'가 사용되었군.
　ⓑ의 직접 인용절을 가진 안은문장에서 '맡겨라.'가, 간접 인용절을 가진 안은문장에서는 '(라)고'로 바뀌어 나타남을 알 수 있다.

✔ ④ ⓒ : '그곳이'를 보니, 직접 인용절의 발화자인 '친구'의 관점으로 지시 표현이 바뀌어 나타나는군.
　ⓒ의 직접 인용절을 가진 안은문장에서 '이곳이'는 직접 인용절의 발화자인 친구의 입장에서 기술된 지시 표현이라 할 수 있다. 그리고 직접 인용절을 가진 안은문장이 간접 인용절을 가진 안은문장으로 바뀔 경우에는 '이곳이'는 '나'의 입장에서 기술된 '그곳이'로 바뀌어 나타남을 알 수 있다.

⑤ ⓒ : '아름답다고'를 보니, 직접 인용절의 감탄형 종결 어미는 간접 인용절에서 평서형 종결 어미로 바뀌어 나타났군.
　ⓒ의 직접 인용절을 가진 안은문장에서 '아름답구나'라는 감탄형 종결 어미가, 간접 인용절을 가진 안은문장에서는 평서형 종결 어미 '아름답다'로 바뀌어 나타남을 알 수 있다.

---

39 보조 용언이 드러내는 의미 파악   정답률 62% | 정답 ②

〈보기〉의 [A]에 들어갈 말로 적절하지 않은 것은?

〈보 기〉

선생님 : 화자의 다양한 심리적 태도는 '보조적 연결 어미와 보조 용언'의 구성을 통해 나타낼 수 있습니다. ㉠ ~ ㉤의 '보조적 연결 어미와 보조 용언'에 대해 탐구해 봅시다.

지혜 : 쉬고 있는 걸 보니 안무를 다 ㉠ 짰나 본데?
세희 : 아니야, 잠시 쉬고 있어. 춤이 어려워서 친구들이 공연 중에 동작을 ㉡ 잊을까 싶어 걱정이야.
지혜 : 그렇구나. 동작은 너무 멋있던데?
세희 : 그렇게 말해줘서 고마워. 근데 구성까지 어려우니까 몇몇 친구들은 그만 ㉢ 포기해 버리더라고.
지혜 : 그럼 내가 내일 좀 ㉣ 고쳐 줄까?
세희 : 괜찮아. 고맙지만, 오늘까지 ㉤ 마쳐야 해.

학생 :   [A]

① ㉠에는 화자가 어떠한 행동에 대해 추측하고 있음이 나타나 있습니다.
　㉠ 앞의 '쉬고 있는 걸 보니'를 통해, ㉠에는 화자가 쉬고 있는 행동에 대해 추측하고 있음이 나타나 있음을 알 수 있다.

✔ ② ㉡에는 화자가 뜻하는 행동을 하고자 하는 의도가 나타나 있습니다.
　㉡에서 '잊을까 싶다'는 보조적 연결 어미 '-을까'와 보조 용언 '싶다'의 구성으로 쓰인 것으로, '잊을까 싶다'는 친구들이 동작을 잊을까 걱정하는 화자의 심리적 태도를 나타낸 것이라 할 수 있다. 따라서 ㉡에 화자가 뜻하는 행동을 하고자 하는 의도가 나타나 있다는 말은 적절하지 않다.

③ ㉢에는 어떠한 행동이 이루어진 결과에 대해 화자가 아쉬운 감정을 갖게 되었음이 나타나 있습니다.
　세희는 몇몇 친구들이 구성까지 어려워서 포기했다는 것을 말하고 있으므로, ㉢에는 포기한 행동이 이루어진 결과에 대해 화자가 아쉬운 감정을 갖게 되었음이 나타나 있다고 할 수 있다.

④ ㉣에는 화자가 상대를 위해 무언가를 베푼다는 심리적 태도가 나타나 있습니다.
　지혜가 세희의 말을 듣고 구성을 고쳐 주겠다는 생각을 드러낸 말이므로, ㉣에는 화자가 상대를 위해 무언가를 베푼다는 심리적 태도가 나타나 있다고 볼 수 있다.

⑤ ㉤에는 화자가 어떠한 행동을 하는 것이 필요함을 나타내고 있습니다.
　세희는 안무를 오늘까지 마쳐야 함을 드러내고 있으므로, ㉤은 세희가 어떠한 행동을 하는 것이 필요함을 나타낸다고 할 수 있다.

---

40 매체의 유형과 특성 파악   정답률 96% | 정답 ⑤

(가)와 (나)에 대한 이해로 가장 적절한 것은?

① (가)와 달리 (나)는 정보 생산자가 자신이 가지고 있는 정보를 수용자들과 공유하고 있다.
　(나)에서 수애는 자신이 가진 '사진 파일'을 그룹 채팅에 들어온 사람들과 공유하고 있지만, '자신이 찾은 자료'를 수용자들과 공유하고 있으므로 수애를 정보 생산자라 할 수 없다.

② (나)와 달리 (가)는 수용자가 또 다른 정보 생산자가 되어 정보 수정에 대한 의견을 제시하고 있다.
　(가)를 통해 인터넷 강연에 참여한 수용자가 또 다른 정보 생산자가 되어 정보 수정에 대한 의견을 제시한 부분은 찾아볼 수 없다.

③ (나)와 달리 (가)는 특수 문자와 한글의 자음자로 된 기호를 사용하여 정보 생산자의 감정을 드러내고 있다.
　(나)에서는 특수 문자(^^)와 한글의 자음자로 된 기호(ㅎㅎ)를 사용하여 정보 생산자의 감정을 드러내고 있다.

④ (가)와 (나)는 모두 정보 생산자가 수용자를 특정인으로 한정 짓지 않고 정보를 전달하고 있다.
　(나)는 메신저 대화방에서 대화를 나누고 있는 친구들이 5명으로 한정되어 있다.

✔ ⑤ (가)와 (나)는 모두 공간에 구애받지 않고 정보 생산자와 수용자가 실시간으로 상호작용하고 있다.
　(가)는 인터넷 강연 중 실시간 채팅을 통해, (나)는 모바일 메신저를 활용한 대화를 통해 정보 생산자와 수용자가 공간에 구애받지 않고 실시간으로 상호작용하고 있음을 확인할 수 있다. 또한 (가)와 (나) 모두 정보 생산자가 자신이 가지고 있는 정보를 수용자들과 공유하고 있으며, 수용자가 또 다른 정보 생산자가 되어 정보에 대한 자신의 의견을 제시하고 있다.

---

41 매체 언어의 표현 파악   정답률 78% | 정답 ⑤

㉠ ~ ㉤에 대한 설명으로 적절하지 않은 것은?

① ㉠ : 연결 어미 '-면'을 활용하여 앞 절의 내용이 '답'을 할 수 있는 조건임을 나타내고 있다.
　'링크를 누르시면'의 종속적 연결 어미 '-면'을 통해, 앞 절의 내용이 '답'을 할 수 있는 조건임을 나타내고 있다.

② ㉡ : 보조사 '나'를 활용하여 성인의 종이책 독서율의 감소 정도가 크다는 것을 부각하고 있다.
　'나'는 수량이 많거나 정도를 넘거나 한도에 이르렀음을 나타내는 보조사로, 지난 10년 사이 성인의 종이책 독서율 감소 정도가 크다는 것을 강조하고 있다.

③ ㉢ : 관용 표현 '두말할 나위가 없다'를 활용하여 독서가 중요하다는 점을 드러내고 있다.
　'두 말할 나위가 없을 것입니다'를 통해 독서가 정보 습득의 중요한 수단임을 강조하고 있으므로, 관용 표현인 '두말할 나위가 없다'를 활용하여 독서가 중요하다는 점을 드러냈다고 할 수 있다.

④ ㉣ : 접속 부사 '그래서'를 활용하여 강연 내용의 응집성을 높이고 있다.
　접속 부사 '그래서'를 활용하여 뒤 문장의 내용이 앞 문장에 이어지는 내용임을 드러냄으로써 강연 내용의 응집성을 높이고 있다.

✔ ⑤ ㉤ : 피동 표현을 활용하여 '뇌의 인지와 감정 영역'이 행위의 주체라는 점을 드러내고 있다.

(가)의 '강연자'는 피동 표현 '~되다'를 활용하여 행위의 주체가 아니라 '자극하다'의 대상인 '뇌의 인지와 감정 영역'에 초점을 두어 말하고 있다.

---

42 매체 자료 수용의 적절성 파악   정답률 92% | 정답 ④

다음은 오디오북 앱을 사용해 본 사람들이 (가)를 들은 후 도서관 게시판에 단 댓글이다. 댓글을 분석한 것으로 적절하지 <u>않은</u> 것은?

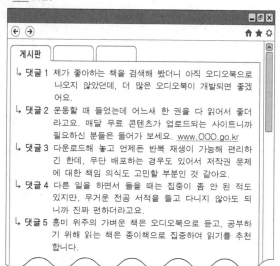

① 댓글 1은 오디오북 앱을 사용하면서 느낀 아쉬운 점을 언급하며 더 많은 오디오 북이 제작되기를 바라고 있군.
댓글 1의 '아직 오디오북으로 나오지 않았던데'를 통해 오디오북 앱을 사용하면서 느낀 아쉬운 점을 언급하면서, '더 많은 오디오 북이 개발되면 좋겠다'는 바람을 드러내고 있다.

② 댓글 2는 자신의 경험을 바탕으로 강연 내용에 공감하며 하이퍼링크를 활용해 관련 정보를 제공하고 있군.
댓글 2는 운동할 때의 경험을 바탕으로 강연 내용에 공감하면서, 매달 무료 콘텐츠가 업로드되는 사이트 주소명을 알려 주고 있으므로 하이퍼링크를 활용해 관련 정보를 제공하고 있다.

③ 댓글 3은 오디오북이 지닌 편의성이 초래할 수도 있는 윤리적 문제를 떠올리고 있군.
댓글 3의 '무단 배포하는 경우도 ~ 고민할 부분인 것 같아요.'를 통해, 댓글 3은 오디오북이 지닌 편의성이 초래할 수도 있는 윤리적 문제를 떠올리고 있음을 알 수 있다.

④ 댓글 4는 오디오북이 지닌 휴대성이 일상 속 독서 접근 기회를 높인다는 강연자의 말에 의문을 제기하고 있군.
'댓글 4'는 '전공 서적을 들고 다니지 않아도' 된다며 오디오북의 장점인 휴대성을 언급하며 '진짜 편하'다고 말하고 있다. 이를 통해 일상 속 독서 접근 기회가 높아진다는 강연 내용에 공감했다고 볼 수 있다.

⑤ 댓글 5는 독서의 목적에 따라 오디오북을 선택적으로 활용할 것을 추천하고 있군.
댓글 5는 흥미 위주의 가벼운 책은 오디오북으로 듣고, 공부하기 위해 읽은 책은 종이책 읽기를 추천하고 있다. 따라서 댓글 5는 독서의 목적에 따라 오디오북을 선택적으로 활용할 것을 추천하고 있음을 알 수 있다.

---

43 매체 자료 구성의 적절성 파악   정답률 95% | 정답 ③

(가)를 바탕으로 할 때, (나)의 발화에 대한 설명으로 적절하지 <u>않은</u> 것은? [3점]

① '수예'는 발표의 목적과 청중을 고려하여 [슬라이드 1]에 강연을 통해 얻은 정보와 함께 새로운 내용을 추가하고자 한다.
'수예'는 '우리 학교 학생들이 책을 많이 읽도록 도와주자'는 발표 목적과 '우리 학교 학생들'이라는 청중을 고려하여 [슬라이드 1]에 성인의 독서 저해 요인 그래프 외에 학생의 독서 저해 요인 분석 그래프를 추가로 제시하려 하고 있다.

② '동욱'은 청중의 집중을 유도하기 위해 [슬라이드 2]에서 전달 내용을 문구로 제시할 때 음향 효과를 사용하고자 한다.
'동욱'은 [슬라이드 2]에 스마트폰이 독서에 유용하게 쓰일 수 있다는 중심 문구를 효과음과 함께 제시하여 청중의 집중을 유도하려 하고 있다.

③ '다정'은 발표 자료의 공정성을 고려하여 [슬라이드 3]에 오디오북의 장단점을 균형 있게 다룬 자료를 제시하고자 한다.
'다정'은 오디오북이 독서 동기를 유발한다는 강연 내용에 대해 정확한 근거를 들어 설득력을 높이고자 말하면서, 그 근거로 오디오북 독자의 39%가 종이책이나 전자책 독서량도 늘었다는 자료를 제시하려 하고 있다. 이는 발표 내용의 타당성을 높이고자 하는 것이므로 발표 자료의 공정성을 고려한다는 내용은 적절하지 않다. 또한 제시하고자 하는 근거 자료가 오디오북의 장단점을 다룬 자료도 아니다.

④ '해찬'은 발표 내용의 전달 효과를 높이기 위해 [슬라이드 4]를 문자와 영상을 결합한 복합 양식으로 구성하고자 한다.
'해찬'은 [슬라이드 4]를 영상과 문자를 활용한 복합적 양식으로 구성하려 하고 있다.

⑤ '형준'은 발표 자료의 효용성을 고려하여 [슬라이드 5]를 자신이 선별한 정보들로 구성하고자 한다.
'형준'은 발표 자료의 청중인 '우리 학교 학생들', 즉 청소년에게 유익한 정보가 담긴 오디오북 플랫폼을 찾아 정리하여 [슬라이드 5]를 구성하려 하고 있다. 이는 발표 자료의 효용성을 고려한 것이며, 많은 정보들 중 유용한 것을 선별하려는 것이다.

---

44 매체의 유형과 특성 파악   정답률 96% | 정답 ②

(가)에 대한 설명으로 적절하지 <u>않은</u> 것은?

---

① 댓글 내용에 반응하여 프로젝트에 대한 제안 내용을 수용하고 있다.
(가)의 '댓글'의 학생회장이 반응한 것을 통해 알 수 있다.

② 프로젝트의 결과를 요약한 파일을 첨부하여 추가 자료를 제공하고 있다.
(가)의 블로그에 첨부한 파일은 과학 동아리에서 작성한 관찰 일지를 예시 자료로 제공한 것이지, 프로젝트의 결과를 요약한 것은 아니다. 또한 추가 자료도 아님을 확인할 수 있다.

③ 학교 숲 사진으로 만든 동영상을 제시하여 프로젝트 내용의 일부를 보여 주고 있다.
(가)에서 '학교 숲의 사계절 영상'을 보여 주고 있으므로 적절하다.

④ 자료를 올리려는 학생들이 해당 게시판으로 편리하게 이동할 수 있도록 안내하고 있다.
(가)의 '과학 동아리에서 작성한 ~ 작성해서 업로드해 주세요.'를 통해 알 수 있다.

⑤ '공감하기' 기능을 활용하여 프로젝트에 대한 학생들의 반응을 확인하려고 하고 있다.
(가)의 '여러분! 이 프로젝트에 ~ 눌러 주시고'를 통해, '공감하기' 기능을 활용하여 프로젝트에 대한 학생들의 반응을 확인하려 함을 알 수 있다.

---

45 매체 자료 수용의 적절성 파악   정답률 82% | 정답 ②

〈보기〉는 학생회의 회의 결과를 바탕으로 (나)를 수정한 앱이다. 회의 내용으로 적절하지 <u>않은</u> 것은?

① 프로젝트의 제목을 반영하여 앱의 제목을 바꾸고, 학교 이름도 언급하는 것이 좋을 것 같아.
(나)의 '우리 학교 프로젝트' 앱의 제목은 수정 후, '우리 학교 숲과 텃밭의 365일을 담다'라는 프로젝트 제목을 활용하고 '○○고등학교'라는 학교명을 기재하여 앱 제목을 변경하고 있다.

② 항목별로 모은 자료가 무엇인지 표시하여 알려 주고, 구분되어 있지 않던 항목도 '학교 숲'과 '학교 텃밭' 항목으로 나누자.
앱의 구성 요소를 수정할 때, (나)에서는 '학교 숲'과 '학교 텃밭'으로 항목을 나누고 각각 연도와 학년으로 구분하여 구성하고 있다. 그리고 〈보기〉에서는 '학교 숲 사진'과 '학교 텃밭 탐구 자료'로 항목을 나누고, 각각 계절과 식물의 종류별로 구분하여 구성하고 있다. 따라서 수정하기 전인 (나)에서도 '학교 숲'과 '학교 텃밭' 항목은 구분되어 있었으므로 회의 내용으로 적절하지 않다.

③ '학교 텃밭' 항목의 메뉴를 나누는 기준을 학년에서 식물의 종류로 바꾸어 탐구 자료를 식물별로 확인할 수 있게 하자.
(나)의 학년별로 나눈 '학교 텃밭' 항목의 메뉴는 수정 후 식물의 종류로, 그 기준이 바뀌었다.

④ '학교 숲' 항목은 사진을 연도별로 구분하는 것보다 계절별로 확인할 수 있게 메뉴를 새롭게 구성하는 게 좋을 것 같아.
(나)의 연도별로 구분한 '학교 숲' 항목은 수정 후, 계절별로 메뉴를 구성하고 있다.

⑤ '묻고 답하기' 항목을 '자료 더하기' 항목으로 바꾸어 숲 사진과 식물 관찰 일지를 올릴 수 있도록 하자.
(나)의 '묻고 답하기' 항목은 '자료 더하기' 항목으로 바꾸어 자료들을 올릴 수 있도록 하고 있다.

• 정답 •
35 ② 36 ③ 37 ④ 38 ① ★ 39 ① 40 ⑤ 41 ④ 42 ② 43 ② 44 ⑤ 45 ⑤

★ 표기된 문항은 [등급을 가르는 문제]에 해당하는 문항입니다.

35 품사의 이해 정답률 64% | 정답 ②

윗글을 바탕으로 〈보기〉에 대해 이해한 내용으로 적절하지 않은 것은?

─〈보 기〉─

ㄱ. 과연 두 사람이 만날 수 있을까?
ㄴ. 합격 소식을 듣고 그가 활짝 웃었다.
ㄷ. 학생, 아무리 바쁘더라도 식사는 해야지.

① ㄱ의 '과연'은 문장 전체를 수식하는 부사이군.
제시된 글을 통해 주로 용언이나 문장을 수식하는 것은 부사임을 알 수 있으므로, ㄱ의 '과연'은 문장 전체를 수식하는 부사라 할 수 있다.

② ㄱ의 '두'는 대상의 수량을 나타내는 수사이군.
제시된 글을 통해 대상의 수량이나 순서를 나타내는 것은 수사이고, 주로 체언을 수식하는 것은 관형사임을 알 수 있다. 그리고 ㄱ에서 '두'는 후행하는 명사 '사람'을 수식하고 있으므로 관형사임을 알 수 있다.

③ ㄴ의 '웃었다'는 대상의 동작을 나타내는 동사이군.
제시된 글을 통해 대상의 동작이나 작용을 나타내는 것은 동사임을 알 수 있으므로, ㄴ의 '웃었다'는 대상의 동작을 나타내는 동사라 할 수 있다.

④ ㄷ의 '학생'은 대상의 이름을 나타내는 명사이군.
제시된 글을 통해 대상의 이름을 나타내는 것은 명사임을 알 수 있으므로, ㄷ의 '학생'은 대상의 이름을 나타내는 명사라 할 수 있다.

⑤ ㄷ의 '는'은 체언에 붙어 특별한 의미를 더하는 조사이군.
제시된 글을 통해 주로 체언에 붙어 문법적 관계를 표시하거나 특별한 의미를 더하는 것은 조사임을 알 수 있으므로, ㄷ의 '는'은 체언에 붙어 특별한 의미를 더하는 조사라 할 수 있다.

● 문법 필수 개념

■ 품사의 이해
1. 단어를 성질이 공통된 것끼리 모아 갈래를 지어 놓은 것을 '품사'라고 한다.
2. 품사는 형태, 기능, 의미에 따라 분류된다.

형태	기능	의미	내용
불변어	체언	명사	대상의 이름을 나타내는 단어 예 사과
		대명사	명사를 대신하여 쓰이는 단어 예 너, 우리
		수사	대상의 수량이나 순서를 나타내는 단어 예 하나, 첫째
	수식언	관형사	체언, 그중에서도 주로 명사를 수식하는 단어 예 헌
		부사	주로 용언, 관형사, 부사, 문장을 수식하는 단어 예 매우, 몹시
	독립언	감탄사	말하는 사람의 놀람이나 느낌 등을 나타내는 단어 예 야호!
	관계언	조사	주로 체언 뒤에 붙어 다른 성분과의 관계를 나타내는 단어 예 이/가, 을/를
가변어	용언	동사	대상의 움직임을 나타내는 단어 예 먹다, 달리다
		형용사	대상의 성질이나 상태를 나타내는 단어 예 예쁘다, 깨끗하다

36 현대 국어와 중세 국어 품사 통용 정답률 77% | 정답 ③

윗글을 바탕으로 〈보기〉의 자료를 탐구한 내용으로 적절하지 않은 것은? [3점]

─〈보 기〉─

선생님: (가)에서 '이'는 두 개의 품사로, '새'는 하나의 품사로 쓰이고 있습니다. (가), (나)를 통해 '이'와 '새'의 현대 국어에서의 품사를 알아보고 중세 국어와 비교해 봅시다.

[자료]
(가) 현대 국어
ㅇ 이보다 더 좋을 수는 없다. / 이 사과는 맛있다.
ㅇ 새 학기가 된다.
(나) 중세 국어
ㅇ 내 이룰 爲ᄒᆞ야(내가 이를 위하여)
  내 이 도ᄂᆞᆯ 가져가(내가 이 돈을 가져가서)
ㅇ 새 구스리 나며(새 구슬이 나며)
  이 나래 새ᄅᆞᆯ 맛보고(이날에 새것을 맛보고)
  새 出家ᄒᆞᆫ 사ᄅᆞ미니(새로 출가한 사람이니)

① 현대 국어에서 '이'는 대명사로도 관형사로도 쓰이고 있군.
현대 국어에서 '이'는 대명사로도 관형사로도 쓰이고 있다. '이보다 더 좋을 수는 없다.'의 '이'는 조사와 결합하여 '말하는 이에게 가까이 있거나 말하는 이가 생각하고 있는 대상'을 가리키는 대명사로, '이 사과는 맛있다.'의 '이'는 '사과'라는 명사를 수식하는 관형사로 쓰이고 있다. 그리고 중세 국어 '내 이룰 爲ᄒᆞ야'의 '이'는 조사와 결합한 대명사로, '내 이 도ᄂᆞᆯ 가져가'의 '이'는 후행하는 명사를 수식하는 관형사로 쓰였으므로, 중세 국어의 '이' 또한 현대 국어와 마찬가지로 대명사와 관형사로 쓰였음을 알 수 있다.

② 현대 국어에서 '이'의 품사 통용은 중세 국어 '이'의 품사 통용과 같은 양상으로 나타나는군.
현대 국어에서 '이'는 대명사로도 관형사로도 쓰이고 있다. '이보다 더 좋을 수는 없다.'의 '이'는 조사와 결합하여 '말하는 이에게 가까이 있거나 말하는 이가 생각하고 있는 대상'을 가리키는 대명사로, '이 사과는 맛있다.'의 '이'는 '사과'라는 명사를 수식하는 관형사로 쓰이고 있다. 그리고 중세 국어 '내 이룰 爲ᄒᆞ야'의 '이'는 조사와 결합한 대명사로, '내 이 도ᄂᆞᆯ 가져가'의 '이'는 후행하는 명사를 수식하는 관형사로 쓰였으므로, 중세 국어의 '이' 또한 현대 국어와 마찬가지로 대명사와 관형사로 쓰였음을 알 수 있다. 따라서 현대 국어에서 '이'의 품사 통용은 중세 국어 '이'의 품사 통용과 같은 양상으로 나타난다는 설명은 적절하다.

③ 중세 국어에서 '새'는 대명사로도 부사로도 쓰였군.
'새 구스리 나며'의 현대어 풀이가 '새 구슬이 나며'이므로, 이를 통해 '새'는 후행하는 명사를 수식하는 관형사로 쓰였음을 알 수 있고, '이 나래 새ᄅᆞᆯ 맛보고'의 현대어 풀이가 '이날에 새것을 맛보고'이므로, '새'는 조사와 결합하여 '새로 나오거나 만든 것'이라는 의미를 지닌 명사로 쓰였음을 알 수 있다. 그리고 '새 出家ᄒᆞᆫ 사ᄅᆞ미니'의 현대어 풀이가 '새로 출가한 사람이니'이므로 '새'는 후행하는 용언을 수식하는 부사로 쓰였음을 알 수 있다. 하지만 〈보기〉를 통해 '새'가 대명사로 쓰인 사례는 찾아볼 수 없으므로 적절하지 않다.

④ 중세 국어에서 '새'는 현대 국어의 '새'와 동일한 품사로도 쓰였군.
'새 학기가 된다.'에서 '새'는 후행하는 '학기'를 꾸며 주므로 관형사로 쓰였음을 알 수 있다. 그리고 중세 국어 '새 구스리 나며'의 현대어 풀이가 '새 구슬이 나며'이므로, '새'는 후행하는 명사를 수식하는 관형사로 쓰였음을 알 수 있다. 따라서 중세 국어에서 '새'는 현대 국어의 '새'와 동일한 품사로도 쓰였음을 알 수 있다.

⑤ 중세 국어에서 '새'는 다양한 품사로 두루 쓰였지만 현대 국어에서 '새'는 품사 통용이 나타나지 않는군.
(가)의 현대 국어를 통해 '새'가 관형사로 쓰였음을 알 수 있고, (나)의 중세 국어의 사례를 통해 '새'가 '관형사, 명사, 부사'로 쓰였음을 알 수 있다. 따라서 중세 국어에서 '새'는 다양한 품사로 두루 쓰였지만 현대 국어에서 '새'는 품사 통용이 나타나지 않음을 알 수 있다.

37 음운 변동의 이해 정답률 88% | 정답 ④

〈보기〉를 바탕으로 음운 변동에 대해 이해한 내용으로 적절하지 않은 것은?

─〈보 기〉─

한 음운이 다른 음운과 만날 때 환경에 따라 다른 음운으로 바뀌어서 소리 나는 현상을 음운 변동이라고 한다. 음운 변동은 그 양상에 따라 교체, 축약, 탈락, 첨가로 나눌 수 있다. 이러한 음운 변동은 한 단어에서 두 가지 이상이 함께 나타나기도 한다.

① '물약[물략]'에서는 첨가와 교체의 음운 변동이 일어난다.
'물약'에서 'ㄴ' 첨가가 일어나 [물냑]으로 바꾼 뒤, 첨가된 'ㄴ'이 '물'의 끝소리 'ㄹ'의 영향을 받아 [ㄹ]로 바뀌어 [물략]으로 발음된다.

② '읊는[음는]'에서는 탈락과 교체의 음운 변동이 일어난다.
'읊는'에서 '읊'의 끝에 오는 두 자음 중 'ㄹ'이 탈락하여 [읖는]으로 바꾼 뒤, 'ㅍ'이 'ㅂ'으로 바뀌고 뒤에 오는 'ㄴ'의 영향을 받아 [ㅁ]으로 바뀌어 [음는]으로 발음된다.

③ '값하다[가파다]'에서는 탈락과 축약의 음운 변동이 일어난다.
'값하다'에서 '값'의 끝에 오는 두 자음 중 'ㅅ'이 탈락하여 [갑하다]로 바꾼 뒤, 남은 'ㅂ'이 뒤에 오는 'ㅎ'과 축약되어 거센소리 'ㅍ'으로 바뀌어 [가파다]로 발음된다.

④ '급행요금[그팽뇨금]'에서는 탈락과 축약과 첨가의 음운 변동이 일어난다.
'급행요금'은 '급'의 끝소리 'ㅂ'과 'ㅎ'이 축약되어 거센소리 'ㅍ'으로 발음되어 [그팽요금]으로 바꾼 뒤, '급행'과 '요금' 사이에서 'ㄴ'이 첨가되어 [그팽뇨금]으로 발음된다. 따라서 '급행요금'에서는 축약과 첨가의 음운 변동이 일어나지만 탈락의 음운 변동은 일어나지 않는다.

⑤ '넓죽하다[넙쭈카다]'에서는 탈락과 교체와 축약의 음운 변동이 일어난다.
'넓죽하다'에서 '넓'의 끝에 오는 두 자음 중 'ㄹ'이 탈락하여 [넙죽하다]로 바꾼 뒤, 남은 'ㅂ'의 영향을 받아 뒤의 자음 'ㅈ'이 된소리 'ㅉ'이 되어 [넙쭉하다]로 바뀐다. 그런 다음 '죽'의 끝소리 'ㄱ'과 뒤의 자음 'ㅎ'이 만나 거센소리 'ㅋ'으로 축약되어 [넙쭈카다]로 발음된다.

★★★ 등급을 가르는 문제!

38 본말과 준말 활용형의 적절성 평가 정답률 51% | 정답 ①

〈보기〉를 참고할 때, 밑줄 친 단어의 활용이 적절하지 않은 것은?

─〈보 기〉─

'다양한 기능을 갖은 물건이다.'에서 '갖은'은 '가진'을 잘못 쓴 예이다. '갖다'는 본말 '가지다'의 준말로, '갖다'와 '가지다'는 모두 표준어다. 그런데 '갖다'는 '갖고', '갖지만'과 같이 활용할 수 있지만 '갖아', '갖으며'와 같이 활용할 수는 없는데, 이는 모음으로 시작하는 어미가 연결될 때에는 준말의 활용형을 인정하지 않기 때문이다. '내디디다/내딛다, 서두르다/서둘다, 머무르다/머물다, 서두르다/서둘다, 건드리다/건들다' 등도 모음으로 시작하는 어미 앞에서는 본말의 활용형만 쓴다.

① 그녀는 새로운 삶에 첫발을 내딛었다.
〈보기〉를 통해 자음으로 시작하는 어미가 연결될 때에는 준말의 활용형을 인정하지만, 모음으로 시작하는 어미가 연결될 때에는 준말의 활용형을 인정하지 않음을 알 수 있다. 그리고 〈보기〉를 통해 '내딛다'는 '내디디다'의 준말이므로, '내딛고, 내딛지, 내딛자' 등과 같이 자음으로 시작하는 어미의 활용형에는 준말의 활용형을 인정하지만, '내딛어, 내딛으며, 내딛으니' 등과 같이 모음으로 시작하는 어미의 활용형에는 준말의 활용형을 인정하지 않는다. 따라서 '그녀는 새로운 삶에 첫발을 내딛었다.'에서 '내딛었다'는 '내디디었다(내디뎠다)'로 써야 한다.

② 아저씨가 농사일에 서투른 줄 몰랐다.
〈보기〉를 통해 '서투르다'는 본말로 '서투르지, 서투르니, 서투르며' 등과 같이 자음이나 모음으로 연결되는 어미의 활용형을 모두 쓸 수 있음을 알 수 있다. '서투른'은 '서투르-'에 어미 '-ㄴ'이 결합된 단어이므로 그 활용형으로 적절하다고 할 수 있다.

③ 우리는 여기에 머물면서 쉴 생각이다.
〈보기〉를 통해 '머물다'는 준말로 '머물며, 머물러' 등과 같이 자음으로 연결되는 어미의 활용형을 쓸 수 있음을 알 수 있다. '머물면'은 '머물-'에 어미 '-ㄴ'이 결합된 단어이므로 그 활용형으로 적절하다고 할 수 있다.

④ 서두르지 않으면 출발 시간에 늦겠다.
〈보기〉를 통해 '서두르다'는 본말로 '서두르며, 서두르니' 등과 같이 자음으로 연결되는 어미의 활용형을 쓸 수 있음을 알 수 있다. '서두르지'는 '서두르-'에 어미 '-지'가 결합된 단어이므로 그 활용형으로 적절하다고 할 수 있다.

⑤ 조금만 건드려도 방울 소리가 잘 난다.

〈보기〉를 통해 '건드리다'는 본말로 '건드리며, 건드리니, 건드리어' 등과 같이 자음이나 모음으로 연결되는 어미의 활용형을 모두 쓸 수 있음을 알 수 있다. '건드려도(건드리어도)'는 단어의 활용형으로 적절하다고 할 수 있다.

★★ 문제 해결 꿀~팁 ★★

▶ 많이 틀린 이유는?
이 문제는 〈보기〉의 내용을 정확히 이해하지 못하였거나, 〈보기〉를 이해했어도 실제 사례에 적용하는 과정에서 어려움을 겪어 오답률이 높았던 것으로 보인다.

▶ 문제 해결 방법은?
문법 문제에서 지문이 제시되거나 이 문제처럼 〈보기〉를 제시하여 설명하는 경우에는 반드시 내용을 정확히 이해해야 한다. 특히 〈보기〉에서 제시된 사례가 선택지에 사용될 때에는 〈보기〉의 사례가 어떻게 제시되어 있는지도 확인해야 한다. 가령 정답인 ①의 경우, '내딛었다'가 〈보기〉를 통해 준말인 '내딛다'를 이용한 것임을 파악하고, 모음으로 시작하는 어미의 활용형에는 준말의 활용형을 인정하지 않는다는 내용을 파악했으면 '내딛었다'는 활용이 적절하지 않음을 알았을 것이다. 마찬가지로 오답률이 높았던 ③의 경우에도 〈보기〉를 통해 준말인 '머물다'를 이용한 것이고, 자음으로 시작하는 어미의 활용형에는 준말의 활용형을 인정한다는 내용을 파악했으면 단어의 활용이 적절함을 알았을 것이다. 이처럼 문법 문제에서는 제시된 지문이나 〈보기〉를 바탕으로 이해하는 문제의 경우, 지문이나 〈보기〉 내용을 정확히 이해만 한다면 쉽게 해결할 수 있으므로, 문법에 대해 설명한 경우는 반드시 꼼꼼하게 읽을 수 있도록 해야 한다.

39 문장의 짜임 이해
정답률 78% | 정답 ①

〈보기〉의 ㉠에 들어갈 예로 적절한 것은?

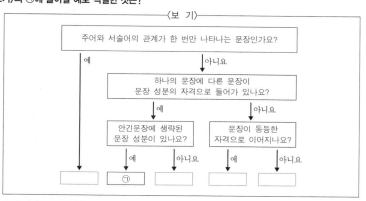

✔ ① 아버지가 만든 책꽂이가 제일 멋지다.
㉠에는 겹문장 중 안긴문장이면서 안긴문장에 생략된 성분이 있어야 한다. 이러한 조건을 만족하는 안긴문장이 있는 것은 ①이다. '아버지가 만든 책꽂이가 제일 멋지다.'는 '아버지가 책꽂이를 만들었다.'가 '책꽂이가 제일 멋지다.'에 안긴문장으로, 안긴문장에서 목적어 '책꽂이를'이 생략되어 있다.

② 어머니는 그 일이 끝나기를 기다렸다.
'어머니는 그 일이 끝나기를 기다렸다.'는 '그 일이 끝나기'라는 명사절을 가진 안은문장에 해당하고, '그 일이 끝나기'라는 안긴문장에 생략된 문장 성분은 없다.

③ 그녀는 지난주에 고향 집으로 떠났다.
'그녀는 지난주에 고향 집으로 떠났다'는 '그녀'라는 주어와 '떠났다'라는 서술어의 관계가 한 번만 나타나는 홑문장이다.

④ 창밖에는 비가 내리고 바람이 불었다.
'창밖에는 비가 내리고 바람이 불었다.'는 '창밖에는 비가 내린다'와 '창밖에는 바람이 불었다.'라는 두 문장이 동등한 자격으로 이어진문장이다. 이때 공통된 문장 성분인 '창밖에는'이 생략되었다.

⑤ 형은 개를 좋아하지만 나는 싫어한다.
'형은 개를 좋아하지만 나는 싫어한다.'는 '형은 개를 좋아한다.'와 '나는 개를 싫어한다.'라는 두 문장이 동등한 자격으로 이어진문장이다. 이때 공통된 문장 성분인 '개를'이 생략되었다.

● 문법 필수 개념

■ 문장의 종류 : 주어와 서술어의 관계가 몇 번 나타나느냐에 따라 홑문장과 겹문장으로 나뉨.

홑문장	주어와 서술어의 관계가 한 번만 나타나는 문장	예 하늘이 오늘따라 유난히도 맑다.
겹문장	주어와 서술어의 관계가 두 번 이상 나타나는 문장	안은 문장
		홑문장이 다른 문장 속의 한 문장 성분이 되는 문장 → 안은문장의 구조: [주어+[주어+서술어]+서술어] 예 나는 그가 정직함을 잘 안다.
		이어진 문장
		둘 이상의 홑문장이 대등하거나 종속적으로 이어진 문장 → 이어진 문장의 구조: [주어+서술어]+[주어+서술어] 예 철수는 우유를 마셨고, 영희는 주스를 마셨다.

40 매체를 활용한 의사소통의 특징 파악
정답률 93% | 정답 ⑤

(가)의 대화에 대한 설명으로 가장 적절한 것은?

① '지호'는 매체상에서 공유된 음악 자료를 자신이 수집한 음악 자료와 비교하고 있다.
'지호'는 서영이 보내 준 자료를 듣고, 줄거리 소개 부분에 다른 배경 음악이나 내레이션을 넣어 보면 좋을 것 같다고 자신의 생각을 드러내고 있다. 따라서 서영이 보내 준 음악 자료를 자신이 수집한 음악 자료와 비교한다는 설명은 적절하지 않다.

② '지호'는 자신이 정리한 문서 파일을 대화 참여자들 중 특정 참여자에게 전달하고 있다.
'지호'는 자신이 정리한 줄거리 문서 파일을 대화 참여자들 모두에게 보내고 있으므로, 특정 참여자에게만 전달하고 있다는 설명은 적절하지 않다.

---

③ '진희'는 매체상에서 전송된 문서 파일 자료를 바로 확인한 후 추가 자료를 요청하고 있다.
'진희'는 서영이 보내 준 자료를 듣고 좋다고 판단하고 있고, 지호가 준 파일을 읽고 정리를 잘했다 하면서 자료를 활용하여 줄거리 소개에 쓸 장면을 골라 보겠다 하고 있다. 따라서 '진희'가 매체상에서 전송된 문서 파일 자료를 바로 확인한 것은 적절하지만, 추가 자료를 요청하고 있다는 설명은 적절하지 않다.

④ '진희'는 매체 자료의 특징을 활용하여 대화방을 만들고 매체에서 사용할 수 있는 기능을 알려 주고 있다.
'진희'의 처음 말을 통해 매체 자료의 특징을 활용하여 대화방을 만들었다고 볼 수 있지만, 매체에서 사용할 수 있는 기능을 알려 주지는 않고 있으므로 적절하지 않다.

✔ ⑤ '서영'은 대화가 이루어지는 매체의 특성을 활용하여, 자신이 가지고 있는 자료를 다른 대화 참여자들과 공유하고 있다.
'서영'은 소설 제목을 소개하는 부분에서 소설의 비극적인 분위기를 느낄 수 있는 배경 음악을 사용했으면 좋겠다고 하며 다들 한번 들어 보라고 해금 연주 음악 파일을 대화 참여자에게 전송하여 자료를 공유하고 있다.
이는 대화가 이루어지는 '휴대전화 메신저'라는 매체의 특성을 활용하여 자신이 가지고 있는 자료를 대화 참여자들과 공유한 것이라 할 수 있다.

41 매체 자료 구성의 적절성 파악
정답률 90% | 정답 ④

(가)를 바탕으로 (나)를 작성했을 때, (나)에 대한 이해로 적절하지 않은 것은?

① 이야기판 1을 보니 소설의 분위기를 느낄 수 있도록 구슬픈 해금 연주를 배경 음악으로 사용했군.
(가)에서 '서영'은 소설 제목을 소개하는 부분에서는 소설의 비극적인 분위기를 느낄 수 있는 배경 음악을 사용했으면 좋겠다 말하고 있다. (나)의 이야기판 1에 배경 음악으로 구슬픈 해금 연주가 쓰였음을 확인할 수 있으므로, '서영'의 의견이 반영되었음을 알 수 있다.

② 이야기판 1을 보니 소설 제목과 주인공에 주목하는 데 방해가 되지 않도록 영상을 제작한 학생들의 이름을 화면 아래쪽에 넣었군.
(가)에서 '진희'는 영상을 만든 자신들의 이름을 넣자고 제안하였고 '민수'는 영상을 해치지 않는 선에서 자신들의 이름을 넣을 것을 말하고 있다. (나)의 이야기판 1의 화면 오른쪽 하단에 만든 이 이름을 작게 넣어 소설 제목과 주인공들의 모습에 주목하는 데 방해가 되지 않도록 한 것을 확인할 수 있으므로, '진희'와 '민수'의 의견이 반영되었음을 알 수 있다.

③ 이야기판 2를 보니 등장인물의 특징을 소개하기 위해 자막을 활용하여 화면을 구성했군.
(가)에서 '민수'는 인물 소개 부분에 설명하는 자막을 만들자고 말하고 있다. (나)의 이야기판 2에서 자막을 활용하여 등장인물의 특징을 소개하고 있는 것을 확인할 수 있으므로, '민수'의 의견이 반영되었음을 알 수 있다.

✔ ④ 이야기판 3을 보니 주요 장면을 친구들의 의견에 따라 선정하고 차례대로 제시하며 줄거리를 소개했군.
(가)에서 '진희'는 '지호'가 전송해 준 줄거리 정리 파일을 확인하고 줄거리 소개에 쓸 장면을 자신이 고르겠다고 말하고 있다. 따라서 '진희'가 친구들의 의견에 따라 주요 장면을 선정했다는 내용은 적절하지 않다.

⑤ 이야기판 2와 3을 보니 영상의 내용을 효과적으로 전달하기 위해 내레이션을 활용했군.
(가)에서 '민수'는 인물 소개 장면에서, '지호'는 줄거리 소개 부분에서 내레이션을 활용하자고 말하고 있다. (나)의 이야기판 2와 3에 내레이션이 들어가 있는 것을 확인할 수 있으므로 '민수'의 의견이 반영되었음을 알 수 있다.

42 매체 자료의 수정 방안의 추론
정답률 74% | 정답 ②

〈보기〉는 학생들의 조언을 바탕으로 (나)를 수정한 이야기 판이다. ⓐ~ⓔ를 통해 알 수 있는 조언의 내용으로 적절하지 않은 것은? [3점]

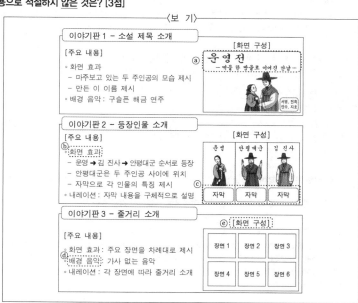

① ⓐ : 주인공들의 인연이 부각되도록 인상적인 장면을 담은 부제를 넣자.
ⓐ를 보면 (나)의 이야기판 1과는 달리 제목 아래에 부제가 나타나 있고, 부제의 내용이 운영과 김 진사가 처음 만날 때의 상황을 반영하고 있다.

✔ ② ⓑ : 주인공을 가로막는 인물의 역할을 시각적으로 드러내기 위해 등장인물의 등장 순서를 바꾸자.
ⓑ를 보면 인물 등장 순서에 변화가 없으므로 인물의 역할을 시각적으로 드러내기 위해 등장인물의 등장 순서를 바꾸자는 조언을 했다고 볼 수 없다.

③ ⓒ : 등장인물의 모습을 가리지 않도록 자막 위치를 옮기자.
> (나)의 이야기판 2에서는 자막이 인물 그림을 가리는데, ⓒ에서는 자막이 화면 아래에 위치하여 인물 그림을 가리지 않고 있다.

④ ⓓ : 내레이션에 방해가 되지 않도록 가사 없는 음악으로 배경 음악을 바꾸자.
> (나)의 이야기판 3을 보면 배경 음악으로 노랫말이 있는 음악이 쓰였으나 ⓓ에서는 내레이션에 방해가 되지 않도록 가사 없는 음악을 쓰고 있다.

⑤ ⓔ : 줄거리를 좀 더 구체적으로 표현할 수 있도록 주요 장면의 개수를 늘리자.
> (나)의 이야기판 3에는 주요 장면이 3개 제시되어 있는데 ⓔ를 보면 주요 장면이 6개로 늘어났음을 확인할 수 있다.

---

43 매체의 유형과 특성 파악 　　　　　정답률 88% | 정답 ②

다음은 (가)와 (나)에 대해 정리한 내용이다. 이를 바탕으로 (가), (나)를 이해한 내용으로 적절하지 **않은** 것은?

	(가)	(나)
전달 매체	인터넷	라디오
매체 자료 생산자	기자	진행자와 기자
매체 자료 수용자	신문 독자	대담 청취자

① (가)의 댓글을 보니 매체 자료 수용자인 독자가 또 다른 생산자가 될 수도 있군.
> 첫 번째 댓글을 쓴 매체 자료 수용자가 자신의 학생 동아리에서 동해 표기 관련된 자료를 게시하고 있다며 링크를 남긴 것을 보아 또 다른 매체 자료 생산자로서도 역할하고 있음을 알 수 있다.

☑ (가)는 전달 매체 특성상 탑재와 동시에 공유될 수 있으므로 한번 생산한 매체 자료의 내용은 다시 수정할 수 없겠군.
> (가)의 표제 아래에 '입력' 시간과 '최종 수정' 시간이 나와 있는 것을 통해, 한번 생산한 매체 자료의 내용을 수정할 수 있음을 알 수 있다.

③ (나)는 다른 매체를 추가로 활용하여 매체 자료 수용자와 양방향으로 소통이 이루어지고 있군.
> 청취자가 누리집 게시판을 활용하여 올린 질문에 기자가 방송에서 답하는 것으로 보아 인터넷 매체를 추가하여 양방향으로 소통하고 있음을 알 수 있다.

④ (나)는 송출할 수 있는 시간이 고정되어 있으므로 다시 듣기 서비스로 이를 보완하고 있군.
> 라디오는 매체 자료를 송출할 수 있는 시간이 정해져 있어 긴급 뉴스 속보 때문에 전달하지 못한 내용이 생겼으며 이를 다시 듣기 서비스로 보완하고 있음을 알 수 있다.

⑤ (가)는 문자, 도표, 영상으로, (나)는 음성, 음향으로 정보를 전달하고 있군.
> (가)에서는 문자와 도표, 인터뷰 동영상을 통해 정보를 전달하고 있고, (나)에서는 라디오 방송이므로 음성과 '12시 정각을 알리는 음향 신호'에서 알 수 있듯이 음향으로 정보를 전달하고 있다.

---

44 매체 언어의 특성 파악 　　　　　정답률 70% | 정답 ⑤

(가)와 (나)의 언어적 특성에 대한 설명으로 가장 적절한 것은?

① (가) : 마지막 문장을 명령형으로 종결하여 독자의 행동 변화를 촉구하고 있다.
> (가)에서는 '이를 널리 알리기 위한 노력을 지속해야 한다.'에서 알 수 있듯이 독자의 행동 변화를 촉구하고 있지만, 명령형으로 문장을 종결하지는 않고 있다.

② (가) : 간접 인용 표현을 써서 「고려사」의 내용을 재구성하여 간결하게 전달하고 있다.
> "동해의 끊어진 왕통을 이어 나가게 하는 것이다."는 큰따옴표와 직접 인용 조사 '라고'를 사용하고 있으므로 직접 인용 표현을 사용하였다고 할 수 있다.

③ (가) : 표제를 피동으로 표현하여 주체를 드러내지 않고 정보에 주목하도록 하고 있다.
> (가)의 표제는 '우리 바다 '동해' 바로 알고, 지명 표기 방법 고민해야'이므로, 여기에서 피동을 찾아볼 수 없다. 한편 신문 기사에서는 피동으로 표현하게 되면 주체를 드러내지 않고 정보에 주목하게 하는 효과를 준다.

④ (나) : '기자'는 현재 시제만을 활용하여 현장감 있게 정보를 제공하고 있다.
> (나)의 '기자'의 말인 '안타까웠습니다. 있었습니다'를 통해 과거 시제를 사용하고 있음을 알 수 있다.

☑ (나) : '진행자'는 접속 표현을 사용하거나 앞에서 언급된 내용을 대신하는 표현을 써서 응집성을 높이고 있다.
> (나)의 '진행자'는 '그런데', '하지만', '따라서'와 같은 접속 표현을 사용하거나 '그것', '이런'과 같이 앞에서 언급된 내용을 대신하는 표현을 써서 담화의 응집성을 높이고 있다.

---

45 매체 자료 수용의 적절성 파악 　　　　　정답률 92% | 정답 ⑤

〈보기〉를 참고할 때, ㉠ ~ ㉤에 대한 수용자의 반응으로 적절하지 **않은** 것은?

〈보 기〉
> 매체 수용자는 매체 자료를 수용할 때 자료에 담긴 관점과 가치가 공정한지, 자료의 내용을 뒷받침하는 근거가 타당한지, 제시된 정보나 자료는 신뢰할 만한 내용인지 등을 분석하고 판단하는 비판적인 태도를 갖추어야 한다. 또한 매체 특성에 맞는 방식으로 매체 형식에 따라 정보를 적절하게 수용하며, 매체를 구성하고 있는 요소를 적극적으로 활용함으로써 주체적으로 사고하는 수용자가 되어야 한다.

① ㉠ : 검색을 통해 통계 자료의 출처를 확인하여 신뢰할 만한 내용인지 판단해야겠어.
> 도표가 제시되어 있으나 출처는 나와 있지 않으므로 매체 요소인 검색창을 활용하여 출처를 확인함으로써 자료의 신뢰성을 판단하겠다는 반응은 적절하다.

② ㉡ : 전문가의 인터뷰 동영상 내용을 분석하며 기사의 내용을 뒷받침하는 근거로 타당한지 점검해 봐야겠어.
> 김△△(◇◇박물관장)이 주장하는 내용이 기사에 담겨 있으므로 해당 전문가의 인터뷰 동영상의 내용을 분석하여 근거로서 타당한지 점검하겠다는 반응은 적절하다.

---

③ ㉢ : 관련된 뉴스 내용을 확인하고 기사 내용과 비교하면서 주체적으로 사고하는 수용자가 되도록 노력해야겠어.
> 다른 뉴스를 확인하고 비교함으로써 다양한 시각을 접하는 것은 주체적으로 사고하는 수용자의 노력으로 적절하다.

④ ㉣ : 매체 특성상 이야기의 세부 내용은 미리 알 수 없으므로 순차적으로 제공되는 정보를 적절하게 수용해야겠어.
> 청각 매체의 특성상 안내된 정보의 세부 내용을 미리 알기 어려우므로 매체의 특성에 맞게 순차적으로 제공되는 정보를 적절하게 수용하겠다는 반응은 적절하다.

☑ ㉤ : 주관적 의견을 표현한 내용이므로 매체 자료에 담긴 관점이 공정한지 평가해야겠어.
> ㉤은 사실을 전달하는 부분이므로 주관적 의견을 표현한 내용이라는 설명과 그에 따른 반응은 적절하지 않다.

• 정답 •

★35 ④ 36 ③ 37 ⑤ 38 ② 39 ① 40 ⑤ 41 ② 42 ⑤ 43 ① 44 ③ 45 ④

★ 표시된 문항은 [등급을 가르는 문제]에 해당하는 문항입니다.

★★★ 등급을 가르는 문제!

35 단어의 구성 요소 이해   정답률 25% | 정답 ④

[A]를 바탕으로 추론한 내용으로 적절한 것은?

① '용꿈'의 직접 구성 요소는 모두, 한 개의 자립 형태소로 이루어진 어근이군.
'용꿈'은 직접 구성 요소가 '용'과 '꿈'이며, '꿈'은 '꾸-'와 '-ㅁ'으로 형태소를 나눌 수 있다. 따라서 직접 구성 요소 모두가 한 개의 자립 형태소로 이루어진 어근이라고 할 수 없다.

② '봄날'과 '망치질'은 모두, 직접 구성 요소 중 하나가 접사이므로 파생어이군.
'봄날'은 직접 구성 요소가 '봄', '날'이기 때문에 어근과 어근이 결합한 합성어이고, '망치질'은 직접 구성 요소가 '망치'와 '질'이며, '-질'은 접사이므로 '망치질'은 파생어이다. 따라서 '봄날'과 '망치질' 모두 직접 구성 요소 중 하나가 접사라고는 할 수 없다.

③ '필자'를 뜻하는 '지은이'의 직접 구성 요소는 모두, 자립 형태소를 포함하고 있군.
'지은이'의 직접 구성 요소는 '지은'과 '이'이며, '이'는 자립 형태소이다. 그러나 '짓- + -은'으로 분석되는 '지은'에는 자립 형태소가 없으므로 적절하지 않다.

☑④ '놀이방'과 '단맛'의 직접 구성 요소 중에는 의존 형태소만으로 이루어진 것이 있군.
'놀이방'은 직접 구성 요소가 '놀이'와 '방'이고, '놀이'는 '놀-'과 '-이'로 형태소를 나눌 수 있으며 이는 모두 의존 형태소에 해당한다. 그리고 '단맛'은 직접 구성 요소가 '단'과 '맛'이고, '단'은 '달-'과 '-ㄴ'으로 형태소를 나눌 수 있으며 이는 모두 의존 형태소에 해당한다. 따라서 '놀이방'과 '단맛'의 직접 구성 요소 중에는 의존 형태소만으로 이루어진 것이 있음을 알 수 있다.

⑤ '꽃으로 장식한 고무신'을 뜻하는 '꽃고무신'을 직접 구성 요소로 분석하면 '꽃고무'와 '신'으로 분석할 수 있군.
의미를 고려할 때 '꽃고무신'의 직접 구성 요소는 '꽃'과 '고무신'이므로 적절하지 않다.

★★ 문제 해결 꿀~팁 ★★

▶ 많이 틀린 이유는?
이 문제는 형태소에 대해 정확히 이해하지 못하여 오답률이 높았던 것으로 보인다. 또한 사례로 제시된 것을 직접 구성 요소로 제대로 나누지 못한 것도 오답률을 높인 것으로 보인다.

▶ 문제 해결 방법은?
이 문제를 해결하기 위해서는 기본적으로 사례로 제시된 단어들을 직접 구성 요소로 구분할 수 있어야 한다. 이때 주의할 점은 직접 구성 요소를 접사나 어미까지 나눌 수 있어야 한다는 것이다. 가령 정답인 '놀이방'을 나눌 때 직접 구성 요소인 '놀이'와 '방'으로 나누는 것뿐만 아니라, '놀이'가 용언 '놀다'에 명사형 전성 어미 '-이'가 결합하였음을 알고 '놀-'과 '-이'까지 형태소로 나누어야 한다. 이렇게 나누면 '놀이방'의 직접 구성 요소인 '놀이'는 의존 형태소로만 이루어졌으므로 적절함을 알았을 것이다. 마찬가지로 '용꿈'의 경우 직접 구성 요소로 '용'과 '꿈'으로 나눌 수 있고, '꿈'은 '꾸-'와 '-ㅁ'으로 형태소를 나눌 수 있으므로 적절하지 않음을 알 수 있다. 한편 학생들 중에는 형태소, 자립 형태소와 의존 형태소에 대해 정확히 이해하지 못한 경우도 있었는데, 이에서 알 수 있듯이 기본적인 문법 지식이 없으면 문제를 풀기 어려운 경우가 있을 수 있다. 따라서 평소 문법의 기본 지식은 충분히 익혀 두도록 한다.

36 단어의 이해   정답률 68% | 정답 ③

윗글을 바탕으로 〈보기〉의 ⓐ ~ ⓔ를 이해한 내용으로 적절한 것은?

〈보 기〉

형성된 단어	뜻	단어 형성에 사용된 말
ⓐ 흰자	알 속의 노른자위를 둘러싼 흰 부분	흰자위
ⓑ 공수	공격과 수비를 아울러 이르는 말	공격, 수비
ⓒ 직선	선거인이 직접 피선거인을 뽑는 선거	직접, 선거
ⓓ 민자	민간이나 사기업이 하는 투자	민간, 투자
ⓔ 외화	다른 나라에서 만든 영화	외국, 영화

① ⓐ는 ㉠에 해당하고, 단어 형성에 사용된 말과 유의 관계를 맺지 않는다.
'흰자'는 '흰자위'의 일부가 줄어들어 형성되었기 때문에 ㉠에 해당한다. 하지만 '흰자'와 '흰자위'는 서로 바꾸어 써도 그 의미에 차이가 거의 없으므로 서로 유의 관계를 맺는다고 할 수 있다.

② ⓑ는 ㉠에 해당하고, 단어 형성에 사용된 두 말 중 어느 하나와 유의 관계를 맺는다.
'공수'는 '공격'과 '수비'의 첫음절끼리 결합한 것이므로 ㉡에 해당한다. 그리고 '공수'는 '공격'과 '수비'를 아울러 이르는 말'이기 때문에 '공격', '수비' 각각과 상하 관계를 맺는다고 할 수 있다.

☑③ ⓒ는 ㉡에 해당하고, 단어 형성에 사용된 두 말 중 어느 하나와 상하 관계를 맺는다.
'직선'은 '직접'과 '선거'의 첫음절끼리 결합한 것이므로 ㉡에 해당한다. 그리고 '직선'이 여러 선거 방식 중의 하나라는 점에서 '직선'은 '선거'와 상하 관계를 맺는다고 할 수 있다.

④ ⓓ는 ㉡에 해당하고, 단어 형성에 사용된 두 말 중 어느 말과도 유의 관계를 맺지 않는다.
'민자'는 '민간'의 앞부분과 '투자'의 뒷부분이 결합한 것이므로 ㉡에 해당한다. 그리고 '민자'가 여러 투자 방식 중의 하나라는 점에서 '민자'는 '투자'와 상하 관계를 맺는다고 할 수 있다.

⑤ ⓔ는 ㉡에 해당하고, 단어 형성에 사용된 두 말 중 어느 말과도 상하 관계를 맺지 않는다.
'외화'는 '외국'의 앞부분과 '영화'의 뒷부분이 결합한 것이므로 ㉡에 해당한다. 그리고 '외화'가 영화의 일종이라는 점에서 '외화'는 '영화'와 상하 관계를 맺는다고 할 수 있다.

37 국어의 음운 변동 이해   정답률 62% | 정답 ⑤

〈학습 활동〉을 수행한 결과로 적절한 것은?

〈학습 활동〉

'교체, 탈락, 첨가, 축약'과 같은 네 가지 유형의 음운 변동을 탐구해 보면, 한 단어에서 서로 다른 유형의 음운 변동이 일어나기도 하고 같은 유형의 음운 변동이 두 번 이상 일어나기도 한다.

• 한 단어에 음운 변동이 한 번 일어난 예
   예 빗[빋], 여덟[여덜], 맨입[맨닙], 축하[추카]
• 한 단어에 서로 다른 유형의 음운 변동이 일어난 예
   예 밟는[밤ː는], 닭장[닥짱]
• 한 단어에 같은 유형의 음운 변동이 두 번 이상 일어난 예
   예 앞날[암날], 벚꽃[벋꼳]

이를 참고하여 ㉠ ~ ㉤에 해당하는 예를 두 개씩 생각해 보자.

㉠ 교체가 한 번, 탈락이 한 번 일어난 것
㉡ 교체가 한 번, 첨가가 한 번 일어난 것
㉢ 교체가 한 번, 축약이 한 번 일어난 것
㉣ 교체가 두 번, 탈락이 한 번 일어난 것
㉤ 교체가 두 번, 첨가가 한 번 일어난 것

① ㉠ : 재밌는[재민는], 얽매는[엉매는]
'재밌는'은 음절의 끝소리 규칙에 따라 [재믿는]으로 바뀐 뒤, 교체된 'ㄷ'은 'ㄴ'의 영향으로 'ㄴ'으로 교체되어 [재민는]으로 발음되므로 교체가 두 번 일어난다. 그리고 '얽매는'은 겹자음 'ㄹ'이 탈락하여 [억매는]으로 바뀐 뒤, 교체된 'ㄱ'은 'ㅁ'의 영향으로 'ㅇ'으로 교체되어 [엉매는]으로 발음되므로 탈락이 한 번, 교체가 한 번 일어난다.

② ㉡ : 불이익[불리익], 견인력[겨닌녁]
'불이익'은 '불'과 '이익' 사이에 'ㄴ'이 첨가되어 [불니익]으로 바뀐 뒤, 첨가된 'ㄴ'이 앞의 'ㄹ'의 영향으로 'ㄹ'로 교체되어 [불리익]으로 발음되므로, 첨가가 한 번, 교체가 한 번 일어난다. 그리고 '견인력'은 앞의 'ㄴ'의 영향으로 뒤의 'ㄹ'이 'ㄴ'으로 교체되어 [겨닌녁]으로 발음되므로 교체가 한 번 일어난다.

③ ㉢ : 똑같이[똑까치], 파묻힌[파무친]
'똑같이'는 된소리되기에 따라 [똑까티]로 바뀐 뒤, 구개음화에 따라 [똑가티 → 똑까치]로 발음되므로 교체가 두 번 일어난다. '파묻힌'은 'ㄷ'과 'ㅎ'이 축약하여 [파무틴]으로 바뀐 뒤, 구개음화에 따라 [파무친]으로 발음되므로 축약이 한 번, 교체가 한 번 일어난다.

④ ㉣ : 읊조려[읍쪼려], 겉늙어[건늘거]
'읊조려'는 겹자음 'ㄹ'이 탈락하여 [읖조려]로 바뀐 뒤, 음절의 끝소리 규칙에 따라 [읍조려]로, 된소리되기에 따라 [읍쪼려]로 발음되므로 교체가 두 번, 탈락이 한 번 일어난다. 그리고 '겉늙어'는 음절의 끝소리 규칙에 따라 [건늙어]로 바뀐 뒤, 'ㄷ'이 'ㄴ'의 영향을 받아 [건늘거]로 발음되므로 교체가 두 번 일어난다.

☑⑤ ㉤ : 버들잎[버들립], 덧입어[던니버]
'버들잎'은 '버들'과 '잎' 사이에 'ㄴ'이 첨가되어 [버들닙]으로 바뀐 뒤, 첨가된 'ㄴ'이 'ㄹ'의 영향으로 'ㄹ'로 교체되어 [버들립]으로 바뀐다. 그리고 음절의 끝소리 규칙에 따라 'ㅍ'이 'ㅂ'으로 교체되어 [버들립]으로 발음된다. 따라서 첨가가 한 번, 교체가 두 번 일어난다. '덧입어'는 '덧'과 '입어' 사이에 'ㄴ'이 첨가되어 [던닙어]로 바뀐 뒤, 음절의 끝소리 규칙에 따라 'ㅅ'이 'ㄷ'으로 교체되어 [덛닙어]로 바뀐다. 그리고 교체된 'ㄷ'은 'ㄴ'의 영향으로 'ㄴ'으로 교체되어 [던니버]로 발음된다. 따라서 첨가가 한 번, 교체가 두 번 일어난다. 그러므로 '버들잎[버들립]'과 '덧입어[던니버]'는 모두 ㉤에 해당하는 예라 할 수 있다.

38 문법 요소의 효과와 활용   정답률 78% | 정답 ②

〈보기〉의 ㉠ ~ ㉢에 들어갈 수 있는 내용으로 적절하지 않은 것은? [3점]

〈보 기〉

선생님 : 능동·피동 표현과 주동·사동 표현에서 높임 표현과 시간 표현이 어떻게 나타나는지 알아봅시다.

ⓐ 형이 동생을 업었다.
ⓑ 동생이 형에게 업혔다.
ⓒ 나는 동생에게 책을 읽혔다.
ⓓ 나는 동생이 책을 읽게 했다.

먼저 ⓐ, ⓑ에서 '형'을 높임의 대상인 '어머니'로 바꿀 때, 서술어에는 어떤 차이가 생기는지 말해 볼까요?
학생 : ㉠
선생님 : 맞아요. 그럼 ⓒ나 ⓓ에서 '동생'을 '할머니'로 바꾸면 어떻게 될까요?
학생 : ㉡
선생님 : '-(으)시-'가 어떻게 나타나는지를 잘 이해하고 있네요. 그럼 ⓐ, ⓑ, ⓒ의 서술어에서 '-었-'을 '-고 있-'으로 바꾸면 어떤 의미를 나타낼까요? ⓐ와 ⓑ의 차이점이나 ⓐ와 ⓒ의 공통점을 말해 볼까요?
학생 : ㉢
선생님 : '-고 있-'의 의미가 어떻게 나타나는지도 잘 이해하고 있군요.

① ㉠ : ⓐ에서는 서술어에 '-으시-'를 넣어야 하지만, ⓑ에서는 '-시-'를 넣지 않습니다.
ⓐ와 ⓑ에서 '형'을 '어머니'로 바꾸면 각각 '어머니께서 동생을 업으셨다.'와 '동생이 어머니께 업혔다.'로 바뀌므로 적절하다.

☑② ㉡ : ⓒ에서는 '동생에게'를 '할머니께'로 바꾸고, '읽혔다'에 '-시-'를 넣어야 합니다.
ⓒ에서 '동생'을 '할머니'로 바꾸면 '나는 할머니께 책을 읽혔다.'가 된다. 따라서 책을 '읽는' 주체는 '나'이기 때문에 '읽혔다'에 '-시-'를 넣을 수 없으므로 적절하지 않다.

③ ㉡ : ⓓ에서는 '동생이'를 '할머니께서'로 바꾸고, '읽게'에 '-으시-'를 넣어야 합니다.
ⓓ에서 '동생'을 '할머니'로 바꾸면 '나는 할머니께서 책을 읽으시게 하였다.'가 된다. 따라서 '읽는' 주체는 '할머니'이기 때문에 '읽게'에 '-으시-'를 넣어야 하므로 적절하다.

④ ㉢ : ⓐ는 동작의 완료 후 상태 지속의 의미를 나타낼 수 있지만, ⓑ는 그럴 수 없습니다.

ⓐ와 ⓑ는 각각 '형이 동생을 업고 있다.'와 '동생이 형에게 업히고 있다.'가 되고, 이중에서 '형이 동생을 업고 있다.'는 완료상과 진행상으로 모두 해석될 수 있다. 하지만 '동생이 형에게 업히고 있다.'는 진행상으로만 해석되므로 적절하다.

⑤ ⓒ : ⓐ와 ⓒ는 모두 동작의 진행 의미를 나타낼 수 있습니다.
ⓐ와 ⓒ는 각각 '형이 동생을 업고 있다.'와 '나는 동생에게 책을 읽히고 있다.'가 되고, 둘 다 진행상으로 해석될 수 있으므로 적절하다.

---

39 중세 국어의 이해 　　　　　정답률 62% | 정답 ①

〈자료〉를 바탕으로 〈보기〉의 ⓐ ~ ⓔ 중 체언과 조사가 결합하여 이루어진 부속 성분이 있는 것만을 고른 것은?

─〈 보 기 〉─
ⓐ 내히 이러 바ᄅᆞ래 가ᄂᆞ니 [내가 이루어져 바다에 가니]
ⓑ 나랏 말ᄊᆞ미 中國에 달아 [우리나라의 말이 중국과 달라]
ⓒ 生人이 소리 잇ᄃᆞ소니 [생인(산 사람)의 소리가 있으니]
ⓓ 나혼 子息이 양 지 端正ᄒ 야 [낳은 자식이 모습이 단정하여]
ⓔ 내 닐오리니 네 이대 드르라 [내가 이르리니 네가 잘 들어라]

─〈 자 료 〉─
〈보기〉에 나타난 체언과 조사
• 체언 : 내ㅎ, 바ᄅᆞᆯ, 나라ㅎ, 말ᄊᆞᆷ, 中國, 生人, 소리, 子息, 양ᄌ, 나, 너
• 조사 : 주격(이, ㅣ, ∅), 관형격(ㅅ, 이), 부사격(애, 에)

① ⓐ, ⓑ, ⓒ　　　② ⓐ, ⓑ, ⓓ　　　③ ⓐ, ⓓ, ⓔ
④ ⓑ, ⓒ, ⓔ　　　⑤ ⓒ, ⓓ, ⓔ

☑ ⓐ, ⓑ, ⓒ
ⓐ에서는 체언 '바ᄅᆞᆯ'에 부사격 조사 '애'가 결합한 '바ᄅᆞ래'가 부속 성분인 부사어로 쓰이고 있다. 그리고 ⓑ에서는 체언 '나라ㅎ'에 관형격 조사 'ㅅ'이 결합한 '나랏'이 부속 성분인 관형어로 쓰이고 있으며, 체언 '中國'에 부사격 조사 '에'가 결합한 '中國에'가 부속 성분인 부사어로 쓰이고 있다. 또한 ⓒ에서는 체언 '生人'에 관형격 조사 '이'가 결합한 '生人이'가 부속 성분인 관형어로 쓰이고 있다. 따라서 체언과 조사가 결합하여 이루어진 부속 성분이 있는 것은 ⓐ, ⓑ, ⓒ라 할 수 있다.

한편 ⓓ에서 체언과 조사가 결합한 것은 '子息이'와 '양지'인데 둘 다 주성분인 주어로 쓰이고 있고, ⓔ에서 체언과 조사가 결합한 것은 '내'와 '네'인데 둘 다 주성분인 주어로 쓰이고 있으므로 체언과 조사가 결합하여 이루어진 부속 성분이 있다고 할 수 없다.

---

40 매체의 소통 방식 파악 　　　　　정답률 94% | 정답 ⑤

(가)에 나타난 의사소통 방식으로 적절하지 <u>않은</u> 것은?

① 진행자는 방송의 시작에 학교명을 언급하며, 소식을 들을 수용자를 밝히고 있다.
진행자의 '□□고 학생들, 안녕하세요?'를 통해, 진행자는 소식을 들을 수용자가 '□□고 학생들'임을 밝히고 있다.

② 진행자는 접속자 수를 언급하며, 두 번째 방송과의 접속자 수 차이를 알려 주고 있다.
진행자는 '현재 접속자 수가 253명'이라고 말하면서, '두 번째 방송보다 100명 더 입장했다'는 정보도 함께 제시하여 접속자 수 차이를 알려 주고 있다.

③ 학생회장은 학생의 이름을 언급하며, 수용자의 실시간 반응을 살펴보고 있다는 것을 보여 주고 있다.
학생회장은 실시간 대화 창에 글을 올린 학생들 중 '동주'와 '다예'라는 학생의 이름을 언급하고 있는데, 이는 수용자의 실시간 반응을 살펴보고 있다는 것을 보여 준다고 할 수 있다.

④ 학생회장은 발화와 관련한 보충 자료로 표를 제시하며, 수용자에게 구체적인 정보를 전달하고 있다.
학생회장은 학습실 사용과 관련한 설문 조사 결과를 정리한 표를 제시하고 있는데, 이는 방송을 시청하는 학생들에게 구체적인 정보를 전달하는 것이라 할 수 있다.

☑ 학생회장은 자신의 발언 내용을 요약한 화면을 설명하며, 수용자가 요구한 정보를 강조하고 있다.
학생회장의 말 중 학생회 내부 회의를 통해 사용 원칙을 마련했다는 내용이 공약 이행과 관련하여 자막으로 제시되고 있다. 하지만 학생회장이 이 화면에 대해 따로 설명하면서 수용자가 요구한 정보를 강조한 말은 찾아볼 수 없다.

---

41 매체 자료의 주체적 수용 　　　　　정답률 91% | 정답 ②

[A] ~ [C]에서 알 수 있는 학생들의 수용 태도에 대한 설명으로 가장 적절한 것은?

① [A] : 동주는 자신의 경험을 근거로 학생회장의 이야기가 사실에 부합하지 않는다고 판단하였다.
[A]에서 동주는 자신의 경험을 근거로 들고 있지만, 이러한 경험을 근거로 학생회장의 이야기가 사실에 부합하지 않는다고 판단하지는 않고 있다.

☑ [B] : 다예는 학생회장의 직전 발화를 듣고 학생회의 결정이 타당할 것 같다고 판단하였다.
[B]에서 다예는 학생회가 설문 조사 결과를 바탕으로 사용 원칙을 마련했다는 학생회장의 발화에 대해, '객관적이고 합리적일 것 같아.'라는 반응을 보이고 있다. 이를 통해 다예가 학생회의 결정이 타당할 것 같다고 판단하고 있음을 알 수 있다.

③ [B] : 재호는 방송에서 제시된 자료를 보고 학생회의 설문 조사 결과가 잘못되었다고 판단하였다.
[B]에서 재호는 학년별로 선호하는 방법이 다른 이유에 대해 궁금해하고 있지만, 학생회의 설문 조사 결과가 잘못되었다고 판단하지는 않고 있다.

④ [C] : 현지는 학생회장의 직전 발화를 듣고 발언 내용의 논리적 오류를 점검하였다.
[C]에서 현지는 개인적인 아쉬움을 표현하고 있지만, 발언 내용의 논리적 오류를 점검하지는 않고 있다.

⑤ [C] : 연수는 방송에서 제시된 자료를 보고 학생회가 마련한 원칙의 실행 가능성을 점검하였다.

[C]에서 연수는 제시된 자료만으로 끌어내기 어려운 원칙은 어떻게 마련했는지 질문하고 있지, 학생회가 마련한 원칙의 실행 가능성을 점검하지는 않고 있다.

---

42 메모 내용의 반영 양상 파악 　　　　　정답률 59% | 정답 ⑤

다음은 (나)를 작성하기 위한 메모이다. ⊙ ~ ⓒ이 (나)에 반영된 양상으로 적절하지 <u>않은</u> 것은? [3점]

방송에서 학생회가 놓친 부분이 있는 것 같네. 일단 ⊙ 학생회장이 방송에서 보인 아쉬운 점과 사용 원칙 마련에 ⓛ 친구들의 의견이 반영될 수 있는 방법을 언급해야지. 또 ⓒ 친구들이 학생회에 의견을 보내거나 서로 생각을 나눌 수 있는 기능을 활용해야지.

① ⊙ : '요일별 구분'을 원칙으로 정한 이유를 밝히지 않아 미흡했다는 점을 언급하기 위해, 저장한 방송 화면의 일부를 보여 주었다.
(나)에서는 ⊙을 반영하여, 방송에서 캡처해 둔 표를 제시하면서 '요일별 구분'을 원칙으로 선택한 이유와 관련한 내용이 방송에 나오지 않은 것에 대해 아쉬움을 드러내고 있다.

② ⊙ : 실시간 대화 창에서 학생회를 응원하는 말에는 호응하며 답을 들려주었지만 질문에는 답변이 없었던 모습을 이야기 하였다.
(나)에서는 ⊙을 반영하여, 학생회장이 실시간 대화 창에서 학생회를 응원하는 '다예'의 말에는 호응하고 있지만, '연수'의 질문에는 답을 하지 않은 것에 대해 아쉬움을 드러내고 있다.

③ ⓛ : 내부 회의에 대한 정보가 충분하지 않았다는 점을 언급하며, 학년별 사용 요일 결정에 대해 학생들의 의견을 반영할 수 있는 방법을 제안하였다.
(나)에서는 ⓛ을 반영하여, 내부 회의뿐 아니라 설문 조사를 통해 학년별로 사용할 요일을 정하면 더 좋겠다는 의견을 드러내고 있다.

④ ⓒ : 자막으로 제공된 주소는 바로 연결하기가 어려우니, 의견을 전달할 수도 있도록 학생회 공식 카페로 연결하는 하이퍼링크를 제공하였다.
(나)에서는 ⓒ을 반영하여, 화면에 자막으로 제시한 카페 주소는 바로 연결하기 어려움을 고려하여 학생회 공식 카페로 연결하는 하이퍼링크를 제공하고 학생회에 의견을 전하고자 하는 경우 이를 클릭하도록 안내하고 있다.

☑ ⓒ : 학생회가 선정한 학습실 사용자들이 사용 원칙에 대해 제시한 의견을 학생회에 보낼 수 있도록 댓글 기능을 활성화 하였다.
(나)에서 학생회에 전할 의견은 학생회 공식 카페를 통해 전달하도록 안내하며 카페로 연결하는 하이퍼링크를 제공하고 있다. 또한 (가)의 학생회장의 두 번째 발언 중, '다음 대의원회에서 안건이 통과되면 신청을 받을 계획'이라는 내용을 고려할 때, 학습실 사용자들은 아직 선정되지 않은 상태라고 볼 수 있다.

---

43 매체 언어의 표현 방법 파악 　　　　　정답률 61% | 정답 ①

ⓐ ~ ⓔ에 대한 설명으로 적절하지 <u>않은</u> 것은?

☑ ⓐ : 부사 '직접'을 사용하여, 학생회장이 자신의 방송 출연 사실을 학생들에게 전달할 것임을 나타내고 있다.
(가)에서 학생회장이 학생들에게 '직접' 알리는 내용은 '자신의 방송 출연 사실'이 아니라 '학습실 사용 원칙을 정하겠다는 공약'에 관한 것이므로 적절하지 않다.

② ⓑ : 어미 '-어서'를 사용하여, 학습실이 인기가 많은 이유를 밝히고 있다.
ⓑ에서는 이유나 근거를 나타내는 연결 어미 '-어서'를 사용하여, '개별 및 조별 학습이 가능하고 다양한 기자재를 쓸 수 있다'는 점이 인기가 많은 이유임을 드러내고 있다.

③ ⓒ : 어미 '-겠-'을 사용하여, 학생들이 학습실 사용의 불편에 공감할 것이라는 추측을 드러내고 있다.
ⓒ에서는 추측의 의미를 지니는 선어말 어미 '-겠-'을 사용하여 학생들이 학습실 사용의 불편에 공감할 것이라는 추측을 드러내고 있다.

④ ⓓ : 보조사 '부터'를 사용하여, 이 질문은 학습실 사용 신청이 시작되는 시점이 언제인지 묻고 있음을 드러내고 있다.
ⓓ에서는 어떤 일이나 상태 따위에 관련된 범위의 시작임을 나타내는 보조사 '부터'를 사용하여, '언제부터 ~ 신청할 수 있나요?'가 학습실 사용 신청의 시작 시점을 묻고 있음을 드러내고 있다.

⑤ ⓔ : 어미 '-면'을 사용하여, 사용 원칙이 적용되기 전에 갖춰져야 할 조건을 언급하고 있다.
ⓔ에서는 뒤의 사실이 실현되기 위한 조건을 나타내는 연결 어미 '-면'을 사용하여 '대의원회에서의 안건 통과'가 '사용 원칙에 따른 학습실 사용 신청'의 선행 조건임을 드러내고 있다.

---

44 매체의 유형에 따른 특성 파악 　　　　　정답률 95% | 정답 ③

(가)와 (나)에 대한 설명으로 가장 적절한 것은?

① (가)에서는 (나)와 달리 게시물의 조회 수가 화면에 표시된다.
(나)에서는 게시물에 대하여 '조회 수 53'과 같이 조회 수가 화면에 표시되어 있다. 하지만 (가)에서는 게시물의 조회 수가 화면에 표시되지 않고 있다.

② (가)에서는 (나)와 달리 게시물을 수정할 수 있는 기능이 제공된다.
(나)에서는 '수정' 버튼을 통해 게시물을 수정할 수 있는 기능을 제공하고 있다. 하지만 (가)에서는 게시물을 수정할 수 있는 기능을 찾아볼 수 없다.

☑ (가)에서는 (나)와 달리 도서 이용과 관련된 여러 기능이 제공된다.
(가)에서는 '대출 조회 / 연장'이나 '대출 예약' 등과 같이 도서 이용과 관련된 여러 기능이 제공되고 있다. 하지만 (나)에서는 도서 이용과 관련된 여러 기능을 찾아볼 수 없다.

④ (나)에서는 (가)와 달리 도서 대출 상태에 관한 정보가 표시된다.
(가)에서는 '추천 도서'와 '신간 도서'의 도서 이미지 옆에 '상태' 정보가 표시되어 있어 각각의 대출 상태를 확인할 수 있다. 하지만 (나)에서는 도서 대출 상태에 관한 정보 표시를 찾아볼 수 없다.

⑤ (나)에서는 (가)와 달리 도서를 검색할 수 있는 기능이 제공된다.
(가)에서는 '통합 검색' 기능을 제공하여 도서를 검색할 수 있지만, (나)에서는 도서를 검색할 수 있는 기능을 확인할 수 없다.

---

45 매체의 정보 구성 방식 파악 　　　　　정답률 87% | 정답 ④

⊙ ~ ⓔ과 관련하여 (나)를 이해한 것으로 적절하지 <u>않은</u> 것은?

① 학생은 정보의 구체성을 고려하여 ㉠에 추가 정보를 게시해 줄 것을 요청하고 있다.
학생은 휴관 안내 설명에 휴관 날짜를 함께 안내해 달라고 요청하고 있다.

② 사서는 앱 화면의 구성을 고려하여 ㉡에서 보이는 정보의 양을 늘리지 않겠다며 학생의 요청을 수용하지 않고 있다.
'공지 사항'에서 '+ 더 보기'를 누르지 않고도 공지 사항을 더 많이 볼 수 있게 해달라는 학생의 요청에 대해, 사서는 첫 화면이 너무 길어져 이용에 불편을 줄 수 있다는 이유를 들며 학생의 요청을 수용하지 않고 있다.

③ 사서는 정보 선정에 활용된 자료를 고려하여 ㉢의 선정 방식을 알려 주고 있다.
'추천 도서'가 어떻게 선정되는지 묻는 학생의 질문에 대해, 사서는 '국립중앙도서관이 운영하는 도서관 정보나루의 자료를 토대로 우리 도서관 사서들이 의논하여 선정'한다고 답변하고 있다.

✔ 학생은 앱 이용자의 편의를 고려하여 ㉣의 기능에 새로운 기능을 추가해 줄 것을 요구하고 있다.
(나)에서 학생은 '도서를 살펴보다가 관심 도서로 저장하는 기능도 앱에 추가'해 달라는 요청을 하였고, 이에 대해 사서는 '관심 도서 기능은 도서 이미지의 오른쪽 하단에 있는 ♡를 눌러 사용하실 수 있'다고 답변하고 있다. 그런데 학생이 요청한 기능은 이미 ㉣을 통해 제공되고 있으므로, 학생이 ㉣의 기능에 새로운 기능을 추가해 줄 것을 요구하고 있다는 것은 적절하지 않다.

⑤ 사서는 정보의 추가 제공을 고려하여 ㉤을 여러 조건으로 정렬하여 확인할 수 있는 기능을 안내하고 있다.
'인기 도서'가 월별 통계인지, 연도별 통계인지 궁금하다는 학생의 질문에 대해, 사서는 '기간을 한정하지 않고 누적 대출 건수를 기준으로 제시되는 것'이라고 답변하고 있다. 그러면서 '더 보기+'를 누르면, 기간, 연령, 분야 중 하나를 선택하여 순위에 따라 배열된 도서 목록을 볼 수 있다는 정보를 추가로 제공하고 있다.

• 정답 •

35 ③ 36 ③ 37 ④ ★ 38 ⑤ 39 ④ 40 ⑤ 41 ② 42 ② 43 ① 44 ③ 45 ①

★ 표기된 문항은 [등급을 가르는 문제]에 해당하는 문항입니다.

35 단어의 구성 요소 이해 정답률 64% | 정답 ③

윗글을 읽고 이해한 내용으로 적절하지 <u>않은</u> 것은?

① '나는 시장에서 책가방을 값싸게 샀다.'의 '값싸게'는 구성적 측면에서 ㉠과 동일한 유형의 합성 용언이겠군.
'값싸게'는 '값이 싸다'의 의미이므로, '쓸모가 없다'의 의미인 ㉠과 동일한 유형의 합성 용언이라 할 수 있다.

② '나는 눈부신 태양 아래에 서 있었다.'의 '눈부신'은 구성적 측면에서 ㉠과 동일한 유형의 합성 용언이겠군.
'눈부신'은 '눈이 부시다'의 의미이므로, 구성적 측면에서 ㉠과 동일한 유형의 합성 용언이라 할 수 있다.

✔ '누나는 나를 보자마자 뒤돌아 앉았다.'의 '뒤돌아'는 구성적 측면에서 ㉡과 동일한 유형의 합성 용언이겠군.
'뒤돌아'는 '뒤로 돌다'의 의미이므로 부사와 서술어의 관계라 할 수 있다. 따라서 '자랑으로 삼다'의 의미인 ㉢과 동일한 유형의 합성 용언이라 할 수 있다.

④ '언니는 밤새워 숙제를 다 마무리했다.'의 '밤새워'는 구성적 측면에서 ㉡과 동일한 유형의 합성 용언이겠군.
'밤새워'는 '밤을 새우다'의 의미이므로 '손을 잡다'의 의미인 ㉡과 동일한 유형의 합성 용언이라 할 수 있다.

⑤ '큰형은 앞서서 골목을 걷기 시작했다.'의 '앞서서'는 구성적 측면에서 ㉢과 동일한 유형의 합성 용언이겠군.
'앞서서'는 '앞에 서다'의 의미이므로, '자랑으로 삼다'의 의미인 ㉢과 동일한 유형의 합성 용언이라 할 수 있다.

36 단어의 구성 요소의 탐구 정답률 73% | 정답 ③

윗글을 바탕으로 〈보기〉의 ⓐ ~ ⓔ를 탐구한 내용으로 적절한 것은?

〈보 기〉

○ 그는 학문에 대한 깨달음에 ⓐ 목말라 있다.
○ 그는 이 과자를 간식으로 ⓑ 점찍어 두었다.
○ 그녀는 요즘 야식과 ⓒ 담쌓고 지내고 있다.
○ 그녀는 노래 실력이 아직 ⓓ 녹슬지 않았다.
○ 그녀는 최신 이론에 마침내 ⓔ 눈뜨게 됐다.

① ⓐ : 구성 요소의 의미를 그대로 유지하고 필수 부사어를 요구한다.
ⓐ의 '목말라'는 '목이 마르다.'라는 구성 요소를 지니고 있지만, '깨달음에 목말라 있었다'를 볼 때 구성 요소의 의미를 벗어나 '어떠한 것을 간절히 원하다.'라는 새로운 의미를 획득하였음을 알 수 있다.

② ⓑ : 구성 요소의 의미를 그대로 유지하고 필수 부사어를 요구하지 않는다.
ⓑ의 '점찍어'는 '점을 찍다.'라는 구성 요소를 지니고 있지만 '간식으로 점찍어 두었다'를 볼 때 '어떻게 될 것이라고 또는 어느 것이라고 마음속으로 정하다.'라는 새로운 의미를 획득하였음을 알 수 있다. 따라서 '점찍어'는 구성 요소의 의미를 벗어나 새로운 의미를 획득했고 '간식으로'와 같은 필수 부사어를 요구함을 알 수 있다.

✔ ⓒ : 구성 요소의 의미를 벗어나 새로운 의미를 획득했고 필수 부사어를 요구한다.
ⓒ의 '담쌓다'는 '담을 쌓다'라는 구성 요소를 지니고 있지만, '야식과 담쌓고 지내고'를 볼 때 '관계나 인연을 끊다.'라는 새로운 의미를 획득하고 있다. 따라서 '담쌓고'는 구성 요소의 의미를 벗어나 '야식과'와 같은 필수 부사어를 요구한다고 할 수 있다.

④ ⓓ : 구성 요소의 의미를 벗어나 새로운 의미를 획득했고 필수 부사어를 요구한다.
ⓓ의 '녹슬지'는 '녹이 슬다.'라는 구성 요소를 지니고 있지만 '노래 실력이 아직 녹슬지 않았다.'를 볼 때, '오랫동안 쓰지 않고 버려두어 낡거나 무디어지다.'라는 새로운 의미를 획득하였지만 필수 부사어는 요구하지 않음을 알 수 있다.

⑤ ⓔ : 구성 요소의 의미를 벗어나 새로운 의미를 획득했고 필수 부사어를 요구하지 않는다.
ⓔ의 '눈뜨게'는 '눈을 뜨다.'라는 구성 요소를 지니고 있지만 '최신 이론에 마침내 눈뜨게 됐다.'를 볼 때, '잘 알지 못했던 이치나 원리 따위를 깨달아 알게 되다.'라는 새로운 의미를 획득하였고, '최신 이론에'와 같은 필수 부사어를 요구함을 알 수 있다.

★★★ 등급을 가르는 문제!

37 어말 어미와 선어말 어미의 이해 정답률 39% | 정답 ④

〈보기〉의 ⓐ ~ ⓔ에 대한 이해로 적절한 것은? [3점]

〈보 기〉

국어의 어미는 용언 어간에 붙어 여러 가지 문법적인 기능을 수행한다. 어미는 선어말 어미와 어말 어미로 나누어 진다. 선어말 어미는 용언 어간과 어말 어미 사이에 들어가는 것으로 시제나 높임과 같은 문법적 의미를 나타낸다. 선어말 어미는 하나 혹은 둘 이상이 쓰일 수도 있고 아예 쓰이지 않을 수도 있다. 한편 어말 어미에는 종결 어미, 연결 어미, 전성 어미가 있다. 어말 어미는 선어말 어미와 달리 하나만 붙고, 반드시 있어야 한다.

○ 머무시는 동안 ⓐ 즐거우셨길 바랍니다.
○ 이 부분에서 물이 ⓑ 샜을 가능성이 높다.
○ ⓒ 번거로우시겠지만 서류를 챙겨 주세요.
○ 시원한 식혜를 먹고 갈증이 싹 ⓓ 가셨겠구나.
○ 항구에 ⓔ 다다른 배는 새로운 항해를 준비했다.

① ⓐ : 선어말 어미 두 개와 연결 어미가 사용되었다.

ⓐ를 형태소로 분석하면 '즐겁-+-(으)시-+-었-+-기+ㄹ'이 되는데, '-(으)시-', '-었-'은 선어말 어미이고 '-기'는 명사형 전성 어미에 해당한다. 한편 'ㄹ'은 목적격 조사에 해당한다.

② ⓑ : 선어말 어미 없이 전성 어미가 사용되었다.
ⓑ를 형태소로 분석하면 '새-+-었-+-을'이 되는데, '-었-'은 선어말 어미이고 '-을'은 전성 어미에 해당한다.

③ ⓒ : 선어말 어미 세 개와 연결 어미가 사용되었다.
ⓒ를 형태소로 분석하면 '번거롭-+-(으)시-+-겠-+-지만'이 되는데, '-(으)시-', '-겠-'은 선어말 어미이고 '-지만'은 연결 어미에 해당한다.

✔ ④ ⓓ : 선어말 어미 두 개와 종결 어미가 사용되었다.
ⓓ를 형태소로 분석하면 '가시-+-었-+-겠-+-구나'가 되는데, '-었-', '-겠-'은 선어말 어미이고 '-구나'는 종결 어미라 할 수 있다. 따라서 ⓓ에는 선어말 어미 두 개와 종결 어미가 사용되었음을 알 수 있다.

⑤ ⓔ : 선어말 어미 한 개와 전성 어미가 사용되었다.
ⓔ를 형태소로 분석하면 '다다르-+-ㄴ'이 되는데, '-ㄴ'은 전성 어미에 해당하고, 선어말 어미는 사용되지 않았다.

★★ 문제 해결 꿀~팁 ★★

▶ 많이 틀린 이유는?
이 문제는 기본적으로 연결 어미와 선어말 어미, 전성 어미 등에 대한 기본적인 문법 지식이 부족하여 오답률을 높인 것으로 보인다. 또한 ⓐ~ⓔ를 제대로 분석하지 못한 것도 오답률이 높았던 것으로 보인다.

▶ 문제 해결 방법은?
이 문제를 해결하기 위해서는 기본적으로 〈보기〉에 제시된 연결 어미와 선어말 어미, 전성 어미에 대한 배경지식을 바탕으로 해야 한다. 만일 이러한 배경지식이 있었다면 문제를 보다 쉽게 해결할 수 있었을 것이다. 이에 대한 기본 지식은 다음과 같다.

- 연결 어미: 어간에 붙어 다음 말에 연결하는 구실을 하는 어미. '-게', '-고', '-(으)며', '-(으)면', '-(으)니', '-아/어', '-지' 따위가 있음.
- 선어말 어미: 어말 어미 앞에 나타나는 어미. '-시-', '-옵-' 따위와 같이 높임법에 관한 것과 '-았-', '-는-', '-더-', '-겠-' 따위와 같이 시상(時相)에 관한 것이 있음.
- 전성 어미: 용언의 어간에 붙어 다른 품사의 기능을 수행하게 하는 어미. 명사형 전성 어미, 관형사형 전성 어미와 부사형 전성 어미로 나뉘며, '-기'·'-(으)ㅁ', '-ㄴ'·'-ㄹ', '-게'·'-도록' 따위가 있음.

그리고 학생들 중에는 ⓐ~ⓔ를 제대로 분석하지 못하는 경우도 있는데, 정답인 ④의 경우에 '가시-+-었-+-겠-+-구나'로 분석했으면 적절함을, 오답률이 높았던 ③의 경우 '번거롭-+-(으)시-+-겠-+-지만'으로 분석했으면 적절하지 않음을 알았을 것이다. 이처럼 문법 문제에서는 기본적인 배경지식을 요구하는 문제가 종종 출제되므로 기본적인 문법은 평소에 정확히 익혀 두도록 한다.

---

38 부정 표현의 이해 | 정답률 71% | 정답 ⑤

〈보기〉의 ⊙, ⓛ에 해당하는 예끼리 묶인 것으로 적절한 것은?

─〈보 기〉─
국어의 부정에는 '안'이나 '-지 않다'를 사용하는 '의지 부정'과 '못'이나 '-지 못하다'를 사용하는 '능력 부정'이 있다고 알려져 있다. 그러나 '안'이나 '-지 않다'가 사용된 부정문이 주어의 의지와 무관한 '단순 부정'을 나타내는 경우도 많다. ⊙ 형용사가 서술어로 쓰이면 '안'이나 '-지 않다'는 단순 부정을 나타낸다. 형용사가 나타내는 성질이나 상태에는 주어의 의지가 작용할 수 없기 때문이다. ⓛ 동사가 서술어로 쓰이는 경우에도 주어가 의지를 가지지 못하는 무정물이면 '안'이나 '-지 않다'가 단순 부정을 나타낸다. 또한 동사가 서술어로 쓰이고 주어가 유정물이더라도 '나는 깜빡 잊고 약을 안 먹었다.'에서와 같이 '안'이 단순 부정을 나타낼 수 있다.

① ⊙ : 옛날엔 통신 기술이 발달하지 않았다.
ⓛ : 주문한 옷이 아직도 도착하지 않았다.
⊙은 동사 '발달하다'가 서술어로 쓰인 경우이며, ⓛ은 무정물 '옷'이 주어로, 동사 '도착하다'가 서술어로 쓰인 경우이다.

② ⊙ : 이 문제집은 별로 어렵지 않더라.
ⓛ : 저는 이 은혜를 잊지 않겠습니다.
⊙은 형용사 '어렵다'가 서술어로 쓰인 경우이며, ⓛ은 유정물 '저'가 주어로, 동사 '잊다'가 서술어로 쓰인 경우이다.

③ ⊙ : 나는 그 이야기가 궁금하지 않아.
ⓛ : 동생이 오늘 우산을 안 가져갔어.
⊙은 형용사 '궁금하다'가 서술어로 쓰인 경우이며, ⓛ은 유정물 '동생'이 주어로, 동사 '가져가다'가 서술어로 쓰인 경우이다.

④ ⊙ : 내 얘기에 고모는 놀라지 않았다.
ⓛ : 이 물질은 전기가 통하지 않는다.
⊙은 동사 '놀라다'가 서술어로 쓰인 경우이며, ⓛ은 무정물 '전기'가 주어로, 동사 '통하다'가 서술어로 쓰인 경우이다.

✔ ⑤ ⊙ : 밤바다가 그리 고요하지는 않네.
ⓛ : 아주 오래간만에 비가 안 온다.
⊙의 '고요하지 않다'는 형용사 '고요하다'가 서술어로 쓰이며 '-지 않다'가 단순 부정을 나타내고 있다. ⓛ의 '비가 안 오다'는 무정물 '비'가 주어로, 동사 '오다'가 서술어로 쓰이며 '안'이 단순 부정을 나타내고 있다. 따라서 〈보기〉의 ⊙, ⓛ에 해당하는 예로 적절하다.

---

39 음운 변동의 이해 | 정답률 62% | 정답 ④

[A]에 들어갈 말로 적절한 것은?

학생 : 선생님, 표준 발음법 제18항을 보다가 궁금한 점이 생겼어요. 이 조항에서 'ㄱ, ㄷ, ㅂ' 옆의 괄호 안에 다른 받침이 포함된 것은 무엇을 나타내나요?

제18항 받침 'ㄱ(ㄲ, ㅋ, ㄳ, ㄺ), ㄷ(ㅅ, ㅆ, ㅈ, ㅊ, ㅌ, ㅎ), ㅂ(ㅍ, ㄼ, ㄿ, ㅄ)'은 'ㄴ, ㅁ' 앞에서 [ㅇ, ㄴ, ㅁ]으로 발음한다.

선생님 : 좋은 질문이에요. 그건 받침이 'ㄱ, ㄷ, ㅂ'이 아니더라도, 음운 변동의 결과로 그 발음이 [ㄱ, ㄷ, ㅂ]으로 바뀌면 비음화 현상이 적용될 수 있다는 사실을 나타낸 거예요.
학생 : 아, 그렇다면 [A] 비음화 현상이 적용된 거네요?
선생님 : 네, 맞아요.

① '밖만[방만]'은 자음군 단순화가 적용된 후
'밖만[방만]'은 '밖'의 'ㄲ'이 음절의 끝소리 규칙의 적용을 받아 [박만]으로 바뀐 뒤, 이어서 비음화 현상이 적용되어 'ㄱ'이 'ㅇ'으로 바뀌어 [방만]으로 발음된다.

② '폭넓다[퐁널따]'는 자음군 단순화가 적용된 후
'폭넓다'는 '폭'의 'ㄱ'이 비음화 현상의 영향으로 'ㅇ'으로 바뀌어 [퐁널따]로 발음된다.

③ '값만[감만]'은 음절의 끝소리 규칙이 적용된 후
'값만'은 '값'의 'ㅄ'이 자음군 단순화의 적용을 받아 [갑만]으로 바뀐 뒤, 이어서 비음화 현상이 적용되어 'ㅂ'이 'ㅁ'으로 바뀌어 [감만]으로 발음된다.

✔ ④ '겉늙다[건늑따]'는 음절의 끝소리 규칙이 적용된 후
'겉늙다'는 '겉'의 'ㅌ'이 음절의 끝소리 규칙의 적용을 받아 [걷늑따]로 바뀐 뒤, 이어서 비음화 현상이 적용되어 'ㄷ'이 'ㄴ'으로 바뀌어 [건늑따]로 발음된다.

⑤ '호박잎[호방닙]'은 음절의 끝소리 규칙이 적용된 후
'호박잎'은 '호박＋잎'의 과정에서 ㄴ 첨가가 일어나 [호박닙]으로 바뀐 뒤, 이어서 'ㄴ'의 영향으로 '호박'의 'ㄱ'에 비음화 현상이 적용되어 'ㅇ'으로 바뀌어 [호방닙]으로 발음된다.

---

40 뉴 미디어의 특성 이해 | 정답률 96% | 정답 ⑤

〈보기〉는 (나)의 전자책을 활용한 학생의 반응이다. 이를 바탕으로 (나)를 이해한 내용으로 적절하지 않은 것은?

─〈보 기〉─
전자책은 중요한 부분에 강조 표시를 할 수 있다는 점이 종이 책과 비슷했어. 하지만 다시 봐야 할 내용을 선택해 별도의 목록으로 만들거나 어구를 검색해 원하는 정보에 더 쉽게 접근할 수 있다는 점은 종이 책과 달랐어. 책에서 모르는 단어가 나왔을 때, 사전을 찾아본 결과를 한 화면에서 바로 확인할 수 있어서 내용을 빠르게 이해했어. 또 화면 배율을 조정해 글자 크기를 조절하니 읽기에 편했어.

① ⊙에 1, 3장이 포함된 것은 학생이 해당 장의 내용을 다시 볼 필요가 있다고 판단했기 때문이군.
⊙은 학생이 자신이 다시 보고자 하는 내용을 선택해 별도의 목록으로 만들어 놓은 것이다. 따라서 ⊙에 있는 1장과 3장이 포함된 것은 학생이 해당 장의 내용을 다시 볼 필요가 있다고 판단하여 선택해 놓은 것으로 볼 수 있다.

② ⓛ을 통해 대중교통을 이용한 광고가 효과적인 이유를 언급한 부분에 강조 표시가 된 것은 학생이 해당 문장을 중요하다고 판단했기 때문이군.
[화면 2]에서 학생은 ⓛ을 이용하여 대중교통을 이용한 광고가 효과적인 이유를 언급한 부분에 강조 표시를 하고 있는데, 이는 학생이 해당 문장을 중요하다고 판단하여 강조 표시를 하였다고 할 수 있다.

③ ⓒ의 '감안'에 대한 사전 찾기 결과는 [화면 2]에서 본문과 함께 제시되어 학생의 글 읽기에 도움을 주었군.
사전 찾기 결과인 ⓒ이 본문과 한 화면에 제시되어 있는데, 이는 학생이 글의 내용을 이해하는 데 도움을 준다고 할 수 있다.

④ ⓔ을 통해 [화면 3]의 글자 크기가 [화면 2]보다 커진 것은 학생의 읽기 편의성을 높여 주었군.
ⓓ의 결과, 즉 [화면 2]의 '100% 화면'이 [화면 3]에서 '120% 화면'으로 바뀌고 있는데, 이는 학생이 글을 읽는 데 편의성을 높여 준다고 할 수 있다.

✔ ⑤ ⓜ의 결과가 [화면 3]에 표시된 것은 학생이 '버스 광고'를 쉽게 찾아 버스 광고의 제작 기간을 확인하는 데 도움을 주었군.
[화면 3]을 통해 정보 내용 중 검색 어구가 버스 광고와 같이 눈에 띄게 표시되어 있음을 알 수 있고, 버스 광고의 다양한 형태와 버스 광고의 장점에 대한 정보가 제시되어 있음을 알 수 있다. 따라서 검색 결과가 버스 광고의 제작 기간을 확인하는 데 도움을 주었다는 반응은 적절하지 않다.

---

41 매체 자료의 생산 | 정답률 78% | 정답 ②

다음은 학생이 (가)를 수행하는 과정에서 (나)를 바탕으로 작성한 메모이다. 이에 대한 이해로 적절하지 않은 것은?

메모 1 : '청소년 문화 한마당'에 ○○구 고등학생들이 좋아할 공연 프로그램이 많이 준비되어 있음을 광고에서 강조하면 효과적이겠다.
메모 2 : 버스 정류장이 아니라 버스 내·외부에 광고물을 부착하고, ○○구 고등학생들이 주로 이용하는 10번이나 12번 버스에 광고를 게시하면 효과적이겠다.
메모 3 : 등·하교 시간에 집중적으로 광고를 하기 위해 버스 내부의 모니터 영상 광고를 이용하고, 도보 통학 학생들에게도 홍보하기 위해 버스 외부의 옆면과 뒷면에도 광고를 게시하면 효과적이겠다.

① '메모 1'에서, 광고에서 부각할 내용을 선정한 것은 (나)에 제시된 목표 수용자와 관련하여 우선적으로 분석해야 할 요소를 고려한 것이겠군.
'메모 1'에서 '청소년 문화 한마당'에 ○○구 고등학생들이 좋아할 공연 프로그램이 많이 준비되어 있음을 강조하려고 한 것은 [화면 2]의 '광고 효과를 높이기 위해서는 무엇보다 목표 수용자의 관심과 흥미에 대한 분석이 선행되어야 한다.'라는 내용을 고려한 것으로 볼 수 있다.

✔ ② '메모 2'에서, 정류장 광고와 버스 내·외부 광고 중 후자를 선택한 것은 (나)에 제시된 반복 노출 효과의 유무라는 기준을 고려한 것이겠군.
(나)의 [화면 2]를 통해 버스 정류장 광고와 버스 내·외부 광고 모두 대중교통을 자주 이용하는 사람에게 반복적으로 노출되는 효과가 있음을 알 수 있다. 따라서 '메모 2'에서 정류장 광고와 버스 내·외부 광고 중 후자를 선택한 것이 반복 노출 효과의 유무라는 기준을 고려한 것이라는 이해는 적절하지 않다.

③ '메모 2'에서, 버스 노선 중에서 특정 노선을 선택한 것은 (나)에 제시된 영화 광고의 예처럼 목표 수용자의 대중교통 이용 패턴을 고려한 것이겠군.
'메모 2'에서 ○○구 고등학생들이 주로 이용하는 10번이나 12번 버스를 선택한 것은 [화면 3]의 '목표

수용자들의 주 이용 노선과 같은 대중교통 이용 패턴을 분석하는 것이 필요하다.'라는 내용을 고려한 것으로 볼 수 있다.

④ '메모 3'에서, 광고 게시 시간대를 설정할 수 있는 광고 형태를 제안하려는 것은 (나)에 제시된 목표 수용자의 대중교통 이용 시간이라는 기준을 고려한 것이겠군.
'메모 3'에서 등·하교 시간에 집중적으로 광고를 하기 위해 버스 내부의 모니터 영상 광고를 이용하겠다고 한 것은 [화면 3]의 '목표 수용자의 대중교통 이용 시간대도 고려할 필요가 있다.'라는 내용을 고려한 것으로 볼 수 있다.

⑤ '메모 3'에서, 버스 옆면과 뒷면 광고가 필요하다고 판단한 것은 (나)에 제시된 버스 외부 광고의 장점을 고려한 것이겠군.
'메모 3'에서 도보 통학 학생들에게도 홍보하기 위해 버스 외부의 옆면과 뒷면에도 광고를 게시하려는 것은 [화면 3]의 '지하철과 달리 지상에서 운행하기 때문에 버스를 이용하지 않는 사람들 역시 버스 외부 광고의 목표 수용자가 될 수 있다'라는 내용을 고려한 것으로 볼 수 있다.

---

42 매체 언어의 표현 방법　　　　정답률 92% | 정답 ②

ⓐ~ⓔ에 대한 설명으로 적절하지 않은 것은?

① ⓐ : 대중교통을 이용한 광고의 종류가 여럿임을 명시하기 위해 사용하였다.
'등'은 '그 밖에도 같은 종류의 것이 더 있음을 나타내는 말.'이다. ⓐ 앞에 열거된 내용을 고려할 때, ⓐ가 대중교통을 이용한 광고의 종류가 여럿임을 나타내기 위해 사용된 것이라는 설명은 적절하다.

✓② ⓑ : 젊은 층의 게임 광고 수용에 대한 자발적 의지를 나타내기 위해 사용하였다.
'보다'의 피동사인 ⓑ는 행동의 주체를 드러내지 않음으로써 말하고자 하는 대상인 '게임 광고'를 부각하고자 사용한 것으로 볼 수 있다. 따라서 이를 젊은 층의 게임 광고 수용에 대한 자발적 의지를 나타내기 위해 사용하였다는 설명은 적절하지 않다.

③ ⓒ : 광고의 효과를 높이기 위해 분석해야 할 요소가 더 존재함을 드러내기 위해 사용하였다.
ⓒ의 뒤에서 광고의 효과를 높이기 위해 분석해야 할 요소가 추가로 제시된다는 점을 고려할 때, ⓒ가 광고의 효과를 높이기 위해 분석해야 할 요소가 앞에서 제시한 것 이외에 더 존재함을 드러내기 위해 사용된 것이라는 설명은 적절하다.

④ ⓓ : 목표 수용자 분석과는 다른 내용으로 전환됨을 나타내기 위해 사용하였다.
ⓓ의 앞에는 광고의 효과를 높이기 위해 분석해야 할 요소에 대한 설명이, ⓓ의 뒤에는 버스 광고의 다양한 형태와 장점에 대한 설명이 제시되어 있다. 이를 고려할 때 ⓓ가 앞의 내용과 다른 내용으로 전환됨을 나타내기 위해 사용된 것이라는 설명은 적절하다.

⑤ ⓔ : 앞에 나온 표현을 그대로 반복하지 않고 대신하기 위해 사용하였다.
'그'는 지시 대명사로서 앞에 나온 '버스 광고'를 가리킨다. 따라서 ⓔ가 앞에 나온 표현을 그대로 반복하지 않고 대신하기 위해 사용된 것이라는 설명은 적절하다.

---

43 매체의 유형에 따른 특성　　　　정답률 95% | 정답 ①

(가), (나)에 드러나 있는 매체의 특성을 이해한 것으로 가장 적절한 것은?

✓① (가)에서는 정보를 전달할 수 있는 시간의 제약을 고려하여 정보의 양을 조절하고 있다.
(가)의 '시간 관계상 하나만 읽어 드릴게요.'를 통해, (가)에서는 교내 방송 시간의 제약 때문에 정보의 양을 조절하고 있음을 알 수 있다.

② (나)에서는 불특정 다수의 수용자에게 정보를 제공하고 있다.
(나)에서는 '민지', '상우', '보미'라는 특정된 개인 사이의 소통이 이루어지고 있으므로 불특정 다수의 수용자에게 정보를 제공한다고는 할 수 없다.

③ (가)에서는 (나)와 달리 대화 목적에 따라 또 다른 온라인 대화 공간을 설정하고 있다.
(나)의 '민지'의 발화인 '지금 보미랑 과제 때문에 다른 대화방에서 얘기 중인데'를 통해, (나)는 (가)와 달리 대화 목적에 따라 또 다른 온라인 대화 공간을 설정하고 있음을 알 수 있다.

④ (나)에서는 (가)와 달리 음성 언어에 음향을 결합하여 정보를 생산하고 있다.
(가)의 진행자는 '잔잔한 배경 음악'과 함께 청취자의 사연을 읽어 주고 있으므로 음성 언어에 음향을 결합하여 정보를 생산하고 있음을 알 수 있다. 하지만 (나)에서 음성 언어에 음향을 결합하여 정보를 생산하고 있는 부분은 찾아볼 수 없다.

⑤ (가)와 (나)에서는 모두 정보 생산자가 정보 수용자의 반응에 따라 정보 제시 순서를 바꾸고 있다.
(가)와 (나) 모두 정보 생산자가 정보 수용자의 반응에 따라 정보 제시 순서를 바꾸는 부분은 찾아볼 수 없다.

---

44 매체 언어와 개인적·사회적 소통　　　　정답률 96% | 정답 ③

㉠~㉤에 드러난 의사소통 방식에 대한 이해로 적절하지 않은 것은?

① ㉠ : 새롭게 대화에 참여한 '보미'는 공유된 맥락을 기반으로 '상우'에게 질문하고 있다.
㉠의 '민지한테 얘기 다 들었어.'를 고려할 때, 새롭게 대화에 참여한 '보미'는 '민지'를 통해 대화 맥락을 공유하고 있음을 알 수 있다.

② ㉡ : 동의의 뜻을 시각적 이미지로 제시하여 '상우'의 제안을 수락하고 있다.
㉡은 두 팔을 들어 큰 원을 만들고 있는 사람의 모습으로, 동의의 뜻을 나타내는 시각적 이미지이다. '민지'는 ㉡을 활용하여 '민지야, 네가 출연하면 어때?'라는 '상우'의 제안에 대하여 동의의 뜻을 나타내고 있다.

✓③ ㉢ : '상우'의 이전 발화 중 일부를 재진술하면서 영상 제작에 관한 그의 의견에 이의를 제기하고 있다.
㉢의 '아까 학교에 얽힌 추억을 지혜가 기억하면 좋겠다고 했으니까'는 '상우'의 이전 발화인 '지혜가 학교에 얽힌 추억을 기억할 수 있게 재진술에 해당한다. '민지'는 이를 바탕으로 '네가 교문과 운동장에서 카메라를 보면서 지혜랑 얘기하듯이 말해.'라는 '상우'의 의견에 대해 '운동장에서는 지혜가 날 도와줬던 그때를 떠올리면서 지혜에게 얘기하듯이 말하면 되겠지?'와 같이 이를 효과적으로 표현하는 의견을 제시하고 있다. 따라서 '상우'의 의견에 이의를 제기하고 있다는 진술은 적절하지 않다.

④ ㉣ : 진행된 대화 내용을 점검하여 영상 촬영과 관련해서 추가적으로 논의할 내용을 언급하고 있다.

㉣에서 '대화 내용을 다시 보니까 장면 구성이나 각자 역할은 얘기했는데'는 진행된 대화 내용을 점검한 것이고, '촬영 날짜는 안 정했네'는 영상 촬영과 관련해서 추가적으로 논의할 내용을 언급한 것이다.

⑤ ㉤ : 의견을 취합할 수 있는 기능을 활용하여 촬영 날짜를 선택하기 위한 의사 결정에 참여해 줄 것을 요청하고 있다.
㉤에서는 '상우'가 대화 참여자들의 의견을 취합할 수 있는 투표 기능을 활용하여 대화 참여자들에게 촬영이 가능한 날짜를 선택해 달라고 요청하고 있다.

---

45 소통 목적 고려　　　　정답률 82% | 정답 ①

(나)의 대화 내용을 반영한 '영상 제작 계획'으로 적절하지 않은 것은? [3점]

영상 제작 계획	장면 스케치
① 교문에서부터 운동장까지 끊지 않고 촬영하여 지혜가 여러 공간에 얽힌 추억을 떠올릴 수 있도록 연출해야겠어.	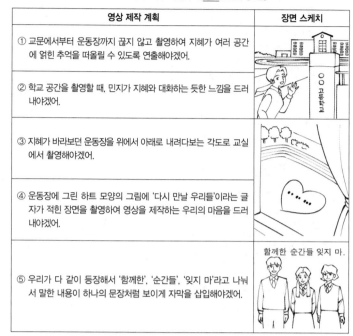
② 학교 공간을 촬영할 때, 민지가 지혜와 대화하는 듯한 느낌을 드러내야겠어.	
③ 지혜가 바라보던 운동장을 위에서 아래로 내려다보는 각도로 교실에서 촬영해야겠어.	
④ 운동장에 그린 하트 모양의 그림에 '다시 만날 우리들'이라는 글자가 적힌 장면을 촬영하여 영상을 제작하는 우리의 마음을 드러내야겠어.	
⑤ 우리가 다 같이 등장해서 '함께한', '순간들', '잊지 마'라고 나눠서 말한 내용이 하나의 문장처럼 보이게 자막을 삽입해야겠어.	

✓① 교문에서부터 운동장까지 끊지 않고 촬영하여 지혜가 여러 공간에 얽힌 추억을 떠올릴 수 있도록 연출해야겠어.
(나)에서는 '교문에서 운동장까지 꽤 머니까 ~ 교문과 운동장에서 각각 찍고 편집해서 이어 붙이자.'라는 '상우'의 제안에 대하여 '민지'가 동의하고 있다. 따라서 '교문에서부터 운동장까지 끊지 않고 촬영하여'는 (나)의 대화 내용을 반영한 영상 제작 계획으로 적절하지 않다.

② 학교 공간을 촬영할 때, 민지가 지혜와 대화하는 듯한 느낌을 드러내야겠어.
(나)에서 '네가 교문과 운동장에서 카메라를 보면서 지혜랑 얘기하듯이 말해.'라는 '상우'의 제안에 대하여 '민지'가 동의하고 있는데, ②는 이러한 대화 내용을 반영한 것이므로 적절하다.

③ 지혜가 바라보던 운동장을 위에서 아래로 내려다보는 각도로 교실에서 촬영해야겠어.
(나)에서 '상우'의 발화 중 '그 다음에 교실로 올라가서 지혜가 즐겨 보던 운동장을 찍자.'라는 내용을 반영한 것이므로 적절하다.

④ 운동장에 그린 하트 모양의 그림에 '다시 만날 우리들'이라는 글자가 적힌 장면을 촬영하여 영상을 제작하는 우리의 마음을 드러내야겠어.
(나)에서 '보미'의 발화 중 '그럼 운동장에 ♡를 크게 그리고 ~ 우리 마음이 드러날 것 같아.'와 (가)에서 '민지'가 신청한 노래 제목 '다시 만날 우리들'을 반영한 것이므로 적절하다.

⑤ 우리가 다 같이 등장해서 '함께한', '순간들', '잊지 마'라고 나눠서 말한 내용이 하나의 문장처럼 보이게 자막을 삽입해야겠어.
(나)에서 '마지막에 우리가 지혜에게 ~ '함께한 순간들 잊지 마.'라고 말할까?'라는 '상우'의 발화와 '그래. 우리가 세 글자씩 말하고 ~ 자막은 내가 넣을게.'라는 '보미'의 발화 내용을 반영한 것이므로 적절하다.

• 정답 •

35 ④ 36 ② 37 ④★ 38 ⑤ 39 ① 40 ② 41 ③ 42 ③ 43 ⑤ 44 ⑤ 45 ②

★ 표기된 문항은 [등급을 가르는 문제]에 해당하는 문항입니다.

---

35 음절의 이해 정답률 89% | 정답 ④

㉠~㉤을 이해한 내용으로 적절하지 않은 것은?

① ㉠에 따라 '싫증'은 싫다는 의미를 효과적으로 전달하기 위해 첫 글자의 형태를 고정하여 표기한 예이다.

'싫증'은 '싫은 생각이나 느낌. 또는 그런 반응'의 뜻을 나타내어 '싫다'와 의미적으로 연관되어 있으므로, '싫증'의 '싫은 의미를 효과적으로 전달하기 위해 하나의 의미를 하나의 형태로 고정하여 적은 사례라 할 수 있다.

② ㉡에 해당하는 예로 '북소리'와 '국물'을 들 수 있다.

'북소리'는 [북쏘리], '국물'은 [궁물]로 발음되므로, 표기가 실제 발음을 그대로 드러내지 않는 사례라 할 수 있다.

③ ㉢에 따라 끝말잇기를 할 때, '나뭇잎' 뒤에 '잎새'를 연결할 수 있다.

'나뭇잎'은 [나문닙], '잎새'는 [입쌔]로 발음되어 발음을 기준으로 하면 '닙'과 '입'이 연결되지 않지만, 표기된 글자 하나하나를 음절로 인식하는 관습에 따라 '잎-잎'으로 끝말잇기를 할 수 있다.

✔ ④ ㉣의 구분에 따르면 '강'과 '복'은 같은 음절 유형에 해당하지만, '목'과 '몫'은 서로 다른 음절 유형에 해당한다.

'목'은 [목], '몫'은 [목]으로 발음되어 발음을 기준으로 할 때 '목'과 '몫'은 '자음+모음+자음'의 같은 음절 유형에 해당한다. 한편 '강'은 [강], '북'은 [북]으로 발음되므로 '자음+모음+자음'의 같은 음절 유형에 해당한다.

⑤ ㉤에 해당하는 예로 '북어'를, 해당하지 않는 예로 '강변'을 들 수 있다.

'북어'는 [부거]로 발음되어 표기 형태가 음절 유형을 그대로 나타내지 않는 사례에 해당하고, '강변'은 [강변]으로 발음되어 표기 형태가 음절 유형을 그대로 나타내는 사례에 해당한다고 할 수 있다.

---

36 국어의 음운 변동 정답률 70% | 정답 ②

[A]를 바탕으로 할 때, 〈보기〉의 ⓐ~ⓔ에 대한 설명으로 적절한 것은?

〈보 기〉

	표기	발음
ⓐ	굳이	[구지]
ⓑ	옷만	[온만]
ⓒ	물약	[물략]
ⓓ	값도	[갑또]
ⓔ	핥는	[할른]

① ⓐ : 음절 구조 제약과 관련된 교체가 한 번 일어난다.

제시된 글을 통해 우리말 음절 구조의 제약으로 종성에는 'ㄱ, ㄴ, ㄷ, ㄹ, ㅁ, ㅂ, ㅇ'만 올 수 있음을 알 수 있으므로 '굳이'에서 '굳'의 'ㄷ'은 종성에 올 수 있다. 따라서 '굳이[구지]'의 구개음화(교체)는 우리말 음절 구조 제약과 관련된다고 할 수 없다.

✔ ② ⓑ : 음절 구조 제약과 관련된 교체가 한 번, 음절 구조 제약과 무관한 교체가 한 번 일어난다.

제시된 글을 통해, 우리말 음절 구조의 제약으로 초성에는 'ㅇ'이 올 수 없고, 종성에는 'ㄱ, ㄴ, ㄷ, ㄹ, ㅁ, ㅂ, ㅇ'만 올 수 있음을 알 수 있다. 이를 바탕으로 할 때, '옷만'은 [온맏] → [온만]'으로 발음되므로 'ㅅ → ㄷ'으로 음절 구조 제약과 관련된 교체가 한 번, 'ㄷ → ㄴ'으로 음절 구조 제약과 무관한 교체가 한 번 일어남을 알 수 있다.

③ ⓒ : 음절 구조 제약과 무관한 첨가가 한 번, 음절 구조 제약과 관련된 교체가 한 번 일어난다.

제시된 글을 통해 우리말 음절 구조의 제약으로 초성에는 'ㅇ'이 올 수 없고, 음절 구조 제약과 관계없이 일어나는 음운 변동으로 'ㄴ 첨가'가 있음을 알 수 있다. 이를 바탕으로 할 때, '물약'은 '[물냑] → [물략]'으로 발음되어 첨가와 교체가 각각 한 번씩 일어나지만, 둘 다 음절 구조 제약과 관련된다고 할 수 없다.

④ ⓓ : 음절 구조 제약과 관련된 탈락이 한 번, 음절 구조 제약과 무관한 첨가가 한 번 일어난다.

'값도'는 '[갑도] → [갑또]'로 발음되므로 'ㅄ → ㅂ'으로 종성에 둘 이상의 자음이 올 수 없다는 음절 구조 제약과 관련된 탈락이 한 번, 'ㄷ → ㄸ'으로 음절 구조 제약과 무관한 교체가 한 번 일어남을 알 수 있다.

⑤ ⓔ : 음절 구조 제약과 관련된 탈락이 한 번, 음절 구조 제약과 관련된 교체가 한 번 일어난다.

'핥는'은 '[할는] → [할른]'으로 발음되므로 'ㄾ → ㄹ'로 종성에 둘 이상의 자음이 올 수 없다는 음절 구조 제약과 관련된 탈락이 한 번, 'ㄴ → ㄹ'로 음절 구조 제약과 무관한 교체가 한 번 일어난다.

★★★ 등급을 가르는 문제!

37 파생어의 형성 정답률 59% | 정답 ④

〈보기〉의 ㉮에 들어갈 말로 적절하지 않은 것은? [3점]

〈보 기〉

선생님 : 다음은 접사의 특징을 확인하기 위해 수집한 파생어 들이에요. ㉠~㉤에서 각각 확인되는 접사의 공통점을 설명해 보세요.

㉠ 넓이, 믿음, 크기, 지우개
㉡ 끄덕이다, 출렁대다, 반짝거리다
㉢ 울보, 낚시꾼, 멋쟁이, 장난꾸러기
㉣ 밀치다, 살리다, 입히다, 깨뜨리다
㉤ 부채질, 풋나물, 휘감다, 빼앗기다

학생 : 예, 접사가 ㉮ 는 공통점이 있습니다.

① ㉠에서는 용언에 결합하여 명사를 만든다

㉠에 쓰인 접사는 '넓이'의 '-이', '믿음'의 '-음', '크기'의 '-기', '지우개'의 '-개'이다. 이들 접사는 각각 용언 '넓-, 믿-, 크-, 지우-'에 결합하여 명사를 파생하는 역할을 한다.

② ㉡에서는 부사에 결합하여 동사를 만든다

㉡에 쓰인 접사는 '끄덕이다'의 '-이(다)', '출렁대다'의 '-대(다)', '반짝거리다'의 '-거리(다)'이다. 이들 접사는 각각 부사 '끄덕, 출렁, 반짝'에 결합하여 동사를 파생하는 역할을 한다.

③ ㉢에서는 사람을 가리키는 의미의 단어를 만든다

㉢에 쓰인 접사는 '울보'의 '-보', '낚시꾼'의 '-꾼', '멋쟁이'의 '-쟁이', '장난꾸러기'의 '-꾸러기'이다. 이들 접사는 모두 사람을 가리키는 의미의 단어를 파생하는 역할을 한다.

✔ ④ ㉣에서는 주동사에 결합하여 사동사를 만든다

㉣에 쓰인 접사는 '밀치다'의 '-치-', '살리다'의 '-리-', '입히다'의 '-히-', '깨뜨리다'의 '-뜨리(다)'이다. 그런데 '살리다', '입히다'에 쓰인 접사는 주동사와 결합하여 사동사를 파생한다고 할 수 있지만, '밀치다'와 '깨뜨리다'에 쓰인 접사는 강조의 뜻을 더할 뿐 사동사를 파생한다고 할 수 없다.

⑤ ㉤에서는 어근과 품사가 동일한 단어를 만든다

㉤에 쓰인 접사는 '부채질'의 '-질', '풋나물'의 '풋-', '휘감다'의 '휘-', '빼앗기다'의 '-기-'이다. '부채질', '풋나물'에서는 각 접사가 명사 어근인 '부채'와 '나물'에 결합하여 명사를 파생하는 역할을 하며, '휘감다', '빼앗기다'에서는 각 접사가 동사 어근인 '감다'와 '빼앗다'와 결합하여 어근과 같은 품사인 동사를 파생하는 역할을 한다.

● 문법 필수 개념

■ 접사의 이해

1. 어근에 붙어 그 뜻을 제한하는 주변 부분을 '접사'라고 하며, 어근 앞에 올 때는 '접두사', 어근 뒤에 오면 '접미사'라고 한다.
2. 어근에 접사가 결합하여 만들어진 단어를 '파생어'라고 한다.
3. 접두사는 어근의 품사를 거의 바꾸지 못하지만, 접미사는 어근의 품사를 바꾸는 경우가 많다.
 → '지우개'의 어근은 '지우-'로 동사이지만, 접미사 '-개'와 결합하여 명사로 바뀌었다.

★★ 문제 해결 꿀~팁 ★★

▶ 많이 틀린 이유는?
이 문제는 주어진 단어들에 사용된 접사를 정확히 찾아내지 못하였거나, 품사에 대한 이해가 부족하여 오답률이 높았던 것으로 보인다.

▶ 문제 해결 방법은?
최근 언어 문제에서 기본적인 문법 지식에 해당하는 용어는 특별한 설명 없이 선택지로 제시하는 경우가 많다. 이 문제에서도 각 품사, 어근, 사동사 등 기본적인 문법 지식에 해당하는 것을 특별하게 설명하지 않고 선택지에 그대로 노출하고 있다. 가령 정답인 ④의 경우, '사동사'가 '문장의 주체가 자기 스스로 행하지 않고 남에게 그 행동이나 동작을 하게 함을 나타내는 동사'라는 의미만을 정확히 알았으면, ㉣에서 굳이 접사를 구분하지 않아도 '밀치다'와 '깨뜨리다'는 동작의 주체가 하는 행동과 관련되어 있어서 사동사가 아님을 바로 알았을 것이다. 이처럼 기본적인 문법 지식을 정확히 알고 있으면, 언어 문제의 거의 대부분은 쉽게 해결할 수 있으므로, 누차 강조하지만 평소에 기본적인 언어 지식은 충분히 익혀 두기 바란다.

▶ 오답인 ②를 많이 선택한 이유는?
이 문제의 경우 ②를 선택한 학생들이 많았는데, 이 역시 기본적인 문법 지식이 부족했기 때문으로 보인다. 만일 '-이(다)', '-대(다)', '-거리(다)'가 접사임을 정확히 알았다면, '끄덕, 출렁, 반짝'인 부사에 결합하여 동사를 파생하는 역할을 하였음을 쉽게 알았을 것이다.

---

38 문장의 짜임 이해 정답률 74% | 정답 ⑤

〈학습 활동〉의 ㉠에 들어갈 예로 적절한 것은?

〈학습 활동〉

높임 표현이 홑문장에서 실현될 수도 있지만, 겹문장의 안긴문장 속에서도 실현될 수 있다. 다음 조건에 해당하는 예문을 만들어 보자.

조건	예문
안긴문장에서의 주체 높임의 대상이 안은문장에서 주어로 실현된 겹문장	공원에서 산책하시던 할아버지께서 활짝 웃으셨다.
안긴문장에서의 객체 높임의 대상이 안은문장에서 목적어로 실현된 겹문장	㉠
⋮	⋮

① 편찮으시던 어르신께서는 좀 건강해지셨나요?

'편찮으시던 어르신께서는 좀 건강해지셨나요?'은 관형사절 '편찮으시던'이 안겨 있는 문장으로, 관형사절 '편찮으시던'에는 주체 높임의 대상인 '어르신'이 생략되어 있다. 그리고 '어르신'은 안은문장의 주어로 실현되었다.

② 오빠는 고향에 계신 부모님을 집으로 모시고 갔다.

'오빠는 고향에 계신 부모님을 집으로 모시고 갔다.'는 관형사절 '고향에 계신'이 안겨 있는 문장으로, 관형사절 '고향에 계신'에는 주체 높임의 대상인 '부모님'이 생략되어 있다. 그리고 '부모님'은 안은문장의 목적어로 실현되었다.

③ 나는 할아버지께서 선물을 주신 날짜를 아직도 기억해.

'나는 할아버지께서 선물을 주신 날짜를 아직도 기억해.'는 관형사절 '할아버지께서 선물을 주신'이 안겨 있는 문장으로, 관형사절 '할아버지께서 선물을 주신'에서 '할아버지'는 주체 높임의 대상이다. 그리고 '할아버지'는 안은문장의 관형어에 포함되었다.

④ 누나는 다음 주에 인사를 드릴 할머니께 편지를 썼어요.

'누나는 다음 주에 인사를 드릴 할머니께 편지를 썼어요.'는 관형사절 '다음 주에 인사를 드릴'이 안겨 있는 문장으로, 관형사절 '다음 주에 인사를 드릴'에는 객체 높임의 대상인 '할머니'가 생략되어 있다. 그리고 '할머니'는 안은문장의 부사어로 실현되었다.

✓ 형은 동생이 찾아뵈려던 선생님을 학교에서 만났습니다.
'형은 동생이 찾아뵈려던 선생님을 학교에서 만났습니다.'에서는 '동생이 찾아뵈려던'이라는 관형사절이 사용되고 있고, 관형사절에서 객체 높임의 대상인 '선생님'이 생략되어 있다. 그리고 안은문장에서 '선생님'은 안은문장의 목적어로 실현되었으므로 ㉠의 예로 적절하다.

39 중세 국어의 문법 정답률 79% | 정답 ①

〈보기〉의 ㉠ ~ ㉤에 해당하는 예로 적절하지 않은 것은?

〈보 기〉
[중세 국어 조사의 쓰임]
㉠ 주격 조사 'ㅣ'는 모음 '이'나 반모음 'ㅣ' 이외의 모음으로 끝난 체언 뒤에 쓰였다.
㉡ 목적격 조사 '을' 또는 '을'은 자음으로 끝나는 체언 뒤에 쓰였다.
㉢ 관형격 조사 'ㅅ'은 사물이나 존대 대상인 체언 뒤에 쓰였다.
㉣ 부사격 조사 '로'는 모음이나 'ㄹ'로 끝나는 체언 뒤에 쓰였다.
㉤ 호격 조사 '하'는 존대 대상인 체언 뒤에 쓰였다.

✓① ㉠ : 드리 즈믄 ▽르매 비취요미 [달이 천 개의 강에 비치는 것이]
'드리'는 현대어 풀이가 '달이'이므로 '둘(달)＋이'로 분석된다. 이 분석을 통해, '둘'이 자음으로 끝난 체언이기 때문에 주격 조사 '이'가 쓰이고 있음을 알 수 있으므로 '드리'는 ㉠에 해당하는 예라 할 수 없다.

② ㉡ : 바블 머굶 대로 혜여 머굼과 [밥을 먹을 만큼 헤아려 먹음과]
'바블'은 현대어 풀이가 '밥을'이므로 '밥(밥)＋을'로 분석된다. 이 분석을 통해, 자음으로 끝난 체언 '밥' 뒤에 목적격 조사 '을'이 쓰였음을 알 수 있다.

③ ㉢ : 그 나못 불휘를 빼혀 [그 나무의 뿌리를 빼어]
'나못'은 현대어 풀이가 '나무의'이므로 '나모(나무)＋ㅅ'으로 분석된다. 이 분석을 통해, '나모'가 사물을 뜻하는 체언이기 때문에 관형격 조사 'ㅅ'이 쓰였음을 알 수 있다.

④ ㉣ : 물군 플로 모술 밍▽노라 [맑은 물로 못을 만드노라]
'믈로'는 현대어 풀이가 '물로'이므로 '믈(물)＋로'로 분석된다. 이 분석을 통해, '믈'이 'ㄹ'로 끝난 체언이기 때문에 부사격 조사 '로'가 쓰였음을 알 수 있다.

⑤ ㉤ : 님금하 아르쇼셔 [임금이시여, 아십시오]
'님금하'는 현대어 풀이가 '임금이시여'이므로 '님금(임금)＋하'로 분석된다. 이 분석을 통해, '님금'이 존대 대상인 체언이기 때문에 호격 조사 '하'가 쓰였음을 알 수 있다.

● 문법 필수 개념

■ 중세 국어의 조사

주격 조사	'이' 하나만 쓰임.	• 이 : 자음으로 끝난 체언 뒤 예 사룸＋이 → 사루미 • ㅣ : 'ㅣ' 모음 이외의 모음으로 끝난 체언 뒤 예 부텨＋ㅣ→ 부톄, 공자(孔子)ㅣ • ø : 'ㅣ' 모음으로 끝난 체언 뒤(ㅣ＋ㅣ→ㅣ) 예 드리＋ㅣ→ 두·리, 불·휘＋ㅣ → 불·휘
관형격 조사	'이 / 의'와 'ㅅ'이 쓰임.	• ㅅ : 높임명사 뒤 무정 명사 뒤에 쓰임. 예 나랏말씀(나라의 말씀) • 이 : 양성 모음 뒤 유정 명사 뒤에 쓰임. 예 무리 좁(향)(말의 향기) • 의 : 음성 모음 뒤 유정명사 뒤에 쓰임. 예 崔九의 집 (최구의 집)
기타	목적격 조사	을/을, 를/를이 쓰임. 예 마음을, 놀애를
	부사격 조사	'으로, 에 / 애(비교, 처소) 예 둥귀에 달아, 바루래 가누니
	호격 조사	하, 아, 야, (이)여 예 님금하, 長子야

40 매체 자료의 주체적 수용 정답률 90% | 정답 ②

(가), (나)를 수용할 때 유의할 점으로 가장 적절한 것은?

① (가)는 다양한 이론을 종합하여 해결 방안을 마련하고 있으므로 이론에 대한 왜곡이 없는지 확인해야 한다.
(가)를 통해 다양한 이론을 종합하여 해결 방안을 마련하는 내용은 찾아볼 수 없다.

✓② (나)는 제시된 정보 중 출처를 밝히지 않은 것이 있으므로 신뢰할 수 있는 정보인지 확인해야 한다.
(나)의 '카드 1'과 '카드 2'에 언급된 내용은 (가)에 제시된 '○○ 기관 보고서'와 '○○ 기관 통계 자료'를 인용하고 있지만, 그 출처를 밝히지 않고 있다. 따라서 이처럼 정보 출처가 표시되지 않은 자료를 수용할 때는 제시된 정보가 신뢰할 수 있는 것인지를 확인하며 수용해야 한다.

③ (나)는 의견이 대립하고 있는 상황을 다루고 있으므로 편파적으로 서술되지 않았는지 확인해야 한다.
(나)를 통해 의견이 대립하고 있는 상황을 다룬 내용은 찾아볼 수 없다.

④ (가)와 (나)는 예상되는 반론에 반박하고 있으므로 논리적 타당성을 갖추었는지 확인해야 한다.
(가)와 (나)에서 예상되는 반론에 반박하는 내용을 찾아볼 수 없다.

⑤ (가)와 (나)는 작성자의 주장이 나열되고 있으므로 납득할 만한 근거를 갖추고 있는지 확인해야 한다.
(가)와 (나)에는 작성자의 주장은 나열되어 있지 않다.

41 정보 전달과 설득 정답률 90% | 정답 ③

(나)를 제작하는 과정에서 반영된 학생의 계획으로 적절하지 않은 것은?

① '카드 1'에는 (가)의 보고서에 담긴 사회 참여 필요성에 대한 청소년의 인식을 보여 주기 위해 청소년이 말하는 이미지로 제시해야겠군.
(가)의 1문단에서는 '청소년도 사회 참여가 필요하다.'라고 응답한 청소년이 88.3%에 달하고 있음을 언급하고 있다. '카드 1'에서는 이러한 청소년의 인식을 효과적으로 보여 주기 위해 청소년이 말하는 이미지로 제시하고 있다.

② '카드 2'에는 (가)의 사회 참여 활동을 경험해 본 청소년의 비율을 그래프로 시각화하여 문제 상황을 드러내야겠군.
(가)의 2문단에서는 사회 참여 활동 경험이 있다고 응답한 청소년이 21%에 그쳤다고 언급하고 있다. '카드 2'에서는 이 통계 자료를 그래프로 시각화하여 청소년의 사회 참여 비율이 적은 문제 상황을 드러내고 있다.

✓③ '카드 3'에는 (가)의 기관 중심의 사회 참여를 선호하는 청소년의 경향을 드러내기 위해 기관의 이미지를 더 크게 그려야겠군.
(가)를 통해 청소년이 기관 중심의 사회 참여를 선호한다는 내용은 찾아볼 수 없으므로 적절하지 않다. 그리고 '카드 3'에서 기관의 이미지를 청소년의 이미지보다 더 크게 그리고 있는데, 이는 현재의 청소년 사회 참여 활동이 기관을 중심으로 운영된다는 것을 드러내기 위한 것으로 볼 수 있으므로, 기관 중심의 사회 참여를 선호하는 청소년의 경향을 드러낸 것이라 볼 수 없다.

④ '카드 4'에는 (가)의 청소년 사회 참여 활동의 두 가지 유형이 서로 조화를 이루는 이미지를 제시해야겠군.
(가)의 3문단과 4문단에서는 청소년의 사회 참여 활동을 기관 중심의 참여와 청소년 주도의 참여로 나누어 진술하고 있다. '카드 4'에서는 악수하는 이미지를 통해 청소년 사회 참여 활동의 두 가지 유형이 서로 조화를 이루어야 한다는 메시지를 전달하고 있다.

⑤ '카드 4'에는 (가)의 청소년 사회 참여에 관한 교수 인터뷰 내용 중 활성화의 방향에 해당하는 내용을 문구로 제시해야겠군.
(가)의 4문단에는 청소년의 사회 참여 활동의 필요성과 청소년 사회 참여 활성화의 방향에 관한 김◇◇ 교수의 말이 인용되어 있다. '카드 4'에서는 김◇◇ 교수의 말 중에 청소년 사회 참여 활성화의 방향에 해당하는 내용만 문구로 제시하고 있다.

42 매체 언어의 표현 방법 정답률 92% | 정답 ③

㉠ ~ ㉤에 대한 설명으로 적절하지 않은 것은?

① ㉠ : 의문형 종결 어미를 활용하여 글의 화제를 드러내는 제목을 질문의 형식으로 제시하고 있다.
㉠에서는 '어디인가?'에서 알 수 있듯이 의문형 종결 어미 '-ㄴ가'를 활용하여 해당 기사문의 화제를 드러내는 제목을 의문문으로 제시하고 있다.

② ㉡ : 부사 '무려'를 사용하여 청소년도 사회 참여가 필요하다고 응답한 청소년의 비율이 높음을 강조하고 있다.
㉡에서는 '그 수가 예상보다 상당히 많음.'을 뜻하는 부사 '무려'를 사용하고 있는데, 이는 88.3%라는 응답 비율이 높은 수치임을 강조한 것이라 할 수 있다.

✓③ ㉢ : 연결 어미 '-여'를 사용하여 사회 참여 활동 기회에 대한 앞 절의 내용이 뒤 절 내용의 목적에 해당함을 나타내고 있다.
㉢은 '청소년이 주도하는 사회 참여 활동 기회가 부족하다.'와 '(청소년의) 참여가 확산되지 못하고 있다.'는 두 문장이 연결 어미 '-여'로 이어진 이어진문장이다. 그런데 ㉢은 앞 절의 내용이 뒤 절 내용의 '까닭이나 근거'에 해당함을 알 수 있으므로, 사회 참여 활동 기회에 대한 앞 절의 내용이 뒤 절 내용의 목적에 해당한다는 설명은 적절하지 않다.

④ ㉣ : 피동 표현을 활용하여 행위의 주체보다는 행위의 대상인 '사회적 분위기'에 초점을 두어 서술하고 있다.
㉣에서는 '만들어져야'에서 알 수 있듯이 피동 표현 '-어지다'를 활용하고 있는데, 이러한 피동 표현을 사용하여 행위의 주체, 즉 '누가 사회적 분위기를 만드는가'보다는 '사회적 분위기'라는 행위의 대상에 초점을 두고 있다.

⑤ ㉤ : 인용 표현을 활용하여 사회 참여 활동을 경험한 학생의 소감을 전달하고 있다.
㉤에서는 간접 인용격 조사 '고'를 사용하여 인터뷰를 한 김 모 학생의 발화를 전달하고 있다.

43 매체의 정보 구성 방식 정답률 88% | 정답 ⑤

다음의 '카드 뉴스 보완 방향'을 고려할 때, '카드 A', '카드 B'의 활용 방안으로 가장 적절한 것은? [3점]

○ 카드 뉴스 보완 방향 : 우리 학교 학생을 대상으로 하는 캠페인에 활용하기 위해 (나)에 카드 A, B를 추가

카드 A	
왜 사회 참여 활동을 하지 않나요?	
응답 내용	비율(%)
사회 참여가 어렵게 느껴져서	63

우리 학교 학생 중 사회 참여 경험이 없는 학생들에게 그 이유를 물었더니 위와 같은 결과가 나왔습니다.

카드 B
청소년 사회 참여 어렵지 않습니다.
주변의 문제부터 하나씩! 차근차근!

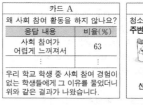
우리 학교 쓰레기 분리배출 캠페인

우리 학교 앞 신호등 설치 건의

① (나)에서 청소년의 사회 참여가 필요한 이유는 언급하지 않았으므로 '카드 A'를 활용하여 그 이유를 보여 준다.
(나)를 통해 청소년의 사회 참여가 필요한 이유는 찾아볼 수 없고, '카드 A'는 학생들이 사회 참여 활동을 하지 않는 이유를 보여 주는 것에 해당한다. 따라서 '카드 A'를 청소년이 사회 참여가 필요한 이유를 보여 주는 자료로 활용하는 것은 적절하지 않다.

② (나)에서 청소년 주도의 사회 참여 기회가 부족함을 지적하였으므로 '카드 A'를 활용하여 우리 학교 학생들의 사회 참여 이유를 제시한다.
(나)에서 청소년 주도의 사회 참여 기회가 부족하다는 것을 직접적으로 지적하지는 않았지만 '카드 3'과 '카드 4'를 통해 추측할 수는 있다. 이를 보완하기 위해서는 청소년 주도의 사회 참여 기회가 부족한 이유 또는 그 해결 방안 등의 내용을 추가할 수 있다. 또한 '카드 A'는 우리 학교 학생 중 사회 참여 경험이 없는 학생들에게 그 이유를 물은 결과이기 때문에 우리 학교 학생들의 사회 참여 이유를 제시하는 자료로 활용하는 것은 적절하지 않다.

③ (나)에서 청소년 사회 참여 확산이 어려운 이유를 언급하지 않았으므로 '카드 A'를 활용하여 그에 대한 우리 학교 학생들의 생각을 보여 준다.
(나)의 '카드 3'에서는 청소년 사회 참여 확산이 어려운 이유를 제시하고 있으므로, (나)에서 청소년 사회 참여 확산이 어려운 이유를 언급하지 않았다는 진술은 적절하지 않다.

④ (나)에서 사회 참여가 청소년에게 미치는 영향을 강조하였으므로 '카드 B'를 활용하여 우리 학교 주변의 문제를 알려 준다.

(나)에서 사회 참여가 청소년에게 미치는 영향을 강조한 내용은 찾아볼 수 없고, '카드 B'의 내용도 이와 관련이 없으므로 활용 방안으로 적절하지 않다.

☑ (나)에서 청소년이 주도적으로 사회 참여를 할 수 있는 구체적 방법을 제시하지 않았으므로 '카드 B'를 활용하여 우리 학교 학생들이 실천할 수 있는 방법을 제안한다.

(나)를 통해 청소년이 주도적으로 사회 참여를 할 수 있는 구체적인 방법을 제시하지 않았음을 알 수 있고, '카드 B'는 청소년이 주도적으로 사회 참여를 할 수 있는 구체적인 방법을 제시하고 있다. 따라서 '카드 B'를 활용하여 우리 학교 학생들이 실천할 수 있는 구체적인 방법으로 제안할 수 있다.

---

44 매체의 유형에 따른 특성   정답률 95% | 정답 ⑤

(가), (나)에 대한 이해로 적절하지 않은 것은?

① (가)는 웹툰 제작자가 웹툰을 제작하기 위해 사연 신청자의 요청을 반영할 수 있음을 보여 준다.

(가)의 '하진'의 첫 번째인 '학생들 사연 받아서 연재하니'와 네 번째 발화인 '많은 독자들의 조언을 듣고 싶다고 했으니'를 통해, 웹툰 제작자가 웹툰을 제작하기 위해 사연 신청자의 요청을 반영할 수 있다는 것을 알 수 있다.

② (가)는 웹툰 제작자가 (나)의 댓글이나 별점을 통해 웹툰의 독자가 보인 반응을 확인할 수 있음을 보여 준다.

(가)의 '20□□. 08. 12.'의 '하진'과 '우주'의 발화 내용을 통해 웹툰 제작자가 댓글이나 별점을 통해 독자의 반응을 확인할 수 있다는 것을 알 수 있다.

③ (나)는 웹툰의 독자가 댓글로 서로 공감하며 상호 작용하고 있음을 보여 준다.

(나)에 제시된 댓글에서 '파도'와 '솜사탕'이 댓글을 주고받고 있으므로, 웹툰의 독자가 댓글로 서로 공감하며 상호 작용하고 있음을 알 수 있다.

④ (나)는 웹툰의 독자가 하이퍼링크를 통해 웹툰 제작자가 지정한 곳으로 이동할 수 있음을 보여 준다.

(나)에는 웹툰 끝에 사연 게시판으로 이동할 수 있는 하이퍼링크가 제시되어 있으며, '아래를 클릭하면 '사연 게시판'으로 이동'을 통해 웹툰 독자가 하이퍼링크를 클릭해 웹툰 제작자가 지정한 '사연 게시판'으로 이동할 수 있음을 알 수 있다.

☑ (나)는 웹툰의 독자가 이미지에 담긴 의미에 대해 웹툰 제작자에게 직접 묻고 답을 얻고 있음을 보여 준다.

(나)는 웹툰이 실린 누리집이고, 누리집은 매체의 특성상 매체 자료의 생산자와 수용자 사이의 소통이 비교적 용이하게 이루어질 수 있다. 하지만 (나)를 통해 웹툰의 독자와 웹툰 제작자가 이미지에 담긴 의미에 대해 직접 묻고 답하는 부분은 확인할 수 없으므로 적절한 이해라 할 수 없다.

---

45 매체 언어의 표현 방법   정답률 84% | 정답 ②

(가)의 웹툰 제작 계획을 (나)에 반영한 내용으로 적절하지 않은 것은?

① 시간의 경과를 드러내기 위해 장면이 제시되는 방향을 고려하여 숫자를 세로로 배열해 날짜 변화를 표현했다.

(가)에서 '주혁'은 '장면이 세로로 이어지니까, 이걸 고려해서 시각적으로 표현하면 좋겠다'고 하였다. 이를 반영하여 (나)에서는 장면이 제시되는 세로 방향으로 숫자를 달리한 달력 그림들을 배열하여 시간의 경과를 표현하였다.

☑ 한 인물이 겪는 두 가지 사건을 비교하기 위해 화면을 세로로 분할하여 인물의 행동 변화를 나란히 보여 주었다.

(가)에서 '하진'은 '한 달 동안 두 사람이 느꼈을 감정을 비교하기 좋게 양쪽에 배치해 보면 어떨까?'라고 제안하였고, '우주'는 '하진'의 의견을 수용하고 있다. 이를 고려할 때, (나)에서 화면을 세로로 분할한 것은 한 달 동안 두 사람이 느꼈을 감정을 비교하기 위한 것임을 알 수 있다. 따라서 한 인물이 겪는 두 가지 사건을 비교하기 위해 화면을 세로로 분할했다는 내용은 적절하지 않다.

③ 멀어지는 친구 사이를 시각적으로 보여 주기 위해 인물들 사이에 여백을 두어 점차 간격이 벌어지게 그렸다.

(가)에서 '우주'는 '친구 사이가 점점 멀어지는 건 둘 사이의 간격으로 보여 줄게.'라고 하였다. 이를 반영하여 (나)에서는 시간의 경과에 따라 인물들 사이에 여백을 두어 점차 간격이 벌어지게 그렸다.

④ 속마음을 분명하게 표현하기 위해 표정이나 몸짓으로 드러내는 것뿐만 아니라 글로도 적어 감정을 명시적으로 드러냈다.

(가)에서 '하진'은 '속마음은 표정이나 몸짓에서 드러나게 해야겠지?'라고 하였고, '주혁'은 '사연을 보낸 학생이 느낀 감정들은 다른 방법으로 좀 더 분명하게 표현'해 달라고 하였다. 이를 반영하여 (나)에서는 친구의 속마음은 표정이나 몸짓만으로 표현하되, 사연을 보낸 학생의 속마음은 표정이나 몸짓뿐만 아니라 글로도 적어 분명하게 표현하였다.

⑤ 많은 독자들의 조언을 유도하기 위해 말풍선을 의도적으로 비우고 댓글 참여를 권유하는 문구를 제시했다.

(가)에서 '하진'은 '많은 독자들의 조언을 듣고 싶다고 했으니, 마지막 부분에 말풍선과 문구를 활용해서 유도해' 달라고 하였다. 이를 반영하여 (나)에서는 마지막 부분에 말풍선을 의도적으로 비우고, 말풍선 밑에 댓글 참여를 권유하는 문구를 제시하였다.

• 정답 •

★35 ③ 36 ② 37 ④ 38 ① 39 ⑤ 40 ② 41 ① 42 ① 43 ③ 44 ④ 45 ④

★ 표기된 문항은 [등급을 가르는 문제]에 해당하는 문항입니다.

★★★ 등급을 가르는 문제!

35 현대 국어의 의존 명사의 이해   정답률 71% | 정답 ③

㉠ ~ ㉤ 중 〈보기〉의 '바'에 해당하는 것만을 고른 것은? [3점]

〈보 기〉

의존 명사 '바'
○ 우리가 나아갈 바를 밝혔다.
○ 이것이 우리가 생각한 바이다.
○ 그것은 *그 / *생각의 바와 다르다.
○ 그것에 대해 내가 아는 바가 없다.
○ 그가 우리 사회에 공헌한 바가 크다.

※ '*'는 어법에 맞지 않음을 나타냄.

① ㉠, ㉢, ㉤

② ㉠, ㉣, ㉤

(보기)에 제시된 '바'의 쓰임을 볼 때 다양한 유형의 선행 요소와 결합하거나 특정한 격조사와 결합하지는 않음을 알 수 있다. 그리고 '바' 뒤에 다양한 용언이 사용되고 있으므로 특정 용언과 결합한다고도 할 수 없다.

☑ ㉡, ㉢, ㉤

(보기)의 '나아갈 바', '생각한 바', '아는 바', '공헌한 바'를 통해 의존 명사 '바'는 선행 요소로 용언의 관형사형과만 결합함을 알 수 있다(㉢). 그리고 '바를, 바이다, 바와, 바가'를 통해 후행 요소로는 주격 조사, 목적격 조사, 부사격 조사, 서술격 조사 등의 다양한 격 조사와 결합하여 쓰일 수 있음을 알 수 있다(㉤). 또한 '바' 뒤에 오는 용언을 볼 때, 의존 명사 '바'는 후행 요소로 다양한 용언과 결합하여 쓰일 수 있음을 알 수 있다(㉤).

④ ㉡, ㉣, ㉤

⑤ ㉢, ㉣, ㉤

★★ 문제 해결 꿀~팁 ★★

▶ 많이 틀린 이유는?

이 문제는 〈보기〉에 제시된 사례를 정확히 파악하지 못해 오답률이 높았던 것으로 보인다. 또한 제시된 글의 내용, 특히 '선행 요소'와 '후행 요소'라는 말을 정확히 이해하지 못한 것도 오답률이 높았던 원인으로 보인다.

▶ 문제 해결 방법은?

이 문제를 해결하기 위해서는 기본적으로 제시된 글의 내용을 정확히 이해해야 한다. 특히 문제가 〈보기〉의 사례로 제시된 '바'가 ㉠ ~ ㉤에 해당하는지 여부를 묻고 있으므로 ㉠ ~ ㉤의 전후 내용을 바탕으로 ㉠ ~ ㉤에 대해 정확히 이해해야 한다. 이때 '선행 요소'와 '후행 요소'에 대해 정확히 이해해야 하는데, 제시문의 '어느 것, 언니 것'에서 선행 요소가 앞에 오는 '어느'와 '언니'를 가리킴을 알아야 한다. 마찬가지로 '지(가), 줄(로)'를 통해 '가', '로'가 후행 요소임을 알아야 한다. 그리고 〈보기〉에 제시된 '바'를 정확히 살펴 ㉠ ~ ㉤에 해당하는지 여부를 살피면 되는데, 이때 주의할 점은 한 문장만 살피지 말고 전체 문장을 살필 수 있어야 한다. 가령 ㉤이 해당하는지 여부를 살필 때에는 주격 조사, 목적격 조사, 부사격 조사, 서술격 조사 등의 다양한 격 조사와 결합하여 쓰이고 있는지를 〈보기〉에 제시된 '바'가 사용된 문장을 통해 확인할 수 있어야 한다.

---

36 중세 국어의 의존 명사의 이해   정답률 77% | 정답 ②

윗글과 〈보기〉의 중세 국어 자료를 이해한 내용으로 적절하지 않은 것은?

〈보 기〉

○ 달옳 ⓐ 주리 업스시이다
[다를 줄이 없으십니다]

○ 眞光이 어드우며 붉ⓑ 딕 다 비취샤
[진광이 어두우며 밝은 데를 다 비추시어]

○ 부텻 일훔 念홀 ⓒ 쑤네 이런 功德 됴홀 利를 어드리오
[부처님의 이름을 생각할 뿐에 이런 공덕 좋은 이로움을 얻으리오]

① ⓐ의 '줄'은 현대 국어 '줄'과 달리, 주격 조사와 결합할 수 있었군.

중세 국어 '달옳 줄이'의 현대어 풀이가 '다를 줄이'이므로 '줄'이 주격 조사와 결합할 수 있음을 알 수 있다. 그리고 제시된 글의 2문단을 통해 현대 국어의 '줄'은 주로 목적격 조사나 부사격 조사와 결합하였음을 알 수 있다.

☑ ⓐ의 '줄'은 중세 국어 '것'과 달리, 선행 요소로 용언의 관형사형과 결합할 수 있었군.

중세 국어 '달옳 줄이'의 현대어 풀이가 '다를 줄이'이므로, 중세 국어의 '줄'은 선행 요소로 용언의 관형사형과 결합할 수 있었음을 알 수 있다. 그런데 제시된 글의 3문단을 통해 중세 국어의 '것'은 여러 유형의 선행 요소 및 후행 요소와 두루 결합하여 쓰였음을 알 수 있으므로, 중세 국어 '것'도 용언의 관형사형과 결합할 수 있었음을 알 수 있다.

③ ⓑ의 '딕'는 현대 국어 '데'와 같이, 선행 요소로 용언의 관형사형과 결합할 수 있었군.

중세 국어 '붉ꥫ 딕'의 현대어 풀이가 '밝은 데를'이므로 '딕'는 선행 요소로 용언의 관형사형과 결합할 수 있음을 알 수 있다. 그리고 제시된 글의 1문단을 통해 '데'는 선행 요소로 용언의 관형사형과만 결합함을 알 수 있다.

④ ⓑ의 '딕'는 중세 국어 '디'와 달리, 목적격 조사와 결합할 수 있었군.

중세 국어 '붉ꥫ 딕'의 현대어 풀이가 '밝은 데를'이므로 '딕'가 목적격 조사와 결합할 수 있음을 알 수 있다.

그리고 제시된 글의 3문단을 통해 중세 국어 '디'는 문장에서 주어로만 쓰였으므로 주격 조사와만 결합함을 알 수 있다.

⑤ ⓒ의 '뿐'은 현대 국어 '뿐'과 달리, 부사격 조사와 결합할 수 있었군.
중세 국어 '念ᄒᆞᆯ 뿐녜'의 현대어 풀이가 '생각할 뿐이'이므로 부사격 조사와 결합할 수 있었음을 알 수 있다. 그리고 제시된 글의 2문단을 통해 현대 국어 '뿐'은 서술격 조사와 보격 조사와 결합함을 알 수 있다.

---

37 단어의 음운 변동의 탐구   정답률 82% | 정답 ④

ⓐ과 ⓑ에 모두 해당하는 예만을 〈보기〉의 [탐구 자료]에서 고른 것은?

──────〈 보 기 〉──────

[탐구 내용]
   국어의 음운 변동은 교체, 탈락, 첨가, 축약의 네 가지 유형으로 나눌 수 있다. 어떤 단어는 여러 음운 변동이 일어나는 데 위의 네 가지 유형 중 ⓐ 두 유형 이상의 음운 변동이 일어나는 경우, ⓑ 한 유형의 음운 변동이 여러 번 일어나는 경우도 있다.

[탐구 자료]

꽃향기[꼳향기], 똑같이[똑까치], 흙냄새[흥냄새], 첫여름[천녀름], 넙죽하다[넙쭈카다], 읊조리다[읍쪼리다]

────────────────

① 꽃향기, 똑같이
'꽃향기'는 음절의 끝소리 규칙에 따라 [꼳향기]로 바뀐 뒤, 음운 축약으로 [꼬탕기]로 발음된다. 그리고 '똑같이'는 구개음화에 따라 [똑가티→똑가치]로 발음된다. 따라서 '꽃향기'와 '똑같이'는 ⓐ과 ⓑ에 모두 해당하지 않는다.

② 꽃향기, 흙냄새
'흙냄새'는 자음군 단순화로 [흑냄새]로 바뀐 뒤, 비음화로 [흥냄새]로 발음된다. 따라서 '꽃향기'와 '흙냄새'는 ⓐ과 ⓑ에 모두 해당하지 않는다.

③ 첫여름, 넙죽하다
'넙죽하다'는 된소리되기가 일어나 [넙쭉하다]로 바뀐 뒤, 음운 축약으로 [넙쭈카다]로 발음된다. 따라서 '넙죽하다'는 ⓐ과 ⓑ에 모두 해당하지 않는다.

☑ 첫여름, 읊조리다
'첫여름'은 음절의 끝소리 규칙에 따라 [첟여름]으로 바뀐 뒤, 'ㄴ' 첨가가 일어나 [첟녀름]으로, 다시 비음화가 일어나 [천녀름]으로 발음된다. 그리고 '읊조리다'는 자음군 단순화로 [읍조리다]로 바뀐 뒤, 음절의 끝소리 규칙이 일어나 [읍조리다]로, 된소리되기가 일어나 [읍쪼리다]로 발음된다. 따라서 '첫여름, 읊조리다' 모두 음운 첨가가 한 번, 음운 교체가 두 번 일어나므로 ⓐ과 ⓑ에 해당한다.

⑤ 넙죽하다, 읊조리다
'넙죽하다'는 ⓐ과 ⓑ에 모두 해당하지 않는다.

---

38 단어의 구성 방식과 형성 방법 파악   정답률 87% | 정답 ①

〈보기〉의 ⓐ ~ ⓒ에 들어갈 말을 바르게 짝지은 것은?

──────〈 보 기 〉──────

학생 1: 우리 스무고개 할래? [자료]에 있는 단어 중에서 내가 무얼 생각하는지 맞혀 봐.

[자료]

높이다	접히다	여닫다

학생 2: 좋아. 그 단어는 어근과 어근으로 구성되었니?
학생 1: 아니, 어근과 접사로 이루어져 있어.
학생 2: 그렇다면   ⓐ   는 아니겠군. 그러면 단어의 품사가 어근의 품사와 같니?
학생 1: 아니, 이 단어의 품사는 어근의 품사와 달라.
학생 2:   ⓑ   는 접사가 결합하며 품사가 달라지지 않았고,   ⓒ   는 접사가 결합하며 품사가 달라지네. 그렇다면 네가 생각한 단어는   ⓒ   이구나!
학생 1: 맞아, 바로 그거야.

────────────────

     ⓐ   ⓑ   ⓒ

☑ 여닫다   접히다   높이다
'여닫다'는 '열다'와 '닫다'가 결합하고 있으므로 어근과 어근으로 이루어진 합성어이고, '접히다'는 동사 '접다'의 어근에 접미사 '-히-'가 결합하며 만들어진 동사에 해당한다. 그리고 '높이다'는 형용사 '높다'의 어근에 접미사 '-이-'가 결합해 만들어진 동사이다.

② 여닫다   높이다   접히다
③ 높이다   여닫다   접히다
④ 높이다   접히다   여닫다
⑤ 접히다   여닫다   높이다

---

39 문장의 짜임 파악   정답률 83% | 정답 ⑤

〈보기〉에 대한 설명으로 적절하지 않은 것은?

──────〈 보 기 〉──────

ㄱ. 동생이 내가 읽던 책을 가져갔다.
ㄴ. 그는 자신이 그 일의 적임자임을 주장했다.
ㄷ. 무장 강도가 은행에 침입한 사건이 발생했다.
ㄹ. 이곳의 따뜻한 기후는 옥수수가 자라기에 적합하다.

────────────────

① ㄱ은 목적어가 생략된 안긴문장이 있다.
ㄱ에서 안긴문장은 '동생이 내가 읽던'으로 관형절이 사용되고, '목적어'가 생략되어 있다.

② ㄴ은 조사와 결합하여 목적어의 기능을 하는 안긴문장이 있다.
ㄴ에서 안긴문장은 '자신이 그 일의 적임자임'인 명사절로, 뒤에 목적격 조사 '을'과 결합하여 목적어의 기능을 하고 있다.

③ ㄱ과 ㄷ은 체언을 수식하는 기능을 하는 안긴문장이 있다.
ㄱ과 ㄷ에서 안긴문장이 관형절이므로, 체언을 수식하는 기능을 하고 있다.

---

④ ㄴ과 ㄹ은 명사형 어미가 결합된 안긴문장이 있다.
ㄴ과 ㄹ에서는 명사절로 안긴문장이 사용되고 있으므로, 명사형 어미가 결합되어 있음을 알 수 있다.

☑ ㄷ은 ㄹ과 달리 문장 성분이 생략된 안긴문장이 있다.
'ㄷ'에서 안긴문장은 '무장 강도가 은행에 침입한'으로 관형절이 사용되고 문장 성분이 생략되지 않고 있다. 그리고 'ㄹ'에서 안긴문장은 '이곳의 기후는'과 '옥수수가 자라기'로 각각 관형사절과 명사절이 사용되고 있다. 그리고 관형절에는 '기후가'라는 주어가 생략되고 있다. 따라서 ㄷ은 ㄹ과 달리 주어는 문장 성분이 생략된 안긴문장이 있다는 설명은 적절하지 않다.

---

40 매체 정보의 전달 방식 이해   정답률 96% | 정답 ②

(가)에 나타난 정보 전달 방식으로 적절하지 않은 것은?

① 실시간으로 방송이 진행되므로 현장의 상황에 맞추어 음질의 문제를 즉각적으로 개선해 정보를 전달한다.
(가)에서는 방송 진행자는 실시간 채팅창을 보고 목소리가 안 들린다는 분들이 많다고 하면서, 카메라에 있는 소음 제거 장치를 조절하여 음질의 문제를 즉각적으로 개선하고 있다.

☑ 수용자 이탈을 막으려면 흥미를 유지해야 하므로 사전에 제작된 자료 화면을 활용하여 흥미를 유발한다.
(가)의 방송 진행자는 수용자 이탈을 막기 위해 흥미를 유지할 필요성이 있지만, 이를 위해 사전에 제작된 자료 화면을 사용하지는 않고 있다.

③ 수용자가 실시간으로 참여하는 것이 가능하므로 방송 진행자가 수용자의 요구에 따라 정보를 구성하여 전달한다.
(가)에서는 수용자가 실시간 채팅을 통해 떡볶이 맛을 알려 달라고 한 요구에 따라 방송 진행자가 그와 관련된 정보를 구성하여 전달하고 있다.

④ 방송은 시각과 음성의 사용이 모두 가능하므로 안내문의 텍스트 정보를 방송 진행자가 읽어서 음성 언어로 전달한다.
(가)에서는 방송 진행자가 안내문의 글씨가 너무 작아 수용자들이 불편할 것 같아 직접 읽어 주고 있다. 따라서 방송 진행자는 안내문의 텍스트 정보를 방송 진행자가 읽어서 음성 언어로 전달한다고 할 수 있다.

⑤ 일정한 주기로 정보가 제공되고 있으므로 방송 진행자가 지난주에 했던 방송과 현재 진행되는 방송의 연관성을 제시한다.
(가)에서는 지난주에는 ㅁㅁ궁의 동쪽에 있는 마을에 다녀왔다고 언급하면서, 오늘은 ㅁㅁ궁의 서쪽에 있는 마을에 가 보겠다 말하고 있다. 따라서 방송 진행자는 지난주에 했던 방송과 현재 진행되는 방송의 연관성을 제시하였다고 할 수 있다.

---

41 매체 참여자의 수용 양상 파악   정답률 93% | 정답 ①

다음은 (가)가 끝난 후의 댓글 창이다. 참여자들의 소통 양상으로 가장 적절한 것은?

낮달 1일 전
방송 잘 봤어요. 그런데 300년 된 백송이 쓰러진 걸 보니 대단한 태풍이었나 봐요. 그게 무슨 태풍이었나요? 👍 💬 댓글
   ┗ 뚜벅 1일 전
   20××년에 있었던 태풍 '○○'였대요. 우리나라에서 기상을 관측한 이래 가장 강력한 것으로 기록된 태풍이에요. 👍 💬 댓글
      ┗ 낮달 1일 전
      아! 고마워요. 👍 💬 댓글

별총 1일 전
어렸을 적에 그 마을에서 살았는데, 이제는 백송을 다시는 볼 수 없다니 너무 아쉽네요. 👍 💬 댓글
   ┗ 뚜벅 1일 전
   그 백송의 씨앗을 발아시켜서 지금 어린 백송이 자라고 있어요. 그러니 너무 아쉬워 마시길……. 👍 💬 댓글
      ┗ 별총 1일 전
      그렇군요. 좋은 정보 감사해요. 👍 💬 댓글

☑ '낮달'과 '별총'은 '뚜벅'의 댓글을 통해 방송에서 언급된 내용과 관련된 정보를 추가로 얻고 있다.
'낮달'과 '별총'은 방송에서 언급된 '백송'과 관련해 추가된 정보인 '태풍'과 '어린 백송'에 대한 정보를 '뚜벅'의 댓글을 통해 얻고 있다.

② '뚜벅'은 방송에서 자신이 잘못 전달한 정보를 바로잡아 '낮달'에게 댓글로 전달하고 있다.
'뚜벅'은 '낮달'이 궁금한 것에 대답하고 있지, 방송에서 자신이 잘못 전달한 정보를 바로잡아 '낮달'에게 전달하지는 않고 있다.

③ '뚜벅'과 '별총'은 '낮달'의 생각에 동조함으로써 세 사람이 공통의 관심사를 형성하고 있다.
'뚜벅'과 '별총'이 '낮달'의 생각에 동조하지 않고 있다. 또한 '뚜벅'과 '별총'은 백송과 관련하여, '뚜벅'과 '낮달'은 태풍과 관련하여 의사소통하고 있으므로 세 사람이 공통의 관심사를 형성하지도 않고 있다.

④ '별총'은 자신이 겪은 개인적인 경험을 언급함으로써 '뚜벅'이 제공한 정보에 대해 의문을 드러내고 있다.
'별총'은 자신이 겪은 개인적인 경험을 언급하고 있음을 알 수 있지만, '뚜벅'이 제공한 정보에 대해 의문을 드러내지는 않고 있다.

⑤ '별총'은 더 알고 싶은 내용을 질문함으로써 '뚜벅'이 추가적인 설명을 하도록 유도하고 있다.
'뚜벅'이 '별총'의 댓글과 관련하여 '백송'에 대한 추가적인 설명을 하였으나, '뚜벅'이 추가적인 설명을 하도록 유도하기 위해 '별총'이 더 알고 싶은 내용을 질문한 것은 아니다.

---

42 매체 자료의 생산   정답률 86% | 정답 ①

다음은 (나)에 따라 제작한 사전 안내용 슬라이드이다. 제작 과정에서 고려한 내용으로 적절하지 않은 것은?

[3점]

<△△ 마을 탐방 경로>
5분 | 5분 | 10분
△△역 | 백송 | △△ 시장 | 한옥

<△△ 시장>

과거의 시간이 머무는
정겨운 △△ 시장
◆ 교통편
• 지하철: X호선 △△역
• 버스: 6X, 4X 백송 앞 하차
◆ 이용 시간
• 08:00 ~ 21:00
• 매주 화요일 정기 휴업

☑ 탐방 경로를 한눈에 볼 수 있게 하자고 한 ㉠에는 뚜벅 님이 언급하지 않은 소재를 추가하여 그림 자료로 보여 주자.
㉠에 탐방 경로를 한눈에 볼 수 있게 하자고 한 것은 맞지만, 이를 위해 '뚜벅 님'이 언급하지 않은 소재를 추가하여 그림 자료로 보여 주지는 않고 있다. ㉠에 그림 자료로 제시된 '백송', '△△ 시장', '한옥'은 모두 '뚜벅 님'이 방송에서 언급한 소재이다.

② 이동의 편의성을 고려해 탐방 순서를 정하기로 한 ㉠에는 뚜벅 님이 추천한 경로를 제시하자.
(나)에서 '뚜벅 님의 방송을 참고'해서 탐방 경로를 한눈에 볼 수 있도록 안내하되, 이동의 편의성을 고려한 순서로 제시한다고 하였으므로 적절하다.

③ 각 장소로 이동하는 소요 시간을 제시하기로 한 ㉠에는 뚜벅님이 안내해 준 이동 시간을 구간별로 나타내 주자.
(나)에서 '뚜벅 님의 방송을 참고'해서 각 장소로 이동하는 소요 시간도 제시해야 한다고 하였으므로 적절하다.

④ 대상의 특징을 보여 주는 문구를 넣기로 한 ㉡에는 뚜벅 님이 방송에서 언급한 말을 활용하여 만든 문구를 넣어 주자.
(나)에서 ㉡에는 뚜벅 님이 방송에서 언급한 말을 활용하여 만든 문구를 넣어 주자고 하였으므로 적절하다.

⑤ 시장 이용에 유용한 정보를 넣어 주기로 한 ㉡에는 뚜벅 님이 방송에서 언급하지 않은 교통편과 이용 시간에 대한 정보를 넣어 주자.
(나)에서 시장 이용에 유용한 정보도 함께 제시해야 겠다 하고 있고, '△△ 시장' 슬라이드에 교통편과 이용 시간을 제시하고 있으므로 적절하다.

---

43 매체 언어의 특성 파악　　　정답률 98% | 정답 ③

ⓐ ~ ⓔ에 대한 설명으로 적절하지 <u>않은</u> 것은?

① ⓐ : 보조사 '이나'를 사용하여 백송이 △△ 마을을 지켜 주었던 긴 시간을 강조하고 있다.
ⓐ의 '300년 동안이나'를 통해 보조사 '이나'를 사용하여 백송이 △△ 마을을 지켜 주었던 긴 시간을 강조하고 있음을 알 수 있다.

② ⓑ : 접속 부사 '그런데'를 사용하여 한옥에 대한 화제를 먹거리에 대한 화제로 전환하고 있다.
ⓑ에서는 접속 부사 '그런데'를 사용하고 있는데, 이후 방송 내용이 한옥에 대한 화제에서 먹거리에 대한 화제로 바뀌고 있다. 따라서 ⓑ에서는 접속 부사 '그런데'를 사용하여 화제를 전환하고 있음을 알 수 있다.

☑ ⓒ : 지시 대명사 '뭐'를 사용하여 수용자에게 먹거리에 대한 정보를 요청하고 있다.
'우선 뭐 좀 먹어야겠어요.'에 사용된 '뭐'는 정하지 않은 대상을 이르는 부정칭 대명사로, 방송 진행자가 아직 무엇을 먹을지 정하지 않은 상태임을 나타내는 것이지 수용자에게 먹거리에 대한 정보를 요청하기 위해 사용한 것은 아니다.

④ ⓓ : 선어말 어미 '-겠-'을 사용하여 이동 소요 시간에 대한 추측을 드러내고 있다.
ⓓ의 '걸리겠어요'를 통해, 추측의 선어말 어미 '-겠-'을 사용하여 이동 소요 시간에 대한 추측을 드러내고 있음을 알 수 있다.

⑤ ⓔ : 인칭 대명사 '제'를 사용하여 수용자에게 공손한 태도로 말하고 있다.
ⓔ에서는 자신을 가리키는 인칭 대명사 '제'를 사용하고 있는데, '제'는 자신을 낮춰 부르는 인칭 대명사이다. 따라서 방송 진행자는 '제'라는 인칭 대명사를 사용하여 수용자에게 공손한 태도로 말하고 있음을 알 수 있다.

---

44 매체의 정보 구성 방식 파악　　　정답률 98% | 정답 ④

(가)의 정보 구성 및 제작 방식으로 적절하지 <u>않은</u> 것은?

① 사용 설명서는 특정한 파일의 형태로 다운로드할 수 있도록 했다.
(가)에서는 PDF 파일의 형태로 '사용 설명서'를 다운받을 수 있다.

② 기기 사용 안내는 사용 목적에 따라 크게 두 항목으로 나누어 구성했다.
'기기 사용 안내'는 사용자가 '무인 도서 대출 및 반납기'를 사용하는 목적에 따라 '무인 도서 대출'과 '무인 도서 반납'이라는 두 항목으로 나누어 구성했다.

③ 기기 사용 안내는 화살표를 활용하여 조작 순서가 드러나도록 안내했다.
'기기 사용 안내'는 화살표를 활용하여 사용 목적에 따라 기기를 조작하는 순서가 잘 드러나도록 안내했다.

☑ 유의 사항은 회원 가입 후 관리자의 승인 절차를 거친 후에만 열람이 가능하도록 했다.
(가)를 보면 '유의 사항' 아래에 '회원 가입 바로 가기'가 있으므로, 회원 가입을 하지 않은 상태에서도 유의 사항을 읽는 것이 가능함을 알 수 있다. 따라서 회원 가입 후 관리자의 승인 절차를 거친 후에만 '유의 사항'의 열람이 가능하도록 한 것은 아니다.

⑤ 기타 안내는 관련 정보를 안내 받을 수 있는 페이지로 이동 할 수 있도록 했다.

해당 항목을 클릭하면 안내 페이지로 이동할 수 있다는 안내 문구를 통해, '기타 안내'의 각 항목은 관련 정보를 안내받을 수 있는 페이지로 이동하게 되어 있음을 알 수 있다.

45 매체 활용 방안 이해　　　정답률 93% | 정답 ④

(가)와 (나)에서 확인할 수 있는 매체 활용에 대한 이해로 가장 적절한 것은?

① (가)에 제시된 정보를 (나)의 사용자들이 하이퍼링크를 활용하여 내용을 수정하여 유통하고 있군.
(나)의 사용자들이 (가)에 제시된 정보를 유통하며 하이퍼링크를 활용하였으나, (가)에 제시된 내용을 수정하여 유통한 것은 아니다.

② (나)의 사용자들이 정보를 교환하는 과정에서 (가)에서 제시된 정보의 정확성을 점검하고 있군.
(나)의 사용자들이 정보를 교환하고 있으나 이 과정에서 (가)에서 제시된 정보의 정확성을 점검한 것은 아니다.

③ (가)는 (나)와 달리 정보를 수용한 사용자가 추가로 필요한 정보를 요청하고 있군.
(가)에서 정보를 수용한 사용자가 추가로 필요한 정보를 요청하는 것은 확인할 수 없다.

☑ (나)는 (가)와 달리 사용자가 필요한 정보를 과거에 소통한 이력에서 가져와 활용하고 있군.
(나)에서는 '20XX년 X월 15일'에 필요한 정보를 활용하기 위해 '20XX년 X월 13일'에 소통했던 과거의 이력에서 전자 사용 설명서 링크 주소를 가져왔다.

⑤ (가)와 (나)는 모두 사용자가 원하는 시간에 정보를 수용하기 위해서 시간 예약 기능을 활용하고 있군.
(가)와 (나)를 통해 사용자가 시간 예약 기능을 활용하고 있는 것은 찾아볼 수 없다.

• 정답 •

35 ⑤ 36 ④ 37 ① 38 ⑤ 39 ⑤ 40 ④ 41 ② 42 ① 43 ③ 44 ④ 45 ③

★ 표기된 문항은 [등급을 가르는 문제]에 해당하는 문항입니다.

★★★ 등급을 가르는 문제!

35 국어의 음운 변동의 이해
정답률 47% | 정답 ⑤

윗글을 통해 알 수 있는 내용으로 적절하지 않은 것은?

① 15세기 국어의 '걷눈 → 건눈'은 'ㄷ'의 비음화가 일어난 예일 것이다.
제시된 글을 통해 15세기 국어에서 비음화는 'ㄷ'의 비음화가 일어난 경우가 대부분이었고, '묻노라 → 문 노라'가 용언의 활용형에서 'ㄷ'의 비음화가 일어난 예임을 알 수 있다. 따라서 15세기 국어의 '걷눈 → 건눈' 은 'ㄷ'의 비음화가 일어난 예라 할 수 있다.

② 현대 국어와 달리 15세기 국어의 '막- + -노라'에서는 비음화가 일어나지 않았을 것이다.
제시된 글을 통해 현대 국어에서와 달리 15세기 국어에서는 'ㄱ'의 비음화는 일어나지 않았음을 알 수 있으므로, 15세기 국어의 '막- + -노라'에서는 비음화가 일어나지 않았을 것임을 알 수 있다.

③ 현대 국어의 'ㄱ-ㅇ', 'ㄷ-ㄴ', 'ㅂ-ㅁ'은 동일한 조음 위치의 '평파열음 - 비음'에 해당하는 쌍일 것이다.
제시된 글의 '비음화는 평파열음이 비음 앞에서 동일한 조음 위치의 비음으로 바뀌는 현상이다. '국물 → [궁물]', '받는 → [반는]', '입는 → [임는]'은 현대 국어에서 비음화가 일어난 예이다.'를 통해, 현대 국어의 'ㄱ-ㅇ', 'ㄷ-ㄴ', 'ㅂ-ㅁ'은 동일한 조음 위치의 '평파열음-비음'에 해당하는 쌍임을 알 수 있다.

④ 15세기 국어의 '안- + -게', '곰- + -고'에서는 모두 어미의 평음 'ㄱ'이 경음 'ㄲ'으로 바뀌지 않았을 것이다.
제시된 글을 통해 15세기 국어에서는 비음으로 끝나는 용언 어간 뒤에서 일어나는 경음화는 나타나지 않았음을 알 수 있다. 따라서 '안- + -게', '곰- + -고'에서는 모두 어미의 평음 'ㄱ'이 경음 'ㄲ'으로 바뀌지 않았을 것임을 알 수 있다.

☑ ⑤ 15세기 국어의 '젛 + -노라', '빛 + 나다'에서는 모두 음절의 끝소리 규칙과 비음화가 순차적으로 일어났을 것이다.
제시된 글을 통해 15세기 국어에서는 음절의 끝소리 규칙으로 'ㅌ', 'ㅎ'이 'ㄷ'으로 바뀐 후 비음화가 실현되었음을 알 수 있다. 이를 볼 때, 15세기 국어의 '젛 + -노라'에서는 음절의 끝소리 규칙과 비음화가 순차적으로 '전노라'로 발음되었을 것임을 알 수 있다. 하지만 15세기 국어에서 음절의 끝소리 규칙은 음절의 끝에서 발음될 수 없는 자음이 음절의 끝에 오면 'ㄱ, ㄷ, ㅂ, ㅅ' 중 하나로 바뀌는 현상으로, '곶 → 곳', '빛 → 빗'이 그 예임을 알 수 있다. 이렇게 볼 때, '빛+나다'의 경우 음절의 끝소리 규칙만 일어나 '빗나다'로 발음될 것이므로, 비음화는 일어나지 않았을 것임을 알 수 있다.

★★ 문제 해결 꿀~팁 ★★

▶ 많이 틀린 이유는?
이 문제는 제시된 글의 내용을 구체적인 단어에 적용하는 데서 어려움을 겪어 오답률이 높았던 것으로 보인다. 또한 글의 내용을 정확히 읽지 않은 것도 오답률을 높인 것으로 보인다.

▶ 문제 해결 방법은?
이 문제를 해결하기 위해서는 선택지에 제시된 내용을 정확히 이해하고, 이와 관련된 내용을 글을 통해 확인하여 적절성을 판단하면 된다. 가령 정답인 ⑤의 경우에는 음절의 끝소리 규칙과 비음화에 대해 언급하고 있으므로, 2문단에서 언급된 중세 국어의 음절의 끝소리 규칙과 3문단에 제시된 비음화에 대한 내용을 바탕으로 적절성을 판단하면 된다. 이럴 경우, '빛+나다'는 [빗나다]로 음절의 끝소리 규칙은 일어나지만 비음화는 일어나지 않았을 알았을 것이다. 즉 3문단에서 15세기 국어에서는 음절의 끝소리 규칙으로 'ㅌ', 'ㅎ'이 'ㄷ'으로 바뀐 후 비음화가 실현되었다고 하였으므로, [빗나다]는 이에 해당하지 않으므로 적절하지 않음을 알았을 것이다. 한편 오답률이 높았던 ④의 경우, 3문단의 '15세기 국어에서는 비음으로 끝나는 용언 어간 뒤에서 일어나는 경음화는 확인되지 않는다.'를 확인하였다면 적절함을 알았을 것이다. 최근 문법 문제에서는 글을 제시하고 글을 바탕으로 사례를 이해하는 문제가 출제되고 있는데, 이런 문제 대부분 글을 바탕으로 확인(약간의 추리가 필요)할 수 있으므로 선택지의 내용을 글과 반드시 비교할 수 있도록 한다.

36 음운 변동의 이해
정답률 88% | 정답 ④

윗글을 참고할 때, 〈보기〉의 [A]에 들어갈 '학생'의 답으로 적절하지 않은 것은?

〈 보 기 〉

선생님 : 다음 제시된 현대 국어 자료에서 일어난 음운 변동을 설명해 봅시다.

ㄱ 겉멋만 → [건먼만]   ㄴ 꽃식물 → [꼰씽물]

ㄷ 낮잡는 → [낟짬는]

학생 : _____ [A]

① ㄱ에서는 음절 끝의 자음이 'ㄴ'으로 바뀌는 비음화가 두 번 일어났습니다.
'겉멋만'은 [걷먻만] → [건먻만] → [건먼만]로 음운 변동이 일어나므로 음절 끝의 자음이 'ㄴ'으로 바뀌는 비음화가 두 번 일어났음을 알 수 있다.

② ㄴ에서는 음절 끝의 자음이 'ㅇ'으로 바뀌는 비음화가 한 번 일어났습니다.
'꽃식물'은 [꼳식물] → [꼳씩물] → [꼰씽물]로 음운 변동이 일어나므로 음절 끝의 자음이 'ㅇ'으로 바뀌는 비음화가 한 번 일어났음을 알 수 있다.

③ ㄴ, ㄷ에서 일어난 경음화는 평파열음 뒤에서 일어났습니다.
'꽃식물'은 [꼳식물] → [꼳씩물] → [꼰씽물]로 음운 변동이 일어나고, '낮잡는'은 [낟잡는] → [낟짭는] → [낟짬는]으로 음운 변동이 일어난다. 따라서 ㄴ, ㄷ에서 일어난 경음화는 평파열음 뒤에서 일어났음을 알 수 있다.

☑ ④ ㄱ과 달리 ㄴ, ㄷ에서는 음절 끝의 자음이 'ㄷ'으로 바뀌는 음절의 끝소리 규칙이 일어났습니다.

'겉멋만 → [건먼만]', '꽃식물 → [꼰씽물]', '낮잡는 →[낟짬는]' 모두에서 음절 끝의 자음이 'ㄷ'으로 바뀌는 음절의 끝소리 규칙이 일어남을 알 수 있다.

⑤ ㄷ과 달리 ㄱ, ㄴ에서는 'ㅁ'으로 인해 비음화가 일어났습니다.
ㄷ은 'ㄴ'으로 인해 비음화가 일어났으므로, 'ㅁ'으로 인해 비음화가 일어난 ㄱ, ㄴ과는 비음화가 일어난 조건이 다르다고 할 수 있다.

37 단어의 구성 방식 파악
정답률 64% | 정답 ①

〈보기〉의 '복합어'를 '분류 과정'에 따라 분류할 때, ㉠과 ㉡에 들어갈 말을 바르게 짝지은 것은? [3점]

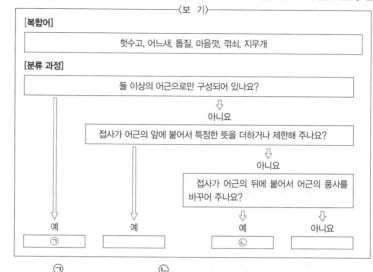

☑ ① 어느새, 꺾쇠 / 마음껏, 지우개
ㄱ의 '어느새'는 어근 '어느'와 어근 '새'로 구성되어 있고, '꺾쇠'는 어근 '꺾-'과 어근 '쇠'로 구성되어 있다. 그리고 ㄴ의 '마음껏'은 어근 '마음'과 접미사 '-껏'으로 구성되어 있는데, 이때 접미사 '-껏'은 명사인 어근 뒤에 붙어서 품사를 부사로 바꾸어 준다고 할 수 있다. 또한 '지우개'는 어근 '지우-'와 접미사 '-개'로 구성되어 있는데, 이때 접미사 '-개'는 동사인 어근 뒤에 붙어서 품사를 명사로 바꾸어 준다고 할 수 있다.
참고로 '헛수고'는 접두사 '헛-'과 어근 '수고'로 구성되어 있다. 그리고 '톱질'은 어근 '톱'과 접미사 '-질'로 구성되어 있는데, 이때 접미사 '-질'은 어근의 뒤에 붙지만 품사를 바꾸어 주지는 않는다.

② 헛수고, 어느새 / 지우개
③ 톱질, 꺾쇠 / 헛수고, 마음껏
④ 톱질, 마음껏, 꺾쇠 / 헛수고
⑤ 어느새, 톱질, 꺾쇠 / 지우개

38 문장의 구조 파악
정답률 62% | 정답 ⑤

〈보기〉의 ㉠ ~ ㉢에 대한 설명으로 적절하지 않은 것은?

〈 보 기 〉

㉠ 어머니는 아들이 비로소 대학생이 되었음을 실감했다.
㉡ 파수꾼이 경계 초소에서 본 동물은 늑대는 아니었다.
㉢ 감독이 그 선수를 야구부 주장으로 삼기로 결심했다.

① ㉠에는 안긴문장에 보어가 있고, ㉡에는 안은문장에 보어가 있다.
㉠에는 안긴문장인 '아들이 비로소 대학생이 되었음'에 보어 '대학생이' 있음을 알 수 있다. 그리고 ㉡에는 안은문장인 '동물은 늑대는 아니었다.'에 보어 '늑대는(가)' 있음을 알 수 있다.

② ㉠은 안긴문장이 안은문장의 목적어로 사용되고, ㉢은 안긴문장이 안은문장의 부사어로 사용된다.
㉠에는 안긴문장인 '아들이 비로소 대학생이 되었음'에 목적격조사 '을'이 사용되었으므로, 안긴문장이 안은문장의 목적어로 사용되었음을 알 수 있다. 그리고 ㉢에는 안긴문장인 '그 선수를 야구부 주장으로 삼기' 뒤에 부사격 조사 '로'가 사용되었으므로 안긴문장이 안은문장의 부사어로 사용되었음을 알 수 있다.

③ ㉡과 달리 ㉢의 안긴문장의 서술어는 부사어를 필수 성분으로 요구한다.
㉢의 안긴문장은 '그 선수를 야구부 주장으로 삼기'이므로, 서술어 '삼다'는 부사어인 '야구부 주장으로'를 필수 성분으로 요구함을 알 수 있다.

④ ㉢과 달리 ㉡의 안긴문장에는 목적어가 생략되어 있다.
㉡의 안긴문장은 '파수꾼이 경계 초소에서 본'이므로, 안긴문장에는 목적어인 '동물을'이 생략되었음을 알 수 있다.

☑ ⑤ ㉠ ~ ㉢은 모두 안긴문장의 주어와 안은문장의 주어가 다르다.
㉠에서 안긴문장의 주어는 '아들이'이고, 안은문장의 주어는 '어머니는'이고, ㉡에서 안긴문장의 주어는 '파수꾼이'이고 안은문장의 주어는 '동물은'이다. 그리고 ㉢에서 안긴문장의 주어와 안은문장의 주어는 모두 '감독이'이다. 따라서 ㉢에서 안긴문장의 주어와 안은문장의 주어는 같으므로, ㉠ ~ ㉢ 모두 안긴문장의 주어와 안은문장의 주어가 다르다고 한 설명은 적절하지 않다.

39 용언의 활용 양상 이해
정답률 73% | 정답 ⑤

〈보기〉의 '학습 활동'을 수행한 결과로 적절하지 않은 것은?

〈 보 기 〉

[학습 활동] 용언의 어간에 어미가 결합하는 것을 활용이라고 한다. 용언의 활용에는 규칙 활용과 불규칙 활용이 있다. 다음 예문에서 밑줄 친 말의 기본형을 생각해 보면서 용언의 활용 양상을 설명해 보자.

[예문]

	ⓐ 규칙 활용의 예	ⓑ 불규칙 활용의 예
㉠	형은 교복을 입어 보았다.	꽃이 아름다워 보였다.

PART I

17회

ⓒ	나는 언니에게 죽을 쑤어 주었다.	오빠는 나에게 밥을 퍼 주었다.
ⓒ	누나는 옷을 벽에 걸어 두었다.	삼촌은 눈길을 걸어 집에 갔다.
ⓔ	동생은 그릇을 씻어 쟁반에 놓았다.	이 다리는 섬과 육지를 이어 주는 역할을 한다.
ⓜ	우리는 짐을 쌓아 놓았다.	하늘이 파래 예뻤다.

① ⊙ : ⓐ에서는 어간의 형태가 유지되었지만, ⓑ에서는 어간의 'ㅂ'이 달라졌다.
ⓐ에서는 어간 '입-'의 형태가 유지되었지만, ⓑ에서는 어간 '아름답-'의 'ㅂ'이 달라졌음을 알 수 있다.

② ⓒ : ⓐ에서는 어간의 형태가 유지되었지만, ⓑ에서는 어간의 'ㅜ'가 없어졌다.
ⓐ에서는 어간 '쑤-'의 형태가 유지되었지만, ⓑ에서는 어간 '푸-'의 'ㅜ'가 없어졌음을 알 수 있다.

③ ⓒ : ⓐ에서는 어간의 형태가 유지되었지만, ⓑ에서는 어간의 'ㄷ'이 달라졌다.
ⓐ에서는 어간 '걸-'의 형태가 유지되었지만, ⓑ에서는 어간 '걷-'의 'ㄷ'이 달라졌음을 알 수 있다.

④ ⓔ : ⓐ에서는 어간의 형태가 유지되었지만, ⓑ에서는 어간의 'ㅅ'이 없어졌다.
ⓐ에서는 어간 '씻-'의 형태가 유지되었지만, ⓑ에서는 어간 '잇-'의 'ㅅ'이 없어졌음을 알 수 있다.

✔ ⓜ : ⓐ에서는 어간과 어미의 형태가 유지되었지만, ⓑ에서는 어간의 'ㅎ'과 어미가 모두 없어졌다.
ⓑ에서 '파랗다'가 '파래'가 된 것은 불규칙 활용이지만, 어간의 'ㅎ'과 어미가 모두 없어진 것은 아니므로 적절하지 않다.

---

40 매체의 특성 이해 　　　정답률 97% | 정답 ④

(가)의 매체 자료에 대한 이해로 적절하지 않은 것은?

① '본문 듣기'가 있는 것을 보니, 수용자가 기사의 내용을 음성 언어로도 수용할 수 있을 것이다.
기사의 상단에 '본문 듣기'를 배치한 것을 통해, 수용자가 기사의 내용을 문자 언어뿐만 아니라 음성 언어로도 수용할 수 있을 것임을 알 수 있다.

② 'SNS로 전달'이 있는 것을 보니, 수용자가 기사의 내용을 다른 사람과 온라인으로 공유할 수 있을 것이다.
기사의 상단에 'SNS로 전달'을 배치한 것을 통해, 수용자가 기사의 내용을 다른 사람과 온라인으로 공유할 수 있을 것임을 알 수 있다.

③ '최초 입력'과 '수정' 시간이 있는 것을 보니, 생산자가 기사를 입력한 이후에도 기사를 수정할 수 있을 것이다.
기사의 하단에 '최초 입력'과 '수정' 시간이 있는 것을 통해, 생산자가 기사를 입력한 이후에도 기사를 수정할 수 있을 것임을 알 수 있다.

✔ '기사에 대한 독자 반응'이 있는 것을 보니, 생산자가 자신이 생산한 기사의 유통 범위를 확인할 수 있을 것이다.
기사 아래에는 '기사에 대한 독자 반응'이 있어, 수용자는 기사를 본 자신의 반응을 표시할 수 있고 생산자는 기사에 대한 수용자의 반응을 확인할 수 있다. 하지만 이를 바탕으로 생산자가 기사의 유통 범위를 확인할 수 있는 것은 아니므로 적절하지 않다.

⑤ '관련된 기사로 바로 가기'가 있는 것을 보니, 수용자가 기사 내용과 관련된 추가 정보를 얻을 수 있을 것이다.
기사 하단의 '관련된 기사로 바로 가기'가 있는 것을 통해, 수용자가 기사 내용과 관련된 추가 정보를 얻을 수 있을 것임을 알 수 있다.

---

41 매체 자료의 생산 　　　정답률 95% | 정답 ②

(나)를 제작하는 과정에서 반영된 학생의 계획으로 적절하지 않은 것은?

① 상품의 온라인 판매처를 소개하기 위해, (가)에 언급된 못난이 배의 온라인 판매처 이름을 인터넷 검색창 이미지를 활용하여 제시해야지.
(나)에는 '○○ 온라인 알뜰 장터'가 입력된 인터넷 검색창 이미지가 제시되어 있는데, 이는 수용자에게 못난이 배의 온라인 판매처를 소개하기 위한 것이라 할 수 있다.

✔ 상품의 특성을 강조하기 위해, (가)에 언급된 못난이 배의 맛과 영양에 대한 정보를 배의 모양을 활용하여 도안된 그림으로 제시해야지.
(가)에 언급된 못난이 배의 맛에 대한 정보는 (나)에 사각형 안의 문구로 제시되어 있다. (나)에는 배의 이미지가 담긴 그림이 제시되어 있으나, 이 그림에 못난이 배의 맛과 영양에 대한 정보가 드러나지는 않고 있다.

③ 상품에 대한 추가 정보를 안내하기 위해, (가)에 언급된 배 가공식품을 소개하는 웹 페이지 주소를 QR코드로 제시해야지.
(나)에는 배 가공식품 소개하는 웹 페이지를 QR 코드로 제시하고 있는데, 이는 상품에 대한 추가 정보를 안내하기 위해 제시한 것이라 할 수 있다.

④ 상품의 소비를 촉구하기 위해, (가)에 제시된 농민의 인터뷰 내용의 일부를 말풍선의 문구로 제시해야지.
(나)에는 농민 최○○ 씨의 인터뷰 내용 중 일부가 말풍선 안의 문구로 제시되어 있는데, 이는 수용자에게 못난이 배의 소비를 촉구하기 위한 것이라 할 수 있다.

⑤ 상품의 의미를 밝혀 주기 위해, (가)에 제시된 못난이 배의 뜻을 물음에 답하는 방식으로 제시해야지.
(가)에 제시된 못난이 배의 뜻은 (나)에 묻고 답하는 방식으로 제시되어 있는데, 이는 수용자에게 못난이 배의 의미를 밝혀 주기 위한 것이라 할 수 있다.

---

42 매체에 사용된 표현의 이해 　　　정답률 87% | 정답 ①

⊙ ~ ⓜ에 대한 이해로 가장 적절한 것은?

✔ ⊙ : 격 조사 '에서'를 활용해 배 재배 농가를 지원하는 사업의 주체가 '○○군청'임을 나타냈다.
격 조사 '에서'는 단체를 나타내는 명사 뒤에 붙어 앞말이 주어임을 나타낸다. ⊙에 사용된 '에서'는 격 조사로, 배 재배 농가를 지원하는 사업의 주체가 ○○군청임을 나타내는 기능을 하고 있다.

---

② ⓒ : 연결 어미 '-거나'를 활용해 못난이 배의 판정 기준과 흠집에 관한 내용이 인과적으로 연결됨을 나타냈다.
연결 어미 '-거나'는 나열된 동작이나 상태, 대상들 중에서 어느 것이든 선택할 수 있음을 나타낸다. 따라서 못난이 배의 판정 기준과 흠집에 관한 내용이 인과적이 아닌 병렬적으로 연결시켜 나타냈음을 알 수 있다.

③ ⓒ : 지시 대명사 '이것'을 활용해 앞에서 언급한 '일반 상품'을 가리키고 있음을 나타냈다.
지시 대명사 '이것'은 바로 앞에서 이야기한 대상을 가리키므로, '이것'이 가리키는 대상은 일반 상품 앞에 언급한 '못난이 배'라 할 수 있다.

④ ⓔ : 보조사 '도'를 활용해 판매하는 상품이 못난이 배로 한정됨을 나타냈다.
보조사 '도'는 이미 어떤 것이 포함되고 그 위에 더함의 뜻을 나타내므로, '도'를 활용해 못난이 배만 한정 지어 판매하는 것이 아니라 일반 상품과 못난이 배를 함께 판매함을 나타낸 것이라 할 수 있다.

⑤ ⓜ : 관형사형 어미 '-ㄹ'을 활용해 ○○군수가 오래전부터 온라인 알뜰 장터의 운영을 지원해 왔음을 나타냈다.
관형사형 어미 '-ㄹ'은 추측, 예정, 의지 가능성 등 확정된 현실이 아님을 나타내는 어미이므로, 이를 활용하여 ○○군수가 오래전부터 온라인 알뜰 장터의 운영을 지원해 왔음을 나타냈다는 설명은 적절하지 않다.

---

43 매체의 의사소통 방식 이해 　　　정답률 80% | 정답 ③

위 방송에 대한 설명으로 적절하지 않은 것은?

① 영상 자료를 활용하며 실험실 안전사고의 실제 사례를 보여 주고 있다.
실험실에서 안전 장비를 제대로 착용하지 않고 실험을 하다가 부상을 입은 실제 사례의 영상과 실험실에서의 안전 수칙을 지키지 않아 일어난 폭발 사고의 실제 사례를 다룬 영상을 보여 주고 있으므로 적절하다.

② 통계 자료를 활용하며 학교 실험실 안전사고의 주요 원인을 제시하고 있다.
연구소에서 조사한 통계 자료를 활용하며 학교 실험실 안전사고의 76%가 안전 불감증으로 인한 부주의에서 발생한 것임을 제시하고 있으므로 적절하다.

✔ 뉴스에 보도된 내용을 활용하며 안전사고 유형별 대처 방안을 안내하고 있다.
뉴스에 보도된 내용을 활용하여 실험실 안전 수칙을 제대로 지키지 않아서 발생한 사고를 보여 주며, 실험을 할 때 안전 수칙을 준수하는 것의 중요성을 강조하고 있다. 따라서 뉴스에 보도된 내용을 활용하며 안전사고 유형별 대처 방안을 안내하고 있다는 설명은 적절하지 않다.

④ 채팅방을 활용하며 대화에 참여한 학생들이 가진 의문을 실시간으로 공유하고 있다.
진행자는 학생들의 질문은 채팅방을 통해 들어보겠다고 하면서 채팅방을 직접 보여 주고 있다. 따라서 진행자는 채팅방을 활용하며 대화에 참여한 학생들이 가진 의문을 실시간으로 공유하고 있음을 알 수 있다.

⑤ 안전사고 위험성이 있는 화학 물질을 활용하며 경각심을 갖고 안전 수칙을 준수해야 함을 당부하고 있다.
연구원이 안전사고의 위험성이 있는 화학 물질을 보여 주며, 화학 물질은 아주 적은 양이라도 격렬한 화학 반응을 일으킬 수 있으니 실험할 때의 안전 수칙을 준수할 것을 당부하고 있다.

---

44 매체 수용자의 태도 파악 　　　정답률 85% | 정답 ④

다음은 위 방송을 시청한 학생들이 메신저로 나눈 대화이다. 학생들의 수용 태도에 대한 설명으로 가장 적절한 것은?

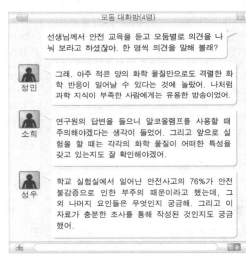

① '정민'은 연구원이 언급한 사례와 관련하여, 응급 상황에서의 조치 방법이 어떤 사람에게 유용한지 점검하였다.
'정민'은 방송에서 다룬 내용이 자신에게 유용한지를 점검하고 있지만, 응급 상황에서의 조치 방법이 어떤 사람에게 유용한지 점검하지는 않고 있다.

② '소희'는 연구원이 답변한 내용과 관련하여, 실험할 때의 유의 사항에 관한 정보가 충분한지 점검하였다.
'소희'는 연구원의 답변을 듣고 알코올램프를 사용할 때 주의를 기울여야겠다고 생각하고 있다. 연구원의 답변 내용과 관련하여 실험할 때의 유의 사항에 관한 정보가 충분한지를 점검하지는 않고 있다.

③ '소희'는 연구원이 답변한 내용과 관련하여, 안전 교육의 필요성을 뒷받침할 수 있는 자료가 타당한지 점검하였다.
'소희'는 연구원의 답변을 듣고 알코올램프를 사용할 때 주의하고, 실험할 때는 각각의 화학 물질이 어떤 특성을 갖고 있는지도 잘 확인해야겠다고 생각하고 있다. 하지만 연구원이 답변한 내용과 관련하여 안전 교육의 필요성을 뒷받침할 수 있는 자료가 타당한지 점검하지는 않고 있다.

✔ '성우'는 연구원이 제시한 자료와 관련하여, 실험실 안전사고에 대한 조사 자료가 믿을 만한지 점검하였다.
'성우'는 연구원이 학교 실험실 안전사고와 관련하여 제시한 자료가 충분한 조사를 통해 작성된 것인지 궁금해하며 자료가 믿을 만한지 점검하고 있다.

⑤ '성우'는 연구원이 활용한 자료와 관련하여, 학생을 위주로 한 예방 대책의 장단점을 공평하게 다루고 있는지 점검하였다.

'성우'는 연구원이 언급하지 않은 내용에 대해 궁금해하고 있으나, 학생을 위주로 한 예방 대책의 장단점을 공평하게 다루고 있는지 점검하지는 않고 있다.

---

45 매체 자료의 수정 및 보완　　정답률 89% | 정답 ③

다음은 위 방송을 본 후 과학 실험 동아리 학생이 신입생 교육용으로 만든 발표 자료의 초안이다. 검토 의견을 바탕으로 제시한 수정 방안으로 적절하지 않은 것은? [3점]

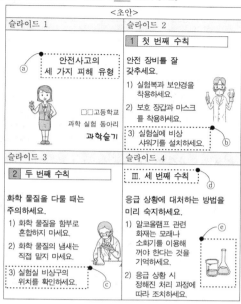

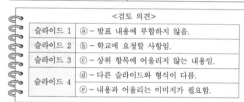

① 슬라이드 1에 대한 검토 의견을 고려하여 ⓐ를 '안전한 실험을 위한 세 가지 수칙'으로 수정해야겠군.

슬라이드 2~4의 제목을 고려하여 발표 내용에 적합하게 ⓐ를 '안전한 실험을 위한 세 가지 수칙'으로 수정하는 것은 적절하다.

② 슬라이드 2에 대한 검토 의견을 고려하여 ⓑ를 삭제해야겠군.

검토 의견에 ⓑ는 학교에 요청할 사항이라고 했으므로, 이러한 의견을 고려하여 ⓑ를 삭제하는 것은 적절하다.

☑ 슬라이드 3에 대한 검토 의견을 고려하여 ⓒ를 슬라이드 2로 이동해야겠군.

ⓒ는 상위 항목인 '화학 물질을 다룰 때 주의하세요.'에 어울리지 않는 내용이므로 '슬라이드 4'로 이동하는 것이 적절하다. 따라서 '슬라이드 2'로 이동해야겠다는 수정 방안은 적절하지 않다.

④ 슬라이드 4에 대한 검토 의견을 고려하여 ⓓ를 슬라이드 2, 3의 형식과 통일하여 제시해야겠군.

슬라이드 2, 3과 비교해 볼 때, 슬라이드 4는 번호 체계나 소제목 형식이 다름을 알 수 있다. 따라서 슬라이드 4에 대한 검토 의견을 고려하여 ⓓ를 슬라이드 2, 3의 형식과 통일하여 제시하는 것은 적절하다.

⑤ 슬라이드 4에 대한 검토 의견을 고려하여 ⓔ를 응급 상황에 대처하는 방법과 관련된 이미지로 교체해야겠군.

ⓔ는 실험 도구의 이미지이다. 응급 상황에 대처하는 방법을 미리 숙지하는 것과 관련이 없는 이미지이므로 내용에 어울리는 이미지로 교체할 필요가 있다.

---

35 부정 의미의 용언 이해　　정답률 70% | 정답 ②

윗글을 바탕으로 〈보기〉를 이해한 내용으로 적절하지 않은 것은?

〈보기〉
ㄱ. *그 일은 나와 **아무런** 관계가 있다.
ㄴ. 화단의 꽃들이 **여간** 탐스럽지 않다.
ㄷ. 나는 밤새도록 이것**밖에** 하지 못했다.
ㄹ. 그 아이들이 **좀처럼** 제 말을 듣겠습니까
ㅁ. *나는 무서워서 그 자리에서 **옴짝달싹했다**.

※ '*'는 비문임을 나타냄.

① ㄱ의 '아무런'은 긍정 의미의 용언이 나타나는 문맥에서 사용 될 수 없군.

ㄱ은 비문에 해당하므로 '아무런'은 긍정 의미의 용언이 나타나는 문맥에서 쓰일 수 없음을 알 수 있다. '아무런'은 (주로 뒤에 오는 '않다', '없다', '못 하다' 따위의 부정적인 말과 함께 쓰여) '전혀 어떠한'의 뜻을 나타내는 말'의 의미를 지닌 관형사이다.

☑ ㄴ의 '여간'은 '탐스럽지 않다'라는 부정 의미를 강조하고 있군.

'여간'은 '그 상태가 보통으로 보아 넘길 만한 것임을 나타내는 말'이라는 의미로, 부정문 형식의 문장에 함께 쓰여 그 문장의 의미를 강한 긍정으로 해석되게 하는 단어에 해당한다. 따라서 ㄴ에서는 '여간'으로 인해 문장이 의미가 '탐스럽다'를 강조하는 긍정으로 해석된다고 할 수 있다.

③ ㄷ의 '밖에'는 부정 의미의 용언과 어울려 쓰이고 있군.

ㄷ의 '밖에'는 '이것밖에 하지 못했다.'에서 보이듯이 부정 의미의 용언과 어울려 쓰임을 알 수 있다. '밖에'는 '그것 말고는', '그것 이외에는', '기꺼이 받아들이는', '피할 수 없는'의 뜻을 나타내는 보조사로 주로 뒤에 부정을 나타내는 말이 따른다.

④ ㄹ의 '좀처럼'은 부정 의미를 내포하는 문맥에서 쓰이고 있군.

'좀처럼'은 부정 의미의 용언과 어울려 쓰이는데, 부정 의미의 용언이 나타나지 않더라도 부정 의미를 내포하는 문맥에서도 쓰일 수 있다. ㄹ의 '그 아이들이 좀처럼 제 말을 듣겠습니까?'는 '그 아이들이 좀처럼 제 말을 듣지 않는다.'를 뜻하므로 부정 의미를 내포하는 문맥에서 '좀처럼'이 쓰일 수 있음을 알 수 있다. '좀처럼'은 (주로 부정적인 의미를 가진 단어와 호응하여) 여간하여서는'의 의미를 지닌 부사이다.

⑤ ㅁ의 '옴짝달싹했다'를 '옴짝달싹하지 못했다'로 바꾸면 어법에 맞겠군.

'옴짝달싹했다'는 부정 의미의 용언과 어울려 쓰이므로, ㅁ은 '나는 무서워서 그 자리에서 옴짝달싹하지 못했다.'와 같이 수정하여야 한다. '옴짝달싹'은 (주로 '못 하다', '않다', '말다' 따위의 부정어와 함께 쓰여) 몸을 아주 조금 움직이는 모양을 지닌 부사이다.

★★★ 등급을 가르는 문제!

36 국어사 자료의 부정 용언의 이해　　정답률 70% | 정답 ②

[A]를 바탕으로 [자료]를 탐구했을 때 적절한 내용만을 〈보기〉에서 있는 대로 고른 것은? [3점]

[자료]

㉠	국어사 자료	○ 이거슨 **귀치 아니컨만은** 보내누이다 [이것은 귀하지 아니하지마는 보내나이다]
	현대 국어	○ 그날은 몸이 아파 만사가 다 **귀찮았다**.
㉡	국어사 자료	○ 봉녹 밧끽도 **별로** 먹을 거슬주시며 [봉록 밖에도 특별히 먹을 것을 주시며] ○ **별로** 인스 홀 테도 업스니 [특별히 인사할 모양도 없으니]
	현대 국어	○ 요즘은 공기가 **별로** 좋지 않다. ○ 나에게 그는 **별로** 매력이 없다.
㉢	국어사 자료	○ 무슨 말이든지 다 못드르면 **시원치 아니ᄒ여** [무슨 말이든지 다 못 들으면 시원치 아니하여]
	현대 국어	○ 대답이 **시원찮다**.

〈보기〉
ⓐ ㉠에서, 현대 국어 '귀찮다'는 '귀하지 아니하다'가 축약된 형태로, 국어사 자료에서 확인할 수 있는 의미와 유사하게 쓰임을 알 수 있다.
ⓑ ㉡에서, 현대 국어 '별로'와 달리, 국어사 자료 '별로'는 부정 의미의 용언이 나타나지 않은 문맥에서도 쓰였음을 알 수 있다.
ⓒ ㉢에서, 현대 국어 '시원찮다'는 '시원하지 아니하다'가 축약된 형태로, 국어사 자료에서 확인할 수 있는 의미와 유사하게 쓰이지 않음을 알 수 있다.

① ⓐ　　☑ ⓑ　　③ ⓐ, ⓑ　　④ ⓐ, ⓒ　　⑤ ⓑ, ⓒ

ⓐ ㉠에서, 현대 국어 '귀찮다'는 '귀하지 아니하다'가 축약된 형태로, 국어사 자료에서 확인할 수 있는 의미와 유사하게 쓰임을 알 수 있다.

㉠의 자료를 보면, 현대 국어의 '귀찮다'는 국어사 자료 '귀치 아니컨만은'에서 알 수 있듯이 '귀하지 아니하다'가 축약된 형태임을 알 수 있다. 현대 국어 '귀찮다'는 '마음에 들지 아니하고 괴롭거나 성가시다'라는 의미로 사용되고 있다.

ⓑ ㉡에서, 현대 국어 '별로'와 달리, 국어사 자료 '별로'는 부정 의미의 용언이 나타나지 않은 문맥에서도 쓰였음을 알 수 있다.

㉡의 국어사 자료의 '별로'는 긍정 의미의 용언이 나타난 문맥에서도 쓰이고, 부정 의미의 용언이 나타난 문맥에서도 쓰이고 있음을 알 수 있다. 그런데 '현대 국어'를 보면 '별로'는 부정 의미의 용언이 나타난

PART 1

18회

문맥에서만 쓰임을 알 수 있다. 따라서 ⓒ을 통해 '별로'는 현대 국어와 달리 국어사 자료에서의 '별로'는 부정 의미의 용언이 나타나지 않는 문맥에서도 쓰였음을 알 수 있다.

ⓒ ⓒ에서, 현대 국어 '시원찮다'는 '시원하지 아니하다'가 축약된 형태로, 국어사 자료에서 확인할 수 있는 의미와 유사하게 쓰이지 않음을 알 수 있다.
ⓒ의 자료를 보면, 현대 국어의 '시원찮다'는 국어사 자료 '시원치 아니ᄒᆞ여'에서 알 수 있듯이 '시원하지 아니하다'가 축약된 형태이다. 현대 국어 '시원찮다'는 국어사 자료에서 확인할 수 있는 의미와 유사하게 쓰이고 있음을 알 수 있다.

★★ 문제 해결 꿀~팁 ★★

▶ 많이 틀린 이유는?
이 문제는 '자료'에 제시된 '국어사 자료'와 '현대 국어' 자료를 정확히 비교하지 못하여 오답률이 높았던 것으로 보인다.

▶ 문제 해결 방법은?
이 문제처럼 언어에서는 특정 자료를 주고, 이 자료를 바탕으로 탐구하는 문제가 출제되는 경우가 많다. 이 문제에서는 '국어사 자료'와 '현대 국어' 자료를 주고, 이를 바탕으로 탐구하는 문제이므로, 공통점은 무엇이고 차이점은 무엇인지 선택지의 적절성을 살펴 보아야 한다. 가령 ⓒ의 경우에는 '별로'에 대해 탐구하고 있으므로 ⓒ에 제시된 자료를 바탕으로 탐구한 내용이 적절한지를 판단할 수 있어야 한다. 이때 '국어사 자료'를 탐구할 때는 반드시 '현대어 풀이'를 참조하여야 한다. '현대어 풀이'는 주어진 '국어사 자료(중세 국어 자료나 근대 국어 자료)'의 의미를 정확하게 파악할 수 있게 해 주어 문제 해결의 기본이 된다고 할 수 있으므로, 잊지 말고 살펴볼 수 있도록 한다. 이 문제에서도 '현대어 풀이'를 적절히 활용했으면 ⓒ에 대해 탐구한 ⓒ의 내용이 적절함을 바로 알 수 있었을 것이다.

---

37 문장의 짜임과 문장 성분의 이해   정답률 73% | 정답 ④

〈보기〉의 선생님의 질문에 대한 답으로 옳은 것은?

─〈보 기〉─
선생님 : 문장에서 부사어는 다양한 형태로 실현됩니다. 명사에 부사격 조사가 결합하여 부사어로 쓰이는 경우도 그 중 하나입니다. 다음의 ⓐ ~ ⓔ 중 관형사절이 꾸미고 있는 명사에 부사격 조사가 붙은 형태를 찾아볼까요

○ 오늘의 행복은 ⓐ 내일의 성공만큼 중요하다.
○ 이곳의 토양은 ⓑ 토마토 농사를 짓기에 적합하다.
○ 너는 ⓒ 너에게 주어진 문제만 해결해서는 안 된다.
○ 형은 ⓓ 머리가 덜 마른 상태로 국어 교과서를 읽었다.
○ ⓔ 열심히 공부하는 친구들은 나에게 많은 자극을 주었다.

① ⓐ 내일의 성공만큼
관형사절을 찾을 수 없다.

② ⓑ 토마토 농사를 짓기에
'토마토 농사를 짓기에'는 명사절에 부사격 조사 '에'가 붙은 것이므로, 관형사절을 찾을 수 없다.

③ ⓒ 너에게 주어진 문제만
'너에게 주어진'은 '문제'를 수식하는 관형사절에 해당하지만, 관형사절이 꾸미고 있는 명사에 부사격 조사가 붙지 않았다.

✔ ④ ⓓ 머리가 덜 마른 상태로
'머리가 덜 마른 상태로'는 '머리가 덜 마른'이라는 관형절이 명사 '상태'를 수식하고 있고, '상태'라는 명사에 '로'라는 부사격 조사가 붙어 있음을 알 수 있다. 따라서 ⓓ는 관형사절이 꾸미고 있는 명사에 부사격 조사가 붙은 형태를 찾으라는 선생님의 질문에 대한 답으로 적절하다.

⑤ ⓔ 열심히 공부하는 친구들은
'열심히 공부하는'은 '친구들'을 수식하는 관형사절에 해당하지만, 관형사절이 꾸미고 있는 명사에 부사격 조사가 붙지 않았다.

● 문법 필수 개념

■ 관형사절의 이해
1. 의미 : 안긴문장이 관형사형 어미 '-(으)ㄴ, -는, -(으)ㄹ, -던'과 결합하여 그것이 마치 관형사처럼 보이는 절. 이 관형사절을 포함하고 있는 문장을 '관형사절을 안은문장'이라고 함.
2. 관형사절의 문장에서의 기능 : 문장에서 관형어로만 기능하며, 결합하는 어미에 따라 시제를 드러냄.

-(으)ㄴ	과거	그는 사회의 편견을 이겨 낸 경험이 있다.
-는	현재	나는 집으로 가는 철수를 만났다.
-(으)ㄹ	미래	이것은 우리가 오늘 해야 할 숙제이다.
-던	회상	영희는 내가 갔었던 명승지를 찾아갔다.

3. 관형절이 될 때의 문장 성분의 생략

주어 생략	학교는 아침부터 (학생들이) 등교한 학생들로 붐볐다. → 주어 '학생들이' 생략
목적어 생략	어제 그가 (책을) 산 책은 그녀를 감동시켰다. → 목적어 '책을' 생략
부사어 생략	그의 흔적이 (책에) 남은 책이 전시되었다. → 부사어 '책에' 생략

---

38 음운 변동의 이해   정답률 87% | 정답 ③

〈보기〉의 ③과 ⑤에 들어갈 말로 바르게 짝지어진 것은?

─〈보 기〉─
탐구 주제 : '훑다'는 어떤 과정을 거쳐서 [훌따]로 발음될까?
[자료]
(1) 종성의 'ㄲ, ㅋ', 'ㅅ, ㅆ, ㅈ, ㅊ, ㅌ', 'ㅍ'은 어말 또는 자음 앞에서 각각 대표음 [ㄱ, ㄷ, ㅂ]으로 발음한다.
(2) 어말 또는 자음 앞에서 음절 종성에 두 개의 자음이 놓이면 두 개의 자음 중 하나만 발음한다.
(3) 종성의 'ㄱ, ㄷ, ㅂ' 뒤에 연결되는 'ㄱ, ㄷ, ㅂ, ㅅ, ㅈ'은 된소리로 발음한다.
(4) 갈대[갈때], 날갯돈[날갤똔], 거칠더라도[거칠떠라도]

탐구 과정 :

─
가설 1 : 어간의 종성에서 탈락이 일어난 후에 어미의 초성에서 교체가 일어난다.
→ '[자료] (4)'에서 확인되듯이, 어간이 (③) 끝날 때 그 어간 바로 뒤에 오는 어미의 초성에서는 된소리되기가 일어나지 않음.

가설 2 : 어간의 종성과 어미의 초성에서 교체가 일어난 후에 어간의 종성에서 탈락이 일어난다.
→ '[자료] (1)'의 현상이 어간 종성에서 일어나 어간 종성의 'ㅌ'이 (⑤),
'[자료] (3)'의 현상이 일어날 수 있음. 이후 '[자료] (2)'의 현상이 일어났다고 볼 수 있음.

탐구 결과 : '가설1'을 기각하고 '가설2'를 받아들인다.
─

	③	⑤
①	'ㄷ'으로	'ㄷ'으로 교체된 후
②	'ㄷ'으로	'ㄷ'으로 탈락하게 된 후
✔ ③	'ㄹ'로	'ㄷ'으로 교체된 후

③ 'ㄹ'로 / 'ㄷ'으로 교체된 후
③ '[자료] (4)'의 사례를 보면 어간이 'ㄹ'로 끝날 때 그 어간 바로 뒤에 오는 어미의 초성에서는 된소리되기가 일어나지 않는다. 따라서 '가설 1'은 합리적이지 않다. ⑤ '[자료] (1)'의 현상이 어간 종성에서 일어나 어간 종성의 'ㅌ'이 'ㄷ'으로 교체된 후, '[자료] (3)'의 교체가 일어날 수 있다. 이후에 어간 종성에서 탈락이 일어났다고 볼 수 있다. 따라서 '가설 2'를 통해 '훑다'가 [훌따]로 발음되는 과정을 적절히 설명할 수 있다.

④ 'ㄹ'로 / 'ㄹ'로 탈락하게 된 후
⑤ 'ㅆ'으로 / 'ㄷ'으로 교체된 후

---

39 높임 표현과 겸양 표현의 이해   정답률 73% | 정답 ①

〈보기〉의 ③과 ⑤이 모두 사용된 문장으로 적절한 것은?

─〈보 기〉─
국어의 높임 표현은 조사나 어미로 실현되기도 하지만 ③ 그 자체에 높임의 의미가 담긴 특수 어휘를 통해 실현되기도 한다. 또한 국어에는 대상을 높이는 것이 아니라 자신을 낮추는 겸양의 표현도 존재한다. 겸양의 표현은 일부 어미로 실현 되기도 하지만 ⑤ 그 자체에 낮춤의 의미가 있는 특수 어휘를 통해 실현되기도 한다.

✔ ① 저희가 어머니께 드렸던 선물이 여기 있네요.
'저희가 어머니께 드렸던 선물이 여기 있네요.'에서 '저희'는 그 자체에 낮춤의 의미가 있는 특수 어휘에 해당하고, '드리다'는 그 자체에 높임의 의미가 담긴 특수 어휘에 해당하므로, ③과 ⑤이 모두 사용된 문장이라 할 수 있다.

② 연세가 지긋하신 할아버지께서 걸어가신다.
'연세가 지긋하신 할아버지께서 걸어가신다.'에서 '연세'는 '나이'를 높인 말이므로 그 자체에 높임의 의미가 담긴 특수 어휘로 볼 수 있다. 하지만 이 문장을 통해 자체에 낮춤의 의미가 있는 특수 어휘는 찾아볼 수 없다.

③ 제 말씀은 그런 의도가 아니었어요.
'제 말씀은 그런 의도가 아니었어요.'의 '제'나 '말씀'은 그 자체에 낮춤의 의미가 있는 특수 어휘에 해당하지만 그 자체에 높임의 의미가 담긴 특수 어휘는 찾아볼 수 없다. 한편 '말씀'의 사전적 의미는 '남의 말을 높여 이르는 말', '자기의 말을 낮추어 이르는 말'을 의미하는데, 이 문장에서는 앞에 '제'를 사용하고 있으므로 '자기의 말을 낮추어 이르는 말'로 사용되었다.

④ 이 문제는 아버지께 여쭈어보자.
'이 문제는 아버지께 여쭈어보자.'에서 '여쭈어'는 '묻다'를 높인 말이므로 그 자체에 높임의 의미가 담긴 특수 어휘로 볼 수 있다. 하지만 이 문장을 통해 자체에 낮춤의 의미가 있는 특수 어휘는 찾아볼 수 없다.

⑤ 지나야, 가서 할머니 모시고 와.
'지나야, 가서 할머니 모시고 와.'에서 '모시다'는 그 자체에 높임의 의미가 담긴 특수 어휘에 해당하지만, 이 문장을 통해 그 자체에 낮춤의 의미가 있는 특수 어휘는 찾아볼 수 없다.

---

40 매체의 의사소통 방식 이해   정답률 96% | 정답 ③

(가)의 대화에 대한 설명으로 가장 적절한 것은?

① '현진'은 자신이 직접 생산한 문서 파일을 다른 대화 참여자들에게 전달하고 있다.
'현진'은 자신이 직접 생산한 문서 파일이 아니라, ○○ 가정 통신문을 찍은 사진 파일을 다른 대화 참여자들에게 전달하고 있다.

② '수예'는 매체 자료의 성격을 고려하여 매체 자료의 전달 효과를 부정적으로 평가하고 있다.
수예는 카드 뉴스가 정보의 전달력을 높인다 하고 있으므로 카드 뉴스의 전달 효과를 긍정적으로 평가하고 있다.

✔ ③ '준형'은 하이퍼링크를 활용하여 대화 내용과 관련된 자료를 다른 대화 참여자들에게 제공하고 있다.
'준형'은 하이퍼링크를 활용하여 음식물 쓰레기 발생량과 그에 따른 사회적 비용에 대한 애니메이션 영상 자료를 다른 대화 참여자들에게 제공하고 있다.

④ '채원'은 카드 뉴스의 제작을 제안하며 매체가 가지는 정보 전달의 파급력을 밝히고 있다.
채원이 카드 뉴스를 제작하자고 제안하고 있지만 매체가 가지는 정보 전달의 파급력을 언급하지는 않고 있다.

⑤ '채원'과 '수예'는 그림말을 활용하여 상대방의 말에 대한 공감을 드러내고 있다.
수예가 그림말을 사용하여 카드 뉴스를 제작하자는 채원의 말에 공감을 드러내고 있지만, 채원은 그림말을 사용하지는 않고 있다.

---

41 매체 자료의 생산에 대한 이해   정답률 96% | 정답 ①

'채원'이 ③ ~ ⑤을 고려하여 세운 제작 계획 중 (나)에 반영되지 않은 것은?

✔ ① ③을 고려하여, 학생들이 선호하지 않는 급식 메뉴의 종류를 사진으로 제시해야 겠어.
③을 고려하여, 이미지, 그래프 등을 사용하여 카드 뉴스를 제작하고 있지만, 학생들이 선호하지 않는 급식 메뉴의 종류를 보여 주는 사진은 제시하지 않았다.

② ㉠을 고려하여, 변화의 추이를 한눈에 파악할 수 있는 이미지를 사용해 정보의 전달력을 높여야겠어.
　㉠을 고려하여, 세 번째 카드에서 2018년부터 2020년까지 ○○고 급식 잔반 처리 비용을 쓰레기통 모양의 이미지와 화살표 이미지를 활용하여 변화의 추이를 한눈에 파악할 수 있도록 하였다.

③ ㉡을 고려하여, 이미지를 결합한 글자를 사용해 카드 내용에 대한 독자의 흥미를 끌어야겠어.
　㉡을 고려하여, 첫 번째 카드와 마지막 카드에서 '올라갑니다'라는 글자에 위로 향하는 화살표를 결합하여 카드 내용에 대한 독자의 흥미를 끌고 있다.

④ ㉢을 고려하여, 우리 학교의 급식 잔반 처리에 들어가는 비용을 자료로 제시해야 겠어.
　㉢을 고려하여, 세 번째 카드에서 우리 학교 급식 잔반 처리 비용을 제시하고 있다.

⑤ ㉣을 고려하여, 잔반을 줄였을 때의 혜택이 우리 학교 학생들에게 돌아간다는 점을 부각해야겠어.
　㉣을 고려하여, 여섯 번째 카드에서 잔반을 줄이면 ○○고 급식의 질이 올라가는 혜택이 돌아간다는 점을 부각하고 있다.

다음은 (나)에 달린 '댓글'이다. 다음을 바탕으로 (나)를 수정한 내용으로 적절하지 <u>않은</u> 것은?

> **현진** : 두 번째 카드의 제목은 수정하는 게 좋을 것 같아.
> 　↳ **준형** : 맞아. 제목이 내용과 어울리지 않아. 그리고 그래프에 조사 대상의 인원과 각 항목에 응답한 학생들의 비율도 밝혀 주자.
> 　　↳ **현진** : 그래프에서 특별히 강조할 내용은 따로 정리해 주자.
> **수예** : 고생 많았어. 그런데 네 번째 카드의 삽화는 내용이 잘 드러날 수 있도록 바꾸는 게 좋지 않을까
> 　↳ **현진** : 그게 좋겠다. 그리고 잔반 줄이기를 통해 큰 효과를 거둔 다른 학교의 사례를 제시하면 설득력을 높일 수 있을 거야.

① ⓐ
　'댓글'에서 준형은 제목이 내용과 어울리지 않는다 하였고, 두 번째 카드의 내용은 학생들이 급식을 남기는 이유에 대한 조사 결과에 해당한다. 따라서 수정된 두 번째 카드에서 제목을 '왜 급식을 남길까?'는 적절한 수정이라 할 수 있다.

② ⓑ
　'댓글'에서 준형은 그래프에 조사 대상의 인원과 각 항목에 응답한 학생들의 비율도 밝히자 하고 있고, '현진'은 그래프에서 특별히 강조할 내용은 따로 정리해 주자고 수정 의견을 제시하고 있다.

③ ⓒ
　'댓글'에서 수정된 두 번째 카드에서 원그래프의 여러 항목 중 큰 비중을 차지하는 두 가지의 내용을 카드의 아래쪽에 따로 정리해 주고 있으므로 적절한 수정이라 할 수 있다.

④ ⓓ
　'댓글'에서 수예는 네 번째 카드의 삽화는 내용이 잘 드러날 수 있도록 바꾸자 하고 있고, ⓓ는 이러한 수예의 의견을 받아들여 수정한 것이라 할 수 있다.

✔ⓔ
　수정된 네 번째 카드에서 ○○고 영양사는 잔반을 30% 줄였을 때 얻을 수 있는 효과로 약 천 명의 한 끼 식사에 해당하는 금액을 절감할 수 있다고 말하고 있다. 하지만 <u>잔반 줄이기를 통해 큰 효과를 거둔 다른 학교의 사례를 제시하고 있지는 않다</u>.

(가)에 사용된 정보 제시 전략으로 적절하지 <u>않은</u> 것은?

① [장면 1]에서는 뉴스 수용자가 보도의 핵심 내용을 알 수 있도록, 화면의 하단에 자막으로 보도 내용의 요점을 제시한다.
　[장면 1]에서는 화면의 하단에 '포털의 '검색어 제안 기능', 의심 사례 제보 급증'이라는 자막을 제시하고 있는데, 이는 뉴스 수용자가 보도의 핵심적인 내용을 알 수 있게 하기 위해서이다.

② [장면 2]부터 [장면 5]까지는 뉴스 수용자가 중간부터 뉴스를 시청하더라도 보도 내용을 짐작할 수 있도록, 화면 상단 한쪽에 핵심 어구를 고정하여 제시한다.
　[장면 2]부터 [장면 5]까지의 화면 상단 한쪽에는 보도 내용과 관련한 핵심 어구를 고정하여 제시했다. 이를 통해 뉴스의 수용자는 보도 내용의 중간부터 뉴스를 시청하더라도 보도 내용이 무엇인지 짐작할 수 있다.

③ [장면 3]에서는 뉴스 수용자의 이해를 도울 수 있도록, 검색어 제안 기능의 악용 사례를 전문가의 시연을 통해 보여 준다.
　[장면 3]에서는 전문가의 시연을 통해 검색어 제안 기능을 악용하는 사례를 보여 주고 있다. 이는 시연을 통해 검색어 제안 기능이 악용되는 방식에 대한 수용자의 이해를 높이기 위해서이다.

④ [장면 4]에서는 보도 내용에서 제시하는 사건의 흐름을 쉽게 파악할 수 있도록, 방향을 나타내는 기호를 활용하여 화면을 구성한다.
　[장면 4]에는 대가를 받고 검색어 제안 기능에 특정 업체명이 제시되도록 하여 업무 방해죄로 처벌받은 사건을 음성 언어로 설명하고 있고, 그 사건을 시각적으로 보여 주는 자료를 제시하고 있다. 관련하여 화면 구성에 방향을 나타내는 기호를 사용함으로써 수용자가 사건의 흐름을 파악할 수 있도록 돕고 있다.

✔[장면 6]에서는 보도 내용에서 다룬 다양한 정보를 뉴스 수용자가 효과적으로 취사선택할 수 있도록, 보도 내용들을 요약한 화면을 보여 주며 마무리한다.
　[장면 6]에서는 [장면 3]의 내용 중 전문가의 시연 장면을 다시 보여 주며 보도 내용을 마무리하고 있다. 이는 보도 내용에서 다룬 여러 가지 정보를 뉴스 수용자가 효과적으로 취사선택할 수 있도록 보여 주는 화면이라고 할 수 없다.

(가)와 (나)의 언어적 특성을 고려할 때, ㉠ ~ ㉤에 대한 설명으로 가장 적절한 것은?

① ㉠ : 대용 표현을 사용하여 문제의 해결 가능성을 압축적으로 설명하고 있다.
　㉠의 '이 소식'에서 '이'는 앞의 내용을 지시하는 지시 표현에 해당한다.

② ㉡ : 미래 시제를 나타내는 표현을 사용하여 기대 효과를 제시하고 있다.
　㉡에서 기자는 미래 시제를 나타내는 표현을 사용하고 있으나 보도 내용과 관련한 기대 효과를 제시하고 있는 것은 아니다.

③ ㉢ : 청유형 문장을 사용하여 보도 내용과 관련한 수용자의 행동 변화를 유도하고 있다.
　㉢에서 수용자의 행동 변화를 유도하고 있지만, 청유형 문장을 사용하지는 않았다.

④ ㉣ : 접속 표현을 사용하여 기사 내용의 흐름을 전환하고 있다.
　㉣의 '또한'을 사용하여 앞의 내용과 대등한 내용을 제시하고 있으므로, '또한'이 기사 내용의 흐름을 전환한다고 할 수 없다.

✔㉤ : 인용 표현을 사용하여 토론회에 다녀온 시민의 견해를 직접 제시하고 있다.
　㉤은 신문 기자가 토론회를 방청한 한 시민의 의견을 '라고'라는 직접 인용 표현을 사용하여 제시하고 있다.

〈보기〉를 바탕으로 (가)와 (나)에 대해 보인 반응으로 적절하지 <u>않은</u> 것은? [3점]

> 〈보 기〉
> 　뉴스 생산자는 여러 가지 정보 가운데서 수용자가 관심을 가질 만한 시의성 있는 정보를 선택한다. 그리고 뉴스 수용자가 문제 상황에 관심을 지니고 공감할 수 있도록 유도하고, 공공의 이익을 증진할 수 있는 방안을 제시하는 방향으로 뉴스를 구성한다. 그 과정에서 대중이 신뢰할 수 있는 출처에서 나온 정보를 활용한다. 또한 뉴스 생산자는 쟁점이 되는 화제를 다룰 때 공정성 있는 태도를 지닐 필요가 있다.

① (가)에서 뉴스 생산자가 화제와 관련된 전문가의 말을 제시했다는 점에서 정보의 신뢰성을 확인할 수 있겠군.
　(가)에서 뉴스 생산자는 'IT 전문가'와 '포털 사이트 관계자'의 말을 제시하고 있는데, 이러한 전문가의 말을 제시함으로써 정보에 신뢰감을 준다고 할 수 있다.

② (가)에서 뉴스 생산자가 보도를 시작하며 수용자의 경험을 환기했다는 점에서 수용자의 관심을 유도했다는 것을 확인할 수 있겠군.
　(가)에서 뉴스 생산자는 '포털 사이트에서 정보를 검색하는 경우 많으시죠?'라며 수용자의 경험을 환기하고 있는데, 이를 통해 뉴스 생산자는 수용자의 관심을 유도하였다고 할 수 있다.

③ (나)에서 뉴스 생산자가 특정 사안에 대해 대립하는 입장을 모두 보도했다는 점에서 기사의 공정성을 확인할 수 있겠군.
　뉴스 생산자는 쟁점이 되는 화제를 다룰 때 공정성 있는 태도를 지닐 필요가 있다. (나)의 기사는 검색어 제안 기능에 대한 규제를 최소화해야 한다는 입장과 규제를 강화해야 한다는 입장을 모두 보도하였으므로 공정성을 확인할 수 있는 기사라 할 수 있다.

✔(나)에서 뉴스 생산자가 공공의 이익을 증진할 수 있는 방안을 직접 제안했다는 점에서 기사의 공공성을 확인할 수 있겠군.
　(나)의 뉴스 생산자가 공공의 이익을 증진할 수 있는 방안에 대해 직접 제안하고 있는 것은 아니다.

⑤ (가)와 (나) 모두에서 뉴스 생산자가 최근 발생한 사건과 관련된 소식을 전달했다는 점에서 정보의 시의성을 확인할 수 있겠군.
　(가)의 뉴스 생산자는 최근에 검색어 제안 기능이 본래 목적대로 이용되고 있지 않다는 제보가 급증했다고 하고, (나)의 뉴스 생산자는 최근에 포털 사이트의 검색어 제안 기능에 대한 사회적 논의가 필요하다는 목소리가 높다고 하였다. 이는 수용자가 관심을 가질 만한 시의성 있는 정보를 선택하여 전달한 것이라 할 수 있다.

• 정답 •

35 ④ 36 ④ 37 ① 38 ③ 39 ④ 40 ② 41 ① 42 ⑤ 43 ③ 44 ③ 45 ⑤

★ 표기된 문항은 [등급을 가르는 문제]에 해당하는 문항입니다.

---

35 한글의 창제 　　　　　　　　　　정답률 39% | 정답 ④

윗글에 대한 이해로 적절한 것은?

① 훈민정음의 모든 기본자는 발음 기관을 본떠 만든 것이다.
　제시된 글을 통해 초성자의 기본자 5개는 발음 기관을 본떠서 만들었고, 종성자의 기본자 3개는 하늘, 땅, 사람의 모습을 본떠서 만들었음을 알 수 있다.

② 초성자 기본자는 모두 용자례 예시 단어의 종성에 쓰인다.
　제시된 글의 2문단을 통해 초성자 기본자 'ㄱ, ㄴ, ㅁ, ㅅ, ㅇ' 중 'ㅇ'은 종성자에 쓰이지 않았음을 추측할 수 있다. 그리고 용자례에 제시된 '콩, 부형, 남샹, 굼벙'을 통해 종성자로 이체자인 'ㆁ'이 쓰였음을 알 수 있다.

③ 〈초성자 용자례〉의 가획자 중 단어가 예시되지 않은 자음자 하나는 아음에 속한다.
　1문단을 통해 가획자는 9자인데 〈초성자 용자례〉의 가획자에는 8자만 단어가 예시되어 있다. 따라서 단어가 예시되지 않은 가획자는 'ㅇ, ㆆ'과 같이 후음에 속하는 'ㆆ'이라 할 수 있다.

☑ 〈초성자 용자례〉 중 아음 이체자의 예시 단어는, 초성자의 반설음자와 종성자의 반설음자의 예시 단어로 쓸 수 있다.
　제시된 글의 〈초성자 용자례〉를 통해 아음 이체자의 예시 단어는 '러울'로, '러울'의 초성자와 종성자의 'ㄹ'은 반설음자임을 알 수 있다. 따라서 '러울'은 초성자의 반설음자와 종성자의 반설음자의 예시 단어로 쓸 수 있음을 알 수 있다.

⑤ 〈중성자 용자례〉 중 초출자 'ㅓ'의 예시 단어는, 반치음 이체자와 종성자 순음 기본자의 예시 단어로 쓸 수 있다.
　〈중성자 용자례〉 중 초출자 'ㅓ'의 예시 단어는 '브섭'인데, 'ㅿ'은 반치음 이체자이지만 'ㅂ'은 순음 가획자에 해당한다.

---

36 중세 국어의 변화 양상 이해 　　　　정답률 83% | 정답 ④

윗글을 바탕으로 중세 국어 단어의 변화 양상을 이해한 내용으로 적절하지 않은 것은?

① '벼리 딘'(>별이 진)의 '딘'은 ⓐ에 해당한다.
　'딘'(>진)에서는 '뎔'>'절'과 같이 'ㄷ→ㅈ'의 구개음화가 일어났다.

② '셔울 겨샤'(>서울 계셔)의 '셔울'은 ⓑ에 해당한다.
　'셔울'>서울에서는 '셤'(>섬)과 같이 'ㅕ→ㅓ'의 단모음화가 일어났다.

③ '플 우희'(>풀 위에)의 '플'은 ⓒ에 해당한다.
　'플'(>풀)에서는 '믈'(>물)과 같이 'ㅡ→ㅜ'의 원순모음화가 일어났다.

☑ '산 거믜'(>산 거미)의 '거믜'는 ⓓ에 해당한다.
　'거믜'(>거미)는 'ㅢ'에서 'ㅣ'로의 변화가 드러나고 있으므로, 접사가 결합하여 새로운 단어가 만들어지지는 않았음을 알 수 있다.

⑤ '닥 닙'(>닥나무 잎)의 '닥'은 ⓔ에 해당한다.
　'닥'(>닥나무)에서는 '굴'(>갈대)에서 '굴'에 '대'가 결합한 것과 같이 '닥'에 '나무'라는 단어가 결합하여 새로운 단어가 만들어졌다.

★★★ 등급을 가르는 문제!

37 용언의 이해 　　　　　　　　　　정답률 37% | 정답 ①

〈보기〉를 바탕으로 'ㅎ' 말음 용언의 활용 유형을 탐구한 내용으로 적절하지 않은 것은?

〈보 기〉

다음은 어간의 말음이 'ㅎ'인 용언이 '아/어'로 시작하는 어미와 만날 때 보이는 활용의 유형을 정리한 것이다. 이들은 활용의 규칙성뿐만 아니라 모음조화 적용 여부나 활용형의 줄어듦 가능 여부에 따라 그 유형이 구분된다.

불규칙 활용 유형		규칙 활용 유형	
㉠-1	노랗-+-아 → 노래	㉢-1	닿-+-아 → 닿아 (→ *다)
㉠-2	누렇-+-어 → 누레		
㉡	어떻-+-어 → 어때	㉢-2	놓-+-아 → 놓아 (→ 놔)

(*'은 비문법적임을 뜻함.)

☑ '조그맣-, 이렇-'은 '조그매, 이래서'로 활용하므로 ㉠-1과 활용의 유형이 같겠군.
　㉠-1의 '노랗-+-아 → 노래'는 불규칙 활용이면서 양성 모음끼리의 모음조화가 적용된 경우이다. '조그맣-+-아 → 조그매'는 이 유형에 해당한다고 할 수 있다. 하지만 '이렇-+-어서 → 이래서'는 불규칙 활용이면서 모음조화가 적용되지 않는 ㉡ 유형에 해당하므로 적절하지 않다.

② '꺼멓-, 뿌옇-'은 '꺼메, 뿌옜다'로 활용하므로 ㉠-2와 활용의 유형이 같겠군.
　㉠-2의 '누렇-+-어 → 누레'는 불규칙 활용이면서 음성 모음끼리의 모음조화가 적용된 경우이므로, '꺼멓-+-어 → 꺼메', '뿌옇-+-었다 → 뿌옜다'는 이 유형에 해당한다고 할 수 있다.

③ '둥그렇-, 멀겋-'은 '둥그랬다, 멀게'로 활용하므로 ㉡과 활용의 유형이 같지 않겠군.
　㉡의 '어떻-+-어 → 어때'는 불규칙 활용이면서 모음조화가 적용되지 않은 경우에 해당한다. 그리고 '둥그렇-+-었다 → 둥그랬다', '멀겋-+-어 → 멀게'는 불규칙 활용이면서 음성 모음끼리의 모음조화가 적용되므로 ㉠-2 유형에 해당한다.

④ '낳-, 땋-'은 활용형인 '낳아서, 땋았다'가 '*나서, *땄다'로 줄어들 수 없으므로 ㉢-1과 활용의 유형이 같겠군.
　㉢-1의 '닿아'는 규칙 활용이면서 활용형의 줄어듦이 불가능한 경우에 해당함을 알 수 있다. 그리고 '낳-+-아서 → 낳아서', '땋-+-았다 → 땋았다' 역시 '*나서, *땄다'로 줄어들 수 없으므로 ㉢-1 유형에 해당함을 알 수 있다.

⑤ '넣-, 쌓-'은 활용형인 '넣어, 쌓아'가 '*너, *싸'로 줄어들 수 없으므로 ㉢-2와 활용의 유형이 같지 않겠군.
　㉢-2의 '놓아(→ 놔)'는 규칙 활용이면서 활용형의 줄어듦이 가능한 경우에 해당함을 알 수 있다. 그리고 '넣어, 쌓아'는 '*너, *싸'로 줄어들 수 없으므로 ㉢-2가 아닌 ㉢-1 유형에 해당함을 알 수 있다.

★★ 문제 해결 꿀~팁 ★★

▶ 많이 틀린 이유는?
이 문제는 〈보기〉에 대한 탐구 유형을 정확히 이해하지 못하여 오답률이 높았던 것으로 보인다. 또한 용언의 활용이나 모음조화에 대해 정확히 이해하지 못한 것도 오답률을 높인 원인으로 보인다.
▶ 문제 해결 방법은?
이 문제를 해결하기 위해서는 기본적으로 〈보기〉에 제시된 ㉠-1 ~ ㉢-2에 대해 정확히 이해해야 한다. 즉 ㉠-1은 불규칙 활용이면서 양성 모음끼리의 모음조화가 적용된 경우, ㉠-2는 불규칙 활용이면서 음성 모음끼리의 모음조화가 적용된 경우, ㉡은 불규칙 활용이면서 양모음조화가 적용되지 않은 경우임을 알아야 한다. 마찬가지로 ㉢-1은 규칙 활용형이면서 활용형의 줄어듦이 불가능한 경우, ㉢-2는 규칙 활용이면서 활용형의 줄어듦이 가능한 경우임을 알아야 한다. 이처럼 〈보기〉에 대해 정확히 이해한 뒤, 선택지에 제시된 사례에 대한 설명이 적절한지 판단하면 된다. 이럴 경우 정답인 ①에서 '이렇-+-어서 → 이래서'가 되어 불규칙 활용이면서 모음조화가 적용되지 않는 ㉡ 유형에 해당하므로 적절하지 않은 것이라 할 수 있다. 한편 이 문제를 풀 때 선택지에 제시된 사례를 〈보기〉와 직접 비교하여 유사한지 여부를 확인해 보는 것도 문제를 풀 수 있는 방법이 될 수 있다. 한편 이 문제는 기본적인 문법 지식, 즉 불규칙 활용과 모음조화에 대한 배경지식을 요구하고 있는데, 이러한 배경지식이 정확하지 않아 잘못 선택한 학생들도 있었다. 따라서 평소 문법의 기본 지식은 반드시 숙지하도록 한다.

---

38 담화의 특성 파악 　　　　　　　　정답률 84% | 정답 ③

〈보기〉의 ㉠ ~ ㉧에 대한 설명으로 적절한 것은?

〈보 기〉

[영민, 평화가 학교 앞에 함께 있다가 지혜를 만난 상황]

영민: 너희들, 오늘 같이 영화 보기로 한 거 잊지 않았지?
평화: 응. ㉠ 6시 걸로 세 장 예매했어. 근데 너, 어디서 와?
지혜: 진로 상담 받고 오는 길이야. 너흰 안 가?
평화: 나는 어제 ㉡ 미리 받았어.
영민: 나는 4시 반이야. 그거 마치고 영화관으로 직접 갈게.
지혜: 알겠어. 그럼 우리 둘이는 1시간 ㉢ 앞서 만나자. 간단하게 저녁이라도 먹고 거기서 바로 ㉣ 가지 뭐.
평화: 좋아. 근데 ㉤ 미리 먹는 건 좋은데 어디서 볼까?
지혜: 5시까지 영화관 정문 왼쪽에 있는 분식집으로 와.
평화: 왼쪽이면 편의점 아냐? 아, 영화관을 등지고 보면 그렇다는 거구나. 영화관을 마주볼 때는 ㉥ 오른쪽 맞지?
지혜: 그러네. 아참! 영민아, 너 상담 시간 됐다. 이따 늦지 않게 영화 ㉦ 시간 맞춰서 ㉧ 와.

① ㉠과 ㉦은 가리키는 시간이 상이하다.
　영화의 시작 시간을 가리키는 ㉠과 ㉦은 같은 시간이다.

② ㉡과 ㉤은 발화 시점을 기준으로 과거를 가리킨다.
　㉡의 '미리'는 '어제'라는 과거를 가리키지만, ㉤의 '미리'는 지혜와 평화가 영화가 시작하기 전 만나서 저녁을 먹기로 한 5시에서 6시 사이를 의미하기 때문에 미래를 가리킨다.

☑ ㉢과 ㉤이 가리키는 시간대는 ㉦을 기준으로 정해진다.
　담화 내용을 통해 ㉦의 '시간'은 영화가 시작하는 시간인 6시를 뜻함을 알 수 있다. 따라서 ㉢의 '1시간 앞서'는 ㉦의 영화 시간 6시를 기준으로 하며, ㉤의 '미리'도 ㉦의 영화 시간 6시를 기준으로 그보다 앞선 때를 가리킨다고 할 수 있다.

④ ㉣과 ㉧은 이동의 출발 장소가 동일하다.
　㉣의 '가지'는 지혜와 평화가 영화관 인근에서 저녁을 먹고 영화관으로 이동하는 것을 가리킨다. ㉧의 '와'는 영민이 학교에서 상담을 마치고 영화관으로 이동하는 것을 가리킨다. 따라서 이동의 출발 장소는 서로 다르다고 할 수 있다.

⑤ ㉥과 ㉧은 기준으로 삼은 방향이 달라 다른 곳을 의미한다.
　동일한 장소인 분식집이 영화관을 등지느냐, 마주보느냐에 따라 영화관을 기준으로 왼쪽에 있는가, 오른쪽에 있는가가 결정된다고 할 수 있다.

---

39 부사어의 이해 　　　　　　　　　　정답률 51% | 정답 ④

〈학습 활동〉을 수행한 결과로 적절한 것은? [3점]

〈학습 활동〉

부사어는 부사, 체언＋조사, 용언 활용형 등으로 실현된다. 부사어로써 수식하는 문장 성분은 부사어, 관형어, 서술어 등이다. 일례로 '차가 간다.'의 서술어 '간다'를 수식하기 위해 부사 '잘'을 부사어로 쓰면 '차가 잘 간다.'가 된다. [조건] 중 두 가지를 만족하도록, 주어진 문장에 부사어를 넣어 수정해 보자.

[조건]
㉠ 부사어를 수식하기 위해 부사를 부사어로 쓴 문장
㉡ 관형어를 수식하기 위해 용언 활용형을 부사어로 쓴 문장
㉢ 관형어를 수식하기 위해 용언 활용형을 부사어로 쓴 문장
㉣ 서술어를 수식하기 위해 '체언+조사'를 부사어로 쓴 문장
㉤ 서술어를 수식하기 위해 용언 활용형을 부사어로 쓴 문장

	조건	수정 전 ⇨ 수정 후
①	㉠, ㉡	웃는 아기가 귀엽게 걷는다. ⇨ 방긋이 웃는 아기가 참 귀엽게 걷는다.

'방긋이 웃는'에서 '방긋이'는 부사로, 관형어 '웃는'을 수식하는 부사어로 쓰이고 있으므로 조건 ㉡을 만족시킨다. 그리고 '참 귀엽게'에서 '참'은 부사로, 부사어 '귀엽게'를 수식하는 부사어로 쓰이고 있으므로 조건 ㉠을 만족시킨다.

②	㉠, ㉢	화가가 굵은 선을 쭉 그었다.
		⇨ 화가가 조금 굵은 선을 세로로 쭉 그었다.

'조금 굵은'에서 '조금'은 부사로, 관형어 '굵은'을 수식하는 부사어로 쓰이고 있으므로 조건 ㉢을 만족시킨다. 그리고 '세로로 쭉 그었다'에서 '세로로'는 '체언+조사'로, 서술어 '그었다'를 수식하는 부사어로 쓰이고 있으므로 ㉣을 만족시킨다.

③	㉡, ㉤	그를 싫어하는 사람이 있다.
		⇨ 그를 무턱대고 싫어하는 사람이 많이 있다.

'무턱대고 싫어하는'에서 '무턱대고'는 부사로, 관형어 '싫어하는'을 수식하는 부사어로 쓰이고 있으므로 조건 ㉢을 만족시킨다. 그리고 '많이 있다'에서 '많이'는 부사로, 서술어 '있다'를 수식하는 부사어로 쓰이고 있다.

✓	㉢, ㉣	딴 사람이 그 문제를 해결했다
		⇨ 전혀 딴 사람이 그 문제를 한순간에 해결했다.

'전혀 딴 사람이'에서 '전혀'는 부사로, 관형어 '딴'을 수식하는 부사어로 쓰이고 있으므로 조건 ㉢을 만족시킨다. 그리고 '한순간에 해결했다'의 '한순간에'는 '체언+조사'로, 서술어 '해결했다'를 수식하는 부사어로 쓰이고 있으므로 조건 ㉣을 만족시킨다.

⑤	㉣, ㉤	영미는 그 일을 처리했다.
		⇨ 영미는 그 일을 원칙대로 깔끔히 처리했다.

'원칙대로 깔끔히 처리했다'에서 '원칙대로'는 '체언+조사'로, 서술어 '처리했다'를 수식하는 부사어로 쓰이고 있으므로 조건 ㉣을 만족시킨다. 그리고 '깔끔히'는 부사로, 서술어 '처리했다'를 수식하는 부사어로 쓰이고 있다.

---

40 매체의 정보 구성 방식 파악   정답률 72% | 정답 ②

(가)에 나타난 정보 전달 방식으로 가장 적절한 것은?

① '전문가'는 시청자에게 정보가 일방적으로 전달되는 상황에서 방송 내용과 관련된 정보를 방송 이후에 추가적으로 확인할 수 있는 방법을 안내하였다.

(가)를 통해 '전문가'가 방송 내용과 관련된 정보를 방송 이후에 추가적으로 확인할 수 있는 방법을 안내하는 내용은 찾아볼 수 없다.

✓ '전문가'는 방송 내용에 대한 시청자의 이해를 돕기 위해 앞서 제시한 정보를 정리하여 전달하였다.

'진행자'의 일곱 번째 발화인 '시청자 여러분께서 내용을 잘 파악하실 수 있도록 간략하게 말씀해 주시겠어요?'를 통해, '진행자'는 '전문가'에게 시청자의 이해를 돕기 위한 정리를 부탁하고 있음을 알 수 있다. 그리고 이러한 부탁에 '전문가'는 앞서 제시한 정보를 간략하게 정리하여 전달하고 있다.

③ '전문가'는 방송의 첫머리에 '진행자'와 문답을 이어 가는 방식으로 주요 용어의 개념을 설명하였다.

(가)는 주로 '진행자'와 '전문가'가 문답의 방식을 통해 정보를 전달하고 있지만, 방송의 첫머리를 통해 '전문가'가 주요 용어의 개념을 설명하는 내용은 찾아볼 수 없다.

④ '진행자'는 방송 내용이 시청자에게 미칠 영향을 언급하며 방송 내용을 재확인할 때 주목해야 할 부분을 안내하였다.

'진행자'는 마지막 발화에서 방송을 다시 시청할 수 있는 방법을 안내하고 있지만, 방송 내용을 재확인할 때 주목해야 할 부분에 대해서는 안내하지 않고 있다.

⑤ '진행자'는 방송의 취지를 밝히며 방송에서 소개될 내용의 순서를 안내하였다.

(가)를 통해 '진행자'가 방송의 취지를 밝히며 방송에서 소개될 내용의 순서를 안내하는 내용은 찾아볼 수 없다.

---

41 뉴미디어의 특성 파악   정답률 90% | 정답 ①

(나)에 대한 설명으로 적절하지 않은 것은?

✓ 게시물 수정 이력을 확인할 수 있는 기능이 제공되고 있다.

(나)를 통해 게시물을 작성한 사람과 작성일은 확인할 수 있지만, 게시물 수정 이력을 확인할 수 있는 기능은 제공되지 않고 있다.

② 게시물에 반응할 수 있는 공감 표시 기능이 제공되고 있다.

게시물의 하단의 '좋아요'라는 버튼을 통해, 게시물을 읽은 사람들이 게시물에 대하여 공감 표시를 할 수 있도록 하였음을 알 수 있다.

③ 게시물을 누리 소통망으로 가져갈 수 있는 기능이 제공되고 있다.

게시물의 하단의 '누리 소통망 공유'라는 버튼을 통해, 게시물을 누리 소통망으로 가져갈 수 있도록 하였음을 알 수 있다.

④ 게시물을 작성하여 올릴 수 있는 범주가 항목별로 설정되어 있다.

누리집의 상단의 '공지 사항', '활동 자료', '생각 나눔', '사진첩' 등의 메뉴를 통해, 게시물을 항목별로 작성하여 올릴 수 있도록 하였음을 알 수 있다.

⑤ 게시물에는 다른 누리집에 있는 정보로 연결되는 하이퍼링크가 포함되어 있다.

게시물의 끝의 해당 방송을 볼 수 있는 방송사 누리집의 하이퍼링크를 통해, 동아리 부원들이 방송 내용을 시청할 수 있도록 하였음을 알 수 있다.

---

42 매체 자료 수용의 관점과 가치 파악   정답률 92% | 정답 ⑤

(가)에 대해 (나)의 학생들이 보인 수용 태도에 대한 설명으로 적절하지 않은 것은?

① '단비'는 정보 전달자의 전문성에 주목하여 방송에서 다룬 내용이 신뢰할 만한 것이라고 판단하였다.

'작성자'인 '단비'의 '어문 규범을 가르치시는 교수님께서 설명해 주시니 믿음이 갔어요.'를 통해, '단비'는 정보 전달자의 전문성에 주목하여 방송에서 다룬 내용을 신뢰할 만한 것이라고 판단하였음을 알 수 있다.

② '단비'는 짜장면이 복수 표준어로 인정된 이유에 주목하여 방송에서 언급된 내용

이 다른 사람들에게도 유용할 것이라고 판단하였다.

'작성자'인 '단비'의 '짜장면이 복수 표준어가 된 이유'와 '제가 본 이 내용이 동아리 부원들의 어문 규범 공부에도 도움이 될 것'이라는 내용을 통해, '단비'는 짜장면이 복수 표준어로 인정된 이유에 주목하여 방송에서 언급된 내용이 다른 사람들에게도 유용할 것이라고 판단하였음을 알 수 있다.

③ '아림'은 발음 실태 조사에 주목하여 방송에서 제시된 정보의 출처를 확인할 수 없다고 판단하였다.

'아림'의 '발음 실태 조사에 대해 ~ 썼다는 것도 알았고,'와 '조사 기관이 언급되지 않아서'를 통해, '아림'은 발음 실태 조사에 주목하여 방송에서 제시된 정보의 출처를 확인할 수 없다고 판단하였음을 알 수 있다.

④ '준서'는 자장면만 표준어로 인정됐던 사실에 주목하여 그 사실과 관련된 내용이 충분히 다루어지지 않았다고 판단하였다.

'준서'의 '자장면만 표준어로 인정했던 ~ 설명해 주었다면 좋았을 거'라는 내용을 통해, '준서'는 자장면만 표준어로 인정됐던 사실에 주목하여 그 사실과 관련된 내용이 충분히 다루어지지 않았다고 판단하였음을 알 수 있다.

✓ '성호'는 과거의 신문 기사를 다룬 내용에 주목하여 방송에서 다루는 정보가 최근의 상황을 반영하지 않았다고 판단하였다.

'댓글'에서 '성호'는 과거의 신문 기사를 다룬 내용에 주목하면서, 신문에서 짜장면을 사용했다는 것만으로 일상에서 널리 쓰였다고 일반화하는 것이 적절한지에 대해 문제를 제기하고 있다. 따라서 '성호'는 방송에서 다루는 정보가 최근의 상황을 반영하지 않았다고 판단하지는 않음을 알 수 있다.

---

43 매체 언어의 표현 방법   정답률 90% | 정답 ③

㉠~㉤에 대한 설명으로 적절하지 않은 것은?

① ㉠: 관형사형 어미 '-ㄴ'을 사용하여, '전문가'의 직전 발화와 관련된 '진행자' 자신의 과거 경험을 드러내고 있다.

㉠의 '본 적'에는 과거의 의미를 더하는 관형사형 전성 어미 '-ㄴ'이 쓰였는데, 이를 통해 '진행자'는 '한때는 자장면만 표준어로 인정됐다.'라는 '전문가'의 직전 발화와 관련된 자신의 과거 경험을 드러내고 있다.

② ㉡: 피동 접사 '-되다'를 사용하여, 행위의 주체를 드러내지 않으면서 행위의 대상인 짜장면에 초점을 두고 있다.

'(누가) 짜장면을 복수 표준어로 인정하다.'와 비교해 볼 때 '짜장면이 복수 표준어로 인정되다.'처럼 피동 접사 '-되다'를 쓰면 행위의 주체인 '(누가)'가 드러나지 않고 행위의 대상인 '짜장면'에 초점을 두게 되므로 적절하다.

✓ ㉢: 보조 용언 '못하다'를 사용하여, 어문 규범이 언어 현실을 반영하는 일이 지속될 수 없음을 나타내고 있다.

보조 동사 '못하다'는 '앞말이 뜻하는 행동에 대하여 그것이 이루어지지 않거나 그것을 이룰 능력이 없음'을 나타낸다. 따라서 ㉢에 쓰인 '못하다'는 반영을 하였지만 그 일이 지속될 수 없음을 나타내는 것이 아니라 반영하는 일이 이루어지지 않았음을 나타낸다고 할 수 있다.

④ ㉣: '-ㄹ 수 있다'를 사용하여, 표준어가 아닌 말이 표준어가 될 가능성이 있음을 나타내고 있다.

㉣에 쓰인 '-ㄹ 수 있다'는 가능성의 의미를 지닌다. '표준어가 되는 거죠.'와 비교해 보면, '표준어가 될 수 있는 거죠.'는 확정된 사실이 아닌 가능성의 의미로 해석된다고 할 수 있다.

⑤ ㉤: '-고 보다'를 사용하여, '진행자'가 특정 사실을 알게 된 것이 '전문가'의 말을 듣고 난 후임을 드러내고 있다.

'진행자'는 '짜장면이 표준어가 된 이유를 전문가의 말을 듣고 난 후에 알게 되었음을 나타내기 위해 '듣고 보니'라는 표현을 사용하고 있다.

---

44 매체 언어의 의미 전달 방식 파악   정답률 83% | 정답 ③

㉮~㉲에 드러난 의사소통 방식에 대한 이해로 적절하지 않은 것은?

① ㉮: 느낌표를 반복적으로 사용하여, 자신의 감정 상태를 표현하였다.

㉮에서 '미희'는 '오!!! 왜!!!'와 같이 느낌표를 반복적으로 사용하여 '학교생활 안내 앱' 업데이트에 학생들이 요청했던 사항이 다 반영된다는 것에 대해 강한 긍정의 감정 상태를 표현하고 있다.

② ㉯: 시각적 이미지를 활용하여, 상대방이 제시한 의견에 동의를 표현하였다.

㉯에서 '진아'는 동의를 나타내는 ○표를 들고 있는 고양이 이미지를 활용하여, '가원'이 제시한 의견에 동의를 표현하고 있다.

✓ ㉰: 대화 내용을 복사하는 기능을 활용하여, 상대방의 질문에 답하였다.

㉰에서 '창규'는 대화 내용을 복사하는 기능이 아니라 다른 사람의 글에 답장할 수 있는 기능을 활용하여 '정호'의 첫 번째 글에 답하고 있다.

④ ㉱: 묻고 답하는 방식을 활용하여, 변경된 알림 전송 시간대를 안내하는 방법에 대한 자신의 의견을 제시하였다.

㉱에서 '미희'는 '이걸 어떻게 알려 줘야 하지? 난 단체 문자로 알려 주면 좋겠어.'와 같이 문답의 방식을 활용하여 자신의 의견을 제시하고 있다.

⑤ ㉲: 줄을 바꾸는 방식으로 글을 입력하여, 변동 사항을 구분하여 안내하였다.

㉲에서 '진아'는 줄을 바꾸는 방식으로 글을 입력하여, '요구 사항'과 '요구 사항 외 추가된 것'을 구분하여 안내하고 있다.

---

45 정보 구성 언어의 파악   정답률 51% | 정답 ⑤

(나)의 대화 내용을 반영하여 (가)를 아래와 같이 수정했다고 할 때, 수정한 화면에 대한 설명으로 적절하지 않은 것은? [3점]

① '학습 & 활동 자료'에 대한 도움말은 메뉴 항목의 변화에 대한 '창규'와 '정호'의 대화를 반영하여 새로운 내용이 추가되었다.

수정한 화면의 '학습 & 활동 자료' 도움말에는 '창규'와 '정호'의 대화를 반영하여 '자율 활동, 진로 활동'에 대한 내용이 추가되었음을 알 수 있다.

② '학습 공간 이용 예약'에 대한 도움말은 이용 예약이 가능한 공간 추가에 대한 '가원'과 '동주'의 대화를 반영하여 수정되었다.

수정한 화면의 '학습 공간 이용 예약' 도움말에는 '가원'과 '동주'의 대화를 반영하여 예약이 가능한 곳인 '도서관 자습실'과 '모둠 활동실'이 추가되었음을 알 수 있다.

③ '공지 사항'에 대한 도움말은 메뉴 도움말의 필요성에 대한 '정호'와 '가원'의 대화를 반영하여 삭제되었다.

(가)에 있었던 '공지 사항' 도움말은 '정호'와 '가원'의 의견에 따라 수정한 화면에서 삭제되었음을 알 수 있다.

④ '게시판'에 대한 도움말은 메뉴 이용 빈도에 대한 '창규'와 '미희'의 대화를 반영하여 그대로 유지되었다.

수정한 화면의 '게시판' 도움말은 '창규'와 '미희'의 의견을 반영하여 (가)에서와 같이 그대로 유지되었음을 알 수 있다.

✓ '검색'에 대한 도움말은 검색 자료의 변화에 대한 '미희'와 '동주'의 대화를 반영하여 새로운 내용이 추가되었다.

(나)에서 '미희'와 '동주'는 '검색' 메뉴에도 도움말을 넣자는 의견을 제시하였고, 이러한 대화를 반영하여 수정한 화면에는 '검색' 메뉴에 대한 도움말이 새로 추가되어 있다. 그런데 '검색'에 대한 도움말은 (가)에 없었던 것이므로 '검색'에 대한 도움말에 새로운 내용이 추가되었다는 것은 적절하지 않다.

• 정답 •

35 ② 36 ④ 37 ① 38 ④ 39 ① 40 ② 41 ① 42 ③ 43 ⑤ 44 ④ 45 ③

★ 표기된 문항은 [등급을 가르는 문제]에 해당하는 문항입니다.

★★★ 등급을 가르는 문제!

35 단어의 구성 요소 파악 정답률 23% | 정답 ②

⊙에 따를 때, 〈보기〉에 제시된 ㉮ ~ ㉺ 중 그 내부 구조가 동일한 단어끼리 묶은 것은?

〈보 기〉

○ 동생은 오늘 ㉮ 새우볶음을 많이 먹었다.
○ 우리는 결코 ㉯ 집안싸움을 하지 않겠다.
○ 요즘 농촌은 ㉰ 논밭갈이에 여념이 없다.
○ 우리 마을은 ㉱ 탈춤놀이가 참 유명하다.

① ㉮, ㉯   ✓② ㉯, ㉰   ③ ㉰, ㉱   ④ ㉮, ㉯, ㉱   ⑤ ㉮, ㉰, ㉱

㉮ 새우볶음
㉮를 ⊙에 따라 형태소 단위까지 분석하면 '새우 + [볶- + -음]'으로 분석된다.

㉯ 집안싸움
㉯를 ⊙에 따라 형태소 단위까지 분석하면, '[집+안] + [싸우- + -ㅁ]'으로 분석된다.

㉰ 논밭갈이
㉰를 ⊙에 따라 형태소 단위까지 분석하면, '[논+밭] + [갈- + -이]'로 분석된다. 따라서 ㉰는 ㉯처럼 '[어근+어근] + [어근+접사]'의 내부 구조가 동일함을 알 수 있다.

㉱ 탈춤놀이
㉱를 ⊙에 따라 형태소 단위까지 분석하면 '탈+[추- + -ㅁ] + [놀- + -이]'로 분석된다.

★★ 문제 해결 꿀~팁 ★★

▶ 많이 틀린 이유는?
이 문제는 제시된 각 단어를 형태소 단위까지 정확히 분석하지 못해 오답률이 높았던 것으로 보인다. 또한 형태소에 대한 정확한 이해 부족도 오답률을 높였던 것으로 보인다.

▶ 문제 해결 방법은?
이 문제를 해결하기 위해서는 기본적으로 글의 내용, 즉 '갈비찜'에 대한 형태소 단위 분석을 참고하여 〈보기〉에 제시된 단어를 형태소 단위까지 분석해야 한다. 이때 주의할 점은 '갈비찜'에서 알 수 있듯이 명사형 전성 어미까지 파악해야 하고, 앞뒤 모두를 분석해야 한다. 가령 정답인 '집안싸움'이나 '논밭갈이'를 각각 '[집+안] + [싸우- + -ㅁ]', '[논+밭] + [갈- + -이]'로 분석해야 한다. 한편 학생들 중에서 ㉮의 '새우볶음'을 '[새+우] + [볶- + -음]'으로 분석한 경우가 있었는데, 이는 형태소 분석을 정확히 이해하지 못했기 때문으로 보인다. 형태소 분석을 할 때는 하나의 형태소에 해당하는 단어를 더 이상 분석하면 본래의 의미가 사라지므로 나누면 안 된다. 이 문제 역시 형태소에 대한 기본 지식이 있었더라면 어렵지 않게 문제를 풀 수 있었을 것이다.

36 합성 명사의 탐구 정답률 79% | 정답 ④

윗글의 ⓐ, ⓑ와 연관 지어 〈자료〉에 제시된 합성 명사를 탐구한 내용으로 적절한 것은?

〈자 료〉

합성 명사	뜻
칼잠	옆으로 누워 불편하게 자는 잠
머리글	책의 첫 부분에 내용이나 목적을 간략히 적은 글
일벌레	일을 지나치게 열심히 하는 사람
입꼬리	입의 양쪽 구석
꼬마전구	조그마한 전구

① '칼잠'과 '구름바다'는 ⓐ를 나타내는 어근의 위치가 같군.
'칼잠'에서 중심적 의미를 나타내는 어근은 '잠'이고, '구름바다'에서 중심적 의미를 나타내는 어근은 '구름'이므로, 그 위치가 다르다.

② '머리글'과 '물벼락'은 ⓐ를 나타내는 어근의 위치가 같군.
'머리글'에서 중심적 의미를 나타내는 어근은 '글'이고 '물벼락'에서 중심적 의미를 나타내는 어근은 '물'이므로, 그 위치가 다르다.

③ '일벌레'와 '벼락공부'는 ⓑ를 나타내는 어근의 위치가 같군.
'일벌레'에서 주변적 의미를 나타내는 어근은 '벌레'이고, '벼락공부'에서 주변적 의미를 나타내는 어근은 '벼락'이므로, 그 위치가 다르다.

✓④ '입꼬리'와 '도끼눈'은 ⓑ를 나타내는 어근의 위치가 다르군.
'입꼬리'에서 주변적 의미를 나타내는 어근은 '꼬리'이고 '도끼눈'에서 주변적 의미를 나타내는 어근은 '도끼'이므로, 그 위치는 서로 다르다고 할 수 있다.

⑤ '꼬마전구'와 '꿀잠'은 ⓑ를 나타내는 어근의 위치가 다르군.
'꼬마전구'에서 주변적 의미를 나타내는 어근은 '꼬마'이고, '꿀잠'에서 주변적 의미를 나타내는 어근은 '꿀'이므로, 그 위치가 같다.

37 중세 국어의 이해 정답률 70% | 정답 ①

〈학습 활동〉을 수행한 결과로 적절하지 <u>않은</u> 것은?

〈학습 활동〉

다음은 중세 국어의 문자 및 표기와 관련된 내용이다. 자료 에서 ⓐ ~ ⓔ를 확인할 수 있는 예를 모두 골라 묶어 보자.

ⓐ 乃냉終즁ㄱ소리ᄂᆞᆫ 다시 첫소리ᄅᆞᆯ ᄡᅳᄂᆞ니라
[종성 글자는 따로 만들지 않고 다시 초성 글자를 사용한다]
ⓑ ㅇᄅᆞᆯ 입시울쏘리 아래 니ᅀᅥ 쓰면 입시울 가ᄇᆡ야ᄫᆞᆫ 소리 ᄃᆞ외ᄂᆞ니라
[ㅇ을 순음 글자 아래 이어 쓰면 순경음 글자가 된다]
ⓒ 첫소리ᄅᆞᆯ 어울워 ᄡᅮᆯ디면 ᄀᆞᆯ바 쓰라 乃냉終즁ㄱ소리도 ᄒᆞᆫ가지라
[초성 글자를 합하여 사용하려면 옆으로 나란히 쓰라 종성 글자도 마찬가지이다]
ⓓ ·와 ㅡ와 ㅗ와 ㅜ와 ㅛ와 ㅠ와란 첫소리 아래 브텨 쓰고
['·, ㅡ, ㅗ, ㅜ, ㅛ, ㅠ'는 초성 글자 아래에 붙여 쓰고]
ⓔ ㅣ와 ㅏ와 ㅓ와 ㅑ와 ㅕ와란 올ᄒᆞᆫ녀긔 브텨 쓰라
['ㅣ, ㅏ, ㅓ, ㅑ, ㅕ'는 초성 글자 오른쪽에 붙여 쓰라]

자료 ᄢᅵ니, 붇, 사ᄫᅵ, ᄉᆞᄀᆞᄫᆞᆯ, ᄣᅡᆨ, ᄒᆞᆰ

✔ ⓐ : 붇, ᄣᅡᆨ, ᄒᆞᆰ
종성 글자는 따로 만들지 않고 다시 초성 글자를 쓴다는 ⓐ를 통해 '붇, ᄣᅡᆨ, ᄒᆞᆰ'은 이에 해당함을 알 수 있다. 그런데 'ᄉᆞᄀᆞᄫᆞᆯ'에서도 종성 글자 'ㄹ'을 확인할 수 있으므로 ⓐ에 해당한다고 할 수 있다.

② ⓑ : 사ᄫᅵ, ᄉᆞᄀᆞᄫᆞᆯ
ⓑ의 내용은 ㅂ 순경음의 표기에 대한 것으로, '사ᄫᅵ, ᄉᆞᄀᆞᄫᆞᆯ'에서 ㅂ 순경음 'ㅸ'을 확인할 수 있다.

③ ⓒ : ᄢᅵ니, ᄣᅡᆨ, ᄒᆞᆰ
ⓒ는 초성과 종성 자리에 쓰이는 병서에 대한 내용으로, 'ᄢᅵ니, ᄣᅡᆨ, ᄒᆞᆰ'에서 병서인 'ㅴ, ㅶ, ㄺ'이 쓰였음을 알 수 있다.

④ ⓓ : 붇, ᄉᆞᄀᆞᄫᆞᆯ, ᄒᆞᆰ
ⓓ는 초성 글자 아래에 쓰이는 중성 글자에 대한 내용으로, '붇, ᄉᆞᄀᆞᄫᆞᆯ, ᄒᆞᆰ'에서 'ㅜ, ㅡ, ·'를 통해 중성 글자를 확인할 수 있다.

⑤ ⓔ : ᄢᅵ니, 사ᄫᅵ, ᄣᅡᆨ
ⓔ는 초성 글자 오른쪽에 쓰이는 중성 글자에 대한 내용으로, 'ᄢᅵ니, 사ᄫᅵ, ᄣᅡᆨ'에서 'ㅣ, ㅏ'를 통해 초성 글자 오른쪽에 쓰이는 중성 글자를 확인할 수 있다.

38 된소리되기의 이해
정답률 76% | 정답 ④

다음은 된소리되기와 관련한 수업의 일부이다. [A]에 들어갈 말로 적절하지 않은 것은? [3점]

선생님 : 오늘은 표준 발음을 대상으로 용언의 활용에서 나타나는 된소리되기를 알아봅시다. '(신발을) 신고[신ː꼬]'처럼 용언의 활용에서는 마지막 소리가 'ㄴ, ㅁ'인 어간 뒤에 처음 소리가 'ㄱ, ㄷ, ㅅ, ㅈ'인 어미가 결합하면 어미의 처음 소리가 된소리로 바뀌어요.
학생 : 아, 그렇군요. 그런데 선생님, 국어에서 'ㄱ, ㄷ, ㅅ, ㅈ'이 'ㄴ, ㅁ' 뒤에 이어지면 항상 된소리로 바뀌나요?
선생님 : 항상 그런 것은 아니에요. 표준 발음에서는 용언 어간에 피·사동 접사가 결합하거나 어미끼리 결합하거나 체언과 조사가 결합하는 경우에는 된소리되기가 일어나지 않아요. 그리고 '먼지[먼지]'처럼 하나의 형태소 안에서 'ㄴ, ㅁ' 뒤에 'ㄱ, ㄷ, ㅅ, ㅈ'이 있는 경우에도 된소리되기가 일어나지 않아요. 그럼 다음 ⓐ~ⓔ의 밑줄 친 말에서 'ㄴ'이나 'ㅁ' 뒤의 소리가 된소리로 바뀌지 않는 이유를 설명해 볼까요?

ⓐ 피로를 푼다[푼다]　　ⓑ 더운 여름도[여름도]
ⓒ 대문을 잠가[잠가]　　ⓓ 품에 안겨라[안겨라]
ⓔ 학교가 큰지[큰지]

학생 : 그 이유는 [A] 때문입니다.
선생님 : 네, 맞아요.

① ⓐ의 'ㄴ'과 'ㄷ'이 모두 어미에 속해 있는 소리이기
ⓐ의 '푼다'는 용언 어간에 종결 어미 '-ㄴ다'가 결합한 경우이고, 선생님의 말을 통해 어미끼리 결합하는 경우에는 된소리되기가 일어나지 않음을 알 수 있다. 따라서 ⓐ의 'ㄴ'과 'ㄷ'이 모두 어미에 속하는 소리이기 때문에 된소리되기가 일어나지 않는다고 할 수 있다.

② ⓑ의 'ㅁ'과 'ㄷ'이 체언과 조사가 결합하면서 이어진 소리이기
선생님의 말을 통해 체언과 조사가 결합하는 경우에는 된소리되기가 일어나지 않음을 알 수 있다. ⓑ의 '여름도'는 체언 '여름'과 조사 '도'가 결합한 경우이기 때문에 된소리되기가 일어나지 않는다고 할 수 있다.

③ ⓒ의 'ㅁ'과 'ㄱ'이 모두 하나의 형태소 안에 속해 있는 소리이기
선생님의 말을 통해 '먼지[먼지]'처럼 하나의 형태소 안에서 'ㄴ, ㅁ' 뒤에 'ㄱ, ㄷ, ㅅ, ㅈ'이 있는 경우에도 된소리되기가 일어나지 않음을 알 수 있다. ⓒ의 '잠가'는 '잠그-+-아'로 분석되고, 'ㅁ'과 'ㄱ'이 모두 '잠그-'라는 하나의 형태소 안에 속하는 소리이기 때문에 된소리되기가 일어나지 않음을 알 수 있다.

✔ ⓓ의 'ㄴ'과 'ㄱ'이 어미끼리 결합하면서 이어진 소리이기
ⓓ의 '안겨라'는 '안-+-기-+-어라'로 분석되는데, 이때의 '-기-'는 피동·사동 접사이다. 그리고 선생님의 말을 통해 용언 어간에 피동·사동 접사가 결합하는 경우에는 된소리되기가 일어나지 않음을 알 수 있다. 따라서 '안겨라'는 용언 어간에 피동·사동 접사 '-기-'가 결합한 경우이어서 'ㄱ'이 된소리로 발음되지 않는 것이다.

⑤ ⓔ의 'ㄴ'과 'ㅈ'이 어간과 어미가 결합하면서 이어진 소리가 아니기
선생님의 말을 통해 어미끼리 결합하는 경우에는 된소리되기가 일어나지 않음을 알 수 있다. ⓔ의 '큰지'는 용언 어간에 어미 '-ㄴ지'가 결합한 경우로, 'ㄴ'과 'ㅈ'이 모두 어미에 속하는 소리이기 때문에 된소리되기가 일어나지 않음을 알 수 있다.

39 문장의 짜임
정답률 32% | 정답 ①

㉠~㉣의 문장 성분과 문장 구조에 대한 설명으로 적절한 것은?

㉠ 나는 내 친구가 보낸 책을 제시간에 받기를 바란다.
㉡ 나는 테니스 배우기가 재미있다고 친구에게 말했다.
㉢ 이 식당은 우리 가족이 점심을 먹은 식당이 아니다.
㉣ 그녀는 아름다운 관광지를 신이 닳도록 돌아다녔다.

✔ ㉠에는 필수적 부사어가 생략된 안긴문장이 있고, ㉡에는 주어가 생략된 안긴문장이 있다.
㉠에서 안긴문장은 관형사절 '내 친구가 보낸'으로, '내 친구가 보낸'에는 '누군가에게 혹은 어디에' 정도의 필수적 부사어가 생략되어 있다. 그리고 ㉡의 안긴문장은 명사절 '테니스 배우기'로, '테니스 배우기'에는 '내가' 정도의 주어가 생략되어 있다.

② ㉠과 ㉡에는 모두, 주어 기능을 하는 명사절이 있다.
㉠의 명사절은 '를'과 결합하여 목적어 기능을 한다. 한편 ㉡의 명사절은 '가'와 결합하여 주어 기능을 한다.

③ ㉠과 ㉢에는 모두, 주어가 생략된 안긴문장이 있다.
㉢의 안긴문장은 관형사절 '우리 가족이 점심을 먹은'으로 주어가 생략되지 않았다. 한편 ㉠의 명사절은 '받다'의 주체인 주어가 생략되어 있다.

④ ㉢에는 보어 기능을 하는 안긴문장이 있고, ㉣에는 부사어 기능을 하는 안긴문장이 있다.
㉢의 안긴문장은 전체 문장에서 관형어 기능을 하며, ㉣의 안긴문장 '신이 닳도록'은 전체 문장에서 부사어 기능을 한다. 그리고 ㉢에서의 보어는 '우리 가족이 점심을 먹은 식당이'이다.

⑤ ㉢과 ㉣에는 모두, 목적어가 생략된 관형사절이 있다.
㉢의 관형사절 '우리 가족이 점심을 먹은'에는 목적어가 생략되지 않았으며, ㉣의 관형사절 '아름다운'에는 주어가 생략되어 있다.

40 매체 언어의 복합 양식성 이해
정답률 89% | 정답 ②

(가)에 대한 이해로 적절하지 않은 것은?

① 댓글 기능을 활용하여 누리집 이용자가 작성한 질문에 대해 정보를 제공하고 있군.
'댓글 등록' 기능을 활용하여 누리집 이용자가 제공된 정보에 대한 질문을 하고, 이에 대한 담당자의 답변을 확인할 수 있도록 하였음을 알 수 있다.

✔ 지역에 대한 만족도 표시 기능을 활용하여 지역 정책에 대한 주민들의 반응을 확인하고 있군.
(가)에서는 '이 페이지에서 제공한 정보가 충분하다고 생각하십니까?' 부분을 통해, 제공한 정보가 충분한지에 대한 누리집 이용자들의 만족도를 확인하고 있다. 따라서 지역에 대한 만족도 표시 기능을 활용하여 지역 정책에 대한 주민들의 반응을 확인하고 있다는 것은 적절하지 않다.

③ 민원 서비스 메뉴를 제공하여 증명서나 행정 서식이 필요한 사람들의 편의를 도모하고 있군.
누리집 하단에 '민원 서비스 메뉴'를 제공하여 주민들이 '증명서 발급'과 '주요 행정 서식'을 선택하여 관련 서비스를 이용할 수 있도록 편의를 도모하고 있음을 알 수 있다.

④ 누리집 상단에 홍보 문구와 풍경 그림을 제시하여 지역이 부각하고자 하는 특징을 강조하고 있군.
누리집 상단에 '우리 곁에 살아 숨 쉬는 자연, ○○군'이라는 홍보 문구와 함께 ○○군의 아름다운 자연 풍경 그림을 제시하여 지역의 특성을 강조하고 있음을 알 수 있다.

⑤ 지역의 관광 명소와 축제를 홍보하는 동영상을 볼 수 있도록 하여 관광객을 유치하려고 노력하고 있군.
누리집 하단에 '○○군으로 놀러 오세요'에서 ○○군의 관광 명소인 '두루미 생태 공원'과 축제인 '국화 축제'의 동영상을 볼 수 있도록 하여 관광객을 유치하려 하고 있음을 알 수 있다.

41 매체 언어의 표현 방법 파악
정답률 87% | 정답 ①

㉠~㉢에 대한 설명으로 가장 적절한 것은?

✔ ㉠은 격 조사 '에서'를 사용하여 포스터를 공모하는 주체가 단체임을 드러내고 있다.
㉠의 '우리 군에서 홍보 포스터를 모집합니다.'에 쓰인 '에서'는 단체를 나타내는 명사 뒤에 붙어 앞말이 주어임을 나타내는 격 조사에 해당한다. 따라서 '에서'가 '우리 군'이라는 단체 명사 뒤에 결합하고 있으므로, 포스터 공모 주체가 '우리 군'이라는 단체임을 드러내 준다고 할 수 있다.

② ㉠은 종결 어미 '-ㅂ니다'를 사용하여 ○○군 기부에 동참한 기부자를 공손하게 높이고 있다.
㉠의 '모집합니다'에는 상대 높임의 종결 어미 '-ㅂ니다'가 쓰였음을 알 수 있다. 하지만 '모집합니다'는 기부에 동참한 기부자를 높이는 것이 아니라 (가)를 접하는 일반 독자들을 높인 것이므로 적절하지 않다.

③ ㉡은 명사형 어미 '-ㅁ'을 사용하여 포스터에서 제외해야 할 내용 항목을 간결하게 드러내고 있다.
㉡의 '제한함'에 명사형 어미 '-ㅁ'이 쓰였음을 알 수 있다. 하지만 '제한함'은 포스터에서 제외해야 할 내용 항목을 간결하게 드러내는 것이 아니라, 공모의 대상이 ○○군 주민으로 한정됨을 간결하게 드러내는 것이므로 적절하지 않다.

④ ㉢은 연결 어미 '-면'을 사용하여 기부 대상 지역에서 제공하는 혜택 중 하나를 선택하는 조건을 제시하고 있다.
㉢의 '기부금을 내면'에 연결 어미 '-면'이 쓰였음을 알 수 있지만, 이는 제공 혜택 중 하나를 선택하는 조건을 제시하는 것은 아니므로 적절하지 않다.

⑤ ㉢은 피동 접사 '-되다'를 사용하여 혜택을 제공하는 주체를 명확하게 밝히고 있다.
㉢의 '제공됩니다'에 피동 접사 '-되다'가 쓰였음을 알 수 있다. 그런데 '제공됩니다'라는 피동 표현이 쓰임으로써 혜택 제공의 주체가 명시적으로 드러나지 않으므로 적절하지 않다.

42 매체 언어의 의미 전달 방식 파악
정답률 90% | 정답 ③

(나)에 나타난 매체 활용 방식으로 가장 적절한 것은?

① '해윤'은 음성 언어 사용이 불가능한 상황에서 채팅 기능을 활용하여 정보를 전달하였다.
(나)는 학생들이 온라인 화상 회의를 하는 장면이므로, 회의 참가자들은 음성 언어를 통해 의사소통함을 알 수 있다.

② '해윤'은 화면 공유 기능을 활용하여 참여자들의 의견을 반영하며 그래픽 자료의 오류를 수정하였다.

[문제편 p.078]

회의 중간에 '해윤'은 화면 공유 기능을 활용하여 자신이 만든 그래픽 자료를 함께 보며 포스터의 구성 방식에 대한 참가자들의 의견을 구하고 있으므로 적절하지 않다.

✔ **'수영'은 회의 시간을 절약하기 위해 회의 중에 참고할 수 있는 파일을 '종서'에게 전송하였다.**

'수영'의 '직접 말로 설명하려면 회의가 길어지니까 첨부 파일 보내 줄게.'라는 말과 이어지는 채팅창의 내용을 볼 때, '수영'은 회의 시간을 절약하기 위해 회의 중에 참고할 수 있는 파일을 '종서'에게 전송했음을 알 수 있다.

④ '설아'는 회의에 참여하지 못하고 있는 '나연'에게 문자 메시지를 이용해 회의 내용을 실시간으로 전달하였다.

'설아'는 회의에 참여하지 못한 '나연'을 위하여 '회의를 녹화해서 나중에 보내 주려고 해.'라고 말하며 참석자들의 동의를 구한 후, 화면 녹화를 하고 있으므로 적절하지 않다.

⑤ '설아'는 특정 참여자에게 발언권을 부여하기 위해 해당 참여자의 음량을 조절하였다.

'설아'는 첫 번째 발화에서 '해윤'에게 소리가 너무 작다며 마이크 음량을 확인할 것을 요구하고 있다. 그리고 '해윤'은 '설아'의 요청에 따라 마이크 음량을 키우고 있다. 따라서 '설아'가 특정 참여자에게 발언권을 부여하기 위해 해당 참여자의 음량을 조절했다는 것은 적절하지 않다.

---

43 매체 언어의 표현 방법 파악   정답률 96% | 정답 ⑤

(나)를 바탕으로 다음과 같은 포스터를 만들었다고 할 때, 포스터에 대해 이해한 내용으로 적절하지 않은 것은? [3점]

① '설아'의 의견을 바탕으로, 제도를 활성화하는 데 중요한 역할을 하는 기부자를 중심에 배치했다.

'설아'는 제도가 활성화되려면 ~ 기부자를 가운데 두자.'라고 말하고 있는데, 포스터에서는 이러한 '설아'의 의견을 반영하여 기부자를 중심에 배치하였다.

② '수영'의 의견을 바탕으로, 기부 행위에 담긴 긍정적인 마음을 연상시키는 기호의 모양을 사용했다.

'수영'은 '화살표를 곡선으로 해서 하트 모양으로 하'자는 의견을 제시하고 있는데, 포스터에서는 이러한 '수영'의 의견을 반영하여 기부 행위에 담긴 긍정적인 마음을 연상시키는 하트 모양을 사용하였다.

③ '종서'의 의견을 바탕으로, ○○군에 기부했을 때 기부자가 받을 수 있는 답례품을 그려 넣었다.

'종서'는 '찾아보니 인삼이 우리 지역 답례품이네. 이걸 그려 넣자.'라고 말하고 있는데, 포스터에서는 이러한 '종서'의 의견을 반영하여 기부자가 받을 수 있는 답례품인 인삼을 그려 넣었다.

④ '해윤'의 의견을 바탕으로, ○○군이 철새 도래지로 유명하다는 점을 활용하여 ○○군을 두루미 캐릭터로 표현했다.

'해윤'의 '우리 지역은 ~ 두루미 캐릭터로 나타내 보자.'라고 말하고 있는데, 포스터에서는 이러한 '해윤'의 의견을 반영하여 ○○군을 두루미 캐릭터로 표현하였다.

✔ **'수영'의 의견을 바탕으로, 세액 공제 혜택을 제공하는 주체가 내용을 직접 알려 주듯이 말풍선을 제시했다.**

'수영'의 마지막 발화에서 정부가 제공하는 세액 공제 혜택의 제시 방법에 대해 '세액 공제는 두루미가 말을 전해 주듯 설명하면 되겠다.'라고 말하고 있다. 그런데 포스터에는 '수영'의 이러한 의견이 반영되지 않고, 두루미가 아닌 스피커 모양의 그림에 말풍선을 제시하여 관련 정보를 안내하고 있다.

---

44 매체의 유형에 따른 특성 이해   정답률 95% | 정답 ④

〈보기〉를 바탕으로 [화면 1]을 이해한 내용으로 적절하지 않은 것은?

〈 보 기 〉
'매체통' 동아리 카페 활동 규칙

개설 목적 : '매체통' 동아리원들이 다양한 매체 자료 비평 활동을 통해 매체 자료를 주체적으로 수용하는 능력과 태도를 기른다.

규칙 1. 동아리 활동 계획을 성실하게 이행하고 동아리 활동에 적극적으로 참여한다.
　　2. 매체 자료 비평을 위한 글만 작성하고 각 게시판의 성격에 맞게 올린다.
　　3. 불필요한 갈등을 유발하지 않도록 무례한 표현을 사용하지 않는다.

① ㉠을 보니, '개설 목적'을 고려하여 동아리 성격이 드러나도록 카페의 활동 주체와 활동 내용을 제시하였군.

㉠에는 카페의 활동 주체인 '□□고 동아리 매체통'과 활동 내용인 '매체 자료 비평'이 포함되어 있는데, 이는 활동 주체와 활동 내용을 밝힌 '개설 목적'을 고려한 것이라 할 수 있다.

② ㉡을 보니, '규칙 2'를 고려하여 매체 자료 유형에 따라 게시판을 항목별로 나누어 게시물을 체계적으로 분류하였군.

㉡은 매체 자료 유형에 따라 게시판을 체계적으로 분류하여 제시하였는데, 이는 게시판의 성격에 맞게 매체 자료 비평 글을 올리도록 정한 '규칙 2'를 고려한 것이라 할 수 있다.

③ ㉢을 보니, '규칙 1'을 고려하여 동아리 활동 계획을 상기할 수 있도록 비평 활동 결과의 제출 기한을 제시하였군.

㉢에는 비평 활동 결과 제출 기한이 공지되어 있는데, 이는 활동 계획의 성실한 이행을 정한 '규칙 1'을 고려한 것이라 할 수 있다.

✔ **㉣을 보니, '규칙 2'를 고려하여 사건 보도 기사를 작성하는 능력을 기르게 하기 위해 링크를 제시하였군.**

㉣은 '개설 목적'과 '규칙 2'를 고려하여 언론사에서 생산한 매체 자료에 쉽게 접근할 수 있게 하도록 링크를 제시한 것이라 할 수 있다. 따라서 사건 보도 기사를 작성하는 능력을 기르기 위해 ㉣과 같은 링크를 제시했다고 할 수 없다.

⑤ ㉤을 보니, '규칙 3'을 고려하여 예의를 지키지 않은 글이 동아리원에게 공개되지 않도록 게시물을 삭제하였군.

㉤에서는 욕설과 비속어를 사용했다는 사유로 관리자가 게시물을 삭제한 것을 확인할 수 있는데, 이는 무례한 표현을 사용하지 않도록 한 '규칙 3'을 고려한 것이라 할 수 있다.

---

45 매체 자료 수용의 관점과 가치 파악   정답률 92% | 정답 ③

[화면 2]를 바탕으로 '1인 미디어 방송'에 대한 학생들의 수용 양상을 이해한 내용으로 적절하지 않은 것은?

① '재원'은 자신의 진로와 관련된 새로운 정보를 얻은 경험을 근거로 1인 미디어 방송이 유용하다고 판단하였다.

'재원'은 '나처럼 여행 탐험가라는 직업을 꿈꾸는 사람'이 어디서도 얻지 못했던 새로운 정보를 얻었다는 경험을 근거로 1인 미디어 방송이 유용하다고 판단하고 있다.

② '혜원'은 증명되지 않은 정보를 접했던 경험을 근거로 1인 미디어 방송이 제공하는 정보에 대한 신뢰성을 점검해야 한다고 판단하였다.

'혜원'은 1인 미디어 방송인이 건강에 좋다고 강조했던 특정 성분이 아직 그 효과가 입증되지 않았음을 확인한 경험을 근거로 1인 미디어 방송에서 제공하는 정보에 대한 신뢰성을 점검해야 한다고 판단하고 있다.

✔ **'재원'과 '민수'는 모두, 1인 미디어 방송의 상업적 의도를 알아차린 경험을 근거로 1인 미디어 방송을 시청할 때 주의가 필요하다고 판단하였다.**

'재원'은 1인 미디어 방송 가운데 신뢰성이 부족한 정보를 담은 방송이 늘고 있다는 것을 근거로 들어 1인 미디어 방송을 시청할 때 주의가 필요하다고 판단하고 있다. 그리고 '민수'는 1인 미디어 방송의 상업적 의도를 알아차린 경험을 근거로 들어 1인 미디어 방송을 시청할 때 주의가 필요하다고 판단하고 있다. 따라서 '재원'과 '민수'가 1인 미디어 방송의 상업적 의도를 알아차린 경험을 근거로 하였다는 것은 적절하지 않다.

④ '재원'은 '영진'과 달리, 자신이 본 여행 관련 1인 미디어 방송을 근거로 1인 미디어 방송의 소재가 다양하다고 판단하였다.

1인 미디어 방송의 소재와 관련하여 '재원'은 '기존 매체들이 주목하지 않았던 다양한 소재들을 다루'었다고 판단하고 있다. 이와 달리 '영진'은 '소재가 한정적이고 다 비슷비슷하'다고 판단하고 있다.

⑤ '영진'은 '지수'와 달리, 고정 시청자 수가 늘지 않는 1인 미디어 방송 사례를 근거로 1인 미디어 방송이 사회에 미치는 영향력에는 한계가 있다고 판단하였다.

'영진'은 '고정 시청자 수가 적고 어느 순간부터는 더 이상 늘지도 않더라.'라고 하면서 1인 미디어 방송의 사회적 파급력이 제한적이라고 판단하고 있다. 이와 달리 '지수'는 '독립운동가의 발자취 따라가기' 방송의 파급력을 예로 들면서 '1인 미디어 방송이 우리 사회에 큰 변화를 가져올 수 있다'고 판단하고 있다.

· 정답 ·

35 ⑤ 36 ② 37 ② 38 ① 39 ⑤ 40 ④ 41★ ③ 42 ④ 43 ④ 44 ⑤ 45 ③

★ 표기된 문항은 [등급을 가르는 문제]에 해당하는 문항입니다.

---

35 명사 파생 및 부사 파생 접사의 이해   정답률 70% | 정답 ⑤

윗글을 바탕으로 추론한 내용으로 적절한 것은?

① 현대 국어의 '책꽂이'에서 '-이'는 '…하는 행위'의 의미를 나타내는 접사이다.

1문단의 '연필깎이'에서는 '…하는 데 쓰이는 도구'의 의미를 나타낸다.'를 볼 때, '책꽂이'에서 '-이'는 '…하는 데 쓰이는 도구'의 의미를 나타내는 접사라 할 수 있다.

② 현대 국어 '놀이'에서의 '-이'는 중세 국어 '사리'에서의 '-이'와 달리 '…하는 사람'의 의미로 쓰인다.

1문단의 "'놀이'에서는 '…하는 행위'의 의미를 통해, 현대 국어 '놀이'에서의 '-이'는 '…하는 행위'의 의미를 나타내는 접사라 할 수 있다. 그리고 2문단의 "'-이'는 '사리(살-+-이)'처럼 동사 어간에 붙어 '…하는 행위'의 의미를 나타내기도 하였으나'를 통해, 중세 국어 '사리'에서의 '-이'는 '…하는 행위'의 의미를 나타내는 접사로 쓰였음을 알 수 있다.

③ 현대 국어 '길이'처럼 중세 국어 '기릐'도 명사와 부사로 쓰였다.

2문단의 '현대 국어의 '길이'와 마찬가지로 '기릐(길-+-의)'의 '-의'는 형용사 어간에 붙어 명사도 만들고 부사도 만들었다.'를 통해, 현대 국어 '길이'가 명사와 부사로 쓰였음을 알 수 있다. 하지만 3문단의 '중세 국어에서 명사 파생 접사 '-이'처럼 용언 어간에 붙는 명사 파생 접사 '-의'도 쓰였는데, 이 '-의'는 '-이'와 달리 부사는 파생하지 않았다.'를 통해, 중세 국어 '기릐'는 명사로 쓰였지만 부사로 쓰이지 않았음을 알 수 있다.

④ 중세 국어에서 접사 '-이'가 붙어 파생된 단어는 두 가지 품사로 쓰였다.

3문단의 '명사 파생 접사 '-의'도 쓰였는데, 이 '-의'는 '-이'와 달리 부사는 파생하지 않았다. 또한 접사 '-의'는 모음 조화에 따라 양성 모음 뒤에서는 '-이'로 쓰였는데'를 통해, 중세 국어에서 접사 '-이'가 붙어 파생된 단어는 명사로만 쓰였음을 알 수 있다.

✓ ⑤ 중세 국어에서 체언에 조사 '의'가 붙은 말은 관형어나 부사어로 쓰였다.

4문단의 '중세 국어에서는 '의'가 앞 체언에 붙어 관형격 조사와 부사격 조사로 쓰이기도 했다.'를 통해, 중세 국어에서 체언에 조사 '의'가 붙은 말이 관형어나 부사어로 쓰였음을 확인할 수 있다.

---

36 중세 국어 자료 탐구   정답률 75% | 정답 ②

윗글을 바탕으로 〈보기〉의 중세 국어 자료를 이해한 내용으로 적절하지 않은 것은?

─〈보기〉─

㉠ 王ㅅ 겨틔 안잿다가 [왕의 곁에 앉아 있다가]
㉡ 曲江ㅅ 구븨예 ᄀ마니 ᄃ니노라 [곡강의 굽이에 가만히 다니노라]
㉢ 光明이 ᄇᆞᆯ기 비취여 [광명이 밝히 비치어]
㉣ 글지싀예 위두ᄒᆞ고 [글짓기에 으뜸이고]
㉤ ᄯᆞ리 일후믄 [딸의 이름은]

① ㉠에서 '겨틔'의 '의'는 모음 조화에 따라 결합한 부사격 조사이군.

㉠의 '겨틔'는 '곁+-의'로 분석되며 현대어 풀이를 통해 '곁에'임을 알 수 있다. 그리고 4문단을 통해 중세 국어에서 '의'는 앞 체언에 붙어 관형격 조사와 부사격 조사로 쓰였는데, 부사격 조사는 서술어와 호응하여 장소나 시간을 나타내는 부사어로 쓰였음을 알 수 있다. 따라서 '겨틔'의 '의'는 모음 조화에 따라 결합한 부사격 조사라 할 수 있다.

✓ ② ㉡에서 '구븨'의 '-의'는 모음 조화에 따라 결합한 부사 파생접사이군.

㉡의 '구븨'는 '굽-+-의'로 분석되며 현대어 풀이를 통해 명사 '굽이'임을 알 수 있다. 그리고 3문단을 통해 용언 어간에 붙는 명사 파생 접사 '-의'는 '-이'와 달리 부사는 파생하지 않음을 알 수 있으므로, '-의'는 음성 모음 뒤에 쓰인 명사 파생 접사라 할 수 있다.

③ ㉢에서 'ᄇᆞᆯ기'의 '-이'는 모음 조화와 무관하게 결합한 부사 파생 접사이군.

㉢의 'ᄇᆞᆯ기'는 'ᄇᆞᆰ-+-이'로 분석되며 현대어 풀이를 통해 부사 '밝히'임을 알 수 있다. 그리고 2문단을 통해 중세 국어에서는 부사 파생 접사 '-이'가 존재하였음을 알 수 있고, 3문단을 통해 접사 '-이'는 중세 국어에서 'ㅣ' 모음이 양성 모음도 아니고 음성 모음도 아니어서 모음 조화와는 무관하게 결합하였음을 알 수 있다. 따라서 'ᄇᆞᆯ기'의 '-이'는 모음 조화와 무관하게 결합한 부사 파생 접사라 할 수 있다.

④ ㉣에서 '글지싀'의 '-이'는 모음 조화와 무관하게 결합한 명사 파생 접사이군.

㉣의 '글지싀'는 '글짓-+이'로 분석되며 현대어 풀이를 통해 명사 '글짓기'임을 알 수 있다. 그리고 2문단을 통해 중세 국어에서 명사 파생 접사 '-이'가 존재하였음을 알 수 있고, 3문단을 통해 접사 '-이'는 중세 국어에서 모음 조화와는 무관하게 결합하였음을 알 수 있다. 따라서 '글지싀'의 '-이'는 모음 조화와 무관하게 결합한 명사 파생 접사라 할 수 있다.

⑤ ㉤에서 'ᄯᆞ리'의 '이'는 모음 조화에 따라 결합한 관형격 조사이군.

㉤의 'ᄯᆞ리'는 'ᄯᆞᆯ+-이'로 분석되며 현대어 풀이를 통해 '딸의'임을 알 수 있다. 그리고 3문단을 통해 접사 '-의'는 모음 조화에 따라 양성 모음 뒤에서는 '-이'로 쓰였음을 알 수 있고, 4문단을 통해 중세 국어에서 '의'는 평칭의 유정 체언 뒤에 관형격 조사로 쓰였음을 알 수 있다. 따라서 'ᄯᆞ리'의 '이'는 모음 조화에 따라 결합한 관형격 조사라 할 수 있다.

---

37 담화의 특성   정답률 90% | 정답 ②

〈보기〉의 ㉠ ~ ㉫에 대한 설명으로 적절한 것은?

─〈보기〉─

(두 사람이 공원에서 만난 상황)

민수: 영이야, ㉠ 우리 둘이 뭐 하고 놀까? 이 강아지랑 놀까?

영이: (민수 품에 안겨 있는 강아지를 가리키며) 아, 얘?

민수: 응. 얘가 전에 말했던 봄이야. 봄이 동생 솜이는 집에 있고.

영이: 봄이랑 뭐 하고 놀까? 우리 강아지 별이는 실뭉치를 좋아해서 ㉡ 우리는 실뭉치를 자주 가지고 놀아. 너네 강아지들도 그래?

민수: 실뭉치는 ㉢ 둘 다 안 좋아해. 그런데 공은 좋아해서 ㉣ 우리 셋은 공을 갖고 자주 놀아. 그래서 공을 챙겨 오긴 했어.

영이: 그렇구나. 별이는 실뭉치를 좋아하니까, 다음에 네가 혼자 나오고 내가 별이랑 나오면 그때 ㉤ 우리 셋은 실뭉치를 갖고 놀면 되겠다.

민수: 그러자. 그럼 오늘 ㉥ 우리 셋은 공을 가지고 놀자.

① ㉠과 ㉡은 가리키는 대상이 동일하다.

㉠은 민수와 영이를 ㉡은 영이와 별이(영이의 강아지)를 가리키므로, 가리키는 대상은 다르다고 할 수 있다.

✓ ② ㉡이 가리키는 대상은 ㉤이 가리키는 대상에 포함된다.

㉡은 영이와 별이(영이의 강아지)를 가리키며, ㉤은 민수, 영이, 별이(영이의 강아지)를 가리키므로 적절한 진술이다.

③ ㉢이 가리키는 대상은 ㉥이 가리키는 대상에 포함된다.

㉢은 민수의 강아지들을, ㉥은 민수, 영이, 별이(영이의 강아지)를 가리키므로, ㉢이 가리키는 대상은 ㉥이 가리키는 대상에 포함된다고 할 수 없다.

④ ㉣과 ㉤은 가리키는 대상이 동일하다.

㉣은 민수와 강아지들을, ㉤은 민수, 영이, 별이(영이의 강아지)를 가리키므로, 가리키는 대상은 다르다고 할 수 있다.

⑤ ㉣과 ㉥은 가리키는 대상이 동일하다.

㉣은 민수와 강아지들을, ㉥은 민수, 영이, 별이(영이의 강아지)를 가리키므로, 가리키는 대상은 다르다고 할 수 있다.

---

38 서술어의 자릿수   정답률 40% | 정답 ①

밑줄 친 서술어가 요구하는 필수 성분의 개수와 종류가 〈보기〉의 문장과 같은 것은?

─〈보기〉─

이곳의 지형은 외적의 침입을 막기에 <u>유리하다</u>.

✓ ① 그 광물이 원래는 귀금속에 <u>속했다</u>.

〈보기〉에 쓰인 '유리하다'는 '이익이 있다'라는 뜻을 지니는데, 주어와 부사어를 필수적으로 요구하는 두 자리 서술어이다. '관계되어 딸리다.'라는 뜻을 지니는 '속하다' 역시 주어와 부사어를 필수적으로 요구하는 두 자리 서술어이다.

② 그는 바람이 불기에 옷깃을 <u>여몄다</u>.

'벌어진 옷깃이나 장막 따위를 바로 합쳐 단정하게 하다.'는 의미를 지닌 '여몄다'는 주어와 목적어를 요구하는 두 자리 서술어이다.

③ 우리는 원두막을 하루 만에 <u>지었다</u>.

'재료를 들여 밥, 옷, 집 따위를 만들다.'는 의미를 지닌 '지었다'는 주어와 목적어를 요구하는 두 자리 서술어이다.

④ 나는 시간이 남았기에 그와 <u>걸었다</u>.

'다리를 움직여 바닥에서 발을 번갈아 떼어 옮기다.'의 의미를 지닌 '걸었다'는 주어만을 요구하는 한 자리 서술어이다.

⑤ 나는 구호품을 수해 지역에 <u>보냈다</u>.

'사람이나 물건 따위를 다른 곳으로 가게 하다.'의 의미를 지닌 '보냈다'는 주어와 목적어, 부사어를 요구하는 세 자리 서술어이다.

● 문법 필수 개념

■ 서술어의 자릿수

1. 개념: 서술어에 따라 필수적으로 요구하는 문장 성분의 수가 다른데, 이를 '서술어의 자릿수'라 한다.

2. 종류: 주어 하나만을 요구하면 한 자리 서술어, 주어 이외에 목적어나 보어, 부사어 중 하나를 더 요구하면 두 자리 서술어, 주어, 목적어, 부사어를 모두 요구하면 세 자리 서술어이다.

※ 참고

· 형용사, 체언+이다'는 한 자리 서술어, '되다, 아니다'는 주어와 보어를 필요로 하므로 두 자리 서술어이다.

· 부사어는 부속 성분으로 문장의 골격을 이루는 요소가 아니지만, 서술어에 따라 부사어를 필수적으로 요구하는 경우가 있는데 이러한 부사어를 필수적 부사어라 한다.

---

39 한글 맞춤법의 이해   정답률 53% | 정답 ⑤

〈보기〉는 준말에 관한 한글 맞춤법의 일부이다. 이를 적용한 내용으로 적절하지 않은 것은? [3점]

─〈보기〉─

제34항 [붙임 1] 'ㅐ, ㅔ' 뒤에 '-어, -었-'이 어울려 줄 적에는 준 대로 적는다. ·········· ㉠

제35항 모음 'ㅗ, ㅜ'로 끝난 어간에 '-아/-어, -았-/-었-'이 어울려 'ㅘ/ㅝ, ㅘ/ㅝ/ㅙ/ㅚ'으로 될 적에는 준 대로 적는다. ·········· ㉡

제35항 [붙임 2] 'ㅚ' 뒤에 '-어, -었-'이 어울려 'ㅙ, ㅙ'으로될 적에도 준 대로 적는다. ······· ㉢

제36항 'ㅣ' 뒤에 '-어'가 와서 'ㅕ'로 줄 적에는 준 대로 적는다. ·········· ㉣

제37항 'ㅏ, ㅕ, ㅗ, ㅜ, ㅡ'로 끝난 어간에 '-이-'가 와서 각각 'ㅐ, ㅖ, ㅚ, ㅟ, ㅢ'로 줄 적에는 준 대로 적는다. ·········· ㉤

① ㉠을 적용하면 '(날이) 개었다'와 '(나무를) 베어'는 각각 '갰다'와 '베'로 적을 수 있다.

㉠에서 "'ㅐ, ㅔ' 뒤에 '-어, -었-'이 어울려 줄 적에는 준 대로 적는다.'고 하였으므로, 이러한 ㉠을 적용하면 '(날이) 개었다'와 '(나무를) 베어'는 각각 '갰다'와 '베'로 적을 수 있음을 알 수 있다.

② ㉡을 적용하면 '(다리를) 꼬아'와 '(죽을) 쑤었다'는 각각 '꽈'와 '쒔다'로 적을 수 있다.

㉡에서 '모음 'ㅗ, ㅜ'로 끝난 어간에 '-아/-어, -았-/-었-'이 어울려 'ㅘ/ㅝ, ㅘ/ㅝ/ㅙ/ㅚ'으로 될 적에는 준 대로 적는다.'고 하였으므로, 이러한 ㉡을 적용하면 '(다리를) 꼬아'와 '(죽을) 쑤었다'는 각각 '꽈'와 '쒔다'로 적을 수 있음을 알 수 있다.

③ ㉤을 적용할 때, 어간 '(발로) 차-'에 '-이-'가 붙은 '(발에) 차이-'에 '-었다'가 붙으면 '채었다'로 적을 수 있다.

㉤에서 "'ㅏ, ㅕ, ㅗ, ㅜ, ㅡ'로 끝난 어간에 '-이-'가 와서 각각 'ㅐ, ㅖ, ㅚ, ㅟ, ㅢ'로 줄 적에는 준 대로 적

는.'고 하였으므로, ⓜ을 적용할 때 어간 '(발로) 차-'에 '-이-'가 붙은 '(발에) 차이-'에 '-었다'가 붙으면 '채었다'로 적을 수 있음을 알 수 있다.

④ ⓔ을 적용한 후 ⓒ을 적용할 때, 어간 '(벌이) 쏘-'에 '-이-'가 붙은 '(벌에) 쏘이-'에 '-어'가 붙으면 '쐐'로 적을 수 있다.
ⓐ에서 'ㅏ, ㅕ, ㅗ, ㅜ-'로 끝난 어간에 '-이-'가 와서 각각 'ㅐ, ㅖ, ㅚ, ㅟ, ㅢ'로 줄 적에는 준 대로 적는다.'고 하였고, ⓒ에서 'ㅚ' 뒤에 '-어, -었-'이 어울려 'ㅙ, ㅚ'로 될 적에도 준 대로 적는다.'고 하였다. 따라서 ⓔ을 적용한 후 ⓒ을 적용할 때, 어간 '(벌이) 쏘-'에 '-이-'가 붙은 '(벌에) 쏘이-'에 '-어'가 붙으면 '쐐'로 적을 수 있다.

☑ ⓔ을 적용한 후 ⓜ을 적용할 때, 어간 '(오줌을) 누-'에 '-이-'가 붙은 '(오줌을) 누이-'에 '-어'가 붙으면 '뉘여'로 적을 수 있다.
'누-+-이-+-어'는 ⓜ에 따라 '뉘여'로 적을 수도 있고, ⓔ에 따라 '누여'로 적을 수도 있다. ⓜ이 적용된 '뉘어'에 대해 다시 ⓜ을 적용하여 '뉘여'로 적을 수 있다는 설명은 타당하지 않다. ⓔ이 적용되는 예로는 '가지-+-어'처럼 'ㅣ' 뒤에 '-어'가 와서 'ㅕ'로 주는 경우를 들 수 있다.

---

40 매체 자료의 주체적 수용　　　정답률 91% | 정답 ④

위 방송 프로그램을 시청한 학생의 반응으로 적절하지 않은 것은?

① 진행자가 △△ 신문의 내용보다 □□ 신문의 내용을 간단히 언급함으로써 방송에서 어떤 기사에 더 비중을 두었는지 드러내고 있군.
제시된 방송 프로그램을 통해 진행자는 △△ 신문의 내용을 자세히 언급하고 있는 반면에 □□ 신문의 내용은 간단히 언급하고 있다. 이러한 진행자의 언급을 통해 방송에서 □□ 신문의 기사보다 △△ 신문의 기사에 더 비중을 두었음을 알 수 있다.

② 시의성 있는 화제를 다룬 신문 기사들을 제시함으로써 사회적으로 주목할 만한 사안에 대한 다양한 정보를 전달하고 있군.
방송 진행자는 '며칠 전' 김 모 군이 가족의 품으로 돌아온 사실을 언급하며 이러한 김 군이 돌아온 데는 '지문 등 사전등록제'의 역할이 컸다고 하면서, 오늘 '지문 등 사전등록제'에 대한 기사들이 많다고 각 신문사의 기사를 소개하고 있다. 따라서 방송 진행자는 시의성 있는 화제를 다룬 신문 기사들을 소개하면서 사회적으로 주목할 만한 사안에 대한 다양한 정보를 전달한다고 할 수 있다.

③ △△ 신문 기사의 일부를 화면에 확대하여 제시함으로써 신문 기사의 특정 부분을 방송에서 선별하여 보여 주고 있군.
진행자 바로 밑의 그림을 통해 △△ 신문 기사의 일부를 화면에 확대하여 제시하고 있음을 알 수 있으므로, 방송 진행자는 신문 기사의 특정 부분을 방송에서 선별하여 보여 주었다고 할 수 있다.

☑ 진행자가 △△ 신문과 ○○ 신문의 기사 내용을 종합함으로써 특정 화제에 대한 비판적 입장을 나타내고 있군.
제시된 방송 프로그램을 통해 진행자가 '지문 등 사전등록제'를 다룬 △△ 신문과 □□ 신문, ○○ 신문의 기사 내용을 소개하고 있음을 알 수 있다. 하지만 이 방송 프로그램을 통해 △△ 신문과 ○○ 신문의 기사 내용을 종합하는 말을 하지 않았고, 특정 화제에 대한 비판적 입장도 나타내고 있지 않으므로 적절하지 않다.

⑤ 전문가가 진행자의 질문에 답함으로써 △△ 신문 기사의 내용에 대한 자신의 의견을 덧붙이고 있군.
전문가는 진행자의 '등록률이 저조한 이유'에 대한 답변을 하면서, '제가 볼 때는 개인 정보 유출에 대한 우려도 크게 작용했다고 생각합니다.'라고 △△신문 기사의 내용에 대한 자신의 의견을 덧붙이고 있음을 알 수 있다.

★★★ 등급을 가르는 문제!
41 매체 언어의 표현 방법　　　정답률 35% | 정답 ③

㉠ ~ ㉤에 대한 설명으로 적절하지 않은 것은?

① ㉠ : 하십시오체 종결 어미 '-ㅂ니까'를 통해 시청자를 높이며 방송의 시작을 알리는 인사를 하고 있다.

② ㉡ : 접속 부사 '그래서'를 통해 앞 문장의 내용이 뒤에 이어지는 내용의 원인임을 드러내고 있다.

☑ ㉢ : 보조사 '는'을 통해 '사전등록 정보'가 문장의 화제임과 동시에 주어로 사용됨을 보여 주고 있다.
㉢에 쓰인 '사전등록 정보'은 서술어 '저장하고 있습니다'의 목적어에 해당하므로, '사전등록 정보'이 주어로 사용되었다는 진술은 적절하지 않다.

④ ㉣ : 연결 어미 '-면'을 통해 앞 절의 내용이 '사전등록 정보'가 '자동 폐기'되는 조건임을 나타내고 있다.

⑤ ㉤ : 보조 용언 '보다'를 통해 '앱'을 사용하는 것이 시험 삼아 하는 행동임을 나타내고 있다.

★★ 문제 해결 꿀~팁 ★★

▶ 많이 틀린 이유는?
이 문제는 매체에 사용된 언어의 문법적인 지식을 요구하는 문제이어서 상대적으로 어렵게 느껴져 오답률이 높았던 것으로 보인다. 또한 ㉠ ~ ㉤의 문장의 의미를 정확히 이해하지 못한 것도 오답률을 높였던 것으로 보인다.
▶ 문제 해결 방법은?
최근 실시된 매체 문항에서는 문법적인 문제가 하나 정도 출제되고 있으므로, 평소 기본이 되는 문법 지식을 충분히 익혀 둘 수 있어야 하고, 문제를 풀 때 문제에 제시된 각 문장의 의미를 바탕으로 선택지가 적절히 판단할 수 있어야 한다. 가령 오답률이 높았던 ③의 경우, '사전등록 정보'에서 '는'이 보조사로 쓰였지만, 의미상 서술어 '저장하고 있습니다.'의 주체가 될 수 없음을 알았다면, '사전등록 정보'이 주어가 될 수 없고 목적어가 됨을 바로 알았을 것이다. 이처럼 매체에서 출제되는 문법 지식 문제의 경우 기본적인 문법 지식뿐만 아니라, 주어진 문장의 의미도 정확히 파악해야 하는데, 이럴 때는 항상 선택지의 내용과 주어진 각 문장을 비교할 수 있어야 한다. 가령 오답률이 높았던 ⑤의 경우에도 선택지와 문장을 비교하여 판단했으면, '보자면'이 보조 용언임을 알 수 있고, 문장의 의미상 보조 용언 '보다'를 통해 '앱'을 사용하는 것이 시험 삼아 하는 행동임을 나타낸 것이라 알 수 있었을 것이다.

---

42 매체 자료 수용의 관점과 가치　　　정답률 83% | 정답 ④

다음은 위 방송 프로그램 '시청자 게시판'의 내용이다. 시청자의 수용 태도에 대한 설명으로 가장 적절한 것은? [3점]

```
시청자 게시판　　　×  □
↳ 시청자 1 제 주변에서는 많이 등록했던데요. 신문에 나온 등록률 현황은 어디에서 조사한 것인가요?
↳ 시청자 2 방송에서 지문 등 사전등록의 필요성 위주로 이야기하고 개인 정보 유출 문제에 대해서는 별로 언급하지 않네요.
↳ 시청자 3 미취학 아동만 대상자인 줄 알았는데 중학생도 해당되는 군요. 누가 대상자인지 궁금했던 사람들은 방송을 통해 알게 되겠네요.
↳ 시청자 4 가족 중에 대상자가 있지만 저처럼 이런 제도가 있다는 것을 몰랐던 사람에게는 방송 내용이 도움이 될 것 같아요.
↳ 시청자 5 인터넷에서는 지문 등 사전등록을 하지 않으면 실종자를 찾기까지 81시간이 걸린다던데요. 어떤 것이 맞는지 궁금합니다.
```

① 시청자 1과 2는 △△ 신문 기사의 내용과 관련하여, 지문 등 사전등록제의 등록률에 대한 정보의 출처가 믿을 만한지 점검하였다.
시청자 1의 '신문에 나온 등록률 현황은 어디에서 조사한 것인가요?'를 통해 시청자 1은 정보의 출처가 믿을 만한지 점검하였다고 볼 수 있지만, 시청자 2는 정보의 출처에 대해 언급하지 않는다.

② 시청자 1과 4는 ○○ 신문 기사의 내용과 관련하여, 지문 등을 사전등록하는 방법에 대한 정보의 양이 충분한지 점검하였다.
시청자 1은 정보의 출처에 대한 의문을, 시청자 4는 방송 내용의 효용성에 대해 언급하고 있지만, 지문 등을 사전등록하는 방법에 대한 정보의 양이 충분한지 점검하지는 않고 있다.

③ 시청자 2와 5는 △△ 신문 기사의 내용과 관련하여, 지문 등 사전등록제의 장단점을 공평하게 다루고 있는지 점검하였다.
시청자 2는 지문 등 사전등록제의 필요성에 대해서만 언급하고 개인 정보 유출 문제에 대해서는 별로 언급하지 않다고 하여, 정보 제공에 있어서 공평하게 다루지 않음을 지적하고 있다. 그리고 시청자 5는 전문가가 말한 실종자를 찾기까지의 시간과 인터넷에서 언급한 실종자를 찾기까지의 시간이 다르다 하면서 어느 것이 맞는지 의문을 제기하고 있다. 따라서 시청자 2와 5는 지문 등 사전등록제의 장단점을 공평하게 다루고 있는지 점검하지는 않고 있다.

☑ 시청자 3과 4는 △△ 신문 기사의 내용과 관련하여, 지문 등 사전등록제가 어떤 사람에게 유용한지 점검하였다.
시청자 3은 '누가 대상자인지 궁금했던 사람들'이 △△ 신문 기사의 내용에 대한 방송 내용을 통해 지문 등 사전등록제의 대상에 대해 알게 되었을 것이라고 하였고, 시청자 4는 '가족 중에 대상자가 있지만 저처럼 이런 제도가 있다는 것을 몰랐던 사람'에게 방송 내용이 도움이 될 것이라고 하였다. 시청자 3과 4는 모두 지문 등 사전등록제에 대해 다룬 △△ 신문 기사의 내용과 관련하여, 이 제도가 어떤 사람에게 유용한지 점검하고 있다.

⑤ 시청자 3과 5는 ○○ 신문 기사의 내용과 관련하여, 지문 등 사전등록제의 효과에 대한 정보가 사실인지 점검하였다.
시청자 3은 실종자가 중학생도 해당된다는 것을 알게 되었다 하면서 방송 내용이 지닌 효용성을 언급하고 있고, 시청자 5는 전문가가 말한 실종자를 찾기까지의 시간과 인터넷에서 언급한 실종자를 찾기까지의 시간이 다르다 하면서 어느 것이 맞는지 의문을 제기하고 있다. 따라서 시청자 3과 5는 지문 등 사전등록제의 효과에 대한 정보가 사실인지 점검하지는 않고 있다.

---

43 매체의 유형에 따른 특성　　　정답률 92% | 정답 ④

'○○ 신문'을 바탕으로 할 때, ⓐ ~ ⓔ에서 확인할 수 있는 의사소통의 특징으로 가장 적절한 것은?

① ⓐ에서, 화면에서 필요한 정보를 찾아 사용할 수 있는 것으로 보아 수용자가 대량의 정보를 요약하여 비선형적으로 표현할 수 있음을 알 수 있다.
ⓐ 이후의 내용을 통해 화면에서 필요한 정보를 찾아 사용할 수 있음을 알 수 있지만, 이를 통해 수용자가 대량의 정보를 요약할 수 있는지는 알 수 없다.

② ⓑ에서, 시·공간의 제약 없이 정보를 생산하는 것으로 보아 생산자가 등록한 정보를 수용자가 변형하여 배포할 수 있음을 알 수 있다.
ⓑ 이후의 내용을 통해 시·공간의 제약 없이 정보를 생산함을 알 수 있지만, 생산자가 등록한 정보를 수용자가 변형하여 배포할 수 있는지는 알 수 없다.

③ ⓒ에서, 글과 이미지로 표현된 정보를 확인할 수 있는 것으로 보아 수용자가 둘 이상의 양식이 결합된 매체 자료에 접근하여 실시간으로 수정할 수 있음을 알 수 있다.
ⓒ 이후의 내용을 통해 글과 이미지로 표현된 정보를 확인할 수 있음을 알 수 있지만, 수용자가 둘 이상의 양식이 결합된 매체 자료에 접근하여 실시간으로 수정할 수 있는지는 알 수 없다.

☑ ⓓ에서, 글을 쓸 수도 있고 다른 사람의 글을 읽을 수도 있는 것으로 보아 매체 자료의 생산과 수용이 쌍방향적으로 이루어질 수 있음을 알 수 있다.
ⓓ에서는 잃어버린 사람을 찾는 글을 올릴 수 있고(생산), 다른 사람의 글을 읽거나(수용) 다른 사람의 글에 댓글을 달 수도 있다고(생산) 하였으므로, ⓓ에서 매체 자료의 생산과 수용이 쌍방향적으로 이루어질 수 있음을 알 수 있다.

⑤ ⓔ에서, 서로 다른 앱을 연결하여 사용할 수 있는 것으로 보아 매체 자료의 수용자가 생산자도 될 수 있음을 알 수 있다.
ⓔ 이후의 내용을 통해 서로 다른 앱을 연결하여 사용할 수 있음을 알 수 있지만, 매체 자료의 수용자가 생산자도 될 수 있다는 내용과는 관련이 없다.

---

44 매체 언어의 표현 방법　　　정답률 92% | 정답 ⑤

(가)에 나타난 표현 방식에 대한 설명으로 가장 적절한 것은?

① 재생 종이의 활용 사례를 글자의 굵기와 형태를 달리하여 강조했다.
제목과 재생 종이를 사용하여 얻을 수 있는 효과를 강조하기 위해 글자의 굵기와 형태를 달리하고 있다. 하지만 재생 종이의 활용 사례는 글자의 굵기와 형태를 달리하여 제시하지는 않고 있다.

② 재생 종이와 관련된 각 문단의 중심 내용을 소제목을 사용하여 부각했다.
재생 종이와 관련된 각 문단에 소제목을 사용하지는 않고 있다.

③ 종이를 만들기 위해 사라지는 숲의 면적을 동영상 자료를 활용하여 보여 주었다.
제시된 블로그에서는 사진을 활용하고 있지만 동영상 자료를 활용하지는 않고 있다.

④ 사무실에서 버려지는 일반 종이의 양을 글과 사진 자료를 함께 사용하여 제시했다.
사무실에서 버려지는 일반 종이의 양을 글을 통해 언급하고는 있지만 사진 자료를 함께 사용하여 제시하지는 않고 있다. 재생지가 책, 복사지 등으로 사용되고 있는 것을 사진 자료로 제시하고 있을 뿐이다.

✔ 숲을 지켜야 하는 이유를 다룬 다른 게시물을 하이퍼링크 기능을 활용하여 안내했다.
(가)의 2문단에서 언급한 '숲을 지켜야 하는 이유를 ~ 이전 글 숲의 힘('━클릭)을 참고해 주세요.'에서 하이퍼링크 기능을 활용하여 숲을 지켜야 하는 이유를 다룬 다른 게시물을 참고할 수 있도록 안내했음을 확인할 수 있다.

(가)를 참고하여 (나)를 만드는 과정에서 학생이 고려했을 내용으로 적절하지 <u>않은</u> 것은?

① 정보가 보강될 수 있도록 (가)에서 제시한 종이 생산 과정에서 발생하는 물질 외에도 생산 과정에 투입되는 에너지의 양도 조사하여 추가해야지.
#3을 통해 (가)의 3문단을 통해 제시한 종이 생산 과정에서 발생하는 물질 외에도 생산 과정에 투입되는 에너지의 양도 조사하여 추가했음을 알 수 있다.

② 정보가 복합 양식적으로 전달될 수 있도록 (가)에서 제시한 재생 종이의 정의를 시각 자료와 문자 언어를 결합한 화면으로 표현하면서 내레이션으로 보완해야지.
#1을 통해 (가)의 1문단에서 제시한 재생 종이의 정의를 시각 자료와 문자 언어를 결합한 화면으로 표현하면서 내레이션으로 보완하고 있음을 알 수 있다. 한편 시각 자료와 문자 언어, 영상 자료 등을 활용하면 정보를 복합 양식적으로 전달할 수 있다.

✔ 정보 간의 유기적인 관계가 드러나도록 (가)에서 두 문단으로 제시한 재생 종이 사용의 필요성을 배경 음악과 내레이션을 모두 포함한 각각의 화면 두 개로 구성해야지.
(가)에서 재생 종이 사용의 필요성을 제시한 것은 2문단과 3문단이다. 2문단에서 제시한 내용은 (나)의 #2에서 배경 음악과 내레이션을 포함한 화면으로 구성하였고, 3문단에서 제시한 내용은 에너지 투입량 관련 내용을 보완하여 (나)의 #3과 #4에서 배경 음악 없이 내레이션만 포함된 화면으로 구성하였다. 즉 (나)에서 재생 종이 사용의 필요성과 관련하여 구성한 화면은 배경 음악과 내레이션을 포함한 화면 #2와 배경 음악 없이 내레이션만 포함된 화면 #3과 #4로, 총 3개이다.

④ 정보 간의 차이점이 드러나도록 (가)에서 제시한 일반 종이와 재생 종이의 생산으로 발생하는 물질의 양적 차이를 그래프로 제시하고 이를 설명하는 내레이션을 포함해야지.
#3과 #4를 통해 (가)의 3문단에서 제시한 일반 종이와 재생 종이의 생산으로 발생하는 물질의 양적 차이를 그래프로 제시하고 이를 내레이션으로 설명하고 있음을 알 수 있다.

⑤ 정보가 효과적으로 표현될 수 있도록 (가)에서 제시한 재생 종이 사용에 따른 나무 보존에 대한 내용을 화면과 내레이션으로 표현하면서 이에 어울리는 배경 음악을 사용하여 나타내야지.
#2를 통해 (가)의 2문단에서 제시한 재생 종이 사용에 따른 나무 보존에 대한 내용을 화면과 내레이션으로 표현하면서 이에 어울리는 배경 음악을 사용하고 있음을 알 수 있다.

회 | 수능 실전 모의고사 고3

| 정답과 해설 |

01회

35 음운 변동의 이해 정답률 66% | 정답 ①

〈보기〉의 학습 과제를 수행한 결과로 가장 적절한 것은?

─〈보 기〉─
○ **학습 내용** : 음운 변동의 유형에는 교체, 탈락, 첨가, 축약이 있다. 음운 변동은 한 단어를 단독으로 발음하는 경우에만 일어나는 것이 아니라 둘 이상의 단어를 이어서 한 마디로 발음하는 경우에도 일어날 수 있다. 예를 들어 '낮'과 '한때'를 각각 단독으로 발음하는 경우에 '낮[낟]'은 교체가 일어나고 '한때[한때]'는 음운 변동이 일어나지 않는다. 그런데 '낮'과 '한때'를 이어서 한 마디로 발음하는 경우에는 교체와 축약이 일어나 '낮 한때[나탄때]'로 발음된다.

○ **학습 과제** : 아래의 ㄱ과 ㄴ에서 두 단어를 이어서 한 마디로 발음하는 경우 공통적으로 일어나는 음운 변동의 유형을 찾고, 그 유형의 적절한 예를 제시하시오.

ㄱ. 잘 입대[잘립따]
ㄴ. 값 매기대[감매기다]

	공통적인 음운 변동의 유형	예
✔	교체	책 넣는다[챙넌는다]

'잘 입다'를 이어서 한 마디로 발음하면 '[잘닙따] → [잘립따]'로 발음되므로 음운 첨가와 교체가 일어남을 알 수 있다. 그리고 '값 매기다'를 이어서 한 마디로 발음하면 '[갑매기다] → [감매기다]'로 발음되므로 탈락과 교체가 일어남을 알 수 있다. 따라서 ㄱ과 ㄴ에서 공통적으로 일어나는 음운 변동의 유형은 교체임을 알 수 있다. 그리고 '책 넣는다'를 이어서 발음하면 '[책넏는다] → [책넌는다] → [챙넌는다]'로 발음되므로 음운 교체가 일어남을 알 수 있으므로 사례로 적절하다.

② 교체 좋은 약[조:은냑]
'좋은 약'은 '[조:은약] → [조:은냑]'으로 발음되므로 음운 탈락과 첨가가 일어난다.

③ 교체 잘한 일[잘한닐]
'잘한 일'은 '[잘한닐]'로 발음되므로 음운 첨가가 일어난다.

④ 첨가 슬픈 얘기[슬픈내기]
'슬픈 얘기'는 '[슬픈내기]'로 발음되므로 음운 첨가가 일어난다.

⑤ 첨가 먼 옛날[먼:녠날]
'먼 옛날'은 '[먼옌날] → [먼:녠날]'로 발음되므로 음운 교체와 첨가가 일어난다.

● 문법 필수 개념

■ 음운 변동의 종류

구분	음운 현상	음운 변동의 종류
교체(交替)	어떤 음운이 음절의 끝에서 다른 음운으로 바뀌는 현상	음절의 끝소리 규칙, 음운의 동화, 된소리되기 등
축약(縮約)	두 음운이 하나의 음운으로 줄어드는 현상	거센소리되기, 음절 축약 등
탈락(脫落)	두 음운 중 어느 하나가 없어지는 현상	'ㅎ' 탈락, 'ㄹ' 탈락, 'ㅡ' 탈락 등
첨가(添加)	원래 없던 소리가 끼어드는 현상	사잇소리 현상 등

36 관형절과 명사절의 이해 정답률 53% | 정답 ④

〈보기〉는 문법 수업의 일부이다. 선생님의 설명에 따라 ㉠ ~ ㉤을 이해한 내용으로 적절하지 <u>않은</u> 것은? [3점]

─〈보 기〉─
선생님 : 관형절은 안은문장에서 관형어로 쓰이는데 관형절에는 주어가 생략된 관형절, 목적어가 생략된 관형절, 부사어가 생략된 관형절 등이 있어요. 그리고 명사절은 안은문장에서 조사와 결합하여 주어, 목적어, 부사어 등으로 쓰일 수 있어요. 그럼 다음 문장에 대해 관형절과 명사절에 주목하여 분석해 볼까요?

㉠ 약속 시간에 늦은 친구들이 많았다.
㉡ 마지막 문제를 풀기가 생각보다 어렵다.
㉢ 나는 아버지께서 주신 빵을 형과 함께 먹었다.
㉣ 그는 지금 사는 집에서 계속 머무르기를 희망했다.
㉤ 그들은 우리가 어제 목적지에 도착했음을 이미 알았다.

① ㉠에는 주어가 생략된 관형절이 있고, 명사절은 없습니다.
㉠을 보면, '약속 시간에 늦은'을 통해 주어가 생략된 관형절이 있음을 알 수 있지만, 명사절은 사용되지 않았음을 알 수 있다.

② ㉡에는 관형절이 없고, 주어로 쓰인 명사절이 있습니다.
㉡을 보면, '마지막 문제를 풀기'를 통해 주어로 쓰인 명사절이 있음을 알 수 있지만, 관형절은 사용되지 않았음을 알 수 있다.

③ ㉢에는 목적어가 생략된 관형절이 있고, 명사절은 없습니다.
㉢을 보면, '아버지께서 주신'을 통해 목적어가 생략된 관형절이 있음을 알 수 있지만, 명사절은 사용되지 않았음을 알 수 있다.

✔ ㉣에는 부사어가 생략된 관형절이 있고, 부사어로 쓰인 명사절이 있습니다.
㉣의 '지금 사는 집에서'를 통해 부사어가 생략된 관형절이 있음을 알 수 있다. 하지만 '집에서 계속 머무르기' 뒤에 목적격 조사 '를'이 사용되었으므로 부사어로 쓰인 명사절이 아닌 목적어로 쓰인 명사절이 있음을 알 수 있다.

⑤ ⓔ에는 관형절이 없고, 목적어로 쓰인 명사절이 있습니다.
ⓔ을 보면, '우리가 어제 목적지에 도착했음'을 통해 목적어로 쓰인 명사절이 있음을 알 수 있지만, 관형절은 사용되지 않았음을 알 수 있다.

● 문법 필수 개념
■ 명사절과 관형절의 문장에서의 기능
1. 명사절은 격조사나 부사격 조사가 붙어 문장에서 주어, 목적어, 부사어 등 다양한 기능을 함.

주어	종현이가 농구에 소질이 있음이 밝혀졌다. → 농구에 소질이 있음 + 주격 조사
목적어	임금님은 비가 내리기를 간절히 바랐다. → 비가 내리기 + 목적격 조사
부사어	그가 내 옆에 있음에 감사한다. → 내 옆에 있음 + 부사격 조사

2. 관형절은 문장에서 관형어로만 기능하며, 결합하는 어미에 따라 시제를 드러냄.

-(으)ㄴ	과거	그는 사회의 편견을 이겨 낸 경험이 있다.
-는	현재	나는 집으로 가는 철수를 만났다.
-(으)ㄹ	미래	이것은 우리가 오늘 해야 할 숙제이다.
-던	회상	영희는 내가 갔었던 명승지를 찾아갔다.

3. 관형절이 될 때의 문장 성분의 생략

주어 생략	학교는 아침부터 (학생들이) 등교한 학생들로 붐볐다. → 주어 '학생들이' 생략
목적어 생략	어제 그가 (책을) 산 책은 그녀를 감동시켰다. → 목적어 '책을' 생략
부사어 생략	그의 흔적이 (책에) 남은 책이 전시되었다. → 부사어 '책에' 생략

---

37 단어의 형성 이해 정답률 59% | 정답 ②

〈보기 1〉을 바탕으로 〈보기 2〉의 ㄱ ~ ㅁ에 대해 설명한 내용으로 적절하지 **않은** 것은?

─〈보기 1〉─
합성 명사의 구성 요소 중 선행 요소는 다양한 품사의 단어이지만 후행 요소는 일반적으로 명사이다.

─〈보기 2〉─
ㄱ 새해를 맞이하여 오랜만에 할머니 댁에 갔다. 할머니께서 점심으로 ㄴ 굵은소금 위에 새우를 올려놓고 구워 주셨고, 저녁에는 ㄷ 산나물을 넣은 비빔밥을 해 주셨다. 내가 할머니께 스마트폰의 여러 기능을 알려 드리자 "ㄹ 척척박사로구나."라며 ㅁ 어린아이처럼 좋아하셨다.

① ㄱ은 관형사와 명사가 결합한 합성 명사이다.
'새해'는 관형사 '새'와 명사 '해'가 결합한 합성 명사이다.

☑ ② ㄴ은 동사의 활용형과 명사가 결합한 합성 명사이다.
'굵은소금'은 '굵다'의 활용형 '굵은'과 명사 '소금'이 결합한 합성 명사이다.
그런데 '굵다'는 동사가 아니라 형용사에 해당하므로 동사의 활용형과 결합하였다는 설명 내용은 적절하지 않다.

③ ㄷ은 명사와 명사가 결합한 합성 명사이다.
'산나물'은 명사 '산'과 명사 '나물'이 결합한 합성 명사이다.

④ ㄹ은 부사와 명사가 결합한 합성 명사이다.
'척척박사'는 부사 '척척'과 명사 '박사'가 결합한 합성 명사이다.

⑤ ㅁ은 형용사의 활용형과 명사가 결합한 합성 명사이다.
'어린아이'는 형용사 '어리다'의 활용형 '어린'과 명사 '아이'가 결합한 합성 명사이다.

---

38 현대 국어의 시간 표현 이해 정답률 60% | 정답 ③

윗글을 바탕으로 〈보기〉를 탐구한 내용으로 적절하지 **않은** 것은?

─〈보 기〉─
○ 동생이 지금 밥을 ⓐ 먹는다.
○ 우리 아기가 무럭무럭 ⓑ 자란다.
○ 이곳에 따뜻한 난로가 ⓒ 놓였다.
○ 신랑, 신부가 ⓓ 입장하겠습니다.
○ 나는 어젯밤에 무서운 꿈을 ⓔ 꿨다.

① ⓐ는 동사의 어간 다음에 현재 시제 선어말 어미로 '-는-'이 사용된 예에 해당한다.
1문단을 통해 동사는 어간에 선어말 어미 '-는- / -ㄴ-'을 결합하여 현재 시제를 표현하는데, 동사의 어간 말음이 자음인 경우에는 '-는-'이, 모음인 경우에는 '-ㄴ-'이 결합함을 알 수 있다. 따라서 '먹는다'는 기본형이 '먹다'이므로 어간 말음이 자음이어서, '먹는다'는 현재 시제 선어말 어미 '-는-'이 사용되었다.

② ⓑ는 동사의 어간 다음에 현재 시제 선어말 어미로 '-ㄴ-'이 사용된 예에 해당한다.
1문단을 통해 동사는 어간에 선어말 어미 '-는- / -ㄴ-'을 결합하여 현재 시제를 표현하는데, 동사의 어간 말음이 자음인 경우에는 '-는-'이, 모음인 경우에는 '-ㄴ-'이 결합함을 알 수 있다. 따라서 '자란다'는 기본형이 '자라다'이므로 어간 말음이 모음이어서, '자란다'는 현재 시제 선어말 어미 '-ㄴ-'이 사용되었다.

☑ ③ ⓒ는 동사의 어간 다음에 과거 시제 선어말 어미로 '-였-'이 사용된 예에 해당한다.
1문단을 통해 동사와 형용사, 그리고 '이다'는 어간에 선어말 어미 '-았- / -었-'을 결합하여 과거 시제를 표현하는데, 어간 말음이 '하' 다음에는 선어말 어미 '-였'이 결합하여 과거 시제를 표현함을 알 수 있다.
따라서 '놓였다'의 기본형은 '놓이다'로 어간 '하'가 사용되지 않았으므로 동사 어간 다음에 과거 시제 선어말 어미로 '-였-'이 쓰였다는 탐구 내용은 적절하지 않다.
한편 '놓였다'는 동사 '놓이다'의 어간 '놓이-'와 과거 시제 선어말 어미 '-었-'과 종결 어미 '-다'가 결합하였다고 할 수 있다.

④ ⓓ는 동사의 어간 다음에 미래 시제 선어말 어미로 '-겠-'이 사용된 예에 해당한다.

1문단의 동사와 형용사, 그리고 '이다'는 어간에 선어말 어미 '-겠-'을 결합하여 미래 시제를 표현한다는 내용을 통해, '입장하겠습니다'는 기본형인 '입장하다'에 미래 시제 선어말 어미 '-겠-'이 사용되었음을 알 수 있다.

⑤ ⓔ는 동사의 어간 다음에 과거 시제 선어말 어미로 '-었-'이 사용된 예에 해당한다.
1문단의 동사와 형용사, 그리고 '이다'는 어간에 선어말 어미 '-았- / -었-'을 결합하여 과거 시제를 표현한다는 내용을 통해 '꿨다'는 기본형이 동사 '꾸다'에 과거 시제 선어말 어미 '-었-'이 사용되었음을 알 수 있다.

● 문법 필수 개념
■ 시제의 실현

구 분		과거 시제	현재 시제	미래 시제
동사	선어말 어미	• 먹었다 • 먹었었다(단절) • 먹더라(회상)	• 먹는다	• 먹겠다 • 먹으리라 • 먹을 것이다.
	관형사형 어미	• 먹은 빵	• 먹는 빵	• 먹을 빵
형용사, 체언 + 이다	선어말 어미	• 예뻤다(예뻤었다) • 학생이었다	• 예쁘다(기본형) • 학생이다(기본형)	• 예쁘겠다 • 예쁠 것이다(-(으)ㄹ 것)
	관형사형 어미	• 예쁘던	• 예쁜(예쁘 + -(으)ㄴ)	• 예쁠(예쁘 + -(으)ㄹ)
부사어		어제, 옛날, 이미, 방금, 금방, 그제야, 이제야	지금, 오늘, 곧	내일, 모레

---

39 중세 국어의 시간 표현의 이해 정답률 56% | 정답 ⑤

〈보기〉에서 ㄱ과 ㄴ에 해당하는 예를 찾아 바르게 짝지은 것은?

─〈보 기〉─
○ 너도 또 이 ⓐ 곧호다
  (너도 또 이와 같다.)
○ 네 이제 또 ⓑ 묻누다
  (네가 이제 또 묻는다.)
○ 五百 도주기 … ⓒ 도죽호더니
  (오백 도적이 … 도둑질하더니)
○ 이 智慧 업슨 比丘ㅣ 어드러셔 ⓓ 오뇨
  (이 지혜 없는 비구가 어디에서 왔느냐?)
○ 이 善女人이 … 다시 나디 ⓔ 아니호리니
  (이 선여인이 … 다시 나지 아니할 것이니)

         ㄱ   ㄴ
① ⓑ, ⓒ   ⓐ, ⓓ, ⓔ
② ⓐ, ⓔ   ⓑ, ⓒ, ⓓ
③ ⓓ, ⓔ   ⓐ, ⓑ, ⓒ
④ ⓐ, ⓒ, ⓔ   ⓑ, ⓔ

☑ ⑤ ⓑ, ⓒ, ⓔ   ⓐ, ⓓ

ⓐ : 2문단에서 형용사는 어간에 선어말 어미를 결합하지 않고 현재 시제를 표현하였다고 하였으므로, 형용사의 어간에 현재 시제 선어말 어미를 결합하지 않은 것이라 할 수 있다.
ⓑ : 2문단에서 동사는 어간에 선어말 어미 '-ㄴ-'를 결합하여 현재 시제를 표현하였다고 하였으므로, 용언의 어간에 선어말 어미 '-ㄴ-'를 결합한 것이다.
ⓒ : 2문단에서 회상의 의미가 있는 선어말 어미 '-더-'를 결합하여 과거 시제를 표현하였다고 하였으므로, 용언의 어간에 선어말 어미 '-더-'를 결합한 것이다.
ⓓ : 2문단에서 동사는 어간에 선어말 어미를 결합하지 않고 과거 시제를 표현하였다고 하였으므로, 용언의 어간에 선어말 어미를 결합하지 않은 것이다.
ⓔ : 2문단에서 동사와 형용사는 추측의 의미가 있는 선어말 어미 '-리-'를 어간에 결합하여 미래 시제를 표현하였다고 하였으므로, 용언의 어간에 선어말 어미 '-리-'를 결합한 것이다.

---

40 매체의 특성 이해 정답 ⑤

(가)와 (나)에 대한 이해로 가장 적절한 것은?

① (가)와 (나) 모두 표제의 크기가 독자의 기사 선택에 영향을 끼친다.
표제의 크기가 다른 것은 종이 신문의 특징이다. (나)의 인터넷 포털 검색 기사와는 상관이 없다.

② (가)는 (나)와 달리 표제보다는 부제의 내용이 좋아야 독자의 주의를 끌 수 있다.
(가)와 (나) 모두 독자는 표제를 먼저 읽게 되므로 표제보다 부제의 내용이 좋아야 독자의 주의를 끌 수 있다고 볼 수 없다.

③ (가)는 (나)와 달리 기사가 제공되는 시간에 따라 기사의 중요도가 결정된다.
기사가 제공되는 시간이 다른 것은 (나)의 인터넷 포털에서 찾은 기사이다.

④ (나)는 (가)와 달리 독자층이 한정되어 있어 기사 배열 순서가 독자의 기사 선택에 영향을 끼친다.
(나)는 인터넷 포털에서 기사를 검색하는 것이므로 독자층이 한정되어 있다고 볼 수 없다. 하지만 기사 배열 순서는 독자가 선택할 수 있다.

☑ ⑤ (나)는 (가)와 달리 여러 언론사의 기사를 확인할 수 있어 다양한 정보를 접하는 데 도움이 될 수 있다.
인터넷 포털 사이트에서 뉴스를 검색하면 검색어와 관련된 다양한 기사들을 찾을 수 있기 때문에 여러 언론사의 다양한 정보를 접할 수 있다.

---

41 자료에 따른 매체 내용의 이해 정답 ③

〈보기〉를 참고하여 (가), (나)에 적용된 '프레이밍'에 대해 판단한 내용으로 적절하지 **않은** 것은? [3점]

마지막 3번 슬라이드 제목이 '우리 학교 도서관 이용 활성화를 위한 방안 제시'이므로, 이를 통해 ⊙이 반영되었음을 알 수 있다.

② ⓛ에서 언급된 타학교 도서실의 단점은 우리가 고민해야 할 주제와는 동떨어진 내용인 것 같으니까 발표 자료 제작에서 제외해야겠어.
(나)에서 타학교 도서관의 단점에 대해 언급한 부분은 찾아볼 수 없다.

③ ⓒ에서 언급된 지금까지 있었던 우리 도서실의 이벤트 내용은 발표 내용에 꼭 필요한 정보는 아니기 때문에 발표 자료 제작에서 제외해야겠어.
(나)의 내용 중 3번 슬라이드에 '다양한 이벤트를 통한 학생들의 흥미 자극'이라는 내용만 있지 지금까지의 이벤트 내용은 찾을 수 없다.

✔ ⓔ에서 언급된 자료들 중 우리 학교 학생들의 도서관 만족도 조사와 타학교 학생들의 도서관 만족도 조사는 비교해서 보는 게 좋으므로 한 슬라이드에 배치해야겠어.
ⓔ에서 언급된 우리 학교 학생들의 도서관 만족도 조사와 타학교 학생들의 도서관 만족도 조사 내용은 문제점 제기와 문제 해결을 위한 타학교 도서관 살펴보기로 나눠서 생각해 볼 수 있기 때문에 각각 다른 슬라이드에 배치한 것을 확인할 수 있다. 따라서 ④의 내용은 (나)에 반영되지 않았다고 할 수 있다.

⑤ ⓜ에서 언급된 그래프는 필요하면 문자 언어와 함께 배치하여 발표 내용을 복합 양식적이 되도록 만들어야겠어.
그래프 내용 밑에 만족도가 얼마나 높은지에 대해 글로 표현하고 있으므로, ⓜ은 (나)에 반영되어 있다고 볼 수 있다.

45 자료 수정 여부 판단 정답 ④

〈보기 1〉은 (나)에 달린 댓글이다. 〈보기 1〉을 바탕으로 (나)의 두 번째 슬라이드를 수정한 〈보기 2〉의 ⓐ ~ ⓔ 중 적절하지 않은 것은?

〈보기 1〉
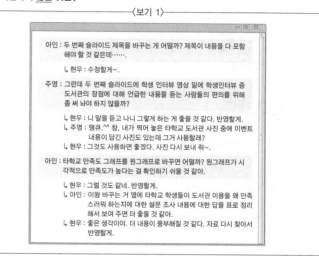

〈보기 2〉
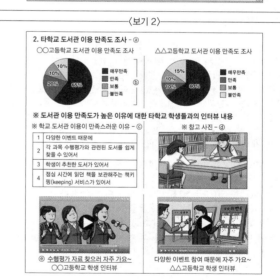

① ⓐ
제목이 내용을 다 포함할 수 있게 '타학교 도서관 조사'에서 '타학교 도서관 이용 만족도 조사'로 제목이 바뀐 것을 확인할 수 있다.

② ⓑ
막대 그래프가 원그래프로 바뀌었음을 알 수 있다.

③ ⓒ
타학교 학생들이 도서관을 왜 만족스러워하는지에 대한 설문 조사에 대한 답을 표로 정리해서 보여 주면 좋을 것 같다고 '아인'이 댓글을 달았고 그 내용이 ⓒ에 반영되어 있다.

✔ ⓓ
댓글에서 '주영'이 타학교 도서관 이벤트 관련된 사진을 가지고 있으니 그 사진을 두 번째 슬라이드에 추가하자고 이야기하고 있고, 이에 '현우'도 동의하고 있다. 따라서 ⓓ에는 학생이 책을 읽고 있는 사진이 아니라 이벤트와 관련된 사진이 들어가야 한다.

⑤ ⓔ
학생 인터뷰 영상 밑에 학생 인터뷰 중 도서관의 장점에 대해 언급한 내용을 듣는 사람들의 편의를 위해 쓰자고 '주영'이 이야기한 내용이 ⓔ에 반영되었음을 확인할 수 있다.

〈보 기〉

미디어가 뉴스를 재구성할 때는 사건이나 이슈를 특정 시각으로 해석하는 방식으로 진행될 수 있는데 이 때 미디어가 사용하는 시각이 곧 프레임(frame)이다. 따라서 프레이밍은 미디어가 뉴스 전달에서 프레임을 갖추는 과정 및 방법으로 이해할 수 있으며 하나의 이슈에 대해 다양한 관점에서 뉴스를 제작할 수 있게 하는 것이다. 특정 프레임(프레임)이 기사의 리드와 제목으로 가게 되며, 수용자의 이슈 이해와 해석 및 태도 형성에도 큰 영향을 미친다. 미디어의 프레이밍(framing)에 대해 엔트만(Entman)은 네 가지 보편적 프레임으로 성격 규정, 원인 진단, 도덕적 평가, 해결 방안 제시 등을 제시하고 있다.

① (가)의 '이번 연도 수능 어려워질 전망'이라는 표제는 언론사의 프레임을 잘 보여 준다고 할 수 있다.
언론사는 기사의 표제와 부제를 통해 언론사의 시각을 가장 잘 보여 줄 수 있으므로 표제인 '이번 연도 수능 어려워질 전망'은 언론사의 프레임을 보여 준다고 할 수 있다.

② (가)에 언급된 '수험생의 실력에 대한 변별력 확보를 위해 다양한 난이도의 문항을 내겠다는 의미' 등의 내용은 '대입 난이도 강화'라는 '성격 규정'의 프레임을 보여 주고 있다.
변별력 확보를 위해 다양한 난이도의 문항을 내겠다는 의미 안에 예년과 다르게 어렵게 출제할 것이라는 내용이 담겨 있다. 따라서 이 내용은 엔트만의 보편적 프레임 중 '대입 난이도 강화'라는 '성격 규정'을 보여 준다고 볼 수 있다.

✔ ⓐ와 ⓑ는 수험생들의 공부 방법이나 대입 준비에 영향을 끼치는 내용으로, 언론사의 이슈에 대한 '원인 진단'과 '해결 방안 제시' 프레임을 보여 준다고 할 수 있다.
미디어의 프레임은 수용자의 이슈에 대한 이해나 반응에 영향을 끼치게 되므로, ⓐ와 ⓑ는 '수험생들의 공부 방법이나 대입 준비에 영향을 끼치는 내용'은 맞다고 볼 수 있다. 그러나 ⓐ는 대입 난이도가 강화된다는 성격 규정의 프레임, ⓑ는 원인 진단을 하는 내용을 프레임으로 가지고 있다고 볼 수 있기 때문에 '해결 방안'을 제시하는 프레임은 찾아볼 수 없다.

④ ⓒ의 '고액 과외'는 계층 간 위화감을 조장할 수 있는 내용으로 언론사의 이슈에 대한 '도덕적 평가' 프레임을 보여준다고 할 수 있다.
'고액 과외'로 지역간 격차가 벌어질 것 같다는 이야기 안에 도덕적인 내용이 들어가 있기 때문에 엔트만의 보편적 프레임 중 '도덕적 평가'와 관련됨을 알 수 있다.

⑤ ⓓ는 수능을 준비하는 학생들을 위한 보충 교육에 대한 내용을 담고 있으므로 언론사의 이슈에 대한 '해결 방안 제시' 프레임을 보여 준다고 할 수 있다.
'특별 강좌 개설'을 통해 어려운 시험이라는 이슈에 대한 '해결 방안 제시'를 하고 있다고 볼 수 있다.

42 매체의 언어적 특성 파악 정답 ④

(가)의 언어적 특성을 고려했을 때 ⊙ ~ ⓜ에 대한 설명으로 적절하지 않은 것은?

① ⊙ : 지시 표현을 사용하여 기사 내용의 응집력을 높여 정보를 전달하고 있다.
'이 안'이라는 지시 표현을 사용하여 앞의 내용과 응집력을 높여 정보를 전달하고 있다.

② ⓛ : 피동 표현을 사용하여 '해석'의 주체는 밝히지 않고 '해석'의 내용만 드러내고 있다.
'해석된다'라는 피동 표현을 사용하여 주체는 생략하고 해석의 내용을 드러내고 있다.

③ ⓒ : 구체적인 수치를 제시하여 앞의 내용에 대한 근거로 활용하고 있다.
'4.5%', '3.4%'라는 구체적인 수치를 사용하여 '실수로 인해 등급이 결정'되는 상황에 대한 근거 자료로 활용하고 있다.

✔ ⓔ : 접속사를 사용하여 앞문장과 뒷문장이 원인과 결과의 관계임을 나타내고 있다.
ⓔ는 의미상 앞문장과 뒷문장이 결과와 원인 관계에 있지만, 인과 관계를 드러내는 접속사를 사용하지는 않고 있다.

⑤ ⓜ : 해당 분야 전문가의 말을 인용하여 기사 내용에 신뢰도를 높이고 있다.
교육업에 종사하는 평가이사의 말을 인용하여 믿을 수 있는 정보를 제공하고 있다.

43 매체에서의 대화 방식 파악 정답 ③

(가)의 대화에 대한 설명으로 가장 적절한 것은?

① '아인'은 한글 자음자로 된 기호를 사용하여 자신의 감정을 드러내고 있다.
'아인'은 한글 모음인 기호 'ㅜㅜ'를 사용하여 속상한 감정을 드러내고 있다.

② '주영'과 '아인'은 매체의 특성을 이용하여 자신이 찍은 사진을 대화자들과 공유하고 있다.
'주영'은 자신이 찍은 사진을 대화자와 공유하고 있지만, 아인은 사진 자료를 공유하지 않는다.

✔ '현우'는 대화하고 있는 매체의 특성을 이야기하며 해당 매체를 사용하여 대화할 것을 말하고 있다.
'현우'는 '굳이 한 자리에 모이지 않아도 대화할 수 있는'이라는 휴대 전화 대화방의 특성을 거론하며 대화방 참여자들에게 대화할 것을 제안하고 있다.

④ '주영'은 자신이 조사한 내용이 담긴 특정 사이트를 링크하여 불특정 다수가 정보에 접근할 수 있게 하고 있다.
'주영'이는 타학교 도서실의 장단점을 알아보면서 도서실 사진, 동영상 등을 친구들과 공유했을 뿐 자신이 조사한 내용이 담긴 특정 사이트를 링크하지 않았다. 또한 조모임 대화방에 있는 인물들에게 공유하려고 하고 있으므로, 불특정 다수가 정보에 접근하게 한 것이라고도 볼 수 없다.

⑤ '지안'은 대화하고 있는 매체의 특성을 살려 다른 친구의 자료를 추가적인 정보로 제공하고 있다.
'지안'은 만족도 조사를 했다고만 했지 다른 친구의 자료를 추가적인 정보로 제공하지는 않고 있다.

44 대화 내용의 반영 여부 판단 정답 ④

⊙ ~ ⓜ을 바탕으로 '현우'가 세운 발표 자료 제작 계획 중 (나)에 반영되지 않은 것은?

① ⊙에서 언급된 대로 발표 마지막 슬라이드에는 도서관 이용 활성화를 위한 방안을 제시해야겠어.

• 정답 •
35 ② 36 ① 37 ④ 38 ⑤ 39 ⑤ 40 ⑤ 41 ⑤ 42 ⑤ 43 ③ 44 ④ 45 ⑤

★ 표기된 문항은 [등급을 가르는 문제]에 해당하는 문항입니다.

35 음운 변동 현상의 이해 | 정답률 72% | 정답 ②

⊙ ~ ⓔ에 대한 이해로 적절한 것은?

① '한몫[한목]'을 발음할 때, ⊙이 일어난다.
'한몫'을 발음할 때, 종성에 있는 자음군에서 자음 하나가 탈락하여 [한목]으로 발음되므로 음절의 종성에 자음군이 올 때는 한 자음이 탈락하는 ⓛ이 일어난다.

✓② '놓기[노키]'를 발음할 때, ⓔ이 일어난다.
제시문의 밑줄 친 ⓔ은 용언의 어간 말음 'ㅎ' 뒤에 예사소리 'ㄱ, ㄷ, ㅈ'으로 시작하는 어미가 오면 'ㅎ'과 'ㄱ, ㄷ, ㅈ'이 거센소리, 즉 'ㅋ, ㅌ, ㅍ'으로 축약됨을 드러내고 있다. '놓기'는 어간 '놓-'의 말음 'ㅎ'과 어미 '-기'의 'ㄱ'이 결합하여 거센소리 'ㅋ'으로 축약되어 [노키]로 발음되므로 ⓔ이 일어난다.

③ '끊지[끈치]'를 발음할 때, ⓛ과 ⓒ이 일어난다.
'끊지'는 용언 어간 '끊'의 말음 'ㅎ'과 뒤에 오는 어미 '-지'의 'ㅈ'이 거센소리 'ㅊ'으로 축약되어 [끈치]로 발음되므로 ⓒ이 일어난다.

④ '값할[가팔]'을 발음할 때, ⓛ과 ⓔ이 일어난다.
'값할'은 '값'의 종성의 자음군에서 자음인 'ㅅ'이 탈락하여 [갑]으로 발음되므로 ⓛ이 일어난다. 그리고 'ㅂ'과 'ㅎ'의 축약이 일어나 거센소리 'ㅍ'이 되어 [가팔]로 발음되지만, ⓔ에는 해당하지 않는다.

⑤ '맞힌[마친]'을 발음할 때, ⓒ과 ⓔ이 일어난다.
'맞힌'은 용언의 어간 '맞-'의 말음 'ㅈ'과 어미 '히'의 'ㅎ'이 결합하여 거센소리 'ㅊ'이 되어 [마친]으로 발음되지만, ⓔ에는 해당하지 않는다. 또한 구개음화 현상도 일어나지 않는다.

★★★ 등급을 가르는 문제! ★★★
36 중세 국어 체언의 이해 | 정답률 37% | 정답 ①

[A]를 참조하여 〈보기〉의 ⓐ ~ ⓔ를 분석한 것으로 적절한 것은?

〈보 기〉

[학습 목표]
중세 국어 자료를 통해 체언 '하ᄂᆞᆶ'에 대해 탐구한다.

[중세 국어 자료]
• ⓐ 하ᄂᆞᆯ히 ᄆᆞᅀᆞᆷ 뮈우시니 (하늘이 마음을 움직이게 하시니)
• ⓑ 하ᄂᆞᆯ 光明中에 드러 (하늘의 광명 가운데에 들어)
• ⓒ 하ᄂᆞᆯ 셤기ᅀᆞᆸ듯 ᄒᆞ야 (하늘 섬기듯 하여)
• ⓓ 하ᄂᆞᆯ토 뮈며 (하늘도 움직이며)
• ⓔ 하ᄂᆞᆯ콰 싸ᄒᆞ콰ᄅᆞᆯ 니르라리 (하늘과 땅을 이르니라)

✓① ⓐ에서는 연음되어 음운의 개수에 변동이 없지만, ⓓ에서는 음운 변동이 일어나 음운의 개수가 줄어들었음을 알 수 있다.
[A]의 내용을 볼 때, '하ᄂᆞᆶ'은 'ㅎ'을 말음으로 가진 체언이고, 체언 말음 'ㅎ'이 조사와 결합하면 연음됨을 알 수 있다. 즉, ⓐ에서는 '하ᄂᆞᆶ'에 조사 '이'가 붙어 '하ᄂᆞᆯ히'로 연음되었으므로 음운의 개수에 변동이 없다. 그리고 "'ㅎ'을 말음으로 가진 체언이 '과', '도'와 같은 조사와 결합하면 'ㅎ'이 뒤에 오는 'ㄱ, ㄷ'과 축약되어 'ㅋ, ㅌ'으로 나타난다"는 내용을 볼 때, ⓓ에서는 '하ᄂᆞᆶ'의 말음인 'ㅎ'과 뒤에 오는 '도'의 'ㄷ'이 'ㅌ'으로 축약되어 '하ᄂᆞᆯ토'가 되었으므로 음운의 개수가 한 개 줄어들었다.

② ⓑ에서는 'ㅎ'이 다른 음운으로 교체되었음을 알 수 있고, ⓒ에서는 'ㅎ'이 실현되지 않았다.
[A]에서 어떤 체언이 'ㅎ'을 말음으로 가지고 있다고 하더라도, 그 체언이 단독으로 쓰이거나 관형격 조사 'ㅅ'과 결합하여 쓰였을 때는 'ㅎ'이 실현되지 않음을 알 수 있다. 즉, '하ᄂᆞᆶ'은 관형격 조사 'ㅅ'이 결합되어 있는 것으로 'ㅎ'이 실현되지 않았고, '하ᄂᆞᆯ' 역시 'ㅎ'이 실현되지 않은 것이다.

③ ⓑ에서는 체언 말음 'ㅎ'의 존재를 알 수 있지만, ⓓ에서는 체언 말음 'ㅎ'의 존재를 알 수 없다.
'하ᄂᆞᆯ토'에서 'ㅌ'은 '하ᄂᆞᆶ'의 말음인 'ㅎ'과 뒤에 오는 조사 '도'의 'ㄷ'이 축약된 것으로, 이를 통해 'ㅎ'의 존재를 알 수 있다.

④ ⓑ와 ⓒ에서 동일한 체언이 단독으로 쓰일 때, 서로 다른 형태로도 실현되었음을 알 수 있다.
'하ᄂᆞᆶ'은 관형격 조사 'ㅅ'이 결합한 것으로, 'ㅎ'이 실현되지 않았다.

⑤ ⓓ와 ⓔ에서 체언에 현대 국어에 존재하지 않는 조사 '토', '콰'가 결합했음을 알 수 있다.
[A]의 "'ㅎ'을 말음으로 가진 체언이 '과', '도'와 같은 조사와 결합하면 'ㅎ'이 뒤에 오는 'ㄱ, ㄷ'과 축약되어 'ㅋ, ㅌ'으로 나타난다"는 내용으로, '하ᄂᆞᆶ'에 조사 '도, 과가 결합하면 'ㅎ'과 'ㄷ, ㄱ'이 축약되어 '하ᄂᆞᆯ토, 하ᄂᆞᆯ콰'로 나타날 것임을 알 수 있다.

★★ 문제 해결 꿀~팁 ★★
▶ 많이 틀린 이유는?
제시된 글의 [A]를 정확하게 이해하지 않고 '하ᄂᆞᆶ'에 대해 분석한 선택지를 읽었기 때문에 오답률이 높았던 것으로 보인다.
▶ 문제 해결 방법은?
〈보기〉에 제시된 '하ᄂᆞᆶ' 역시 제시된 글의 '나랗'과 마찬가지로 'ㅎ'을 말음으로 가지고 있음을 알아야 한다. 그런 다음 각 선택지에 제시된 내용을 제시된 글의 내용과 연관하여 적절성을 판단해야 한다. 가령 적절한 것인 ①의 경우, 제시된 글에 언급된 체언 말음 'ㅎ'이 조사와 결합하면 연음됨을 파악하여 '하ᄂᆞᆯ히'가 '하ᄂᆞᆶ'에 조사 '이'가 결합되어 연음되었음을 알아야 한다. 그리고 제시된 글의 'ㅎ'을 말음으로 가진 체언이 '도'와 결합하면 'ㅎ'이 뒤에 오는 'ㄷ'과 축약되어 'ㅌ'으로 나타나는 것을 파악하여, '하ᄂᆞᆯ토' 역시 '하

ᄂᆞᆶ'에 조사 '도'가 결합하여 축약 현상이 일어났음을 알아야 한다. 이렇게 판단할 경우 ①의 내용이 적절함을 알 수 있었을 것이다. 이처럼 문법 문제에서 지문이 주어질 경우, 지문만 정확히 이해하여도 쉽게 문제를 풀 수 있으므로(지문 내용과 일일이 대비하여 문제를 풀 수도 있음.) 지문 내용을 충분히 이해한 뒤 선택지의 적절성 여부를 판단하도록 한다.
▶ 오답인 ②, ④, ⑤를 많이 선택한 이유는?
이 문제의 경우 ②, ④, ⑤를 적절한 것으로 한 학생들이 골고루 분포되어 있는데, 이러한 이유 역시 제시된 글의 내용을 정확히 파악하지 못했기 때문으로 보인다. 즉 ②의 경우에는 어떤 체언이 'ㅎ'을 말음으로 가지고 있다고 하더라도, 그 체언이 단독으로 쓰이거나 관형격 조사 'ㅅ'과 결합하여 쓰였을 때는 'ㅎ'이 실현되지 않는다는 내용을 간과했기 때문이다. 그리고 ④, ⑤의 경우 'ㅎ'을 말음으로 가진 체언이 '과', '도'와 같은 조사와 결합하면 'ㅎ'이 뒤에 오는 'ㄱ, ㄷ'과 축약되어 'ㅋ, ㅌ'으로 나타난다는 내용을 간과했기 때문이다.

37 형태소와 단어의 개념 파악 | 정답률 58% | 정답 ④

〈보기〉의 선생님 물음에 대한 답으로 가장 적절한 것은?

〈보 기〉

선생님: 지난 시간에 형태소와 단어에 대해 공부했는데, 이를 바탕으로 다음 자료에서 ⊙, ⓛ, ⓒ의 공통점과 차이점이 무엇인지 말해볼까요?

[자료]
○ 이 문제는 나한테 묻지 말고 그에게 물어라.
　　　　　　　　　　　　⊙
○ 귀로는 음악을 들었고 눈으로는 풍경을 보았다.
　　　　　　　　　ⓛ
○ 나는 산으로 가자고 했지만 동생은 바다로 갔다.
　　　　　　　　　　　　　ⓒ

① 공통점은 단어의 자격을 가진다는 것이고, 차이점은 ⊙만 실질적 의미를 나타낸다는 것입니다.

② 공통점은 문법적 의미를 나타낸다는 것이고, 차이점은 ⓒ만 단어의 자격을 가진다는 것입니다.

③ 공통점은 단어의 자격을 갖지 못한다는 것이고, 차이점은 ⓛ, ⓒ만 문법적 의미를 나타낸다는 것입니다.

✓④ 공통점은 음운 환경에 따라 그 형태가 바뀐다는 것이고, 차이점은 ⓛ, ⓒ만 문법적 의미를 나타낸다는 것입니다.
형태소는 자립성의 유무에 따라 자립 형태소와 의존 형태소로, 실질적 의미의 유무에 따라 실질 형태소와 형식 형태소로 나뉜다. 〈보기〉의 밑줄 친 '묻-/물-', '-었-/-았-', '는/은'은 모두 반드시 다른 말과 결합하여 쓰이는 의존 형태소이다.
'묻-'은 자음으로 시작하는 어미 앞에 나타나고, '물-'은 모음으로 시작하는 어미 앞에 나타나고, 어미 '-었-/-았-'은 어간 끝음절의 모음에 따라 형태가 바뀌고, 조사 '는/은'은 결합하는 앞말의 끝음절에 받침이 있는가, 없는가에 따라, 즉 음운 환경에 따라 형태가 바뀌고 있다. 또한 형태소의 분류에 따라 '-었-/-았-', '는/은'은 문법적인 의미를 나타내는 형식 형태소이고, '묻-/물-'은 실질 형태소이다. 따라서 선생님의 물음에 대한 답으로 가장 적절한 것은 ④이다. 한편 조사는 단어에 포함되므로 '는/은'은 단어에 해당한다.

⑤ 공통점은 반드시 다른 말과 결합하여 쓰인다는 것이고, 차이점은 ⓛ, ⓒ만 음운 환경에 따라 그 형태가 바뀐다는 것입니다.

● 문법 필수 개념

■ 형태소의 분류
① 자립성의 유무에 따라 : 문장에서 단독으로 쓰일 수 있느냐의 여부에 따라 자립 형태소와 의존 형태소로 나뉨.

자립 형태소	다른 형태소와 결합하지 않고 홀로 쓰일 수 있는 형태소	명사, 대명사, 수사, 관형사, 부사, 감탄사
의존 형태소	반드시 다른 형태소에 기대어 쓰이는 형태소	조사, 용언의 어간과 어미, 접사

② 의미의 유형에 따라 : 형태소가 가진 의미가 실질적인 개념을 나타내느냐 형식적인 관계를 나타내느냐에 따라 실질 형태소와 형식 형태소로 나뉨.

실질 형태소	구체적인 대상이나 구체적인 상태를 나타내는 의미를 지니고 있는 형태소	명사, 대명사, 수사, 관형사, 부사, 감탄사, 용언의 어간
형식 형태소	실질 형태소에 붙어 문법적인 의미만을 나타내는 형태소	조사, 용언의 어미, 접사

38 사전을 통한 어미의 쓰임 이해 | 정답률 53% | 정답 ⑤

사전 자료의 일부인 〈보기〉를 바탕으로 어미의 쓰임을 탐구한 학습지 활동의 결과로 적절하지 않은 것은? [3점]

〈보 기〉

-ㄴ-「어미」
이야기하는 시점에서 볼 때 사건이나 행위가 현재 일어남을 나타내는 어미.
¶ 일을 마치고 집으로 간다.

-ㄴ「어미」
① 사건이나 행위가 과거 또는 말하는 이가 상정한 기준 시점보다 과거에 일어남을 나타내는 어미.
¶ 이것은 털실로 짠 옷이다.
② 현재의 상태를 나타내는 어미.
¶ 누나는 유명한 성악가이다.

[학습지]
각 질문에 대해 '예'는 ○, '아니요'는 ×로 표시하시오.

질문	−ㄴ−	−ㄴ	
		①	②
○ 다른 어미 앞에 붙을 수 있는가?	○	×	×	…㉠
○ 어미 '−(으)시−' 뒤에 붙을 수 있는가?	○	○	○	…㉡
○ 어간에 붙어 관형어 구실을 하게 하는가?	×	○	○	…㉢
○ 받침 없는 용언의 어간 뒤에 붙어 현재 시제를 나타내는가?	○	×	○	…㉣
○ 예문으로 '흰 눈이 내립니다.'를 추가할 수 있는가?	○	×	×	…㉤

① ㉠
'간다'를 보면 '−ㄴ−'은 종결 어미 '−다'의 앞에 붙을 수 있다. '짠'의 '−ㄴ'과 '유명한'의 '−ㄴ'은 뒤에 다른 어미가 붙을 수 없다.

② ㉡
'간다'는 '가신다'로, '짠'은 '짜신'으로, '유명한'은 '유명하신'으로 쓸 수 있다.

③ ㉢
'짠'은 '옷'을 수식하고, '유명한'은 '성악가'를 수식하는 관형어 구실을 하고 있다.

④ ㉣
'간다'와 '유명한'은 현재 시제를 나타내고, '짠'은 과거 시제를 나타낸다.

☑ ㉤
'흰 눈이 내립니다.'에서 '흰'의 '−ㄴ'은 현재의 상태를 나타내는 관형사형 어미에 해당하므로 '−ㄴ−'이 아닌 '−ㄴ' ②에 ○으로 표시해야 한다.

39 문장의 구조 이해 정답률 48% | 정답 ⑤

〈보기〉의 ㉮ ~ ㉰에 대한 설명으로 적절하지 않은 것은?

〈보 기〉
㉮ 그 사람이 범인임이 확실히 밝혀졌다.
㉯ 부상을 당한 선수는 장애물 달리기를 포기하였다.
㉰ 학생들은 성적이 많이 오르기를 마음속으로 빌었다.

① ㉮는 명사절 속에 관형어가 한 개 있다.
㉮에서 '그 사람이 범인임'은 주어의 기능을 하는 명사절이고, '그'는 '사람'을 수식하는 관형어이다.

② ㉮에는 주어의 기능을 하는 안긴문장이 있다.
㉮에서 '그 사람이 범인임'은 주어의 기능을 하는 명사절이다.

③ ㉯에는 주어가 생략된 안긴문장이 있다.
㉯에서 '부상을 당한'은 '선수'를 수식하는 관형절이고, '부상을 당한'에서 주어는 생략되어 있다.

④ ㉰는 ㉮와 달리 안긴문장 속에 부사어가 있다.
㉰에서 '성적이 많이 오르기'는 목적어의 기능을 하는 안긴문장이고, '많이'는 '오르기'를 수식하는 부사어이다. 하지만 ㉮의 안긴문장 속에는 부사어가 없다.

☑ ㉯와 ㉰에는 목적어의 기능을 하는 안긴문장이 있다.
㉰의 '성적이 많이 오르기'는 목적어의 기능을 하는 안긴문장이다. 하지만 ㉯의 목적어인 '장애물 달리기'는 명사절이 아니므로 적절하지 않다.

40 매체의 언어적 특성 파악 정답 ⑤

(가)의 언어적 특성에 대한 설명으로 적절하지 않은 것은?

① 다양한 이모티콘을 사용하여 대화의 내용을 보충할 수 있다.
상황에 맞는 이모티콘을 사용하게 되면, 이모티콘을 통해서 이야기하는 사람의 감정이나 생각 등이 더 잘 드러날 수 있다.

② 대화하는 사람들이 같은 물리적 공간에 있지 않더라도 회의를 진행할 수 있다.
휴대 전화를 사용해서 진행하는 회의이기 때문에 참여자가 있는 장소는 상관이 없다.

③ 'ㅎㅎ'나 'ㅋㅋ'와 같이 자음만 사용하여 자신의 기분을 대화 참여자들에게 전달할 수 있다.
'명재'와 '시원'은 자음의 초성만 이용하여 즐거운 감정을 드러내고 있다.

④ '알았음'을 '알쓤'이라고 표현한 것처럼 본래 표현을 짧게 줄여 써서 간단하게 내용을 전달할 수 있다.
휴대 전화를 사용할 때는 간단하고 빠르게 내용을 전달하고자 하기 때문에 줄임말을 사용하기도 한다.

☑ 회의라는 공적인 상황에서 문자 언어로 소통하고 있기 때문에 문어적 의사소통의 특성을 강하게 드러내고 있다.
회의를 하고 있는 상황은 맞지만 휴대 전화라는 매체를 사용해서 대화를 하고 있는 상황이기 때문에 문어적 의사소통의 특성이 강하게 드러난다고 보기는 어렵다. 문어적(글에서만 쓰이는 말)인 글은 보통 인쇄 매체에서 많이 사용된다.

41 매체 간의 특성 비교 정답 ⑤

대화방 참여자들이 ㉠의 방식보다 ㉡의 방식으로 동아리 홍보를 하기로 결정했다면 그 이유로 적절하지 않은 것은?

① ㉠보다 ㉡이 더 많은 사람들에게 노출될 수 있기 때문이다.
SNS의 경우 시공간의 제약이 없고 정보를 다른 이에게 확장시켜서 계속 전달할 수 있기 때문에 더 많은 사람에게 홍보를 할 수 있다는 장점이 있다.

② ㉠보다 ㉡이 빨리 대상에게 내용을 전파할 수 있기 때문이다.
SNS의 경우 실시간으로 내용 제공자와 수용자가 소통할 수 있기 때문에 더 빨리 대상에게 내용을 전달할 수 있다는 장점이 있다.

③ ㉠보다 ㉡이 더 많은 사람들의 이목을 끄는 효과가 크기 때문이다.

SNS의 경우 불특정 다수에게 내용을 보여 줄 수 있으므로 포스터보다 더 많은 사람들의 이목을 끌 수 있다는 장점이 있다.

④ ㉡이 ㉠에 비해 더 생생하게 동아리 활동 내용을 담아낼 수 있기 때문이다.
SNS의 경우 음성, 영상 등 다양한 매체 언어를 활용할 수 있다는 장점이 있어 동아리 활동을 영상으로 찍어 제시하는 등으로 더 생생하게 동아리 활동을 전달할 수 있다.

☑ ㉡은 ㉠에 비해 간접적 소통 방식으로 동아리 정보를 객관적으로 사람들에게 전달할 수 있기 때문이다.
㉠과 ㉡ 모두 정보를 객관적으로 전달할 수 있으며 ㉡이 ㉠보다 좀 더 직접적인 소통 방식을 사용한다고 볼 수 있다.

42 자료를 통한 대화 내용 특징 파악 정답 ⑤

(나)의 밑줄 친 ⓐ를 바탕으로 (가)의 내용을 이해한 것으로 적절하지 않은 것은?

① '사람들이 실시간 댓글 단 내용'을 살피는 것은 소셜 미디어의 대화의 특징과 연관성이 있다.
전통적인 미디어와 달리 쌍방향적인 콘텐츠 공유와 커뮤니케이션이 이루어지는 것은 소셜 미디어의 특징이므로 '실시간으로 댓글 단 내용'을 살피는 것은 소셜 미디어의 대화의 특징이라 볼 수 있다.

② '우리 홍보글을 다시 자기들 SNS로 홍보'해 준다는 내용은 소셜 미디어의 참여의 특징과 연관성이 있다.
수용자였던 사람이 다시 생산자가 되고 있으므로 소셜 미디어의 특징인 '참여'로 볼 수 있다.

③ '패러디 만든 사람들이 따로 모여서' 그들만의 공간을 만든다는 것은 소셜 미디어의 커뮤니티의 특징과 연관성이 있다.
홍보 SNS를 본 사람들이 공통의 관심사를 공유하며 커뮤니티를 만들었으므로 소셜 미디어의 특징인 '커뮤니티'로 볼 수 있다.

④ '방송의 독서 토론 영상'을 보여 주면서 '동아리 참가 신청서' 링크를 거는 것은 소셜 미디어의 연결의 특징과 연관성이 있다.
다양한 콘텐츠와 미디어의 조합이나 링크를 통하여 사용자와 콘텐츠를 연결하는 것이 '연결'인데 '영상'을 보여 주면서 링크를 거는 것은 소셜 미디어의 특징인 '연결'을 드러낸 것이라 할 수 있다.

☑ '동아리 홍보 영상이랑 글'을 홍보해 준 사람에게 선물 주는 이벤트를 한다는 것은 소셜 미디어의 공개의 특징과 연관성이 있다.
소셜 미디어의 특징 중 공개는 소셜 미디어는 사용자의 참여와 피드백 과정을 공개하여 다른 사용자들의 콘텐츠 접근과 사용에 대한 장벽이 없다는 것을 의미한다. 따라서 홍보를 많이 한 사람들에게 선물을 주는 이벤트가 소셜 미디어의 공개라는 특징을 보여 준다고 볼 수는 없다.

43 매체의 특성 파악 정답 ③

(가)와 (나)를 비교한 내용으로 가장 적절한 것은?

① (가)와 (나)는 모두 가독성을 높이기 위해 이미지를 주로 활용한 뉴스 형식을 취하고 있다.
이미지를 주로 활용하여 가독성과 이미지 비율을 높인 것은 (나)의 카드 뉴스에 해당한다.

② (가)는 (나)와 달리 시각적 이미지인 그래프를 사용하여 독자의 이해를 돕고 있다.
(가)와 (나) 모두 그래프를 자료로 사용하고 있는데, 이러한 시각적 이미지인 그래프는 독자의 이해를 도울 수 있다.

☑ (가)는 (나)와 달리 표제와 부제의 방식을 사용해 내용을 요약적으로 보여 주고 있다.
신문은 표제와 부제를 통해 독자들의 흥미와 관심을 끌어 독자가 기사를 읽고 싶게 만들기도 하고 기사의 내용을 요약적으로 보여 주는 역할도 한다. (나)에서는 제목만 보여 주고 있다.

④ (나)는 (가)와 달리 간결하지만 함축적인 표현을 사용하여 독자들의 감성에 호소하는 글쓰기를 하고 있다.
(나)의 카드 뉴스는 일반 뉴스와 달리 짧은 문구로 정보를 효과적으로 전달하려는 목적이 있기 때문에 비유적이거나 함축성을 지닌 단어들로 감성에 호소하는 글쓰기를 하는 문학 작품과는 다르다.

⑤ (나)는 (가)와 달리 전문적인 생산자가 내용을 독자에게 전달하여 지식을 대중화할 수 있다는 특징이 있다.
전문적인 생산자가 문자로 기록된 내용을 독자에게 전달하여 지식을 대중화하는 것은 책이나 신문 등의 인쇄 매체에 해당하는 특징으로 볼 수 있다.

44 신문 기사의 특성 파악 정답 ④

〈보기〉는 (가)의 내용을 읽고 나눈 학생들의 대화이다. 〈보기〉를 통해 알 수 있는 신문 기사의 특성으로 적절하지 않은 것은?

〈보 기〉
성준: △△ 일보에 난 기사 봤어? 밀키트라는 걸 사면 간단하게 음식을 만들 수 있다고 해서 신기하더라.
수민: 나도 기사 봤어. 요리를 못해서 방학 때 혼자 있으면 라면을 자주 끓여 먹었는데 이제는 그러지 말아야겠어. 밀키트는 요리법이 간단해서 설명서만 잘 읽어 보면 음식점에서 먹는 것과 같은 음식을 내가 할 수 있다면? 만들어서 먹는 것이 패스트푸드 자주 먹는 것보다 아무래도 건강에 좋지 않을까?
성준: 그런데 아무리 요리법이 쉽다고 해도 피자 같은 건 그냥 냉동 식품 사다 데워 먹는 게 더 낫지 않을까?
수민: 그렇게 생각할 수도 있지만 밀키트는 HMR 상품군에 속하지만 다른 상품들과 다르다잖아. 요리 과정도 재미있을 것 같아서 밀키트를 사볼래. 판매가 많이 된 음식 종류도 순위별로 정리되어 있어 구매를 결정하는 데 도움이 될 것 같아.

① 독자의 생활을 돌아볼 수 있는 기회를 제공할 수도 있다.
수민이는 라면을 자주 끓여 먹었지만 이제는 그러지 말아야겠다고 이야기하고 있으므로 자신의 생활을 돌아볼 수 있는 기회를 신문 기사를 통해 얻었다고 할 수 있다.

② 독자에게 새로운 정보를 얻을 수 있는 창구로서의 역할을 한다.
성준이는 기사를 읽고 밀키트가 신기하다고 말했으므로 신문 내용을 읽고 새로운 정보를 얻었음을 알 수 있다.

③ 특정 기업의 판매량 조사 자료를 제공하여 독자에게 유용한 정보를 전달할 수 있다.

수민이는 판매가 많이 된 음식 종류가 순위별로 정리되어 있다며 신문에서 봤던 내용을 언급하면서 구매 결정에 도움이 많이 될 것 같다고 말하고 있다. 따라서 신문 기사에서는 특정 기업의 판매량 조사 자료를 제공하여 독자에게 유용한 정보를 제공해 준다고 할 수 있다.

✓ 독자의 의견에 빠른 즉각적인 피드백을 줄 수 있도록 상호 소통 창구를 생성해 놓았다.

(가)는 신문 기사로 즉각적인 피드백을 주고 받을 수 있는 쌍방향성을 갖지 못한다. 쌍방향적인 특징은 인터넷을 기반으로 한 매체들의 특징으로 볼 수 있다. 〈보기〉를 통해서도 신문 기사 내용과 관련하여 즉각적인 피드백을 준다는 내용은 찾아볼 수 없다.

⑤ 독자가 기사의 내용을 통해 다른 제품과의 차이점을 파악할 수 있도록 구체적인 정보를 제공하고 있다.

수민이가 밀키트는 HMR 상품군에 속하지만 다른 상품과는 다르다고 해서 먹어보겠다고 이야기하는 것을 통해, 신문 기사에서는 다른 제품과의 차이점을 파악할 수 있는 정보를 제공하고 있음을 알 수 있다.

---

45 매체의 비판적 수용 · 정답 ⑤

〈보기〉의 관점에서 (가)를 읽은 학생의 반응으로 가장 적절한 것은? [3점]

┌─────── 〈보 기〉 ───────┐
많은 정보를 접할 수밖에 없는 환경 속에서 정보를 수용하는 사람은 상업적 이익을 위한 목적으로 전달된 정보에 노출되거나 비윤리적이고 저속한 정보를 접하는 경우도 생긴다. 따라서 정보를 수용하는 사람은 다양한 매체가 주는 정보를 무조건적으로 수용해서는 안 되고 비판적이고 주체적으로 수용할 수 있어야 한다.
└──────────────────────┘

① 민주 : 전년도에 비해 올해의 시장 규모가 대략 33배 가까이 커질 것이라는 건 너무 심한 것 같아. 과장된 정보가 아닐까?

시장조사를 전문으로 하는 시장조사기업인 ☆☆에서 조사한 자료를 사용하고 있기 때문에 과장되었다고 보기 어렵다.

② 가빈 : 다른 회사들에서도 밀키트를 판매한다니 이제 좀 더 저렴해진 밀키트 상품들을 기대해도 괜찮겠는데?

'가빈'은 기사의 내용을 보고 합리적인 추측을 한 것일 뿐 〈보기〉와 관련 있는 관점으로 보기 힘들다.

③ 현우 : 우리 엄마도 가끔 밀키트로 요리해 주시는데 되게 간편해서 편하다고 하셨어. 밀키트 시장이 저렇게 커질 만도 해.

'현우'는 자신의 경험을 바탕으로 이야기하고 있을 뿐 〈보기〉와 관련 있는 관점으로 보기 힘들다.

④ 주영 : 요즘 사람들이 밖에 잘 안 나가는 추세라서 배달 음식이 그렇게 잘 팔린다고 하던데, 밀키트를 사람들이 많이 이용하는 게 정말일까?

신문 기사 내용을 통해 밀키트 시장의 성장은 확인이 되지만 배달 음식과 밀키트의 상관관계를 확인할 수 있는 내용을 찾을 수 없으며 '주영'의 이야기는 〈보기〉와 관련 있는 관점으로 보기 힘들다.

✓ 지윤 : 특정 회사에서 많이 팔린 제품만 가지고는 진짜 사람들이 많이 먹는 밀키트 제품이 무엇인지 알 수 없으니 공신력 있는 기관에서 조사한 결과를 보고 싶네.

(가)의 글은 OO에 해당하는 내용을 기사 내용에 많이 반영하고 있다. 따라서 OO몰이 아닌 다른 공신력 있는 기관에서 조사한 결과로 밀키트 판매량을 조사하면 사람들이 많이 먹는 밀키트 제품을 알 수 있게 될 것 같다는 지윤이의 이야기는 〈보기〉의 관점을 반영했다고 볼 수 있다.

03 회 | 수능 실전 모의고사 · 고3

| 정답과 해설 |

· 정답 ·
35 ③ 36 ④ 37 ④ 38 ① 39 ④ 40 ④ 41 ③ 42 ② 43 ③ 44 ④ 45 ①

★ 표기된 문항은 [등급을 가르는 문제]에 해당하는 문항입니다.

---

35 음운 변동의 조건 파악 · 정답률 38% | 정답 ③

윗글을 바탕으로 〈보기〉를 탐구한 결과로 적절한 것은?

┌─────── 〈보 기〉 ───────┐
○ ⓐ 집념[짐념]도 강하다.
○ 춤을 ⓑ 곧잘[곧짤] 춘다.
○ 책상에 ⓒ 놓고[노코] 가라.
○ 음식을 ⓓ 담기[담:끼]가 힘들다.
○ 모기한테 ⓔ 뜯긴[뜯낀] 모양이다.
└──────────────────────┘

① ⓐ와 ⓑ에서 이어져 있는 두 자음이 용언의 어간과 어미에 이어져 나타나면 음운 변동이 일어나지 않는다.

1, 2문단을 보면 장애음과 비음이 이어지거나 예사소리인 파열음 뒤에 예사소리가 이어질 때에는 자연스럽게 발음하기가 어려워 예외 없이 음운 변동이 일어남을 알 수 있다. 한편 ⓐ에서는 비음화가, ⓑ에서는 된소리되기가 일어나고 있다.

② ⓐ와 ⓔ에서 이어져 있는 두 자음을 제 소리대로 연달아 발음하는 것은 표준 발음으로 인정된다.

4문단을 보면 국어에서 규칙적으로 일어나는 음운 변동은 표준 발음으로 인정되는 것을 알 수 있다. 그런데 ⓐ는 비음화가, ⓔ는 된소리되기가 나타나므로, 이어져 있는 두 자음을 제 소리대로 연달아 발음하는 것이 아니므로 적절하지 않다.

✓ ⓑ와 ⓒ는 발음될 때, 음운과 관련된 조건만으로 규칙성을 파악할 수 있는 음운 변동이 일어난다.

1문단에서 비음화, 자음 축약(거센소리되기)과 같은 현상은 음운과 관련된 조건만으로 규칙성을 파악할 수 있음을 알 수 있다. 그리고 3문단을 보면 파열음인 예사소리 뒤에서 일어나는 된소리되기도 마찬가지이지만, 용언 어간 말 비음 뒤에서 일어나는 된소리되기는 용언의 어간과 어미라는 형태소와 관련된 조건까지 필요함을 알 수 있다. 〈보기〉의 ⓑ는 발음될 때 파열음인 예사소리 뒤에서 일어나는 된소리되기가 일어나고, ⓒ에는 자음 축약이 일어난다. 즉, ⓑ와 ⓒ 모두 음운과 관련된 조건만 필요한 음운 변동이 일어남을 알 수 있다.

④ ⓒ와 ⓓ는 발음될 때, 용언의 어간과 어미가 결합한다는 조건이 음운 변동을 일으키는 요인으로 작용한다.

1문단에서, 비음화와 자음 축약은 장애음 뒤에 비음이 이어질 때, 'ㅎ'의 앞이나 뒤에서 예사소리가 이어질 때와 같이 음운과 관련된 조건만으로 규칙성을 파악할 수 있음을 알 수 있다. 그런데 ⓒ는 자음 축약이 일어나므로 형태소와 관련된 조건은 필요 없다. 형태소 조건이 필요한 경우는 비음 뒤의 예사소리가 된소리로 발음되는 현상의 규칙성을 파악할 경우이다.

⑤ ⓓ와 ⓔ는 발음될 때, 용언의 어간과 결합하는 어미의 첫소리가 예사소리에서 된소리로 바뀐다.

'뜯긴'은 '뜯기 + ㄴ'으로 분석되므로, '뜯기-'가 어간이다. 즉, '뜯긴'은 예사소리인 파열음 뒤에서 된소리되기가 일어난 경우이다.

---

36 한글 맞춤법의 이해 · 정답률 48% | 정답 ④

윗글을 바탕으로 〈보기〉의 '한글 맞춤법'을 이해한 내용으로 적절한 것은? [3점]

┌─────── 〈보 기〉 ───────┐
제1항 한글 맞춤법은 표준어를 소리대로 적되, 어법에 맞도록 함을 원칙으로 한다.

제5항 한 단어 안에서 뚜렷한 까닭 없이 나는 된소리는 다음 음절의 첫소리를 된소리로 적는다.

　1. 두 모음 사이에서 나는 된소리 예 가끔, 어찌

　2. 'ㄴ, ㄹ, ㅁ, ㅇ' 받침 뒤에서 나는 된소리 예 잔뜩, 훨씬

　다만, 'ㄱ, ㅂ' 받침 뒤에서 나는 된소리는, 같은 음절이나 비슷한 음절이 겹쳐 나는 경우가 아니면 된소리로 적지 아니한다. 예 국수, 몹시

제13항 한 단어 안에서 같은 음절이나 비슷한 음절이 겹쳐 나는 부분은 같은 글자로 적는다. (ㄱ을 취하고, ㄴ을 버림.)

ㄱ	ㄴ
딱딱	딱닥
└──────────────────────┘

① 두 모음 사이에 예사소리가 오면 예외 없이 된소리가 되므로 '가끔'은 표기에 된소리를 밝혀 적는다.

제시된 글에 '두 모음 사이에 예사소리가 오면 예외 없이 된소리되기'가 된다는 내용은 없으므로 적절하지 않다. 그리고 〈보기〉에서 '가끔'이 한글 맞춤법 제5항-1에 따라 표기된 것에서도 적절하지 않음을 알 수 있다.

② 예사소리인 파열음 뒤에서 된소리되기가 일어날 때 규칙성을 찾을 수 없으므로 '몹시'는 예사소리로 적는다.

예사소리인 파열음 뒤에서 일어나는 된소리되기는 규칙적인 현상에 해당하므로 적절하지 않다. 그리고 한글 맞춤법 제5항과 제5항의 '다만'에 따라 '몹시'라고 표기하고 있는 것을 볼 때도 적절하지 않다.

③ '딱딱'은 '딱닥'으로 적으면 표준 발음이 [딱닥]이 될 수도 있으므로 두 번째 음절 첫소리를 예사소리로 적지 않는다.

한글 맞춤법 제5항의 '다만' 규정과 제13항에 따라 '딱딱'이라고 표기한 것에 해당하므로 적절하지 않다.

✓ '국수'는 두 번째 음절 첫소리를 된소리로 적지 않더라도 표준 발음인 [국쑤]로 발음되므로 표기에 된소리를 밝혀 적지 않는다.

제시된 글의 '국어에서 일어나는 된소리되기를 살펴보면, 예사소리인 파열음 'ㅂ, ㄷ, ㄱ' 뒤에 예사소리 'ㅂ, ㄷ, ㄱ, ㅅ, ㅈ'이 연달아 발음되기 어려워, 뒤에 오는 예사소리가 반드시 된소리로 바뀐다.'를 보면, 예사소리인 파열음 뒤에서 일어나는 된소리되기는 예외 없이 일어나는 음운 변동임을 알 수 있다. 그리고 〈보기〉의 제5항의 예로 '국수, 몹시'를 들고 있다. 따라서 '국수'는 '국수'로 적더라도 발음은 [국쑤]로 하게 된다.

⑤ '잔뜩'은 비음으로 끝난 용언의 어간 뒤의 예사소리가 된소리로 변했다는 뚜렷한 까닭이 있으므로 표기에 된소리를 밝혀 적는다.
〈보기〉의 한글맞춤법 제5항의 내용과 제5항-1에서 'ㄴ, ㄹ, ㅁ, ㅇ' 받침 뒤에서 나는 된소리의 사례로 '잔뜩'이 제시되어 있는 것을 볼 때 적절하지 않다.

37 단어의 형성 방법 파악 | 정답률 75% | 정답 ④

〈보기〉의 밑줄 친 부분과 관련한 탐구로 적절하지 않은 것은?

〈보 기〉

선생님 : 지난 시간에 모둠별로 〈그림〉의 대상을 지칭하는 새말을 만드는 활동을 했어요. 이번 시간에는 지난 시간에 만든 새말들의 단어 구조에 대해 탐구해 봅시다.

○ 모둠 활동 결과

〈그림〉		새말
	㉠	오이칼, 껍질칼
	㉡	갉작갉작칼, 사각사각칼
	㉢	까개, 깎개
	㉣	긁도구, 밀도구
	㉤	박박이, 쓱쓱이

① ㉠은 명사 어근들을 결합하여 만든 통사적 합성어입니다.
㉠의 '오이칼, 껍질칼'에서 '오이', '껍질', '칼' 모두 명사 어근이다. 명사가 명사를 수식하는 것은 일반적인 문장 형성 방식과 부합하므로 통사적 합성어이다.

② ㉡은 부사 어근과 명사 어근을 결합하여 만든 비통사적 합성어입니다.
㉡의 '갉작갉작칼, 사각사각칼'에서 '갉작갉작', '사각사각'은 부사 어근, '칼'은 명사 어근이다. 부사가 명사를 수식하는 것은 일반적인 문장 형성 방식과 부합하지 않으므로 비통사적 합성어이다.

③ ㉢은 동사 어근에 접사를 결합하여 만든 파생어입니다.
㉢의 '까개, 깎개'에서 '까-', '깎-'은 동사 어근, '-개'는 접사이므로 파생어이다.

✓ ④ ㉣은 명사 어근에 접사를 결합하여 만든 파생어입니다.
통사적 합성어는 단어 형성 방식이 일반적인 문장 형성 방식과 부합하는 합성어이고, 비통사적 합성어는 단어 형성 방식이 일반적인 문장 형성 방식과 부합하지 않는 합성어이다. ㉣의 '긁도구, 밀도구'에서 '긁-', '밀-'은 동사 어근, '도구'는 명사 어근으로, 동사 어근이 어미와 결합하지 않고 명사 어근과 직접 결합하고 있어서 일반적인 문장 형성 방식과 부합하지 않는다. 따라서 ㉣에서 제시된 단어들은 비통사적 합성어이다.

⑤ ㉤은 부사 어근에 접사를 결합하여 만든 파생어입니다.
㉤의 '박박이, 쓱쓱이'에서 '박박', '쓱쓱'은 부사 어근, '-이'는 접사이므로 파생어이다.

★★★ 등급을 가르는 문제!
38 문장의 짜임 파악 | 정답률 28% | 정답 ①

㉠ ~ ㉣의 문장 성분과 문장 구조에 대한 설명으로 적절하지 않은 것은?

㉠ 내가 빌린 자전거는 내 친구의 것이다.
㉡ 우리는 공연이 시작되기 전에 극장에 도착했다.
㉢ 피아노를 잘 치는 영수는 손가락이 누구보다 길다.
㉣ 파수꾼이 마을에 사는 사람들을 속였음이 드러났다.

✓ ① ㉠, ㉢에는 모두 서술어의 기능을 하는 안긴문장이 있다.
㉠의 서술어인 '내 친구의 것이다'는 '내 친구의 것'이라는 구에 '이다'라는 서술격 조사가 붙은 것으로 안긴문장이 아니다.
㉢에서 '손가락이 길다'는 '손가락'이라는 주어와 '길다'라는 서술어를 갖추고 있고, 문장 전체의 주어인 '영수는'을 서술하고 있으므로 서술어의 기능을 하는 안긴문장이다.

② ㉠, ㉣에는 모두 체언을 수식하는 안긴문장이 있다.
㉠의 '내가 빌린'은 관형절로 쓰여 체언인 '자전거'를 수식하고 있고, ㉣의 '마을에 사는'은 관형절로 쓰여서 체언인 '사람들'을 수식하고 있으므로 적절하다.

③ ㉡의 안긴문장에는 부사어가 없지만, ㉢의 안긴문장에는 부사어가 있다.
㉡의 '공연이 시작되기'는 체언인 '전'을 수식하는 안긴문장으로, 이 문장에서 부사어는 나타나지 않는다. 반면에 ㉢의 '피아노를 잘 치는'은 체언인 '영수'를 수식하는 안긴문장으로, 이 문장에서 '잘'은 부사어에 해당한다. 또한 '손가락이 누구보다 길다'는 서술절로 안긴문장으로, 이 문장에서 '누구보다'는 부사어에 해당한다.

④ ㉡에는 관형어의 기능을 하는 안긴문장이 있고, ㉣에는 조사와 결합하여 주어의 기능을 하는 안긴문장이 있다.
㉡의 '공연이 시작되기'는 명사인 '전'을 꾸며 주고 있으므로 관형어의 기능을 하는 안긴문장이다. 그리고 ㉣의 '파수꾼이 마을에 사는 사람들을 속였음'은 명사절로 안긴문장으로 조사 '이'와 결합하여 문장에서 주어의 기능을 하고 있다.

⑤ ㉢, ㉣에는 모두 주어가 생략된 안긴문장이 있다.
㉢의 '피아노를 누구보다 잘 치는'은 주어인 '영수가'가 생략되어 있는 안긴문장에 해당하고, ㉣의 '마을에 사는'은 주어인 '사람들이'가 생략되어 있는 안긴문장에 해당한다.

★★ 문제 해결 꿀~팁 ★★

▶ 많이 틀린 이유는?
문장 구조 및 이와 관련한 문장 성분에 대한 정확한 이해가 부족하여 오답률이 높았던 것으로 보인다. 특히 서술절에 대한 정확한 이해가 부족하여 오답률이 높았던 것으로 보인다.

▶ 문제 해결 방법은?
일차적으로 ㉠ ~ ㉣에 어떤 안긴문장이 있는지 파악해야 하고, 그런 다음 안긴문장이 문장에서 어떤 성분으로 쓰이고 있는 지를 파악하여 선택지의 적절성 여부를 파악해야 한다. 가령 ㉠에는 관형절로 안긴문장인 '내가 빌린'이 있고, '자전거'를 수식하고 있음을 알아야 한다. 마찬가지로 ㉢에는 관형절로 안긴 '피아노를 잘 치는'과 서술절로 안긴 '손가락이 길다'가 있음을 알아야 한다. 이렇게 안긴문장을 파악하면 ㉠에서 서술절이 사용되지 않았음을 알 수 있을 것이다. 한편 서술격 조사가 사용된 것은 서술절이라 볼 수 없는데, ㉠의 '내 친구의 것이다'에서는 서술격 조사가 사용되고 있지, '주어 + 서술어'의 관계가 나타나지 않으므로 서술절이라 볼 수 없다.
▶ 오답인 ④, ⑤를 많이 선택한 이유는?
④번 문제를 적절하다고 선택하여 오답률이 높았던 가장 큰 이유는, '공연이 시작되기'가 명사형으로 끝나서 명사절이라고 잘못 파악하였기 때문으로 보인다. 하지만 '공연이 시작되기'가 뒤의 '전'을 꾸며 주고 있으므로 관형절이라고 파악해야 한다. ⑤의 경우 '영수'와 '마을 사람들'이 제시되어 있어서 주어가 생략되었다고 판단하였기 때문으로 보인다. 이는 두 개의 문장이 하나의 문장으로 합쳐지는 경우에 공통적으로 사용되는 주어는 생략이 가능하다는 사실을 간과했기 때문으로 보인다.

39 중세 국어 조사의 이해 | 정답률 60% | 정답 ④

〈보기〉의 (가)에 들어갈 내용으로 적절하지 않은 것은?

〈보 기〉

학습 활동	다음 자료를 보고, 중세 국어의 조사에 대해 탐구해 보자.
학습 자료	ㄱ. **ᄃᆞ리** 즈믄 ᄀᆞᄅᆞ매 **비취요미** 곧ᄒᆞ니라 　(달이 천 개의 강에 비침과 같으니라) ㄴ. 네 後(후)에 **부톄** 드외야 　(네가 후에 부처가 되어) ㄷ. **부텻** 모미 여러 **가짓** 상(相)이 ᄀᆞᄌᆞ샤 　(부처의 몸이 여러 가지의 상이 갖춰져 있으시어) ㄹ. **사ᄉᆞ미** 등과 **도ᄌᆞ기** 입과 눈 　(사슴의 등과 도적의 입과 눈) ㅁ. 사ᄅᆞ미 **모ᄆᆞᆯ** 득(得)ᄒᆞ고 **부텨를** 맛나 잇ᄂᆞ니 　(사람의 몸을 득하고 부처를 만나 있으니)
활동 결과	(가)

① ㄱ의 'ᄃᆞ리'와 '비취요미'에서 '이'가 각각 주격 조사와 부사격 조사로 사용되었다.
'ᄃᆞ리'의 현대어 풀이는 '달이'이고, '비취요미'의 현대어 풀이는 '비침과'이다. 따라서 'ᄃᆞ리'는 '둘'에 주격 조사 '이'를 붙인 것이고, '비취요미'는 '비취욤'에 부사격 조사 '이'를 붙인 것이다. 부사격 조사 '이'는 다른 대상과 비교하는 의미를 나타내는 조사이다.

② ㄴ의 '네'에서 'ㅣ'가 주격 조사로, '부톄'에서 'ㅣ'가 보격 조사로 사용되었다.
'네'의 현대어 풀이는 '네가'이고, '부톄 드외야'의 현대어 풀이는 '부처가 되어'이므로, '네'는 '너'에 주격 조사 'ㅣ'를 붙인 것이고, '부톄'는 '부텨'에 보격 조사 'ㅣ'를 붙인 것이다.

③ ㄷ의 '부텻'과 '가짓'에서 'ㅅ'이 모두 관형격 조사로 사용되었다.
'부텻'의 현대어 풀이는 '부처의'이므로, '부텻'에 관형격 조사 'ㅅ'을 붙여 '몸'을 꾸며 주는 관형어이다. 그리고 '여러 가짓'의 현대어 풀이는 '여러 가지의'이므로, '가지'에 관형격 조사 'ㅅ'을 붙여 '상(相)'을 꾸며 주는 관형어이다.

✓ ④ ㄹ의 '사ᄉᆞ미'와 '도ᄌᆞ기'에는 '이'가 각각 기준과 조건을 나타내는 부사격 조사로 사용되었다.
ㄹ의 '사ᄉᆞ미 등과 도ᄌᆞ기 입과 눈'의 현대어 풀이를 보면 '사슴의 등과 도적의 입과 눈'이므로, '사ᄉᆞ미'는 체언인 '등'을 꾸며 주는 관형어이고, '도ᄌᆞ기'는 체언인 '입'을 꾸며 주는 관형어이다. 따라서 '사ᄉᆞ미'와 '도ᄌᆞ기'는 관형격 조사 '이'를 붙인 것임을 알 수 있다.

⑤ ㅁ의 '모ᄆᆞᆯ', '부텨를'에는 형태가 다른 목적격 조사가 사용되었다.
'모ᄆᆞᆯ'의 현대어 풀이는 '몸을'이므로 '몸'에 목적격 조사 '을'을 붙인 것이다. 그리고 '부텨를'의 현대어 풀이는 '부처를'이므로, '부텨'에 목적격 조사 '를'을 붙인 것이다.

40 매체의 특성 파악 | 정답 ④

(가), (나)에 대한 설명으로 적절하지 않은 것은?

① (가)는 (나)와 달리 관련 정보를 확장하여 확인해 볼 수 있다.
(가)에서 '▶ 각 지역별 현재 날씨'라는 링크를 통해 다른 정보를 더 확인할 수 있기 때문에 정보를 확장해서 볼 수 있음을 알 수 있다.

② (가)는 (나)와 달리 정보와 관련된 개인적 의견을 제시할 수 있다.
(가)의 댓글을 통해 개인들이 자신들의 생각이나 의견을 제시하고 있음을 확인할 수 있다.

③ (나)는 (가)와 달리 특정 시간에 정보를 전달한다.
(나)는 텔레비전 뉴스이기 때문에 정해진 시간에 방송되는 것이 (가)의 블로그와 다름을 알 수 있다.

✓ ④ (나)는 (가)와 달리 핵심 정보를 요약적으로 정리하여 전달한다.
(가)도 태풍이 발생했을 때 어떻게 해야 하는지에 대한 내용을 시각 자료를 활용해 요약적으로 보여 주고 있다.

⑤ (나)는 (가)와 달리 영상 언어로 내용을 생생하게 전달하고 있다.
(가)에는 영상 언어로 만들어진 자료가 없으므로 (나)에만 해당하는 내용임을 알 수 있다.

41 매체 자료 수용 태도 파악 | 정답 ③

(나)의 텔레비전 뉴스를 보는 도중에 (가)의 밑줄 친 ⓐ의 내용을 보았다. 이때 인터넷 매체를 통해 전달되는 자료를 수용하는 태도로 가장 적절한 것은?

① 정보를 제공한 사람이 아는 사람인지 여부를 확인한 후 내용을 수용한다.
'아는 사람'이라도 전문가가 아닐 경우 잘못된 정보를 전달할 수 있다.

② 정보가 가장 최근에 업데이트 되었는지 여부를 확인한 후 내용을 수용한다.
최근에 업데이트 되었어도 그 정보의 출처가 불분명하면 믿을 수 없다.

☑ 정보를 누가 전달하고 있는지 전달자의 전문성 여부를 확인한 후 내용을 수용한다.
인터넷 매체에서는 전문가가 아닌 사람도 생산자가 될 수 있기 때문에 정보의 신뢰성이 의심되는 경우가 있으므로, 전문가가 정보를 제공하고 있는지 여부를 살펴 수용 여부를 결정해야 한다.

④ 정보를 전달한 사람의 글을 많은 이들이 지지하고 있는지 여부를 확인한 후 내용을 수용한다.
많은 이들이 지지했다고 해서 그 정보가 진실이라는 보장은 없다.

⑤ 정보를 해석할 때 충분한 시간을 가지고 해석한 것인지 여부를 확인한 후 내용을 수용한다.
정보가 사실이 아니라면 시간을 들여 해석해도 진실이 아닌 것은 변함이 없다.

---

42 올바른 언어 생활   정답 ②

(가)의 ㉠ ~ ㉤에 대한 수정 방안으로 적절하지 않은 것은?

① ㉠ : '확인시키는'은 불필요한 사동 표현을 사용했으므로 '확인하는'으로 수정한다.

☑ ② ㉡ : '입지 않도록 해주세요.'의 부정의 보조 용언 '않다'는 앞말에 붙여서 쓰도록 수정한다.
'입지 않도록 해주세요.'의 부정의 보조 용언 '않다'는 띄어 쓰는 것이 맞는 표현이다.

③ ㉢ : '많을것 같습니다.'에서 의존 명사 '것'은 띄어 쓰도록 한다.

④ ㉣ : '난리났읍니다'는 맞춤법이 잘못되었으므로 '난리났습니다'로 수정한다.

⑤ ㉤ : '불러 일으키는'은 한 단어로 굳어진 말이므로 '불러일으키는'으로 수정한다.

---

43 매체의 특성 파악   정답 ③

(가)와 (나)에 대한 설명으로 적절하지 않은 것은?

① (가)는 정보량의 제약이 (나)보다 덜해 (나)에 비해 더 많은 정보를 심층적으로 수용자에게 전달할 수 있다.
(나)는 주어진 방송 보도 시간에 맞춰 핵심적인 정보만을 전달해야 하는 매체이므로 정보량의 제약이 (가)에 비해 큰 편이다.

② (가)는 (나)와 달리 수용자가 전체 내용을 미리 훑어본 뒤, 원하는 내용을 선별하여 읽을 수 있다.
(가)는 종이 신문이므로 수용자가 전체 기사 내용 중 본인이 원하는 내용을 선별하여 읽을 수 있는 반면, (나)는 방송 보도이므로 수용자가 전체 내용을 미리 개관하거나 특정 정보를 선별하여 시청하기 힘들다.

☑ ③ (가)는 (나)와 달리 수용자가 정보를 습득할 수 있는 시간이 제한적이므로 정보의 유통에 시간적 제약성이 따른다.
수용자가 정보를 습득할 수 있는 시간이 제한적인 것은 (가)가 아닌 (나)이다. (나)의 경우 텔레비전 뉴스이므로, 해당 정보에 대해 주어진 방송 시간이 지나고 나면 수용자가 정보를 습득하기 어려운 측면이 있다.

④ (나)는 (가)와 달리 수용자들이 문자를 모르더라도 메시지를 이해할 수 있다.
(나)는 문자 언어보다는 음성 언어를 중심으로 정보를 전달하는 매체이므로 수용자가 문자 언어를 모른다고 하더라도 전달되는 메시지를 이해할 수 있다.

⑤ (나)는 (가)와 달리 동영상 위주로 정보를 전달하므로 정보의 실재감을 높일 수 있다.
문자 언어를 주로 활용하는 매체인 (가)와 달리 (나)는 방송 보도인 영상 매체에 해당하므로 정보의 실재감을 높일 수 있다.

---

44 자료에 따른 매체 내용의 이해   정답 ④

〈보기〉를 참고하여 (가), (나)에 대해 이해한 내용으로 가장 적절한 것은? [3점]

> ─〈보 기〉─
> 매체 자료의 생산자는 수용자의 연령을 고려하여 내용의 범위를 결정하고, 난이도를 조정하여 표현 방식을 달리할 수 있다. 또한 수용자의 성별을 고려하여 편향하거나 차별적인 내용은 없는지, 전달 방식은 적합한지를 판단하기도 한다. 그리고 수용자의 배경지식과 관심사를 고려하여, 수용자가 요구하는 정보의 내용과 양을 결정할 수 있다. 수용자가 다수인지 소수인지에 따라서도 생산하는 내용과 그 내용을 효과적으로 전달하는 방식이 달라질 수 있다.

① (가)의 생산자는 해당 매체 자료의 주요 수용자의 연령대를 초등학생으로 한정하고 있군.
(가)의 기사 제재가 초등학교의 선플 달기 운동이라 해도 수용자 연령대가 초등학생으로 한정되는 것은 아니다.

② (가)의 수용자가 해당 매체 자료를 이해하기 위해서는 청소년 인터넷 언어 사용에 대한 배경지식을 반드시 가지고 있어야 하군.
(가)는 청소년 인터넷 언어 사용에 대한 내용을 수용자들에게 설명하는 내용에 해당한다. 하지만 수용자가 이에 대한 배경지식을 사전에 반드시 가지고 있어야 할 필요는 없다.

③ (나)의 생산자는 수용자인 고등학생의 수준에 맞게 해당 매체 자료의 난이도를 조정할 필요가 있군.
(나)에서 고등학교의 사례를 다루고 있다고 해서 해당 매체 자료의 난이도를 고등학생의 수준에 맞게 조정할 이유는 없다.

☑ ④ (나)의 생산자는 인터넷 문화 확산의 부작용에 대한 사회적 관심사를 고려하여 해당 내용을 생성하고 있군.
(나)의 생산자는 '인터넷 문화가 확산하면서 악성 댓글이 사회에 악영향을 끼치고 있'는 현실에 주목하여 해당 보도 내용을 기획하였다.

⑤ (나)의 수용자는 해당 매체 내용의 일부에서 편협하거나 차별적인 내용을 확인할 수 있군.
(나)에서는 편협하거나 차별적인 내용은 특별히 확인되지 않는다.

---

45 매체의 언어적 특성 파악   정답 ①

(가)의 언어적 특성을 고려할 때, ㉠ ~ ㉤에 대한 설명으로 적절하지 않은 것은?

☑ ① ㉠ : 그래프의 내용을 요약하여 제시하는 방식으로 부제의 성격을 드러내고 있다.
㉠에서는 '비속어가 일상어였던 학생들의 언어'가 순화되었다는 내용을 요약적으로 제시할 뿐, 그래프의 내용을 다루지는 않고 있다.

② ㉡ : 독자가 낯설어할 만한 용어를 풀어 제시하여 이해를 돕고 있다.
괄호를 활용하여 '선플'의 의미를 독자들이 알 수 있도록 풀어서 제시하고 있다.

③ ㉢ : 현장의 반응을 직접 인용하여 기사 내용의 신뢰성을 제고하고 있다.
교감의 인터뷰 내용을 직접 인용하여 현장의 목소리를 전달하고 있다. 이러한 현장 목소리 제시는 독자들에게 신뢰감을 준다.

④ ㉣ : 구체적인 수치를 사용하여 특정 상황과 관련된 특정 지역의 변화 양상을 드러내고 있다.
특정 지역인 □□시의 학교 폭력 신고 건수의 수치 변화 양상을 제시함으로써 □□시에서 학교 폭력이 준 상황을 부각하고 있다.

⑤ ㉤ : 연결 어미를 활용하여 제시하고자 하는 정보를 나열하고 있다.
'-고'라는 연결 어미를 활용하여 정보를 나열하고 있다.

04회 | 수능 실전 모의고사　고3

| 정답과 해설 |

• 정답 •

35 ② 36 ③ 37 ④ 38 ④ 39 ② 40 ⑤ 41 ① 42 ① 43 ① 44 ④ 45 ⑤

★ 표기된 문항은 [등급을 가르는 문제]에 해당하는 문항입니다.

35 　현대 국어의 부정문의 특성 이해　정답률 74% | 정답 ②

윗글을 바탕으로 〈보기〉를 이해한 내용으로 적절하지 않은 것은? [3점]

〈보 기〉

> **태영**: 새로 배정받은 ㉠ 동아리실이 그리 넓지 못해 고민이야. 우리가 쓰던 ㉡ 물품이 전부 안 들어 가겠는데?
> **수진**: 그 정도는 아닐 거야. 일단 물품을 옮겨 보자. 내일 어때?
> **태영**: 미안하지만 ㉢ 나는 내일 못 와. 이번 휴일에는 집에서 좀 쉬고 싶어.
> **수진**: ㉣ 나도 별로 안 내키는데, 다른 친구들은 내일 시간이 괜찮다고 하더라.
> **태영**: 그래? 그럼 나도 와서 도울게. 그나저나 ㉤ 내일은 제발 덥지만 마라.

① ㉠의 '못' 부정문은 형용사인 서술어에 '긴 부정문' 형태로 실현되어 화자가 기대하는 기준에 이르지 못한다는 의미를 나타내고 있군.
3문단을 통해 '못' 부정문은 일반적으로 서술어가 형용사인 경우에는 성립할 수 없지만, '긴 부정문'에 한하여 '화자의 기대하는 기준에 이르지 못함'의 뜻을 나타내는 경우에는 쓰이기도 함을 알 수 있다. 따라서 ㉠의 '못' 부정문은 '넓다'의 형용사인 서술어에 '긴 부정문' 형태로 실현되어 있으므로, 화자가 기대하는 기준에 이르지 못한다는 의미를 나타낸다.

☑ ② ㉡의 '안' 부정문은 주어가 의지를 가질 수 있는 동작 주체인 경우이기 때문에 '단순 부정'과 '의도 부정'으로 모두 해석이 가능하겠군.
2문단을 통해 서술어가 형용사이거나 주어가 의지를 가질 수 없는 경우에는 대개 '단순 부정'으로 해석함을 알 수 있다. 그리고 ㉡을 통해 '안' 부정문의 주어가 '물품'으로, 의지를 가질 수 없는 경우에 해당함을 알 수 있다. 따라서 ㉡의 '안' 부정문은 '단순 부정'과 '의도 부정'으로 모두 해석이 가능하지 않고 '단순 부정'으로만 해석해야 한다.

③ ㉢의 '못' 부정문은 완곡한 거절이라는 화자의 심리적 태도를 나타내고 있군.
3문단을 통해 '못' 부정문은 완곡한 거절, 또는 강한 거부와 같은 화자의 심리적 태도를 반영하기도 함을 알 수 있다. 따라서 ㉢의 '못' 부정문은 앞의 '미안하지만'과 연결하여 볼 때 완곡한 거절이라는 화자의 심리적 태도를 나타낸다.

④ ㉣의 서술어는 동작 주체의 능력으로는 어쩔 수 없는 심리적 상태를 나타내기 때문에 '못' 부정문에 사용될 수 없겠군.
3문단을 통해 동작 주체의 능력으로는 어쩔 수 없는 심리적 상태를 나타내는 서술어는 '못' 부정문에 쓰이기 어려움을 알 수 있다. 따라서 ㉣의 서술어인 '내키다'는 동작 주체의 능력으로는 어쩔 수 없는 심리적 상태를 나타내므로 '못' 부정문에는 사용될 수 없다.

⑤ ㉤의 '말다' 부정문은 형용사인 서술어에 '긴 부정문' 형태로 실현되어 화자의 기원이나 희망의 의미를 나타내고 있군.
4문단을 통해 문장의 서술어가 형용사라도 기원이나 희망을 나타낼 때는 '말다' 부정문이 쓰이기도 함을 알 수 있다. 따라서 ㉤의 '말다' 부정문은 형용사인 '덥다' 서술어에 '긴 부정문' 형태로 실현되어 있으므로, 화자의 기원이나 희망의 의미를 나타낸다.

● 문법 필수 개념

■ 부정 표현의 종류 : '안' 부정문, '못' 부정문, '말다' 부정문이 있음.

'안' 부정문	어떤 상태가 그렇지 않다는 단순 부정과, 주체의 의지에 의한 부정인 의지 부정을 표현	• 날씨가 안 좋다. → 단순 부정 • 철수가 밥을 안 먹었다. → 의지 부정
'못' 부정문	주체의 능력 부족을 나타내는 능력 부정과, 외부의 원인에 의한 부정인 상황 부정을 표현	• 그는 너를 못 이긴다. → 능력 부정 • 눈이 와서 집에 못 간다. → 상황 부정
'말다' 부정문	• 명령문과 청유문의 부정 표현에 쓰임. • 용언의 어간+'-지 말다' → 긴 부정	• 떠들지 말자. → 청유문 부정 • 떠들지 마라. → 명령문 부정

36 　중세 국어의 부정문의 특성 이해　정답률 76% | 정답 ③

다음은 수업의 일부이다. 윗글을 바탕으로 ⓐ~ⓓ에 대해 이해한 내용으로 적절하지 않은 것은?

> **선생님**: 중세 국어의 부정문은 현대 국어와 큰 차이가 없었습니다. 제시한 예문들을 현대 국어와 비교하여 이해해 봅시다.
>
> [중세 국어] 世尊이 ⓐ 아니 오실씨
> [현대 국어] 세존이 아니 오시므로
>
> [중세 국어] 닐웨사 ⓑ 머디 아니ᄒᆞ다.
> [현대 국어] 이레야 멀지 아니하다.
>
> [중세 국어] 부텨를 몯 맛나며 法을 ⓒ 몯 드르며
> [현대 국어] 부처를 못 만나며 법을 못 들으며
>
> [중세 국어] 이 ᄠᅳ들 ⓓ 닛디 마ᄅᆞ쇼셔.
> [현대 국어] 이 뜻을 잊지 마십시오.

① ⓐ를 보니 중세 국어에서도 현대 국어의 '안' 부정문에 해당하는 부정문이 사용되었음을 알 수 있군.
ⓐ의 현대 국어 풀이를 보면 '아니 오시므로'임을 알 수 있으므로, 이를 통해 중세 국어에서도 현대 국어의 '안' 부정문에 해당하는 부정문이 사용되었음을 알 수 있다.

② ⓑ를 보니 현대 국어에서처럼 중세 국어에서도 '단순 부정'에 해당하는 부정문이 사용되었음을 알 수 있군.

2문단을 통해 '안' 부정문은 객관적인 사실을 부정하는 '단순 부정'과 동작 주체의 의도를 부정하는 '의도 부정'이 있음을 알 수 있다. 그리고 ⓑ의 현대 국어 풀이를 보면 '멀지 아니하다'임을 알 수 있으므로, 중세 국어에서도 현대 국어에서처럼 '단순 부정'에 해당하는 부정문이 사용되었음을 알 수 있다.

☑ ③ ⓒ를 보니 현대 국어에서처럼 중세 국어에서도 동작 주체의 의도를 부정하는 부정문이 사용되었음을 알 수 있군.
2문단을 통해 '안' 부정문으로 동작 주체의 의도를 부정하는 '의도 부정'이 있음을 알 수 있고, 3문단을 통해 '못' 부정문은 동작 주체의 능력 부족을 드러내는 부정문임을 알 수 있다. 그리고 ⓒ는 현대 국어 풀이를 통해 '못 들으며'로 해석되고 있음을 알 수 있다. 따라서 ⓒ는 동작 주체의 능력 부족을 드러내는 부정문으로 사용되었음을 알 수 있으므로, 동작 주체의 의도를 부정하는 부정문이 사용되었다는 이해 내용은 적절하지 않다.

④ ⓓ를 보니 현대 국어에서처럼 중세 국어에서도 명령문을 부정하는 부정문이 사용되었음을 알 수 있군.
ⓓ의 현대 국어 풀이를 보면 '잊지 마십시오'임을 알 수 있으므로, 중세 국어에서도 현대 국어에서처럼 명령문을 부정하는 부정문이 사용되었음을 알 수 있다.

⑤ ⓐ와 ⓑ를 보니 중세 국어에서도 현대 국어의 '짧은 부정문'과 '긴 부정문'에 해당하는 부정문이 사용되었음을 알 수 있군.
ⓐ의 현대 국어 풀이를 보면 '아니 오시므로'이고, ⓑ의 현대 국어 풀이를 보면 '멀지 아니하다'임을 알 수 있으므로, 중세 국어에서도 현대 국어의 '짧은 부정문'과 '긴 부정문'에 해당하는 부정문이 사용되었음을 알 수 있다.

★★★ 등급을 가르는 문제!
37 　용언의 활용 이해　정답률 55% | 정답 ④

〈보기 1〉의 ㉠~㉣에 해당하는 가장 적절한 예를 〈보기 2〉에서 고른 것은?

〈보기 1〉

> 용언의 활용은 규칙 활용과 불규칙 활용으로 나눌 수 있다. ㉠ 규칙 활용은 용언이 활용될 때 어간과 어미의 기본 형태가 바뀌지 않거나, 어간이나 어미의 기본 형태가 바뀌는 모습을 일정한 규칙으로 설명할 수 있다. 한편 불규칙 활용은 용언이 활용될 때 어간이나 어미의 기본 형태가 바뀌는 이유를 일정한 규칙으로 설명할 수 없다. 불규칙 활용에는 ㉡ 어간이 불규칙적으로 바뀌는 경우, ㉢ 어미가 불규칙적으로 바뀌는 경우, ㉣ 어간과 어미가 모두 불규칙적으로 바뀌는 경우가 있다.

〈보기 2〉

> ○ 놀이터에서 놀다 보니 옷에 흙이 묻었다.
> ○ 나는 동생에게 출발 시간을 일러 주었다.
> ○ 우리는 한라산 정상에 이르러 잠시 쉬었다.
> ○ 드디어 사람들은 그를 우러러 섬기게 되었다.
> ○ 하늘은 맑고 강물은 파래 기분이 정말 상쾌했다.

	㉠	㉡	㉢	㉣
①	묻었다	이르러	일러, 우러러	파래
②	일러	이르러, 파래	묻었다	우러러
③	이르러	묻었다, 우러러	파래	일러
☑ ④	묻었다, 우러러	일러	이르러	파래
⑤	일러, 우러러	묻었다	파래	이르러

• 묻었다 : 기본형은 '묻다'로, '묻어, 묻으니, 묻는'으로 활용되어 어간과 어미의 기본 형태가 바뀌지 않는 용언임을 알 수 있다.
• 일러 : 기본형은 '이르다'로, '일러, 이르니'로 활용되어 어간이 불규칙적으로 바뀌는 용언임을 알 수 있다.
• 이르러 : 기본형은 '이르다'로, '이르러, 이르니'로 활용되어 어미가 불규칙적으로 바뀌는 용언임을 알 수 있다.
• 우러러 : 기본형은 '우러르다'로, '우러러, 우러르니'로 활용되어 어간과 어미의 기본 형태가 바뀌지 않는 용언임을 알 수 있다.
• 파래 : 기본형은 '파랗다'로, '파래, 파라니, 파랗고'로 활용되어 어간과 어미가 모두 불규칙적으로 바뀌는 용언임을 알 수 있다.
이러한 내용을 볼 때, '묻었다, 우러러'는 ㉠에, '일러'는 ㉡에, '이르러'는 ㉢에, '파래'는 ㉣에 해당함을 알 수 있다.

● 문법 필수 개념

■ 불규칙 활용의 이해
불용언이 활용할 때 어간과 어미의 형태가 변하지 않는 것을 '규칙 활용'이라고 하며, 어간과 어미의 형태가 바뀌는 것을 '불규칙 활용'이라고 한다.

(1) 어간이 바뀌는 경우

'ㅅ' 불규칙	짓+어 ⇒ 지어	어간의 'ㅅ'이 모음 어미 앞에서 탈락하는 현상
'ㄷ' 불규칙	묻+어 ⇒ 물어	어간의 'ㄷ'이 모음 어미 앞에서 'ㄹ'로 바뀌는 현상
'ㅂ' 불규칙	돕+아 ⇒ 도와	어간의 'ㅂ'이 모음 어미 앞에서 '오/우'로 바뀌는 현상
'르' 불규칙	오르+아 ⇒ 올라	어간의 '르'가 '-아/어' 앞에서 'ㄹㄹ'로 바뀌는 현상
'우' 불규칙	푸+어 ⇒ 퍼	어간의 '우'가 모음 어미 앞에서 탈락하는 현상

(2) 어미가 바뀌는 경우

'여' 불규칙	하+아 ⇒ 하여	어간 '하-' 뒤에 오는 어미 '-아/-어'가 '-여'로 바뀌는 현상 → '하다'가 붙은 말은 모두 적용됨.
'러' 불규칙	푸르+어 ⇒ 푸르러	'르'로 끝나는 용언의 어간 뒤의 어미 '-어'가 '러'로 바뀌는 현상
'너라' 불규칙	오+아라 ⇒ 오너라	명령형 어미 '-아라'가 '-너라'로 바뀌는 현상 → '오다'라는 동사에서만 나타나는 현상

(3) 어간과 어미가 모두 바뀌는 경우

'ㅎ' 불규칙	까말+아 ⇒ 까매	'ㅎ'으로 끝나는 어간에 '-아/어'가 오면 어간의 'ㅎ'이 없어지고 어미도 바뀌는 현상

▶ 많이 틀린 이유는?
이 문제는 용언의 규칙 활용과 불규칙 활용에 대해 정확하게 이해하지 못하고 있어서 오답률이 높았던 것으로 보인다. 또한 주어진 각 단어가 규칙 활용하는지 불규칙 활용하는지 정확하게 파악하지 못한 것도 오답률을 높였던 것으로 보인다.

▶ 문제 해결 방법은?
문법 문제 중에는 반드시 배경지식으로 알아야 하는 것들이 있다. 즉 문법의 중요 용어들의 의미를 정확히 알아야 하면, 이 문제에서 제시된 것처럼 규칙 활용과 불규칙 활용 역시 마찬가지다. 이 문제에서도 만일 규칙 활용과 불규칙 활용에 대해 정확히 알고 있었다면 쉽게 문제를 해결할 수 있었을 것이다. 가령 '묻었다'의 경우 먼저 기본형으로 바꾸어야 하고, 기본형에다가 '-어, -으니, -는' 등의 어미를 붙여 활용 여부를 판단하면 쉽게 규칙 활용을 하는 것을 알 수 있었을 것이다. 이때 유의할 점은 기본형의 형태가 '묻다'라 하더라도, 질문을 의미하는 경우 불규칙 활용을 하므로 문장에 어떤 의미로 쓰였는지 파악하는 것도 잊지 말아야 한다. 이러한 방식으로 하게 되면 오답률이 높았던 '우러러' 역시 기본형이 '우러르다'이고 '우러러, 우러르니'로 규칙 활용됨을 알 수 있었을 것이다.

---

38 단모음의 변별적 자질 비교　　　　정답률 77% | 정답 ④

〈보기〉를 바탕으로 단모음의 변별적 자질을 탐구한 내용으로 적절하지 <u>않은</u> 것은?

〈보 기〉

변별적 자질이란 한 음소를 이루는 여러 음성적 특성들을 별개의 단위로 독립하여 표시한 것이다. 하나의 변별적 자질은 오로지 두 부류로만 구별해 주며, 해당 변별적 자질이 나타내는 특성을 가진 부류는 '+', 그렇지 않은 부류는 '−'로 표시한다.

[자료 1] 단모음의 변별적 자질
○ [후설성] : 혀의 전후 위치와 관련된 자질로 혀의 최고점이 중립적 위치보다 뒤에 놓이는 성질. 후설 모음은 [+후설성], 전설 모음은 [−후설성]이다.
○ [고설성] : 혀의 높낮이와 관련된 자질로 혀의 최고점이 중립적 위치보다 높아지는 성질. 고모음은 [+고설성], 중모음과 저모음은 [−고설성]이다.
○ [저설성] : 혀의 높낮이와 관련된 자질로 혀의 최고점이 중립적 위치보다 낮아지는 성질. 저모음은 [+저설성], 중모음과 고모음은 [−저설성]이다.
○ [원순성] : 입술을 동그랗게 오므리는 성질. 원순 모음은 [+원순성], 평순 모음은 [−원순성]이다.

[자료 2] 단모음 체계표

혀의 전후 위치 / 입술 모양 / 혀의 높낮이	전설 모음 평순 모음	전설 모음 원순 모음	후설 모음 평순 모음	후설 모음 원순 모음
고모음	ㅣ	ㅟ	ㅡ	ㅜ
중모음	ㅔ	ㅚ	ㅓ	ㅗ
저모음	ㅐ		ㅏ	

① 'ㅡ'는 [+후설성]으로, 'ㅣ'는 [−후설성]으로 표시한다.
　'ㅡ'는 후설 모음이므로 [+후설성]으로, 'ㅣ'는 전설 모음이므로 [−후설성]으로 표시된다.

② 'ㅏ'와 'ㅓ'는 [저설성]을 나타내는 변별적 자질의 특성이 서로 다르다.
　'ㅏ'는 저모음이므로 [+저설성]으로 표시되고, 'ㅓ'는 중모음이므로 [−저설성]으로 표시됨을 알 수 있다. 따라서 'ㅏ'와 'ㅓ'는 [저설성]을 나타내는 변별적 자질의 특성이 서로 다르다.

③ 'ㅚ'와 'ㅜ'의 동일한 변별적 자질의 특성은 [+원순성]과 [−저설성]이다.
　'ㅚ'는 전설 모음이고 원순 모음이면서 중모음이므로 [−후설성], [+원순성], [−저설성]으로 표시할 수 있고, 'ㅜ'는 후설 모음이고 원순 모음이면서 고모음이므로 [+후설성], [+원순성], [−저설성]으로 표시할 수 있다. 따라서 'ㅚ'와 'ㅜ'의 동일한 변별적 자질의 특성은 [+원순성]과 [−저설성]임을 알 수 있다.

④ ✔ 'ㅔ'와 'ㅗ'는 [저설성]을 나타내는 변별적 자질의 특성은 동일하고, [고설성]을 나타내는 변별적 자질의 특성은 서로 다르다.
　'ㅔ'는 전설 모음이고 중모음이면서 원순 모음이 아니므로 [−후설성], [−고설성], [−저설성], [−원순성]로 표시할 수 있다. 그리고 'ㅗ'는 후설 모음이면서 중모음이면서 원순 모음이므로 [+후설성], [−고설성], [−저설성], [+원순성]로 표시할 수 있다. 따라서 'ㅔ'와 'ㅗ'는 [−고설성]으로 동일한 변별적 자질의 특성을 가지고 있음을 알 수 있으므로, [고설성]을 나타내는 변별적 자질의 특성이 서로 다르다는 진술은 적절하지 않다.

⑤ 'ㅐ'와 'ㅟ'는 [후설성]을 나타내는 변별적 자질의 특성은 동일하고, [고설성]을 나타내는 변별적 자질의 특성은 서로 다르다.
　'ㅐ'는 전설 모음이고 평순 모음이면서 저모음이므로 [−후설성], [−원순성], [−고설성]으로 표시할 수 있고, 'ㅟ'는 전설 모음이고 원순 모음이면서 고모음이므로 [−후설성], [+원순성], [+고설성]으로 표시할 수 있다. 따라서 'ㅐ'와 'ㅟ'는 [후설성]을 나타내는 변별적 자질의 특성은 동일하고, [고설성]을 나타내는 변별적 자질의 특성은 서로 다르다.

---

39 보조 용언의 띄어쓰기 이해　　　　정답률 64% | 정답 ②

〈보기 1〉을 바탕으로 〈보기 2〉의 ㉠ ~ ㉤에 대해 이해한 내용으로 적절하지 <u>않은</u> 것은?

〈보기 1〉

보조 용언도 하나의 단어이므로 띄어 쓰는 것이 원칙이나 경우에 따라서는 붙여 쓰는 것도 허용한다. 다만 본용언에 조사가 붙거나 본용언이 합성 용언인 경우, 본용언이 파생어인 경우는 그 뒤에 오는 보조 용언은 붙여 쓰지 않는다. 그런데 본용언이 합성어나 파생어라도 그 활용형이 2음절인 경우에는 본용언과 보조 용언을 붙여 쓰는 것도 허용한다. 그리고 본용언 뒤에 보조 용언이 거듭 나타나는 경우는 앞의 보조 용언만을 본용언에 붙여 쓸 수 있다.

〈보기 2〉

○ 그가 이 자리를 ㉠ 빛내 준다.
○ 오늘 일은 일기에 ㉡ 적어 둘 만하다.
○ 나는 어제 그 책을 ㉢ 읽어는 보았다.
○ 아마도 이런 기회는 ㉣ 다시없을 듯하다.
○ 이번에는 제발 열심히 ㉤ 공부해 보아라.

① ㉠은 본용언이 합성어이지만 활용형이 2음절인 경우이므로 '빛내'와 '준다'를 붙여 쓸 수 있다.

㉠은 본용언인 '빛내'가 합성어이고 활용형이 2음절인 경우에 해당함을 알 수 있고, 〈보기 1〉을 통해 본용언이 합성어나 파생어라도 그 활용형이 2음절인 경우에는 본용언과 보조 용언을 붙여 쓰는 것도 허용함을 알 수 있다. 따라서 '빛내'와 '준다'를 붙여 쓸 수 있다.

② ✔ ㉡은 본용언 뒤에 보조 용언이 거듭 나타나는 경우이므로 '둘'과 '만하다'를 붙여 쓸 수 있다.
　㉡은 본용언 '적어' 뒤에 보조 용언 '둘', '만하다'가 거듭 나타나는 경우임을 알 수 있으므로, 〈보기 1〉의 '본용언 뒤에 보조 용언이 거듭 나타나는 경우는 앞의 보조 용언만을 본용언에 붙여 쓸 수 있다.'를 볼 때 적절하지 않다.

③ ㉢은 본용언에 조사가 붙은 경우이므로 '읽어는'과 '보았다'를 붙여 쓰지 않는다.
　㉢의 '읽어는'이 본용언에 조사가 붙었음을 알 수 있고, 〈보기 1〉을 통해 본용언에 조사가 붙은 경우는 그 뒤에 오는 보조 용언은 붙여 쓰지 않음을 알 수 있다. 따라서 '읽어는'과 '보았다'를 붙여 쓰지 않아야 한다.

④ ㉣은 본용언이 합성 용언인 경우이므로 '다시없을'과 '듯하다'를 붙여 쓰지 않는다.
　㉣의 '다시없을'이 본용언이 합성 용언임을 알 수 있고, 〈보기 1〉을 통해 본용언이 합성 용언인 경우는 그 뒤에 오는 보조 용언은 붙여 쓰지 않음을 알 수 있다. 따라서 '다시없을'과 '듯하다'를 붙여 쓰지 않아야 한다.

⑤ ㉤은 본용언이 파생어인 경우이므로 '공부해'와 '보아라'를 붙여 쓰지 않는다.
　㉤의 '공부해'가 본용언이 파생어임을 알 수 있고, 〈보기 1〉을 통해 본용언이 파생어인 경우는 그 뒤에 오는 보조 용언은 붙여 쓰지 않음을 알 수 있다. 따라서 '공부해'와 '보아라'를 붙여 쓰지 않아야 한다.

● 문법 필수 개념

■ 본용언과 보조 용언
• 용언은 본용언과 보조 용언이 있는데, 본용언은 보조 용언 앞에 쓰이는 용언으로 주체를 주되게 서술하는 용언이다. 보조 용언은 혼자서 쓰이지 못하고 다른 용언의 뒤에 붙어서 의미를 더해주는 용언이다.
• 보조 용언에는 보조 동사와 보조 형용사가 있다. 보조 동사는 동사처럼 활용하는 보조 용언을 말하는 것이고, 보조 형용사는 형용사처럼 활용하는 보조 용언을 말한다. 이 둘의 구별은 일반적인 동사와 형용사의 구별법과 동일하다.
　예 에어컨을 켜 **두다**.(보조 동사)
　　　 방이 깨끗하지 **못하다**.(보조 형용사)
■ 본용언과 보조 용언의 구별 방법
• 본용언은 자립성이 있지만 보조 용언은 자립성이 없다.
• 본용언과 보조 용언 사이에 다른 문장 성분이 삽입될 수 없다.

---

40 매체의 대화 방식 파악　　　　정답 ⑤

(나)의 대화에 대한 설명으로 적절하지 <u>않은</u> 것은?

① '세훈'은 회의가 이루어지는 매체의 특성을 활용하여 회의를 진행하고 있다.
　'세훈'은 '지금 공유된 화면을 보면서~'라는 발언으로 회의를 진행하며 실시간 회의 어플리케이션의 특성을 활용하고 있다.

② '민수'는 음성 언어뿐만 아니라 실제적인 활동을 통해 자신의 의견을 제안하고 있다.
　'민수'는 화상 회의에서 음성 언어뿐만 아니라 '공유 화면에 직접 선을 표시하며' 자신의 의견을 제시하고 있다.

③ '성현'은 어플리케이션의 기능을 활용하여 회의 중 자료를 실시간으로 수정하고 있다.
　'성현'은 회의 중 특정 내용을 '지금 바로 지'우기도 하며 어플리케이션의 기능을 활용하고 있다.

④ '다혜'는 하이퍼링크를 이용하여 회의 내용과 관련된 추가적인 정보를 다른 회의 참여자들과 공유하고 있다.
　'다혜'는 'http://www.○○○.kr'와 같이 하이퍼링크를 제시하며 회의 내용과 관련된 추가적인 정보를 구성원들에게 제공하고 있다.

⑤ ✔ '민수'와 '다혜'는 질문을 통해 불특정 다수의 사람들에게 자신들의 생각을 전달하고 있다.
　'민수'와 '다혜'는 불특정 다수가 아닌 현재 실시간 회의 어플리케이션을 통해 회의에 참여한 구성원들에게만 자신의 생각을 전달하고 있다.

---

41 회의 결과 반영 여부 판단　　　　정답 ①

(나)의 '지난 번 회의' 결과 중에서 (가)에 반영된 것은?

① ✔ 공유 화면 1 : 멘토링 수업 준비 단계를 수직선으로 나타냄
　'공유 화면 1'에는 지난 번 회의 때 논의한 '멘토링 수업을 준비하는 단계를 시각적으로 나타'내기로 한 내용이 수직선과 같은 시각 자료로 제시되어 있다.

② 공유 화면 1 : 원 안에 있는 숫자와 퍼센트 기호를 삭제함
　회의 내용을 보면, '공유 화면 1'의 원 안에 있는 수치는 '성현'이 삭제한다는 걸 깜박'하였다고 언급하고 있다.

③ 공유 화면 2 : 블랜디드의 상이한 모델을 다른 색으로 표시함
　회의 내용을 보면, 존속적 모델과 파괴적 모델을 시각적으로 구분한 것은 지난 번 회의 때 다룬 것이 아니라 '성현'이 자신의 판단으로 추가한 내용이라는 사실을 알 수 있다.

④ 공유 화면 2 : 자료가 링크된 사이트를 그림과 함께 제시함
　회의 내용을 보면, 링크된 인터넷 주소를 슬라이드 화면에 제시하자는 제안은 지난 번과 이번 회의 모두에서 다루어지고 있지 않다.

⑤ 공유 화면 3 : 기자재 구입에 소요되는 예산을 기입함
　회의 내용을 보면, 지난 번 회의에서 멘토링 수업 시 필요한 기자재 목록을 적자는 제안이 있었을 뿐 기자재 구입에 소요되는 예산을 기입하자는 제안은 다루어지지 않았다.

---

42 대화에 따른 자료 수정 여부 파악　　　　정답 ①

(나)를 바탕으로 (가)의 '공유 화면 3'을 수정한 ⓐ ~ ⓔ 중 적절하지 <u>않은</u> 것은? [3점]

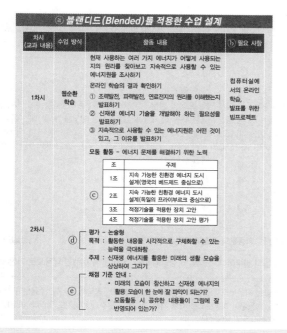

@
(나)의 회의 내용을 검토했을 때, 슬라이드의 제목을 구체적인 내용으로 수정해야 한다는 의견은 드러나 있지 않다.

② ⓑ
지난 번 회의의, '활동 내용 옆에 열을 하나 추가'하자는 의견을 반영하였다.

③ ⓒ
지난 번 회의의, '모둠 활동은 각 조별로 어떤 주제를 가지고 논의할지를 구체적으로 표로 제시'하자는 의견을 반영하였다.

④ ⓓ
이번 회의의, '평가의 목적도 함께 드러내야' 한다는 의견을 반영하였다.

⑤ ⓔ
이번 회의의, '채점 기준을 조금 더 자세히 만들어야' 한다는 의견을 반영하였다.

---

43 매체의 특성 파악 　　　　　　　　　정답 ①

(가)와 (나)에 대한 이해로 적절하지 <u>않은</u> 것은?

✔ (가)와 달리 (나)는 보다 많은 양의 정보를 효과적으로 전달할 수 있다.
(가)는 인쇄 매체인 책이고, (나)는 뉴 미디어에 해당하는 SNS이다. 그런데 SNS는 그 특성상 많은 양의 정보를 전달하는 것보다는 핵심적인 정보를 빠르게 전달하는 데 특화되어 있는 매체이다. 반면 책은 많은 양의 정보를 효과적으로 전달하기에 용이한 매체이다.

② (가)에 비해 (나)는 정보를 실시간으로 전달한다는 점에서 정보 제공의 속도가 빠르다.
(가)는 출판하기까지 상당한 시간이 소요되어 정보 제공의 속도가 느린 반면 (나)는 즉각적으로 정보를 송신할 수 있다.

③ (나)에 비해 (가)는 해당 분야의 전문적인 내용을 깊이 있게 다룰 수 있다.
(가)는 해당 분야의 내용을 전문적으로 제시할 수 있는 반면에, (나)는 전문적인 내용을 깊이 있게 다루는 데 활용하기보다는 일상의 모습 또는 단편적인 정보를 전달하는 데 보다 용이하다.

④ (나)와 달리 (가)는 앞부분에 제시된 목차에 따라 정보가 나뉘어 배치된다.
(나)는 (가)와 달리 별도의 목차에 따라 정보를 나누어 배치하지 않는다.

⑤ (가)는 구매하거나 빌려서 읽어야 정보를 확인할 수 있지만, (나)는 검색을 통해 누구나 손쉽게 정보를 확인할 수 있다.
(가)는 책이므로 해당 정보를 수집하기 위해서는 서점에서 구매하거나 도서관에서 대여하는 수밖에 없다. 하지만 (나)는 인터넷 연결이 된다면 언제 어디서나 손쉽게 정보를 확인할 수 있다.

---

44 매체의 소통 방식 파악 　　　　　　　정답 ④

〈보기〉를 참고하여 (가), (나)의 '소통'에 대해 판단한 내용으로 적절하지 <u>않은</u> 것은?

───〈보 기〉───
　인간이 사회의 일원으로 살아가기 위해서는 반드시 다른 이들과 소통을 해야 한다. 소통은 의미를 전달하고 해석하는 과정이라 할 수 있다. 소통은 사람과 사람이 직접 만나 대화를 주고받거나 강의를 하는 것과 같은 면 대 면 상황에서 일어나기도 하고, 사람들이 전자 우편, 인터넷 대화창, 휴대 전화, 누리 소통망 등을 통해 음성, 글, 사진, 동영상 등의 텍스트를 주고받는 간접적인 방식으로 일어나기도 한다. 또한 책, 신문, 라디오, 텔레비전, 웹 사이트 등과 같이 다양한 기술 수단을 통해 동일한 메시지를 여러 사람들에게 동시에 전달하는 대량 전달 방식으로 일어나기도 한다.

① (가)를 통해 저자는 독자에게 의미를 전달하고 독자는 책의 의미를 해석하는 소통이 이루어진다.
(가)의 저자는 자신이 생각하거나 연구한 내용을 독자에게 전달하고, 독자는 책의 저자가 작성한 정보를 능동적으로 재해석하는 과정을 거친다.

② (나)는 면 대 면 상황처럼 메시지를 생산하고 전달하는 과정이 쌍방향으로 이루어진다.
(나)는 면 대 면 상황의 주요 특징인 쌍방향 소통이 가능하도록 만들어진 매체이다.

③ (나)는 스마트폰, 컴퓨터 등의 기기를 통해서 다양한 형태의 텍스트로 소통이 이루어진다.
(나)는 뉴 미디어의 특성상 인터넷 연결이 가능한 휴대 전화, 컴퓨터 등의 기기를 통해 소통이 이루어진다.

✔ (가)와 (나) 모두 간접적인 방식으로 글, 사진, 동영상 등의 텍스트를 사람들에게 전달한다.
(가)와 (나)가 간접적인 방식으로 텍스트를 사람들에게 전달하지만, (가)의 경우 동영상과 같은 형식의 정보는 전달할 수 없다.

⑤ (가)와 (나) 모두 각각의 전달 수단을 활용하여 동일한 메시지를 여러 사람들에게 동시에 전달하는 방식으로 소통한다.
(가)와 (나) 모두 한 명의 작성자와 다수의 독자가 존재한다는 측면에서 공통점을 가지고 있다.

---

45 매체의 언어적 특성 파악 　　　　　　　정답 ⑤

(나)의 언어적 특성을 고려할 때, ㉠ ~ ㉤에 대한 설명으로 적절하지 <u>않은</u> 것은?

① ㉠ : 시제를 드러내는 부사어를 사용하여 현재 상황을 신속하게 전달하고 있음을 알 수 있다.
'지금'과 같이 시제를 드러내는 부사어를 사용하여 현재 많은 눈이 내리고 있음을 신속하게 전달하고 있다.

② ㉡ : 연결 어미를 사용하여 앞 절과 뒤 절이 인과 관계로 이어짐을 나타내었다.
'-어'라는 연결 어미를 사용하여 앞 절과 뒤 절을 '눈이 많이 쌓였기 때문에 길이 미끄럽다'라는 인과 관계로 이어지게 하고 있다.

③ ㉢ : 높임의 표현을 사용하여 공식적인 정보 전달자로서의 성격을 드러내었다.
○○시의 공식적인 매체라는 점에 걸맞게 '-시-'와 같은 높임의 선어말 어미를 사용하여 정보를 전달하고 있다.

④ ㉣ : 지시 표현을 사용하여 정보 전달 과정에서의 현장감을 강조하였다.
'여기'와 같은 지시 표현을 사용하여 현재 도로가 마비된 상황을 현장감 있게 전달하고 있다.

✔ ㉤ : 비격식적인 표현을 사용하여 현재 활용 중인 매체의 성격을 드러내었다.
'ㅂ니다'라는 어미를 사용하고 있고, ○○시에서 제공하고 있는 재난 정보에 새로운 내용을 추가하고 있으므로 이를 비격식적인 표현이라고 보기에는 무리가 있다.

• 정답 •

★35 ④ 36 ① 37 ② 38 ④ 39 ① 40 ④ 41 ④ 42 ① 43 ① 44 ② 45 ③

★ 표기된 문항은 [등급을 가르는 문제]에 해당하는 문항입니다.

★★★ 등급을 가르는 문제!

35　이형태의 특징 이해　　정답률 57% | 정답 ④

윗글을 바탕으로 〈보기〉의 자료를 탐구한 내용으로 적절하지 **않은** 것은? [3점]

〈보 기〉

○ 이 사과는 민수한테 주는 선물이다.
　　㉠　　　　　　㉡

○ 네 일은 네가 알아서 하여라.
　　　㉢　　　　㉣

○ 영수야 내 손을 꼭 잡아라.
　㉤　　　　　㉥

○ 영숙아 민수에게 책을 주어라.
　㉦　　㉧　　　㉨

① ㉠은 모음 뒤에만 나타나고 ㉡은 자음 뒤에만 나타나기 때문에 서로가 나타나는 음운 환경이 겹치지 않겠군.
제시된 글을 통해 상보적 분포를 보이는지 확인하면 이형태인지를 알 수 있고, 이때의 이형태가 나타나는 음운 환경은 서로 겹치지 않는다 하고 있다. 따라서 주격 조사인 ㉠은 모음 뒤에만, ㉡은 자음 뒤에만 나타나므로 서로가 나타나는 음운 환경은 겹치지 않는다고 할 수 있다.

② ㉢과 ㉣은 상보적 분포를 보이지 않으므로 이형태의 관계가 아니라고 할 수 있겠군.
제시된 글을 통해 상보적 분포를 보이는지 확인하면 이형태인지를 알 수 있고, 이때의 이형태가 나타나는 음운 환경은 서로 겹치지 않는다 하고 있다. 그런데 ㉢과 ㉣ 모두 모음 뒤에서 일어나서 상보적 분포를 보이지 않는다고 할 수 있으므로, ㉢과 ㉣은 이형태의 관계가 아님을 알 수 있다.

③ ㉣은 ㉥, ㉨과 비교했을 때, 특정 형태소와 어울려 음운론적으로 설명할 수 없는 이형태라고 볼 수 있겠군.
제시된 글에서는 음운론적으로 설명할 수 없는 예외적인 환경에서 나타나는 이형태를 형태론적 이형태라 한다고 하면서, '하였다'의 '-였-'은 '하'라는 특정 형태소와 어울려서 음운론적으로 설명할 수 없는 경우이므로, '-였-'은 '-았-/-었-'과 형태론적 이형태의 관계에 있다 하고 있다. 이러한 내용을 바탕으로 할 때, ㉣은 ㉥, ㉨과 비교하면 특정 형태소와 어울려서 음운론적으로 설명할 수 없는 형태론적 이형태라고 볼 수 있다.

④ ㉤과 ㉦은 손아랫사람을 부를 때 쓰는 호격 조사로 형태론적 이형태의 관계이겠군.
주어진 글을 통해 상보적 분포를 보이면서 의미가 동일하면 이형태 관계에 있음을 알 수 있다. 이를 바탕으로 할 때, ㉤과 ㉦은 손아랫사람을 부를 때 쓰는 호격 조사로 그 의미가 서로 동일하고, ㉤은 모음 뒤에만 쓰이고 있고 ㉦은 자음 뒤에만 쓰이고 있으므로 ㉤과 ㉦은 서로 상보적 분포를 보이는 이형태 관계이다. 따라서 ㉤과 ㉦은 음운론적으로 설명할 수 있는 예외적인 환경에서 나타나는 이형태인 형태론적 이형태의 관계라고 할 수 없다.

⑤ ㉥과 ㉨은 앞말 모음의 성질에 따라 형태가 결정되겠군.
제시된 글에서는 음운 환경에 따라 다른 모습으로 나타나는 경우를 음운론적 이형태라고 하면서, 앞말 모음의 성질이 양성인지 음성인지에 따라 형태가 결정된다 하고 있다. 이렇게 볼 때, ㉥은 앞의 모음이 양성 모음에 해당하고, ㉨은 앞의 모음이 음성 모음에 해당하여 ㉥, ㉨과 같이 형태가 나타남을 알 수 있다. 따라서 ㉥과 ㉨은 앞말 모음의 성질에 따라 형태가 결정된다.

★★ 문제 해결 꿀~팁 ★★

▶ 많이 틀린 이유는?
이 문제는 글의 내용을 〈보기〉의 내용에 적용하는 과정에서 어려움을 겪어 오답률이 높았던 것으로 보인다. 또한 글의 내용을 정확하게 이해하지 못한 것도 오답률을 높였던 것으로 보인다.

▶ 문제 해결 방법은?
문법 문제에서 항상 강조하지만, 문제를 위해 글이나 〈보기〉가 제시된 경우, 이를 바탕으로 선택지의 적절성을 판단하면 보다 쉽게 문제를 해결할 수 있다. 이 문제 역시 글에 제시된 '상보적 분포', '음운론적 이형태', '형태론적 이형태' 등의 내용을 정확히 이해하고 선택지의 적절성 여부를 판단했으면 쉽게 해결할 수 있었다. 가령 정답인 ④의 경우, 형태론적 이형태가 무엇인지 정확히 알았다면 호격 조사인 '야'와 '아'가 형태론적 이형태 관계가 아니라는 것을 쉽게 파악했을 것이다. 마찬가지로 오답률이 높았던 ②의 경우에도 '이형태'와 '상보적 분포'를 정확히 이해했다면 적절하였음을 판단할 수 있었을 것이다. 최근 문법 문제에서는 글을 제시하고 이와 관련된 문법 문제가 거의 출제되고 있으므로, 문제 해결은 항상 글에 있다고 생각하고 글을 정확하게 이해한 뒤, 선택지의 적절성 여부를 판단할 때 반드시 글의 내용과 연관시킬 수 있도록 해야 한다.

36　중세 국어 부사격 조사의 이형태 이해　　정답률 77% | 정답 ①

윗글을 참고할 때, 〈보기〉의 ⓐ~ⓓ에 들어갈 말로 적절한 것은?

〈보 기〉

○ 탐구 자료
[중세 국어] 狄人(적인)ㅅ 서리（ ⓐ ） 가샤
[현대 국어] 오랑캐들의 사이에 가시어

[중세 국어] 世尊(세존)이 象頭山(상두산)（ ⓑ ） 가샤
[현대 국어] 세존께서 상두산에 가시어

[중세 국어] 九泉(구천)（ ⓒ ） 가려 하시니
[현대 국어] 저승에 가려 하시니

○ 탐구 내용
ⓐ~ⓒ는 부사격 조사로, 앞말 모음의 성질에 따라 상보적 분포를 보인다. 따라서 ⓐ~ⓒ는
（　ⓓ　） 이형태의 관계라고 할 수 있다.

	ⓐ	ⓑ	ⓒ	ⓓ
✔①	예	애	에	음운론적

제시문에서는 중세 국어에서 앞말 모음의 성질에 따라 이형태가 존재했음을 밝히면서, 앞말의 모음이 양성 모음일 때는 '애'가, 음성 모음일 때는 '에에', 단모음 '이' 또는 반모음 'ㅣ'일 때는 '예'가 사용되었음을 드러내고 있다. 이를 바탕으로 할 때, ⓐ의 앞말 모음이 '이'이므로 ⓐ에는 '예'가, ⓑ의 앞말 모음이 양성 모음이므로 ⓑ에는 '애'가, ⓒ의 앞말 모음이 음성 모음이므로 ⓒ에는 '에'가 들어감을 알 수 있다.

② 예　에　애　형태론적
③ 애　에　예　음운론적
④ 애　예　에　형태론적
⑤ 에　애　예　음운론적

37　사동문, 피동문의 서술어 자릿수 이해　　정답률 60% | 정답 ②

〈보기〉는 문법 수업의 일부이다. 선생님의 설명에 따라 ㉠~㉣을 이해한 내용으로 가장 적절한 것은?

〈보 기〉

선생님: 오늘은 사동문과 피동문의 서술어 자릿수에 대해 공부해 봅시다. 주동문이 사동문으로 바뀔 때나, 능동문이 피동문으로 바뀔 때는 서술어 자릿수가 변하기도 합니다. 이 점을 고려하면서 다음 문장들을 살펴봅시다.

㉠ 얼음이 매우 빠르게 녹았다.
㉡ 아이들이 얼음을 빠르게 녹였다.
㉢ 사람들은 산을 멀리서 보았다.
㉣ 그 산이 잘 보였다.

① ㉠은 피동문이며, ㉣과 서술어 자릿수가 서로 같다.
㉠은 주동문이면서 ㉣과 서술어 자릿수가 서로 같다.

✔② ㉡은 사동문이며, ㉢과 서술어 자릿수가 서로 같다.
㉠은 주동문, ㉡은 사동문, ㉢은 능동문, ㉣은 피동문에 해당한다. 그리고 ㉠의 '녹았다'는 주어를 필요로 하는 한 자리 서술어에 해당하고, ㉡의 '녹였다'는 사동사로 주어와 목적어를 필요로 하는 두 자리 서술어에 해당한다. 또한 ㉢의 '보았다'는 주어와 목적어를 필요로 하는 두 자리 서술어에 해당하고, ㉣의 '보였다'는 피동사로 주어를 필요로 하는 한 자리 서술어에 해당한다. 따라서 ㉡은 사동문이며 두 자리 서술어로, ㉢과 서술어 자릿수가 같다.

③ ㉡은 피동문이며, ㉢과 서술어 자릿수가 서로 다르다.
㉡은 사동문이면서 ㉢과 서술어 자릿수가 서로 다르다.

④ ㉣은 피동문이며, ㉡과 서술어 자릿수가 서로 같다.
㉣은 피동문이면서 ㉡과 서술어 자릿수가 서로 다르다.

⑤ ㉣은 사동문이며, ㉢과 서술어 자릿수가 서로 다르다.
㉣은 피동문이면서 ㉢과 서술어 자릿수가 서로 다르다.

● 문법 필수 개념

■ 서술어의 자릿수
한 문장에서 서술어가 필수적으로 요구하는 문장 성분의 개수를 의미한다. 서술어가 필요로 하는 문장 성분이 생략되면 완전한 문장이 성립되지 않는다.
① 한 자리 서술어 : 주어 하나만을 필요로 하는 서술어
　예 꽃이 피었다. / 그녀는 예쁘다. / 그것이 정답이다.
② 두 자리 서술어 : 주어 이외에 다른 하나의 문장 성분(목적어, 보어, 부사어 중 하나)를 필요로 하는 서술어
　예 철호는 밥을 먹는다. / 영희는 의사가 아니다. / 개는 늑대와 다르다.
③ 세 자리 서술어 : 주어 목적어 부사어 세 가지를 필요로 하는 서술어
　예 나는 영수에게 책을 주었다.

38　음운의 변동 이해　　정답률 65% | 정답 ④

〈보기 1〉의 탐구 과정을 바탕으로 〈보기 2〉의 ㉠~㉤을 바르게 분류한 것은?

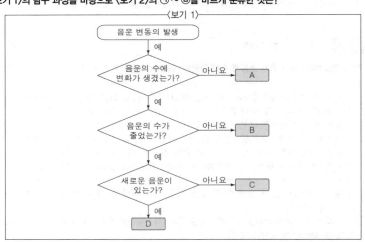

〈보기 1〉

음운 변동의 발생
　↓ 예
음운의 수에 변화가 생겼는가? → 아니요 → A
　↓ 예
음운의 수가 줄었는가? → 아니요 → B
　↓ 예
새로운 음운이 있는가? → 아니요 → C
　↓ 예
D

〈보기 2〉

○ 그는 열심히 ㉠ 집안일을 했다.
○ 그녀는 기분 ㉡ 좋은 웃음을 지었다.
○ 그는 나에게 말을 하지 ㉢ 않고 떠났다.
○ 세월이 화살과 ㉣ 같이 빠르게 지나간다.
○ 집이 추워서 오래된 ㉤ 난로에 불을 지폈다.
○ 면역력이 떨어지면 병이 ㉥ 옳는 경우가 있다.

	A	B	C	D
①	㉠	㉢	㉣, ㉤	㉡, ㉥
②	㉡, ㉥	㉢	㉠	㉣, ㉤
③	㉡, ㉤	㉣, ㉤	㉠	㉥
④ ✓	㉣, ㉤	㉡, ㉥		㉢
⑤	㉣, ㉤	㉡, ㉥	㉢	㉠

A에는 음운 변동이 발생했지만 음운의 수에 변화가 없는 것이 제시되어야 한다. ㉣의 '같이[가치]'는 구개음화가, ㉤의 '난로[날 : 로]'는 유음화가 일어나고 있으므로 음운 교체에 해당하여 음운의 수에 변화가 없으므로 A에 해당한다. 그리고 B에는 음운 변동이 일어나 음운의 수가 늘어나는 것이 제시되어야 하므로, 'ㄴ' 첨가가 일어나 음운의 수가 늘어난 ㉡의 '집안일[지반닐]'이 이에 해당한다. 또한 C에는 음운의 수가 줄었지만 새로운 음운이 없는 것이 제시되어야 하므로, 'ㅎ' 탈락이 일어난 ㉢의 '좋은[조 : 은]'과 자음군 단순화가 일어난 ㉥의 '옳는[올 : 른]'이 해당한다. 마지막으로 D에는 음운의 수가 줄면서 새로운 음운이 있는 것이 제시되어야 하므로, 'ㅎ'과 'ㄱ'이 만나 새로운 음운인 'ㅋ'이 되는 음운 축약이 일어난 ㉠의 '않고[안코]'가 이에 해당한다.

⑤ ㉣, ㉤ | ㉡, ㉥ | ㉢ | ㉠

---

39 사전 활용하기의 적절성 파악 정답률 82% | 정답 ①

〈보기 1〉은 '사전 활용하기' 학습을 위한 자료이다. 이를 바탕으로 〈보기 2〉의 ㉠~㉤에 대해 탐구한 내용으로 적절하지 **않은** 것은?

─〈보기 1〉─

지1 「의존 명사」
(어미 '-은' 뒤에 쓰여) 어떤 일이 있었던 때로부터 지금까지의 동안을 나타내는 말.

-지2 「어미」
「1」(용언의 어간이나 어미 '-으시-', '-었-' 뒤에 붙어) 그 움직임이나 상태를 부정하거나 금지하려 할 때 쓰이는 연결 어미. '않다', '못하다', '말다' 따위가 뒤따른다.
「2」상반되는 사실을 서로 대조적으로 나타내는 연결 어미.

-지3 「어미」
('이다'의 어간, 용언 어간이나 어미 '-으시-', '-었-', '-겠-' 뒤에 붙어) 어떤 사실을 긍정적으로 서술하거나 묻거나 명령하거나 제안하는 따위의 뜻을 나타내는 종결 어미. 서술, 의문, 명령, 제안 따위로 두루 쓰인다.

─〈보기 2〉─

○ 내일은 비가 오겠지?
㉠

○ 눈길을 걸은 지도 꽤 오래되었지.
㉡   ㉢

○ 친구 사이는 대등한 관계이지 종속 관계가 아니다.
㉣

○ 이곳에 쓰레기를 버리지 마시오.
㉤

✓① ㉠은 어떤 움직임이나 상태를 부정하거나 금지하려 할 때 쓰이는 〈보기 1〉의 '-지「1」'에 해당하겠군.
㉠을 보면, '-지'가 '-겠' 뒤에 붙어 쓰여 의문을 나타내는 종결 어미로 사용되었음을 알 수 있다. 그리고 〈보기 1〉의 '-지3'이 ('이다'의 어간, 용언 어간이나 어미 '-으시-', '-었-', '-겠-' 뒤에 붙어) 어떤 사실을 긍정적으로 서술하거나 묻거나 명령하거나 제안하는 따위의 뜻을 나타내는 종결 어미'임을 알 수 있으므로, -지「2」로 썼다는 탐구 내용은 적절하지 않다.

② ㉡은 어떤 일이 있었던 때부터 지금까지를 의미하는 것으로 보아 〈보기 1〉의 '지1'에 해당하겠군.
〈보기 1〉을 통해 '지1'이 의존 명사이고 '(어미 '-은' 뒤에 쓰여) 어떤 일이 있었던 때로부터 지금까지의 동안을 나타내는 말'임을 알 수 있다. 그리고 ㉡은 '걸은'의 수식을 받고 있으므로 의존 명사임을 알 수 있고, 의미상 어떤 일이 있었던 때부터 지금까지를 의미하고 있으므로 '지1'에 해당한다.

③ ㉢은 '-었-' 뒤에 붙어 쓰인 종결 어미에 해당하므로 〈보기 1〉의 '-지3'에 해당하겠군.
〈보기 1〉을 통해 '-지3'이 '('이다'의 어간, 용언 어간이나 어미 '-으시-', '-었-', '-겠-' 뒤에 붙어) 어떤 사실을 긍정적으로 서술하거나 묻거나 명령하거나 제안하는 따위의 뜻을 나타내는 종결 어미임을 알 수 있다. 그리고 ㉢은 '-었-' 뒤에 붙어 쓰이고 있으므로 〈보기 1〉의 '-지3'에 해당한다.

④ ㉣은 상반되는 사실을 서로 대조적으로 연결하는 것으로 보아 〈보기 1〉의 '-지2「2」'에 해당하겠군.
〈보기 1〉의 '-지2「2」'가 '상반되는 사실을 서로 대조적으로 나타내는 연결 어미'임을 알 수 있다. 그리고 ㉣을 보면 '-지'가 상반되는 사실을 서로 대조적으로 연결하고 있음을 알 수 있으므로 〈보기 1〉의 '-지2「2」'에 해당한다.

⑤ ㉤은 용언의 어간과 결합하고 '마시오'가 뒤따르는 것으로 보아 〈보기 1〉의 '-지2「1」'에 해당하겠군.
〈보기 1〉을 통해 '-지2「1」'이 '(용언의 어간이나 어미 '-으시-', '-었-' 뒤에 붙어) 그 움직임이나 상태를 부정하거나 금지하려 할 때 쓰이는 연결 어미'에 해당하고 '않다', '못하다', '말다' 따위가 뒤따름을 알 수 있다. 그리고 ㉤을 보면 용언의 어간과 결합하고 '마시오'가 뒤따르고 있으므로 〈보기 1〉의 '-지2「1」'에 해당함을 알 수 있다.

---

40 매체에 따른 발표 방식 파악 정답 ④

(가)의 '학생의 발표'에 대한 설명으로 적절하지 **않은** 것은?

① 전달 매체를 사용하여 시각적인 정보를 제공하고 있다.
마지막 문단에서, 전달 매체에 '밑줄을 치며' 발표 내용을 수정하는 등 시각적인 정보를 제공하고 있다. 뿐만 아니라 슬라이드를 제시하며 발표를 진행하고 있으므로 발표 과정 전반이 시각적인 정보로 구성되어 있다고 볼 수 있다.

② 전달 매체의 기능을 활용하여 시차를 두고 제재를 제시하고 있다.
1문단에서, 발표에서 활용할 제재를 슬라이드로 보여 주고 있다. 이때 '클릭'을 하며 슬라이드를 넘기는 과정에서 일정한 시차가 발생하고 있다.

---

③ 전달 매체에 올린 하이퍼링크를 통해 추가 정보를 제공하고 있다.
하이퍼링크를 통해 장자와 관련한 다큐멘터리를 추가로 제공하고 있다.

✓④ 전달 매체의 특성을 고려하여 미리 준비한 동영상 자료를 보여 주고 있다.
장자의 '문제'와 '자연'에 대한 슬라이드 자료를 공유하고 있는 것은 맞지만, 발표 중에 장자와 관련된 동영상을 보여 주지는 않고 있다.

⑤ 전달 매체에 실시간으로 문자 언어를 입력하며 발표 내용을 정리하고 있다.
6문단에서, 전달 매체에 '요약한 내용을 써내려 가'는 행위를 통해 실시간으로 문자 언어를 입력하고 있음을 알 수 있다.

---

41 발표 내용에 따른 수정 내용 판단 정답 ④

[A]를 바탕으로, ㉠~㉤ 중 '학생'이 수정해야 할 내용으로 적절한 것은?

① ㉠   ② ㉡   ③ ㉢   ✓④ ㉣   ⑤ ㉤

발표자는 [A]에서, 발표 시간을 고려해서 마지막에 삭제한 내용, 즉 (가)에서 다루지 않은 내용에 밑줄을 치며 수정하겠다고 말하였다. 그런데 '자신을 자연의 눈으로 낯설게 보는 훈련'과 관련한 내용은 (가)에서 찾을 수 없으므로 ㉣을 수정해야 한다.

---

42 발표 내용에 따른 적절한 질문 파악 정답 ①

ⓐ에 해당하는 질문을 한 학생으로 가장 적절한 것은?

대화창

영주 : 장자가 자연에 대한 본인의 가치관을 확립하게 된 배경이 궁금해.
현경 : 기원전 4세기에 동서양의 사회·문화적 배경도 설명해 줘.
창희 : 당시 사회에서 장자가 속한 신분 계급은 무엇이었어?
필관 : 너는 지식인들이 반드시 사회 문제를 해결하는 데 참여해야 한다고 생각해?
성호 : 그러면 장자는 만물의 척도는 무엇이라고 생각했어?

✓ **영주** : 장자가 자연에 대한 본인의 가치관을 확립하게 된 배경이 궁금해.
ⓐ에 해당하는 질문이 무엇인지 추론하기 위해서는 ⓐ의 뒷부분에 제시된 발표자의 답변에 주목할 필요가 있다. 발표자는 장자가 살았던 시대의 특징을 설명하며, 이러한 상황 속에서 일반적인 사람들과 다른 선택을 한 장자의 가치관을 설명하고 있다. 이를 통해 ⓐ는 '장자가 자연에 대한 본인의 가치관을 확립하게 된 배경'에 관한 것이라는 사실을 추론해 볼 수 있다.

② 현경 : 기원전 4세기에 동서양의 사회·문화적 배경도 설명해 줘.
③ 창희 : 당시 사회에서 장자가 속한 신분 계급은 무엇이었어?
④ 필관 : 너는 지식인들이 반드시 사회 문제를 해결하는 데 참여해야 한다고 생각해?
⑤ 성호 : 그러면 장자는 만물의 척도는 무엇이라고 생각했어?

---

43 매체의 특성 파악 정답 ①

(가)와 (나)에 대한 설명으로 적절하지 **않은** 것은?

✓① (가)에 비해 (나)는 중계 내용을 보다 빠르게 전달할 수 있다.
(가)와 (나) 모두 실시간으로 중계하는 매체를 활용하고 있기 때문에 (나)가 (가)에 비해 중계 내용을 보다 빠르게 전달할 수 있다고 볼 수 없다.

② (가)와 달리 (나)는 다른 팀들 간의 경기를 함께 검색할 수 있다.
(나)의 경우 여러 팀의 경기 상황을 실시간으로 함께 검색할 수 있다.

③ (가)와 달리 (나)는 중계를 보며 시청자 간에 의견을 공유할 수 있다.
(나)의 경우 '드림팀에게 응원 한마디'를 통해 댓글을 달며 시청자 간 의견을 교환할 수 있다.

④ (가)와 (나)는 모두 불특정 다수에게 대량의 정보를 전달할 수 있다.
(가)와 (나) 모두 불특정 다수의 대중들이 동시에 해당 정보를 습득할 수 있다.

⑤ (가)와 (나)는 모두 음성, 문자, 이미지, 영상 등을 전송할 수 있다.
(가)와 (나) 모두 영상 매체에 해당하므로 음성, 문자, 이미지, 영상 등의 텍스트를 활용할 수 있다.

---

44 자료에 따른 매체의 특징 이해 정답 ②

(가), (나)를 참고할 때 〈보기〉의 ⓐ, ⓑ에 들어갈 내용으로 바르게 짝지어진 것은? [3점]

─〈보 기〉─

선생님 : 최근 전자 기술의 발전에 따라 여러 가지 의사소통 수단이 새롭게 등장하였는데 이것들을 보통 뉴 미디어라고 합니다. 대표적인 예로 인터넷을 들 수 있는데 온라인 신문, 블로그, 누리 소통망 등을 웹 사이트 등도 뉴 미디어로 부르죠.
기존의 매체가 독립적으로 존재했다면, 뉴 미디어는 기존의 독립적 매체들을 새로운 기술과 결합하여 서로 연결한다는 특징을 지닙니다. 이 때문에 뉴 미디어는 기존의 매체와는 다른 다양한 기능이 있는데, 대표적인 기능의 하나는 실시간으로 상호 작용이 가능하다는 점입니다. 이러한 기능을 바탕으로 뉴 미디어에서는 정보의 전달 및 교환이 상호 능동적으로 이루어집니다. 또한 뉴 미디어는 여러 가지 매체의 속성이 하나로 통합된 멀티미디어적 성격도 지닙니다.
학생 : 그러면 ___ⓐ___ 는 뉴 미디어로 볼 수 있겠네요. 그 이유는 ___ⓑ___ .

	ⓐ	ⓑ
①	(가)	기존의 독립적 매체들을 서로 연결한다는 특징 때문입니다.
✓②	(나)	정보의 전달 및 교환이 능동적으로 이루어지기 때문입니다.

〈보기〉에 따르면, 뉴 미디어는 기존의 독립적 매체들을 새로운 기술과 결합하여 서로 연결한다는 특징을 지닌다. 그런데 (가)의 경우 '기존의 독립적 매체'에 해당할 뿐, 새로운 기술을 통해 매체와 매체 간 결합하여 서로 연결하고 있는 것은 아니다. 반면 (나)의 경우 인터넷을 통해 연결되어 기존의 매체들이 가지고

있던 특성들이 복합적으로 구현되고 있다. 또한 (가)와 달리 정보의 전달 및 교환이 능동적으로 이루어지고 있기도 하다.

③	(나)	기존의 매체와 달리 독립적인 방식으로 운영되기 때문입니다.
④	(가)와 (나)	정보의 생산자와 수용자 간에 실시간으로 상호 작용이 가능하기 때문입니다.
⑤	(가)와 (나)	여러 매체의 속성이 하나로 통합된 멀티미디어적 성격을 지니기 때문입니다.

45 매체의 언어적 특성 파악 　　정답 ③

(나)의 언어적 특성을 고려할 때, ㉠ ~ ㉤에 대한 설명으로 적절하지 않은 것은?

① ㉠ : 명사형으로 종결하며 중계에 필요한 정보만을 제시하고 있군.
실시간 문자 중계의 특성상 '~ 삼진 아웃'과 같이 명사형으로 핵심적인 정보를 최대한 간결하게 전달하고 있다.

② ㉡ : 현재형 어미를 사용하여 경기 실황을 생생하게 묘사하고 있군.
현재 계속되는 동작이나 상태를 그대로 나타내는 종결 어미인 'ㅂ니다'를 사용하여 현장감을 살리고 있다.

✓ ③ ㉢ : 음의 장단을 나타내는 기호를 활용하여 부정적인 상황을 강조하고 있군.
'아~~~주'의 '~'은 [아]라는 발음을 길게 하라는 표지에 해당하지만, 이를 통해 부정적인 상황을 강조하고 있는 것은 아니다.

④ ㉣ : 연결 어미를 사용하여 앞 절의 상황과 관련된 일을 묻고 있군.
뒤 절에서 어떤 일을 설명하거나 묻거나 시키거나 제안하기 위하여 그 대상과 상관되는 상황을 미리 말할 때에 쓰는 연결 어미인 '-는데'를 활용하고 있다.

⑤ ㉤ : 감탄사를 사용하여 작성자의 생각과 감정을 부각하고 있군.
'아'라는 감탄사를 사용하여 '시원하게 이겼으면 좋겠'다는 작성자의 생각과 감정을 부각하고 있다.

• 정답 •
35 ⑤ 36 ④ 37 ① 38 ① 39 ⑤★ 40 ④ 41 ④ 42 ② 43 ② 44 ① 45 ⑤

★ 표기된 문항은 [등급을 가르는 문제]에 해당하는 문항입니다.

35 담화의 특성 파악 　　정답률 74% | 정답 ⑤

윗글을 바탕으로 〈보기〉의 ⓐ ~ ⓕ에 대해 설명한 내용으로 적절하지 않은 것은?

──〈보 기〉──
(두 친구가 만나서 주말 나들이 장소를 정하는 상황)
선희 : 우리, 이번 주말 나들이 장소로 어디가 좋을까?
영선 : (딴생각을 하다가) ⓐ 지금 저녁 먹으러 가자.
선희 : 그게 뭔 소리야? 주말 나들이로 어디 갈 거냐고.
영선 : (머쓱해하며) 아, 그럼 놀이동산 갈까?
선희 : 음, ⓑ 거기 말고, (사진을 보여 주며) ⓒ 여기는 어때?
영선 : ⓓ 거기? 해수욕장은 아직 좀 춥잖아. ⓔ 그리고 너무 멀잖아. (선희를 바라보며) 아, 작년에 같이 갔던 수목원은 어때?
선희 : 그래, ⓕ 거기가 좋겠다. 그럼, 토요일에 보자. 안녕.

① ⓐ는 '주말 나들이 장소 정하기'라는 내용에 부합하지 않아서 담화의 완결성을 떨어뜨리고 있다.
주어진 1문단을 통해 담화가 그 내용면에서 완결성을 갖추기 위해서는 담화를 이루는 발화나 문장들이 일관된 주제 속에 내용상 유기적 관련을 맺고 있어야 함을 알 수 있다. 이렇게 볼 때, ⓐ는 내용상 '주말 나들이 장소 정하기'라는 주제와 유기적인 관련을 맺고 있지 않아서 담화의 완결성을 떨어뜨리고 있다.

② ⓑ는 '영선'이 발화한 '놀이동산'을 대신하는 대용 표현이다.
ⓑ의 '거기'는 영선의 발화에 언급된 '놀이동산'을 대신하는 대용 표현이다.

③ ⓒ, ⓓ는 발화 간의 관련성을 높이는 형식적 장치로서 형태가 다른 표현이지만 동일한 장소를 나타내고 있다.
선희가 말한 ⓒ의 '여기'와 영선이 말한 ⓓ의 '거기'는 형태는 다르지만 발화간 관련성을 높이는 형식적 장치로, 선희가 보여 준 사진에 등장하는 '해수욕장'이라는 동일한 장소를 가리키는 지시 표현이다.

④ ⓔ는 '해수욕장은 아직 좀 춥잖아.'와 '너무 멀잖아.'를 대등하게 이어 주는 접속 표현이다.
주어진 글의 2문단을 통해 접속 표현은 문장과 문장, 발화와 발화를 연결해 주는 표현임을 알 수 있다. 이렇게 볼 때, ⓔ의 '그리고'는 두 발화인 '해수욕장은 아직 좀 춥잖아.'와 '너무 멀잖아.'를 병렬적으로 연결해 주는 접속 표현이다.

✓ ⑤ ⓕ는 '작년에 같이 갔던 수목원'을 직접 가리키는 지시 표현이다.
주어진 글의 2문단을 통해, '이, 그, 저'가 담화에서 언급되는 말을 대신할 때는 대용 표현이 됨을 알 수 있다. 이렇게 볼 때, ⓕ의 '거기'는 영선의 발화에 언급된 '작년에 같이 갔던 수목원'을 대신하고 있으므로 대용 표현이다.

36 높임 표현 및 문장 종결 표현의 이해 　　정답률 70% | 정답 ④

㉠에 대한 이해로 적절하지 않은 것은?

① '할아버지께서'의 '께서'를 통해 화자가 문장의 주체인 '할아버지'를 높이고 있다.
'할아버지께서 마침 방에 계셨구나!'에서 '할아버지'는 주체 높임으로 사용되었으므로, 주격 조사 '께서'를 통해 화자는 문장의 주체인 '할아버지'를 높이고 있음을 알 수 있다.

② '계셨구나'의 '계시-'를 통해 화자가 문장의 주체인 '할아버지'를 높이고 있다.
'할아버지께서 마침 방에 계셨구나!'에서 '할아버지'는 주체 높임으로 사용되었으므로, 화자는 높임의 어휘 '계시-'를 통해 문장의 주체인 '할아버지'를 높이고 있음을 알 수 있다.

③ '계셨구나'의 '-구나'를 통해 화자가 문장의 주체인 '할아버지'에 관한 사실을 새롭게 알게 되었음을 부각하고 있다.
'계셨구나'의 '-구나'는 화자가 새롭게 알게 된 사실에 주목함을 나타내는 종결 어미에 해당하므로, 화자는 이를 통해 '할아버지께서 방에 계신다는 사실'을 새롭게 알게 되었음을 부각하고 있다.

✓ ④ '드리고'의 '드리-'를 통해 화자가 문장의 주체인 '할아버지'를 높이고 있다.
'할아버지께서 마침 방에 계셨구나!'에서 '할아버지'는 주체 높임으로 사용되었다. 그런데 '과일 좀 드리고 오렴.'은 대화 상대방에게 하는 말로, '(할아버지께) 과일(을) 좀 드리고 오렴.'의 의미로 이해할 수 있다. 따라서 화자는 '드리-'를 통해 문장의 '객체'인 할아버지를 높이고 있다.

⑤ '오렴'의 '-렴'을 통해 화자가 청자에게 어떠한 행동을 요구하고 있다.
'오렴.'의 '-렴'은 부드러운 명령이나 허락을 나타내는 종결 어미에 해당하므로, 화자는 이를 통해 할아버지께 과일을 드리고 오는 행동을 청자에게 요구하고 있다.

37 중세 국어의 관형격 조사 이해 　　정답률 76% | 정답 ①

〈학습 활동〉을 수행한 결과로 적절하지 않은 것은?

──〈학습 활동〉──
현대 국어와 달리 중세 국어의 관형격 조사에는 여러 형태가 있다. 선행 체언이 무정물일 때는 'ㅅ'이 쓰이고, 유정물일 때는 모음 조화에 따라 '이', '의' 등이 쓰인다. 다만 유정물이라도 존칭의 대상일 때는 이들 대신 'ㅅ'이 쓰인다. 이를 참고하여 선행 체언과 후행 체언이 관형격 조사로 연결되었을 때의 모습을 아래 표의 ㉠ ~ ㉤에 채워 보자.

선행 체언	아바님 (아버님)	그력 (기러기)	아들 (아들)	수플 (수풀)	등잔 (등잔)
후행 체언	곁 (곁)	목 (목)	나ㅎ (나이)	가온디 (가운데)	기름 (기름)
적용 모습	㉠	㉡	㉢	㉣	㉤

☑ ㉠ : 아바닚믜(아바님 + 의) 곁
'학습 활동'의 내용을 통해, 유정물이라도 존칭의 대상일 때는 'ㅅ'이 쓰임을 알 수 있다. 따라서 선행 체언인 '아바님(아버님)'은 존칭의 대상인 유정물에 해당하므로, ㉠은 관형격 조사 'ㅅ'을 사용하여 '아바닚 곁'으로 써야 한다.

② ㉡ : 그려긔(그력 + 의) 목
'학습 활동'의 내용을 통해, 선행 체언이 유정물일 때는 모음 조화에 따라 '이', '의' 등이 쓰임을 알 수 있다. 따라서 '선행 체언인 '그력(기러기)'은 존칭의 대상이 아닌 유정물에 해당하고, 음성 모음이 쓰였기 때문에 관형격 조사 '의'를 사용하여 '그려긔 목'으로 써야 한다.

③ ㉢ : 아두릐 (아둘 + 이) 나ㅎ
선행 체언인 '아둘(아들)'은 존칭의 대상이 아닌 유정물이고 양성 모음이 쓰였기 때문에 관형격 조사 '이'를 사용하여 '아두릐 나ㅎ'로 써야 한다.

④ ㉣ : 수픐(수플 + ㅅ) 가온디
'학습 활동'의 내용을 통해, 선행 체언이 무정물일 때는 'ㅅ'이 쓰임을 알 수 있다. 따라서 선행 체언인 '수플(수풀)'이 무정물이기 때문에 관형격 조사 'ㅅ'을 사용하여 '수픐 가온디'로 써야 한다.

⑤ ㉤ : 등잔ㅅ(등잔 + ㅅ) 기름
선행 체언인 '등잔(등잔)'이 무정물이기 때문에 관형격 조사 'ㅅ'을 사용하여, '등잔 기름'으로 써야 한다.

● 문법 필수 개념

■ 중세 국어의 문법적 특징
① 주격 조사는 '이' 하나만 쓰였고, '가'는 17세기 자료에서부터 발견되고 있음.
② 관형격 조사는 현대 국어에서 '의'만 사용하는 것과 달리 중세 국어에서는 '이/의'와 'ㅅ'이 사용되었음.
 • '이/의' : 앞의 명사가 사물이면서 높임의 대상이 아닌 경우에 사용
 • 'ㅅ' : 앞의 명사가 무생물이거나 높임의 대상인 경우에 사용
③ 중세 국어에서는 현대 국어와 달리 물음말의 유무나 주어의 인칭에 따라 의문형 어미를 바꿈.
 • 물음말이 있는 설명 의문문 : '-오' 계통의 어미로 표현
 • 물음말이 없는 판정 의문문 : '-아' 계통의 어미로 표현
④ 인칭에 따라
 • 주어가 1인칭, 3인칭일 때 : 의문형 어미 '-ㄴ가', '-ㄴ고', '-ㄹ가', '-ㄹ고' 사용
 • 주어가 2인칭일 때 : 의문형 어미 '-ㄴ다' 사용

---

38 문장의 짜임 이해　　정답률 51% | 정답 ①

〈보기〉의 ㉠ ~ ㉤과 관련된 설명으로 적절한 것은? [3점]

─〈보 기〉─
주기적으로 운동하기가 ㉠ 건강의 첫걸음이다. 그것을 꾸준하게 ㉡ 실천하기 ㉢ 원한다면 제대로 ㉣ 된 계획 세우기가 ㉤ 선행되어야 한다.

☑ ㉠이 서술어인 문장에서 명사절이 주어 기능을 하고 있다.
㉠이 서술어인 문장은 '주기적으로 운동하기가 건강의 첫걸음이다'로, '주기적으로 운동하기'는 '주기적으로 운동하-'에 명사형 어미 '-기'가 결합한 명사절에 주격 조사 '가'와 함께 쓰여 주어의 기능을 함을 알 수 있다. 따라서 ㉠이 서술어인 문장에서 명사절이 주어 기능을 한다.

② ㉡이 서술어인 문장에서 명사절이 목적어 기능을 하고 있다.
㉡이 서술어인 문장은 '그것을 꾸준하게 실천하(다)'이므로, 명사절이 존재하지 않음을 알 수 있다.

③ ㉢이 서술어인 문장에서 명사절이 부사어 기능을 하고 있다.
㉢이 서술어인 문장은 '그것을 꾸준하게 실천하(를) 원하(다)'로, '그것을 꾸준하게 실천하-'에 명사형 어미 '-기'가 결합한 명사절이 목적어로 쓰이고 있음을 알 수 있다.

④ ㉣이 서술어인 문장에서 명사절이 보어 기능을 하고 있다.
㉣이 서술어인 문장은 '계획(을) 세우기가 제대로 되(다)'로, '계획(을) 세우-'에 명사형 어미 '-기'가 결합한 명사절이 주어로 쓰이고 있음을 알 수 있다.

⑤ ㉤이 서술어인 문장에서 명사절이 관형어 기능을 하고 있다.
㉤이 서술어인 문장은 '제대로 된 계획 세우기가 선행되어야 하(다)'로, '제대로 된 계획 세우-'에 명사형 어미 '-기'가 결합한 명사절이 주격 조사 '가'와 함께 쓰여 주어의 기능을 하고 있음을 알 수 있다.

● 문법 필수 개념

■ 명사절을 안은문장
1. **명사절을 안은문장** : 안긴문장이 명사형 어미 '-(으)ㅁ, -기'와 결합하여 그것이 마치 명사처럼 보이는 절. 이 명사절을 포함하고 있는 문장을 '명사절로 안은문장'이라 함.

명사형 어미 '-(으)ㅁ'	그녀가 우수상을 탔음이 밝혀졌다.
명사형 어미 '-기'	수학 문제를 풀기가 어렵다.

2. **명사절의 문장에서의 기능** : 명사절은 격조사나 부사격 조사가 붙어 문장에서 주어, 목적어, 부사어 등 다양한 기능을 함.

주어	종현이가 농구에 소질이 있음이 밝혀졌다. → 농구에 소질이 있음 + 주격 조사
목적어	임금님은 비가 내리기를 간절히 바랐다. → 비가 내리기 + 목적격 조사
부사어	그가 내 옆에 있음에 감사한다. → 내 옆에 있음 + 부사격 조사

★★★ 등급을 가르는 문제!
39 띄어쓰기의 이해　　정답률 47% | 정답 ⑤

〈보기〉의 [A]에 들어갈 말로 적절한 것만을 있는 대로 고른 것은?

─〈보 기〉─
학생 : 선생님, 자기 소개서를 써 봤는데, 띄어쓰기가 맞는지 가르쳐 주시겠어요? 헷갈리는 부분을 표시해 왔어요.

양로원에 가서 봉사 활동을 했습니다. 사실 그 시간에 ㉠ 봉사 보다는 게임을 하고 싶었습니다. 그저 작은 일을 ㉡ 도울 뿐이었는데 ㉢ 너 밖에 없다며 행복해하시는 어르신들의 말씀을 들을 ㉣ 때 만큼은 마음이 뿌듯해졌습니다.

선생님 : 한글 맞춤법에 따르면, 문장의 각 단어는 띄어 써야 하지만, 조사는 예외적으로 그 앞말에 붙여 쓴단다.
학생 : 아, 그럼 ☐☐☐ 은/는 앞말에 붙여 써야 하는군요.

① ㉠의 '보다', ㉢의 '밖에'
② ㉠의 '뿐', ㉢의 '밖에'
③ ㉡의 '뿐', ㉣의 '만큼'
④ ㉠의 '보다', ㉡의 '뿐', ㉣의 '만큼'
☑ ㉠의 '보다', ㉢의 '밖에', ㉣의 '만큼'
㉠의 '보다'는 서로 차이가 있는 것을 비교하는 경우에 비교의 대상이 되는 말에 붙어 '~에 비해서'의 뜻을 나타내는 격 조사에 해당하고, ㉢의 '밖에'는 '그것 말고는', '그것 이외에는'의 뜻을 나타내는 보조사에 해당하며, ㉣의 '만큼'은 앞말과 비슷한 정도나 한도임을 나타내는 격 조사에 해당한다. 그리고 띄어쓰기 규정을 통해 조사들은 앞말에 붙여 써야 함을 알 수 있다.
참고로 ㉡의 '뿐' : '다만 어떠하거나 어찌할 따름'이라는 뜻을 나타내는 의존 명사로, 앞말과 띄어 써야 한다. '뿐'이 체언이나 부사어 뒤에 붙어 조사로 쓰이는 경우도 있는데, 이때에는 '그것이고 더는 없음' 또는 '오직 그렇게 하거나 그러하다는 것'이라는 뜻을 나타낸다.

★★ 문제 해결 꿀~팁 ★★

▶ 많이 틀린 이유는?
체언 뒤에 제시된 단어가 조사인지 의존 명사인지 정확하게 판단하지 못해 오답률이 높았던 것으로 보인다.
▶ 문제 해결 방법은?
조사와 의존 명사의 차이를 명확히 알아야 한다. 즉 조사 앞에는 체언만이 있지만, 의존 명사 앞에는 의존 명사를 꾸며 주는 관형사나 관형어가 있음을 알아야 한다. 이렇게 볼 때, '보다, 밖에, 만큼'은 앞에 체언이 있으므로 조사로 쓰였음을 알 수 있고, '뿐' 앞에는 이를 꾸며 주는 '도울'이 있으므로 의존 명사임을 알 수 있다.
▶ 오답인 ③을 많이 선택한 이유는?
이 문제의 경우 ③을 선택한 학생들이 많았는데, 이는 '만큼'이 관형어 뒤에서는 띄어 쓰는 의존 명사이고, 체언 뒤에서는 붙여 쓰는 조사임을 정확히 알지 못했기 때문으로 보인다. 그런데 '만큼' 앞에 체언인 '때'가 제시되어 있으므로, 이 역시 조사에 해당함을 알 수 있다.

---

40 매체의 특성 파악　　정답 ④

(가)와 (나)에 대한 설명으로 적절하지 않은 것은?

① (가)와 달리 (나)는 기사문을 수정하기가 용이하다.
(나)는 인터넷 신문 기사이므로 지면으로 인쇄되어 배포되는 (가)에 비해 기사문을 수정하기 용이하다.

② (가)에 비해 (나)는 관련 기사를 쉽게 검색할 수 있다.
(가)는 독자가 직접 지면을 넘기며 자신이 찾고자 하는 기사를 찾아야 하지만, (나)는 검색 기능을 활용하여 쉽고 빠르게 관련 기사를 검색할 수 있다.

③ (나)와 달리 (가)는 독자와의 쌍방향 소통이 불가능하다.
(나)는 인터넷을 통해 독자들이 기사에 직접 댓글을 달며 자신의 의사를 표현할 수 있지만, (가)는 그렇지 못하다.

☑ (나)에 비해 (가)는 정보의 질적인 신뢰도가 낮은 편이다.
(가)와 (나)는 모두 객관적인 사실을 바탕으로 작성된 기사문에 해당하므로 (나)에 비해 (가)의 신뢰도가 낮다고 볼 수는 없다.

⑤ (가)와 (나)는 모두 특정 다수에게 정보를 전달할 수 있다.
(가)와 (나)는 모두 정보를 특정 다수인 대중들에게 비교적 신속하게 전달하는 매체인 신문에 해당한다.

---

41 〈보기〉를 바탕으로 한 매체 자료의 이해　　정답 ④

〈보기〉를 참고하여 (가), (나)를 이해한 내용으로 가장 적절한 것은? [3점]

─〈보 기〉─
어떤 대상이나 사건을 전달하기 위해 특정한 언어와 요소를 선택하는 행위에는 생산자 자신의 관점과 가치를 드러내려는 의도가 담겨 있다. 즉 생산자는 정보를 그대로, 객관적으로 제시하는 것이 아니라 자신이 선택하고 재구성한 내용을 수용자에게 보여 주는 것이다. 매체 자료에도 생산자의 목적과 의도에 따른 다양한 관점과 가치가 담겨 있다. 제시하는 정보는 같더라도 생산자의 관점과 가치에 따라 주요 내용과 다루는 정보의 비중 등이 달라진다. 따라서 매체 자료를 수용할 때에는 겉으로 드러나는 내용뿐만 아니라, 그 안에 담긴 생산자의 관점과 가치가 무엇인지를 정확히 파악해야 한다.

① (가)의 생산자는 우리 농산물 시장에 수입 과일이 미치는 부정적인 영향을 중심으로 기사를 작성하였군.
(가)의 생산자는 우리 농산물 시장에 수입 과일이 미치는 부정적인 영향에 대해서 언급하고 있지 않다. 다만 수입 과일에 대한 특정한 사실을 객관적으로 전달할 뿐이다.

② (가)의 경우 겉으로 드러나는 내용과 그 안에 담긴 생산자의 관점 및 가치가 다르게 제시되었군.
(가)의 경우 지난해 수입 과일 중량을 객관적으로 제시하고 있을 뿐 이를 통해 이면의 의미를 전달하고자 하는 의도를 발견하기는 힘들다.

③ (나)는 수입 과일류의 물품을 나열하며 수입 과일 열풍에 따른 우리 농민들의 고통에 주목하였군.
(나)에서 수입 과일 열풍을 언급하고는 있지만, 수입 과일류의 물품을 나열하고 있지는 않다.

☑ (나)는 농산물과 관련한 다양한 정보 중 국산 과일이 외면받고 있다는 정보를 선택하여 기사로 재구성하였군.
(나)는 수입 과일에 대한 수요가 늘어난 상황을 바탕으로 국산 과일을 생산하는 과수 농가에 미치는 부정적인 영향에 주목하여 기사를 작성하였다.

⑤ (가)와 (나)는 모두 구체적인 수치를 활용하여 수입 과일이 인기를 끄는 현상을 전달하였군.
(가)에서는 구체적인 수치를 활용하여 정보를 전달하고 있지만, (나)에서는 구체적인 수치를 활용하지는 않고 있다.

42 매체의 언어적 특성 파악 · 정답 ②

(나)의 언어적 특성을 고려할 때, ㉠ ~ ㉤에 대한 설명으로 적절하지 않은 것은?

① ㉠ : 명사형 종결로 부제의 내용을 표현하고 있다.
'~과수 농가 울상'과 같이 명사형으로 종결하고 있는데, 이러한 명사형 종결은 부제를 제시할 때의 일반적인 특징이라 할 수 있다.

✓② ㉡ : 시간 부사어를 사용하여 현장감을 극대화하고 있다.
'지난해'와 같은 시간 부사어를 사용하고 있지만, 이를 바탕으로 현장감을 극대화하고 있는 것은 아니다.

③ ㉢ : 보조사를 활용하여 기사의 특정 정보를 강조하고 있다.
'있는데도'의 '도'와 같은 보조사를 활용하여 국산 과일의 판매 가격이 계속 하락하고 있다는 내용을 강조하고 있다.

④ ㉣ : 피동 표현을 사용하여 현상의 원인을 언급하고 있다.
'다양해지고, '저렴해지면서'와 같은 피동 표현을 통해 국산 과일이 외면받고 있는 현상의 원인을 제시하고 있다.

⑤ ㉤ : 감탄사를 사용하여 자신의 감정을 토로하고 있다.
'아'와 같은 감탄사를 사용하여 농민으로서의 고충을 표현하고 있다.

43 매체의 대화 방식 파악 · 정답 ②

위의 '채팅'에 대한 설명으로 적절하지 않은 것은?

① '다빈'은 채팅이 이루어지는 매체의 특성을 활용하여 자신이 수집한 사진을 다른 채팅 참여자들과 공유하고 있다.
다빈은 비평문 도입부에 사진을 삽입하는 것을 제안하며 채팅하는 도중 해당 파일을 전송하였다.

✓② '현석'은 컴퓨터로 이루어지는 대화의 장점을 거론하며 해당 매체로 채팅할 것을 제안하고 있다.
'현석'뿐만 아니라 채팅에 참석한 다른 학생들도 컴퓨터로 이루어지는 대화의 장점을 거론하지는 않았다.

③ '서영'은 어플리케이션의 기능을 활용하여 회의 중 자료를 실시간으로 수정하고 있다.
'서영'은 채팅 도중 지난 번 회의 때 논의했던 내용을 바탕으로 직접 글을 첨삭하고 있다.

④ '기태'는 하이퍼링크를 이용하여 회의 내용과 관련된 정보를 다른 회의 참여자들과 공유하려 하고 있다.
'기태'는 하이퍼링크를 이용하여 블로그에 올린 회의 내용과 관련된 회의록을 다른 구성원들과 공유하려 하고 있다.

⑤ '현석'과 '기태'는 한글 자음자로 된 기호를 활용하여 자신의 감정을 드러내고 있다.
'기태'와 '현석'은 'ㅎㅎ', 'ㅋㅋㅋ'와 같이 자음자로 된 기호를 활용하여 자신의 감정을 드러내고 있다.

44 대화에 따른 수정 내용 파악 · 정답 ①

'서영'이 수정한 '공유 화면 2'에 대한 설명으로 적절하지 않은 것은?

✓① 종결 어미에 변화를 주어 문제를 바꾸었다.
수정한 이후에도 종결 어미는 '-다'로 변하지 않았다.

② 띄어쓰기가 잘못된 부분을 찾아 수정하였다.
의존명사 '수'를 앞말과 띄어쓰기를 하였다.

③ 주술 호응이 이루어지도록 문장을 다듬었다.
'삽화식 구성과 입체적 구성을 통해 관객의 집중도를 높이고 ~ 생각한다.'라는 표현을 주술 호응에 맞게 수정하였다.

④ 하나의 문장이 지나치게 길어 두 문장으로 나누었다.
'~입장을 보여 주었다. 또한 ~'과 같이 두 문장으로 나누었다.

⑤ '나'라는 주체를 굳이 밝힐 필요가 없으므로 삭제하였다.
'나는 누구든지 ~', '나는 ○○ 감독은 ~'에서 '나'라는 주체를 드러내는 표현을 삭제하였다.

45 대화에 따른 수정의 적절성 판단 · 정답 ⑤

위 대화 내용을 바탕으로 '공유 화면 2'를 수정한 ⓐ ~ ⓔ 중 적절하지 않은 것은?

수업용 전자 필기장 > 공동 작업 공간

하지만 이런 레너드를 동정 어린 시각으로 바라보는 것은 적절하지 않다. 오히려 레너드는 메모를 통해 범인을 지정하고 추리하는 것이기에 그는 그가 생각하는 범인을 잡을 수 있었고, ⓐ <u>그는 목표가 뚜렷한 삶을 살 수 있었기 때문이다</u>. 누구든지 목표가 사라지면 정체성을 잃게 된다. 하지만 레너드는 그의 상태에 의해 뫼비우스의 띠를 걷고 있다. 그는 끝을 ⓑ <u>좇아</u> 달리지만 과거의 자신이 있던 자리도 잊어버리기에 끊임없이 삶의 원동력을 찾을 수 있다. ⓒ <u>오히려</u> 요즘 자신의 목표가 흐릿하거나 목표조차 없는 사람에 비해 레너드는 ⓓ <u>행복 회로</u>를 돌릴 수 있는 가능성이 더 크다.
○○ 감독은 메멘토의 1인칭 주인공 시점을 이용하여 주인공의 상태를 경험하는 듯한 효과를 주어 사회적 약자의 입장을 보여 주었다. 또한 삽화식 구성과 입체적 구성을 통해 관객의 집중도를 높이고 신인이었던 놀란이 관심을 끌 수 있었다고 생각한다.

① ⓐ 그는 목표가 뚜렷한 삶을 살 수 있었기 때문이다
첫 번째 문단의 두 번째 문장을 긍정문으로 바꾸자는 의견을 반영하였다.

② ⓑ 좇아
첫 번째 문단의 다섯 번째 문장에 어색하게 쓰인 단어를 교체하자는 의견을 반영하였다.

③ ⓒ 오히려
첫 번째 문단의 마지막 문장이 시작될 때 적절한 접속 부사어를 하나만 넣어 주자는 의견을 반영하였다.

④ ⓓ 행복 회로
올바른 띄어쓰기 표기를 하자는 의견을 반영하였다.

✓⑤ ⓔ
영화 포스터를 넣자는 의견은 있었지만, 비평문의 마지막이 아닌 도입부에 넣는 내용이었으므로 삽입된 그림의 위치가 적절하지 않다.

07 회 | 수능 실전 모의고사 고3

• 정답 •
35 ③ 36 ① 37 ② 38 ④ 39 ⑤ 40 ③ 41 ⑤ 42 ② 43 ⑤ 44 ⑤ 45 ④

35 어휘의 변화 유형 파악 · 정답률 65% | 정답 ③

윗글을 바탕으로 〈보기〉에 대해 이해한 내용으로 적절한 것은?

〈보 기〉
지금의 '돼지'를 의미하는 말이 예전에는 '돝'이었고, '돝'에 '-아지'가 붙어 '돝의 새끼'를 의미하는 '도야지'가 쓰였다. 그런데 현대 국어의 표준어에서는 '돝'이 사라지고, '돝'의 자리를 '도야지'의 형태가 바뀐 '돼지'가 차지하게 되었다.

① '예전'의 '도야지'에 해당하는 개념이 지금은 사라졌다.
〈보기〉에서 '예전'의 '도야지'는 '돝(돼지)의 새끼'이고, 주어진 글에서 현대 국어로는 어린 돼지를 가리킬 때 '아기 돼지, 새끼 돼지' 등으로 말하고 있음을 알 수 있으므로 적절하지 않다.

② '예전'의 '돝'은 '도야지'의 하의어로, 의미가 더 한정적이다.
〈보기〉에서 '예전'의 '돝'은 돼지이고, '도야지'는 돼지의 새끼임을 알 수 있으므로 적절하지 않다.

✓③ 지금의 '돼지'와 '예전'의 '도야지'가 나타내는 개념은 다르다.
〈보기〉를 보면 '예전'의 '도야지'는 돼지의 새끼를 나타내는 개념이고, 지금의 '돼지'는 돼지 전체를 나타내는 개념이다. 따라서 예전의 '도야지'는 지금의 '돼지'와 개념이 다르다.

④ 지금의 '어린 돼지'에 해당하는 어휘적 빈자리는 '예전'부터 있었다.
〈보기〉를 보면 '예전'에 '돼지'를 의미하는 '돝', '돝의 새끼'의 의미를 지닌 '도야지'가 모두 쓰였으므로, 지금의 '어린 돼지'에 해당하는 어휘적 빈자리는 없었다.

⑤ '예전'의 '도야지'의 개념을 나타내기 위해 지금은 하나의 고유어 단어가 사용된다.
〈보기〉를 보면 '예전'의 '도야지'의 개념은 돼지의 새끼였지만, 주어진 글을 보면 지금은 '아기 돼지, 새끼 돼지'처럼 구를 사용하고 있다.

36 어휘의 변화 유형 파악 · 정답률 79% | 정답 ①

윗글의 어휘적 빈자리가 채워지는 방식이 적용된 사례만을 〈보기〉에서 있는 대로 고른 것은?

〈보 기〉
ㄱ. 학생 1은 할머니 휴대 전화에 번호를 저장해 드리면서 할머니의 첫 번째, 네 번째 사위는 각각 '맏사위', '막냇사위'라고 입력했지만, 두 번째, 세 번째 사위를 구별하여 가리키는 단어가 없어 '둘째 사위', '셋째 사위'라고 입력하였다.
ㄴ. 학생 2는 '꿩'에 대한 보고서를 작성할 때 꿩의 하의어로 수꿩에 해당하는 '장끼'와 암꿩에 해당하는 '까투리'는 알고 있었지만, 꿩의 새끼를 나타내는 단어를 몰라 국어사전에서 고유어 '꺼병이'를 찾아 사용하였다.
ㄷ. 학생 3은 태양계의 행성을 가리키는 어휘 체계인 '수성-금성-지구-화성…'을 조사하면서 '금성'의 고유어로 '샛별'과 '개밥바라기'가 있음을 알았는데, '개밥바라기'라는 단어는 생소하여 '샛별'만을 기록하였다.

✓① ㄱ · ② ㄱ, ㄴ · ③ ㄱ, ㄷ · ④ ㄴ, ㄷ · ⑤ ㄱ, ㄴ, ㄷ

ㄱ. 학생 1은 할머니 휴대 전화에 번호를 저장해 드리면서 할머니의 첫 번째, 네 번째 사위는 각각 '맏사위', '막냇사위'라고 입력했지만, 두 번째, 세 번째 사위를 구별하여 가리키는 단어가 없어 '둘째 사위', '셋째 사위'라고 입력하였다.
두 번째, 세 번째 사위를 구별하여 가리키는 단어가 없어 이들을 '둘째 사위, 셋째 사위'라고 휴대 전화에 입력하고 있다. 이는 주어진 글의 2문단에서 언급한 단어가 아닌 구를 만들어 어휘적 빈자리를 채우는 방식에 해당하므로 적절한 사례이다.

ㄴ. 학생 2는 '꿩'에 대한 보고서를 작성할 때 꿩의 하의어로 수꿩에 해당하는 '장끼'와 암꿩에 해당하는 '까투리'는 알고 있었지만, 꿩의 새끼를 나타내는 단어를 몰라 국어사전에서 고유어 '꺼병이'를 찾아 사용하였다.
'꿩'의 새끼를 나타내는 단어로 '꺼병이'가 존재하므로 적절하지 않다.

ㄷ. 학생 3은 태양계의 행성을 가리키는 어휘 체계인 '수성-금성-지구-화성…'을 조사하면서 '금성'의 고유어로 '샛별'과 '개밥바라기'가 있음을 알았는데, '개밥바라기'라는 단어는 생소하여 '샛별'만을 기록하였다.
'금성'의 고유어인 '개밥바라기'와 '샛별' 중 '샛별'을 택하는 내용에 해당하므로 적절하지 않다.

37 중세 국어에 대한 이해 · 정답률 57% | 정답 ②

〈보기〉의 ㉠ ~ ㉢에 들어갈 말로 적절한 것은?

〈보 기〉
중세 국어에서는 의문문의 종류에 따라 종결 어미나 보조사가 달리 쓰인다. 예를 들면 용언의 어간에 어미가 결합하여 서술어가 될 때 판정 의문문에서는 종결 어미 '-녀', 설명 의문문에서는 종결 어미 '-뇨'가 쓰인다. 반면, 체언에 보조사가 결합하여 서술어가 될 때 판정 의문문에서는 보조사 '가', 설명 의문문에서는 보조사 '고'가 쓰인다. 그런데 주어가 2인칭일 때에는 의문문의 종류와 관계없이 종결 어미 '-ㄴ다'가 쓰인다. 중세 국어 의문문의 예는 아래와 같다.

○ 이 일후미 (㉠)
[이 이름이 무엇인가?]
○ 네 엇데 아니 (㉡)
[네가 어찌 안 가는가?]
○ 그듸는 보디 (㉢)
[그대는 보지 않는가?]

	㉠	㉡	㉢
①	므스고	가느뇨	아니ㅎ는다

✓ ㅁ스고 　가ᄂ다 　아니ᄒᆞᄂ다

현대어 풀이를 볼 때 ⊙은 설명 의문문, ⓒ과 ⓒ은 주어가 2인칭인 의문문이다. 이를 〈보기〉의 내용에 적용하면 ⊙은 'ㅁ스고', ⓒ은 'ㄱ노다', ⓒ은 '아니ᄒ는다'가 적절하다.

③ ㅁ스고 　가노뇨 　아니ᄒ노녀
④ ㅁ스가 　가ᄂ다 　아니ᄒ노다
⑤ ㅁ스가 　가노뇨 　아니ᄒ노녀

● 문법 필수 개념

■ 의문형 어미

물음말의 유무	물음말이 있는 설명 의문문 : '-오' 계통의 어미로 표현	예 이 엇던 광명고(이것이 어떤 광명인가?)
	물음말이 없는 판정 의문문 : '-아' 계통의 어미로 표현	예 이 ᄯᆞ리 너희 죵가(이 딸이 너희 종인가?)
인칭에 따라	주어가 1인칭, 3인칭일 때 : 의문형어미 '-ㄴ가', '-ㄴ고', '-ㄹ가', '-ㄹ고' 사용	예 서경은 평안혼가 몯혼가
	주어가 2인칭일 때 : 의문형 어미 '-ㄴ다' 사용	예 네 엇뎨 안다

38 음운 변동의 이해 및 적용

정답률 48% | 정답 ④

〈보기〉에 대한 이해로 적절하지 않은 것은?

─〈보 기〉─
⊙ 풀잎[풀립]　　ⓒ 읊네[음네]　　ⓒ 벼훑이[벼훌치]

① ⊙, ⓒ에서는 음운 변동이 각각 세 번씩 일어났군.
⊙에서는 ㄴ 첨가, 유음화, 음절의 끝소리 규칙이, ⓒ에서는 자음군 단순화, 음절의 끝소리 규칙, 비음화가 일어난다.

② ⊙, ⓒ에서는 인접한 자음과 조음 방법이 같아지는 음운 변동이 일어났군.
⊙에서 일어난 유음화와 ⓒ에서 일어난 비음화는 둘 다 인접한 자음과 조음 방법이 같아지는 음운 변동에 해당하므로 적절하다.

③ ⊙에서 첨가된 음운과 ⓒ에서 탈락된 음운은 서로 다르군.
⊙에 첨가된 음운은 'ㄴ'이고, ⓒ에서 탈락된 음운은 'ㄹ'이다.

✓④ ⊙, ⓒ에서는 음운 개수가 달라지는 음운 변동이 일어났군.
⊙의 '풀잎'은 [풀닙] → [풀립]으로 발음되어 ㄴ 첨가, 유음화, 음절의 끝소리 규칙이 일어난다. 그리고 ⓒ의 '벼훑이'는 [벼훌치]로 발음되어 구개음화가 일어난다. 즉, ⊙의 ㄴ 첨가는 음운 개수가 늘어나는 음운 변동이지만, ⓒ의 구개음화는 음운 개수에 변화가 없는 음운 변동에 해당하므로 적절하지 않다.

⑤ ⊙은 'ㄹ'로 인해, ⓒ은 모음 'ㅣ'로 인해 동화되는 음운 변동이 일어났군.
⊙에서 일어난 유음화는 'ㄹ'로 인해 'ㄴ'이 동화되는 음운 변동이고, ⓒ에서 일어난 구개음화는 모음 'ㅣ'나 반모음 'ㅣ'로 인해 구개음이 아닌 음(ㄷ, ㅌ)이 특정 환경에서 경구개음(ㅈ, ㅊ)으로 동화되는 음운 변동이므로 적절하다.

39 피동사와 사동사 파악

정답률 54% | 정답 ⑤

〈보기〉의 ⊙, ⓒ에 해당하는 예끼리 묶인 것으로 적절한 것은? [3점]

─〈보 기〉─
[선생님의 설명]
　여러분, '쓰이다'라는 단어를 어떻게 해석해야 할까요? 우선 '쓰이다'는 피동사이기도 하고 사동사이기도 하므로 이를 구별해야겠죠? 또한 '쓰다'는 동음이의어나 다의어이므로 그 의미에도 유의해야 합니다. 단어를 이해할 때, 이러한 점들을 모두 고려해야 해요. 그럼 이와 관련된 학습 활동을 해 볼까요?

[학습 활동]
　다음은 국어사전의 일부이다. 제시된 단어의 의미에 유의하여 각각의 피동사와 사동사가 포함된 예를 들어 보자.

갈다[동]【…을 …으로】② 어떤 직책에 있는 사람을 다른 사람으로 바꾸다.
깎다[동]【1】【…을】③ 값이나 금액을 낮추어 줄이다.
묻다¹[동]【…에】① 가루, 풀, 물 따위가 그보다 큰 다른 물체에 들러붙거나 흔적이 남게 되다.
물다²[동]【1】【…을】② 윗니와 아랫니 사이에 끼운 상태로 상처가 날 만큼 세게 누르다.
쓸다²[동]【…을】① 비로 쓰레기 따위를 밀어내거나 한데 모아서 버리다.

피동문	사동문
⊙	ⓒ

① ┌ ⊙ : 학생회 임원이 새 친구로 갈렸다.
　└ ⓒ : 삼촌이 형에게 그 텃밭을 갈렸다.
⊙의 '갈리다'는 피동사이고, ⓒ의 '갈리다'는 사동사이다. 그런데 ⓒ의 '갈리다'는 '쟁기나 트랙터 따위의 농기구나 농기계로 땅을 파서 뒤집다.'의 뜻을 지니는 '갈다'이다.

② ┌ ⊙ : 용돈이 이달에 만 원이나 깎였다.
　└ ⓒ : 나는 저번 실수로 점수를 깎였다.
⊙과 ⓒ의 '깎이다'는 둘 다 '깎다 ③'에 대응하는 피동사이다.

③ ┌ ⊙ : 내 친구는 가래떡에 꿀만 묻혔다.
　└ ⓒ : 누나는 붓에 먹물을 듬뿍 묻혔다.
⊙과 ⓒ의 '묻히다'는 둘 다 '묻다¹ ①'에 대응하는 사동사이다.

④ ┌ ⊙ : 아빠가 아이 입에 사탕을 물렸다.
　└ ⓒ : 큰형이 동네 개에게 발을 물렸다.
ⓒ의 '물리다'는 '물다² ②'에 대응하는 피동사이고, ⊙의 '물리다'는 '입 속에 넣어 두다'의 뜻을 지니는 '물다'의 사동사이다.

✓⑤ ┌ ⊙ : 큰 마당의 눈이 빗자루에 쓸렸다.
　└ ⓒ : 내 동생에게 거실 바닥만 쓸렸다.
⑤에서 ⊙의 '쓸리다'는 '쓸다² ①'의 피동사이고, ⓒ의 '쓸리다'는 '쓸다² ①'의 사동사이다. ⓒ의 '쓸리다'는 '쓸게 하다'와 의미가 상통한다는 점에서도 이를 확인할 수 있다.

● 문법 필수 개념

■ 피동과 사동

① **피동의 개념** : 주어가 다른 주체에 의해 동작이나 행위를 당하는 것　예 농부가 벌에 쏘였다.
② **피동 표현의 실현 방법** : 접사를 결합시켜 피동문을 만드는 파생적 피동과 용언의 어간에 어미를 결합하여 피동문을 만드는 통사적 피동이 있음.

파생적 피동	타동사 어근 + 피동 접사 '-이-, -히-, -리-, -기-'	예 물고기가 고래에게 먹혔다. 예 아이들이 개한테 물렸다.
	서술성을 가진 일부 체언 + 접미사 '-되-'	예 적군이 아군에 생포되었다.
통사적 피동	용언의 어간 + '-어지다'	예 비밀이 그 사람에 의해 밝혀졌다.
	용언의 어간 + '-게 되다'	예 김 씨는 징역을 살게 되었다.

① **사동의 개념** : 주어가 다른 사람에게 동작이나 행위를 하도록 만드는 것　예 엄마가 영희를 웃긴다.
② **사동 표현의 실현 방법** : 접사를 결합시켜 사동문을 만드는 파생적 사동과 용언의 어간에 어미를 결합하여 사동문을 만드는 통사적 사동이 있음.

파생적 사동	주동사 어근 + 사동 접사 '-이-, -히-, -리-, -기-, -우-, -구-, -추-'	예 엄마가 아이에게 책을 읽힌다. 예 형이 동생을 울렸다.
	서술성을 가진 일부 체언 + 접미사 '-시키-'	예 선생님은 학생들을 훈련시켰다.
통사적 사동	주동사의 어간 + '-게 하다'	예 선생님이 천수를 집에 가게 했다.

40 매체에서의 대화 방식 파악

정답 ③

(가)의 대화에 대한 설명으로 가장 적절한 것은?

① '민주'는 휴대 전화 메신저로 이루어지는 대화의 장점을 거론하며 해당 매체로 대화할 것을 제안하고 있다.
휴대 전화 메신저로 이루어지는 대화의 장점을 거론하고 있는 사람은 '영진'이다.

② '영진'은 매체 언어의 복합적인 특성을 고려하여 문자 언어와 영상을 결합한 형태의 자료를 제시하고 있다.
'영진'은 대화방의 구성원들과 문자 언어를 활용하여 자신의 의견을 전달하고 있지, 영상을 결합한 형태의 자료를 제시하지는 않고 있다.

✓③ '성균'은 대화가 이루어지는 매체의 특성을 활용하여 자신이 조사한 내용을 다른 대화 참여자들과 공유하고 있다.
'성균'은 자신이 조사하여 정리한 '마중지봉의 의미'라는 파일을 대화방의 구성원들에게 전송하며 해당 자료를 공유하고 있다.

④ '병준'은 불특정 다수의 사람들에게 대량의 정보를 전하는 방식으로 의사소통하고 있다.
'병준'은 대화방의 구성원들과 의견을 교환하고 있을 뿐, 불특정 다수의 사람들에게 정보를 제공하고 있지는 않다.

⑤ '성균'과 '병준'은 한글 자음자로 된 기호를 활용하여 자신의 감정을 드러내고 있다.
한글 자음자로 된 기호를 활용하여 자신의 감정을 드러내고 있는 사람은 '성균'이다. '병준'은 그러한 기호를 사용하지 않았다.

41 자료 제작 계획 반영 여부 판단

정답 ⑤

ⓐ ~ ⓔ를 바탕으로 '민주'가 세운 자료 제작 계획 중 (나)에 반영되지 않은 것은?

① ⓐ
글이 시작되기 전에 '君子生非異也 善假於物也'라는 문구를 네모 상자 안에 넣어 제시하고 있다.

② ⓑ
'평소에 길을 잘 달리지 못하더라도 ~ 강물을 건널 수 있습니다.'와 같은 고사를 사용하여 주제를 더욱 효과적으로 전달하고 있다.

③ ⓒ
'쑥이 삼밭에서 자라면 붙들어 주지 않아도 곧게 자란다.'라는 문구를 인용하며 글의 설득력을 좀 더 강화하고 있다.

④ ⓓ
마지막 문단에서 비유적인 표현을 활용하여 희망적인 메시지를 전달하고 있다.

✓⑤ ⓔ
'삼과 같이 든든한 버팀목이 되어 주는 수많은 조력자'와 같이 비유적인 표현을 사용하고는 있지만, 이를 설의법으로 제시하고 있지는 않다.

42 댓글을 통한 자료 보완의 적절성 판단

정답 ②

〈보기〉는 (나)에 달린 '댓글'이다. 〈보기〉를 바탕으로 (나)를 보완한 내용으로 적절하지 않은 것은? [3점]

─〈보 기〉─
영진　고생 많았어. 그런데 써 놓고 보니 서론이 없이 바로 본론부터 이야기하고 있다는 생각이 들어.
　└ **성균**　나도 그런 느낌이 들었어. 조금 밋밋한 느낌이 드니까 우리 얼마 전에 배웠던 '귀인 이론'이라는 심리학 용어를 가져와서 활용하는 건 어때?
　└ **병준**　좋은 생각이야. 그런데 '귀인 이론'을 잘 모르는 친구들도 있을테니까 예를 들며 최대한 친절하게 설명해 주자.

└ **민주** 그런데 바로 심리학 용어를 쓰기엔 조금 부담스러울 것 같아. 우리가 다같이 공감할 만한 경험을 서두에서 활용하는 건 어때?

└ **영진** 그래. 그렇게 하면 주의를 환기하기에는 안성맞춤이겠는걸. 이왕이면 질문을 던지며 글을 시작해서 효과를 극대화하자.

㉠ "왜?"

㉡ 일반적으로 우리는 결과를 두고 스스로에게 질문을 던집니다. 이를테면 ㉢ "왜 이번 시험에서 점수가 잘 나오지 않았을까?"와 같이 자신에게 주어진 상황을 분석하며 스스로 납득할 만한 원인을 찾으려는 성향이 있습니다. ㉣ 심리학에서는 이러한 현상을 '귀인 이론(attribution theory)'으로 설명합니다. 귀인 이론이란 자신이나 타인의 행동이 발생한 원인을 추론하는 과정을 설명하는 이론입니다. ㉤ 예를 들어 사람들은 자신의 성공이나 실패의 원인을 능력이나 노력, 또 운과 같이 다양한 요인에서 찾곤 하는데, 스스로 어떠한 해석을 하느냐에 따라 개인의 자존감이 높아지기도 하고 반대로 낮아지기도 합니다. 이러한 귀인 이론과 연관 지어 보았을 때 위의 문구는 우리에게 많은 것을 시사하고 있습니다.

① ㉠ "왜?"
질문을 던지며 글을 시작하여 독자의 주의를 환기하고 있다.

✓ ② ㉡ 일반적으로 우리는 결과를 두고 스스로에게 질문을 던집니다
〈보기〉에서 다루고 있는 수정 방안에 대한 내용과 관련이 없는 서술이다.

③ ㉢ "왜 이번 시험에서 점수가 잘 나오지 않았을까?"와 같이 자신에게 주어진 상황을 분석하며 스스로 납득할 만한 원인을 찾으려는 성향이 있습니다
구체적인 상황을 언급하며 친구들이 함께 공감할 만한 경험을 제시하고 있다.

④ ㉣ 심리학에서는 이러한 현상을 '귀인 이론(attribution theory)'으로 설명합니다
귀인 이론이라는 심리학 용어를 발표 내용과 연결지어 제시하고 있다.

⑤ ㉤ 예를 들어 사람들은 자신의 성공이나 실패의 원인을 능력이나 노력, 또 운과 같이 다양한 요인에서 찾곤 하는데, 스스로 어떠한 해석을 하느냐에 따라 개인의 자존감이 높아지기도 하고 반대로 낮아지기도 합니다
사례를 들며 귀인 이론의 개념을 친절하게 전달하고 있다.

---

43 매체의 특성 파악 　　　　　　　정답 ⑤

(가)와 (나)에 대한 설명으로 적절하지 않은 것은?

① (가)와 달리 (나)는 작성자와 독자 간의 소통이 활발하게 이루어지고 있다.
(가)와 달리 (나)의 경우 댓글을 통해 궁금한 점을 질문하고 이에 대한 답변을 하는 상호 작용이 이루어지고 있다.

② (가)와 달리 (나)는 동영상을 통해 스매시를 하는 자세와 방법 등에 대해 설명하고 있다.
(가)는 인쇄 매체이기 때문에 동영상을 활용할 수 없는 반면, (나)는 뉴 미디어에 해당하는 영상 매체이기 때문에 동영상을 활용할 수 있다.

③ (가)와 달리 (나)는 핵심 정보와 연관성이 있는 부가적인 정보는 하이퍼링크로 연결하고 있다.
(나)의 '배드민턴 그립'이라고 적힌 하이퍼링크를 클릭하면 핵심 정보인 배드민턴(스매시)과 연관성이 있는 부가적인 정보를 확인할 수 있다.

④ (나)와 달리 (가)는 이미지만을 사용하여 스매시를 하는 자세와 라켓의 타격 방향을 설명하고 있다.
(나)에서는 스매시를 하는 자세와 방법 등을 동영상으로 제시하고 있는 반면, (가)에서는 해당 정보를 이미지로 설명하고 있다.

✓ ⑤ (나)와 달리 (가)는 문자 언어를 활용하여 스매시 기술에 관한 기본적인 내용을 설명하고 있다.
(나) 또한 문자 언어를 활용하여 스매시에 대한 기본적인 내용을 설명하고 있다.

---

44 매체 언어의 이해 　　　　　　　정답 ⑤

〈보기〉를 참고하여 (가), (나)에 대해 이해한 내용으로 적절하지 않은 것은?

─〈보 기〉─

문자를 사용하기 전까지 인간은 음성 언어만으로 의사를 전달했다. 그러나 음성 언어는 시공간의 벽을 뛰어넘을 수 없었다. 문자는 이러한 음성 언어의 한계를 극복하게 해 주었다. 특히 활판 인쇄술의 발명으로 책을 대량으로 찍어 낼 수 있게 되면서, 많은 사람이 글로 쓰인 다양한 정보를 공유하게 되었다. 그런데 오늘날에는 종이와 인쇄술이 없어도 정보를 한꺼번에 공유할 수 있는 다양한 매체가 등장했다. 전파를 매개로 하는 텔레비전과 라디오, 컴퓨터 기술과 통신 기술이 결합하여 탄생한 인터넷은 현대 사회와 현대인의 삶을 급속도로 변화시켰다. 특히 이전의 인쇄 매체와는 전혀 다른 방식으로 정보와 지식을 구성하고 유통할 수 있게 함으로써 현대 정보 사회의 상징으로 자리 잡게 되었다.

① (가)는 음성 언어의 한계를 극복하며 시공간의 벽을 뛰어넘을 수 있는 매체에 해당한다.
〈보기〉에서 문자가 음성 언어의 한계를 극복하게 해 주었다고 서술하고 있으므로 적절하다고 볼 수 있다.

② (가)는 인쇄술을 바탕으로 많은 사람에게 글을 통해 다양한 정보를 제공하는 매체에 해당한다.
(가)는 인쇄 매체인 책이므로 문자 언어를 통해 다양한 정보를 제공할 수 있다.

③ (나)는 종이와 인쇄술이 없어도 정보를 한꺼번에 공유할 수 있게 하는 매체에 해당한다.
(나)는 인터넷 매체이므로 종이와 인쇄술이 없어도 많은 정보를 불특정 다수에게 전달할 수 있다.

④ (나)는 컴퓨터 기술과 통신 기술이 결합하여 탄생한 인터넷을 기반으로 제공되는 매체에 해당한다.
(나)는 〈보기〉에서 언급하고 있는 '컴퓨터 기술과 통신 기술이 결합하여 탄생한 인터넷'을 통해 정보와 지식을 구성하고 유통한다.

✓ ⑤ (나)는 음성 언어를 배제하고 있다는 점에서 이전의 인쇄 매체와 공통점을 갖고 있는 매체에 해당한다.
(나)는 동영상 형태로도 정보를 제공하고 있기 때문에 음성 언어를 배제한다고는 볼 수 없다.

---

45 매체의 언어적 특성 파악 　　　　　정답 ④

(가)의 언어적 특성을 고려할 때, ㉠ ~ ㉤에 대한 설명으로 가장 적절한 것은?

① ㉠ : 동작상을 나타내는 표현을 사용하여 현재 진행 중인 사건에 대해 묘사하고 있다.
㉠은 스매시의 개념을 다루고 있을 뿐이다. 동작상을 나타내는 표현을 사용하지도, 현재 진행 중인 사건에 대해 묘사하고 있지도 않다.

② ㉡ : 피동 표현을 사용하여 추가로 설명이 필요한 동작에 대해 부연하여 설명하고 있다.
㉡에서 피동 표현은 사용되고 있지 않다.

③ ㉢ : 전문가의 견해를 간접 인용하여 서술하고 있는 내용의 신뢰성을 높이고 있다.
㉢에서 직간접적으로 전문가의 견해를 인용하는 표지를 찾을 수 없다.

✓ ④ ㉣ : 문장과 문장을 연결하는 부사어를 활용하면서 앞서 언급한 내용을 제한하고 있다.
문장과 문장을 연결하는 부사어인 '그러나'를 사용하여 앞선 내용을 제한하는 조건을 제시하고 있다.

⑤ ㉤ : 연결 어미를 사용하여 앞 절과 뒤 절이 인과 관계로 이어짐을 드러내고 있다.
'-여'와 같은 연결 어미를 사용하고 있는 것은 맞지만, 앞 절과 뒤 절을 인과 관계로 이어주고 있지는 않다.

• 정답 •

35 ④ 36 ④ 37 ① 38 ① 39 ⑤ 40 ② 41 ⑤ 42 ② 43 ③ 44 ① 45 ④

★ 표기된 문항은 [등급을 가르는 문제]에 해당하는 문항입니다.

35 중세 국어의 이해 정답률 73% | 정답 ④

윗글을 바탕으로 추론한 내용 중 적절하지 않은 것은?

① '됴흔 여름 여루미(좋은 열매 열림이)'에서 '여름'과 '여룸'의 형태를 보니, 이 둘의 품사가 다르겠군.

3문단의 '현대 국어의 두 가지 '-(으)ㅁ'은 중세 국어의 명사 파생 접미사 '-(♀/으)ㅁ'과 명사형 전성 어미 '-옴/움'에 각각 대응한다.'를 볼 때, '여름'은 파생 명사이고 '여룸'은 동사의 명사형이다.

② '거름'과 '거룸'의 형태를 보니, '거름'은 파생 명사이고 '거룸'은 동사의 명사형이 겠군.

3문단의 '현대 국어의 두 가지 '-(으)ㅁ'은 중세 국어의 명사 파생 접미사 '-(♀/으)ㅁ'과 명사형 전성 어미 '-옴/움'에 각각 대응한다.'를 볼 때, '거름'은 파생 명사이고 '거룸'은 동사의 명사형이다.

③ '거룸'과 '노피'의 모음조화 양상을 보니, 중세 국어 '높-'에는 '-움'이 아니고 '-옴' 이 결합하겠군.

3문단의 '마지막 음절의 모음이 양성 모음인 어근이나 용언 어간에는 모음조화에 따라 '-(♀)ㅁ'과 '-옴' 이 각각 결합한다.'의 내용에서 중세 국어 '높-'는 양성 모음이므로 '-움'이 아니고 '-옴'이 결합함을 알 수 있다.

✓ ④ '노피'와 '노피'의 형태를 보니, '노피'는 파생 부사이고 '노피'는 파생 명사이겠군.

4문단의 '현대 국어의 두 가지 '-이' 역시 중세 국어의 명사 파생 접미사 '-이/의'와 부사 파생 접미사 '-이' 에 각각 대응한다.'와 이어지는 사례를 볼 때, '노피'는 '높-'에 명사 파생 접미사 '-이'가 결합한 파생 명사 이고, '노피'는 '높-'에 부사 파생 접미사 '-이'가 결합한 파생 부사이다.

⑤ 중세 국어의 형용사 '곧다', '굳다'가 부사 파생 접미사 '-이'와 결합할 때, 그 형태 가 모음조화에 따라 달라지지 않겠군.

4문단의 '부사 파생 접미사는 '-이' 하나여서 모음조화에 상관없이 '-이'가 결합한다.'에서 '곧다', '굳다'가 부사 파생 접미사 '-이'와 결합할 때, 형태가 달라지지 않음을 알 수 있다.

36 파생 접미사와 전성 어미의 이해 정답률 78% | 정답 ④

[A]를 참고할 때, 밑줄 친 부분이 ㉠에 해당하는 예로만 묶인 것은?

① ┌ 많이 앎이 항상 미덕인 것은 아니다.
  └ 그의 목소리는 격한 슬픔으로 떨렸다.

'앎'은 서술어로 쓰이고 부사어 '많이'의 수식을 받는다는 점에서 동사의 명사형이다. 반면에 '슬픔'은 서술 어로 쓰이지 않고 관형어 '격한'의 수식을 받고 있으므로 명사이다.

② ┌ 멸치 볶음은 맛도 좋고 건강에도 좋다.
  └ 오빠는 몹시 기쁨에도 내색을 안 했다.

'볶음'은 서술어로 쓰이지 않고 관형어 '멸치'의 수식을 받고 있으므로 명사이다. 반면에 '기쁨'은 서술어로 쓰이고, 부사어 '몹시'의 수식을 받고 있으므로 형용사의 명사형이다.

③ ┌ 요즘은 상품을 큰 묶음으로 파는 가게가 많다.
  └ 무용수들이 군무를 춤과 동시에 조명이 켜졌다.

'묶음'은 서술어로 쓰이지 않고 관형어 '큰'의 수식을 받고 있으므로 명사이다. 반면에 '춤'은 서술어로 쓰 이고 있으므로 동사의 명사형이다.

✓ ④ ┌ 어려운 이웃을 도움으로써 보람을 찾는 이도 있다.
  └ 나는 그를 온전히 믿음에도 그 일은 맡기고 싶지 않다.

'도움'과 '믿음'은 절에 서술어로 쓰이고 있고, '믿음'은 부사어의 수식도 받고 있으므로 동사의 명사형 으로 쓰였음을 알 수 있다.

⑤ ┌ 아이가 울음 섞인 목소리로 빨리 오라고 소리쳤다.
  └ 수술 뒤 친구가 밝게 웃음을 보니 나도 마음이 놓였다.

'울음'은 서술어로 쓰이지 않고 있으므로 명사이다. 반면에 '웃음'은 서술어로 쓰이고 있고 부사어 '밝게'의 수식을 받고 있으므로 동사의 명사형이다.

● 문법 필수 개념

■ **파생 명사와 용언의 명사형 구분 방법**

파생 접미사 '-음'과 명사형 전성 어미 '-음'은 문장에서의 역할에 따라 구별하여야 한다. 일반적으로 파생 접미사 명사형 전성 어미는 주어가 있거나, 서술성이 있거나, 부사의 수식을 받거나, 선어말 어미가 쓰일 수 있으면 명사형 전성 어미이고, 이것들이 모두 불가능하면 파생 명사이다. 특히 이 구분 기준 중 가장 대표적인 것은 서술성 유무의 기준이다.

★★★ 등급을 가르는 문제!

37 한글 맞춤법의 이해 정답률 39% | 정답 ①

〈보기〉의 1가지 조건으로 적절하지 않은 것은?

─〈 보 기 〉─

'한글 맞춤법'에 따르면, 사이시옷은 아래의 조건 ⓐ ~ ⓓ가 모두 만족되어야 표기된다. 단, '곳간, 셋방, 숫자, 찻간, 툇간, 횟수'는 예외이다.

○ 사이시옷 표기에 고려되는 조건
  ⓐ 단어 분류상 '합성 명사'일 것.
  ⓑ 결합하는 두 말의 어종이 다음 중 하나일 것.
    • 고유어 + 고유어   • 고유어 + 한자어   • 한자어 + 고유어

ⓒ 결합하는 두 말 중 앞말이 모음으로 끝날 것.
ⓓ 두 말이 결합하며 발생하는 음운 현상이 다음 중 하나일 것.
  • 앞말 끝소리에 'ㄴ' 소리가 덧남.
  • 앞말 끝소리와 뒷말 첫소리에 각각 'ㄴ' 소리가 덧남.
  • 뒷말 첫소리가 된소리로 바뀜.

㉠ ~ ㉤ 각각의 쌍은 위 조건 ⓐ ~ ⓓ 중 1가지 조건만 차이가 나서 사이시옷 표기 여부가 갈린 예이다.

	사이시옷이 없는 단어	사이시옷이 있는 단어
㉠	도매가격[도매까격]	도맷값[도매깝]
㉡	전세방[전세빵]	아랫방[아래빵]
㉢	버섯국[버선국]	조갯국[조개꾹]
㉣	인사말[인사말]	존댓말[존댄말]
㉤	나무껍질[나무껍질]	나뭇가지[나무까지]

✓ ① ㉠ : ⓐ

'도매가격'과 '도맷값'은 둘 다 합성명사(ⓐ)이고, 모두 앞말이 모음으로 끝나며(ⓒ), 뒷말 첫소리가 된소리 로 바뀐다(ⓓ). 하지만 '도매가격'은 '한자어 + 한자어'이고, '도맷값'은 '한자어 + 고유어'이므로 ⓑ 조건이 차이나서 표기 여부가 갈린 것이다.

② ㉡ : ⓑ

'전세방'은 '한자어 + 한자어'이고 '아랫방'은 '고유어 + 한자어'이므로 사이시옷 표기 여부가 갈리고 있다.

③ ㉢ : ⓒ

'버섯국'은 앞말이 자음으로 끝나고 있고, '조갯국'은 앞말이 모음으로 끝나고 있으므로, 이로 인해 사이 시옷의 표기 여부가 갈리고 있다.

④ ㉣ : ⓓ

'존댓말'은 앞말 끝소리에 'ㄴ' 소리가 덧남에 비해 '인사말'은 그렇지 않다는 점에서 사이시옷 표기 여부가 갈리고 있다.

⑤ ㉤ : ⓓ

'나뭇가지'는 뒷말 첫소리가 된소리로 바뀌는 것과 달리, '나무껍질'은 그렇지 않다는 점에서 사이시옷 표기 여부가 갈리고 있다.

★★ 문제 해결 꿀~팁 ★★

▶ 많이 틀린 이유는?

㉠ ~ ㉤의 사이시옷의 유무를 결정 짓는 '1가지 조건'이 무엇이냐는 문제 출제의 의도를 정확히 이해하지 못했거나, ㉠ ~ ㉤에 제시된 각 단어를 ⓐ ~ ⓓ에 일일이 적용하는 과정에서 잘못 생각하여 오답률이 높았던 것으로 보인다. 또한 ㉠ ~ ㉤이 모두 합성 명사임을 알았지만, 합성 명사를 이루는 각 단어들이 한자어인지, 고유어인지 구분하지 못한 것도 오답률을 높인 것으로 보인다.

한편 ㉠ ~ ㉤이 모두 합성 명사임을 알았지만, 합성 명사를 이루는 각 단어들이 한자어인지, 고유어인지 구분하지 못한 것도 오답률을 높인 것으로 보인다.

▶ 문제 해결 방법은?

㉠ ~ ㉤에 제시된 두 단어를 각각 ⓐ ~ ⓓ에 적용해 봐야 한다. 그런 다음 ⓐ ~ ⓓ 중 둘 사이의 차이점 이 드러나는 한 가지를 파악해야 한다. 따라서 번거롭지만 일일이 확인해 봐야 한다. 이렇게 확인할 경우, '도매가격'은 '한자어 + 한자어', '도맷값'은 '한자어 + 고유어'이므로 ⓑ에 의해 사이시옷 표기 여부가 갈리 고 있음을 알 수 있다.

▶ 오답인 ③, ④를 많이 선택한 이유는?

③번 문제를 적절하다고 선택하여 오답률이 높았던 가장 큰 이유는, '조갯국'에서 'ㅅ'을 사이시옷이라 여기지 않고 '조갯 + 국'이라고 잘못 생각하였기 때문으로 보인다.

그리고 ④의 경우 '존댓말'의 발음인 [존댄말]을 통해 앞말 끝소리에 'ㄴ' 소리가 덧남을 파악하지 못했기 때문으로 보인다.

38 음운 변동의 이해 정답률 66% | 정답 ①

〈보기〉의 ⓐ ~ ⓒ에 들어갈 말로 적절한 것은?

─〈 보 기 〉─

○ 탐구 과제
  겹받침을 가진 용언을 발음할 때 어떤 음운 변동이 나타나야 표준 발음에 맞는지 혼동되는 경우가 있다. 자음군 단순화, 된소리되기, 비음화, 유음화, 거센소리되기 등의 음운 변동으로 비표준 발음과 표준 발음을 설명해 보자.

○ 탐구 자료

		비표준 발음	표준 발음
㉠	긁는	[글른]	[긍는]
㉡	짧네	[짬네]	[짤레]
㉢	끊기고	[끈기고]	[끈키고]
㉣	뚫지	[뚤찌]	[뚤치]

○ 탐구 내용
  ㉠의 비표준 발음과 ㉡의 표준 발음에는 자음군 단순화 후 (ⓐ)가 나타난다. 이에 비해, ㉠의 표준 발음과 ㉡의 비표준 발음에는 자음군 단순화 후 (ⓑ)가 나타난다. ㉢과 ㉣의 표준 발음은 (ⓒ)만 일어난 발음이다.

ⓐ	ⓑ	ⓒ

✓ 유음화   비음화   거센소리되기

㉠의 비표준 발음은 '[글는] → [글른]'의 과정이, ㉡의 표준 발음은 '[짤네] → [짤레]'의 과정이 일어난다. 이를 통해 자음군 단순화 이후에 [글른], [짤레]로 유음화가 일어남을 알 수 있다.

㉠의 표준 발음은 '[극는] → [긍는]'의 과정이, ㉡의 비표준 발음은 '[짤네] → [짬네]'의 과정이 일어난다. 이를 통해 자음군 단순화 이후에 [긍는], [짬네]로 비음화가 일어남을 알 수 있다.

㉢의 표준 발음은 [끈키고]이고, ㉣의 표준 발음은 [뚤치]이므로 각각 거센소리되기가 일어남을 알 수 있다.

② 유음화　　　　비음화　　　　된소리되기
③ 비음화　　　　유음화　　　　거센소리되기
④ 비음화　　　　유음화　　　　된소리되기
⑤ 비음화　　　　된소리되기　　거센소리되기

---

39 | 시간 표현의 파악 | 정답률 63% | 정답 ⑤

〈보기〉의 ㉠ ~ ㉺의 예로 적절하지 **않은** 것은? [3점]

─〈보 기〉─

선어말 어미 '-더-'는 시간 표현, 주어의 인칭, 용언의 품사, 문장 종결 표현 등과 다양하게 관련을 맺는다.

예컨대 '아까 달력을 보니 내일이 언니 생일이더라.'와 같이 ㉠ 새삼스럽거나 새롭게 알게 된 내용이 비록 미래의 일이라도 그것을 안 시점이 과거이면 '-더-'가 쓰일 수 있다. 또한 '-더-'가 쓰인 문장에는 특정 인칭의 주어만 나타나는 경우가 있다. 가령, ㉡ 본인만이 직접 느껴 알 수 있는 감정이나 감각을 표현하는 형용사가 서술어일 때, 평서문에는 1인칭 주어만이 '-더-'와 함께 쓰인다. ㉢ 이 경우, 의문문에는 2인칭 주어만이 '-더-'와 함께 쓰인다. 단, ㉣ 이때도 수사 의문문에는 '-더-'와 함께 1인칭 주어가 나타날 수 있다. 한편, '꿈에서 내가 하늘을 날더라.'처럼 ㉺ 꿈속의 일이나 무의식중에 일어난 일을 말할 때, 화자가 자신의 행동이나 상태를 타인이 관찰하듯이 진술할 경우 '-더-'가 1인칭 주어와 쓰일 수 있다.

① ㉠ : 아까 수첩을 보니 다음 주에 약속이 있더라.
다음 주에 약속이 있다는 내용은 미래의 일에 해당한다. 하지만 이것을 안 시점이 과거이기 때문에 선어말 어미 '-더-'를 사용하고 있으므로 ㉠의 예로 적절하다.

② ㉡ : 나는 그의 합격이 놀랍더라.
본인만이 직접 느껴 알 수 있는 감정인 '놀랍다'가 평서문에서 1인칭 주어와 '-더-'가 함께 쓰이고 있으므로 ㉡의 예로 적절하다.

③ ㉢ : 영수야, 넌 내가 그리 말했는데도 안 믿더냐?
본인만이 직접 느껴 알 수 있는 감정인 '믿다'가 의문문에서 2인칭 주어와 '-더-'가 함께 쓰이고 있으므로 ㉢의 예로 적절하다.

④ ㉣ : 기어이 우승한 그날, 우리 어찌 아니 기쁘더냐?
본인만이 직접 느껴 알 수 있는 감정인 '기쁘다'가 의문문이기는 하지만 수사 의문문이고, 1인칭 주어와 '-더-'가 함께 쓰일 수 있는 경우라는 점에서 ㉣의 예로 적절하다.

☑ ㉺ : 내가 어제 마신 약은 생각보다 안 쓰더라.
본인만이 직접 느껴 알 수 있는 감각인 '쓰다'가, 평서문에서 1인칭 주어와 '-더-'가 함께 쓰인다는 점에서 ㉺이 아닌 ㉡에 해당하는 사례이다.

---

40 | 매체의 정보 및 정보 구성 방식 파악 | 정답 ②

다음은 (가)와 (나)에서 얻을 수 있는 정보와 정보의 구성 방식을 정리한 표이다. ㉠ ~ ㉺ 중 적절하지 **않은** 것은?

	얻을 수 있는 정보	정보의 구성 방식
(가)	▶ ㉠ 오늘의 예상 날씨를 간략하게 요약한 표제와 기사 ▶ ㉡ 지역별 현재 시간의 날씨	▶ ㉢ 문자 언어, 그림, 도표
(나)	▶ ㉣ 날씨를 설명하는 뉴스 ▶ 기상 특보 안내	▶ ㉺ 문자 언어, 그림, 영상

① ㉠ 오늘의 예상 날씨를 간략하게 요약한 표제와 기사
(가)의 좌측에 '전국 장맛비', '전국이 ~ 있겠다.'라고 서술된 부분이 각각 표제와 기사에 해당한다.

☑ ㉡ 지역별 현재 시간의 날씨
(가)의 중간 부분에 각 지역별(서울, 인천, 수원, …)로 날씨를 나타내는 그림과 최저/최고 기온, 그리고 오전/오후의 강수 확률이 제시되어 있다. 다만 이는 현재 시간의 날씨 상황을 전달하는 것이 아니라, 오늘의 날씨 전반을 예보하는 내용이므로, 지역별 현재 시간의 날씨는 찾아볼 수 없다.

③ ㉢ 문자 언어, 그림, 도표
(가)에서 표제와 부제 등의 정보는 문자 언어로 제시되어 있다. 또한 지역별 날씨, 초미세먼지 예보는 그림을 통해 제시되어 있으며, 초미세먼지 예보 내용은 도표로 정리되어 있다.

④ ㉣ 날씨를 설명하는 뉴스
(나)의 우측 상단에 있는 '날씨 뉴스'를 클릭하면 영상 형태로 정보를 얻을 수 있다.

⑤ ㉺ 문자 언어, 그림, 영상
(나)의 우측에 제시된 표제 등이 문자 언어로, (나)의 중간 부분에 지도와 함께 제시된 날씨 현황 등이 그림으로, 우측 상단에 있는 날씨 뉴스와 맨 아래의 오늘의 대기 환경이 영상 형태로 제공되어 있다.

---

41 | 자료를 통한 새로운 정보의 추리 | 정답 ⑤

〈보기〉를 바탕으로 할 때, (나)에 새롭게 반영될 '초단기 강수 예측 정보'에 대한 판단 내용으로 가장 적절한 것은?

─〈보 기〉─

[포털 사이트 '날씨 홈' 공지사항]

'초단기 강수 예측 정보'는 현재 강수 현황을 가장 빠르게 반영한 예측 정보입니다. 기상청에서는 1년 전부터 국민들의 편의를 증대하고 재해에 대한 발빠른 대응을 하기 위해 6시간까지의 강수 예측 정보를 1시간 단위로 지도 위에 영상 형태로 제공해 왔습니다. 그런데 다음 달부터 '초단기 강수 예측 정보'의 강수량 정보를 1시간 단위에서 10분 단위로 상세화하여 12시간까지 국민이 이해하기 쉽도록 그래프 형태로 제공할 예정이라고 합니다. 다음 달부터 우리 ○○ 사이트 또한 기상청의 '초단기 강수 예측 정보'를 반영하여 날씨 예보를 전하고자 합니다.

① ㉮에서 날씨 예보가 10분 단위로 나뉜 그래프로 제공되겠군.
〈보기〉에서, 새롭게 반영될 초단기 강수 예측 정보는 12시간까지의 강수 예측 정보를 다룬다고 하였으므로, ㉮는 이에 해당하지 않는다.

② ㉯에서 방송 보도 내용이 10분마다 바뀌어 제공되겠군.

〈보기〉에서 다루고 있는 초단기 강수 예측 정보가 10분 단위로 제공된다고 해서 ㉯와 같은 방송 보도가 10분 단위로 새롭게 제공되는 것은 아니다.

③ ㉰에서 현재 온도 수치가 10분마다 바뀌어 제시되겠군.
〈보기〉에서 다루고 있는 초단기 강수 예측 정보는 강수량 정보에 국한되기 때문에 ㉰의 온도 수치가 10분마다 바뀌어 제시되지는 않는다.

④ ㉱에서 기상 특보 내용이 10분 단위로 달라지겠군.
기상 특보는 말 그대로 특별한 기상 상황이 발생했을 때 제공되는 정보이다. 따라서 (나)에 새롭게 반영될 초단기 강수 예측 정보에 따라 기상 특보 내용이 10분 단위로 달라지는 것은 아니다.

☑ ㉲에서 기준 시각이 10분마다 바뀌어 제시되겠군.
(나)에 새롭게 반영될 초단기 강수 예측 정보는 10분 단위로 상세화되므로 ㉲의 기준 시각 또한 10분마다 바뀌어 제시될 것이다.

---

42 | 매체의 언어적 특성 파악 | 정답 ②

(다)의 언어적 특성을 고려할 때, ⓐ ~ ⓔ에 대한 설명으로 적절하지 **않은** 것은?

① ⓐ : '~고 있다.'와 같은 시제 표현을 활용하여, 상황을 실시간으로 전달하고 있다.
현재 일어나고 있는 사건을 제시할 때 주로 활용하는 시제 표현인 '~고 있다.'를 활용하여 '수도권과 영동, 영남 해안 지역의 실시간 날씨 정보를 제공하고 있다.

☑ ⓑ : '-면서'와 같은 어미를 활용하여, 정보 간의 인과 관계를 보여 주고 있다.
'벼락이 치면서 ~ 비가 퍼붓고 있습니다.'에서 활용된 '-면서'는 인과 관계를 드러내는 어미가 아니라 동시에 일어나는 두 사건을 연결하는 기능을 하는 어미이다.

③ ⓒ : '여기'와 같은 지시 표현을 활용하여, 전달 내용을 시각적으로 제시하고 있음을 보여 주고 있다.
'여기'와 같은 지시 표현을 통해 '슈퍼컴퓨터 강우 예상도'와 같이 시각적인 자료에 주목하도록 하고 있다.

④ ⓓ : '-겠-'과 같은 어미를 활용하여, 해당 정보가 추측의 의미를 담고 있음을 드러내고 있다.
현재 시점에서 오늘 낮기온은 미래에 해당하는 시점이므로 추측의 의미를 갖는 '-겠-'과 같은 어미를 활용하여 날씨 예보를 전하고 있다.

⑤ ⓔ : '-였'과 같은 어미를 활용하여, 정보를 전달하는 발화가 완료되었음을 나타내고 있다.
'기상정보였습니다.'는 기상 캐스터가 날씨 예보를 마무리할 때 사용하는 관습적인 표현으로, 완료의 의미를 가지는 '-였-'과 같은 어미가 활용되었다.

---

43 | 매체에서의 대화 방식 파악 | 정답 ③

(가)의 대화에 대한 설명으로 가장 적절한 것은?

① '태범'은 현재 상황을 고려했을 때 비대면 방식의 매체 활용이 적합함을 언급하고 있다.
현재 상황, 즉 등교할 수 없는 상황을 고려하여 비대면 방식의 매체 활용이 적합함을 언급한 학생은 '소연'이다.

② '소연'은 하이퍼링크를 활용하여 자신이 조사한 내용을 모둠원들과 공유하고 있다.
'http://www.○○○.kr'와 같은 하이퍼링크를 활용하여 자신이 조사한 내용을 모둠원들과 공유하고 있는 학생은 '윤아'이다. '소연'은 SNS 상에서 직접 자신이 작성한 파일을 전송하였다.

☑ '윤아'는 대화 도중 모둠원이 전송한 파일을 확인한 후 즉각적인 반응을 드러내고 있다.
'윤아'는 '소연'이 전송한 파일을 확인한 후 "내가 준비해 온 자료와 ~ 정말 마음에 들어."라고 즉각적인 반응을 보이고 있다.

④ '기태'는 대화가 이루어지는 매체의 특성을 활용하여 자신이 정리한 파일을 모둠원들에게 제공하려 하고 있다.
'기태'가 자신이 정리한 파일을 모둠원들에게 제공할 때 활용한 매체는 인터넷 공유 폴더이다. 그런데 대화가 이루어지는 매체는 SNS이므로 적절하지 않다.

⑤ '소연'과 '기태'는 한글 자모로 된 기호를 활용하여 자신의 감정을 드러내고 있다.
'기태'가 활용한 이모티콘에는 한글 모음으로 된 기호가 일부 포함되어 있다. 하지만 '소연'이 활용한 이모티콘의 경우 한글 자모로 된 기호가 아니다.

---

44 | 자료 제작 계획의 반영 여부 파악 | 정답 ③

㉠ ~ ㉺을 바탕으로 '태범'이 세운 발표 자료 제작 계획 중 (나)에 반영되지 **않은** 것은?

① ㉠에서 언급된 발표 제재를 각 슬라이드마다 배치하되 서로 다른 분류 방식은 숫자를 활용하여 구분해야겠군.
(나)를 보면, ㉠에서 언급된 발표 제재인 '대화'가 각 슬라이드의 상단에 제시되어 있다. 이때 각기 다른 분류 방식을 설명하고 있는 각 슬라이드마다 숫자를 활용하여 '대화 1', '대화 2', '대화 3'과 같이 구분하고 있다.

② ㉡에서 언급된 두 가지 표현은 하나의 슬라이드 안에 각각 다른 글상자에 배치하여 그 의미가 대비되게 제시해야겠군.
(나)의 첫 번째 슬라이드를 보면, ㉡에서 언급된 두 가지 표현인 Dialogue와 Conversation에 대한 내용은 각기 다른 글상자로 제시되어 있다. 이를 통해 두 가지 표현의 차이점을 대비하는 효과를 유도하고 있다.

☑ ㉢에서 언급된 대화의 상대를 하나의 슬라이드에 1인과 2인으로 나누어 제시하여 유형을 분류한 의도를 드러내야겠군.
㉢에서는 대화의 상대를 자신과의 대화와 타인과의 대화로 나누고 있다. 한편 두 번째 슬라이드에는 '1인'과 '2인', 그리고 '多'로 나누고 있다. 따라서 ㉢에서 1인과 2인으로 나누어 제시하고 있다는 서술은 적절하지 않다.

④ ㉣에서 언급된 유형 분류 기준을 슬라이드에 병렬적으로 제시하여 각 유형별 특징이 명확하게 드러나도록 배치해야겠군.

(나)의 세 번째 슬라이드를 보면, '시적 대화', '합의적 대화', '발전적 대화'로 분류한 기준을 우측에 병렬적으로 제시하여 각 대화 유형의 특징을 드러내고 있다.

⑤ ⓜ에서 언급된 출처를 각 유형에 대한 설명의 마지막 부분에 제시하여 정보의 신뢰도를 제고해야겠군.

(나)의 세 번째 슬라이드를 보면, 각 대화 유형에 대한 설명을 제시한 부분의 말미에 '오우크쇼트의 이론에서 착안', '하버마스의 담론윤리에서 착안', '로티의 통약불가능한 대화 이론에서 착안'과 같이 그 출처를 제공하고 있다.

---

45 자료 수정의 적절성 판단 　　　　　　　　　　정답 ④

〈보기〉는 학생들이 (나)를 확인한 이후 추가로 SNS 상에서 나눈 대화이다. 〈보기〉를 바탕으로 (나)의 두 번째 슬라이드를 수정한 ⓐ∼ⓔ 중 적절하지 <u>않은</u> 것은? [3점]

〈보 기〉

어떤 부분을 수정하면 좋을까? **태범**

소연 두 번째 슬라이드의 내용은 내면 대화에서 다자 대화로 대화의 범주가 확장되는 과정으로 볼 수도 있어 이러한 내용이 잘 드러나도록 슬라이드 하단에 수직선을 그리는 건 어때?

윤아 맞아. 그 대화의 확장 과정은 곧 인류의 발전 과정이라는 점도 명시하면 좋을 것 같아.

기태 내 생각도 보탤게. 각 대화 유형에 대한 설명도 소연이랑 윤아가 설명하는 그 과정에서 인과적인 요소로 작용할 것 같아. 글상자 간에 화살표를 넣어 이러한 점을 강조하는 것도 필요해 보여.

알겠어. 너희들이 말한 내용을 한 번 구현해 볼게. **태범**

윤아 참, 각 슬라이드의 상단에 어떠한 기준에서 대화의 유형을 나누었는지 명시하는 것도 좋겠어.

소연 그리고 직관적으로 이해할 수 있게 '1인', '2인', '多' 위에 그림을 삽입해 보자.

좋은 의견이야. 그 부분도 수정할게. **태범**

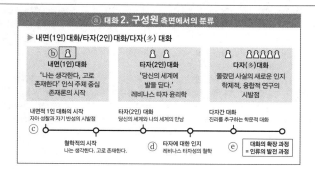

ⓐ 대화 2. 구성원 측면에서의 분류

① ⓐ
ⓐ는 '윤아'의 두 번째 발화의 내용 중 '슬라이드의 상단에 어떠한 기준에서 대화의 유형을 나누었는지 명시'한 부분에 해당한다.

② ⓑ
ⓑ는 '소연'의 두 번째 발화의 내용 중 '직관적으로 이해할 수 있게 ∼ 그림을 삽입'한 부분에 해당한다.

③ ⓒ
ⓒ는 '소연'의 첫 번째 발화의 내용 중 '슬라이드 하단에 수직선을 그린' 부분에 해당한다.

④ ⓓ
ⓓ처럼 수직선상에 각 대화 유형에 대한 설명을 넣는 방안을 제안한 사람은 없다. '기태'는 '글상자 간에 화살표를 넣'는 방안을 제안했을 뿐이다.

⑤ ⓔ
ⓔ는 '윤아'의 첫 번째 발화의 내용 중 '대화의 확장 과정은 인류의 발전 과정이라는 점도 명시'한 부분에 해당한다.

• 정답 •
35 ③ 36 ① 37 ① 38★ ① 39 ④ 40 ③ 41 ⑤ 42 ③ 43 ⑤ 44 ⑤ 45 ④

★ 표기된 문항은 [등급을 가르는 문제]에 해당하는 문항입니다.

---

35 어휘의 의미 탐구 　　　　　　정답률 65% | 정답 ③

윗글을 바탕으로 다음 자료를 탐구한 것으로 적절하지 <u>않은</u> 것은?

> 악기(樂器)[-끼]명
> [음악] 음악을 연주하는 데 쓰는 기구를 통틀어 이르는 말. 연주법에 따라 일반적으로 현악기, 관악기, 타악기로 나눈다.
>
> 타-악기(打樂器)[타:-끼]명
> [음악] 두드려서 소리를 내는 악기를 통틀어 이르는 말. 팀파니, 실로폰, 북이나 심벌즈 따위이다.

① '타악기'는 '실로폰'의 상의어로서 '실로폰'보다 포괄적인 의미를 갖겠군.
상의어일수록 일반적이고 포괄적인 의미를 지니며 하의어일수록 구체적이고 한정적인 의미를 지니므로 '타악기'는 '실로폰'의 상의어로서 '실로폰'보다 포괄적인 의미를 갖는다.

② '북'은 '타악기'의 하의어이므로 [두드림]을 의미 자질 중 하나로 갖겠군.
'타악기'가 '두드려서 소리를 내는 악기'라는 의미를 가지고 있다는 사전의 의미에 비추어 볼 때, '북'은 '타악기'의 하의어에 해당하므로 [두드림]이라는 의미 자질을 가진다고 볼 수 있다.

☑③ '기구'는 '악기'를 의미적으로 함의하고 '악기'는 '북'을 의미적으로 함의하겠군.
사전의 '악기'와 '타악기'의 관계를 보면 '기구'는 '악기'의 상의어이고, '악기'는 '북'의 상의어이다. 따라서 '악기'는 '기구'를 의미적으로 함의하고 '북'은 '악기'를 의미적으로 함의한다.

④ '타악기'와 '심벌즈'는 모두 '기구'의 하의어이지만, '기구'의 공하의어는 아니겠군.
공하의어는 상의어인 어떤 단어에 대해 같은 계층에 있는 하의어를 일컫는 말이다. 그리고 '기구 – 악기 – 타악기 – 심벌즈'라는 상하 관계를 만들어 낼 수 있으므로, '타악기'와 '심벌즈'는 모두 '기구'의 하의어에 해당하지만 '기구'의 공하의어에는 해당하지 않는다.

⑤ '현악기'와 '관악기'는 '악기'의 공하의어이므로 모두 '악기'의 상의어 '기구'보다 의미 자질의 개수가 많겠군.
하의어는 상의어보다 의미 자질을 더 가져 의미 자질 개수가 더 많음을 알 수 있다. 그리고 '현악기'와 '관악기'는 '악기'의 공하의어에 해당하므로 '현악기'와 '관악기'가 '악기'의 상의어인 '기구'보다 의미 자질의 개수가 더 많음을 알 수 있다.

● 문법 필수 개념

■ 단어의 상하 관계
• 한쪽이 의미상 다른 쪽을 포함하거나 다른 쪽에 포함되는 의미 관계
• 상하 관계에서 포함하는 단어가 상의어, 포함되는 단어가 하의어임.
• 상하 관계를 형성하는 단어들은 상의어일수록 일반적이고 포괄적인 의미를 지니며, 하의어일수록 개별적이고 한정적인 의미를 지님.

---

36 의미 관계 파악 　　　　　　정답률 58% | 정답 ①

윗글을 바탕으로 할 때 ㉠과 ㉡을 모두 만족시키는 단어 쌍만을 〈보기〉에서 있는 대로 고른 것은?

〈보 기〉

ⓐ 여름에 고향을 출발한 그가 마침내 ⓑ 북극에 도달했다는 소식에 나는 다급해졌다. 지구의 양극 중 ⓒ 남극에는 내가 먼저 가야 했다. 남극 대륙은 ⓓ 계절이 여름이어도 내 고향의 ⓔ 겨울만큼 바람이 찼다. 남극 대륙에서 나를 위로해 준 것은 썰매를 끄는 ⓕ 개들과 귀여운 몸짓을 하는 ⓖ 펭귄들, 그리고 먹이를 찾아 날아다니는 ⓗ 갈매기들뿐이었다.

☑① ⓑ – ⓒ
㉠과 ㉡을 모두 만족시키기 위해서는 하나의 상의어가 같은 계층의 두 단어만을 공하의어로 포함하면서 그 두 단어들이 양립하지 않으며 반대의 의미를 나타내야 한다. '지구의 양극'이라는 표현으로 보아 '북극'과 '남극'은 '극'이라는 상의어에 대해 공하의어임을 알 수 있다. 그리고 '북극'이면서 동시에 '남극'인 경우는 없어 비양립 관계가 성립하고, '극'이 '북극'과 '남극'만을 공하의어로 포함하면서 '북극'과 '남극'이 반대의 의미를 나타내는 상보적 반의 관계도 성립한다. 따라서 '북극'과 '남극'은 ㉠과 ㉡을 모두 만족시키는 단어 쌍이다.

② ⓐ – ⓔ, ⓑ – ⓒ
상의어를 '계절'로 본다면 '여름'과 '겨울'은 공하의어이고, '여름'이면서 동시에 '겨울'일 수는 없어 비양립 관계가 성립한다. 하지만 '계절'에는 '봄', '가을'이라는 하의어도 있으므로 상보적 반의 관계에는 해당하지 않는다.

③ ⓑ – ⓒ, ⓖ – ⓗ
상의어를 '조류'로 본다면 '펭귄'과 '갈매기'는 공하의어이고, '펭귄'이면서 동시에 '갈매기'일 수는 없어 비양립 관계는 성립한다. 하지만 '조류'에는 '닭', '오리' 등과 같은 하의어도 있어 상보적 반의 관계에는 해당하지 않는다.

④ ⓐ – ⓓ, ⓑ – ⓒ, ⓖ – ⓗ
'여름'과 '계절'은 공하의어에 해당하지 않아 비양립 관계도 성립하지 않고, 상보적 반의 관계에도 해당하지 않는다.

⑤ ⓐ – ⓔ, ⓑ – ⓒ, ⓕ – ⓗ
상의어를 '동물'로 본다면 '개'와 '갈매기'는 공하의어이고 '개'이면서 동시에 '갈매기'일 수는 없어 비양립 관계가 성립한다. 하지만 '동물'에는 '펭귄', '닭', '오리' 등과 같은 하의어도 있어 상보적 반의 관계에는 해당하지 않는다.

---

37 음운 변동 이해, 적용 　　　　　　정답률 58% | 정답 ①

〈보기〉를 바탕으로 음운 변동 사례에 대해 이해한 내용으로 적절한 것은?

<보 기>
교체, 탈락, 축약, 첨가의 음운 변동이 일어나는 경우 음운 개수의 변화가 나타나기도 한다.
먼저 '집일[짐닐]'은 첨가 및 교체가 일어나 음운의 개수가 늘었다. 그런데 '닭만[당만]'은 탈락 및 교체가 일어나 음운의 개수가 줄었고, '뜻하다[뜨타다]'는 교체 및 축약이 일어나 음운의 개수가 줄었다. 한편 '맡만[만만]'은 교체가 두 번 일어나 음운의 개수가 변하지 않았다.

✔ '흙하고[흐카고]'는 탈락 및 축약이 일어나 음운의 개수가 두 개 줄었군.
〈보기〉의 내용을 통해 음운의 개수는 교체가 일어나면 변하지 않고, 탈락이나 축약이 일어나면 각각 한 개가 줄어들고, 첨가가 일어나면 한 개가 늘어남을 알 수 있다. '흙하고'는 'ㄹ'이 탈락하여 [흑하고]로 바뀐 후 다시 'ㄱ'과 'ㅎ'이 축약되어 [흐카고]가 된다. 즉 탈락과 축약이 일어나 음운의 개수가 두 개 줄었으므로 적절하다.

② '저녁연기[저녕년기]'는 첨가 및 교체가 일어나 음운의 개수가 두 개 늘었군.
'저녁연기'는 'ㄴ'이 첨가되어 [저녁년기]로 바뀐 후 다시 'ㄱ'이 'ㅇ'으로 교체되어 [저녕년기]가 된다. 즉 첨가 및 교체가 한 번 일어나 음운의 개수는 한 개 늘어났으므로 적절한 이해라 할 수 없다.

③ '부엌문[부엉문]'과 '볶는[봉는]'은 교체가 한 번 일어나 음운의 개수가 변하지 않았군.
'부엌문'은 'ㅋ'이 'ㄱ'으로 교체되어 [부억문]으로 바뀐 후 다시 'ㄱ'이 'ㅇ'으로 교체되어 [부엉문]이 된다. '볶는'은 'ㄲ'이 'ㄱ'으로 교체되어 [복는]으로 바뀐 후 다시 'ㄱ'이 'ㅇ'으로 교체되어 [봉는]이 된다. '부엌문', '볶는'은 각각 교체가 두 번 일어나 음운의 개수는 모두 변하지 않았으므로 적절한 이해라 할 수 없다.

④ '엊지[언찌]'와 '묽고[물꼬]'는 교체 및 축약이 일어나 음운의 개수가 각각 한 개 줄었군.
'엊지'는 'ㅈ'이 탈락하여 [언지]로 바뀐 후 다시 'ㅈ'이 'ㅉ'으로 교체되어 [언찌]가 된다. '묽고'는 'ㄱ'이 탈락하여 [물고]로 바뀐 후 다시 'ㄱ'이 'ㄲ'으로 교체되어 [물꼬]가 된다. 이렇게 볼 때 '엊지'와 '묽고'는 각각 탈락과 교체가 한 번씩 일어나 음운의 개수는 모두 한 개씩 줄었으므로 적절한 이해라 할 수 없다.

⑤ '넓네[널레]'와 '밝는[방는]'은 탈락 및 교체가 일어나 음운의 개수가 각각 두 개 줄었군.
'넓네'는 'ㅂ'이 탈락하여 [널네]로 바뀐 후 'ㄴ'이 'ㄹ'로 교체되어 [널레]가 된다. '밝는'은 'ㄹ'이 탈락하여 [박는]으로 바뀐 후 'ㄱ'이 'ㅇ'으로 교체되어 [방는]이 된다. 이렇게 볼 때, '넓네'와 '밝는'은 각각 탈락과 교체가 한 번씩 일어나 음운의 개수는 모두 한 개씩 줄었으므로 적절한 이해라 할 수 없다.

● 문법 필수 개념

■ 음운 변동
① 뜻 : 어떤 형태소가 다른 형태소와 결합할 때 그 환경에 따라 발음이 달라지는 현상
② 종류

구분	음운 현상	음운 변동의 종류
교체(交替)	어떤 음운이 음절의 끝에서 다른 음운으로 바뀌는 현상	음절의 끝소리 규칙, 음운의 동화, 된소리되기 등
축약(縮約)	두 음운이 하나의 음운으로 줄어드는 현상	거센소리되기, 음절 축약 등
탈락(脫落)	두 음운 중 어느 하나가 없어지는 현상	'ㅎ' 탈락, 'ㄹ' 탈락, 'ㅡ' 탈락 등
첨가(添加)	원래 없던 소리가 끼어드는 현상	사잇소리 현상 등

★★★ 등급을 가르는 문제!

38 문장의 짜임새 파악 정답률 27% | 정답 ②

㉠ ~ ㉣의 문장 성분과 문장 구조에 대한 설명으로 적절하지 <u>않은</u> 것은? [3점]

㉠ 그녀는 따뜻한 봄이 빨리 오기를 기다린다.
㉡ 내가 만난 친구는 마음이 정말 착하다.
㉢ 피곤해하던 동생이 엄마가 모르게 잔다.
㉣ 그가 시장에서 산 배추는 값이 비싸다.

① ㉠과 ㉡은 체언을 수식하는 안긴문장이 있다.
체언을 수식하는 안긴문장은 관형절을 의미하므로, ㉠에는 '따뜻한'이라는 관형절이, ㉡에는 '내가 만난'이라는 관형절이 안겨 있으므로 적절하다.

✔ ㉢과 ㉣은 서술어의 기능을 하는 안긴문장이 있다.
㉢에는 '피곤해하던'이라는 관형절과 '엄마가 모르게'라는 부사절이 안겨 있다. 그리고 ㉣에는 '그가 시장에서 산'이라는 관형절과 '값이 비싸다'라는 서술절이 안겨 있다. 이렇게 볼 때, ㉣과 달리 ㉢에는 서술어의 기능을 하는 안긴문장인 서술절이 안겨 있지 않으므로 적절하지 않다.

③ ㉠은 명사절 속에 부사어가 있고, ㉡은 서술절 속에 부사어가 있다.
㉠에는 명사절 '봄이 빨리 오기' 속에 부사어 '빨리'가 포함되어 있고, ㉡에는 서술절 '마음이 정말 착하다' 속에 부사어 '정말'이 포함되어 있다.

④ ㉠은 주어가 생략된 안긴문장이 있고, ㉣은 목적어가 생략된 안긴문장이 있다.
㉠에 안겨 있는 '따뜻한'은 원래 '봄은 따뜻하다.'라는 문장이므로 '봄은'이라는 주어가 생략되어 있음을 알 수 있다. 그리고 ㉣에 안겨 있는 '그가 시장에서 산'은 '그가 시장에서 배추를 샀다.'라는 문장이므로 '배추를'이라는 목적어가 생략되어 있다.

⑤ ㉢은 부사어의 기능을 하는 안긴문장이 있고, ㉣은 관형어의 기능을 하는 안긴문장이 있다.
㉢에서 부사절 '엄마가 모르게'는 부사어의 기능을 하는 안긴문장이고, ㉣에서 관형절 '그가 시장에서 산'은 관형어의 기능을 하는 안긴문장이다.

● 문법 필수 개념

■ 안긴문장
① 의미 : 다른 문장 속에 들어가 하나의 문장 성분처럼 쓰이는 홑문장
② 종류
 – 명사절을 안은문장 : 명사형 어미 '-(으)ㅁ', '-기'가 붙은 절이 문장 안에서 주어, 목적어 따위의 역할을 하는 안은문장
 ⓔ 농부들은 날씨가 풀리기를 바란다.

 – 관형절을 안은문장 : 관형사형 어미 '-(으)ㄴ', '-는', '-(으)ㄹ', '-던' 등이 붙은 절이 문장 안에서 관형어의 역할을 하는 안은문장
 ⓔ 나는 경희가 준 책을 읽었다.
 – 부사절을 안은문장 : '-이', '-게', '-도록', '-(아)서' 등이 붙은 절이 문장 안에서 부사어의 역할을 하는 안은문장
 ⓔ 가랑비가 소리도 없이 내린다.
 – 서술절을 안은문장 : 문장 안에서 서술어의 역할을 하는 절을 안은문장
 ⓔ 연우는 키가 크다.
 – 인용절을 안은문장 : 다른 사람의 말을 인용할 때 안긴문장 뒤에 '고', '라고'와 같은 조사를 붙인 인용절을 안은문장
 ⓔ 현수는 선영이가 웃었다고 말했다.

★★ 문제 해결 꿀~팁 ★★

▶ 많이 틀린 이유는?
이 문제는 안긴문장에 대한 문법적 지식을 요구하고 있어서, 문법적 지식이 직접 주어진 다른 문제와 달리 어려움을 겪은 것으로 보여 오답률이 높았던 것으로 보인다.
또한 서술어와 서술절을 분명히 구분하지 못하여 서술어가 있는 ㉢도 서술절이 있을 것이라 판단한 것도 오답률이 높았던 이유로 보인다.
▶ 문제 해결 방법은?
이 문제를 해결하기 위해서는 기본적으로 안긴문장에 대한 이해와 안긴문장의 종류(명사절, 관형절, 서술절, 인용절, 부사절)에 대한 문법적 지식을 정확히 활용해야 한다. 또한 이러한 문법적 지식을 바탕으로 ㉠~㉣의 문장을 분석하여 어떤 안긴문장이 사용되었는지를 파악해야 한다.
이렇게 볼 때, ㉢에는 '피곤해하던'이라는 관형절과 '엄마가 모르게'라는 부사절이 안겨 있고, ㉣에는 '그가 시장에서 산'이라는 관형절과 '값이 비싸다'라는 서술절이 안겨 있음을 알 수 있으므로 ㉢에 서술절이 사용되었다는 진술은 적절하지 않다. 물론 ㉢에는 '잔다'라는 서술어가 사용되었지만 서술절은 사용되지 않았다. 이처럼 수능에서 문법 지식을 직접 주어지지 않고 문법 문제를 해결하는 문제가 종종 출제되느니만큼 반드시 알아두어야 할 기본적인 문법 지식은 평소 충분히 학습해 두어야 한다.
▶ 오답인 ④를 많이 선택한 이유는?
④를 적절하지 않다고 판단한 학생들이 많았는데, 이는 안은문장인 ㉠과 ㉣에 포함된 관형절을 문장으로 파악하지 못했기 때문이다. 즉, 관형절인 '따뜻한'을 '봄은 따뜻하다.'로, '그가 시장에서 산'을 '그가 시장에서 배추를 샀다.'로 분석해 내지 못했기 때문으로 보인다. 따라서 관형절을 포함한 안긴문장은 주어와 서술어를 갖춘 하나의 문장으로 바꿀 수 있음을 알고, 어떤 문장 성분이 생략되었는지 문장으로 만들어 확인할 수 있어야 한다.

39 중세 국어 문법의 이해 정답률 61% | 정답 ④

〈보기 1〉을 참고할 때, 〈보기 2〉의 ㉮ ~ ㉰에 들어갈 말로 적절한 것은?

〈보기 1〉
일반적으로 중세 국어에서는 서술격 조사가 앞에 결합하는 체언의 끝소리에 따라 달리 나타났다.
먼저 체언의 끝소리가 자음일 때 '이'가 나타났다.

 ○ 샹녜 쓰는 힛 일후미라(일훔 + 이라) (보통 쓰는 해의 이름이다)

체언의 끝소리가 모음 '이'이거나 반모음 'ㅣ'일 때는 아무런 형태가 나타나지 않았다.

 ○ 牛頭는 쇠 머리라(머리 + 라) (우두는 소의 머리이다)

그리고 체언의 끝소리가 모음 '이'도, 반모음 'ㅣ'도 아닌 모음일 때는 'ㅣ'가 나타났다.

 ○ 生佛은 사라 겨신 부톄시니라(부텨 + ㅣ시니라) (생불은 살아 계신 부처이시라)

〈보기 2〉
 ○ 齒는 ___㉮___ (치는 이이다)
 ○ 所는 ___㉯___ (소는 바이다)
 ○ 樓는 ___㉰___ (누는 다락이다)

	㉮	㉯	㉰
①	니이라	바이라	다라라
②	니라	배라	다락ㅣ라
③	니이라	바라	다락ㅣ라
✔	니라	배라	다라기라

〈보기 1〉의 내용을 통해 중세 국어에서는 서술격 조사가 앞에 결합하는 체언의 끝소리에 따라 다르게 실현되었음을 알 수 있다. 즉 체언의 끝소리가 자음일 때는 '이'가, 체언의 끝소리가 모음 '이'이거나 반모음 'ㅣ'일 때는 아무런 형태가 나타나지 않는 '영형태(∅)'가, 체언의 끝소리가 모음 '이'도, 반모음 'ㅣ'도 아닌 모음일 때는 'ㅣ'로 실현되었음을 알 수 있다.
이를 바탕으로 〈보기 2〉를 보면, 〈보기 2〉의 ㉮에서는 체언 '니' 뒤에 서술격 조사가 붙는 경우이므로 아무런 형태가 나타나지 않는 '니+-라'로 쓰이고, ㉯에서는 체언 '바' 뒤에 서술격 조사가 붙는 경우이므로 'ㅣ'로 실현되는 '바+ㅣ-라'로 쓰인다. 그리고 ㉰에서는 체언 '다락' 뒤에 서술격 조사가 붙는 경우이므로 '이'로 실현되는 '다락+이-라'로 쓰인다.
따라서 ㉮에는 '니라', ㉯에는 '바'의 'ㅏ'와 'ㅣ'가 결합한 형태인 '배라', ㉰에는 체언의 끝소리가 서술격 조사 '이'의 첫소리로 연음된 형태인 '다라기라'가 들어가야 적절하다.

⑤ 니ㅣ라 바이라 다라기라

40 매체 생산 시의 고려 사항 파악 정답 ③

(가)를 바탕으로 (나)를 만들었다고 할 때, 고려한 사항으로 적절하지 <u>않은</u> 것은?

① (가)에서 설명한 내용을 보는 이가 이해하기 쉽게 관련된 동영상 자료를 활용한다.
(나)에서는 안전사고 유형과 관련된 영상을 통해 (가)에서 언급한 안전사고 유형에 대해 보는 이로 하여금 쉽게 이해할 수 있게 하고 있다.

② (가)에서 설명된 내용을 보는 이들이 쉽게 이해할 수 있게 다양한 이미지 자료들을 활용한다.
(가)에서는 글로만 내용을 전달했지만 (나)에서는 다양한 시각 자료를 활용하여 내용을 보충 설명하여 보는 사람이 (나)에 담긴 내용을 쉽게 이해하는 데 도움을 주고 있다.

✔ (가)에 사용된 정보를 활용할 때는 출처를 밝혀 보는 이에게 신뢰감을 줄 수 있도록 한다.
(나)의 내용에는 (가)의 정보를 활용했다는 출처를 밝히는 내용은 밝혀 적지 않았다.

④ (가)에서 설명된 내용보다 보는 이가 더 알고 싶어 하는 정보는 하이퍼링크를 통해 알려 준다.
더 자세한 치료법을 하이퍼링크를 통해 알 수 있게 했다.

⑤ (가)에서 다룬 정보 중에서 보는 이에게 더 필요할 것 같은 정보만을 중심으로 내용을 구성한다.
(가)에는 안전사고 유형도 나와 있지만 (나)에서 그 내용은 동영상으로 안전사고와 관련된 영상으로 간단히 다루고 있다. 이에 반해 안전사고로 생긴 문제 대처법은 시각적 이미지와 설명, 하이퍼링크를 통해 자세히 보여 주고 있다.

---

41 매체의 특성 비교　　　　　　　　정답 ⑤

〈보기〉를 참고하여 정보의 유통 방식의 차이를 중심으로 (가), (나)의 매체를 비교할 때, 가장 적절한 것은?

〈보 기〉
매체에 따라 정보 제공의 속도, 정보 보존의 방법, 정보 제공자의 범위 등이 다르기 때문에 정보 유통 방식에 차이가 있을 수밖에 없다.

① (가)는 (나)에 비해 정보를 제공하는 속도가 빠르다.
(나)가 (가)에 비해 신속하게 정보를 전달할 수 있다.

② (가)는 (나)에 비해 정보의 대량 유통이 손쉽다.
(나)가 (가)에 비해 정보를 대량으로 유통할 수 있다. (가)는 종이라는 한계 등으로 대량으로 정보를 유통하기 쉽지 않다.

③ (가)와 (나)는 동일한 형태로 정보를 보존한다.
(가)는 인쇄물의 형태로 (나)는 디지털화된 정보를 서버 같은 곳에 저장하기 때문에 정보 보존 방식이 (가)와 (나)는 다르다.

④ (나)는 (가)에 비해 정보의 유통 범위가 제한적이다.
(나)는 (가)에 비해 인터넷망을 이용하기 때문에 정보 유통의 범위가 더 넓다.

✔ (나)는 (가)에 비해 정보 제공자의 범위가 넓다.
(가)는 인쇄 매체로 정보를 제공하는 주체가 해당 분야의 전문가인 경우가 많지만 (나)는 일반인들도 쉽게 정보 제공자가 될 수 있기 때문에 정보 제공자의 범위가 (가)에 비해 넓다고 볼 수 있다.

---

42 올바른 언어 생활　　　　　　　　정답 ③

〈보기〉를 참고하여 (가)와 (나)의 언어생활을 성찰하려고 한다. ⊙~⑩에 대한 질문과 답으로 적절하지 않은 것은?

〈보 기〉
글을 쓸 때는 어법에 맞게 정확한 표현을 해야 한다. 이는 인쇄 매체뿐만 아니라 인터넷 매체를 활용할 때도 마찬가지이다. 인터넷 매체의 경우 언제 어디서든 내용을 만들어 올릴 수 있는 빠른 접근성이 장점이지만, 그로 인해 퇴고의 과정 등이 없어 문제점이 발생할 수 있다. 한편 인터넷의 경우 누구나 정보에 접근할 수 있지만 누구인지 밝힐 필요가 없어서 예의범절에 어긋난 표현을 하기도 한다.

　　　　　　　[질문]　　　　　　　　　　　　[답]
① ⊙ : 언어 규범에 맞게 표기하였는가?　　　　아니오
'방법에의한'에서 '의하다'는 동사이므로 앞 어절과 띄어 '방법에 의한'으로 고쳐야 한다. 띄어쓰기가 잘못되었으므로 '아니오'라고 대답한 것은 적절하다.

② ⓒ : 문맥에 맞는 올바른 단어를 사용하고 있는가?　　아니오
'상처의 깊이'이므로 '크거나'가 아니라 '깊거나'로 고쳐 써야 하므로 '아니오'라고 대답한 것은 적절하다.

✔ ⓒ : 문맥상 필요 없는 내용이 들어갔는가?　　예
앞에서 '문제가 생겼을 때는 문제에 맞는 대처법이 필요하겠죠?'라고 언급하고 있으므로 ⓒ은 문맥상 필요 없는 내용이 제시되었다고 할 수 없다. 따라서 '아니오'라고 대답해야 한다.

④ ② : 문장 성분을 빠뜨리고 있는가?　　　　예
'바르도록'의 목적어에 해당하는 내용이 빠져 있으므로, '예'라고 대답한 것은 적절하다.

⑤ ⑩ : 상대방에게 무례한 표현을 사용하였는가?　　예
상대방에 대한 예의 없이 무례하게 댓글을 달고 있음을 알 수 있으므로 '예'라고 대답한 것은 적절하다.

---

43 자료를 통한 매체 내용의 이해　　　　　정답 ⑤

(가)를 이해한 내용으로 가장 적절한 것은?

① 제각각의 모습으로 수업을 들으며 교실 안에 있는 학생들의 모습을 통해 다양성을 존중해야 한다는 작가의 의도를 알 수 있군.
입시는 전쟁이라는 내용으로 학생들의 힘든 삶의 모습을 드러내고 있기 때문에 다양성을 존중해야 한다는 것이 작가의 의도라고 보기 힘들다.

② 대학 입시를 '전쟁'에 비유하고 수업을 하는 교사의 모습을 무섭게 보여 주어 경쟁만을 부추기는 대학 입학을 반대하는 작가의 의도를 잘 보여 주고 있군.
(가)에 제시된 대학 입시를 위해 전쟁터처럼 살아야 하는 고3의 모습을 엿볼 수 있지만, 이를 통해 대학 입학을 반대하는 내용은 찾아볼 수 없다.

③ 교실에서 창밖의 하늘을 응시하는 학생의 모습을 통해 수업 시간에 다른 것을 하는 학생들에 대한 부정적 인식을 보여 주고 있군.
입시 전쟁을 치열하게 치르는 고3 학생들의 모습을 보여 준다는 점에서 학생들에 대한 연민의 심정을 엿볼 수 있지만, 학생들에 대한 부정적인 인식을 보여 준다고는 할 수 없다.

④ 교실을 배경으로 한 고등학교 3학년의 모습을 효과적으로 보여 주기 위해 인물들의 과장된 모습을 적절히 활용하고 있군.
(가)에 제시된 인물들의 모습을 과장적으로 표현하지는 않고 있다.

✔ 빈 교실과 이에 대한 멘트를 제시하여 대학 입시를 위해 살고 있는 치열한 고등학교 3학년의 삶의 모습을 효과적으로 보여 주고 있군.

'빈 교실'과 하단에 제시된 '우정을 버리고, 성적을 택하는 차디찬 교실'을 통해 대학 입시만을 위해 치열하게 살고 있는 고3의 모습을 효과적으로 드러내고 있음을 알 수 있다.

---

44 동영상 제작 계획의 적절성 판단　　　　　정답 ⑤

〈보기 1〉을 참고하여 (나)의 동영상 제작을 위해 〈보기 2〉처럼 학생들이 제작 회의를 했다고 할 때, 그 내용으로 적절하지 않은 것은? [3점]

〈보기 1〉
매체 자료를 생산하기 위해서는 매체 자료의 목적, 수용자, 매체의 특성을 고려하여야 한다. 소통의 목적이 정보 전달일 경우 신뢰성 있는 내용으로 구성해야 하고, 목적이 설득인 경우 자신의 주장을 위해 타당한 논거를 제시해야 한다. 또한 심미적 정서 표현이 소통의 목적이라면 정서를 구체화하여 표현할 수 있어야 한다. 매체 수용자를 분석하는 것도 매우 중요한데 수용자의 나이, 관심사 등에 따라 정보의 내용이나 수준이 달라져야 하기 때문이다.

〈보기 2〉
철환 : 고등학교 3학년이 대학 입시를 앞두고 어떤 하루를 보내고 있는지 다큐멘터리 형식으로 동영상을 만들기로 했잖아. 그리고 이를 통해 진정한 행복의 의미도 무엇인지 보여 주기로 했잖아. 어떻게 하면 좋을까?
유미 : 매일 대학 입시라는 것에 매달려 힘든 하루를 보내고 있는 고3 학생들의 모습을 보여 주어 진정한 행복의 의미가 무엇인지 생각해 볼 수 있도록 해야겠어. ………… ①
혜정 : 새벽에 일어나서 새벽에 잠드는 고달픈 하루를 시간의 순서대로 사실적으로 보여 주어, 이런 삶 속에서 진정한 행복을 느낄 수 있겠는지 학생과 학부모에게 의문을 제기했으면 좋겠다. … ②
지영 : 나는 고3 학생들 몇몇을 만나 인터뷰를 하면서 하루 중 무엇을 할 때 가장 행복한지 인터뷰할게. ………… ③
영주 : 외국 학생들의 행복지수를 조사해서 고 3학생들과 비교해 보고, 현재 고3 학생들이 느끼는 행복지수에 대해 인터뷰하는 것도 좋을 것 같아. ………… ④
성진 : '행복한 자신의 삶을 꾸려라'라는 제목을 가진 신문 기사 내용을 봤는데, 알려 준 내용대로 따라 살면 좀 더 나은 삶을 계획할 수 있어. 그 신문 기사의 내용을 최대한 영상에 많이 소개하자. ………… ⑤

① 유미
하루 종일 대학 입시에만 매달려야 하는 고3 학생들의 모습을 보여 주는 것은 영상을 찍는 목적을 드러내는 것이므로 적절하다.

② 혜정
시간의 흐름으로 고3의 고달픈 하루를 영상으로 보여 주어 이런 삶에서 진정한 행복을 느끼는지 의문을 갖게 한다는 것은 매체 특성 활용과 주제 전달이라는 측면에서 적절하다.

③ 지영
주제와 관련하여 인터뷰를 하려는 계획이므로 적절하다.

④ 영주
외국 학생들의 행복지수와 우리나라 고3의 행복지수를 비교해 보는 것은 주제에 맞는 것이므로 적절하다. 또한 현재 고3과 인터뷰하는 것도 주제에 부합하는 매체 활용 방식이라 할 수 있다.

✔ 성진
신문 기사의 내용을 그대로 가지고 와서 상세히 기술하고자 하는 것은 기획을 하는 데 있어서 올바른 자세라 볼 수 없다. 어떤 것을 기획할 때는 특정 자료에 의존하기보다는 다양한 자료를 활용하여 목적에 맞는 내용을 효과적으로 보여 줄 수 있어야 한다.

---

45 매체 자료의 변환 이해　　　　　　　정답 ④

(가)의 내용을 (나)의 매체로 변환하여 자료를 만들었다고 가정할 때, 그 이유로 가장 적절한 것은?

① (가)보다 (나)의 매체가 웹툰에 담긴 내용을 사실적으로 검증하여 줄 수 있기 때문이다.
영상 매체가 다른 매체보다 내용이 사실적이라고 보기는 어렵다.

② (가)에서 드러낸 것보다 (나)의 매체가 더 창의적으로 내용을 확장시킬 수 있기 때문이다.
(가)와 (나)의 매체 모두 창의적으로 내용을 보여 줄 수 있다.

③ (가)에 담고자 했던 이야기를 (나)에서는 보다 압축적으로 드러내 줄 수 있기 때문이다.
(나)의 매체는 동영상이므로 이야기를 풀어 제시할 수 있다. 반면에 (가)는 웹툰에 해당하므로 이야기의 내용을 압축적으로 보여 줄 수 있다.

✔ (가)에서 전달하고자 하는 정서를 (나)의 매체가 다양한 감각을 통해 느낄 수 있게 해줄 수 있기 때문이다.
시각적으로 볼 수 있는 웹툰과 달리 영상의 경우 영상과 문구뿐 아니라 소리까지 들을 수 있기 때문에 (나)의 매체가 (가)보다 다양한 감각을 통해 정서를 느낄 수 있게 해준다고 할 수 있다.

⑤ (가)에서 전달한 내용이 (나)의 매체를 통하면 사회적 의사소통이 더욱 활발해질 수 있기 때문이다.
(가), (나) 모두 대중적인 매체이기 때문에 어떤 것이 더 사회적 의사소통을 활발하게 만든다고 보기 어렵다.

• 정답 •

35 ⑤ 36 ⑤ 37 ④ 38 ① 39 ④ 40 ③ 41 ⑤ 42 ③ 43 ⑤ 44 ③ 45 ①

---

35 음운 변동의 이해 정답률 75% | 정답 ⑤

〈보기〉의 음운 변동을 분석한 것으로 적절하지 않은 것은?

〈보 기〉

㉠ 밭일[반닐] ㉡ 훑는[훌른] ㉢ 같이[가치]

① ㉠에는 음절 끝에 올 수 있는 자음이 제한되어 있기 때문에 일어난 음운 변동이 있다.
㉠의 '밭'은 발음할 때 음절 끝에 올 수 있는 자음이 7개(ㄱ, ㄴ, ㄷ, ㄹ, ㅁ, ㅂ, ㅇ)로 제한되어 있기 때문에 'ㅌ'이 'ㄷ'으로 교체되는 음운 변동이 일어난다.

② ㉠과 ㉡은 음운 변동의 결과 음운의 개수에 변화가 생겼다.
㉠은 첨가로 인해 음운의 개수가 1개 늘었고, ㉡은 탈락으로 인해 음운의 개수가 1개 줄었다.

③ ㉠은 실질 형태소끼리 결합할 때, ㉢은 실질 형태소와 형식 형태소가 결합할 때 음운 변동이 일어났다.
㉠의 '밭'과 '일'은 모두 실질 형태소, ㉢의 '같'은 실질 형태소, '이'는 형식 형태소에 해당한다.

④ ㉡은 자음으로 인한, ㉢은 모음으로 인한 음운 변동이 일어났다.
㉡은 '훑'의 자음 'ㄹ'로 인해 뒤의 'ㄴ'이 'ㄹ'로 교체된 것이고, ㉢은 'ㅌ'이 뒤에 오는 모음 'ㅣ'로 인해 'ㅊ'으로 교체된 것이다.

✓ ㉠, ㉡, ㉢에 공통적으로 일어난 음운 변동은 탈락과 교체이다.
㉠의 '밭일'은 '밭'과 '일'이 결합하면서 'ㄴ'이 첨가되어 [반닐]로 발음되고, '밭[받]'의 'ㄷ'이 'ㄴ'을 만나 'ㄴ'으로 교체되어 [반닐]로 발음된다. 그리고 ㉡의 '훑는'은 '훑'의 'ㅌ'에서 'ㅌ'이 탈락하여 [훌는]으로 발음되고, 'ㄹ'이 뒤의 'ㄴ'이 만나 'ㄴ'이 'ㄹ'로 교체되어 [훌른]으로 발음된다. 그리고 ㉢의 '같이'는 '같'의 'ㅌ'이 'ㅣ' 모음과 만나 'ㅊ'으로 교체되어 [가치]로 발음된다. 이렇게 볼 때, ㉠, ㉡, ㉢에 공통적으로 일어난 음운 변동은 교체에 해당하므로, 탈락과 교체가 일어났다는 분석 내용은 적절하지 않다.

---

36 관형격 구성의 의미 이해 정답률 85% | 정답 ⑤

윗글을 참고할 때, ㉠, ㉡에 해당하는 예끼리 묶인 것으로 적절한 것은?

	㉠	㉡
①	너의 부탁	친구의 자동차

'너의 부탁'의 '의'는 '주체 – 행동'의 관계로, '친구의 자동차'의 '의'는 '소유주 – 대상'의 관계로 연결되어 있다.

| ② | 자기 합리화의 함정 | 친구의 사전 |

'자기 합리화의 함정'에서 '의'는 '의미상 동격'의 관계로, '친구의 사전'의 '의'는 '소유주 – 대상'의 관계로 연결되어 있다.

| ③ | 회장의 칭호 | 영희의 오빠 |

'회장의 칭호'의 '의'는 '의미상 동격'의 관계로, '영희의 오빠'의 '의'는 '친족적' 관계로 연결되어 있다.

| ④ | 은호의 아버지 | 친구의 졸업 |

'은호의 아버지'의 '의'는 '친족적' 관계로, '친구의 졸업'의 '의'는 '주체 – 행동'의 관계로 연결되어 있다.

✓ | 질투의 감정 | 국민의 단결 |

'질투의 감정'의 '의'는 '질투'라는 것이 '감정'임을 나타내고 있으므로, '의'는 앞 체언인 '질투'와 뒤 체언인 '감정'이 '의미상 동격'의 관계로 연결되고 있음을 알 수 있다. 그리고 '국민의 단결'에서 '의'는 '단결'이라는 행동을 하는 주체가 '국민'임을 나타내므로, '주체 – 행동'의 관계로 연결되고 있음을 알 수 있다.

---

37 중세 국어 관형어의 이해 정답률 52% | 정답 ④

윗글을 바탕으로 〈보기〉의 밑줄 친 관형어를 탐구한 내용으로 적절하지 않은 것은? [3점]

〈보 기〉

〈중세 국어의 예〉
ⓐ 부텻 것 도죽혼 罪 (부처의 것을 도둑질한 죄)
ⓑ 시미 기픈 므른 (샘이 깊은 물은)

〈현대 국어의 예〉
ⓒ 어머니의 낡은 지갑은
ⓓ 저자와의 대화

① ⓐ의 '부텻'은 의존 명사 앞에 쓰여 생략할 수가 없군.
1문단을 통해 수식을 받는 체언이 의존 명사이면 그 앞에 반드시 관형어가 와야 함을 알 수 있다. 그리고 ⓐ가 포함된 문장의 현대어 풀이가 '부처의 것을 도둑질한 죄'이므로, '부텻'은 의존 명사 '것' 앞에 쓰인 관형어에 해당함을 알 수 있다. 따라서 '부텻'은 의존 명사 앞에 사용되었으므로 생략할 수 없다.

② ⓑ의 '시미 기픈'은 현대 국어와 같은 관형사형 어미가 쓰인 것이군.
'시미 기픈'의 현대어 풀이가 '샘이 깊은 물은'이므로, '기픈'이 관형어로 쓰였음을 알 수 있다. 그리고 '기픈'은 '깊'과 '은(ㄴ)'을 이어 적기한 것에 해당하므로, 현대어와 마찬가지로 관형사형 어미 '(으)ㄴ'이 쓰였음을 알 수 있다.

③ ⓐ의 '부텻'은 체언에 관형격 조사가 결합한 형태가, ⓑ의 '시미 기픈'은 관형절이 관형어의 기능을 하고 있군.
ⓐ의 '부텻'은 관형격 조사 'ㅅ'이 결합하여 만들어졌고, ⓑ의 '시미 기픈'은 관형사형 어미가 붙어 만들어진 관형절이 관형어의 역할을 하고 있다.

✓ ⓒ의 '어머니의'는 관형절의 의미상 주어가 관형격으로 실현된 것으로 중세 국어의 용법과 관련이 있는 표현이군.
ⓒ '어머니의'는 관형격 조사 '의'에 의해 관형어가 나타난 것으로 관형절의 의미상 주어가 관형격으로 실현된 것이라고 할 수 없다.

⑤ ⓓ의 '저자와의'는 부사어 뒤에 관형격 조사가 붙어 관형어가 된 것으로 중세 국어에서도 찾을 수 있는 용법이군.
ⓓ의 '저자와의'는 '체언+부사격 조사'로 이루어진 부사어에 관형격 조사 '의'가 붙어 관형어가 된 경우이다. 이는 (다)의 '前生앳'과 같은 방식으로 실현된 것이므로 중세 국어에서도 찾을 수 있는 용법임을 알 수 있다.

● 문법 필수 개념

■ 중세 국어의 관형격 조사

'이 / 의'와 '의'가 쓰임.	• ㅅ : 높임명사 뒤 무정 명사 뒤에 쓰임. **예** 나랏 말씀(나라의 말씀)
	• 의 : 양성 모음 뒤 유정 명사 뒤에 쓰임. **예** 무릐 香(말의 향기)
	• 의 : 음성 모음 뒤 유정 명사 뒤에 쓰임. **예** 崔九의 집(최구의 집)

---

38 한글맞춤법 규정 이해 정답률 63% | 정답 ①

〈보기〉의 대화에서 ㉠ ~ ㉢에 해당하는 예끼리 묶인 것으로 적절한 것은?

〈보 기〉

선생님 : 오늘은 '한글맞춤법 제21항'에 대해 알아보도록 하겠습니다. '빛깔'처럼 ㉠ 명사 뒤에 자음으로 시작된 접미사가 붙어서 된 것, '덮개'처럼 ㉡ 어간 뒤에 자음으로 시작된 접미사가 붙어서 된 것은 그 명사나 어간의 원형을 밝히어 적습니다.
학 생 : 선생님, 그럼 '널찍하다'의 경우에는 왜 어간의 원형인 '넓-'을 밝히지 않고 소리대로 적나요?
선생님 : '널찍하다'처럼 ㉢ 겹받침의 끝소리가 드러나지 않는 경우나 '넙치'처럼 어원이 분명하지 않거나 본뜻에서 멀어진 경우에는 소리대로 적습니다.

	㉠	㉡	㉢
✓	멋쟁이	굵기	얄따랗다

'멋쟁이'는 명사 '멋' 뒤에 자음으로 시작된 접미사 '쟁이'가 붙어서 된 것이므로 ㉠에 해당하고, '굵기'는 어간 '굵' 뒤에 자음으로 시작된 접미사 '기'가 붙어서 된 것이므로 ㉡에 해당한다. 그리고 '얄따랗다'는 '얇다'에서 '얄따랗다'가 될 때 겹받침 중 앞의 'ㄹ'만 발음되므로 ㉢에 해당한다.

| ② | 넉두리 | 값지다 | 말끔하다 |

'넉두리'는 명사 '넋' 뒤에 자음으로 시작된 접미사 '두리'가 붙어서 된 것이므로 ㉠에 해당하고, '말끔하다'는 '맑다'에서 '말끔하다'가 될 때 겹받침 중 앞의 'ㄹ'만 발음되므로 ㉢에 해당한다. 하지만 '값지다'는 명사 '값' 뒤에 자음으로 시작된 접미사 '지다'가 붙어서 된 것이므로 ㉠에 해당한다.

| ③ | 먹거리 | 낚시 | 할짝거리다 |

'낚시'는 어간 '낚' 뒤에 자음으로 시작된 접미사 '시'가 붙어서 된 것이므로 ㉡에 해당하고, '할짝거리다'는 '핥다'에서 '할짝거리다'가 될 때 겹받침 중 앞의 'ㄹ'만 발음되므로 ㉢에 해당한다. 하지만 '먹거리'는 어간 '먹' 뒤에 자음으로 시작된 접미사 '거리'가 붙어서 된 것이므로 ㉡에 해당한다.

| ④ | 오뚝이 | 굵직거리다 | 짤막하다 |

'굵직거리다'는 어간 '굵직' 뒤에 자음으로 시작된 접미사 '거리다'가 붙어서 된 것이므로 ㉡에 해당하고, '짤막하다'는 '짧다'에서 '짤막하다'가 될 때 겹받침 중 앞의 'ㄹ'만 발음되므로 ㉢에 해당한다. 하지만 '오뚝이'는 부사 '오뚝' 뒤에 모음으로 시작된 접미사 '이'가 붙어서 만들어진 단어이므로 ㉠에 해당하지 않는다.

| ⑤ | 옆구리 | 지우개 | 깊숙하다 |

'옆구리'는 명사 '옆' 뒤에 자음으로 시작된 접미사 '구리'가 붙어 된 것이므로 ㉠에 해당하고, '지우개'는 어간 '지우' 뒤에 자음으로 시작된 접미사 '개'가 붙어 된 것이므로 ㉡에 해당한다. 하지만 '깊숙하다'의 '깊'은 겹받침이 아닌 홑받침에 해당하므로 ㉢에 해당하지 않는다.

● 문법 필수 개념

■ 한글 맞춤법 21항

1. 명사나 용언의 어간 뒤, 자음으로 시작된 접미사가 붙은 경우 – 원형을 밝힘.

제21항	명사나 혹은 용언의 어간 뒤에 자음으로 시작된 접미사가 붙어서 된 말은 그 명사나 어간의 원형을 밝히어 적음.	
	명사 뒤에 자음으로 시작된 접미사가 붙어서 된 것	값지다, 잎사귀
	어간 뒤에 자음으로 시작된 접미사가 붙어서 된 것	낚시, 넓적하다

1-1 소리대로 적는 경우.

제21항 다만	다음과 같은 말은 소리대로 적는다.	
	겹받침의 끝소리가 드러나지 아니하는 것	널따랗다, 짤막하다
	어원이 분명하지 아니하거나 본뜻에서 멀어진 것	넙치, 골막하다

---

39 단어의 의미 이해 정답률 89% | 정답 ④

〈보기 1〉을 참고하여 〈보기 2〉를 이해한 내용으로 적절하지 않은 것은?

〈보기 1〉

언어의 의미는 끊임없이 변화한다. 원래 '주책'은 '일정하게 자리 잡힌 주장이나 판단력'이라는 의미였다. 그런데 '주책없다'처럼 '주책'이 주로 '없다'와 함께 쓰이다 보니 부정적인 의미도 갖게 되었다. 즉, '주책'은 '일정한 줏대가 없이 되는 대로 하는 짓'이란 의미도 갖게 되어 '주책없다'와 '주책이다'가 같은 의미로 쓰이게 되었다. 한편 '에누리'는 상인과 소비자가 물건값을 흥정하는 상황에서 자주 쓰이다 보니 '값을 올리는 일'이라는 의미뿐만 아니라 '값을 내리는 일'이라는 의미로도 쓰이게 되었다.

〈보기 2〉

ㄱ. 다른 사람의 말에 쉽게 흔들리는 것을 보니 그는 주책이 없구나.
ㄴ. 뜬금없이 그런 말을 하다니 그도 참 주책이다.
ㄷ. 에누리를 좀 해 주셔야 다음에 또 오지요.
ㄹ. 그 가게는 에누리 없이 장사를 해서 적게 팔고도 많은 이윤을 남긴다.

① ㄱ의 '주책'은 '일정하게 자리 잡힌 주장이나 판단력'의 의미로 쓰였군.
'다른 사람의 말에 쉽게 흔들리는'을 통해 '주책'이 '일정하게 자리잡힌 주장이나 판단력'의 의미로 쓰였음을 알 수 있다.

② ㄴ의 '주책'은 부정적인 의미로 쓰였군.

'뜬금없이 그런 말'을 하는 것을 '주책이다'라고 표현한 것으로 보아 ㄴ의 '주책'은 '일정한 줏대가 없이 되는 대로 하는 짓'이라는 부정적인 의미로 쓰였다고 볼 수 있다.

③ ㄴ의 '주책이다'는 '주책없다'로도 바꿔 쓸 수 있겠군.

'주책없다'와 '주책이다'는 같은 의미로 쓰인다.

✓ ㄷ의 '에누리'는 '값을 올리는 일'의 의미로 쓰였군.

ㄷ은 문맥상 소비자의 입장에서 말하는 것으로, 값을 깎아주어야 다시 구매를 하러 올 것이라는 의미로 해석된다. 그러므로 ㄷ의 '에누리'는 '값을 내리는 일'의 의미로 쓰였다고 볼 수 있다.

⑤ ㄹ의 '에누리'는 '값을 내리는 일'의 의미로 볼 수 있겠군.

'적게 팔고도 많은 이윤을 남긴다'고 했으므로 '에누리 없이 장사'를 한다는 것은 가격을 낮추는 일이 없이 장사를 한다는 것으로 봐야 한다. 그러므로 '에누리'는 '값을 내리는 일'의 의미로 쓰인 것으로 볼 수 있다.

---

40 매체 선정 이유 파악 정답 ③

성남이의 매체 선정 이유로 적절한 것을 모두 고른 것은?

> ㄱ. 제재와 관련해서 실생활에 밀접한 정보를 얻기 위해 (나)와 (다)를 선정하였다.
> ㄴ. 시각적인 효과를 이용해 자료에 실재감을 주기 위해 (나)와 (다)를 선정하였다.
> ㄷ. 최근의 상황을 반영한 시의성이 있는 정보를 얻기 위해 (가)와 (나)를 선정하였다.
> ㄹ. 제재와 관련하여 전문가의 신뢰성 있는 정보를 얻기 위해 (가)와 (다)를 선정하였다.

① ㄱ, ㄴ ② ㄱ, ㄷ ✓ ㄱ, ㄹ ④ ㄱ, ㄴ, ㄷ ⑤ ㄴ, ㄷ, ㄹ

ㄱ. 제재와 관련해서 실생활에 밀접한 정보를 얻기 위해 (나)와 (다)를 선정하였다.
(나)는 미세먼지 농도를 알려 주는 기사문이다. 이는 실생활에 유용한 정보를 얻기 위한 자료로 볼 수 있다. 또한 미세먼지에 좋은 음식을 알려 주는 텔레비전 프로그램 (다)도 실생활에 도움을 주는 정보이다.

ㄴ. 시각적인 효과를 이용해 자료에 실재감을 주기 위해 (나)와 (다)를 선정하였다.
(다)는 영상이 함께 제공되는 정보이므로 시각적 효과를 고려한 자료 수집의 결과로 볼 수 있다. 하지만 (나)는 신문 자료로 문자로만 구성되어 있기 때문에 시각적 효과를 얻기 위해 선정한 자료로 볼 수 없다.

ㄷ. 최근의 상황을 반영한 시의성이 있는 정보를 얻기 위해 (가)와 (나)를 선정하였다.
(나)는 신문 자료이다. 신문은 매일 그날의 정보를 제공하는 매체이므로 시의성이 있다고 볼 수 있다. 하지만 (가)의 책은 깊이 있는 정보는 얻을 수 있지만 시의성이 있는 정보를 얻기는 힘든 매체이다.

ㄹ. 제재와 관련하여 전문가의 신뢰성 있는 정보를 얻기 위해 (가)와 (다)를 선정하였다.
(가)는 제목으로 보아 과학자가 저자인 책이므로, 미세먼지와 관련한 과학자의 책은 신뢰성을 주는 정보이다. 그리고 환경공학과 교수가 출연한 텔레비전 프로그램 역시 전문가의 권위를 이용해 신뢰를 주는 정보이다.

---

41 음운 변동 현상의 이해 정답 ⑤

〈보기〉를 바탕으로 ㉠~㉤에 일어나는 음운의 변동 현상에 대해 바르게 설명한 것은?

> ─〈보 기〉─
> 음운 변동의 유형에 따라 변동이 일어나기 전과 후에 음운의 개수 변화는 다르다. '교체'의 경우에는 음운의 변동이 일어나도 음운의 개수에는 변화가 없다. 하지만 '축약'이나 '탈락'의 경우에는 음운의 변동이 일어나면 음운의 수는 줄어들게 되며, '첨가'가 일어나는 경우에는 음운의 개수가 늘어난다. 한편 한 단어에서 음운의 변동이 여러 번 일어나는 경우도 있는데, 이 경우 어떤 유형의 변동들이 일어났는지에 따라 음운의 개수는 달라진다.

① ㉠은 [뿌여케]로 발음되며, 교체와 축약이 일어나기 때문에 음운의 개수는 한 개가 줄어든다.

'뿌옇게'는 [뿌여케]로 발음되는데, 이 과정에서 'ㅎ'과 'ㄱ'이 만나 [ㅋ]로 발음되는 자음 축약이 한 번 일어난다. 따라서 음운의 개수는 하나가 줄어든다. 교체 현상은 일어나지 않는다.

② ㉡은 [꼳까루]로 발음되며, 교체와 첨가가 일어나기 때문에 음운의 개수는 한 개가 늘어난다.

'꽃가루'는 먼저 [꼳가루]로 변하면서 교체 현상인 음절의 끝소리 규칙이 일어난 후, 다시 [꼳까루]로 변하면서 역시 교체 현상인 된소리되기가 일어난다. 교체만 두 번 일어나기 때문에 음운의 수에는 변화가 없다.

③ ㉢은 [진께]로 발음되며, 교체가 두 번 일어나기 때문에 음운의 개수는 한 개가 줄어든다.

'짙게'는 먼저 [짇게]로 변하면서 교체 현상인 음절의 끝소리 현상이 일어난 후, 다시 [짇께]로 변하면서 역시 교체 현상인 된소리되기가 일어난다. 교체만 두 번 일어나기 때문에 음운의 수에는 변화가 없다.

④ ㉣은 [막따가]로 발음되며, 교체가 두 번 일어나기 때문에 음운의 개수에는 변화가 없다.

'맑다가'는 먼저 [막다가]로 변하면서 탈락 현상인 자음군 단순화가 일어난 후, 다시 [막따가]로 변하면서 교체 현상인 된소리되기가 일어난다. 탈락과 교체가 일어나므로 음운의 수는 하나 줄어든다.

✓ ㉤은 [며녕녁]으로 발음되며, 교체가 두 번 일어나기 때문에 음운의 개수에는 변화가 없다.

'면력력'은 [며녕녁]으로 발음되는데, 이 과정에서 교체 현상인 비음화가 두 번 일어난다. 즉, '역'의 종성 'ㄱ'이 [ㅇ]으로 발음되는 비음화와, '력'의 초성 'ㄹ'이 [ㄴ]으로 발음되는 비음화가 연이어 일어나는 것이다. 음운의 수에 변화를 주지 않는 교체 현상만 두 번 일어났기 때문에 전체 음운의 수에는 변화가 없다.

---

42 계획에 따른 적절한 자료 찾기 정답 ③

〈보기〉는 성남이가 자료를 만들기 위해 수립한 계획이다. 민수가 인터넷을 이용해 찾은 자료 중 자료 제작에 추가로 활용할 수 있는 것은? [3점]

> ─〈보 기〉─
> 과학 수행평가를 위해 '미세먼지'를 제재로 발표를 준비해야겠어. 며칠 전에도 미세먼지가 심해 야외 행사를 못했잖아. 친구들도 이 제재에 관심이 있을 거야. 먼저 미세먼지에 대해 소개하면서 발표를 시작해야겠지? 미세먼지라는 말은 자주 듣지만 그게 정확히 어떤 것을 말하는지 모르는 친구들도 있을 거야. 다음으로 미세먼지의 유해성을 말하면서 미세먼지가 왜 문제가 되는지를 발표

(우측)

해야겠어. 그러면서 최근 우리나라의 미세먼지 상황을 제시하면 더 실감이 나겠지? 이어서 미세먼지의 원인이 무엇인지 알아보고 발표해야겠어. 아마 여러 가지 원인이 복합적으로 작용할 거야. 발표의 마무리는 미세먼지에 대한 대응 방법으로 하는 게 좋겠지? 개인적인 대응 방법과 행정적인 대응 방식으로 나누어 제시하는 게 좋을 것 같아. 책과 신문, 방송 등의 매체에서 자료를 찾았지만 부족한 것 같네. 인터넷으로 자료를 더 찾아봐야겠어. 이미 찾은 것과 내용이 중복되는 것은 제외하고 발표를 위해 꼭 필요한 것만 골라야겠군.

①

황사와 미세먼지의 차이
비가 올 것이라는 예보와 달리 잔뜩 흐린 채로 주변이 먼지로 자욱합니다. 뉴스에서는 흐리면서 미세먼지가 심할 거라고 하네요. 문득 황사와 미세먼지의 차이가 ……

성남이의 자료 제작 계획에는 황사와 미세먼지의 차이를 밝히겠다는 내용이 없다. 따라서 불필요한 자료이다.

②

미세먼지 마스크 추천
요즈음 미세먼지 때문에 고민이 많으시죠? 외출하기도 겁나고요. 이럴 때 유용한 마스크 ○○을 추천해 보겠습니다. 모든 마스크가 미세먼지로부터 인체를 지켜주는 ……

'미세먼지 마스크의 효과'와 관련된 자료라면 '개인적인 대응 방식'을 위한 자료로 활용할 수 있다. 하지만 미세먼지 마스크를 광고하기 위한 정보는 자료 제작에 필요하지 않다.

③

미세먼지 저감조치 차량 2부제
미세먼지 '나쁨' 상태가 며칠 동안 이어지자 서울시에서는 미세먼지 비상 저감 조치를 발령했습니다. 미세먼지를 줄이기 위한 조치라고는 하는데 정확한 내용을 ……

성남이는 발표 자료를 제작하면서 마무리 부분에서 '개인적 대응 방식'과 '행정적인 대응 방식'을 제시하겠다고 계획하고 있다. '미세먼지 저감조치'에 대한 정보는 행정적인 대응 방식을 제시하기 위한 자료로 활용할 수 있다.

④

미세먼지로부터의 탈출, 유럽 여행
미세먼지로 짜증나는 일상을 보내다가 큰 마음 먹고 유럽 여행을 다녀왔어요. 최소 경비로 다녀온 궁핍한 여행이지만 맑은 공기만으로도 행복했던 한주였답니다 ……

미세먼지로부터 벗어나기 위해 유럽 여행을 한 개인 경험은 성남이의 자료 제작에 도움을 주지 못한다.

⑤

맛있는 음식으로 미세먼지 스트레스 날리기
안녕하세요. 요리하는 남자입니다. 요즘 미세먼지 때문에 외출하기 겁나실 텐데요. 가정에서 쉽게 요리할 수 있는 맛있는 음식 몇 가지 소개해 드릴 테니 ……

미세먼지에 좋은 음식은 이미 (다)를 통해 얻은 정보이다. 중복되는 정보이므로 제외되어야 한다.

---

43 매체의 특성에 따른 대화 방식 파악 정답 ⑤

휴대전화 대화방이라는 매체의 특징을 고려한 대화 참여자들의 태도로 볼 수 없는 것은?

① 진호는 파일 전송이 가능하다는 매체의 특징을 고려하여 정보를 공유하였다.
'진호'는 대화방의 파일 전송 기능을 이용해 사진 파일을 공유하고 있다.

② 상미는 비대면 대화의 수단이라는 매체의 특징을 고려하여 자신의 감정을 표현하였다.
'상미'는 ^^라는 이모티콘을 사용해 자신의 감정을 공유하였다. 이는 비대면 대화 수단이라는 휴대전화 대화방의 특성을 고려한 것이다.

③ 승식이는 하이퍼링크가 가능하다는 매체의 특징을 고려하여 사이트 정보를 제공하였다.
'승식'이는 대화방에 자료를 수집한 홈페이지 주소를 올려놓았는데, 학생들은 이 주소를 통해 해당 홈페이지에 직접 접속할 수 있다. 하이퍼링크는 문자열이나 이모티콘을 이용해 다른 사이트와 직접 연결하는 기능이다.

④ 민희는 여러 사람이 동시에 참여할 수 있다는 매체의 특징을 고려하여 대화 매체를 선택하였다.
'민희'는 '전체적인 준비 상황을 점검'하기 위해 대화방을 만들었다. 즉 모든 구성원이 참여하여 함께 대화를 할 수 있다는 매체의 특성을 고려한 것이다.

✓ 기홍이는 자료의 통계 분석 및 정리가 용이하다는 매체의 특징을 고려하여 조사 결과를 공유하였다.
'기홍'이는 학생들을 대상으로 설문 조사를 한 결과를 분석하고 그래프로 정리하였는데 이것은 휴대전화 대화방을 통해 한 것은 아니다. 대화방을 통해 통계 자료를 전송할 수는 있었지만, 통계 분석도 대화방을 통해 한 것은 아니다.

---

44 발표 자료의 계획 여부 파악 정답 ③

(나)의 자료를 만들면서 '민희'가 고려했을 내용으로 적절하지 않은 것은?

① 자료를 인용할 때에는 기본 윤리를 지켜야겠지? 외부 자료에는 출처를 밝혀주자.
세 번째 슬라이드에서 독도의 위치를 알려 주는 지도 자료에 출처를 밝히고 있다.

② 승식이가 알려준 '외교부 독도' 홈페이지는 배너를 이용해서 인상적으로 소개하는 게 좋겠어.
세 번째 슬라이드에서 '외교부 독도' 배너를 이용하여 자료를 만들었다.

✓ 친구들이 자료를 제시한 순서를 그대로 따르는 것보다 재구성하여 순서를 재배열하는 게 좋겠어.
(가)의 대화는 '독도의 기본 정보에 대한 승식이의 조사 결과' → '학생들의 설문 조사에 대한 진호의 분석 결과' → '외국인 대상 인터뷰에 대한 상미와 희준이의 작업 결과' → '반크 사이버 활동을 하는 친구와의 인터뷰에 대한 상미의 계획' 순으로 진행된다. 그리고 민희가 만든 발표 자료는 위 대화 순서에 따르고 있다. 따라서 순서를 재구성했다는 진술은 적절하지 않다.

---

④ 외국인 인터뷰는 영상만 보여주니 뭔가 미흡한 것 같아. 인터뷰 내용을 종합적으로 분석해서 정리해 줘야지.

다섯 번째 슬라이드의 외국인 인터뷰 영상 아래에 결과를 정리하여 제시하였다.

⑤ 발표 자료에 들어가는 내용이 너무 많은 것 같아. 관련 기관의 자료에 직접 연결하는 방법으로 내용을 줄여야겠어.

세 번째 슬라이드에서 '독도의 역사'와 '독도의 가치' 관련 내용은 해당 사이트에 직접 연결하고 있다.

---

45 발표 자료 수정 방안의 적절성 판단 정답 ①

〈보기〉는 '민희'가 만든 발표 초안을 본 친구들의 대화이다. 대화 내용을 반영해 수정한 것으로 적절하지 않은 것은?

─〈보 기〉─

민희: 모두 발표 초안 확인했지? 고쳐야 하거나 보완해야 할 사항이 있으면 알려줘. 수정해서 다시 만들게.

승식: 민희야 고생 많았어. 자, 의견을 모아 보자.

희준: 나는 진호가 조사한 인물 캐릭터를 활용했으면 좋겠어. 모두 역사적 인물을 캐릭터로 만든 것 같은데, 잘 사용하면 의미가 있을 것 같아.

연수: 그러면 독도의 역사를 소개하는 부분에 활용하자. '사이버 독도' 홈페이지는 주소는 이미 소개했으니 굳이 배너를 쓸 필요는 없는 것 같아.

상미: 좋은 생각이야. 그런데 설문 조사 결과를 제시하는데 너무 같은 그래프만 사용하니 단조로운 것 같지 않니?

기홍: 그래. 하나 정도는 다른 그래프를 활용하자. 그리고 통계 분석이 잘못된 부분이 있어. 전체 응답 수를 잘못 계산했어.

민희: 아, 큰일 날 뻔했네. 수정할게.

승식: 나는 외국인 인터뷰 영상 아래에 인터뷰 결과 정리를 바로 제시하는 게 어색해 보여. 결과는 영상이 끝난 후에 보여주는 게 좋지 않을까?

희준: 나도 동의해. 그리고 독도를 지키려는 노력만 제시하지 말고 우리가 직접 실천하는 모습을 보여주는 게 어떨까?

민희: 그것도 좋은 생각이야. 방법을 찾아 봐야겠다.

상미: 나는 독도는 우리 땅 노래를 활용했으면 좋겠어. 처음 시작할 때 들려주는 게 좋을까?

승식: 그것보다 희준이가 제시한 의견과 결합하는 건 어떨까?

민희: 그것도 좋은 생각이야. 모두의 의견을 모아서 발표 자료를 수정할게.

진호: 좋은 의견이 많이 나왔어. 민희야 수정할 때에는 나도 도와줄게.

☑ ① 첫 번째 슬라이드에 '독도는 우리 땅' 노래를 배경 음악으로 추가한다.

'상미'가 노래를 시작할 때 들려주자고 제안을 했으나, '승식'이는 '희준'의 의견과 결합하고 수정 의견을 제시하고 '민희'가 이에 동의를 하였다. '희준'의 의견은 마지막에 직접 실천하는 모습을 보여 주자는 것이었으므로, 노래는 마지막 부분에서 활용하기로 한 것이다.

② 세 번째 슬라이드의 '사이버 독도' 배너를 '안장군' 캐릭터로 바꾼 후, 사이트와 연결시킨다.

인물 캐릭터를 활용하자는 '희준'의 의견에 '연수'는 독도의 역사를 소개하는 부분에 활용하자고 추가 발언을 한다. 따라서 '사이버 독도' 배너를 인물 캐릭터로 바꾸는 것은 적절하다.

③ 네 번째 슬라이드의 '독도에 대한 관심 계기' 그래프를 원그래프로 바꾼 후, 백분위 수치를 각각 50%, 30%, 15%, 5%로 수정한다.

'상미'는 통계 분석에서 막대그래프만 사용하는 것에 대해 이의 제기를 하고, '기홍'이가 그래프 중 하나를 다른 그래프로 바꾸자고 추가 제안을 하고 있다. 따라서 원그래프로 바꾼 것은 적절하다. 그리고 '기홍'이 통계 분석 오류를 지적하고 있는데, '독도에 대한 관심 계기'의 응답자 수는 앞에서 '관심이 많다'라고 응답한 80명이기에 전체 통계는 이에 준해서 내야 한다. 따라서 답지와 같이 수정한 것은 적절하다.

④ 다섯 번째 슬라이드의 '인터뷰 정리'를 숨겨 두었다가 클릭하면 나오도록 애니메이션 설정을 한다.

인터뷰 영상 아래에 바로 결과를 보여 주는 것이 어색하다는 '승식'이의 문제 제기를 해결할 수 있는 방법이므로 적절하다.

⑤ 여섯 번째 슬라이드 뒤에 학교에서 촬영한 '독도는 우리 땅' 플래시몹 영상을 첨부하여 새로운 슬라이드를 추가한다.

'희준'이는 자신들이 직접 독도 사랑을 실천하는 모습을 보여 주자고 제안을 하고 있다. 따라서 여섯 번째 슬라이드 뒤에 '독도는 우리 땅' 플래시몹 영상을 촬영하여 제시하는 것은 적절하다. 또한 이 과정에서 '독도는 우리 땅' 노래를 활용하자는 '상미'의 제안도 수용할 수 있게 된다.

· 정답 ·

35 ④ 36 ① 37 ④ 38 ④ 39 ② 40 ④ 41 ① 42 ① 43 ④ 44 ③ 45 ③

★ 표기된 문항은 [등급을 가르는 문제]에 해당하는 문항입니다.

★★★ 등급을 가르는 문제!

35 사동 표현의 특징 파악 정답률 42% | 정답 ④

〈보기〉의 ㉠ ~ ㉤에 대한 이해로 적절하지 않은 것은?

─〈보 기〉─

㉠ 담장이 낮다. → 동네 사람들이 담장을 낮춘다.
㉡ 아이가 옷을 입었다. → 엄마가 아이에게 옷을 입혔다.
㉢ 사람들이 방으로 이삿짐을 옮긴다.
㉣ 선생님께서 철수에게 책을 [읽히셨다 / 읽게 하셨다].
㉤ ┌ 아기가 웃는다. → 아빠가 아기를 웃긴다.
   └ 철수가 짐을 졌다. → 형이 철수에게 짐을 지웠다.

① ㉠ : 형용사에 사동 접사가 결합되어 사동사가 되었군.

㉠의 '동네 사람들이 담장을 낮춘다.'의 '낮춘다'는 '낮다'라는 형용사에 사동 접사 '-추-'를 사용한 사동사에 해당한다.

② ㉡ : 주동문이 사동문으로 바뀌면 서술어가 필요로 하는 문장 성분의 개수가 달라지는군.

㉡의 주동문인 '아이가 옷을 입었다.'는 목적어와 서술어를 사용한 두 자리 서술어에 해당한다. 그런데 사동문인 '엄마가 아이에게 옷을 입혔다.'는 주어와 목적어, 부사어를 요구하는 세 자리 서술어임을 알 수 있다. 따라서 주동문이 사동문으로 바뀌면 서술어가 필요로 하는 문장 성분의 개수가 달라짐을 알 수 있다.

③ ㉢ : 사동문 중에는 대응하는 주동문을 만들 수 없는 경우가 있군.

사동문인 ㉢을 주동문으로 바꾸면 '이삿짐이 방으로 옮다.'가 되어 잘못된 문장이 됨을 알 수 있다. 따라서 ㉢의 경우 대응하는 주동문을 만들 수가 없다.

☑ ④ ㉣ : 접사에 의한 사동 표현은 직접 사동의 의미로, '-게 하다'에 의한 사동 표현은 간접 사동의 의미로 해석되는군.

㉣의 '선생님께서 철수에게 책을 읽히셨다.'는 접사인 '-히-'를 사용한 사동 표현이고 '선생님께서 철수에게 책을 읽게 하셨다.'는 '-게 하다'에 의한 사동 표현에 해당한다. 이 둘 모두 사동문의 주어인 '선생님'이 행동에 직접 참여하지 않고 '선생님'이 철수로 하여금 책을 읽도록 시키고 있으므로 간접 사동의 의미로 해석된다.

⑤ ㉤ : 주동문의 서술어가 자동사인지 타동사인지에 따라 주동문의 주어는 사동문에서 그 문장 성분이 달라지는군.

㉤에서 자동사 '웃는다'가 서술어로 사용된 주동문의 주어는 '아기가'이지만, 사동 접사가 결합된 '웃긴다'가 서술어로 사용된 사동문에서는 주동문의 주어가 '아기를'이라는 목적어로 바뀌었음을 알 수 있다. 그리고 타동사인 '졌다'가 서술어로 사용된 주동문의 주어는 '철수가'이지만, 사동 접사가 결합된 '지웠다'가 서술어로 사용된 사동문에서는 주어가 '철수에게'라는 부사어로 바뀌었음을 알 수 있다.

★★ 문제 해결 꿀~팁 ★★

▶ 많이 틀린 이유는?

사동 표현에 대해 정확하게 이해하지 못하여 오답률이 높았던 것으로 보인다. 특히 사동 표현의 직접 사동과 간접 사동, 사동문 중에 주동문을 만들 수 없는 경우에 대한 이해가 부족하여 오답률이 높았던 것으로 보인다.

▶ 문제 해결 방법은?

〈보기〉에 제시된 사례와 선택지의 내용을 비교하여 이해하는 것이 핵심인데, 정답인 ④의 경우도 마찬가지다. ㉣의 접사 '-히-'에 의한 사동 표현인 '읽히셨다'와 '-게 하다'에 의한 사동 표현인 '읽게 하셨다'가 직접 사동인지 간접 사동인지 확인하면 된다. 그런데 ㉣을 읽어 보면 '읽히셨다'와 '읽게 하셨다'의 문맥상 의미가 동일하게 쓰였으므로 둘 모두 간접 사동 또는 직접 사동에 해당할 것임을 짐작할 수 있다. 따라서 '읽히셨다'를 직접 사동으로, '읽게 하셨다'를 간접 사동으로 구분한 것은 잘못된 것임을 알았을 것이다. 한편 직접 사동과 간접 사동을 구분하는 방법은 주체(주어)가 직접 행동에 참여하느냐 여부를 따지는데, 직접 참여하였으면 직접 사동, 그렇지 않으면 간접 사동에 해당하므로, '읽히셨다'와 '읽게 하셨다' 모두 간접 사동임을 알 수 있다. 한편 이 문제처럼 〈보기〉에 사례만 제시하고 사례를 바탕으로 이해하는 문제의 경우, 배경지식은 특히나 더욱 필요하다. 비단 이 문제뿐만 아니라 피동 표현, 높임 표현 등 배경지식이 요구되는 문제가 출제될 수 있으므로 기본이 되는 배경지식은 평소 충분히 익혀 두도록 한다.

▶ 오답인 ②를 많이 선택한 이유는?

이 문제의 경우 ②를 선택한 학생들이 많았는데, 이는 사동문을 주동문으로, 주동문을 사동문으로 만드는 방법을 정확히 알지 못했기 때문으로 보인다.

②의 경우 사동문이므로 주동문으로 만들게 되면 ㉢을 주동문으로 만들 목적어인 '이삿짐을'이 주동문의 주어가 되어 '이삿짐이 방으로 옮다.'으로 바뀌어 문장이 성립하지 않음을 알 수 있다. 이처럼 사동문이나 피동문의 경우 주동문이나 능동문으로 만드는 것과 관련하여 문제가 간혹 출제되므로 이에 대한 방법은 평소 정확히 이해하고 있어야 한다.

---

36 음운 변동의 이해 정답률 54% | 정답 ①

〈보기〉의 ㉠, ㉡에 해당하는 예로 적절한 것은?

─〈보 기〉─

국어에서 'ㄴ'과 'ㄹ' 소리를 연달아 내는 것은 어려운 일이다. 그래서 'ㄹ'과 'ㄴ'이 연쇄적으로 발음될 때 순행적 유음화가 일어나고, 반대로 'ㄴ'과 'ㄹ'이 연쇄적으로 발음될 때 ㉠ 역행적 유음화가 일어난다. 그런데 표면적으로 순행적 유음화나 역행적 유음화가 일어날 조건이 충족된다고 하더라도 용언의 활용이나 합성어, 파생어 형성 과정에서 순행적 유음화가 아닌 'ㄹ' 탈락이 일어나기도 하고, 역행적 유음화가 아닌 ㉡ 'ㄹ'의 비음화가 일어나기도 한다.

㉠ ㉡

✔ 산란기 표현력

〈보기〉에서 'ㄴ'과 'ㄹ'이 연쇄적으로 발음될 때 ㉠이 일어난다고 했으므로, '산란기'는 'ㄴ'과 'ㄹ'이 연쇄적으로 발음되는 경우에 해당하여 '[살란기]'로 발음되므로 ㉠에 해당한다. 그리고 〈보기〉에서 용언의 활용이나 합성어, 파생어 형성 과정에서 순행적 유음화가 아닌 'ㄹ' 탈락이 일어나기도 하고 'ㄹ'의 비음화가 일어난다고 하고 있다. '표현력'은 'ㄴ'과 'ㄹ'이 연쇄적으로 발음되는 역행적 유음화의 경우에 해당하지만 파생어이므로 '[표현녁]'으로 발음되는 'ㄹ'의 비음화가 일어난다고 할 수 있다.

② 줄넘기 입원료

〈보기〉에서 'ㄹ'과 'ㄴ'이 연쇄적으로 발음될 때 순행적 유음화가 일어난다고 하였으므로, '줄넘기[줄럼끼]'는 순행적 유음화가 일어난다. 그리고 '입원료[이붠뇨]'는 파생어에 해당하므로 'ㄹ'의 비음화가 일어난다.

③ 결단력 생산량

'결단력[결딴녁]'과 '생산량[생산냥]'은 모두 파생어에 해당하므로 'ㄹ'의 비음화가 일어난다.

④ 의견란 향신료

'의견란[의견난]'과 '향신료[향신뇨]'는 모두 파생어에 해당하므로 'ㄹ'의 비음화가 일어난다.

⑤ 대관령 물난리

'대관령[대괄령]'은 역행적 유음화가, '물난리[물란리→물랄리]'는 역행적 유음화와 순행적 유음화가 모두 일어난다.

37 용언의 활용 방식 이해

정답률 65% | 정답 ④

〈보기〉는 윗글을 바탕으로 용언의 활용에 대해 탐구한 내용이다. ㉠~㉢에 들어갈 말로 적절한 것은?

〈보 기〉

[탐구 과제]
다음 자료를 보고, 용언의 활용 양상을 탐구해 보자.

[탐구 자료]
따르다 : 따르-+-고 → 따르고 / 따르-+-어 → 따라
푸르다 : 푸르-+-고 → 푸르고 / 푸르-+-어 → 푸르러
묻다[問] : 묻-+-고 → 묻고 / 묻-+-어 → 물어
묻다[埋] : 묻-+-고 → 묻고 / 묻-+-어 → 묻어

[탐구 결과]
'따르다'는 (㉠)처럼 '-'가 모음으로 시작하는 어미 앞에서 탈락하는 규칙 활용을 하는 반면, '푸르다'는 (㉡)에서 '따르다'와 다른 활용 양상을 보인다는 점에서 불규칙 활용을 한다. 또한 '묻다[問]'는 (㉢)에서 '묻다[埋]'와 다른 활용 양상을 보인다는 점에서 불규칙 활용을 한다.

㉠ ㉡ ㉢

① 잠그다 어간 어미

'잠그다'는 '잠가'로 활용하므로 규칙 활용을 하는 용언이지만, ㉡과 ㉢이 적절하지 않다.

② 다다르다 어간 어미

'다다르다'는 '다다라'로 활용하므로 규칙 활용을 하는 용언이지만, ㉡과 ㉢이 적절하지 않다.

③ 부르다 어미 어간

'부르다'는 '불러'로 활용하므로 불규칙 활용에 해당한다.

✔ 들르다 어미 어간

〈보기〉를 통해 '쓰다'처럼 활용할 때 기본 형태가 달라진다 해도 그 현상을 일반적인 음운 규칙으로 설명할 수 있으면 규칙 활용임을 알 수 있다. 이렇게 볼 때, '따르다'의 '따르-+-어'가 '따라'로 활용하는 것은 활용할 때 어간에서 '-'가 탈락하는 규칙 활용이다. 그리고 ㉠ '들르다'는 '들르-+-어'가 '들러'로 활용하므로 어간에서 '-'가 탈락하는 규칙 활용이다. 또한 ㉡ '푸르다'의 '푸르-+-어'가 '푸르러'로 활용하는 것은 모음으로 시작하는 어미와 결합할 때 어미 '-어'가 '-러'로 변화하는 불규칙 활용이다. 그리고 ㉢ '묻다[問]'의 '묻-+-어'가 '물어'로 활용하는 것은 모음으로 시작하는 어미와 결합할 때 어간인 '묻-'이 '물-'로 교체되는 불규칙 활용에 해당한다.

⑤ 머무르다 어미 어간

'머무르다'는 '머물러'로 활용하므로 불규칙 활용에 해당한다.

● 문법 필수 개념

■ 규칙 활용과 불규칙 활용

1. 규칙 활용

(1) **개념** : 용언이 활용할 때 어간과 어미의 형태가 변하지 않는 것

(2) **규칙 활용의 종류** : 'ㄹ' 탈락과 '-' 탈락은 보편적으로 나타나는 현상으로 규칙 활용임.

'ㄹ' 탈락	어간 받침 'ㄹ' 뒤에 'ㄴ, ㅂ, ㅅ' 및 '-(으)오, -(으)ㄹ'로 시작하는 어미가 오면 'ㄹ'이 탈락함.	놀-+-는 → 노는, 살-+-네 → 사네
'-' 탈락	어간 끝 모음 '-' 뒤에 모음으로 시작하는 어미가 오면 '-'가 탈락함.	쓰-+-어 → 써, 담그-+-아 → 담가

2. 불규칙 활용

(1) **개념** : 용언이 활용할 때 어간과 어미의 형태가 바뀌는 것

(2) **불규칙 활용의 종류**

① 어간이 바뀌는 경우

'ㅅ' 불규칙	어간의 'ㅅ'이 모음 어미 앞에서 탈락하는 현상	잇-+-어 → 이어, 낫-+-아 → 나아
'ㄷ' 불규칙	어간의 'ㄷ'이 모음 어미 앞에서 'ㄹ'로 바뀌는 현상	듣-[聞]+-어 → 들어, 묻-[問]+-으니 → 물으니
'ㅂ' 불규칙	어간의 'ㅂ'이 모음 어미 앞에서 '오/우'로 바뀌는 현상	돕-+-아 → 도와, 굽-[炙]+-어 → 구워
'르' 불규칙	어간의 '르'가 '-아/어' 앞에서 'ㄹㄹ'로 바뀌는 현상	흐르-+-어 → 흘러, 오르-+-아 → 올라
'우' 불규칙	어간의 '우'가 모음 어미 앞에서 탈락하는 현상	푸-+-어 → 퍼

② 어미가 바뀌는 경우

'여' 불규칙	어간 '하-' 뒤에 오는 어미 '-아/-어'가 '-여'로 바뀌는 현상. '하다'가 붙은 말은 모두 적용됨.	하-+-아 → 하여
'러' 불규칙	'르'로 끝나는 용언의 어간 뒤의 어미 '-어'가 '러'로 바뀌는 현상	이르-[至]+-어 → 이르러, 푸르-+-어 → 푸르러
'너라' 불규칙	명령형 어미 '-아라'가 '-너라'로 바뀌는 현상. '오다'라는 동사에서만 나타나는 현상	오-+-거라 → 오너라

③ 어간과 어미가 모두 바뀌는 경우

'ㅎ' 불규칙	'ㅎ'으로 끝나는 어간에 '-아/어'가 오면 어간의 'ㅎ'이 없어지고 어미도 바뀌는 현상	파랗-+-아 → 파래, 하얗-+아서 → 하얘서

38 중세 국어의 용언의 활용 이해

정답률 60% | 정답 ④

윗글을 바탕으로 〈보기〉를 이해한 내용으로 적절하지 않은 것은? [3점]

〈보 기〉

(가) 중세 국어	(나) 현대 국어
○ 부텻 德을 놀애 지서	부처의 덕(德)을 노래로 지어
○ 人生 즐거븐 ᄠᅳ디	인생(人生) 즐거운 뜻이
○ 一方이 변ᄒᆞ야	일방(一方)이 변하여

① (가)의 '지서'는 '짓다'의 어간이 모음으로 시작하는 어미 앞에서 '짓-'으로 교체되는 현상을 보여 주는군.

'지서'는 '짓다'의 어간이 모음으로 시작하는 어미 앞에서 '짓-'으로 교체된 활용형이다.

② (가)의 '즐거븐'은 '즐겁다'의 어간이 모음으로 시작하는 어미 앞에서 '즐겋-'으로 교체되는 현상을 보여 주는군.

'즐거븐'은 '즐겁다'의 어간이 모음으로 시작하는 어미 앞에서 '즐겋-'으로 교체된 활용형이다.

③ (가)의 '지서'가 (나)에서 '지어'로 나타나는 것은 'ㅿ'이 소실된 결과이군.

'ㅿ'이 소실되어 '지서'는 현대 국어에서 '지어'로 나타난 것이다.

✔ (가)의 '즐거븐'이 (나)에서 '즐거운'으로 나타나는 것은 'ㅸ'이 탈락한 결과이군.

'ㅸ'은 'ㅏ' 또는 'ㅓ' 앞에서는 반모음[w]로 변화하고, '-'와 결합하여서 'ㅜ'로 바뀌었으므로 '즐거븐'은 현대 국어의 '즐거운'으로 나타난 것이다.

⑤ (가)의 '변ᄒᆞ야'와 (나)의 '변하여'는 모두 활용을 할 때 어미의 기본 형태가 달라진 것이군.

중세 국어 '변ᄒᆞ야'와 현대 국어 '변하여'는 활용할 때 모음으로 시작하는 어미가 결합하여 어미의 기본 형태가 달라진 것에 해당한다.

39 사전 활용의 적절성 파악

정답률 70% | 정답 ②

〈보기 1〉은 '사전 활용하기' 학습 활동을 위한 자료이다. 〈보기 1〉을 바탕으로 〈보기 2〉의 ㉠~㉥을 이해한 내용으로 적절하지 않은 것은?

〈보기 1〉

한01 관
1 (일부 단위를 나타내는 말 앞에 쓰여) 그 수량이 하나임을 나타내는 말.
2 '어떤'의 뜻을 나타내는 말.
3 '같은'의 뜻을 나타내는 말.
4 (수량을 나타내는 말 앞에 쓰여) '대략'의 뜻을 나타내는 말.

한02 명
1 ('-는 한이 있더라도' 또는 '-는 한이 있어도' 구성으로 쓰여) 어떤 일을 위하여 희생하거나 무릅써야 할 극단적 상황을 나타내는 말.
2 (주로 '-는 한' 구성으로 쓰여) 조건의 뜻을 나타내는 말.

〈보기 2〉

결승점을 ㉠ 한 200미터 앞두고 달리고 있다. ㉡ 한 이불을 덮고 자며 훈련했던 동료 선수들의 응원 속에 나는 온 힘을 다해 ㉢ 한걸음씩 내딛고 있다. 쓰러지는 ㉣ 한이 있더라도 힘이 남아 있는 ㉤ 한 포기는 하지 말라고 외치던 ㉥ 한 친구의 말을 떠올리며 나는 힘을 낸다.

① ㉠은 '한01 4'의 뜻으로, ㉡은 '한01 3'의 뜻으로 쓰였겠군.

'한 이불'을 덮고 잔다는 것이 '같은 이불'을 덮고 잔다는 의미임을 알 수 있으므로, ㉡은 '한01 3'으로 쓰였다.

✔ 뒤에 오는 체언을 수식한다는 점에서 ㉠과 ㉤의 품사는 모두 관형사이겠군.

㉠인 '한'은 '200미터'라는 수량을 나타내는 말 앞에 쓰여 '대략'의 뜻을 지니고 있으므로 '한01 4'에 해당함을 알 수 있다. 따라서 ㉠인 '한'의 품사는 관형사이다. 그리고 ㉤은 '-는 한'의 구성으로 쓰이고 있으므로 조건의 뜻을 나타내는 '한02 2'에 해당함을 알 수 있다. 따라서 ㉤의 품사는 명사에 해당한다.

③ ㉡과 ㉣은 서로 동음이의 관계이겠군.

㉡은 '한01 3'으로 쓰이고 있고, ㉣은 '-는 한이 있더라도'의 구성으로 쓰여 '한02 1'로 쓰이고 있음을 알 수 있다. 그런데 '한01'과 '한02'는 사전에서 별개의 표제어로 제시되어 있으므로 동음이의 관계에 해당한다.

④ ㉢의 '한'은 '한01 1'의 의미를 가지므로 '한∨걸음'으로 띄어 써야겠군.

㉢의 '한'은 뒤에 오는 체언 '걸음'에 수량의 의미를 더한 경우이므로 '한01 1'에 해당하여 관형사임을 알 수 있다. 띄어쓰기에서 관형사와 명사는 띄어 써야 하므로 '한∨걸음'으로 띄어 써야 한다.

⑤ '옛날 강원도의 한 마을에 효자가 살고 있었다.'의 '한'은 ㉥과 같은 의미로 쓰였겠군.

'한 친구'와 '한 마을'의 '한'은 모두 '어떤'의 의미로 쓰였으므로 둘 다 '한01 2'에 해당한다.

40 매체의 특성 파악

정답 ④

(가)~(다)에 대한 설명으로 적절하지 않은 것은?

① (가)는 구체적인 수치를 활용하여 정보를 전달해 주고 있다.

(가)에서 보유 혈액과 관련된 수치 등을 사용하여 현재 혈액이 많이 부족한 상태라는 것을 보여 주고 있기 때문에 수치화된 자료를 바탕으로 정보 전달에 초점을 맞추고 있음을 알 수 있다.

[문제편 p.125]

② (가)는 사회적 의사소통의 성격이 있어 신중하고 적절한 매체 언어를 사용하고 있다.
(가)는 신문이어서 사회적 영향력이 크기 때문에 사용하는 언어도 사회적 의사소통에 맞게 신중하고 믿을 수 있는 언어를 사용해야 한다.

③ (나)는 언어와 시각적 표현을 사용하여 대상의 설득이라는 목적을 이루려 한다.
(나)는 광고로, 언어와 시각적 표현을 사용하여 헌혈하기를 바라는 설득적 목적을 드러내고 있다.

✔ (나)와 (다)는 창의적 표현을 위해 어법에 맞지 않는 표현을 활용하고 있다.
광고의 경우 평범한 문장에 재미를 주기도 하고, 어법에 맞지 않는 표현을 활용하여 기발함과 새로움을 느끼게 하는 등의 다양한 표현 방법을 활용할 수 있다. 하지만 (나)에서는 어법에 맞지 않는 표현을 발견할 수 없다. 그리고 (가)에서 어법에 맞지 않는 표현을 사용하지는 않고 있다. 또한 SNS의 경우는 창의성과 기발함을 위해서라기보다는 친근감의 표현을 위하거나 빠른 정보를 주고 받기 위해 말을 줄여 쓰는 등의 어법에 맞지 않는 표현을 사용하기도 한다.

⑤ (다)는 (가), (나)와 달리 실시간으로 정보를 교환하여 내용을 매체에 반영할 수 있다.
(다)는 인터넷을 기반으로 한 매체이기 때문에 쌍방향으로 정보를 교환하고 교환된 정보 내용을 실시간으로 반영할 수 있다는 특징을 가진다.

---

41 매체의 내용의 이해 정답 ①

(가)의 내용을 읽고 이해한 내용으로 적절하지 <u>않은</u> 것은?

✔ 시각 자료를 활용하여 혈액 부족의 원인을 한 눈에 파악할 수 있게 만들었다.
사진 자료는 헌혈에 동참한 내용을 담고 있기 때문에 혈액 부족 원인을 한 눈에 파악하게 만들었다는 내용은 적절하지 않다.

② 정부 관계자의 말을 빌어 혈액 부족 대책에 대한 내용을 전달하고 있다.
보건복지부 차관의 '수혈 우선순위 기준에 따라 혈액을 사용해달라 요청할 계획'의 내용을 통해 확인할 수 있다.

③ 전문기관의 말을 인용하여 방역 때문에 헌혈을 망설였던 사람들에게 신뢰감을 주고 있다.
'채혈 장소와 기기에 대하여 수시로 소독을 실시하는 등 방역 관리를 강화'했다는 적십자사 관계자의 말을 통해 알 수 있다.

④ 군인들의 헌혈 제한을 했던 이유와 이러한 헌혈 제한이 풀리게 된 이유를 드러내고 있다.
말라리아 위험 지역에 있어서 이 지역에 있는 군인들의 헌혈을 제한했지만, 코로나로 인해 혈액 보유량이 떨어져 헌혈 제한을 풀었음을 알 수 있다.

⑤ 표제와 부제를 통해 혈액 부족의 심각성과 헌혈 동참이라는 기사의 주된 내용을 부각하고 있다.
표제와 부제를 통해 코로나로 인해 피가 부족한 문제 상황을 드러내면서 '헌혈 동참 촉구'에서 알 수 있듯이 헌혈에 동참하기를 바라는 내용을 드러내 주고 있다.

---

42 자료에 따른 매체 내용의 이해 정답 ①

〈보기〉를 참고하여 (다)를 이해한 내용으로 적절하지 <u>않은</u> 것은?

─〈보 기〉─
매체의 자료를 생성하기 위해서는 수용자의 나이, 성별, 관심사, 취미 등을 고려해야 한다. 또한 같은 내용을 전달하더라도 수용자의 특성에 따라 전달할 매체와 매체 언어 등을 달리하여 매체 자료를 생산해야 한다.

✔ 수용자가 감수성이 예민한 학생들이기 때문에 감정에 호소하는 글쓰기를 하고 있다.
(다)의 글의 생산자와 수용자는 모두 학생이다. 수용자가 학생인 것은 맞지만 감수성이 예민한 것은 개인차가 있어 일반화할 수 없고 (다)의 글은 감정에 호소하는 글쓰기를 하지도 않고 있다.

② 수용자인 학생들이 많이 사용하는 SNS 소통망을 통해 행사 내용을 전달하고 있다.
〈보기〉에서 매체의 자료를 생성하기 위해서는 수용자의 특성을 고려해야 한다고 했으므로, SNS 소통망을 학생들이 많이 사용하여 학생회가 대표 SNS를 만들고 홍보한다고 볼 수 있다.

③ 생산자와 수용자가 또래 집단이기 때문에 또래가 사용하는 용어들을 사용하고 있다.
학생들이 인터넷 매체를 사용할 때는 어법에 맞지 않지만 시간을 단축하기 위해서 인터넷 상에서 통용되는 표현을 사용하기도 한다.

④ 수용자가 학생들이기 때문에 봉사활동 시간을 받을 수 있다는 내용으로 관심을 끌고 있다.
학생들이기 때문에 대학 입시에 반영되는 봉사 시간에 관심을 가질 수 있다.

⑤ 수용자인 학생들이 내용을 재홍보할 수 있는 SNS 소통망을 통해 행사를 홍보하고 있다.
SNS 소통망은 쉽고 빠르게 내용을 전달할 수 있다는 특징이 있다.

---

43 매체의 특성 파악 정답 ④

(가)와 (나)에 대한 설명으로 적절하지 <u>않은</u> 것은?

① (가)는 기사의 표제가, (나)는 게시글의 제목이 독자의 정보 선택에 영향을 미친다.
독자의 입장에서는 (가)의 표제, (나)의 제목이 정보를 선택하는 데 하나의 기준이 될 수 있다. 표제와 제목은 해당 글의 핵심적인 정보를 담고 있기 때문이다.

② (가)와 달리 (나)는 독자가 추가로 정보를 검색하기 용이하다.
(나)는 '감자조림 황금 조리법' 이외의 정보를 검색하기 용이한 구조로 제시되어 있다.

③ (가)와 달리 (나)는 작성자와 독자 간에 의견을 원활하게 교환할 수 있다.
(나)는 작성자와 독자간에 의견을 원활하게 교환할 수 있는 댓글 창이 존재한다.

---

④ (나)와 달리 (가)는 영상을 통해 글의 주제를 효과적으로 전달할 수 있다.
(가)는 그래프와 같이 그림을 이용해 문자 언어와 함께 정보를 전달하고 있을 뿐 영상을 활용하지는 않고 있다.

⑤ (가)와 (나) 모두 그래프나 사진과 같은 시각 자료를 통해 구체적인 정보를 제공할 수 있다.
(가)와 (나)는 각각 그래프, 사진과 같은 시각 자료를 통해 글의 내용을 구체적으로 전달하고 있다.

---

44 자료에 따른 매체 내용의 이해 정답 ③

〈보기〉를 참고하여 (가), (나)에 대해 이해한 내용으로 적절하지 <u>않은</u> 것은? [3점]

─〈보 기〉─
정보 전달의 매체를 수용할 때에는 매체 자료에 포함된 내용이 신뢰할 만한 것인지, 그리고 자신에게 유용한 정보를 담고 있는지 유의해야 한다. 먼저 정보의 신뢰성은 제시된 자료의 출처가 분명한 것인지, 자료의 내용이 어느 한쪽으로 치우치지 않고 객관적이고 공정한 내용을 담고 있는지를 중심으로 판단해야 한다. 한편 정보의 유용성은 제시된 자료의 내용이 지금 내게 필요한 내용을 담고 있는지, 현실적으로 활용, 혹은 실현 가능한 것인지 등을 중심으로 판단해야 한다.

① (가)는 구체적인 수치를 활용하여 지역별 강우량에 대한 정보를 제공하고 있으므로 객관적이라 할 만하다.
(가)의 세 번째 문단과 네 번째 문단에서는 구체적인 수치를 활용하여 지역별 강우량에 대한 정보를 제공하고 있으므로, 주어진 정보는 객관성을 지녔다고 할 수 있다.

② (가)는 질병관리본부와 같이 출처가 분명한 데이터를 활용하고 있으므로 신뢰할 만하다.
(가)에서는 '질병관리본부'와 같이 공신력 있는 기관이 출처임을 명시함으로써 정보의 신뢰성을 높이고 있다.

✔ (가)는 중부 지방의 강우량을 중심으로 정보를 제공하고 있으므로 공정하다.
(가)에서 중부 지방의 강우량을 자주 언급한 까닭은 폭우와 모기 서식지 간의 관련성을 드러내기 위해서이다. 따라서 중부 지방의 강우량을 중심으로 정보를 제공하는 것이 공정성의 기준이 된다고 할 수 없다.

④ (나)는 감자조림을 만드는 데 현실적으로 활용 가능한 정보를 담고 있으므로 유용하다.
(나)는 블로그를 방문한 사람들이 감자조림을 만드는 데 현실적으로 활용할 수 있는 정보이므로 유용성이 높다.

⑤ (나)는 요리 재료, 기본 정보 등을 명시하며 실현 가능한 정보를 제공하고 있으므로 유용하다.
(나)는 요리 재료, 기본 정보 등 실현 가능한 정보를 구체적으로 제시하고 있으므로 유용성이 높다고 할 수 있다.

---

45 매체의 언어적 특성 파악 정답 ③

(가)의 언어적 특성을 고려할 때, ㉠ ~ ㉤에 대한 설명으로 가장 적절한 것은?

① ㉠ : 기사 내용과 관련된 발언을 간접 인용하여 현재 상황을 전달하고 있다.
㉠에서는 기사 내용과 관련된 발언을 직접 인용하고 있다.

② ㉡ : 비유적인 표현을 활용하여 특정 대상의 긍정적인 의미를 부각하고 있다.
'여름의 불청객'이라는 비유적인 표현을 활용하고 있지만, 이는 특정 대상의 부정적인 의미를 부각한 표현이다.

✔ ㉢ : 문장 접속 부사어를 사용하여 앞서 언급한 내용과 대비하고 있다.
'반면'과 같은 문장 접속 부사어를 사용하여 앞서 언급한 내용과 대비되는 '남부 지방의 강우량'에 대한 정보를 제시하고 있다.

④ ㉣ : 연결 어미를 사용하여 앞의 내용이 뒤의 내용의 원인임을 드러내고 있다.
'-지만'과 같은 연결 어미를 사용하여, 앞의 내용과 뒤의 내용이 대조적임을 드러내 주고 있다.

⑤ ㉤ : '게'와 같은 줄임 표현을 사용하고 있다는 점에서 매체의 문어적 특징을 엿볼 수 있다.
㉤은 질병관리본부 매개체 감시과의 말을 직접 인용한 것으로, '게'와 같은 줄임 표현 사용을 통해 구어적 특징을 알 수 있다.

• 정답 •

35 ④ 36 ⑤ 37 ④ 38 ② 39 ⑤ ★ 40 ⑤ 41 ④ 42 ⑤ 43 ① 44 ⑤ 45 ④

★ 표기된 문항은 [등급을 가르는 문제]에 해당하는 문항입니다.

---

35 음운 변동의 이해 　　　　정답률 58% | 정답 ④

〈보기〉의 ㉮에 들어갈 말로 적절한 것은?

〈보 기〉

선생님 : 용언 어간 뒤에 '-아/어'로 시작하는 어미가 결합할 때, 단모음이 반모음으로 교체되는 음운 변동이 일어날 수 있어요. 가령, 어간 '오-'와 어미 '-아'가 결합해 [와]로 발음될 때, 단모음 'ㅗ'가 반모음 'w'로 교체되는 것이지요. 우리말의 반모음은 'j'도 있으니까 반모음 'j'로 교체되는 예도 있겠죠? 그럼 용언 어간의 단모음이 '-아/어'로 시작하는 어미와 결합할 때 반모음 'j'로 교체되는 예를 들어볼까요?
학생 : 네, 　㉮　로 발음되는 예를 들 수 있어요.

① 어간 '뛰-'와 어미 '-어'가 결합해 [뛰여]
어간 '뛰-'와 어미 '-어'가 결합해 [뛰여]로 발음될 때에는 반모음 'j'가 첨가되는 현상이 일어난다.

② 어간 '차-'와 어미 '-아도'가 결합해 [차도]
어간 '차-'와 어미 '-아도'가 결합해 [차도]로 발음될 때에는 단모음 'ㅏ'가 탈락되는 현상이 일어난다.

③ 어간 '잠그-'와 어미 '-아'가 결합해 [잠가]
어간 '잠그-'와 어미 '-아'가 결합해 [잠가]로 발음될 때에는 단모음 'ㅡ'가 탈락되는 현상이 일어난다.

✓ ④ 어간 '견디-'와 어미 '-어서'가 결합해 [견뎌서]
〈보기〉의 선생님 말씀을 통해, 용언 어간의 단모음(ㅣ)이 '어'로 시작하는 어미와 결합할 때 반모음 'j'로 교체됨을 알 수 있다. 이렇게 볼 때, 이러한 음운 변동이 일어나는 사례로 적절한 것은 ④로, '견디-+-어서'는 'ㅣ+ㅓ → ㅕ(j+ㅓ)'의 음운 변동이 일어나 [견뎌서]로 발음된다.

⑤ 어간 '키우-'와 어미 '-어라'가 결합해 [키워라]
어간 '키우-'와 어미 '-어라'가 결합해 [키워라]로 발음될 때에는 단모음 'ㅜ'가 반모음 'w'로 교체되는 현상이 일어난다.

---

36 내용을 바탕으로 한 단어에 대한 추론 　　　정답률 72% | 정답 ⑤

윗글을 읽고 추론한 내용으로 적절하지 않은 것은?

① '맨발'에서 분석되는 접두사의 뜻풀이를 표제어 '맨-'에서 확인할 수 있겠군.
2문단의 '첫째, 접사와 어미처럼 자립적으로 ~ 결합하는 부분에 붙임표가 쓰인다.'를 통해, 접사 역시 붙임표가 쓰여 표제어로 오른다는 점을 확인할 수 있다. 그리고 '맨발'은 접두사 '맨-'과 실질 형태소 '발'이 결합한 형태이므로, 접두사의 뜻풀이를 표제어 '맨-'에서 확인할 수 있다.

② '나만 비를 맞았다.'에서 쓰인 격 조사의 뜻풀이를 표제어 '를'에서 확인할 수 있겠군.
2문단을 통해 조사는 자립적으로 쓰이지 않지만 단어이므로 조사가 표제어로 올 때에는 그 앞에 붙임표가 쓰이지 않는다는 점을 알 수 있다. 그리고 '나만 비를 맞았다.'에서 쓰인 격 조사는 목적격 조사 '를'이므로, 격 조사의 뜻풀이를 표제어 '를'에서 확인할 수 있다.

③ '저도 학교 앞에 삽니다.'에서 쓰인 동사의 뜻풀이를 표제어 '살다'에서 확인할 수 있겠군.
2문단을 통해 용언은 어간에 '다'가 결합한 기본형이 표제어가 되며, 용언 어간과 어미 '다' 사이에는 붙임표가 쓰이지 않음을 알 수 있다. 그리고 '저도 학교 앞에 삽니다.'에서 쓰인 동사는 '삽니다'이고 '삽니다'의 어간은 '살-'이므로, 동사의 뜻풀이를 표제어 '살다'에서 확인할 수 있다.

④ '앞'과 '집'이 결합한 단어를 '앞 집'처럼 띄어 쓰면 안 된다는 정보를 표제어 '앞-집'에서 확인할 수 있겠군.
3문단을 통해 복합어의 붙임표는 구성 성분들을 반드시 붙여 써야 한다는 점도 알려 준다는 것을 알 수 있다. 그리고 '앞-집'은 '앞'과 '집'이 결합한 복합어이므로, 한 단어를 '앞 집'처럼 띄어 쓰면 안 된다는 정보를 표제어 '앞-집'에서 확인할 수 있다.

✓ ⑤ '논둑'과 '길'이 결합한 '논둑길'의 구성 성분이 '논', '둑', '길'이라는 정보를 표제어 '논-둑-길'에서 확인할 수 있겠군.
3문단의 '둘 이상의 구성 성분으로 이루어진 표제어에는 가장 나중에 결합한 구성 성분들 사이에 붙임표가 한 번만 쓰인다.'를 통해, '논둑'과 '길'이 결합한 '논둑길'의 표제어는 '논-둑-길'이 아니라 '논둑-길'임을 알 수 있다.

---

37 단어의 이해 　　　　　　정답률 78% | 정답 ④

〈보기〉의 [자료]에서 ㉠에 해당하는 단어만을 있는 대로 고른 것은? [3점]

〈보 기〉

[자료]는 '조차', '자주', '차마', '부터'가 쓰인 문장과 이 단어들의 어원이 되는 용언이 쓰인 문장의 쌍들이다.

[자료]

┌ 나조차 그런 일들을 할 수는 없었다.
└ 동생도 누나의 기발한 생각을 좇았다.

┌ 누나는 휴일에 이 책을 자주 읽었다.
└ 동생은 늦잠 때문에 지각이 잦았다.

┌ 나는 차마 그의 눈을 볼 수 없었다.
└ 언니는 쏟아지는 졸음을 잘 참았다.

┌ 그 일은 나부터 모범을 보여야 했다.
└ 부원 모집 공고문이 게시판에 붙었다.

① 자주, 부터

② 차마, 부터

③ 조차, 자주, 차마

✓ ④ 조차, 차마, 부터
4～6문단에서는 기원적으로 두 구성 성분이 결합한 단어이지만 붙임표가 쓰이지 않는 경우를 '현대 국어에서 새로운 단어를 만들지 못하는 접미사(생산력이 낮은 접미사)가 결합한 경우'와 '단어의 의미가 어근이나 어간의 본뜻과 멀어진 경우'로 나누어 설명하고 있다. 이렇게 볼 때, 〈보기〉의 '같은 일을 잇따라 잦게'라는 의미를 지닌 '자주'는, 어원이 되는 용언 '잦다'와 의미적 연관성을 지니고 있으며 현대 국어에서 새로운 단어를 만들지 못하는 접미사 '우(잦-+-우)'가 쓰인 경우에 해당한다고 할 수 있다. 그리고 〈보기〉의 '이미 어떤 것이 포함되고 그 위에 더함의 뜻을 나타내는 보조사'인 '조차', '부끄럽거나 안타까워서 감히'의 의미를 지닌 '차마', '어떤 일이나 상태 따위에 관련된 범위의 시작임을 나타내는 보조사'인 '부터'는 각각 '좇다', '참다', '붙다'의 본뜻과 의미가 멀어졌으므로 ㉠에 해당하는 단어들이다.

⑤ 조차, 자주, 차마, 부터

---

38 품사와 문장 성분 　　　　　정답률 61% | 정답 ②

〈학습 활동〉을 수행한 결과로 적절한 것은?

〈학습 활동〉

품사는 다양한 방식을 통해 문장 성분으로 실현된다. 품사가 어떻게 문장 성분으로 실현되는지 다음 밑줄 친 부분을 중심으로 알아보자.

ⓐ 빵은 동생이 간식으로 제일 좋아한다.
ⓑ 형은 아주 옛 물건만 항상 찾곤 했다.
ⓒ 나중에 어른 돼서 우리 다시 만나자.
ⓓ 친구가 내게 준 선물은 장미였다.
ⓔ 다람쥐 세 마리가 나무를 오른다.

① ⓐ : 명사가 격 조사와 결합해 목적어로 쓰였다.
ⓐ에서 서술어 '좋아한다'의 주체가 '동생'이므로 '동생'이 주어에 해당한다. 이렇게 볼 때, '빵은'은 명사 '빵'이 보조사 '은'과 결합하여 목적어로 쓰였음을 알 수 있다.

✓ ② ⓑ : 부사가 관형사를 수식하는 부사어로 쓰였다.
ⓑ에서 '아주'는 '보통 정도보다 훨씬 더 넘어선 상태로'의 뜻을 지닌 부사로, 관형사 '옛'을 수식하고 있으므로 부사어로 쓰였음을 알 수 있다. 한편 부사는 일반적으로 용언을 수식하는 기능을 하지만, 관형사나 다른 부사 등도 수식할 수 있다.

③ ⓒ : 명사가 조사와 결합 없이 주어로 쓰였다.
ⓒ의 '어른 돼서(어른이 되어서)'를 통해 명사 '어른'이 조사와 결합 없이 보어로 쓰였음을 알 수 있다.

④ ⓓ : 명사가 어미와 직접 결합해 서술어로 쓰였다.
ⓓ에서 '장미였다'는 '장미+-이었다'로 분석할 수 있으므로, 명사 '장미'에 서술격 조사 '이다'가 결합하여 서술어로 쓰였음을 알 수 있다.

⑤ ⓔ : 수사가 명사를 수식하는 관형어로 쓰였다.
ⓔ의 '세 마리가'를 통해 수 관형사 '세'가 의존 명사 '마리'를 수식하고 있으므로, '세'는 관형어로 쓰였음을 알 수 있다.

★★★ 등급을 가르는 문제!

39 중세 국어의 이해 　　　　　정답률 40% | 정답 ⑤

〈보기〉에 대한 이해로 적절한 것은?

〈보 기〉

나·랏:말ᄊᆞ·미 中듕國·귁·에 달·아 文文字·ᄍᆞ·와·로 서르 ᄉᆞᄆᆞᆺ·디 아·니ᄒᆞᆯ·씨 ·이런 전·ᄎᆞ·로 어·린 百·ᄇᆡᆨ姓·셩·이 니르·고·져 ·홇 ·배 이·셔·도 ᄆᆞ·ᄎᆞᆷ:내 제 ·ᄠᅳ·들 시·러 펴·디 :몯홇 ·노·미 하·니·라 ·내 ·이·ᄅᆞᆯ 爲·윙·ᄒᆞ·야 :어엿·비 너·겨 ·새·로 ·스·믈여·듧 字·ᄍᆞ·ᄅᆞᆯ 밍·ᄀᆞ노·니 :사ᄅᆞᆷ:마·다 :ᄒᆡ·ᅇᅧ:수·비 니·겨 ·날·로 ·ᄡᅮ·메 便뼌安ᅙᅡᆫ·킈 ᄒᆞ·고·져 ᄒᆞᆯ ᄯᆞ·ᄅᆞ·미니·라

— 『훈민정음』 언해, 세조 5년(1459) —

○ 현대어 풀이
우리나라의 말이 중국과 달라 문자와 서로 통하지 아니하여서 이런 까닭으로 어리석은 백성이 하고자 하는 바가 있어도 마침내 제 뜻을 능히 펴지 못하는 사람이 많다. 내가 이를 위하여 가엾게 여겨 새로 스물여덟 자를 만드니, 모든 사람들로 하여금 쉽게 익혀 날마다 쓰는 데 편하게 하고자 할 따름이다.

① ':말ᄊᆞ·미'와 '·홇 ·배'에 쓰인 주격 조사는 그 형태가 동일하군.
'말ᄊᆞ미'의 현대어 풀이가 '말이'이므로 '말ᄊᆞ+이'로 분석되고, '홇배'의 현대어 풀이가 '하는 바가'이므로 '배'는 '바+ㅣ'로 분석됨을 알 수 있다. 따라서 '말ᄊᆞ미'와 '홇배'의 주격 조사의 형태는 다름을 알 수 있다.

② '하·니·라'의 '하다'는 현대 국어의 동사 '하다'와 품사가 동일하군.
'하니라'의 현대어 풀이가 '많다'이므로, 중세 국어 '하다'는 현대어 '많다'임을 알 수 있다. 따라서 '하니라'의 '하다'의 품사는 형용사라 할 수 있다.

③ '·이·ᄅᆞᆯ'과 '·새·로'에는 동일한 강약을 표시하는 방점이 쓰였군.
중세 국어에서 글자 앞에 찍힌 방점은 소리의 강약이 아니라 소리의 고저, 즉 성조를 표시하는 기능을 한다.

④ ':ᄒᆡ·ᅇᅧ'와 '便뼌安ᅙᅡᆫ·킈 ᄒᆞ·고·져'에는 모두 피동 표현이 쓰였군.
'ᄒᆡᅇᅧ'와 '뼌한킈 ᄒᆞ고져'의 현대어 풀이가 '하여금'과 '편하게 하고자'이므로, 'ᄒᆡᅇᅧ'와 '뼌한킈 ᄒᆞ고져' 모두 피동 표현이 아니라 사동 표현이라 할 수 있다.

✓ ⑤ '·ᄡᅮ·메'에는 '사용하다'라는 의미를 지닌 동사 '쓰다'가 쓰였군.
'ᄡᅮ메'의 현대어 풀이가 '쓰는 데임을 알 수 있고, 'ᄡᅮ메'가 'ᄡᅳ-+-움(명사형 전성 어미)+에'로 분석됨을 알 수 있다. 따라서 'ᄡᅳ+-'는 '쓰다'의 어간이며 '쓰다'는 '사용하다'라는 의미를 지닌다고 할 수 있다.

★★ 문제 해결 꿀~팁 ★★

▶ 많이 틀린 이유는?
이 문제는 중세 국어의 표기나 문법 등에 대한 이해가 부족하여 오답률이 높았던 것으로 보인다. 또한 중세 국어에 사용된 낱말을 분석하는 데 어려움을 겪어 오답률이 높았던 것으로 보인다.

▶ 문제 해결 방법은?

수능에서 출제되는 중세 국어 관련 문제는 반드시 현대어 풀이가 제시되고 있는데, 이 문제를 해결하기 위해서는 〈보기〉에 제시된 '현대어 풀이'를 반드시 활용해야 한다. 가령 정답인 ⑤의 경우, '뿌메'의 현대어 풀이를 찾아보면 '쓰는 데'임을 알 수 있으므로 이를 바탕으로 '뿌메'를 분석할 수 있어야 한다. 즉 '뿌메'가 '쓰-+-움(명사형 전성 어미)+에'로 분석됨을 알고, 이를 바탕으로 선택지의 적절성을 판단해야 한다. 이처럼 '현대어 풀이'는 중세 국어를 분석하기 위해서도 요긴하게 활용(선택지 ①, ②, ④에도 활용됨)할 수 있으므로, 문제를 풀 때 반드시 중세 국어와 현대어 풀이를 반드시 비교할 수 있도록 한다.

▶ 오답인 ③을 많이 선택한 이유는?

이 문제의 경우 ③을 선택한 학생들이 많았는데, 이는 글자 옆에 찍는 '방점'에 대한 배경지식이 부족하였기 때문으로 보인다. 중세 국어에서 '방점'이 음의 높낮이를 나타내기 위해 사용되었음을 알았다면 쉽게 정답이 아님을 바로 알았을 것이다. 이처럼 중세 국어 관련 문법 문제에서도 기본적인 배경지식을 물어보는 경우가 있으므로, 기본이 되는 표기 방식이나 문법에 대해서는 평소 학습해 둘 수 있도록 한다.

---

40 대화를 통한 계획의 적절성 판단　　정답 ⑤

(나)의 대화를 참고할 때, (가)의 ㉠~㉤을 영상물에서 표현하려는 계획으로 가장 적절한 것은?

① ㉠은 인쇄 홍보물의 제목이므로 영상물에서 활용하지 않는다.
　(나)에서 '수연'은 영상의 시작 부분에 영상의 제목과 제작 주체를 보여 주자고 제안하고 있다. ㉠은 영상의 제목으로 활용할 수 있는 부분이기 때문에 영상물에서 활용하지 않는다는 내용은 적절하지 않다.

② ㉡은 정리가 잘 된 부분이므로, 영상물의 도입 부분과 마무리 부분에 두 번 제시한다.
　(나)에서 '서연'은 투표의 일시나 장소, 자격, 주의 사항 등을 안내하는 내용을 필요한 부분에 자막으로 보여 준 후 마무리 부분에서 전체적으로 보여 주자고 제안하고 있으며, '성식'은 이 제안에 동의를 하고 있다. 이로 볼 때, 영상의 도입 부분에 제시하는 것은 아니다.

③ ㉢은 '투표 장소 : ○○고등학교 강당'이라는 자막과 함께 영상으로 보여 준다.
　서연의 '시간과 장소 등의 세부 내용을 필요한 영상 화면에 자막으로 제시하면 어떨까요?'를 통해, ㉢에서는 '투표 장소 : ○○고등학교 강당'이라는 자막뿐만 아니라, '신분 확인, 기표소, 투표함'이 있는 구조를 설명할 때도 세부적으로 자막을 넣어 제시해야 한다.

④ ㉣은 학생 배우의 연기와 선거관리위원장의 내레이션을 결합해 극적인 효과를 준다.
　(나)에서 '성식'은 투표 방법은 학생이 투표를 하는 과정을 보여 주며 안내하자고 제안하고 있으며, '수연'이 이에 동의하고 있다. 선거관리위원장은 도입부의 영상 소개 부분에 등장하는 것으로 논의되었다.

✅ ㉤은 구체적인 사례를 보여 주는 투표 용지를 활용하여 시각적 효과를 준다.
　(나)의 대화에서 '정미'는 인쇄 홍보물의 무효표 안내 방법에 아쉬움을 표현하면서, 선거관리위원회에 공개된 무효표의 예를 영상에 직접 보여 줄 것을 제안하고 있다. 그리고 이 제안에 대해 '수연'은 동의를 하고 있다.

41~42

〈보기〉는 (나)의 대화 내용을 바탕으로 완성한 영상물을 보고 나눈 휴대 전화 메시지의 대화 내용이다. 물음에 답하시오.

〈보 기〉

준식 : 영상물에 대한 의견을 듣기 위해 대화방을 열었어.
정미 : 수연아 수고 많았어, 서연이와 민호는 배우도 되겠더라.
서연 : 정말? 역시 칭찬은 언제 들어도 좋아.^^
민호 : 서연이는 자연스럽게 연기하더라. 그런데 나는 ㅠㅠ.
수연 : 민호, 너도 잘 했어.ㅎㅎ 그런데 무효표를 안내하는 부분이 조금 아쉬운 것 같아.
정미 : 올바른 기표와 잘못된 기표의 예를 함께 제시하면 어떨까? 두 가지를 비교한 파일을 다시 보낼게.
　　　파일 전송 : 투표 용지 기표 방법.jpg
준식 : 크게 O, X를 표시해 주면 구분이 잘 되겠다.
서연 : 그 부분에서 내 손은 빼고 투표 용지만 크게 확대해서 보여 주자. 아래에 무효표인 이유도 써 주고.
수연 : 그러면 너무 산만하지 않을까? 시선이 자막에 분산되잖아.
민호 : 그건 수연이 말이 맞는 것 같아. 무효표인 이유는 내레이션으로 처리하는 건 어떨까?
서연 : 찬성.^^
성식 : 사진 출처는 밝혀야겠지?
준식 : 당연하지. 좋은 의견이 많이 나왔는데, 수연아 반영할 수 있겠니?
수연 : 알았어. 영상을 수정해서 다시 메일로 보내줄게.^^

---

41 의사소통 방식 파악　　정답 ④

(나)와 〈보기〉의 대화에 대한 설명으로 적절하지 않은 것은? [3점]

① '준식'은 〈보기〉에서와 달리 (나)에서 공식적인 언어를 사용해 대화를 진행하고 있다.
　(나)는 화상 회의 장면으로 참여자들은 모두 공식적인 언어를 사용하고 있다. 하지만 〈보기〉는 편한 대화 상황이므로 참석자들은 비격식체를 사용하고 있다.

② '서연'은 〈보기〉에서와 달리 (나)에서 표정을 통해 감정을 직접적으로 드러내고 있다.
　〈보기〉는 비대면 상황의 의사소통으로 감정이 직접 드러나지 않는다. 따라서 참석자들은 이모티콘이나 한글 자음 등을 이용해 감정을 드러내고 있다. '서연'은 ^^를 사용하여 기분이 좋은 상태임을 드러내고 있다. 반면 (나)는 대면 상황과 유사한 상황인 화상 회의이므로 '서연'은 직접 웃는 모습을 보여 주고 있다.

③ '수연'은 〈보기〉에서와 달리 (나)에서 음성 언어를 사용하여 비교적 긴 내용을 전달하고 있다.
　(나)는 음성 언어를 사용하여 회의를 하고 있다. 따라서 참석자들은 비교적 길이의 제약을 덜 받으면서 회의에 임하고 있다. 반면, 〈보기〉는 문자 언어를 사용하기 때문에 (나)에서 보다 길이의 제약을 많이 받는다고 할 수 있다.

✅ '민호'는 (나)에서와 달리 〈보기〉에서 준언어적 표현을 사용하면서 의사를 표현하고 있다.
　'준언어적 표현'은 언어에 부수적으로 의미를 더하는 표현으로, 어조나 강약, 고저, 강약 등이 이에 해당한다. 준언어적 표현은 대면 상황의 의사소통에서 드러날 수 있는 것으로 (나)에서는 드러났을 수도 있지만 제시된 지문만으로는 확실하지 않다. 〈보기〉의 '민호'의 발언은 문자 언어로 소통한 것으로, 준언어적 표현이 드러나지 않는다.

⑤ '정미'는 (나)에서와 달리 〈보기〉에서 대화 도중에 필요한 파일을 자유롭게 전달하고 있다.
　'정미'는 〈보기〉에서 '투표 용지 기표 방법' 사진을 다른 친구들에게 전송하고 있다. 이는 휴대전화 대화방의 특징을 이용한 것이다. 반면 (나)에서는 회의가 끝난 후 자료를 따로 보내겠다고 말하고 있다.

---

42 내용에 따른 자료의 수정 여부 판단　　정답 ⑤

(나)와 〈보기〉의 내용을 바탕으로 수정한 영상물의 한 장면이다. 적절하지 않은 것은?

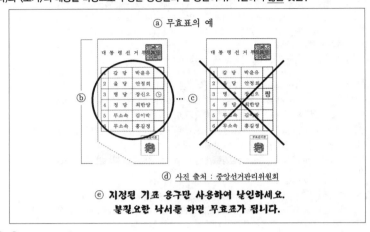

ⓐ 무효표의 예
ⓓ 사진 출처 : 중앙선거관리위원회
ⓔ 지정된 기표 용구만 사용하여 날인하세요.
　 불길요한 낙서를 하면 무효표가 됩니다.

① ⓐ
　(나)에서 '수연'이 화면 상단에 '무효표의 예'라는 말을 넣자고 제안하고 있으므로 적절하다.

② ⓑ
　〈보기〉에서 '정미'가 올바른 기표와 잘못된 기표의 예를 함께 제시하자고 제안하고 있으므로 적절하다.

③ ⓒ
　〈보기〉에서 '준식'이 크게 O, X 표시를 해주자는 제안을 하고 있으므로 적절하다.

④ ⓓ
　〈보기〉에서 '성식'이 사진 출처를 밝히자는 제안을 하고 있으므로 적절하다.

✅ ⓔ
　〈보기〉에서 무효표의 이유를 자막으로 넣자는 '서연'의 제안에 너무 산만하다는 이유로 '수연'이 문제 제기를 하고 있으며, '민호'가 이에 동의를 하고 있다. 따라서 투표 용지가 무효인 이유를 설명하는 자막은 영상에 들어가지 않아야 한다.

---

43 의사소통 방식의 이해　　정답 ①

(가)의 대화에 대한 설명으로 가장 적절한 것은?

✅ '수진'은 매체의 특성을 활용하여 파일을 다른 대화 참여자들에게 제공하고 있다.
　'수진'은 휴대 전화 메신저의 특성을 활용하여 '제1~3차 회의록' 파일을 다른 대화 참여자들에게 제공하고 있다.

② '세준'은 휴대 전화 메신저의 장점을 언급하며 새로운 논의를 이끌어가고 있다.
　'세준'은 휴대 전화 메신저의 장점을 언급하지 않았다.

③ '희연'은 한글 자음자로 된 기호를 활용하여 자신의 감정을 드러내고 있다.
　'희연'은 한글 자음자로 된 기호가 아닌 일반 기호를 활용하고 있다. 한글 자음자로 된 기호를 사용한 사람은 기범이다.

④ '기범'은 하이퍼링크를 이용하여 추가적인 정보를 다른 대화 참여자들과 공유하려 하고 있다.
　'기범'은 하이퍼링크가 아닌 메일을 이용하여 추가적인 정보를 제공하고자 한다.

⑤ '세준'과 '희연'은 불특정 다수에게 대량의 정보를 전하는 방식으로 의사소통하고 있다.
　'세준'과 '희연'은 모두 불특정 다수가 아닌 휴대 전화 메신저 상에 함께 접속되어 있는 한정된 인원에게만 정보를 전달하고 있다.

---

44 발표 자료 계획의 반영 여부 판단　　정답 ⑤

㉠~㉤을 바탕으로 '수진'이 세운 발표 자료 제작 계획 중 (나)에 반영되지 않은 것은?

① ㉠
　1문단의 '최근 들어 ~ 형성되고 있습니다.'와 2문단의 '하지만 역설적이게도 ~ 있지 않습니다.'를 통해 알 수 있다.

② ㉡
　2문단의 '글쓰기 교육은 미래 사회의 ~ 극대화할 수 있습니다.'를 통해 알 수 있다.

③ ㉢
　4문단의 '한 가지 분명한 것은 ~ 창단되었습니다.'를 통해 알 수 있다.

④ ㉣
　4문단의 '한 가지 분명한 것은 ~ 창단되었습니다.'를 통해 알 수 있다.

✅ ㉤
　(가)에 동아리 지도 선생님의 피드백을 받을 수 있다는 내용이 언급되긴 했지만, 그동안 동아리 지도 선생님께서 우리 글을 첨삭해 주셨다는 내용이 (나)에는 반영되어 있지 않다.

45 조언에 따른 내용의 보완 　　　　　　　　　　　　　　　　정답 ④

〈보기〉는 (나)를 읽은 동아리 지도 교사의 댓글이다. 〈보기〉를 바탕으로 (나)를 보완한 내용으로 가장 적절한 것은?

〈보 기〉
선생님 : 글이 마무리되지 않은 채 끝난 느낌이 들어. 동아리 활동을 통해 기를 수 있는 역량을 구체적으로 언급하며 우리 동아리에 가입할 것을 권유하는 내용을 추가해 보자.

① 우리 동아리에 가입하신다면, 훌륭하신 동아리 지도 선생님과 든든한 동료들의 지원 아래 여러분의 능력을 펼치고 꿈을 이루는 데 한 걸음 더 앞서 나아갈 수 있을 것입니다.

② 이처럼 독서를 통해 글의 주제와 의도를 파악하는 과정을 거친다면 자신의 글을 보다 논리적이고 짜임새 있게 작성할 수 있을 것입니다.

③ 이를 통해 주관적 인상을 논리적으로 체계화하고 분석할 수 있는 비평적 안목을 기를 것입니다. 또한 문화를 올바르게 수용하는 태도를 바탕으로 사고의 확장도 꾀하고 있습니다.

☑ 이러한 독서 활동과 글쓰기 연습을 통해 여러분들은 비판적, 창의적 사고 능력을 함양할 수 있을 것입니다. 우리 동아리에서 미래 사회의 인재로 함께 성장할 수 있기를 기대합니다.
　첫 번째 문장에서는 글쓰기 활동을 통해 함양할 수 있는 '비판적, 창의적 사고 능력'이라는 구체적인 역량을 언급하고 있다. 두 번째 문장에서는 '우리 동아리에서' '함께 성장할 수 있기를 기대'한다고 언급하며 동아리에 가입할 것을 권유하고 있다.

⑤ 올해는 추가로 영화를 감상한 후 비평하는 활동도 계획하고 있습니다. 다양한 영화 장르의 작품을 선택하여 영화적 스타일과 예술관을 살펴보는 과정이 흥미롭게 느껴지지 않습니까?

· 정답 ·
35① 36① 37② 38② 39① 40④ 41⑤ 42③ 43⑤ 44② 45⑤

★ 표기된 문항은 [등급을 가르는 문제]에 해당하는 문항입니다.

35 중세 국어와 현대 국어의 이해 　　　　　정답률 64% | 정답 ①

윗글의 내용과 일치하는 것은?

☑ 중세 국어에서 '에' 앞의 명사는 공간의 의미를 나타낼 수 있었다.
　4문단을 보면 중세 국어에서는 '애/에/예, 이/의'가 현대 국어의 '에'와 '에서'의 쓰임을 모두 지니고 있었음을 알 수 있다.

② 현대 국어에서 '에' 앞에 붙을 수 있는 명사는 '에서' 앞에 붙을 수 없다.
　2문단의 '(1)에서는 '에'와 '에서'를 다 쓸 수 있는데'를 보면 '에' 앞에 붙은 '서울'이 '에서' 앞에 붙을 수 있음을 알 수 있다.

③ 중세 국어의 '애/에/예'는 '이/의'와 달리 주격 조사로 쓰일 수 있었다.
　5문단을 보면 중세 국어에서 '애셔/에셔/예셔, 이셔/의셔'가 주격 조사로도 쓰인 경우가 있었으므로, '이/의' 역시 주격 조사로 쓰였음을 알 수 있다.

④ 현대 국어 '에서'의 중세 국어 형태인 '에셔'에서 '셔'는 지점의 의미를 나타냈다.
　4문단을 보면 '이시다'의 활용형인 '이셔'가 '에'에 결합되면서 '에셔'로 나타나는데, '이셔'의 의미상 어떤 공간 속에 있음을 전제하므로 '셔'가 지점의 의미를 나타낸 것이 아님을 알 수 있다.

⑤ 중세 국어 '에셔'가 주격 조사로 쓰일 수 있었던 이유는 '에셔' 앞에 유정 명사가 오기 때문이다.
　6문단을 보면 중세 국어 '에셔'는 현대 국어 '에서'와 마찬가지로 유정 명사 뒤에 나타나지 않는다는 것을 알 수 있다.

★★★ 등급을 가르는 문제!
36 중세 국어와 현대 국어의 비교 　　　　　정답률 38% | 정답 ①

윗글을 바탕으로 〈보기〉를 이해한 내용으로 적절하지 <u>않은</u> 것은?

〈보 기〉

현대 국어의 예
㉠ 그 지역에서 공룡 화석이 발견되었다.
㉡ 정부에서 홍수 대책안을 발표하였다.
㉢ 할머니께서 저녁 늦게 식사를 하셨다.

중세 국어의 예
㉣ 一物이라도 그위예셔 다 아소물 슬노라 （물건 하나라도 관청에서 다 빼앗음을 슬퍼하노라.）
㉤ 부텨의셔 十二部經이 나시고 （부처님으로부터 12부의 경전이 나오고）

☑ ㉠ : 공간을 의미하는 '그 지역'에 주격 조사 '에서'가 붙었군.
　㉠의 '그 지역에서'는 부사어로 사용되고 있으므로, '에서'는 주격 조사가 아닌 부사격 조사에 해당한다.

② ㉡ : 집단을 의미하는 '정부'에 주격 조사 '에서'가 붙었군.
　㉡의 '정부에서'는 집단을 의미하는 주어에 해당하고, '에서'는 주격 조사로 사용되었다.

③ ㉢ : 높임의 유정 명사인 '할머니'에 주격 조사 '께서'가 붙었군.
　㉢의 '할머니께서'는 주어에 해당하므로 '께서'는 주격 조사이다. 그리고 현대 국어의 '께서'는 높임의 유정 명사 뒤에 나타난다.

④ ㉣ : '그위예셔'는 '그위'에 주격 조사 '예셔'가 붙었군.
　㉣의 현대어 풀이를 보면, '관청에서'가 주어로 쓰였다. 그러므로 '그위예셔'의 '예셔'는 주격 조사로 사용되었다.

⑤ ㉤ : 높임의 유정 명사인 '부텨'에 부사격 조사 '의셔'가 붙었군.
　㉤의 현대어 풀이를 보면 '부처님으로부터'이므로 '부텨의셔'는 부사어에 해당하고, '의셔'는 부사격 조사로 사용되었다. 중세 국어에서 부사격 조사 '의셔'가 쓰였음은 제시된 글의 6문단에서도 확인할 수 있다.

★★ 문제 해결 꿀~팁 ★★

▶ 많이 틀린 이유는?
문장에서의 쓰임에 따라 '에서'가 주격 조사나 부사격 조사로 사용됨에도 이를 간과하여 오답률이 높았던 것으로 보인다. 또한 중세 국어의 '예셔'와 '의셔'에 대해 정확하게 이해하지 못한 것도 오답률을 높인 요인으로 보인다.

▶ 문제 해결 방법은?
'에서'가 부사격 조사나 주격 조사로 사용됨을 알아야 한다. 즉 제시된 글의 (1)의 '서울에서'는 부사격 조사로, (2)의 '학교에서'의 '에서'는 주격 조사로 사용되었음을 알아야 한다. 그런데 학생들 중에는 제시된 글 4문단의 '그에 따라 중세 국어에서 ~ 이들은 현대 국어의 '에서'로 이어지는데'만을 보고 '에서'가 현대 국어에서도 주격 조사로 쓰였을 것이라 잘못 판단하여 ①이 적절하다고 여겼을 것이라 생각된다. 하지만 6문단을 통해 부사격 조사 '에'에 '서'가 붙은 '에서'가 부사격 조사로 쓰이고 있음을 알 수 있다. 또한 상식적으로도 ㉠의 주어는 '공룡 화석이'이므로 '지역에서'는 부사격 조사임을 금방 알아차릴 수 있었을 것이다. 이 문제처럼 특정 조사의 경우 문장 안에서의 쓰임에 따라 조사의 기능이 달라질 수 있으므로, 주어진 예문을 보다 자세히 살펴 서술어를 통해 주어를 찾으면서 특정 조사가 어떤 종류로 사용되었는지 파악할 수 있어야 한다.

▶ 오답인 ④, ⑤를 많이 선택한 이유는?
④, ⑤를 선택한 학생들이 많았는데, 이는 제시된 현대어 풀이를 참조하지 못한 것이 가장 큰 이유라 할 수 있다. ④의 경우 '그위예셔'의 현대어 풀이 '관청에서'를 보면 '에서'가 주격 조사로 사용되었음을 금방 파악할 수 있었을 것이다. 그리고 ⑤의 경우에는 제시된 글의 6문단을 통해 오늘날의 주격 조사 '께서'로

이어진 '끠셔'가 중세 국어에서는 부사격 조사로 사용되었음을 파악하였다면 금방 적절함을 알 수 있었을 것이다. 이 또한 현대어 풀이 '부처님으로부터'를 보면 더 쉽게 부사격 조사임을 알아차렸을 것이다. 이처럼 중세 국어가 제시될 경우 문제 해결의 열쇠는 현대어 풀이에 있으므로 이를 결코 간과해서는 안 된다.

---

37 음운 변동 이해 및 적용   정답률 63% | 정답 ②

〈보기〉의 ㉠에 들어갈 말로 적절한 것은? [3점]

─〈보 기〉─

선생님 : 오늘은 일상생활에서 흔하게 들을 수 있는 부정확한 발음에 대해 알아볼까요? 우선 아래 표에서 부정확한 발음과 정확한 발음을 확인해 보세요.

예	찰흙이	안팎을	넋이	끝을	숲에
부정확한 발음	[찰흐기]	[안파글]	[너기]	[끄츨]	[수베]
	↓	↓	↓	↓	↓
정확한 발음	[찰흘기]	[안파끌]	[넉씨]	[끄틀]	[수페]

다 봤나요? 그럼 정확한 발음을 참고하여, 부정확한 발음을 하게 된 이유를 말해 볼까요?

학생 : _____㉠_____

선생님 : 네, 맞아요. 그럼 이제 정확한 발음을 일상생활에서 실천해 보세요.

① '찰흙이'는 자음군 단순화를 적용하고 연음해야 하는데, [찰흐기]는 자음군 단순화를 적용하지 않고 연음을 했습니다.
'찰흙이'의 정확한 발음은 자음군 단순화를 적용하지 않고 겹받침의 뒤 자음만 다음 음절 초성으로 이동하여 [찰흘기]로 발음한 것이다. 즉, [찰흐기]로 부정확하게 발음하는 것은 자음군 단순화를 먼저 적용하고 연음한 결과로 볼 수 있다. 한편 겹받침을 가진 말 뒤에 모음으로 시작하는 조사가 결합할 때는 겹받침의 앞 자음은 음절의 종성에서 발음되고 겹받침의 뒤 자음은 다음 음절 초성으로 이동하여 발음된다.

☑ '안팎을'은 음절의 끝소리 규칙을 적용하지 않고 연음해야 하는데, [안파글]은 음절의 끝소리 규칙을 적용하고 연음을 했습니다.
〈보기〉를 보면 '안팎을'은 [안파글]이 부정확한 발음이고, [안파끌]이 정확한 발음임을 알 수 있다. 정확한 발음 [안파끌]은 '팎'의 'ㄲ'이 뒤의 조사 '을'에 연음된 것이고, 부정확한 발음 [안파글]은 '팎'의 'ㄲ'이 음절의 끝소리 규칙에 따라 'ㄱ'으로 바꾼 뒤 뒤의 조사 '을'에 연음된 것이다. 한편 '연음'은 하나의 자음으로 끝나는 말 뒤에 모음으로 시작하는 조사가 결합할 때는 받침을 그대로 옮겨 뒤 음절 초성으로 발음하는 것을 말한다.

③ '넋이'는 연음을 하고 된소리되기를 적용해야 하는데, [너기]는 음절의 끝소리 규칙을 적용하고 연음을 했습니다.
'넋이'는 자음군 단순화를 적용하지 않고 겹받침의 뒤 자음만 다음 음절 초성으로 이동하여 [넉씨]로 발음한 것이다. 이때 '시'가 아닌 '씨'로 발음되는 것은 '넉'의 'ㄱ'에 의한 된소리되기가 적용되었기 때문이다. 이렇게 볼 때 [너기]로 부정확하게 발음하는 것은 자음군 단순화를 먼저 적용하고 연음한 결과로 볼 수 있다.

④ '끝을'은 연음을 하고 구개음화를 적용해야 하는데, [끄츨]은 구개음화를 적용하고 연음을 했습니다.
'끝을'의 정확한 발음은 연음하여 [끄틀]로 발음한 것이다. 이렇게 볼 때 잘못된 발음 [끄츨]은 구개음화를 적용하여 연음했기 때문이다.

⑤ '숲에'는 거센소리되기를 적용하지 않고 연음해야 하는데, [수베]는 거센소리되기를 적용하고 연음을 했습니다.
'숲에'의 정확한 발음은 연음하여 [수페]로 발음한 것이다. 이렇게 볼 때 '숲에'를 [수베]로 부정확하게 발음하는 것은 음절의 끝소리 규칙을 적용한 뒤에 연음하였기 때문이다.

★★★ 등급을 가르는 문제!

38 단어의 구조 파악   정답률 29% | 정답 ②

〈보기〉의 ㉠과 ㉡을 모두 충족하는 예로 적절한 것은?

─〈보 기〉─

'붙잡다'의 어간 '붙잡-'은 어근 '붙-'과 어근 '잡-'으로 나뉘고, '잡히다'의 어간 '잡히-'는 어근 '잡-'과 접사 '-히-'로 나뉜다. 이렇듯 어떤 말을 둘로 나누었을 때 나누어진 두 요소 각각을 직접 구성 요소라 하는데, 어근과 어근으로 분석되는 말을 합성어라 하고 어근과 접사로 분석되는 말을 파생어라 한다.
그런데 ㉠ 어간이 3개 이상의 구성 요소로 이루어진 경우가 있다. 이때 ㉡ 직접 구성 요소가 먼저 어근과 어근으로 분석되면 합성어이고 어근과 접사로 분석되면 파생어이다. 예컨대 '밀어붙이다'는 직접 구성 요소가 먼저 어근과 어근으로 분석되므로 합성어이다. '붙잡다'의 어간 '붙잡-'은 어근 '붙-'과 어근 '잡-'으로 나뉘고, '잡히다'의 어간 '잡히-'는 어근 '잡-'과 접사 '-히-'로 나뉜다. 이렇듯 어떤 말을 둘로 나누었을 때 나누어진 두 요소 각각을 직접 구성 요소라 하는데, 어근과 어근으로 분석되는 말을 합성어라 하고 어근과 접사로 분석되는 말을 파생어라 한다.

① 밤새 거센 비바람이 내리쳤다.
'내리쳤다'의 어간은 '내리치-'로, '내리치-'는 어근 '내리-'와 어근 '치-'로 분석되므로 ㉡을 충족한다. 하지만 '내리치-'는 2개의 구성 요소로만 이루어져 있어서 ㉠은 충족하지 못한다.

☑ 책임을 남에게 떠넘기면 안 된다.
'떠넘기면'의 어간은 '떠넘기-'로, '떠넘기-'는 직접 구성 요소가 어근 '뜨-'와 어근 '넘기-'로 분석되므로 ㉡을 충족한다. 그리고 '넘기-'는 어근 '넘-'과 접사 '-기-'로 분석되기 때문에 ㉠도 충족한다.

③ 차바퀴가 진흙 바닥에서 헛돌았다.
'헛돌았다'의 어간은 '헛돌-'로, '헛돌-'은 접사 '헛-'과 어근 '돌-'로 분석되기 때문에 ㉡을 충족하지 못한다. 그리고 '헛돌-'은 접사와 어근의 2개의 구성 요소로 이루어져 있어서 ㉠도 충족하지 못한다.

④ 거리에는 매일 많은 사람이 오간다.
'오간다'의 어간은 '오가-'로, '오가-'는 어근 '오-'와 어근 '가-'로 분석되기 때문에 ㉡을 충족한다. 하지만 '오가-'는 어근과 어근의 2개의 구성 요소로 이루어져 있어 ㉠을 충족하지 못한다.

⑤ 그들은 끊임없이 짓밟혀도 굴하지 않았다.
'짓밟혀도'의 어간은 '짓밟히-'로, '짓밟히-'는 직접 구성 요소가 접사 '짓-'과 어근 '밟히-'로 분석되기 때

문에 ㉡을 충족하지 못한다. 하지만 '밟히-'는 어근 '밟-'과 접사 '-히-'로 분석되기 때문에 '짓밟히-'는 3개의 구성 요소로 이루어져 있으므로 ㉠은 충족한다.

★★ 문제 해결 꿀~팁 ★★

▶ 많이 틀린 이유는?
제시된 선택지의 밑줄 친 단어를 분석하는 과정에서 정확히 단어를 분석하지 못하였거나, 분석하였더라도 어간인지 접사인지 정확히 파악하지 못하여 오답률이 높았던 것으로 보인다. 또한 어미를 접사로 잘못 생각했던 것도 오답률을 높였던 것으로 보인다.

▶ 문제 해결 방법은?
선택지에 제시된 밑줄 친 단어를 정확히 분석해야 한다. 가령 ②의 '떠넘기면'의 경우, 어근 '뜨-'와 어근 '넘기-'로 분석되고, '넘기-'는 다시 어근 '넘-'과 접사 '-기-'로 분석됨을 알아야 한다. 이때 학생들 중에는 왜 '떠-'가 아니라 '뜨-'가 어근인지 궁금할 수 있는데, 이는 '떠넘기다'가 '뜨+넘기다'에서 '뜨어'가 축약되어 '떠'가 된 것이기 때문이다. 여하튼 이처럼 분석해 놓으면 ②가 제시된 ㉠, ㉡을 충족시킨다고 할 수 있다. 이 문제에서처럼 합성 동사인 경우 어간과 어간의 결합이라 헷갈릴 때에는 합성 동사 사이에 접속 조사를 넣어 의미가 통하는지 살펴보면 된다. 적절하다고 여긴 '오간다'의 경우에도 '오고 간다'로 할 수 있으므로 어간과 어간이 결합하였음을 파악할 수 있을 것이다.

▶ 오답인 ①, ④를 많이 선택한 이유는?
①, ④를 선택한 학생들이 많았는데, 이는 '내리쳤다'와 '오간다'를 분석하는 과정에서 선어말 어미 '-었-'과 '-ㄴ-'을 접사로 착각했기 때문으로 보인다. 그런데 〈보기〉에서 직접 구성 요소로 분석할 때는 어간과 접사로만 분석, 즉 합성어와 파생어인 경우에만 분석하고 있으므로, 선어말 어미는 직접 구성 요소로 분석할 때 적용되지 못하여 ㉠을 충족시키지 못하는 것이다. 문제를 풀 때는 이처럼 주어진 〈보기〉 내용을 정확하게 이해하지 못할 경우 오류를 범할 수 있으므로 유의하도록 한다.

---

39 문장의 짜임새 파악   정답률 69% | 정답 ①

〈보기〉의 ㉠ ~ ㉤에 해당하는 문장으로 적절하지 않은 것은?

─〈보 기〉─

[학습 활동]
겹문장은 홑문장보다 복잡한 생각을 효과적으로 표현할 수 있는 장점이 있다. 〈자료〉에 제시된 홑문장을 활용하여 〈조건〉에 해당하는 겹문장을 만들어 보자.

〈자료〉	〈조건〉
• 날씨가 춥다.	㉠ 명사절을 안은 문장
• 형은 물을 마셨다.	㉡ 관형절을 안은 문장
• 동생은 얼음을 먹었다.	㉢ 부사절을 안은 문장
• 동생은 추위와 상관없다.	㉣ 인용절을 안은 문장
• 형은 동생에게 불평을 했다.	㉤ 대등하게 이어진 문장

☑ ㉠ : 동생은 추운 날씨에도 얼음을 먹었다.
겹문장인 '동생은 추운 날씨에도 얼음을 먹었다'는 '날씨가 춥다'가 관형절로 안겨 '날씨'를 꾸며 주고 있으므로 관형절을 안은 문장에 해당한다.

② ㉡ : 형은 얼음을 먹는 동생에게 불평을 했다.
겹문장인 '형은 얼음을 먹는 동생에게 불평을 했다.'는 '동생은 얼음을 먹었다'가 관형절로 안겨 '동생'을 꾸며 주고 있으므로 ㉡조건을 만족한다.

③ ㉢ : 동생은 추위와 상관없이 얼음을 먹었다.
겹문장인 '동생은 추위와 상관없이 얼음을 먹었다.'는 '동생은 추위와 상관없다'가 부사절로 안겨 '먹었다'를 꾸며 주고 있으므로 ㉢조건을 만족한다.

④ ㉣ : 형은 동생에게 날씨가 춥다고 불평을 했다.
겹문장인 '형은 동생에게 날씨가 춥다고 불평을 했다.'는 '날씨가 춥다'가 간접 인용절로 안겨 있으므로 ㉣조건을 만족한다.

⑤ ㉤ : 형은 물을 마셨지만 동생은 얼음을 먹었다.
겹문장인 '형은 물을 마셨지만 동생은 얼음을 먹었다'는 '형은 물을 마셨다'와 '동생은 얼음을 먹었다'가 연결 어미 '-지만'을 통해 대등하게 이어진 문장이므로 ㉤조건을 만족한다.

---

40 매체 자료 작성 계획의 적절성 판단   정답 ④

(가), (나)를 읽은 후 〈보기〉의 맥락에 맞게 매체 자료를 만들려고 할 때 그 계획으로 적절하지 않은 것은?

─〈보 기〉─

* 목적 : 우리 학교 학생들의 인터넷 저작권과 언어 사용 실태를 조사하며 인터넷 매체를 사용할 때 유의해야 할 점에 대해 소개하여 올바르게 인터넷 매체 이용과 언어 사용을 권장함
* 수용자 : 같은 학교 학생들과 학부모
* 전달 매체 : 학교 신문과 학교 홈페이지

① 학생과 학부모 모두 내용을 이해할 수 있도록 어렵지 않게 내용을 설명하고 구성할 수 있게 한다.
수용자의 눈높이에 맞게 내용이 구성되어야 한다.

② 'CCL'의 개념을 알려 주어 저작권자에게 직접 사용 허락을 받지 않고도 자료를 사용할 수 있는 방법을 알 수 있게 한다.
'CCL'은 아직 낯선 용어이기 때문에 개념을 설명하여 수용자가 이해할 수 있게 한다.

③ 'CCL'의 종류를 시각 자료로 제시하여 'CCL'로 사용할 수 있는 저작권의 범위가 어떤 것들이 있는지 알 수 있게 한다.
'CCL'은 시각화된 그림을 사용하여 사용할 수 있는 자료의 범위를 알려 주기 때문에 시각 자료를 제시하여 알려 주면 수용자의 이해가 더 쉬워진다.

☑ 같은 목적으로 매체 자료를 만드는 것이므로 학교 신문과 학교 홈페이지에 실릴 내용과 자료는 똑같은 것으로 만들 수 있도록 한다.
〈보기〉의 맥락에 맞는 자료를 구성한다고 했는데 전달 매체가 학교 신문인 인쇄 매체와 학교 홈페이지, 즉 인터넷 매체로 매체의 종류가 다르기 때문에 글쓰기 목적이 같다고 해서 내용과 자료를 똑같이 할 필요는 없다. 또한 인쇄 매체의 경우 지면의 제약이 있기 때문에 학교 홈페이지에 비해 내용이 짧고 간결하게 들어가게 되고, 학교 홈페이지의 경우는 시각 자료뿐만 아니라 하이퍼링크 등을 사용해서 인쇄 매체보다 다양한 자료들을 활용할 수 있다.

⑤ 우리 학교 학생들의 인터넷 언어 사용 실태를 조사하여 그 결과를 토대로 언어 규범을 잘 지켜 올바르게 인터넷 매체를 이용하도록 권장한다.
　수용자와 관련 있는 자료를 제시하여 인터넷 언어 사용 실태의 심각성을 보여 주면서 인터넷 매체 이용 시 언어 규범을 잘 지켜 사용할 수 있도록 권장할 수 있다.

---

41 자료 이해의 적절성 판단　　　　　　정답 ⑤

(가)를 보고 〈보기〉를 이해한 내용으로 가장 적절한 것은?

〈보 기〉
우리 블로그는 아래와 같이 이용할 수 있습니다.

① 저작자에 관한 표시를 하면 자유롭게 이용 가능하지만 상업적 이용은 금지한다.
　[CC BY NC] 에 해당하는 설명이다.

② 저작자에 관한 표시를 하면 자유롭게 이용 가능하지만 변경 없이 이용해야 한다.
　[CC BY ND] 에 해당하는 설명이다.

③ 저작자에 관한 표시를 하면 자유롭게 이용·변경이 가능하지만 2차 저작물에 대해 원저작물과 동일한 라이센스를 적용한다.
　[CC BY SA] 에 해당하는 설명이다.

④ 저작자에 관한 표시를 하면 자유롭게 이용 가능하지만, 상업적으로 이용은 금지하며 2차 저작물에 대해 원 저작물과 동일한 라이센스를 적용한다.
　[CC BY NC SA] 에 해당하는 설명이다.

☑ 저작자에 관한 표시를 하면 자유롭게 이용 가능하지만, 상업적으로 이용할 수 없고, 저작물을 변경 없이 그대로 이용해야 한다.
　그림은 차례로 '저작자에 관한 표시를 하면 자유롭게 이용할 수 있지만, 상업적으로 이용할 수 없고, 저작물을 변경없이 그대로 이용해야 함'을 의미한다.

---

42 매체에서의 올바른 언어 문화 이해　　　　　정답 ③

〈보기〉는 청소년들이 SNS에서 자주 쓰는 용어를 풀이한 것이다. (나)와 〈보기〉의 내용을 참고하여 언어 문화를 발전시키기 위한 방안을 제안한 내용으로 가장 적절한 것은? [3점]

〈보 기〉
• 버카충 – 버스카드 충전　• 지못미 – 지켜주지 못해 미안해
• 갈비 – 갈수록 비호감　• 귀척 – 귀여운 척
• 볼매 – 볼수록 매력있음

① 인터넷 매체는 내용 전달 속도가 빨라 사용자 간의 유대감을 위해 줄임말보다 신조어를 사용하여야 한다.
　사용자 간의 유대감을 위해 줄임말보다 신조어를 사용하여야 한다는 내용은 (나)를 통해 추측하기 어렵다.

② 인터넷 매체를 통해 줄임말과 신조어를 사용하게 되면 국어 어휘력이 줄어들게 되므로 사전에 등재된 단어들만 사용하여야 한다.
　국어 어휘력이 줄어들게 된다는 내용은 (나)에서 찾을 수 없다.

☑ 인터넷 매체는 파급력이 커 줄임말과 신조어를 사용할 때 의사소통이 되지 않을 수 있으므로 규범에 맞는 언어를 사용해야 한다.
　(나)에서 줄임말과 신조어를 사용할 때 어른들과 의사 소통이 어려움을 알 수 있다. 따라서 언어 문화를 발전시키기 위해서는 줄임말과 신조어를 사용하지 말고 언어 규범에 맞는 언어를 사용하는 것이 좋다.

④ 인터넷 매체를 통해 사용하는 말들은 그 사람의 인격을 드러낼 수 있기 때문에 품위 있는 언어 사용을 할 수 있도록 노력해야 한다.
　언어 규범에 맞는 언어를 사용하라는 것이므로 품위 있는 언어와 상관이 없다.

⑤ 인터넷 매체에서 언어를 사용하면 상대방과 실시간으로 소통이 되기도 하여 서로 감정이 상하지 않게 하는 것이 중요하므로 상대의 말에 귀기울여야 한다.
　타인의 감정을 이해하는 것과 관련된 내용을 (나)에서 찾을 수 없다.

---

43 의사소통 방식의 이해　　　　　　정답 ⑤

(가)의 대화에 대한 설명으로 가장 적절한 것은?

① '소형'은 휴대 전화 메신저의 장점을 거론하며 해당 매체로 대화할 것을 제안하고 있다.
　휴대 전화 메신저의 장점을 거론한 사람은 '연선'이다.

② '연선'은 사진을 전송할 수 있는 매체의 특성을 활용하여 수집한 자료를 다른 대화 참여자들과 공유하고 있다.
　'연선'은 수집한 자료를 다른 대화 참여자들과 공유하고 있지 않다.

③ '세용'은 하이퍼링크를 이용하여 실시간으로 검색한 정보를 다른 대화 참여자들에게 제공하고 있다.
　'세용'은 하이퍼링크를 활용하여 검색한 정보를 다른 대화 참여자들에게 제공하지 않고 있다.

④ '재승'은 매체 언어의 복합적인 특성을 고려하여 문자 언어와 영상을 결합한 형태의 자료를 제시하고 있다.
　'재승'은 문자 언어와 영상을 결합한 형태의 자료를 친구들에게 제공하고 있지 않다.

☑ '연선'과 '재승'은 한글 자음자로 된 기호를 활용하며 대화에 참여하고 있다.
　'연선'은 'ㅋㅋ'와 같이 한글 자음자로 된 기호를, '재승'은 'ㅎㅎ'와 같이 한글 자음자로 된 기호를 활용하고 있다.

---

44 계획 내용의 반영 여부 판단　　　　　　정답 ②

㉠ ~ ㉤을 바탕으로 '소형'이 세운 학교 홍보 자료 제작 계획 중 (나)에 반영되지 않은 것은?

① ㉠에서 언급된 자료 제시 방법을 활용하여 각 항목에 어울리는 사진을 찾아 넣어야겠군.

☑ ㉡에서 언급된 분류 기준에 따라 여섯 개의 항목을 각각 세 개씩 묶어 배치해야겠군.
　분류 기준은 '구체적인 활동을 하는 프로그램의 성격을 띠는 것과 그렇지 않은 걸로 나누는 것'인데 '글로벌 테이블 매너 함양'의 경우 구체적인 활동을 하는 프로그램임에도 그렇지 않은 두 개의 항목과 함께 제시되어 있으므로 적절하지 않다.

③ ㉢에서 언급된 상위 영역인 '인성'이라는 글자를 원 안에 넣어 슬라이드 상단에 제시해야겠군.

④ ㉣에서 언급된 문구를 해당 상위 영역의 옆에 배치하여 상위 영역의 내용을 한눈에 알 수 있게 해야겠군.

⑤ ㉤에서 언급된 디자인 방안으로 반사된 듯한 효과를 선택하여 사진을 꾸며야겠군.

---

45 대화에 따른 자료의 수정　　　　　　정답 ⑤

〈보기〉는 (나)에 달린 '댓글'이다. 〈보기〉를 바탕으로 슬라이드를 수정한 ⓐ ~ ⓔ 중 적절하지 않은 것은?

〈보 기〉
ㄴ **연선**　만들어 놓고 보니, 우리가 제시한 하위 항목들을 아우를 수 있는 표현은 '품격'인 것 같아.
ㄴ **재승**　듣고 보니 그러네. 나는 '품격'에 대한, 그리고 하위 항목들에 대한 문구가 하나 정도는 더 들어가면 좋겠어.
ㄴ **세용**　찬성. 그런데 생각해 보니 '품격'에 어울릴 만한 활동을 찾아보면 여섯 개 외에도 더 있을 것 같아. 조금만 더 추가하자.
ㄴ **연선**　음… 그리고 슬라이드 우측 상단에 우리 학교 심볼을 넣으면 홍보 효과를 더 살릴 것 같아~.
ㄴ **재승**　올해 외부 활동이 제한돼서 졸업하기 전에 꼭 채워야 하는 등산 횟수가 줄어든 점도 반영해야 하지 않을까?

① ⓐ
'인성'을 '품격'으로 수정하고 있다.

② ⓑ
'지덕체의 조화로운 교육'이라는 문구를 추가하였다.

③ ⓒ
우측 상단에 학교 심볼이 제시되어 있다.

④ ⓓ
기존의 여섯 개 항목 외에 새로운 항목 두 개를 추가하였다.

☑ ⓔ
(나)에 제시된 사진과 ⓔ의 사진을 비교해 보면 별도의 수정 사항이 반영되어 있지 않다.

• 정답 •

35 ⑤ 36 ④ 37 ① 38 ③ 39 ④ 40 ④ 41 ③ 42 ⑤ 43 ④ 44 ② 45 ③

★ 표기된 문항은 [등급을 가르는 문제]에 해당하는 문항입니다.

---

35 품사의 이해 및 적용 정답률 58% | 정답 ⑤

다음 문장에서 ㉠ ~ ㉤에 해당하는 예를 찾아 이를 설명한 내용으로 적절하지 **않은** 것은?

> 옛날 사진을 보니 즐거운 기억 하나가 떠올랐다.

① '옛날, 사진, 기억'은 ㉠에 해당하고 명사이다.
　'옛날, 사진, 기억'은 명사이므로 ㉠에 해당한다.

② '보니, 떠올랐다'는 ㉡에 해당하고 동사이다.
　'보니, 떠올랐다'는 동사이므로 ㉡에 해당한다.

③ '하나'는 ㉢에 해당하고 수사이다.
　'하나' 뒤에 조사가 붙어 수사임을 알 수 있으므로 ㉢에 해당한다.

④ '을, 가'는 ㉣에 해당하고 조사이다.
　'을, 가'는 조사이므로 ㉣에 해당한다.

✓ '즐거운'은 ㉤에 해당하고 관형사이다.
　'즐거운'은 형용사 '즐겁다'의 어간 '즐겁-'에 관형사형 어미 '-ㄴ'이 결합한 형태이다. 이는 활용이 가능하므로, 관형사를 설명하고 있는 ㉤에 해당하지 않는다.

---

36 품사의 특징 파악 정답률 82% | 정답 ④

[A]를 참고하여 〈보기〉를 이해한 내용으로 적절하지 **않은** 것은?

> 〈보 기〉
>
> ⓐ ┌ 영희가 밥을 먹었다. / 꽃이 예뻤다.
> 　 └ 영희가 밥을 먹는다. / *꽃이 예쁜다.
> ⓑ ┌ 영희야, 밥 먹어라. / *영희야, 좀 예뻐라.
> 　 └ 영희야, 밥 먹자. / *우리 좀 예쁘자.
> ⓒ ┌ 밥 먹으려고 식당으로 갔다. / *예쁘려고 미용실에 갔다.
> 　 └ 밥 먹으러 식당에 갔다. / *예쁘러 미용실에 갔다.
> ⓓ ┌ 나에게 돈이 있다. / 돈이 있는 사람
> 　 └ 나에게 돈이 없다. / 돈이 없는 사람
> ⓔ ┌ 나무가 크다. / 나무가 쑥쑥 큰다.
> 　 └ 머리카락이 길다. / 머리카락이 잘 긴다.
> ※ '*'는 비문임을 나타냄.

① ⓐ : 동사와는 달리 형용사는 현재를 나타내는 선어말 어미와 결합할 수 없다.
　ⓐ에서 '예쁜다'는 비문임을 알 수 있으므로, 현재 시제 선어말 어미 '-ㄴ/는-'은 형용사와 결합할 수 없다.

② ⓑ : 동사와는 달리 형용사는 명령형·청유형 어미와 결합할 수 없다.
　ⓑ에서 '예뻐라', '예쁘자'는 비문임을 알 수 있으므로, 명령형, 청유형 어미는 형용사와 결합할 수 없다.

③ ⓒ : 동사와는 달리 형용사는 의도·목적을 나타내는 연결 어미와 결합할 수 없다.
　ⓒ에서 '예쁘려고', '예쁘러'가 쓰인 문장이 비문임을 알 수 있으므로, 의도나 목적을 나타내는 연결 어미 '-려고', '-러'는 형용사와 결합할 수 없다.

✓ ⓓ : '있다'와 '없다'는 상태의 의미를 나타내지만 동사로 쓰이고 있다.
　제시된 글 마지막 문단에서 '존재', '소유'와 같이 상태의 의미를 나타내는 '있다'는 형용사로 쓰임을 알 수 있으므로 ⓓ의 '있다'와 '없다'는 형용사이다. 그리고 '있다, 없다'의 경우 동사와 형용사로 쓰일 때 모두 관형사형 어미 '-는'과 결합할 수 있다고 하였으므로, ⓓ의 '돈이 있는(없는) 사람'에서 '있다, 없다'가 동사로 쓰였는지 형용사로 쓰였는지 판별하는 기준이 되기는 어렵다.

⑤ ⓔ : '크다'와 '길다'는 형용사, 동사로 모두 쓰이고 있다.
　ⓔ의 '나무가 크다.'의 '크다'와 '머리카락이 길다.'의 '길다'는 상태를 나타내므로 형용사이고, '나무가 쑥쑥 큰다.'의 '큰다'와 '머리카락이 잘 긴다.'의 '긴다'는 선어말 어미 '-ㄴ-'과 결합한 것을 보아 동사이다.

---

37 로마자 표기법의 이해 정답률 77% | 정답 ①

〈보기〉의 ㉠ ~ ㉤에 대한 설명으로 적절한 것은? [3점]

> 〈보 기〉
>
> 〈로마자 표기 한글 대조표〉
>
> | 자음 | | ㄱ | ㄷ | ㅂ | ㄸ | ㄴ | ㅁ | ㅇ | ㅈ | ㅊ | ㅌ | ㅎ |
> |---|---|---|---|---|---|---|---|---|---|---|---|---|
> | 표기 | 모음 앞 | g | d | b | tt | n | m | ng | j | ch | t | h |
> | | 그 외 | k | t | p | | | | | | | | |
>
> | 모음 | ㅏ | ㅐ | ㅗ | ㅣ |
> |---|---|---|---|---|
> | 표기 | a | ae | o | i |
>
> 〈로마자 표기의 예〉
>
> | | 한글 표기 | 발음 | 로마자 표기 |
> |---|---|---|---|
> | ㉠ | 같이 | [가치] | gachi |
> | ㉡ | 잡다 | [잡따] | japda |
> | ㉢ | 놓지 | [노치] | nochi |
> | ㉣ | 맨입 | [맨닙] | maennip |
> | ㉤ | 백미 | [뱅미] | baengmi |

✓ ㉠에서 일어나는 음운 변동은 '땀받이[땀바지]'에서도 일어나고, 로마자 표기에 반영되었다.
　㉠의 '같이[가치]'나 '땀받이[땀바지]' 모두 구개음화가 일어나는데, '같이[가치]'를 'gachi'로 적은 것에서 구개음화는 로마자 표기에 반영되고 있음을 알 수 있다.

② ㉡에서 일어나는 음운 변동은 '삭제[삭쩨]'에서도 일어나고, 로마자 표기에 반영되었다.
　㉡의 '잡다[잡따]'나 '삭제[삭쩨]' 모두 된소리되기가 일어나는데, '잡다[잡따]'를 'japda'로 적은 것에서 된소리되기는 로마자 표기에는 반영되지 않았음을 알 수 있다.

③ ㉢에서 일어나는 음운 변동은 '닳아[다라]'에서도 일어나고, 로마자 표기에 반영되었다.
　㉢의 '놓지[노치]'는 거센소리되기 일어나고, '닳아[다라]'는 'ㅎ' 탈락'이 일어나므로 적절하지 않다. 한편 '놓지[노치]'를 'nochi'로 적은 것을 보면 거센소리되기는 로마자 표기에 반영됨을 알 수 있다.

④ ㉣에서 일어나는 음운 변동은 '한여름[한녀름]'에서도 일어나고, 로마자 표기에 반영되지 않았다.
　㉣의 '맨입[맨닙]'이나 '한여름[한녀름]' 모두 'ㄴ' 첨가가 일어나는데, '맨입[맨닙]'을 'maennip'으로 적은 것을 보면 'ㄴ' 첨가는 로마자 표기에 반영됨을 알 수 있다.

⑤ ㉤에서 일어나는 음운 변동은 '밥물[밤물]'에서도 일어나고, 로마자 표기에 반영되지 않았다.
　㉤의 '백미[뱅미]'나 '밥물[밤물]' 모두 비음화가 일어나는데, '백미[뱅미]'를 'baengmi'로 적은 것에서 비음화는 로마자 표기에 반영됨을 알 수 있다.

● 문법 필수 개념

■ 거센소리되기
'ㄱ, ㄷ, ㅂ, ㅈ'이 인접한 'ㅎ'과 결합하여 'ㅋ, ㅌ, ㅍ, ㅊ'으로 바뀌는 현상
㉠ 입학 → [이팍], 좋다 → [조ː타], 각하 → [가카], 놓지 → [노치]

■ 'ㅎ' 탈락
어간에서 음절의 끝 자음 'ㅎ'이 모음으로 시작하는 형식 형태소와 결합할 때 탈락하는 현상
㉠ 넣어 → [너어], 쌓이다 → [싸이다], 않으니 → [아느니]

---

38 중세 국어의 이해 정답률 70% | 정답 ③

〈보기〉의 ㉠과 ㉡에 들어갈 말로 바르게 짝지어진 것은?

> 〈보 기〉
>
> 중세 국어에서는 객체를 높이기 위해 선어말 어미를 사용했는데, 이 선어말 어미는 음운 조건에 따라 다음과 같이 다양한 형태로 실현되었다.
>
> | 어간 말음 조건 | 형태 | 용례 |
> |---|---|---|
> | 'ㄱ, ㅂ, ㅅ, ㅎ'일 때 | -숩- | 돕숩고 |
> | 'ㄷ, ㅈ, ㅊ'일 때 | -줍- | 묻줍고 |
> | 모음이나 'ㄴ, ㅁ, ㄹ'일 때 | -숩- | 보숩고 |
>
> 객체 높임 선어말 어미 뒤에 모음으로 시작하는 어미가 오면, 객체 높임 선어말 어미는 '-숳-, -줗-, -숳-'으로 실현되었다.
>
> • 아래 문장에서 객체 높임의 대상은 (㉠)이다.
> 　– 王(왕)이 부텻긔 더욱 敬信(경신)흔 ㅁ숙물 내숙바
> 　[왕이 부처께 더욱 공경하며 믿는 마음을 내어]
> • 어간 '듣-'과 '-ᄋ며' 사이에 객체 높임 선어말 어미가 결합하면 다음과 같이 활용했다.
> 　– 내 아래브터 부텻긔 이런 마룰 몯 (㉡)
> 　[내가 예전부터 부처께 이런 말을 못 들으며]

	㉠	㉡
①	王(왕)	듣줗며
②	王(왕)	듣숳며
✓	부텨	듣줗며

㉠ 아래의 예문에서 객체는 부사어 '부텻긔(부처께)'의 '부텨(부처)'임을 알 수 있다. ㉡ 위의 설명에서 객체 높임 선어말 어미는 어간 '듣-'과 어미 '-ᄋ며' 사이에 결합함을 알 수 있다. 그리고 〈보기〉에서 보면 어간 말음이 'ㄷ'이고 뒤에 모음으로 시작하는 어미가 올 때 쓰이는 객체 높임 선어말 어미의 형태는 '-줗-'이라고 설명하고 있다. 따라서 ㉡에 들어갈 객체 높임법은 듣-+-줗-+-ᄋ며를 연철(이어적기)한 '듣줗며'이다.

| ④ | 부텨 | 듣즗며 |
| ⑤ | ㅁ숙 | 듣숳며 |

★★★ 등급을 가르는 문제!

39 문장의 짜임새 이해 정답률 51% | 정답 ④

〈보기〉의 자료를 탐구한 결과로 적절한 것은?

> 〈보 기〉
>
> ○ 탐구 과제
> 　하나의 문장이 안긴문장으로 다른 문장에 안길 때, 원래 있던 문장 성분이 생략되는 경우가 있다. 아래의 각 문장에서 안긴문장을 파악한 후, 생략된 문장 성분이 있다면 무엇인지 확인해 보자.
>
> ○ 자료
> 　㉠ 부모님은 자식이 건강하기를 바란다.
> 　㉡ 그 친구는 연락도 없이 그곳에 안 왔다.
> 　㉢ 동생은 자신의 판단이 옳았음을 깨달았다.
> 　㉣ 그는 내가 늘 쉬던 공원에서 산책을 했다.
> 　㉤ 그 사람들은 아주 어려운 과제를 금방 끝냈다.

		안긴문장의 종류	생략된 문장 성분
①	㉠	부사절	없음

㉠은 '자식이 건강하–'가 전성 어미 '–기'와 결합하여 명사절로 안겨 있고, 안긴문장에 생략된 문장 성분은 없다.

② ㉡   명사절   없음
㉡은 '연락도 없–'이 전성 어미 '–이'와 결합하여 부사절로 안겨 있고, 안긴문장에 생략된 문장 성분은 없다.

③ ㉢   명사절   주어
㉢은 '자신의 판단이 옳았–'이 전성 어미 '–음'과 결합하여 명사절로 안겨 있고, 안긴문장에 생략된 문장 성분은 없다.

✔ ④ ㉣   관형절   부사어
㉣을 보면, '내가 늘 쉬던'이 관형절로 안겨 있다. 그리고 ㉣은 '그는 공원에서 산책을 했다.'에 '나는 늘 공원에서 쉬었다'가 안겨져 있으므로, 안긴문장에 부사어 '공원에서'가 생략되어 있다.

⑤ ㉤   관형절   목적어
㉤은 '아주 어렵–'이 전성 어미 '–은'과 결합하여 관형절로 안겨 있다. 그리고 안긴문장에서는 '과제가 아주 어렵다.'의 '과제라는' 주어가 생략되어 있다.

★★ 문제 해결 꿀~팁 ★★

▶ 많이 틀린 이유는?
주어진 자료의 안긴문장의 종류를 정확히 이해했지만, 생략된 문장 성분이 무엇인지 정확히 파악하지 못해 오답률이 높았던 것으로 보인다.

▶ 문제 해결 방법은?
일차적으로 어떤 절이 안겨 있는지를 파악하면서, 안은문장과 안긴문장을 나누어서 두 개의 문장으로 만드는 것이 중요하다. 그래야만 문장을 안길 때 어떤 문장이 생략되었는지 알 수 있기 때문이다.
㉣의 '그는 내가 늘 쉬던 공원에서 산책을 했다.'를 나누면 '그는 공원에서 산책을 했다.'와 '나는 늘 공원에서 쉬었다.'로 나눌 수 있다. 이를 ㉣과 비교하면 부사어 '공원에서'가 겹쳐 하나의 '공원에서'가 생략되었음을 알 수 있다.
이처럼 겹문장을 이해할 때에는 홑문장으로 나누는 능력도 필요하므로 평소 기출 문제를 접할 때 겹문장을 홑문장으로 나누는 연습을 해 볼 수 있도록 한다.

▶ 오답인 ③을 많이 선택한 이유는?
③번 문제를 적절하다고 선택하여 오답률이 높았던 가장 큰 이유는, 명사절로 안긴문장을 볼 때 '동생'이라는 주어가 생략되었다고 잘못 생각했기 때문이다. 이 경우에도 문장을 둘로 나누면 '동생이 깨달았다.'와 '자신의 판단이 옳았다.'로 나눌 수 있으므로, ㉢과 비교할 때 주어가 생략되지 않았음을 알 수 있다.

---

40 대화 내용을 통한 수정의 기준 파악   정답 ④

(나)의 대화에서 학생들이 주목한 수정의 기준으로 적절하지 **않은** 것은?

① 수진 : 공적인 맥락인가, 사적인 맥락인가?
"아무래도 학교 신문에 싣기에는 그 형식에 맞지 않는 것 같아."라는 말을 통해 알 수 있다.

② 수진 : 언어 표현은 적절하다고 할 수 있는가?
"표현 방식을 수정할 때 과도한 줄임 표현을 사용하는 건 자제해야 할 것 같아."라는 말을 통해 알 수 있다.

③ 동원 : 의사소통의 목적에 맞는 내용인가?
"동아리 활동 보고문이라는 성격이 잘 드러나지 않는다는 게 더 문제인 듯해."라는 말을 통해 알 수 있다.

✔ ④ 동원 : 매체의 심미적인 특성이 잘 드러나는가?
'동원'이 매체의 심미적인 특성을 고려하여 글의 수정 사항에 대해 언급하지는 않고 있다.

⑤ 재준 : 의사소통의 수용자를 고려하고 있는가?
"우리 학교 신문은 홈페이지에도 올라가니까 외부 사람들도 접할 수 있겠더라고."라는 말을 통해 알 수 있다.

---

41 수정 계획의 반영 여부 판단   정답 ③

(나)를 바탕으로 '지수'가 세운 수정 계획 중 (다)에 반영되지 **않은** 것은?

> • 수정 계획 •
>
> ㉠ 인터넷 채팅 용어는 모두 삭제할 것.
> ㉡ 무분별한 줄임말을 삭제하거나 풀어서 제시할 것.
> ㉢ 제목의 의미가 부각되도록 비유적인 표현을 활용할 것.
> ㉣ 중복 제시된 내용을 삭제하면서 문장의 순서를 조정할 것.
> ㉤ 글의 맥락에서 벗어나는 개인적인 감정 표현을 자제할 것.

① ㉠ 인터넷 채팅 용어는 모두 삭제할 것.
'수진'의 첫 번째 발화 내용을 수용한 계획이며, (다)에서는 해당 내용들이 삭제되어 있다.

② ㉡ 무분별한 줄임말을 삭제하거나 풀어서 제시할 것.
'수진'의 두 번째 발화 내용을 수용한 계획이며, (다)에서는 해당 내용들을 삭제하거나 풀어서 제시하고 있다.

✔ ③ ㉢ 제목의 의미가 부각되도록 비유적인 표현을 활용할 것.
(나)에서는 제목의 의미가 부각되도록 비유적인 표현을 활용하자는 논의를 한 바가 없다. 또한 제목 역시 수정 전의 제목에서 비유적 표현을 사용하고 있으므로 적절하지 않다.

④ ㉣ 중복 제시된 내용을 삭제하면서 문장의 순서를 조정할 것.
'동원'의 두 번째 발화 내용을 수용한 계획이며, (다)에서는 해당 내용이 삭제되어 있으며, 순서도 조정하고 있다.

⑤ ㉤ 글의 맥락에서 벗어나는 개인적인 감정 표현을 자제할 것.
'동원'의 첫 번째 발화 내용을 수용한 계획이며, (다)에서는 해당 내용들이 삭제되어 있다.

---

42 조언에 따른 내용의 수정   정답 ⑤

〈보기〉는 (다)를 읽은 동아리 지도 교사의 댓글이다. 〈보기〉를 바탕으로 ⓐ~ⓔ를 보완할 내용으로 가장 적절한 것은?

> ─────〈보 기〉─────
> ↳ **김형탁 선생님** : 지수야, 보내준 글 잘 읽었어. 몇 가지 수정할 부분만 간단하게 얘기해 줄게. 먼저 동아리 활동 전반이 드러날 수 있게 축제를 준비하는 과정을 조금 더 구체적으로 서술하면 좋겠어. 또 축제 때 우리가 공연했던 모습도 보다 상세히 묘사하면 좋을 듯해.

① ⓐ의 '시작을 알리는 것은'을 '불을 지피는 것은'으로 수정한다.

② ⓑ를 삭제하는 대신 '□□고의 난타반'을 소개하는 문장을 삽입한다.

③ ⓒ의 '말로 표현할 수 없는 기쁨이었다.'를 '가슴 벅찬 감동 그 자체였다.'로 수정한다.

④ ⓓ의 뒤에 '그동안의 준비 과정이 주마간산처럼 스쳐 지나갔다.'라는 문장을 삽입한다.

✔ ⑤ ⓔ의 '힘든 시간'을 구체적으로 드러낼 수 있는 내용을 추가하여 제시한다.
'선생님'께서 조언하신 내용의 핵심은 축제 준비 과정과 공연 모습을 보다 구체적으로 서술하면 좋겠다는 것이다. '힘든 시간'을 부연할 수 있는 내용을 추가하는 방안은 축제 준비 과정을 구체적으로 서술하는 것에 해당하므로 적절하다.

---

43 매체의 특성 파악   정답 ④

(가)와 (나)에 대한 이해로 가장 적절한 것은?

① (가)는 각 기사의 표제의 길이가, (나)는 표제의 내용이 독자의 정보 수용 과정에 영향을 미친다.
(가)의 표제 길이가 독자의 정보 수용 과정에 영향을 미치는 것은 아니다.

② (가)와 달리 (나)는 기사의 작성 일자를 확인할 수 있으므로 정보의 시의성을 판단하기 용이하다.
(나)뿐만 아니라 (가) 또한 기사의 작성 일자를 확인할 수 있다.

③ (가)와 달리 (나)는 기사의 표제뿐만 아니라 부제의 내용과 표현도 독자의 주의를 끄는 요인이 된다.
(나)에는 표제만 제시되었을 뿐 부제는 따로 제시되어 있지 않다.

✔ ④ (나)와 달리 (가)는 여러 언론사의 표제를 한 면에서 확인할 수 있으므로 다양한 주제의 기사를 찾아볼 수 있다.
(가)는 특정 키워드를 바탕으로 여러 언론사의 기사 표제를 검색하는 창이다. 따라서 특정 제재와 관련 있는 다양한 주제의 기사를 찾아볼 수 있다.

⑤ (나)와 달리 (가)는 다양한 제재의 기사를 한 번에 검색할 수 있으므로 관심 분야의 정보를 손쉽게 확인할 수 있다.
(가)는 다양한 제재의 기사가 아닌, 하나의 제재에 대한 기사를 한 번에 검색할 수 있는 매체이다.

---

44 자료에 따른 매체 자료의 이해   정답 ②

〈보기〉를 참고하여 (가), (나)에 대해 이해한 내용으로 적절하지 **않은** 것은? [3점]

> ─────〈보 기〉─────
> 미디어 프레이밍(Media Framing)은 뉴스 미디어가 어떠한 사회적 이슈나 사건을 취재해 보도하는 과정에서 특정한 프레임을 이용함으로써 시청자나 독자들의 뉴스 해석과 이로 인한 여론 형성 과정에 영향을 미치는 과정을 설명한다. 대표적인 뉴스 미디어의 프레이밍 전략은 '선택(selection)과 강조(salience)' 그리고 '무시(ignorance)' 전략으로 알려져 있다. 뉴스가 현실을 있는 그대로를 보여 준다기보다 현실의 일부분을 선택, 강조해서 보여 주거나 특정 측면은 무시해서 보여 주지 않는 것이다.

① (가)의 ⓐ, ⓑ는 인공 지능에 따른 긍정적인 효과를 강조하는 전략이 적용된 기사에 해당하겠군.
ⓐ, ⓑ는 인공 지능으로 인해 변화하는 사회의 긍정적인 부분을 부각하고 있는 표제이다.

✔ ② (가)의 ⓒ, ⓓ는 현실의 일부분을 선택하고 특정 측면은 무시하는 전략이 적용된 기사에 해당하겠군.
ⓒ, ⓓ는 특정한 측면을 무시하기보다는 의문을 제기하면서 균형 잡힌 시각으로 현상을 바라볼 수 있게 하는 기사의 표제에 해당한다.

③ (나)의 본문에서는 대한민국 포럼 정책 제안 발표회에서 제시된 내용 중 특정 견해를 선택하여 보도하겠군.
(나)의 본문에서는 □□디지털문화연구소장의 견해를 중심으로 내용을 전개하고 있다.

④ (나)의 '게임 편용'이라는 표현은 게임 산업에 대한 기존의 관점이 지닌 문제점을 지적하기 위한 강조의 일환이군.
(나)의 '게임 편용'은 '게임 중독'과 같은 용어가 가진 문제점을 극복하기 위해 제시된 표현에 해당한다.

⑤ (나)에 제시된 전문가 인터뷰는 게임 산업에 대한 여론 형성 과정에서 게임의 긍정적인 면을 무시한 측면을 지적하고 있군.
(나)에서는 □□디지털문화연구소장의 인터뷰를 인용하며 여론 형성 과정에서 발생한 게임의 긍정적 측면을 무시한 문제점을 지적하고 있다.

---

45 매체의 언어적 특성 파악   정답 ③

(나)의 언어적 특성을 고려할 때, ㉠~㉤에 대한 설명으로 가장 적절한 것은?

① ㉠ : '~하는'을 써서 기사에서 주목하는 사건이 진행 중임을 표현하였다.
'개최됐다'라는 표현을 통해 대한민국 게임 포럼 정책 제안 발표회는 과거의 사건이라는 사실을 알 수 있다.

② ㉡ : '–라고'를 써서 앞선 내용이 직접 인용한 발언임을 드러내었다.
직접 인용이 아닌 간접 인용의 형태로 전문가의 견해를 서술하고 있다.

✔ ③ ㉢ : '–ㄹ 것입니다'를 써서 예상되는 문제점을 지적하고 있다.
'~변화와 혁신을 완전히 무시하는 결과로 이어질 것입니다.'라는 표현을 통해 추후 발생할 수 있는 문제점을 지적하고 있다.

④ ㉣ : '–지만'을 써서 앞뒤의 내용을 대조하여 나타내었다.
'–지만'을 기준으로 앞뒤의 내용이 대조되고 있지 않다.

⑤ ㉤ : '~같은'을 써서 추후 개선 방향을 비유적으로 제시하였다.
비유적인 표현이 드러나 있지 않다.

• 정답 •
35 ② 36 ① 37 ③ 38 ⑤ 39 ① 40 ④ 41 ③ 42 ① 43 ⑤ 44 ⑤ 45 ⑤

★ 표기된 문항은 [등급을 가르는 문제]에 해당하는 문항입니다.

★★★ 등급을 가르는 문제!
35 단어 형성의 원리 이해
정답률 31% | 정답 ②

〈보기〉의 ㄱ ~ ㅁ 중 윗글에서 설명한 단어 형성 방법의 사례에 해당하는 것만을 있는 대로 고른 것은?

─〈보 기〉─
ㄱ. '선생님'을 줄여서 '샘'이라는 말을 만들었다.
ㄴ. '개-'와 '살구'를 결합하여 '개살구'라는 말을 만들었다.
ㄷ. '사범'과 '대학'을 결합하여 '사대'라는 말을 만들었다.
ㄹ. '점잖다'라는 형용사로부터 '점잔'이라는 말을 만들었다.
ㅁ. '비빔'과 '냉면'을 결합하여 '비빔냉면'이라는 말을 만들었다.

① ㄱ, ㄹ　✔② ㄷ, ㅁ　③ ㄱ, ㄴ, ㄷ　④ ㄴ, ㄷ, ㅁ　⑤ ㄴ, ㄹ, ㅁ

ㄱ. '선생님'을 줄여서 '샘'이라는 말을 만들었다.
　'선생님'을 줄여 '샘'을 만든 것은 선생님이 설명한 앞말과 뒷말의 일부 음절을 딴 방식에 해당하지 않으므로 적절하지 않다.

ㄴ. '개-'와 '살구'를 결합하여 '개살구'라는 말을 만들었다.
　'개살구'는 접두사 '개-'와 명사 '살구'가 결합한 파생 명사로, 이에 대해 선생님이 설명하고 있지 않으므로 적절하지 않다.

ㄷ. '사범'과 '대학'을 결합하여 '사대'라는 말을 만들었다.
　ㄷ의 '사대'는 '사범'과 '대학'에서 첫 음절만 따서 형성된 경우로, 선생님이 설명하고 있는 '인터넷'과 '강의'가 합쳐지면서 줄어든 말인 '인강'과 형성 방식이 동일하다.

ㄹ. '점잖다'라는 형용사로부터 '점잔'이라는 말을 만들었다.
　'점잔'은 '점잖은 태도'를 뜻하는 명사로, 형용사 '점잖다'로부터 만들어진 말이다. '점잔'은 합성 명사가 아니기 때문에 대화의 사례에 해당하지 않는다.

ㅁ. '비빔'과 '냉면'을 결합하여 '비빔냉면'이라는 말을 만들었다.
　ㅁ의 '비빔냉면'은 용언의 활용형 '비빔'과 명사 '냉면'이 결합한 경우로, 선생님이 설명하고 있는 '건널목, 노림수, 섞어찌개'와 형성 방식이 동일하다.

★★ 문제 해결 꿀~팁 ★★

▶ 많이 틀린 이유는?
주어진 〈보기〉의 사례를 선생님이 설명한 내용을 통해 일일이 확인해야 하는 데서 어려움을 겪었을 것이고, 특히 'ㄴ'의 포함 여부로 헷갈려서 오답률이 높았던 것으로 보인다.
▶ 문제 해결 방법은?
〈보기〉에 제시된 'ㄱ ~ ㅁ'의 사례를 정확히 이해할 수 있어야 한다. 그런 다음 제시된 사례가 선생님이 설명한 내용의 어느 부분에 해당하는지를 파악해야 한다. 즉 ㄷ의 '사대'가 첫 음절만 따서 형성된 경우이고 ㅁ의 '비빔냉면'이 용언의 활용형 '비빔'과 명사 '냉면'이 결합한 경우임을 확인하여, 이를 선생님이 설명하고 있는 내용에 해당하는지 판단할 수 있어야 한다. 주의할 점은 선생님의 설명이 합성 명사에 초점을 맞추고 있으므로 이에 벗어나는 것(ㄹ의 사례)은 골라서는 안 된다.
▶ 오답인 ④를 많이 선택한 이유는?
④를 고른 학생들의 대부분은 'ㄴ'에 언급된 '개살구'가 접두사 '개-'와 명사 '살구'가 결합한 파생 명사임을 간과하고, 이를 동물인 '개'와 과일인 '살구'가 결합한 합성 명사로 생각했기 때문으로 보인다. 즉 합성 명사와 파생 명사에 대한 정확한 이해가 부족했기 때문에 '개살구'를 합성 명사로 판단한 것으로 보인다.

36 단어의 구조 파악
정답률 67% | 정답 ①

밑줄 친 단어 중 ㉠의 예로 적절한 것은?

✔① 자기 잘못은 자기가 책임져야 한다.
　'잘못'은 '잘하지 못하여 그릇되게 한 일. 또는 옳지 못하게 한 일.'이라는 의미를 지닌 명사로 사용되기도 하지만, '틀리거나 그릇되게. 적당하지 아니하게.'라는 의미를 지닌 부사로도 쓰인다. 그리고 '잘못'의 '잘(옳고 바르게)'과 뒷말 '못(동사가 나타내는 동작을 할 수 없다거나 상태가 이루어지지 않았다는 부정의 뜻을 나타내는 말.)'은 모두 부사이므로, '잘못'은 부사와 부사가 결합하여 합성 명사가 형성된 경우에 해당한다.

② 언니는 가구를 전부 새것으로 바꿨다.
　'새것'은 관형사 '새'와 명사 '것'이 결합하여 합성 명사가 형성된 경우로, 대화에 제시된 '새색시'와 같은 형성 방식이다.

③ 아이가 요사이에 몰라보게 훌쩍 컸다.
　'요사이'는 관형사 '요'와 명사 '사이'가 결합하여 합성 명사가 형성된 경우로, 대화에 제시된 '새색시'와 같은 형성 방식이다.

④ 오늘날에는 교육에서 창의성이 중시된다.
　'오늘날'은 명사 '오늘'과 명사 '날'이 결합하여 합성 명사가 형성된 경우로, 대화에 제시된 '논밭, 불고기'와 같은 형성 방식이다.

⑤ 나는 갈림길에서 어디로 가야 할지 몰랐다.
　'갈림길'은 용언 '갈리다'의 활용형 '갈림'과 명사 '길'이 결합하여 합성 명사가 형성된 경우로, 대화에 제시된 '건널목, 노림수, 섞어찌개'와 같은 형성 방식이다.

37 품사의 특징 파악
정답률 95% | 정답 ③

〈보기〉의 담화 상황에서 ⓐ ~ ⓔ가 가리키는 대상이 같은 것끼리 바르게 짝지어진 것은?

─〈보 기〉─
(수빈, 나경, 세은이 대화를 하고 있다.)
수빈 : 나경아. 머리핀 못 보던 거네. 예쁘다.
나경 : 고마워. ⓐ 우리 엄마가 얼마 전 새로 생긴 선물 가게에서 사 주셨어.
세은 : 너희 어머니 참 자상하시네. 나도 그런 머리핀 하나 사고 싶은데 ⓑ 우리 셋이 지금 사러 갈까?
수빈 : 미안해. 나도 같이 가고 싶은데 ⓒ 우리 집에 일이 있어 못 갈 것 같아.
세은 : 그래? 그럼 할 수 없네. ⓓ 우리끼리 가지, 뭐.
나경 : 그래. 수빈아. 다음엔 꼭 ⓔ 우리 다 같이 가자.

① ⓐ － ⓑ
② ⓐ － ⓓ
✔③ ⓑ － ⓔ
　〈보기〉에 제시된 '우리'는 대화 맥락에 따라 서로 다른 대상을 가리키고 있다. 즉 ⓑ는 대화 참여자 '수빈, 나경, 세은' 모두를 포함하며, 또한 ⓔ의 '우리' 역시 머리핀을 사러 같이 갈 수 없는 '수빈'을 포함한 대화 참여자 세 명을 모두 가리키고 있다. 이는 전체적인 대화 맥락과 ⓑ와 함께 쓰인 '셋이', ⓔ와 함께 쓰인 '다 같이'를 통해서도 확인할 수 있다.
　ⓐ의 '우리'가 가리키는 대상은 나경 혹은 나경을 포함한 형제자매이며, ⓒ의 '우리' 역시 수빈 혹은 수빈의 가족 구성원을 의미하는 것이다. 그리고 ⓓ의 '우리'가 가리키는 대상은 청자인 수빈이 포함되지 않은 나경과 세은만을 가리킨다.

④ ⓒ － ⓓ
⑤ ⓒ － ⓔ

★★★ 등급을 가르는 문제!
38 중세 국어의 이해
정답률 52% | 정답 ⑤

〈보기 1〉의 중세 국어의 특징을 바탕으로 〈보기 2〉의 ⓐ ~ ⓓ를 탐구하는 활동을 수행하였다. 학생들이 탐구한 내용으로 적절하지 않은 것은? [3점]

─〈보기 1〉─
㉠ 설명 의문문과 판정 의문문에서 쓰이는 종결 어미가 서로 달랐다.
㉡ 체언에 결합하는 조사의 형태는 모음 조화에 따라 결정되었다.
㉢ 높임의 호격 조사로서 현대 국어에 없는 형태가 있었다.
㉣ 선어말 어미의 결합 순서가 현대 국어와 다른 경우가 있었다.
㉤ 듣는 이를 높이기 위한 선어말 어미가 사용되었다.

─〈보기 2〉─
ⓐ 므슴 마를 니르느뇨 [무슨 말을 말하느냐?]
ⓑ 져므며 늘구미 잇느녀 [젊으며 늙음이 있느냐?]
ⓒ 虛空과 벼를 보더시니 [허공과 별을 보시더니]
ⓓ 世尊하 내 堂中에 이셔 몬져 如來 보ᅀᆞ고 [세존이시여, 내가 집 안에서 먼저 여래 뵙고]

① ⓐ의 '니르느뇨'와 ⓑ의 '잇느녀'를 비교해 보면, ㉠을 확인할 수 있군.
　ⓐ는 의문사 '무슴'을 포함하는 설명 의문문이어서 '-느뇨'가, ⓑ는 판정 의문문이어서 '-느녀'가 쓰인 것으로, 이를 통해 ㉠을 확인할 수 있다.

② ⓐ의 '마를'과 ⓒ의 '벼를'을 비교해 보면, ㉡을 확인할 수 있군.
　ⓐ의 '마를'에서는 목적격 조사 '을'이, ⓒ의 '벼를'에서는 목적격 조사 '을'이 사용되었다. 이를 통해 '을'과 '을'은 선행 체언의 모음이 양성 모음('마'의 'ㅏ')이나 음성 모음(벼의 'ㅕ')이냐에 따라 달리 선택되었음을 알 수 있다.

③ ⓓ의 '世尊하'를 보면, ㉢을 확인할 수 있군.
　ⓓ의 '世尊하'를 현대어로는 '세존이시여'로 풀이한 것을 볼 때, '하'는 높임의 호격 조사로서 현대 국어에 없는 형태임을 알 수 있다.

④ ⓒ의 '보더시니'를 보면, ㉣을 확인할 수 있군.
　ⓒ의 '보더시니'가 현대어로는 '보시더니'로 풀이됨을 볼 때 선어말 어미 '-시-'와 '-더-'의 결합 순서가 중세 국어와 현대 국어에서 차이가 있는 경우가 있음을 알 수 있다.

✔⑤ ⓓ의 '보ᅀᆞ고'를 보면, ㉤을 확인할 수 있군.
　ⓓ의 '보ᅀᆞ고'에 쓰인 선어말 어미는 '-ᅀᆞ-'인데, 이는 문장의 객체인 '여래(如來)'를 높이기 위해 쓰인 것이다. '보ᅀᆞ고'의 현대어 풀이가 '뵙고'인 점에서도 알 수 있다.

● 문법 필수 개념

■ 중세 국어의 높임법
① 주체 높임법 : 선어말 어미 '-시-', '-샤-'를 이용하여 행위의 주체를 높인다.
② 객체 높임법 : 선어말 어미 '-ᅀᆞ-', '-ᄌᆞ-', '-ᅀᆞ-'을 사용하여 규칙적으로 표현하였지만, 현대 국어에서는 완전히 소멸되었다.
③ 상대 높임법 : 듣는 이인 상대에 따라 ᄒᆞ라체, ᄒᆞ쇼셔체, ᄒᆞ야셔체 등 종결법을 달리 사용하였다. 또한 '-이-', '-잇-'을 이용하기도 하였다.
　◉ ᄒᆞ쇼셔, ᄒᆞ니잇가

★★ 문제 해결 꿀~팁 ★★

▶ 많이 틀린 이유는?
중세 국어의 특징을 이해하는 문제로, 중세 국어에 익숙하지 않은 데서 어려움을 겪어, 특히 객체 높임 선어말 어미 '-ᅀᆞ-'에 대한 이해 부족으로 오답률이 높았던 것으로 보인다.
▶ 문제 해결 방법은?
중세 국어 문제를 해결하는 가장 핵심적인 방법은 현대어와 비교해 보는 것이다. 즉 현대어 풀이를 통해 중세 국어의 특징을 파악하는 것이 문제 해결의 지름길이다.
⑤의 경우에도 객체 높임 선어말 어미 '-ᅀᆞ-'에 대한 정확한 이해가 없었더라도, 현대어 풀이인 '세존이시여, 내가 집 안에서 먼저 여래 뵙고'를 보면 '보ᅀᆞ고'가 주체인 세존을 높이는 것이 아닌 객체인 여래를 높이고 있음을 금방 알 수 있을 것이고, ⑤가 적절하지 않음을 확인할 수 있을 것이다. 실제 시험에서 중세 국어 문제는 겉으로는 어렵게 보이지만 현대어 풀이를 활용하면 문제를 쉽게 해결할 수 있으므로, 문제를 풀 때 반드시 현대어 풀이와 비교하며 선지에 접근할 수 있도록 해야 한다.

②를 고른 학생의 대부분은 모음 조화에 대한 정확한 이해가 없어서 적절하지 않은 것으로 판단된다. 즉 'ㅏ', 'ㅗ' 따위의 양성 모음은 양성 모음끼리, 'ㅓ', 'ㅜ' 따위의 음성 모음은 음성 모음끼리 어울리는 현상인 모음 조화에 대한 정확한 이해가 부족했기 때문으로 보인다. 또한 '마롤'이 '말＋올'로, '벼를'이 '별＋을'로 분석하지 못한 것도 오답률이 높았던 이유라 할 수 있다. 그런데 이를 현대어 풀이와 비교하면 현대어 풀이에서는 '을' 한 가지만 쓰이고 있지만, 중세 국어에서는 '올(마롤 ― 말＋올)'과 '을(벼를 ― 별＋을)'로 쓰이고 있다는 것, 그리고 '올'과 '을'이 쓰인 앞 모음이 다르다는 것을 파악하였으면 모음 조화에 따라 체언에 결합하는 조사의 형태가 달라졌음을 파악할 수 있었을 것이다.

---

39 시간 표현 파악 정답률 61% | 정답 ①

밑줄 친 말에 주목하여 〈보기〉의 ㉠ ~ ㉤에 대해 탐구한 결과로 적절하지 않은 것은?

〈보 기〉
㉠ 거기에는 눈이 왔겠다. / 지금 거기에는 눈이 오겠지.
㉡ 그가 집에 갔다. / 막차를 놓쳤으니 나는 집에 다 갔다.
㉢ 내가 떠날 때 비가 올 것이다. / 내가 떠날 때 비가 왔다.
㉣ 그는 지금 학교에 간다. / 그는 내년에 진학한다고 한다.
㉤ 오늘 보니 그는 키가 작다. / 작년에 그는 키가 작았다.

☑ ㉠을 보니, 선어말 어미 '-겠-'이 미래의 사건을 추측하는 데에 쓰이고 있군.
㉠의 앞 문장에서 '-았-'과 '-겠-'이 함께 쓰였고, ㉠의 뒤 문장에서 '지금'이라는 부사와 '-겠-'이 함께 쓰였다. 이를 통해 미래의 사건을 추측하는 데에 쓰이지 않음을 알 수 있다. 즉 ㉠의 예문에 쓰인 '-겠-'은 과거나 현재의 사건을 추측하는 데에 쓰이고 있다.

② ㉡을 보니, 선어말 어미 '-았-'이 과거 시제를 나타내지 않는 경우도 있군.
㉡의 '막차를 놓쳤으니 나는 집에 다 갔다.'에 쓰인 '-았-'은 아직 이루어지지 않은 사건에 대한 확신을 나타내므로 적절하다.

③ ㉢을 보니, 관형사형 어미 'ㄹ'이 붙을 때 미래의 사건을 나타내지 않는 경우도 있군.
㉢의 뒤 문장에 쓰인 관형사형 어미 'ㄹ'은 '왔다'의 '-았-'과 함께 쓰였다는 점에서 미래의 사건을 나타낸다고 보기 어려우므로 적절하다.

④ ㉣을 보니, 현재 시제 선어말 어미 '-ㄴ-'이 미래의 사건을 나타낼 때도 쓰이고 있군.
㉣의 '진학한다고'에 쓰인 '-ㄴ-'은 '내년에'와 함께 쓰인다는 점에서 미래의 사건을 나타내므로 적절하다.

⑤ ㉤을 보니, 형용사에서 현재 시제를 나타낼 때 시제 선어말 어미가 나타나지 않고 있군.
㉤의 앞 문장에 쓰인 형용사 '작다'는 '오늘'과 함께 쓰여 현재 시제를 나타내고 있고, 시제 선어말 어미가 결합하지 않고 기본형 그대로 사용되고 있으므로 적절하다.

---

40 매체를 통한 대화의 특성 파악 정답 ④

(가)의 대화에 대한 설명으로 가장 적절한 것은?

① 경철은 하이퍼링크를 사용하여 특정 정보를 불특정 다수와 공유하려 하고 있다.
경철이 하이퍼링크인 'https://www.▲▲▲▲.co.kr/'를 사용하여 특정 정보를 공유하고는 있지만, 공유하려는 대상은 불특정 다수가 아닌 휴대 전화 대화방에 참여한 사람들이다.

② 현경과 윤석은 이모티콘을 활용하여 자신들의 감정을 대화 참여자들에게 드러내고 있다.
현경은 한글 자음자로 자신의 감정을 표현하고 있고, 윤석은 이모티콘을 활용하여 자신들의 감정을 표현하고 있다.

③ 유선은 대화가 이루어지는 매체 특성을 활용하여 자신이 만든 시각 자료를 보여 주고 있다.
유선은 발표용 프로그램을 이용해 슬라이드를 만드니까 다양한 시각적 이미지를 활용했으면 한다는 의견을 제시하고 있지만, 시각적 자료를 대화 참여자들에게 직접 보여 주지는 않고 있다.

☑ 윤석은 자신이 찾은 자료를 매체 특성을 활용하여 대화에 참여한 사람에게 전달해 주고 있다.
민아는 윤석이 찾은 보고서를 보내 달라 요구하였고, 이에 대해 윤석은 '연구 보고서 자료.jpg' 파일을 보내고 있다. 따라서 윤석은 자료를 보낼 수 있는 휴대 전화의 특성을 이용하여 대화 참여자에게 자료를 보내 주었다고 할 수 있다.

⑤ 민아는 휴대 전화 메신저로 이루어지는 대화의 장점을 언급하며 해당 매체로 대화할 것을 제안하고 있다.
'민아'는 휴대 전화 메신저로 대화할 것을 제안하고 있지만, 이러한 휴대 전화 메신저의 장점에 대해 언급하지는 않고 있다.

---

41 매체 활용 계획의 반영 여부 판단 정답 ③

㉠ ~ ㉤을 바탕으로 '민아'가 세운 발표 자료 제작 계획 중 (나)에 반영되지 않은 것은?

① ㉠에 언급된 자료들을 문자 언어와 함께 배치하여 발표 내용이 복합 양식적이도록 해야겠군.
(나)의 '슬라이드'에서는 사진, 그래프, 동영상을 제시하면서, 각각에 대해 문자 언어로 무엇인지 설명하고 있으므로 문자 언어로 발표 내용을 제시하였다고 할 수 있다. 한편 복합 양식적인 문자 언어뿐만 아니라 시각 자료, 동영상 자료를 모두 사용하는 것으로, 오늘날 대중 매체가 지닌 주요 특징 중 하나이다.

② ㉡을 고려하여 슬라이드 처음에는 '다모아 시장'의 이름의 의미, 발생, 주요 특산물 등을 소개하는 것이 좋겠어.
전통 시장에 대해 소개하자는 유선의 의견에 대해 경철은 ㉡에서 언급한 것처럼 '다모아 시장'에 집중해서 설명하는 것이 좋다고 말하고 있다. 그리고 민아가 만든 슬라이드 처음을 보면 '다모아 시장'과 관련된 주요 정보만을 제시하고 있으므로 적절하다고 할 수 있다.

☑ ㉢의 의견을 반영하여 전통 시장의 문제점과 이와 대비되는 '다모아 시장'의 장점을 보여 주면서 '만족감'을 드러내는 별도 내용도 제시해야겠어.

---

42 댓글에 따른 수정 내용 반영 여부 판단 정답 ①

〈보기〉는 (나)에 달린 '댓글'이다. 〈보기〉를 바탕으로 (나)의 세 번째 슬라이드를 수정한 ⓐ ~ ⓔ 중 적절하지 않은 것은? [3점]

〈보 기〉

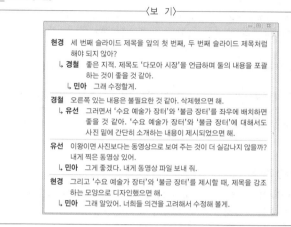

현경 세 번째 슬라이드 제목을 앞의 첫 번째, 두 번째 슬라이드 제목처럼 해야 되지 않아?
ㄴ 경철 좋은 지적. 제목을 '다모아 시장'을 언급하며 둘의 내용을 포괄하는 것이 좋을 것 같아.
ㄴ 민아 그래 수정할게.
경철 오른쪽 있는 내용은 불필요한 것 같아. 삭제했으면 해.
ㄴ 유선 그러면서 '수요 예술가 장터'와 '불금 장터'를 좌우에 배치하면 좋을 것 같아. '수요 예술가 장터'와 '불금 장터'에 대해서도 사진 밑에 간단히 소개하는 내용이 제시되었으면 해.
유선 이왕이면 사진보다는 동영상으로 보여 주는 것이 더 실감나지 않을까? 내게 찍은 동영상 있어.
ㄴ 민아 그게 좋겠다. 내게 동영상 파일 보내 줘.
현경 그리고 '수요 예술가 장터'와 '불금 장터'를 제시할 때, 제목을 강조하는 모양으로 디자인했으면 해.
ㄴ 민아 그래 알았어. 너희들 의견을 고려해서 수정해 볼게.

3. '다모아 시장'만이 지니고 있는 특색 - ⓐ
ⓑ 특색 하나 수요 예술가 장터   특색 둘 불금 장터
ⓒ
ⓓ
┌ ⓔ 지역 예술가들이 주축이 되어 매주 수요일에 자신이 만든 제품을 팔거나 소비자의 모습을 그려 주고 있음.
└ 낮에 시장을 볼 수 없는 소비자를 위해 매 금요일 밤에 밤 12시까지 시간을 연장하여 늦은 밤에도 장을 볼 수 있게 함.

☑ ① ⓐ   ② ⓑ   ③ ⓒ   ④ ⓓ   ⑤ ⓔ

① ⓐ
현경은 '세 번째 슬라이드 제목도 앞의 첫 번째, 두 번째 슬라이드 제목처럼 해야 되지 않아.'라고 하고 있는데, 현재 제목은 '다모아 시장'을 언급하며 둘의 내용을 포괄하는 것이 좋을 것 같다는 경철의 의견만을 수용하고 있다. 따라서 현경의 의견은 수정에 반영되어 있지 않다.

---

43 매체의 특성 비교 이해 정답 ⑤

〈보기〉를 참고하여 (가)와 (나)의 매체 특성을 설명한 것으로 적절하지 않은 것은?

〈보 기〉
신문 기사와 텔레비전 뉴스는 정보 제공자가 대중들에게 정보를 제공한다는 점에서는 유사성이 있지만, 정보 제시 언어나 정보 제공 속도 측면에서는 차이를 보인다. 또한 정보 수용자가 주어진 정보를 선택하는 정보 수용 과정에서도 차이를 보인다.

① (가)와 (나) 모두 제공되는 정보는 수용자에게 일방향적으로 전달되고 있다.
(가)는 인쇄 매체인 신문이고 (나)는 영상 매체인 텔레비전이므로 쌍방향으로 의사소통되는 인터넷과 달리 수용자에게 일방향적으로 정보가 전달된다고 할 수 있다.

② (가)는 문자만 사용하고 있지만 (나)는 문자와 음성, 영상 등을 사용하는 복합 양식성을 지닌다고 할 수 있다.
(가)를 통해 문자 언어만 사용되고 있음을 알 수 있지만, (나)는 문자 언어뿐만 아니라 음성, 영상 등을 사용하고 있어서 복합 양식성을 지니고 있음을 알 수 있다.

③ (나)는 정보가 수용자에게 유통되는 정보 제공 속도가 (가)보다 빠르다고 할 수 있다.
(가)는 시간과 공간의 제약이 있어 수용자에게 유통되기 위해서는 비교적 긴 시간에 걸쳐 복잡한 절차를 거쳐야 하므로 정보 제공 속도는 느리다고 할 수 있다. 반면에 (나)는 시간과 공간의 제약이 (가)보다 덜해서 수용자에게 제공되는 정보 제공 속도는 (가)보다 빠르다고 할 수 있다.

④ (나)는 (가)에 비해 정보 수용자의 문자 해독 능력과 상관없이 정보 수용이 가능하다고 할 수 있다.
(가)는 문자 해독력이 없으면 정보 내용을 정확히 알 수 없지만, (나)는 주로 음성과 영상만으로 정보가 전달되기 때문에 정보 수용자의 문자 해독 능력과 상관없이 정보 수용이 가능하다고 할 수 있다.

☑ (나)의 정보 수용자가 (가)의 정보 수용자에 비해 정보를 선택할 수 있는 정보 선택권을 더 보장받았다고 할 수 있다.
(가)는 신문 기사로 신문에 있는 제시된 정보들을 선택해서 볼 수 있지만, (나)는 텔레비전 뉴스이므로 텔레비전 방송에서 제공되는 정보만을 볼 수 있을 뿐, 시청자 자신이 원하는 정보를 선택해서 볼 수는 없다.

---

44 매체 내용의 비교 이해 정답 ⑤

(가)와 (나)에 대한 이해로 가장 적절한 것은?

① (가)의 표제, 부제와 달리 (나)의 자막은 제시할 정보 내용을 압축적으로 제시하고 있다.

(가)에서는 표제나 부제가 제시할 정보를 압축적으로 보여 주고 있다. 또한 (나)에서도 '일과 생활의 균형을 실현하는 ◇◇ 기업'이라는 자막을 통해 제시할 정보가 무엇인지 압축적으로 제시하였다고 볼 수 있다.

② (가)와 달리 (나)에서는 '워라밸'이 개인뿐만 아니라 가정에 미치는 영향을 보여 주고 있다.

(가)를 통해 '워라밸'이 직장인들의 가정을 고려하여 실행되고 있음을 밝히고 있지만, 이러한 '워라밸'이 개인뿐만 아니라 가정에 미치는 영향을 보여 주지는 않고 있다. 그리고 (나)를 통해 '워라밸'이 근로 의욕을 부추긴다는 점에서 개인에게 영향을 미치고 있음을 알 수 있지만, 가정에 영향을 미치는지는 찾아볼 수 없다.

③ (나)는 (가)와 달리 통계 자료를 구체적으로 제시하여 독자들에게 신뢰감을 주고 있다.

(나)에서는 구체적인 수치를 제시하고는 있지만 통계 자료는 제시하고 있지 않다. 이와 달리 (가)에서는 구체적인 통계 자료를 제시하여 독자들에게 신뢰감을 주고 있다고 할 수 있다.

④ (나)와 달리 (가)에서는 전문가의 말을 통해 '워라밸'이 지닌 가치를 부각시키고 있다.

(가)에서는 전문가의 말을 인용하여 제시하고 있지만, 이를 통해 '워라밸'이 지닌 가치를 부각시키지는 않고 있다. (나)에서는 특정 분야의 전문가라기보다 기업의 사람들에 대한 인터뷰 내용이 제시되어 있을 뿐이다.

☑ (가)와 (나) 모두 시의성 있는 '워라밸'을 실현하기 위한 기업의 구체적인 방법을 찾아볼 수 있다.

(가)에서는 '워라밸'을 위한 중소기업들의 '남성육아휴직', '가정의 날 지정', '가족 사랑 휴가'에 대해 언급하고 있다. 그리고 (나)에서는 ◇◇기업의 '워라밸'을 위한 동호회 활동, 복지 포인트, 보상에 대해 언급하고 있다. 따라서 (가), (나) 모두 '워라밸'을 실현하기 위한 기업의 구체적인 방법이 언급되었다고 할 수 있다.

---

45 매체의 언어적 특성 이해 | 정답 ⑤

(가), (나)의 언어적 특성을 고려할 때, ㉠~㉤에 대한 설명으로 적절하지 않은 것은?

① ㉠ : '~고 있다'를 사용하여 특정한 사회 현상이 진행 중임을 드러내고 있다.

② ㉡ : 연결 어미를 사용하여 앞 절과 뒤 절이 대등하게 이어짐을 나타내고 있다.

③ ㉢ : 직접 인용 표현을 사용하여 '워라밸'과 관련된 기업들의 노력이 지속될 것임을 밝히고 있다.

④ ㉣ : 공식적인 매체라는 점을 고려하여 비격식체가 아닌 격식체를 사용하고 있다.

☑ ㉤ : 피동 표현을 통해 '누적'한 주체를 드러내면서, '누적'한 대상의 쓰임새를 제시하고 있다.

㉤에서는 피동 표현인 '누적되는'이 사용되어 있지만, ㉤을 통해 '누적'한 주체가 누구인지는 드러나지 않고 있다. 단지 '누적된' 것이 '포인트'임을 드러내며 '포인트'의 쓰임새에 대해서 언급해 주고 있다.

• 정답 •
35 ③ 36 ③ 37 ③ 38 ⑤ 39 ③★ 40 ④ 41 ⑤ 42 ② 43 ④ 44 ④ 45 ④

★ 표기된 문항은 [등급을 가르는 문제]에 해당하는 문항입니다.

---

35 사동 표현의 특성 이해 및 적용 | 정답률 44% | 정답 ③

윗글을 바탕으로 할 때, 〈보기〉에서 적절한 것만을 있는 대로 고른 것은?

〈보 기〉
ㄱ. '(선물을) 받다', '(시간이) 늦다'는 모두 파생적 사동이 불가능한 동사이다.
ㄴ. '(넋을) 기리다'와 달리 '(연을) 날리다'는 사동 접사가 붙어 만들어진 동사이다.
ㄷ. '(공을) 던지다'와 달리 '(추위를) 견디다'는 어간이 'ㅣ'로 끝나기 때문에 사동 접사가 결합되지 못한다.
ㄹ. '(적과) 싸우다', '(동생과) 닮다'는 모두 특정한 상대 등을 필수적으로 요구하는 동사이기 때문에 사동 접사가 결합되지 못한다.

① ㄱ, ㄴ ② ㄱ, ㄷ ☑ ㄴ, ㄹ ④ ㄱ, ㄷ, ㄹ ⑤ ㄴ, ㄷ, ㄹ

ㄱ. '(선물을) 받다', '(시간이) 늦다'는 모두 파생적 사동이 불가능한 동사이다.

'늦다'는 어간 '늦-'에 '-추-'를 결합하여 '정해진 때보다 지나게 하다.'의 의미를 지닌 '늦추다'와 같은 파생적 사동이 가능하다. 하지만 제시된 글의 '(돈을) 주다'와 같이 주거나 받는 뜻을 가진 동사 등은 대개 사동 접사가 결합되지 못한다는 내용을 통해, '받다는 주거나 받는 뜻을 가진 동사에 해당하여 사동 접사가 결합하지 못함을 알 수 있다.

ㄴ. '(넋을) 기리다'와 달리 '(연을) 날리다'는 사동 접사가 붙어 만들어진 동사이다.

'넋을 기리다.'를 통해 '기리다'가 '뛰어난 업적이나 바람직한 정신, 위대한 사람 따위를 칭찬하고 기억하다.'라는 뜻을 가진 동사임을 알 수 있으므로, 사동 접사가 붙어 있지 않음을 알 수 있다. 이와 달리 '연을 날리다'를 통해 '날리다'의 기본형이 '날다'이고, 의미가 '공중에 띄워서 어떤 위치에서 다른 위치로 움직이게 하다.'라는 뜻을 가진 동사임을 알 수 있다. 따라서 '날리다'는 사동 접사 '-리-'가 붙어 있음을 알 수 있다.

ㄷ. '(공을) 던지다'와 달리 '(추위를) 견디다'는 어간이 'ㅣ'로 끝나기 때문에 사동 접사가 결합되지 못한다.

제시된 글을 통해 '(회사에) 다니다', '(손을) 만지다'와 같이 어간이 'ㅣ'로 끝나는 동사의 경우 사동 접사의 결합에 제약이 있음을 알 수 있으므로, 어간이 'ㅣ'로 끝나는 '던지다'와 '견디다' 역시 사동 접사의 결합에 제약이 있다고 할 수 있다.

ㄹ. '(적과) 싸우다', '(동생과) 닮다'는 모두 특정한 상대 등을 필수적으로 요구하는 동사이기 때문에 사동 접사가 결합되지 못한다.

제시된 글을 통해 '(원수와) 맞서다'와 같이 특정한 상대 등을 필수적으로 요구하는 동사에서는 사동 접사의 결합에 제약이 있음을 알 수 있다. 그리고 '(적과) 싸우다', '(동생과) 닮다'를 통해 '싸우다'와 '닮다'는 특정한 상대 등을 필수적으로 요구하는 동사임을 알 수 있다. 따라서 '싸우다'와 '닮다'는 사동 접사가 결합하지 않음을 알 수 있다.

---

36 중세 국어 자료의 사동 표현 탐구 | 정답률 78% | 정답 ③

〈보기〉의 사동 표현에서 ⓐ~ⓓ를 탐구해 얻은 결과로 적절하지 않은 것은?

〈보 기〉
○ 사ᄅ 믈 ⓐ 알의(알-+-의) ᄒᆞᄂᆞ 거시라
[사람을 알게 하는 것이라]
○ 風流를 ⓑ 들이(듣-+-이-)ᅀᆞᆸ더니
[풍류를 들리더니]
○ 히마다 數千人을 ⓒ 사ᄅᆞ(살-+-ᄋᆞ-)니
[해마다 수천 인을 살리니]
○ 서르 짝 ⓓ 마촐씨니(맞-+-호-+-ㄹ씨니)
[서로 짝 맞출 것이니]

① ⓐ에서는 'ㄹ'로 끝나는 어간 뒤에 보조적 연결 어미 '-의'가 결합되었군.

제시된 글을 통해 15세기 국어에서 파생적 사동은 '-ᄋᆞ/으-'가 붙어서도 만들어짐을 알 수 있다. 따라서 ⓐ에서는 'ㄹ'로 끝나는 어간 뒤에 보조적 연결 어미 '-의'가 결합하여 파생적 사동을 만들었음을 알 수 있다.

② ⓑ에서는 사동 접사가 결합될 때 어간 받침 'ㄷ'이 'ㄹ'로 바뀌었군.

제시된 글의 '다만 '걷다'와 같은 ㄷ 불규칙 용언에 '-이-'가 결합될 때에는 어간 '걷-'의 받침 'ㄷ'이 'ㄹ'로 바뀌어 '걸이다[걸리다]로 썼다.'는 내용을 통해, ⓑ에서는 사동 접사가 결합될 때 어간 받침 'ㄷ'이 'ㄹ'로 바뀌었음을 알 수 있다.

☑ ⓑ를 통사적 사동으로 바꾸어 표현하면 '드데 ᄒᆞ'로 나타낼 수 있겠군.

〈보기〉의 '들이ᅀᆞᆸ더니'의 분석을 통해 '들이ᅀᆞᆸ더니'는 사동 접사 '-이-'가 결합된 파생적 사동에 해당함을 알 수 있다.

그리고 제시된 글을 통해 통사적 사동을 만들기 위해서는 보조적 연결 어미 '-게/긔'를 사용함을 알 수 있고, 그 예로 '얻-'에 '-게 ᄒᆞ다'가 결합하여 만든 '얻게 ᄒᆞ다[얻게 하다]'가 있음을 알 수 있다.

따라서 '들이ᅀᆞᆸ더니'를 통사적으로 만들려면 어간 '듣-'에 '-게 ᄒᆞ다'를 붙여야 한다. '드데 ᄒᆞ'는 잘못된 사동 형태인데, 자음 'ㄷ'으로 끝나는 어간 뒤에 '-에 ᄒᆞ'를 붙인 것은 적절하지 않다.

④ ⓒ는 '-ᄋᆞ-'가, ⓓ는 '-호-'가 동사 어간에 결합하여 만들어진 파생적 사동이겠군.

제시된 글을 통해 15세기 국어에서 파생적 사동은 '-호/후-, -ᄋᆞ/으-'가 붙어서도 만들어짐을 알 수 있다. 따라서 ⓒ는 '-ᄋᆞ'가, ⓓ는 '-호-'가 동사 어간에 결합하여 만들어진 파생적 사동이라 할 수 있다.

⑤ ⓒ, ⓓ에는 현대 국어에서 사용되지 않는 형태의 사동 접사가 결합되었군.

제시된 글을 통해 15세기 국어에서 파생적 사동은 '-호/후-, -ᄋᆞ/으-'가 붙어서도 만들어짐을 알 수 있다. 따라서 ⓒ에 사용된 '-ᄋᆞ'나, ⓓ에 사용된 '-호-'는 현대 국어에서 사용되지 않는 형태의 사동 접사에 해당한다.

37 자음 체계를 고려한 음운 변동 이해
정답률 86% | 정답 ③

〈보기〉에 제시된 '선생님'의 질문에 대한 답으로 적절한 것은?

─〈보 기〉─

선생님 : 음운 변동이 일어날 때에는 조음 위치 및 조음 방법이 변화하기도 합니다. 다음 단어를 발음할 때 일어나는 변화를 자음 체계를 참고하여 설명해 볼까요?

맏이[마지], 꽃눈[꼰눈], 강릉[강능], 실내[실래], 앞날[암날]

조음 방법\조음 위치	양순음	치조음	경구개음	연구개음	후음
파열음	ㅂ/ㅃ/ㅍ	ㄷ/ㄸ/ㅌ		ㄱ/ㄲ/ㅋ	
파찰음			ㅈ/ㅉ/ㅊ		
마찰음		ㅅ/ㅆ			ㅎ
비음	ㅁ	ㄴ		ㅇ	
유음		ㄹ			

① '맏이'를 발음할 때 일어나는 음운 변동에서는 조음 위치만 한 번 변합니다.
'맏이'는 발음할 때 앞의 끝소리인 'ㄷ'이 형태소가 모음 'ㅣ'로 시작하는 형식 형태소와 만나면 그것이 구개음 'ㅈ'으로 변하는 구개음화가 일어나 [마지]로 발음된다. 따라서 조음 위치와 조음 방법이 각각 한 번 변함을 알 수 있다.

② '꽃눈'을 발음할 때 일어나는 음운 변동에서는 조음 위치만 두 번 변합니다.
'꽃눈'은 발음할 때 음절의 끝소리 규칙에 의해 [꼳눈]으로 발음되었다가, 다시 앞의 'ㄷ'이 뒤의 비음 'ㄴ'의 영향을 받아 [꼰눈]으로 발음된다. 따라서 조음 위치는 한 번, 조음 방법은 두 번 변한다고 할 수 있다.

✓③ '강릉'을 발음할 때 일어나는 음운 변동에서는 조음 방법만 한 번 변합니다.
'강릉'은 발음할 때 앞의 비음 'ㅇ'의 영향으로 뒤의 유음 'ㄹ'이 비음 'ㄴ'으로 바뀌는 비음화가 일어난다. 이러한 내용을 바탕으로 〈보기〉의 자음 체계와 연결하여 이해하면, 'ㄹ'과 'ㄴ'은 모두 치조음이므로 조음 위치에 변화가 없음을 알 수 있고, 유음 'ㄹ'에서 비음 'ㄴ'으로 한 번 변하므로 조음 방법이 변한다고 할 수 있다.

④ '실내'를 발음할 때 일어나는 음운 변동에서는 조음 위치가 변한 후 조음 방법이 변합니다.
'실내'는 발음할 때 뒤의 'ㄴ'이 앞의 유음 'ㄹ'의 영향을 받아 [실래]로 발음되므로, 조음 위치는 변하지 않고 조음 방법만 한 번 변한다고 할 수 있다.

⑤ '앞날'을 발음할 때 일어나는 음운 변동에서는 조음 방법이 변한 후 조음 위치가 변합니다.
'앞날'은 발음할 때 음절의 끝소리 규칙에 따라 [압날]로 발음되었다가, 다시 뒤의 비음 'ㄴ'의 영향을 받아 [암날]로 발음된다. 따라서 조음 위치는 변하지 않고 조음 방법은 두 번 변한다고 할 수 있다.

38 관형어의 특성 이해
정답률 78% | 정답 ⑤

〈보기〉의 밑줄 친 관형어에 대해 탐구한 내용으로 적절하지 않은 것은?

─〈보 기〉─

나의 일기장에는 "일에는 정해진 시기가 있는 법이니 그 시기를 놓치면 안 된다."라고 적혀 있다. 이 구절은 온갖 시련으로 방황했던 사춘기의 나를 반성하게 만든다.

① '그', '이', '온갖'은 관형사가 그대로 관형어로 쓰인 경우에 해당한다.
문장에서 관형사는 그대로 관형어로 쓰인다고 할 수 있으므로, 관형사인 '그', '이', '온갖'은 문장에서 관형어로 쓰인 것이라 할 수 있다.

② '정해진', '있는', '방황했던'은 용언의 관형사형이 관형어로 쓰인 경우에 해당한다.
'정해진', '있는', '방황했던'은 모두 용언에 관형사형 어미가 붙은 용언의 관형사형에 해당한다.

③ '그', '이'는 앞에서 이미 언급된 것을 가리키며 뒤에 있는 말을 꾸며 주는 역할을 한다.
'그', '이' 모두 지시 관형사로 문장에서 앞에서 이미 언급된 것을 가리켜 뒤에 있는 말을 꾸며 주는 역할을 한다.

④ '나의', '사춘기의'는 체언에 관형격 조사가 결합된 형태가 관형어로 쓰인 경우에 해당한다.
'나의'와 '사춘기의'는 각각 대명사 '나'와 명사 '사춘기'에 관형격 조사 '의'가 결합하여 관형어로 쓰인 것이라 할 수 있다.

✓⑤ '정해진', '있는', '온갖', '방황했던'은 각각 문장에서 생략할 수 없는 필수 성분에 해당한다.
'이런저런 여러 가지의'의 의미를 지닌 '온갖'은 뒤의 '시련'을 꾸며 주므로 관형어에 해당한다. 따라서 '온갖'은 문장에서 생략할 수 있으므로 필수 성분에 해당한다고 볼 수 없다.

● 문법 필수 개념

■ 관형어의 이해
1. 개념 : 체언 앞에서 그 체언의 뜻을 꾸며 주는 문장 성분

2. 특징
(1) 다른 성분들과 달리 단독으로 쓰일 수 없음(관형사 제외).
(2) 관형어가 없이도 문장이 성립하므로 수의적 성분임.
(3) 의존 명사의 앞에는 반드시 관형어가 제시되어야 함.

3. 관형어의 형성

관형사 단독	그는 **새** 집을 구하려 애썼다.
체언 + 관형격 조사 '의'	**철수의** 휴대전화는 최신 기종이다.
용언의 어간 + 관형사형 어미[-(으)ㄴ, -는, -(으)ㄹ, -던]	어머니는 **자는** 아이를 깨웠다.(동사) 민지는 **노란** 꽃을 꽃집에서 샀다. (형용사)
체언 + 서술격 조사 + 관형사형 어미	아버지는 **맏이인** 형을 믿음직하게 생각했다.
관형격 조사의 생략	철수는 **도시('의' 생략)** 풍경에 싫증을 느꼈다.

39 합성어의 형성 과정 탐구
정답률 39% | 정답 ③

〈보기〉의 ㉠ ~ ㉣을 바르게 분류한 것은? [3점]

─〈보 기〉─

※ 다음 밑줄 친 단어를 통해 합성어의 형성 과정을 탐구해 보자.

○ 이곳은 ㉠이른바 우리나라의 곡창 지대이다.
○ 붕대로 ㉡감싼 상처가 정말 심각해 보였다.
○ 집행부가 질서를 ㉢바로잡을 계획을 세웠다.
○ 대학교에 가려면 ㉣건널목을 건너야만 한다.

[탐구 과정]

어근의 배열이 우리말의 일반적인 문장 구성 방식에 맞습니까?	→	[A]

↓ 예   아니오

합성어의 품사와 합성어를 이루는 뒤 어근의 품사가 일치합니까?	→	[B]

↓ 예   아니오

[C]

	[A]	[B]	[C]
①	㉠	㉡, ㉣	㉢
②	㉠, ㉢	㉡	㉣
✓③	㉢	㉠, ㉣	㉡
④	㉡	㉢	㉠, ㉣
⑤	㉡, ㉢	㉣	㉠

㉠ : 동사 '이르다'의 관형사형 '이른'과 의존 명사 '바'가 결합하여 만들어진 합성어로, 만들어진 합성어의 품사는 부사에 해당한다. 따라서 '이른바'는 뒤 어근의 품사인 의존 명사와 일치하지 않는다.

㉡ : '감싸다'는 동사 '감다'의 어간 '감-'에 동사 '싸다'가 결합하여 만들어진 합성어이므로, 우리말의 일반적인 문장 구성 방식에 맞지 않는 비통사적 합성어라 할 수 있다.

㉢ : 부사어 '바로'에 동사 '잡다'가 결합하여 만들어진 합성어이므로 우리말의 일반적인 문장 구성 방식에 맞는 통사적 합성어라 할 수 있다. 또한 만들어진 합성어의 품사는 동사이므로, 뒤 어근의 품사인 동사와 일치한다.

㉣ : '건널목'은 동사 '건너다'의 관형사형 '건널'에 명사 '목'이 결합하여 만들어진 합성어에 해당한다. 만들어진 합성어의 품사는 명사에 해당하므로 뒤 어근의 품사가 일치한다.

★★ 문제 해결 꿀~팁 ★★

▶ 많이 틀린 이유는?
이 문제는 어근의 배열이 우리말의 일반적인 문장 구성 방식에 맞는지 여부, 즉 통사적 합성과 비통사적 합성에 대한 정확한 이해 부족으로 오답률이 높았던 것으로 보인다. 또한 ㉠, ㉡의 합성어 분석에도 어려움을 겪어 오답률이 높았던 것으로 보인다.

▶ 문제 해결 방법은?
이 문제를 해결하기 위해서는 기본적으로 통사적 합성과 비통사적 합성에 대한 배경지식이 바탕이 되어야 한다. 즉 통사적 합성어가 되는 경우(명사+명사, 관형어+체언, 부사+동사, 동사 활용형+동사, 명사+조사 생략+동사의 결합)와 비통사적 합성어가 되는 경우(용언과 체언이 연결될 때 관형사형 어미 생략, 용언과 용언이 연결될 때 연결 어미가 생략, 부사 수식 구성에 어긋나게 부사가 명사를 꾸밈.)를 알아야 한다.
이러한 배경지식은 〈보기〉로 주어지기도 하지만 이 문제처럼 주어지지도 않으므로 평소 익혀 두도록 한다. 그리고 이를 바탕으로 〈보기〉에 제시된 각 단어를 분석하여 통사적 합성어인지 비통사적 합성어인지 판단하면 된다. 즉 ㉠은 관형사형 '이른'과 의존 명사 '바'가 결합하여 만들어진 통사적 합성어, ㉡은 '감다'의 어간 '감-'에 동사 '싸다'가 결합하여 만들어진, 우리말의 일반적인 문장 구성 방식에 맞지 않는 비통사적 합성어임을 파악하면 된다.

▶ 오답인 ④를 많이 선택한 이유는?
이 문제에서 ④가 오답률이 높았는데, 이는 ㉠과 ㉡이 통사적 합성어인지 아닌지 헷갈렸기 때문이라 할 수 있는데, 평소 통사적 합성어와 비통사적 합성어 구분을 알고 있었다면 충분히 해결할 수 있었을 것이다. 이렇게 볼 때, 문법 문제에서 바탕이 되는 지식은 반드시 알아두어야 함을 이 문제는 잘 보여 준다고 할 수 있다.

40 인터넷 매체의 특징 파악
정답 ④

(가) ~ (다)에서 알 수 있는 인터넷 매체의 특징으로 적절하지 않은 것은?

① 문자, 사진, 동영상 등이 혼합된 멀티미디어적인 속성을 지닌다.
(가)에서는 글과 사진이, (나)에서는 영상과 글이, (다)에서는 글이 제시되고 있다. 이를 통해 인터넷은 다양한 의사 소통 수단이 공존하는 멀티미디어적 속성을 지님을 알 수 있다.

② 동일한 제재를 사용한 다양한 유형의 정보를 확인할 수 있다.
(가) ~ (다)는 모두 '지역축제'를 제재로 하는 자료들이다. 이처럼 인터넷은 사용자가 입력하는 검색어와 관련 있는 다양한 유형의 정보를 함께 제시한다는 특징이 있다.

③ 일부 전문가들뿐만 아니라 다중의 이용자들도 정보를 생산할 수 있는 대중적 매체이다.
(다)의 정보 생산자는 전문인이 아닌 일반인이다. 이처럼 다중의 이용자가 함께 정보를 생산하고 소통하는 것은 인터넷의 중요한 특성 중 하나라 할 수 있다.

✓④ 정보의 생산자와 수용자가 분명히 구분되는 일방향적 정보 전달 매체이다.
(다)에서 블로그를 방문한 '산이 좋아'는 블로그 내용에 대한 자신의 생각을 드러낸 후, 자신이 쓴 글을 읽어 볼 것을 권유하고 있다. 즉, '산이 좋아'는 블로그의 수용자이면서 생산자가 될 수 있는 것이며, 이는 '방랑자'도 마찬가지이다. 생산자와 수용자가 명확히 구분이 되지 않는 쌍방향 소통을 하는 것이 인터넷 매체의 특징이다.

⑤ 하이퍼텍스트를 이용해 글의 시간 순서와 무관한 비순차적 읽기를 유도한다.
'하이퍼텍스트'는 '문서 중간에 문서의 부분적인 내용이나 이미지가 다른 문서와 연결되어 있어 자유롭게 이동할 수 있는 문서'를 말한다. (다)에서 '경쟁적으로 만들어내는 지역축제, 이대로 좋은가?'를 선택하면 해당 문서로 이동할 수 있는데, 하이퍼텍스트는 이러한 기능을 말하는 것이다.

⑤ 종이책으로 만든 교지는 수용자의 수가 많아졌다는 점에서 한계가 드러난다고 평가하고 있다.

⑤ 종이책으로 만든 교지는 수용자의 수가 많아졌다는 점에서 한계가 드러난다고 평가하고 있다.
마지막 문단에서 수용자가 많아지면서 일정 부수를 발행해야 하는 종이책에 한계가 드러났다는 문제점을 지적하고 있다.

---

44 매체의 특징 파악 정답 ④

ⓐ ～ ⓔ의 매체의 특징에 대한 설명으로 적절하지 않은 것은?

① ⓐ는 통계 결과를 쉽게 확인할 수 있다는 점에서 효과적이다.
두 번째 문단에서 '분석 자료'는 통계 결과를 쉽게 제시하기 위해 그래프로 정리했다고 말하고 있다.

② ⓑ는 여러 대상을 시각적으로 비교할 수 있다는 점에서 효과적이다.
세 번째 문단에서 '화면'의 사진은 작년과 올해의 교지 표지를 비교하기 위해 활용했음을 알 수 있다.

③ ⓒ는 문서 자료를 손쉽게 전달할 수 있다는 점에서 효과적이다.
다섯 번째 문단에서 '휴대 전화 대화방'은 평가 내용 파일을 전달하기 위한 매체로 활용하려 함을 알 수 있다.

✓④ ⓓ는 해당 분야와 관련하여 신뢰할 수 있는 정보를 얻을 수 있다는 점에서 효과적이다.
마지막 문단에서 ⓓ에 대해서 '블로거 개인의 생각이기 때문에 좀더 많은 자료를 찾아봐야' 한다고 말하고 있다. 따라서 '블로그'에서 신뢰할 수 있는 정보를 얻을 수 있다는 진술은 적절하지 않다.

⑤ ⓔ는 많은 정보 속에서 필요한 자료를 찾을 수 있다는 점에서 효과적이다.
마지막 문단에서 다양한 정보를 찾기 위해 '인터넷 검색'을 활용하려 하고 있음을 알 수 있다.

---

45 평가의 반영 여부 판단 정답 ④

〈보기 1〉은 (가)의 평가 내용이다. (나)에서 평가를 반영한 것을 〈보기 2〉에서 모두 고르면?

〈보기 1〉
• 독자인 학생들의 의견이 충분히 반영되지 않는다. ·········· ㉠
• 교지에 글과 사진만 있기 때문에 읽기에 지루한 것 같다. ·········· ㉡
• 각 행사 소식을 모아 한 번에 전하다 보니 흥미가 떨어진다. ·········· ㉢
• 편집부원들 중심으로 책을 만들다 보니 다른 구성원들의 참여가 제한적이다. ·········· ㉣
• 매년 비슷한 형식이 반복되다 보니 상투적인 느낌이 들고 참신성이 떨어진다. ·········· ㉤

〈보기 2〉
ㄱ. ㉠과 관련하여 수시로 독자들의 의견을 수렴할 수 있는 환경을 조성하였다.
ㄴ. ㉡과 관련하여 복합 양식적인 매체의 특성을 이용하여 다양한 영상을 함께 제공하였다.
ㄷ. ㉢과 관련하여 시의성에 맞게 행사 결과나 기타 소식을 즉각적으로 제공하였다.
ㄹ. ㉣과 관련하여 선생님들과 선배들이 기사 작성에 직접 참여할 수 있는 환경을 조성하였다.
ㅁ. ㉤과 관련하여 이전 교지와는 전혀 다르게 코너를 새롭게 바꾸었다.

① ㄱ, ㄴ ② ㄷ, ㄹ ③ ㄹ, ㅁ ✓④ ㄱ, ㄴ, ㄷ ⑤ ㄷ, ㄹ, ㅁ

ㄱ. ㉠과 관련하여 수시로 독자들의 의견을 수렴할 수 있는 환경을 조성하였다.
(나)의 '풍경인 가라사대' 코너는 독자인 풍경고등학교 학생들이 자신의 의견을 수시로 제기할 수 있는 공간이다. 이는 '독자인 학생들의 의견이 충분히 반영되지 않는다'라는 문제점을 해결하기 위한 방안으로 볼 수 있다.

ㄴ. ㉡과 관련하여 복합 양식적인 매체의 특성을 이용하여 다양한 영상을 함께 제공하였다.
(나)에서는 글뿐만 아니라 사진, 영상, 통계 자료 등이 함께 제시된다. 이를 통해 '글과 사진만 있기 때문에 읽기에 지루한 것 같다'는 기존 교지의 문제점을 해결할 수 있다.

ㄷ. ㉢과 관련하여 시의성에 맞게 행사 결과나 기타 소식을 즉각적으로 제공하였다.
(나)의 '최신 기사'에 나열된 내용으로 보아, 학교 행사에 대해 즉각적으로 소식을 전달하고 있음을 알 수 있다. 이는 '각 행사 소식을 한 번에 전하다 보니 흥미가 떨어진다.'라는 문제를 해결할 수 있는 방안이다.

ㄹ. ㉣과 관련하여 선생님들과 선배들이 기사 작성에 직접 참여할 수 있는 환경을 조성하였다.
(나)에서 '기획 기사'의 '선배님 탐방'이나, '사제동행'의 '새로 오신 선생님'은 선배나 선생님과 관련된 기사를 편집부원이 작성한 것으로, 선배나 선생님들의 직접 기사 작성에 참여한 것은 아니다.

ㅁ. ㉤과 관련하여 이전 교지와는 전혀 다르게 코너를 새롭게 바꾸었다.
(나)는 '학교 행사', '풍경인 동향', '설문 조사', '기획 기사', '사제동행', '풍경인 가라사대' 등으로 구성되어 있다. 그런데 그중 '풍경인 가라사대'를 제외한 나머지 코너는 기존의 종이책에서 다룬 내용과 유사한 내용이다. 따라서 이전 교지와 전혀 다르게 코너를 새롭게 바꾸었다는 내용은 적절하지 않다.

---

41 추가 자료 수집의 적절성 판단 정답 ⑤

〈보기〉는 (가)～(다)를 활용하여 발표하기 위한 발표 자료의 첫 화면이다. 자료를 완성하기 위해 자료를 활용하거나 수집하는 방법으로 적절하지 않은 것은? [3점]

〈보 기〉

발표 순서

Ⅰ. 지역축제의 개념
Ⅱ. 지구촌의 지역축제
Ⅲ. 우리나라의 지역축제
Ⅳ. 지역축제의 명과 암
Ⅴ. 지역축제 제대로 즐기기

① 'Ⅰ'을 위해 (가)에 제시된 내용 중 개념을 정리한 부분을 활용한다.
(가)에서는 지역축제의 개념을 정의하고 있다.

② 'Ⅱ'를 위해 (가)에 제시된 '이루 카니발 페스티벌'이나 스페인의 '토마토 축제'에 대해 자세히 조사한다.
(가)에서는 세계적으로 유명한 지역축제로 '이루 카니발 페스티벌'과 '토마토 축제'를 언급하고 있다. 이와 관련된 정보를 더 찾으면 '지구촌의 지역축제'의 자료로 활용할 수 있다.

③ 'Ⅲ'을 위해 (나)의 기사를 활용하여 지역축제 활성화를 위한 행정적인 지원을 소개한다.
(나)에서는 문화체육관광부에서 선정한 41개의 문화관광축제에 대한 정보를 제시하고 있다. 이 자료는 우리나라의 지역축제를 설명하면서 지역축제를 활성화하기 위한 행정 지원의 내용으로 활용할 수 있다.

④ 'Ⅳ'를 위해 (다)의 '경쟁적으로 만들어내는 ~'을 클릭해 내용을 확인한다.
(다)의 '방랑자'가 이전에 쓴 자료에는 지역축제의 문제점에 대해 언급했음을 알 수 있다. 따라서 이 내용을 '지역축제의 명과 암' 중 '암', 즉 문제점에 대한 글을 쓰기 위한 참고 자료로 활용할 수 있다.

✓⑤ 'Ⅴ'를 위해 (다)의 '산이 좋아'의 블로그를 방문하여 내용을 참고한다.
(다)의 댓글 내용으로 보아, '산이 좋아'의 블로그에는 지역축제로 인해 고생했던 경험이 기록되어 있을 것으로 예상할 수 있다. 이 내용은 '지역축제 제대로 즐기기'의 내용과 무관하므로 그 내용을 참고한다는 진술은 적절하지 않다.

---

42 외래어 표기법의 이해 정답 ②

〈보기〉는 한글 어문 규정 중 외래어 표기법이다. 〈보기〉와 (가)에 사용한 외래어 표기를 참고할 때, ㉠～㉢을 올바르게 표기한 것은?

〈보 기〉
〈외래어 표기 기본 원칙〉
제1항 외래어는 국어의 현용 24자모만으로 적는다.
제2항 외래어의 1음운은 원칙적으로 1기호로 적는다.
제3항 받침에는 'ㄱ, ㄴ, ㄹ, ㅁ, ㅂ, ㅅ, ㅇ'만을 쓴다.
제4항 파열음 표기에는 된소리를 쓰지 않는 것을 원칙으로 한다.

① ㉠은 '로봇'으로, ㉡은 '버스'로, ㉢은 '화이팅'으로 표기한다.

✓② ㉠은 '로봇'으로, ㉡은 '버스'로, ㉢은 '파이팅'으로 표기한다.
〈보기〉의 '제3항'에서 외래어 표기 시 받침에 쓸 수 있는 자음을 제한하고 있다. 이에 따르면 'ㅌ'은 받침으로 쓸 수 없으므로, 'Robot'은 '로봍'으로 쓸 수 없다. 따라서 ㉠은 '로봇'으로 표기해야 한다. 〈보기〉의 '제4항'에서 파열음 표기에는 된소리를 쓸 수 없다고 제한하고 있으므로, 'bus'는 '뻐스'라고 쓸 수 없다. 따라서 ㉡은 '버스'라고 표기해야 한다. 〈보기〉의 '제2항'에서 외래어의 1개 음운은 1개의 기호로 표기해야 한다고 명시하고 있다. 그런데 (가)의 내용을 보면 'festival'을 '페스티벌'로 표기했음을 알 수 있다. 즉, 'f'를 'ㅍ'으로 표기한 것이다. 따라서 'fighting'은 '화이팅'이 아닌 '파이팅'으로 표기해야 한다.

③ ㉠은 '로봇'으로, ㉡은 '뻐스'로, ㉢은 '파이팅'으로 표기한다.
④ ㉠은 '로봍'으로, ㉡은 '버스'로, ㉢은 '파이팅'으로 표기한다.
⑤ ㉠은 '로봍'으로, ㉡은 '뻐스'로, ㉢은 '화이팅'으로 표기한다.

---

43 자료에 따른 평가의 적절성 판단 정답 ④

〈보기〉를 참고하여 (가)의 '풍경인 25호'를 평가한 것으로 적절하지 않은 것은?

〈보 기〉
매체 자료를 생산할 때에는 수용자의 연령과 성은 어떠한가, 수용자는 다수인가 소수인가, 전달하려는 내용에 대한 배경지식은 어느 정도인가, 그들의 관심사는 무엇인가 등도 고려해야 한다. 나아가 전달하고자 하는 매체의 언어적 특성과 파급력도 고려할 수 있어야 한다.

① '선배님 탐방'은 수용자의 성을 고르게 고려하지 못한 점이 문제점으로 지적되고 있다.
네 번째 문단에서 '선배님 탐방'은 '남자'라는 특정 성에 치중했다는 점을 비판하고 있다.

② '기획 기사 1'은 수용자의 배경지식을 충분히 고려하지 못한 점이 문제점으로 지적되고 있다.
다섯 번째 문단에서 '기획 기사 1'은 과학적 용어에 대한 인문계 학생들이 이해하기 어려웠다는 문제점이 지적되고 있다.

③ '기획 기사 2'는 수용자의 관심사를 고려했다는 점에서 긍정적으로 평가되고 있다.
다섯 번째 문단에서 '기획 기사 2'는 수용자의 관심사를 고려해서 학생들이 좋아하는 다양한 문화를 고르게 다루었다는 점에서 좋은 평가를 하고 있다.

✓④ '앙케이트'는 문자 언어를 사용하는 매체의 언어적 특성을 고려했다는 점에서 긍정적으로 평가되고 있다.
(가)의 다섯 번째 문단에서 친근감을 조성하기 위한 일상적인 대화체의 사용에 대해 부정적으로 평가하고 있다. 즉, 종이책에서 사용하는 문자 언어를 배제하고 무리하게 음성 언어의 대화체를 사용한 것에 대한 비판인 것이다. 따라서 문자 언어 사용을 사용하는 매체의 언어적 특징에 대해 긍정적으로 평가했다는 진술은 적절하지 않다.

35 음운 변동의 이해 | 정답률 69% | 정답 ③

〈보기〉의 ⓐ~ⓓ를 발음할 때 일어나는 음운 변동을 탐구한 내용으로 적절한 것은?

─〈보 기〉─
○ ⓐ 밭일을 하며 밭에 ⓑ 밝힌 벌을 보았다.
○ ⓒ 숱한 시련을 이겨 내 승리를 ⓓ 굳혔다.

① ⓐ에서는 뒷말의 초성이 앞말의 종성과 조음 방법이 같아지는 비음화가 일어난다.
ⓐ '밭일'은 'ㅌ'이 'ㄷ'으로 바뀌는 음절의 끝소리 규칙이 일어나 [받일]로 바뀐다. 그리고 합성어에서, 앞 단어의 끝이 자음이고 뒤 단어의 첫음절이 '이'인 경우 'ㄴ' 음이 첨가되어 [받닐]로 발음된다. 또한 뒤의 'ㄴ' 음의 영향으로 앞말의 'ㄷ'이 'ㄴ'으로 바뀌는 비음화가 일어난다. 따라서 뒷말의 초성이 앞말의 종성과 조음 방법이 같아지는 비음화가 일어난다고 할 수 없다.

② ⓐ에서는 '일'이 실질 형태소이기 때문에 구개음화가 일어나지 않고 'ㅌ'이 연음된다.
ⓐ '밭일'은 'ㅌ'이 'ㄷ'으로 바뀌는 음절의 끝소리 규칙이 일어나 [받일]로 바뀐다. 그리고 합성어에서, 앞 단어의 끝이 자음이고 뒤 단어의 첫음절이 '이'인 경우 'ㄴ' 음이 첨가되어 [받닐]로 발음된다. 또한 뒤의 'ㄴ' 음의 영향으로 앞말의 'ㄷ'이 'ㄴ'으로 바뀌는 비음화가 일어난다. 따라서 'ㅌ'이 연음이 일어난다고 할 수 없다.

✔③ ⓑ와 ⓒ에서는 모두 음운 변동의 결과 전체 음운의 개수가 줄어든다.
ⓑ '밝힌'은 'ㅂ'과 'ㅎ'이 'ㅍ'으로 축약되는 현상이 일어나 [발핀]으로 발음되고, ⓒ '숱한'은 'ㅌ'이 'ㄷ'으로 바뀌는 음절의 끝소리 규칙과, 'ㄷ'과 'ㅎ'이 'ㅌ'으로 축약되는 현상이 일어나 [수탄]으로 발음된다. 따라서 '밝힌'과 '숱한' 모두 음운 변동의 결과 음운의 개수가 1개 줄어듦을 알 수 있다.

④ ⓑ와 ⓓ에서는 모두 어떤 음운이 다른 음운으로 바뀌는 교체 현상이 일어난다.
ⓑ '밝힌'은 'ㅂ'과 'ㅎ'이 'ㅍ'으로 축약되는 현상이 일어나 [발핀]으로 발음되므로 어떤 음운이 다른 음운으로 바뀌는 교체 현상이 일어난다고 할 수 없다. ⓓ '굳혔다'에서는 구개음화가 일어나므로 어떤 음운이 다른 음운으로 바뀌는 교체 현상이 일어난다고 할 수 있다.

⑤ ⓒ와 ⓓ에서는 모두 거센소리되기가 먼저 일어난 후 구개음화가 일어난다.
ⓒ '숱한'은 'ㅌ'이 'ㄷ'으로 바뀌는 음절의 끝소리 규칙과, 'ㄷ'과 'ㅎ'이 'ㅌ'으로 축약되는 현상이 일어나 [수탄]으로 발음되므로, 거센소리되기가 먼저 일어난 후 구개음화가 일어난다고 할 수 없다. ⓓ '굳혔다'에서는 구개음화가 일어나지만, 거센소리되기가 먼저 일어나지는 않는다.

36 중세 국어 자료의 탐구 | 정답률 54% | 정답 ⑤

윗글을 바탕으로 a~c를 탐구한 내용으로 적절하지 않은 것은?

─
a. 福이라 호늘[ᄒᆞ+ㅗ+ㄴ+을] 나ᅀᆞ라
(복이라 한 것을 바치러)
b. 智慧 너비 비췰[비취+ㄹ] 느지오
(지혜가 널리 비칠 조짐이오)
c. 法 즐기ᄂᆞᆫ[즑+ㅡ+이+ㄴᆞ+ㄴ] ᄆᆞᅀᆞ미 잇던댄
(법 즐기는 마음이 있더라면)
─

① a의 '호늘'에서 조사가 어미 '-ㄴ' 바로 뒤에 붙어 있음을 확인할 수 있군.
a의 '호늘[ᄒᆞ+ㅗ+ㄴ+을]'을 보면, 조사 '을'이 어미 '-ㄴ' 바로 뒤에 붙어 있음을 알 수 있으므로, 조사가 어미 '-ㄴ' 바로 뒤에 붙어 있음을 확인할 수 있다.

② a의 '호늘'에서 '-ㄴ'은 '~ㄹ 것'으로 해석되며 명사절을 이끄는 기능을 하고 있음을 확인할 수 있군.
a의 '호늘[ᄒᆞ+ㅗ+ㄴ+을]'의 현대어 풀이를 보면 '한 것을'로 해석됨을 알 수 있다. 따라서 '-ㄴ'은 '~ㄹ 것'으로 해석되면서 명사절을 이끄는 기능을 하고 있음을 알 수 있다.

③ b의 '비췰'에서 '-ㄹ'을 통해 발화시가 사건시보다 앞서는 시제가 나타나 있음을 확인할 수 있군.
b의 현대어 풀이를 통해 b에 미래 시제가 사용되었음을 알 수 있다. 따라서 '비췰[비취+ㄹ]'에서는 '-ㄹ'을 통해 발화시가 사건시보다 앞서고 있음을 나타낸다.

④ b와 c에서 관형절의 수식을 받는 체언이 절 뒤에 드러나 있음을 확인할 수 있군.
b의 '느짇'은 관형절 '비췰'의 수식을 받는 체언에 해당하고, c의 'ᄆᆞᅀᆞᆷ'은 관형절 '즐기ᄂᆞᆫ'의 수식을 받는 체언에 해당함을 알 수 있으므로, b와 c에서는 관형절의 수식을 받는 체언이 절 뒤에 드러나 있다.

✔⑤ b와 c에 있는 관형절은 수식을 받는 체언이 관형절 속에서 한 성분으로 쓰일 수 있는 특징이 있음을 확인할 수 있군.
제시된 글을 통해 수식을 받는 체언이 관형절 속의 한 성분으로 쓰일 수 있는 관형절은 관계 관형절임을 알 수 있다. 그런데 b의 '느짇'은 관형절 '비췰'의 수식을 받는 체언에 해당하고, c의 'ᄆᆞᅀᆞᆷ'은 관형절 '즐기ᄂᆞᆫ'의 수식을 받는 체언에 해당함을 알 수 있다. 따라서 b의 '느짇'이나 c의 'ᄆᆞᅀᆞᆷ' 모두 관형절 속의 한 성분으로 쓰이지 않았으므로 적절하지 않다.

★★★ 등급을 가르는 문제!
37 현대 국어의 관형절 분류 | 정답률 53% | 정답 ④

윗글을 근거로 〈보기〉의 ㉠~㉣을 바르게 분류한 것은?

─〈보 기〉─
[탐구 자료]
○ ㉠ 힘찬 함성이 운동장에 울려 퍼졌다.
○ 누나는 ㉡ 자동차가 전복된 기억을 떠올렸다.

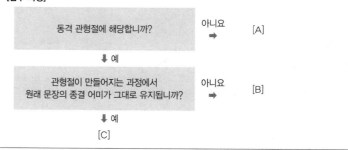

○ 나는 ㉢ 형이 조사한 자료를 보고서에 인용했다.
○ ㉣ 내가 그 일을 한다는 사실은 확실히 변함없다.

[탐구 과정]

| 동격 관형절에 해당합니까? | 아니요 ➡ | [A] |

↓ 예

| 관형절이 만들어지는 과정에서 원래 문장의 종결 어미가 그대로 유지됩니까? | 아니요 ➡ | [B] |

↓ 예

[C]

	[A]	[B]	[C]
①	㉠	㉡	㉢, ㉣
②	㉠	㉡, ㉢	㉣
③	㉢	㉠, ㉣	㉡
✔④	㉠, ㉢	㉡	㉣
⑤	㉠, ㉣	㉣	㉡

제시된 글을 통해 수식을 받는 체언이 관형절 속의 한 성분으로 쓰일 수 있는 관형절은 관계 관형절임을 알 수 있다. ㉠(힘찬)은 '함성이 힘차다.'로부터 만들어진 관계 관형절이라 할 수 있다. 수식을 받는 체언 '함성'이 관형절 속에서 주어로 쓰이고 있기 때문이다. 그리고 ㉢(형이 조사한) 역시 '형이 자료를 조사하다.'로부터 만들어졌고, 수식을 받는 체언 '자료'가 관형절 속에서 목적어로 쓰이고 있으므로 관계 관형절이라 할 수 있다.

한편 ㉡(자동차가 전복된)과 ㉣(내가 그 일을 한다는) 모두 동격 관형절로, ㉡은 '자동차가 전복되다.'로부터 만들어졌고, ㉣은 '내가 그 일을 한다.'로부터 만들어졌다. 그런데 ㉡은 관형절이 만들어지는 과정에서 원래 문장의 종결 어미가 그대로 유지되지 않는 관형절인 반면에, ㉣은 관형절이 만들어지는 과정에서 원래 문장의 종결 어미가 그대로 유지되는 관형절이라 할 수 있다.

⑤ ㉠, ㉣   ㉣   ㉡

★★ 문제 해결 꿀~팁 ★★

▶ 많이 틀린 이유는?
주어진 글에 제시된 내용을 바탕으로 동격 관형절과 관계 관형절을 제대로 이해하지 못해 오답률이 높았던 것으로 보인다.
▶ 문제 해결 방법은?
주어진 글의 내용을 통해 동격 관형절과 관계 관형절이 무엇인지를 파악, 수식을 받는 체언이 관형절 속의 한 성분으로 쓰일 수 있는 관형절은 관계 관형절이고, 그렇지 않으면 동격 관형절임을 파악해야 한다. 즉 '힘찬 함성이'의 경우 수식을 받는 체언 '함성'이 관형절 안('함성이 힘차다.'에서 만들어짐)에서 한 성분인 주어 역할을 하므로 관계 관형절이라 할 수 있다. 오답률이 높았던 ②의 경우에도 '형이 조사한 자료를'에서 수식을 받는 체언 '자료'가 관형절 안의 목적어 성분으로 쓰였으므로 관계 관형절에 해당하여 적절하지 않은 것이 된다. 이처럼 문법 문제에서는 글을 주어지고 이를 바탕으로 해결하는 문제가 많이 출제되므로, 반드시 주어진 글은 꼼꼼히 읽도록 한다.

★★★ 등급을 가르는 문제!
38 단어의 품사 이해 | 정답률 25% | 정답 ①

〈보기〉의 밑줄 친 단어의 품사에 대한 이해로 적절하지 않은 것은? [3점]

─〈보 기〉─
ㄱ. 그곳에서는 빵을 아주 쉽게 구울 수 있다.
ㄴ. 그 사람은 자기가 잠을 잘 잤다고 말했다.
ㄷ. 멋진 형이 근처 식당에서 밥을 지어 왔다.

✔① ㄱ의 '그곳'과 ㄴ의 '그'는 어떤 처소나 대상을 지시하는 명사이다.
ㄱ의 '그곳'은 어떤 처소, 즉 '빵을 쉽게 구울 수 있는 곳'을 지시하고 있으므로 지시 대명사임을 알 수 있다. 그런데 ㄴ의 '그'는 뒤에 오는 사람을 수식하고 있어 어떤 처소나 대상을 지시하는 지시 대명사가 아닌 지시 관형사이다.

② ㄱ의 '아주'와 ㄴ의 '잘'은 용언 앞에 놓여서 그 뜻을 한정하는 부사이다.
ㄱ의 '아주'는 용언 '쉽게' 앞에 놓여 있고, ㄴ의 '잘'은 용언 '잤다' 앞에 놓여 있음을 알 수 있다. 따라서 ㄱ의 '아주'와 ㄴ의 '잘'은 용언 앞에 놓여서 그 뜻을 한정하는 부사이다.

③ ㄱ의 '구울'과 ㄷ의 '지어'는 용언의 어간이 불규칙적으로 활용되는 동사이다.
ㄱ의 '구울'(굽다)은 'ㅂ' 불규칙 용언, ㄷ의 '지어'(짓다)는 'ㅅ' 불규칙 용언에 해당하므로, ㄱ의 '구울'과 ㄷ의 '지어'는 모두 용언의 어간이 불규칙적으로 활용되는 동사에 해당한다.

④ ㄱ의 '쉽게'와 ㄷ의 '멋진'은 어떤 대상의 성질이나 상태를 나타내는 형용사이다.
ㄱ의 '쉽게'(쉽다)와 ㄷ의 '멋진'(멋지다)은 모두 어떤 대상의 성질이나 상태를 나타내는 형용사에 해당한다.

⑤ ㄴ의 '가'와 ㄷ의 '에서'는 앞말과 다른 말과의 문법적인 관계를 나타내는 조사이다.
ㄴ의 '가'는 주격 조사, ㄷ의 '에서'는 부사격 조사에 해당하므로, ㄴ의 '가'와 ㄷ의 '에서' 모두 앞말과 다른 말과의 문법적인 관계를 나타내는 조사이다.

★★ 문제 해결 꿀~팁 ★★

▶ 많이 틀린 이유는?
이 문제는 품사에 대한 배경지식이 부족하여 오답률이 높았던 것으로 보인다.
▶ 문제 해결 방법은?
매번 강조하지만 문법에서 기본이 되는 배경지식은 반드시 알아두어야 한다. 이 문제에서도 체언을 꾸며주면 관형사이고, 꾸밈을 받거나 조사가 붙으면 체언이라는 기본적인 배경지식만 알았다면 ①이 적절하지 않음을 바로 알았을 것이다. 마찬가지로 오답률이 높았던 ②의 경우 부사가 용언을 수식한다는 것을 알았으면 적절함을 알았을 것이고(이때 주의할 점은 문장 안에서 용언은 어미와 결합하여 다른 문장 성분으로 쓰일 수 있음. '쉽게'는 용언 '쉽다'에 부사형 어미가 붙어 부사로 쓰인 것임), ④의 경우에도 동사와

PART II

17회

형용사를 구분하는 방법을 알고 있었다면 적절함을 알았을 것이다. 문법 문제에서 〈보기〉로 대략적인 정보가 주어진 경우라도 배경지식이 없으면 풀 수 없는 경우가 있으므로 반드시 주요 배경지식은 익혀 두기 바란다.

---

39 남북한 국어사전의 비교   정답률 77% | 정답 ②

〈보기〉에 제시된 '선생님'의 질문에 대한 답으로 적절하지 않은 것은?

┌─────── 〈보 기〉 ───────┐

선생님 : 남북한의 사전을 탐구하는 활동을 하고자 합니다. (가)와 (나)의 자료를 비교해 볼까요?

(가) 표준국어대사전

대로¹ 「의존 명사」
(1) 어떤 모양이나 상태와 같이. ¶ 본 대로.
(2) (어미 '-는' 뒤에 쓰여) 어떤 상태나 행동이 나타나는 그 즉시. ¶ 집에 도착하는 대로 전화해라.
(3) (어미 '-는' 뒤에 쓰여) 어떤 상태나 행동이 나타나는 족족. ¶ 틈나는 대로 찾아 보다.

대로¹⁰ 「조사」 (체언 뒤에 붙어)
(1) 앞에 오는 말에 근거하거나 달라짐이 없음을 나타내는 보조사. ¶ 처벌하려면 법대로 해라.
(2) 따로따로 구별됨을 나타내는 보조사. ¶ 큰 것은 큰 것대로 따로 모아 두다.

(나) 조선말대사전

대로⁶ [명] (불완전*)
(1) (앞에 오는 단어가 뜻하는것과) 다름없이. ‖ 명령대로 집행하다.
(2) (앞에 오는 단어가 나타내는 대상이나 현상과) 같은 모양대로. ┃ 책이 그가 펼쳐놓은대로 있었다.
(3) 앞에 온 단어가 나타내는 행동이나 상태가 일어나는족족. ‖ 생각나는대로 적다.
(4) 《서로 구별되게 따로따로》의 뜻을 나타낸다. ┃ 우리는 우리대로 그들은 그들대로 초소는 달랐다.

＊ 불완전 : 의존 명사를 뜻하는 말.

└──────────────────────┘

① 용례를 보니 (가)의 '대로¹⁰'과 (나)의 '대로⁶'은 앞말에 붙여 사용되었습니다.
(가)의 '대로¹⁰'의 용례인 '법대로', '큰 것대로', (나)의 '대로⁶'의 용례인 '명령대로', '펼쳐놓은대로', '생각나는대로', '그들대로'의 띄어쓰기를 볼 때, 모두 '대로'를 앞말과 붙여 썼음을 알 수 있다.

☑ ② 뜻풀이와 용례를 보니 (가)의 '대로¹⁰-(1)'은 (나)의 '대로⁶-(4)'와 쓰임이 유사합니다.
표준국어대사전인 (가)의 '대로¹⁰-(1)'을 통해, '대로¹⁰-(1)'이 '앞에 오는 말에 근거하거나 달라짐이 없음'을 의미하고 있음을 알 수 있다. 그리고 조선말대사전 (나)의 '대로⁶-(4)'를 통해, '대로⁶-(4)'가 '서로 구별되게 따로따로'를 의미하고 있음을 알 수 있다. 따라서 이 둘을 비교할 때, 두 말의 쓰임은 유사하지 않다.

③ 품사 정보를 보니 (가)의 '대로¹', '대로¹⁰'과 (나)의 '대로⁶'은 문장의 첫머리에 쓰일 수 없는 말입니다.
(가)의 '대로¹'은 의존 명사, '대로¹⁰'은 조사, (나)의 '대로⁶'은 불완전 명사(의존 명사)임을 볼 때, 모두 문장의 첫머리에 쓰일 수 없는 말임을 알 수 있다.

④ 뜻풀이를 보니 (가)의 '대로¹', '대로¹⁰'과 (나)의 '대로⁶'은 하나의 표제어에 두 가지 이상의 뜻이 있는 말입니다.
(가)의 '대로¹', '대로¹⁰'과 (나)의 '대로⁶'은 모두 하나의 표제어에 두 가지 이상의 뜻이 있는 말임을 알 수 있다.

⑤ 뜻풀이와 용례를 보니 '너는 너대로 나는 나대로 길을 가다.'의 '대로'는 (가)에서는 조사이지만, (나)에서는 명사입니다.
'너는 너대로 나는 나대로 길을 가다.'의 '대로'는 (가)와 (나)의 뜻풀이와 용례를 고려할 때, (가)에서는 조사, (나)에서는 명사임을 알 수 있다.

---

40 글을 통한 매체의 특성 이해   정답 ⑤

윗글을 통해 알 수 있는 내용으로 적절하지 않은 것은?

① 인쇄 매체는 인류가 사용한 최초의 매체라고 할 수 있다.
1문단의 '인류 역사에서 대중을 대상으로 하는 최초의 매체는 책, 신문, 잡지 등의 인쇄 매체이다.'에서 확인할 수 있다.

② 인쇄 매체는 19세기까지 가장 활발하게 사용된 매체이었다.
1문단의 '인쇄 매체는 18세기에 신문의 등장으로 더욱 강한 힘을 갖게 되어 19세기까지는 필적할 다른 매체가 없을 정도로 독보적인 위상을 차지했다.'에서 확인할 수 있다.

③ 인쇄 매체 광고는 오늘날에도 여전히 그 의의를 지니고 있다.
4문단의 '오늘날의 시장에서도 신문이나 잡지 등의 전통적인 인쇄 매체 광고가 여전히 주목받고 있으며'에서 확인할 수 있다.

④ 인쇄 매체는 영상 매체에 비해 정보를 표현하는 방법에 한계를 가지고 있다.
2문단의 '인쇄 매체 광고는 정지 상태의 문자와 이미지라는 시각의 단일 감각만을 표현하고 있어 영상 중심의 매체 광고에 비해 상대적인 한계를 가질 수밖에 없다.'에서 확인할 수 있다.

☑ ⑤ 인쇄 매체 광고는 영상 매체 광고에 비해 전달된 정보에 대한 신뢰성이 낮다고 할 수 있다.
3문단을 통해 인쇄 매체 광고는 영상 매체 광고에 비해 광고의 의미를 되새겨볼 수 있는 장점이 있는데, 이런 기록성은 인쇄 매체 광고의 정보가 신뢰 있는 메시지를 전달할 수 있는 기반이 됨을 알 수 있다.

---

41 자료를 통한 매체의 특성 이해   정답 ①

〈보기〉를 바탕으로 ㉮와 ㉯를 이해한 내용으로 가장 적절한 것은?

┌─────── 〈보 기〉 ───────┐

마셜 매클루언(Marshall Mcluhan)은 '미디어는 메시지다'라고 했는데, 이 말은 매체라는 형식에 메시지라는 내용을 담아낸다는 의미이다. 따라서 그에 의하면 매체의 형식에 따라 담아내는 내용도

결정될 수 있는 것이다. 그러므로 매체를 통해서 담아내고 전달되는 내용으로서 메시지는 그것을 전달하는 매체의 발달에 관여하는 기술과 분리해 생각할 수 없다.

└──────────────────────┘

☑ ① ㉮와 ㉯는 매체가 다르기 때문에 동일한 정보도 다르게 표현될 것이다.
〈보기〉의 마셜 매클루언은 매체의 형식에 따라 내용이 결정된다고 했으므로, 동일한 내용이라도 매체의 형식이 달라지면 내용도 달라질 것이다. 그러므로 동일한 정보의 광고도 인쇄 매체를 사용하느냐 혹은 영상 매체를 사용하느냐에 따라 그 정보가 다르게 표현될 것이다.

② ㉮와 ㉯는 동일한 정보라도 매체의 특징으로 인해 다르게 전달될 것이다.
동일한 정보가 매체에 따라 달라지는 것이 아니라, 매체라는 특징에 따라 표현이 달라지는 것이다.

③ ㉯가 더 발달된 기술을 사용하는 매체이기 때문에 ㉮에 비해 우수할 것이다.
발달된 기술을 사용하는 매체라고 해서 더 우수한 광고라고 할 수 없다.

④ ㉯는 다양한 감각을 사용하기 때문에 ㉮에 비해 더 많은 정보를 전달할 것이다.
감각을 더 많이 사용하는 것과 정보의 양은 별개의 문제이다.

⑤ ㉮는 ㉯보다 덜 발달된 매체를 사용하기 때문에 언젠가는 그 고유성이 사라질 것이다.
인쇄 매체 광고와 영상 매체 광고는 그 형식이 다르기 때문에 오히려 그 고유성이 유지될 것이다.

---

42 구체적인 매체에의 적용   정답 ③

〈보기〉는 어느 영화사가 영화를 홍보하기 위해 인쇄로 만든 포스터와 영상으로 만든 텔레비전 광고이다. 윗글을 바탕으로 할 때 이에 대한 반응으로 적절하지 않은 것은? [3점]

┌─────── 〈보 기〉 ───────┐

(가) 포스터   (나) 텔레비전 영상

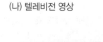

편충

└──────────────────────┘

① (가)는 정지된 상황에서 보여 주기 때문에 (나)에 비해 사람들에게 정보를 밀도 있게 표현할 수 있겠군.
3문단의 '인쇄 매체 광고는 영상 매체 광고에 비해 정보를 밀도 있게 전달할 수 있다.'에서 확인할 수 있다.

② (가)는 2차원적 지면 공간에서 집약적이고 다의적인 시각적 표현을 사용하기 때문에 (나)에 비해 사람들에게 다차원적인 정보를 전달할 수 있겠군.
3문단의 '2차원적 지면 공간에 집약적이고 다의적인 시각 표현을 통해 2차적, 3차적 광고 의미를 파생시킬 수 있다는 것 또한 인쇄 매체 광고가 갖는 장점이다.'에서 확인할 수 있다.

☑ ③ (나)는 움직임과 소리를 사용하기 때문에 (가)에 비해 사람들을 몰입할 수 있도록 하겠군.
2문단을 통해 인쇄 매체 광고는 몇 줄의 카피와 한두 개의 이미지만을 사용하기 때문에 광고를 보는 사람은 여러 감각을 사용하는 매체의 광고보다 훨씬 더 많이 상상해야 함을 알 수 있다. 이는 광고를 보는 사람에게 더 많은 몰입을 요구한다는 의미이므로, (나)에 비해 더 많은 몰입을 요구한다 할 수 있다.

④ (나)는 감각을 복합적으로 사용하기 때문에 (가)보다 사람들에게 더 강한 자극을 줄 수 있겠군.
2문단의 '영상 매체 광고는 움직임과 소리라는 시각과 청각의 두 가지 감각을 복합적으로 이용하기 때문에 강한 자극을 줄 수 있다.'에서 확인할 수 있다.

⑤ (나)는 영상의 흐름이 필요하기 때문에 (가)에 비해 사람들에게 정보를 전달하는 데 시간이 걸리겠군.
3문단의 '영상 매체 광고가 흐름이라는 시간성에 주목하고 있다면'에서 확인할 수 있다.

---

43 언어 표현의 이해   정답 ③

㉠ ～ ㉤에 대한 설명으로 적절하지 않은 것은?

① ㉠ : 부사를 사용하여 뒤의 내용이 앞의 내용과는 다른 양상으로 전환되고 있음을 드러내고 있다.
'그러다가'는 앞의 일이나 상황을 계속 진행하다가 다른 일이나 상황이 이어 일어남을 나타낼 때 쓰여 앞뒤 문장을 이어 주는 부사이다.

② ㉡ : '-기에'라는 연결 어미를 사용하여 뒤의 내용에 대한 근거가 되고 있음을 드러내고 있다.
'-기에'는 원인이나 근거를 나타내는 연결 어미이다.

☑ ③ ㉢ : '보다'라는 부사를 사용하여 앞의 내용과는 다른 새로운 내용이 제시될 것임을 드러내고 있다.
㉢의 '보다'는 서로 차이가 있는 것을 비교하는 경우, 비교의 대상이 되는 말에 붙어 '～에 비해서'의 뜻을 나타내는 조사이다.

④ ㉣ : 첩어를 사용하여 뒤에 오는 단어의 의미를 강조하여 드러내고 있다.
'두고두고'는 '두고'를 반복적으로 결합한 첩어로, 뒤에 오는 단어의 뜻을 강조할 때 사용한다.

⑤ ㉤ : 대용 표현을 사용하여 내용이 반복되는 것을 막으면서 간결하게 드러내고 있다.
대용 표현은 담화에서 언급된 말, 혹은 뒤에서 언급될 말을 대신하는 표현인 것이기 때문에, 대용 표현을 쓰면 내용이 반복되는 것을 막고 간결하게 드러낼 수 있다.

---

44 매체의 목적 파악   정답 ③

(가)와 (나)의 매체를 활용한 목적으로 가장 적절한 것은?

① (가)는 특정 음식물이 만들어지는 과정에 대한 기록이 목적이고, (나)는 특정 음식물이 만들어지는 가게에 대한 기록이 목적이다.
(가)와 (나) 모두 음식물이 만들어지는 과정이나 가게에 대한 기록을 위해 매체를 사용하지 않았다.

② (가)는 특정 음식물의 우수성을 알리기 위한 홍보가 목적이고, (나)는 특정 음식물을 파는 가게를 알리기 위한 홍보가 목적이다.
(나)는 범골 갈비라는 특정한 가게를 알리기 위한 홍보로 볼 수 있으나, (가)는 두부찌개의 우수성을 홍보하기 위한 것으로 볼 수 없다.

✓ (가)는 특정 음식물을 만드는 방법에 대한 정보의 전달이 목적이고, (나)는 특정 음식물을 파는 가게에 대한 정보의 전달이 목적이다.
(가)는 도입부에서 진행자가 '오늘은 ~ 김치찌개를 만들어 보겠습니다.'라고 있으며, 2번째 줄거리판에서 '먼저 멸치 육수를 만들어야 해요'라고 했으며, 3번째 줄거리판에서 '그 다음에는'이라는 과정을 나타내는 말을 사용했고, 마지막 줄거리판에서는 '두부찌개가 완성됩니다.'라고 하여 두부찌개를 만드는 방법에 대한 정보를 전달하고 있다. 한편 (나)는 블로그 부제의 '양평에 있는 범골 갈비에 다녀왔어요.'와 '남편과 아이 둘, 이렇게 4명이 갔는데도 3인분으로 배불리 먹을 정도로 양이 많았어요♥ 갈비 이외에도 밑반찬도 아주 훌륭했고요.', '특히 아이들이 행복하게 놀 수 있는 놀이방이 따로 있어서' 등에 제시된 것처럼 갈비를 파는 가게에 대한 정보를 전달하고 있다.

④ (가)는 특정 음식물을 많이 소비하게 하기 위한 설득이 목적이고, (나)는 특정 음식물을 만든 가게로 가게 하기 위한 설득이 목적이다.
(나)는 범골 갈비라는 가게로 가게 하기 위한 것이라는 점에서 설득이 목적이 있다고 할 수 있으나, (가)는 두부찌개를 많이 소비하게 위한 목적이 있는 것은 아니다.

⑤ (가)와 (나) 모두 특정 음식물에 대해 가지고 있는 정보를 주고받기 위한 교환이 목적이다.
(나)는 이웃들과 맛집에 대한 정보를 공유한다는 점에서 정보의 교환이라고 할 수 있으나, (가)는 정보 제작자에 관여한 사람들이 시청자에게 일방적으로 정보를 전달하고 있다.

45 매체의 특성 파악   정답 ④

(가)와 (나)에 대한 이해로 적절하지 않은 것은?

① (가)는 (나)와 달리 정보 생산자가 정보 수용자에게 일방적인 의사소통을 하고 있군.
(나)는 댓글 등을 통해 정보 생산자와 정보 수용자가 의사를 주고받으며 쌍방향적으로 소통하고 있지만, (가)는 정보 생산자가 정보 수용자에게 일방적으로 정보를 주고 있을 뿐이다.

② (나)는 (가)와 달리 이모티콘을 사용하여 정보 생산자의 감정을 표현하고 있군.
(나)에서 정보 생산자는 'ㅅㅅ', '♥', '~~' 등의 이모티콘을 활용하여 감정을 표현하고 있다.

③ (나)는 (가)와 달리 하이퍼링크를 활용하여 추가적인 정보를 더 얻을 수 있도록 하고 있군.
(나)에는 '☞ 범골 갈비 찾아가는 법'에 하이퍼링크를 연결하여 범골 갈비집을 찾아가는 방법에 대한 추가적인 정보를 제공하고 있으나, (가)에서는 이런 기능을 제공하고 있지 않다.

✓ (가)와 (나)는 모두 정보를 수용하는 사람들의 특성을 고려하고 있군.
(나)에서는 '우리 같이 아이를 키우는 엄마들에게는 딱인 것 같아요.ㅅㅅ'라고 하여 정보 수용자에 대한 특성을 고려하고 있으나, (가)에서는 이를 확인할 수 없다.

⑤ (가)와 (나)는 모두 정보를 생산하는 사람에 대한 정보를 파악할 수 있군.
(가)는 첫 번째 줄거리판의 대사에서 '한식 요리 전문가 김진옥 요리사'라고 하여 두부찌개 만드는 법이라는 정보 생산자에 대한 정보를 주고 있으며, (나)는 블로그 소개란의 '어여쁜 공주 둘을 키우고 있는 평범한 엄마의 육아 블로그입니다.'에서 정보 생산자에 대한 정보를 주고 있다.

• 정답 •
★35 ④ 36 ③ 37 ② 38 ① 39 ③ 40 ⑤ 41 ⑤ 42 ⑤ 43 ⑤ 44 ② 45 ③

★ 표기된 문항은 [등급을 가르는 문제]에 해당하는 문항입니다.

★★★ 등급을 가르는 문제!

35 단어의 구성 요소 파악   정답률 25% | 정답 ④

⊙과 ⓛ을 모두 충족하는 단어만을 〈보기〉에서 있는 대로 고른 것은?

〈보 기〉
새해맞이, 두말없이, 숨은그림찾기, 한몫하다

① 새해맞이, 숨은그림찾기, 한몫하다
② 두말없이, 숨은그림찾기, 한몫하다
③ 두말없이, 숨은그림찾기
✓ 새해맞이, 한몫하다
⑤ 새해맞이

새해맞이
'새해맞이'에서 '새해'는 관형사 '새'가 후행 명사인 '해'를 수식하고 있으므로 ⊙을 충족한다. 그리고 '새해맞이'는 '새해를 맞이하는 일'이라는 의미를 나타내므로 단어의 구성 요소들이 의미상 목적어와 서술어의 관계를 이루어 ⓛ을 충족한다.

두말없이
'두말없이'의 '두말'은 관형사 '두'가 후행 명사 '말'을 수식하는 것으로 분석되어 ⊙을 충족한다. 하지만 '두말없이'는 '두말이 없이'라는 의미를 나타내므로 단어의 구성 요소들이 의미상 주어와 서술어의 관계를 이루므로 ⓛ을 충족하지 못한다.

숨은그림찾기
'숨은그림찾기'는 '숨은그림을 찾다'라는 의미를 나타내므로 단어의 구성 요소들이 의미상 목적어와 서술어의 관계를 이루어 ⓛ을 충족한다. 하지만 '숨은그림찾기'의 '숨은그림'에서는 관형사가 아닌 동사 어간 '숨-'에 관형사형 어미 '-은'이 결합한 형태의 '숨은'이 후행 명사 '그림'을 수식하고 있으므로 ⊙을 충족하지 못한다.

한몫하다
'한몫하다'에서 '한몫'은 관형사 '한'이 후행 명사 '몫'을 수식하므로 ⊙을 충족한다. 그리고 '한몫하다'는 '한몫을 하다'라는 의미를 나타내므로 단어의 구성 요소들이 의미상 목적어와 서술어의 관계를 이루어 ⓛ을 충족한다.

★★ 문제 해결 꿀~팁 ★★

▶ 많이 틀린 이유는?
이 문제는 〈보기〉로 제시된 단어들을 정확하게 분석하지 못해, 특히 〈보기〉로 주어진 단어들이 이중으로 결합된 복합어임을 정확히 파악하지 못하고, 이를 제대로 분석하지 못하여 오답률이 높았던 것으로 보인다. 또한 제시된 단어에서 관형사를 찾지 못한 것도 오답률을 높였던 이유라 할 수 있다.

▶ 문제 해결 방법은?
이 문제를 해결하기 위해서는 먼저 지문에 제시된 ⊙, ⓛ의 의미를 제시된 사례를 바탕으로 정확히 이해해야 한다. 그런 다음 〈보기〉에 제시된 단어들을 분석하여 ⊙, ⓛ에 해당하는지 확인할 수 있어야 한다. 가령 '새해맞이'의 경우 '새해'와 '맞이'로 나눈 뒤, 각각의 단어 구성 방식을 먼저 파악해야 한다. 이럴 경우 '새해'에서 '새'가 명사 '해'를 수식하므로 ⊙의 조건을 충족시킨다고 할 수 있다. 그런 다음 '새해맞이'가 ⓛ에 해당하는지 살펴보면 되는데, ⓛ처럼 목적어를 넣어 의미가 통하는지 살펴보면 된다. 이럴 경우 '새해를 맞이하다'로 풀이될 수 있어서 ⓛ에 해당함을 알 수 있다.

▶ 오답인 ①을 많이 선택한 이유는?
이 문제의 경우 ①을 선택한 학생들이 많았는데, 이는 '숨은그림찾기'에서 '숨은'이 관형사라고 착각했기 때문으로 보인다. 즉 관형사형 어미가 사용되어 관형어로 쓰이는 것과 품사인 관형사는 엄연히 다름에도 이를 정확히 이해하지 못하여 잘못 선택한 것이라 할 수 있다. 즉 '숨은'은 동사 어간 '숨-'에 관형사형 어미 '-은'이 결합한 형태의 단어에 해당하므로 품사는 동사이므로 적절하지 않은 것이라 할 수 있는 것이다. 이 문제는 관형사, 동사 등의 품사와 관련된 기본적인 문법 지식이 없으면 어려움을 겪을 수 있는 문제였으므로, 평소 기본적인 문법 지식은 정리하여 반드시 알아 둘 수 있도록 한다.

36 단어의 의미 형성 파악   정답률 80% | 정답 ③

윗글과 〈보기〉를 바탕으로 추론한 내용으로 적절하지 않은 것은?

〈보 기〉
○ '립스틱'을 여성들이 입술에 바르던 염료인 '연지'라는 단어를 사용해 '입술연지'라고도 했다.
○ '변사'는 무성 영화를 상영할 때 장면에 맞추어 그 내용을 설명하던 직업을 가진 사람을 뜻한다.
○ '수세미'는 박과의 한해살이 덩굴풀을 뜻하는데, 그 열매 속 섬유로 그릇을 닦았다. 오늘날 공장에서 만든 설거지 도구도 '수세미'라고 한다.
○ '혁대'의 순화어로 '가죽으로 만든 띠'라는 뜻의 '가죽띠'와 '허리에 매는 띠'라는 뜻의 '허리띠'가 제시되어 있다.
○ '양반'은 조선시대 사대부를 이르는 말이었지만 지금은 '점잖은 사람'의 뜻으로 주로 쓰인다.

① '입술연지'는 '소젖메쥬'처럼 일상의 단어로 새로운 대상을 인식한 예로 볼 수 있겠군.
제시된 글을 통해 '소젖메쥬'는 일상의 단어였던 '메주'를 사용하여 '치즈'를 표현하였음을 알 수 있다. 그리고 '입술연지' 역시 일상의 단어였던 '연지'를 사용하여 '립스틱'을 표현한 것이라 할 수 있다. 따라서 '소젖메쥬'나 '입술연지' 모두 일상의 단어로 새로운 대상을 인식한 사례라 할 수 있다.

② '변사'는 무성 영화와 관련해 쓰인 단어라는 점에서 시대상이 반영된 예에 해당하겠군.
제시된 글을 통해 '총각'과 '부대찌개'에는 과거의 관습과 시대의 흔적이 담겨 있음을 알 수 있다. 이를 바탕

으로 할 때, 무성 영화가 상영될 때의 직업을 가리키는 '변사'에는 무성 영화가 상영될 당대의 시대상이 반영되었다고 할 수 있다.

✔ '수세미'는 기존의 의미에 새로운 의미가 더해졌다는 점에서 '총각'과 유사하겠군.
〈보기〉를 통해 '수세미'는 그릇을 닦을 때 쓰이기도 하던 특정 식물을 지칭하는 기존의 의미에 오늘날에는 공장에서 만들어져 나오는 일반적인 의미의 '설거지 도구'라는 새로운 의미가 더해진 사례임을 알 수 있다.
하지만 제시된 글을 통해 '총각'은 '머리를 땋아 갈라서 틀어 맴'이라는 기존의 의미가 사라지고 오늘날에는 그 의미가 '결혼하지 않은 성년 남자'로 변화된 사례에 해당하므로 적절하지 않다.

④ '가죽띠'는 '재료'에, '허리띠'는 '착용하는 위치'에 초점을 둔 단어라는 점에서 서로 다른 인식이 반영된 것이겠군.
제시된 글을 통해 '원어기→전화기'의 사례는 대상을 어떻게 인식하느냐에 따라 그것을 표현하는 단어가 달라짐을 보여 주는 사례임을 알 수 있다. 따라서 '가죽띠-허리띠'도 '원어기→전화기'의 사례처럼 대상에 대한 인식이 다를 때 그것을 표현하는 단어가 달라지기도 함을 보여 준다고 할 수 있다.

⑤ '양반'은 신분의 구분이 있었던 사회의 모습을 엿볼 수 있다는 점에서 시대의 흔적을 담고 있겠군.
'양반'은 원래 조선 시대의 특정 신분을 가리키는 말이었다는 점에서 신분 구분이 있었던 조선 시대의 시대상을 반영하고 있다. 따라서 '양반'은 신분의 구분이 있었던 조선 시대의 흔적을 담고 있다고 할 수 있다.

---

37 용언의 활용 이해 정답률 53% | 정답 ②

ⓐ ~ ⓔ는 잘못된 표기를 바르게 고친 것이다. 고치는 과정에서 해당 단어에 적용된 용언 활용의 예로 적절하지 않은 것은?

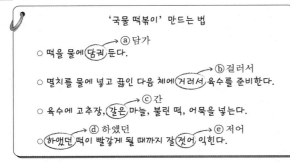

'국물 떡볶이' 만드는 법

○ 떡을 물에 (담궈) → ⓐ 담가 둔다.
○ 멸치를 물에 넣고 끓인 다음 체에 (거러서) → ⓑ 걸러서 육수를 준비한다.
○ 육수에 고추장, (갈은) → ⓒ 간 마늘, 불린 떡, 어묵을 넣는다.
○ (하앴던) → ⓓ 하였던 떡이 빨갛게 될 때까지 잘 (젇어) → ⓔ 저어 익힌다.

① ⓐ : 예쁘- + -어도 → 예뻐도
ⓐ의 '담가'는 기본형 어간 '담그-'에 '-아'가 결합하여 'ㅡ'가 탈락한 'ㅡ 탈락'에 해당하고, '예뻐도'는 기본형 어간 '예쁘-'에 '-어도'가 결합하여 'ㅡ'가 탈락한 'ㅡ 탈락'에 해당한다.

✔ ② ⓑ : 푸르- + -어 → 푸르러
ⓑ의 '걸러서'는 기본형 어간 '거르-'와 '-어서'가 결합한 '르 불규칙 활용'에 해당하고, '푸르러'는 기본형 어간 '푸르-'에 '-어'가 결합한 '러 불규칙 활용'에 해당한다.

③ ⓒ : 살- + -니 → 사니
ⓒ의 '간'은 기본형 어간 '갈-'에 '-(으)ㄴ'이 결합하여 'ㄹ'이 탈락한 'ㄹ 탈락'에 해당하고, '사니'는 기본형 어간 '살-'에 '-니'가 결합하여 'ㄹ'이 탈락한 'ㄹ 탈락'에 해당한다.

④ ⓓ : 동그랗- + -아 → 동그래
ⓓ의 '하였던'은 기본형 어간 '하얗-'에 '-았던'이 결합한 'ㅎ 불규칙 활용'에 해당하고, '동그래'는 기본형 어간 '동그랗-'에 '-아'가 결합한 'ㅎ 불규칙 활용'에 해당한다.

⑤ ⓔ : 긋- + -은 → 그은
ⓔ의 '저어는' 기본형 어간 '젓-'에 '-어'가 결합한 'ㅅ 불규칙 활용'에 해당하고, '그은'은 기본형 어간 '긋-'에 '-은'이 결합한 'ㅅ 불규칙 활용'에 해당한다.

★★★ 등급을 가르는 문제!

38 문장의 짜임 이해 정답률 26% | 정답 ①

〈학습 활동〉을 수행한 결과로 적절하지 않은 것은? [3점]

〈학습 활동〉
겹문장은 다른 문장 속에 들어가 안긴문장으로 쓰일 수 있다. 또한 겹문장은 안은문장에서 다양한 문장 성분으로도 쓰인다. 다음 밑줄 친 겹문장 ⓐ ~ ⓔ의 쓰임을 설명해 보자.

○ 기상청은 ⓐ 내일은 따뜻하지만 비가 온다는 예보를 했다.
○ 시민들은 ⓑ 공원이 많고 거리가 깨끗한 도시를 만들었다.
○ ⓒ 바람이 거세지고 어둠이 내리기 전에 산에서 내려갔다.
○ 나는 나중에야 ⓓ 그녀는 왔으나 그가 안 왔음을 깨달았다.
○ 삼촌은 주말에 ⓔ 꽃이 피고 새가 지저귀는 들판을 거닐었다.

✔ ① ⓐ는 인용절로 쓰이고 있다.
ⓐ는 전성 어미 '-는'이 쓰여 뒤에 오는 '예보'를 꾸며 주고 있으므로 관형절에 해당한다. 한편 인용절에서는 조사 '라고(직접 인용절)'나 '고(간접 인용절)'가 쓰인다.

② ⓑ는 관형절로 쓰이고 있다.
ⓑ는 '공원이 많고 거리가 깨끗하-'에 전성 어미 '-(으)ㄴ'이 결합하여 '도시'를 꾸며 주는 관형절로 쓰이고 있다.

③ ⓒ는 명사절로 쓰이고 있다.
ⓒ는 '바람이 거세지고 어둠이 내리-'에 명사형 전성 어미 '-기'가 결합하여 문장 안에서 명사절로 쓰이고 있다.

④ ⓓ는 조사와 결합하여 주성분으로 쓰이고 있다.
ⓓ는 전성 어미 '-음'이 결합한 명사절로, 목적격 조사 '을'과 결합하여 문장 안에서 주성분인 목적어로 쓰이고 있다.

⑤ ⓔ는 조사와 결합 없이 부속 성분으로 쓰이고 있다.
ⓔ는 전성 어미 '-는'이 결합한 관형절로, 조사와의 결합 없이 '들판'을 수식하는 부속 성분인 관형어로 쓰이고 있다.

▶ 많이 틀린 이유는?
이 문제는 안긴문장에 대한 정확한 이해 부족, 특히 명사절과 관형절에 대한 이해가 부족하여 오답률이 높았던 것으로 보인다.
▶ 문제 해결 방법은?
이 문제는 안긴문장에 대한 배경지식이 정확히 있었으면 쉽게 풀 수 있었던 문제로, 문법에서 배경지식의 중요성을 잘 알려 주는 문항이라 할 수 있다. 즉 정답인 ①의 경우 인용절에서 간접 인용절은 인용되는 곳에 따옴표 없이 '고'가 사용되고, 직접 인용절에서는 인용되는 곳에 따옴표를 제시하면서 '라고'가 사용됨을 알았다면 ①이 적절하지 않음을 바로 알았을 것이다. 한편 오답률이 높았던 ③과 ⑤의 경우에도 명사절과 관형절에 대한 배경지식이 있었다면 적절한 것이었음을 알 수 있었을 것이다. 즉, ③에서는 '바람이 거세지고 어둠이 내리-'에 명사형 전성 어미 '-기'가 결합하여 명사절로 쓰이고, ⑤의 경우 관형사형 전성 어미 '-는'이 결합하여 관형절로 쓰이고 있음을 알았을 것이다. 한편 ⑤의 경우 '지저귀는'에서 '는'이 주격 조사 '는'이라고 착각하여 잘못된 선택을 한 학생들이 있었는데, 이 경우에도 뒤에 오는 '들판'을 꾸며 줌을 알았다면 '는'은 조사가 아니라 관형사형 전성 어미임을 알았을 것이다. 이 문제처럼 최근 문법 문제에서는 기본적인 문법 지식을 알고 있었다면 의외로 쉽게 풀 수 있는 문제가 출제되고 있다. 이 말은 바꾸어 생각하면 문법 지식이 없다면 그만큼 풀기 어렵다는 것을 의미하므로, 기본적인 문법 지식은 철저히 외워서 충분히 갖출 수 있도록 해야 한다.

---

39 중세 국어의 음운 정답률 64% | 정답 ③

〈보기〉의 ⊙과 ⓒ에 들어갈 말로 적절한 것은?

〈보 기〉
학생 : 현대 국어와는 달리 중세 국어의 'ㅔ', 'ㅐ'가 이중 모음이었다는 근거가 궁금해요.
선생님 : 'ㅔ', 'ㅐ'로 끝나는 체언과 결합하는 조사의 형태가 무엇인지 (가)를 참고하여 (나)를 살펴보면 알 수 있단다.

(가)

체언의 끝소리	조사의 형태	예
자음	이라	지비라[집이다]
단모음 '이'나 반모음 'ㅣ'	Ø라	ᄉᆡ라[ᄉᆡ(사이)이다] 불휘라[불휘(뿌리)이다]
그 밖의 모음	ㅣ라	전ᄎᆞ라[전ᄎᆞ(까닭)이다] 곡도라[곡도(꼭두각시)이다]

(나)
슉(금)은 이제라[이제이다], 下(하)는 아래라[아래이다]

학생 : (가)의 [⊙   ]에서처럼 (나)의 '이제'와 '아래'가 [ⓒ   ] 형태의 조사를 취하는 것을 보니 'ㅔ', 'ㅐ'가 반모음 'ㅣ'로 끝나는 이중 모음이었음을 알 수 있어요.

        ⊙   ⓒ
① 지비라   이라
'지비라'는 '집 + 이라'로 분석되므로, 체언의 끝소리가 자음일 때에 '이라'가 결합한 사례임을 알 수 있다.

② ᄉᆡ라   Ø라
'ᄉᆡ라'는 'ᄉᆡ + Ø라'로 분석되므로, 체언의 끝소리가 단모음 '이'일 때에 'Ø라'가 결합한 사례임을 알 수 있다.

✔ ③ 불휘라   Ø라
(가)를 통해 '불휘라'는 '불휘 + Ø라'로 분석되고 있음을 알 수 있는데, 이는 체언의 끝소리가 반모음 'ㅣ'로 끝나는 이중 모음(ㅟ)이기 때문에 'Ø라'가 결합한 것이라 할 수 있다. 그리고 (나)의 '이제라, 아래라'는 'Ø라'가 결합한 것임을 알 수 있으므로, 이를 통해 'ㅔ', 'ㅐ'가 반모음 'ㅣ'로 끝나는 이중 모음이었음을 알 수 있다.

④ 전ᄎᆞ라   ㅣ라
'전ᄎᆞ라'는 '전ᄎᆞ + ㅣ라'로 분석되므로, 체언의 끝소리가 '그 밖의 모음'에 해당하는 'ㆍ'일 때에 'ㅣ라'가 결합한 사례임을 알 수 있다.

⑤ 곡도라   ㅣ라
'곡도라'는 '곡도 + ㅣ라'로 분석되므로, 체언의 끝소리가 '그 밖의 모음'에 해당하는 'ㅗ'일 때에 'ㅣ라'가 결합한 사례임을 알 수 있다.

---

40 매체의 특성 비교 정답 ⑤

(가) ~ (다)에 대한 설명으로 적절하지 않은 것은?

① 정보 제공 속도의 측면에서 볼 때, (가)는 (다)에 비해서 느리다고 할 수 있다.
(가)는 책에 해당하므로 책에 담긴 정보를 유통하기 위해 시간적, 공간적 제약을 지닌다고 할 수 있다. 반면에 (다)는 라디오 광고에 해당하여 시간과 공간의 제약이 거의 없으므로 정보 제공 속도는 빠르다고 할 수 있다.

② 정보 제시 언어의 측면에서 볼 때 (나)와 (다)의 정보 제시 언어는 다르다고 할 수 있다.
(나)는 블로그에 실린 글에 해당하므로 정보 제시 언어는 문자 언어라 할 수 있다. 이와 달리 (다)는 라디오 광고이므로 정보 제시 언어는 음성 언어라 할 수 있다.

③ 정보 제공자의 특성을 고려할 때 신뢰도 면에서 (가)의 정보 제공자가 (나)의 정보 제공자보다 높다고 할 수 있다.
(가)는 책의 일부이므로 정보 제공하는 저자는 전문적인 지식을 지닌 사람이라고 볼 수 있다. 반면에 (나)의 블로그 운영자는 대학생에 해당하므로 전문적인 지식을 (가)의 저자보다 지녔다고는 볼 수 없다. 따라서 신뢰도 측면에서는 (가)의 정보 제공자가 (나)의 정보 제공자보다 높다고 할 수 있다.

④ 정보가 지닌 질과 양적인 측면을 볼 때, (가)는 (나)에 비해 깊이 있는 내용과 제재에 관한 많은 정보를 제공한다고 할 수 있다.
(가)는 전문가가 쓴 책에 해당하므로 정보 내용의 질적인 측면에서는 깊이가 있고, 제재와 관련된 정보의 양 역시 많다고 할 수 있다. 반면에 (나)는 개인인 대학생이 쓴 것에 해당하므로 정보의 질적인 측면에서 (가)보다 상대적으로 얕다고 할 수 있고, 제재와 관련된 정보의 양 역시 (가)보다는 적다고 할 수 있다.

✔ ⑤ 정보 제공자의 참여적인 측면에서 볼 때, (나)보다 (가)가 누구나 참여할 수 있다는 점에서 개방성이 높다고 할 수 있다.

(가)는 책으로 전문적인 지식을 지닌 전문가들이 주로 쓴다고 할 수 있다. 반면에 (나)는 블로그로 블로그를 운영할 수 있는 사람이라면 누구나 참여할 수 있다고 할 수 있다. 따라서 정보 제공자의 참여적인 측면에서 볼 때, (가)보다 (나)가 누구나 참여할 수 있어서 개방성이 높다고 할 수 있다.

---

41 글의 내용을 통한 매체 자료 이해 　　정답 ⑤

(가), (나)를 참고하여, 기사형 광고인 〈보기〉를 이해한 내용으로 적절하지 않은 것은? [3점]

〈보 기〉

□□일보	2000년 ○○월 ○○일

발에 맞는 신발이 건강의 비결
신발도 몸에 맞는 것으로 사용해야

현대인은 누구나 건강을 중요하게 여긴다. 이런 점에서 우리가 자칫 소홀하기 쉬운 신발도 가려서 신어야 한다. 발에 맞는 신발을 신어야 발이 편안해지고 우리 몸도 건강해진다.
최근 ◇◇ 대학연구소에서는 발과 신발과의 관계를 밝힌 연구 논문을 발표했다. 이 논문에 따르면 발에 맞는 신발을 신는 사람이 그렇지 않은 사람보다 신체적으로 건강을 유지할 확률이 높다고 한다. 그래서 발에 맞는 신발을 신어야 건강에 효과적이라고 밝혔다.
□□ 기업은 이러한 ◇◇ 대학연구소의 연구 결과를 바탕으로 한국인들의 발의 형태를 연구하여 한국인들의 발에 맞는 '피트 운동화'를 출시할 계획이다. □□ 기업 관계자는 국민 건강에 앞장서 온 자신의 기업 정신이 담긴 것이 '피트 운동화'라고 하였다. 한편 이 '피트 운동화'는 이달 3일에 본격적으로 출시될 예정이다.

– 김△△ 기자

① 기사형 광고이지만 일반 신문 기사처럼 표제, 부제, 전문의 형식을 갖추고 있군.
(가)의 1문단에서 기사형 광고는 일반 기사 형식과 동일하게 헤드라인, 부제, 소제목, 본문을 모두 갖추고 있음을 알 수 있다. 그리고 〈보기〉를 통해 표제와 부제, 본문으로 내용을 구성하고 있으므로 적절한 이해라 할 수 있다.

② 독자가 〈보기〉를 신문 기사로 착각했다면, 〈보기〉 신문의 편집인은 광고와 혼동하지 않도록 구분하여 편집하지 않았다고 할 수 있군.
(가)의 3문단을 통해 신문·인터넷 신문의 편집인 및 인터넷 뉴스 서비스의 기사 배열 책임자는 독자가 기사와 광고를 혼동하지 아니하도록 명확하게 구분해 편집해야 한다고 규정하고 있음을 알 수 있다. 따라서 독자가 〈보기〉를 신문 기사로 착각했다면 〈보기〉 신문의 편집인은 기사와 광고를 혼동하지 아니하도록 명확하게 구분해 편집하지 않았다고 할 수 있다.

③ '◇◇ 대학연구소'의 연구 결과를 인용한 것은 독자의 관심을 끌기 위해 유용한 정보를 제공하는 것처럼 꾸민 것이라 할 수 있군.
(나)를 통해 기사형 광고는 전문가 인터뷰나 연구 자료 인용을 통해 유용한 정보를 제공하는 것처럼 꾸며 독자의 관심을 끌려 함을 알 수 있다. 따라서 〈보기〉에서 '◇◇ 대학연구소'의 연구 결과를 인용한 것은 독자의 관심을 끌기 위해 유용한 정보를 제공하는 것처럼 꾸민 것이라 할 수 있다.

④ 신문 기사의 말미에 '김△△ 기자'라고 표현한 것은 독자로 하여금 신문 기사로 오해하게 만들 수 있겠군.
(나)를 통해 기자가 작성한 글로 착각하지 않도록 글 말미에 '글 ○○○ 기자'와 같은 표현도 사용하지 못하도록 되어 있음을 알 수 있다. 그런데 〈보기〉에서는 '김△△ 기자'라고 표시되어 있는데, 이는 독자들로 하여금 〈보기〉 기사가 신문 기사로 오해하게 만든다고 할 수 있다.

☑ '□□일보'가 지속적으로 〈보기〉와 같은 기사형 광고를 게재하여 비난을 받게 되어 공신력이 떨어지면 기사형 광고를 더 이상 싣지 않겠군.
(가)의 2문단에서 기사형 광고는 언론 정보 매체의 최고 가치인 '신뢰'를 깎아먹을 수 있지만, 신문사의 수입과 직결된다는 측면에서 포기하기 힘든 것으로 보인다고 언급하고 있다. 따라서 '□□일보'가 지속적으로 〈보기〉와 같은 기사형 광고를 게재하여 비난을 받게 되어 공신력이 떨어지더라도 기사형 광고를 중단하지는 않을 것이라 추측할 수 있다.

---

42 자료를 통한 광고 전략과 효과 파악 　　정답 ⑤

〈보기〉 참고하여 (다)의 설득 전략과 효과를 파악한 것으로 적절하지 않은 것은?

〈보 기〉

라디오 광고는, 잠재의식에 깊이 파고드는 특징과 함께 상상과 상징 기능을 가진 라디오 매체로 전달되므로 여타 매체와는 다른 광고 효과가 있다. 라디오 광고는 일시에 넓은 지역에 걸친 수많은 사람에게 광고할 수 있으며, 다른 일을 하면서 들을 수 있는 특징이 있다. 그리고 라디오 광고는 말로 전달되므로 누구나 쉽게 이해할 수 있으면서, 청취자로 하여금 상상할 수 있게 해주며, 청취자의 정서를 자극하는 효과도 강하다. 또한 노래나 음악을 함께 제시하여 친근감을 조성해 주기도 한다.

① 배경 음악으로 신나는 노래를 사용하여 흥겨운 축제의 분위기를 살리고 있다.

② '건강 여행', '신나고 화려한' 등의 어휘를 사용하여 독자의 상상력을 자극하고 있다.

③ '가자! ★★으로'를 반복적으로 제시하여 ★★ 거봉 축제에 참가하기를 설득하고 있다.

④ 간결하면서 리듬감 있는 언어를 사용하여 광고 내용을 일을 하면서 듣는 청취자들이 쉽게 알 수 있도록 하고 있다.

☑ 라디오라는 특성을 이용하여 불특정 다수에게 지역 상품인 '거봉'을 자세하게 소개하여 ★★지역을 홍보하는 의도를 드러내고 있다.
(다)는 라디오 매체를 통한 광고에 해당하므로 불특정 다수에게 ★★의 '거봉'을 알려 준다고 할 수 있다. 하지만 제시된 광고에서는 간결하고 압축적인 언어로 ★★ 거봉 축제에 참여하기를 바라고 있지, 지역 상품인 '거봉'을 자세하게 소개하지는 않고 있다.

---

43 언어 사용 수정 계획의 적절성 판단 　　정답 ⑤

ⓐ를 고려하여, '세상 지킴이'가 ㉠ ~ ㉤을 수정하려는 생각으로 가장 적절한 것은?

① ㉠에서 '등'은 접미사로 쓰였으므로 붙여 써야겠어.

② ㉡에서는 안 부정문이 사용되었으므로 붙여 써야겠어.

---

③ ㉢은 본용언과 본용언이 결합되어 있으므로 띄어 써야겠어.

④ ㉣은 단어가 정확하게 사용되지 않았으므로 '각인'으로 바꿔야겠어.

☑ ㉤은 앞 문단의 내용을 고려할 때 접속어 '또한'으로 고쳐야겠어.
㉤ 앞에서는 독자들이 광고임을 알게 해 주는 'ad'라는 표식이 없다고 언급하고 있고, 이어서 기자 이름 쓰이는 자리에 '편집팀, 정보팀'이라는 이상한 표시를 한다고 언급하고 있다. 따라서 의미상 대등한 관계이므로 인과의 접속어가 사용된 ㉤은 대등한 관계를 나타내는 접속어인 '또한'으로 바꿔 써야 한다.

---

44 대화 내용을 통한 매체의 특성 파악 　　정답 ②

(나)의 대화 내용을 통해 알 수 있는 (가) 매체의 특성으로 적절하지 않은 것은?

① 기사 내용이 독자들의 앞으로의 생활 자세에 영향을 미칠 수 있다.
경호의 '온라인 공간에서 댓글을 달거나 메일을 보낼 때도 조심해야겠다는 생각이 들었어.'를 통해 알 수 있다.

☑ 독자와의 상호 의사소통을 통해 문제 해결을 위한 대안을 유도할 수 있다.
(나)의 대화를 통해 사이버 불링이 지닌 문제점을 해결하기 위한 학생들의 방안이 제시되어 있음을 알 수 있다. 하지만 이러한 대화는 학생들 사이의 의사소통 과정에서 언급된 것이지, 신문과 독자가 상호 의사소통을 하면서 방안을 이끌어 내지는 않고 있다. 종이 신문의 경우 의사소통은 정보 제공자가 정보 수용자에게 방적으로 전달하는 방식으로 이루어진다.

③ 독자로 하여금 자신의 매체 활용 태도를 돌아보는 계기를 제공할 수 있다.
정민이 자신의 누리 소통망에 재미로 올린 사진이 사이버 불링임을 깨닫고, 다시는 재미든 장난이든 다른 사람이 원치 않은 사진은 올리지 말아야겠다고 말하는 것을 통해 알 수 있다.

④ 독자가 기사 내용을 적극적으로 수용하여 문제를 해결하려는 태도를 이끌어 낼 수 있다.
정민이 자신들끼리 사이버 불링 없애는 것에 대해 학교 게시판에 게재하자고 제안하고 있고, 이에 대해 경호가 동의하고 있는데, 이러한 모습은 기사 내용을 적극적으로 수용하여 문제를 해결하려는 태도라 할 수 있다.

⑤ 시각 자료를 제시하여 기사 내용을 독자들에게 인상 깊게 전달하면서 이해를 도울 수 있다.
윤석의 '이탈리아 한 모델이 두루마리 휴지에 악성 댓글을 ~ 사진을 함께 제시하니까 내용이 더 잘 이해되더라.'를 통해 알 수 있다.

---

45 매체 활용 계획의 반영 여부 판단 　　정답 ③

〈보기〉를 참고할 때, ㉠ ~ ㉤에서 매체 자료를 생산하는 태도로 적절하지 않은 것은?

〈보 기〉

인터넷의 역기능의 심화로 컴퓨터 윤리의 구체적 규범을 연구한 리차드 스피넬로는 4가지 원리를 제시하여 인간의 완성이라는 궁극적 목적을 달성하고자 하였다.
첫 번째는 자신과 타인에 대한 존중으로 타인의 사생활, 지적 재산권, 다양성을 존중하는 것이다. 두 번째는 정보 이용자와 제공자가 자신의 행동에 대한 결과를 고려하여 서로 배려해야 하는 의무를 강조한 책임이다. 세 번째는 자신이 제공하는 정보가 완전성, 진실성, 공정한 표현, 비편향성을 추구하며 타인의 자유와 권리를 침해하지 않는 공정한 기준을 준수함을 말하는 정의이다. 네 번째는 바로 해악 금지 부분으로 사이버 폭력, 바이러스 유포 등 타인에게 해로움을 주는 것을 금지해야 한다는 것이다.

① ㉠과 같은 매체로 내용을 생성할 때는 제공되는 내용에 허위 사실이나 과장된 표현을 사용하지 않아야 한다.

② ㉡에 사진을 게재할 때는 타인의 사생활을 침해하거나 저작권을 위반하지 않도록 해야 한다.

☑ ㉢이 자신을 비난하는 내용일 때 상대방에게 경각심을 불러일으키기 위해 비난의 댓글을 작성해야 한다.
자신을 비난하는 댓글을 단 상대는 사이버 폭력을 행한 것이라 할 수 있으므로 올바른 태도라 할 수 없다. 하지만 이러한 상대방에게 경각심을 주기 위해 자신 역시 상대를 비난하는 댓글을 다는 것 역시 어떤 이유에서든 사이버 폭력에 해당하므로 적절한 태도라 할 수 없다.

④ ㉣로 자료를 보낼 때에는 자신이 보낸 파일에 바이러스 같은 타인에게 해로움을 주는 요소가 없는지 점검하고 보내야 한다.

⑤ ㉤에 내용을 올릴 때에는 공정한 표현을 사용하면서 비편향적인 태도를 지닐 수 있어야 한다.

35 다의어의 의미 이해   정답률 67% | 정답 ⑤

윗글을 참고하여 추론한 내용으로 적절하지 않은 것은?

① 대부분의 아이들이 '별'의 의미 중 '군인의 계급장'이라는 의미보다 '천체의 일부'라는 의미를 먼저 배우겠군.

1문단에서 중심 의미는 일반적으로 주변 의미보다 언어 습득의 시기가 빠름을 알 수 있다. '별'은 중심 의미가 '천체의 일부'이고, 주변 의미가 '군인의 계급장'이므로 적절한 추론이다.

② '앉다'의 의미 중 '착석하다'의 의미로 쓰이는 빈도가 '요직에 앉다'처럼 '직위나 자리를 차지하다'의 의미로 쓰이는 빈도보다 더 높겠군.

1문단에서 중심 의미는 일반적으로 주변 의미보다 사용 빈도가 높음을 알 수 있다. '앉다'는 중심 의미가 '착석하다'이고, 주변 의미가 '직위나 자리를 차지하다'이므로 적절한 추론이다.

③ '결론에 이르다'와 '포기하기에는 아직 이르다'에서 '이르다'의 의미들은 서로 관련성이 없으니, 이 두 의미는 중심 의미와 주변 의미의 관계로 볼 수 없겠군.

4문단에서 다의어의 중심 의미와 주변 의미는 서로 관련성을 갖는다는 것을 알 수 있다. '결론에 이르다'의 '이르다'와 '포기하기에는 아직 이르다'의 '이르다' 사이에는 의미적 관련성이 없으므로 이 둘은 중심 의미와 주변 의미의 관계로 볼 수 없다.

④ '팽이를 돌리다'는 어법에 맞는데 '침이 생기다'라는 의미의 '돌다'는 '군침을 돌리다'로 쓰이지 않으니, '군침이 돌다'의 '돌다'는 주변 의미로 사용된 것이겠군.

2문단에서 다의어가 주변 의미로 사용되었을 때는 문법적 제약이 나타나기도 함을 알 수 있다. '군침이 돌다'에 쓰인 '돌다'는 '팽이가 돌다/팽이를 돌리다'에 쓰인 '돌다'와 비교하면 사동형 '군침을 돌리다'가 불가능한 문법적 제약을 지지고 있다. 따라서 '군침이 돌다'의 '돌다'는 주변 의미로 사용된 것이라는 추론은 적절하다.

☑ 사람의 감각 기관을 뜻하는 '눈'의 의미가 '눈이 나빠져서 안경의 도수를 올렸다'에서의 '눈'의 의미로 확장되었으니, '눈'의 확장된 의미는 기존 의미보다 더 구체적이겠군.

3문단을 보면 새로 생긴 의미는 기존 의미보다 추상성이 강화되는 경향이 있음을 알 수 있다. '눈'의 중심 의미는 '감각 기관'이고, '눈이 나빠지다'의 '눈'은 '시력'을 뜻하는 주변 의미로 새로 생긴 의미에 해당한다. 따라서 '눈'의 기존 의미인 '감각 기관'에 비해, 확장된 주변 의미인 '시력'이 '더 구체적'이라는 추론은 적절하지 않다.

36 다의어의 의미 이해   정답률 56% | 정답 ②

밑줄 친 단어들의 의미를 고려하여 ㉠의 예에 해당하는 것만을 〈보기〉에서 있는 대로 고른 것은? [3점]

〈보 기〉

영희 : 자꾸 말해 미안한데 모둠 발표 자료 좀 줄래?
민수 : 너 빚쟁이 같다. 나한테 자료 맡겨 놓은 거 같네.
영희 : 이틀 뒤에 발표 사전 모임이라고 금방 문자 메시지가 왔는데 지금 또 왔어. 근데 빚쟁이라니, 내가 언제 돈 빌린 적도 아니고…….
민수 : 아니, 꼭 빌려 준 돈 받아 온 사람 같다고. 자료 여기 있어. 가현이랑 도서관에 같이 가자. 아까 출발했다니까 금방 올 거야.
영희 : 그래. 발표 끝난 뒤에 다 같이 밥 먹자.

① 빚쟁이   ☑ 빚쟁이, 금방   ③ 뒤, 돈
④ 뒤, 금방, 돈   ⑤ 빚쟁이, 뒤, 금방

빚쟁이

〈보기〉를 볼 때, 민수의 '너 빚쟁이 같다.'에서 '빚쟁이'는 '남에게 돈을 빌려준 사람'을 뜻하고, 영희의 '근데 빚쟁이라니'에서 '빚쟁이'는 '빚을 진 사람'을 뜻한다. 이를 통해 다의어인 '빚쟁이'는 의미들이 서로 대립적 관계를 맺고 있는 것을 알 수 있다.

뒤

'이틀 뒤에'의 '뒤'와 '발표 끝난 뒤에'의 '뒤' 모두 '시간이나 순서상으로 다음이나 나중'을 뜻한다.

금방

영희의 '금방 문자 메시지가 왔는데'의 '금방'은 '말하고 있는 시점보다 바로 조금 전에'를 뜻하고, 민수의 '아까 출발했다니까 금방 올 거야.'의 '금방'은 '말하고 있는 시점부터 바로 조금 후에'를 뜻한다. 이렇게 볼 때 다의어 '금방' 역시 의미들이 서로 대립적 관계를 맺고 있다.

돈

영희가 말한 '돈'과 민수가 말한 '돈'은 둘 다 '화폐'를 뜻한다.

37 음운 변동과 음절 유형의 이해   정답률 77% | 정답 ④

〈보기〉의 [A]에 들어갈 말로 적절한 것은?

〈보 기〉

선생님 : 음절은 발음할 수 있는 최소의 언어 단위인데, 음절의 유형은 크게 분류하면 [1] 모음, [2] 자음＋모음, [3] 모음＋자음, [4] 자음＋모음＋자음이 있어요. 예를 들면 '꽃[꼳]'은 [4], '잎[입]'은 [3]에 속하지요. 그런데 복합어 '꽃잎'은 음운 변동이 일어나 '[꼰닙]으로 발음돼요. 이때 [닙]은 [4]에 해당되며 음운의 첨가로 음절 유형이 바뀐 것이지요.
이제 아래 단어들을 탐구해 봅시다.

밥상(밥＋상), 집일(집＋일), 의복함(의복＋함), 국물(국＋물), 화살(활＋살)

학생 : [A]

선생님 : 네, 맞아요.

① '밥상[밥쌍]'에서의 [쌍]은 첨가의 결과이고, 음절 유형이 단일어인 '상[상]'과 달라졌어요.

'밥상'은 '[밥쌍]'으로 소리 나고, [쌍]은 된소리되기 현상으로 인해 'ㅅ'이 'ㅆ'으로 교체된 결과이다. 그리고 음절 유형은 '상', '쌍' 모두 '자음＋모음＋자음'이므로 변화가 없다.

② '집일[짐닐]'에서의 [닐]은 교체의 결과이고, 음절 유형이 단일어인 '일[일]'과 달라졌어요.

'집일'은 '[짐닐]'로 소리 나고, [닐]은 첨가 현상으로 인해 'ㄴ'이 첨가된 결과이다. 그런데 음절 유형은 '모음＋자음'인 '일'에서 '자음＋모음＋자음'인 '닐'로 변화되었다.

③ '의복함[의보캄]'에서의 [캄]은 축약의 결과이고, 음절 유형이 단일어인 '함[함]'과 달라졌어요.

'의복함'은 '[의보캄]'으로 소리 나고, [캄]은 축약 현상으로 인해 'ㄱ'과 'ㅎ'이 'ㅋ'으로 축약된 결과이다. 그리고 음절 유형은 '함', '캄' 모두 '자음＋모음＋자음'이므로 변화가 없다.

☑ '국물[궁물]'에서의 [궁]은 교체의 결과이고, 음절 유형이 단일어인 '국[국]'과 같아요.

'국물'은 '[궁물]'로 소리 나고, [궁]은 비음화 현상으로 인해 'ㄱ'이 'ㅇ'으로 교체된 결과이다. 그리고 '국', '궁' 모두 '자음＋모음＋자음'이므로 '궁'은 단일어인 '국'과 음절 유형이 같다.

⑤ '화살[화살]'에서의 [화]는 탈락의 결과이고, 음절 유형이 단일어인 '활[활]'과 같아요.

'화살[화살]'에서의 [화]는 '활＋살'의 과정에서 'ㄹ'이 탈락된 결과이다. 그리고 음절 유형은 '자음＋모음＋자음'인 '활'에서 '자음＋모음'인 '화'로 변화되었다.

★★★ 등급을 가르는 문제!

38 품사 및 시간 표현 이해   정답률 38% | 정답 ③

〈학습 활동〉을 해결한 내용으로 적절한 것은?

〈학습 활동〉

관형사형 어미의 형태는 시제 및 단어의 품사에 의해 결정된다. [자료]에서 밑줄 친 단어의 품사와 시제를 분석하여 그 단어에 쓰인 어미가 [표]의 ㉠ ~ ㉢ 중 어느 것에 해당하는지 확인해 보자.

[자료]

ⓐ 하늘에 뜬 태양	ⓑ 우리가 즐겨 부르던 노래
ⓒ 늘 푸르던 하늘	ⓓ 운동장에 남은 아이들
ⓔ 네가 읽는 소설	ⓕ 이미 아이들로 가득 찬 교실
ⓖ 달리기가 제일 빠른 친구	

[표] 관형사형 어미 체계

	동사	형용사
현재	–는	㉠
과거	㉡	㉢
	–던	
미래	–(으)ㄹ	–(으)ㄹ

① ⓐ의 '뜬'에 쓰인 어미 '–(으)ㄴ'은 ㉠에 해당한다.

ⓐ의 '뜬'은 동사 '뜨다'의 어간인 '뜨–'에 과거를 나타내는 관형사형 어미 '–(으)ㄴ'이 결합된 경우이므로 '–(으)ㄴ'은 ㉡에 해당한다.

② ⓑ의 '부르던'과 ⓒ의 '푸르던'에 쓰인 어미 '–던'은 ㉢에 해당한다.

ⓑ의 '부르던'은 동사 '부르다'의 어간인 '부르–'에 과거를 나타내는 관형사형 어미 '–던'이 결합된 경우이므로 과거의 '–던'에 해당한다. 그리고 ⓒ의 '푸르던'은 형용사 '푸르다'의 어간인 '푸르–'에 과거를 나타내는 관형사형 어미 '–던'이 결합된 경우이므로 ㉢에 해당한다.

☑ ⓓ의 '남은'과 ⓕ의 '찬'에 쓰인 어미 '–(으)ㄴ'은 ㉡에 해당한다.

ⓓ의 '남은'은 동사 '남다'의 어간인 '남–'에 과거를 나타내는 관형사형 어미 '–(으)ㄴ'이 결합된 경우로, '–(으)ㄴ'은 ㉡에 해당한다. 그리고 ⓕ의 '찬'은 앞의 '이미'라는 부사로 짐작할 수 있듯이 동사 '차다'의 어간인 '차–'에 과거를 나타내는 관형사형 어미 '–(으)ㄴ'이 결합된 경우로 '–(으)ㄴ' 역시 ㉡에 해당한다.

④ ⓔ의 '읽는'에 쓰인 어미 '–는'은 ㉡에 해당한다.

ⓔ의 '읽는'은 동사 '읽다'의 어간인 '읽–'에 현재를 나타내는 관형사형 어미 '–는'이 결합된 경우이므로 적절하지 않다.

⑤ ⓖ의 '빠른'에 쓰인 어미 '–(으)ㄴ'은 ㉢에 해당한다.

ⓖ의 '빠른'은 형용사 '빠르다'의 어간인 '빠르–'에 현재를 나타내는 관형사형 어미 '–(으)ㄴ'이 결합된 경우이므로 ㉠에 해당한다.

★★ 문제 해결 꿀~팁 ★★

▶ 많이 틀린 이유는?

'학습 활동'의 자료에 제시된 ⓐ ~ ⓖ의 밑줄 친 단어가 동사인지 형용사인지 제대로 구분하지 못해 오답률이 높았던 것으로 보인다. 또한 ⓐ ~ ⓖ의 밑줄 친 동사가 현재나 과거로 쓰였는지 파악하지 못한 것도 오답률을 높였던 것으로 보인다.

▶ 문제 해결 방법은?

핵심은 ⓐ ~ ⓖ의 밑줄 친 단어가 동사인지 형용사인지를 정확하게 파악하는 것과 과거인지 현재인지를 파악하는 데 있다. 먼저 동사와 형용사가 현재형 어미 사용 여부, 청유문과 명령문에 쓰일 수 있는개(동사)없는개(형용사)에 따라 구분된다는 사실을 알아야 한다. 그리고 ⓐ ~ ⓖ의 밑줄 친 단어가 문맥에 따라 과거로 쓰였는지 현재로 쓰였는지를 파악해야 한다. 이러한 내용을 바탕으로 할 때, '남은'과 '찬' 모두 동사이고, 문맥상 과거로 쓰였으므로 정답임을 쉽게 알았을 것이다. 마찬가지로 오답률이 높았던 '뜬(뜨– ＋ –ㄴ'은 동사이면서 과거에 해당하므로 ㉠에 해당하지 않음을 쉽게 알 수 있었을 것이다. 이 문제는 가장 기본적인 문법 배경지식을 바탕으로 하고 있으므로, 중요한 문법 지식은 충분히 익혀 두도록 해야 한다.

39 중세 국어에 대한 이해   정답률 85% | 정답 ①

〈보기 1〉의 ㉠ ~ ㉢에 해당하는 예만을 〈보기 2〉에서 고른 것은?

〈보기 1〉

중세 국어의 주격 조사는 음운 조건에 따라 '이', 'Ø(영형태)', 'ㅣ'로 실현되었다.

• 자음 다음에는 '이'가 나타났다. ……………………………………… ㉠
　예) 바비(밥 ＋ 이) [밥이]

- 모음 '이'나 반모음 'ㅣ' 다음에는 'ø(영형태)'로 실현되어, 나타나지 않았다. ·············· ⓛ
  예) 활 쏘리(활 쏠 이 + ø) [활 쏠 이가], 새(새 + ø) [새가]
- 모음 '이'와 반모음 'ㅣ' 이외의 모음 다음에는 'ㅣ'가 나타났다. 예) 쇠(쇼 + ㅣ) [소가]
- 음운 조건에 관계없이 생략되기도 했다. ·············· ⓒ
  예) 곶 됴코 [꽃 좋고], 나모 셧논 [나무 서 있는]ㄴ

─〈보기 2〉─
ⓐ : 나리 져므러   [날이 저물어]
ⓑ : 太子 오느다 드르시고   [태자 온다 들으시고]
ⓒ : 내해 드리 업도다   [개천에 다리가 없도다]
ⓓ : 아드리 孝道ᄒ고   [아들이 효도하고]
ⓔ : 孔子ㅣ 드르시고   [공자가 들으시고]

✓① ⓛ : ⓐ, ⓓ ② ⓛ : ⓐ, ⓔ ③ ⓛ : ⓑ, ⓒ ④ ⓛ : ⓑ, ⓓ ⑤ ⓛ : ⓒ, ⓔ

ⓛ : 자음 다음에는 '이'가 나타났다.
ⓐ의 '나리'는 '날 + 이'가 연음되어 표기한 것이므로 자음 다음에 주격 조사 '이'가 나타난 ⓛ에 해당한다. ⓓ의 '아드리'도 '아들 + 이'가 연음되어 표기한 것이므로 자음 다음에 주격 조사 '이'가 나타난 ⓛ에 해당한다.

ⓛ : 모음 '이'나 반모음 'ㅣ' 다음에는 'ø(영형태)'로 실현되어, 나타나지 않았다.
ⓒ '드리' : '드리'는 '드리 + ø'로 모음 '이' 다음에 주격 조사 'ø(영형태)'로 실현되어 나타나지 않은 경우(ⓛ)이다.

ⓒ : 음운 조건에 관계없이 생략되기도 했다.
ⓑ '太子(태자)' : 〈보기 1〉을 보면 모음 '이'와 반모음 'ㅣ' 이외의 모음에는 'ㅣ'가 나타나야 한다. 그런데 '태자' 뒤에 주격 조사 'ㅣ'가 제시되지 않고 있으므로, 이는 음운 조건에 관계없이 주격 조사가 생략된 경우(ⓒ)이다.

40 매체의 성격 이해   정답 ③

(가)와 (나)를 바탕으로 매체의 성격을 이해한 내용으로 적절하지 않은 것은?

① 대화에 참여하는 사람이 정해진 것으로 보아, 핸드폰 메신저는 폐쇄성을 지니게 할 수 있다.
(가)의 '꿈꾸는 인큐베이터' 동아리 대화방(5명)'에서 확인할 수 있다.

② 문자, 영상, 이미지 등을 활용할 수 있는 것으로 보아, 블로그는 복합 양식적 언어를 사용한다.
(나)에는 한글이라는 문자, 동영상이라는 영상, 그래프이라는 이미지 등이 사용되고 있다.

✓③ 혼자 단독으로 내용을 작성하는 것으로 보아, 블로그는 다른 참여자는 제외된 채 제작자의 일방 의사로 만들어진다고 할 수 있다.
(가)의 마지막 부분을 보면 '지금까지 의견을 종합해서 일단 나와 광수가 작성해서 블로그에 올릴게. 확인하고 수정할 부분이 있으면 댓글로 달아주면 의견을 반영해서 다시 만들게.'라고 되어 있다. 이로 보아, 블로그는 다른 사람도 공동으로 제작할 수 있을 뿐만 아니라 의견 제시 등의 방법으로 제작에 참여할 수 있다는 것을 알 수 있다.

④ 개인의 감정을 드러낼 수 있는 기호를 사용하는 것으로 보아, 핸드폰 메신저는 문자 언어를 사용하지 않고도 감정을 표현할 수 있다.
(가)의 '^^', 'ㅠㅠ' 등에서 확인할 수 있다.

⑤ 개인이 단독으로 대화방을 열었다가 없애겠다는 것으로 보아, 핸드폰 메신저는 정보 전달의 채널이 개인의 의사 여부에 달려 있다고 할 수 있다.
'어떻게 하면 좋을지 의견을 모으기 위해 대화방을 열었어. 며칠 후에 이 대화방을 없앨 거야.'에서 확인할 수 있다.

41 대화 내용 반영 여부 판단   정답 ③

⊙~ⓜ을 바탕으로 '승호'가 세운 발표 자료 제작 계획 중, (나)에 반영되지 않은 것은?

① ⊙을 반영하여 동아리 회원들이 활동하는 내용을 구체적으로 보여 주기 위해 하이퍼링크를 사용할 수 있다.
(나)의 '매월 창업 아이디어를 내고 아이디어의 타당성을 평가하는 활동을 함.(*클릭하시면 실제 우리 동아리 회원들의 활동 모습을 볼 수 있습니다.)'에서 확인할 수 있다.

② ⓛ을 반영하여 평가 요소의 비중이 한눈에 잘 인식될 수 있도록 원그래프로 제시해야겠어.
(나)의 '1. ㄴ.'의 '아이디어 타당성 평가 요소'에서 확인할 수 있다.

✓③ ⓒ을 반영하여 꺾은선그래프로는 표현할 수 없는 성과를 막대그래프로 제시해야겠어.
ⓒ처럼 성과 등을 문자로 표현하는 것보다는 (나)에서처럼 막대그래프를 사용하면 한눈에 인식하기 쉽다. 그러나 꺾은선그래프도 막대그래프와 유사한 효과가 있기 때문에, 꺾은선그래프가 막대그래프와 같은 성과를 표현할 수 없다는 진술은 적절하지 않다.

④ ⓓ을 반영하여 인터뷰를 소리와 움직임을 동시에 드러낼 수 있는 동영상으로 제시해야겠어.
(나)의 '2'의 '· 우리 동아리 출신의 창업 선배와의 인터뷰'에서 확인할 수 있다.

⑤ ⓜ을 반영하기 위해 각 항목의 제목에 동아리의 명칭을 반복적으로 제시해야겠어.
(나)의 각 항목마다 '꿈꾸는 인큐베이터'를 사용한 것에서 확인할 수 있다.

42 댓글에 따른 자료 수정 내용 파악   정답 ②

〈보기〉는 (나)에 달린 '댓글'이다. 〈보기〉를 바탕으로 (나)의 '4' 항목을 수정한 ⓐ~ⓔ 중 적절하지 않은 것은?

─〈보 기〉─
경태 4번 항목의 제목은 다른 항목의 제목과 형식이 맞지 않아.
  ↳ 승호 그러네. 제목을 수정해야겠어.

상미 우리 동아리를 모르는 사람은 우리 카페를 찾는데 시간이 걸릴 수도 있지 않을까?
  ↳ 경태 같은 생각이야. 좀 더 쉽게 찾을 수 있게 카페 주소를 알려 주면 어떨까?
    ↳ 광수 하지만 인터넷 사용이 익숙하지 않은 학생도 있을 거야.
      ↳ 승호 경태와 광수 의견 모두 수용하면 될 것 같아.

예서 모집 기간이 잘 눈에 띄지 않아. 신청하려는 학생들이 날짜를 놓칠 수도 있겠어.
  ↳ 승호 달력 이미지를 활용해 눈에 띄도록 해볼게.

경태 학교 동아리 홍보 페이지에 우리 동아리에 대한 정보를 다 알려 주지 못해서 아쉬운데. 우리 동아리 카페에 가면 정보가 많아.
  ↳ 승호 QR 코드를 활용해서 학생들이 우리 동아리의 카페에 접속하게 할게.

4. 〈꿈꾸는 인큐베이터〉의 신청 방법과 기간은요? ············· ⓐ
ㄱ. 신청 방법
· 〈꿈꾸는 인큐베이터〉에 접속해서 첨부된 신청서를 내려받아 작성한 후, 게시판에 올리면 됨. ············· ⓑ
· 〈꿈꾸는 인큐베이터〉 동아리에 직접 방문하여 신청서를 받아간 후, 다시 제출해도 접수됨. ············· ⓒ
ㄴ. 모집 기간 ············· ⓓ

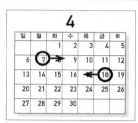

4						
일	월	화	수	목	금	토
			1	2	3	4
5	6	⑦	8	9	10	11
12	13	14	15	16	⑱	19
20	21	22	23	24	25	26
27	28	29	30			

· 첨부된 QR 코드를 이용하여 우리 동아리 카페에 접속하면 자세한 정보를 알 수 있음. … ⓔ

① ⓐ 4. 〈꿈꾸는 인큐베이터〉의 신청 방법과 기간은요?
ⓐ는 〈보기〉의 '경태 : 4번 항목의 제목은 다른 항목과 형식이 맞지 않아.'를 적절하게 반영하고 있다.

✓② ⓑ 〈꿈꾸는 인큐베이터〉에 접속해서 첨부된 신청서를 내려받아 작성한 후, 게시판에 올리면 됨.
ⓑ는 〈보기〉의 '경태 : 같은 생각이야. 좀 더 쉽게 찾을 수 있게 카페 주소를 알려주면 어떨까?'를 반영한 것이다. 그런데 ⓑ를 제대로 반영하려면 'https://www.△△△.com'와 같이 동아리 카페 주소가 있어야 하는데, 현재는 이런 카페 주소가 반영되지 않았다.

③ ⓒ 〈꿈꾸는 인큐베이터〉 동아리에 직접 방문하여 신청서를 받아간 후, 다시 제출해도 접수됨.
ⓒ는 〈보기〉의 '광수 : 하지만 인터넷 사용이 익숙지 않은 학생도 있을 거야.'를 적절하게 반영하고 있다.

④ ⓓ ㄴ. 모집 기간
ⓓ는 〈보기〉의 '승호 : 달력 이미지를 활용해 눈에 띄도록 해볼게.'를 적절하게 반영하고 있다.

⑤ ⓔ 첨부된 QR 코드를 이용하여 우리 동아리 카페에 접속하면 자세한 정보를 알 수 있음.
ⓔ는 〈보기〉의 '승호 : QR 코드를 활용해서 학생들이 우리 동아리의 카페에 접속하게 할게.'를 적절하게 반영하고 있다.

43 매체에 사용된 언어에 대한 이해   정답 ⑤

(가)와 (나)에 대한 이해로 적절하지 않은 것은?

① (가)는 (나)와 달리 표제와 부제를 사용하여 전달할 정보를 압축적으로 제시하고 있다.
(가)는 맨 앞의 '미세먼지, 너는 누구냐'라는 제목과, '미세먼지는 황사와 달라 …… 어린이, 노약자, 임산부 등은 각별히 주의를 기울여야'라는 부제가 제시되어 있다. 하지만 (나)는 맨 앞에 '미세먼지가 대체 먼지!'라는 제목만 제시되어 있다.

② (나)는 (가)와 달리 과장된 그림과 이모티콘을 활용하여 정보를 전달하고 있다.
(나)에는 각 카드마다 그림으로 된 이모티콘이 사용되고 있으며, 5번째 카드에는 콧털을 과장되게 그린 그림을 사용하고 있다. 하지만 (가)에는 과장된 것들이 없다.

③ (나)는 (가)와 달리 본문에서 강조하고 싶은 부분을 글자체를 다르게 하여 정보를 전달하고 있다.
(가)는 문자 언어가 동일한 글씨체로 되어 있으나, (나)는 중요한 내용마다 굵은 글씨체의 폰트가 사용되고 있다.

④ (가)와 (나) 모두 문자 언어와 그림 이미지를 사용하여 정보를 전달하고 있다.
(가)는 문자 언어와 황사가 유입되는 정보를 담고 있는 그림이 사용되었고, (나) 역시 문자 언어뿐만 아니라 그림을 적극적으로 사용하고 있다.

✓⑤ (가)와 (나) 모두 핵심 문장에 대한 근거를 제시하는 방식으로 정보를 전달하고 있다.
(가)는 문단을 구성하고 있으며, 이 문단들은 핵심 문장과 이를 뒷받침하는 문장들, 즉 근거들이 제시되는 방식으로 구성되어 있다. 그런데 (나)는 문단이 없이 각 문장들이 나열되어 있다. 따라서 (나)가 핵심 문장과 근거를 제시하는 방식으로 정보를 전달하고 있다는 진술은 적절하지 않다.

44 매체의 자료 표현 방식에 대한 이해   정답 ⑤

(나)의 ⊙~ⓜ에 대한 반응으로 적절하지 않은 것은? [3점]

① ⊙ : (가)의 제목을 언어유희라는 방식으로 변용하여 관심을 유발하고 있군.
'대체 먼지'는 '대체 원지(무엇인지)'로, 바로 앞의 '미세먼지'의 '먼지'를 본 딴 언어유희이다.

② ㉡ + ㉢ : (가)에서 평서문으로 제시된 정보를 묻고 답하는 방식으로 변용하여 미세먼지와 황사와의 차이점을 드러내고 있군.

(가)의 1문단 '미세먼지이란 ~ 부른다. 황사는 ~ 성분 비율이 높다.'을 보면, 미세먼지와 황사를 평서문으로 제시되어 있다. 그런데 (나)의 ㉢에서는 '그, 그럼 미세먼지? 황사 중에 더 작은 먼지인건가…?'라고 물은 뒤에 다음 카드에서 이에 대한 답을 제시하고 있다.

③ ㉣ : (가)에서 다룬 미세먼지의 주요 성분과 유발시키는 질병을 연결하여 제시하면서 미세먼지가 황사보다 좋지 않음을 강조하고 있군.

(가)의 1문단에서는 미세먼지의 주요 성분에 대해 설명하고 있고, 4문단에서는 미세먼지로 인해 유발되는 질병에 대해 설명하고 있다. 그런데 ㉣에서는 이 둘을 연결하여 제시하면서 미세먼지가 황사보다 좋지 않음을 드러내 주고 있다.

④ ㉤ : (가)에서 언급된 마스크에 대한 정보를 좀 더 구체적으로 알려 주고 있군.

(가)의 4문단에서는 '외출하게 되면 반드시 마스크를 착용해야 하고'만 되어 있을 뿐 마스크에 대한 정보가 제시되지 않았다. 그런데 ㉤에서는 '웬만한 마스크'로는 안 되고 '분진용 특수 마스크'(KF 80 이상)라고 정보를 구체적으로 알려 주고 있다.

✅ ㉥ : (가)에서 언급된 일반인이 잘못하고 있는 정보에 대해 사례를 들어 제시하고 있군.

(나)에 의하면 삼겹살을 먹으면 미세먼지로 인한 질병 예방에 좋다는 내용은 일반인에게 잘못 알려진 정보이다. 하지만 (가)에는 일반인에게 잘못 알려진 정보에 대해 언급한 부분이 없다.

---

45 조사의 쓰임에 대한 이해 　　　　　정답 ①

ⓐ의 '과'와 그 쓰임이 가장 유사한 것은?

✅ 경숙과 민희는 고등학교 동창이다.
ⓐ는 고비사막이랑 바단지린사막 등을 대등하게 같은 자격으로 이어주고 있다. 마찬가지로 ①의 '과'도 경숙과 민희를 같은 자격으로 이어 주고 있다.

② 이 책은 내가 갖고 있는 것과 다르다.
다른 것과 비교하거나 기준으로 삼는 대상임을 나타내는 의미로 사용되었다.

③ 십 년 만에 형님과 함께 고향에 다녀왔다.
일 따위를 함께 함을 나타내는 의미로 사용되었다.

④ 용기 있는 한 검사가 거대한 폭력 조직과 맞섰다.
상대로 하는 대상임을 나타내는 의미로 사용되었다.

⑤ 그녀는 성격이 얼음과 같이 차가워서 함부로 말을 건네기가 쉽지 않다.
다른 것과 비교하거나 기준으로 삼는 대상임을 나타내는 의미로 사용되었다.

20회 | 수능 실전 모의고사　　고3

• 정답 •
35 ③ 36 ② 37 ⑤ 38 ③ 39 ⑤★ 40 ④ 41 ④ 42 ⑤ 43 ① 44 ⑤ 45 ③

★ 표기된 문항은 [등급을 가르는 문제]에 해당하는 문항입니다.

---

35 최소 대립쌍 및 모음 체계의 이해 　　　정답률 63% | 정답 ③

〈보기〉의 ㉠에 들어갈 말로 적절하지 않은 것은?

── 〈보 기〉 ──

선생님 : 최소 대립쌍이란 하나의 소리로 인해 뜻이 구별되는 단어의 짝을 말해요. 가령 최소 대립쌍 '살'과 '쌀'은 'ㅅ'과 'ㅆ'으로 인해 뜻이 달라지는데, 이때의 'ㅅ', 'ㅆ'은 음운의 자격을 얻게 되죠. 이처럼 최소 대립쌍을 이용해 음운들을 추출하면 음운 체계를 수립할 수 있어요. 이제 고유어들을 모은 [A]에서 최소 대립쌍들을 찾아 음운들을 추출하고, 그 음운들을 [B]에서 확인해 봅시다.

[A]
| 쉬리, 마루, 구실, 모래, 소리, 구슬, 머루 |

[B] 국어의 단모음 체계

혀의 앞뒤 입술 모양 / 혀의 높낮이	전설 모음		후설 모음	
	평순	원순	평순	원순
고모음	ㅣ	ㅟ	ㅡ	ㅜ
중모음	ㅔ	ㅚ	ㅓ	ㅗ
저모음	ㅐ		ㅏ	

[학생의 탐구 내용]
추출된 음운들 중 ㉠ 을 확인할 수 있군.

① 2개의 전설 모음
[A]에서 추출된 모음 'ㅟ, ㅗ, ㅏ, ㅓ, ㅣ, ㅡ'를 [B]에서 확인하면, 전설 모음은 'ㅟ, ㅣ' 두 개임을 알 수 있다.

② 2개의 중모음
[A]에서 추출된 모음 'ㅟ, ㅗ, ㅏ, ㅓ, ㅣ, ㅡ'를 [B]에서 확인하면, 중모음은 'ㅗ, ㅓ' 두 개임을 알 수 있다.

✅ 3개의 평순 모음
〈보기〉를 보면 최소 대립쌍은 하나의 소리로 인해 뜻이 구별되는 단어의 짝임을 알 수 있다. 즉, [A]에서의 최소 대립쌍은 '쉬리 – 소리', '마루 – 머루', '구실 – 구슬'임을 알 수 있다.
그리고 최소 대립쌍에서 두 단어를 구분하는 음운을 추출하면, '쉬리 – 소리'에서는 'ㅟ, ㅗ'를 '마루 – 머루'에서는 'ㅏ, ㅓ'를, '구실 – 구슬'에서는 'ㅣ, ㅡ'를 추출할 수 있다. 따라서 추출된 모음들을 [B]에서 확인하면 평순 모음은 'ㅏ, ㅓ, ㅣ, ㅡ' 네 개임을 알 수 있다.

④ 3개의 고모음
[A]에서 추출된 모음 'ㅟ, ㅗ, ㅏ, ㅓ, ㅣ, ㅡ'를 [B]에서 확인하면, 고모음은 'ㅟ, ㅣ, ㅡ' 세 개임을 알 수 있다.

⑤ 4개의 후설 모음
[A]에서 추출된 모음 'ㅟ, ㅗ, ㅏ, ㅓ, ㅣ, ㅡ'를 [B]에서 확인하면, 후설 모음은 'ㅗ, ㅏ, ㅓ, ㅡ' 네 개임을 알 수 있다.

---

36 합성어의 표기 차이 이해 및 적용 　　　정답률 66% | 정답 ②

윗글을 참고할 때, ㉠ ~ ㉢과 같이 이러한 차이 를 보이는 예를 〈보기〉에서 각각 하나씩 찾아 그 순서대로 제시한 것은?

── 〈보 기〉 ──

무술(물 + 술)	쌀가루(쌀 + 가루)
낟알(낟 + 알)	솔방울(솔 + 방울)
섣달(설 + 달)	푸나무(풀 + 나무)

① 솔방울, 무술, 낟알

✅ 솔방울, 푸나무, 섣달
글의 내용을 볼 때, 이러한 차이 는 'ㄹ'로 끝나는 명사 '발', '솔', '이틀'이 합성어를 형성할 때 각각 '발가락', '소나무', '이튿날'로 받침 'ㄹ'의 모습이 일관되지 않은 것을 가리킴을 알 수 있다. ㉠은 'ㄹ'이 그대로 유지되는 경우이므로, 이에 해당하는 〈보기〉의 사례는 '쌀가루(쌀 + 가루)', '솔방울(솔 + 방울)'이고, ㉡은 'ㄹ'이 탈락하는 경우이므로 이에 해당하는 〈보기〉의 사례는 '무술(물 + 술)', '푸나무(풀 + 나무)'이다. 그리고 ㉢은 'ㄹ'이 'ㄷ'으로 바뀌는 경우이므로 이에 해당하는 〈보기〉의 사례는 '섣달(설 + 달)'이다.

③ 푸나무, 무술, 섣달
④ 쌀가루, 푸나무, 낟알
⑤ 쌀가루, 솔방울, 섣달

● 문법 필수 개념

■ 'ㄹ' 받침과 관련된 규정
끝소리가 'ㄹ'인 말과 딴 말이 어울릴 경우

제28항	끝소리가 'ㄹ'인 말과 딴 말이 어울릴 적에 'ㄹ' 소리가 나지 아니하는 것은 아니 나는 대로 적음. → 'ㄹ' 탈락에 해당 @ 다달이(달 + 달 + 이), 소나무(솔 + 나무), 우짖다(울 + 짖다), 여닫이(열 + 닫이)
제29항	끝소리가 'ㄹ'인 말과 딴 말이 어울릴 적에 'ㄹ' 소리가 'ㄷ' 소리로 나는 것은 'ㄷ'으로 적음. @ 사흗날, 숟가락, 잗다랗다

[문제편 p.160]

37 자료 탐구의 적절성 판단

정답률 49% | 정답 ⑤

[A]를 바탕으로 〈보기〉의 '자료'를 탐구한 내용으로 적절하지 <u>않은</u> 것은? [3점]

─〈보 기〉─

[탐구 주제]
○ '숟가락'은 '젓가락'과 달리 왜 첫 글자의 받침이 'ㄷ'일까?

[자료]

중세 국어의 예	
• 술 자부며 져 놓느니 (숟가락 잡으며 젓가락 놓으니)	
• 숤 근 (숟가락의 끝), 졋 가락 근 (젓가락 끝), 수저 (수저)	
• 뭀 (무리), 뭀 사룸 (뭇사람, 여러 사람)	

근대 국어의 예	현대 국어의 예
• 숫가락 장亽 (숟가락 장사)	• *술로 밥을 뜨다
• 뭇사룸 (뭇사람)	• 숟가락으로 밥을 뜨다
	• 밥 한 술

※ '*'는 문법에 맞지 않음을 나타냄.

① 중세 국어 '술'과 '져'는 중세 국어 '이틀'처럼 자립 명사라는 점에서 현대 국어 '술'과는 차이가 있군.

[자료]의 중세 국어의 사례와 이에 해당하는 현대 국어 해석을 보면, 중세 국어 '술'과 '져'는 중세 국어에서 자립 명사였던 '이틀'처럼 자립 명사임을 알 수 있다. 하지만 현대 국어 '술'은 '술로 밥을 뜨다.'가 비문이고, '밥 한 술'은 비문이 아님을 볼 때, 현대 국어 '술'은 의존 명사이므로 이해된다.

② 중세 국어 '술'과 '져'의 결합에서 'ㄹ'이 탈락한 합성어가 현대 국어 '수저'로 이어졌군.

[자료]의 중세 국어의 예를 보면, 자립 명사인 중세 국어 '술'과 '져'가 결합한 합성어를 '수저'로 표기하고 있으므로 'ㄹ'이 탈락되었다. 그리고 현대 국어 해석이 '수저'이므로, 'ㄹ'이 탈락한 중세 국어의 합성어 '수저'가 현대 국어 '수저'로 이어졌다고 할 수 있다.

③ 중세 국어 '술'과 '져'는 명사를 수식할 때, 중세 국어 '이틀'이나 '물'과 같이 모두 관형격 조사 'ㅅ'이 결합할 수 있었군.

[자료]의 중세 국어의 예를 보면, '숤 근', '졋 가락 근'에서 '술'과 '져'가 명사를 수식함을 알 수 있고, '숤, 졋'에서 관형격 조사 'ㅅ'이 사용되었음을 알 수 있다. 따라서 '술, 져' 모두 중세 국어 관형격 조사 'ㅅ'이 붙은 '이틄'과 '뭀'과 같이 관형격 조사 'ㅅ'과 결합할 수 있다.

④ 근대 국어 '숫가락'이 현대 국어에 와서 '숟가락'으로 적히는 것은, 국어의 변화 과정을 고려한 관점에 부합하지 않는다는 점에서 '이튿날'의 경우와 같군.

[자료]의 근대 국어의 예와 현대 국어의 예를 보면, 근대 국어 '숫가락'은 현대 국어에 와서 '숟가락'으로 표기하고 있다. 그리고 4문단에서 근대 국어 '이틋날'이 '이튿날'로 적혀졌지만, 'ㄷ'은 'ㄹ'이 변한 것으로 설명되지 않는다. 즉 '뭇소리'와 달리 국어의 변화 과정을 고려한 관점에 부합하지 않음을 드러내고 있다.

☑ 현대 국어 '숟가락'과 '뭇사람'의 첫 글자 받침이 다른 이유는 중세 국어 '숤'과 '뭀'이 현대 국어로 오면서 'ㄹ'이 탈락한 후 남은 'ㅅ'의 발음이 서로 달랐기 때문이군.

4문단의 내용을 볼 때, '이튿날'의 경우 "끝소리가 'ㄹ'인 말과 딴 말이 어울릴 적에 'ㄹ' 소리가 'ㄷ' 소리로 나는 것"으로 한다는 「한글 맞춤법」 규정에 따라 적도록 했지만, 'ㄷ'은 'ㄹ'이 변한 것으로 설명되지 않는다고 하고 있다. 이와 달리 '뭇사람'의 경우, 중세 국어 '뭀 사룸'에서 온 말인 '뭇사람'에서처럼 'ㅅ'으로 적는 것이 국어의 변화 과정을 고려한 관점에 부합한다 하고 있다. 이렇게 볼 때, 중세 국어에서 자립 명사인 '술'과 '가락'의 합성어인 '숟가락' 역시 '이튿날'과 유사한 경우에 해당하므로, '숟가락'과 '뭇사람'의 첫 글자 받침이 다른 이유는 국어의 변화 과정을 고려한 관점에 부합하는가의 차이로 인한 것이다.

38 안긴문장과 안은문장의 이해

정답률 74% | 정답 ③

〈보기〉의 ⓐ ~ ⓒ를 이해한 내용으로 적절하지 <u>않은</u> 것은?

─〈보 기〉─

ⓐ 그는 위기를 좋은 기회로 삼았다.
ⓑ 바다가 눈이 부시게 파랗다.
ⓒ 동주는 반짝이는 별을 응시했다.

① ⓐ의 '삼았다'는 주어 이외에도 두 개의 문장 성분을 필수적으로 요구하는군.

② ⓑ의 '바다가'와 '눈이'는 각각 다른 서술어의 주어이군.

☑ ⓒ의 '별을'은 안긴문장의 목적어이면서 안은문장의 목적어이군.

'동주는 반짝이는 별을 응시했다.'를 분석하면, '동주는 별을 응시했다.'와 '별이 반짝인다.'가 된다. 이렇게 볼 때, '별을'은 안은문장의 목적어이지만, 안긴문장에서는 주어이다.

④ ⓐ의 '좋은'과 ⓒ의 '반짝이는'은 안긴문장의 서술어이군.

⑤ ⓑ의 '눈이 부시게'와 ⓒ의 '반짝이는'은 수식의 기능을 하는군.

39 국어사전의 활용의 이해

정답률 36% | 정답 ⑤

〈보기〉를 활용하여 국어사전을 만드는 활동을 하였다. 표제어 ⓐ와 예문 ⓑ, ⓒ에 들어갈 말로 적절한 것은?

─〈보 기〉─

㉠ 약속 날짜를 너무 **밭게** 잡았다.
㉡ 서로 **밭게** 앉아 더위를 참기 어려웠다.
㉢ 시간이 더 필요한데 제출 기한을 너무 **바투** 잡았다.
㉣ 어머니는 아들에게 **바투** 다가가 두 손을 움켜쥐었다.
　　　　　　　⋮

ⓐ	
[1] 두 대상이나 물체의 사이가 썩 가깝게.	
¶ ⓑ	

---

[2] 시간이나 길이가 아주 짧게.
　　¶ ⓓ (이어지는 내용)

밭다 형
　[1] 시간이나 공간이 다붙어 몹시 가깝다.
　　¶ ⓒ
　[2] 길이가 매우 짧다.
　　¶ 새로 산 바지가 **밭아** 발목이 다 보인다.
　[3] 음식을 가려 먹는 것이 심하거나 먹는 양이 적다.
　　¶ 우리 아들은 입이 너무 **밭아서** 큰일이야.

	ⓐ	ⓑ	ⓒ
①	**밭게** 뿐	㉠	㉡
②	**밭게** 뿐	㉡	㉢
③	**밭게** 뿐	㉡	㉣
④	**바투** 뿐	㉢	㉠
☑⑤	**바투** 뿐	㉣	㉠

ⓐ의 두 가지 의미는 [1] '두 대상이나 물체의 사이가 썩 가깝게.'와 [2] '시간이나 길이가 아주 짧게.'이다. 〈보기〉에서 이러한 의미가 사용된 사례를 찾으면 [1]의 의미로 쓰인 것은 ㉣이고, [2]의 의미로 쓰인 것은 ㉢이므로, ⓐ에는 '바투'가 제시되어야 한다. 그리고 ⓑ에는 위의 내용을 통해 ㉣이 들어가야 한다. 그리고 '밭다' [1]의 의미가 '시간이나 공간이 다붙어 몹시 가깝다.'이므로, ⓒ에는 〈보기〉의 ㉠, ㉡이 모두 들어갈 수 있다.

★★ 문제 해결 꿀~팁 ★★

▶ **많이 틀린 이유는?**
의외로 오답률이 높은데, '밭게'와 '바투'가 사용된 〈보기〉의 사례를 통해 의미를 추출하는데 어려움을 겪었거나, 국어사전에 제시된 ⓐ와 '밭다'의 의미를 〈보기〉에 적용하는 과정에서 어려움을 겪었기 때문으로 보인다. 특히 ⓐ와 '밭다'의 의미 중 '가깝다'라는 의미가 사용되어 이 차이를 정확히 이해하지 못한 것도 한 원인으로 보인다.

▶ **문제 해결 방법은?**
먼저 국어사전에 제시된 의미를 파악해야 한다. 즉 ⓐ가 '두 대상이나 물체 사이가 썩 가깝게'이고, '밭다'가 '시간이나 공간이 다붙어 몹시 가깝다.'임을 파악해야 한다. 이를 바탕으로 할 때, 〈보기〉에서 '시간이나 공간'을 드러내는 것은 ㉠, ㉡이고, '두 대상이나 물체 사이의 거리'를 드러내는 것은 ⓐ임을 알 수 있다. 이러한 점에 주목하여 ⓑ, ⓒ에 들어갈 내용을 파악할 수 있었을 것이다. 이러한 문제를 풀 때에는 기본적으로 사전적 의미를 정확히 이해하고, 제시된 두 단어의 차이가 무엇인지 특정 기준점을 통해 파악할 수 있어야 한다.

▶ **오답인 ②를 많이 선택한 이유는?**
②번 문제를 적절하다 선택하여 오답률이 높은데, 이는 '밭게'의 의미에만 초점을 맞추어 ⓑ에 ㉡이 들어갈 수 있다고 무리하게 생각했기 때문으로 보인다. '밭게'와 '바투'가 엄연히 다르므로 〈보기〉에 제시된 내용만 정확히 파악했더라면 ①~③번은 바로 답이 아니었을 것이라 판단할 수 있었을 것이다. 이처럼 문제에서 요구하는 내용에 충실해야지 그럴 것이라고 지레 판단하여 문제를 풀려고 하면 잘못된 선택을 할 수 있으므로 유념해야 한다.

40 글에 따른 만평의 이해

정답 ④

〈보기〉는 (가)의 글을 읽고 (나)의 상황에 대해 이야기 나눈 내용이다. 이중 (가)를 바탕으로 (나)의 만평을 가장 잘 이해하고 있는 것은?

─〈보 기〉─

유빈: (가)에서 매체 자료가 사회에 끼치는 영향이 날로 커진다고 했는데, (나)의 만화 내용을 통해 매체의 정보가 수용자의 관점에 따라 다르게 해석되어 변질되는 것을 조심해야 됨을 느꼈어.

해준: (가)에서 콘텐츠의 생산자와 수용자는 동등한 위치에서 정보의 확산에 이바지하고 있다고 했는데, (나)의 만화 내용에서 생산자와 수용자의 원활한 소통이 대량의 정보를 확산시킬 수 있는 긍정적인 원동력이 됨을 알 수 있었어.

민아: (가)에서 인터넷은 개인이나 소수의 의견이 담긴 매체 자료로 큰 여론을 형성시킬 수 있다고 했는데, (나)에 등장한 인물 한 명이 많은 가짜 뉴스를 만들어 여론을 형성시킬 수 있다는 것을 알 수 있었어.

지섭: (가)에서 왜곡된 정보를 제공받거나 정보의 일부만을 접하게 될 수 있다고 했는데, (나)에서 가짜 뉴스의 홍수 속에 파묻혀 헤어나오지 못하는 인물을 보며 인터넷 자료를 주체적으로 수용해야 함을 알 수 있었어.

은준: (가)에서 다양한 목적을 위해 매체를 활용함을 알 수 있었는데, (나)에서 개인의 여가 시간뿐 아니라 모든 시간을 인터넷 검색에 사용하는 것을 보며 인터넷 중독을 경계해야 함을 알 수 있었어.

① 유빈
(나)의 내용에서 매체의 정보가 수용자의 관점에 따라 다르게 해석되어 변질되는 내용을 찾을 수 없다.

② 해준
(나)에서는 생산자와 수용자의 원활한 소통이 드러나 있지 않다.

③ 민아
(나)에서는 등장하는 사람이 가짜 뉴스를 많이 만들어 여론을 형성하는지는 알 수 없다.

☑④ 지섭
(가)는 매체의 사회적 파급력에 관한 내용을 담고 있는 글이며 (나)는 인터넷 정보의 홍수 속에서 가짜 뉴스에 함몰된 수용자의 모습을 비판하는 내용을 담은 만화이다. 가짜 뉴스의 홍수 속에 매몰되어 컴퓨터만 바라보며 이상한 모습으로 변해가는 수용자의 모습을 비판하고 있는 것이기 때문에 정보를 비판적으로 수용하는 능력을 길러야 한다는 것을 (가)의 마지막 문단의 내용을 참고하여 찾아낼 수 있다.

⑤ 은준
(나)에서는 수용자가 인터넷을 어느 정도로 사용하는지에 대한 시간 개념은 드러나 있지 않다.

41 매체의 특성 비교

정답 ④

윗글과 〈보기〉를 통해 알 수 있는 ⓐ, ⓑ에 대한 설명으로 적절하지 <u>않은</u> 것은?

④ ⓔ은 이전과 다른 새로운 상황이 발생하는 것이기 때문에 '가능해진다'로 수정한다.
기사의 맥락으로 보아 비수도권의 원격수업 지침은 새롭게 추진되는 것이 아니라 이전까지의 정책이 연장되는 것으로 볼 수 있다.

✓ ⓜ은 '개선'이라는 단어가 사동의 의미를 지니고 있기 때문에 '개선하겠다고'로 수정한다.
'개선하다'는 '잘못된 것이나 부족한 것, 나쁜 것 따위를 고쳐 더 좋게 만들다.'라는 뜻으로 이미 단어 안에 사동의 의미가 포함되어 있다. 따라서 사동의 의미를 더하는 '-시키다'라는 접미사를 붙일 필요가 없다. 즉, '개선시키다'는 부적절한 단어인 것이다. 이와 비슷한 단어로는 '소개하다', '주차하다' 등이 있다.

---

45 자료에 따른 내용의 이해 정답 ③

〈보기〉와 관련하여 ⓐ ~ ⓔ를 이해한 것으로 적절한 것은? [3점]

─〈보 기〉─
기사문의 제목을 표제라 한다. 독자들은 표제를 보며 기사를 예측하고 읽을 것을 판단하기 때문에 표제는 기사의 핵심을 잡아 압축적으로 쓰는 것이 좋다. 특히 인터넷의 경우 같은 사안을 다룬 기사가 대량으로 제공되기 때문에 기자나 언론사의 입장을 드러내는 인상적인 표제어를 사용하여 독자의 시선을 유도하는 것이 중요하다.

① ⓐ는 대면 수업과 원격수업의 교육적 효과를 비교하고 싶은 독자들이 선택하여 읽는 것이 좋다.
ⓐ는 원격수업으로 인해 돌봄이 필요한 자녀가 있는 학부모의 부담이 커진다는 내용의 기사이다. 이는 원격수업의 교육적 효과에 대한 의문이 아니라 원격수업으로 인한 부모님 부담의 가중에 대한 불만인 것이다.

② ⓑ는 원격수업을 대하는 학생과 학부모의 입장 차이를 이해하는 데 효과적이다.
ⓑ는 원격수업이 학생들이 학력 격차를 키운다는 내용을 담은 기사로, 원격수업의 교육적 효과가 학생들에 따라 다르다는 것을 말하기 위한 것이다. 이 기사가 학생과 학부모의 입장 차이를 보여 주지는 않는다.

✓ ⓒ는 원격수업이 감염병 예방에 도움이 된다는 것을 전제로 한 기사이다.
고등학생만 등교를 허용한다는 지침에 감염병을 이유로 반발하는 사람들은 고등학생도 등교를 하면 감염병에 걸릴 수 있다는 것을 주장의 근거로 삼는다. 즉, 이 의견은 '등교를 하지 않는 것이 감염병 확산 방지에 도움이 된다.'라는 사실을 전제한 것이다.

④ ⓓ는 교육부의 정책에 대해 객관적인 입장을 취하고자 하는 독자들이 선택할 수 있다.
ⓓ는 교육부 정책에 대해 부정적 입장을 취하는 기사이다. 따라서 사실만 전달하는 객관적 기사로 볼 수 없다.

⑤ ⓔ는 원격수업에 대한 다양한 입장을 고르게 확인하고 싶을 때 선택할 수 있는 기사이다.
ⓔ는 원격수업이 감염병 예방에 도움을 준다는 내용을 전문가의 권위에 의존하여 전달하는 기사이다. 이와 같은 기사의 전달 방식은 독자들의 신뢰성을 얻는 데 도움이 된다. 하지만 이 기사에 원격수업의 감염병 예방 효과에 대한 부정적 의견이 있는지는 확인할 수 없으므로, 다양한 입장을 고르게 확인한다는 내용은 적절하지 않다.

(좌측 열)

─〈보 기〉─
책, 신문, 잡지, 라디오, 텔레비전 등은 비교적 소수의 사람이 정보를 제공할 수 있다는 점에서 정보 제공자의 범위가 폐쇄적이라 할 수 있지만, 정보를 불특정 다수의 수용자에게 전달할 수 있다. 반면에 인터넷은 정보의 생산자와 수용자의 역할이 고정적이지 않으며 특별한 지식이나 경험을 갖지 않은 사람도 정보 제공자로 참여할 수 있다. 인터넷의 정보 개방성은 한편으로는 의사소통의 무한한 가능성을 열어 주지만, 다른 한편으로는 개인의 사생활 침해, 사이버 테러 등의 부작용을 낳기도 한다.

① ⓐ보다 ⓑ가 정보 제공자에게 제공되는 정보의 양이 많을 수 있겠군.
윗글과 〈보기〉에서 ⓑ의 경우 생산자와 수용자의 경계가 불분명하며 누구나 정보를 생산할 수 있다고 했으므로 정보의 양이 많을 수 있음을 짐작할 수 있다.

② ⓐ보다 ⓑ의 생산자가 생산하는 정보의 신뢰성은 떨어질 수도 있겠군.
ⓑ의 경우 '특별한 지식이나 경험을 갖지 않은 사람도 정보 제공자'가 될 수 있다고 했기 때문에 정보의 신뢰도가 떨어질 수 있음을 알 수 있다.

③ ⓑ는 ⓐ와 달리 생산자와 수용자 사이의 의사소통이 용이할 수 있겠군.
〈보기〉에서 인터넷은 '의사소통의 무한한 가능성'을 열 수 있다고 했다.

✓ ⓑ의 정보는 ⓐ의 정보와 달리 빠르게 퍼져 여러 사람에게 검증된 여론을 형성하겠군.
ⓑ의 정보는 ⓐ와 달리 정보가 빠르게 퍼지는 장점이 있으나 정보를 제공하는 사람의 전문성이 결여될 수도 있고, 파급력이 빠르고 확대된만큼 충분한 검증을 거치지 못할 수 있다.

⑤ 매체가 ⓐ인지 ⓑ인지에 따라 정보 제공자의 범위가 달라지겠군.
〈보기〉에서 ⓐ의 경우 정보 제공자의 범위가 폐쇄적이라 했기 때문에 매체가 달라지면 정보 제공자의 범위가 달라짐을 알 수 있다.

---

42 올바른 언어 생활 정답 ⑤

(가)의 밑줄 친 ㉠ ~ ㉤을 언어 규범에 맞게 고친 것 중 적절하지 않은 것은?

① ㉠은 단어를 소리나는 대로 썼으므로 맞춤법 규정에 맞게 '파급력'이라고 수정한다.
'파급녁'은 '파급력'을 발음대로 적은 것이므로 맞춤법 규정에 맞게 '파급력'이라고 고치는 것이 맞다.

② ㉡은 '돼'가 '되어'의 준말이므로, 의미상 '확대되면서'로 수정한다.
'확대되면서'는 '확대되다'의 의미로 사용되었으므로 '확대돼면서'는 옳지 않다.

③ ㉢은 문맥상 '여러 사람에게 알린다'는 의미가 들어가야 하므로 '게시'라는 단어로 수정한다.
'개시'는 '무엇인가를 열어서 보인다.'는 뜻을 가지고 있으므로 문맥상 옳지 않다. '여러 사람에게 알린다.'는 의미를 지닌 '게시'로 고쳐야 한다.

④ ㉣은 주어가 '특정 세력'이므로 '생산하고'로 수정한다.
주어가 '특정 세력'이므로 '생산되고'는 '생산하고'로 고쳐야 한다.

✓ ㉤은 문맥상 피동의 의미가 들어가야 하므로 '수용되는'으로 수정한다.
㉤은 문맥상 피동의 의미가 들어가지 않아도 되므로 '수용하는' 그대로 사용하는 것이 맞다.

---

43 매체의 특성 파악 정답 ①

(가)와 (나)에 대한 설명으로 적절하지 않은 것은?

✓ (가)는 (나)와 달리 정보 생산자와 정보 수용자 사이의 상호 소통이 원활하다.
(가)는 종이 신문이고, (나)는 인터넷 신문들이다. 종이 신문은 정보 생산자에 의해 선택된 정보나 지식이 수용자에게 일방적으로 전달되며, 이 과정에서 정보 수용자의 입장이 반영되지 않는다. 따라서 (가)가 상호 소통이 원활하다고 말할 수 없다. 한편 (나)는 기사 댓글을 통해 정보 수용자의 입장을 드러낼 수는 있지만, 지문에 제시된 부분만으로는 댓글 작성 가능 여부가 확인되지는 않는다.

② (가)와 달리 (나)는 정보 수용자의 필요에 따라 정보의 재배열이 가능하다.
(나)의 상단 부분에는 '정확도'와 '최신'이라는 선택 버튼이 있다. 이는 정보의 배열 방법으로 지시하기 위한 것으로, 정보 수용자는 이를 사용해 자신의 필요에 따라 정보들을 정확한 순서나 기사를 발표한 순서 중에서 선택하여 재배열할 수 있다. (가)에는 정보를 재배열하는 기능이 없다.

③ (가)는 (나)에 비해 정보 수용자의 능동적 정보 선택의 범위가 좁다.
(나)는 동일한 검색어로 찾을 수 있는 여러 가지 정보가 함께 제시된다. 정보 수용자는 이들 중 자신이 읽을 정보를 직접 선택할 수 있다. 즉, 정보에 대한 능동적 선택이 가능한 것이다. 하지만 (가)는 정보가 생산자에 의해 일방적으로 주어지기 때문에 수용자가 선택할 수 있는 여지는 적다.

④ (가)에 비해 (나)는 정보의 비교를 통한 수용자의 사고 확장이 용이하다.
(나)에서는 동일한 검색어로 찾을 수 있는 다양한 입장의 정보가 함께 제시된다. 따라서 수용자는 여러 정보를 비교하면서 읽음으로써 생각의 깊이를 더할 수 있다. 하지만 (가)는 정보 생산자인 신문사 측의 입장이 담긴 하나의 정보만 제시되기 때문에 상황에 대한 다양한 입장을 접할 수 없다.

⑤ (가)에 비해 (나)는 정보 수용 과정에서 배경지식을 습득하는 것이 용이하다.
(나)의 상단에는 〈관련〉이라는 메뉴가 있는데, 이를 이용하여 검색어와 관련된 다양한 배경지식이나 추가 정보를 습득할 수 있다. 하지만 (가)는 기사를 읽으며 추가적인 배경지식을 습득하는 것이 용이하지 않다.

---

44 올바른 언어 생활 정답 ⑤

㉠ ~ ㉤을 고쳐 쓴 것으로 적절한 것은?

① ㉠은 '감염병 확산'이 '보'는 행위를 당하는 것이기 때문에 '보여지지'로 수정한다.
'보여지다'는 '보다'의 피동인 '보이다'에 피동의 의미를 더하는 '-어지다'라는 접사를 붙여 만든 단어로, 피동이 겹쳐서 나타나는 이중 피동 표현이다. 이중 피동 표현은 불필요하게 피동 표현을 남발하는 것이므로 적절하지 않은 표현이다. '보다'의 피동형은 '보이다'로, 적절하게 사용된 표현이다.

② ㉡은 주체가 '수도권 학교'이기 때문에 능동 표현인 '시행하던'으로 수정한다.
㉡의 주어는 '수도권 학교'가 아니라 '비대면 수업'이다. 따라서 '시행하다'의 피동형인 '시행되다'를 사용하는 것이 적절하다.

③ ㉢은 교육부의 입장을 간접적으로 인용하는 것이기 때문에 '고'로 수정한다.
인용 표현에서 직접 표현은 '-라(하)고', 간접 표현은 '-고'를 사용하는 것은 맞다. 하지만 ㉢이 포함된 문장은 따옴표를 사용해서 교육부의 입장을 직접 전달하는 직접 인용문이다.

· 정답 ·

★
35 ④ 36 ① 37 ② 38 ③ 39 ① 40 ④ 41 ① 42 ⑤ 43 ② 44 ④ 45 ③

★ 표시된 문항은 [등급을 가르는 문제]에 해당하는 문항입니다.

---

35 국어 단어들의 결합 방법의 이해 　　　정답률 64% | 정답 ④

다음 문장에서 ㉠ ~ ㉤에 해당하는 예를 찾아 이를 설명한 내용으로 적절하지 않은 것은?

> 아기장수가 맨손으로 산 위에 쌓인 바위를 깨뜨리는 모습이 멋졌다.

① '아기장수가'의 '아기장수'는 ㉠에 해당하는 예로, 어근 '아기'와 어근 '장수'가 결합했다.
'아기장수'는 어린 젖먹이 아이라는 의미를 지닌 어근 '아기'와 군사를 거느리는 우두머리라는 의미를 지닌 어근 '장수'가 결합했으므로 ㉠에 해당하는 예이다.

② '맨손으로'의 '맨손'은 ㉡에 해당하는 예로, 파생 접사 '맨–'이 어근 '손' 앞에 결합했다.
'맨손'은 '다른 것이 없는'의 뜻을 더하는 접두사 '맨–'이 사람의 팔목 끝에 달린 부분의 의미를 지닌 어근 '손' 앞에 결합했으므로 ㉡에 해당하는 예이다.

③ '쌓인'의 어간은 ㉢에 해당하는 예로, 파생 접사 '–이–'가 어근 '쌓–' 뒤에 결합했다.
'쌓인'의 기본형은 '쌓이다'로, '쌓이다'는 '여러 개의 물건을 겹겹이 포개어 얹어 놓다.'의 의미를 지닌 어간 '쌓다'에 파생 접사'–이–'가 붙은 것이므로 ㉢에 해당하는 예이다.

✔④ '깨뜨리는'은 ㉣에 해당하는 예로, 어미 '–리는'이 용언 어간 '깨뜨–'와 결합했다.
'깨뜨리는'의 기본형이 '깨뜨리다'이고, '깨뜨리어, 깨뜨리니, 깨뜨리고' 등으로 활용하는 것을 볼 때, '깨뜨리–'가 어간이고, '–는'이 어미임을 알 수 있다.

⑤ '모습이'는 ㉤에 해당하는 예로, 조사 '이'가 체언 '모습'과 결합했다.
'모습이'는 주격 조사 '이'가 자연이나 사물 따위의 겉으로 나타난 모양을 드러낸 체언 '모습'과 결합한 것이므로 ㉤에 해당하는 예이다.

★★★ 등급을 가르는 문제!

36 중세 국어의 탐구 　　　정답률 56% | 정답 ①

[A]를 바탕으로 〈보기〉의 '자료'를 탐구한 '탐구 내용'으로 적절하지 않은 것은? [3점]

> 〈보 기〉
>
> **[탐구 목표]**
> 현대 국어의 인칭 대명사 '누구'의 형성에 대해 이해한다.
>
> **[자료]**
> **(가) 중세 국어 : 15세기 국어**
> • 누를 니르더뇨 (누구를 이르던가?)
> • 네 스승이 누고 (네 스승이 누구인가?)
> • ᄂᆞᆷ 누구 (남은 누구인가?)
>
> **(나) 근대 국어**
> • 이 벗은 누구고 (이 벗은 누구인가?)
> • 져 ᄒᆞᆫ 벗은 누구고 (저 한 벗은 누구인가?)
>
> **(다) 현대 국어**
> • 누구를 찾으세요?
> • 누구에게 말했어요?
>
> **[탐구 내용]**
>
> **[탐구 결과]**
> 미지칭의 인칭 대명사에 의문문을 만드는 보조사 '고/구'가 결합했던 형태인 '누고', '누구'는 시간이 지나면서 점점 굳어져 새로운 단어가 되었는데, 오늘날에는 '누구'만 남게 되었다.

✔① (가)에서 미지칭의 인칭 대명사의 형태는 '누', '누고', '누구'이다.
[A]를 보면 중세 국어에서는 '엇던', '므슴', '어느'와 같은 의문사가 있을 때 보조사 '고/구'를 체언 또는 의문사 자체에 결합해 의문문을 만들었음을 알 수 있다. 그리고 〈보기〉의 (가)를 보면 '네 스승이 누고', 'ᄂᆞᆷ 누구'에서 '누고'와 '누구'는 체언 '누'에 보조사 '고/구'가 결합한 형태임을 알 수 있다. 또한 '누를 니르더뇨'에서 '누'가 미지칭의 인칭 대명사임을 볼 때, 중세 국어에서 미지칭의 인칭 대명사의 형태는 '누'이다.

② (나)에서 미지칭의 인칭 대명사의 형태는 '누고', '누구'이다.
(나)의 '이 벗은 누구고', '져 ᄒᆞᆫ 벗은 누구고'를 보면 '누고'와 '누구'에 보조사 '고/구'가 결합되어 있음을 알 수 있다. 그리고 〈보기〉의 '탐구 결과'에서 '미지칭의 인칭 대명사에 의문문을 만드는 보조사 '고/구'가 결합했던 형태인 '누고', '누구'는 시간이 지나면서 점점 굳어져 새로운 단어가 되었다'는 내용을 볼 때, 미지칭의 인칭 대명사의 형태는 '누고', '누구'임을 알 수 있다.

③ (다)에서 미지칭의 인칭 대명사의 형태는 '누구'이다.
〈보기〉의 '탐구 결과'에서 오늘날 미지칭의 인칭 대명사에 '누구'만 남아 있다고 하였으므로, (다)에서 미지칭의 인칭 대명사의 형태는 '누구'이다.

④ (가)에서 (나)로의 변화를 보니, '누고', '누구'는 체언과 보조사가 결합한 형태였다가 새로운 단어가 되었다.
(가)에서 '누고, 누구'는 체언과 보조사 형태로 결합되었지만, (나)에서는 '누고고', '누구고'로 변하여 '누고, 누구'가 보조사 '고/구'와 결합하고 있다. 또한 〈보기〉의 '탐구 결과'에서 '미지칭의 인칭 대명사에 의문문을 만드는 보조사 '고/구'가 결합했던 형태인 '누고', '누구'는 시간이 지나면서 점점 굳어져 새로운 단어가 되었'다는 사실을 알 수 있다. 따라서 (가)에서 (나)로의 변화를 통해 '누고, 누구'가 체언과 보조사가 결합한 형태였다가 새로운 단어가 되었음을 알 수 있다.

⑤ (나)에서 (다)로의 변화를 보니, 현대 국어에서는 미지칭의 인칭 대명사로 '누고'는 쓰이지 않고 '누구'만이 쓰이고 있다.
(나)에서는 '누고'와 '누구'가 미지칭의 인칭 대명사로 쓰이고 있지만, (다)에서는 '누구'만 쓰이고 있다. 그리고 〈보기〉의 '탐구 결과'에서 오늘날 미지칭의 인칭 대명사에 '누구'만 남아 있다고 하였으므로, 현대 국어에서는 미지칭의 인칭 대명사로 '누구'만이 쓰이고 있음을 알 수 있다.

★★ 문제 해결 꿀~팁 ★★

▶ **많이 틀린 이유는?**
중세 국어에서 미지칭 인칭 대명사로 '누'가 쓰였다는 것과, [A]와 '탐구 결과'에 드러낸 보조사 '고/구'의 역할, '누고, 누구'가 인칭 대명사에 보조사 '고/구'가 결합했던 형태임을 정확히 숙지하지 못했기 때문으로 보인다.

▶ **문제 해결 방법은?**
'탐구 결과'의 내용을 바탕으로 (가), (나), (다)에 제시된 '누고, 누구'가 체언과 결합한 것인지, 아니면 점점 굳어져 새로운 단어가 되었는지 먼저 구분할 수 있어야 한다. 특히 [A]를 통해 보조사 '고/구'가 중세 국어에서 의문사를 만드는 역할을 하였음을 파악할 수 있어야 한다. 이러한 내용을 바탕으로 할 때, (가)는 중세 국어이므로, '누고, 누구'는 인칭 대명사 '누'에 의문형을 만드는 보조사 '고/구'가 결합한 것임을 알 수 있고, 중세 국어에서 미지칭의 인칭 대명사의 형태는 '누'였음을 알 수 있다. 이렇게 볼 때, 이런 문제의 해결 방법은 주어진 자료를 얼마나 정확히 분석할 수 있느냐가 요구되므로, 주어진 자료 간의 분석이나 문제 해결의 단초가 되는 설명—여기에서는 '탐구 결과'—을 정확히 이해할 수 있도록 해야 한다.

▶ **오답인 ④를 많이 선택한 이유는?**
많은 학생들이 ④를 골라서 오답률이 높았는데, 이는 (가)와 (나)를 정확히 비교하지 못했기 때문으로 보인다. 즉, (가)에서는 미지칭의 인칭 대명사에 의문문을 만드는 보조사 '고/구'가 결합한 형태이고, (나)에서는 미지칭의 인칭 대명사에 의문문을 만드는 보조사 '고/구'가 결합한 형태인 '누고, 누구'가 새로운 단어로 되었음을 비교하여 파악하지 못했기 때문으로 보인다. 이는 (나)에서 '누고, 누구'에 다시 의문문을 만드는 보조사 '고/구'가 붙은 것만을 보더라도 정확한 차이점을 알 수 있다.

---

37 음운 변동의 이해 　　　정답률 75% | 정답 ②

〈보기〉의 음운 변동을 분석한 것으로 적절하지 않은 것은?

> 〈보 기〉
> ㉠ 흙일 → [흥닐]
> ㉡ 닳는 → [달른]
> ㉢ 발야구 → [발랴구]

① ㉠ ~ ㉢은 각각 2회 이상의 음운 변동이 일어났다.
㉠은 자음군 단순화, 음운 첨가, 비음화가 일어나 3번의 음운 변동이, ㉡은 음운 탈락, 유음화가 일어나 2번의 음운 변동이, ㉢은 음운 첨가, 유음화가 일어나 2번의 음운 변동이 일어남을 알 수 있다. 따라서 ㉠ ~ ㉢은 각각 2회 이상의 음운 변동이 일어난다.

✔② ㉠ ~ ㉢에 공통적으로 일어난 음운 변동은 첨가이다.
㉠의 '흙일'은 자음군 단순화에 의해 [흑일]로 바뀌었다가, 뒷말이 모음 'ㅣ'나 반모음 'ㅣ'로 시작될 때, 'ㄴ' 소리가 덧나는 'ㄴ' 첨가가 일어나 [흑닐]로 바꾸고 그런 다음 비음화에 의해 [흥닐]로 바뀐다. ㉡의 '닳는'은 'ㅎ'이 탈락하여 [달는]으로 바뀌었다가, 비음인 'ㄴ'이 유음 'ㄹ' 앞에서 'ㄹ'로 바뀌는 유음화에 의해 [달른]으로 바뀐다. ㉢의 '발야구'는 'ㄴ' 음이 첨가되어 [발냐구]로 바뀌었다가 비음인 'ㄴ'이 유음 'ㄹ' 앞뒤에서 'ㄹ'로 바뀌는 유음화에 의해 [발랴구]로 바뀐다. 이렇게 볼 때 ㉡에서는 음운 첨가가 일어나지 않으므로 적절하지 않다.

③ 음운 변동의 결과 음운의 개수에 변화가 없는 것은 ㉠이다.
㉠의 '흙일'은 [흥닐]로 바뀐 뒤에도 음운의 개수가 6개로 동일한 반면에, ㉡의 '닳는'은 [달른]으로 바뀐 후 음운의 개수가 7개에서 6개로 하나가 줄어들고 있다. 그리고 ㉢의 '발야구'는 [발랴구]로 바뀐 후 음운의 개수가 6개에서 7개로 하나 늘어나고 있다.

④ ㉡과 ㉢에서 일어난 음운 변동의 횟수는 같다.
㉡은 자음군 단순화(탈락), 유음화(교체)가, ㉢은 ㄴ 첨가(첨가)와 유음화(교체)가 일어났기 때문에 ㉡과 ㉢에서 일어난 음운 변동의 횟수는 같다.

⑤ ㉢에서 첨가된 음운은 ㉠에서 첨가된 음운과 같다.
㉢에서 첨가된 음운은 'ㄴ'이므로 ㉠에서 첨가된 음운과 같다.

● 문법 필수 개념

(1) 음운의 탈락(자음 탈락)
• 자음군단순화 : 음절 끝에 두 개의 자음이 올 때, 하나의 자음이 탈락하는 현상.
　예 몫 → [목], 흙 → [흑], 없다 → [업따]

(2) 음운의 교체
① 비음화 : 비음이 아닌 것이 비음으로 바뀌는 현상.
　예 먹물[멍물] : 앞 음운 'ㄱ'이 뒤의 음운인 비음 'ㅁ'의 영향으로 비음 'ㅇ'으로 바뀜.
　　듣는[든는] : 앞 음운 'ㄷ'이 뒤의 음운인 비음 'ㄴ'의 영향으로 비음 'ㄴ'으로 바뀜.
　　입는[임는] : 앞 음운 'ㅂ'이 뒤의 음운인 비음 'ㄴ'의 영향으로 비음 'ㅁ'으로 바뀜.
② 유음화 : 유음이 아닌 것이 유음으로 바뀌는 현상.
　예 설날[설랄] : 앞 음운 'ㄹ'의 영향으로 뒤의 음운이 유음인 'ㄹ'로 바뀜.
　　신라[실라] : 앞 음운 'ㄴ'이 뒤의 음운인 'ㄹ'의 영향으로 유음인 'ㄹ'로 바뀜.

(2) 음운의 축약과 첨가
① 자음 축약 : 'ㄱ, ㄷ, ㅂ, ㅈ'이 'ㅎ'과 만나 유기음인 'ㅋ, ㅌ, ㅍ, ㅊ'이 되는 현상으로 '거센소리되기'라고도 부른다.
　예 축하[추카] : ㄱ+ㅎ=ㅋ, 맞형[마텽] : ㄷ+ㅎ=ㅌ, 좁히다[조피다] : ㅂ+ㅎ=ㅍ,
　　꽂히다[꼬치다] : ㅈ+ㅎ=ㅊ
② 'ㄴ' 첨가 : 합성어 및 파생어에서, 앞 음절이 자음으로 끝나고 뒤 음절이 모음 'ㅣ'나 반모음 'ㅣ'로 시작할 때 'ㄴ'음을 첨가하여 발음하는 현상으로, 두 단어를 한 단어로 발음할 때에도 이 현상이 적용된다.
　예 솜이불 → [솜니불], 한여름 → [한녀름], 눈요기 → [눈뇨기], 한 일 → [한닐], 먹은 엿 → [머근녇]

---

38 부사어의 이해 　　　정답률 95% | 정답 ③

다음은 부사어에 대해 탐구한 것이다. 탐구 내용으로 적절하지 않은 것은?

①	• 하늘이 눈이 부시게 푸른 날이다. ⇨ 절인 '눈이 부시게'가 부사어로 쓰였군.

'눈이 부시게'는 부사절로 안긴문장이고, 관형어인 '푸른'을 수식하고 있으므로 부사어로 쓰였다.

②	• 함박눈이 하늘에서 펑펑 내리고 있다. ⇨ 부사격 조사가 결합한 '하늘에서'와 부사 '펑펑'이 부사어로 쓰였군.

'함박눈이 하늘에서 펑펑 내리고 있다.'에서 부사어는 '하늘에서'와 '펑펑'인데, '하늘에서'는 부사격 조사 '에서'가 결합했고, '펑펑'은 부사에 해당한다.

✔	• 그는 너무 헌 차를 한 대 샀다. ⇨ 부사어 '너무'가 서술어 '샀다'를 수식하는군.

'그는 너무 헌 차를 한 대 샀다.'에서 부사어 '너무'는 관형어 '헌'을 수식하고 있다.

④	㉠ 영이는 엄마와 닮았다. / *영이는 닮았다. ㉡ 영이는 취미로 책을 읽는다. / 영이는 책을 읽는다. ⇨ ㉠의 '엄마와', ㉡의 '취미로'는 둘 다 부사어인데, ㉠의 '엄마와'는 ㉡의 '취미로'와 달리 필수 성분이군.

'영이는 엄마와 닮았다.'에서 '엄마와'는 부사어로, 이를 빼면 비문이 된다. 이와 달리 '영이는 취미로 책을 읽는다.'에 '취미로'가 부사어이지만, 이를 빼도 문장이 성립한다. 이렇게 볼 때, ㉠의 '엄마와', ㉡의 '취미로'는 둘 다 부사어이지만 ㉠의 '엄마와'는 필수 성분이다.

⑤	㉠ 모든 것이 재로 되었다. / *모든 것이 되었다. ㉡ 모든 것이 재가 되었다. / *모든 것이 되었다. ⇨ ㉠의 '재로'는 부사어이고 ㉡의 '재가'는 보어로서, 문장 성분은 서로 다르지만 서술어가 반드시 필요로 하는 성분이라는 점에서는 같군.

'모든 것이 재로 되었다.'에서 '재로'는 부사어로, 이 부사어를 빼면 비문이 된다. 그리고 '모든 것이 재가 되었다.'에서 '재가'는 보어이고, 이 보어를 빼면 비문이 된다. 따라서 ㉠의 '재로'와 ㉡의 '재가'는 문장 성분은 서로 다르지만 서술어가 반드시 필요로 하는 성분이라는 점에서는 공통점을 지닌다.

※ '*'는 비문임을 나타냄.

● 문법 필수 개념

■ 부사어의 이해
문장에서 주로 용언을 꾸며 주는 문장 성분. 부사어는 문장에서 꼭 필요하지는 않은 부속 성분이다. 부사어는 주로 용언을 꾸며 주며, 관형어나 다른 부사를 꾸며 주기도 한다.
• 가을 하늘이 참 높아 보인다. (용언 '높다'를 수식)
• 연이 매우 높이 날았다. ('매우'는 부사 '높이'를 수식, '높이'는 용언 '날다'를 수식)
• 그는 아주 새 사람이 되었다. ('아주'는 관형어 '새'를 수식)
• 우리는 오후에 여행에서 돌아왔다. ('오후에', '여행에서' 모두 용언 '돌아오다'를 수식)
• 그놈 예쁘게 생겼네. ('예쁘게'는 용언 '생기다'를 수식)
• 비가 소리도 없이 내린다. ('소리도 없이'는 용언 '내리다'를 수식)

---

39 사전 개정 내용의 이해	정답률 89% | 정답 ①

〈보기〉는 사전의 개정 내용을 정리한 자료의 일부이다. ㉠ ~ ㉤에 대한 이해로 적절하지 <u>않은</u> 것은?

― 〈보 기〉 ―

	개정 전	개정 후
㉠	**긁다** 통 「1」 손톱이나 뾰족한 기구 따위로 바닥이나 거죽을 문지르다. ⋮ 「9」 ……	**긁다** 통 「1」 손톱이나 뾰족한 기구 따위로 바닥이나 거죽을 문지르다. ⋮ 「9」 …… 「10」 물건 따위를 구매할 때 카드로 결제하다.
㉡	**김-밥**[김:밥] 명 ……	**김-밥**[김:밥/김:빱] 명 ……
㉢	**냄새** 명 「1」 코로 맡을 수 있는 온갖 기운. 「2」 어떤 사물이나 분위기 따위에서 느껴지는 특이한 성질이나 낌새. **내음** 명 '냄새'의 방언(경상).	**냄새** 명 「1」 코로 맡을 수 있는 온갖 기운. 「2」 어떤 사물이나 분위기 따위에서 느껴지는 특이한 성질이나 낌새. **내음** 명 코로 맡을 수 있는 나쁘지 않거나 향기로운 기운. 주로 문학적 표현에 쓰인다.
㉣	**태양-계** 명 태양과 그것을 중심으로 공전하는 천체의 집합. 태양, 9개의 행성, ……	**태양-계** 명 태양과 그것을 중심으로 공전하는 천체의 집합. 태양, 8개의 행성, ……
㉤	(표제어 없음)	**스마트-폰** 명 휴대 전화에 여러 컴퓨터 지원 기능을 추가한 지능형 단말기.

※ 사전의 개정 내용은 표준어와 표준 발음의 최신 정보를 반영한 것임.

✔ ㉠ : 표제어의 뜻풀이가 추가되어 다의어의 중심적 의미가 수정되었군.
㉠을 개정 전과 개정 후로 비교하면, 개정 후에 '「10」 물건 따위를 구매할 때 카드로 결제하다.'가 추가되었다. 즉 '긁다'인 표제어의 뜻풀이가 추가되어 다의어의 의미가 확장되었음을 알 수 있다. 하지만 중심적 의미인 「1」 손톱이나 뾰족한 기구 따위로 바닥이나 거죽을 문지르다.'는 의미는 개정 전이나 개정 후 변하지 않았으므로 적절하지 않다.

② ㉡ : 표준 발음이 추가로 인정되어 기존의 표준 발음과 함께 제시되었군.
㉡을 개정 전과 개정 후로 비교하면, 개정 후에는 발음상 [김:빱]도 표준 발음으로 제시하고 있다. 즉 표준 발음이 추가로 인정되어 기존의 표준 발음과 함께 제시되었다.

③ ㉢ : 방언이었던 단어가 표준어의 지위를 얻고 뜻풀이도 새롭게 제시되었군.
㉢을 개정 전과 개정 후로 비교하면, 개정 전에 방언으로 표시되었던 '내음'이 개정 후에는 사전에 표제어로 등재되면서 뜻풀이를 제시하고 있다. 즉 방언이었던 단어가 표준어의 지위를 얻고 뜻풀이도 새롭게 제시되었다.

④ ㉣ : 과학적 정보를 반영하여 뜻풀이가 일부가 갱신되었군.
㉣을 개정 전과 개정 후로 비교하면, 개정 전에는 9개의 행성을 개정 후에는 8개의 행성으로 수정하였다. 이는 기존에는 명왕성을 행성으로 인정하였지만 최근에는 이를 행성으로 인정하지 않는 과학적 정보를 반영하여 뜻풀이가 일부가 갱신된 것이다.

⑤ ㉤ : 새로운 문물을 지칭하는 신어가 표제어로 추가되었군.
㉤을 개정 전과 개정 후로 비교하면, 기존에는 '스마트-폰'이라는 표제어가 없었지만, 개정 후에는 '스마트-폰'을 표제어로 제시하고 있다. 이를 통해 새로운 문물을 지칭하는 신어인 '스마트-폰'이 표제어로 추가되었음을 알 수 있다.

---

40 의사소통 방식 파악	정답 ④

(가)의 대화에 대한 설명으로 가장 적절한 것은?

① 연희는 자신이 수집한 자료를 불특정 다수와 공유하려 하고 있다.
연희는 자신이 수집한 자료를 모임방 친구들과 공유하려 하고 있지, 불특정 다수에게 해당 자료를 공유하려 한 것은 아니다.

② 경석은 자음자로만 된 기호를 활용하여 자신의 감정을 표출하고 있다.
경석은 자음자로만 된 기호뿐만 아니라 모음으로 된 기호 'ㅠㅠ'를 사용하여 자신의 감정을 드러내 주고 있다.

③ 유진은 휴대 전화 메신저라는 매체 특성을 이용하여 사진 자료를 제시하고 있다.
이 대화에서 동아리 활동 관련 자료는 연희가 제공하고 있다. 하지만 이 대화를 통해 사진 자료를 공유하고 있는지는 알 수 없다.

✔ 경민은 하이퍼링크를 이용하여 관련 정보를 다른 참여자들과 공유하려 하고 있다.
경민은 다른 동아리와 달리 동아리 활동을 한 사진뿐만 아니라 동영상을 넣는 것이 어떠냐고 제안하면서, 참고할 만한 동영상 자료 주소인 'http://blog.△△△.com/농구왕 덩크'를 알려 주고 있다. 따라서 경민은 하이퍼링크를 이용하여 동아리 소개 영상을 친구들과 공유하려 하고 있음을 알 수 있다.

⑤ 정아는 휴대 전화 메신저로 대화하는 것의 장점을 거론하며 해당 매체로 대화하는 것에 긍정적으로 평가하고 있다.
휴대 전화 메신저로 대화하는 것의 장점을 거론하며 해당 매체로 대화하는 것에 긍정적으로 평가하고 있는 것은 경민이다.

---

41 대화 내용 반영 여부 판단	정답 ①

㉠ ~ ㉤을 바탕으로 '정아'가 만든 동아리 소개서 중 (나)에 반영되지 <u>않은</u> 것은?

✔ ㉠을 반영하여 동아리 소개를 위한 제목을 맨 위에 제시해야겠어.
㉠을 보면 다른 동아리들을 소개하는 것을 보니 동아리 이름을 넣어 제목을 작성하였고, 제목은 권유하는 형식으로 제시하는 것이 좋다고 말하고 있음을 알 수 있다.
그런데 (나)의 제목을 보면 권유하는 형식으로 제시하고 있지만 기타 동아리 이름인 '소리샘'이 언급되지 않고 있다. 따라서 ㉠을 반영한 것이라 할 수 없다.

② ㉡을 고려하여 동아리 활동 사진과 동아리 소개 인터뷰를 넣어야지.

③ ㉢을 반영하여 소개 글 1문단에서는 동아리 이름의 뜻을, 3문단에서는 동아리 활동을 제시해야겠어.

④ ㉣을 고려하여 우리 동아리에 가입하고 싶은 학생들을 위해 동아리 가입 방법을 제시해야겠어.

⑤ ㉤을 반영하여 우리 동아리에 가입하기를 권유하는 말을 간접적으로 제시해야겠어.

---

42 댓글을 통한 수정 여부 판단	정답 ⑤

〈보기〉는 (나)에 달린 '댓글'이다. 〈보기〉를 바탕으로 (나)를 수정한 ⓐ ~ ⓔ 중 적절하지 <u>않은</u> 것은?

― 〈보 기〉 ―

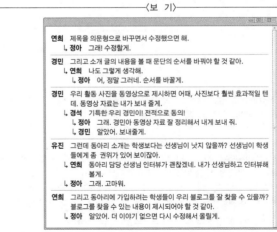

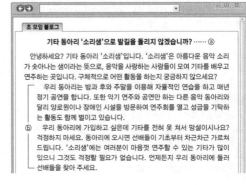

■ 동아리 활동 ……ⓒ ■ 동아리 소개 인터뷰 ……ⓓ

■ 동아리 가입 방법 ……ⓔ
- 가입 방법: 소리샘 블로그 '가입 신청'란
(신청서는 블로그에서 다운 받을 수 있습니다.)
- 가입 일시: 3월 20일~3월 31일 5시까지

저희 동아리는 언제나 문이 열려 있습니다!
음악에 관심 있는 여러분! 발걸음을 저희 동아리로 옮겨 주세요.

① ⓐ ② ⓑ ③ ⓒ ④ ⓓ ☑ ⓔ

ⓔ
댓글에서 연희는 동아리에 가입하려는 학생들이 우리 블로그를 잘 찾을 수 있을지 의문을 제기하며, 블로그를 찾을 수 있는 내용이 제시되어야 한다고 언급하고 있다. 그런데 ⓔ를 보면 '가입 방법'과 '가입 일시'를 나누어 제시하고 있지만, 동아리에 가입하려는 학생들이 블로그를 찾아갈 수 있는 방법은 제시되어 있지 않다. 따라서 ⓔ는 댓글의 수정 사항을 반영한 것이라 볼 수 없다.

---

43 매체의 특성 파악　　　　　　　　　　정답 ②

(가), (나)에 대한 이해로 적절하지 않은 것은?

① (가)와 (나) 모두 불특정 다수에게 정보를 전달할 수 있다.
(가)는 신문 기사이고 (나)는 개인 블로그에 해당하는 것으로, (가)와 (나) 모두 불특정 다수에게 정보를 전달한다는 특징이 있다고 할 수 있다.

☑ (가)와 (나) 모두 매체 전달에 있어서 복합 양식성을 띠고 있다.
복합 양식성은 하나의 매체에서 소리, 음성, 문자, 이미지, 동영상과 같은 여러 양식이 복합적으로 결합하는 것을 가리킨다. 따라서 문자 언어만을 제시한 (가)와 문자 언어와 시각적 이미지만을 제시하고 있는 (나)는 복합 양식성을 띤다고 할 수 없다.

③ (가)에 비해 (나)는 정보 제공자 측면에서 정보의 질적인 신뢰도가 낮은 편이다.
(나)는 개인이 운영하는 블로그에 해당하므로, 공적인 성격을 지닌 신문사가 제시하는 정보보다는 신뢰성이 떨어진다고 할 수 있다.

④ (가)와 달리 (나)는 정보와 연관성이 있는 부가적인 정보를 하이퍼링크로 제시하고 있다.
(나)에서는 기후 변화의 심각성을 더 알고 싶은 사람들을 위해 하이퍼링크를 제시하고 있는데, 이는 부가적인 정보를 더 알려 주기 위해서 제시한 것이라 할 수 있다.

⑤ (나)와 달리 (가)는 정보의 생산자와 수용자가 분명히 구분되는 일방향적 정보 전달 매체이다.
(나)에서는 '북극곰 지킴이'의 글에 사람들이 댓글을 달고 있고, 이에 대해 '북극곰 지킴이'가 다시 댓글을 달고 있음을 알 수 있다. 이를 통해 (나)는 쌍방향적 정보 전달 매체임을 알 수 있다. 하지만 (가)는 정보가 독자들에게 일방적으로 제시되고 있으므로, 정보의 생산자와 수용자가 분명히 구분되는 일방향적 정보 전달 매체라 할 수 있다.

---

44 매체 언어의 특성 파악　　　　　　　정답 ④

(가)의 언어적 특성을 고려할 때, ㉠~㉤에 대한 설명으로 적절하지 않은 것은?

① ㉠ : 관형사형 어미 '-ㄹ'을 사용하여 미래에 일어날 일을 예측하고 있다.
'지구상에서 사라질'의 '사라질'에서 관형사형 어미 '-ㄹ'로 미래를 나타내어, 미래에 북극곰이 사라질 수도 있음을 드러내고 있다.

② ㉡ : 연결 어미를 사용하여 앞 절과 뒷 절이 대등하게 이어짐을 드러내고 있다.
연결 어미 '-고'를 사용하여 북극곰이 '먹이를 얻지 못하'는 상황과 '헤매게' 되는 상황을 대등하게 제시해 주고 있다.

③ ㉢ : 지시 표현인 '이'를 사용하여 응집성을 높여 주고 있다.
지시 표현인 '이'를 사용하여 앞에 언급된 내용을 지시하고 있음을 알 수 있다. 이러한 지시 표현은 글에서 응집성을 높여 주는 효과가 있다.

☑ ㉣ : 직접 인용의 표현을 사용하여 특정 시나리오에 대한 연구진의 말을 전달해 주고 있다.
㉣에서는 간접 인용 표현을 사용하여 RCP4.5 시나리오에서 북극곰 개체 수가 사라질 전망으로 나타나고 있다는 연구진의 말을 제시해 주고 있다. 한편 직접 인용 표현은 연구진의 말을 큰 따옴표로 제시한 뒤, 큰 따옴표 뒤에 '라고'가 제시되어야 한다.

⑤ ㉤ : '~고 있다'를 사용하여 특정 상황이 특정 대상의 수에 영향을 미치고 있음을 드러내고 있다.
'~고 있다'는 진행형을 드러내는 것으로, 이를 통해 해빙의 감소가 북극곰 개체 수 감소에 계속하여 영향을 미치고 있음을 드러내 주고 있다.

---

45 쓰기 윤리 관점에 다른 평가　　　　　정답 ③

(나)의 ⓐ~ⓔ를 '쓰기 윤리'의 관점에서 평가한 것으로 가장 적절한 것은? [3점]

① ⓐ : 자료 출처를 정확히 밝혀 신뢰감을 주고 있다.

② ⓑ : 사실적인 내용을 전달하기 위한 객관적인 태도가 드러나고 있다.

☑ ⓒ : 작성자의 허락을 받지 않는다는 점에서 저작권을 위반하였다고 할 수 있다.
'북극곰 아들'은 블로그 운영자의 허락을 구하지 않고, 자신이 블로그 글을 퍼서 다른 사람에게 널리 알리겠다 하고 있다. 이러한 '북극곰 아들'의 생각은 '북극곰 지킴이'의 저작권을 위배하는 것이라 할 수 있다.

④ ⓓ : 상대방에 대한 존중의 태도를 보이면서 잘못된 점을 지적하고 있다.

⑤ ⓔ : 구체적인 근거를 들어 객관적으로 확인된 정보를 전달하고 있다.

PART II

21회

MEMO